Georg Brock

Evangelische Lieder

Konkordanz zum Gebrauch für jedes Gesangbuch

Georg Brock

Evangelische Lieder
Konkordanz zum Gebrauch für jedes Gesangbuch

ISBN/EAN: 9783743360822

Hergestellt in Europa, USA, Kanada, Australien, Japan

Cover: Foto ©Lupo / pixelio.de

Manufactured and distributed by brebook publishing software (www.brebook.com)

Georg Brock

Evangelische Lieder

Evangelische

ieder-Konkordanz

zum

Gebrauche für jedes Gesangbuch.

Herausgegeben

von

Georg Brock,
Pastor in Eichholz bei Zerbst.

Gütersloh.
Druck und Verlag von C. Bertelsmann.
1 8 9 4.

Verzeichnisnummern auch die Liedernummern aller benutzten Gesangbücher angegeben. Um diese Erleichterung auch für andere Gesangbücher in Anwendung zu bringen, ist eine freie Spalte angefügt, die zur Nachfügung der Liedernummern jedes beliebigen Gesangbuches benutzt werden kann.

Als Anhang ist 1. eine Katechismustabelle, 2. eine Perikopentabelle und 3. ein Melodienverzeichnis beigegeben. Die erstere soll dazu dienen, dem Katecheten passende Liederverse zur Auswahl an die Hand zu geben. Die Perikopentabelle bietet Predigtlieder zu den altkirchlichen Evangelien und Episteln. Die Eingangslieder wolle man den Sonntagsliedern, Lob- und Dankliedern, Morgenliedern, Glaubensliedern, Liedern über das göttliche Wort oder kurzen und volltönenden Festtagsliedern entnehmen. Das Melodienverzeichnis endlich erleichtert das Auffinden der gangbarsten Melodien.

Der Herr der Kirche aber lasse auf dieser Arbeit, die zwar nur in bescheidener Weise Mithülfe thun kann am Bau seines Reiches, seinen Segen ruhn.

Eichholz bei Zerbst, den 23. April 1894.

Georg Brock,
Pastor.

Lieder-Verzeichnis

nach elf verschiedenen Gesangbüchern.

Lieder-

Nr.	A.	Verfasser.
1	**Ach** bleib bei uns, Herr	Nikolaus Selnecker
2	Ach bleib mit deiner Gnade	Josua Stegmann
3	Ach Gnad über alle Gnaden	A. S., Landgräfin v. Hessen Darmstadt
4	Ach Gott erhör mein Seufzen	Johann Peter Schechs
5	Ach Gott gieb du uns deine	Samuel Zehner
6	Ach Gott ich muß dirs klagen	M. Barth. Rollenhagen
7	Ach Gott ich muß in Traurigkeit	Johann Heermann
8	Ach Gott und Herr wie groß	Martin Rutilius
9	Ach Gott verlaß mich nicht	Salomo Frank
10	Ach Gott vom Himmel sieh	David v. Schweinitz
11	Ach Gott wie manches	Martin Moller
12	Ach Herre, du gerechter Gott	um 1592
13	Ach höchster Gott, verleihe	Johann Rist
14	Ach Jesu, dessen Treu	Johann Heermann
15	Ach lieben Christen seid	Johann Gigas (Heune)
16	Ach mein Herr Jesu, dein	Christian Gregor
17	Ach mein Jesu, sieh ich trete	Levin Johann Schlich
18	Ach mein Jesu, welch Verderben	Ludwig Andreas Gotter
19	Ach sagt mir nichts von	Johann Scheffler
20	Ach wann werd ich dahin	Joh. Christ. Kohlhans
21	Ach was sind wir ohne	Peter Lackmann
22	Ach was soll ich Sünder	Johann Flitner
23	Ach wie betrübt sind fromme Seelen	Michael Pfefferkorn
24	Ach wie flüchtig, ach wie	Michael Frank
25	Ach wie heilig ist der Ort	Benjamin Schmolck
26	Ach wie will es endlich werden	Johann Scheffler?
27	Ach wir armen Sünder	Hermann Bonn
28	Ach wundergroßer Siegesheld	Ernst Christ. Homburg
29	Allein Gott in der Höh	Nikolaus Decius
30	Allein zu dir, Herr Jesu Christ	Johann Schnesing
31	Alle Menschen müssen	Johann Georg Albinus
32	Alles ist an Gottes Segen	vor 1676
33	Alle Welt, was lebt und	Johann Frank
34	Allgenugsam Wesen	Gerhard Tersteegen

Verzeichnis.

Nr.	Anh. (Pr. Sächs.)	Bernb.	Brand.	Schl.	Mind.-Rav.	Kgl. Sächs.	Bayr.	Württ.	Hann.	Darm.	Meckl.
1	143	180	238	335	167	191	314	209	170	151	230
2	144	181	22	134	168	192	21	7	18	152	608
3	—	224	—	—	—	—	—	—	—	—	302
4	—	559	—	—	—	—	408	—	—	—	—
5	—	356	—	—	—	389	22	—	345	—	—
6	—	239	—	—	519	—	—	—	234	—	—
7	477	519	628	614	—	568	—	—	607	470	—
8	210	240	282	261	245	339	338	—	238	215	257
9	329	357	486	449	—	390	24	20	364	300	—
10	145	182	239	336	163	193	301	215	166	150	640
11	424	309	435	—	511	308	405	—	388	—	412
12	—	547	576	—	—	498	506	—	559	—	436
13	252	358	—	—	456	—	—	—	—	—	323
14	—	310	—	—	—	—	—	—	297	—	3
15	—	544	—	—	—	—	—	—	—	—	399
16	295	311	379	256	323	380	—	191	329	317	—
17	389	480	550	486	445	—	—	575	—	395	37
18	—	241	—	—	21	—	—	—	—	—	258
19	296	312	380	229	333	381	—	360	303	—	461
20	—	668	—	—	—	—	—	—	—	—	—
21	—	—	381	—	482	—	—	82	254	—	652
22	211	243	283	—	252	340	—	—	—	—	260
23	—	621	—	—	—	—	—	—	—	—	—
24	481	622	586	—	—	617	534	588	593	—	—
25	—	—	249	369	—	—	173	—	—	165	—
26	—	244	—	—	—	—	—	—	—	—	261
27	—	—	—	—	—	—	91	—	77	—	—
28	87	137	168	100	134	135	140	—	133	97	178
29	114	165	1	126	1	1	164	36	149	123	513
30	212	245	284	262	242	184	337	305	232	213	262
31	482	669	587	574	574	619	556	598	597	486	591
32	—	560	436	371	—	277	260	67	350	338	—
33	—	413	36	—	207	2	—	—	4	—	514
34	297	—	383	199	350	382	—	345	—	315	—

Nr.	A. B. C.	Verfasser.
35	Also hat Gott die Welt	Paul Gerhardt
36	Auf, auf ihr Reichsgenossen	Johann Rist
37	Auf, auf mein Herz mit Freuden	Paul Gerhardt
38	Auf, Christenmensch, auf	Johann Scheffler
39	Auf Christi Himmelfahrt	Josua Wegelin
40	Auf den Nebel folgt	Paul Gerhardt
41	Auf diesen Tag, so denken	Johann Zwick
42	Auferstanden, auferstanden	Joh. Caspar Lavater
43	Auferstehn, ja auferstehn	Friedr. Gottl. Klopstock
44	Auf Gott nur will ich sehen	Joh. Caspar Lavater
45	Auf Gott und nicht auf meinen	Christ. F. Gellert
46	Auf hinauf zu deiner Freude	Joh. Caspar Schade
47	Auf ihr Christen, Christi	Justus Falckner
48	Auf meinen lieben Gott	Sigismund Weingärtner
49	Auf mein Herz, des Herren	Caspar Neumann
50	Auf, schicke dich, recht feierlich	Christ. Fürcht. Gellert
51	Auf Seele, auf und säume	Michael Müller
52	Auf, was willst du hier	
53	Aus Gnaden soll ich selig	Christ. Ludw. Scheidt
54	Aus meines Herzens Grunde	um 1592
55	Aus tiefer Not schrei ich	Martin Luther
56	**B**edenke, Mensch, das Ende	vor 1686
57	Befiehl dem Herrn deine	Henr. Katharine v. Gersdorf
58	Befiehl du deine Wege	Paul Gerhardt
59	Bei dir, Jesu, will ich	K. J. Ph. Spitta
60	Bescher uns, Herr das täglich	Nikolaus Hermann
61	Bete nur, betrübtes Herz.	Joh. Gottfr. Krause
62	Betgemeine heilge dich	Chr. K. Ludwig v. Pfeil
63	Bis hieher hat mich Gott	Ä. J., Gräfin v. Schwarzb.-Rudolst.
64	Bringt her dem Herren Lob	Cyriakus Günther
65	Brunn alles Heils, dich	Gerhard Tersteegen
66	**C**hrist, der du bist der helle	Erasmus Alberus
67	Christ, der du bist Tag und	Wolfgang Meuslin
68	Christe, du Beistand deiner	M. A. v. Löwenstern
69	Christe, du Lamm Gottes	altkirchlich
70	Christe mein Leben, mein Hoffen	Hellner v. Zinnendorf
71	Christen sind ein göttlich	Nikol. Ludw., Graf v. Zinzendorf
72	Christe, wahres Seelenlicht	Christoph Prätorius
73	Christ fuhr auf gen Himmel	Christoph Solius
74	Christi Blut und Gerechtigkeit	derselbe
75	Christ ist erstanden	altkirchlich
76	Christ lag in Todesbanden	Martin Luther
77	Christ unser Herr zum Jordan	derselbe
78	Christus der ist mein Leben	Anna Gräfin Stollberg
79	Christus ist erstanden von	Michael Weiße

Nr.	Anh. (Pr. Sächs.)	Bernb.	Brand.	Schl.	Mind.-Rav.	Kgl. Sächs.	Bayr.	Württ.	Hann.	Darm.	Meckl.
35	—	277	72	—	272	302	—	110	—	—	188
36	1	27	55	1	32	18	52	90	24	35	65
37	67	—	1*	—	120	113	—	—	116	—	111
38	—	359	417	—	481	—	371	379	—	—	—
39	88	138	169	101	132	—	139	185	132	96	179
40	—	561	437	—	—	573	—	469	—	334	—
41	—	139	170	102	—	—	136	180	128	94	—
42	—	—	144	80	—	—	—	—	125	88	—
43	515	—	637	624	601	673	230	632	617	464	—
44	478	521	—	—	—	—	—	524	536	—	—
45	426	562	438	373	—	284	399	374	423	355	—
46	253	—	384	—	—	361	—	—	—	—	413
47	254	—	418	—	488	—	—	—	—	—	—
48	427	563	439	274	514	574	406	—	389	329	463
49	—	117	—	—	—	—	—	—	—	—	170
50	—	42	—	15	—	33	—	—	—	—	—
51	—	—	—	—	72	—	—	117	—	55	—
52	—	360	—	—	—	51	—	—	—	—	—
53	233	278	303	—	281	362	364	316	284	237	374
54	364	453	519	460	408	444	432	—	469	365	2
55	213	246	286	264	240	185	175	290	228	212	264
56	483	623	588	560	577	622	—	—	—	488	679
57	—	564	—	—	—	—	—	—	415	—	414
58	428	565	440	375	520	575	409	364	399	333	464
59	187	—	257	167	—	237	211	383	208	192	—
60	385	473	544	510	423	—	458	—	555	—	—
61	330	—	—	—	—	425	—	—	—	—	—
62	331	436	23	135	391	426	29	—	383	—	—
63	344	414	93	35	381	522	—	—	452	163	—
64	—	—	—	414	380	—	10	—	457	138	—
65	127	166	207	136	212	3	—	—	14	—	—
66	390	481	551	—	—	473	463	—	497	—	36
67	—	482	—	—	432	—	—	—	—	—	—
68	146	183	212	337	173	194	317	—	174	—	—
69	44	1	265	46	81	75	187	—	73	195	125
70	298	—	337	—	—	—	—	—	—	—	—
71	255	—	338	—	—	—	—	—	—	314	—
72	365	455	521	—	—	445	—	—	—	—	4
73	89	140	171	—	128	137	135	—	127	93	180
74	234	279	304	284	—	363	276	—	—	—	—
75	68	118	145	—	109	114	115	—	105	76	—
76	69	119	146	—	111	115	117	166	108	77	160
77	181	214	251	—	—	—	182	—	199	—	648
78	484	624	589	575	560	623	529	606	582	439	557
79	—	120	—	—	110	—	118	—	—	—	159

Nr.	D.	Verfasser.
80	Da Christus geboren war	altkirchlich
81	Dank sei Gott in der Höhe	Johann Mühlmann
82	Das alte Jahr ist nun dahin	Burchard Wiesenmeyer
83	Das alte Jahr vergangen ist	Johann Steuerlein?
84	Das ist eine selge Stunde	E. Gottlieb Woltersdorf
85	Das ist ein teuer wertes Wort	Heinrich Georg Neuß
86	Das Jahr geht still zu Ende	Eleonore, Fürstin Reuß
87	Das liebe neue Jahr geht an	Cyriacus Schneegaß
88	Das walte Gott, der helfen	Johann Betichius
89	Das walt Gott Vater und Gott	Martin Behm
90	Deines Gottes freue dich	Balthasar Münter
91	Dein König kommt in	Friedrich Rückert
92	Dein König kommt, o Zion	Friedr. Ad. Krummacher
93	Dein Wort, o Herr, bringt	Joh. Ludw. Konr. Allendorf
94	Dein Wort, o Herr, ist milder	Karl Bernhard Garve
95	Dennoch bleib ich stets an dir	Benjamin Schmolck
96	Der Abend kommt, die Sonne	Gerhard Tersteegen
97	Der am Kreuz ist meine	Johann Mentzer?
98	Der beste Freund ist in	Benjamin Schmolck
99	Der Bräutgam wird bald	nach Johann Walther
100	Der du bist drei in Einigkeit	Martin Luther
101	Der du das Volk regierest.	Joh. Friedr. v. Meyer
102	Der du, Herr Jesu, Ruh und	Georg Werner
103	Der du zum Heil erschienen	Albert Knapp
104	Der Glaub ist eine Zuversicht	Joh. Herm. Schrader
105	Der heilge Christ ist kommen	
106	Der Herr, der aller Enden	Paul Gerhardt
107	Der Herr hat alles wohlgemacht	Christoph Runge
108	Der Herr ist meine Zuversicht	Christian Weise
109a	Der Herr ist mein getreuer	Joh. Friedr. v. Meyer
109b	Der Herr ist mein getreuer	Barth. Ringwaldt
110	Der Hölle Pforten sind	Michael Schirmer
111	Der lieben Sonne Licht und	Christian Scriver
112	Der Mond ist aufgegangen	Matthias Claudius
113	Der Sabbath ist vergangen	Benjamin Schmolck
114	Der Tag, der ist so freudenreich	altkirchlich
115	Der Tag ist hin, mein Geist	Joh. Anast. Freylinghausen
116	Der Tag ist hin, mein Jesu	Joachim Neander
117	Der Tod hat zwar verschlungen	Georg Werner
118	Der Tod ist tot, das Leben	Benjamin Schmolck
119	Des Morgens, wenn ich früh	um 1593
120	Dich Jesum laß ich ewig nicht	Ehrenfried Liebich
121	Die Christen gehn von Ort zu	Nik. Lud. Graf v. Zinzendorf
122	Die Ernt ist nun zu Ende	Gottfried Tollmann
123	Die Feinde deines Kreuzes	Balthasar Münter
124	Die Gnade sei mit allen	Phil. Friedr. Hiller

Nr.	Anh. (Pr. Sächs.)	Bernb.	Brand.	Schl.	Mind.-Rav.	Kgr. Sächs.	Bayr.	Württ.	Hann.	Darm.	Meckl.
80	—	78	—	—	47	—	—	—	42	—	—
81	366	479	2	462	—	446	206	—	472	—	—
82	—	68	—	—	—	—	74	—	—	—	—
83	30	69	94	36	59	62	73	—	59	46	101
84	128	17	—	137	—	4	—	—	196	—	—
85	299	280	305	285	—	303	—	—	—	—	—
86	31	—	95	31	—	63	—	—	65	—	—
87	32	70	96	—	—	54	72	—	—	—	—
88	367	457	487	464	—	562	449	514	483	407	—
89	368	458	583	—	410	447	433	—	470	—	—
90	—	—	—	—	—	—	367	—	426	—	—
91	2	—	56	2	39	19	—	100	35	300	—
92	—	—	—	—	38	—	—	—	—	—	—
93	—	184	—	138	—	195	324	—	—	160	—
94	173	—	240	139	204	222	—	—	198	182	—
95	429	—	443	376	—	—	421	—	—	—	—
96	—	483	—	—	—	—	481	566	513	—	—
97	—	86	117	47	103	100	—	152	93	—	128
98	300	313	3*	—	343	310	—	—	—	—	—
99	—	—	—	—	—	—	—	—	623	—	—
100	—	484	—	—	—	—	—	—	498	—	—
101	160	—	—	—	—	—	—	—	—	—	—
102	—	115	118	76	—	110	113	—	101	73	—
103	161	185	102	356	193	208	—	—	179	176	—
104	235	282	306	—	277	265	235	315	—	—	—
105	15	—	75	16	—	35	—	114	57	45	—
106	430	416	444	202	308	285	285	—	—	—	517
107	—	417	445	—	—	—	—	—	—	—	518
108	—	—	—	—	—	286	263	—	425	356	—
109a	—	—	—	—	—	—	264	—	428	—	—
109b	—	—	—	—	512	—	—	—	—	—	—
110	70	121	—	—	—	—	124	—	115	—	161
111	391	485	552	—	441	474	475	—	504	—	38
112	392	486	5*	488	—	475	—	570	515	400	—
113	393	—	553	504	—	471	489	—	—	—	—
114	—	44	—	—	—	—	—	—	40	—	—
115	—	488	554	489	447	476	479	—	510	—	—
116	394	489	555	—	440	477	—	568	505	—	40
117	—	—	—	—	—	116	—	—	—	—	—
118	—	122	147	—	123	117	—	—	—	—	—
119	369	437	525	—	—	—	—	—	468	—	—
120	—	—	—	416	—	311	296	—	328	286	—
121	485	625	638	602	600	624	228	618	—	461	—
122	418	553	577	551	401	—	—	541	563	—	—
123	—	—	—	—	—	—	326	210	—	162	—
124	147	—	39	286	—	364	—	491	15	—	—

Nr.	D. E.	Verfasser.
125	Die güldne Sonne voll	Paul Gerhardt
126	Die helle Sonn leucht jetzt	Nikolaus Hermann
127	Die Herrlichkeit der Erden	Andreas Gryphius
128	Die Himmel rühmen	Christ. F. Gellert
129	Die Nacht ist kommen, drin	Peter Herbert
130	Die Seele Christi heilge mich	Johann Scheffler
131	Die Sonn hat sich mit ihrem	Josua Stegmann
132	Dies ist der Tag, den Gott	Christ. F. Gellert
133	Dies ist die Nacht, da mir	Caspar Fr. Nachtenhöfer
134	Dies sind die heilgen zehn	Martin Luther
135	Die Zeit ist nunmehr nah	Paul Gerhardt
136	Dir, dir Jehovah, will ich	Barth. Crasselius
137	Dreifaltig heilig großer Gott	Hans v. Assig
138	Du bist ein Mensch, das	Paul Gerhardt
139	Du bist zwar mein und	derselbe
140	Du Friedefürst, Herr Jesu	Jakob Ebert
141	Du gehest in den Garten	Johann Mentzer
142	Du Herr der Seraphinen	Benjamin Schmolck
143	Du Lebensbrot, Herr Jesu	Johann Rist
144	Du Lebensfürst, Herr Jesu	derselbe
145	Du meine Seele singe	Paul Gerhardt
146	Durch Adams Fall	Lazarus Spengler
147	Durch Trauern und durch	Gottfr. Wilh. Sacer
148	Du unerforschlich Meer	Benjamin Schmolck
149	Du Volk, das du getaufet	Paul Gerhardt
150	Du weinest vor Jerusalem	Johann Heermann
151	Du wesentliches Wort	Laurentius Laurenti
152	Edler Geist im Himmelsthron	Joh. Gottfr. Herrmann
153	Ein Christ, ein tapfrer	vor 1711
154	Ein Christ kann ohne Kreuz	David Nerreter
155	Eine Herde und ein Hirt	Friedr. Ad. Krummacher
156	Einen guten Kampf hab ich	Heinrich Albert
157	Einer ist König, Immanuel	Joh. Ludw. Konr. Allendorf
158	Einer ists, an dem wir	Albert Knapp
159	Einer nur ist ewig	M. Sam. Preiswerk
160	Eines wünsch ich mir	Albert Knapp
161	Ein feste Burg ist	Martin Luther
162	Ein getreues Herze wissen	Paul Flemming
163	Ein Haupt hast du dem	Julius Sturm
164	Ein Jahr der Sterblichkeit	Henr. Kath. v. Gersdorf
165	Ein Lämmlein geht	Paul Gerhardt
166	Ein neuer Tag, ein neues Leben	Benjamin Schmolck
167	Ein neugebornes Gotteskind	Joh. Jak. Rambach
168	Ein reines Herz schaff	Heinr. Georg Neuß
169	Eins ist not, ach Herr	Joh. Heinr. Schroeder

Nr.	Anh. (Pr. Sächs.)	Bernb.	Brand.	Schl.	Mind.-Rav.	Kgl. Sächs.	Bayr.	Württ.	Hann.	Darm.	Meckl.
125	370	489	527	468	414	449	439	554	477	368	—
126	371	460	528	562	407	450	431	—	467	—	—
127	486	626	122	—	571	—	537	—	592	445	—
128	—	—	6*	—	—	268	247	—	461	146	—
129	—	—	—	—	433	478	464	—	499	—	—
130	45	87	119	—	95	—	—	—	—	—	124
131	—	492	556	—	—	—	468	—	503	—	—
132	16	45	76	17	58	36	71	104	56	40	—
133	17	46	77	18	56	37	68	103	52	38	—
134	174	361	—	—	—	224	302	—	185	—	—
135	—	672	—	—	—	—	—	—	—	—	588
136	332	438	24	417	379	427	26	—	381	299	248
137	—	557	—	—	—	217	—	—	—	—	—
138	431	566	—	—	—	288	—	371	400	—	465
139	511	—	629	—	606	—	547	627	610	472	—
140	—	312	—	—	—	—	—	—	542	—	447
141	—	—	—	48	—	99	—	134	—	69	—
142	125	—	—	—	—	168	255	76	163	—	—
143	192	225	—	—	—	243	—	—	214	—	304
144	—	141	—	—	133	—	—	—	—	—	181
145	345	418	4	—	371	289	249	—	—	—	519
146	214	247	308	—	20	—	266	78	230	—	295
147	33	71	97	—	—	64	77	—	—	—	—
148	—	—	—	—	—	232	186	—	—	50	—
149	—	215	—	—	—	—	—	—	—	—	—
150	215	284	—	50	250	342	—	—	391	—	417
151	14	315	—	—	—	38	146	109	53	—	76
152	—	—	—	—	—	—	300	—	—	—	193
153	—	362	421	—	—	—	—	—	—	—	—
154	432	567	—	379	540	578	—	478	—	—	—
155	162	—	230	358	191	209	—	224	182	172	—
156	487	628	593	—	593	—	—	—	—	458	—
157	90	—	180	603	139	312	—	—	—	—	—
158	163	186	231	359	194	210	—	—	180	—	466
159	301	—	385	232	—	—	—	—	—	—	—
160	46	88	121	249	361	78	—	361	100	—	—
161	148	187	214	339	161	171	170	212	168	156	401
162	—	515	8*	—	—	547	—	—	—	—	—
163	414	—	506	—	—	—	—	—	—	—	—
164	—	—	—	—	64	55	79	—	—	—	—
165	47	89	122	51	90	79	98	130	85	65	129
166	405	—	572	485	—	441	—	—	—	—	—
167	256	363	342	307	—	393	372	—	355	249	—
168	236	316	309	233	275	313	288	385	312	277	—
169	516	674	~~630~~	—	626	678	—	—	—	—	—

Nr.	E. F. G.	Verfasser.
170	Ein Tröpflein von den	Erasmus Finx
171	Ein Wohlstand ohne	K. J. Ph. Spitta
172	Ein Würmlein bin ich	Bartholomäus Fröhlich
173	Eitle Welt, ich bin	Erdm. Neumeister
174	Endlich bricht der heiße	Karl Friedr. Hartmann
175	Endlich, endlich muß es doch	Benjamin Schmolck
176	Erhalt uns deine Lehre	Andreas Gryphius
177	Erhalt uns, Herr, bei deinem	Martin Luther
178	Ermuntert euch, ihr Frommen	Laurentius Laurenti
179	Ermuntre dich, mein schwacher	Johann Rist
180	Erneure mich, o ewges Licht	Joh. Fr. Ruopp
181	Erschienen ist der herrlich	Nikolaus Hermann
182	Es glänzet der Christen	Christ. Friedr. Richter
183	Es ist das Heil uns	Lazarus Spengler
184	Es ist genug, so nimm	Franz Joach. Burmeister
185	Es ist gewißlich an der	Barth. Ringwaldt
186	Es ist nicht schwer, ein	Christ. Friedr. Richter
187	Es ist noch eine Ruh	Joh. Sigism. Kunth
188	Es ist vollbracht, er ist	Salomo Frank
189	Es kennt der Herr die Seinen	K. J. Ph. Spitta
190	Es kommt ein Wetter	Ä. J., Gräf. v. Schwarzb.-Rudolst.
191	Es kostet viel ein Christ zu sein	Chr. Friedr. Richter
192	Es woll uns Gott genädig	Martin Luther
193	Ewge Liebe, mein Gemüte	Joh. Jakob Rambach
194	Fahre fort, Zion fahre fort	Joh. Eusebius Schmidt
195	Fang dein Werk mit Jesu	
196	Freu dich sehr, o meine Seele	vor 1620
197	Freuet euch, ihr Christen alle	Christ. Keymann
198	Freuet euch, ihr Gotteskinder, preiset	Joh. Olearius
199	Freut euch, ihr lieben Christen	vor 1549
200	Fröhlich soll mein Herze	Paul Gerhardt
201	Früh am Morgen Jesus gehet	vor 1856
202	Früh morgens, da die Sonn	Johann Heermann
203	Geduld ist euch vonnöten	Paul Gerhardt
204	Geh aus, mein Herz, und suche	derselbe
205	Geht hin, ihr gläubigen	Joh. Gottfr. Herrmann
206	Geht nun hin und grabt	Ernst Moritz Arndt
207	Geist vom Vater und vom	Gottfried Hoffmann
208	Gelobet sei der Herr mein Gott	Johann Olearius
209	Gelobet seist du Jesus Christ, daß	Martin Luther
210	Gen Himmel aufgefahren	um 1704
211	Gesegn uns, Herr, die Gaben	vor 1561
212	Gesetz und Evangelium	Joh. Jakob Rambach
213	Gieb dich zufrieden und	Paul Gerhardt
214	Gott, deine Güte reicht so	Chr. F. Gellert

Nr.	Anh. (Pr. Sächs.)	Bernb.	Brand.	Schl.	Mind.-Rav.	Kgl. Sächs.	Bayr.	Württ.	Hann.	Darm.	Meckl.
170	516	674	639	—	626	678	—	—	—	—	—
171	—	—	—	—	—	—	—	—	—	323	—
172	—	629	—	—	—	—	—	—	—	—	—
173	—	—	—	576	--	625	—	—	—	—	—
174	433	—	—	380	—	—	—	475	—	—	—
175	—	568	—	381	543	—	—	—	—	—	—
176	—	—	—	340	—	172	—	—	—	155	—
177	149	188	241	341	164	173	313	206	169	149	232
178	517	171	640	626	617	670	559	98	629	490	—
179	19	47	79	—	50	—	65	—	46	—	79
180	257	364	344	308	293	394	298	—	360	—	—
181	71	124	149	—	113	119	120	—	109	—	628
182	258	365	345	309	295	383	—	344	—	—	—
183	237	286	310	290	270	365	267	316	264	—	296
184	488	630	594	577	—	626	538	—	—	—	—
185	518	676	641	627	612	671	550	—	620	—	589
186	259	366	346	310	297	396	393	387	357	—	660
187	519	677	642	628	634	679	--	641	633	465	593
188	48	--	—	—	—	101	107	—	—	68	--
189	—	—	347	257	—	—	—	—	—	265	—
190	417	—	—	—	—	—	—	—	—	—	—
191	260	367	348	311	296	395	392	386	356	—	659
192	150	189	215	360	187	197	328	—	165	167	234
193	—	—	—	206	22	—	—	85	281	233	420
194	261	368	216	342	495	174	320	211	176	157	—
195	372	369	489	—	—	563	494	—	489	—	—
196	489	631	595	579	563	627	530	—	587	440	560
197	—	49	80	—	49	39	66	—	43	—	80
198	—	—	—	—	153	—	85	—	69	—	115
199	—	50	—	—	—	—	—	—	—	—	—
200	20	51	81	22	51	40	62	105	48	35	81
201	373	—	532	—	—	452	—	—	492	376	—
202	72	125	150	—	115	120	122	173	112	78	—
203	434	569	—	—	—	—	—	447	—	337	—
204	346	546	575	547	399	495	—	538	548	362	—
205	238	—	312	207	24	283	244	56	285	147	—
206	490	—	596	580	602	629	546	616	605	465	—
207	—	—	194	111	154	—	299	202	146	114	—
208	115	168	208	127	395	156	166	—	448	124	—
209	21	52	82	23	45	41	57	111	37	33	82
210	—	—	10*	—	129	—	—	—	129	—	—
211	—	475	545	511	425	466	—	—	493	380	—
212	175	205	—	—	—	—	—	—	195	—	237
213	435	570	449	383	523	579	410	—	402	331	472
214	333	439	25	451	—	428	30	10	373	302	—

Nr.	G. H.	Verfasser.
215	Gott, den ich als Liebe kenne	Chr. Friedr. Richter
216	Gott der Vater wohn uns	Martin Luther
217	Gott, der wirds wohl machen	Ernst Stockmann
218	Gott, des Güte sich nicht endet	Johann Frank
219	Gott des Himmels und der	Heinrich Albert
220	Gott, des Scepter, Stuhl	Heinr. Georg Neuß
221	Gott, du Licht, das ewig	Salomo Frank
222	Gottes Sohn ist kommen	Johann Horn
223	Gottes Stadt ist fest gegründet	K. J. Ph. Spitta
224	Gott fähret auf gen	Gottfr. Wilh. Sacer
225	Gott gieb einen milden Regen	Moritz Kramer
226	Gott ist gegenwärtig	Gerhard Tersteegen
227	Gott ist mein Hort	Chr. F. Gellert
228	Gott ist und bleibt getreu	vor 1695
229	Gott lebet noch, Seele was	Joh. Friedr. Zihn
230	Gott lebt, wie kann ich	Benjamin Schmolck
231	Gottlob, der Sonntag	Johann Olearius
232	Gottlob, die Stund ist	Johann Heermann
233	Gottlob, ein neues Kirchenjahr	Heinr. Corn. Hecker
234	Gottlob, ein Schritt zur	Aug. Herm. Francke
235	Gottlob, nun ist erschollen	Paul Gerhardt
236	Gott rufet noch; sollt ich	Gerhard Tersteegen
237	Gott ruft der Sonn und	Chr. F. Gellert
238	Gott sei Dank durch alle	Heinrich Held
239	Gott sei gelobet und gebenedeiet	Martin Luther
240	Gott sei Lob, der Tag ist kommen	Ä. J., Gräf. v. Schwarzb.-Rudolst.
241	Gott und Vater, nimm	vor 1767
242	Gott Vater aller Dinge Grund	Albert Knapp
243	Gott Vater sende deinen	Paul Gerhardt
244	Gott Vater, Sohn und heilger	Justus Gesenius
245	Gott wills machen	Joh. Dav. Herrnschmidt
246	Großer Gott mein Vater	Klaus Harms
247	Großer Gott von alten Zeiten	Caspar Neumann
248	Großer Gott, wir fallen	Gerhard Tersteegen
249	Großer Mittler, der	Joh. Jakob Rambach
250	Halleluja jauchzt ihr Chöre	Gottfr. Bened. Funk
251	Halleluja, Lob, Preis und Ehr	vor 1698
252	Halleluja, schöner Morgen	Jonathan Krause
253	Halleluja, wie lieblich	Albert Knapp
254	Halt im Gedächtnis	Cyriacus Günther
255	Heiland, deine Menschenliebe	Joh. Jakob Rambach
256	Heilge Einfalt, Gnadenwunder	Aug. Gottl. Spangenberg
257	Heiligster Jesu, Heiligungsquelle	Barth. Crasselius?
258	Helft mir Gottes Güte	Paul Eber
259	Herr auf Erden muß ich	Caspar Neumann

Nr.	Anh. (Pr. Sächs.)	Bernb.	Brand.	Schl.	Mind.-Rav.	Kgl. Sächs.	Bayr.	Württ.	Hann.	Darm.	Meckl.
215	474	—	—	—	552	516	508	488	433	—	—
216	116	169	—	—	3	—	163	33	148	—	202
217	436	571	450	—	—	580	261	—	—	—	—
218	—	548	—	—	—	—	—	—	—	—	439
219	374	461	533	471	413	453	437	559	473	366	9
220	—	—	—	—	382	—	—	—	252	—	—
221	—	—	534	—	—	454	446	560	488	375	—
222	3	28	58	—	213	20	60	—	—	—	—
223	—	—	217	343	—	—	—	—	183	164	—
224	91	143	—	—	135	—	141	—	—	—	184
225	100	150	—	114	—	143	156	—	—	113	189
226	130	440	40	142	388	269	242	263	—	301	—
227	176	206	242	143	—	225	309	232	197	181	—
228	437	572	453	384	—	271	426	—	412	—	—
229	438	573	454	—	536	581	418	—	—	346	—
230	439	574	455	385	—	—	—	467	—	352	—
231	131	18	—	—	—	5	—	—	7	—	55
232	512	632	630	616	605	665	—	—	608	—	563
233	4	—	59	4	41	—	56	89	—	—	—
234	34	506	98	33	580	65	478	584	62	402	469
235	421	543	509	538	394	514	502	—	545	422	—
236	—	—	—	266	265	—	—	—	—	—	—
237	—	73	99	38	—	—	81	532	—	52	—
238	5	29	60	5	29	21	45	94	30	16	66
239	193	226	266	—	238	—	202	—	221	—	305
240	194	227	—	—	—	244	—	—	—	—	—
241	182	—	253	163	218	—	—	—	205	—	—
242	169	—	—	370	186	—	—	279	—	166	—
243	101	151	195	—	—	142	297	—	—	—	191
244	—	216	—	—	—	—	—	—	—	—	254
245	440	575	456	386	—	584	424	375	—	349	423
246	—	441	—	—	—	—	—	—	—	—	—
247	132	15	41	480	—	6	33	—	8	238	—
248	347	—	—	—	389	—	—	—	—	—	—
249	92	317	181	258	140	304	272	190	321	100	631
250	73	—	151	—	126	121	132	—	124	91	—
251	117	170	209	128	378	157	169	37	152	125	521
252	133	19	42	481	406	7	—	269	12	—	—
253	93	—	—	—	184	—	—	188	—	104	—
254	195	318	313	235	231	314	196	252	315	279	—
255	302	287	108	250	77	305	274	125	322	282	—
256	—	371	352	—	—	398	—	—	366	—	—
257	262	372	109	251	76	399	—	122	—	252	328
258	35	74	—	—	—	66	—	—	58	—	105
259	94	144	—	104	137	139	—	—	—	99	—

Nr.	H.	Verfasser.
260	Herr, deine Rechte und Gebot	David Denicke
261	Herr, dein herzliches Verlangen	Chr. Karl L. v. Pfeil
262	Herr, dein Wort, die edle	Nik. Ludw., Graf v. Zinzendorf
263	Herr, der du dein teures Leben	J. K. Lavater
264	Herr, der du mir das Leben	Chr. F. Gellert
265	Herr, der du vormals hast	Paul Gerhardt
266	Herr, du hast für alle Sünder	Caspar Neumann
267	Herr, du wollst uns vollbereiten	Friedr. Gottl. Klopstock
268	Herr, es ist von meinem	Caspar Neumann
269	Herr Gott, der du mein Vater	Johann Mathesius
270	Herr Gott, dich loben alle wir	Paul Eber
271	Herr Gott, dich loben wir, Herr	Martin Luther
272	Herr Gott, dich loben wir, regier	Johann Frank
273	Herr Gott, nun schleuß den	Tobias Kiel
274	Herr höre, Herr erhöre	Benjamin Schmolck
275	Herr, ich bin dein Eigentum	Balthasar Münter
276	Herr, ich habe mißgehandelt	Johann Frank
277	Herr Jesu Christ, dein teures	Johann Olearius
278	Herr Jesu Christ, dich zu uns	Wilhelm II, Herzog v. Sachs.-Weimar
279	Herr Jesu Christ, du höchstes Gut, sieh	Barth. Ringwaldt
280	Herr Jesu Christ, du höchstes Gut, wir	vor 1724
281	Herr Jesu Christe, mein getreuer	Johann Heermann
282	Herr Jesu Christ, mein höchstes	Erdmann Neumeister
283	Herr Jesu Christ, wahr Mensch	Paul Eber
284	Herr Jesu, deine Angst	vor 1696
285	Herr Jesu, dir sei Preis	Bernh. v. Derschau
286	Herr Jesu, Gnadensonne	Ludw. Andr. Gotter
287	Herr Jesu, Licht der Heiden	Johann Frank
288	Herr, nun laß in Frieden	David Behme
289	Herr, öffne mir die	Johann Olearius
290	Herr, stärke mich, dein Leiden	Chr. F. Gellert
291	Herr, unser Gott, laß nicht	Johann Heermann
292	Herr von unendlichem	Ph. Friedr. Hiller
293	Herr, wie du willst, so schicks	Caspar Bienemann
294	Herzallerliebster Gott	David Denicke
295	Herr Zebaoth, dein heilig	vor 1690
296	Herzlich lieb hab ich dich	Martin Schalling
297	Herzlich thut mich verlangen	Christoph Knoll
298	Herzliebster Jesu, was hast	Johann Heermann
299	Herzog unsrer Seligkeiten	Gottfried Arnold
300	Herz und Herz vereint	Nik. Ludw., Graf v. Zinzendorf
301	Heute mir, und morgen dir	Benjamin Schmolck
302	Heut ist des Herren Ruhetag	vor 1646
303	Heut triumphieret Gottes	Basilius Förtsch
304	Hier bin ich, Herr, du rufest	Joh. Jak. Rambach
305	Hier ist Immanuel	Benjamin Schmolck

Nr.	Anh. (Pr. Sächs.)	Bernb.	Brand.	Schl.	Mind.-Rav.	Kgl. Sächs.	Bayr.	Württ.	Hann.	Darm.	Meckl.
260	263	373	—	—	459	—	384	229	—	—	219
261	196	—	—	—	—	—	—	—	—	—	—
262	177	—	243	144	201	226	308	236	—	179	—
263	197	—	—	—	—	—	—	—	—	—	—
264	395	—	559	492	—	481	485	565	—	399	—
265	422	542	510	539	—	512	503	528	—	—	447
266	198	—	267	182	—	246	195	257	—	198	—
267	199	—	—	—	—	247	201	246	—	204	—
268	396	494	560	494	444	482	477	578	509	394	615
269	—	442	—	—	—	429	—	—	—	—	—
270	—	177	—	—	—	—	—	—	—	—	—
271	348	9	5	420	363	521	1	1	437	128	522
272	423	—	511	—	—	—	504	—	546	—	554
273	121	634	—	—	567	—	528	—	586	—	—
274	334	537	26	145	392	430	—	6	518	304	396
275	—	—	—	—	—	—	568	—	637	—	—
276	216	249	287	—	251	343	—	—	246	—	270
277	49	92	123	293	99	80	354	—	91	—	133
278	134	20	44	146	206	8	36	16	3	5	56
279	217	250	288	—	244	344	212	294	236	—	274
280	200	228	268	183	228	248	191	—	217	—	—
281	—	—	—	—	—	—	193	—	211	—	—
282	303	—	—	—	347	384	—	—	318	—	—
283	491	637	598	—	557	630	518	—	576	—	566
284	50	93	—	—	89	81	102	—	92	—	134
285	201	—	269	—	226	249	—	—	213	—	306
286	264	374	353	312	301	345	25	12	352	—	325
287	122	84	103	42	—	72	89	118	156	54	121
288	—	—	599	584	570	—	531	—	594	—	—
289	135	21	45	147	208	9	37	—	189	—	—
290	51	—	124	57	—	82	109	—	—	71	—
291	151	577	512	345	171	198	513	—	543	—	—
292	—	—	—	213	—	306	275	14	325	—	—
293	335	578	27	—	559	587	521	26	338	294	331
294	265	—	—	—	—	—	—	—	—	—	332
295	—	209	—	—	200	—	305	539	100	—	—
296	304	320	386	421	326	315	18	346	337	268	333
297	492	638	601	585	564	631	524	—	582	441	567
298	52	94	125	58	86	103	93	138	79	60	135
299	266	—	423	—	299	—	—	401	—	247	—
300	152	375	219	149	177	199	—	217	365	158	—
301	—	639	—	606	598	632	—	—	—	460	—
302	136	22	—	—	402	—	—	—	2	—	57
303	74	126	153	—	114	122	121	—	111	—	167
304	—	—	—	—	—	—	—	306	368	—	—
305	—	75	—	—	—	290	—	—	—	—	—

Nr.	H. I.	Verfasser.
306	Hier legt mein Sinn	Christ. Friedr. Richter
307	Hilf, Helfer, hilf in Angst — erbarm	vor 1594
308	Hilf, Helfer, hilf in Angst — du	Joh. Jakob Lang
309	Hilf, Herr Jesu, laß gelingen	Johann Rist
310	Hilf mir, mein Gott, hilf	Johann Heermann
311	Hilf uns, Herr, in allen	Martin Rinckart
312	Himmelan geht unsre	Benjamin Schmolck
313	Himmelan, nur himmelan	Joh. Gottfr. Schöner
314	Hinunter ist der Sonnenschein	Nikolaus Hermann
315	Hirte deiner Schafe, der	Benjamin Schmolck
316	Höchster Gott, durch deinen Segen	Erdm. Neumeister
317	Höchster Priester, der du dich	Johann Scheffler
318	Höchster Tröster komm	Ehrenfried Liebich
319	Hört heut der Weisen	Christ. K. Ludw. v. Pfeil
320	Hosianna, Davids Sohn, der	Christian Keymann
321	Hosianna, Davids Sohn kommt	Benjamin Schmolck
322	Hüter wird die Nacht	Chr. Friedr. Richter
323	Jauchzet, ihr Himmel	Gerhard Tersteegen
324	Ich armer Mensch ja gar nichts	Joh. Gigas (Heune)
325	Ich armer Mensch, ich armer	Christoph Tietze
326	Ich armer Sünder komm zu	Johann Heermann
327	Ich bete an die Macht	Gerhard Tersteegen
328	Ich bin bei Gott in Gnaden	Simon Dach
329	Ich bin ein Gast auf Erden	Paul Gerhardt
330	Ich bin getauft auf	Joh. Jakob Rambach
331	Ich bin getauft, ich steh	Joh. Friedr. Stark
332	Ich bin gewiß in meinem	Benjamin Schmolck
333	Ich bin ja, Herr, in deiner	Simon Dach
334	Ich bin im Himmel	Salomo Frank
335	Ich danke dir für deinen Tod	Johann Scheffler
336	Ich erhebe mein Gemüte	Joh. Casp. Lavater
337	Ich freue mich in dir und	Caspar Ziegler
338	Ich geh zu deinem Grabe	Benjamin Schmolck
339	Ich habe Lust zu scheiden	derselbe
340	Ich habe nun den Grund	Joh. Andr. Rothe
341	Ich hab in Gottes Herz und	Paul Gerhardt
342	Ich hab in guten Stunden	Chr. F. Gellert
343	Ich hab mein Sach Gott	Johann Leon
344	Ich hab mich Gott ergeben	Johann Siegfried
345	Ich hab von ferne	Joh. Tim. Hermes
346	Ich heb mein Augen sehnlich	Kornelius Becker
347	Ich komme Herr und suche	Chr. F. Gellert
348	Ich komme vor dein Angesicht	derselbe
349	Ich komm jetzt als ein armer	Justus Sieber
350	Ich laß dich nicht, du mußt	W. Chr. Deßler

Nr.	Anh. (Pr. Sächs.)	Bernb.	Brand.	Schl.	Mind.-Rav.	Kgl. Sächs.	Bayr.	Württ.	Hann.	Darm.	Meckl.
306	267	—	355	313	298	401	—	—	358	220	—
307	441	579	602	—	515	633	404	—	581	—	422
308	442	—	—	—	—	—	428	—	—	—	—
309	36	76	100	39	61	59	76	—	60	47	106
310	—	—	28	—	—	402	—	—	339	—	335
311	171	—	29	—	—	—	—	—	344	—	336
312	268	376	356	312	462	403	561	—	631	254	—
313	—	—	357	—	473	—	—	421	638	—	—
314	397	495	561	494	434	483	465	—	498	386	44
315	398	496	562	496	446	484	480	577	511	396	—
316	375	—	—	—	—	—	452	556	—	—	—
317	269	377	—	—	458	—	—	—	—	—	623
318	102	153	196	115	159	144	159	—	147	118	—
319	—	79	—	—	—	—	—	—	72	—	—
320	—	30	—	—	—	22	51	—	33	—	—
321	6	31	61	6	36	23	53	—	32	24	—
322	376	378	358	269	418	404	453	296	485	373	—
323	22	53	83	24	—	42	69	106	—	39	—
324	—	443	—	—	561	—	527	—	579	—	—
325	218	252	289	270	261	347	215	—	—	219	274
326	—	253	—	—	—	—	—	—	—	—	275
327	305	321	13*	422	352	—	—	—	327	—	—
328	—	288	314	294	—	368	351	—	—	—	—
329	493	640	359	586	572	634	533	604	595	447	—
330	183	220	258	172	219	238	208	241	204	188	251
331	—	221	—	—	—	233	—	—	—	—	—
332	—	—	—	—	—	369	—	—	276	—	—
333	494	641	603	—	—	635	532	—	591	—	568
334	—	289	—	—	—	370	359	—	—	—	—
335	—	95	126	59	—	83	103	157	—	—	—
336	—	—	—	—	—	—	217	—	261	226	—
337	—	54	—	—	—	43	—	—	—	—	84
338	75	128	155	87	—	123	562	633	—	81	—
339	495	—	604	587	—	—	—	—	—	—	—
340	239	290	316	295	280	371	357	332	279	236	225
341	443	582	457	215	525	291	411	—	395	—	337
342	444	583	458	389	—	517	509	486	435	431	—
343	—	642	605	—	562	636	—	—	580	438	569
344	496	643	606	588	569	637	525	—	588	444	—
345	520	—	360	631	637	638	—	650	636	499	—
346	445	—	504	—	—	—	—	—	—	—	—
347	202	230	270	187	236	250	199	250	219	202	—
348	—	—	30	452	—	431	31	—	—	—	—
349	203	231	271	—	230	—	—	—	—	—	307
350	446	—	459	—	—	—	—	—	—	347	—

Nr.	J.	Verfasser.
351	Ich lobe dich von ganzer Seele	Friedr. C. Hiller
352	Ich preise dich und singe	Paul Gerhardt
353	Ich ruf zu dir, Herr Jesu Christ	Johann Agricola
354	Ich sag es jedem, daß er lebt	Friedr. v. Hardenberg (Novalis)
355	Ich singe dir mit Herz und	Paul Gerhardt
356	Ich steh an deiner Krippe hier	derselbe
357	Ich steh in meines Herren	K. J. Ph. Spitta
358	Ich sterbe täglich und	Benjamin Schmolck
359	Ich und mein Haus	K. J. Ph. Spitta
360	Ich weiß, an wen ich glaube, ich	Ernst Moritz Arndt
361	Ich weiß, an wen ich gläube, mein	Erdmann Neumeister
362	Ich weiß, mein Gott, daß all	Paul Gerhardt
363	Ich weiß von keinem andern	Karl Heinr. v. Bogatzky
364	Ich will dich lieben meine	Johann Scheffler
365	Ich will mit Danken kommen	Paul Gerhardt
366	Ich will von meiner Missethat	Luise H., Kurfürstin v. Brandenb.
367	Je größer Kreuz, je näher	Benjamin Schmolck
368	Jehovah, Herr und König	Ph. Friedr. Hiller
369	Jerusalem, du hochgebaute	Joh. Matthäus Meyfart
370	Jesaia, dem Propheten	Martin Luther
371	Jesu, deine Passion	Sigismund v. Birken
372	Jesu, deine tiefen Wunden	Johann Heermann
373	Jesu, deiner zu gedenken	Nikolaus L., Graf v. Zinzendorf
374	Jesu, der du meine Seele	Johann Rist
375	Jesu, der du wollen büßen	vor 1719
376	Jesu, frommer Menschenherden	Sigismund v. Birken
377	Jesu geh voran auf der	Nikolaus L., Graf v. Zinzendorf
378	Jesu, großer Wunderstern	Erdmann Neumeister
379	Jesu Güte hat kein Ende	E. J., Gräfin v. Schwarzb.-Rudolst.
380	Jesu, hilf siegen	Johann Heinr. Schröder
381	Jesu, meine Freude, meines	Johann Frank
382	Jesu, meiner Seele Leben	Christian Scriver
383	Jesu, meines Lebens Leben	Ernst Chr. Homburg
384	Jesus Christus herrscht als König	Ph. Friedr. Hiller
385	Jesus Christus, unser Heiland, der den	Martin Luther
386	Jesus Christus, unser Heiland, der von	derselbe
387	Jesus, Jesus, nichts als Jesus	L. E., Gräfin v. Schwarzb.-Rudolst.
388	Jesus lebt, mit ihm auch ich	Christ. F. Gellert
389	Jesus meine Zuversicht	Luise H., Kurfürstin v. Brandenb.?
390	Jesus nimmt die Sünder an	Erdmann Neumeister
391	Jesus schwebt mir in Gedanken	vor 1692
392	Jesus soll die Losung sein	Benjamin Schmolck
393	Ihr armen Sünder kommt zu	Laurentius Laurenti
394	Ihr aufgehobnen Segenshände[1])	H. Bernh. Garve
395	Ihr Christen auserkoren	Georg Werner

[1]) Var. Jesushände.

Nr.	Anh. (Pr. Sächs.)	Bernb.	Brand.	Schl.	Mind.-Rav.	Kgl. Sächs.	Bayr.	Württ.	Hann.	Darm.	Meckl.
351	—	193	—	—	—	—	522	—	—	—	—
352	476	—	—	189	237	—	—	—	—	—	—
353	270	444	31	—	452	348	17	320	334	292	342
354	—	—	14*	88	—	124	—	165	126	89	—
355	349	420	7	216	370	278	6	66	446	133	526
356	23	55	84	—	52	44	—	113	47	37	—
357	447	—	460	—	—	292	—	—	430	—	—
358	497	644	607	564	581	639	543	594	601	451	—
359	409	—	496	523	—	549	495	502	526	413	—
360	240	—	317	296	—	316	—	324	291	242	—
361	—	—	—	—	—	—	236	—	277	—	—
362	448	—	490	535	—	293	250	68	347	—	343
363	—	—	318	297	287	372	358	318	—	239	—
364	306	322	389	423	334	317	283	353	304	273	665
365	—	—	—	—	—	294	—	—	—	—	528
366	219	254	290	271	254	349	341	292	247	—	277
367	449	584	462	391	—	588	422	479	—	351	—
368	415	539	505	—	393	—	—	—	—	416	—
369	521	679	643	632	624	680	552	—	624	480	—
370	—	13	—	—	—	—	162	—	210	—	—
371	53	97	127	60	98	84	—	131	89	—	—
372	54	98	128	61	87	85	94	155	80	59	136
373	—	323	—	—	—	—	294	—	—	—	—
374	220	255	—	—	253	—	343	—	242	—	278
375	55	99	—	—	94	—	105	—	—	—	142
376	307	324	390	—	339	318	—	128	—	—	—
377	271	379	491	316	464	405	223	381	320	411	—
378	40	80	104	43	79	68	86	—	70	56	—
379	377	462	—	—	—	—	—	—	—	—	15
380	272	380	425	317	489	406	377	417	—	246	664
381	308	326	392	424	332	319	282	331	300	307	481
382	188	327	—	—	220	320	285	—	306	276	483
383	56	100	129	62	97	86	97	—	90	66	139
384	—	145	183	—	181	321	144	187	326	103	—
385	—	129	—	—	112	—	116	—	107	—	169
386	—	232	—	—	225	—	190	—	209	—	309
387	309	329	—	—	457	—	—	—	307	272	—
388	76	130	157	89	—	125	131	178	123	84	627
389	77	680	158	90	117	126	558	177	614	483	171
390	241	291	319	298	279	373	216	310	278	235	273
391	—	331	394	425	331	—	—	—	—	275	—
392	37	77	—	40	—	60	78	535	64	51	—
393	221	256	291	272	262	—	—	—	—	—	281
394	95	—	174	105	141	—	—	—	—	—	—
395	—	56	85	—	—	—	64	—	45	—	—

Nr.	J. K. L.	Verfasser.
396	Ihr Eltern, gute Nacht	Gotthard Schuster
397	Ihr Kinder des Höchsten	Chr. Andr. Bernstein
398	Ihr Waisen weinet nicht	Joh. Friedr. Starck
399	In allen meinen Thaten	Paul Flemming
400	In Christi Wunden schlaf	Paul Eber?
401	In dich hab ich gehoffet	Adam Reisner
402	In dir ist Freude	Joh. Lindemann
403	In Gottes Namen fahren wir	Nikolaus Hermann
404	In Gottes Namen fang ich	Salomo Liscow
405	Ist Gott für mich, so trete	Paul Gerhardt
406	Kehre wieder, kehre wieder	K. J. Ph. Spitta
407	Keinen hat Gott verlassen	vor 1612
408	Komm, du wertes Lösegeld	Joh. Gottfr. Olearius
409	Komm, Gott Schöpfer, heilger	Martin Luther
410	Komm Heiden Heiland	Johann Frank
411	Komm heilger Geist, erfüll	Martin Luther
412	Komm heiliger Geist, Herre	derselbe
413	Komm mein Herz, in Jesu	Ernst Gottl. Woltersdorf
414	Komm, o komm du Geist	Heinrich Held
415	Kommst du, kommst du	Ernst Chr. Homburg
416	Kommt her, ihr seid geladen	Ernst Moritz Arndt
417	Kommt her zu mir, spricht Gottes	vor 1530
418	Kommt Kinder laßt uns	Gerhard Tersteegen
419	Kommt laßt euch den Herrn	David Denicke
420	Komm Tröster, komm	Laurentius Laurenti
421	Kommt und laßt uns Christum	Paul Gerhardt
422	König, dem kein König	Joh. Jakob Rambach
423	König Jesu, streite, siege	vor 1852
424	Kron und Lohn beherzter	Nikolaus L., Graf v. Zinzendorf
425	Lasset ab, ihr meine Lieben	Johann Heermann
426	Lasset die Kindlein kommen	Kornelius Becker
427	Lasset mich voll Freuden	Erdmann Neumeister
428	Lasset uns den Herren preisen, o ihr	Johann Rist
429	Lasset uns den Herren preisen und	Christ. Jak. Hoitsch
430	Lasset uns mit Jesu ziehen	Sigismund v. Birken
431	Laß mich dein sein und bleiben	Nikolaus Selnecker
432	Laßt mich gehen, laßt mich	G. Friedr. Ludw. Knak
433	Licht, das in die Welt	Rudolf Stier
434	Licht vom Licht erleuchte mich	Benjamin Schmolck
435	Liebe, die du mich zum Bilde	Johann Scheffler
436	Liebster Heiland nahe dich	Gerhard Tersteegen
437	Liebster Jesu, hier sind wir	Benjamin Schmolck
438	Liebster Jesu, sei willkommen	Samuel Großer
439	Liebster Jesu, wir sind hier	Tobias Clausnitzer
440	Liebster Immanuel	Ahasverus Fritsch

Nr.	Anh. (Pr. Sächs.)	Bernb.	Brand.	Schl.	Mind.-Rav.	Kgl. Sächs.	Bayr.	Württ.	Hann.	Darm.	Meckl.
396	—	529	—	618	—	666	231	—	—	—	—
397	—	—	—	—	179	—	—	—	—	—	—
398	479	—	—	—	—	—	—	—	—	—	—
399	450	585	492	392	517	589	257	367	393	330	344
400	498	646	610	593	—	640	519	—	577	—	—
401	451	586	463	—	509	432	16	—	336	293	426
402	—	—	17*	—	306	—	—	—	293	—	—
403	—	535	18*	—	451	509	—	—	566	—	—
404	406	—	—	536	396	565	—	—	481	406	—
405	242	587	320	393	307	385	352	373	270	335	487
406	—	—	—	273	269	350	—	286	—	229	—
407	—	588	—	—	—	590	—	—	390	—	488
408	7	—	62	9	—	24	—	—	—	—	—
409	—	154	—	—	142	—	147	—	137	—	633
410	—	32	63	—	25	25	—	—	—	—	—
411	103	1	—	—	144	—	—	—	136	4	194
412	104	155	197	116	145	146	148	194	138	107	195
413	205	233	273	192	235	251	—	256	—	201	—
414	105	156	198	117	152	148	155	197	143	109	190
415	—	33	64	—	30	—	47	—	29	22	67
416	204	—	274	—	—	252	—	—	—	206	—
417	—	382	—	—	453	—	—	289	335	—	345
418	273	383	361	319	468	408	—	218	372	259	—
419	274	384	110	244	455	—	385	—	341	—	346
420	106	157	—	—	—	—	—	—	—	—	—
421	—	57	86	—	53	69	—	—	—	—	—
422	96	146	184	259	182	322	273	186	323	101	—
423	164	194	185	361	197	211	—	—	184	—	—
424	—	—	—	245	465	—	—	—	—	—	—
425	499	648	—	—	—	642	—	—	—	—	571
426	184	525	—	—	—	—	—	—	200	—	—
427	185	217	260	—	—	234	184	—	203	—	—
428	—	—	—	—	—	—	—	—	113	79	172
429	—	—	—	—	385	—	—	—	455	—	524
430	275	385	111	252	75	87	389	378	343	245	—
431	137	386	48	151	213	10	19	—	17	295	—
432	522	—	19*	594	—	323	—	—	333	—	—
433	165	—	—	152	196	212	—	—	—	174	—
434	138	—	49	483	404	11	—	—	—	3	616
435	310	334	363	253	335	325	284	348	305	274	—
436	311	294	—	153	—	—	—	—	—	—	—
437	186	218	256	165	217	235	185	239	202	184	—
438	—	34	—	—	—	—	—	—	31	—	—
439	139	23	50	154	209	12	39	274	6	6	59
440	312	—	—	—	—	—	—	—	—	—	—

Nr.	L. M.	Verfasser.
441	Liebster Vater, ich dein Kind	Christoph Tietze
442	Liebster Vater, soll es sein,	Veit Ludw. v. Seckendorf
443	Litanei	Martin Luther
444	Lobet den Herren alle, die ihn	Paul Gerhardt
445	Lobe den Herren, den mächtigen	Joachim Neander
446	Lobe den Herren, o meine Seele	Joh. Dav. Herrnschmidt
447	Lobt Gott, ihr Christen, allzugleich	Nikolaus Hermann
448	Löwen, laßt euch	vor 1712
449	Mache dich, mein Geist	Joh. Burchard Freystein
450	Machs mit mir, Gott, nach	Joh. Herm. Schein
451	Macht hoch die Thür	Georg Weissel
452	Mag über uns dein Eifer	Julius Sturm
453	Man lobt dich in der Stille	Johann Rist
454	Marter Gottes, wer kann	Chr. Renatus, Graf v. Zinzendorf
455	Meine Hoffnung stehet	Joachim Neander
456	Meine Lebenszeit verstreicht	Christ. F. Gellert
457	Meinen Jesum laß ich nicht, meine	Joh. Friedr. Mayer
458	Meinen Jesum laß ich nicht, weil	Christ. Keymann
459	Mein erst Gefühl sei Preis und	Christ. F. Gellert
460	Meine Seele senket sich	Joh. Jos. Winkler
461	Meine Seel, ermuntre dich	Joh. Casp. Schade
462	Meine Seel, ist stille	derselbe
463	Meines Lebens beste Freude	Salomo Liscow
464	Meine Sorgen, Angst und	vor 1704
465	Mein Freund ist mein	Anna Sophie, Landgräfin v. Hessen
466	Mein Friedefürst, dein	Christ. Friedr. Richter
467	Mein Gott, das Herz ich bringe	Joh. Caspar Schade
468	Mein Gott, ich klopf an	Benjamin Schmolck
469	Mein Gott, ich weiß wohl	derselbe
470	Mein Heiland, du hast	K. Heinr. v. Bogatzky
471	Mein Heiland nimmt die	Leop. Fr. Friedr. Lehr
472	Mein Herzens Vater weint	Paul Gerhardt
473	Mein Herz, gieb dich zufrieden	Joh. Anast. Freylinghausen
474	Mein Jesu, dem die Seraphinen	Wolfg. Christ. Deßler
475	Mein Jesu, der du vor dem	Joh. Jakob Rambach
476	Mein Jesu, süße Seelenlust	Joh. Christian Lange
477	Mein Jesus kommt, mein	Michael Hunold
478	Mein Jesus lebt, was sollt ich	Benjamin Schmolck
479	Mein Leben ist ein Pilgrimstand	Friedr. Adolf Lampe
480	Mein lieber Gott, gedenke	Erdmann Neumeister
481	Mein schönste Zier und	vor 1639
482	Mein Schöpfer steh mir bei	Joh. Jakob Rambach
483	Merk, Seele, dir das große Wort	
484	Mir ist Erbarmung widerfahren	Ph. Friedr. Hiller
485	Mir nach! spricht Christus	Johann Scheffler

Nr.	Anh. (Pr. Sächs.)	Bernb.	Brand.	Schl.	Mind.-Rav.	Kgl. Sächs.	Bayr.	Württ.	Hann.	Darm.	Meckl.
441	—	258	—	—	260	351	—	—	—	—	280
442	—	—	—	—	—	—	539	—	432	—	—
443	452	11	32	—	4	158	—	—	229	—	404
444	—	464	—	—	415	—	440	—	476	—	17
445	350	421	8	426	374	524	8	3	450	135	525
446	351	422	9	427	383	525	13	29	458	139	678
447	24	58	87	26	48	47	61	—	41	34	89
448	—	—	427	—	484	—	—	—	—	156	—
449	276	387	428	320	485	409	375	438	351	250	644
450	500	650	611	—	568	644	526	—	589	443	—
451	8	36	66	10	28	26	44	92	23	15	—
452	222	—	—	274	—	—	—	—	—	—	—
453	352	—	10	428	367	527	240	—	444	132	—
454	129	101	120	140	104	76	—	—	—	—	—
455	—	—	—	—	527	592	—	—	—	—	—
456	501	—	612	565	588	645	544	585	604	454	—
457	—	—	—	—	—	253	—	—	—	—	—
458	313	336	396	429	329	326	281	351	302	271	491
459	378	465	536	472	422	456	456	551	491	378	—
460	453	—	464	395	—	386	—	470	414	348	—
461	—	102	130	—	101	—	—	—	96	—	137
462	454	589	465	394	530	593	419	463	411	—	425
463	—	338	364	397	336	—	—	—	308	—	595
464	455	—	466	396	531	594	—	—	—	342	—
465	312	295	397	—	—	—	—	—	—	—	—
466	315	—	—	—	—	387	—	334	—	—	—
467	277	388	365	—	259	410	—	307	—	218	334
468	336	446	33	453	—	433	—	—	—	—	—
469	502	651	613	560	—	646	—	—	—	452	—
470	—	—	—	—	266	—	—	—	—	—	654
471	243	296	292	—	278	—	363	309	282	234	655
472	—	530	—	—	—	—	—	—	—	—	—
473	456	590	467	398	—	—	420	474	421	—	475
474	244	339	186	300	274	374	—	—	—	—	347
475	206	234	275	193	233	254	198	255	318	119	303
476	—	340	—	—	—	—		—	313	—	498
477	—	652	—	—	—	647	—	—	600	—	—
478	—	—	—	92	—	127	—	—	120	—	—
479	278	—	366	321	451	411	—	—	—	450	—
480	337	447	—	—	—	434	—	—	359	—	—
481	—	341	563	—	—	327	—	—	298	387	—
482	—	—	—	—	—	—	—	—	206	—	—
483	—	—	20*	—	—	—	395	—	—	—	—
484	245	297	324	301	319	307	360	335	290	238	—
485	279	390	429	322	74	412	370	377	349	244	—

Nr.	M. N. O.	Verfasser.
486	Mit Ernst, o Menschenkinder	Valentin Thilo jun.
487	Mit Fried und Freud ich fahr	Martin Luther
488	Mit meinem Gott geh ich	vor 1690
489	Mitten wir im Leben	Martin Luther
490	Morgenglanz der Ewigkeit	Chr. Knorr v. Rosenroth
491	Müde bin ich, geh zur	Luise Hensel
492	Nach einer Prüfung	Christ. F. Gellert
493	Nichts Betrübtres ist auf	Michael Hunold
494	Nicht so traurig, nicht	Paul Gerhardt
495	Nie bist du Höchster von	Christoph Chr. Sturm
496	Nimm von uns, Herr	Martin Moller
497	Nun bitten wir den	Martin Luther
498	Nun bricht die finstre	Caspar Neumann
499	Nun danket alle Gott	Martin Rinckart
500	Nun danket all und bringet	Paul Gerhardt
501	Nun freut euch, Gottes Kinder	Erasmus Alberus
502	Nun freut euch, lieben	Martin Luther
503	Nun Gottlob, es ist vollbracht: Singen	Hartmann Schenk
504	Nun Gottlob, es ist vollbracht und	Benjamin Schmolck
505	Nun jauchzet all ihr Frommen	Michael Schirmer
506	Nun jauchzt dem Herrn alle	David Denicke?
507	Nun kommt das neue	Johann Olearius
508	Nun lasset uns Gott preisen (den Herrn)	Josua Wegelin
509	Nun laßt uns den Leib	Michael Weiße
510	Nun laßt uns gehn und	Paul Gerhardt,
511	Nun laßt Gott dem	Ludwig Helmbold
512	Nun lieg ich armes Würmlein	Michael Schirmer
513	Nun lob, mein Seel, den	Johann Gramann
514	Nun preiset alle Gottes	Matth. Apelles v. Löwenstern
515	Nun ruhen alle Wälder	Paul Gerhardt
516	Nun schlaf mein liebes	Johann Matthesius
517	Nun sich der Tag geendet hat	Joh. Friedr. Herzog
518	Nun sich der Tag geendet, mein	vor 1740
519	Nun singet und seid froh	vor 1648
520	Nun so will ich denn	Gerhard Tersteegen
521	Nur frisch herein! es wird	Michael Kongell
522	O auferstandner Siegesfürst	Just. Henning Böhmer
523	O daß doch bald dein Feuer	Joh. Ludwig Fricker
524	O daß ich tausend Zungen	Johann Mentzer
525	O du allersüßte Freude	Paul Gerhardt
526	O du Liebe meiner Liebe	vor 1697
527	O Durchbrecher aller Bande	Gottfried Arnold
528	O du Schöpfer aller Dinge	Joh. Heinr. Calisius
529	Öffne mir die Perlenthore	Wolfg. Chr. Deßler
530	O Ewigkeit, du Donnerwort	Johann Rist

Nr.	Anh. (Pr. Sächs.)	Bernb.	Brand.	Schl.	Mind.-Rav.	Kgl. Sächs.	Bayr.	Württ.	Hann.	Darm.	Meckl.
486	9	37	67	11	31	27	50	97	26	17	69
487	123	653	614	—	69	648	88	600	572	—	573
488	—	—	—	—	—	485	472	—	507	—	—
489	503	654	615	567	553	649	515	597	571	478	574
490	379	467	538	474	417	458	442	555	482	371	—
491	—	498	21	—	449	486	—	—	534	401	—
492	523	682	644	633	632	681	—	642	—	493	—
493	480	520	—	—	—	569	—	—	535	—	—
494	—	591	—	—	524	595	—	484	396	—	492
495	—	—	368	218	13	—	—	—	289	—	—
496	457	545	516	—	549	518	512	493	235	—	405
497	107	158	199	118	146	149	149	195	139	108	196
498	—	—	—	506	—	472	488	—	20	—	—
499	353	423	11	430	366	529	3	2	442	131	434
500	354	424	12	431	368	530	5	27	445	134	435
501	—	—	175	—	130	—	137	—	—	—	185
502	246	298	325	302	19	375	265	86	262	231	297
503	191	25	53	—	214	17	40	277	19	11	60
504	—	219	—	—	—	236	—	—	—	185	—
505	10	38	68	12	33	28	49	96	25	19	70
506	—	425	13	—	—	531	—	—	1	—	—
507	11	26	69	—	40	29	55	—	22	23	64
508	419	—	583	554	—	—	—	542	—	—	—
509	504	655	617	—	594	650	255	—	573	—	579
510	38	78	101	41	62	61	75	533	61	48	111
511	386	478	—	—	428	469	457	—	440	—	34
512	—	531	—	—	—	—	—	—	609	—	—
513	355	427	14	432	364	532	2	30	438	129	537
514	356	428	584	433	365	273	4	—	561	130	—
515	399	500	565	498	439	487	470	571	502	389	49
516	—	520	—	—	—	559	—	—	528	—	—
517	400	501	566	499	442	488	476	—	506	393	50
518	401	—	567	—	443	489	482	—	512	398	—
519	25	59	22*	—	43	48	—	—	44	—	—
520	—	—	—	—	353	—	—	—	—	285	—
521	—	—	430	399	534	596	—	—	—	—	—
522	78	132	159	—	—	—	—	—	—	—	—
523	166	195	233	363	188	213	—	—	—	—	—
524	357	429	15	434	384	533	11	4	454	140	531
525	108	159	200	119	150	150	153	199	—	112	197
526	57	103	131	69	96	90	104	132	94	67	625
527	280	391	187	325	483	414	374	418	—	248	—
528	—	260	—	—	258	—	214	—	248	—	—
529	524	—	—	—	630	—	—	—	—	—	—
530	525	683	645	634	622	676	555	—	626	484	605

Nr.	O.	Verfasser.
531	O Ewigkeit, du Freudenwort	Caspar Heunisch
532	O frommer Gott, ich danke	
533	O frommer und getreuer	nach Johann Leon
534	O Gott, der du aus Herzensgrund	Justus Gesenius
535	O Gott, der du das Firmament	Michael Schirmer
536	O Gott, du frommer Gott	Johann Heermann
537	O Gottes Sohn, Herr Jesu Christ	David Denicke
538	O Gott, o Geist, o Licht	Gerhard Tersteegen
539	O Gott voll Gnad und	Johann Olearius
540	O Gott, von dem wir alles	Caspar Neumann
541	O großer Gott, du reines	Johann Olearius
542	O Haupt voll Blut	Paul Gerhardt
543	O heilger Geist, kehr bei	Michael Schirmer
544	O heilger Geist, o heilger	vor 1655
545	O heilige Dreieinigkeit, erhalt	Ä. J., Gräfin v. Schwarzb.-Rudolst.
546	O heilige Dreifaltigkeit, o hochgelobte	Martin Behm
547	O heilige Dreifaltigkeit, voll	Justus Gesenius
548	O Herre Gott, dein göttlich	vor 1527
549	O Herre Gott, in meiner Not	Nikolaus Selnecker
550	O Herr, vor dem sich Erd und	altkirchlich
551	O hilf Christe, Gottes Sohn	Michael Weiße
552	O Jesu Christe, wahres Licht	Johann Heermann
553	O Jesu Christ, meins Lebens	Martin Behm
554	O Jesu Christ, mein schönstes	Paul Gerhardt
555	O Jesu, du mein Bräutigam	Johann Heermann
556	O Jesu, einig wahres Haupt	Johann Mentzer
557	O Jesu, Herr der Herrlichkeit	J. D. K. Bickel
558	O Jesu, Jesu, Gottes Sohn	Johann Heermann
559	O Jesu, meines Lebens Licht	Gerhard Tersteegen
560	O Jesu, meine Wonne	Johann Rist
561	O Jesu, süßes Licht	Joachim Lange
562	O König aller Ehren	Martin Behm
563	O König, dessen Majestät	Valentin E. Löscher
564	O komm, du Geist der	K. J. Ph. Spitta
565	O Lamm Gottes, unschuldig	Nikolaus Decius
566	O Lebensbrünnlein, tief	Joh. Mühlmann
567	O Liebe, die den Himmel	Chr. Friedr. Richter
568	O Mensch, gedenk ans Ende	Benjamin Schmolck
569	O selig Haus, wo man	K. J. Ph. Spitta
570	O süßer Stand, o selig	Joh. Jos. Winckler
571	O süßes Wort, das Jesus	Johann Höfel
572	O Tod, wo ist dein Stachel	Justus Gesenius
573	O Traurigkeit, o Herzeleid	Johann Rist
574	O Ursprung des Lebens	Chr. Jakob Koitsch
575	O Vater aller Frommen	
576	O Vater der Barmherzigkeit, der	Heinrich Georg Neuß

Nr.	Anh. (Pr. Sächs.)	Bernb.	Brand.	Schl.	Mind.-Rav.	Kgl. Sächs.	Bayr.	Württ.	Hann.	Darm.	Meckl.
531	—	684	—	—	627	682	—	—	627	485	597
532	—	—	—	—	—	560	497	—	—	—	—
533	223	261	293	—	—	353	510	—	243	214	458
534	126	178	—	—	—	—	—	—	—	—	216
535	—	549	~~585~~	—	—	500	507	—	560	428	437
536	281	392	~~493~~	455	454	435	20	13	340	296	349
537	247	—	326	—	—	—	234	317	269	—	226
538	109	—	201	120	157	—	—	201	—	116	—
539	—	262	—	—	—	354	—	—	—	—	—
540	420	555	547	515	400	181	178	544	562	425	—
541	282	—	—	326	291	415	—	—	—	—	—
542	58	104	132	70	91	105	100	142	88	63	143
543	110	161	202	121	149	151	154	196	143	110	198
544	111	162	203	—	—	—	151	—	—	—	—
545	—	—	—	—	—	—	500	—	520	—	—
546	380	468	540	475	411	460	434	—	471	—	23
547	118	172	—	—	—	—	—	—	—	—	205
548	—	—	—	—	—	—	303	—	—	—	236
549	—	656	—	—	—	—	—	—	—	—	—
550	170	—	—	—	—	219	—	—	—	—	—
551	59	105	133	—	83	91	90	—	76	—	—
552	153	196	220	347	169	201	329	—	172	—	244
553	—	657	618	—	565	651	522	—	584	—	—
554	316	343	—	—	330	—	—	349	301	—	494
555	207	—	276	—	227	—	192	—	212	—	316
556	—	—	34	348	180	177	—	—	—	—	—
557	172	558	247	367	185	541	220	282	—	417	—
558	317	344	399	236	328	328	—	356	296	—	352
559	—	—	—	—	—	—	455	—	490	—	—
560	208	236	277	195	239	256	204	260	223	207	318
561	381	—	541	476	420	462	450	553	484	377	20
562	41	81	105	—	—	70	83	—	66	—	118
563	224	—	294	276	264	187	—	—	255	221	—
564	—	—	—	122	—	152	—	—	—	—	—
565	60	106	134	71	82	92	189	160	75	58	144
566	—	—	—	—	—	—	—	—	295	—	—
567	26	62	88	—	57	49	—	—	54	—	—
568	—	658	—	—	—	652	—	—	—	—	—
569	410	—	498	524	—	551	—	500	527	414	—
570	283	393	371	—	—	—	—	—	—	—	—
571	—	—	—	—	—	598	—	473	—	—	—
572	79	133	160	—	119	128	123	—	114	—	175
573	61	114	135	78	107	111	112	—	102	74	146
574	318	—	114	327	342	329	—	—	—	281	503
575	338	—	—	—	—	—	—	—	—	—	647
576	—	197	221	—	—	202	319	—	—	—	—

Nr.	O. P. R. S.	Verfasser.
577	O Vater der Barmherzigkeit, ich	David Denicke
578	O Vaterherz, o Licht, o Leben	K. H. v. Bogatzky
579	O Welt, ich muß dich	Johann Hesse
580	O Welt, sieh hier dein	Paul Gerhardt
581	O wie fröhlich, o wie	Benjamin Schmolck
582	O wie selig seid ihr doch	Simon Dach
583	O wie selig sind die Seelen	Chr. Friedr. Richter
584	Prange, Welt, mit	Johann Job
585	Prediger der süßen	E. Gottl. Woltersdorf
586	Rede, liebster Jesu, rede	A. S., Landgräfin v. Hess.-Darmst.
587	Reich des Herrn, Reich	Karl Bernh. Garve
588	Rett, o Herr Jesu, rett	Johann Heermann
589	Ringe recht, wenn Gottes	Joh. Jos. Winckler
590	Ruhe hier, mein Geist	Gerhard Tersteegen
591	Rüstet euch, ihr Christenleute	Wilh. Erasm. Arends
592	Schaffe in mir, Gott, ein	Lud. E., Gräfin v. Swarzb.-Rudolst.
593	Schaffet, schaffet, Menschenkinder	Ludwig Andreas Gotter
594	Schatz über alle Schätze	Salomo Liscow
595	Schlage, Jesu, an dein Herz.	Veit L. Megander
596	Schmücke dich, o liebe	Johann Frank
597	Schmückt das Fest mit	Benjamin Schmolck
598	Schönster Herr Jesu	vor 1695
599	Schwing dich auf zu deinem	Paul Gerhardt
600	Seele, geh auf Golgatha	Benjamin Schmolck
601	Seele, mach dich heilig	Abraham Klesel
602	Seelenbräutigam	Adam Drese
603	Seele sei zufrieden	Benjamin Schmolck
604	Seele, was ermüdst du	Jakob Gabr. Wolf
605	Segnet uns zu guterletzt	Chr. K. L. v. Pfeil
606	Sehet, welch ein Mensch	Benjamin Schmolck
607	Sei fröhlich alles weit	Paul Gerhardt
608	Sei getreu bis an das Ende	Benjamin Praetorius
609	Sei Gott getreu, halt	Michael Frank
610	Sei Lob und Ehr dem	Joh. Jakob Schütz
611	Sei mir tausendmal	Paul Gerhardt
612	Sei stille, müdgequältes	Joh. Gottfr. Schöner
613	Selig sind des Himmels Erben	Friedr. Gottl. Klopstock
614	Sende, Vater, deinen	Joh. Herm. Schrader
615	Siegesfürste, Ehrenkönig	Gerhard Tersteegen
616	Sieh, dein König kommt	Ph. Friedr. Hiller
617	Sieh, hier bin ich, Ehrenkönig	Joachim Neander
618	Sieh, wie lieblich und	M. Müller u. J. Chr. Nehring
619	So führst du doch recht	Gottfr. Arnold
620	So gehst du nun, mein	vor 1668
621	So hab ich obgesieget	Gottfr. Wilh. Sacer

Nr.	Anh. (Pr. Sächs.)	Bernb.	Brand.	Schl.	Mind.-Rav.	Kgl. Sächs.	Bayr.	Württ.	Hann.	Darm.	Meckl.
577	225	264	295	277	257	356	341	297	244	216	283
578	284	—	372	—	304	—	—	—	370	—	666
579	505	660	619	597	554	653	516	—	574	—	—
580	62	107	136	72	92	106	99	141	86	64	147
581	—	685	—	635	636	683	—	—	630	492	—
582	526	686	648	636	625	654	554	614	625	482	598
583	—	—	—	—	310	—	290	354	—	—	—
584	—	108	—	—	—	—	—	—	—	—	367
585	178	—	—	—	202	—	—	—	—	180	—
586	—	210	—	—	—	227	—	—	187	177	—
587	—	—	—	349	189	—	—	—	181	—	—
588	—	198	—	—	—	203	—	—	—	—	—
589	285	395	373	328	487	416	378	412	363	—	279
590	—	—	327	—	106	—	—	140	—	70	—
591	286	396	431	329	486	417	376	—	362	251	—
592	288	399	296	—	290	—	345	301	253	—	—
593	287	398	432	330	491	418	373	—	353	253	429
594	319	346	400	435	337	330	—	—	—	—	—
595	226	—	—	—	—	—	—	—	—	—	—
596	209	237	278	196	229	257	194	251	215	196	319
597	112	163	204	123	156	154	158	—	144	115	—
598	—	347	25*	237	—	—	—	—	310	—	—
599	458	593	468	—	522	599	353	464	398	336	497
600	—	109	138	65	—	108	108	—	98	—	149
601	—	—	—	66	—	—	—	—	95	—	—
602	320	348	401	331	340	332	286	—	311	278	145
603	—	593	—	—	—	600	423	—	—	350	—
604	289	400	374	238	463	331	291	394	316	257	667
605	39	—	—	—	—	—	—	—	—	—	—
606	—	110	—	67	—	—	—	136	—	—	—
607	80	—	161	—	—	—	—	—	—	—	176
608	290	401	469	—	480	239	388	402	346	243	—
609	189	—	261	—	—	240	369	—	348	—	—
610	358	430	16	436	377	534	9	28	449	137	539
611	63	111	139	68	93	109	101	—	87	—	151
612	—	—	—	—	—	—	429	—	427	—	—
613	527	—	649	639	—	684	565	649	—	498	—
614	—	—	210	130	211	436	—	—	382	—	—
615	97	149	176	106	138	140	143	184	135	102	—
616	12	—	—	—	—	30	54	91	—	25	—
617	321	266	375	456	372	333	—	11	251	298	645
618	—	402	—	—	—	420	394	—	354	—	—
619	459	595	328	—	535	299	262	369	413	—	471
620	—	—	—	—	—	94	—	—	—	473	—
621	—	532	631	619	607	—	548	—	611	474	583

Nr.	S. T. U. V.	Verfasser.
622	So jemand spricht: Ich liebe	Chr. F. Gellert
623	So ist die Woche nun	Erd. Neumeister
624	Sollt es gleich bisweilen	Christoph Tietze
625	Sollt ich meinem Gott nicht singen	Paul Gerhardt
626	Sollt ich meinem Gott nicht trauen	Johann Olearius
627	So nimm denn meine	Julie Hausmann
628	Sorge doch für meine Kinder	Ludw. Heinr. Schlosser
629	So ruhest du, o meine Ruh	Salomo Frank
630	So tret ich demnach an	J. H. v. Hippen
631	So wahr ich lebe, spricht dein	Johann Heermann
632	Speise, Vater, deine Kinder	vor 1656
633	Stark ist meines Jesu Hand	Karl B. Garve
634	Steil und dornig ist der Pfad	Gottl. Bürde
635	Straf mich nicht in deinem	Joh. Georg Albinus
636	Such, wer da will, ein	Georg Weißel
637	Tag des Zorns, o Tag voll	Thom. v. Celano
638	Teures Wort aus Gottes	Benjamin Schmolck
639	Thu Rechnung, Rechnung	Johann Olearius
640	Thut mir auf die schöne	Benjamin Schmolck
641	Treuer Gott, ich muß dirs	Johann Heermann
642	Treuer Hirte deiner Herde	Henr. Kath. v. Gersdorf
643	Treuer Jesu, wache du	vor 1697
644	Treuer Wächter Israel	Johann Heermann
645	Tröstet, tröstet, meine	Johann Olearius
646	Überwinder, nimm die	Christ. Ludw. Taddel
647	Umschließ mich ganz mit	Gottfr. Clemens
648	Unsre müden Augenlider	Joh. Frank
649	Unter Lilien jener Freuden	J. L. Konr. Allendorf
650	Unumschränkte Liebe	Joh. Jak. Rambach
651	Unverwandt auf Christum	Joh. Andr. Rothe
652	Valet will ich dir geben	Valerius Herberger
653	Vater, kröne du mit	Wilh. Hülsemann
654	Vater, laß mich Gnade finden	Chr. Gensch v. Breitenau
655	Vater unser im Himmelreich	Martin Luther
656	Verleih uns Frieden gnädiglich	derselbe
657	Versuchet euch doch selbst	Joh. Just. Breithaupt
658	Verwirf mich nicht im Alter	Ph. Friedr. Hiller
659	Verzage nicht, du Häuflein	Mich. Altenburg
660	Vollendet hat der Tag die	K. J. Ph. Spitta
661	Voller Wunder, voller Kunst	Paul Gerhardt
662	Vom Himmel hoch, da	Martin Luther
663	Vom Himmel kam der	derselbe
664	Von des Himmels Throne	Samuel Marot
665	Von Gott will ich nicht	Ludw. Helmbold
666	Vor deinen Thron tret	Bodo v. Hodenberg

Nr.	Anh. (Pr. Sächs.)	Bernb.	Brand.	Schl.	Mind.-Rav.	Kgl. Sächs.	Bayr.	Württ.	Hann.	Darm.	Meckl.
622	291	—	414	447	—	421	397	427	374	—	—
623	407	507	573	509	—	—	487	583	517	—	—
624	460	596	471	400	532	601	415	466	405	340	501
625	359	431	17	221	369	300	7	64	447	306	540
626	461	597	—	401	—	602	—	—	—	—	502
627	339	—	26*	—	—	—	—	—	376	—	—
628	—	—	499	528	398	561	496	504	530	410	—
629	64	116	140	79	108	112	114	—	103	75	—
630	—	510	—	—	—	567	—	—	479	—	612
631	227	267	297	279	248	198	339	—	239	232	284
632	387	—	548	512	426	468	461	—	495	381	—
633	—	—	331	402	504	—	—	—	332	—	—
634	—	—	—	332	502	—	—	—	—	—	—
635	228	268	—	—	256	358	176	—	250	—	285
636	248	349	402	239	271	334	280	83	299	270	—
637	—	—	—	—	611	677	—	—	618	—	—
638	179	211	245	158	—	228	—	—	192	178	—
639	—	262	—	—	—	—	—	—	—	—	—
640	140	24	52	157	210	14	35	270	11	8	—
641	229	404	—	—	—	—	—	—	241	—	430
642	—	—	188	—	174	—	—	—	177	—	240
643	402	—	569	—	—	490	—	—	508	—	—
644	462	200	513	—	550	519	514	—	544	419	451
645	124	—	—	—	—	—	—	—	—	—	209
646	—	—	162	94	—	—	129	170	—	86	—
647	—	—	—	—	546	—	—	—	—	—	—
648	403	503	—	—	—	—	474	—	—	391	51
649	528	687	29*	—	587	656	—	—	602	—	—
650	340	448	189	—	—	274	241	—	280	142	—
651	249	301	—	—	—	376	—	397	—	—	—
652	506	663	622	598	566	657	523	599	585	442	585
653	416	540	507	544	—	539	—	—	—	—	—
654	—	269	—	—	—	—	—	—	249	—	—
655	341	449	35	458	362	437	15	—	377	291	250
656	154	3	514	542	165	513	501	—	519	421	233
657	250	—	377	—	276	—	390	326	272	—	228
658	—	—	—	532	—	571	—	521	—	—	—
659	155	201	224	351	172	204	316	213	171	153	—
660	—	—	—	—	—	491	—	—	516	—	—
661	—	517	31*	—	—	—	—	—	—	408	—
662	27	64	89	27	46	50	58	—	38	32	95
663	28	65	90	—	—	51	59	—	39	—	96
664	190	222	262	176	222	—	210	—	—	191	—
665	463	598	472	—	513	603	382	366	386	328	355
666	382	470	—	—	—	463	438	—	474	—	327

Nr.	V. W.	Verfasser.
667	Vor dir Todesüberwinder	Albert Knapp
668	Vor Gericht, Herr Jesu	vor 1577
669	Wach auf du Geist der	K. H. v. Bogatzky
670	Wach auf mein Herz, die	Laurentius Laurenti
671	Wach auf mein Herz und singe	Paul Gerhardt
672	Wachet auf, ruft uns die	Phil. Nikolai
673	Wandle leuchtender und	K. J. Ph. Spitta
674	Wär Gott nicht mit uns	Martin Luther
675	Warum betrübst du dich	vor 1571
676	Warum sollt ich mich denn	Paul Gerhardt
677	Warum willst du doch	Laurentius Laurenti
678	Warum willst du draußen	Paul Gerhardt
679	Was frag ich nach der Welt	Wolfg. Chr. Deßler
680	Was giebst du denn, o	Karl Friedr. Lochner
681	Was Gott gefällt, mein	Paul Gerhardt
682	Was Gott thut, das ist wohlgethan, es	Samuel Rodigast
683	Was Gott thut, das ist wohlgethan, so	Benjamin Schmolck
684	Was Gott zusammenfügt	derselbe
685	Was hinket ihr, betrognen	L. Fr. Friedr. Lehr
686	Was ists, daß ich mich quäle	Chr. F. Gellert
687	Was kann ich doch für Dank	David Denicke
688	Was machet, daß ihr weinet	K. J. Ph. Spitta
689	Was mein Gott will, gescheh	Albrecht der Jüngere, Markgraf v.
690	Was von außen und von	Aug. Herm. Francke [Brand.-Kulmb.
691	Was wär ich ohne dich	Fr. L. v. Hardenberg (Novalis)
692	Was willst du dich betrüben	Joh. Heermann
693	Weg, mein Herz, mit dem	Paul Gerhardt
694	Weicht, ihr Berge, fallt ihr	Benjamin Schmolck
695	Weil ich Jesu Schäflein bin	Henr. Luise v. Hayn
696	Weine nicht, Gott lebet	Benjamin Schmolck
697	Welt ade, ich bin dein	J. G. Albinus
698	Wenn alle untreu werden	Fr. L. v. Hardenberg (Novalis)
699	Wenn Christus seine Kirche	Chr. F. Gellert
700	Wenn dein herzliebster Sohn	Joh. Heermann
701	Wenn dich Unglück hat	Joh. Olearius
702	Wenn doch alle Seelen	Ernst Gottl. Woltersdorf
703	Wenn endlich, eh es Zion	Joh. Paul Astmann
704	Wenn ich die heilgen	David Denicke
705	Wenn ich ihn nur habe	Fr. L. v. Hardenberg (Novalis)
706	Wenn ich in Angst und	M. App. v. Löwenstern
707	Wenn ich, o Schöpfer, deine	Chr. F. Gellert
708	Wenn kleine Himmelserben	Joh. Andr. Rothe
709	Wenn meine Sünd mich	Just. Gesenius
710	Wenn mein Stündlein	Nikolaus Hermann
711	Wenn wir in höchsten	Paul Eber

Nr.	Anh. (Pr. Sächs.)	Bernb.	Brand.	Schl.	Mind.-Rav.	Kgl. Sächs.	Bayr.	Württ.	Hann.	Darm.	Meckl.
667	191	—	—	177	—	—	—	244	—	—	—
668	230	270	—	—	255	—	213	—	237	—	—
669	167	202	248	364	176	205	332	208	178	168	—
670	81	134	164	95	122	130	126	174	119	80	—
671	383	471	543	477	416	164	441	549	475	369	24
672	529	688	650	640	613	672	551	634	621	479	—
673	82	—	—	96	—	—	—	172	—	—	—
674	156	203	—	—	162	178	312	—	167	—	642
675	464	599	473	—	510	604	—	482	385	326	—
676	465	600	474	404	526	377	412	462	397	332	507
677	—	601	475	—	538	605	—	—	—	—	474
678	13	39	—	—	35	31	—	—	27	21	72
679	322	350	—	—	—	—	—	—	—	—	600
680	292	—	—	—	—	—	—	—	—	—	—
681	—	602	—	—	—	606	—	—	—	—	356
682	466	603	476	405	533	607	416	461	407	344	508
683	—	556	—	557	—	182	179	545	565	427	—
684	411	—	500	519	—	—	—	—	—	—	—
685	—	407	—	—	494	—	—	—	—	255	—
686	—	—	—	—	—	608	427	476	424	—	—
687	—	408	—	—	—	378	—	—	—	—	294
688	—	—	33*	537	—	—	—	—	—	—	—
689	467	604	478	406	507	609	403	—	384	325	357
690	468	—	479	—	541	—	—	372	—	—	—
691	323	—	333	254	324	—	—	87	—	28	—
692	—	605	480	407	—	—	407	—	392	—	510
693	—	304	—	—	—	—	—	—	—	—	288
694	251	606	334	223	—	275	361	51	275	311	—
695	—	—	34*	530	—	—	—	506	533	—	—
696	—	607	—	408	—	610	—	—	417	—	480
697	507	689	—	—	573	—	557	—	596	—	602
698	—	—	35*	437	360	—	—	352	331	—	—
699	—	—	226	353	—	179	325	—	—	159	—
700	—	305	—	—	—	—	268	—	266	—	300
701	342	608	—	—	376	438	—	—	380	—	433
702	—	306	141	303	318	—	—	—	—	—	—
703	—	—	—	—	629	—	—	—	—	—	—
704	—	271	—	—	—	—	—	—	—	—	221
705	324	—	36*	438	359	335	—	363	330	318	—
706	—	—	—	—	518	—	—	—	—	—	—
707	360	432	18	224	11	280	254	58	464	143	—
708	513	533	632	621	610	668	232	624	613	476	—
709	65	112	142	73	88	96	96	154	83	62	154
710	508	665	623	599	556	658	520	605	575	436	586
711	469	610	299	280	548	520	511	492	233	418	408

Nr.	W.	Verfasser.
712	Wer das Kleinod will	Joh. Mentzer
713	Werde licht, du Stadt der Heiden	Joh. Rist
714	Werde munter, mein	derselbe
715	Wer den Ehstand will	Joh. Olearius
716	Wer Gott vertraut, hat	Joach. Magdeburg
717	Wer im Herzen will	Laurentius Laurenti
718	Wer ist wohl wie du	J. A. Freylinghausen
719	Wer nur den lieben Gott	Georg Neumark
720	Wer nur mit seinem Gott verreist	Benjamin Schmolck
721	Wer sind die vor Gottes	H. Th. Schenk
722	Wer weiß, wie nahe mir	Ä. J., Gräfin v. Schwarzb.-Rudolst.
723	Wie fleucht dahin der	Joach. Neander
724	Wie Gott mich führt, so	Lamp. Gedicke
725	Wie groß ist des Allmächt'gen	Chr. F. Gellert
726	Wie heilig ist die Stätte	V. Ernst Löscher
727	Wie herrlich ists, ein Schäflein	J. J. Rambach
728	Wie kurz ist doch der	Zach. Hermann
729	Wie lieblich ist der Maien	Martin Behm
730	Wie mein getreuer Vater	Georg Neumark
731	Wie mit grimmgem Unverstand	Joh. Dan. Falk
732	Wie schön ists doch, Herr	Paul Gerhardt
733	Wie schön ist unsers Königs	Gottfr. Arnold
734	Wie schön leuchtet der — voll	Phil. Nikolai
735	Wie schön leucht uns der — vom	Jos. Stegmann
736	Wies Gott gefällt, gefällts	Joh. Fr. v. Sachsen
737	Wie sicher lebt der Mensch	Chr. F. Gellert
738	Wie soll ich dich empfangen	Paul Gerhardt
739	Wie wird mir dann, o dann	Fr. G. Klopstock
740	Wie wohl hast du gelabet	Joh. Rist
741	Wie wohl ist mir, o Freund	Wolfg. Chr. Deßler
742	Willkommen, Held im	Benjamin Schmolck
743	Wir Christenleut habn	Casp. Füger
744	Wir danken dir, Herr Jesu Christ, daß du für uns gestorben	Chr. Fischer
745	Wir danken dir, Herr Jesu Christ, daß du gen Himmel	vor 1607
746	Wir danken dir, Herr Jesu Christ, daß du vom Tod	Thomas Hartmann
747	Wir danken dir, o treuer	Nik. Selnecker
748	Wir danken Gott für seine	vor 1611
749	Wir glauben all an einen Gott, Schöpfer	Martin Luther
750	Wir glauben all an einen Gott, Vater	Tob. Clausnitzer
751	Wir liegen hier zu deinen	Benjamin Schmolck
752	Wir Menschen sind zu dem	David Denicke
753	Wir singen dir, Immanuel	Paul Gerhardt
754	Wo Gott der Herr nicht bei	Just. Jonas

Nr.	Anh. (Pr. Sächs.)	Bernb.	Brand.	Schl.	Mind.-Rav.	Kgl. Sächs.	Bayr.	Württ.	Hann.	Darm.	Meckl.
712	293	409	378	333	490	—	—	—	—	—	—
713	42	83	106	—	70	71	84	116	68	53	117
714	404	504	570	503	438	492	471	572	501	388	54
715	—	514	—	—	—	—	492	—	—	—	—
716	470	611	481	409	516	611	383	—	387	—	511
717	43	82	—	—	73	—	—	115	—	—	114
718	325	351	403	439	346	336	289	88	314	313	88
719	471	612	482	410	529	612	413	368	403	339	359
720	408	—	38*	—	—	—	—	—	—	—	—
721	530	690	652	—	631	686	564	651	632	491	—
722	508	666	624	568	578	659	541	580	599	448	587
723	510	667	625	569	576	660	535	591	598	487	582
724	472	613	494	411	542	613	425	—	420	—	—
725	361	433	19	225	12	276	245	53	485	144	—
726	—	—	280	—	—	260	197	254	—	200	—
727	—	352	335	260	312	—	292	—	—	—	512
728	—	—	633	622	608	—	—	—	—	—	—
729	—	—	—	—	—	494	—	—	574	—	—
730	—	—	—	—	—	—	—	—	404	—	—
731	—	—	39*	—	—	—	—	—	569	—	—
732	412	518	501	525	395	552	491	494	524	409	—
733	—	—	—	—	628	—	—	—	—	—	—
734	326	353	405	242	327	337	279	347	292	269	301
735	384	472	—	—	—	—	—	—	—	—	26
736	—	614	—	—	508	614	—	—	—	—	—
737	—	—	626	570	589	661	—	593	—	455	—
738	14	40	70	13	34	32	48	93	28	20	73
739	—	—	—	641	—	663	—	643	634	—	—
740	—	238	—	—	—	—	203	—	222	—	—
741	327	354	406	441	311	388	287	339	309	309	432
742	83	135	165	—	—	131	127	164	121	82	—
743	—	—	—	—	—	52	—	—	—	—	97
744	66	113	143	—	85	97	111	—	78	—	—
745	98	148	177	—	—	—	—	—	—	—	186
746	84	136	166	—	—	132	125	—	110	—	—
747	—	308	—	—	—	—	—	—	—	—	—
748	388	—	549	516	430	470	459	—	494	383	—
749	119	174	211	132	2	262	233	34	263	—	229
750	120	175	—	—	—	263	168	—	—	—	—
751	231	272	300	281	551	190	177	—	256	—	409
752	180	212	246	160	199	229	304	225	188	—	238
753	29	66	92	28	55	53	63	112	49	36	98
754	157	204	227	—	166	—	171	—	—	—	643

Nr.	W. Z.	Verfasser.
755	Wohlauf, mein Herz zu	Joh. Olearius
756	Wohlauf, wohlan zum letzten	Chr. Fr. Heinr. Sachse
757	Wohl dem, der Jesum liebet	Anna Sophie, Landgräfin v. Hessen
758	Wohl dem Menschen, der	Paul Gerhardt
759	Wohl einem Haus, da	Chr. C. Ludw. v. Pfeil
760	Wo ist Jesus, mein Verlangen	
761	Wollt ihr wissen, was mein	Joh. Chr. Schwedler
762	Womit sollt ich dich wohl	Ludw. Andr. Gotter
763	Wo soll ich fliehen hin	Joh. Heermann
764	Wo willst du hin, weils	vor 1674
765	Wunderanfang, herrlichs	Heinr. Arn. Stockfleth
766	Wunderbarer Gnadenthron	Joh. Olearius
767	Wunderbarer König	Joach. Neander
768	Zeige dich uns ohne	Fr. G. Klopstock
769	Zeuch ein zu deinen	Paul Gerhardt
770	Zeuch hin mein Kind	Gottfr. Hoffmann
771	Zeuch uns nach dir, so	Friedr. Fabricius
772	Zieht in Frieden eure	Gust. Fr. L. Knak
773	Zion, gieb dich nur zufrieden	Joach. Pauli
774	Zion klagt mit Angst	Joh. Heermann
775	Zu deinen Füßen	Chr. Heinr. Zeibich
776	Zu dir, Herr Jesu, komme	J. A. Freylinghausen
777	Zu dir ist meine Seele	Andr. Rehberger
778	Zween der Jünger	Joh. Neunherz

Nr.	Anh. (Pr. Sächs.)	Bernb.	Brand.	Schl.	Mind.-Rav.	Kgl. Sächs.	Bayr.	Württ.	Hann.	Darm.	Meckl.
755	343	451	—	—	—	—	—	—	379	—	—
756	—	—	627	613	—	664	—	617	—	466	—
757	—	213	—	—	—	230	306	—	—	—	239
758	294	411	—	161	—	—	387	—	—	—	—
759	413	513	503	526	—	553	493	498	525	412	—
760	—	—	—	—	348	—	—	—	—	—	—
761	328	255	407	304	—	98	—	—	—	—	—
762	362	434	20	442	386	535	12	5	453	141	542
763	232	273	301	282	249	359	340	—	240	—	291
764	85	—	571	98	—	133	—	—	118	—	—
765	473	612	483	226	—	301	—	—	410	345	—
766	—	67	—	—	—	—	67	—	51	—	99
767	363	435	21	444	373	536	250	—	451	136	544
768	142	—	54	484	—	—	—	—	—	—	—
769	113	164	206	125	151	155	152	198	142	111	200
770	514	—	634	623	609	669	549	625	612	475	—
771	99	149	178	107	136	141	142	—	134	—	187
772	168	—	237	—	—	511	—	—	—	—	—
773	158	617	484	354	528	615	318	—	175	154	—
774	159	614	228	355	170	616	315	—	173	—	247
775	475	—	—	—	—	—	—	—	225	—	—
776	—	274	—	283	—	360	—	—	257	—	382
777	—	—	—	305	286	—	—	—	—	—	—
778	86	—	167	99	—	134	134	—	122	83	—

A.

A und O.
Du bist das A und O 519, 1
Wirst Mensch und bist doch A und O 753, 8
Mein Schatz ist das A und O 735, 7
Zu erquicken sich an dir, A und O 170, 3
Abba.
Abba, Vater in der Höh 152, 7
Lehrst m. Geist ein gläubig Abba sagen 227, 6
Der gleichwohl dich noch Abba[1]) heißt 563, 3
Mein Abba[2]) schaue Jesum an 563, 4
Sein Geist hilft mir das Abba schreien 405, 6
Daher ich Abba, lieber Vater schrei 136, 4
Bis in mir das Abba klingt 52, 5
Abba, Vater, sorg für mich 240, 2
Dich Abba, Vater, nennen 614, 1
Den es darf Abba nennen 167, 2
abbitten.
Abbitten unsre Sündenschuld 137, 5
Abbitten.
Dein Flehen und Abbitten nicht 693, 2[3])
abdringen.
Die m. Sünd im Garten dir abdrangen 554, 7
abdrücken.
Wann der Feind die Pfeil abdrückt 641, 7
Abend.
Deine gr. Vatertreu werde d. Abend neu 268, 3
Wenn es bei uns Abend wird 268, 6
Morgens, Abends und zur Nacht 195, 2
Den Abend wie den Morgen 665, 1
Wo willst du hin, weils Abend ist 764, 7
Abend und Morgen sind seine Sorgen 125, 4
Wenn es nun will Abend werden 59, 5
Bleib bei uns, wenns will Abend w. 720, 5
Es will nun Abend werden 481, 4
Denn am Abend starb das Lamm 448, 9[4])
Abends, wenn ich zu Bette geh 119, 1
So fern der Ost vom Abend 513, 2
Der Abend kommt 96, 1
Weil es nun Abend worden ist 1, 1
Es kann vor Abend anders werden 358, 5
Es kommt — der Abend schon herbei 773, 6
Von dem Abend bis zum Morgen 581, 2
Der Abend kommt herbei. 418, 1
Auf den Abend folgt der Morgen 464, 7
Der Abend ist gekommen 178, 1
O würd es doch nur bald vor Abend 669, 5
Abendhauch.
Kalt ist der Abendhauch 112, 7 (6)
Abendmahl.
Dein Wort samt Tauf u. Abendmahle 233, 5
Wort, Tauf und Abendmahl laß — 556, 2
Auch sein Abendmahl empfangen 413, 3
Beschieden zu deinem Abendmahl 103, 2
Beruft zum Abendmahl im Reich G. 158, 3
Abendopfer.
Mein Herz sich dir zum Abendopfer schenket 96, 8
Abendröte.
Die Abendröte zeigt den schönen Tag 178, 4
Abendruh.
Des Leibes matte Glieder grüßen schon die Abendruh 648, 1
Mit Jammer kommt die Abendruh 23, 5
Abendzeit.
Zur Abendzeit erwünschten Lohn 404, 7
abfahren.
Dir will ich abfahren 200, 15
abfallen.
Wir blühen auf und fallen ab 728, 1
Daß sie ist abgefallen von Gottes Wort 146, 2
Bring — bald alles abgefallne wieder 587, 3
abfressen.
Mein Leid nun sollt das Herz abfressen 4, 4
Abgott.
Mir nicht zum Abgott werde 260, 2
Abgötterei.
Vor falscher Lehr, Abgötterei behüt uns 83, 3
Abgrund.
I. natürlich.
O daß mein Sinn ein Abgrund wär 356, 5
II. der Hölle.
Der Höllen Abgrund selber bebt 478, 2
Seht des Abgrunds Pforten beben 42, 2
Und der Abgrund flammt und kracht 21, 3
Wenn gleich — Höll und Abgrund 727, 4
Was zum Abgrund ziehen kann 26, 3
Sollt zum Abgrund drücken mich 590, 3
III. von Gott.
Der der Wunder Abgrund ist 300, 5 (4)[5])
O Abgrund, welcher alle Sünden 340, 4
O Abgrund der Barmherzigkeit 340, 10
Senk in Abgrund deiner Gnaden 375, 6

1) Var. Schlesisches G. Vater. 2) Var. Anhaltisches G. Vater. 3) Fehlt vielfach. 4) Fehlt vielfach. 5) Fehlt Bernburger G.

Der tiefsten Weisheit Abgrund sehen 619, 4
Einen — Blick in den Abgrund d. G. 193, 1
Wenn ich — mich in deinen Abgrund 306, 11
abhalten.
Wenn sie mich v. deinem Wort abhält 294, 3
abhauen.
Hauet Händ und Füße ab 593, 8
abkehren.
Er kehre ab den Fluch 14, 6
Die Mutter — kehrt die Augen ab 621, 7
Laß keine Not des Kreuzes dich abkehren 609, 2
Von allem abgekehrt, dir nach 538, 7
abkommen.
Wie ein Vogel des Stricks kommt ab 674, 3
ablassen.
Darum will ich nicht ablassen 760, 3
Laß nicht ab von deinem Lauf 51, 6
Daß ich vom Bösen lasse ab 704, 17
Du sollst von dein'm Thun lassen ab 134, 4
Lasset ab, ihr meine Lieben, lasset ab, 425, 1
Läßt nimmer ab zu toben. 530, 2
ablaufen.
Da wird d. Krieg gewißl. wohl ablaufen 243, 6
Ach, wie will es laufen ab 26, 1
ablegen.
Das leg ich alles ab 329, 10
Sünd laß mich hinfort ablegen 310, 4
ablehnen.
Aller Zorn ist abgelehnt 49, 3
Die Feindschaft ist ganz abgelehnt 202, 10
ablesen.
Wird man ablesen bald ein Buch 185, 3
ablocken.
Laß dich nicht — d. Lust d. Welt ablocken 234, 11
ablohnen.
Nie nach Verdienst uns abgelohnt 82, 2
Mich nicht — im Zorn bald abgelohnet 326, 4
Dem wird mit Ungnad abgelohnt 631, 4
abmatten.
Schläft alles, was sich abgematt' 517, 1
abmessen.
Indes ist abgemessen die Last 473, 5
abnagen.
Schmerz, d. m. sieche Brust abnaget[1]) 184, 4(3)
abnehmen.
Mein Sterben nimmst du abe 580, 8
Gehör und Rede nehmen ab 333, 3
Abraham.
Zions Hülf und Abrams Lohn 238, 3
Lobe mit Abrahams Samen 445, 5
Die ihr seid von Abrams Samen 429, 1
In Abrahams Schoß tragen 296, 3
Geführt in Abrams Schoß 665, 7
Laß mich da sein in Abrams Schoß 479, 7
Tragt mich in Abrams Schoß 339, 5
abreisen.
Hier reis' ich aus und abe 329, 1
absagen.
Allem freudig abzusagen, was nur 583, 8
Sag ich allem andern abe[2]) 624, 7
Gründlich dem absagen, was 418, 13
Ich will von nun an sagen ab der 393, 8
Dem absagen, was meinem Fleisch 580, 15
Sagt ich — d. Satans schnöd. Werken ab 330, 3
Der mir alle Gnad absagt 678, 3
Laß mich der Sünde sagen ab[3]) 349, 9
Es gilt der Welt absagen 570, 2
abschaffen.
Das ist alles abgeschafft 678, 10
Das Bös in mir werd abgeschafft 555, 9
abscheiden.
Zuletzt laß mich abscheiden 6, 11
Laß mich selig abscheiden 652, 2
Soll ich — von dieser Welt abscheiden 293, 3
Und w. ich soll einm. v. d. Welt abscheiden 294, 8
Bis ich endlich werd abscheiden 558, 6
Wenn wir von der Erd abscheiden 500, 8
Ich hab Lust abzuscheiden 297, 1
So laß auf d. Tod mich auch abscheiden 477, 2
Von der Erd scheid ich ab 206, 1
Meine Seele, die abzuscheiden oft 7, 4
Auf Christi Tod abscheiden 536, 7
Halt mich von allem abgeschieden 647, 1
Mach e m. v. all. fr., gründl. abgeschieden 436, 3
Abscheu.
Hab ein Abscheu jederzeit am Lästern 260, 9
Abschied.
Auf deinen Abschied, Herr, ich trau 553, 11
Nimm mein' Abschied zu Herzen 579, 10
An meinen Abschied denken mag 358, 4
Bemerkte man den Abschied kaum 691, 7
Der Abschied aus der Welt, sich 173, 2
Von der Welt den Abschied nehmen 206, 7
Auf ewig allem Abschied giebt. 685, 4
Abschiedszeit.
So thue noch vor unsrer Abschiedszeit 527, 7
Absicht.
Es schützet die besten Absichten noch vor 299, 3
Wer weiß, was öfters deine Absicht sei 619, 4
absterben.
Nun woll. wir gerne m. d. auch absterben 299, 2
Wir sind dem Leben abgestorben 424, 2
Niemand verdirbt, der d. Welt abstirbt 602, 9
Auf d. ich für u. f. d. Sündenw. absterbe 286, 5
Stirb stets den Sünden ab 568, 3
Unser Fleisch ihm sterben ab 428, 3
Wann mir gleich alle Welt stürb ab 202, 8
abstreifen.
Streift er deine Ketten ab 673, 9
Streift — nur was sterbl. heißt, uns ab 646, 6
abthun.
Wird von mir sein abgethan 389, 6
Und hat die Sünde abgethan 76, 3
Es sei denn alles abgethan 570, 2

1) Var. Bernb. G. B. 3 der an der siechen Brust mir naget. 2) Var. Anh. G. Frag ich nicht nach andrer Gabe. 3) Var. Bernb. G. danken ab.

abtragen.

Hat die Sünden abgetragen 390, 7
Der alle Schulden abgetragen 777, 4

abtreiben.

Die Trübsal uns nicht abtreiben 412, 3
Treibt alles Unglück abe 109b, 4

abtrennen.

Noch Schmerzen uns trennen ab von 395, 5
Brennt nach dem, der sich abtrennt 693, 2

abtreten.

Beten und von der Welt abtreten 560, 12
Tret ab von aller Heuchelei 53, 7

abwärts.

Laß abwärts flammen deinen Schein 410, 1

abwaschen.

Wasch ab all meine Sünde 763, 4
Mich — von Sünden abgewaschen 244, 1
So wäscht du ab aus lauter Gnad 149, 1
Gewaschen ab die Missethat 700, 3

Abwaschung.

Die Abwaschung meiner Sünden 26, 8

Abwechselung.

Da man ohn Abwechselung: Heilig 115, 13

abweichen.

Laß mich auch nicht von dir abweichen 151, 2

abwenden.

I. verhüten.

Deines Eifers Glut zuv. oft abgewendet 265, 2
Verwüstung abgewendet von d. Stadt 258, 3
Wend Unfall ab, kanns anders sein 735, 6
Ach wend in allen Gnaden Krieg — ab 274, 6
Abwend all unsern Jammer und Not 29, 4
Wend ab all Ungerechtigkeit 293, 2
Wend ab den Krieg, gieb Friedensrat 82, 7
Zu deiner Zeit wend ab mein Leid 4, 3
Schmerzen durch dich, Herr, abgewendt 352, 7
Deine Hände — wenden alle Plagen ab 374, 8
Meine Plag — hast so gn. abgewandt 641, 10
Wend ab des Satans Wüterei 517, 4[1])

II. abwendig machen.

Uns nicht vom Wort abwende 752, 4
Laß dich nichts abwenden 609, 7
Von dir in dieser Welt abwenden 353, 4
Dich ja nichts abwende von jener 56, 4
Verdorben und vom Guten abgewandt 26, 4

abwischen.

Christus wischet ab euch alle Thränen 582, 4

abziehen.

Dich von der ganzen Welt abziehe 589, 4
Laß d. eitl. Welt — mich nicht abziehen 220, 10

abzwingen.

Gott seinen Sohn abzwingen 165, 3

Ach.

Der Lebensweg hat auch sein Ach 479, 3
Hält mich der Krankheit Ach — wach 350, 3
Mit Thränen, Ach und Weh, genetzet 144, 5
Murre nicht in Weh und Ach 608, 4
Mußt du rufen Ach und Weh 773, 2
Kein Ach und Schmerz den Geist 115, 9
Was hilft uns unser Weh und Ach 719, 2

Achsel.

Er wird sein Schaf auf seinen Achseln 521, 4

Acht.

Nimm mich in acht 315, 6
Gottes Macht hält mich in acht 381, 3[2])
Nimmt ers gleichfalls wohl in acht 625, 3
Er giebt auf alles acht 36, 4[3])
Doch nehmen sie auch mich in acht 142, 2
Und mich halt in guter Acht 219, 7
Gieb acht auf diesen hellen Schein 51, 3
Der hab wohl acht auf seine Sachen 386, 3
Herr, rede nur, ich geb begierig acht 236, 8
In — Schmerz es aus der Acht nicht 752, 5
Nimms wohl in acht und denke dran 149, 1
Da hatt er dennoch fleißig acht auf 107, 4
Ich Armer nehme mich doch nicht in acht 17, 3
Wer — nimmt seine Werk in acht 365, 2
Hab in acht die vorerwähnte lange 530, 8

achten.

Daß er uns so hoch geacht' 197, 1
Doch achtest du gar wenig — Gut u. Geld 562, 3
Die Gott allein hoch achten 754, 4
Und was Gott thut, hoch achtet 232, 6
Und herrlich acht, was Gott gefällt 681, 5
Das vor war groß geacht 665, 6
Mit Begierde darauf achten 585, 5
Was acht ich alle Not 328, 1
So acht ich keiner Hindernis 332, 3
Ich achte nun der Welt nicht mehr 23, 7
So will ich mich selbst nicht achten 583, 9
Der Tod — wird nichts bei mir geacht 37, 4
Wards aber nicht geacht' 122, 4
Geld, Gut — doch ich das garnicht achte 297, 5
So gering nicht achten sein — Wohlthat 258, 2
Wir sind bei ihnen nichts geacht' 588, 2
Was d. Welt sonst herrl. pflegt zu achten 295, 5
Kein Kreuz nicht achten, keine 298, 13
So weißt du, Herr, daß ichs nicht acht 10, 5
Die die Welt für Thoren acht' 717, 8
Daß ich jetzt kein Sterben acht' 49, 4
Und nicht achten Feur und Schwert 448, 9
Auf dein Gebot geachtet hab so selten 532, 2

Achtung.

Lehre mich nun Achtung geben 268, 1

ächzen.

Ich ächze, ich seufze nach dem Himmel 477, 12

Acker.

Gieb dem Samen einen Acker 638, 6
Der Acker selbst wird ihm zu Brot 540, 4
Unsre Äcker sind wie Mauern 218, 3

Adam.

Was uns des ersten Adams Schuld 110, 2
Von Adam her geerbet 77, 7
Durch Adams Fall ist ganz verderbt 146, 1
Den mir Adams Fall gebracht 611, 3
Den Adams Fall gestiftet hat 148, 1

1) Fehlt Anh. G. 2) Fehlt Bernb. G. 3) Fehlt Anh. G.

Durch Adam auf uns kommt der Tod 15, 6
Welche Adam in euch regt 593, 8
Die Sündenglieder m. alten Adams 18, 3
Sonst sind sie wohl Adams natürliche 182, 3
Gott rufet Adams Kinder[1]) 53, 6

Adamserben.

Mit andern Adamserben 18, 8

Adamskind.

Ihr Adamskinder weint 606, 1
Uns und alle Adamskinder 471, 11
Die verlornen Adamskinder 375, 1

Adamssinn.

Vertreib — den alten Adamssinn 286, 3
Wider unsern Adamssinn 527, 1

ade.

Welt ade, ich bin dein müde 697, 1
Ade! zu Gott mich wende 579, 10
Ade! mit deinen Schätzen du — Welt 224, 6
Ade! nun seid gesegnet 232, 10

Ader.

Machst Herz und Adern fließen 165, 4
Die Adern mit dem edlen Saft 165, 4
Wer zog die Adern hier und dort 138, 4
So oft die Nacht mein Ader schlägt 111, 8
Mein Blut in allen Adern 135, 10
So lang mein Blut in Adern schlägt 647, 3

adeln.

Adle mich durch deine Liebe 415, 3

Adler.

So eile, wie ein Adler fleucht 234, 11
Als ein Adler fleuch behende 649, 1
Verjüngt dem Adler gleich 513, 1
Wie ein Adler sein Gefieder — streckt 625, 2
Der dich auf Adelers Fittichen sicher 445, 2
Auf Adlers Flügeln oft getragen 762, 9
Laß m. Herz himmelwärts wie e. Adler 226, 6
Mit Adlers Flügeln decken 153, 7

äffen.

Laßt euch die Welt nur äffen 417, 12

ähnlich.

Und ich dir mög ähnlich werden 717, 7(5)
Ähnlich sei deim klaren Leib 553, 13
Im Auferstehen s. Leibe ähnlich sehen 261, 2
Welche, Herr, dir ähnlich sind 721, 13
Und lehr uns dir recht ähnlich sein 424, 8

alle(s).

Herz, Seel und Mut, nimm alles hin 356, 1
Der hat alles, der dich hat 617, 3
Erlang ich dies eine, das alles ersetzt 169, 1
Sollst mein ein und alles sein 169, 10
Mein alles ist auf dich gericht 282, 3
Gedenke meiner auch in allem 480, 6
Alles ist an mir verdorben 26, 4
Dein Himmel und dein alles sein 133, 3
Ich mag dich ja zu allem nehmen 578, 2
Du willst mir selber alles sein 578, 2
Du bist mein alles 619, 12
Mache mich von allem frei 712, 3(4)
Da Jesus Christ allein das all in allem 753, 1
Wenn sonst alles fallen muß 661, 8

allein.

Gott soll hinfort allein und unbedingt 236, 7
Allein Gott in der Höh sei Ehr 29, 1
Allein zu dir, Herr Jesu Christ 30, 1
Darum allein auf dich — verlaß ich 763, 10
Du kannst allein mich — machen rein 3, 7
Du allein kannst mich entbinden 3, 7
Gieb, daß ich dir allein vertrau 260, 2
Du allein bist liebenswert 373, 7
Du Gott, bist unser Gott allein 248, 2—5
Du allein sollst es sein 226, 3
Du alleine sollst mein ein u. alles 169, 10
Allein du bist mein höchster Schatz 465, 6
Das bist du, Herr, alleine 489, 1
Das thust du, Herr, alleine 489, 2
Zu dir, Herr Christ, alleine 489, 3
Du, du allein, du sollst es sein 120, 1
Auf dir alleine als ihrem Felsen steht 556, 1
Dir bis in den Tod gewidmet sein allein 151, 6
Dir allein zum Preis auf dieser Erden 151, 6
Als allein, daß du mögest bei mir 717, 7(5)
Von Herzen und alleine liebt 685, 4
Dein Schutz ist mein Trutz alleine 690, 2
Hoffen hab ich nur allein von dir 690, 3
Dir allein allzeit trachten zu gefallen 690, 9
Du sollst es sein, den ich erwähle allein 323, 6
In Tod und Leben nur dein alleine bin 339, 2
Manches wandert gar alleine 778, 2
Ständ ich in weiter Welt allein 691, 1
Und ist es uns hienieden so öde, so allein 86, 6
Daß er uns nicht läßt allein 201, 5

allbelebend.

Hat ein allbelebend Feuer — angefacht 691, 6

allemal.

Dem allemal das Herze bricht 341, 2

allerärmste.

Zum Heil erschienen der allerärmsten 103, 1

allerbängsten.

Wenn mir am allerbängsten 542, 9

allerbeste.

Ist der allerbeste Mann 701, 3
Er ist mir der allerbeste, der mir 455, 1

allergewißte.

Gott ist das süßte und allergewißte 125, 10

allergrößte.

Wenn die Not am allergrößten 624, 4

allerhärtste.

Ein Wort bricht oft den allerhärtsten 619, 2

Allerheiligste.

Ach ins Allerheiligste führ mich 43, 5
Ins Allerheiligste führt dich der Weg 739, 3

allerheilsamste.

Du allerheilsamster Tröster 29, 4

allerhöchste.

Zu Gott sich kehret, seinem allerhöchsten 47, 7
Der allerhöchste Gott spricht freundl. 337, 2

---

1) Var. Bernh. G. verlorne Kinder.

Allerhöchste Wissenschaft, ach beweise 584, 5
Unser Bruder — ist unser allerhöchstes 745, 9
Ich laß dich nicht, du allerhöchste Liebe 350, 2

Allerhöchster.

Des Allerhöchsten Gabe teur 409, 2
Das den Geist des Allerhöchsten in 149, 6
Wer Gott, dem Allerhöchsten, traut 719, 1

allerlängste.

Die allerlängste Zeit saust vorbei 17, 2

allerliebste.

O du allerliebste Liebe 317, 4
Lob sei dir, allerliebster Vater 524, 9
Du allerliebstes Vaterherz 325, 4
Als dir, mein allerliebstes Leben 470, 6
In dir — o allerliebstes Leben 741, 5
Ach allerliebstes Leben 561, 4

allermeist.

Und endlich flehn wir allermeist 359, 6
Hilft uns zum Leben allermeist 211, 2
Uns allermeist mit Himmelsbrot 144, 7
Um den rechten Glauben allermeist 497, 1
Vor ihm sich fürchte allermeist 192, 3
Es schallet allermeist dieses Wort 437, 2
Mein Geist sich allermeist zu dir 13, 3
Vom G'setz erfordert[1]) allermeist 183, 2

allerschönste.

Mein Los — auf das allerschönste fällt 581, 8
O du allerschönstes Licht 525, 1

allersüßte.

O du allersüßte Freude 525, 1

Allerstärkster.

Durch d. Glaubenshd. d. Allerstärksten 154, 9

allertiefste.

Vom allertiefsten Herzensgrund 524, 1

allertreuste.

Der allertreusten Pflege des 58, 1

allerwegen.

Weg hast du allerwegen 58, 4
Liebe Rut, ist uns allerwege gut 414, 3(4)
Laß allweg sein die Leuchte 752, 9
Dein Wort mein Speis laß allweg 353, 3
Weil dir doch allerwegen die Erde 338, 2

allesamt.

Mach uns allesamt bereit 439, 3
Daß wir uns freuen allesamt 79, 2
Speis uns heut allesamt 79, 7

Allgegenwart.

Laß d. Allgegenwart mich — umgeben 561, 7

Allgegenwärtiger.

O drück Allgegenwärtiger, dies tief in 495, 7

Allgewalt.

Sein Reich ist das mit Allgewalt 756, 17

allhier.

Die uns allhier regieren 468, 6
Die es allhier in reicher Menge 727, 2

Allmacht.

Wir sind seiner Allmacht Ruhm 32, 2
Die Allmacht stehet euch zur Seiten 685, 8
Der dein Allmacht sollt ergründen 596, 5
Durch deiner Allmacht Meisterthat 577, 2
Von der Allmacht unterstützt 249, 7
Welcher Lieb und Allmacht hat 690, 6
Deine Allmacht hilft mir tragen 690, 7

allmächtig.

Er, der die Welt allmächtig hält 45, 1
Allmächtig ist der Name dein 12, 4
Weil der allmächtig ist, an den es 727, 4
Und reich uns dein allmächtge Hand 744, 3
Du bist allmächtig, drum ist dein 345, 2
Du bist allmächtig und ohn End 547, 9

Allmächtiger.

Ganz auf dich, Allmächtiger, verlassen 108, 7
Denke daran, was der Allmächtige 445, 4

Allmachtshände.

Das Vertrauen d. in s. Allmachtshände 195, 3

allwissend.

Erleuchte u. bekehre, allwissend — Licht 176, 2

Allwissenheit.

Wie sein Allwissenheit es fügt 719, 3

allzeit.

Ihnen steht der Zugang offen — allezeit 171, 2
Die Eltern — laß mich ja ehren allezeit 260, 5
Gehts nicht allzeit wie es soll 661, 12
Bei dem ich allzeit Hülfe find 331, 5
Steh mir allzeit kräftig bei 152, 4
Dir allein allzeit trachten zu gefallen 690, 9
Und doch allzeit fröhlich sein 40, 10
Der Sünden Schand allzeit war 183, 4
Laß sie mich allzeit guten Rat — lehren 554, 15
In deinem Haus allzeit laß finden 4, 7
Allzeit dein auserwählten Namen preis' 4, 8

allzublöde.

Dem sie allzublöde sind 765, 4

allzugleich.

Lobt Gott ihr Christen allzugleich[2]) 447, 1

allzuhauf.

Allzuhauf frisch und freudig nehmen 40, 9

allzumal.

So wärn wir allzumal verlorn 114, 2
Große Not, — verdienet hab. allzumal 496, 1
Kommt und lernet allzumal 419, 1
Die l. Patriarchen, Propheten allzumal 99, 1
Und hol uns allzumal zum ewgen 737, 10
Sie fallen nieder allzumal 248, 2
Und ihr Engel allzumal 220, 5
Da d. Patriarchen wohnen, d. Propheten allzumal 31, 5
Rott aus die Dornen allzumal 752, 8

allzusammen.

Er — sehnet sich — nach uns hier allzusammen 107, 4

allzusehr.

Wenn er uns ja schläget, nicht allzusehr 352, 3
Und schlägst nicht allzusehr 355, 9
Er verbindt mich allzusehr 462, 5
Danken gnug und allzusehr 220, 7

1) Var. Sächs. G. drauf das Gesetz dringt. 2) Var. Bernb. G. alle gleich.

allzuviel.
Mit Sünden allzuviel beschwert 143, 5
alsbald.
Wo ich etwa irre geh, alsbald zurechte 554, 15
alsobald.
Alsobald im Mutterleibe, da er mir 625, 2
alt.
Des alten Menschen alte Schuld 233, 3
Die Sündenglieder meines alten Adams 18, 3
Vertreib — den alten Adamssinn 286, 3
Er will — d. alten Menschen schwächen 473, 7
Gieb, daß wir — den alten Menschen 164, 6
Wie verderbt mein alter Sinn 18, 2
Des alten Drachen Bild und Zeichen 570, 7
Du siehst dein altes Leben hinter dir 673, 9
Das alte Jahr ist nun dahin 82, 1
Und denke nach der alten Zeit 751, 6
Großer Gott von alten Zeiten 247, 1
Der alte Gott lebt noch 122, 1
Was der alten Väter Schar 238, 2
Was alle Menschen jung und alt 185, 3
Wer selig stirbt, ist gnugsam alt 512, 6
Alte.
Du wirst mich aus dem finstern Alten 538, 2
Das Alte ist nun nicht mehr 613, 3
Die Alten heb und trage 274, 10
Nahrung für Jung u. Alte bescheret 258, 3
Wenn sich — halten Jung u. Alten 732, 1
So gings den lieben Alten 329, 4
Glauben auch gehalten — mit d. Alten 288, 3
Schmück — die Alten mit Verstand 769, 9(10)
Ihr Jungen, Alten, Frau u. Mann 417, 1
Ein Quell, da Alt und Jungen 139, 3
Altar.
Wir wollen einen Altar bauen 720, 7
Dank zu seinem Altar bringen 444, 1
Trage Holz auf den Altar 317, 4
Tauf und Altar uns deine Wege zeigen 233, 5
Alter.
Der dein volles Alter schafft 299, 6
So nimm du — zu, an Alter 516, 12
Hindurch ins Alter bringen 536, 6
Verwirf mich nicht im Alter 658, 1
Älteste.
Die Ältesten mit goldner Kron 248, 3
Amen.
O mein Gott, sprich selber Amen 247, 6
Ich bin dein, sprich du darauf ein Amen 160, 4
Ich bin dein Kind, sprich: Amen 755, 4
Amen, Amen, das sei wahr 216, 1—3
Amen! das ist, es werde wahr 655, 9
So sprechen wir das Amen fein. Amen 655, 9
Singet — mit Freuden: Amen, Amen 251, 4
Laß es bald geschehn: Amen, Amen 423, 1
Nun sprecht von Herzen: Amen 192, 3
Amen, ja es soll geschehen 201, 5
Amen, ja es soll geschehen. Amen 714, 10
Sprich — nach d. Flehn e. kräftig Amen 152, 7
Amen, Amen! Auch wir sind dein 248, 2—5
Lös uns vom Übel, Amen 183, 14
Ja Amen, Vater aller Treu 292, 8
Amen, es geschehe, Amen 593, 10
Amen, es geschiehet 463, 6
Amen, Amen, erhöre mich 666, 15
Drauf sprech ich fröhlich Amen 689, 4
Amen zu aller Stund sprech ich 48, 6
Sage Amen und zugleich: Friede 454, 4
Sprich Ja und Amen drauf 378, 3
Und schallt das Amen wieder 230, 2
Dein Wort heißt immer Ja u. Amen 751, 3
Hilf, Helfer; Amen 291, 5
Dein Wort ist Ja und Amen 94, 6
Amen, Amen, hilf uns kämpfen 285, 5
Amen, Jesum laß ich nicht 459, 7
In d. Namen ist ja alles Ja u. Amen 376, 6
Amen, A., komm du schöne Freudenkron 734, 7
Durch Jesum Christum: Amen 5, 2. 293, 3
488, 5. 511, 8
Sprich, Jesu, Ja und Amen 556, 7
Gott spricht schon das süße Amen 61, 3
Auf dein Wort sprech ich Amen, Herr 273, 4
In ihm ist alles Ja und Amen 136, 8
In dir mir auch werde Ja u. Amen 614, 2
Amen, Amen! In d. Namen — Jesu 245, 15
Hilf und Heil, liebster Jesu, Amen 677, 13
Er wird helfen, Amen 599, 17
Hilf, Helfer, hilf, drauf sprech ich Amen 307, 3
Amen, mein lieber, frommer Gott 343, 18
Mach uns — los v. allem Übel. Amen 185, 7
Darauf so sprech ich Amen 54, 7
Darauf sprech ich Amen 195, 5
Amen, nun will ich schließen 407, 8
Drauf singen wir zur Stund Amen 513, 5[1]
Lobende schließe mit Amen 445, 5
Und alle Welt sag Amen 707, 6
Wir sprechen nun das Amen 274, 12
Ich sterbe d. Namen; Jesu spr. Amen 477, 16
Halleluja, Ja und Amen 262, 2
Amen; Lob sei dir bereit 721, 14
Amt.
So tret ich demnach an mein Amt 630, 1
Laß alle — ihr Amt getreulich führen 274, 5
Das ist der Christen rechtes Amt 302, 3
Gott loben, das ist unser Amt 506, 5
Wenn in meinem Amt ich reden soll 536, 3
Daß wir unser Amt und Werk wohl 317, 1
Wenn ich in meinem Amt ausgehe 294, 7
Mein Amt — in deinen Schutz ich 666, 12
Mit reichem Himmelssegen die Werke meines Amts 9, 4
Daß wir — thun unser Amt mit Fleiß 81, 5
An guten Werken reich in unserm Amt 752, 7
Ich hab mein Amt nicht so verricht 704, 8
Ich hab — begehrt — sein Amt 693, 10
Amtsgebühr.
Daß ich nach meiner Amtsgebühr 735, 5

1) Nur Anh. G.

anbefehlen.

Laß uns — dir ferner anbefohlen sein 556, 2

Anbeginn.

Von Anbeginn ist nichts erkorn 30, 1
Vor allem Anbeginn der Welt 205, 4

anbeten.

Vor dem die Seraphinen anbetend 360, 3
Lasset uns anbeten 226, 1
Alles anbetet und schweiget 323, 3
Wir loben, preisen, anbeten dich 29, 2
Zu dir wir nahn und beten an 248, 1
So will ich — dich anbeten Tag 717, 8
Ich bet dich in Geist u. Wahrheit an 136, 3
Dich, Gott Messias[1]) bet ich an 132, 6
Kommt, dies Kindlein anzubeten 319, 4
Dich bet ich zuversichtlich an 347, 2
Dich bet ich kindlich an 264, 1
Zu beten an, zu lieben inniglich 96, 6
Wenn ich — ihn dort anbeten werde 739, 6
Wenn ich im Glauben ihn anbet 440, 2
Als unsern Gott anbeten, der unsers 99, 3
Morgens soll der Anfang sein, Jesum anzubeten 195, 2

Anbetung.

Wir sind, o Jesu, dein — Anbetung dir 267, 1
Lob und Anbetung töne dir, o Vater 550, 9

anbieten.

Das beut dir Gott aus Gnaden an 53, 3
Was euch des Himmels Ruf anbeut 685, 1
Die euch der König d. Himmels anbeut 157, 5

anbinden.

Bind an! der Teufel ist bald hin 38, 5[2])

Anblick.

Gieb mir, — den Anblick deiner Gnad 542, 4
Dann wird sich — der rechte Anblick 612, 6
Dein Anblick zu empfangen 559, 1
Süßigkeit, die dieser Anblick giebt 51, 10

anblicken.

Des Vaters Huld mich heut anblick 546, 3
Freundlich mich anblicke 72, 3
Hast dein Land mit Gnaden angeblicket 265, 1
So blicke mich mit deinen Augen an 131, 6
So werd ich von dir angeblickt 306, 11
Jesus muß das Herz anblicken 322, 6
Wie freundlich blickt er Petrum an 471, 6
Hier blickst du zwar — so fremd[3]) an 287, 5(6)

anbrechen.

Die betrübte Nacht bricht an 714, 4
Bis mir dort dein Sonnenlicht anbricht 151, 8

Andacht.

Bereit das Herz zur Andacht fein 278, 2
Entzünd in mir der Andacht Brunst 349, 7
Heute weckt des Tages Lauf mich zu neuer Andacht auf 247, 1
Daß ich — so wenig Andacht hab 26, 1
Nichts laß meine Andacht stören 640, 6
Da sie sich zu Jesu Füßen voller Andacht 169, 3
So kann ich in Andacht bleiben 372, 3
Drum beug ich — in rechter Andacht 89, 2
Darauf deine Andacht lenke 461, 1
Laß mich mit Andacht beten 560, 12
Die Zweiglein der Gottseligkeit steckt auf mit Andacht 450, 4
Wollest mir — Geist u. Andacht schenken 371, 1
Wo ich voll Andacht stehe 726, 1
Dich in Andacht recht zu grüßen 434, 2
Führe m. Andacht Kerzen — Nahrung 434, 5
In der Andacht folg ihm nach. 601, 1
Voller Andacht, Reu und Leid mich 601, 7
Fühle nichts als Andacht, Lieb und 705, 1
Zu Gott dein Andacht fröhlich bringe 755, 1

ändern.

Ei so ändert euren Mut 198, 3
Daß er ändre ihren Sinn 249, 5

anderer(res).

I. Gott.

Und ist kein andrer Gott 161, 2
Es ist doch ja kein andrer nicht 656, 1
Es steht in keines andern Hand 12, 4

II. Mensch.

Andre mögen Weisheit nennen 584, 2
Andre mögen ihre Sinnen schärfen 584, 3
Andern mag es wohl behagen, 584, 4
Laß mich an andern üben, was du 709, 7
Einer schafft dies, der andre das 417, 7
Der wählet dies, der andre das 10, 2
Ich will — mit andern — hinüber 139, 12
Welcher andre lehren will, muß leiden 472, 5
Was andern schön und lieblich 570, 2
Von Neid, damit sich andre tragen 570, 2
Da andre fahren hin zur finstern 352, 2
Einer ist des andern Kron, eines ist des andern Ruh 661, 4
Eines ist des andern Licht 661, 4

III. allgemein.

Alles andre lassen gehn[4]) 712, 1
Wird alles andre weggerissen 340, 6
Daß wir nichts andres suchen mehr 1, 8
Suche Jesum — alles andre hilft 604, 1—12
Mit d. — schweben — im andern Leben 200, 14
Ist dort vom andern Tode frei 572, 7(6)
Sein Tod uns vom andern Tod rettet 428, 3

anders.

Daß er nicht anders treten muß 243, 9
So aber mags nicht anders sein 416, 4
So es anders Gott gefällt 32, 4

anempfehlen.

Den Regierungsstand — dir täglich anempfehlen 137, 7

anerben.

Sünde — die ihm ist angeerbet 592, 1

anerbieten.

Zu stehen in dem Streit, den Satans Reich — mir — anerbeut 769, 11(12)

---

1) Var. Bernb. G. Dich, Gott, mein Heiland. 2) Fehlt vielfach. 3) Var. Bernb. G. streng.
4) Var. Anh. G. Alles andern müßig gehn.

anfachen.
Ein — Feuer in unſ. Innern angefacht 691, 7
Von ſeiner Flammenmacht angefacht 71, 1
Anfang.
Du weſentliches Wort, von Anfang 151, 1
Was hat — dich von Anfang doch 151, 4
Mein Schatz — iſt der Anfang und 734, 7
Gott muß man — End u. Anfang 765, 5
Anfang und Mitte ſamt dem End 88, 5
Den Anfang u. das Ende machen 578, 2
Iſt gleich der Anfang etwas ſchwer 362, 14
Morgens ſoll der Anfang ſein 195, 2
Wie ſauer ich der Mutter bin v. Anfang 532, 4
Wir hören noch das Gnadenwort vom Anfang 507, 2
In ſeinem Namen iſt der Anfang 14, 10
Von Anfang — hat ſo manches Herz 753, 3
Daß das End dem Anfang gleich 448, 9
O Anfang ſonder Ende 530, 1. 531, 1
So kennet die Liebe nicht Anfang 397, 9
Eh die Welt den Anfang hatt 529, 1
Wie von Anfang geſungen das 369, 8
anfangen.
Ach, was ſoll ich fangen an 22, 1
Daß wir unſer Amt — wohl anfangen 311, 1
So fängt auch mancher — fröhlich an 362, 4
Was wir jetzt fangen an 137, 9
Fange ihn mit Beten an 715, 1
Wohl iſt er dann angefangen 715, 2
Fang dein Werk mit Jeſu an 195, 1
Wenn denn deine Sach alſo mit Gott angefangen 195, 4
Er geſegne meine Thaten, die ich fröhlich fange an 391, 4
In Gottes Namen fang ich an 404, 1
Ich bin gewiß, an m. fängſt dus nicht an 777, 5
Laß mich fröhlich enden d. angefangne 309, 15
Hilf, daß wir — fromm zu w. fangen an 83, 4
Fange herrlich an zu prangen 596, 1
Was Menſchen Kraft u. Witz anfäht 754, 2
Zank, Hader, Streit gefangen an 704, 6
Den Tag beſchließe, — w. er angefangen 252, 9
Solch Himmelfahrt fäht in uns an 41, 4
Die Zeit — fänget ſtets von neuem an 530, 5
anfaſſen.
Faß uns an, o ſüßer Jeſu 21, 8
anfechten.
Von Sorgen — damit die Welt ſich ſelbſt anficht 570, 5
Es mögen euch viel fechten an 663, 5
Alles Leiden — das kaum ein Augenblick anficht 531, 3
Wenn mich der Sünden Luſt anficht 577, 5
Ob mich mein Sünd anficht 22, 2. 48, 2
Und ob mich ſchon mein Sünd anficht 343, 11
Wenn mich Sünd und Tod anficht 374, 12
Wenn mich Verſuchung plagt und meine Seel anficht 9, 3
Wenn uns der böſe Feind anficht 655, 7
Wenn mich der böſe Feind anficht 689, 4
Wenn mich die Not anficht 147, 2
Wenn mich Not und Tod anficht 766, 3
Wenn Not und Armut mich anficht 571, 4
Mitten in dem Tod anficht uns der 489, 2
Auch die, ſo heimlich fichtet an 552, 2
Kein Feind darf mich fechten an[1]) 425, 6
Anfechtung.
Gieb, daß wir halten feſt an dir in Anfechtung 752, 6
Daß ich feſt in Anfechtung ſteh 666, 10
Große Schwachheit ich bei mir in Anfechtung oft verſpür 641, 1
Wenn Satan ſich bei mir mit Anfechtung 14, 4
Kommt nun Anfechtung her, ſo wehr 353, 5
anfeuchten.
Der Himmelstau, d. m. in Hitz anfeuchte 14, 7
anfeinden.
Kommt die Welt, mich anzufeinden 778, 6
anflehen.
Wenn wir ihn — im Gebet anflehen 449, 9
Ihn fleh ich gläubig an 328, 5
Dich herzinbrünſtig hierum anzuflehn 669, 3
Anfuhrt.
Daß wir erreichen die Anfuhrt nach 176, 7
Angebinde.
Gab zum ſchönen Angebinde — dieſen 691, 7
angeboren.
Der Sünde Schand allzeit w. angeboren 183, 4
angeerbt.
Hilf mir — aus der angeerbten Not 18, 3
Waſch es — von den angeerbten Flecken 437, 4
angehen.
Wenn er den Feldherrn ſieht angehn 485, 5
Wer Sünder heißt, d. geht d. Heiland an 777, 4
Iſt dort vom andern Tode frei, derſelb ihn nicht angehet 572, 7
Hilf, das neue Jahr geht an 309, 1
Glücklich geht der Eheſtand an 715, 3
Jetzo gehet an der Tag, der kein Ende 31, 6
angelangen.
Wenn — ich angelanget bin im ſchönen 369, 7
Wann wird doch angelangen desſelben 621, 10
angehören.
Sollt ich dem nicht angehören 59, 3
angeloben.
Den Gehorſam ſtets erneu, den ich da angelobet. 244, 8
angenehm.
Durch dein angenehmes Wort 374, 1
Doch iſt noch etwas, d. d. angehnehme 298, 10
Daß d. Lobgetöne d. Herzen angenehm 454, 4
Es ſei dir angenehm, wenn Sünder 150, 1
Wenn mit ſo angenehmen Freuden 741, 1
Folgt ein angenehmer Tag 464, 7
Daß ich zur angenehmen Zeit 141, 9
Hier findet es die angenehmſten Auen 727, 2

1) Var. Anh. G. greifen an V. 7.

Angesicht.

I. Gottes.

a) allgemein.

Der Schweiß von seinem Angesicht 130, 3
Gottes Angesicht meine Seele schauet 156, 2
Laß — dein huldvoll heilig Angesicht 163, 3
Von jenem Licht, das dir vom holden Angesicht ausgehet 253, 2
Du edles Angesichte — wie bist du 542, 2
Als ein Fremdling lebe hier vor deinem Angesichte 559, 9
Es müssen alle Stände v. Jesu Angesicht 56, 2
O Angesicht voll Blut 606, 2
Des Herrn Angesicht glänzt von 717, 2
Er kann mit Freuden kommen vor Gottes Angesicht 171, 2
Offenbare deinen Kindern dein gnadvolles Angesicht 667, 3
Sie sehn dein Angesicht in höchst 142, 2
Dem, der sie d. gegeben, vors Angesicht 103, 4
Sein — Angesicht — verbleichet und 19, 7
Als ich dein holdes Angesicht — nicht 476, 2
Fällst nieder auf dein Angesicht 141, 4

b) Kommen vor Gottes Angesicht im Gottesdienst.

Ich komme vor dein Angesicht 348, 1
Mein Herz sucht Gottes Angesicht 88, 2
Kommt vor des Höchsten Angesicht 302, 1
Kommt vor sein heilig Angesicht 506, 1
So kommet vor sein Angesicht mit 610, 9
Wir treten vor sein Angesicht, verwirf 452, 1

c) Verlangen nach Gottes Angesicht.

Ich armer Sünder steh hier vor Gottes Angesicht 325, 1
Laß, Liebster, mich anblicken dein freundlich Angesicht 594, 3
Unser Licht uns leuchten laß s. Angesicht 65, 3
Herr, heb auf mich dein Angesicht 546, 5
Verwirf von deinem Angesicht — mich 592, 3
Laß mich nicht von dei'm Angesicht 675, 9
Zeig dein freundlich Angesicht 21, 6
Wenn ihr sucht sein Angesicht 772
Wend von mir nicht dein Angesicht 636, 5
Wend dein gnädig Angesicht von mir 666, 1
Das sich von deinem Angesicht in 362, 7
Laß von deinem Angesicht mein Herz 180, 1
Dein Angesicht mit Gnaden richt auf 326, 9
Laß dein — Angesicht zu meiner 306, 1
Stoß mich — ja nicht v. d. Angesicht 541, 4
Er zeig uns drauf sein Angesicht 500, 9

d) Offenbarung des Angesichts Gottes.

Hier ist Gottes Angesicht 640, 1
Dein holdes Angesichte — auf mich 518, 1
Wir sehn dein freundliches Angesicht 16, 2
Dein Angesicht soll vor mir gehn 578, 3
Daß du Gottes Angesicht auch im 701, 1
Hängt an Gottes Angesicht 460, 5
Hätte mich sein Angesicht nicht geleitet 625, 7

e) In der Ewigkeit.

Die sehen einst im Licht s. selig Angesicht 424, 8
Und schauen dich von Angesicht 278, 3
Bis ich ihn selbst von Angesicht — sehe 319, 2
Daß ich von Angesicht zu Angesicht 287, 5
Bis ich dich schau — von Angesicht zu Angesicht 180, 4
Führ uns — zu deines Vaters Angesicht 102, 2
Vor dir stehn, dein Angesicht zu sehn 144, 12
Da w. ich — sehn d. liebreich Angesicht 558, 7
Wo vor seinem Angesicht meiner 458, 4
Mich erfreut sein Angesicht 458, 4
Der steht vor Gottes Angesicht 139, 8
Selig scheiden ab, zu sehn d. Angesicht 9, 5
Mein' lieben Gott von Angesicht 343, 16
Du zeuchst mich — hin vor d. Angesicht 329, 11
Daß ich Gottes Angesicht schau 20, 1
Daß ich bald dein Angesicht schau 20, 5
Schau dein holdes Angesicht 432, 2
Uns nicht müssen wenden von deinem Angesicht 99, 1
Die Freundlichkeit aus sm. Angesicht 466, 7

II. Menschen.

Laß Leben, Licht und Wonne mein blödes Angesicht erfreun 286, 1
Die Trübsal trübt mir nicht mein — Angesicht 37, 5
Richte d. empor, du betrübt. Angesicht 494, 10
Soll dein Angesicht dein ganzes Leben 138, 6

angreifen.

Mein heilsam Wort soll — sie greifen an 10, 4
Greif an das Werk mit Freuden 54, 7
All mein Werk greif ich jetzt an 195, 5
Hilf mir mein Sach recht greifen an 11, 11
Wenn sies aufs klügste greifen an 754, 2

angst.

Will mir angst und bange werden 584, 6
Es war mir angst und bange 352, 6
Du alte Schlange — machst mir angst 599, 2
Davor dir wird recht angst u. bang 659, 1

Angst.

I. Gott.

Er nimmt an — Angst, Wunden 165, 1
Sein Angst ist meine Freude 35, 10
Herr Jesu, deine Anst und Pein 284, 1. 5
Kraft deiner Angst und Pein 542, 9
Daß ich recht sehen mag deine Angst 371, 2
Der du littst Marter, Angst u. Spott 283 1
Liebe, die mit Angst und Schmerzen 526, 3
Er ist aus der Angst gerissen 428, 5
Angst und Not hat überwunden 181, 2
Hat uns — verglichen durch s. Angst 714, 5

II. Mensch

Weil ich — voll Angst u. Zagen bin 309, 3
Durch so viel Angst und Plagen 510, 3
Hier ist doch nichts denn Angst 303, 4[1])
Hat nur Müh, Angst und Verdruß 47, 8
Aus — Angst u. Leid[2]) sollst du fahren 196, 1

---

1) Fehlt Anh. G. 2) Var. Anh. G. großem Leid.

Die Christen gehen stets in Ängsten[1] 196, 3
Wir sind voller Angst und Plag 196, 4
Wenn ich schon wär mitten in Angst 738, 8
Hier ist er in Angst gewesen 509, 6
Hast — mich — mit Trübsal, Angst 326, 5
Sollst du für u. für in Angst u. Nöten 58, 9
Die alle Angst und alle Not verschlingt 466, 3
Und bin voller Angst und Weh 259, 1
In Angst und Weh ich lieg u. steh 401, 2
Wenn du steckst in Angst und Not 701, 1
Wenn ich in Angst und Not 706, 1
Dich anrufen — um Rettung a. d. Angst 711, 2
Werf all Angst, Furcht, Sorg u. Schmerz 500, 5
Verscheuchest Angst und Traurigkeit 109a 4
Auf — Gott trau ich in Angst u. Not 48, 1
In Angst und Not er mich erquickt 109b, 3
Dringt herein Angst und Pein 676, 4
Vor Angst und Heulen ich dich nicht 287, 5
Mein Angst sie nicht wegnähme 763, 1
Weil mein Herz in Ängsten steht 528, 1
Bei Gott ist ja — kein Angst 139, 5
Kein Angst — soll mich lenken 405, 13(14)
Uns scheiden k. Schmerzen, k. Angst 287, 4
Nun wird kein Angst und Pein 36, 7
Wenns unter Angst — nicht mehr 53, 8
Wenn gleich Gott dich k. läßt in Angst 566, 6
Als daß du dich — in Angst und 138, 2
Er vertreibt mir Angst u. Schmerzen 760, 3
Hier müssen wir in Ängsten schweben 770, 3
Blitz, Donner — hat oft mir Angst 329, 3
Daß ich, aller Ängste, frei dir — bleibe 238, 8
Bis die Angst vorüber geht 641, 10
Soll ich in Ängsten schwitzen[2]) 147, 5
Meine Sorgen, Angst und Plagen 464, 1
Er vertreibt mir Angst u. Schmerzen 391, 7
Hör, Helfer treu in Angst und Not 269, 1
Mein Angst hilf du mir tragen 172, 3
Daß ich mit Freuden dich in m. Angst 310, 1
Die ihr — müßt haben Angst u. Leid 505, 4
Hinweg all Angst und Schmerzen 36, 2
All Angst und Not zu stillen 738, 7
Welches soviel Angst und Weh 713, 5
Er — läßt Furcht und Angst sich 106, 5
Meine Freud in aller Angst und 734, 3
Verkehrst in Freud all Angst und 753, 18
Vor dem des Herzens Angst u. Not 726, 2
So muß ein Herz durch Angst und 341, 6
Wär ich nicht aus so mancher Angst 625, 7
Reißet aus Ängsten, aus Jammer 157, 2
Machen, daß die Angst sich wende 732, 5
Gieb in Ängsten Trost und Freude 732, 6
Kein Angst — kann dich jetzund 7, 6
Fahr hin, o Angst und Schmerzen 621, 5
Bedenke Mensch, d. Ende, d. Höllen Angst 56, 3
Da wo man ewig — Angst u. Wehe 333, 4
Zion klagt in Angst u. Schmerzen 774, 1
Jagt weg Schrecken, Angst und Not 379, 8

Die Angst mich zu verzweifeln trieb 502, 3
Allen Zweifel, Angst und Pein 39, 1
Ihr Herz — vor Angst ist betrübet 386, 5
Mir vor Angst mein Herz zerbricht 283, 2
So wird mein Angst bald minder 326, 9
Nun hab ich überwunden Kreuz, Leiden, Angst 78, 3
Aller Angst ist nun vergessen 425, 4
Dann verstäubt die Angst geschwinde 217, 4
Mitten in der Angst der Höllen 229, 5
Laß mich in der Angst der Sünden 375, 7
Wenn uns vor Angst das Herz 144, 6
Hilfst du mir aus aller Angst und 517, 9
Ich bin — entgangen aller Angst 512, 1
Soll — Angst und Pein mich auf 361, 3
Selig sind, die müssen dulden — Angst 419, 9

ängsten.

Die mein Heiland ängsten dich 590, 3
Was aber ängstet und bemüht 500, 7
Mußt du schon geängstet wallen 230, 8
Kreatur ängstet nur, du allein kannst 436, 2

Angstgefahr.

Gott wird mich erretten aus der Angstgefahr 730, 4

Angstgeschrei.

Mich zu befreien durch dein lautes Angstgeschrei 375, 9
Dein Angstgeschrei komm mir zu gut 553, 6
Welt, bei dir ist Angstgeschrei 697, 8
Dank f. deine Not u. Angstgeschrei 709, 4

Angstgewinn.

Alle Schätze dieser Erden sind ein schnöder Angstgewinn 458, 3

ängstlich (ängstiglich).

Und tilget bald ihr ängstlich Quälen 471, 3
Ihr aber, meine Lieben, thut nicht so ängstiglich 621, 1

Angstschweiß.

Hilf, daß mich dein Angstschweiß kühle 375, 2

Angststein.

Kein Angststein liegt so schwer auf 202, 6

anhaltend.

Wenn du wirst anhaltend flehen 52, 3

Anhang.

Was sein Reich und Anhang ist 534, 9

anhangen.

Dir anhang in Freud und Schmerz 419, 11
Laß mich dir, meine Zier, unverrückt anhangen 200, 12
Der dir stets anhang allermeist 592, 2
Mut und Sinn ihm kindlich mög anhangen 513, 5[3])

anheben.

Herr, hebe nun zu segnen an dies Haus 137, 8
Und hebt mir an sein Vermögen 625, 5
In allem das wir heben an[4]) 126, 3
Alle Welt soll heben an, alle Thäler 645, 3

---

1) Var. Anh. G. in lauter Angst. 2) Var. Anh. G. schweben. 3) Fehlt Bernb. G. 4) Var. Anh. G. fangen an.

anheimstellen.

Doch sei dir ganz anheimgestellt 234, 5

anhören.

Dich und dein Wort anzuhören 439, 1

Dein Wort — zur Seelen Heil anhören 137, 2

anjetzo.

Dir will ich anjetzo schicken mein — Herz 3, 7

Anker.

So bist du doch mein Anker 165, 8

Weil — mir deine Treu den Anker reicht 741, 2

Wenn Gnade nicht mein Anker wär 53, 8

In dir, der Gottes Kinder schirmt, bleibt unser Anker 253, 6

Da wird dein Heil mein Anker 352, 2

Daß mein Anker nie zerbricht 633, 5

ankerfest.

Mein ganz Vertrauen auf ihn ankerfest gericht[1]) 694, 8

Anklage.

Des Satans Anklag hat nicht Ruh 333, 3

anklagen.

Du hast — fälschlich lassen dich anklagen 383, 5

Klagt mich mein Gewissen an 584, 6

Mein Gewissen klagt mich an 22, 1

Wenn Sünd und Satan mich anklagt 666, 6

Der Sünden Schuld, die mich bei dir klagt an 517, 4

ankleben.

Ich — klebt dem so feste an, was 26, 3

anklopfen.

Wenn er bei dir angeklopfet 608, 5

Wenn du gleich geklopfet an 326, 6

Klopf durch Erkenntnis bei mir an[2]) 366, 3

Jesus — klopfet an, wo man geflehet 201, 1

Erhöre, wenn ich ruf, anklopf u. schrei 376, 6

Ankunft.

Dein Ankunft sollen deuten 135, 1

anlachen.

Deine Liebe mich anlache 17, 7

anlanden.

Mit Heil anlände in jenem Vaterland 369, 2

anlassen.

Ob sichs anließ, als wollt er nicht 183, 12

Läßt sichs an wunderlich, so laß 692, 2

anlegen.

Der euch seine Heiligkeit anlegt 320, 6(5)

Leg an deine Hände — Last von mir 281, 6

Mir anlegen den Rock der Ehr 515, 4

Anliegen.

Wirf dein Anliegen auf den Herrn 670, 4

Er weiß — mein Anliegen, m. Not 626, 2

Um Geduld thu ich stets bitten in all'm Anliegen 407, 4

anmaßen.

Was maßt sich Satan dessen an 333, 6

Nichts ohne dich mir anzumaßen 578, 4

ann

I.

a) den

Doch nimmt er nich

Mein Jesus nimmt

Er nimmt sie an a

Weil dich Christus

Nimm mich an und

Mein Hirte nimm

Du — nimmst mich

Nimm mich dort m

Du werdest mich a

So hast du — dich mei

Nimm mich ewig li

Mein Heiland nimmt

Du wirst auch seufze

Heut komm, heut nim

Gottlob auch mich n

Da wird er angeno

Hirte nimm dein S

Jesus nimmt die S

Er hat mich auch a

Mein Heiland komm

b) Christus n

U. hätt — m. Fleisch

Hast du Fleisch an

Fleisch und Blut n

Er nimmt an Schr

c) Gott ni

Nimm an die Bitt

Ach nimm es gnäd

Nimm mein Hosian

So nimm d. letzten S

Wirst du in Gnade

Zu[3]) Gnaden wirst annehmen

II.

Ihr Engel nehmt d

Die werden uns a

III.

Nehmt diesen Kön

Die — seinen Dien

Dasselb annehmen

Dahingegen nehm

Mein Herz — nimm

sich a

Hast — dich meine

Nimm dich auch d

Wer nimmt sich m

Die Liebe nimmt s

Jesu, nimm dich dei

Und nimm dich an

Und dich meiner n

Selig sind, die —

a

Die Sünde, die ich

Jetzt tragen wir —

---

1) Var. Sächs. G. ankerfest auf ihm beruhn. 2) Var. Sächs. G. Herr, 3) Var. Anh. G. in

anpreisen.
Was Gott in seinem Wort anpreist[1]) 53, 5
Was Jesus mir anpreist, dem will 420, 3
anreden.
Rede du den Vater an 259, 2
Red ihn an mit schönen Worten 596, 2
Redet sie gar freundlich an 645, 1
anrichten.
Richte du auch eine Bahn dir in meinem Herzen an 238, 4
Das Böse, was der Feind anzurichten 625, 8
Nur deine Sünd hat dieses angerichtet 573, 3
anrufen.
Der du uns alle heißest — dich rufen an 655, 1
Dadurch ich — kann getrost u. freudig rufen an 244, 5
Daß wir zusammen insgemein dich anrufen 711, 2
Rufe man Gott um Hülfe an 446, 2
Ich ruf dich an, zu dem ich mein 30, 1
Jesum ruf zum Beistand 195, 1
anschauen.
Und dich fort und fort anschauen 774, 5
Schaue — mich selbsten freundlich an 611, 5
Alsdann schau ich emsig an deiner 372, 3
Niemand kann dein heißes Blut ohne Reu anschauen 573, 6[2])
Das ist mir anzuschauen ein 38, 3
Gott wird werden angeschaut dann 389, 5
Meine Seele schauet an, den 425, 5
Da werden wir mit Freuden den Heiland schauen an 99, 2
Im Glauben schauen wir ihn an 691, 4
Auf dem gloriosen Throne ohne Decke angeschaut 583, 3
Schaue solche Freude an 31, 7
Schau an die große Sicherheit 530, 8
Anschauen.
Zu dem Anschaun deines Lichts 275, 8
Anschlag.
Ihre Anschläge sind auch verloren 446, 2
Ihr Anschlag ist dir wohlbekannt 754, 7
Der Feind Anschläg und Macht zerstör 588, 1
List und Anschläg von mir wende 219, 7
anschlagen.
Hast du gar oft an m. Herz angeschlagen 326, 5
anschließen.
O schließ dich an, kämpfe drob 312, 5
anschreiben.
Sieh, hier — hab ich dich geschrieben an 774, 5
Hast du mich zum Heil und Segen angeschrieben 480, 8
Ja, schreibe mich so kräftig an 148, 4
In mein Gedächtnis schreib ich an 63, 2
ansehen.
Sieh an sein heil'gen Wunden rot 496, 5
Ach, Vater, sieh mein Elend an 704, 15
Denn so du willst das sehen an 55, 1
Sieh nicht an unsre Sünden groß 711, 6
Ich sehe dich mit Freuden an 356, 5
Der Glaub sieht Jesum Christum an 183, 1
Oft sieht er auch für schädlich an 362, 3
Und niemand sieht es ihnen an 424, 5
Seht nur an ihr Martertum 448, 1
Daß der Herr es wird ansehn 317, 5
Ansehn.
Ihr Ansehn kann — dem Tod nicht 679, 7
ansteigen.
Dein Singen — steigt zum Himmel an 769, 5
anstimmen.
So stimmt ich — ein Loblied nach dem andern an 524, 1
Die Hütten der Gerechten stimmen an 47, 11
Stimmt an mit aller Himmelschar 251, 4
Anstoß.
Daß ich sei — ohn Anstoß mit 537, 7
Laß mein Beginnen ohn allen Anstoß 125, 5
So ist mein Fuß vom Anstoß frei 142, 4
anthun.
Wer sind die — angethan mit weißem 721, 3
Dem, der mir anthut Kreuz[3]) 260, 6
Antlitz.
Die dort — dein verklärtes Antlitz 422, 4
Damit nach dieser Zeit ich ja dein Antlitz schaue 740, 5
Sein Antlitz will ich schauen 579, 4
Laß sein Antlitz sich verstellen 694, 5
Wenn er sein Antlitz schauet 583, 4
Bis mir dein Antlitz einst erscheint 647, 4
Nunmehr kann ich — vor sein Antlitz 635, 6
Bis ich dein Antlitz schaue 108, 8
Daß ich nicht darf betrübt von deinem Antlitz gehen. 706, 1
Werd — ewiglich schaun dein Antlitz 553, 14
Sein Antlitz uns mit hellem Schein 192, 1
Der — auf sein Antlitz niedersank 160, 1
Herr, wolle länger nicht verhüllen dein Antlitz 452, 4
O Blicke voller Thränen, o Antlitz 606, 2
Mit zween verbargen sie ihr Antlitz 370, 1
Selbst mit bedecktem Antlitz dienen 474, 1
Mit verhülltem Antlitz scheut 249, 1
antreffen.
Treff ich bei dir, was mich beruhigt, an 777, 1
Endlich trifft man Tabor an 175, 3
Bis er diesen Schatz antrifft 717, 1
Das trifft solch Schäfelein bei seinem Hirten an 699, 1
antreiben.
Treib mich an, daß ich dich — umfange 693, 8
antreten.
So tret ich demnach an — mein Amt 630, 1
Antwort.
Laß ja und nein mein Antwort sein 13, 7
antworten.
Auf tausend nur ein Wort antworten 639, 2

1) Var. Bernh. G. preisen. 2) Fehlt Anh. G. 3) Var. Bernh. G. Den, der mich kränkt mit Trutz.

anvertrauen.
Meine Seele, deine Braut, die du hast anvertraut 529, 1
Da dich Gott ihm anvertraut 35, 4
Dem ich mich anvertraut — an der 165, 9
Wer sich dem anvertraut, der hat 145, 2
Anverwandter.
Die Liebe ist mein Anverwandter 567, 3
anzeigen.
Die Wahrheit anzuzeigen mir 662, 12
Zeige mirs auch selber an, so ich was 268, 1
Zeig mich deinem Vater an 30, 2
Sein große Lieb zu zeigen an 209, 7
Du — zeigest an, daß deine Hand 144, 7[1])
Ich kanns doch ja nicht zeigen an 11, 7
Der jüngste Tag wirds zeigen an 202, 9
Der uns zeigt an die sündge Art 183, 3
anziehen.
Der wird ihm seinen Glanz anziehn 728, 8(5)
Hier ziehn wir Jesum Christum an 149, 4
Weil — Jesus Christ von mir ist angezogen 244, 6
Ich habe Jesum angezogen 722, 9
anzünden.
Doch den Glauben auch anzünde 281, 3
Durch den Geist d. Glauben angezündet 64, 5
Zünd in mir Glauben an und Lieb 666, 14
Ach komm — ein Feuer anzuzünden 163, 4
Der du in mir angezündt — Glauben 641, 5
Herr Jesu, der du angezündt das 537, 10
Zünd uns ein Licht an im Verstand 409, 3
Zünd an die schöne Glaubenskerz 555, 5
Ach zünde deine Liebe in m. Seele an 286, 6
Zünd an in uns der Liebe Flamm 544, 2
Apfel.
Der Apfel, der den Wurm schon heget 358, 2
Apostel.
Ist unser Haupt im Himmelreich, als die Apostel schreiben 144, 9
Was Paulus hat geschrieben u. andere Apostel 548, 1
Apostel und Propheten ihr Wort 137, 3
Die Märtrer und Apostel bei ihm 99, 2
Arbeit.
I. Gottes.
Dein Arbeit darf nicht ruhn 58, 4
In großer Arbeit — bist du gewesen 257, 3
II. Der Menschen.
Verhindert euch mit Arbeit nicht[2]) 302, 9
Von der Arbeit meiner Händ 260, 8
Heut schickt keine Arbeit sich 252, 4
Ich will in der Zionsstille heute voller Arbeit sein 252, 6
Mit Gott fang ich mein Arbeit an 88, 1
Mein Arbeit hilf vollbringen 729, 4
Gieb, daß ich — meine Arbeit so 13, 9
Wie gut wirds sich doch nach d. Arbeit 191, 8
Daß unsre Arbeit — gereich zu 126, 4
So geht die Arbeit fort 81, 5
Daß nun zu Ende die Arbeit kommen 515, 5
Laß — dich bei meiner Arbeit merken 404, 5
Gottes Gnadengabe, die schließt all Arbeit zu 329, 1
Da man von keiner Arbeit weiß 187, 6
III. Der Welt.
All Arbeit ist verlorn 37, 5
Arbeiter.
Treue Arbeiter in deine Ernte senden 443
Arche.
Wenn ich in dieser Arche bin 148, 1
So fleucht es nach der Arche zu 367, 6
arg.
Man auch soll die ärgsten Feinde lieben 13, 4
Gott selbst fordert dich aus d. argen 770, 1
Arger.
Greift es der Arge grimmig an 167, 5
Arges.
Wenn ihr, verlorne Kinder — auf Arges 36, 4
Fällt mir etwas Arges ein 372, 1
Sein Engel — die hüten dich vor Argem 15, 5
Der niemand Arges gönnt u. thut 681, 4
ärgern.
Was euch ärgert, „ senkt ins Grab 593, 8
Ärgernis.
Verdacht, Neid u. Ärgernis müssen 397, 2
Allen Rotten und Ärgernis wehren 443
Den Ärgernissen wehr 556, 6
arm.
I. Gott.
Wirst selbst doch arm u. schwach 36, 10(7)
Er ist auf Erden kommen arm 209, 6
Warst arm und dürftig, nahmst 753, 13
Er ging in meiner armen Gestalt 502, 6
Gottes Sohn ist kommen — in armen 222, 1
Du bist arm und machst zugleich 766, 2
II. Mensch.
Was ich hab in diesem armen Leben 296, 2
Wenn sich das arme Herz verwundet 253, 5
Bin ich arm, giebt sie mir Güter 382, 6(3)
Ich komm jetzt als ein armer Gast 349, 1
Ich armes Schäflein suche dich 349, 4
Streite doch selber für uns arme Kinder 68, 2
Und wär ich noch so arm 230, 5
Ich ein armes Bettelkind; lahm 220, 3
Für uns, dein armes Häuflein, streit 556, 6
Ist der armen Sünder Heil 584, 4
Zum gewünschten Schutz uns, deinen armen Kindern 547, 5
Den Reichen klein und arm 719, 4
Herr, ich bin arm und du bist reich 740, 6
Laß mich recht arm u. elend werden 470, 4
Die ihr arm seid u. elende, kommt 200, 11
Sind allzeit arm im Geist 419, 2
Ich armer Mensch ja garnichts kann 324, 1
Ich armer Mensch, ich armer Sünder 325, 1
Ich armer Sünder komm zu dir 326, 1

---

1) Fehlt vielfach. 2) Var. Bernd. G. treibt eure Wochenarbeit nicht.

nder drücken 279, 1
ott dir Brot 61, 5
und Blut 209, 2
e s.
bedeckt 625, 2
rken Armen 229, 1
wende durch 329, 9
enken aus d. 405, 13(14)
Armen halten 682, 6
arm machen 341, 3[1])
alles schafft 725, 2
Arm 47, 2
gethan 40, 7
Arm 644, 9
ters Arme 138, 13
n umfassen 253, 4
Armen 529, 2[2])
Armen 493, 4
n die Arme 734, 4
Armen 583, 10
finge 554, 8
ch umfangen 526, 4
n Armen 471, 4
Arm gefaßt 159, 2
t gewaltgem 673, 3
rmen tragen 673, 8
inen Armen 466, 11
in Jesu Arm 121, 3
en zu 741, 1
ne Arme auf 121, 1
e l.
Armen ein 142, 5
s ch e n.
Armen 241, 1
nsern Armen 437, 3
usstrecken 710, 5[3])
en in m. Arm 542, 6
n mit eures 738, 7
ausgestreckt 153, 12
l t.
nen hält 609, 5
r.
— selbst bereit 486, 4
den Armen 320, 7
kann 378, 1
Armen 562, 5
Armer 542, 4
fen uns Arme 424, 1
Armen 424, 3
ich 424, 3
und reich 719, 6
n nicht 764, 3
in 225, 4

Die Armen sind verstöret 10, 4
Mein heilsam Wort — soll sein die Kraft der Armen 10, 4
Jesus — will die Armen lehren 85, 1
Doch vergißt du auch d. Armen — nicht 249, 5
Ich danke dir mit andern Armen 292, 1
Führe durch d. Tod m. Armen — zu dir 484, 5
Doch hört er gern der Armen Stimme 302, 3
Sei — der Armen Gut und Habe 510, 12
Hört bald und gern der Armen Bitten 213, 5
Frisch auf in Gott, ihr Armen 36, 6
Ihr Armen und Elenden 505, 5
Was sind wir Armen, Herr, vor dir 158, 6[4])
Sei das Heil der Armen 502, 5
Will er sich d. Armen jetzt nicht erbarmen 774, 2
Kommt, ihr Armen, laßt mich über 386, 7
Der so e. Welt voll Armen Gnade beut 193, 3
So thut der Herr uns Armen 513, 3
Da du für den ärmsten Armen 255, 5
Sagt, ihr Armen, ihm die Not 384, 10
Hilf, daß ich den Armen helfe 310, 7
Du sollst aufthun dein milde Hand den Armen 134, 8
Selig sind, die — sind mitleidig mit den Armen 419, 6
Daß ich Armen helf und diene 419, 11

Armut.

Mach uns — doch deiner Armut gleich 424, 3
Du wollest auch behüten mich — vor Armut 54, 3
Kein Armut — soll mir e. Hindrung 405, 12(13)
Verfolgung, Armut, Leiden u. Trübsal 328, 2
Wenn Not und Armut mich anficht 571, 4
Laß dein — Angesicht zu meiner Armut 306, 1
Armut hier macht dorten reich 430, 2
Mein Armut in Reichtum verkehr 555, 5
Denn Armut ist Gewinn f. d. Himmel 158, 2
Soll mich die Armut drücken 147, 4

Art.

Nach Vaters Art und Treue 258, 5
Hast nichts gespart nach deiner Art 326, 4
Der Sohn des Vaters, Gott von Art 209, 5
Mein Herz hingegen böser Art 554, 6
Dieselbig Art aus eignen Kräften lassen 183, 4
So thu Israel rechter Art 55, 4
Daran muß uns nicht irren des Teufels listig Art 665, 7
Der Erden Last auf solche Art entbinden 153, 11

Arzenei.

Er — wird mir nicht Gift einschenken für Arznei 682, 3
Ist Jesus Name mir — Arznei 14, 4
Doch willst du — auch d. Arzenei selber sein 3, 4

Arzt.

Er, als mein Arzt und Wundermann 682, 3
Kein Arzt ist dem Starken not 386, 7
Du bist sonst der Arzt allein 3, 4
O mein Arzt, du kannst allein 3, 7

Fehlt Anh. G. 3) Fehlt Bernb. G. 4) Fehlt Bernb. G.

Großer Arzt der Menschenkinder 585, 1
Du bist der Arzt, du bist das Licht 555, 3
Ich bin der Arzt, drum weine nicht 571, 5
Der darf des Arztes, den die Krankheit 281, 5
Wird, o Arzt, dein Blut mich netzen 611, 3
Ein Arzt ist uns gegeben 511, 4
Du bist der Arzt und Wundermann 775, 1
Ich weiß von keinem Helfer nicht ohn dich, o Arzt 776, 3
Hilf als ein Arzt den Kranken 274, 10
Mein Arzt, wenn ich krank u. schwach 379, 9
Und aller Arzt und aller Tröster bist 569, 5

Asche.

Ich — muß daher auch einmal zu Asche werden 389, 4
Sieh doch, wie die Asch und Erde 642, 1
Unser irdisch Leib zu Staub u. Aschen w. 15, 3
Mach ihn zu Asch und Staube 339, 7
Dir kann nicht schaden Asch u. Staub 571, 8
Wenn der Deinen Asche — erwacht 646, 7
Laß dich finden von mir, der ich Asch und Thon 617, 1
Da ich vor dir nur — Asche bin 669, 9
Ich, der ich Staub und Asche bin 141, 4
Ich Erd und Asche habe hier doch 675, 3
Würd unser Glaub und Treu — sich in die Asche legen 243, 4
Legt Aschen weg, kriegt Freudenöl 472, 7
In den Staub zu legen, was Asch 338, 2
Die doch bald — zu Staub u. Asche w. 604, 1

Atem.

Liebe, die sich liebend zeiget, als sich Kraft und Atem endt 526, 3
Wenn — mein Atem geht schwer aus 78, 4

atmen.

Durch dich nur leb und atme ich 494, 1

Aue.

Soll auf unsrer Felder Au 218, 4
Hier findet es die angenehmsten Auen 727, 2
Öffne mir die grünen Auen 640, 7
Die mich führt — zu d. Vaters grüner Au 252, 3
Auf grüner Aue wollest du mich — leiten 143, 2
Führe mich auf grüner Au 240, 3
Er lässet m. — auf grüner Aue weiden 106, 3
Auf einer grünen Auen 109b, 2
Weiden uns auf grüner Auen 201, 4
Er weidet mich auf grüner Au 109a, 1
Laß keiner Pflanze deiner Au — fehlen 94, 1

auf (auf, auf).

Auf, auf, ihr Reichsgenossen 36, 1-3
Auf, auf, verlaßt die falsche Ruh 685, 5
Auf, auf, ist dieser Weg schon enge 685, 6
Auf, auf, braucht allen euren Fleiß 524, 3
Auf Christenmensch, auf, auf zum Streit 38, 1
Auf, auf mein Geist, was säumest du 186, 8
Auf, auf mein Geist, ermüde nicht 191, 8
Auf, schwacher Sinn, wirf allen 521, 5
Auf, auf, gieb deinem Schmerze 58, 7
M. Sinnen, auf, auf, ihr sollt beginnen 515, 1
Auf, auf, mein Herz, mit Freuden 37, 1

auf sein.

Drum spricht Gott, ich muß auf sein 10, 4

aufbauen.

Ich baue jetzt — Gott e. Tempel auf 517, 2

aufbinden.

Dir, o du Gotteslamm, ward hie zu tragen aufgebunden 366, 13
Deine Rute, d. du m. aufgebunden hast 524, 10

aufblasen.

Blas das kleine Fünklein auf 641, 6

aufblühen.

Wieder aufzublühn werd ich gesät 43, 2
Wir blühen auf und fallen ab 728, 1

aufdecken.

Der wird ihr'n Rat aufdecken 754, 2
Durch d. Geist recht deutlich aufgedeckt 777, 3
Zuletzt wird ers aufdecken 724, 6
Und decke meinen Schaden auf 470, 4

Aufenthalt.

Ach bist du kalt, mein Aufenthalt 629, 3

auferstehn.

I. Gott.

Unser Heiland — ist auferstanden 385, 1
Weil er auferstanden ist, muß das Grab 430, 4
Sieh, dein Herr ist auferstanden 673, 9
O auferstandner Siegesfürst 522, 1
Jetzt bist du auferstanden 522, 1
Mein Heiland Christus aufersteht 202, 1
Der von den Toten auferstund 409, 7
Vom Tod wieder auferstanden 749, 2
Daß Jesus Christ vom Tod heut auferstanden ist 670, 5
Der du bist von Toten auferstanden 670, 9
Er, der Held — ist auferstanden 250, 1
Auferstanden, auferstanden ist der Herr 42, 1
Ich sag es jedem, daß er — auferstanden 354, 1

II. Mensch.

Der Leib nur stirbt, doch wird er auferstehen 629, 6
Wir werden auch — wie Christus auferstehen 110, 6
Wenn wir nur dorten selig mit dir auch auferstehn 742, 8
Selig sterben und freudig auferstehn 560, 14
Gieb, d. auch — uns. Leichnam aufersteh 490, 5
Ich weiß, daß ich am jüngsten Tag — werd auferstehn 343, 14
Himmlisch werd ich auferstehen 389, 7
Ohn Betrüben w. ich[1]) fröhl. auferstehn 649, 7
Auferstehn, ja auferstehn wirst du 43, 1
Darauf bald w. auferstehn all Toten 185, 2
Fein sanft von hinnen scheide und fröhlich aufersteh 706, 7
Hilf, daß ich — geistl. auferstehen mag 219, 4
Nachmals mit dir aufersteh 324, 4
Bist du mit ihm auferstanden 673, 4

1) Var. Anh. G. Meine Glieder werden.

Daß du konntest auferstehn 673, 9
Daß sie geistlich auferstehen 646, 4
Wer — durch wahre Reu mit Christo auferstehet 572, 7
Daß — die Toten auferstehen 103, 6
Daß wir dir gleich auferstehn 429, 6
Und auferstehn von Sünden 522, 6

Auferstehn.

Wird mein Leib im Auferstehen 261, 2
Ein fröhlich Auferstehn verleih 283, 5
Sein Auferstehen macht, daß ich jetzt 49, 4
Durch dein heilges Auferstehn 443
Feierst du sein Auferstehn auch 673, 3
Ach laß das wahre Auferstehn auch 522, 8

Auferstehung.

Gieb deiner Auferstehung Kraft 302, 7
Durch seiner Auferstehung Kraft[1] 202, 17
Deine Gnade wird mir geben Auferstehung 372, 5
Zur Auferstehung eingeweiht 613, 1

auferwecken.

Wirst du mich dort auch auferwecken[2] 143, 8
Der dich auferwecket hat 673, 7
Er — wird auch mich von den Toten auferwecken 388, 1
Aus dem Schlaf uns fröhl. auferwecket 444, 2
Du wirst ihn herrlich auferwecken 250, 3
Der Leib — wird verzehrt: doch auferwecket werden 297, 4

auffahren.

Gott fähret auf gen Himmel 224, 1
Ehret den, so fähret auf gen Himmel 28, 2
Da er ist aufgefahren gen Himmel 107, 8
Der Herr fährt auf mit großem Schall 501, 1
Du, starker Herrscher, fährest auf 144, 4
Im Segen seid ihr aufgefahren 394, 1

Auffahrt.

Laß diese Gnade mich von deiner Auffahrt spüren[3] 39, 3
Mein höchster Trost dein Auffahrt ist 710, 4
Laß des Leibes Angst — nicht der Seelen Auffahrt hindern 215, 5

auffangen.

Möcht auffangen die Tropfen Bluts 554, 7

auffassen.

Wenn ich dein Blut auffasse 763, 6

auffliegen.

Meine Seele ist zu d. schon aufgeflogen 234, 12

Aufgang.

Wie hervorgegangen ist der Aufgang 713, 5
Ach du Aufgang aus der Höh 490, 5
Daß — wir des Lichtes Aufgang sähen 768, 2
Vom Aufgang bis zum Niedergang 123, 3

aufgeben.

Wenn ich meinen Geist aufgebe 379, 10
Mein Geist will ich aufgeben 579, 1
Kann den Geist getrost aufgeben 301, 5

aufgehen.

Früh morgens, da die Sonn aufgeht 202, 1
Läßt du mir früh die Gnadensonn aufgehen 202, 2
Und hier noch in völliger Mannheit aufgehet 299, 6
Geht mir der Segen auf von dir 350, 5
Bis der Morgenstern aufgeht 717, 2
Du Morgensterne, der du ewiglich aufgehst 196, 6
Ihr Licht wird hell, ihr Stern geht auf 672, 2
So dfr. Morgensterne in uns aufgeht 146, 9
Jetzund gehet auf die Sonne 31, 6

aufglühen.

Und die Liebe glühet auf 373, 8

aufhalten.

Ich halte Gott und meine Seele auf 236, 3
Nichts ist, das — den starken Held kann halten auf 572, 3

aufheben.

Ihr aufgehobnen Segenshände[4] 394, 1
Den Hunger — den sonst nichts mag aufheben 349, 2
Kein Unglück — das endlich — nicht wird aufgehoben 530, 2
Hülfe — hat er drum nicht aufgehoben 624, 2
Wie wohl bin ich doch aufgehoben 728, 7
Sie werden nur dort oben vom Vater aufgehoben 708, 1

aufhelfen.

Gott — hilft d. Schwachen gnädig auf 229, 4
Hilf mir Schwachen, hilf mir auf 26, 7
Ihr helft der Schwachheit mächtig auf 394, 3

aufhören.

Hör auf mit Sünd und Schanden 579, 9
Drum, liebe Eltern, höret auf zu klagen 512, 6
Es hat doch endlich aufgehöret 4, 5
Und wenn aufhöret alle Treu 661, 10

Aufhören.

Daß Gott es wohlgemacht, ohn Aufhören singe 72, 5
Heilig, heilig, heilig! singt ohn einiges Aufhören 534, 10

auflegen.

Leg auf, ich will dirs tragen 165, 3
Meine große Sündenlast dir aufgelegt 284, 2
Wer das träget mit Geduld, was Gott aufleget 608, 4
Er hilft ja selber tragen, was er uns auferlegt 228, 2
Er pfleget nie zuviel den Schwachen aufzulegen 228, 3
Ob er gleich schlägt und Kreuz auflegt 341, 1
Hast du mirs aufgelegt, so hilf 4, 1
Und tragen, was mir auferleget ist 521, 6

auflösen.

Lös uns auf und führ uns bald 582, 6

---

1) Var. Bernb. G. des Auferstandnen Gotteskraft. 2) Var. Bernb. G. einst aufnehmen. 3) Var. Bernb. G. mich die Gnad von dein Auffahrt empfangen. 4) Var. Jesushände.

aufmachen.
Wenn du mir wirst -- dein Himmelsthür aufmachen 135, 10
Hat bei Nacht Grab und Himmel aufgemacht 49, 5
Die Himmelspfort ist aufgemacht 188, 5
Und mache dich behende auf 51, 6
Ihr Herzen macht euch auf 224, 4
Kommt eilig, kommt u. macht euch auf 393, 1
aufmerken.
Merk auf, mein Herz u. sieh dorthin 662, 7
Wer aufmerkt und andächtig nimmt 365, 2
aufnehmen.
Da du kaum wirst aufgenommen 438, 1
Der du bist aufgenommen gen Himmel 144, 1
Der Herr wird aufgenommen 224, 2
Nimm mich auf, dein Eigentum 219, 6
Hast mich zum Kind genommen auf 722, 9
In sein Herz mit aufgenommen 691, 8
In dein Reich nimm mich auf 562, 5
Ach nimm mich auf, weil ich verirrt 393, 5
Wird von dir nicht aufgenommen 437, 2
Du — wirst gnädig aufgenommen 406, 1
Aufgenommen ins schöne Paradeis 241, 1
Er wird mich doch zu seinem Preis aufnehmen 734, 7
Hernachmals auch nimmst du uns auf 547, 10
Wann werd ich aufgenommen 144, 13
Nimm in d. Hand d. Seele gnädig auf 164, 7
Herr, nimm mein Seufzen auf 78, 4
Wer ihn aufnimmt in dieser Zeit 243, 12
Weil er Christum aufgenommen 25, 2
aufraffen.
Raff dich auf, dich zu erfreuen 673, 6
Rafft euch heut von neuem auf 685, 5
aufregen.
So fährt es aufgeregt einher 660, 5
aufreiben.
Wollt ihn auch der Tod aufreiben 676, 7
aufrichten.
Durch welchen Gott aufrichten wollt 447, 5
Richt unsre Herzen auf zu dir 302, 6
Der Bund—d. uns. Schöpfer aufgericht 149, 3
Ach wie kraftlos — richten sich die Kranken auf 21, 5
Du, o mein Herz, dich auch aufricht 735, 2
Sich der Geist — hat aufgericht 570, 1
aufrichtig.
Die da lieben gleich und recht sind aufrichtig 419, 5
Damit mein ganzes Christentum aufrichtig — sei 666, 13
Hilf, daß ich sei — aufrichtig ohne Lug 467, 17
Daß ich — treu u. aufrichtig handle 14, 9
Aufrichtigkeit.
Mich nicht beflissen jederzeit — der Aufrichtigkeit 704, 9
Gieb, daß ich lieb Aufrichtigkeit 260, 9
aufrücken.
Wenn der Feind — m. Schwachheit mir aufrückt 641, 8[1])
Aufruhr.
Vor Aufruhr u. Zwietracht behüt uns 443
aufsagen.
Sag ihn Gott nicht wieder auf 608, 2
aufschauen.
Selig schaut d. Glaube v. d. Staube auf 253, 1
aufschieben.
Ich widerstrebte dir u. schob d. Buße auf 687, 2
Hülfe, die er aufgeschoben 624, 2
aufschlagen.
Sich Haus u. Zelt in seiner Seel aufschlagen 243, 12
aufschließen.
Der heut schleußt auf s. Himmelreich 447, 1
Heut schleußt er wieder auf die Thür 447, 8
Durch d. hochteures Blut den Himmel aufgeschlossen 117, 4
Christus schleußt auf mit großer Pracht 41, 2
Er weiß die Gräber aufzuschließen 118, 2
Aufschub.
Nicht — ermüden durch Aufschub 203, 7
aufschwingen.
Laß ihn sich zu Gott aufschwingen 604, 2
Schwing dich auf zu deinem Gott 599, 1
aufsetzen.
Mir die Ehrenkron aufsetzen 383, 4
Ein'm jeden setzen auf e. güldne Kron 99, 4
Wird — eine Kron im Himmel dir aufsetzen 609, 8
Aufsicht.
Sein Aufsicht ist des Fremden Trutz 446, 6
aufspalten.
Zeig uns—d. aufgespaltnes Liebesherz 471, 11
Durch deine aufgespaltne Seit 553, 10
aufsperren.
Auf sperren sie den Rachen weit 754, 5
aufstehen.
In Jesu Namen bin ich heute aufgestanden 14, 10
Durch den ich neu aufstehe vom Schlaf 81, 1
Steht mit Jesu morgens auf 195, 1
Fröhlich vom Schlaf aufstehen wir 126, 1
Ja, wenn ich — wiederum aufstehe 391, 3
Vom Fall aufstehe bald 467, 18
Ich konnte selber nicht von meinem Fall aufstehen 687, 4
Steh aus dem Grab der Sünden auf 670, 2
Daß du aufstehst u. in e. neues Leben 670, 7
Daß wir — recht aufstehn 490, 3
Helft uns wieder aufzustehn 605, 2
Fang nur an erst aufzustehn 673, 7
Er werd am jüngsten Tag aufstehn 509, 1
Und von der Erd wieder aufstehn 509, 2
Stehn wir auch auf, die Glieder 572, 6
Fröhlich am jüngsten Tage aufzustehn 83, 5

1) Fehlt Bernd. G.

aufsteigen.
Stieg er auf durch Kreuz und Leiden 424, 4
Mein Versöhner stieg aus s. Grabe auf 673, 1
Ohn Streit und Sieg nie keiner zum Triumph aufstieg 38, 3
aufthun.
I. Gott.
Bleibt dem blöden Herzen das Herz des Vaters aufgethan 53, 8
Sein Gnad ist aufgethan 199, 2
Auch denen ist er aufgethan 691, 4
Wird diese Freistatt aufgethan 471, 1
Nun ist sein aufgethaner Schoß 471, 3
Die Thür zum ewgen Leben wird ihnen — aufgethan 471, 4
Ihm wird hernach nicht aufgethan 471, 10
D. Gnadenthür jetzt wieder aufgethan 272, 6
Die Gnadenpf. ist hier völlig aufgethan 390, 2
Und den Himmel aufgethan 390, 8
Thu auf der Gnaden Pfort 369, 4
Der — den Himmel aufgethan 99, 2
Thu mir die Himmelsthür selbst auf 553, 11
Thue mir den Himmel auf 259, 2
Der wird die Himmelsthür aufthun 710, 5
Hast du — mir aufgethan die Pforten 769, 6
Thut mir auf die schöne Pforte 210, 1
II. Mensch.
Hab ich dir niemals aufgethan 326, 6
Sich noch manches Herz thut auf 433, 2
Thu auf den Mund zum Lobe dein 278, 2
Du sollst aufthun dein milde Hand 134, 8
O daß sich m. Augen Brunn aufthät 554, 7
Wenn d. Todes Rachen gl. ist aufgethan 217, 6
aufwachen.
Du wirst einmal aufwachen 754, 4
Dein Herr ist — v. d. Tode aufgewacht 673, 5
Laß uns — fröhlich aufwachen 129, 3
Wach auf, wach auf, du harte Welt 235, 6
Wach auf mein Herz und singe 671, 1
Wach auf, mein Herz, die Nacht ist hin 670, 1
Wach auf, du Geist, der ersten Zeugen 669, 1
Wachet auf, ruft uns die Stimme 672, 1
Wach auf, du Stadt Jerusalem 672, 1
Wache auf zu neuem Leben 673, 5
Aber wache erst recht auf 449, 2
Wache auf, sonst kann dich nicht 449, 3
Rufe mächtig: Wachet auf! 646, 4
Wach auf, es ist doch hohe Zeit 530, 7
In kurzem wach ich fröhlich auf 202, 5
Ich wach auf durch des Herrn Stimm 202, 5
Psalter und Harfe, wacht auf 445, 1
Es beginnet aufzuwachen 22, 1
aufwärts.
Aufwärts sich schwingend durch h. Trieb 380, 4
Daß mein Herz schon aufwärts steigt 312, 7
aufwecken.
Weil mich auch der Hölle Schrecken niemals pflegen aufzuwecken 374, 7
Wer ruft dem Tag — uns wieder aufzuwecken 457, 3
aufziehen.
Er doch wird seine Frommen zu sich aufziehen 107, 12
Dieser Vater zeucht sein Kind, jener seins — auf 661, 3
Auge.
I. Gottes.
Dein Aug wird auf mich merken 44, 4
Wo nicht dein Augen wachen 510, 6
Dein Auge dringt durch alles sich 366, 6
Herr, dein Auge geht nicht unter 268, 6
Du sprichst, dein Auge soll m. leiten 578, 3
Bahn u. Steg, den mir d. Augen weisen 341, 9
Dein Auge leite mich, bis mir mein 482, 1
Mit dem Auge dein[1]) mich freundlich thust anblicken 734, 4
Du wirst — uns mit d. Augen leiten 158, 5
Es schlummert, Jesu, nicht d. Aug 111, 3[2])
Sein Aug wachet überall 109a) 3
In allem deinen Augen nur gefallen 520, 4
Was alles ist, gilt nichts in d. Augen 619, 5
O Auge, das nicht Trug noch Heucheln 619, 10
Ich weiß, daß dort ein Auge wacht 253, 3
Es ist dein Aug, es bleibet wach 253, 3
Dein Augen Tag u. Nacht—offen bleibe 706, 4
Blicke mich mit deinen Augen an 131, 6
Du Aug und Wächter Israel 515, 7
Vater, laß die Augen d. über m. Bette 491, 1
Mein Jesus schließt die Augen zu 188, 1
Macht uns — gut in ss. Vaters Augen 149, 4
Dein Augen, deinen Mund, den Leib 135, 7
Vor d. Augen schweben ist — Seligkeit 594, 3
Könnt ich nicht vor Gottes Auge stehen 405, 4
Vor des Bräutgams Augen schweben 71, 1
Dein Auge sieht sie hier im Jugendschm. 667, 1
Ein solch ungerechter Mann tastet Gottes Augen an 493, 2
II. Menschen.
a) leiblich.
Wer gab den Augen Licht und Schein 138, 4
Wer lehrt das Auge seine Pflicht 457, 4
Obs wahr sei, was die Augen sehn 703, 2
Ich heb mein Augen sehnlich auf 346, 1
Kein Auge kann die Gaben überschauen 727, 2
Mein Auge schauet, was Gott gebauet 125, 2
Der das Aug hat zugericht 604, 2
Mein Auge sieht — d. Wunder d. Werke 707, 2
So lang ein Auge blickt 606, 5
Wo ich nur mein Aug hinkehre 625, 6
Das Aug allein das Wasser sieht 77, 7
Die Mutter — kehrt die Augen ab 621, 7
Als wenn ihr Auge vor ihm thränet 471, 5
O daß sich m. Augen Brunn aufthät 554, 7
Voll Kümmernis d. Auge zu dir thränt 777, 2
Ihre Augen sind voll Thränen 778, 1
In Angst und Not mein Augen heb 706, 1

1) Var. Anh. G. mit deinem Angesicht. 2) Fehlt Anh. G.

Gieb — Thränen meinen Augen 13, 2
Dieser, meiner Augen Licht wird ihn 389, 6
Ob schon die Augen schlafen ein 66, 3
So unsre Augen schlafen ein 67, 4
Wenn m. Augen schon sich schließen 714, 7
Drauf thu ich meine Augen zu 517, 7
Ruhe — nach der d. müde Auge blickt 660, 4
Und schließ uns bald die Augen zu 660, 6
Meine Augen stehn verdrossen 515, 7
Und schließ ich meine Augen zu 479, 7
Ich — thu in Fried die Augen zu 487, 1
Geh zur Ruh, schließe m. Augen zu 491, 1
Nasse Augen trockne du 491, 4
So manches Aug gebrochen 86, 2
Wenn meine Augen nicht mehr sehen 382, 9
Ob mir Herz und Augen brechen 427, 5
Er drücke, wenn das Auge bricht, uns unsre Augen zu 500, 9
Wird mein Auge dunkler, trüber 59, 6
Den Augen die Schärfe nun gebricht 658, 4
Ob mir schon die Augen brechen 196, 8
Wenn mir die Augen brechen 335, 1
Wenn der Tod Herz und Augen 152, 5
Schließ mir selbst die Augen zu 643, 4
Bis mir mein Auge bricht 482, 1
Die Augen werden wie ein Grab 333, 3
Wenn meine Augen werden blind 553, 7
Dir, indem die Augen brechen, getrost 477, 3
Wenn unser Auge bricht, so leben wir 606, 7
Mir w. nun — m. Augen zugedrückt 287, 3

b) geistig.

Schlagt die Augen nieder, kommt 226, 1
Unsre Augen—klebten einzig a.d.Erden 713, 2
Ich wills vor Augen setzen 580, 11
Ihm nach dem Herzen sehen mit den Augen des Gemüts 373, 6
Er ist meiner Augen Weide 391, 1
Wohin ich nur die Augen kehr 472, 3
Soll mir dieser Wunderschein stets vor Augen sein 40, 9
Unser Auge muß übergehn vor Lob 16, 9
Ewig soll er mir vor Augen stehen 160, 2
An dem ich meine Augen weide 19, 2
Laß — ihn stets vor m. Augen sein 348, 5
Und heben unser Aug u. Herz zu dir 711, 4
Hält mir mein Gott die Augen zu 153, 10
Denn Gott will — offne Augen haben 449, 3
O sehts mit offnen Augen an 685, 1
Lassen wir ihn aus den Augen 651, 3
Und das Auge wird voll Klarheit 651, 4
Mach die Augen hell und klar 433, 7
Laß dein Auge ja nicht gaffen 589, 9
Es wird die Augen schließen 627, 2
Sehende Augen gieb den Blinden 446, 6
Aller Augen freudig auf dich sehn 567, 1
Die Augen, welche auf dich schaun 108, 2
Laß deine Augen sein gewandt 51, 1
Einen Tisch bereit im Auge m. Feinde 109a, 4
Deine—Pein laß mir allzeit v. Augen s. 284, 1
Laß mich dich — immer vor den Augen 600, 8
Mein hoffend Auge blickt auf dich 108, 8
Daß wir dich stets vor Augen han 126, 3
Sehn meine Augen, Herr, auf dich 119, 1
Laß deine Augen — auf Jesum 111, 1
Die Thränen von den Augen wischen 187, 5
Was hier in die Augen fällt 584, 2
So laß m. Augen schauen diesen Trost 584, 8
Wer Augen hat, sieht sie doch nicht 619, 5
Da gehn wir denn mit blöden Augen 619, 7
Ihrehalb gebrochn. Augen n. — taugen 765, 4
Nur die Decke vor den Augen 322, 7
Muß das Auge reine sein 322, 7
Jesu gieb gesunde Augen 322, 8
Rühre meine Augen an 322, 8
Mache mir die Augen wacker 638, 6
Daß m. dsn. Tag stets v. Augen schwebe 561, 7
Da Aug und Herze schauet 405, 8(9)
Bis ich dich kann mit Augen sehen 288, 6
Daß meine Augen sehen dich 296, 3
Kein Aug hat je gespüret—solche Freude 672, 3
Da wird unser Aug erblicken 581, 4

Äuglein.

Die sollen fr. Äuglein Paar — bedecken 356, 9
Und thu die Äuglein zu 516, 1

Augenblick.

Nimm es diesen Augenblick 520, 3
Zeig mir in jedem Augenblick 559, 8
Ihr[1]) Herr wird sie zerstreuen in einem Augenblick 738, 9
Der alle Augenblick viel Guts an mir 208, 1
Ist doch ein Augenblick voll Müh 492, 8
Und Buße thu den Augenblick 631, 7
Daß dieser Zeit Geschenke den Augenblick nur dien 127, 10
Der Sturm des Kreuzes geht im Augenblick vorbei 228, 4
Unglück oder Glück hängt oft an einem Augenblick 358, 3
Das kaum ein' Augenblick anficht 531, 3
Ich zähl die Augenblicke 234, 4
An einem Augenblicke hängt ewig Wohl 568, 1
Im Augenblick wird sie erheben sich 369, 3
Denkt bei jedem Augenblick, obs — der letzte sei 589, 17
Besieg—d. Furcht d. letzten Augenblicks 725, 6

Augenlicht.

Wer hat d. Augenlicht — so schändlich 542, 2
Dein liebreich Angesicht mit unverwandtem Augenlicht 558, 7

Augenlid.

Herr Jesu — öffne meine Augenlider 479, 2

Augenschein.

Daß mein Thun nicht sei Augenschein 467, 16
Damit m. ganzes Christentum sei — nicht Augenschein 666, 13

---

1) Var. Anh. G. der.

aus (und ein).
Ja ich weiß weder aus noch ein 279, 3
Weißt du weder aus noch ein 229, 6
Und wissen nicht, wo aus noch ein 711, 1
So geh nun mit mir aus und ein 578, 1
Herr du wollst — mit uns gehen aus und ein 403, 2
ausbleiben.
Die Frucht soll auch nicht ausbleiben 386, 10
Zwar bleibt nicht aus — e. Stündlein 732, 5
ausbrechen.
Wenn dein Herz wird ausbrechen zu mir 135, 4
ausbreiten.
Laß — d. Wort sich weit ausbreiten 752, 10
Breite, Herr, d. Reich auf Erden aus 653, 7
Breit aus die Flügel beide, o Jesu 515, 8
Soll dein Ruhm sein ausgebreit 641, 10
Dein Gnadenreich — auch in mir ausgebreitet werden 474, 6
Ausbreiten deines Namens Ehr 302, 5
Deine Wunder allesamt ausbreiten 534, 7
Durch alle Ewigkeiten d. Lob ausbreiten 550, 9
Wie kann ich gnugsam solche Treu ausbreiten 298, 8
Ein Palmbaum — seine frischen Zweig ausbreiten 758, 2
Erde, breite dich in Frieden — aus 673, 2
ausdauern.
Daure redlich aus den Streit[1]) 608, 1
ausdenken.
Keins Menschen Herz vermag es auszudenken 298, 8
ausdörren.
Unsre Äcker sind wie Mauern, es ist alles ausgedörrt 218, 3
auserkoren.
Uns Menschen — zum Mittler auserkoren 547, 6
Den Gott selbst auserkoren 607, 1
Unter vielen auserkoren 718, 1
Maria, du bist auserkoren 114, 1
Von einer Jungfrau auserkoren 662, 2
Ihr Christen, auserkoren 395, 1
Hat er uns — in Christo auserkoren 430, 2
Dich, dich hat er ihm auserkoren 732, 5
Daß du als ein Mann zum Streit bist auserkoren 38, 3
auserlesen.
Das Wesen aller Wesen, ganz vollkommen auserlesen 220, 3
Der du die reinen Herzen dir — auserlesen 541, 1
Zu Furcht und Ängsten auserlesen 691, 1
ausersehn.
Geschieht, was er mir ausersehn 724, 1
Was der Höchst ihm ausersehn 661, 6
Unsers Glaubens — Flehn hast du — ausersehn 82, 4
auserwählen.
Diesen hast du auserwählet 193, 6
Gott, der uns sich hat auserwählt 719, 3
Daß ich doch bleib an deinem auserwählten Leib 734, 3
Gott wird s. auserwählte Seel — decken 153, 7
Führ ihn — zum auserwählten Hauf 536, 8
Mit der auserwählten Schar 553, 14
So führ mich, Herr, in Himmel ein zur auserwählten Zahl 517, 8
Mach uns gleich den auserwählten 771, 4
Die Seele geb — z. auserwählten Pfand 369, 2
O auserwähltes, Kind, komm, 135, 11
Auserwählt ein Schäflein Christi sei 727, 6
Auserwählte.
Keiner d. Auserwählten, Geistbeseelten 253, 4
Mich samt den Auserwählten 349, 11
Was in d. Welt von Auserwählten 369, 5
Führ mich — zu deinen Auserwählten 279, 7
Zu Auserwählten fortgeschafft 280, 3
Allen Auserwählten gleiche 641, 6
Zähl mich den Auserwählten bei 292, 8
Zeige mir d. Los i. d. Auserwählten Schoß 95, 3
Und bei Gott mit den Auserwählten 425, 1
Hinauf zu d. Auserwählten Hauf 150, 6
Die heilige Dreifaltigkeit mit allen Auserwählten 6, 7
ausfegen.
Feg aus den alten Sündenwust 180, 2
Ausflucht.
Hier erdenkt die Schlange soviel Ausflucht 299, 3
ausführen.
Führ des Todes Urteil aus 299, 4
Daß er — nicht herrl. auszuführen weiß 57, 1
Mit Gott wird alles — glücklich ausgeführet 404, 1
ausfüllen.
Du füllst des Lebens Mangel aus 355, 12
Gar wild mit Dorn und Hecken ausgefüllt 362, 16
Ausgang.
Unsern Ausgang segne Gott 503, 3
Durch dich der Ausgang wohl gelinget 282, 2
Damit mein Ausgang aus der Welt 468, 9
Daß ich keinen Ausgang wüßte 633, 4
Der Ausgang, der geschehen 418, 3
Da uns die Liebe — den wahren Ausgang lehrt 418, 4
Mein Aus- u. Eingang heut bewahr 89, 10
Der Herr dein' Ausgang stets bewahr 346, 8
Anfang, Ausgang aller Sachen 732, 4
ausgehen.
Das dir vom holden Angesicht ausgeht 253, 2
Den heilgen Geist, der von beiden gehet aus 750, 3
Der du vom Vater und dem Sohn ausgehest 547, 9

1) Var. Anh. G. Kampf.

Geh aus, mein Herz und suche Freud 204, 1
Recht eilend, eilend auszugehn 470, 3
Laß mich vom eitlen Weltgesind ausgehn 393, 7
Geh von dir selber aus 51, 5
Mein Atem geht schwer aus 78, 4

aus- und eingehen.

Du wollst — mit uns gehen aus u. ein 403, 2
Segne meinen Tritt, wo ich gehe aus und ein 706, 6
Wenn ich in m. Amt ausgehe oder ein 294, 7
Da ich werde gegenwärtig bei dir gehen ein und aus 259, 5
Unter seinem sanften Stab geh ich aus und ein 695, 2

ausgießen.

Gieß aus dein heilig Feuer 564, 1
Geuß aus auf uns den Geist 591, 4
Gieß aus dein heilges Öl 420, 2
Geuß von dem Gnadenthrone den Segen — aus 556, 5
Nicht mehr werden ausgegossen — Regen 218, 4

aushalten.

Getreu aushalten mußt du d. lieb. Gott 608, 6
Halte aus, halte aus, Zion halte d. Treu 194, 7
Halt noch ein wenig aus 418, 12
Geduld hält frisch und fröhlich aus 203, 7
Ausgehalten und Gott lassen walten 603, 5

ausharren.

Harr aus, harr aus, auf die Nacht 313, 8

aushauchen.

Wenn ich ausgehauchet, so legt man 329, 10

auskranken.

Ich habe ja nun ausgekrankt 727, 3

auslassen.

Die wider mich Neid, Eifer ausgelassen 477, 4

auslöschen.

Lösche Feur und Lichter aus 268, 4
Das glimmend Docht auch vollends nicht auslöschet 537, 6
Lösch aus in mir des Fleisches Wust 13, 3
Lösch alle Laster aus in mir 555, 7
Laß ja bei uns auslöschen nicht 1, 1

ausmessen.

Wenn mein Ziel ausgemessen 329, 10

ausnehmen.

Kein Mensch ist ausgenommen 56, 2

ausrechnen.

Keine Klugheit kann ausrechnen d. Güt 714, 3

ausrichten.

Allein du bist, der solches k. ausrichten 140, 7
Das ist sehr wohl ausgericht 661, 6
Was ein jeder ausrichten soll 126, 4
Ein Kampf wohl ausgericht 191, 1
Du wirst auch nicht ein einz'ges — Haar — ausrichten 138, 2

ausrotten.

Gott woll ausrotten alle gar 10, 3
Rott aus die Dornen allzumal 752, 8

ausrufen.

Hier rufet Jesus aus: Selig sind 25, 2

ausruhen.

Die geschieden, die ruhen dort schon aus 86, 4

ausrüsten.

Ach rüst mich aus mit Kraft u. Mut 180, 2
Du kannst mein Herz erfreuen und kräftig rüsten aus 420, 4

aussäen.

Irdisch werd ich ausgesät 389, 7

aussagen.

Die kein Mund kann aussagen 738, 5

Aussatz.

Er — macht von allem Aussatz rein 406, 4

ausschließen.

Niemand darf sich ausschließen 15, 1

ausschmücken.

Der Himmel, prächtig ausgeschmückt 707, 2
Die m. Kronen du ausgeschmücket hast 329, 12
Ich bin — mit Jesu Blut schön ausgeschmückt 722, 11
In ausgeschmückten Gründen 153, 10

ausschneien.

Wenn der Winter ausgeschneiet 625, 11

ausschütten.

Auf d. Rauchaltar v. Gott ausgeschüttet 62, 3

ausschweifen.

Daß unser Sinn sucht auszuschweifen 619, 7

aussehen.

Wie freundlich sieht er aus 337, 1

aussenden.

Seit du — aussendest d. lebendig Wort 253, 1
Drum sind — ausgesandt Propheten 752, 2
Aussandt er seine Boten 114, 4

außen.

Was von außen u. von innen täglich 690, 1
Sie — gleißen schön von außen 10, 2
Obgleich sie von außen die Sonne 182, 1
Sie scheinen von außen oft arm 182, 2

außer.

Außer dir soll mir auf Erden nichts 381, 1
Denn außer dir ist lauter Pein 554, 10
Mir ist nichts außer dir bewußt 476, 1
Und nichts außer dir verlange 584, 5

äußern.

Er äußert sich all sein Gewalt 447, 3

äußerste.

In das äußerste Verderben 383, 1

aussöhnen.

Die ausgesöhnte Welt 103, 4
Die mich ausgesöhnet haben 762, 5

ausspannen.

Deine Gnadenhand bleib über mir — ausgespannt 666, 12
O Christe, komm, uns auszuspannen 582, 6
Wenn es dir gefällt, so spanne mich doch aus 184, 4

ausspenden.

Mit milder Hand sein Güter ausgespendet 258, 3

ausſprechen.
Ehr, die — nicht auszuſprechen iſt 414, 9
Daß ich es nicht ausſprechen kann 554, 1
Der ausſprechen kann die Glorie 417, 15
Ja kein Redner kann ausſprechen 714, 3
Und was du noch zuletzt haſt ausgeſprochen 477, 3
Die kein Mann mit ſeiner Zung ausſprechen kann 150, 5

ausſtehen.
Du haſt ausgeſtanden Läſterreden 383, 2
Deiner Marter Zentnerlaſt, die du ausgeſtanden haſt 372, 3
Die Banden u. was du ausgeſtanden 580, 5
Was er für uns gethan und willig ausgeſtanden 149, 4
Nach ausgeſtandnem Leide führ uns ein 259, 6

ausſtoßen.
Stoß alles aus, nimm alles hin 554, 2

ausſtrecken.
Dir mit ausgeſtreckten Armen winket 406, 3
Wollſt du deine Hand ausſtrecken 718, 12
Wie ſtreckt er ſich nach Zöllnern aus 471, 5
So thu auch deine Hand zu meinem Grab ausſtrecken 536, 8
Und ſtreck nun aus mein Hand 54, 7

ausſtudieren.
Wir — nicht ausſtudieren werden 139, 9

austeilen.
Wie er will, ſo teilt er aus 494, 2
Ach teile doch die Beute bei deinen Gliedern aus 742, 5

austhun.
Der Kinder, die ich ausgethan 165, 2
Und ſcheine völlig ausgethan 340, 6
Hat — ſein Licht d. Abend ausgethan 660, 1

austreiben.
Treib aus von mir den ſtolzen Sinn 13, 4

austreten.
So ich etwa ausgetreten 382, 3

Ausweg.
Und kann ſelbſt keinen Ausweg ſehn 479, 3

ausweinen.
Wenn der erſcheinet, haſt du ausgeweinet 696, 5

auswerfen.
Daß jeder ſeine Netze auswerf 81, 5

ausziehen.
Er zieht mit ihnen aus und ein 720, 2
Legt ab das Kleid und Schuhe, die zieh ich aus 515, 4
Und bis ſie endlich alle ziehen aus 569, 5

auszieren.
Der uns mit Glauben ausgezieret 251, 3
Mit dir iſt es gezieret aus 137, 2
Den Himmel als — Lichter auszieren 182, 6

B.

Babel.
Wie lang geſchieht uns noch in Babel 703, 6
Wenn Babel nun trunken wird 397, 7
Durch — Eintracht w. Babel zerſtört 397, 7

Bach.
Mein Bach des Lebens 165, 6
Das Herz der Obrigkeiten kannſt du wie Bäche leiten 368, 4
Als wenn du e. ſeichten Bach vertrockneſt 703, 6

Bad.
Das Waſſer — das ſei mein Bad 130, 2
Es macht dies Bad von Sünden los 149, 2
O großes Werk, o heilges Bad 149, 5
Da wollt er ſtiften uns ein Bad 77, 1

baden.
Aus voller Buß in Jammerthränen baden 606, 6

Bahn.
I. Gott.
Der Wolken, Luft u. Winden giebt Wege, Lauf und Bahn 58, 1
Macht Bahn, da man kann gehn 676, 8
So geht doch Gott ein andre Bahn 754, 2
Er führet dich auf rechter Bahn 346, 3
Er führet mich auf rechter Bahn 682, 2
Er leitet mich auf rechter Bahn 109a 2
Auf ebner Bahn zum Himmel führ 5, 2
Zeige mir die rechte Bahn 640, 7
Auf der rechten Bahn heimführen 196, 8
Er führ mich heut auf rechter Bahn 89, 6
Und zeigeſt mir die Bahn 706, 3
Sei mir Weisheit, Licht und Bahn 434, 3
Er ſtreit für euch, er machet Bahn 685, 7
Richte du auch eine Bahn 238, 4
Er iſt ſchon auf der Bahn 505, 6
Zeuch uns voran und mach uns Bahn 158, 4
Durch dein Sterben Bahn gemacht 590, 4
Mache dir auf Erden Bahn 615, 5
Die Liebe führ uns gleiche Bahn 121, 3
Führ mein Herz u. Fuß auf ebner Bahn 151, 7
Dein Geiſt führ uns auf ebner Bahn 123, 6
Himmelsweg, zeig ihm die Bahn 437, 5
Du fähreſt in die Höh und zeigeſt mir die Bahn 338, 5

Triumph, der Herr macht gute Bahn 756, 4
Er bricht uns sichre Bahn 224, 3
Deine Bahn zu gehn 664, 3
Der Welt entfliehen auf der Bahn 430, 1
Ich kämpfe selbst, ich brech die Bahn 485, 5
II. Mensch.
So geh ich Bahn und Steg, 341, 9
Sei für mich Schranke, Lauf u. Bahn 578, 5
Der findet immer Bahn gemacht 720, 1
Daß ich die Bahn zum Himmel 764, 4
Froh die Bahn deines Worts zu gehn 318, 6[1])
Geht die rechte Bahn, 505, 4
Es mag mich auf die rauhe Bahn 682, 6
Macht alle Bahnen recht 486, 2
Machet Gott ein ebne Bahn 645, 3
Streuet Palmen, machet Bahn 321, 1
Zieht d. Schar — u. macht dir Bahn 91, 3
Machet ihm die Bahn 597, 1
Nach hartem Tritt auf rauher Bahn 282, 2
Brechet durch die schmale Bahn 685, 1
Von der rechten Bahn auf verkehrten 390, 1
Treibt ihr sondrer Wind ihre sondre Bahn 661, 3
Die alles Volk erhalten in rechter Bahn zu wallen 192, 2
Ob es gleich — aus der Bahne[2]) weicht 625, 9
Der breiten Bahn voll Sünden 539, 2
Wir gehn getrost auf seiner Bahn 683, 5
Richt dich auf die Bahn mit Beten 579, 9
Laß d. nicht v. d. rechten Bahn ablocken 234, 11

bahnen.

Laßt uns die Weg ihm bahnen 36, 5

Bahre.

Indessen wird die Bahre — gebracht 127, 9
Wenn d. Lebensjahre eilen zu[3]) d. Bahre 217, 6

bald.

O Jesu, komm nur bald 297, 1
Er zeugt u. spricht: Ich komme bald 756, 17
Komm bald und mach dich auf 178, 10
Der Bräutgam wird bald rufen 99, 1
Kann ich—nicht bald d. Trost empfinden 153, 9

Balken.

Von dem Geschrei zittert Schwell u. Balken gar 371, 1

Balsam.

Mein Balsam wollest eilen, lindern 554, 11
Balsam für den Sündenschmerz 407 3

Balsamkraft.

Laß uns d. edle Balsamkraft empfinden 543, 4

Band.

Mach mich frei durch dein Band 553, 4
Ein eisern Band hielt an der Erden 691, 5
Wenn um mich Band und Ketten 571, 8
Das Band wird fester zugezogen 475, 4
Der Glaub — hält dich als ein festes Band 476, 10
Das Band, das uns verbindet 688, 1
Ich bin durch der Hoffnung Band 389, 3
Lös uns von der Sünden Band 67, 4
Ich will — ihn reißen aus des Todes Band 283, 7
Lös auf das Band, das — reißt 184, 1
Seine — Hand reißt mich aus der Höllen Band 40, 2
Er reißt der Höllen Band entzwei 243, 7

Bande.

O Durchbrecher aller Bande 527, 1
Aber Bande warten dein 576, 3
Mache mich durch deine Bande — frei 375, 3
Du hast ausgestanden — Strick und Banden 383, 2
Die Geißeln und die Banden 580, 5
Meine Seele sehen mag deine Angst und Bande 371, 2
Meine Freiheit deine Bande 71, 7
Alle Freiheit geht in Banden 256, 2
Behüten mich — vor Banden 54, 3
Ich fürcht e. Joch u. doch in Banden lebe 236, 3
Fern von Menschensklaverei und von ihren Banden frei 448, 3
Er wird uns reißen aus den Banden 213, 13
Errett' — von Ketten u. v. Banden 665, 2
Springet ihr Bande 157, 8
Hilfest v. Schanden, rettest v. Banden 402, 1
Ich lag in schweren Banden 738, 4
Unsre Bande von uns nähm 753, 5
Er macht sein Israel[4]) von Last und Banden frei 228, 3
Er — ist mächtig durchgedrungen durch deine Bande 607, 3
Hast du d. v. ihren Banden losgerungen 673, 4
Auferstehn aus d. Sünde — Banden 673, 9
Erlöse uns von ihren Banden 703, 6
Rett uns — aus des Todes Banden 670, 9
Er, der Held, zerriß die Banden 250, 1
Sie werfen Satans Bande — fort 564, 5
Du reißest wohl die stärksten Band 619, 2
Mache mich — v. d. Satans Banden frei 375, 3
Uns von der Höllen Banden befreit 107, 7

bange.

Den Menschen wird auf Erden bang 185, 7
Gieß in unsre bange Seele den Frieden 452, 5
Ach wie lange ist dem Herzen bange 381, 1
Du siehst wie unter bangen Sorgen 777, 2
Wenn mir auf Erden gleich ist bang 530, 3
Wird uns auch nach Troste bange 414, 5
Wenn mir wird angst und bange 310, 1
Wie ist mir doch so angst und bange 325, 2
Will mir angst und bange werden 584, 6
Es war mir angst und bange 352, 6
Davor dir wird recht angst u. bange 659, 1
Das manchem weh und bange thut 512, 8
Wie so lang machst du bang 635, 5
Keine Sünde macht mir bange 427, 2

1) Fehlt Bernb. G. 2) Var. Anh. G: Wege. 3) Var. Anh. G. liegen auf, Sächs. G. enden an. 4) Var. Anh. G. die Seinen gern.

Bald macht sie dem Willen bange 299, 3
Machst mir angst und bange 599, 2
O Ewigkeit, du machst mir bang 530, 3

Bangen.

Gleich Verworfnen fühl ich Bangen 637, 12

Bann.

Mach mich frei von Fluch u. Bann 391, 6
Fleuch vor dem verborgnen Bann 589, 21
Doch bin ich fröhlich, daß mich kein Bann erschreckt 345, 4

barmherzig.

Der den Kindern jeder Frist ein barmherziger Priester ist 159, 4
Heiliger, barmherziger Heiland 489, 1—3
Selig sind barmherz'ge Seelen 424, 7
Gericht wird über den ergehn, der nicht barmherzig 622, 6
Leiden — macht gebeugt, barmherzig 174, 7
Barmherzig, gnädig, geduldig sein 16, 4

Barmherzigkeit.

Viel Gutes und Barmherzigkeit 109b, 6
Ja, Gutes und Barmherzigkeit 109a, 5
Zeig uns deine Barmherzigkeit 271, 5
Er dacht an sein Barmherzigkeit 502, 4
Barmherzigkeit wird sich vermählen 424, 7
Christi Blut beständig schreit: Barmherzigkeit, Barmherzigkeit 340, 4
Da findet sich—unendl. Barmherzigkeit 340, 5
Mir bleibet die Barmherzigkeit 340, 6
So hoff ich auf Barmherzigkeit 340, 7
Ich hoffe auf Barmherzigkeit 340, 8
In, durch und auf Barmherzigkeit 340, 9
O Abgrund der Barmherzigkeit 340, 10
Brunnen der Barmherzigkeit 373, 12
Bin ich zu geringe der herzlichen Barmherzigkeit 205, 7
Du krönst uns mit Barmherzigkeit 214, 1
Laß scheinen deine Barmherzigkeit 60, 4
So läßt er aufgehn über uns seiner Barmherzigkeit Schein 125, 4
O Vater d. Barmherzigkeit, der du dir deine Herden gesammelt 576, 1
O Vater der Barmherzigkeit, ich falle 577, 1
Vater d. Barmherzigkeit 67, 2. 326, 9. 714, 2
Es jammert dein Barmherzigkeit 489, 2
Gott ist wohl stets bereit, dem Sünder mit Barmherzigkeit 631, 4
Laß du m. nur Barmherzigkeit—finden 214, 4
Nun preiset alle Gottes Barmherzigkeit 513, 1
Sein Scepter ist Barmherzigkeit 451, 2
Gedenk an dein Barmherzigkeit 539, 1
Führ uns durch dein Barmherzigkeit 303, 3
So freu dich der Barmherzigkeit 483, 3
Und hoffen auf Barmherzigkeit 496, 5
Gieb mir nach dein'r Barmherzigkeit 30, 3
Werden — Barmherzigkeit erlangen 419, 6

Bau.

Wenn dieser Bau fällt ein 474, 7

bauen.

I. Gott.

Den Meister, der mir die Feste baut 360, 3
Deine Mauern muß ich bauen 774, 5
Du verknüpfst in Kraft; sie bricht, du baust 619, 3
Bau ein Paradies im Herzen 434, 5
Wo Jesus Hütten bauet 594, 6
Baue dir Jerusalem 433, 3
Du wirst unsre Felder bauen 218, 8
Baue um den Fürstenthron e. Burg 653, 3
Schaue, baue, was zerrissen 543, 3
Du bauest hier, du bauest dort 35, 9

II. Mensch.

Wir haben dieses Gotteshaus gebauet 137, 2
Die Diener, die des Herren Haus in diesem Leben bauen 243, 6[1])
Wer Gott vertraut, hat wohl gebaut 716, 1
Auf dich, mein Gott, bau ich feste 690, 7
Der hat auf keinen Sand gebaut 719, 1
Hast du auf ihn wohl gebaut 701, 2
Weil ich auf dich thu bauen 297, 2
Auf guten Grund will bauen 736, 7
Wer dir vertrauet, hat wohl gebauet 402, 1
Und nicht auf meine Kräfte bauen 470, 9
Vergebens ists auf Menschenhülfe bauen 291, 4
Auf mich und Menschenhülf gebaut 704, 2
Nicht bauen auf all mein eigen Thun 353, 2
Auf mein Verdienst nicht bauen 55, 3
Und auf dich laß uns bauen 216, 1—3
Von Herzen auf ihn bauen 513, 5
Wer Gott vertraut, fest auf ihn baut 689, 1
Drum will ich auf ihn bauen 682, 3
Auf Christum will ich bauen 48, 2
Darauf mein letzte Heimfahrt bau 553, 11
Auf deine Wunden bauen 606, 7
Denn wer auf diesen Felsen baut 146, 7
Sollt ich auf den Fels nicht bauen 625, 1
Und auf deinen Trost zu bauen 543, 3

III. allgemein.

Was der starre Frost gebaut 433, 4
Und bauet so Höhen u. Festung empor 299, 3
Wer kann feste Schlösser bauen 455, 2
Sie baut: du reißest ein 619, 3

Baum.

Mich, ruft der Baum in ſr. Pracht 707, 4
Die Bäume stehen voller Laub 204, 2
Felder, Wälder, Bäum und Büsche 220, 5
Man sieht die Bäume blühen 178, 4
Der Mann wird e. Baume gleich 732, 3[2])
Von des hohen Kreuzes Baum 611, 5
Vom Baum des ew'gen Lebens essen 38, 4
Laß mich, Baum des Lebens 529, 4
Daß ich werd ein guter Baum 204, 14

beben.

Und ihr, seine Feinde, bebt 42, 1
Ich freue mich und bebe doch 739, 2

1) Fehlt Bernb. G. 2) Fehlt Anh. G.

Wenn Händ und Füße beben 658, 8
Deine starken Felsen bebten 673, 2
Im Mißgeschick beben 633, 5
Hielt an der Erden die bebenden Gefangnen fest 691, 5

Beben.

Wo des heilgen Geistes Mahnen du mit stillem Beben hörst 407, 2
Erd und Tod wird sehn mit Beben 637, 4
Und d. Erd ansehn m. Furcht u. Beben 539, 2

Becher.

Einen Gnadentrank aus d. Becher 143, 2
Du schenkst mir voll den Becher 109a, 4
Schenkt er des Trostes Becher voll 109b, 5

bedacht sein.

Wenn ihr — auf Arges seid bedacht 36, 4
So ist sie doch bedacht, 203, 10
Mein Herz allein bedacht soll sein 636, 1

bedecken.

Fluch und Schrecken ihn bedecken 590, 2
Wird uns gewiß bedecken 699, 4
Mich des Höchsten Arm bedeckt 625, 2
Mit zween bedeckten sie die Füße 370, 1
Selbst mit bedecktem Antlitz dienen 474, 1
Wie eine Henn ihr Küchelein bedeckt 15, 5
Den Leib bedecke kühler Sand 82, 11
Große Schrecken, die alle Welt bedecken 510, 3
O dann laß dich nicht bedecken länger 673, 5
Dein Glaubensrock bedecke mich 143, 3
Wenn mich wird die lange Nacht bedecken 131, 6

bedenken.

I. bestimmen.

Fort g'schieht, was d. Will hat bedacht 29, 2
Die alles also wohl bedacht 610, 2
Hat er ja recht wohl bedacht 625, 5
Was er in Liebe hat bedacht 724, 4

II. beschenken.

Er hat uns ferner wohl bedacht 506, 3
Mit Kleid u. Essen tägl. mich bedenkt 217, 2
Den du so wohl bedenkest[1]) 534, 3
Der wird auch wohl mit dem, was zeitlich ist, bedacht 294, 5
Der König will bedenken die, so er liebt 36, 9
Er hat uns mit dem Heil bedacht 107, 2
Gottes Sohne, der hat mich so bedacht 621, 6
Mit Frieden hast du uns bedacht 163, 1
Den Armen nicht mit Hülf bedacht 704, 8

III. betrachten.

Dein Seel bedenk, bewahr dein Leib 15, 5
Nun, Herr, was soll man erst bedenken 540, 5
Ach bedenk das Maß der Schulden 26, 6
Mein Herze lenke, daß es dse. Not bedenke 26, 6
Wenn mein Herz dies bei sich bedenkt 326, 8
Jesu, d. Passion will ich wohl bedenken 371, 1
Jesu, lehr bedenken mich dies mit Buß 371, 4
So laß mich bedenken doch 584, 6
So laß mich wohl bedenken 709, 1
Der dieses recht bedenket 573, 7
Ein jeder recht bedenke 285, 3
Seele, so bedenke doch 229, 1—8
Hilf — daß ich bedenke jeden Tag 260, 3
O bedenke u. erwäge, wie du gehn magst 673, 8
Bedenkt, es sind nicht Kaiserkronen 685, 2
Bedenke, Mensch, d. Ende, bedenke d. Tod 56, 1
Bedenke das Gericht 56, 2
Bedenke stets die Zeit 56, 4
Lehre mich bedenken der Zeiten letzte Zeit 56, 5
Herr, lehr mich stets m. End bedenken 722, 3
Lehr uns bedenken wohl 343, 8
Bedenket meinen Freudenstand 512, 7

Bedenken.

Solch Bedenken macht nur träge 673, 8

bedrängt.

Und d. bedrängte, kleine Häuflein retten 291, 5
Erbarme der Verlaßnen dich und der bedrängten Glieder 237, 5

Bedrängte.

Nimm dich der Bedrängten an 642, 5

bedrücken.

Was ja mein Herz bedrückt 44, 5

bedürfen.

Zwar du bedarfst nicht unsrer Lieder 248, 1
Wenn ich Rat bedarf 536, 4

bedürftig.

Wo wir dein bedürftig sein 311, 2
Wes ich, dein Kind, bedürftig bin 468, 4

befallen.

Mit höchster Herzensangst befallen 333, 3
Und soll uns dieses Jahr auch neue Not befallen 164, 5
Wenn uns die finstre Kreuzesnacht befällt 107, 10

Befehl.

Nach deines Worts Befehlen 264, 3
Wozu mich dein Befehl — führet 536, 2
Wenn dein Befehl an sie ergeht 474, 1
Weil du den Befehl gegeben 437, 1

befehlen.

I. gebieten.

Anders als du mir befohlen 648, 3
Wie du mir, Herr, befohlen hast 273, 2
Wo hat Gott befohlen, daß m. Urteil 599, 3
Was du befiehlst, vollbringe 260, 1
Befiehl dein Engel, daß er komm 66, 6
Befiehl, daß sie an allem Ort 534, 8

II. empfehlen.

Den will ich euch befohlen han 77, 3
Laß alles wohlgelingen und dir befohlen sein 706, 6
Laß uns dir befohlen sein 10, 6
Dir will ich mich befehlen 111, 5
Befiehl dem Herrn deine Wege 57, 1
Nun ich will euch dem befehlen 425, 9
Ach laß es dir befohlen sein[2]) 496, 4
In deine Hände befehl ich, Vater 264, 5

---

1) Var. Sächs. G. daß du sein so gedenkest. 2) Var. Bernb. G. Ach laß es dir zu Herzen gehn.

In diesen bösen Zeiten laß dir befohlen 81, 2
Herr, m. Geist befehl ich dir 401, 6. 488, 4
Herr, ich befehl dir meinen Geist 358, 7
Den ich euch befehle hier 379, 10
Mein arme Seel ich Gott befehl 689, 3
Vater, ich befehle m. Seele d. Händen 739, 4
Darum ich dir die Seele mein befehle 119, 5
Darauf will ich nun befehlen dir m. Seel 172, 6
Mein Seel — befehl ich dir 710, 1
Dir will ich mich ganz befehlen 714, 6
Dir will ich mich befehlen 306, 10
Mein'n Leib u. Seel befehl ich dir 293, 3
Sinnen und Verstand, großer Gott, ich dir befehle 219, 6
So befehl ich dir am Ende Leib u. Seel 268, 7
In deine Hand befehl ich mich 108, 8
Die befehl ich Gottes Hand 173, 6
Leib und Seel in deinen Schutz ich dir befehl 666, 12
Herr Jesu, dir befehl ich mich 119, 1
Dir, Jesu, ich mich ganz befehle 559, 4
Ich befehle deiner Güte, was mir 442, 8

Befestigung.

Für die Befestigung darin dankt dir 292, 3
So wollst du die Befest'gung 619, 11

befinden.

Wo Jesus sich befindet 757, 1
Und gerecht befunden sein 419, 9
Wird in ihn gelegt befunden[1]) 389, 3
Wo sich ihr Magnet befindet 583, 1
Wirds aber sich befinden 58, 10
Weil ich in Christo mich befinde 363, 4
Die ich stets in mir befinde 714, 5

beflecken.

Der ich bin ganz beflecket 14, 6
O laß mich nichts beflecken 142, 6
Daß dich nichts beflecken kann 589, 21
Hier ist zwar ein befleckt Gewissen 330, 6
Mir ist befleckt sehr greulich mein Gewissen[2]) 281, 4

befleißen.

Meines Nächsten Grimm zu retten mich befleiße 260, 9
Ob er sich gleich hoch befleißt 625, 3
Die — sich auch Friedens selbst befleißen 419, 8
Mich befleiße guter Werke 419, 11

beflissen.

Wie Maria war beflissen 169, 3
Daß ich eifrig sei beflissen 262, 2
Mich nicht beflissen jederzeit 704, 8
Lust u. Geld, wonach so viel sind beflissen 463, 2

beflossen.

Das Gotteslamm liegt hier mit Blut beflossen 573, 4

befördern.

Befördre dein Erkenntnis in mir 286, 4
Schmach u. Hohn befördert m. zu Ehren 153, 6

befreien.

Der uns befreiet aus der Not 64, 1
Du hast mich heut befreiet 735, 3
Von Not bin ich befreiet 671, 4
Von der Höllen Banden und ihren Ketten hat befreit 107, 7
Sicher und befreit von allem Jammer 582, 3
Du friedevoll befreiter Geist 121, 2
Uns ganz befreien v. all. Menschenscheu 564, 3
Wird im Todesthal von Furcht und Fall befreit 727, 4
Jesu, komm mich zu befreien 375, 9
Zu deinem Eigentum befreit 524, 7
Befreit von aller Last 51, 6
Ihrer Bürden sie befreien 281, 6
Ach laß mich sein befreiet 349, 5
Dieweil ich such vom Fluch dich zu befreien 620, 4
Befreie diesen Sinn 184, 1
Macht mich befreit von allem Leid 465, 4
Dem, was dir zuwider ist, helf ewiglich befreien 366, 15

Befreier.

Da kam ein Heiland, ein Befreier 691, 6

Befreiung.

Du hast wollen sein geschlagen zur Befreiung meiner Pein 383, 5

befremden.

Frevler, was befremdets dich 97, 2

befreunden.

Sich mit uns befreundt gemacht 197, 1

begaben.

Für diese Seelenspeis und Trank, damit du uns begabet 285, 1
Uns Sünder will begaben 137, 6
Mit jedem Heil begabt durch euch 394, 4
Dein Geist hat mich begabet 542, 5
Mit reichem Trost begaben wider Höll 3, 6
Wen du begabest, findt ewiges Gut 574, 4
Ja mich so reich begabet 740, 1

begeben.

Bei uns auf Erden zu wohnen sich begeben[3]) 77, 4
Als hätt in seinem Sinn er deiner sich begeben 58, 9
Der sich gebeugt zu ihm begiebet 471, 7

begegnen.

Der dir mit Liebe begegnet 445, 4
Weil mir der mit dir begegnet 413, 7
Wie begegn ich dir, o aller Welt 738, 1
Begegnen aller Feinde Trutz 543, 4
Kein Übel muß begegnen dir 346, 7
Begegnet ihm in Reihen 178, 2
Begegnet ihm auf Erden 178, 6
Wie manches Herzeleid begegnet mir 11, 1
Ihm muß alles dienen, was ihm begegnen mag 171, 3

1) Var. Bernb. G. gefunden. 2) Var. Hann. G. heftig beschweret find ich mein Gewissen. 3) Var. Anh. G. ergeben.

Ohn deinen Willen kann mir nichts begegnen 4, 2
Was jetzund euch begegnet 232, 10

begehen.

Was du Böses hast begangen 678, 10
Wie groß u. schwer sind mein begangne 8, 1
Die dein Volk sonst begangen hat 265, 1
Ein' jeden Fall, wie ich ihn hab begangen 326, 1
Was ich mein Tag begangen 279, 3
Was ich mein Lebtag wider dich auf Erden hab begangen 279, 5
Auch von uns selbst begangen 77, 7
Des Heilands Fest mit Danken zu begehen 50, 1

begehren.

Vor andern hat dein hoch begehrt d. Hirt 753, 4
Wer begehret zu trinken von mir 574, 2
Was Menschen nur begehren 36, 6
Du segnest ja so gern, Gesegneter des Herrn, wir begehrens 424, 1
Was mein Herz nur kann begehren 438, 3
Der Betten ihr begehrt 515, 6
Daß ich nur dich begehre 13, 1
Was willst du mehr begehren 609, 2
Laßt alles stehn, die ihr d. Heil begehret 636, 3
Ich begehre nichts, o Herre, als 617, 3
Und von ihm Gnad begehren 579, 8
Ich hab an dir, was m. Herz begehret 90, 2
Ich begehre nichts anders als Geduld 203, 13
Ich begehr nach dem zu ringen 33, 3
Oft mehr verliehn, als wir begehrt 82, 4
Wenn es Gottes Gunst begehrt 455, 4
Gott kennet, was mein Herz begehrt 45, 3
Nichts weiter will von Gott ich sonst begehren 736, 7
Von dir nichts mehr, Heiland, ich jetzo begehr[1]) 70, 5
Begehre nichts, als — was Gott gefällt 681, 2
Mein Herz nichts mehr begehret 4, 5
Wer das begehrt, dem wirds gewährt 689, 4
Ich hab m. Rechtesschein u. List begehrt 704, 10
Du sollst deins Nächsten Weib und Haus begehren nicht 134, 10
Des Nächsten Haus u. Gut nicht wünschen noch begehren 260, 10
Heut — hat Satan mein begehret 671, 2
Ja Satan selbst hat eur begehrt 591, 1

Begehren.

Und ist dein herzliches Begehren 536, 2
Des Höchsten sein Begehren 621, 3
Wind und Wetter geben und alles immer nach Begehr 399, 12
Er stillet dein Begehren 228, 5
Ach höre, Herr, dies mein Begehr 716, 3
Meine geliebete Seele, d. ist m. Begehren 445, 1
Zu ihm steht mein Begehr 579, 10
Zu würgen steht all ihr Begehr 754, 3

Begier (Begierde).

I. heilige.

Lenke Sinnen und Begier 439, 1
So die Christen mit Begier 599, 10
Sollten wir denn allhier nicht auch streiten mit Begier 47, 5
Mit d. Werke u. immerwährender Begier 364, 1
Mit Begierde darauf achten 585, 5
Gieb uns Kräfte und Begier 33, 3
Erfüll mit sehnender Begier auch uns 471, 11
Jesu, mein Trost, hör mein Begier 11, 12
Und suchen mit Begier 287, 1
Nach Christo steht unser Begier 745, 7
Ich dich suche mit Begier 310, 1
Allein zu dir steht mein Begier 293, 1
Ach voll Begier, ach voll Begier 282, 2
Jesus sei nur mein Begier 309, 14
Nunmehr kann ich mit Begier 635, 6
Die reine himmlische Begierde 570, 4
Hinauf steht mein Begier 652, 1
O mein Begier, Herr Jesu 723, 6
Hier und droben mit der herzlichsten Begier[2]) 649, 8
Und danken Gott aus höchster Begier 41, 1
Ihm Hosianna singen mit heil. Begier 36, 1
Komm, wir warten mit Begier 408, 2
Deine himmlische Begier 312, 3
Rühmet unser Mund mit herzl. Begier 272, 4
Erfüll jetzt nach Begier, o Vater 272, 8
Laßt uns zum Himmel dringen mit herzlicher Begier 224, 5
Meine Seele mit Begier 714, 7
Hat nun in Begier zu d. sich ausgestrecket 561, 1
Und will dich mit Begier 554, 9
Wie — ein Hirsch schreiet mit Begier 20, 2

II. sündliche.

Fest die Begierden an das Kreuz 298, 11
Mit allem Ernst zu meiden die sündl. Begier 709, 5
Mein Gott regier all mein Begier 539, 5
Verleih, daß nun noch immermehr Begierd nach Reichtum 577, 5
Begierden schweigt 96, 8
Willst du die Begierden füllen 589, 10
Wenn ich die Last der Begierden 380, 3
Kreuzge mein Begier 286, 5
Daß ich vor sündiger Begier mit ganzem Ernst mich scheue[3]) 349, 6

begießen.

Segne, pflanze und begieße 252, 9
Alle Pflanzen sprossen, so damit begossen 448, 8

Begießen.

Auf Pflanzen und Begießen 274, 3

beginnen.

Ihr sollt beginnen, was eurem Schöpfer 515, 1
Wenn du nur erst recht begannst 673, 8
Daß wir anders nichts beginnen 414, 2

---

1) Var. Brand. G. o du mein Heiland ich begehr. 2) Var. Bernb. G. in der zartsten Liebsbegier. 3) Var. Bernb. G. daß wie vor einem wilden Tier, ich mich vor Sünden scheue.

Unser Feind — beginnen, sich zu rächen 362, 12
Beginnt das Irdische zu drücken 340, 7

Beginnen.

Der du vom Vater und dem Sohn ausgeheſt ohn Beginnen 546, 9
Treibe unser Sinnen und Beginnen 285, 2
Laß all mein Denken und Beginnen 647, 3
Jesus richte mein Beginnen 309, 14
Daß ich hinfort mein ganz Beginnen 578, 6[1])
Laß m. Beginnen ohn allen Anstoß 125, 5
Führe unser Sinnen und Beginnen 543, 7
All m. Beginnen, Thun und Werk 88, 2
Mein Lassen u. Beginnen ist böse[2]) 286, 7
Jesu, du mein ganz Beginnen 596, 7

begleiten.

Begleiten zu der ewgen Ruh 580, 15
Mich deine Liebe leiten u. begleiten 554, 14
Laß uns hier an d. Ölberg dich begleiten 321, 7
Seele, mach dich eilig auf, Jesum zu begleiten 601, 1
Mit deiner Kraft begleite das Zeugnis 564, 7

beglücken.

Der mein Gemüt beglücket 109a, 2
In dir, der mich so hoch beglückt 726, 7
Wie trefflich ich beglücket 560, 13
Werden nach dem Streit beglückt 464, 6

Begnadigung.

Und bitten um Begnadigung 711, 3

begraben.

Christus, der begraben lag 49, 1
Ob man unsern Leib begräbt 42, 3
Nun laßt uns den Leib begraben 509, 1
Tief in die Erd begraben 665, 6
Wenn ich begraben werde 338, 2
Das Grab ist selbst begraben nun 118, 1

begreifen.

Und was drinnen begriffen wird 107, 3

begrüßen.

Den Heiland zu begrüßen 36, 8
Der ist selig zu begrüßen 162, 1

begürten.

Begürte dich zum Triumphieren 187, 7

behagen.

Das weiß ich, wird behagen 740, 7
Andern mag es wohl behagen, 584, 4

behalten.

Würd er seine Gaben — wohl behalten 599, 7
Behalt es für und für 467, 23
Als ein Held, der Feld u. Mut behält 37, 2
Das Feld muß er behalten 161, 2
Des Herren Rechte, die behält d. Sieg 572, 5
Behalt uns, Herr, bei reiner Lehr 745, 11
Und wir behalten mit das Feld 591, 1
Ein ruhig Herz dabei u. deine Gnad behalte 260, 10
Daß wir dein Wort und Sakrament rein behalten 1, 2
Sein wahres Wort und Sakrament behalt 666, 9
Der behält — einen freien Heldenmut 32, 1
Die seinen Bund behalten 513, 4
Das Leben behielt den Sieg 76, 4
Den Schatz — behält sie 570, 5
Behalte, Welt, dir deine Freunde 98, 6

beharren.

Und daß ich drin beharre 537, 1
Recht beharren ist das beste 589, 8

beharrlich.

Herr Jesu, gieb mir solchen Sinn beharrlich 531, 8

behende.

So komm, o Herr Christ, mir behend 283, 3
Und mache dich behende auf 51, 6
Damit behend des Teufels List 30, 3
Weil er sonst behende ist, daß er dich berücke[3]) 449, 4
Behende kommt ihr letztes Ende 222, 6
Der Tod bringt oft behende 568, 1
Ach wie geschwinde und behende 722, 1
Der Tod kommt oft behende 56, 1
Als ein Adler fleuch behende 649, 1

beherrschen.

Beherrschest alle Leut und Land 547, 8

beherzt.

Bete mit beherztem Mut 61, 4
Kron und Lohn beherzter Ringer 424, 1

behülflich.

Die behülflich sind mit Rat 419, 6

behüten.

I. leiblich.

Du wollst treulich behüten — m. Leib 81, 2
Behüte Seel und Leib 630, 4
Die mich, o Gott, vor Schand und Spott — behüte 13, 5
Der uns allzeit behüte 30, 4
Der fromme Gott behütet dich 346, 5
Uns behüte seine Macht vor allem Übel 65, 4
Treuer Hirt, der mich ewig behüten wird 651, 6
Der Herr behüte mich 706, 5
Behüt uns heut, o treuer Gott 271, 5
Durch deine Engel hast behüt 314, 2
Vor Schrecken, Angst und Feuersnot behüt uns heint 314, 4
Vor G'fahr und allem Schaden behütet 54, 2
Du wollest auch behüten mich 54, 3
Weil du mich gnädig hast behüt' 89, 3
Vor Gefahr, Angst, Not u. Schmerzen hast behütet 219, 2
Behüt uns heut in dieser Nacht 66, 2
Behüt uns, Herr, in dieser Nacht 67, 2
Wer von ihm behütet ruht, ist sicher 357, 3
Behüt uns, Herr, vor Unfried 655, 5
Vor Teurung und vor Hungersnot behüt uns 60, 1

---

1) Fehlt Bernb. G. 2) Var. Sächs. G. ist nimmer recht. 3) Var. Anh. G. weils ihm sonst ein Leichtes ist, dich zu überwinden.

Vor Teurung, Hunger, Seuch und Streit behüt uns 60, 5
Behüt vor Krieg und teurer Zeit 496, 1
B'hüt vor falscher Tücke 401, 5
Behütet die Leidenden im Reich 513, 1
Behüte sie doch spat und früh 532, 5
Behüt die Stadt, du treuer Gott 269, 2

II. geistig.

Vor dem ewigen Tod behüt uns 443
Vor allem Übel behüt uns 443
Behüt uns auch vor Sünd u. Schand 744, 3
Uns auch behüt vor Sünd u. Schand 126, 2
Behüte sie vor Sünden 477, 7
Vor Sünd u. Schanden mich behüt 11, 12
Behüte mich vor Zorn u. Grimm 310, 4
Herr, behüt uns vor falscher Lehr 655, 2
Behüt m.. Herr, v. falscher Lehr 293, 2. 296, 2
Vor falscher Lehr — behüt uns 83, 3
O Herr, behüt vor fremder Lehr 412, 2
Behüte mich vor Ungebärd 553, 8
Daß er uns behüte an unserm Ende 497, 1
Diese Nacht behütet 126, 1
Vors Teufels Macht u. List gnädiglich behüte 109b, 7
Behüt uns vor des Teufels List 66, 4
Er wird dich vor ihrer List schützen und behüten 195, 3
Behüte uns vors Teufels Mord 501, 7
Behüt vors Teufels List und Mord 496, 6
Behüt uns vor der Hölle 114, 2
Die helfen nimmermehr, sie mögen nicht behüten 183, 1

beichten.

Die Sünden beichten ohne Scheu 137, 5

beide.

Dich, beider Geist, recht zu verstehn 409, 6
Mit beiden gleiches Thrones, mit beiden gleich gepreist 769, 1
Der von beiden gehet aus 750, 3
Der beiden gleich im höchsten H. 499, 3
Wissens aber beide nicht 661, 4
Singen besterweis' u. danken alle beide 732, 6
Gesetz und Evangelium sind beide 212, 1
Deine beiden Testamente mache mir 585, 2
Was hinket ihr — auf beider Seit 685, 1
Und greif mit beiden Händen zu 471, 10

beiderseits.

Weiser Rat beiderseits vorhergegangen 715, 2
Wird beiderseits gewähren 399, 15

beifügen.

Dem ihr beigefügt wollt werden 389, 10

beilegen.

Du hebst und legst es bei 355, 11
Mir f. Segen auch wissen beizulegen 630, 1
Hebt mir an f. Vermögen beizulegen 625, 5
Kron, die Gott den Seinen beigelegt 367, 8
Uns beigelegt die Ehrenkron 591, 3
Den mir schon Gottes Sohn beigelegt 676, 1
Forthin ist mir beigelegt 156, 2
Jene Krone, die mir droben beigelegt 18, 7
Die Lebenskrone d. Frommen beigelegt 56, 4
Schon die Krone beigelegt 646, 5

Bein.

Unser Bruder, Fleisch, Bein u. Blut 745, 5
Was trauerst du, m. Fleisch u. Bein 356, 6
Wenn gleich unser Fleisch und Bein 49, 7
Thut Mark und Bein durchdringen 326, 8
Durch Mark und Bein dringt mir 4, 3
Und Mark und Bein durchschaltet 93, 2

beirätig.

Sei mir auf der Todesbahn — selbst beirätig 563, 6

beisammen.

Die wir uns allhier beisammen finden 454, 4

beisetzen.

Jesu setze mir selbst die Fackel bei 738, 1

Beispiel.

Nicht sucht s. Beispiel nachzuahmen 50, 4

beispringen.

Mit Trost u. Rat weiß beizuspringen 333, 2

Beistand.

Schaff uns Beistand wider unsre Feinde 291, 3
Der mir hat versprochen s. Beistand 774, 2
In aller Not dir treuen Beistand senden 609, 7
Nehmen zum Beistand 407, 3
Beistand selbst und Hülf uns leist 33, 4
Mir Kraft und Beistand leist 294, 1
Bleib ihr Helfer und Beistand 644, 10
Wer diesen Herrn zum Beistand hat 446, 3
Wirst nur du mein Beistand sein 712, 5
Christe, du Beistand d. Kreuzgemeine 68, 1
Herrschest in allen Dingen und unser Beistand bist 81, 6
Jesum ruf zum Beistand an 195, 1
Mich mit Beistand nicht verlasse 196, 6
Im Kampf mein Kreuz u. Beistand 96, 10
Bis ich seinen Beistand finde 593, 9
Jesus stellt — sich mit s. Beistand ein 778, 5
Mich mit Beistand nicht verlasse 240, 4
Jesus soll in allem Leiden mein getreuer Beistand sein 391, 6
Beistand bei der Beff'rung leiste 316, 3
Der mein getreuer Beistand sei 541, 3
Durch seinen Beistand für und für 541, 5
Der uns Trost und Beistand leist 750, 3
Heut diesen Tag mir Beistand leist 546, 1

beistehen.

Steht uns in Nöten bei 258, 5
Der mir beisteht in aller Not 675, 2
Er steht mir bei in allen Nöten 98, 4
Steh uns in unserm Elend bei 711, 6
Mein Schöpfer steh mir bei 482, 1
Er wird mir gnädig stehen bei 88, 7
Gott stehe mir aus Gnaden bei 541, 3
So hörst du es und stehst mir bei 495, 4
Und steh mir kräftig bei 286, 8
Des Herren Name steht uns bei 674, 3
Drum steh, o Vater, ferner bei uns 547, 5
In d. Leiden steh mir allzeit kräftig bei 152, 4
Hilf, steh uns bei, e. selig Stündlein 83, 10

Da stehst du treulich bei 352, 2
Eile, mir zu stehen bei 641, 9
Herr, wo du uns nicht stündest bei 243, 4
Weil Gottes Sohn mir stehet bei 109b, 1
Laß die Welt erschüttern, mir steht
Jesus bei 381, 2
Ich weiß gewiß, du stehst mir bei 306, 7
Hosianna! steh uns bei 321, 6
Daß sie mir immerfort beisteh 554, 14
Treuer Jesu, steh uns bei 643, 3
Steh deinem kleinen Häuflein bei 588, 4
Darum so steh du denen bei 1, 7
Er stehe mir stets bei 14, 9
Stehe doch mir Armen bei 375, 9
Im Tod und vor Gericht steh mir,
o Jesu, bei 56, 6
Und steht uns auch im Tode bei 243, 11
Steh uns stets bei mit deinem Rat 543, 3
Auch dein Engel steh mir bei 268, 4

beißen.

Mein Gewissen beißt[1]) mich nicht 390, 7
Ist es wund v. Sündenwurm gebissen 366, 6
Ob mich zu Zeiten beißt der Rauch 736, 1

Beiunswohnen.

Was für Frommen d. Beiunswohnen 235, 3

beiwohnen.

Gott der Vater wohn uns bei 216, 1
Jesus Christus wohn uns bei 216, 2
Der heil'ge Geist wohn uns bei 216, 3
Wohn uns mit deiner Güte bei 496, 3

bekannt.

Weil du ihn' bist bekannt 562, 2
Dein Reich bekannt mög werden 562, 1
Heil u. Stärk bekannt d. Heiden werden 192, 1
Daß uns dein Nam werd wohl bekannt 278, 2
Die ihm allein bekannt 365, 4
Das schwache Fleisch, das dir bekannt 409, 3
Sind sie dir doch all bekannt 644, 10[2])
Ihm besser als mir bekannt 407, 3
Meine Plagen besser — bekannt 641, 1
Kein Leiden, so dieser Welt bekannt 621, 5
Wie er bei keinem Reichen von dieser
Welt bekannt 171, 1

bekannt machen.

Machst bekannt, daß er sei das Leben 487, 2
Gott heil'ger Geist macht das bekannt 87, 2
Macht auch bekannt, wie man soll 295, 4

Bekannte.

Mein Brüder und Bekannten 55, 4
Setzt Brüder am höchsten vor allen
Bekannten 397, 4

bekehren.

Was dich haßt, bekehr 556, 6
Das arm verführte Volk bekehr 655, 2
Verfolgern und Lästerern vergeben
und sie bekehren 443
Und sie zu Gott bekehren 192, 1
Weit u. breit alle Menschen zu bekehren 645, 3
Die Verführten zu bekehren 255, 4
Bekehre der Verfolger blindes Heer 642, 5
Was Buße thut und sich bekehrt 243, 10
Daß der Sünder sich bekehre 388, 3
Daß ich soll Buß thun, mich bekehren 533, 2
Daß er sich bekehr von den Sünden 528, 4
Sondern, daß er sich bekehre 654, 3
Zum Herren mich bekehren 366, 1
Alsdann will ich bekehren mich 631, 3
Heut lebst du, heut bekehre dich 631, 6
Nach d. That bald wieder mich bekehren 554, 15
Wenn Sünder sich bekehren 150, 1
Thu dich zu Gott bekehren 579, 8
Daß sie sich noch bekehren 123, 4

bekennen.

Christus wird denselben gar bekennen 38, 7
Getreuer den Herrn bekennen kann 664, 1
Die bekennen mit dem Mund 419, 1
Ihr, die ihr Gottes Macht bekennt 610, 8
Dich und dein Wort bekenne 310, 3
Und das bekennet Herz und Mund 361, 1
Sein — Wort standhaftig zu bekennen 609, 5
Dein kleines Häufelein, das sich zu
dir bekennet 556, 2
Bekennet Jesum Christ 657, 3
Dich nennen u. vor aller Welt bekennen 380, 1
Unsern Glauben zu bekennen 664, 2
Bis an mein End bekennen 431, 3
Ich bekenne, daß von dir meine 197, 3
Wird manchen gleich, als wir denn
jetzt bekennen 41, 5
Herr, ich bekenne, daß ich bin gezeugt 244, 2
Herr, ich muß es ja bekennen 374, 4
Ach, ich muß dir nur bekennen 18, 1
Drum ich muß es nur bekennen 276, 3
Ich — bekenne dir mit Schmerzen 326, 1
Ich Betrübter komme hier u. bekenne 390, 5
Und bekenne meine Sünden 528, 1
Ich — bekenne meine Sünd 528, 5
Als dir von Herzen zu bekennen 452, 2
Bekennen müssen, daß Zions Reich 703, 3
Das muß ich dir, mein Gott bekennen 484, 3
Die Straf wir wohl verdienet han,
solches bekenne 15, 1
Und schäm sie zu bekennen 366, 8
Was die Welt bekennt und lehret 585, 7

Bekenntnis.

Ein offenes Bekenntnis bei allem 564, 4

beklagen.

Ist das nicht zu beklagen 573, 1
Alles, was auf Erden lebt, muß dich
ja beklagen 573, 5
Beklagen ihr und andrer Leute Sünd 419, 3
Derer Tod soll man beklagen 425, 2

bekleiden.

Bekleide mich mit deiner Kraft 559, 5
Bekleidst die Welt u. kommst doch bloß 753, 6
Dich, Gottes Sohn, bekleiden 50, 5

1) Var. Bernb. G. quält. 2) Fehlt Bernb. G.

bekommen.
Ein jeder — wird den Lohn bekommen 56, 2
Wer überwindt, bekommt Gewalt 38, 6
Bekommt vom Herrn — d. Morgenstern 38, 6
Das Beste — wir in jener Welt bekommen 735, 7
In Fels u. Steinen kann das Wort die Wurzel nicht bekommen 752, 6
bekränzen.
Die dein siegreich Haupt bekränzt 601, 5
bekümmern.
Das Werk hinausgeführet, das dich bekümmert hat 58, 8
Bekümmerst dich und trägest Schmerz 675, 1
Die Welt bekümmert sich im Fall 679, 5
Bekümmerter.
Und des Bekümmerten vergißt 492, 4
beladen.
Mit Schmerzen bin beladen 279, 1
Mit Sünden hart beladen 417, 1
Sünd und Missethat, die mein armes Herz beladen 714, 4
So schwer du immer bist beladen 53, 3
Ich bin freilich schwer beladen 268, 3
Der mit Schwachheit ist beladen 641, 3
Bist du schwer mit Kreuz beladen 229, 4
Herz, Sinn u. Mut, mühselig u. beladen 539, 3
Alle Schuld, die mich beladen 375, 6
Du rufest alle — die beladen 281, 6
Und suche dich mühselig u. beladen 348, 1
Mich nicht zu sehr beladen 344, 2
beleben.
Dann belebt uns deine Wahrheit 651, 4
Und mich belebe beständig 323, 7
Das Haupt belebet seine Glieder 118, 4
Beleb, erleucht, erwärm, entflamme 523, 3
Eure Zier zu Gottes Ruhm belebet 524, 4
Belebung.
Glut der göttlichen Belebung 71, 4
belegen.
Dich mit großem Schimpf belegt 383, 4
belehren.
Was Jesus, ihr Heiland, sie wollte belehren 169, 3
beleidigen.
Vergißt, wie wir ihn beleidigt haben 693, 4
Die Missethat, die dich u. sie beleidigt 536, 2
Belial.
Christus hat — Belial s. Schloß zerstöret 429, 2
beliebt.
Das ihn vergnügt und ihm beliebt 680, 1
Stets dienen dir, wie dirs beliebt 753, 19
Bis so lang es dem beliebt 661, 5
Was ihm von mir beliebet 399, 3
So mach es, wie es dir beliebt 125, 11
Daß ich auf dir beliebtem Weg 474, 5
Stets dienen dir, wie dirs beliebt 256, 7
Wenn es meinem Gott beliebt 31, 2
Es lache, wems beliebt 203, 9
Das laß auch mir gefallen u. belieben 362, 10
Belieben.
Kreuzgeselle, schlag nach Belieben zu 594, 4
Beliebung.
Ich habe gestellet alles in d. Beliebung 125, 9
belohnen.
Wahrlich, dies Kleinod belohnet 157, 5
Hernach wird ers belohnen ewig 419, 9
Und Frommsein wohl belohnest 106, 11
Wo heiliges Leben wird ewig belohnt 574, 7
Und ihre Treue wohl belohnen 187, 6
Wenn er hätt belohnet 258, 4
Belohnung.
Die reichlichste Belohnung 170, 5
bemerken.
Viel Unvollkommenheit bemerken 340, 8
Bemerkte man den Abschied kaum 691, 7
bemühen.
Wie für mich der Vater sich bemühet 536, 4
Viel bemühen sich um Sachen 33, 3
Hat den Fuß vergeblich sich bemühet 362, 5
Wer — darum bemühet ist 717, 1
Von Herzen mich bemühe 13, 10
Bemühen werd ich mich 298, 12
Ihr dürft euch nicht bemühen 738, 7
Bemühen sich daneben Guts zu thun 419, 1
Was aber ängstigt und bemüht 500, 7
Der ist um andern Tand nicht mehr bemüht 733, 3
benedeien.
Gott sei gelobet und gebenedeiet 239, 1
Sanfte Ruh beschert, drum sei gebenedeiet 735, 3
Dann bin ich gebenedeiet 349, 5
Wir wären gerne benedeiet 424, 1
benehmen.
Würd sie mir nicht benommen 776, 1
Dein Stecken benimmt mir all mein 106, 7
beneiden.
Laß m. nicht — d. Glücklichern beneiden 237, 4
benennen.
Weil aber keine Stund zum Abschied ist benennet 339, 1
benetzen.
Ist er gleich mit Blut benetzt 464, 4
Soll — nichts mehr unsre Saat benetzen 218, 4
bequemen.
Er müßt sich denn völlig zur Buße bequemen 397, 4
Ich will mich nicht bequemen 17, 4
Dir so gar schlecht uns bequemen 35, 7
beraten.
Nehmt diesen König an, so seid ihr wohl beraten[1]) 505, 4
Berater.
Dein Vater ist auch mein Berater 141, 5
Sei der — Irrenden Berater 510, 12

1) Var. Anh. G. wollt ihr beraten werden.

Drum sei auch mein Berater 420, 6
Lob sei dir, mildester Berater 524, 6
Dir Tröster und Berater 550, 9
Du mildester Berater machst 122, 5

beredt.

Wo lebt ein so beredter Mann 530, 5[1])

bereit.

I. bereitet.

Von Edelstein und Gold bereit 662, 10
Die du für alle hast bereit 349, 3
Ehr und Herrlichkeit sei Gott Vater und Sohn bereit 401, 7
Er ist bereit, daß er mich noch empfang 236, 4
Macht dem Herrn den Weg bereit 645, 3
Sei in uns allen ihm bereit 251, 1
Dadurch die wahre Freudigkeit in aller Not uns ist bereit 302, 7
Die Freude, die mir ist bereit 202, 11
Giebst ihn'n bereit die Seligkeit 548, 6
Deine Süßigkeit für meine Seele sein bereit 143, 7
Was denen dort für Herrlichkeit — ist bereit 558, 5
Herrlichkeit, die den Frommen ist bereit 31, 1
Nach diesem Elend ist bereit 749, 3

II. willfährig.

Zu helfen den er ist bereit 689, 1
Der euch zu heilen ist bereit 512, 11
Weil doch aller Zeit ihre Sorg ist schon bereit 626, 5
Zu Schafen, die er ist bereit, zu führen 506, 3
Wahr ists, Gott ist wohl stets bereit 631, 4
Dein Hilf allzeit sei uns bereit 67, 5
Also sei auch jederzeit deine Sanftmut mir bereit 238, 6
Uns zu vertreten stets bereit 79, 3
Wollst allezeit dieselben heißen sein bereit 270, 12
So sei bereit durch Buß bei Zeit 609, 6
Mach uns allesamt bereit, 439, 3
Ach mache du mich Armen — Herr Jesu selbst bereit 486, 4
O Jesu, mach uns selbst bereit 280, 2
In Freud und Leid bin ich bereit 465, 1
Laß dich finden, großer Gott, ich bin bereit 617, 6
Ich und mein Haus wir sind bereit 359, 1
Wie Gott mich führt bin ich bereit 724, 2
Mein Gott mach mich dazu bereit 11, 11
Mache dich, mein Geist bereit 449, 1
Wohlan so seid zum Kampf bereit 591, 2
Sei bereit zu Freud und Leid 217, 6
Zur Reinigkeit d. Lebens fertig u. bereit 541, 2
Daß sich nach dir zu lenken, mein Herze sei bereit 56, 5
Durch deines Geistes Gnad bereit 12, 5
Macht euch bereit zu der Hochzeit 672, 1
Jederzeit zu m. Heimfahrt sei bereit 631, 7
Wann Gott will, bin ich bereit 32, 5
Daß ich bereit sei für und für 722, 4
Stets bereit u. fröhlich da zu stehen 135, 17
All Ehrbarkeit zu tilgen ist er stets bereit 270, 5
Mache Mund und Herz bereit 434, 2

bereiten.

I. leiblich.

Der künstlich und fein dich bereitet 445, 3
Wer hat mich wunderbar bereitet 725, 2
Die Engelscharen zu d. Lobe hast bereit 534, 2
Da man euch wird bereiten 515, 6

II. geistig.

Und bereite selbst die Brust 252, 7
Ach fahre fort, uns zu bereiten 424, 2
Bereit das Herz zur Andacht sein 278, 2
O Herr, durch dein Kraft uns bereit 412, 3
Sollte man gleich was bereiten 268, 5
Zu d. Tische, den du für m. bereitet 349, 1
Du wollest recht bereiten mich 143, 1
Den Tisch für mich bereiten 143, 1
Zu dem Tisch, den er bereit 3, 1
Weil für mich bereitet ist jetzt dein 3, 5
Da du uns die Stätt bereiten 299, 1
Die du — deinen Streitern hast bereit 712, 2
Gottes Frieden droben ihm bereitet sei 174, 10
Wie er mirs hat bereit 579, 7
Durch deine Himmelfahrt die Straße uns bereitet 144, 8
Der Herr hat uns die Stätt bereit' 501, 4
Bereitet Leib und Seel 178, 2
Seligkeit, die Gott d. Vater hat bereit' 662, 4
Aufgefahren ist, die Stätte zu bereiten 254, 4
Herrlichkeit, die du uns, Herr Christ, hast bereit' 15, 3
Ich will bei Zeiten d. Lager dir bereiten 179, 7
Bereitet doch fein tüchtig den Weg 486, 2
Bereitet ihm den Thron 321, 1
Für u. für dir e. Psalmenlied bereiten 321, 7

sich bereiten.

Auf m. letzten Tag mit Buße m. bereiten 56, 6
Wer sich in Christo nicht bereit' 417, 10

bereuen.

Wenn wir die Sünd bereuen 258, 5
Laß mich die Sünd in dsr. Zeit bereuen 143, 4

Bereuung.

Durch Bereuung meiner Schuld 415, 5

Berg.

Hoch auf dem Berge Sinai 134, 1
Fest gegründet auf heiligen Bergen 223, 1
Mein Augen heb empor zu d. Bergen 706, 1
Und seh die Berge hoch hinauf 346, 1
So wird kein Berg noch tiefes Thal 403, 3
Berg und Felsen mögen weichen 773, 3
Weicht, ihr Berge, fallt ihr Hügel 694, 1
Wenn Berge bersten, Hügel brechen 292, 4
Große Berge zu versetzen 641, 3
Daß die Berge niedrig stehen 645, 3
Laß Berg und Hügel fallen hin 723, 3

---

1) Fehlt vielfach.

Fast über Berg und Spitzen hin 362, 5
Hügel, Gründe, Berg und Thal 220, 5
Weit über Berg und Thale schwingt 369, 1
Weiden auf Israels Bergen 281, 1

bergen.

Doch ich sie auch nicht bergen kann 326, 2
Da sind wir wohl geborgen 164, 3
Bargst du dich in nächt'gen Flor 673, 1

berücken.

Harrt nur, bis euch die Nacht berückt 570, 6

Beruf.

Präg ins Herz mir den Beruf 313, 2
Das Gott mir wollt bescheiden in meinem Beruf 54, 7

berufen.

Hast — mich berufen 442, 4
Willst auch die berufen lassen 351, 2

beruhn.

Laß es nicht dabei beruhn 638, 7
Ich soll auf dem beruhn 135, 2
Mein ganz Vertrauen ankerfest auf ihm beruhn 694, 8

berühmt.

Deine Süßigkeit, die jetzt berühmt ist 558, 7

berühren.

Was niemand berühret, hat ihre 182, 1
Nahe dich, meinen Geist berühre 436, 1
Berühre mich mit deiner Hand 775, 3
Dazu mein Herz mit Trost berührt 109b 2
Daß kein Unfall mich berühret 714, 3
Daß manche Last u. Plag uns nicht berühret 534, 8
Und kein Leid sie mehr berühre 21, 7
Den soll kein Leid noch Tod berührn 38, 4

beschämen.

Dies von mir annehmen, mich nicht beschämen 298, 14
So wird mich nicht beschämen m. Sünd 146, 8
So kann mich nichts beschämen 104, 6
Hier steh ich, wie der Zöllner that beschämet 563, 2
Daß wir beim Drandenken beschämt 16, 9

beschaffen.

Die Herzen — die also beschaffen sind 717, 6

beschauen.

Beschauet aus wahrer Treu 341, 4

bescheiden.

Und sein bescheiden Thränenbrot 23, 2
Was dir Gott beschieden 603, 1
Will er auch uns den Kelch bescheiden 424, 4
Das Gott mir wollt bescheiden 54, 7
Meine Seele bescheid ich deiner Hand 339, 2
Was er mir beschieden, das dient 686, 3
Freude die Fülle hat er uns beschieden 157, 1

bescheren.

Gott bescheret, was euch nützet 173, 6
Nahrung für jung und alt bescheret 258, 3
Täglich Brot — mir zeitlebens auch bescheret 442, 7
Unser Brot werd uns beschert 648, 7
Er woll hinfort uns mehr bescher 748, 1
Mir Schutz und sanfte Ruh beschert 735, 3
Und so manches Glück bescheret 32, 3
Der uns alles Gut bescheret 626, 3
Zu sehn, was Gott uns hat beschert 662, 6
Mir Hülf u. Rat hiezu, o Gott bescheren 366, 1
Die dein Gott dir darin beschert 149, 7
Bescher uns auch ein selig End 655, 8
Ein selig Ende mir bescher 666, 15
Ein sanftes End bescher 117, 3
Ein selig Stündlein mir bescher 269, 3
Sei Güt und Heil beschert 2, 2
Denn immer wird uns mehr beschert 540, 5
Friede in Kirch u. Schulen uns bescher 68, 3
Durch ihn er uns bescheret 665, 4
Und manche Gnad bescheret 630, 2
Wird doch wohl Gnad bescheren 736, 2

beschenken.

Mit d. Segen uns zu jeder Zeit beschenkt 218, 7

beschirmen.

Beschirm uns, Gottes rechte Hand 67, 4
Beschirm, o Herr, die Christenheit 67, 5
Beschirm dein arme Christenheit 177, 2
Beschirmt und schützet Tag u. Nacht 681, 5

Beschirmer.

Jesus bleibet dein Beschirmer 46, 2

beschließen.

Den aller Weltkreis nie beschloß 209, 3
Die Satans Kerker vor beschloß 149, 2
Hat er es denn beschlossen 399, 7
Gieb, daß ich den Tag beschließe 252, 9
Heut ist das Jahr beschlossen 147, 6
In Traurigkeit m. Leben nun beschließen 7, 1
Wenn ich beschließ m. Lebens Lauf 553, 11
Im Glauben selig hier beschließen 164, 7
Durch deinen Tod fein sanft beschließe 284, 5
Wenn sich mein Lauf beschließt 361, 3

Beschluß.

O so mach uns den Beschluß 414, 6
Am Beschluß des Jahres doch 605, 3

beschreiben.

Die kannst du wohl beschreiben 135, 8
Es kann niemand beschreiben 558, 5
Und in der Schrift beschrieben rein 295, 1

beschütten.

Will uns mit Füll s. Gunst beschütten 449, 9
Mit Segen mich beschütte 671, 10
Mit rechtem Trost beschüttet 513, 1

beschützen.

Gott versorget, Gott beschützet 173, 6
Vor so mancher — Plag hat beschützet 714, 1
In aller Fährlichkeit beschützt 660, 2
Darum wirst du sie aus Gnaden wohl beschützen 628, 1
Hab u. Gut beschütze unsres Jesu Blut 189, 4
Hab u. Gut hat beschützt durch Jesu Blut 379, 2
Die mich bis jetzt stets — beschützt 379, 4

Beschützer.

Sei u. bleibe du auch heute m. Beschützer 219, 4
Immanuel, du Beschützer m. Seel 644, 8

beschwemmen.
Mich beschwemmt die Gnadenflut 169, 8
beschweren.
Läßt willig sich beschweren m. Schlägen 580, 1
Wer sich findt beschwert im Herzen 200, 10
Mein Seel mit Sünden nicht beschwer 89, 9
Will ich, beschwert mit Schulden 342, 2
Erscheine mit Sünden — beschwert 143, 5
Weil ich beschweret bin mit — Sünden 763, 1
Wenn ich von Sünden bin beschwert 537, 4
Hat der Kummer mich beschwert 40, 3
Damit nicht unser Herz beschwert 82, 9
Das meinen Geist beschwert 466, 1
Läßt sich getrost beschweren 203, 7
Denn wenn du wirst zu hoch beschweret 213, 6
So mit dem ew'gen Fluch beschweret 35, 5
Daß uns nicht mehr allhier beschwer 771, 3
Wenn ich mich bei ihm beschwere 778, 5
Beschwerde.
Daß ich aus Kummer und Beschwer 366, 3
Die, so in ihren Nöten u. Beschwerden 291, 1
Sicher sein—vor allerlei Beschwerden[1]) 465, 5
Auf Erden uns. Lauf voll. Beschwerden 196, 3
In Trübsal und Beschwerden 453, 1
beschwerlich.
Von deiner Liebe scheiden noch mir beschwerlich sein 594, 4
Zur Ewigkeit bleibet — beschwerlich 71, 4
Des Mondes Schein sollen dir nicht beschwerlich sein 346, 6
Beschwerlichkeit.
Was mehr die großen Sünden bringen für Beschwerlichkeit 425, 6
besehen.
So lauft — den König zu besehen 36, 8
besessen
Hast mir mein Herz besessen 734, 1
Die Sünd hat mich besessen 502, 2
beseufzen.
Die beseufzen u. beklagen ihr — Sünd 419, 3
Daß wir — beseufzen unser Ungemach 719, 2
besiegen.
Sein treuer Hirt hat Höll u. Tod besiegt 727, 3
Durch d. Tod Tod u. Grab besiege 629, 5
Wer sein Leben selbst besiegt 47, 8
Besieget sie, die ihr seid Christen 591, 2
Trotz dem, der euch besiegen kann 685, 7
Den Bösewicht völlig in dir zu besiegen 299, 6
besingen.
Wird jetzund d. teurer Ruhm besungen 740, 7
Welches Lied hat ihn besungen 373, 5
Dich besingen unsre Chöre 373, 13
Mit frohen Osterpsalmen d. erkämpften Sieg besingt 646, 1
besinnen.
Wenn ich es recht besinne 558, 3
Ob — der Verstand sich nicht besinnt 196, 8
Wenn mein Verstand sich nicht besinnt 283, 3
So will ich mich nur besinnen 413, 10
O Welt, thu dich besinnen 579, 8
Eh wir uns besinnen 127, 9
Besinnen.
Kein Besinnen kann ersinnen 765, 4
Besitz.
Nimm Besitz von meinem Sinn 330, 5
besitzen.
Hast mir mein Herz besessen 734, 1
Du hast mir mein Herz besessen 774, 4
Daß sie noch das Land besitzen 419, 4
Dieses hohe Gut möcht ewiglich besitzen 554, 4
bespeien.
Wie bist du so bespeit 542, 2
Wenn sich das Herz mit Gott bespricht 141, 4
Wenn zwei Seelen sich besprechen 778, 3
besprengen.
Mit s. Blut erkauft, damit besprenget 251, 2
Das dein teures Blut besprenget 374, 10
Weil das teure Wasserbad mich damit besprenget hat 427, 2
Jedoch mit Jesu Blut besprengt 330, 6
So da weiß und rot besprengt 47, 4
besser.
Gott aber meints noch besser 139, 3
Der uns schützt und deckt viel besser 243, 7
Gott kann besser, als wir denken 229, 1
Ein bessres wird mir geben Gott 232, 2
O viel besser selig sterben 425, 6
Ich weiß ein besser Gut 679, 4
Dies u. dies hätte können besser sein 661, 7
Versichert sich mit Freud e. künftig bessern Zeit 661, 12
Könnt ichs irgend besser haben 59, 2
Wenns nur ein wenig besser geht 470, 2
Nichts besser ist, mein lieber Christ 609, 2
Bessern Dank ich dorten geb 371, 6
Und ihm ein besser Leben giebt 728, 2
Es soll besser werden, als es war 288, 5
bessern.
Herzlich gerne bessern das Leben mein 6, 4
Und bessre bald dein Leben 530, 7
Nach deinem Wort mich bessern 533, 6
Ich will mich bessern, hilf du mir 668, 1
Das tröst und bessre meinen Geist 495, 7
Bessre den, der unbedacht hat wider 498, 9
Und bessert die Gemüter 683, 3
Das Land bringt Frucht u. bessert sich 192, 3
Besseres.
Ich hab ein Bessers funden 165, 7
Daß zur Gabe ich ja nichts Bessres habe 671, 6
Sucht doch was Bessres für die Seelen 570, 5
Besserung.
Durch eine wahre Besserung 347, 5
Strafst du mich zu meiner Bessrung 495, 3
Meinen Sinn zur Bessrung neige 207, 4
Beistand bei der Bessrung leiste 316, 3
Du küssest uns, wir sagen Bessrung zu 619, 7

1) Var. Anh. G. allen Lastbeschwerden.

beständig.

Der sein Wort beständig hält 238, 1
Weil Christi Blut beständig schreit 340, 4
Mein Freund, der mich beständig liebet 98, 5
Die an ihn fest gläuben u. beständig 222, 5
Und darauf beständig schauen 585, 4
Im Leben u. im Tod beständig 752, 9
Traut beständig auf ihn 690, 5
In deim Dienst beständig bleiben 412, 3
Gieb, daß ich beständig bis zum Tod 448, 4
Unabwendig und beständig treu 476, 9
Bleib du mir beständig treu 152, 4
Beständig bleibt im Glauben 297, 9
Beständig möge wallen auf rechter 286, 6
Beständig sein[1]) ans End gieb mir 353, 4

Beständigkeit.

Beständigkeit verleihe, hilf uns 2, 6
Gieb uns Beständigkeit 543, 3
Gieb Frömmigkeit, Beständigkeit 539, 5
Verleih uns all'n Beständigkeit 1, 2
Verleih Beständigkeit im Glauben 468, 5
Verleih mir auch Beständigkeit 675, 8
Beständigkeit ists beste 310, 5
Schenkt Schätze der Beständigkeit 494, 4
Beständigkeit im Guten mir noch fehlet 116, 3
Gieb uns Beständigkeit, daß uns Lust 556, 4

beständiglich.

Zu deinem Eigentum beständiglich 165, 5
Zu jeder Zeit—erwiesen ganz beständiglich 7, 2
Fein ritterlich, beständiglich 4, 6

beste.

Gieb mir Geduld, denn dein Will ist der beste 293, 1
Sein Will der ist der beste 689, 1
Er weiß wohl, wenns am besten ist 183, 11
Das richte mir zum Besten ein 166, 5
Der beste Freund ist in dem Himmel 98, 1
Wenn die besten Freunde scheiden 152, 4
Gott euren besten Freund 339, 6
Auf alle Weise m. Seele beste Speise 585, 2
Der weiß, wies am besten sei 661, 8
Da, da ist das beste, notwendigste Teil 169, 2
Das beste Teil sei deine Lieb u. Ehre 362, 9
Muß ich an meinen besten Werken 340, 8
Komm Tod, komm m. bester Freund 97, 6

Beste.

Daß Gott, der Höchst und Beste 405, 2
Wars nicht, daß er dein Bestes wollt[2]) 53, 4
Dein Bestes vorzunehmen 138, 12
Er ließ's sein Bestes kosten 502, 4
Es muß das Liebst und Beste sein 680, 1
Daß das Beste über dich beschlossen sei 245, 5
Am End kommt das Beste 463, 5
Recht beharren ist das Beste 589, 8
So fehlt uns das Beste 359, 5
Gläube feste, daß das Beste 735, 7
Daß Gott im Besten meiner denkt 480, 8
Was ist das Beste, das ihr liebt 472, 4
Der mir das Beste zugedacht 205, 2
Denn zuletzt kommt doch das Beste 690, 7
Es dient zum Besten allezeit 11, 11
Auf mich sehn zum Besten m. Seelen 111, 5
Alle Not zum Besten lenken 229, 1
Muß mir zum Besten dienen 724, 4
Nicht all's zum Besten stets gekehrt 704, 9
Hilf uns nach dem Besten streben 318, 6
Bei Zeiten auf das Beste zubereiten 712, 1
Und zu deinem Besten schaun 213, 4
Und nur das Beste hoffen 167, 8
Gedenke meiner im Besten 480, 1

bestermaßen.

Dich — bestermaßen möge fassen 554, 13

besterweise.

Wir wollen singen besterweis' 732, 6

bestehen.

I. Mensch.

Und könnt kein Mensch vor dir bestehn 496, 2
Wie wollen wir vor dir bestehn 751, 2
Wir können nicht vor dir bestehen 452, 3
Der wird fürwahr gar kahl bestehn 185, 4
Von Sünden rein vor Gott bestehen 467, 11
Und vor dir gerecht bestehn 238, 9
Ich könnte vor Gott nicht bestehn 776, 1
Kann in dir vor Gott bestehn 281, 4
Damit will ich vor Gott bestehn 74, 1. 400, 2
Macht, daß ich kann vor Gott bestehn 277, 2
Daß ich rede stets, womit ich kann bestehen 536, 3
Wie kann ich noch bestehn 6, 5
In der Gnade zu bestehn 593, 9
Selig, wer im Kampf besteht 593, 4
Wer kann vor deinem Thron bestehen 639, 2
Ich weiß, was fest besteht 360, 1
O denke, daß du da bestehst 254, 5
Hoff zu bestehn, will frisch eingehn 273, 2
Wird er doch dort bestehn 127, 12
Damit ich mög bestehen 729, 4
Und dermaleinst mit ihr, mein Hort, bestehen wohl 545, 3
Läßt unter deinem Leiten bestehn 368, 1
Stets in deiner Kraft bestehe 3, 5

II. allgemein.

Dein Thron bestehet ewiglich 123, 1
Daß in Ewigkeit besteh: Hosianna 408, 4
Wenn dein Werk soll bestehn 58, 2
Nichts besteht, was ihr auf d. Erden seht 455, 2
Einem Schatten gleich, der kurze Zeit bestehet 679, 2
Ist doch nichts, das lang bestehet 32, 6
Kein Ehr noch Gut bestehet 665, 6

bestellen.

Zu nützen einem Stande, an den er mich bestellt 399, 10
Durch dein Engel die Wacht bestell 314, 4
Jesus hat — Friedensstätten uns bestellt 373, 16

---

1) Var. Bernb. G. ausharren. 2) Var. Berb. G. Gab er sich nicht zum Opfer dar.

Ihre Heere hat er mir zum Dienst bestellt 625, 6
Ist ihm sein Reich bestellt 505, 3
Das du zu meinem Heil bestellt[1]) 524, 6
Für welche sie das Reich bestellt 205, 4
Den Kaiser uns bestellt zur Wacht 163, 1
Hast du so lange Pein bestellt 530, 6
Laß mich bei Zeit m. Haus bestellen 722, 4
Das Herz in euch bestellt 486, 1
Also ist mein Haus bestellt 173, 6
Wohl dem, der Herz u. Haus bestellt 358, 3
Nichts ist so schön und wohl bestellt 472, 6

bestimmen.

Oder hast du, lieber Gott, heut bestimmet meinen Tod 268, 7
Was im Himmel ist bestimmt 661, 6
Es hat — die Liebe sie uns schon bestimmt 187, 2

bestrahlen.

Bestrahle mich mit deiner Gunst 133, 5
Des Himmels Kraft u. Glanz bestrahlt 567, 9

bestreiten.

Laß immer mich bestreiten auch alle 328, 1
Und dadurch hat bestritten Welt, 254, 2
Hilf mir m. Widersacher all bestreiten 4, 6
Wenn des Satans List und Macht dich sucht zu bestreiten 195, 2

bestricken.

Was dich drückt und bestrickt 449, 7

besuchen.

Uns — zu besuchen aus der Höh 421, 4
Heilger Geist besuch das Herz 409, 1

Betäubung.

Sieh, er—macht dich d. Betäubung ledig 673, 6

beten.

Du gehest in den Garten beten 141, 1
Für der Feinde Schar zu beten 255, 6
Geist des Betens, lehr mich beten 152, 7
Der lehret mich recht gläubig beten 136, 4
So hilf, Herr, daß wir ernstlich beten 470, 2
Lehr mich wachen, beten, ringen 18, 6
Höre, wie ich sehnlich bete 641, 2
So bet ich mit ganz zerknirschtem 563, 2
Auf dieses bet ich auch allein 484, 4
Wenn wir zu dem Vater beten 249, 9
Denn ich will vor dir beten 214, 1
Des Abends auch beten vor dir 100, 2
Ich trete — hin zu deinem Thron und bete 17, 1
Im Jugendschmuck v. dir knien u. beten 667, 1
Aber wenn ich bete, recht v. Herzen bete 246, 3
Statt zu klagen bete mehr 313, 6
Wenn wir betend nahn 664, 4
Wache, fleh und bete 449, 1
Bete aber auch dabei 449, 7
Drum so laßt uns immerdar wachen, flehen, beten. 449, 10
Fürchte Gott und bet und wache 456, 5
Auf! betet, kämpft und wachet 178, 1
Mußt du fleißig zu Gott beten, beten hilft 701, 1
Weil dich Gott beten heißt 755, 1
Der dir befohlen hat zu beten 755, 2
O so betet alle drauf, betet immer 62, 7
Betet, daß die letzte Zeit 62, 8
Sing, bet u. geh auf Gottes Wegen 719, 7
Seufz auch in uns, wenn wir beten 414, 4
Und im Geist und Wahrheit beten 225, 5
Laß mich mit Andacht beten 560, 12
Für Freund und Feind stets bete 310, 7
Der lehret, wie man recht beten soll 769, 5
Hoffart fliehen, eifrig beten jederzeit 309, 13
Gieb uns Kraft zu beten 597, 3
Gieb, daß nicht bet allein der Mund 655, 1
Wenn ich nicht beten kann, rede du 259, 2
Daß alle Welt betend vor ihm 159, 1
Daß ich im Geist u. Wahrheit bete 614, 1
Hilf du mir, daß ich bet in d. Namen 614, 2
Bete, so wirst du obsiegen 701, 5
Wer fleißig betet und dir traut 362, 15
So oft ich ruf u. bete, weicht alles 405, 1
Wenn ich in Nöten bet und sing 11, 10
Wenn man hier bet't und singt 252, 8
Himmlisch Leben willst du geben, wenn wir beten 543, 1
Sprich ja! wenn wir gläubig beten 318, 6
Wenn sie nun — zusammen beten 62, 4

Beten.

Dein in mir Beten, Lehren, Kämpfen 538, 5
Es ist vollbracht, Singen, Beten 503, 1
Mit Singen und mit Beten 510, 1
Der du — willt das Beten han 655, 1
Da soll mein Dank und Beten 366, 1
Daß ich wieder kam mit Beten[2]) 382, 3
Zum Beten uns gebracht 122, 4
Die Zeit auch heilig bringen zu — mit Beten 260, 4
Geist des Betens, lehr mich beten 152, 7
Richt dich auf die Bahn mit Beten 579, 9
Fange ihn mit Beten an 715, 1
Jesu hilf siegen im Wachen u. Beten 380, 7
Beten hilft in Not und Tod 701, 1
Beten ist des Christen beste Kunst 701, 3

Beter.

Daß treuer Lehrer viel u. Beter sein 669, 8

beteuern.

Und gerührt vor dir beteuern 664, 3

Betgemeine.

Betgemeine, heilge dich 62, 1

Bethlehem.

Zu Bethlehem in Davids Stadt 663, 2

bethören.

Wie laß ich mich bezaubern und bethören 236, 1
Hat der Satan mich bethört 40, 3

Bethphage.

Dort ist unser Bethphage 321, 7

---

1) Var. Anh. G. zu meinem Nutzen hast bestellt. 2) Var. Sächs. G. zu dir wiederkam mit Beten.

betrachten.

Wenn ich die h. zehn Gebot betrachte 704, 1
Mit Herzensandacht nicht betracht 704, 3
Die nichts betrachten, d. Wort verachten 548, 3
Ja, ich habe nicht betracht m. Lebens 648, 3
Lehre mich dein Wort betrachten 585, 5
Erstlich laßt uns betrachten des Herren 258, 2
Dasselbe — laßt uns betrachten 285, 5
Wer es betrachtet recht 709, 2
Alsdann so werd ich d. Huld betrachten 298, 12
Doch wenn ihrs recht betrachtet 232, 6
Laß mich den Tod betrachten 56, 5
Wenn ich diese lange Nacht zusamt der großen Pein betracht 530, 3
Betracht es recht, o Sündenknecht 620, 2

betreffen.

Was sie je betreffen, träget sie mit Lust 463, 5
Weil mich stets viel Kreuz betroffen 196, 2
Was alles ihn betroffen, seis Freude 171, 2
Aus aller Not, die uns jetzt hat betroffen 161, 1

betreten.

Selig ist, wer ihn betrat 634, 1
Daß dich nicht die böse Zeit unverhofft betrete 449, 1
Wenn dich Unglück hat betreten 701, 1

betrüben.

Pflegt er gleich öftermal die Seinen zu betrüben 228, 1
Hast niemals keinen zu sehre betrübt 125, 11
Die ich hoch betrübe, die halt ich hoch 203, 3
Ich weiß wohl, daß du mich betrübst 476, 9
Auch wenn er uns betrübet 107, 10
Wenn er uns ja schläget nicht allzusehr betrübt 352, 3
Obgleich sein Kreuz betrübet 230, 6
Wenn mich Angst betrüben will 529, 4
Meine Sünden m. Jesum oft betrübt 22, 2
Und mit Sünden gar betrübet 461, 5
Und was dich, soll mich betrüben 461, 7
Ob wir ihn gleich hoch betrübt 500, 4
Die Welt, die Gott so hoch betrübt 35, 1
Daß ich dich — ja nun nicht mehr betrübe 693, 8
Weh mir, wenn ich den betrübe 97, 3
Das, womit ich dich betrübt 611, 1
Denkt doch, wie es ihn betrübet 300, 3
Der dich betrübt in Freuden 620, 1
Kein Neid, kein Streit dich betrübe 543, 6
Die mich doch so sehr betrüben 580, 13
Ob er dich gleich hat betrübt 608, 3
Wer Betrübte will betrüben 425, 8
Gott liebet dich, wenn d. Welt betrübet 696, 5
Nichts betrübt den Gott liebt 696, 5
Vielmehr geneidet und betrübt 704, 6
Nun ich von euch scheide, betrübt 232, 6
Dein Tod betrübet mich 770, 1
Wen sein Sündengreuel betrübt 471, 7
Was meinen Geist betrübe 554, 3
Zumal wenn ich betrübet bin 571, 1
Von uns nimmt, was uns will betrüben 200, 4
Daß ihn sein Sterben nicht betrübt 728, 2
Auch euch — soll heute nicht betrüben 515, 9
Die mein Abschied nun betrübet 173, 6
Bin darüber nicht betrübt 31, 2
Daß sie uns nicht betrübe mehr 655, 6
Wegen m. Sünden so betrübt — bin 654, 1
Kein Unheil mich betrübt 405, 6[1])
Lebt Christus, was bin ich betrübt 201, 8
Laß fahren, was das Herze betrübt 58, 7
Ihr Herz — ist betrübet sehr 386, 5
Alls, was betrübet war zuvor 181, 4
Leib und Seel nicht betrübe 54, 5

sich betrüben.

Was wollt ihr euch mehr betrüben 425, 1
In welcher ihr euch noch betrübt 728, 9
Weil ich mich so sehr betrübe 309, 9
Was willst du dich betrüben 692, 1
Ich will mich über nichts betrüben 480, 8
Warum betrübst du dich, mein Herz 675, 1
Laßt euch nicht betrüben 156, 4
Was wollt ihr euch betrüben 621, 1
Kein Mensch sich ja betrübe 395, 3
Noch mich darum betrübe 260, 2
Ihr habt euch selbst betrübt 472, 9
Und wenn m. Herz sich tief betrübte 691, 1

betrübt.

Auf, ihr betrübten Herzen 36, 2
Schwing dich auf zu deinem Gott, du betrübte Seele 599, 1
Kommt mein betrübt Gemüte 763, 2
Ich dein betrübtes Kind 763, 3
Betrübt von deinem Antlitz gehen 706, 1
Gott lebet noch, du betrübte Seele 696, 1
Kommt her, betrübte Seelen 416, 3
Meine Seel ist sehr betrübt 760, 1
Was willst du mehr, betrübter Geist 107, 6
Weil ich — auch e. betrübter Sünder 279, 5[2])
Mit Gnaden richt auf mich betrübten 326, 9
Kommt ihr betrübten Sünder 390, 4
Tröste die betrübten Sünder 632, 1
Dein betrübtes Leiden laß mir 284, 1
Und das betrübte Marterheer 580, 4
In dies betrübte Leben 7, 10
In dieser letzt'n betrübten Zeit 1, 2
Daß bei der letzt betrübten Zeit 137, 9
Die betrübte Nacht bricht an 714, 4
Wo — betrübte Witwen waren 44, 3

Betrüben.

Muß auch ihr Betrüben honigsüße[3]) sein 381, 5

Betrübte.

Zwar du bist jetzt die Betrübte 774, 3
Hilf d. Gefangnen, tröste d. Betrübten 129, 4
Die Betrübten zu erquicken 255, 4
Der Betrübten Wonne 72, 1
Tröster der Betrübten 597, 2
Ich Betrübter komme hier 390, 5

---

1) Fehlt Bernd. G. 2) Fehlt Bernd. G. 3) Var. Anh. G. lauter Freude.

Betrübtes.
Nichts Betrübters ist auf Erden 493, 1
betrügen.
Er wird mich nicht betrügen 682, 2
Dein Wort kann nicht betrügen 183, 7
Daß kein Irrtum mich betrüget 443, 3
Ob mich gleich hat betrogen die Welt 579, 3
Trotz dem, der dich betrüge, schlaf 671, 3
Uns, die Satanas betrogen 421, 4
betrüglich.
Sieh, ob ich auf — betrüglichem Stege 169, 10
Betrug.
Geiz, Betrug und Unrecht hassen 419, 5
Bett (Bettlein).
Ja, wenn ich zu Bette gehe 391, 3
Der Betten ihr begehrt 515, 6
Stell euch die güldnen Waffen ums Bett 515, 9
Als auf dem Bett ein Kranker 165, 9
Und man von dem Bett aufstehet 648, 6
Laß die Augen dein über meinem Bette sein 491, 1
Wie, wenn ich m. Bette heut zum Grabe 315, 5
Mit dir will ich zu Bette gehn 111, 5
Wo jener nur ein Bettlein haben 187, 4
Sende deiner Engel Schar, die mein Bettlein 115, 9
Ich will mein Bette machen 338, 6
Als wenn einer auf dem Bette dsr. Welt 476, 4
Lege selbst mich nun hinein in d. Bette 206, 2
Mach dir ein rein sanft Bettelein 662, 13
Da man euch wird bereiten zur Ruh ein Bettlein 515, 6
Bettelkind.
Ich ein armes Bettelkind 220, 3
betten.
Hab ich mir recht und wohl gebett' 722, 7
beugen.
Wie tief sich der Höchste hier beuget 323, 3
Als das Haupt er sterbend beugte 673, 1
Was noch stolz ist, beuge 436, 7
So wird er ja, der kein Recht beugt 35, 12
Die Knie sie vor dir beugen 562, 2
Wir beugen unsre Knie und flehn 452, 3
Und aller Knie soll dir gebeuget w. 50, 6
Vor dir beug ich meins Herzens Knie 668, 1
Und thu dich mit gebeugtem Knie bitten 279, 5
Laß mich beugen meine Knie 309, 6
Daß noch manches Knie sich beuget 433, 2
Und sich innigst vor ihm beuge 226, 1
Vor ihm sich beugen wird allein 319, 4
Der sich gebeugt zu ihm begiebt 471, 7
Erhebt, die tief gebeuget gehn 446, 6
Ich muß schweigen u. mich beugen 590, 5
Ich beuge mich und bin erfreut 484, 3
Herr, vor dem sich Erd und Himmel beugen 550, 1
Mein Geist vor dir — sich beuget 96, 1
Aus dem Geist des Herrn gezeuget, ihm gebeugt 71, 1
Leiden macht im Glauben — gebeugt 174, 7
O beug und ändre meinen Sinn 470, 3
Was sich nicht beugt, zerbrich 556, 6
Wie beugen sie sich ohne Ende 327, 7
Es weichet zurücke der beugendste Schmerz 574, 4
Beugen.
Und man glaubt daran mit Beugen 651, 1
Beute.
Ach teile doch die Beute 742, 5
Teile, großer Fürst, die Beute 646, 3
Eine Beut aus mir wollt machen 376, 1
So schmeck ich schon die süße Beute 306, 12
Die Feinde suchen euch zur Beute 591, 1
bewachen.
Einer ists, der uns bewacht 731, 1
Mit Gott, der mich bewacht 81, 1
Vor Not u. allem Schaden — bewacht 54, 2
Vor Gefahr — hast behütet u. bewacht 219, 2
Seinen Geist — der uns bewacht 107, 9
Daß er komm und uns bewach 66, 6
Mit Fleiß er Leib u. Seel bewacht 109b, 4
bewaffnen.
Bewaffnet mit des Glaubens Worten 91, 3
bewahren.
I. leiblich.
Der kann mich doch bewahren 399, 11
Hast uns oft aus der Not geführet ja auch bewahrt 534, 8
Daß du uns in so groß Gefahr bewahrt 83, 1
Uns auch bewahrt so manches Jahr 302, 4
Wenn Gott mich will bewahren 686, 7
Ach bewahre mich vor Schrecken 714, 9
Bewahret dir dein Leib und Seel 346, 4
Nirgends als bei dir allein kann ich recht bewahret sein 219, 5
Und bewahre sonst das Haus 268, 4
Dein Seel bedenk, bewahr den Leib 15, 5
Du wollest uns bewahren — den Kaiser 163, 2
Die Früchte auf dem Lande geben und bewahren 443
Vor allem Leid bewahre u. nähr uns 258, 6
Die Kindlein mit Fleiß bewahret w. 510, 4
II. geistig.
Vor Sünd u. Schanden mich bewahr 536, 6
Mich vor Sünden mancher Art so treulich hast bewahrt 714, 2
Du wollst sie mir bewahren 710, 1
Bis hierher hat er Tag und Nacht bewahrt Herz und Gemüte 63, 1
Den Mund bewahr 310, 5
Das wollst du, Gott bewahren rein 10, 6
Dein arme Christenheit bewahren 83, 2
Herr, bewahr auch unsern Glauben 414, 7
Er bewahrt sein Volk hienieden 373, 14
Mein Ehr und Gut bewahr 54, 4
Leib und Seel auch wohl bewahren 749, 1
Mein Seel, Leib, Ehr und Gut bewahr 546, 2
Vor den Stolzen uns bewahr 433, 7
In Gnad bewahret deine Seel 346, 7

Bewahre du selbst Herz u. Sinnen 647, 3
Dieselben zu bewahren 511, 2
Ach bewahr, ich bitte dich, m. Geist 336, 6
Bewahr mich als dein Haus 657, 12
Vor Schmeicheln, List und Heuchelei bewahre meine Sinnen 13, 7
Vors Teufels List u. Schläge bewahr 6, 9
Nun Gott woll euch bewahren 232, 10
Bewahr uns, Herr, vor allem Leid 67, 2
Bewahr mich vor der Höllen Glut 553, 6
Die Scharen, die uns allhier bewahren 139, 8
Auch uns mit zu bewahren 534, 2
Laß — m. Seele wohl bewahren 196, 9
Dein Engel send, der mich bewahr 549, 1
Laß mich von d. Scharen — bewahren 315, 1
Ich will dich mit Fleiß bewahren 200, 15
Und diesen Schatz bewahren 554, 4
Daß wir den Schatz bewahren 522, 8
Die Eh sollst du bewahren rein 134, 7
Laß mich dein Wort bewahren rein 289, 1
Daß wir Treue dann bewahren 653, 6
Bewahren deine Lehr und Huld 752, 7

Bewahren.

Und ein ewiges Bewahren 585, 9

bewähren.

Und du hast es selbst bewähret 653, 5
Sein Macht und Gnad bewährt 665, 2
Gleich dem Gold im Feur bewährt 174, 1
Er will d. Glaubensgold in Trübsalsglut bewähret 228, 5
Das Silber, durchs Feuer siebenmal bewährt 10, 5
Es will durchs Kreuz bewähret sein 10, 5
Ein Christ in mancher Not bewährt 367, 2

bewandt.

Und ist doch selten so bewandt 139, 6
Wie es in der Welt bewandt 512, 7
Wie es um schwache Kinder sei bewandt 619, 8

bewegen.

Ach Herr, laß dich doch bewegen 218, 5
Ach laß dich doch bewegen 9, 4
Was hat dich dazu bewegt 383, 4
Da sich dein Herz beweget zur Liebe 151, 3
Laß dich unsre Not bewegen 21, 1
Dein Wort bewegt des Herzens Grund 189, 2
Zion laß dich nicht bewegen 773, 2
So lange sich mein Herz bewegt 524, 14
So lange sich ein Glied bewegt 340, 10
Daß sich all mein Blut beweget 678, 2
Ihr grünen Blätter in den Wäldern bewegt — euch 524, 4

beweglich.

Wie beweglich dir die treue Seele singt 617, 5

beweinen.

Ich will dich nicht beweinen 139, 12
Meine Lieben, die ihr m. dann beweint 339, 6
Wer mag nun den beweinen 621, 9
Sünden — die schmerzlich ich beweine 143, 5
Und deinen Fall mit Ernst beweinst 471, 9
Herzlich bewein all m. Missethaten 310, 2

Beweis.

Er ist ein göttlicher Beweis 104, 2
Ist sich ein täglicher Beweis 707, 5

beweisen.

Ach solche Güt — die du uns thust beweisen 258, 6
Die du, o Gott, mir lebenslang bewiesen 63, 2
Beweis an uns dein große Gnad 496, 3
Solchs hat er uns beweiset klar 77, 3
Dein Will werd beweiset 129, 5
Sein Lieb zu beweisen 222, 4
Die Weisheit, Kraft und Stärke, die er beweist 64, 2
Denn sie bewies den alten Sinn 233, 3
Beweis dein Macht, Herr Jesu Christ 177, 2
Und beweisets mit der That 690, 6
Allerhöchste Wissenschaft, ach beweise 584, 5
Beweis den Feinden in der That 588, 3
Wenn der Feind will Macht beweisen 735, 4

bewerben.

Um dich, mein Heil, bewerben 393, 7
Emsig sich bewirbt 602, 9

bewirten.

Komm, mit Gnaden mich bewirte 281, 1
Der mich wohl weiß zu bewirten 695, 1
Welch uns allermeist mit Himmelsbrot bewirten 144, 7
Wie gering ich dich bewirten werde 356, 9

bewogen.

Was hat, o Jesu, dich von Anfang doch bewogen 151, 4
Ach würd ich dadurch recht bewogen 470, 1

Bewundrung.

So weiß ich, von Bewundrung voll 707, 1

bewußt.

Gott aber wohl bewußt 405, 7(8)
All Angst und Not zu stillen, die ihm an euch bewußt 738, 7
Ihm ist bewußt und wohl bekannt 681, 8
Dir ist allein bewußt d. ungefälschte Lust 135, 8
Das ist dir wohl bewußt 203, 7
Dein Leben sei, Jesu, mir einzig bewußt 169, 7
Was mir von dir bewußt 355, 1
Mir ist nichts außer dir bewußt 476, 1
Wem hier Christus recht bewußt 599, 9
Uns in der Trauerhöhle ist nichts hiervon bewußt 621, 10

bezahlen.

Du allein hast es bezahlt 680, 3
Du hast für mich bezahlet 183, 6
Die Schuld ist allzumal bezahlt 709, 3
An uns groß Wunder that und bezahlt 239, 2
Und meine Schuld bezahlet 185, 5
Daß für mich mit seim Blut bezahlt 6, 7
Für mich bezahlt hat alle Schuld 450, 4
Die Schuld bezahlt der Herre 298, 4
Und bezahlt mit deinem Blute 526, 1
Denn daß ich ihm bezahl 579, 6
Und dies Manna kann bezahlen 596, 3

Doch alle Müh ist reich bezahlet 479, 4
Bezahlet die gelobte Pflicht 610, 9

Bezahlung.

Nimm nur hin die Bezahlung 528, 7
Für die Bezahlung aller Schuld 292, 2

bezeigen.

Gieb, daß ich als ein Christ wie Christus mich bezeige 294, 3

bezeugen.

Genugsam sich bezeuget 123, 4
Bezeugt mit Worten süße 426, 2
Dein Geist bezeugt es meinem Geist 777, 7
Dein Geist bezeugt, daß solches frei 11, 10
Ich, dein teures Gut, bezeug es 333, 7
All Kreatur bezeuget das 417, 5
Das Kreuz — bezeugt, 367, 7

bezwingen.

Und hast die Welt bezwungen 179, 9
Du hast die Höll — bezwungen 144, 2
Sünde, Teufel, Tod bezwungen 462, 4
Daß er meinen Tod bezwänge 413, 6
Wer — das Sündenfleisch bezwingt 608, 9
Ein Christ — bezwingt die Welt 153, 1
Wir alles mit tapferm Mut bezwingen 362, 15
So haben Welt u. Tod bezwungen 721, 4
Die Schlang Evam bezwang 146, 1
Daß dich nicht die Welt — bezwinge 449, 5

Bezwinger.

Du bist — Satans mächtiger Bezwinger 152, 2

biegen.

Was mancher unter Joch und Last will biegen 619, 3

Biene.

Da wir sammeln wie die Bienen 247, 4

Bienenschar.

Die unverdroßne Bienenschar fleucht 204, 6

bieten.

Beut mir dein Händ und machs ein End 4, 5
Und mir bieten deine Hand 26, 7
Deinen Feinden biet er Trutz 653, 1
Wo d. krystallne Strom d. Wasser beut 727, 6

Bild.

Laß mich sehn dein Bilde 542, 10
In dem Bilde jetzt erschein 371, 1
Ach drücke selbst dein Bild recht tief 482, 4
Erschein mir in dem Bilde 652, 3
Daß uns sein Bild werd eingedrückt 65, 4
Da er uns seines Bildes Licht 149, 3
Liebe, die du mich zum Bilde 435, 1
Kein Bild in meiner Seelen 420, 7
Nach dem besten Bild gebildt[1]) 527, 10
Daß m. Seele auch nach d. Bild erwacht 169, 7
Deinem Bilde gleich zu werden 299, 8
Sie tragen ja dein Bild 368, 3
Deiner Demut Bild mir anlege 718, 8
Drück selbst des Todes Bild in mich 737, 10
O lieblich Bild, schön, zart u. mild 573, 6
Er ist — m. Schatz, m. schönstes Bild 20, 2
Wenn sich der Geist nach Christi Bilde 570, 1
Solchs hat er uns beweiset klar mit Bildern 77, 3
Unsre Liebe ist nur ein Bild 424, 11
Legt ab — das Bild der Sterblichkeit 515, 4
Er bleibt ein totes Bild 37, 4
Daß die Seele nicht zerrinne in den Bildern dieser Welt 174, 4

bilden.

Ach bilde mich nach dir, du m. Alles 257, 1

Bildnis.

Stellt sich sein Bildnis in mir her 725, 5
Laß m. Seele sein d. Bildnis eingepräget 561, 5
In unser erblichenes Bildnis eingeben 299, 4
In die Geister sein allgeltend Bildnis 174, 2
Präge mir deines Lebens Bildnis ein 647, 3
Und tragen das Bildnis[2]) des Irdischen 182, 3

billig.

Des sollt ihr billig fröhlich sein 663, 3
Drum wir auch billig fröhlich sein 181, 5
Drum laß ich billig dies allein 558, 6
Und dem man billig musiziert 734, 2
Wie ich wohl im Herzen wünscht und billig soll 681, 6
Daß ich billig kommen muß 374, 2
Drum man dich billig preiset 562, 2
Ists billig, daß ich mehre sein Lob 145, 7
Und sollen billig danken dir 270, 1
Darum wir billig loben dich 270, 11
Das soll ich billig legen 580, 9
Soll uns billig nicht schrecken 754, 2

binden.

Zum Spott gebunden 542, 1
Habt ihr — nicht den Heiligen gebunden 606, 3
Die hart gebundnen macht er frei 446, 5
Weil er gebunden der Feinde Macht 670, 7
Der — den wohlgerüsten Starken band 79, 4
Gott kann den Satan binden 153, 7
Ich seh die Krone binden 153, 12
Bind zusammen Herz und Herz 618, 7
Mich hatte zwar gebunden — die Nacht 81, 1
An Händen u. an Füßen gebunden 580, 5

bisher.

Dessen grüne Reiser bisher erhalten 272, 7
Das Maß der Schulden, die du hast bisher gehäuft 26, 6

bisherig.

Hab Preis u. Dank f. d. bisher'ge Treue 63, 2

bis hierher.

Bis hierher hat mich Gott gebracht 63, 1
Daß mir noch keine Not bis hierher 366, 4

Bissen.

Ein jeder Bissen, den wir essen 540, 6

bisweilen.

Sollt es gleich bisweilen scheinen 624, 1

Bitte.

Aber nun wird d. Bitte — unterstützt 249, 7
Daß er keine Bitt abschlägt 644, 4

1) Var. Sächs. G. ähnlich deinem heilgen Bild. 2) Var. Bernb. G. Bilde.

Und oft ohn unsre Bitt gethan 122, 2
Geduld ist meine Bitte 203, 8
Und meiner Bitt sie öffne 55, 1
Wollest du auf unsre Bitten 664, 4
Vertritt uns allezeit, so wird unsre Bitt erhört 414, 5
All unsers Glaubens Bitt und Flehn 82, 4
Mit Bitt, er woll bewahren uns 41, 1
Laß unsre Bitte dein Herze jetzt rühren 299, 1
So thust du doch über der Bitten 299, 8
Du wirst unsre Bitt erhörn 218, 8
Erhör mein Bitt, thu dich herfür 401, 2
Wann die kommt, kommt unsre Bitt 40, 5
Uns diese Bitte in den Mund gelegt 669, 3
Daß mirs die Bitt nicht versagen kann 136, 5
Wollest meine Bitt erfüllen 614, 4
Und gieb meiner Bitte Raum 611, 5
Und laß mein Bitt nicht fehlen 716, 3

bitten.

I. Gott.

Und für mich bitt, und für mich bitt 776, 2
O mit welcher Niedrigkeit batest du 249, 6
Die für meine Seele bitt' 435, 6
Als er für die Feinde bat 608, 3
Dein Vater bitt, daß er ja nicht im Zorn 140, 2
Christus hat für mich gebeten 632, 3
Jesus bittet uns zu Gast 3, 1

II. Mensch.

a) Leibliche Dinge.

Und bitten unsern lieben Herrn 748, 1
Wir bitten dich von Herzensgrund 12, 3
Ich bitte nicht um Überfluß u. Schätze 214, 2
Ich bitte nicht um Ehr und Ruhm 214, 3
So bitt ich dich, Herr Zebaoth 214, 4
Und bitten dich, wollst allezeit 270, 12
Wiederum thu ich dich bitten 81, 2
Wir bitten dein göttliche Macht 67, 2
Wir bitten deine Güte 511, 7
Und bitt, daß deine Gnadenhand 666, 12
Treulich will ich Gott bitten 407, 3
Man bittet für die Kranken 137, 7
Bitten treulich für sie Gott 419, 6
Und bitten dich, ewigen Sohn 83, 2

b) Geistige Dinge.

So bitt ich dich demütiglich 143, 1
Bitte, wollst mir Gnade geben 625, 12
Ich bitte dich mit Thränen, hilf 573, 8
Ich bitt, wollst sein von mir nicht fern 296, 1
Wir bitten Gnad und nicht das Recht 496, 2
Und dich demütig bitt 666, 1
Drum, o Herr Jesu, bitt ich dich 555, 4
Von ganzem Herzen bitten: Vergieb 279, 5
Laß doch, bitt ich, noch auf Erden 317, 1
Ich bitt demütiglich, wollst mir vergeben 54, 2
Die du verheißest gnädiglich allen, die darum bitten dich 711, 4
Ich bitt, o Herr, aus Herzensgrund 146, 8
Wir bitten, wie er uns gelehrt 243, 1
Wir bitten dich demütiglich 547, 11
Nach dein'r Verheißung geben, was ich dich bitt 548, 5
Ich bitt, erhör mein Klagen 353, 1
Ich bitt noch mehr, o Herre Gott 353, 2
Erhöre, was dein Kind gebeten hat 714, 10
Wenn wir gläubig[1]) bitten 449, 9
Was unser Wunsch u. Zähren ihn bitten werden 399, 15
Nun bitten wir den heil'gen Geist 497, 1
Noch eins, Herr, will ich bitten dich 689, 4
Wir bitten dich, Herr Jesu Christ 66, 4
Bitten, daß sie wollen behüt'n uns 27, 6
Wir bitten dich, wahr Mensch u. Gott 744, 2
Das bitt ich dich durch Jesum Christum 4, 8
Durch dich bitt ich, laß mich fröhlich 548, 6
Wohl mir, ich bitt in Jesu Namen 136, 8
Ich bitt durch Christi Blut 722, 1—12
Ich bitt durchs bittre Leiden dein 283, 1
Und bitte dich durch Christi Blut 533, 3
Ich — bitte dich durch deinen Tod 347, 5

c) Allgemein.

Was mich d. Geist selbst bitten lehret 136, 6
Mehr als ich verstehe, bitte u. begehr 136, 7
Was ich von dir im Geist u. Glauben bitt 136, 8
Ja, er will gebeten sein 449, 8
Schenke, was man bitten kann 197, 4
Was ich bitte, mir gnädig, eh ichs bat 45, 3
Ach Jesu, ach wir bitten dich 556, 7
Der Unglaub mag denken, wir bitten 299, 8
Wir bitten ferner, frommer Gott 82, 5

Bitten.

Ach da zielt dein Bitten hin 249, 5
Unser Bitten, Flehn und Singen 439, 3
Wie auch des Höchsten Güt hält an mit Bitten 657, 9
Laß mein Bitten und mein Flehen 309, 6
Zum Danke kommt das Bitten 122, 6
Hört bald u. gern der Armen Bitten 213, 5
Ach gieb mir u. gewähre m. Bitten 203, 13
Gieb — daß mein Bitten kräftig sei 152, 7

bitter.

O hilf Christe, Gottes Sohn, durch dein bitter Leiden 551, 1
Giebs durch dein bitter Leiden 285, 5
Herr, laß dein bitter Leiden 709, 5
Durch das bitter Leiden sein 386, 1
Ich bitt durchs bittre Leiden dein 283, 1
Folg ihm nach zu dem bittern Leiden 601, 1
Deine Qual und bittrer Tod 372, 1
Für den herben, bittern Tod 383, 8
Mußt leiden des Todes bittre Pein 27, 2
An deinen bittern Tod — gedenken 628, 7
Muß ich den Kelch gleich schmecken, der bitter ist 682, 5
Oft muß ich bitter weinen, 698, 2
Seine Schläge, ob sie mir gleich bitter 625, 10
Kein Elend mag so bitter sein 11, 4

1) Var. Anh. G. glaubend.

Geduld — ist e. herb u. bittres Kraut 203, 2
Auf die schwere, bittre Pein 40, 1
Dringt das liebe Kreuz herein mit
dem bittern Leide 599, 13
Als Angst und bittre Schmerzen 472, 4
Laß uns nicht versinken in des
bittern Todes Not 489, 1
Mir geht der Tod nicht bitter ein 153, 11
Wenn gleich — der Tod sehr bitter mir 297, 3

Bittere.

Deine Lieb versüßet mir alles Bittre 690, 7

Bitterkeit.

Tilg allen Haß und Bitterkeit 143, 4
So wird alle Bitterkeit uns zum Segen 392, 5
Selbst d. Todes Bitterkeit muß weichen 586, 2

bitterlich.

Denn wenn ich weine bitterlich 331, 5

blach.

Weit über blaches Feld schwingt es sich 369, 1

blaß.

Des blassen Todes Macht 542, 3
Er stürzt das blasse Totenheer 118, 2
Zuletzt sei dir, o Erde, m. blasser Leib 339, 7

Blatt.

Ihr grünen Blätter in den Wäldern 524, 4
Seine Blätter werden alt 758, 3
Wo Christi heilges Blut die Blätter 334, 3
Ach was sind wir? Stoppeln, Blätter 218, 2

bleiben.

I. Gott.

So bleib ich doch, der ich bin 774, 4
Meine Treue bleibet dir, Zion 774, 4
Und bleibet doch dabei ein Vater 228, 2
Wie er ein lieber Vater blieb 230, 6
Der — doch bleibet guten Muts 500, 4
Und bleib auch, wann wir — abscheiden 500, 8
Bleib mitten in unserm Kreuz 510, 8
Ist und bleibet ewig mein 32, 2
Dein Gott — ist selbst u. bleibt d. Gut 355, 13
Gott bleibt bei dem Gebrauch 621, 9
Die Gottesgnad allein steht fest und
bleibt in Ewigkeit 513, 4
Und bitt, daß d. Gnadenhand bleib 666, 12
Mir bleibet doch Barmherzigkeit 340, 6
Nur du, Jehovah bleibest mir das 723, 3
Du bleibst mein Freund 741, 2
Sei und bleibe du auch heute 219, 5
Bleibe ja mein Schutz und Rat 714, 10
Und kräftig in mir bleiben 560, 9
Meins Herzens Kron — sollst du,
Herr Jesu, bleiben 636, 4
Bleib du mein Preis 636, 4
Bleib du mein Ehr 636, 4
Jesus soll es sein und bleiben 461, 9
Der — ist und bleiben wird jetzund 499, 3
Dein Wahrheit bleibt mir ewig fest 11, 6
Mein Jesus aber bleibt 679, 2
Bleibt Jesus nur bei mir 679, 7
Er bleibet ihre Zuversicht, ihr Segen 610, 5
Und wo ich bleib, da sollst du sein 502, 7
Bleib du bei uns, so hats nicht not 748, 3
Ich bleib in dir, du bleibst in mir 143, 8
Bleib mir nah auf dieser Erden 59, 5
Bleib auch, wenn der Tag sich neigt 59, 5
Bleib mir dann zur Seite stehen 59, 6
Du, o Jesu, du bleibst meine 52, 4
Bleibe doch, mein Gott, bei mir 714, 7
Ach bleib bei uns, Herr Jesu Christ 1, 1
Ach bleib mit deiner Gnade bei uns 2, 1
Bleib bei uns, o Gnadenlicht 643, 2
Mit d. Geist stets bei mir bleib 172, 2. 283, 4
Nun, Jesu, komm u. bleib bei mir 404, 7
Ich laß dich nicht, du mußt mein
Jesus bleiben 350, 1
Herr Jesu, bleib, ich halt dich fest 764, 5
Treuer Jesu, bleib bei mir 430, 1
Wollest täglich bei uns beiben 202, 3
Bleib nicht lange, deiner wart ich 734, 7
Bleib bei uns liebster Gast 25, 5
Glänze, bleib, du längst Erwarteter 373, 11
Christus — ist im Tode nicht geblieben 49, 1
Dein Geist bleibt mein Pfand 462, 8
Bleib du bei uns im Herzen 547, 10
Er ist und bleibet stets getreu 243, 11
Bleibe heut und stets bei mir 240, 4
Und bleib ewig auch in mir 281, 9

II. Engel.

Dein Engel laß auch bleiben 54, 5

III. Mensch.

a) leiblich.

Bleib allzeit ohn Gefahr 37, 4
Ist dir wohl, so bleib davon 386, 6
Hier mag ich nicht mehr bleiben 579, 7
Wer wollt hier bleiben 582, 5
Im Tod u. Grabe der nicht bleibt 572, 6
Werd ich im Grab nicht bleiben 710, 4
Ich wollte sagen: Bleib bei mir 139, 2
Ich würde sprechen: Bleib allhier 139, 11
Nun sei es ja und bleib also 139, 12
Hier leb und bleib nun immerzu 139, 12
Er bleibt nicht in der Gruft 339, 7
An d. Leib e. grünes Zweiglein bleibe 172, 2
Wo bleibt dann Leib und Seel 515, 7

b) geistig.

Laß mich dein sein und bleiben 431, 1
Bei dir, Jesu, will ich bleiben 59, 1
Ja, Herr Jesu, bei dir bleib ich 59, 4
Bei dir bleib ich, dir verschreib ich mich 59, 4
So werd ich in dir bleiben 602, 5
Weil ich für u. für bleiben werd in dir 602, 5
Ich bleib in ihm und er in mir 722, 10
Ich bin u. bleib in deinen Sorgen 722, 11
Bleib in Gottes Wort u. Schranken 693, 1
Wo sollen wir denn fliehen hin, da
wir mögen bleiben 489, 3
Da bleibt kein Gottloser nicht 758, 4
Fest an der Verheißung bleiben 585, 6
Ein unverletzte Seel u. rein Gewissen
bleib 536, 1
Die Seel muß uns auch bleiben 511, 3

Ich will dein Diener bleiben 106, 11
Daß wir an ihm bleiben 497, 2
Will dein Kind auch bleiben, immer, immer bleiben 246, 1
Bleib ich sein demutvolles Kind 691, 3
Ich hang und bleib auch hangen 37, 6
Hilf, daß wir an dir bleiben 81, 7
Daß wir fest an dir bleiben 534, 6
Ich bleib in dir, du bleibst in mir 143, 8
Daß wir in Ewigkeit bleiben beisammen 4, 8
Daß ich doch bleib an deinem Leib 734, 3
Daß ich deine Seele bleibe 71, 5
Bleibe du in uns, daß wir in dir auch — bleiben 280, 3
In Ewigkeit in deiner Liebe bleiben 620, 5
Dein zu bleiben ewiglich 435, 1—7
Wir sollen selig werden u. bleib'n 665, 5
Und in der Wahrheit bleibe 286, 4
Die in der Liebe bleiben 558, 5
So kann ich in Andacht bleiben 372, 3
Nur bei dir zu bleiben stets verlangen 569, 2
Hilf, daß ich dir zur Rechten bleib 553, 12
Auch gleich den lieben Engeln bleib 553, 13
O m. Seel, merk auf, wo bleibest du 96, 1
Ich bleibe dennoch stets an dir 282, 1
Ich bleibe dein, ich sterbe d. Namen 477, 16
Wer kann, Herr, vor dir bleiben 55, 1
Der bleibt in seinen Sünden 77, 6
Bei dessen Wort ich bleibe 361, 1
Bei diesem Grunde will ich bleiben 340, 10
Und im Frieden auf einem Sinn bleiben 497, 3

IV. allgemein.

Wo bist du, Sonne, blieben 515, 2
Vor dir die Nacht nicht bleiben mag 66, 1
Mein großer Jammer bleibt darnieden 184, 5
Da wirds auch bleiben müssen 763, 5
Er bleibt ein totes Bild 37, 4
Da bleibt nichts, denn Tods Gestalt 76, 3
Dein göttlich Wort soll bleiben 548, 4
Aus Gnaden! dieser Grund muß bleiben 53, 5
Doch Gottes Wort bleibt ewig 295, 2
Das Reich muß uns doch bleiben 161, 4
Muß mir doch der Himmel bleiben 624, 6
Diesen Trost, der ewig bleibt 584, 8
Der Sieg bleibt dennoch mein 328, 2
Nun so bleibt ja voller Gunst 661, 15

Bleiben.

Kein Bleiben ist auf Erden 579, 2
Des Bleibens ist ein kleine Zeit 343, 3
Meins Bleibens ist jetzt hier nicht mehr 579, 10
Meins Bleibens nicht mehr ist allhier 172, 2

bleich.

Hängt am Kreuze bleich und bloß 590, 1
Dort so blutig u. so bleich zu sehen 161, 2
Königskronen sind zu bleich 71, 2

blenden.

Hast du dich lassen blenden 757, 4
Laß dich nicht den Satan blenden 774, 5
Daß dich nicht Satan blende 56, 3

Blendwerk.

Da sieht man, daß es Blendwerk sei 476, 4

Blick.

Dir, o du Geist der Gnade laß ich den letzten Blick 339, 4
Gieb uns deiner Klarheit Blick 373, 10
Wenn mir deine Blicke lachen 529, 3
Dieweil dein Blick so lieblich ist 476, 1
Gieb mir ein' Blick, der mich erquick 326, 9
Du wirst mit tausend Blicken 135, 3
Mein Gemüte waget e. kühnen Blick 193, 1
Send ihm e. Blick zurück, einen Blick 193, 1
O Blicke voller Thränen 606, 2
So laß den Blick vom Kreuz in unsre Seele gehn 606, 5

blicken.

Blick auf der Deinen Flehn 550, 1
Da will ich nach dir blicken 542, 10
Mein Gott, auf den m. Glaube blickt 777, 1
Aus Not u. Liebe nach dir zu blicken 16, 5
Unverrückt nach d. Siegeskrone blickt 634, 2
So lang ein Auge blickt 606, 5

blind.

Wenn meine Augen werden blind 553, 7
Erleuchte mich, denn ich bin blind 144, 6
Blinde Pilger flehn um Licht 155, 2
Hilf mir, da ich geistlich blind 221, 2
Wie blind und thöricht ging ich hin 476, 2
Er ist ohn deines Wortes Licht blind 366, 2
Ich — lahm und krumm, stumm, taub und blind 220, 3
Ich bin krank — blind und arm 555, 2
Und willst auch die berufen lassen, die blind und lahm 351, 2
Ja unselig sind die Herzen und in ihrem Wandel blind 717, 6
Bin ich in diesem Pilgerlande der blinden Welt 479, 8

Blinder.

Sehende Augen giebt er den Blinden 446, 6
Sich der Blinden — erbarmen 255, 2
Und geh nicht wie die Blinden 153, 8
Daß die Blinden sich — können finden 757, 4
Sie sind versteckt, d. Blinde geht vorbei 619, 5
Die Blinden Licht, die Sünder 550, 4

Blitz.

Blitz, Donner, Wind und Regen 329, 3
So geht sein Wort schnell wie Blitz 198, 2
Der nach dem Blitz giebt heitern 521, 1
Nach dem Blitz und Donnerschlag 464, 7

blitzen.

Es donnert stark und blitzet sehr 189, 1
Und aus den Wolken blitzest 362, 6
Ob gleich alles blitzt und kracht 107, 12
Und wie die Sonne blitzen 38, 9
Blitzt auf mich des Gesetzes Weh 741, 3
Höll oder Tod auf mich her donnern oder blitzen 333, 8
Wenn Not und Trübsal blitzen 510, 5
Ob es jetzt gleich kracht und blitzt 381, 2

blöde.

Weil ich schwach und blöde bin 238, 7
Stärke mich, denn ich bin blöde 586, 1
Stärk meinen blöden Mut 652, 2
Kommet her, ihr blöden Herzen 320, 5
Was willst du dich so blöd[1] gebärden 53, 1
Aus Gnaden bleibt dem blöden Herzen 53, 8
Wenn sich zu dir mein blödes Herze 466, 1
O blöder Geist, schau doch, wie gut 186, 2
Mein blödes Angesicht nach d. Gnad 286, 1
Sind Stimm und Zunge blöde 658, 7
Wie sollten blöde Fleischesaugen 474, 1
Gönne blöden Augen 650, 1
Da gehn wir denn mit blöden Augen 619, 7
Wenn der blöde Kummer — weint 646, 6

Blöder.

Der aller Blöden Tröster heißt 749, 3
Den Blöden ist er hold 513, 2
Allen Betrübten und Blöden helfen 443

Blödigkeit.

Stärk des Fleisches Blödigkeit 412, 3

bloß.

Hängt am Kreuze bleich und bloß 590, 1
Er liegt dort elend, nackt und bloß 447, 2
Unsers Herzens Wonne liegt — bloß 519, 1
Bekleidst die Welt u. kommst doch bloß 753, 6
Ganz nackt u. bloß zu hüllen suche 470, 5
Ich komm mühselig, nackt und bloß 393, 5
Ich bin krank, unrein, nackt u. bloß 555, 2
Und was klein, gering und bloß 661, 13
Arm u. bloß sich legt in s. Vaters Schoß 363, 1

Blöße.

Hunger, Blöße, Henkershiebe 97, 5
Laß Schwert und Blöße walten 332, 2
Decke meiner Blöße Schande 768, 4

blühen.

Er wird doch künftig wieder blühn 728, 8
Daß ich blüh wie ein Röselein 566, 5
Daß ich dir stetig blühe 204, 13
Es müsse über ihm stets blühen 305, 2
Erquickt durch ihn, laß jede blühn 94, 1
In dir muß aller Segen blühn 468, 4
Dessen Segen wächst und blüht 758, 2
Denn die Hoffnung blühet da 646, 5

Blume.

I. natürlich.

Ihr Blumen laßt doch eure Zier 524, 4
Der die Blumen — kleidet schön 626, 3
Wie d. zarten Blumen — sich entfalten 226, 6
Gleichwie die Blumen auf dem Feld 417, 6
Lasset Blumen streuen, zündet Opfer an 597, 1
Schau die Blumen auf den Feldern 677, 5
Der Feld und Blumen netzt 440, 2
Ich will mir Blumen holen 356, 11
Die Blume kann gar leicht verblühn 469, 2

II. bildlich.

Edle Blum, laß dich recht genießen 200, 13
Ich, deines Gartens schöne Blum 204, 14
Seiner Blumen Sonne im bunten 170, 7
Ein Blum und fallend Laub 513, 3
Wenn sonst aller Liebe Blum 661, 10
Mein Herz heißt dich d. schönste Blum[2]) 734, 2
Ich eine welke Blum 145, 7

Blümlein.

Wie ein Blümlein im dürren Land 566, 3
Die Blümlein laß aufgehen von Jugend 729, 4
Ei, mein Blümlein, Hosianna 734, 2
Wie ein Blümlein bald vergehet 24, 4
Dies sind die Blümlein 281, 9

Blut.

I. Christi.

a) allgemein.

Weil Christi Blut beständig schreit 340, 4
Mit dem edlen Saft des purpurroten Blutes 165, 4
Hab u. Gut hat beschützt durch Jesu Blut 379, 2
Darein gegraben steht mein Nam mit deinem Blute 379, 4
Vergießen wird er mir mein Blut 502, 8
Das Gotteslamm liegt hier mit Blut 573, 4
O Haupt voll Blut und Wunden 542, 1
Sein Leib ist ganz mit Schweiße des Blutes überfüllt 580, 2
Dein Blut, das dir vergossen ward 554, 6
Dein Blut, der edle Saft 763, 9
Durch sein selbst Blut und Wunden 77, 1
Eine rote Flut von Christi Blut 77, 7
O Angesicht voll Blut 606, 2
Eingegangen in das Heilge durch dein Blut 169, 8
Die du erkauft mit deinem Blut 591, 4
Darauf du hast dein Blut gewandt 553, 2
Der durch s. Blut — den Himmel 99, 2
Durch d. hochteures Blut den Himmel 117, 4
Daß d. Blut an uns groß Wunder that 239, 4
Durch Christi Blut hilft mir m. Gott 63, 3
Woraus einst sein heilig Blut floß 206, 8
So zerfloß er dort in Blut 300, 3
Sein Blut hat er vergossen für mich 407, 6

b) Erlösung.

Und mich durch Blut u. Todesschmerz 524, 7
Uns Heil und Leben wiederbracht und durch sein Blut erworben 107, 6
Heilest allen Schmerz durchs teure Blut 747, 3
O Blut, das du vergossen bist 143, 8
Laß trösten sich d. Bluts so du vergossen 537, 5
Auf dies sein heilges teures Blut 700, 3
Vergießt für mich sein eigen Blut 98, 4
Dein Blut mir zu gut in den Tod 676, 11
Dich zu lösen durch sein Blut 197, 2
Der uns durch sein Blut hat erlöst 745, 8
Der mich erlöset hat mit s. teuren Blut 207, 2
Aus aller Last erlöst mit deinem Blute 548, 5
Der uns durch sein Blut — hat erlöst 750, 2
Der mich durch sein Blut hat erlöst 296, 1
Er hat mich durch sein Blut erlöst 324, 1

1) Var. Bernd. G. böß. 2) Var. Anh. G. ein Himmelsblum.

Gott Sohn, du hast mich durch dein Blut erlöset 666, 5
Die mit deim teuren Blut erlöset sein 271, 4
Weil dein Blut mich hat erlöst 196, 6
Der uns hat durch sein Blut erlöst 509, 8
Erlöst bin ich aus Gnaden, umsonst durch Christi Blut 579, 5
Die Schuld ist — bezahlt durch Christi teures Blut 709, 3
Zu ersetzen, was verloren, durch d. Blut 602, 3
Bei d. Blut u. Leiden fest — stehn 702, 2
Und bezahlt mit d. Blute alle Missethat 526, 1
Das heilige Blut hilf uns, Herr 239, 2
Das für mich mit seim Blut bezahlt 6, 7
Das uns mit seinem Blut erkauft 251, 2
Und uns erkauft mit seinem Blut 158, 1
Durch das Lösegeld deines Bluts 718, 4
Sie ist d. Deine u. kostet dir d. teures Blut 57, 6
Die Gott durch seines Sohnes Blut 622, 3
Zur Kreuzfahn durch d. Blut, o Jesu 706, 4
Es hat dein Blut gekostet 297, 2
Durch sein teures Blut gewinn 625, 3
Erworben durch dein heilges Blut 66, 5
Der Höllen Glut gelöscht mit seinem teuren Blut 343, 12
Vergossen ist dein teures Blut 489, 3
Heile m. Seelenschaden durch d. Blut 18, 3

c) Rechtfertigung.

Und sein Blut ist ihre Pracht 71, 1
Dein Blut u. Tod vertritt bei Gott 620, 3
Uns durch d. — Blut gemacht — gerecht 744, 1
Wirds von Stund an rein gezieret durch dein Blut 281, 4
Ich bin bei Gott in Gnaden durch Christi Blut 328, 1
Daß du hast mit d. Blute Gnad erlanget 584, 6
Der sein Blut am Kreuz vergossen 607, 1
Durch dein teures Blut ins Heiligtum 28, 6
Durch dein unschuldig Blut 763, 4
So werd ich ihr' doch los, wenn ich dein Blut auffassen 763, 6
Ist alles mir zu gute erlangt mit deinem Blute 763, 7
Dein — Blut für uns ins Mittel stehn 606, 6
Ich bin in dein Blut verhüllt 387, 2
Dieweil sein teures Blut 426, 2
Gnad und Huld in Christi Blut 137, 5
Jesu, du hast weggenommen meine Schulden durch dein Blut 374, 6
Kraft d. Blutes — sich in schneew. kehren 390, 6
Von seinem reinen Blut versenket 471, 3
Tilge doch m. d. Blute — m. Sündensch. 375, 7
Hier wäscht uns sein hochteures Blut 149, 4
Dein teures Blut wäscht m. v. m. Sünden 244, 4
Wasch es, Jesu, durch dein Blut 437, 4
Auf daß von allen ihren Sünden sie Christi Blut nun wasche rein 351, 1
In Christi Blut gewaschen sein 541, 2
Sein Blut — ist d. schönste Sonntagskl. 252, 5
Weil Christi Blut — in sie fließt 567, 7
Dessen teures Blut floß auch uns zu gut 664, 2
Segne mich mit Christi Blute 316, 4
Dein teures Blut ist m. Seele höchstes G. 277, 1
Dein Blut macht m. von Sünden rein 277, 4
Christi Blut — das ist m. Schmuck 74, 1. 400, 1
Mit Christi Blut gereinigt sein 400, 3
Dein Blut allein macht mich — rein 668, 1
Wasche mich mit deinem reinen Blute 482, 2
Laß Blut u. Wasser auf mich fließen 578, 6
Dein heilges Blut die Sünd hinnahm 119, 3
Dein Blut das ist mein Leben 165, 9
So soll dies Blut mein Purpur sein 165, 10
Des Blut zeichnet unsre Thür 76, 5
Ist Gnade durch des Lammes Blut 53, 5
Der Grund ist — Christus u. s. Blut 405, 3
Den Glauben, Herr, laß trösten sich des Blutes 537, 3
Mit Jesu Blut schön ausgeschmückt 722, 11
Wird, o Arzt, dein Blut mich netzen 611, 3
Möcht auffangen die Tropfen Bluts 554, 7
In seinem Blut erquick ich mich 700, 4
Dein Blut darf ich nur zeigen 763, 8
Es muß mir gelingen durch dein heilges teures Blut 169, 6
In Jesu Blut — hab ich mir — gebett 722, 7
Durch d. Blut, o Lamm, entsündigt sein 777, 2
Des Lammes Blut hat ihn bekriegt 110, 5
Macht d. redend Blut unsre b. Sache gut 249, 7
Jesu Blut machet gut, 318, 4
Das teure Blut von d. Sohne schreit 751, 6
Drum vergossen hat sein Blut 654, 4
Mein Schutz ist dein heiliges Blut 119, 2
Bald ist es überwunden nun durch des Lammes Blut 124, 7
Mein Gott, ich bitt d. Christi Blut 722, 1—12
Mit deinem Blut bin ich begabet 477, 14
So bitte Jesu Blut für mich 358, 7
Ach wie denk ich an dein Blut 526, 6
Niemand kann dein heißes Blut ohne Reu anschauen 573, 6
Zeichnen uns. — Herz m. d. Sohnes Blut 660, 3
Jedoch mit Jesu Blut besprengt 330, 6
Jesu, durch dein Blut entbinden 427, 2
Dem, ders Blut an dich gewandt 62, 1
Dahingegen nehm ich an Christi Blut 599, 4
Bezeug es mit selbst deinem Blut 333, 7
In dem Blut des Lammes 721, 6
Finden Gnad u. Huld in deinem Blut 26, 8
Nur in deinem Blut allein Vergebung 470, 5

d) Heiligung.

Trät ich nicht sein Blut mit Hohn 97, 3
Geuß den Segen deines Blutes aus 556, 5
Mit dessen Tod und Blute 769, 3
Der m. erlöset hat mit s. teuren Blute 208, 2
Dein teures Blut, dein Lebenssaft 277, 3
Gerne möcht im Blute dein v. Sünden 279, 5
Begaben mit s. wahren Leib u. Blut 137, 6
Mit seinem Fleische u. mit s. Blute 239, 1
Ist sein Blut mir eingegeben 261, 2
Ich hab — Jesu Leib u. Blut empfangen 261, 3

Es tränke mich dein teures Blut 349, 4
Und mit deinem Blut uns tränkest 3, 3
Ich hab sein Blut getrunken hier 722, 10
Deinen Leib und Blut — zu essen 280, 1
Heut mit deinem Leib und Blute 240, 3
Dein Leib u. Blut m. innerlich erquicken 734, 4
In Brot u. Wein dein Leib u. Blut 285, 1
Gab er uns — zu trinken sein Blut 386, 2
Dein Blut, dein Tod u. deine Schmerzen 475, 2
Dies Blut erquicket unsern Geist 475, 5
Uns wird Christi Blut gegeben 596, 6
Nur auf Christi Blut gewaget 47, 3
Überwunden fröhl. durch d. Lammes Blut 47, 5
Laßt uns überwinden in d. Blute Jesu 47, 9
Herr, dein Blut für uns vergossen 596, 8
Getränket mit deinem teuren Blut 740, 4
Dein Blut sei meiner Seele Trank 775, 3

II. Menschen.

a) natürlich.

Wie manches junge fromme Blut 139, 7
Laß ich gleich Gut, Blut und Ehr 391, 8
Und vergöß ihr Blut 448, 6
Mit dem Blut der Märtyrer 448, 8
Nach unserm Blut sie trachten 754, 4
Nicht wuchern jemands Fleisch u. Blut 135, 8
Wie wird sich all m. Blut -- freuen 135, 10
O daß mein Blut mit Jauchzen wallte 524, 2
So lang m. Blut in Adern schlägt 647, 3
Mein Mut, mein Blut soll nun singen 735, 3
Beim Evangelio—Blut u. Leben wagen 556, 4
Leib und Seele, Mut und Blut 714, 8
Daß sich all mein Blut beweget 678, 2
Es sei in mir kein Tropfen Blut 330, 5

b) von Christo.

In unser armes Fleisch und Blut 209, 2
Fleisch und Blut nimmt er an 447, 6
Vereinest dich mit Fleisch und Blut 132, 7
Er ist geborn eur Fleisch und Blut 663, 3
Das verbindt sich mit unserm Blute 200, 2

c) sündig.

Mein böses Fleisch u. Blut — zwingen 18, 6
Heilige mein Fleisch und Blut 225, 5
Was Fleisch und Blut erwählet 362, 9
Wehr u. steur allem Fleisch u. Blut 655, 4
Wer Fleisch und Blut will fragen 361, 1
Mein verderbtes Fleisch und Blut 372, 2
Aber Fleisch und Blut zu zwingen 374, 4
Zu streiten wider Fleisch und Blut 180, 2
Wie schwerlich läßt doch Fleisch und Blut sich zwingen 11, 1
Muß streiten oft mit Fleisch u. Blut 512, 8

Blutbesprengung.

Und d. Blutbesprengung aus d. Wunden 16, 7

blutdürstiglich.

Wenn wider mich blutdürstiglich 153, 6

Blüte.

Die Blüt zur Frucht vermehre 729, 2
Die volle Blüte zeigt sich schon 703, 8
Ihrer Tugend werter Ruhm steht in voller Blüte 661, 10

bluten.

Den am Kreuz wir bluten sehn 634, 3
So milde dich hast geblut' zu Tod 652, 3
Macht das Herze Jesu bluten 606, 4

Blutgedicht.

Ihre Blutgedichte mache zu nichte 68, 1

blutgefüllt.

Das die blutgefüllten Schalen 596, 3

blutgeronnen.

Dein blutgeronnen Schwitzen 284, 2

blutig.

Deine Pein und blutig Schwitzen 374, 8
Durch d. Todeskampf u. blutigen Schweiß 443
Schreibe deine blutgen Wunden mir 611, 4

blutrot.

Ob die Sünden blutrot wären 390, 6

Blutschuld.

Eure Blutschuld macht d. Herze J. bluten 606, 4

Blutschweiß.

Dein Blutschweiß tröste mich 549, 4

Blutströpflein.

Ach laß ein Blutströpflein fließen 281, 4

Blutvergießen.

Seinen Tod und Blutvergießen 654, 4
Herr durch dein Blutvergießen 406, 8
Durch dein teures Blutvergießen 375, 1
Mich teur erlöst mit d. Blutvergießen 431, 2
Jesu Blutvergießen mache würdig mich 240, 5
Auf soviel Blutvergießen 510, 10

blutverwundet.

In dem blutverwundten Herzen 526, 5

Blutvolk.

Du Blutvolk in der Krone 384, 11

Bock.

Von den Böcken wollst mich scheiden 637, 15

Boden.

Und was uns sonst zu Boden drückt 23, 3
Nackend lag ich auf dem Boden 676, 2
Wenn auch Grund und Boden weicht 694, 5

bodenlos.

Die bodenlose Finsternis 691, 3

Bogen.

Der die Bogen macht zunicht 644, 11
Denke doch an deinen Bogen 218, 6

bohren.

O Schwert, das durch d. Seele bohrt 530, 1. 9

borgen.

Denn ich war euch doch nur geborgt 728, 7
Die Welt k. dir nur geborgte Güter geben 312, 3

Born.

Ein Born der Liebe quillet 417, 7
Laß diesen Born uns tränken 176, 3

böse.

I. Gott.

Wie könntest du es böse mit uns meinen 619, 1
Du kannsts nicht böse meinen 511, 7

II. Mensch.

Und wer bös ist, muß umkommen 758, 4
Mich als e. bösen Knecht hinab—stürzen 326, 7
Erbarm dich deiner bösen Knecht 496, 2

Ein böser Knecht, der still darf stehn 485, 5
Wir sind und bleiben böse 235, 2
Mein böses Fleisch und Blut 18, 6
Thut oft, was bös 681, 3
Wie strafest du die bösen Knecht 530, 6
Der doch bös ist von Natur 225, 2
Mein Herz hingegen böser Art 554, 6
Schützt mich vor bösen Leuten 106, 2

III. Satan.

Wenn mich der böse Feind anficht 689, 4
Wenn uns der böse Feind anficht 655, 7
Der alt böse Feind 161, 1
Nicht schade des bösen Feindes List 2, 1
Des bösen Feindes List m. nicht mächtig 219, 2
Der des bösen Feindes Macht 219, 7
Was bös — das hat der Feind gethan 151, 7
Was der böse Feind erdichtet 585, 7

IV. allgemein.

Ein böses Wesen wohnte drin 691, 5
Behüt uns heut — vorm bösen Feind 66, 2
Fort aus jenem bösen Leben 369, 4
Der bösen Welt ihr Neid und Hohn 404, 4
Tritt unter dich die böse Welt 670, 3
Dieser schnöden, bösen Welt 156, 3
Sei willkommen hier in dsr. bösen Welt 438, 1
Wenn uns schilt u. flucht die böse Welt 681, 4
Gehen freudig aus der bösen Welt 713, 10
Mein Lassen und Beginnen ist böse 286, 7
Und böser Ränke schäme 260, 8
Weicht auch nicht bei böser Zeit 162, 3
Von aller bösen Zeit 99, 7
Uns Ruh verschafft zu dsn. bösen Zeiten 534, 5
Es sind die Zeit und Tage bös 655, 8
Ach daß doch diese böse Zeit jetzt wiche 265, 5
Dich nicht d. böse Zeit unverhofft betrete 449, 1
In dsn. bösen Zeiten laß dir befohlen sein 81, 2
Ihr Armen u. Elenden in dsr. bösen Zeit 505, 4
An jedem guten wie am bösen Tag 569, 2
Stärke mich in jeder bösen Stunde 9, 3
Alle böse Lust vertreiben 372, 3
Weltsorg überall u. bösen Lüste dämpfen 752, 8
Samt allen bösen Lüsten 286, 5
Wenn mein bös Gewissen schreiet 375, 4
Mein Dichten ist v. Jugend auf sehr bös 704, 14
Fährt fort in seinem bösen Sinn 631, 4
Sieh, ob ich auf bösem betrügl. Stege 169, 10
Die Herberg ist zu böse 329, 9
Rückfall ist ein böser Gast 589, 8
Gut gemacht die böse Sach 461, 4
Nun macht dein redend Blut unsre böse Sache gut 249, 7
Daß uns nicht mehr allhier beschwer das böse Weltgetümmel 771, 3
Jämmerl. verführet durch bös Exempel 139, 7
Bei Gott ist ja kein böser Ort 139, 5
Behüten mich — vor bösem schnellem Tod 54, 3
Vor bösem, schnellen Tod — behüt uns 443
Daß du nicht kriegest bösen Lohn 386, 6
Mir geh es gleich bös oder gut 563, 6
Den bösen Geist vertreibe 592, 4
Vertreib den bösen Geist 597, 10

Böser.

Der Böse lebt, d. wider Gott mißhandelt 298, 5
Die Bösen zur Höllen 222, 8
Die Bösen stürzen bald 526, 4
Zu richten Bös' und Frommen 185, 1
Gewänn den Sieg dem Bösen ab 74, 2

Böses.

Der wird nichts Böses machen 107, 1
Die du zu k. Bösen bisher getragen hast 58, 10
Wer Böses denkt und übt 681, 8
Was du Böses hast begangen 678, 10
Das Bös in mir werd abgeschafft 555, 9
Was Böses ich vor dir gethan 366, 3
Brenne doch das Böse ab 215, 1
Daß ich hinfort das Böse scheu 13, 2
Und alles Böse meiden 285, 5
Und zum Bösen hurtig bin 18, 2
Doch Böses nicht gut heiße 260, 9
Zieh mich vom Bösen stets zurück 559, 8
Daß ich vom Bösen lasse ab 704, 17
Und alles Böse meide 326, 10
So viel ich kann das Böse haß u. meide 310, 7
Die im Finstern Böses thun 268, 5
Erlösen uns gar von — allem Bösen 99, 7
Vom Bösen uns Gefallne zu erlösen 768, 1
Da wird er vom Bösen ihre Seel erlösen 222, 6
Uns erlösen vom Kreuz u. allem Bösen 366, 6
Der mir nichts Böses gönnen kann 682, 4
Daß mir kein Böses widerfahr 546, 2
Hat d. Böse — in d. Ferne weggewendet 625, 8
Da wo ich Böses je verdient 35, 12

Bösewicht.

Den Bösewicht völlig in dir zu besiegen 299, 6

Bosheit.

Mit Werken, so die Bosheit thut 580, 13
Ich fuhr in Bosheit fort 687, 2
Ist meine Bosheit groß 763, 6
Sich ihrer Lehr aus Bosheit widerleget 532, 3
Von seiner Bosheit kehre sich u. lebe 631, 1
Kommt mir die alte Bosheit ein 153, 3
Da man doch nichts als Bosheit findt 35, 2

böslich.

Böslich leb ich ganz und gar 374, 3

Boten.

Der heiligen zwölf Boten Zahl 271, 2
Sitzet der zwölf Boten[1]) Zahl 31, 5
Aussandt er seine Boten 114, 4
Es schickt der Tod nicht immer Boten 358, 3
Gleicht e. frohen Boten jenes Frühlings 174, 6

Brand.

Heilige den heilgen Brand 62, 2

Brauch.

Nach seinem Brauch — stets gegeben 217, 1
Dies ist sein beliebter Brauch 773, 1
Nach deinem Brauch d. Gnade fließen 441, 6

1) Var. Bernh. G. die gezwölfte.

Diesen edlen Sinn und Brauch 525, 6
Essen u. trinken nach nötigem Brauch 182, 3

brauchen.

Und braucht an uns kein arge List 183, 11
Er braucht die Ruten oft 228, 2
Alsdann brauchst du dein Mittleramt 666, 6
Brauch alles wohl 149, 8
Damit ichs brauch zum Lobe dein 296, 2
Auf, auf, braucht allen euren Fleiß 524, 3
Braucht falsche List, daß er verderb 270, 6

brausen.

Wenn — alle Wellen brausen 217, 3
Stürmt gleich der Wind und braust 681, 1

Brausen.

Meeres Brausen u. Windes Sausen 125, 12

Braut.

Flecken, d. Christi Braut sich angehängt 351, 4
Als seine Braut zu freien 179, 1
Seiner Braut und Hochzeitsgästen 220, 6
Von s. Braut in d. wundervollen Krone 583, 3
Als die Herrlichkeit der Braut 583, 5
Des Monarchen Braut zu sein 583, 7
Der als seine Braut dich kennet 194, 6
Komm zu deiner Braut gegangen 21, 7
Wie schön ist unsers Königs Braut 733, 1
Der Braut w. — d. Krone nun vertraut 178, 6
Als Braut der Gottheit nun gekrönet 567, 4
Schau, deine Braut hat sich bereit 234, 4
Komm, ist die Stimme deiner Braut 234, 6
Hier soll sich niederlassen die Braut 178, 9
Als eine wohlgeschmückte Braut 165, 10
Als s. Braut unauflösl. sich verbunden 526, 5
Und erbaut seinen Tempel, seine Braut 159, 5
Wie eine Braut hergehe 450, 5
Er ist mein Schatz,[1]) ich bin s. Braut 734, 5
Die Braut ist aller Sorgen bloß 578, 7
Deine Braut und Gast mich find 248, 3
Du weißt wohl, du schnöde Braut 35, 4

Brautherz.

Ein Brautherz kann in sonst nichts ruhn 733, 3

Bräutigam.

Willkommen, Herr und Bräutigam 179, 2
Meinen Herrn und Bräutigam 220, 4
Du meiner Seele Bräutigam 143, 4
Mein Bräutigam, komm her zu mir 143, 4
Der Bräutigam ist nah 178, 2
Der Bräutgam ist nicht weit 178, 3
Ihr Bräutigam, das erstgeborne Lamm 424, 5
Geh, du Bräutgam aus der Kammer 433, 6
So komme denn, mein Bräutigam 234, 6
Dich darf den Bräutgam[2]) nennen 234, 8
Meiner Seelen Bräutigam 97, 6
Deiner Seele Bräutigam 601, 2
Dein Bräutigam, das Gotteslamm 573, 4
Gottes Lamm, mein Bräutigam 381, 1
Dem Bräutigam uns zugeführt 251, 3
O Jesu, du mein Bräutigam 555, 1
Jesu, du edler Bräutgam wert 11, 9
Mein Bräutigam, komm 479, 8
Mein König und mein Bräutigam 734, 1
Dem wunderschönen Bräutgam mein[3]) 734, 6
Eile — deinem Bräutigam entgegen 596, 2
Als nur von dir, mein Bräutigam 347, 10
Vor des Bräutgams Augen schweben 71, 1
Als meinen Bräutigam 364, 2
Unserm holden Bräutigam 429, 3
Bis dein Bräutgam zu dir dringt 589, 22
Der du mein Herr u. Bräutgam bist 578, 6
Ihrem Bräutgam zu gefallen 578, 7
Wohlauf, der Bräutgam kömmt 672, 1
Es hat sich aufgemachet d. Bräutigam 178, 1

brechen.

I. Gott.

Was er verspricht, das bricht er nicht 609, 3
Und selber bricht der Feinde List 754, 1
Daß s. Zorn du leichtl. könnest brechen 362, 12
Er bricht uns sichre Bahn 224, 3
Ich kämpfe selbst, ich brech die Bahn 485, 5
Auf der Bahn, die er uns brach 430, 1
Die das zerknickte Rohr nicht bricht 537, 6
Du brichst nicht das zerstoßne Rohr 253, 5
Das einst um uns im Tode brach 253, 3
Du, Herr, hast noch nie gebrochen 218, 6
So bricht dein Vaterherz 136, 5
Denn dir dein Vaterherze bricht 308, 3
Sein Herz bricht ihm vom Lieben 228, 1
Wenn dir dein Herze bricht 542, 6
Dem allemal das Herze bricht 340, 2
Bis Gottes Herz mitleidig bricht 563, 4
Weil d. Herz dir vor Erbarmen — bricht 249, 5

II. Mensch.

Den'n Moses schon den Stab gebrochen 471, 1
Mir Glimpf und Namen brechen 588, 14
Und brich des Feindes Waffen 151, 7
Ich hab gebrochen dein Gebot 533, 1
Durch alle falsche Höhen bricht 570, 2
Wann mein Herz in Stücke bricht 165, 5
Doch, ob heut das Herz mir bricht 22, 4
Wenn das Herze bricht 500, 9
Ehe mir mein Herze bricht 678, 6
Ob mir Herz und Augen brechen 427, 5
Auch wenn mein Herze bricht 350, 6
Bis mir das Herze bricht 364, 1
Das Herze bricht euch schier 621, 7
Und brechet mir mein Herz 688, 1
Ob mir gleich die Augen brechen 196, 8
Wenn meine Kräfte brechen 78, 4
Wenn unser Auge bricht 606, 7
Wenn der Lebensfaden bricht 458, 3
Mein Seufzen werde nicht — durch die Wolken brechen 230, 2

III. allgemein.

Was unser Unglück bricht 365, 6
Bis Erd und Himmel brechen 137, 9
Wenn alles bricht und fällt 679, 2
Das alles kracht und bricht 681, 1

---

1) Var. Anh. G. Freund. 2) Var. Anh. G. Freund. 3) Var. Anh. G. dem liebsten Jesu nur allein.

Sich von einander brachen 576, 2
Wenn man sich will Rosen brechen 464, 3
Alles in allem muß brechen u. fallen 125, 7
Endlich bricht der heiße Tiegel 174, 1
Daß er die gebrochnen Kräfte 174, 3
Hier bricht die Höll 149, 3

breit.

Führen auf die breite Wollustbahn 372, 3
Breite, lichte, volle Straßen wandern 705, 2
Du hast gesieget weit und breit 144, 2
Sei fröhlich alles weit und breit 607, 1
Weit und breit dein Reich bekannt 562, 1
Ehrt die Welt weit und breit 271, 1
Die jetzt gerühmt ist weit und breit 558, 7
Verhüllet mit den Wolken weit u. breit 229, 3
Nichts ist zu finden weit und breit 530, 3
Er ruft, er locket weit und breit 187, 2
Ach, ich irre weit und breit 374, 3

breiten.

Über dir Flügel gebreitet 445, 3
Breit, o Herr, doch deine Güte über mich 690, 9

brennen.

Brennt in Liebe für und für 197, 2
Liebt den, der vor Liebe brennet 200, 8
Dem sein Herz vor Liebe brennt 425, 9
Wenn du nicht vor Liebe brenntest 71, 6
Sei meine Flamm u. brenn in mir 554, 11
Brennend in mein Herz hinein 160, 4
Wie es dürstet, ächzt und brennt 693, 2
Werd in seiner Liebe brennen 389, 6
Das ganz vor Liebe brennt 440, 1
Und in der reinsten Liebe brennen 479, 8
Mut u. Sinn in deiner Liebe brennen 554, 2
Früh u. spat nach dir vor Liebe brennen 85, 5
Stets in deiner Liebe brennen 718, 6
Vor Freud d. Herz im Leib ihn' brannt 181, 6
Dein — Wort in uns. Herzen brennen 543, 5
Laß uns die Zungen brennen 597, 3
Unser Herz — i. Glauben möchte brennen 522, 5
Daß doch bald d. Feuer brennte 669, 2. 523, 1
Zwar brennt es schon in heller Flamm 523, 2
Wie uns die Sünden brennen 452, 2
Dein Leib u. Seel dort brennen muß 631, 6
Ich ewig müßte brennen 366, 8
Wie hoch sein Eifer brennet 137, 8
Und kein fremdes Feuer brennt 411, 3
Wie glüht und brennt der Vatersinn 35, 2
Für wen brennt das Sternenlicht 599, 8

Brennen.

Und allein von deinem Brennen 300, 7
Geiziges Brennen, unchristl. Rennen 125, 6
Kein Brennen, Hauen, Stechen 405, 12(13)

bringen.

I. Gott.

Erst bracht die Not dich in den Tod 522, 1
Eh er mich an das Licht gebracht 724, 4
Du hast mich an das Licht gebracht 333, 1
Bis hieher hat mich Gott gebracht 63, 1
Bringt rechten Trost und Freud 365, 5
Der Feinde Schar gebracht zur Haft 28, 1
Bringe sie zu deiner Herd 552, 1
Die zu d. Freudenthoren — mich bringt 220, 9
Er bringt mich an die Pforten 37, 8
Und all Christen zum Himmel bracht 271, 8
Der uns bracht hat z. rechten Vaterland 497, 2
Zu der Seligkeit mich wirst — bringen 284, 4
Daß uns sein Tod das Heil gebracht 53, 2
Uns viel Heil und Segen bringen 408, 4
Bis du sie beide bringst zur Freud 82, 11
Der Heil und Leben mit sich bringt 451, 1
All unser Not zum End er bringt 451, 2
Die gnadenreiche Sonne bringt Leben 117, 1
Und hat uns bracht das Leben 76, 1
Er — bringt mir die Seligkeit 14, 5
Er bringt euch alle Seligkeit 662, 4
Mir deine Liebe bringen 554, 6
Dein Eingang die völlige Freiheit mir bringt 169, 8
Das Beste, so bringt Frommen 735, 7

II. Engel.

Ich bring euch gute neue Mähr 662, 1

III. Mensch.

Nichts kann ich vor Gott ja bringen 169, 6
Bring ich dies vor Gottes Thron 699, 4
Ich will dir Freudenopfer bringen 524, 14
Ehr u. Macht sei auch dem Gotteslamm gebracht 251, 2
Nun danket all und bringet Ehr 500, 1
Und bringe Lob mit frohem Mut 446, 8
Dem Herrn dein Lob zu bringen 735, 2
Ich bringe dir viel Lob dafür 532, 6
Frucht hundertfältig bringen 752, 5
Viel Früchte bringen in Geduld 752, 7
Leben und bringen Frucht dazu 81, 7
Hier bring ich meine Gaben 671, 6
Dir will ich meine Lieder bringen 136, 1
Vor deinen Thron dir bringen 137, 1
Die Palmen, die d. Volk dir heute bringt 646, 1
Den mir Adams Fall gebracht 611, 3
Ist die Macht des bösen Feindes leider bracht auf ihn 243, 3
Zuvor bracht ich euch Freude 232, 6

IV. allgemein.

Was mehr die großen Sünden bringen 425, 6
Ach Sünd — wie weit k. du es bringen 620, 2
Und was mir bringet Weh 405, 2
Verhindern u. zum Säumen bringen 685, 5
Was bringt der Schein 472, 4
Bald bringt sie die Lust zu Fall 299, 3
Und bringe dein neues Geschöpfe 299, 5
Geduld bringt aus d. Himmels Thron 203, 12
Daß auch Früchte brächt das Erdreich 107, 3
Ihr Lobgesang sei dir gebracht 667, 1
Und bringt mir nichts Gefahr 517, 4
Daß mirs nicht bringt Gefähr 353, 5
Das Land bringt Frucht 192, 3
Aber endlich bringt das Jahr, 599, 16
Laß es neue Früchte bringen 309, 1
Die Musikkunst wird bringen in Gott 99, 5
Dieser Segen bringet Ehre 715, 3

V. Satan und Welt.
Die Schlang Evam hat bracht, daß sie ist abgefallen 146, 2
Wie er zuvor hat bracht in Not die Welt 270, 5
Und bring mich nicht zu Fall 54, 5
Und mich in Verzweiflung bringen 641, 7
Um mein Heil mich bringen mag 361, 2
Dich nicht die Welt wieder an sich bringe 449, 5
VI. Redensarten.
Daß sein Rat werd ins Werk gebracht 362, 2
Und bringts doch nicht zustande 362, 4
Bring zum guten Ende 362, 13
Und bringst zu Stand und Wesen 58, 3
Soll ich auf dieser Welt mein Leben höher bringen 536, 6
Das du jetzt so hoch gebracht 584, 1
Mich bring um die Seligkeit 281, 3
Mit Unrecht Gut an mich gebracht 704, 8

Brocken.
Man kann bei wenig Brocken satt w. 683, 4

Brot.
I. natürlich.
Segne unser täglich Brot 503, 3
Gieb uns heut unser täglich Brot 655, 5
Bescher uns, Herr, das täglich Brot 60, 1
Unser Brot werd uns beschert 648, 7
Das täglich Brot ja heut uns werd 183, 14
Täglich Brot und mancherlei 442, 7
Reich beladen mit — Brot 366, 4
Mein tägl. Brot m. Ehren mög erwerben 13, 9
Gieb Fried, Schutz, gute Freund und Brot 269, 2
Denn dies zeitliche Brot allein 211, 2
Er hat ja Brot 230, 5
Gieb deinen Kindern Brot zu essen 751, 8
Gieb Brot dem Leib 310, 5
Gieb uns Segen, Licht u. täglich Brot 508, 4
Auch Armen Brot zu geben 404, 3
Bist du arm, Gott schenkt dir Brot 61, 5
Sein Brot bekommt aus deiner Hand 540, 2
Der Acker selbst wird ihm zum Brot 540, 4
Mein täglich Brot ist Müh und Plag 343, 10
Alle Plagen, die sind m. täglich Brot 405, 11
Unsre Thränen sind das Brot 196, 5
II. geistig.
Du bist selbst das Brot des Lebens 281, 2
Jesu, wahres Brot des Lebens 596, 9
Ich bin das Brot zum Leben 349, 2
Oder soll haben Brots genug f. seine Seel 220, 6
III. sakramental.
Zum süßen Brot geladen 76, 7
Im Brot u. Wein dein Leib u. Blut 285, 1
Verborgen im Brot so klein 386, 2
Daß dies Brot nie wird verzehret 596, 6
Dies Brot kann wahre Nahrung geben 475, 5
Das werte Brot zum Leben 740, 2
Dies Brot treibt auch den Hunger fort 349, 2
Wo das Brot der armen Kinder 266, 1
O Brot, das meine Seele nährt 726, 2
Komm zum Brot, davon zu zehren 220, 8

Bruder.
I. Christus.
Wirst unser Freund und Bruder hier 132, 7
Eur Bruder ist das ewge Gut 663, 3
Er sollt mein Bruder werden 502, 6
Mein Bruder nun zu sein 337, 1
Mein Bruder, den ich lieber hab 179, 7(5)
Daß du mein Bruder worden bist 179, 9(7)
Dein Bruder da zu werden 254, 1
Er ist ja mein Bruder worden 457, 5
Dich, mein Bruder, laß ich nicht 457, 5
Mein Bruder und mein Gnadenthron 558, 1
Mein Bruder ist selbst d. Barmherzigkeit 567, 3
Dein Bruder ist, der dich vor ihn — heißt treten 755, 4
Ihn fein lieblich nennen euren Bruder 429, 4
Weil Christus unser Bruder ist 60, 6
Zu Christ, dem Bruder mein 78, 2
Löse, erstgeborner Bruder doch d. Ruder 649, 3
Unser Bruder ist Gottes Sohn 745, 2
Der unser Bruder, Fleisch und Blut 745, 6
Hilf uns, o Bruder, Jesu Christ 745, 7
Sind wir v. Christo zu Brüdern erkoren 397, 2
II. Engel.
Die Geister — sind meine Brüder 619, 13
Die Engel sind Brüder 182, 4
III. Menschen.
a) Christi.
Auf Christi Freund und Brüder 420, 1
Lasset fahren, l. Brüder, was euch quält 200, 7
Zu erquicken deine Brüder 197, 4
Ach erkenn uns — für deine Brüder 430, 4
b) Glaubensbrüder.
Umsonst erbeut ein Bruder sich den andern Bruder 333, 5
Vereint als Brüder wieder wohnen 91, 6
Längst vermißte Brüder find ich 705, 4
Brüder solche Leidensgnade 174, 8
Wie fein ist's, wenn Brüder friedlich sein 618, 1
Er ist der Meister, wir die Brüder 300, 1
Setzt Brüder am höchsten vor allen 397, 4
Und hast doch seine Brüder 622, 1
Denn wir sind alle Brüder 622, 2
Ich sollte Brüder hassen 622, 3
Nicht Geduld mit m. Brüdern tragen 622, 4
Und Gott in Brüdern nicht erfreun 622, 5
Ein neugebornes Gotteskind, das liebt auch seine Brüder 167, 4
Uns alle heißest gleich Brüder sein 655, 1
Zu mir und meinen Brüdern 135, 4
Auf daß ich samt den Brüdern mein 185, 6
O ihr Brüder, tapfer drauf 448, 7
So legt euch denn, ihr Brüder 112, 7
In Brüdern dich — bekleiden 50, 5
Wir dürfen uns Brüder nicht — trennen 397, 1
Damit nie viel von falschen Brüdern 449, 5
Sich in d. Falschheit zm. Bruder verstellt 397, 4
Sie unmöglich als Bruder annehmen 397, 4

Bruderband.
Knüpfe selbst — das heilige Bruderband 618, 7

Brüderlein.
Uns annehmen als ihre Brüderlein 99, 3
brüderlich.
In rechter Lieb u. brüderlicher Treue 239, 3
Bruderliebe.
Weil die Bruderliebe brennet 194, 6
Brüderschaft.
Von der Brüderschaft der Heiligen 93, 6
Vor dem Vater die Brüderschaft stehen 397, 9
brüllen.
Brüllt wie ein Löw 270, 6
Brunnen.
Wies unsre Brunnen geben 149, 6
O daß sich m. Augen Brunn aufthät 554, 7
O du unergründter Brunnen 625, 3
Ein Brunnen unsrer Freuden 510, 8
Herr, mein Hirt, Brunn aller Freuden 676, 11
Brunnen der Barmherzigkeit 373, 12
Der Brunn der ew'gen Güter 106, 1
Zum Brunnen seiner Gnaden 109, 2
Ich weiß, daß du der Brunn der Gnad 355, 2
Du bist der Brunn, der immer quillt 468, 2
Brunn alles Heils, dich ehren wir 65, 1
Du Brunn[1]) aller Gütigkeit 372, 6
Du bist der Brunn der Heiligkeit 555, 3
Wenn der Brunn des Lebens quillt 640, 6
Aus dem Brunnen, der thut quillen 20, 3
Ein lebend Brunnen, Lieb und Feur 400, 2
O Brunnen unerschöpfter Güt 168, 3
Brünnlein.
Wird beim Brünnlein[2]) uns erfrischen 187, 5
Weil dein Brünnlein voll 84, 2
Deiner Gnaden Brünnlein mich laben 281, 9
Brunnquell.
Du Brunnquell aller Gaben 536, 1
Brunnquell aller Seligkeiten 424, 2
Brunnquell aller Süßigkeit 434, 2
Du Brunnquell[3]) aller Gnaden, sich 279, 1
Du Brunquell aller Gnaden, wir 280, 1
Jesu, Brunnquell[4]) aller Gnaden 641, 3(4)
Du als der Brunnquell aller Güte 669, 10
Am Brunnquell sie zu laben 103, 5
Brunst.
Und Brunst der reinen Lieb 467, 13
Du heilige Brunst, süßer Trost 412, 3
Gieb uns ins Herz der Liebe Brunst 409, 3
Laß uns empfinden der Liebe Brunst 497, 3
Entzünd in mir der Andacht Brunst 349, 7
Im reinesten Feuer, in seligster Brunst 397, 9
brünstig.
Dein brünstig Lieb entzünd in ihn' 412, 1
Und wallet ganz brünstig gegen mich 136, 5
Wie brünstig deine Liebe sei 475, 2
Sich brünstig nach mir umgesehen 471, 8
Weil er mich so brünstig liebet 457, 3
Laß mit brünstigem Gebet 604, 10
Mein Herz ist brünstig mir und heiß 566, 6
Laß meine Liebe brünstig sein 468, 5
Daß wir brünstig dir nachwandeln 21, 9
Brust.
Wird uns an sein Brust drücken 99, 4
Und an deine Brust mich drückest 602, 2
Die Liebe strahlt aus deiner Brust 741, 1
Senket alles, was sie kränket, tief in Jesu Brust 462, 5
Drückt sie — selbst an s. Mund u. Brust 661, 14
Seht durch die offne Brust 606, 4
Trägest du auf deiner Brust 249, 4
Er liegt an seiner Mutter Brust 447, 4
Du liegst an deiner Mutter[5]) Brust 753, 7
Welch Verderben wohnet doch in m. Brust 18, 1
Dann wird unsre volle Brust 646, 7
So verlachet meine Brust 152, 6
Und bereite selbst die Brust 252, 7
Schlag an d. Brust: du mußt v. dannen 756, 10
Drum schlag ich reuig an die Brust 563, 3
Der an der siechen Brust mir naget 184, 3
brüsten.
Unglaub und Thorheit brüsten sich 564, 3
Brustwehr.
Wer seine Gnad zur Brustwehr[6]) hat 609, 4
Büberei.
Gezogen durch Schand und Büberei 579, 3
Buch.
Ich komm, im Buche steht von mir 132, 5
In dem Buch des Lebens stehn 193, 10
Soll sofort im Buch des Lebens 38, 7
Uns ins Buch des Lebens schreiben 201, 3
Meinen Namen aufs Beste ins Buch des Lebens ein 652, 5
Der unsre Namen schreibt ins Buch des Lebens ein 684, 1
Darnach wird man ablesen bald e. Buch 185, 3
Im Buch d. Seligkeit werd eingezeichnet 185, 5
Lies mich aus dem Buche frei 185, 6
So hast dus schon aus d. Buch gethan 619, 4
Der mich ins Buch des Lebens schrieb 205, 4
Du schreibest mich ins Buch des Lebens 148, 4
Und ein Buch wird sich entfalten 637, 5
Obgleich im schwarzen Buch d. Sünden 334, 3
bücken.
Dem die Cherubinen Tag und Nacht gebücket dienen 226, 2
Und vor dir mich bücken 226, 8
Wenn er dich lobet, bücke dich 483, 2
Die Seelen, die sich bücken im Geist 420, 2
Zu den Kleinen dich zu bücken 255, 4
Wenn ich traurig und gebückt 152, 5
Geht nicht mehr traurig und gebückt 187, 3
Komm nur mühselig und gebückt 471, 8
Gemüt u. Sinnen unter s. Last gebückt 690, 1
Bund.
Den alten hochbeschwornen Bund 233, 1
Denkt stets an seinen Bund 365, 4

---

1) Var. Sächs. G. Brunnquell. 2) Var. Sächs. G. Brunnquell. 3) Var. Bernb. G. Quelle. 4) Var. Hann. G. du Baum. 5) Var. Bernb. G. Menschen. 6) Var. Brand. G. Schilde.

Als du deinen Bund vollzogen 218, 6
Gedenke, Herr, an deinen Bund 12, 3
Der alte Bund schleußt keinen aus 358, 3
Mensch es ist der alte Bund 301, 3
Dieser Bund hat seinen Grund 217, 6[1])
Dein Nam u. Bund vergebl. oft geführt 704, 3
Des Lebens neuen Bund zu stiften 91, 4
Gott hat einen Bund gemacht 694, 2
Sein Bund bleibet feste stehn 694, 8
Die in seinem Bunde stehn 392, 1
So bleibt dein Bund und deine Treu 292, 4
Die seinen Bund behalten 513, 4
Wir sind ja im neuen Bunde 322, 2
Und Prophet des neuen Bundes 585, 1
Einem neuen Bunde mit unserm Herrn 688, 5
So mach ich — samt m. Hause d. Bund 759 8
Und der Bund mit Gott geschlossen 504, 1
Sei Gott getreu, halt seinen Bund 609, 1
Auf deiner Seite bleibt dieser Bund 330, 4
Halt mich in deines Bundes Schranken 330, 7
Nimm es auf in deinen Bund 241, 1
Treibe wie dein Bund verheißt 241, 3
Das sei bis zur letzten Stund — unser Bund 160, 4
Und erneuert euren Bund 300, 2
Erhalte mich durch d. Taufe im Bunde 148, 6
Machet Gottes Bund mich frei 427, 3
Hilf, daß ich d. Nam u. Bund — erkenne 260, 3
Ich weiß von keinem andern Bunde 366, 1
Ich bleib im allgemeinen Bunde 366, 8
Bleibt ihr auch im Bunde der Einigkeit 397, 1
Wer im Herzensgrunde lebt mit dir im Bunde 34, 2

Bundesblut.

Auf Bundesblut gegründet hat 479, 1

Bundesengel.

Macht dem Bundesengel Bahn 155, 5

Bundesgnade.

Fern von der ew'gen Bundesgnade 71, 3

bündig.

Das hat mir bündig dein h. Geist gezeigt 345, 3

Bündnis.

Aller Feinde Bündnis[2]) trenn 644, 9

Bürde.

Mein Joch ist süß, mein Bürd gering 407, 2
Hier heißt man dich eine Bürde 174, 7
Dein Joch, die sanfte Bürde 776, 4
Mein Glück und meine Bürde 45, 2
Würd unsre Bürd er nicht auf sich laden 200, 5
Nahmst auf dich unsre Bürde 103, 2
Ihrer Bürden sie befreien 281, 6
Centnerschwer sind mir die Bürden 70, 6
Immer und ewiglich hassen Bürden 70, 7
Der Sünden Last u. unerträgl. Bürden 743, 4
Die manche Last und Bürde drückt 187, 3
Hilft uns getreulich tragen die große Bürd 203, 4

Burg.

Ein feste Burg ist unser Gott 161, 1
Sei mir ein Burg, darin ich frei 401, 3
Sei meine Burg und festes Schloß 735, 4
Du wollest m. Burg u. Schutz in Nöten s. 294, 7
Herr, meine Burg, mein Fels 214, 1
Mich aus d. festen Burg d. Treue treiben 350, 1
Laß mich nichts vertreiben aus d. Burg 647, 2
Baue um den Fürstenthron e. Burg 653, 3

Bürge.

Du setzest dich zum Bürgen 580, 7
Denn mein Bürge kommet los 49, 3
Daß mein Bürge für mich spricht 633, 3
Den setz ich dir zum Bürgen ein 517, 6 (5)
Nimm nur hin d. Bezahlung m. Bürgen 528, 7
Vater nimm den Bürgen an 648, 4
Wer kann mir einen Bürgen geben 358, 7

Bürger.

Denn solche Bürger müssens sein 733, 4
Wie mehrt sich deiner Bürger Zahl 223, 5
Welche deine Bürger haben 422, 5
Auch Bürger werden in d. Himmelreich 508, 4
Daß wir deine Bürger werden 653, 7

Bürgerrecht.

Das in ihr hat das Bürgerrecht 223, 1

Bürgerschaft.

In deines Himmels Bürgerschaft[3]) 280, 3

Busensünde.

Die liebsten Busensünden 153, 3

Busch.

In den Büschen, in der See 625, 6

Buße.

Durch viel Wohlthat z. Buße m. bewogen 326, 5
So gerufen zu der Buß 374, 2
Und unsre Buß für gültig hält 189, 2
Von Sünden zur Buße sollen wenden 222, 2
Jesu, lehr bedenken mich das mit Buß 371, 4
Und ja nicht sparen meine Buß 722, 3
Durch ungefärbte Buße rein 541, 2
Was dich da für e. Trieb zur Buße reize 600, 1
In wahrer Buße lebe 310, 2
Thu, ach thu bei Zeiten Buß 648, 2
Denk nicht: zur Buß ist noch wohl Zeit 631, 3
Daß ich noch heute komm zu dir und Buße thu 631, 7
Mich zur wahren Buße führe 26, 1
Daß ich wahre Buße spüre 26, 2
Voller Buß in Jammerthränen baden 606, 6
Auf m. letzten Tag mit Buße m. bereiten 56, 6
So sei bereit durch Buß bei Zeit 609, 6
Und thut rechtschaffne Buße 326 9
Thu täglich Buß und glaub 50, 4
Zur Buße kräftig sein 556, 3
Was Buße thut und sich bekehrt 243, 10
Daß ich Buß rechtschaffen vor dir thu 467, 6
Ich komme, Herr, voll Reu u. Buß 304, 3
Wenn wir in Buße weinen 522, 7

1) Var. Bernb. G. Vers 6 und 7 vereinigt. 2) Var. Anh. G. Macht. 3) Var. Bernb. G. zu Auserwählten fortgeschafft.

Daß ich soll Buß thun, mich bekehrn 536, 2
Komm in wahrer Buß 393, 2
Weil ich in wahrer Reu und Buß 668, 1
Wer im Glauben Buße thut 654, 4
Keine Buße ist zu spät 654, 5
Laß — doch meine späte Buß u. Reue 654, 6
Wenn ich vor dir mit Buß erschein 150, 1
Völlig zur Buße bequemen 397, 4
Wer ist, der Buße thut 235, 2
Eins ist not für den Tod: Buße, wahre Buße 318, 3[1])
Sich soll zur Buße kehren 77, 5
Und thut noch endlich Buße 577, 1
So du nun stirbest ohne Buß 631, 6

büßen.

Jesu, der du selbst gebüßet 611, 1
Was mein Heiland büßen mußt 371, 4
Jesu, der du wollen büßen 375, 1
Dieweil du sie gebüßet hast am Kreuz 279, 2
Und büßest für mich Armen 120, 3
Der die Missethat auf ewig schon gebüßet hat 623, 4
Ich büß die Schuld, die du hättst sollen büßen 620, 4
Es geht u. büßet in Geduld die Sünden 165, 1
Um zu büßen meine Schuld 383, 6
Deine Demut hat gebüßet m. Stolz 383, 7
Und laß mich ja jetzt büßen 8, 4
Laß mich büßen meine Schuld 309, 8
In der Höllen müssen ewiglich büßen 298, 6
Ich bins, ich sollte büßen 580, 5
Und will von Herzen büßen 563, 3

Büßen.

Christus uns verdienet hat mit Büßen 243, 2
Durch deines Sohnes Büßen 35, 7

bußfertig.

Gieb mir ein recht bußfertig Herze 281, 3
Als bußfertigen Sündern 547, 5

bußfertiglich.

Sünd u. Missethat bußfertiglich erkennen 5, 1

C.

Centner.

Bleibt der Centner dein Gewinn 494, 4

centnerschwer.

Centnerschwer sind mir die Bürden 70, 6

Centnerlast.

Deiner Marter Centnerlast 372, 3

Cherub (Cherubim).

Der Cherub steht nicht mehr dafür 447, 8
Die Cherubimen Tag u. Nacht — dienen 226, 2
Mit Ehrfurcht dienen dir Seraphim und Cherubim 248, 2
Dir dienen alle Cherubim 28, 2
Es holen Jesum ein die lautern Cherubimen 224, 2
Von den Cherubimen zu Sündern dich gesellt 103, 1
Der Glanz der hohen Cherubimen 257, 1
Sitzt er — über Gottes Cherubim 384, 6
Auch Cherubim u. Seraphim singen 271, 1
Wo Cherubim u. Seraphim — jauchzen 492, 5

Chor.

I. Ort.

Seines Kleides Saum den Chor füllet 370, 1
Mit Instrumenten schön auf Chören 369, 8

II. Sänger.

Wir stehn im Chore[2]) der Engel hoch 672, 3
Wo jetzund der schöne Chor — pranget 697, 6
Wie m. vollen Chören alle Luft laute ruft 200, 1
Noch in den Chor himmlischer Thronen 397, 3
Lobsinget mit der Engel Chor 501, 6
Hallelujah, jauchzt ihr Chöre 250, 1
Heilig singen ihm zur Ehre aller Engel hohe Chöre 226, 2
Mit d. Chor d. Harfenschläger preisen 174, 5
Sitzt er unter lichten Chören 384, 6
Und du Chor vor seinem Throne 384, 11

III. Melodie.

Dir Psalmen sing im höhern Chor 136, 3
Da sing ich dir im höhern Chor 524, 15
Im höhern Chor — dich — schöner preist 205, 13

Christ.

Lobt Gott, ihr Christen alle gleich 447, 1
Freuet euch, ihr Christen alle 197, 1
Ihr Christen auserk. hört gute — Mähr 395, 1
Nun freut euch, l. Christen g'mein 502, 1
Auf ihr Christen, Christi Glieder 47, 1
Ich bin ein getaufter Christ 427, 1—5
In der rechten Christen Zahl 419, 1
Und nach dir sich Christen nennen 602, 8
Der Zustand wahrer Christen 702, 1
Wie ein wahrer Christ so selig ist 186, 7
Erfahren in der Christen Scharen 288, 4
Auch Christen insgemein 369, 6
Im Himmel lebt der Christen Schar 531, 5
Auch aller Christen Häuser 87, 3
Christen sind ein göttlich Volk 71, 1

1) Fehlt Anh. G. 2) Urspr. Consorten.

Ein Wohlstand ohne gleichen ist eines Christen Stand 171, 1
Ein Christ ist durch den Glauben 171, 1
Und fromme Christen machet 556, 3
Hat bei Christen keine Statt 593, 6
Wie es bei Christen oft pflegt zu geschehn 440, 3
Nach rechter Spur d. wahren Christen lebe 13, 6
Wies mancher Christ erfahren hat 308, 1
Ich bin ein Christ 626, 5
Was ein Christ glauben soll 77, 2
So lerne jetzt ein frommer Christ 183, 6
Mir nach, ihr Christen alle 485, 1
Willst du nun sein gut Christe sein 548, 3[1])
Besiegt sie, die ihr Christen 591, 2
Je größer Kreuz, je bessre Christen 367, 2
Ein Christ in mancher Not bewährt 367, 2
Was Christen kann einzig gefallen 70, 1
Alles, was irdisch ist, trachtet die Christen zu plagen 70, 6
Ein Christ, ein tapfrer Kriegesheld 153, 1
Ein jeder Christ kann singen 287, 3
Das ist der Christen rechtes Amt 302, 3
Ihr Christen geht herfür 36, 1
Es kostet viel, ein Christ zu sein 191, 1
Es ist nicht schwer, ein Christ zu sein 186, 1
Unverzagt u. ohne Grauen soll e. Christ 676, 7
Beten ist der Christen beste Kunst 701, 3
Christen will es nicht geziemen 584, 3
Das es thut, was Christen nicht gebühret 139, 7
So leb und thu auch als ein Christ 149, 8
Als e. Christ wie Christus mich bezeige 294, 3
Zum Dienst d. Sünden k. Christ ergebe 769, 11
Auch die Christen gehen — in Ängsten 196, 3
Die schwere Pein, die alle Christen leiden 417, 4
Das der Christen Herz durchfährt 425, 6
Gut gemeint mit der Christen Plagen 599, 15
Du zählst, wie oft ein Christe wein 355, 11
Der uns als Christen will verdammen 743, 3
Wie Christen will gebühren 7, 12
Bei frommer Christen Grab 536, 7
Noch rühmen sie sich Christen auch 754, 4

Christenglaube.

Gieb mir — den wahren Christenglauben 30, 3

Christenheit.

Du König deiner Christenheit 557, 1
Des freu sich alle Christenheit 209, 7
Wertes Volk der Christenheit 421, 1
Freue dich, o Christenheit 428, 1—13
Nun freut sich alle Christenheit 745, 2
Und in der Christenheit gepreist 79, 5
Du wollst d. arme Christenheit bewahren 83, 2
Beschirm dein arme Christenheit 177, 2
Die Christenheit preist dich erfreut 50, 6
Daß dein arm Christenheit leb in Fried 239, 3
Es sagt dir deine Christenheit groß Ehr 501, 7
Es dankt dir deine Christenheit 501, 8
Und preist die ganze Christenheit 208, 5
Wie kann doch deine Christenheit 547, 1
Lob ihn m. Schalle, werteste Christenheit 514, 1
Sein Lob vermehre, werteste Christenheit 514, 5
Die Christenheit — zu seinem Tempel 233, 2
Die ganze Christenheit auf Erden 749, 3
Die ganze werte Christenheit rühmt dich 271, 2
Sein Reich, die Christenheit 447, 5
Beschirm, o Herr, die Christenheit 67, 5
Und mehre stets deine Christenheit 176, 1
Mit d. Christenheit dich m. König nennen 562, 6
Gieb — deiner armen Christenheit Liebe 311, 2
Der du siehest alles Leid deiner armen Christenheit 644, 1
Satan beut an den Streit Christo und der Christenheit 47, 1
Waffen der ersten Christenheit 564, 2
Erbarm dich deiner Christenheit 556, 6

Christenherz.

Faß, o Christenherz alle d. Schmerzen 599, 17

Christenkreuz.

Christenkreuz hat seine Maße 625, 11

Christenlauf.

Zu ihrem Christenlaufe für Christum 708, 2

Christenleute.

Wir Christenleut habn jetzund Freud 743, 1
Rüstet euch, ihr Christenleute 591, 1
Fleiß drauf wenden als — Christenleut 81, 4

Christenmensch.

Auf Christenmensch, auf, auf zum Streit 38, 1

Christenschar.

Gieb der ganzen Christenschar Frieden 197, 4
Des freut sich alle Christenschar 507, 1
Mir und der Christenschare 510, 15

Christenseele.

Die da quälen stündl. arme Christenseelen 28, 5

Christentum.

Wie im ersten Christentum 448, 1
Damit mein ganzes Christentum dir wohlgefällt 467, 19
In unserm Christentum beständig nötig 212, 1
Zu Saft und Kraft im Christentum 480, 2
Mein ganzes Christentum aufrichtig 666, 13
Und hält das Christentum 699, 1

Christenvolk.

Des ganzen Christenvolkes Schar 523, 1(5)

Christenzucht.

In Christenzucht als Himmelspflanzen 137, 4

christlich.

Und deine heilige christl. Kirche regieren 443
Daß er verderb, was christlich ist 271, 6
All christlich Obrigkeiten, unsre Schul 81, 2
Christlich zu leben, seliglich zu sterben 83, 5
Ich christlich könne leben sonder Trug 309, 12
Nur um das, was christlich heißt 13, 10
Vor dir christlich wandeln für u. für 717, 8
Hilf mir, o großer Gott, recht gläubig, christlich leben 9, 5
In Ruh u. Frieden bringen christlich zu 555, 11
Hoffart laß uns meiden, christlich leiden 28, 4

---

1) Fehlt vielfach.

Hilf mir, daß ich christlich leben — kann 259, 4
Nur daß ich christlich leben mag 468, 9
Soweit es christlich ist 536, 5
Christlich regiere Leut und Land 545, 2

Christus.

Zum Kindelein, das heißet Jesus Christ 51, 3
Es ist der Herr Christ, unser Gott 662, 3
Wie herrl. ists, e. Schäflein Christi w. 727, 1. 6.
Hast auch in Christo mich erwählt 366, 5
O selger König, Jesu Christ 253, 6
Der König der Ehren Jesus Christ 210, 1
Daß der König Jesus Christ 717, 1
Christus wehret allem Leid — Christus ist die Gnadensonne 197, 1—4
Christus bringt Freud 743, 3
Loben mit allen Engeln droben den lieben heilgen Christ 105, 1
Der heilge Christ ist da 105, 4
Thust beweisen durch Christum 258, 6
Das macht Christus, wahr Gottes Sohn 487, 2
Christ ist erstanden von der Marter alle 75, 1
Mein Heiland Christus aufersteht 202, 1
Lebt Christus, was bin ich betrübt 202, 8
Christus, der begraben lag 49, 1
Nun ist Christus unser Leben 49, 4
Christ fuhr auf gen Himmel 73, 1
Christus — sitzt zur Rechten Gottes 73, 2
Mir nach, spricht Christus, unser Held 485, 1
Christus läßt mich für und für 460, 6
Der Grund, da ich m. gründe, ist Christus 405, 3
Was Christus mir gegeben 405, 3
Ach, bei Christi Kreuzesfahne geht es 593, 6
Und Christus wird die Welt erschrecken 591, 3
Die Seele Christi heilge mich 130, 1
O Jesu Christ erhöre mich 130, 4
Hat Christus sich mir kund gegeben 691, 3
Christum unsern Heiland nennen 543, 5
Dieweil ich Christum kenne 665, 8
Christus mir ewig ersehen 70, 3
Bürden, die Christum, das Kleinod 70, 7
Weil er Christum aufgenommen 25, 2
Setzt ihr Vertrauen auf Christi Tod 203, 6
Weil ich in Christo bin 203, 6
Sein Sünd erkennet, Christum ergreift 15, 4
Auf Christum will ich bauen 48, 2
Wer aber Christum liebet 235, 5
Das helf uns Christus, unser Trost 509, 8
Hab ich doch Christum noch 676, 1
Christus, der ist mein Leben 78, 1
Zu Christ, dem Bruder mein 78, 2
Nach Christo steht unser Begier 745, 7
Durch wahre Reu m. Christo auferstehet 572, 7
Himmelr. durch Christum zu ererben 295, 4
Wer sich in Christo nicht bereit' 417, 10
Mit Christo haben ewig Freud 417, 15
Bin in Christo nun geschaffen 704, 17
Ich bin in Christum eingesenkt 330, 1
Ein fremde Huld in Christo all versöhnet 146, 3
Durch Christi Tod verneut 146, 3
Christus hilft uns aus aller Not 15, 6
Daß man sie zu Christo führe 437, 1
Auf Christum sich zu gründen 636, 1
Hangen an Christo als ein Glied 37, 6
Himmelauf Christo zugewendet 156, 1
Daß wir dein Teil in Christo werden 243, 3
Meinen Lauf durch Christi Tod vollende 339, 8
Satan beut an den Streit Christo 47, 1
All denen, die bei Christo stehn 472, 2
Wer Christo folgt, der muß mit ihm 472, 2
Da Christi Schäfelein in lauter Rosen 472, 7
Ich will erzählen — vor Christo 472, 9

Creatur.

So freudenreich aller Creature 114, 1
Die Sonn, die Erd, all Creatur 181, 4
Suchs bei keiner Creatur 169, 2
Und alle Creaturen führt 745, 4
Kein Creatur wird mich, den du liebest 193, 10
Muß die Creatur mir immer dienen 619, 13
All Creatur bezeuget das 417, 5
Ich hab die Creatur weit mehr geliebt 704, 2
Wer bin ich unter Mill. d. Creaturen 205, 6
Wer auf d. Spur geht als neue Creatur 651, 5
Da wir mit der Creatur seufzen 527, 4
Alle Welt u. Creatur ist unser Gott 681, 13

Cymbeln.

Mit Harfen und mit Cymbeln schön 672, 3

D.

Dach.

Stärkt des Hauses Grund u. Dach 661, 13

daheim.

Daheim in meiner stillen Ruh 399, 13
Da bin ich dann daheim in Gottes Haus 733, 4

daherfahren.

Sie fahren hoch daher mit Pracht 588, 2

dahergehen.

Wenn Unglück geht daher 353, 3

daherstreichen.

Sorg und Kummer daherstreichet 196, 5

dahinein.

Schickt das Herze dahinein 389, 10
Da sehn ich mich hinein, wo Jesus 594, 6

dahinfahren.
Ich fahr dahin mein Straßen 579, 1
Mit Fried u. Freud ich fahr dahin 400, 2. 487, 1
Mein Gott, wann fahr ich doch dahin 144, 12
Mit Fried fahr ich dahin 78, 1
Und fährt wie ein Strom dahin 33, 6
Laß fahren dahin, sie habens k. Gewinn 161, 4
dahinfallen.
Fällt Herz und Mut dahin 203, 2
dahinfliehen.
Wie fleucht dahin der Menschen Zeit 723, 1
dahinfließen.
Fleußt dahin als wie ein Fluß 17, 2
dahingehen.
Es geht dahin, wird matt u. krank 165, 1
Wir gehn dahin und wandern 510, 2
Mancher Tag geht so dahin 17, 3
dahinkommen.
Dahin zu dir auch kommen 144, 8
O wann werd ich dahin kommen 432, 2
dahin sein.
Und wenn dahin ist ihre Zeit 532, 6
Herr, es ist — wiederum e. Tag dahin 268, 1
So fern der Ost vom Abend ist unsre Sünd dahin 513, 2
Denn deine Macht, die ist dahin 607, 4
dahinten.
Ihr Sünden bleibet weit dahinten 381, 4
Laß, was irdisch ist, dahinten 169, 2
Vergiß nun, was dahinten ist 670, 3
daliegen.
Tod und Hölle liegen da 646, 1
Daß endlich d. Feinde zu Füßen daliegen 299, 6
Und eh er sichs versiehet, so liegt er da 362, 5
Dämmrung.
Und in d. Dämmrung Hülle so traulich 112, 2
Dampf.
Duldest du gleich manchen Dampf[1]) 608, 1
Gleich wie e. Dampf verschwinden 341, 5(7)
dämpfen.
Und dämpfe Sturm und Wellen 405, 2
Der den alten Drachen dämpfet 217, 7
Die Lust des Fleisches dämpf in mir 310, 3
Dämpfe Fleisch und Blut 597, 5
Ja dämpfen gar den Tod 36, 3
Doch Gottes Held[2]) sie dämpfte 572, 2
Alle Feind durch Christi Sieg gedämpfet 572, 5
Und dämpft der Feinde Toben 547, 8
Weil d. Teufels Macht u. List gedämpft 607, 6
Und zu dämpfen Pfeil und Eisen 735, 4
So gnädiglich meine Not gedämpfet 156, 1
Dämpf in uns Pein, Angst u. Schmerzen 428, 6
Laß mich auf keine Weise dämpfen 538, 5
Wenn ich des Fleisches Lüste dämpf 298, 10
Und böse Lüste dämpfen 752, 8
Teufel, Welt u. Fleisch zu dämpfen 18, 7
Hilf mir meine Feinde dämpfen 641, 9
List durch Christi Sieg mög dämpfen 577, 6
Mit Gott den Feind zu dämpfen 153, 12
Sünd und Welt zu dämpfen 318, 7
Er will durch sein Kämpfen deinen Trost — dämpfen 599, 1
Und dämpft daneben manch Angst 203, 11
da(r)nieden.
Mein großer Jammer bleibt darnieden 184, 5
da(r)nieder liegen.
Da der Welt Fürst darnieder lag 181, 4
da(r)nieder stürzen.
Was kämpfet wider deine Glieder, stürze darnieder 68, 2
Daniel.
Am Daniel wir lernen das 270, 8
Dank.
I. für leibliche Gaben.
Ach wär ein jeder Puls ein Dank 524, 2
Für unsre Nahrung sagen Dank 540, 6
Dir Vater sag ich Dank 630, 2
Dafür bringen Preis und Dank 40, 9
Dir Lob und Dank zu geben 352, 1
Sag ich dir Lob und Dank 54, 1
Dank sei Gott in der Höhe 81, 1
Dem man läßt innig klingen mit Fleiß Dank 735, 2
Dir sei Dank, daß du uns den Tag 314, 2
Dann sei dir unser Dank gebracht 660, 6
Lob und Dank sei dir gesungen 714, 2
Immer sagen Lob und Dank 701, 6
Preis, Dank u. Herrlichkeit gehört dir 524, 13
Hab Preis u. Dank für d. bisher'ge Treue 63, 2
Mit hohem Preis und Dank bereit 82, 1
II. für geistige Gaben.
Gott sei Dank durch alle Welt 238, 1
Laßt uns ihm Dank erweisen 508, 1
Tausendmal sei dir, liebster Jesu Dank dafür 383, 1—7
Für deine Pein u. Schmerzen, o Jesu, Lob und Dank 709, 4
Kommet, daß wir Dank erweisen 428, 1
Dir sei auch viel Dank bereit 49, 8
Gott sei Dank, der uns den Sieg 607, 7
Lob und Dank sei Gott allzeit 754, 5
Lob, Ehr u. Dank u. Herrlichkeit sei dir 137, 9
Und Dank für seine Gnade 29, 1
Was kann ich doch für Dank — sagen 687, 1
Habe Dank für deine Liebe 602, 1
Herr Jesu, dir sei Preis und Dank 285, 1
Hierfür bringen Preis und Dank 40, 8
Dank hab, o Tod, du führest mich 400, 2
Nun bin ich durch, Gott Lob u. Dank 472, 3
Dir sei Dank ohn End und Zahl 220, 1
Der Dank — in aller Dank sich mische 349, 1
Großen Dank für deine Seligkeiten 349, 11
III. allgemein.
Dies ist mein Dank, dies ist sein Wille 725, 5
Mein erst Gefühl sei Preis u. Dank 459, 1
Dein Priestertum muß Dank — bringen 233, 2

1) Var. Bernb. G. endlich ist der Sieg bereit. 2) Var. Anh. G. jedennoch er.

Zu Preis und Dank mit Lobgesang 4, 7
Ruhm, Preis und Dank erteilen 237, 1
Sei in uns allen ihm bereit Dank 251, 1
Mein alles dir zum Dank ergeben sei 96, 4
Lieb ist der Dank, der Lobgesang 50, 1
Deines Dankes Saitenspiel 494, 11
Fordern ja von mir den Dank 309, 5
Du hast viel Dank verdient 122, 5
Laßt uns Gott d. Herren Dank sagen 511, 1
Wir sagen dir Lob, Ehr und Dank 544, 6
Tausendmal sei dir — Dank dafür 762, 1—11
Herr, mein Gott, Preis, Lob u. Dank 762, 12
Mein Dank ein süßer Weihrauch ist 623, 2
Mit Dank u. Ruhm aus allen Kräften 777, 7
Preis, Dank in Ewigkeit 248, 3
Da will ich dir — Lob u. Dank singen 298, 15
Drum sag ich Dank mit m. Gesang 743, 4
Bessern Dank ich dorten geb 371, 6
Wird Lob u. Dank, Herr Jesu, schallen 21, 10
Soll dich — dann mein Dank erheben 275, 8
Mit verhärtetem Gemüte d. Dank erstickt 725, 1

dankbar.

Laß mich dir dankbar werden 560, 1
So will ich dir stets dankbar sein 308, 6
Für alle Treu nichts, als daß ich dankbar sei 316, 1
Sollt ich ihm nicht dankbar sein 625, 1
Dir dafür recht dankbar sei 17, 4
Ihm allzeit dankbar sein 258, 1
Sprich dankbar froh: Also, also hat Gott 50, 2
Allezeit ein dankbares Gemüte 534, 3
Gott loben und dankbar sein 76, 1
Nun soll ich mich erzeigen dankbar 407, 7
Und ewig dankbar sein 36, 10
Will ich ewig dankbar sein 383, 8
Damit wir dir dankbar sein 429, 7
Darüber fröhlich und dankbar wird 16, 1

Dankbarkeit.

Drum preis' ich dich in Dankbarkeit 234, 9
Drum will ich jetzt zur Dankbarkeit 284, 4
In Dankbarkeit ergießen 165, 6
Daß Dankbarkeit auf Erden nicht 698, 1
Aus Dankbarkeit will ich allzeit 120, 3
Dir Lieb und Dankbarkeit bezeigt 474, 2

danken.

I. für leibliche Gaben.

Nun danket alle Gott mit Herzen 499, 1
Gott, ich danke dir von Herzen 219, 2
Wir danken Gott für seine Gaben 748, 1
Wir danken dir, Herr Jesu Christ 748, 3
Mein Herz sich zu dir wendet u. danket 518, 1
Wir danken dafür inniglich 660, 2
Drum danke ich mit Herz u. Mund 666, 11
Mit dankendem Gemüte freu ich mich 264, 2
Wir danken dir, daß deine Treu bei uns 534, 1
So danket nun dem lieben Herrn 501, 6
Es danken dir die Himmelsheer 610, 2
Drum dank, ach Gott, drum dank ich dir 610, 4
Ach danket, danket Gott mit mir 610, 4
Und sollen billig danken dir 270, 1
Wir billig loben dich u. danken dir 270, 11
Und danken dir für solche große Gnade 534, 4
Mein Leben dank ich deiner Hand 366, 4
Wir danken dir, Herr Jesu Christ 83, 1
Zu danken und zu loben dich 83, 6
Wir nachmals mit Freuden danken dir 711, 7
O frommer Gott, ich danke dir 532, 1
Danket nun dem großen Schöpfer 455, 5
Ich habe dir zu deiner Zeit gedankt 326, 3

II. für geistige Gaben.

Jesu, wie soll ich dir danken 197, 3
Und dank ihm des in Ewigkeit 209, 7
Wie soll ich immer danken dir 662, 8
Des danket Gott in Ewigkeit 663, 6
Ich danke dir, daß du e. wahrer Mensch 14, 1
Mit unserm Munde danken dir 421, 7
Nun, ich danke dir von Herzen 383, 8
Ich danke dir von Herzen, o Jesu 542, 8
Wir danken dir, Herr Jesu 744, 745, 746, 1
Wir danken dir, o Gotteslamm 102, 3
Für d. Tod u. alle Wohlfahrt danken 547, 8
Ich danke dir für deinen Tod 335, 1
Dir dank ich für dein Leiden 560, 5
Dir dank ich für dein Lieben 560, 6
Für dsn. Trost — dankt dir alle Welt 202, 12
Wir danken dir, Herr Christ 115, 2
Des danken wir in Ewigkeit 303, 1
Das danken wir dir allzugleich 303, 5
Gott sei gedankt, der uns den Sieg 572, 1. 8
Dann sollen wir ihm danken mit Herz 508, 3
So danket nun dem lieben Herrn 501, 6
Und danken Gott aus höchster Begier 41, 1
Herr Jesu Christ das dank ich dir, das dank ich dir 668, 1
Dank ihm für diese Liebe 254, 1
Ich dank es ewig deiner Gnade 777, 3
Ich danke dir mit andern Armen 292, 1
Für die Kraft in d. Wort dankt dir 292, 2
Für die Befestigung darin dankt dir 292, 3
Für d. Gnaden in d. Zeit dankt dir 292, 5
Ja Mund u. Herze soll dir danken 292, 6
Wir danken dir, daß deine Gnad 547, 2
Dir für u. für v. ganzem Herzen danken 295, 6
Ich dank dir Christ, o Gottes Sohn 675, 8
Wir danken dir, o treuer Gott 747, 1
Danke für die Gaben 149, 7
O heilger Geist ich danke dir 244, 5

III. allgemein.

Nun danket all und bringet Ehr 500, 1
So danken Gott u. loben dich die Heiden 192, 2
Herr Gott, wir danken dir 271, 1. 272, 4—8
Man dankt dir, eh die Sonn aufgeht 89, 1
Drum danket seinem Namen 64, 1—6
Das danke seinem Namen 64, 7
Dank ihm meine Seele 90, 1
Gehorsam sein und danken 260, 5
Und danken alle beide 732, 6
Wir danken dir mit Herz u. Mund 163, 2
Singet und danket unserm Herrn 352, 2
Dankt ihm und seinem lieben Sohn 87, 1

Das danken wir dem lieben Herrn 87, 4
Ihm ewiglich zu danken 254, 5
Für und für ewig, ewig danken dir 762, 12
Ach ich k. dir nimmermehr danken gnug 220, 7
Danken dem auch für und für 419, 2

Danken.

Die Zeit auch heilig bringen zu mit Danken 260, 4
Des Heilands Fest m. Danken zu begehen 50, 1
Ich will mit Danken kommen 365, 1

dankerfüllt.

Von dankerfüllten Zungen sei dir 237, 2

Dankgeschrei.

Mit Ruhm und Dankgeschreie 58, 11

Danklied.

Seinem Gott ein Danklied hören 735, 1
All m. Leben soll dir Dankeslieder geben 735, 3
Blick auf der Deinen — Dankeslieder 550, 1

Dankopfer.

Dir Dankopfer schenken 551, 1

daraufdrücken.

Gott drückt das Siegel drauf 339, 8

darbringen.

Sie bringen ihre Palmen dar 248, 3

dareinreden.

Und red ihm nicht darein 355, 18

dareinsehen.

Ach Gott vom Himmel sieh darein 10, 1

dargeben.

Es ist euch dargegeben 199, 2
Gieb dich ihm selbst zum Opfer dar 51, 9

darniederschlagen.

Da schlägt es ihn darnieder 212, 5
Schlägt dich Unglück auch darnieder 217, 3
Der sie all schlägt darnieder 716, 2

darstellen.

Der du dich hast dargestellt als e. Opfer 375, 1
Du hast für mich dich dargestellt 347, 2
Das er hat allen dargestellt 64, 6
Und zu seinen Füßen sich darstellen 222, 7

dastehen.

Wir wollen d. Vater zum Opfer dastehn 299, 1

dauern.

Ich weiß, was ewig dauert 360, 2

David.

Hosianna Davids Sohn 408, 4
Hosianna, Davids Sohne 320, 1. 12
Herr Jesu, Davids Sohn, dein Reich 562, 1
Denn er ist Davids Reis 447, 4
Du Siegesfürst, Held, Davids Sohn 28, 6
Zu Bethlehem in Davids Stadt 663, 2
Du Sohn Davids aus Jakobs Stamm 734, 1
Von Sünden abgewaschen sein, wie David u. Manasse 279, 5[1])
O wahrer Gott, o Davids Sohn 577, 3
Er ist der Held aus Davids Stamm 51, 4
Held aus Davids Stamm 602, 6
Wo kämen Davids Psalmen her 367, 5

davonbleiben.

Ist dir wohl, so bleib davon 386, 6

davon müssen.

Wann ich muß hie davon 353, 2

davon tragen.

Trägt auch d. Kron des ewgen Lebens nicht davon 485, 7
Du hast und trägst davon den Sieg 58, 11
Und träget — hier Qual und dort die Höll davon 685, 3

dawider.

Wenn alle Welt dawider ficht 243, 5

Decke.

Es verlanget mich zu sehen ohne Decke dein Gesicht 529, 2
Nur die Decke vor den Augen 322, 7
Auf dem gloriosen Throne ohne Decke 583, 3

Deckel.

Muß ihrer Schalkheit Deckel sein 754, 4

decken.

Lamm, es deckt dich keine Nacht 733, 2
Mich des Höchsten Arm gedeckt[2]) 625, 2
Sein auserwählte Seel mit Adlersflügeln decken 153, 7
Deckt mich doch in meiner Not Gott 599, 6
Weil mich m. Flügeln decket m. Heiland 405, 6[3])
Decke mich mit deiner Güte 268, 4
Jesus will mich decken 381, 2
Gott decket sie mit seiner Hand 404, 4
Decke mich von oben vor d. Feinde Toben 315, 2
Mit deiner Güte decke uns 660, 6
So ist ers, der uns schützt und deckt 243, 7
Was thut er drunter decken 199, 3
Wenn die Seraphim sich decken 583, 3
Er deckt den Tisch für meine Seel 109b, 5
Für alle Sünder e. reichen Tisch gedeckt 266, 8
Mein Jesus will sie decken mit s. Lieb 738, 8
Herr laß deine Liebe decken m. Sünden 255, 8
So ein Zeugnis, das uns deckt 47, 9
Und decken unsre Schanden 149, 4
Laß es bald — d. Purpurmantel decken 437, 4

Deine (der, die, das).

Hilf den Deinen und bekehre 642, 5
Ich weiß, daß ich der Deine bin, der Deine 467, 21
Den, der sich den Deinen nennet 359, 3
Sie ist die Deine u. kostet dir dein — Blut 59, 6
Nimm dich auch der Deinen an 259, 4
Uns den Deinen, die dich kennen 602, 8
Daß du stets bei den Deinen seist 647, 2
Mancher von den Deinen dich — vergißt 698, 2
Verricht das Deine nur getreu 719, 7

deinetwillen.

Sollt ich noch mehr um deinetwillen leiden 4, 6

Demut.

Deine Demut hat gebüßet m. Stolz 383, 7
Deiner Demut Bild mir anlege 718, 8
Demut war bei Spott und Hohne 255, 7

---

1) Fehlt Bernb. G. 2) Var. Anh. G. bedeckt. 3) Fehlt Bernb. G.

Die Kinder lieben u. wahre Demut üben 142, 5
Ein Herz, das Demut übet 486, 3
Demut und Sanftmut halt 467, 18(17)
Vor seinem Glanz in tiefste Demut ein 51, 8
Und sich in Demut versenken 323, 5
Daß ich Demut von dir lern u. Geduld 371, 6
Und mich zur Demut führe 310, 4
Ob ihr ihm auch nachgehet in Demut 657, 1
Wo Zucht und Demut tritt herein 28, 4
Worinnen d. Demut u. Einfalt regieret 169, 5
Selig sind, die Demut haben 419, 2
Ehr und Dank in Demut bringen 586, 5
Im Glücke Demut, Mut in Not 214, 4
Und im Glück voll Demut sei 316, 7
Auch mit d. Demut mich vor allem kleide 561, 6
Voll Demut, sanft und linde 359, 3
Denn wenn das Herz an Demut leer 359, 5
In Demut willig und in Liebe frei 569, 4
Laß mich in Demut leben 13, 4
Gieb, daß ich Demut übe 368, 3
Seine Hände müssen wir stets in Demut küssen 683, 2

demütig.

Daß ich im Glück demütig möge sein 294, 4
Demütig und ohn Heuchelschein 534, 6
Demütig bitt, wend d. gnädig Angesicht 666, 1

Demütigkeit.

Mein Herz ist voll Demütigkeit 485, 3

demütiglich.

Und bitt demütiglich 675, 9
Wir bitten dich demütiglich 547, 11
So bitt ich dich demütiglich 143, 1
Ich bitt demütiglich, wollst mir m. Sünd 54, 2
Ich suche Gnad demütiglich 700, 4

denken.

I. Gott.

Denk, daß ich am Leibe dein e. Glied 172, 3
Er dacht an sein Barmherzigkeit 502, 4
Denkt stets an seinen Bund 365, 4
Daß Gott im besten meiner denkt 480, 8
Weine nicht, Gott denkt an dich 696, 2
Noch immerfort an uns gedacht 107, 11
Und denkt nicht, was sie sonst gethan 471, 5
Der an ein Tier gedacht 36, 6
An uns — hat er schon längst gedacht 36, 7
Vor Gott wird ihrer schlecht gedacht 424, 7

II. Mensch.

Denke daran, was der Allmächtige kann 445, 4
Glaubets doch und denket dran 390, 4
Und denkt im Glauben ungekränkt 480, 8
Denke, wie dein Heiland that 608, 3
Denk meiner Lieb 620, 4
Drum laß nichts anders denken mich 554, 3
Mitten in Not denk ich an Gott 4, 4
Ach ich kann an Gott nicht denken 26, 3
Denk ich bald an deine Pein 372, 1
Deinen — Tod, dieweil ich lebe, denken 284, 1
Daran laß mich ewig denken 584, 7
Öfters denkt man: dies und dies 661, 7
Denkt, es sei des Herren Will 661, 12
Nimms wohl in acht und denke dran 149, 1
Denk an den Kauf in deiner Tauf 609, 2
Doch keiner denkt daran 698, 2
Halt ein, wo denkst du hin 135, 14
Die ihr oft denket, wie doch wohl 472, 6
Gutes denken, thun und dichten 439, 2
Das will ich denken, thun u. treiben 340, 10
Dies laß mich denken, lieben, treiben 647, 3
Was wir davon denken — ist ein Schatten 650, 3
Und denkt, wer wills ihm wehren 203, 7
Oft denkt der Mensch in seinem Mut 362, 3
Du denkest zwar, wenn du nicht hast 341, 3
Ob ich gleich denke dies und das 730, 2
Denk nicht: Zur Buß ist noch wohl Zeit 631, 3
Denk nicht: Wohlan, ich greife zu 53, 6
Und denkt nicht einmal dran 679, 3
Ach wie oft schon dacht ich doch 40, 6
Denk, daß die lieben Kindelein 734, 7
Denk nicht in deiner Drangsalshitze 721, 5
Denk ferner, daß du als ein Mann 38, 3
Ja denke, daß ohn Streit und Sieg 38, 3
So lang ich denken kann 329, 2
Du kannst, was nie kein Mensch gedacht 165, 3
Viel besser, als man denken 243, 7
Gott kann besser, als wir denken 229, 1

III. Satan.

Eh ers vermeint und denket 37, 2

Denken.

Denn was dein Denken nicht kann fassen 59, 2
Das alles Denken übersteigt 340, 2
Weils über alles Denken ist 647, 2
Laß all mein Denken und Beginnen 647, 3
Die über alles Denken geht 248, 4
Unser Denken fehlt und trügt 661, 8

Denkmal.

Ein Denkmal seiner Wunder stift 292, 5
Soll seines Namens Denkmal sein 540, 6
Solch ein Denkmal selbst gestiftet 413, 7

dennoch.

Dennoch bleib ich stets an dir 95, 1
Wir wagens dennoch, dir zu nahn 452, 1
Laß ich dennoch Jesum nicht 391, 6
Laß — Jesum dennoch nimmermehr 391, 8

dergestalt.

Heilt und hielt mich dergestalt 40, 7

deuchten.

Sein Licht dir noch ferne deuchten 449, 3

deuten.

Die nur Gottes Geist kann deuten 596, 6

Deutschland.

Nimm nun wieder dein Saitenspiel hervor, o Deutschland 235, 1

diamanten.

Der Fels — der diamanten ist 360, 4

Diamanten.

Diamanten sind zu dunkel vor d. Glanz 583, 6

dichten.

Gutes denken, thun und dichten 439, 2
Was ich dichte, was ich mache 309, 3

Dichten.

Mein Dichten ist v. Jugend auf sehr bös 704, 14
All mein Dichten, all mein Trachten 374, 3
Du wirst fürwahr mit allem d. Dichten 138, 2
Der Sünder eitles Dichten 108, 3
Solls sein, so sei's ohn Dichten 736, 1
Unser Thun und Dichten 129, 3

Dieb.

Gleich e. Dieb u. Mörder da gehangen 554, 5
Daß Dieb und Mörder unser Gut 444, 5

Diebsgewinn.

Verstockten Sinn und Diebsgewinn 310, 6

dienen.

I. Engel.

Das Kind, dem alle Engel dienen 133, 1
Dir dienen alle Cherubim 28, 2
Dem tausend Engel dienen 142, 1
Mit Ehrfurcht dienen dir Seraphim 248, 2
Um den die Heilgen dienen 360, 3
Laß dir tausend Engel dienen 646, 2

II. Mensch.

a) Gott.

Ihm zu dienen Tag und Nacht 520, 2
Dienet ihm, wer dienen kann 33, 1
Daß wir dir willig dienen 359, 1
Hier und dort ewig dienen 204, 15
Mit reinem Herzen dienen 556, 3
Damit man stets an d. Ort dir diene 498, 7
Dem laß uns stets dienen 597, 8
Laß mich eifrig sein beflissen, dir zu dienen 262, 2
Was ist schöner als Gott dienen 247, 4
Hoff auf ihn und dien ihm gern 707, 6
Zu dienen ihrem Herrn und Gott 748, 2
Daß ich dir diene hier und dort 687, 8
Dienen Gott vor seinem Thron 31, 4
Dem, der ihm dient allhier 652, 1
Dir zu dienen Kraft verleih 281, 6
Dir zu dienen mich befleiße 281, 9
Und deinem Namen dienen 737, 2
Stets dienen dir, wie dirs beliebt 753, 19
Daß ich christlich leben und dir heilig dienen kann 259, 4
Dir dienen noch die kurze Zeit 393, 8
Wir dienen dir hinwieder 144, 6
Von dir verklärt will ich dir dienen 14, 11

b) dem Nächsten.

Dem Nächsten gerne dienen 534, 6
Gern dienen jedermann ohn Eigennutz 709, 7
Drum diene deinem Nächsten gern 622, 2
Auch nicht gedient mit will'ger Hand 704, 5
Zu dienen mach uns all bereit 655, 6
Dem Nächsten treu zu dienen 537, 8
Und wo dein Hand ihn' dienen kann 134, 5
Dem Nächsten stets zu dienen seid bereit 668, 1
Dien jedermann, soviel ich kann 310, 7
Sich in wahrer Liebe dienen 300, 5
Zu dienen treulich seiner Welt 399, 10
Daß ich Armen helf und diene 419, 11
Schau, ob ich jemand dienen könn 260, 6

c) der Sünde.

Willst du der Sünde länger dienen 471, 7
Daß ich soll dienen ihr 467, 22[1]

III. allgemein.

Geduld dient Gott zu Ehren 203, 10
Sein Nachmahl dient wider allen Unfall 511, 5
Luft und Erde wird ihm dienen 758, 3
Dient es nicht mir u. meinem Leben 599, 8
Und was dienet deiner Ehr 271, 1
Es dient zu meinen Freuden 542, 7
Denn ihm muß alles dienen 171, 3
Was ihnen dient zur Lebenskraft 446, 5
Gieb, was uns dient zu jeder Zeit 82, 9
Was dienet zum göttlichen Wandel 169, 7
Was dient zu meiner Seligkeit 293, 2
Wenns dienet eurer Seligkeit 512, 11
Es dient zum Besten allezeit 11, 11
Muß mir zum Besten dienen 724, 5

Diener.

Durch Mosen seinen Diener treu 134, 1
Daß wir dein treue Diener sein 746, 2
Ich will dein Diener bleiben 106, 11
Als Diener um sich sehn 171, 3
Nun hilf uns, Herr, den Dienern dein 271, 4
Als deine Diener, deine Hausgenossen 569, 4
Der Sonnen Strahl sind deine Diener 540, 3

dienlich.

Was unserm Herzen dienlich sei 681, 10
Was dienlich sei dir und den Deinen 341, 4

Dienst.

Sich in andrer Dienst verzehren 255, 2
Zu seinem Dienst euch stellt 506, 1
Welchem alle Dinge zu Dienst — stehn 145, 1
Allzeit an deinen Dienst und Ehr 580, 8
Mit reinem Geiste dir Ehr u. Dienste 769, 2
Und dir Ehr und Dienst erweisen 422, 4
Herren waren u. nun zu Dienste stehn 171, 3
Und den Dienst, den dir allein wir 642, 3
Gott seinen Dienst und Ehre 295, 3
Und im Geist dir Dienst erweisen 226, 4
Mit rechtem Dienst sie lobt u. ehrt 271, 2
Stets zu deinem Dienst erneu 687, 6
Die in seinem Dienst sich üben 625, 1
Daß ich dir zum Dienst m. ganzes Herz 151, 6
Jesu, dir zum Dienst ergebe 26, 8
In deim Dienst beständig bleiben 412, 3
Meine Taufzusag z. Dienste dir verbindet 260, 3
Daß ich mich — zu d. Dienst ergebe 286, 3
Stets in deinem Dienste stehn 59, 1
Die — sein' Dienst annehmen 222, 3
Zum Nutz u. Dienst des Nächsten mein 296, 2
Von dem Dienst der Eitelkeiten 527, 4
Bei ihrem Dienst der Sünden 420, 3
Hat er mir zum Dienst bestellt 625, 6
Die Erden müssen uns zu Dienst werden 429, 2
Ist zu seinem Dienst bereit 384, 2

---

1) Fehlt Anh. G.

Dies Haus, o Herr, ist d. Dienst geweihet 550, 2
Zum Dienst der Sünden kein Christ 769, 11
Welchem alle Dinge zum Dienst 145, 1
Dem Erd u. Meer zu Diensten steht 563, 1

dienstbar.

Deinem Scepter dienstbar sein 321, 4

Dienstbarkeit.

Nicht fremde Dienstbarkeit erdulden 320, 4

Ding.

I. Gott.

O Vater, aller Dinge Quell u. Ursprung 547, 3
Dein Gott, der Ursprung aller Ding 355, 13
O Herr, du Schöpfer aller Ding 662, 9
Der alle Ding erhält allein 209, 3
Doch aller Ding ein Herre 197, 3
Halten wirst ohn Aufhören alle Dinge 525, 1
Der Schöpfer aller Ding 447, 3
Und den Monarchen aller Dinge 685, 4
Und singe dem Schöpfer aller Dinge 671, 1
Deine größten Dinge beginnest du still 158, 5
Herrschest in allen Dingen 81, 6
Der alle Ding vermag 54, 6
Hilf uns, Herr in allen Dingen 311, 1—4
Er muß zu allen Dingen 399, 1
All Dinge sind ihm unterthan 745, 5
Dem, welchem alle Dinge zu Dienst 145, 1
Und große Dinge thut 500, 2
Der große Dinge thut an uns 499, 1
Der Herr hat große Ding[1]) gethan 63, 2. 703, 4
Große heilige Dinge werden 223, 3
Denn ich seh in allen Dingen 625, 1

II. Mensch.

Nicht jedermannes Ding es ist 537, 1
Du sollst ja guter Dinge sein 356, 6
So wird mein Herz recht guter Ding 11, 10
In allem Kreuz sei guter Ding 735, 7
Alles Ding währt seine Zeit 625, 1—11
Frei von schnöden Dingen 329, 12
Und redt von solchen Dingen 139, 9
So schöne Ding erzählen 139, 11
Kein Ding auf Erd so fest besteht 481, 2
Was strebst du denn nach Dingen 138, 1
In allen Dingen fröhl. Halleluja singen 701, 6
Drum sei in groß u. kleinen Dingen 578, 2
Es kann mich ja kein Ding ergötzen 19, 1
Mit eitlen Dingen plagen muß 340, 7
Laßt uns vor allen Dingen ihm — singen 36, 1
Vor allen Dingen will ich dir 144, 4
Vor allen Dingen lieben dich 30, 3
Wer nach d. Ewigen vor allen Dingen 294, 5
In tugendhaften Dingen 13, 3

Docht.

Und wenn der Docht sein Öl verlor 253, 5
Das glimmend Docht — nicht auslöschet 537, 6

Donner.

Ich sehe deines Donners Macht 366, 10
Blitz, Donner, Wind und Regen 329, 3

donnern.

Es donnert stark und blitzet sehr 189, 1
Auf mich her donnern oder blitzen 333, 8
Wie donnernde Stimmen erschallen 157, 6

Donnerstimme.

O der schweren Donnerstimm 678, 2

Donnerwort.

O Ewigkeit, du Donnerwort 530, 1. 9

doppelt.

Aber, wenn wir doppelt sehen 256, 3

Dorn.

Du wirst gegeißelt u. mit Dorn gekrönet 298, 2
Von den Dornen, die dich stechen 375, 5
Daß mir zu gut du unter Dornen ruhst 567, 2
Und mit Dornen gar gekrönet 383, 4
Mir lässest du dich krönen mit Dornen 580, 7
Sind eure Lüste nicht die Dornen 606, 3
Mußt du hier auf Dornen gehn 61, 6
Was gleich spitzen Dornen sticht 460, 3
Der Same, so auf Dornen fällt 752, 6
Wenn die Dornen abgemähet 464, 2
Daß uns auch die Dornen stechen 464, 3
Mit Dorn und Hecken ausgefüllt 362, 16
Wenn uns die Dornen stechen 476, 8
Es geh durch Dorn und Hecken 724, 6

Dornenbahn.

Wallen auf der harten Dornenbahn 229, 8

Dornenkranz.

Gerührt von seinem Dornenkranze 691, 7

Dornenkrone.

Deine Geißel, Dornenkron 371, 2
Sein Haupt trägt die Dornenkron 461, 2
Zum Spott gebunden mit einer Dornenkron 542, 1
Dein Dornenkron laß sein m. Ehre 553, 5
Dein Haupt mit der Dornenkron 601, 4
Zeigen ihre Dornenkronen 464, 4

Dornenpfad.

Fort auf dem Dornenpfade 44, 10

Dornenspitze.

Die Rosen stehen unter Dornenspitzen 196, 3

Drache.

Der alte Drach und seine Rott 572, 9
Trotz dem alten Drachen 381, 3[2])
Erhebt der alte Drache sich 104, 5
Wirf den Drachen ganz hinaus 299, 4
Der den alten Drachen dämpfet 217, 7[3])

Drandenken.

Daß wir beim Drandenken beschämt 16, 7

Drang.

Ich fühl d. Sehnsucht heißen Drang 349, 11[4])
Die weder Drang noch Grauen 328, 3
Wie lang geschieht uns noch in Babel Drang 703, 6

Drangsal.

Wenn sich Not und Drangsal findt 414, 3
Laß uns keine Drangsal töten 311, 3

---

1) Var. Anh. G. Großes. 2) Fehlt Bernb. G. 3) Fehlt Bernb. G. 4) Var. Bernb. G. ich bin vor auter Liebe krank.

Drangsalshitze.
Denk nicht in deiner Drangsalshitze 719, 5
Wenn ich Drangsalshitze fühle 375, 2

dräuen.
Laß mich laufen, wenn du dräust[1]) 376, 4
Was du gedräut und zugesagt 704, 13
Ob sie noch so dräuen 381, 3[2])
Uns nur ein wenig dräut 203, 2
Und mir mit Verdammnis dräuet 375, 4
Wie heftig er auch dräut[3]) 287, 4

draufgeben.
Ein Herz, das nicht drauf giebt 203, 9

draußen.
Warum willst du draußen stehen 321, 678, 1

dreieinig.
Gepreist in dem dreieingen Wesen 537, 2
Dem dreieinigen[4]) Gott 499, 3

Dreieiniger.
Vom Dreieinigen geliebet 504, 2

Dreieinigkeit.
Der heiligen Dreieinigkeit[5]) sei Lob 278, 4
Der heiligen Dreieinigkeit sei Lob 289, 3
Groß über alle Götter, h. Dreieinigkeit 611, 7
O heilige Dreieinigkeit erhalt uns 545, 1
Du heilige Dreieinigkeit wir loben dich 66, 7

dreierlei.
Herr, gieb mir diese dreierlei 13, 5

dreifaltig.
Vater, Sohn u. heilger Geist, dreifaltig 547, 2
Dreifaltig, heilig großer Gott 137, 1

Dreifaltigkeit.
O heilige Dreifaltigkeit voll Majestät 547, 1
O heilige Dreifaltigkeit, o hochgelobte 546, 1
Werde allezeit schauen die Dreifaltigkeit 31, 3
Heilige Dreifaltigkeit sei gepreist 750, 3

dritte.
So ist er der dritte Mann 778, 3
Am dritten Tag durchs Grab er dringt 202, 3
Der auch am dritten Tag siegreich 254, 3
Bis in den dritt' u. vierten Grad 704, 11

dringen.
Dein Feuer auf mich dringen 366, 10
Dein Auge dringt durch alles sich[6]) 366, 12
Am dritten Tag durchs Grab er dringt 202, 3
Sanfter nichts ins Herz gedrungen 373, 2
Durch Tod und Leben zu dir dringen 412, 3
Durch den Tod zu dir ins Leben dringen 254, 6
Ringe und also zum Himmel dringe 593, 10
Da werd ich zu dem Throne dringen 492, 5
Durch Tod ins Leben dringet 450, 3
Bis man ringt und dringt zu dir 71, 4
Und zu dir dringen seliglich 544, 5
Dringt das Herz zu seinem Herzen 174, 9
Mit List und Macht sie auf ihn drang 572, 2
Das Höllenreich mit aller Macht gedrungen 609, 7
Die auch durch die Gräber dringt 389, 8
Dringe ein, dringe ein, Zion dringe ein 194, 5
Was durch keines Ohr allhier gedrungen 582, 4
Daß den Nöten, die mich drangen 762, 9
Dringt das liebe Kreuz herein 599, 13
Ihn drang d. Sünder Not[7]) u. Schmerz 471, 2

Dringen.
Vom Grimm und scharfen Dringen 235, 5

droben.
Ich will den Herren droben hier preisen 145, 1
Selbst schaun im Himmel droben 106, 12
Die mir droben beigelegt 18, 7
Auf, hinauf, was droben suche 46, 6
Das Erbe, das mir droben beigelegt 382, 7
Droben Friedensstätten uns bestellt 373, 16
Droben ist es still und heiter 634, 4
Laß suchen uns was droben ist 28, 5
Droben bist du eine Würde 174, 7
Welch e. Meer v. Gottesfrieden droben 174, 11
Laß sie nach dem, was droben, stehn 180, 4
Mein Heimat ist dort droben[8]) 329, 7
Und such, was droben, als ein Christ 670, 2
Droben ernten wir unzählig 581, 1

drohen.
Die Feinde deines Kreuzes drohn 123, 1
Droht Straf u. Hölle meinem Rücken 741, 3
Sie lock u. droh auch noch so sehr 467, 22[9])

Drohen (Dräuen).
Verachte Drohen, Lachen 152, 4
Ohne Schelten, Drohen, Schlagen 255, 6
Laßt euch kein Drohn erschrecken 699, 4
Menschensohn, dein mächtig Dräuen 422, 2

drücken.
Du drückst die Augen zu 338, 3
Und an deine Brust mich drückest 602, 2
Und drückt sie mit großer Lust 661, 14
Dich fest an mein Herz drücken 542, 10
Täglich meine Seele drückt 690, 1
Was dich drückt und bestrickt 449, 7
Beginnt das Irdische zu drücken 340, 7
Da, wo deine Herden kein Leiden mehr drückt 574, 7
Er weiß alles, was mich drücket 626, 2
Mich drücket meiner Sünden Last 776, 1
Meine Schuld kann mich nicht drücken 200, 13
Drückt meiner Fehler Menge mich 104, 5
Sollt zum Abgrund drücken mich 590, 3
Leiden fühl ich nicht, wie sie mich auch drücken 90, 4
Die manche Last und Bürde drückt 187, 3
Die Lasten, die mich drücken 580, 6
Will mich des Moses Eifer drücken 741, 3
Drückt mich des Gesetzes Joch 584, 6
Drückt dich gleich ein hartes Joch 696, 1
Und drückt mich sehr der Sünden Last 553, 1
Ohne Ziel mich armen Sünder drücken 279, 1
Wohl mir, daß mich nichts mehr drückt 457, 4
Hier ist Erlösung für alles was drücket 157, 4

1) Var. Anh. G. Wenn du dräuest nicht verweilen. 2) Fehlt Bernb. G. 3) Var. Anh. G. mir auch graut. 4) Var. Bernb. G. dem dreimal einen. 5) Var. Bernb. G. Dreifaltigkeit. 6) Var. Anh. G. So würde mich doch deine Hand da finden. 7) Var. Anh. G. Weh. 8) Var. Anh. G. oben. 9) Fehlt Anh. G.

Kreuzeslast oft die Seinen ziemlich drücket[1]) 217, 2
Genug des Jammers, der mich drückt 184, 2
Daß mich Kreuz und Elend drückt 173, 3

dulden.

Doch hast du mich so gnädiglich geduldt 326, 6
Und duldest so viel Herzeleid 753, 9
Was du dafür zu dulden 26, 6
Das Unrecht will ich dulden 580, 14
Glaubt, lebt, duldet, sterbet den 761, 6
Selig sind, die müssen dulden Schmach 419, 9
Duldest du gleich manchen Dampf 608, 1
Duld ich schon hier Spott und Hohn 381, 6
Do ich schon dulde hier Widerwärtigkeit 665, 8
Soll ich ja dulden Schmerzen 652, 2
So duld ich es mit stillgelaßnem Mut 777, 8

Dulden.

Zum Dulden, Tragen sein bereit 359, 3

dunkel.

Was ich auf Erden dunkel sah 492, 4
Heut, als die dunkeln Schatten 671, 2
Diamanten sind zu dunkel vor d. Glanz 583, 6
Weil es nunmehr dunkel schier 714, 6
Die Zukunft wär ein dunkler Schlund 691, 1
Endlich aus der dunklen Nacht 646, 7
Die dunkle Nacht dringt allenthalben zu 131, 1
Damit die dunkle Sündennacht 764, 4
Laß die dunkle Sündenhöhle 596, 1
So darfst du nicht mehr dunkel sein 133, 4

Dunkel.

Laß uns nicht im Dunkeln wallen 713, 7
Nicht mehr im Dunkeln, nicht von fern 613, 3
Durch unsres Grabes Dunkel bricht 250, 4
Aus dem Dunkel in die Klarheit 406, 5
Ins Dunkel kehr ich ein 96, 7
Vor dem das Dunkel weicht 178, 4

Dunkelheit.

Die Dunkelheit ist da u. alles schweiget 96, 7
Treib der Sünden Dunkelheit weg 115, 2
Wenn du in Dunkelheit mit uns 619, 9
Das Kind — bringt Licht in m. Dunkelheit 133, 1
Ist gegen dich nur Dunkelheit 257, 1

dünken.

Handle mit mir, wies dünket[2]) dir 8, 6
Mich dünkt, da lieg ich schon vor dir 333, 3

Dunst.

Ihr Haß und Gunst ist lauter Dunst 153, 4
Der reichste Zankgewinn ist Dunst 424, 9

durchängsten.

Durchängsten mein Gewissen 563, 3

durchbrechen.

Mit gewaltgem Arm durchbrach 673, 3
Und brechet durch die schmale Bahn 685, 1
So brich denn selbst durch unser Herz 522, 6

Durchbrecher.

O Durchbrecher aller Bande 527, 1

durchbringen.

Zu lang und schändlich durchgebracht 471, 9

durchbohren.

Gnädig die durchbohrten Hände hin 673, 6

durchdringen.

Durchgedrungen durch deine Bande 607, 3
Du durchdringest alles 226, 6
Daß es ja mög durchdringen 547, 11
Es durchdringet Geist und Leben 198, 2
Der Tod durchdrang mein Leben 769, 3
Mein hartes Herze zwingen, wohl durchdringen 554, 6
Thut Mark und Bein durchdringen 326, 8

durchfahren.

Das der Christen Herz durchfährt 425, 6

durchfließen.

Durchfleuß Herz, Sinn u. Wandel wohl 65, 5

durchführen.

Schon durchgeführt ins Vaterland 685, 8

durchgehen.

Die Welt bin ich durchgangen 329, 8

durchgießen.

Und mein ganzes Herz durchgießen 225, 1

durchgraben.

Du reichst uns deine durchgrabene Hand 16, 9

durchleuchten.

Herz und Seel mit deinem Schein durchleuchtet 180, 1
Himmelsglanz es ganz durchleucht 152, 3

durchscheinen.

Wie die Sonn durchscheint das Glas 114, 3

durchstreichen.

Durchstreichen meine Schuld 399, 5

durchsuchen.

Durchsucht zu ihrem Heil das Paradies 203, 8

durchsüßen.

Sein Leuchten durchsüßet alles Leid 405, 9(10)
Sein Herz ist ganz durchsüßet 167, 4

durchwachen.

Nächte seufzend durchgewacht 174, 8

durchwehen.

Durchwehe sanft der Seele Grund 538, 4

durchwühlen.

Wenn sie mancher Schmerz durchwühlet 174, 8

dürfen.

Moses darf mich nicht verklagen 340, 7
So darf ich nicht verzagen 230, 1
Vernunft darf hier nichts sagen 361, 1
Und was man darf zur Leibesnot 655, 5
Was ich darf, kannst du mir geben 281, 1
Der darf des Arztes, den die Krankheit 281, 5

dürftig.

Warst arm u. dürftig, nahmst vorlieb 753, 13
dürftig, jämmerlich und arm 21, 1
Du siehest, wie elend u. dürftig ich bin 574, 3
Dadurch erquicket werd der dürftge Leib 211, 1

Dürftigkeit.

Nicht Überfluß noch Dürftigkeit 82, 9
Sich vermählen dereinst mit ihrer Dürftigkeit 424, 7

---

[1] Var. Bernd. G. bedrücket. 2) Var. Bernd. G. wohlgefällt.

dürr.
Daß du da liegst auf dürrem Gras 662, 9
Unser dürres Land getränkt 218, 7
Denn mein Herz ist dürr wie Sand 225, 1
Ich bin ja nur ein dürres Blatt 205, 6
Im dürren Thal der Welt 176, 3

Durst.
Dein Durst u. Gallentrank mich lab 553, 5
Deinen Durst und Liebsverlangen 611, 2
Im Durst solls sein mein Wasserquell 165, 8
Ihren Durst begehrt zu stillen meine — Seel 20, 3
Den Durst nach deinen Lehren 94, 7
Der Herzen Durst zu stillen 94, 7
Laß sich den Durst nach dir entzünden 470, 4
Vor Durst nach dir verschmachten will 479, 7
Und meiner Seele Durst gestillt 113, 1
Und vor großem Durst verderbe 53, 6
Dem wird der Durst nicht ewiglich 349, 2
Kein Durst noch Hunger wird uns 187, 6
Aber diese Lust erwecket Durst 529, 2[1]

durstig.
Tränke du dein durstig Land 225, 1
Und so oft ich durstig bin 695, 2
Meine Seele, die leer und durstig saße 106, 9
Triefe Lebenstau auf jede durstge Seele 305, 4

dürsten.
Wie hast du gedürst nach der Menschen 602, 7
Als du riefst: Mich dürst' 602, 7
Wie es dürstet, ächzt und brennt 693, 2
Wie er dürstend rang um meine Seele 160, 2
Und dürsten nach deinem Angesicht 103, 5
Alle Seelen, welche dürsten u. hungern 424, 6
Ach wie pfleget mich zu dürsten 596, 4
Wen nun dürstet, soll sich laben 220, 6
Mein Hirte, mich dürstet nach dir 574, 3
Mein Herze dürstet nach dir 477, 12
Ich dürste wie ein Hirsch 477, 13

Dürsten.
Hilf, daß mir dein Dürsten nütze 375, 8
Kein Hunger und kein Dürsten 405, 12(13)
Stille hier dein sehnlich Dürsten 413, 1
Muß nicht dies mein Dürsten stillen 413, 8

Durstige.
Machen Durstge freudetrunken 523, 2

düster.
Wie manchen düstern Morgen 621, 2
Der Tod mag andern düster scheinen 741, 5

E.

eben.
Ungleich soll nun eben werden 645, 4

Ebenbild.
Herr, laß dein heilig Ebenbild beständig 726, 6
Dein Ebenbild gezeuget 547, 3
Du bist des Vaters Ebenbild 547, 7
Sterben als dein Ebenbild 387, 4
Gemacht nach deinem Ebenbild 666, 2
Verkläre stets in mir dein Ebenbild 221, 3

Eben-Ezer.
Wir wollen einen Altar bauen, der Eben-Ezer heißen 720, 8

ebnen.
Da ebnen sich des Meeres Wogen 91, 4

Eckstein.
Christus ist der Eckstein worden 428, 5

edel.
Edle Blum, laß dich recht genießen 200, 14
Sei willkommen, du edler Gast 662, 8
Du edles Angesichte, davor sonst 542, 2
Mit dem edlen Saft des purpurroten Blutes 165, 4
Dein Blut, d. edle Saft hat solche Stärk 763, 9
O daß doch diese edle Glut ohn End[2]) 554, 4
O laß doch ferner, edler Hort 554, 14(8)
Aus seinem edlen Herzen 580, 2
Ist dieser edlen Gabe wert 243, 2
Edler Geist im Himmelsthrone 152, 1
Du heiliges Licht, edler Hort 412, 2
Laß uns dein edle Balsamkraft 543, 4
Der edle werte Gast erlöst uns 203, 4
Was für ein edle Schar kommt dort 369, 5
Sie ist edler als Karfunkel 583, 6
Dort ein edle Tochter zu 661, 4
Meinen Mut zusamt dem edlen Gut 37, 3
Herr dein Wort, die edle Gabe 262, 1
Die ungefälschte Lust u. edle Seelenspeise 135, 8
Verleihe mir das edle Licht 362, 7
Ich danke dir für diese edle Gabe 244, 5
Davon verdirbt der edle Schatz 502, 10
Den güldnen, edlen, werten Fried 355, 6
Ein immer fröhlich Herz u. edlen Frieden 499, 2
Und wie er hab erbauet ein edle neue Stadt 405, 8(9)
Dem Haupt ein edle Kron 203, 12

Edelstein.
Von Edelstein und Gold bereit 662, 10
An m. Ehrenkron d. Edelsteine mehren 153, 6

---

1) Fehlt Anh. G. 2) Var. Anh. G. O möchte diese edle Glut in mir.

Egyptenland.
Heut gehn wir aus Egyptenland 181, 10
Wie dem Volk in Egyptenland 403, 1
Ehe.
Im Stande heilger Ehe 732, 1
Dein Eh sollst du bewahren rein 134, 7
Ehstand.
Wer den Ehstand will erwählen 715, 1
Hier segnet man den Ehstand ein 137, 7
Ehrbarkeit.
Tugend und Ehrbarkeit lieben 81, 4
All Ehrbarkeit zu tilgen ist er stets bereit 270, 5
Ehre.
I. Gott.
Unser Gott u. Herre, dir gebührt d. Ehre 226, 3
Allein Gott in der Höh sei Ehr 29, 1
Lob, Preis u. Ehr sei unserm Gott 251, 1. 4
Ehr u. Macht sei auch dem Gotteslamm 251, 2
Sein Ehr die ganze Welt erfüllet hat 370, 2
Sei Lob u. Ehr dem höchsten Gut 610, 1
Er richts zu seinen Ehren 692, 4
Wer nun verzagt, lästert ihn und Gottes Ehre 388, 3
Die Himmel rühmen des Ewigen Ehre 128, 1
Was zu deiner Ehre geben 628, 7
Was dir gereicht zu Ehren 81, 6
Mein Vermögen dir zu Ehren anzulegen 525, 7
Dein ist das Reich, Kraft, Preis u. Ehr 269, 3
Dein soll sein aller Ruhm und Ehr 362, 18
Voll Eigenlieb und Ehre 153, 2
Der uns erschaffen ihm zur Ehre 506, 2
Ach daß zu deiner Ehre meine Ehre 352, 8
Geduld dient Gott zu Ehren 203, 10
O Seligkeit, dir geben Ehr 248, 1
Laß zu deiner Ehr dein Wort 52, 10
Dem Namen dein — sei ewig Preis u. Ehr 451, 5
Gleicher Gott von Macht u. Ehren 749, 2
Der König der Ehren, Jesus Christ 210, 1
Er ist der König aller Ehren 19, 5
Du suchest deine Ehre wenig 257, 6
O König aller Ehren, Herr Jesu 562, 1
Groß ist der König der Ehren 734, 6
Du König der Ehren, Jesu Christ 271, 3
Den mächtigen König der Ehren 445, 1
Nur dir zu Ehren leben 639, 4
O Haupt, sonst schön gezieret mit höchster Ehr 542, 1
Er ist deins Volkes Israel Preis, Ehre 487, 4
Erhalt dein Ehr und wehre dem 176, 2
Streit für dein Wort und Ehr 81, 3
Der große Fürst der Ehren läßt willig 580, 1
Mit Ehren seine Siegsfahn schwingt 202, 3
Erhalt den Spiegel deiner Ehren 176, 4
Gott mit Ehren ihn gekrönt 42, 1
Laßt uns ihm zur Ehren leben 42, 4
Bringt d. Todesüberwinder ewig Ehre 42, 5
Ihm an Macht und Ehre gleich 644, 4
Komm, rette deines Leidens Ehre 333, 7
Die Sach und Ehr — nicht unser 1, 7
Rett, o Herr Jesu, rett deine Ehr 588, 1
Dir zu jeder Stund Ehr — bringen 586, 5
Nun danket all und bringet Ehr 500, 1
Gebt unserm Gott die Ehre 610, 1—9
Gebet ihm Lob, Ehr und Stärke 429, 1
Bringt unserm Schöpfer Ehre 707, 4
O gieb ihm die Ehre 128, 4
Bringt her dem Herren Lob und Ehr 64, 1
Zur Ehre seines Namens 265, 8
Zu deines Namens Lob und Ehr 83, 6
Ausbreiten deines Namens Ehr 302, 5
Bei dir ist mein Heil und Ehre 690, 4
Und deine Ehr je mehr und mehr 341, 7
Meine Sachen richte dir zu Ehren ein 268, 7
Deines Namens Ehre sein 221, 4
Bestellt zur Wacht zu d. Namens Ehre 163, 1
Breit deines Namens Ehre — aus 274, 1
O heilige Dreifaltigkeit voll Majestät und Ehren 547, 1
Gezieret mit großem Lob und Ehr 365, 7
Weit mehr geliebt als dich u. d. Ehr 704, 2
Das beste Teil sei deine Lieb u. Ehre 362, 9
Es sagt dir deine Christenheit groß Ehr 501, 7
Lob, Ehr und Preis sei Gott 499, 3
Aus aller Kraft Lob, Preis u. Ehr 753, 2
Gebt Gott die Rach und alle Ehr 417, 2
Daß ich m. reinem Geiste dir Ehr — leiste 769, 2
Legen allzeit an deinen Dienst u. Ehr 580, 9
Anbeten dich für deine Ehr 29, 2
Lob, Ehr und Dank und Herrlichkeit 137, 9
Ehr sei dem Vater u. dem Sohn 278, 4. 289, 3
Will ich Ehre dir erzeigen 408, 3
Dir, als Siegesherrn Ehr erweise 28, 3
Gottselig leben — zu Ehren deinem Nam 5, 2
Dasselb annehmen jederzeit m. — Ehre 752, 3
Wie soll ich — dir gnug Ehr erweisen 144, 1
Erzeigen Christo göttlich Ehr 501, 2
Gott Vater, dem sei ewig Ehr 100, 3
Dem alle Welt die Ehre thu 192, 3
Dir hinfort zu Ehren leb 279, 6
Ich werde[1]) dir zu Ehren alles wagen 298, 13
Und dir zu Ehren lebe 286, 3
Ist ewig wert, daß ihm Ehre widerfährt 159, 1
Dir zu Ehren soll mein Sinn 225, 6
Das pflanz in mir zu deiner Ehr 555, 7
Ehr sei Gott in dem höchsten Thron 30, 4
Sei Lob und Ehr mit hohem Preis 183, 13
Uns treibe zu Werken deiner Ehr 81, 7
Zu Ehren seiner Majestät 81, 13
Ehr und Herrlichkeit sei Gott Vater 401, 7
Sei Lob u. Preis mit Ehren, Gott 513, 5
Daß ich d. Hochzeit Ehren möge feiern 220, 10
Aus dem Thron seiner Macht u. Ehren 200, 3
Ihm sei Lob, Ehr und Preis 665, 9
II. Mensch.
Herr, mein Schild, mein Ehr u. Ruhm 219, 6
Gott ist der Väter Haupt und Ehr 139, 3

1) Var. Anh. G. Dann werd ich.

Bei dir ist mein Heil und Ehre 690, 4
Er sei — mein Reichtum, Ehr u. Ruhm 14, 7
Jesu, mein Freud, mein Ehr u. Ruhm 11, 7
Mein Jesus ist mein Ehre 405, 4
Bleib du mein Ehr, dein Wort mich lehr 636, 4
Verstand und Ehr hab ich von dir 666, 4
Mein Amt, Gut, Ehr, Freud 666, 12
Dieser Friede, dfr. Segen bringet Ehre 715, 3
Meine Ehre, deine Schande 71, 7
Daß ich mit Ehren trag all meine grauen Haar[1]) 536, 6
Seinen Lauf mit Ehren kann vollenden 38, 5
Und hebst mich hoch zu Ehren 737, 4
Du giebst gnug Ehr und Schmuck 200, 14
Meine Kron und Ehre sei 375, 3
Muß zu Ehren mir gedeihen 383, 7
Laß sein mein Ehre, Freud u. Wonn 549, 5
Wird allein die Ehre seiner Heilgen sein 319, 4
Und gönnen uns gern solche Ehr 501, 3
Gott wird dort zu Ehren setzen 419, 2
Schau ich in Ehren schweben 369, 6
Jener Herrlichkeit und Ehr 414, 8
Den Rock der Ehr und Herrlichkeit 515, 4
Setzen auf ein güldne Kron der Ehren 99, 4
Mit höchster Ehr und Herrlichkeit 512, 12
Werde kommen zu den Ehren 586, 4
Wen du mit Ehren willst zieren 741, 4
Nimm mich dort mit Ehren an 95, 3
Nimmst du mich dort mit Ehren an 282, 2
Da ist Ehre, da ist Freud — Ehr ohn Neid 494, 3
Hinauf zum Reich der Ehren 532, 6
Er dringt zum Saal der Ehren 37, 7
Die Welt — befördert mich zu Ehren 153, 5
Voll Eigenlieb und Ehre 153, 2
Ich bitte nicht um Ehr und Ruhm 214, 3
Weg, ihr eitlen Ehren, ich mag euch nicht 381, 4
Der zeitlich Ehr will gern entbehren 675, 6
Und mir auch immer zeiget Ehr, Geld 297, 5
Wo wirst du Ehr erlangen 127, 5
Ach wie flüchtig ist der Menschen Ehre 24, 6
Nicht Ehr noch Gut bestehet 665, 6
Ehr und Geld dir länger nicht gebieten 530, 8
Seht alles an, Ruhm, Lob und Ehr 472, 5
Auch nimmermehr nach hoher Ehr 13, 6
Mich reich beladen mit — Ehr u. Brot 366, 4
Zucht, Ehr u. Treu verleih mir, Herr 293, 4
Nehmen sie den Leib, Gut, Ehr 161, 4
Mein Weib, Gut, Ehr und Kind 54, 4
Mein Seel, Leib, Ehr u. Gut bewahr 546, 2
Frei von aller Schande, ihn mit Ehren 316, 6
Mit Ehren mög erwerben 13, 9

III. allgemein.

Wie aller Welt Macht, Ehr u. Gut 662, 12
Pracht, Wollust, Ehre, Freud u. Geld 558, 3
Die Welt sucht Ehr und Ruhm 679, 3
Mit List nach ihrer Ehre trachtet 679, 5
Weg Wollust, Ehre, Pracht u. Geld 165, 7
Nicht Reichtum, Ehr u. Lust der Welt 685, 2
Wo ist Wollust, Ruhm und Ehr 717, 5
Ehr und Freud, sind nur Schmerzen 617, 6

ehren.

I. Gott.

Wenn mich mein Heiland ehrt 679, 5
Hat Gott so hoch geehret 35, 1

II. Mensch.

a) Gott.

Dem Herren Dank sagen und ihn ehren 511, 1
Brunn alles Heils, dich ehren wir 65, 1
Wie ich dich würdig ehrte 227, 3
Der ehrt ihn nicht, der: Herr, Herr! spricht 50, 4
Ach könnt ich dich nur besser ehren 205, 12
Wir dich ehren, dein Lob vermehren 402, 2
Dich ewig möge ehren 341, 9
Ich will ihn dennoch fröhlich ehren 676, 3
Drum soll dich stündlich ehren m. Mund 453, 1
Wie wir ihn sollen ehren mit Glauben 473, 8
Bis zum Thron, wo man ihn ehret 413, 10
Ewig sei dein Nam geehret 628, 8
Und diesen Gott sollt ich nicht ehren 725, 4
Dich, Vater in Ewigkeit, ehrt die Welt 271, 1
Wir loben dich u. ehren deinen Namen 271, 5
Stets seinen Schluß zu ehren 724, 2
O Gott, von nun an ehren 610, 7
Kommt u. laßt uns Christum ehren 421, 1
Wohl wird dem sein, der ihn herzl. ehret 636, 3
Ehret den, der fährt auf gen Himmel 28, 2
Dich, o meinen Heiland ehren 735, 2
Deine Liebe will ich ehren 602, 5
Daß ichs mit Gehorsam ehre 585, 5
Nichts — ehren, als deine Lieb u. dich 554, 3
Und Gottes Namen ehren 139, 10
Daß ich auch ehr den Heilgen Geist 537, 2

b) den Menschen.

Ich habe nicht geehrt allzeit die Eltern 704, 5
Die Eltern, Lehrer — laß mich ja ehren 260, 5
Daß ich die Obern ehre 368, 3
Du sollst ehrn und gehorsam sein 134, 5

III. allgemein.

Was mein Herz erdenkt und ehret 585, 7
Was niedrig ist, was Tugend ehrt 243, 10
Ehret, was uns Gott v. Himmel lehret 758, 1

Ehrenbogen.

Setzt ihm tausend Ehrenbogen 321, 1

Ehrenburg.

O Ehrenburg, sei nun gegrüßet mir 369, 4

Ehrenkleid.

Schenk uns dein schönstes Ehrenkleid 280, 2
Allen Seelen ist das rechte Ehrenkleid 561, 5
Prangen nun im Ehrenkleid 721, 6
Seine Heiligkeit anlegt als e. Ehrenkleid 320, 6
Das Ehrn- und Freudenkleid um deine Seele lege 149, 8
Das ist m. Schmuck u. Ehrenkleid 74, 1. 400, 1
Dein Blut, m. Schmuck, m. Ehrenkleid 277, 2
Ich hab empfangen das allerschönste Ehrenkleid 331, 2

1) Var. Anh. G. Auf daß ich tragen mag mit Ehren graues Haar.

Ehrenkönig.
Zeuch, du Ehrenkönig ein 238, 5
Wie dein Herr u. Ehrenkönig hängt 590, 1
Ehrenkönig, Held im Streite 321, 3
O du großer Ehrenkönig 408, 2
O Herr Jesu, Ehrenkönig 158, 3
Siegesfürste, Ehrenkönig 615, 1
Sieh, hier bin ich, Ehrenkönig 617, 1
Würdigster Jesu, Ehrenkönig 257, 6
Ehrenkrone.
Auf meinem Haupt die Ehrenkrone 298, 15
Prangend in der Ehrenkron 464, 5
Mir die Ehrenkron aufsetzen 383, 14
Dort die Ehrenkron 602, 13
Denn die Ehrenkron folgt auf Spott 602, 13
Ist unser bester Trost d. Himmels Ehrenkron 657, 7
Wirst die Ehrenkrone geben 438, 5
Belohnen ewig mit der Ehrenkronen 419, 9
Uns beigelegt die Ehrenkron 591, 3
Trägst davon — den Sieg u. Ehrenkron 58, 11
Mit der güldnen Ehrenkrone 31, 7
An m. Ehrenkron d. Edelsteine mehren 153, 6
Hauses Wonne, Ehrenkrone 732, 3
Ehrensaal.
Zu des Lammes Ehrensaal 640, 7
Und dort in d. Ehrensaal solls schallen 753, 20
Erben des schönen Himmels Ehrensaal 232, 3
Ehrenstand.
Kein Ehrenstand ist diesem gleich 148, 3
Ehrentitel.
Denn das ist Gottes Ehrentitel 213, 9
Ehrenthron.
Wo auf ihren Ehrenthronen sitzet 31, 5
Die — Krone v. d. hohen Ehrenthrone 712, 2
Ehrerbietung.
Mit solcher Ehrerbietung nehm 555, 6
Ehrfurcht.
Und in Ehrfurcht vor ihn treten 226, 1
So steht mein Geist vor Ehrfurcht still 132, 3
Demut übe u. sie mit Ehrfurcht liebe 368, 3
Tag u. Nacht mit Ehrfurcht dienen dir 248, 2
Laß Glauben, Lieb u. Ehrfurcht grünen 538, 4
Ehrgeiz.
Nicht von Heuchelei u. Ehrgeiz werd 310, 6
ehrlich.
Groß und ehrlich, reich von Gaben 734, 1
Eid.
Und zwar mit einem teuren Eid 631, 2
Da er sich dir verschrieben bei s. Eid 609, 1
Gedenk, Herr, an den teuren Eid 172, 4
Auf sein Wort, Eid und Tod 269, 1
eidlich.
In seinem Worte eidlich sich dazu erklärt 390, 2
Eidschwur.
Dein Eidschwur zeuget selbst davon 751, 3
Eifer.
Wie Rach und Eifer gehn 580, 12
Mag über uns dein Eifer flammen 452, 1
Will mich des Moses Eifer drücken 741, 3
Ach zerbrich des Eifers Rute 375, 7
Deines Eifers Glut — hast abgewendet 265, 2
Bei der kein Eifer dich gefressen 257, 5
Verleih mir Sanftmut und dabei guten Eifer 257, 5
Und die voll Eifer, Geist und Kraft 557, 2
So wächst der Eifer mir im Streite 306, 12
Ringe, daß dein Eifer glühe 589, 4
Und meiner Eltern Eifer scheu 532, 3
Bei allem Werk in einem Eifer brennen 569, 4
Wie hoch sein Eifer brennet 137, 8
eifrig.
Ach starker und eifriger Gott 704, 11
Schützt sich — mit eifrigem Gebete 200, 8
Laß mich eifrig sein beflissen 262, 2
eigen.
Schenke dich zu eigen mir 169, 4
Den eingebornen Sohn, den eignen Schatz 35, 1
Durch dein eigen Herzensblut 590, 5
Vergießt für mich sein eigen Blut 98, 4
Einer nahm ins eigen Grab 160, 2
Sein eigen Leben zur teuren Zahlung 471, 2
Und aus ganz eigner Kraft u. Macht 107, 7
Daß ich ja dein eigen sei 366, 5
Nimm mich mir, gieb mich dir eigen 281, 7
Dir, Herr, sei gänzlich zu eigen geschenkt 380, 5
Der sich ihm zu eigen schenkt 40, 4
Daß ich ganz dein eigen sei 374, 6
Weil ich Christi eigen bin 20, 7
Jesu einzig eigen sein 391, 8
Und hast mich dir zu eigen gar 356, 3
Dir geb ichs ganz zu eigen hin 467, 21
Drum sie mein eigen sein 426, 1
Ich geb mich Gott zu eigen 407, 7
Mein ganzes Leben zu eigen 620, 5
Dieweil mein ganzes Leben dein eigen 147, 3
Ich bin ja nicht mein eigen 724, 4
Seine Gaben, die mein eigen worden 599, 7
Weil wir nichts Gutes eigen haben 667, 2
Die ihr eigen Kind kann hassen 774, 3
Die nicht suchen eigne Rach 419, 4
Hilf, daß ich nimmer eigne Rach 260, 6
Nicht vermag aus eignen Kräften 260, 11
So bekommt man es zu eigen 651, 1
Alte Schuld nimmt uns. eignen Ruhm 233, 3
Rühret eigner Schmerz irgend uns. Herz 377, 3
Durch unser eigen Werk nimmer 27, 2
Nicht besteht in eignen Kräften 298, 11
Dieselbge Art aus eignen Kräften lassen 183, 4
Wird ihnen eigen übergeben 471, 1
Meinen Glauben mein eigen Herz 35, 11
Mag uns das eigne Herz verdammen 452, 1
Damit dein eigen Leben dich nicht verklagen kann 568, 2
Die eignen Werke fallen hin 53, 2
Wer sich in eignem Werk erfreut 700, 5
Nichts hilft sein eigen Heiligkeit 77, 6
Nicht ruh — auf meinem eignen Willen 362, 8
Unser eigen Fleisch und Blut plagen 196, 4
Was eigner Witz erfindet 10, 2

Eigenheit.
Verlaß — deine Eigenheit 51, 5
In deiner Pein die Eigenheit ertötet 306, 2
Wo Eigenheit, Zank und Haß können regieren 397, 3
Eigenliebe.
Ich war ein Mensch — voll Eigenliebe 153, 2
Eigenlieb, Hoffart und Mißgunst 380, 3
Vielleicht regt Eigenliebe sich 167, 8
Eigennutz.
Gern dienen jedermann ohn Eigennutz 709, 7
Und mich kein Trutz und Eigennutz 310, 3
Eigensinn.
Ich war ein Mensch voll Eigensinn 153, 2
Steht ab vom Eigensinn 657, 10
Eigentum.
Mein Schatz, mein Eigentum 679, 8
Denn ich bin dein Eigentum 48, 8
Wollt ihr sehn mein Eigentum 761, 1
Bin ich dein Glied, dein Eigentum 753, 19
Und als dein Eigentum 554, 1
Laß mich sein dein Eigentum 525, 7
Ausbreiten als dein Eigentum 168, 6
Sein Verdienst mein Eigentum 599, 5
Nimm mich auf, dein Eigentum 219, 6
Komm ich bin dein Eigentum 616, 2
Und uns bewach, dein Eigentum 66, 6
Hiermit zu deinem Eigentum 165, 5
Zu deinem Eigentum befreit 524, 7
Der mich ihm z. Eigentum erworben 425, 6(7)
Jesu Christ zum wahren Eigentum 769, 4
Seine Schaf, sein Eigentum 32, 2
Dir zum Eigentum ergeben 226, 3
Herr ich bin dein Eigentum 275, 1
Nimm uns zum Eigentum 158, 1
Dein Eigentum zu sein gewagt 330, 3
Bleib ich doch dein Eigentum 374, 6
Sie sei dein Eigentum 561, 3
Verbleib dein Eigentum 561, 8
Als dein Eigentum 718, 6
Dir zum Eigentum mich hast erwählt 57, 7
Die ihr seid sein Eigentum 429, 1
Dir erkauft zum Eigentum 644, 5
Dir zum Eigentum gegeben 422, 2
Des guten Namens Eigentum 214, 3
Eigenwählen.
Ohn alles Eigenwählen 724, 1
Eigenwille.
Obgleich im Fleisch der Eigenwill 724, 2
Den Eigenwillen brechen 473, 7
Drum beug all meinen Eigenwillen 647, 1
Eile.
Nimm weg und hebe auf in Eil 265, 2
Wird in Eil sie zu schanden machen 676, 6
Der in Eil machet heil die — Wunden 200, 10
Unsre Stunden fliehn in Eile 253, 6
eilen.
Gott eilet mit den Seinen 232, 3
Eil bald, mich zu erretten 401, 2
Er eilet mit den Seinen 621, 9
Ich flieh zu dir, du eilst zu mir 120, 4
Drum, o Schlangentreter eile 299, 4
Eile, mir zu stehen bei 641, 9
Mein Balsam wollest eilen, lindern 554, 11
Wie eilt er in Zachäi Haus 471, 5
Eile, mit Hülf u. Rettung uns erscheine 68, 1
O wie pflegtest du zu eilen 255, 3
Zu Gott in Christo eilet 104, 2
Der Leib, der eilt zur Ruhe 515, 4
Darum eilen wir zu dir 437, 3
Eilen, eilen ist hier gut 589, 18
Eile, wo du dich erretten 589, 19
Eile, daß du mögst vollenden 589, 20
Eile, zähle Tag und Stunden 589, 22
Eile, lauf ihm doch entgegen 589, 23
Eile, wie Verlobte pflegen 596, 2
Und eile deinen Armen zu 741, 1
Und eilt aus dieser Welt 369, 1
Ach Flügel her, wir müssen eilen 187, 7
Laufet nicht hin u. her, eilet zur Quelle 157, 5
Unser Leben eilt auf Flügeln 301, 2
Eilet, eilet, denn d. Gnadenzeit rennet 685, 9
Eilt, faßt einander bei den Händen 685, 11
Komm, o Mensch, komm, eile, komm 220, 8
Du mußt eilen, wenn du willst gekrönet 52, 1
So will ich nicht verweilen, sondern eilen 52, 5
Und heißt die Zeiten eilen 237, 1
Eilen.
Im Eilen bleibt er stets ein Vaterherz 245, 4
eilend (eilig).
Komm eilend, laß die Krippe sein 179, 7
Komm eilig, mich zu tränken 143, 8
Kommt eilig, kommt u. macht euch auf 393, 1
Recht eilend, eilend auszugehn 470, 3
Sie wachet und steht eilend 672, 2
Zwar eilig, dennoch selig sein[1]) 358, 9
Ein.
Aus der Vielheit in das Ein 299, 5
einander.
Daß wir uns von Herzen einander lieben 497, 3
Eilt, faßt einander bei den Händen 685, 11
Auf Zions Wegen einander wiedersehn 339, 6
O Seel u. Leib hie von einander scheiden 8, 9
einbilden.
Drum bilde dir — ein täglich Sterben ein 56, 1
einbüßen.
So büßt man sie nicht ein 708, 1
Daß nichts mehr einzubüßen 708, 3
Büßt gleich der Leib die Regung ein 727, 3
eindringen.
Dringe ein, Zion dringe ein in Gott 194, 5
Laß ihn in die Gnad eindringen 604, 2
Dring ins stille Zoar ein 589, 20
Du mußt mutiger eindringen 52, 1

1) Var. Bernb. G. vielmehr durch Christum selig sein.

Das ins Himmelreich eindringt 52, 5
Laß m. eindringen ins himmlische Wesen 380, 4
Der, wenn die Not eindringet 352, 3

eindrücken.

Drücke meinem Herzen — Einfalt ein 570, 7
Daß uns sein Bild werd eingedrückt 65, 4

Einer (Eine, Eines).

I. Gott.

Wir glauben all an Einen Gott 749, 1. 750, 1
Wir haben Einen Gott und Herrn 622, 2
Sind Eines Leibes Glieder 622, 2
Einer nur ist ewig wert 159, 1
Mir sei Eines nur bewußt 436, 5
Durch Eines Sünde fiel die Welt, Ein Mittler ist 132, 8
Einer ist es, dem ich lebe 387, 2
Gott ist Herr, der Herr ist Einer 384, 5
Traut doch lieber auf den Einen 690, 6
Hier ist Einer, der kann retten 49, 7
Einer ists, an dem wir hangen 158, 1
Unverrückt auf Einen Mann zu schauen 160, 1
Nur Einer, sagt sie, u. sonst keiner 462, 3
Einer ist König, Immanuel sieget 157, 1
Nur Einem will ich leben 120, 1
Wir kennen ja den Einen 688, 4

II. Mensch.

Das Eine zu umfangen 393, 1
Immer in Einem Geist sprechen 81, 3
Ihr Herz nicht Eines Sinnes ist 10, 2
Hält in Einem Sinn gar eben 749, 3
Von Einem Stamm stehen auch für Einen Mann 300, 6
Ein Herz und eine Seele sein 475, 6
Für u. für in Einem Geiste diene dir 576, 3
In Einer, in deiner Liebe Eines Geistes 569, 2
Einer ist des andern Kron, Eines ist 661, 4
Eines ist des andern Licht 661, 4

III. allgemein.

Eins ist not! Ach Herr dies Eine 169, 1
Wo Gott u. die Menschheit in Einem 169, 2
Und wurde ihr alles in Einem geschenkt 169, 3
Jesum gewinne, dies Eine ist not 169, 10
Eines, das nötig, laß mächtig 70, 3
Eins ist not für den Tod, Buße 318, 3
Säume nicht, denn Eins ist not 456, 1
Eines wünsch ich mir — Eine Speise 160, 1
Einfalt denkt nur auf das Eine 256, 5
Einer nur kann geben Freuden 34, 4
Eins ist not, nur du 35, 4
Du suchst soviel und Eins ist not 756, 7
Sprich nur Ein Wort, so werd ich leben 325, 6
Ein Wörtlein kann ihn fällen 161, 3
Ein Heil ist unser aller Gut 622, 3
Eins aber will ich thun 580, 10
Noch Eins, Herr, will ich bitten dich 689, 4
Und um Eins nur fleht es sehnlich 174, 9
Es mit Gott in Einem Geist verbinden 191, 5
Und es geht Ein Gebet aus von ihnen 62, 5
Die fröhlich auf dem Einen — ruht 189, 3
Wir stehn vor dem Herren als Einer 397, 5
Die Kirche nach Einem stets kämpfet 397, 6
Dringt kräftig, ihr Geister in Eines 397, 8
Nur Eines ist, das m. empfindlich quälet 116, 3
Eins aber, hoff, ich, wirst du mir 356, 8

einen.

In Gnaden unser Vaterland geeint 163, 1

einerlei.

Er ist immer einerlei gerecht u. fromm 471, 6
Gieb beim Volk einerlei Sinn auf Erd 177, 3

einfallen.

Und fiele auch der Himmel ein 524, 12
Fällt mir etwas Arges ein 372, 1

Einfalt.

Worinnen die Demut und Einfalt 169, 5
Heilge Einfalt Gnadenwunder 256, 1
Wenn wir ohne Einfalt sind 256, 2
Wenn wir in der Einfalt stehen 256, 3
Einfalt ist ein Kind der Gnade 256, 4
Einfalt denkt nur auf das eine 256, 5
Einfalt quillt aus Jesu Wunden 256, 6
Das aus der wahren Einfalt quillt 570, 1
Die Einfalt kennet keine Zierde 570, 3
Weiß Christi Sinn und Einfalt nicht 570, 4
Das sich mit Christi Einfalt schmückt 570, 5
Den Sinn der lautern Einfalt ein 570, 6
Drum laß mich nur der Einfalt Zier 570, 6
Und macht die Einfalt weise 94, 3

einfältig.

Mache mich einfältig[1]) innig 226, 7
Geh einfältig stets einher 604, 5 (6)
Laß uns einfältig werden 112, 5

einführen.

Und aus allem kräftiglich mich in dich einführe 436, 1
So führ mich, Herr in Himmel ein 517, 9
Wirst du mich, Herr Christ einführen 196, 7
Endlich führe — mich in den Himmel ein 498, 9
Führ uns durch d. Himmelsthür — ein 643, 5
Gott führet ein, Gott führet aus 756, 1
Wird sie in Gott einführen 485, 6
Führ uns ein zu deiner Freude 259, 6

Eingang.

Dein Eingang die völlige Freiheit 169, 8
Unsern Eingang gleichermaßen 503, 3
Mein Aus- u. Eingang heut bewahr 89, 11
Ein Eingang in das Leben sein 102, 3
Auch keinem — Gehör und Eingang ferner gebe 470, 9
Ist der Tod mir der Eingang in das Leben 388, 6
Den Eingang in dein Heiligtum 474, 2

eingeben.

Was mir gut, das gieb mir ein 362, 9
In unser erblichenes Bildnis eingeben 289, 4
Gieb uns — deinen Trost u. Glauben ein 646, 5
Ist sein Blut mir eingegeben 261, 2

1) Var. Sächs. G. voll Einfalt.

eingeboren.
Sohn eingeborn deines himml. Vaters 29, 3
Den eingebornen Sohn — hingegeben 35, 1
Samt seinem eingebornen Sohn 746, 3
Dein eingebornen Sohn 54, 1
Leben durch s. eingebornen Sohn 205, 3

eingehen.
Laß dir, bei m. einzugehen wohlgefallen 678, 1
Eile, bei uns einzugehen 321, 8
Du bist einmal eingegangen 168, 8
Gehn in den Himmel ein 105, 3
Daß ich eingeh zur engen Pfort 704, 18
Kommt, geht zu seinen Thoren ein 506, 4
Mit dir in Himmel einzugehn 83, 5
Und in deine Freud eingehen 651, 5
Wenn ich zum Himmel werd eingehn 400, 1
Und zur Himmelsfreud eingehn 639, 4
Und zu der Himmelsfreud eingehn 277, 2
In den Himmel geh ich ein 20, 9
Mit dir geh in den Himmel ein 185, 6
Daß auch ich eingehen kann 246, 4
Ohn Ringen geht man nicht zur Freuden ein 52, 1
Und mit ihm in sein Reich eingehst 254, 5
Hier geh ich natürlich ein 389, 7
Und frei mög in dein Reich eingehen 554, 16
Mir geht der Tod nicht bitter ein 153, 11
Solls denn so sein, so geh es ein 154, 2
Ist dirs gut, so geht ers ein 494, 8

einhalten.
Halt ein, mein schwacher Sinn, halt ein 135, 14

einhergehen.
Nicht triumphierend einhergehn 524, 12
Wie Meereswellen einhergehn 754, 3

einholen.
Es holen Jesum ein die — Cherubimen 224, 2

einig.
Dreifaltig und doch einig 547, 2
Wenn gar kein ein'ger mehr auf Erden 213, 4
Des ewgen Vaters einig Kind 209, 2
Als des Vaters eingem Sohne 422, 1
Die einge Kron, das einge Herz 35, 1
Wie muß doch ein einges Kind 35, 2
Sein einges Kind, sein schönstes Gut 35, 3
Gott des Vaters einig Kind 573, 1
Mein Heil und ein'ger Trost 431, 2
Einge Thür, einge Ursach der Vergebung 71, 4
Gott Sohn, der ist der einig Herr 100, 3

Einiger.
Auf des Einigen Genieß 169, 3
Als an das Schenken des Eingen 35, 2

Einigkeit
Der du bist drei in Einigkeit 100, 1
O hochgelobte Einigkeit 546, 1
In rechter Lieb und Einigkeit 655, 6
Leb in Fried und Einigkeit 239, 3
Liebe, Fried und Einigkeit 311, 2
Versammelt hast in Einigkeit 411, 1
Fried, Einigkeit, Mut und Geduld 1, 4
Bleibt ihr auch im Bunde d. Einigkeit 397, 1

einkehren.
Der jetzt kehret bei uns ein 320, 1
Bei allen kehre ein 486, 1
Mein Jesus kehret bei mir ein 726, 4
Du kehrst in fremder Hausung ein 753, 7
O Zion, er kehret bei dir ein 92, 1
Und kehr in meinem Herzen ein 764, 1
Du mußt auch bei mir einkehren 615, 6
Eile, Jesu, kehre ein 202, 2
Kehre bei mir Armen ein 225, 4
Geist der Wahrheit u. kehre bei uns ein 564, 1
Daß ich eingekehret sei 436, 3
Kehr gnädig bei mir ein 420, 5
O heilger Geist, kehr bei uns ein 543, 1
Also mach uns eingekehrt 84, 3

einkommen.
Fürwahr, wenn mir das kommet ein 279, 3

einladen.
Du hast mich auch eingeladen 261, 1
Werd ich stets noch eingeladen 762, 11
Der Geist d. Gnaden hat sich eingeladen 597, 1
Das elende Volk eingeladen 220, 5
Deine Schar du eingeladen 768, 4

einmal.
Du wirst einmal aufwachen 754, 4
Was er uns einmal zugedacht 446, 4
Habe noch einmal Geduld 268, 3
Du bist einmal eingegangen 169, 8
Das sag ich noch einmal 203, 1
Wenn ich einmal soll scheiden 542, 9
Es muß einmal gestorben sein 15, 4
Wenn ich einmal nach deinem Rat 293, 3
Auch einmal zu Asche werden 389, 4

einnehmen.
Herr Jesu, nimm mich zu dir ein 366, 13
Und nimm dein Küchlein ein 515, 8
So nimm mein Herze gänzlich ein 470, 8
Und nahm hernach den Himmel ein 340, 3
In den Tod zu nehmen ein 299, 8
Der Welt noch eingenommen sein 570, 4
Laß Schwermut dich nicht nehmen ein 735, 7

einprägen.
Doch ist es eingepräget in alles 248, 4
Prägt der Meister — sein allgeltend Bildnis ein 174, 2
Präge mir deines Lebens Bildnis ein 647, 3

einrichten.
Meine Sachen richte dir zu Ehren ein 268, 7
Das ist nach deinem Willen eingericht 136, 6

eins machen.
Mach mich ganz eines mit dir 323, 7

eins sein.
Wie er ist drei in ein, uns ihm lässet eines sein 618, 11
Eins ist: da sein und geschieden 162, 5
Welche eins sind sonder Schein 162, 6
Wie du eins mit ihnen, also sie auch eines sein 300, 7

eins werden.
Daß Gott mit euch ist worden ein 663, 3

einsam.

Einsam verzehrt von Lieb u. Sehnen 691, 2

Einsamkeit.

Du suchst die stille Einsamkeit 141, 3
Kehre — in die Einsamkeit zurück 406, 2
In Einsamkeit mein Sprachgesell 165, 8
Wenn ich in stiller Einsamkeit 495, 4

einschenken.

Durch deiner Lieb Erbarmen wird mir Freude eingeschenkt 529, 2[1])
Wird mir nicht Gift einschenken 682, 3
Du schenkst mir voll den Becher ein 109a, 4
Schenke mir die Trostflut ein 349, 5

einschlafen.

Laß uns einschlafen m. guten Gedanken 433, 3
Ob ich gleich jetzt schlafe ein 16, 7
Wir wachen oder schlafen ein 15, 6
Und schlafe fröhlich ein 517, 6
Ob schon die Augen schlafen ein 66, 3
Jedoch mein Herz, schlaf noch nicht ein 498, 1
Wenn ich ihn nur habe, schlaf ich fröhlich ein 705, 3
Drum schlafet nicht mehr ein 178, 4
Allein auf dich, o Jesu, schlaf ich ein 337, 3
In Jesu Wunden schlaf ich ein 400, 1
Herr, laß mich schlafen ein 78, 6
Im rechten Glauben sanft einschlaf 109b, 7
Daß ich so sanft geschlafen ein 512, 10
So schlaf ich sanft auf deinen Zuruf ein 777, 9

einschläfern.

Und schläfern uns gleich wieder ein 470, 2

einschließen.

Schließ[2]) mich in deine Wunden ein 130, 4
In deine Wunden ich bleib allzeit eingeschlossen 537, 5
Laß dein heilig Wort in mein Herz sein eingeschlossen 585, 1
Hab ich mich geschlossen ein 425, 3
Ihn hab ich eingeschlossen 407, 6

einschreiben.

Schreib m. Namen aufs beste — ein 652, 5

einsegnen.

Hier segnet man den Ehstand ein 137, 7
Jesus hat es eingesegnet 504, 1

einsenken.

Man senkt dich ein nach vieler Pein 629, 2
Bleibt unser Anker — auf ewig eingesenket 253, 6

einsetzen.

Den setz ich dir zum Bürgen ein 517, 6(5)
Und dein Nachtmahl einzusetzen 261, 1

einsprechen.

Der allerhöchste Gott spricht freundlich bei uns ein 337, 2

einst.

Führ mich einst, wenn dirs gefällt 279, 7
So sing ich einstens höchst erfreut 340, 10
Die einst ihm Herren waren 171, 3

einstellen.

Doch stell alles Trauern ein 774, 3
Hat sich treulich eingestellt 238, 3
Dich nunmehr eingestellet hast 753, 2
Mir zu gute als ein Opfer eingestellt 526, 1
Heut stellt sich Christus ein 117, 1
Stellt euch ein, groß und klein 200, 8
Stell mich doch wieder ein 714, 5
Wer sich nun da stellet ein 693, 3
Komm, stelle dich doch ein 224, 7
Stellt sich Trost und Labsal ein 40, 1
Und stellt die Menschenfurcht sich ein 470, 7

einstimmen.

Und stimmet lieblich mit mir ein 524, 4
So stimm ich doch mit Seufzen ein 524, 14

Eintracht.

Fürsten Fried und Eintracht geben 443
Den Geist der Eintracht offenbart 759, 5
Durch — Eintracht wird Babel zerstöret 397, 7

einträchtig.

Wenn ihr Thun einträchtig ist 618, 1

Eintrag.

Wenn ihr euch selbst Eintrag thut 300, 3

eintreten.

Wann endlich ich soll treten ein 165, 10
Tritt der schöne Sommer ein 625, 11

Eintritt.

Seinen Eintritt stets gehofft 320, 2
Sollen ihren Eintritt thun 628, 8

einverleiben.

Wo du dann wirst einverleiben 22, 6
Der mich in Christo einverleibt 332, 1

einziehen.

Da dieser König ziehet ein 451, 3
Zeuch, du Ehrenkönig ein 238, 5
Zeuch, mein Heiland, bei mir ein 438, 6
Jetzo kommt und zeucht er ein 678, 7
Davids Sohn kommt in Zion eingezogen 321, 1
Zeuch auch in mein Herz hinein 408, 2
Zeuch ein zu deinen Thoren 769, 1
Zeuch ein, laß mich empfinden 769, 2

einzig.

Jesu einzig eigen sein 391, 8
Einzig ihr Verlangen ist 20, 4
Einzig von Gott selber kommen 152, 6
Das einzig unsre Waffen 107, 2
Einzig Geliebter, du Wonne 70, 2
Einzig nach deinem Gefallen nur lebe 323, 8
Auf den Himmel unverrückt u. einzig zu 52, 2
Ihr Herze entbrannte, dies einzig zu hören 169, 3

Einzug.

Daß er Einzug halten kann 321, 1

Eis.

Den ewges Eis bedrückt 103, 4

Eisen.

Und zu dämpfen Pfeil und Eisen 735, 4
Soll das Land nun Eisen werden 218, 5

---

1) Fehlt Anh. G. 2) Var. Bernb. G. laß.

eitel.

Vom eitlen Winde der Welt 570, 3
Laß alles, was eitel, vergehen 70, 3
Laß mich v. eitlen Weltgesind ausgehn 393, 7
Laß der eitlen Welt Getümmel 220, 10
Mit eitlen Dingen plagen muß 340, 7
Weg ihr eitlen Ehren, ich mag euch nicht 381, 3
Ihr gebt euch ja um eitle Sachen 685, 4

Eitle.

Daß sie sich des Eitlen rühme 584, 3
Zeug die Sinnen — über alles Eitle hin 259, 3
Die zum Eitlen konnten locken 448, 2
Mache mich vom Eitlen frei 266, 2
Aus dem Eitlen, aus dem Nichts hin 206, 7
Alles Eitle wird zunichte 373, 8

Eitelkeit.

Wir entsagen willig allen Eitelkeiten 226, 3
Drum fahret immer hin, ihr Eitelkeiten 440, 6
Wenn ich m. Eitelkeit — nachgehangen 778, 4
Dieser Zeiten Eitelkeiten 617, 6
Da wir ganz verdorben durch Sünd und Eitelkeit 519, 3
Herr, säubre doch von Eitelkeit 13, 8
Daß uns hinfort sei unbewußt die Eitelkeit 543, 7
Nicht v. d. Licht durch Eitelkeit vertreiben 636, 4
Von dem Dienst der Eitelkeiten 527, 4
Ja nicht gaffen nach d. schnöden Eitelkeit 589, 9
Aus der Höhle d. schnöden Eitelkeiten 524, 13
Der sich kränkt um e. Hand voll Eitelkeit 494, 4
Nicht Eitelkeit uns freuen 112, 4
Voller Sündenwust u. voller Eitelkeit 467, 4
Nichts denn lauter Eitelkeit 697, 1
Weg Eitelkeit, der Thoren Lust 723, 6
Weg mit allen Eitelkeiten 434, 6
Daß dich nicht Satan blende mit seiner Eitelkeit 56, 3

Ekel.

Ein Schauspiel der Engel, e. Ekel d. Welt 182, 2

Element.

Mein Element ist einzig d. Erbarmen 466, 11
So wunderlich die Stätt der Element 369, 3
Daß all Element z. Strafe m. hinraffen 326, 9
Mache mir zum Elemente 585, 2

elend.

Er liegt dort elend, nackt und bloß 447, 2
Gott läßt — das elende Volk einladen 220, 5
Die ihr arm seid und elende 200, 11
Als daß man elend, arm und bloß 363, 1
Laß mich recht arm u. elend werden 470, 4

Elend.

Und kommst ins Elend her zu mir 662, 8
Er liegt dort in der Krippen in Elend 199, 3
Bist in das Elend gangen 284, 3
Die haben dir erreget das Elend 580, 4
Und wenn wir unser Elend sehn 471, 11
Doch nicht sein Elend selbst empfinden 366, 2
Ach was sind wir? voller Elend 21, 1
Ach Vater sieh mein Elend an 704, 15
Daß euch lauter Elend deckt 593, 3
Steh uns in unserm Elend bei 711, 6
Vom Elend dieser Erden — frei 515, 5
Der Menschen Elend jammern kann 669, 10
Jen's decket dir dein Elend auf 212, 6
Man lernet nur dadurch sein Elend 657, 9
Vater, schau mein Elend gnädig an 186, 4
Wer kann mein Elend wenden 7, 1
So drückt mich meines Elends Joch 739, 2
Ich weiß — gar nichts mehr v. Elende 531, 1
Elend, Not, Kreuz, Schmach u. Tod 381, 3
Ist nur Elend, Trübsal und Pein 15, 2
Not, Tod und Elend treiben 682, 6
Und wollt los sein das Elend mein 8, 2
Will ich denn mein Elend lindern 678, 4
Mein Nebenchrist ins Elend m. getrieben 13, 4
Die sich zu mir ins Elend niederließ 526, 1
Kein Elend kann nun uns. Herzen schaden 526, 6
Wenn wir heimfahren aus d. Elende 497, 1
Da mich mein Elend beugt 777, 3
Daß mich Kreuz und Elend drückt 173, 3
Sein Jammer, Trübsal und Elend 509, 4
Nach d. Elend ist bereit uns e. Leben 749, 3

Elender.

Ihr Armen u. Elenden in d. bösen Zeit 505, 4

elendig.

Laß mich nicht länger elendig 323, 7

Elias.

Auf Elias Wagen rot 196, 9
Komm, du Wagen Eliä, hole mich 139, 11
Fährt auf Eliä Wagen 369, 3

Eltern.

Daß du so liebe Eltern mir — gegeben 532, 1
Und meiner Eltern Eifer scheu 532, 3
Gieb meinen Eltern Fried und Ruh 532, 5
Mein Eltern und Verwandten 54, 4
Daß sich die Eltern ihrer freun 274, 9
Wohl, wenn die Eltern gläubig sind 759, 6
Die Eltern werden hoch erfreut 759, 7
Wohl durch die Eltern dein 516, 2
Ihr Eltern, gute Nacht 396, 1—5
Sind gleich die Eltern tot, 397, 1
Noch netzet ihr die Wangen, ihr Eltern 621, 7
Ihr Eltern[1]) dürft nicht klagen 232, 1
Die Eltern, Lehrer, Obrigkeit 260, 5

Emmaus.

Gehn — über Feld nach Emmaus 778, 1

Empfang.

Zum Empfang des Lebens ruft 174, 6

empfangen.

Hat den vorgen Glanz empfangen 373, 15
Und große Gab empfangen 39, 2
Aus d. Wunden, welche du empfangen 281, 4
Er ist bereit, daß er mich noch empfang 236, 4
Was ich bin, von dir empfangen hab 151, 5
Auch sein Abendmahl empfangen 413, 3
Die wir empfangen haben 511, 1

---

1) Var. Bernb. G. Lieben.

Dich will ich jetzt empfangen 726, 3
Die meine Seel empfangen hat 666, 11
Jesu Leib und Blut empfangen 261, 3
Soviel Gaben hierdurch empfangen 144, 5
Wer die Krone will empfangen 712, 1
Für das Leben den Tod empfäht 386, 3
Und der Glaub empfängt sein Siegel 174, 1
Wie soll ich dich empfangen 738, 1
Der läßt sich von uns empfangen 320, 2
Empfahet unverdrossen den großen 36, 1
Unsre Missethat, darin wir empfangen 27, 1

empfehlen.

Dir empfehl ich nun mein Leben 215, 7

empfinden.

Der du so viel empfunden 560, 4
Die du in deiner letzten Not empfandst 335, 1
Wegen m. am Kreuze hast empfunden 366, 13
Laß mich diese Nacht empfinden 714, 8
Unser Land d. Engel Schutz empfinden 534, 9
Die Freude, die empfindet e. Schiffer 621, 4
Doch nicht sein Elend selbst empfinden 366, 2
Wer empfindt seine Sünd 200, 10
Laß uns d. edle Balsamkraft empfinden 543, 4
O was werden wir empfinden 250, 4
Laß mich empfinden — deine Kraft 769, 2
Ich habe dich empfunden 698, 4
Den süßen Trost empfinden 554, 9
Daß ich im Herzen Trost empfind 666, 10
Laß uns empfinden der Liebe Brunst 497, 3
Nicht bald den Trost empfinden 153, 9
Diesen Sieg hat auch empfunden 46, 5
In deinem Sieg empfinde 602, 12
Des Lebens Glück empfunden 342, 1
Im Schauen wird es ihn mit Lust empfinden 191, 5
Laß uns sein Kraft empfinden 295, 6
Komm her, komm und empfind 135, 11
Nicht an der Welt empfinde Lust 13, 3
Die ich hier muß empfinden 230, 1
Den ich dort hab in eurer Welt empfunden 472, 2

empfindlich.

Der wird bald empfindlich schauen 602, 9

Empfindung.

Wie ist mein Gemüte seliger Empfindung 90, 3

emporbauen.

Und bauet so Höhen u. Festung empor 299, 3

empören.

Dagegen sich die Welt empört 91, 5
Leiden bringt empörte Glieder 174, 3
Die frevelnd sich empören 123, 4
Die Fürsten — sich wieder ihn empören 699, 2
Wenn die Welt sich auch empört 694, 6

emporheben.

So hebt dein Geist m. Herz zu dir empor 136, 3
In Angst u. Not m. Augen heb empor 706, 1
Hebt nun d. Haupt empor mit Jauchzen 178, 3
Sie heben deine Pracht empor 733, 2

emporrichten.

Ei so richte dich empor 494, 10

emporschreien.

Schrei[1]) ich empor, so hört sein Ohr 230, 2

emporsteigen.

Denn auch er stieg längst empor 673, 1
Steig empor zum neuen Leben 673, 7
Sie stieg in Kraft empor 483, 4

emportragen.

Nein, nein, er trägt sein Haupt empor 572, 3

emporziehen.

Zieh das Herze ganz empor 640, 3

emsig.

Emsig sich bewirbt um den — Glauben 602, 9
Alsdann schau ich emsig an d. Marter 372, 3

emsiglich.

Emsiglich des Geistes Werke treibe 294, 2

Ende.

I. Gott.

Vollführ bis an das End 537, 10
Bring zum guten Ende 362, 13
Das nimmt ein gutes End 355, 17
An uns und allen Enden 499, 1
Das A u. O, der Anfang u. das Ende 734, 7
Der Herr, der aller Enden regiert 106, 1
Schönster Herr Jesu, Herrscher aller Enden 598, 1
O daß doch diese edle Glut ohn End 554, 4
Weil denn weder Ziel noch Ende 625, 12
Beut mir dein Händ u. machs e. End 4, 5
Bis zu dem fernsten Ende streck 615, 5
In der Welt und Himmel Enden 384, 6
Bis an der Welt ihr Ende 8, 2
Christus wird mich ohn Ende laben 676, 10
Wenn Gott mit euch und mit der Welt ein Ende macht 396, 4

II. Mensch.

a) Tod.

Nach dem Ende seiner Bahn 196, 2
Wen kann des Weges End erschrecken 741, 5
Komm, mach ein selig Ende 329, 9
In dir mein Ende sei 542, 8
Es gehe seine Gnade denn bis z. Ende 124, 2
Am letzten End sein Hülf mir send 30, 3
An m. End auf Christi Tod abscheide 536, 7
Richte unsern Sinn auf das Ende hin 377, 3
Daß er uns behüte an unserm Ende 497, 1
Bei d. Ende ich üb d. gute Ritterschaft 537, 9
Aus aller Not hilf mir am letzten Ende 401, 6
Bewahr uns bis ans Ende 123, 5
O Mensch gedenk ans Ende 568, 1—3
Ausharren bis ans End gieb mir 353, 4
Hilf mir am letzten Ende 48, 5
Nimm an dem letzten Ende m. Geist 259, 5
Am letzten End die Seele mein 296, 3
Sein End das ist mir nah 513, 3
Dein Hülf uns leist an uns. letzten Ende 488, 3
Mein Leben und mein Ende ist dein 264, 5

1) Var. Anh. G. Ruf.

Bedenke, Mensch, das Ende 56, 1—4
Wer weiß, wie nahe mir mein Ende 722, 1
Machs nur mit meinem Ende gut 722, 1—12
Herr, lehr mich stets m. End bedenken 722, 3
So komm m. End heut oder morgen 722, 11
Daß wir alle bis ans Ende Glauben 605, 3
Auf Erden die Kindeszeit zu End 171, 4
Wenn es mit mir kommt zum Ende 459, 6
Alle Thaten ihrer Händ auf ein gutes selges End 661, 9
Gieb durch deine Hände auch ein geduldigs Ende 203, 14
Denn bald u. behende kommt ihr letztes Ende 222, 6
O Herr, ein selig End gieb mir 293, 3
Bescher uns auch ein selig End 655, 8
Ein selig Ende mir bescher 666, 15
Ein sanftes End bescher 117, 3
Ich weiß, durch Christi Blut machest du mein Ende gut 173, 1
Abscheiden mit einem selgen End 6, 11
Ein seligs Ende mir verleih 172, 5
Bis an mein letztes Ende 341, 9
Führe mich bis an mein selig Ende 627, 3
O gieb mir ein selges Ende 637, 17
Verlangen nach einem selgen End 297, 1
Gieb mir ein selig Ende 297, 10
Es ist das Ende gut 418, 1
So ist das Ende gut 568, 3
Die sollen mich am Ende 580, 16
So befehl ich dir am Ende Leib u. Seel 268, 7
Mein Seel an meinem letzten End 710, 1
An meinem End dein' Trost mir send 549, 3
Bis an mein End bekennen 431, 3
Erhalt bei uns bis an das End 747, 4
Sakrament behalt u. liebe bis ans End 666, 9
Dein Wort und Sakrament rein behalten bis an unser End 1, 2
Bis an das End beständig sein 754, 8
Sei getreu bis an das Ende 608, 1
An uns. End d. Satan von uns jagen 534, 10
Daß m. End nicht sei mit Schrecken 26, 5

b) allgemein.

Laß uns — dich sonder Ende loben 137, 8
Dir sei Dank ohn End und Zahl 220, 1
Da wird ohn Ende dir geschehn 681, 14
Am Ende kommt das Beste 462, 5
Und das Glück zu sparen bis ans End 462, 6
Es ist am End: Gott helf uns allen 303, 5
Das schenk ich dir am End 579, 10
Bis all mein Thun ein Ende hat 88, 8
Wenn das Leiden nicht sobald zum Ende eilt 690, 3
Denn ihr Leiden hat ein Ende 645, 1
Und das End ist mein Gewinn 690, 7
Deinen Sachen e. fröhlich Ende machen 138, 3
Wunderanfang, herrlichs Ende 765, 1. 7
Ist das End doch gut gemeinet 765, 2
End und Anfang geben frei 765, 5
Lassen so ein End erlangen 765, 5
Daß du wirst am Ende spüren 765, 6
Mein Grämen hat ein End 352, 7
All unsrer Not ein Ende 556, 6
Ist alles gut, wenn gut das End 450, 1

III. allgemein.

Der Trübsal doch e. solches Ende machen 228, 6
Freu dich, es kommt das Ende 773, 6
Mach End, o Herr, mach Ende 58, 12
Plagen laufen mit der Zeit zu End 464, 1
O Jesu mach ein Ende 178, 10
Ihr wirkt u. waltet bis ans Ende 394, 1
Kreuz u. Elende, das nimmt e. Ende 125, 12
All unser Not zu End er bringt 451, 2
Elend ist kommen zu e. selgen End 509, 4
Den Anfang, Mitt und Ende 671, 8
Daß nun zu Ende d. Arbeit kommen sei 515, 5
Mit der Not ein Ende nehmen 175, 1
Dieselb ohn einigs Ende 665, 8
Das Ende naht herzu 235, 6
Mit Schrecken nimmt ein Ende 752, 4
O Anfang sonder Ende 530, 1. 9. 531, 1. 6
All Fehd hat nun ein Ende 29, 1
Das alte hat ein Ende 87, 1
Frohlocket ihr Enden der Erde 323, 2

enden.

Gott, des Güte sich nicht endet 218, 1
Wie er soll all mein Unglück enden[1]) 670, 4
Daß sich enden mög mein Leben 196, 2
Jesus wirds wohl enden 195, 1
Jesu laß mich fröhl. enden d. s. — Jahr 309, 5
Wie wir es enden werden 233, 7
Drum will ich enden mein Geschrei 325, 8
Der Tod das Leben endet 579, 2
Nun sich der Tag geendet hat 517, 1
Nun sich der Tag geendet, mein Herz 518, 1
Wie bald wird unser Kampf sich enden 685, 11
Im ewgen Vaterland selig ende 667, 4
Sie enden sich in Lieb und Segen 741, 4
Seinen Lauf in dir zu enden 735, 5
Bei mir sich alle Schwachheit end 14, 6

endlich.

Endlich, endlich muß es doch mit d. Not 175, 1
Endlich bricht das harte Joch, endlich 175, 1
Endlich muß der Kummerstein 175, 1
Endlich bricht man Rosen ab, endlich 175, 2
Endlich bringt die Thränensaat 175, 2
Endlich sieht man Kanaan 175, 3
Endlich trifft man Tabor an 175, 3
Endlich geht ein Jakob ein 175, 3
Endlich, o du schönes Wort 175, 4
Läßt er endlich Balsam fließen 175, 4
Endlich, endlich kommt gewiß 175, 4
Ei so sprich mich endlich frei 374, 6
Ja, endlich nimmst du unsre Schuld 353, 9
Und muß endlich stille stehn 625, 11
Das muß doch endlich kommen 58, 5

1) Var. Bernh. G. wenden.

Gott hilft endlich doch gewiß 624, 1
In Chrristi Garten — endlich zu gewarten 599, 15
Mit dir will ich endlich schweben 200, 15
Endlich bricht der heiße Tiegel 174, 1
Endlich zum Gehorsam wieder 174, 3
Endlich mit der Seufzer Fülle 174, 10
Wenn wir endlich sollen sterben 414, 8
Findet endlich und zuletzt 40, 4
Mach endlich seliglich all unsrer Not 556, 6
Endlich wirst du dennoch sehen 690, 8
Ach wie will es endlich werden 26, 1
Es hat doch endlich wieder aufgehöret 4, 5
Daß endlich die Feinde zu Füßen 299, 6
Was habt ihr mehr als endlich Weh 472, 5
Endlich, wenn man ganz vollbracht 661, 14
Rufe die zerfallnen Glieder endlich 646, 7
Daß wir endlich unsern Lauf 107, 9
Bis wir endlich zu den Frommen 632, 1

eng.

Zu sein ein enges Wiegelein 662, 10
Daß ich eingeh zur engen Pfort 704, 18
Ringe, denn die Pfort ist enge 589, 2
Zion, dringe durch die enge Pfort 194, 1
Den engen Steig geht immer her 417, 12
Dringet durch die enge Pforte 593, 8
Dem hier die Welt zu enge 127, 3

Engel.

I. in Bezug auf Gott.

Des freuet sich der Engel Schar 79, 1. 209, 1
An dem die Engel sehn ihr Lust 447, 4
Da vor Freud die Engel singen 200, 1
Seine Engel stellen sich dir zur Seiten 678, 9
Und bist doch aller Engel Lust 753, 7
Vom Himmel kam der Engel Schar 663, 1
Des freuen sich der Engel Schar 662, 15
Freuet sich der Engel Schar 80, 1
Von der Engel hellem Glanz 80, 2
Wie der Engel hat vermeldt 80, 3
Jesus leucht reiner als all die Engel 598, 3
Singet mit der Engel Schar 51, 9
Die Engel in des Himmels Saal 51, 11
Dich wünschen Engel zu umfangen 188, 4
Die Engel und all Himmelsheer 501, 2
Des freuen sich die Engel sehr 501, 3
Lobsinget mit der Engel Chor 501, 6
Über all Engel mächtig schwebt 745, 4
Möcht ich, wie die Engel immer 226, 4
Wie d. Engel Scharen alle rufen Gloria 615, 2
Dem tausend Engel dienen 142, 1
Viel tausend Engel um ihn schweben 514, 2
Daß aller Engel Zungen zu dessen Ruhm 475, 9
Ach wie schön ist der Engel Lobgetön 432, 3
Bekennen vor der Engel Schar 38, 7
Ihr starken Engel waltet seines Lobs 513, 4
Wo — dich der Engel Heer erhört 421, 8
Den die Schar der Engel preist 750, 1
All Engel und des Himmels Heer 271, 1
Dem, dessen Lob der Engel Heer 500, 1
Da aller Engel Schar den großen 329, 7
Der Engel Scharen ohne Zahl 248, 2

II. in Bezug auf den Menschen.

Kein Engel, keine Freuden 405, 13(14)
Kein Engel und kein Fürstentum 332, 4
Und wie du durch die Engel hast 534, 8
Der Engel Schutz empfinden 534, 9
Sein Engel, der getreue 399, 13
Dawider hat sein Engel sich gesetzet 444, 5
Dein Engel mir stets halten Wacht 119, 4
Durch deine Engel hast behüt 314, 2
Durch dein Engel die Wacht bestell 314, 4
Und seiner heilgen Engel Wacht 772, 1
Befiehl dein Engel, daß er komm 66, 6
Dieweil die Engel bei uns sein 66, 7
Die Engel sind allhier zugegen 188, 5
Gieb mir deinen Engel zu 498, 8
Send uns deine Engel 129, 2
Auch dein Engel steh mir bei 268, 4
Die Engel uns begleiten 418, 14[1])
Der uns durch seine Engel schützt 64, 3
Auch dem frommen Lot der Engel half 270, 8
Hier ist der Engel Land 135, 13
Sie mit ihm führen zu d. Engel Chören 222, 6
Dein Engel laß auch bleiben 54, 5
Es singen uns die Engel 199, 1
Sende deiner Engel Schar 115, 9
Sende deiner Engel Scharen 648, 5
Deinen Engel zu mir sende 219, 7
Laß dein Engel mit mir fahren 196, 9
Mit den Engeln jubilieren 196, 10
Bis ich mit den Engeln dort 316, 8
Dein Engel send, der mich bewahr 549, 1
Heim zu dir — e. Schar d. Engel trägt 174, 11
Gott und die Engel lieben mich 202, 11
Sein Engel deine Wächter sein 15, 5
Der machet Gott und Engel lachen 693, 3
Durch Übelthat d. Engel von uns treiben 534, 6
Daß wir der Engel Amt verrichten 534, 7
Wend ab — durch deiner Engel Schar 517, 4
Gottes Engel, den er sendet 625, 8
Kein Mensch, kein Engel trösten kann 471, 1
Und seinen lieben Engeln gleich 209, 6
Wenn ihr selbst auch Engel wäret 585, 7
Nun werd ich gleich — d. frohen Engeln 465, 6
Auch gleich den lieben Engeln bleib 553, 13
Keiner Engel Macht — mich soll scheiden 328, 4
Wer machet mich den Engeln gleich 761, 5
So werden wir dein Engeln gleich 144, 9
Bei der Engel Chor und Reihen 220, 4
Im Himmel sind wir Engeln gleich 23, 4
Wir sind den lieben Engeln gleich 501, 4
Er sieht und hört der Engel Mund 139, 9
Da werd ich als ein Engel sein 728, 8
Wenn ich bei deinen Engeln bin 524, 15
Der bei den Engeln lacht 621, 9
Wir stehn im Chore der Engel hoch 672, 3

1) Fehlt vielfach.

Da alle Engel ewig, ewig singen 444, 10
Sie loben Gott — dort bei d. Engel Schar 426, 4
Der helf uns zu der Engel Schar 417, 16
Kein Engel schämt nun d. Gemeinschaft 619, 13
So wollt ich nach der Engel Weis' 204, 11
Erfüllen mit den Engeln deinen Willen 442, 6
Sie stimmen mit den Engeln ein 531, 5

III. Satan.

In falscher Heiligkeit sich als ein Engel stellen 153, 8

IV. allgemein.

Nicht Gold, nicht Ruhm, Engel nicht 97, 5
Danken dir für dein Geschöpf der Engel 270, 1
O ihr Engel, Himmelserben 773, 7
Die Engel werden singen, all Heilgen 99, 5
Wie der Engel Schar im Himmel 732, 2
Und ihr Engel allzumal 220, 5

Engelchor.

Mit Schalle zum frohen Engelchor 178, 3
Zur Ruh im güldnen Engelchore 472, 7

Engelein.

Uns durch die lieben Engelein 270, 10
Send mir dein Engelein 297, 10
Ach Herr, laß dein lieb Engelein 296, 3
So laß die Englein singen 515, 8
Er schickt dir seine Engelein 516, 4(8)
Werd singen mit den Engelein 553, 14
Laß heut dein lieben Engelein m. Wächter 89, 5
Befiehl du deinen Engelein 488, 3
Laß deine lieben Engelein unsre Hüter 126, 2
Da wir mit deinen Engelein 745, 13

engelisch.

Neue Mähre von d. engelischen Scharen 114, 4
Frohlocket ihr englischen Chöre 323, 1

engelgleich.

Mit engelgleicher Lust ewig 646, 7

engelrein.

Engelrein laß sie sein mit dir vereint 221, 5

Engelschar.

Die Engelscharen zu d. Lobe hast bereit 534, 2
Bis ich hinfahr zur Engelschar 326, 10
Mit der Engelschar das Heilig 208, 5
Fährt auf Eliä Wagen mit heilger Engelschar[1]) 369, 3
Die Sterbenden begleit mit deinen Engelscharen 274, 11
Ich singe mit der Engelschar 512, 4

Engelsüß.

Wann kost ich doch das Engelsüß 144, 13

Engelwache.

Ist wie eine Engelwache 174, 4

Engelweisen.

Preisen mit süßen Engelweisen 225, 6

Engelzungen.

Gesungen mit Menschen- und mit Engelzungen 672, 3

entbehren.

Muß ich gleich hier sehr viel entbehren 19, 9

entbieten.

Daß Jesus sie zu sich entbeut 708, 2

entbinden.

Daß er uns von Sünde freie u. entbinde 222, 1
Du allein kannst mich entbinden 3, 7
Durch seinen Tod entbunden 326, 2
In Gnaden mich entbinden 399, 5
Jesu durch dein Blut entbinden 427, 2
Daß ich nun der höllischen Herrschaft entbunden 169, 8
Dein Sohn hat m. davon — entbunden 315, 2
Der Erdenlast auf solche Art entbinden 153, 11
Da ich aller Angst entbunden 173, 4
So wird er dich entbinden 58, 10
Nun wohl, die Seele ist entbunden 770, 5

Entbinder.

Den Schwangern ihr Entbinder 274, 9

entbrennen.

Ihr Herze entbrannte, dies einzig 169, 3

entdecken.

Entdecke doch der Welt 176, 2
Das muß er selbst entdecken 212, 2
Da will ers nicht entdecken 183, 12

entfallen.

Ich bin dir nicht aus dem Sinn entfallen 261, 1
Laß uns nicht entfallen 489, 3
Wenn mir Wort u. Sprach entfallen 375, 9
Wenn uns entfallen will der Mut 591, 4
Als mir aller Mut entfiel 40, 8

entfärben.

Es darf sich nicht vor Höll und Tod entfärben 727, 3

entfliegen.

Ich bin der bösen Welt entflogen 728, 9

entfliehen.

In der Welt der Welt entfliehen 430, 1
Doch wie könnt ich dir entfliehen 276, 2
Nichts, nichts kann d. Aug entfliehen 494, 2
Da man nicht entfliehen kann 374, 9
Die der Lust der Welt entflohen 634, 2
Entfliehn des Teufels Listen 216, 1—3
Das als Rauch bald wird entfliehn 220, 10

entgegeneilen.

Eile — deinem Bräutigam entgegen 596, 2

entgegengehen.

Und wie er dir entgegen geht 471, 8
Komm, wir gehen dir entgegen 321, 2
Ich dir mög entgegengehen 238, 9
Freudig gehn sie dir entgegen. 667, 1
Ihr müsset ihm entgegengehn 672, 1
Mir sehr hart entgegengeht 22, 3

entgegenkommen.

Daß ich dir komm entgegen 234, 5
Sieh, der Herr kommt dir entgegen 406, 1
Kommt, ihr Engel, kommt entgegen 173, 5

entgegensein.

Satans Heer mir ganz entgegen war 763, 8

1) Var. Bernh. G. engelischer Schar.

entgegensenden.
Die Jesus mir — entgegen hat gesandt 369, 5
entgegensetzen.
Was sich entgegensetzt, muß sinken hin 619, 2
entgegenstehen.
Was ihr entgegenstehet 572, 5
entgegenstrecken.
Streckt jedem eure Hand entgegen 691, 4
entgehen.
Entgangen aller Angst und Not 512, 1
Aller Not bin ich entgangen 425, 6
Ihr seid entgangen aller Not 582, 1
Ist unsre Seel entgangen 674, 3
Verwirkt den Tod und ist entgangen 298, 5
Wenn uns die Erd entgeht 355, 12
Wir werden ewig nicht entgehn 333, 5
O Geist, dem keiner kann entgehen 538, 1
entgelten.
Laß mich es nicht entgelten 532, 2
enthalten.
Enthalten ist für Angst und Not 149, 4[1])
Enthaltet euch der Thränenblicke 728, 6
entladen.
Dieser schweren Last entladen 26, 8
Ich bin der Sorg entladen 109a, 2
Daß dein Geist sich recht entlade 589, 1
Ich bin der Schuld entladen 264, 4
Aus Gnad. dich d. Strafe woll entladen 648, 2
Entladen von der Sterblichkeit 739, 1
Von Kriegeslast entladen 272, 3
entnehmen.
Schein ich zu früh entnommen 621, 9
Was mir will entnehmen meinen Mut 37, 3
Da ich aller Schuld entnommen 240, 1
Aller Trübsal ganz entnommen 558, 6
entraten.
Der muß ich jetzt entraten 7, 3
entreißen.
Seiner Hand entreißt mich nichts 633, 7
Entreiße mich aller vergänglichen Lust 169, 7
Der uns der Sünde Macht entreißt 452, 5
entrücken.
Dir entrückt in den Saal der Freuden 599, 2
Den Gott entrückt, eh er verdirbt 728, 2
Hat sie der Thorheit schon entrückt 570, 3
entsagen.
Ich will der ganzen Welt entsagen 470, 7
Unser Herz der Welt entsage 768, 1
Ich entsage, Herr, dem allen 525, 8
Wir entsagen willig allen Eitelkeiten 226, 3
Sünde, dir entsage ich 379, 5
Ewig entsag ich der Sünde 323, 6
Gott hört es, ich entsage euch 330, 6
entschlafen.
Nun entschlaf ich voll Vertrauen 261, 3
Bis wir entschlafen seliglich 283, 8
Bald, bald entschlafen wir, entschlafen 250, 2
In ihm entschlafen werde 739, 1
Entschluß.
Und redlich den Entschluß nun fasse 470, 3
entsetzen.
Mein Herz darf nicht entsetzen sich 202, 11
entsiegeln.
Die Heimlichkeit der Weisheit wird entsiegelt 466, 7
entsprießen.
Das aus seim Stamm entsprießen sollt 447, 5
entspringen.
Alt u. Jungen in aller Welt entsprungen 139, 3
entstehen.
Wo diese wohnt, kann nichts entstehen[2]) 554, 3
Daß nur kein falscher Fried entsteht 470, 2
So bei Christen oft entsteht 22, 3
Wenn große Not entsteht 228, 3
So soll aus dem Tode d. Leben entstehn 299, 6
Bei entstandner Morgenröte 490, 3
entsündigen.
Durch dein Blut — entsündigt sein 777, 2
Entsündge meinen Sinn 769, 2
Die bringen nun entsündigt dir Preis 103, 3
entweichen.
Ach liebste Liebe, wenn du entweichst 554, 13
So lang das Herze schlägt, dieselbe nicht entweich 365, 3
Wie entweicht der süße Friede 413, 4
Der Höll wird er entweichen 417, 2
entweihen.
Von keiner Sünde mehr entweiht 739, 1
Dein Haus, das d. Sünde hat entweiht 616, 3
entwenden.
Mein Gott hat mich der Welt entwandt 728, 7
Auch wird es ihm kein wilder Wolf entwenden 727, 4
entziehen.
Entzeuch uns nicht dein heilsam Wort 83, 3
Wenn du mir deine Lieb entzeuchst 554, 13
Entzeuch uns deine Gnade nicht 302, 9
Sein Herz niemals ganz entzeucht 625, 9
Wenn ich mich der Welt entziehe 712, 4
entzücken.
Wenn du den Geist entzückest 476, 1
Deine Güte entzücken mein Gemüte 135, 6
Das entzückt mir mein Gemüte 712, 2
entzückt.
Ein neues Leben nimmt man hin entzückt 354, 3
entzünden.
So lange, bis dein Herz entzündt 554, 8
Ich werd von Tag zu Tag entzündt 558, 2
Daß sich entzündet, was in mir ist 234, 3
Endzünd in mir der Andacht Brunst 349, 7
Entzünde neue Lieb und Sanftmut 164, 5
Die d. König so zur Gegenlieb entzündt 583, 2
Kein fremdes Feuer sich in m. entzünd[3]) 619, 11
Laß es auch mein Herz entzünden 778, 7
Das Herz uns werd entzündet 754, 8
Lust zu dir im Herzen mir entzünde 310, 3

1) Fehlt vielfach. 2) Var. Bernb. G. Wo diese steht, kann nichts bestehn. 3) Var. Anh. G. anzünde.

Und entzünde mein Verlangen 614, 3
Du wollst in mir entzünden dein Wort 562, 6
Laß des Trostes Kerzen dich entzünden 599, 17
Entzünd in ihnen das Feuer 411, 1
Entzünde du m. Herz m. d. wahren Liebe 294, 4
Laß sich den Durst nach dir entzünden 470, 4
Dein brünstig Lieb entzünd in ihn'n 412, 1
Hat die Sünd dich entzündt 635, 1
Mein Herze nicht entzünden 298, 10
Unsre S. den frommen Gott entzünden 580, 11

entzweibrechen.

Brich alle Band entzwei 236, 5
Brich des Feindes Pfeil entzwei 641, 9
Doch brichst du es entzwei 338, 4
Brich entzwei des Mörders Pfeile 299, 4

entzweien.

Und sich heillos entzweiet 576, 4

entzweireißen.

Ach reiß, o Herr, d. Himmel — entzwei 669, 5
Und der Vorhang reißt entzwei 174, 10
Er reißt der Höllen Band entzwei 243, 3

entzweisein.

Der Strick ist nun entzwei 272, 5
Strick ist entzwei und wir sind frei 674, 3

entzweitreten.

Tritt der Schlangen Kopf entzwei 238, 8

Erbarmen.

Gott ist gut, der aus Erbarmen 229, 1
Durch deiner Lieb Erbarmen 529, 2[1])
Dein gnadenreich Erbarmen 482, 4
Durch sein Erbarmen euch machen groß 36, 6
Es ist das ewige Erbarmen 340, 2
Bei dem soviel Erbarmen ist 340, 9
In s. Armen, in d. ewigen Erbarmen 583, 10
Zu lauter ewigem Erbarmen 471, 4
Weil d. Herz dir vor Erbarmen — bricht 249, 5
Aus göttlichem Erbarmen gingst du 120, 3
Dein Erbarmen hat kein End 644, 5
Und dein Erbarmen hat kein Ziel 540, 5
Durch dein Erbarmen hast erneut 667, 2
Sein Erbarmen läßt nicht zu 694, 7
Wir schließen uns — in d. Erbarmen 164, 3
Aus Güte u. Erbarmen, Herr Jesu 486, 4
Mit Erbarmen in die Vaterarme 315, 3
Mein Hoffnungsgrund ist d. Erbarmen 777, 5
O wie hoch stieg dein Erbarmen 255, 5
Und erzeig ihm dein Erbarmen 241, 1
In dein Erbarmen hülle mein — Herz 627, 2
Herr von unendlichem Erbarmen 292, 1
Und erzeige dein Erbarmen 437, 3
Mit was doch d. Erbarmen z. vergleichen 298, 9
Sie finden leichtlich dein Erbarmen 424, 3
Ewig währet sein Erbarmen 429, 1
Auf dies Erbarmen will ich glauben 484, 4
Gott, der du reich bist an Erbarmen 484, 5
O ein Ratschluß voll Erbarmen 193, 3
Dies saget von Erbarmen 212, 6
Die aus Erbarmen sich annehmen 419, 6

erbarmen.

I. Gott.

Daß er unser sich erbarm 209, 6
Die Zeit ist hie zu erbarmen 502, 5
Er will sich ihrer erbarmen 426, 3
Daß du dich noch erbarmen wirst 759, 3
Du willst — gnädig dich erbarmen 652, 5
Daß du dich mein erbarmen mußt 150, 4
Aller deiner Werke erbarmst du ewig dich 686, 7
Du wollst dich mein erbarmen 562, 5
Wollst meiner dich erbarmen 577, 3
Erbarm dich unser, o Jesu 565, 1. 2
Erbarme dich unser 69, 1—3
Erbarm dich mein in solcher Last 279, 2
Erbarm dich über uns 443
Er wird sich dein erbarmen 393, 2
Ach, Herr Jesu, dich erbarm 21, 1
Der Sünder dich erbarmest 143, 5
Ich bin verdammt, erbarme dich 143, 6
Erbarme dich, erbarme dich, Gott 325, 1—6
Gott wird wohl mein erbarmen sich 631, 3
Jetzt nicht, wie vorhin erbarmen 774, 2
Laß dich des erbarmen 10, 1
Erbarm dich deiner bösen Knecht 496, 2
Ach Gott, mein Herr, erbarm dich der 548, 2
Erbarm dich unser aller 29, 3
Laß dich meiner Not erbarmen 712, 4
Laßt mich über euch erbarmen 386, 7
Erbarm dich deiner Christenheit 556, 6
Ach Herr, meiner dich erbarme 528, 6
Bis er sich dein, wie er pflegt, erbarme 138, 13
Erbarm dich mein, o treuer Gott 307, 1
Mehr als väterlich erbarmen 255, 2
Laß dichs erbarmen 291, 2
Des wird sich Gott erbarmen 754, 3
Erbarme der Verlass'nen dich 237, 5

II. Mensch.

Voll Freudigkeit m. ihrer mög erbarmen 13, 2
Wie sich ein Vater erbarmet 513, 3
Wenig ihrer sich erbarmen 493, 2

Erbarmer.

Er, der Herr ist mein Erbarmer 694, 7
Mein Erbarmer läßt mich nicht 633, 1
Mein Erbarmer selbst versprichts 633, 7
Gott, mein Erbarmer über mich 325, 1—6
Gieb mir, o mein Erbarmer 542, 4
Daß ich dich — herzlich suchte, mein Erbarmer 16, 3

erbärmlich.

Dich erbärmlich richten zu[2]) 383, 3

Erbarmung.

Es mangelt an Erbarmung nicht 513, 2
Mir ist Erbarmung widerfahren 484, 1
Erbarmung ists und weiter nichts 484, 2
Ich kann es nur Erbarmung nennen 484, 3

erbarmungsvoll.

Daß dein erbarmungsvolles Herz — so hülfreich 524, 7

---

1) Fehlt Anh. G. 2) Var. Anh. G. Ohne Maßen bittest du.

erbauen.

Der du mich hast erbauet 147, 2
Hab erbauet ein edle, neue Stadt 405, 8(9)
Und dir zum Tempel sich erbaut 163, 4
Sammelt, heiligt u. erbaut s. Tempel 159, 5

Erbe (das).

Dein Erbe bleibt dir immerdar 123, 2
Er ist dein Schatz, dein Erb u. Teil 355, 14
Daß bei Gottes Kindern verbleib ihr Erb 738, 8
Mein — Erbe mir prächtig zugericht 405, 9(10)
Ich — finde hier kein solches Erbe 469, 1
Mir Gott hat gegeben das Erb 369, 4
Und mir dein Erbe schenken 234, 6
Denn das bringet mich zum Erbe 427, 4
Dein Geist zeiget mir das Erbe 382, 7
Versetze mich in jenes Erbe 480, 7
Und dorten mir mein Erbe zugedacht 777, 9
So wird dein ewges Erbe sein 681, 13
Dein Erb ist in dem Himmelsthron 681, 14
So bleibet uns das Erbe des Himmels 473, 9
Ihr Erbe, das verwelket nicht 531, 2

Erbe (der).

Laß mich dein Kind u. Erbe sein 289, 1
Dich — überweist, daß du s. Kind u. Erbe 167, 9
Er macht uns Erbn in seinem Saal 209, 5
Als des Himmelreiches Erben 414, 8
Der mich, sein Kind und Erben 328, 5
Durch welchen ich dein Kind u. Erbe bin 136, 6
Laß mich dein Kind und Erbe sein 269, 4
Laß mich dein' Erben sein 407, 8
Ein Kind u. Erb des Herren 665, 7
Mach mich zum Erbn in deinem Reich 549, 2
Daß ich ohn Ende d. Himmels Erbe bin 339, 8
Denn sie sind Gottes Erben 426, 4
Du hast zu deinem Kind u. Erben 330, 2
Dein erkaufter Erb ich bin 617, 2
Nach ihm macht mich m. Gott zum Erben 332, 6
Bin ich des Himmels Erbe 342, 5
Wären deines Reiches Erben 628, 1
Er nennt uns Gottes Erben 683, 5
Wir beide sind Erben des Himmels 397, 6
Wie Jesus uns auch so gemacht hat zu Erben 397, 6

erbeben.

Mein Herz erbebt, ich seh u. ich empfinde 290, 3

erben.

Dasselb Gift ist auf uns geerbt 146, 1
Und mit Jesu dorten erben 391, 8
Daß ich soll den Himmel erben 461, 8
Wir erben nun das Himmelreich 501, 4
Das Leben erben, das mir verheißen ist 361, 3
Ich will doch den Himmel erben 49, 5
Glaubensvoll den Himmel erben 628, 8
Wer gläubet — d. Himmelreich soll erben 77, 5
Das mich dein Reich läßt erben 560, 6
So muß ich ja das Leben erben 478, 1

Erbgut.

Setz mich in dein Erbgut 652, 2

erbieten.

Umsonst erbeut ein Bruder sich 333, 5

erbitten.

Laß ferner dich erbitten, o Vater 510, 8
Laß dich erbitten, liebster Freund 764, 2
Den uns dein Sohn erbitten heißt 243, 1
Läßt Gott ihm garnichts nehmen, es muß erbeten sein 58, 2

erblassen.

Wenn dein Haupt wird erblassen 542, 6
Der erblaßt und tot im Grabe 413, 7
In dir leben und in dir erblassen 160, 4
Der für mich am Kreuz erblaßt[1]) 97, 3
Bis mein Gesicht erblaßt 420, 4

erbleichen.

Wie bist du so erbleichet 542, 2
Muß das Schönste bald erbleichen 34, 2
In unser erblichenes Bildnis eingeben 299, 4

erblicken.

Nachdem ich schon hienieden den Heiland hab erblickt 287, 3
Laß mich dich im Geist erblicken 373, 9
Wo ich geh, sitz und steh laß mich dich erblicken 226, 8
Jesum haben, stets erblicken 476, 7
Laß, Liebster, mich erblicken dein freundlich Angesicht 594, 3
Kannst aus seinem Wort erblicken 701, 1
Wenn ich dich, Jesu, im Glauben erblickt 169, 9
So wirst du schon erblicken die Sonn 58, 6
Ich hab von ferne, Herr, deinen Thron erblickt 345, 1
Laß mich durch d. Nägelmal erblicken 553, 10
Mit Schrecken u. Entzücken am Kreuz erblicken 290, 4
Ich habe schon erblicket alle d. Herrlichkeit 31, 7
Nach dem Tod erblickst du schnell 313, 8
Da man erblicket Kronen 396, 3
Erblick ich nur die Schlangenspur 153, 8

erblühen.

Noch erblühn zur ewgen Frucht 417, 3

erbosen.

Ist er erbost, ich bin getrost 153, 7
Wer schützt, wenn der Feind erbost 761, 4

erbötig.

Kommt und ist zur Hülf erbötig 690, 5

Erbsünde.

Die Erbsünd machts zur Nichtigkeit 77, 6

Erbteil.

Und segne, das dein Erbteil ist 271, 4
Ein Erbteil in dem reichen — Vaterland 171, 4
Mein künftig Erbteil steht mir offen 332, 5
Da zeigt mir d. milde Hand m. Erbteil 205, 11
Und dein Erbteil zu verheeren 642, 1
Es fällt mir jede Gabe wie ein Erbteil in die Hand 705, 4
In meinem Erbteil ruhn 329, 12
Mein Erbteil das bestehet 135, 9

---

1) Var. Der statt meiner ward ein Wurm.

Erde.

I. Gegenstand göttlicher Segnungen.
Die Sonn, die Erd, all Kreatur 181, 4
Erde, breite dich in Frieden 673, 2
O du Wächter deiner armen Herde,
Himmel und Erd 68, 4
Erd und Himmel jauchzen da 646, 2
II. als menschliche Wohnstätte.
Ich bin nicht wert, daß m. die Erd trägt 326, 8
An mir — ist nichts auf dieser Erd 405, 3
Auf d. Erd m. Herz nichts mehr begehret 4, 5
Auf dieser Erden e. Wohnung Gottes 152, 2
Daß mirs wohlgeh auf Erden 260, 5
Weiß ich keinen Trost auf Erden 584, 6
Auf Erden weiß ich keinen Trost 675, 3
Gönne uns doch Frist auf Erden 299, 8
Geht einmal auf Erden die Kindeszeit 171, 4
Wenn ich von der Erde einst gerufen 246, 2
Die Zeit, die ich noch leb auf Erden 109a, 5
Wo ich lebe auf der Erde 373, 10
Wer hielte da auf Erden aus 691, 2
Der Himmel ist bei uns auf Erden 691, 4
Ein eisern Band hielt an der Erde 691, 5
Denn du bist mein Fels auf Erden 690, 2
Du bist mein höchster Schatz auf Erden 465, 6
Er läßt die Erd u. nimmet ein die Luft 472, 7
Noch auf Erden auch m. Herz d. Opfer w. 317, 1
Noch auf Erden Gott e. Liebesopfer w. 317, 5
Pflegt auf Erden zu geschehn 661, 6
Laß mich auf der Erden garnichts suchen 727, 7
Wandeln auf Erden u. leben im Himmel 182, 5
Was ist der Mensch allhier auf Erd[1]) 534, 3
Wer auf der Erden lange lebt 512, 8
Kein Bleiben ist auf Erden 579, 2
All unser Leid auf dieser Erd ist nicht 566, 7
Was haben wir auf dieser ganzen Erd 355, 3
Auf Erden bin ich nur ein Gast 553, 1
Daß ich auch wie jetzt auf Erden 596, 9
Weil ich soll auf Erden leben 458, 2
Ich muß noch mehr auf dieser Erden 306, 5
Ich lebe nicht auf Erden, um glücklich 686, 4
Jung u. alt, auf Erden hab'n getrieben 185, 3
Und nur auf Erden früh und spat 185, 4
Die hier auf Erden wohnen 64, 7
Daß ich noch allhier auf Erden fromm 309, 4
Diese sollen noch auf Erden 419, 3
Meinen Wandel hier auf Erden 419, 10
Darum, Erde, fahre wohl 206, 4
Auf Erden sind die Freunde rar 98, 1
Wann wir von der Erd abscheiden 500, 8
III. Eitelkeit.
Als ein Stäublein armer Erd 678, 5
Nach Himmel u. Erden nicht frag ich 296, 1
Klebten einzig an der Erden 713, 2
Um Überfluß u. Schätze dieser Erden 214, 2
Denn der Erden Gut vergeht 463, 2
In den Dingen dieser Erden 604, 1
Laß, was dich zur Erden reißt 604, 8
Daß du Erden haben sollt 494, 3
Was die Erde in sich hält 649, 4
Daß ich stets hang an der Erden 26, 1
IV. Staub und Grab.
Erd ist er und von der Erden 509, 2
Wird auch zu Erd wieder werden 509, 2
Herr, daß ich Erde bin, lehre du mich 456, 7
Nicht mehr ein Mensch von Erde 707, 6
Ich bin unten von der Erde 18, 4
Du liegest in der Erde 338, 2
Tief in die Erd begraben 665, 6
Den ich thu in die Erde nieder 169, 4
Kommen in die Erden 217, 6
Es fall denn in die Erden 15, 3
Zur Ruh ein Bettlein in der Erd 515, 6
Die Erd ist allenthalben dein 469, 4
Dir doch allerwegen d. Erde zugehört 338, 2
Der Leib hab in der Erd sein Ruh 283, 4
Verwelkt der Leib gleich in der Erden 728, 8
V. allgemein.
Die auf Erden, Luft und Meer 610, 2
Dieser hat Himmel u. Meer u. Erden 446, 4
Den Himmel und auch die Erden 754, 8
Wer schließt den Schoß der Erde auf 707, 3
Der kam auf Erd vom Himmelsthron 516, 3
Damit bei uns auf Erden zu wohnen 77, 4
Was auf Erden wir gethan 200, 6
Zugleich auf Erden wie im Himmelreich 655, 4
Sein Will auf Erd g'scheh 183, 14
Bis dieser Kreis der Erden 103, 4
Laß durch jeden Kreis der Erden 587, 4
Daß du auf Erden Richter bist 192, 2
Kein bessre Treu auf Erden ist 11, 6
Zwar Himmel und die Erd vergeht 295, 2
Bis Erd und Himmel brechen 137, 9
Wenn Erd und Himmel untergeht 340, 1
Muß gleich Erd und Luft vergehn 218, 7
Hat wohl gebaut im Himmel und
auf Erden 716, 1
So frag ich nicht nach Himmel und
nach Erden 282, 3
Und alles ist im Himmel u. auf Erden 50, 6
Himmel, Erd und ihre Heere 625, 6
Wasser, Luft und Erde 650, 2
Himmel, Wasser, Luft und Erde 422, 2
Luft und Erde wird ihm dienen 758, 3
Dessen Treu im Himmel u. auf Erden 14, 1
Trost der Seelen, Heil der Erden 375, 3
Du sollst mein Trost auf Erden 120, 1
Ich sing und mach auf Erden kund 355, 1
Gerechtigkeit im Himmel u. auf Erden 572, 8
Wie wills auf Erden doch endlich — w. 138, 1
Wenn gar kein einger mehr auf Erden 213, 7
Laß mich finstres Kind der Erden 322, 5
Dankbarkeit auf Erden n. ausgestorben 698, 1
Auf dieser Erd ist keine Ruh 1, 5
Nichts besser ist — im Himmel und
auf Erden 609, 2

---

1) Var. Bernd. G. Was ist der Mensch, o Vater doch.

Mein Hoffnung steht auf Erden 30, 1
Auf Erden wohnet Trug und List 28, 5
O Herrlichkeit der Erden, 594, 6
Wie könnt auf dieser Erden doch 407, 6
Von den Lüsten dieser Erden 389, 10
Fürchten sehr den Tod auf dieser Erden 15, 4
Wie wird dann dir sein, o Erde 155, 1
Außer dir soll mir auf Erden 381, 1
Erd und Abgrund muß sich scheuen[1]) 381, 3
Erd und Tod wird sehn mit Beben 637, 4
Bis wir auf der neuen Erden 642, 7

Erdenbürden.

O daß frei von Erdenbürden 768, 2

Erdengut.

Erdengut zerfällt und bricht 494, 6

Erdenhaus.

Kein Bleiben ist im Erdenhaus. 756, 1

erdenken.

Falsche List erdacht er wider Jesum 114, 4
Was die Welt für Lust erdenkt 152, 6
Was mein Herz erdenkt und ehret 585, 7
Und könnets nicht erdenken 472, 6
Aber hier erdenkt die Schlange 299, 3
Alle Plagen, die nur zu erdenken sein 425, 2

Erdenkloß.

Ich bin ein armer Erdenkloß 675, 3
Was ist der Mensch? Ein Erdenkloß 343, 4

Erdenkluft.

Lacht der finstern Erdenkluft 389, 9

Erdenkreis.

O Gott, der du d. Erdenkreis erschaffen 302, 4
Du hast gemacht den Erdenkreis 547, 4
O breite, Herr, auf weitem Erdenkreis 669, 4
Daß du auf diesem Erdenkreis 350, 1
Der den Erdenkreis verhüllet 229, 3

Erdenlast.

Der Erdenlast — entbinden 153, 11

Erdenleben.

Nun lobt — des Erdenlebens Güte 472, 4

Erdenlust.

Wir entsagen — aller Erdenlust 226, 3

Erdennot.

Nicht Erdennot, nicht Erdentand 357, 1

Erdenpilgerschar.

Der treuen Erdenpilgerschar 394, 4

Erdenstaub.

In d. Erdenstaube nicht mit als Staub 360, 6
Hoch vom finstern Erdenstaube 206, 9

Erdentand.

Nicht Erdennot, nicht Erdentand 357, 1

Erdenzeit.

Das ist sichres Gehen durch d. Erdenzeit 86, 5

erdichten.

Was der böse Geist erdichtet 585, 7

Erdkreis.

Verhüllt den Erdkreis düstre Nacht 253, 3
Ihn rühmt der Erdkreis 128, 1
Die den Erdkreis schmücken 650, 1

Erdreich.

Der du das — Erdreich hast gegründet 706, 2
Das Erdreich decket seinen Staub 204, 2
Daß auch Früchte brächt das Erdreich 107, 3

erdrücken.

Läßt sichs nicht erdrücken 566, 3

erdulden.

Habe dies verschuldet, was du erduldet 298, 3
Nun, was du, Herr, erduldet 542, 4
Kein zeitlich Weh erdulden 342, 2

ererben.

Sind wir doch dein ererbtes Gut 66, 5
Was sein eigner Sohn ererbt auch mit ererben 149, 2
Dein Himmelreich ererben 123, 7
Will ich ererben d. ewge Himmelreich 14, 11
Das Himmelreich durch Christum zu ererben 295, 4
Dein Reich muß ich ererben 763, 10
Und sein ewig Heil ererben 173, 4
Das Himmelreich ererben 579, 7
Und den Himmel für die Welt ererben 582, 5
Was dein Reich nicht kann ererben 527, 11
Nach dem Tod ererben 769, 12(13)
Es mag niemand erwerben noch ererben 353, 4
Was nicht kann dein Reich ererben 18, 6

erfahren.

Gott will mich recht erfahren 736, 2
Prüf, erfahre, wie ichs meine 169, 10
Wer zu Jesu fliehet, w. es recht erfahren 462, 6
Laß mich doch im Grund erfahren 448, 4
So erfahren wir gewiß, unser Licht 651, 3
Das Trübsal hat erfahren 107, 8
Viel müssens noch erfahren 232, 10
Wies mancher Christ erfahren hat 308, 1
Bis es deine Hülf erfährt 690, 1
Welch Wunderding hat man erfahren 11, 3
Der wirds erfahren mit der That 11, 7
Die Hirten — erfuhren neue Mähre 114, 4
Jauchzt Himmel, die ihr ihn erfuhrt 132, 10
Das wahre Auferstehn auch uns — erfahren 522, 8

erfinden.

Allzeit erfunden geduldig 565, 1
Da hast du die ewge Erlösung erfunden 169, 8
Wenn er uns nur hat treu erfunden 719, 4
Nie, als in dir erfunden werden 424, 11
Daß wir, alle Stunden rechtgläubig erfunden 222, 9
Wenn ich Rat bedarf, auch guten Rat erfindt 536, 4
Was eigen Witz erfindet 10, 2

erfordern.

Vom Gesetz erfordert allermeist 183, 2
Wie es erfordert meine Pflicht 704, 8
Die Heiligung erfordert Müh 737, 9
So erfordert meine Pflicht 458, 1

1) Var. Bernd. G. verstummen.

erfreuen.
So uns all erfreuen kann 714, 4
Wers erwarten kann, erfreut 625, 11
Der unser traurig Herz erfreut 598, 2
Es wird erfreuet Herz und Sinn 51, 13
Die ganze Welt erfreut mich nicht[1] 296, 1
Sonst erfreut man sich mit Zittern 583, 4
Der die Königin erfreut 583, 6
Aber wen die Sünd erfreuet 757, 4
Raff dich auf, dich zu erfreuen 673, 6
Daß euer Sehnen sonst nichts erfreuen k. 339, 5
In ihrem Schmerz mit Trost erfreun 50, 5
Die Christenheit preist dich erfreut 50, 6
Ich beuge mich und bin erfreut 484, 3
Da bin ich ewig recht erfreut 484, 5
In dir bin ich recht erfreut 72, 1
Laß uns dieses Licht erfreuen 713, 11[2])
Nichts kann, als Jesus, mich erfreun 741, 6
Gott wird euch schon erfreuen 417, 11
Und giebst uns, was uns hoch erfreut 355, 10
Dein süßer Nam erfreut vielmehr 11, 4
Was ewig mich erfreuen soll 11, 5
Wie hoch dein Nam erfreuen kann 11, 7
All mein Gemüt erfreuet sich 11, 9
Was mich erfreuet schon 407, 8
Bis hieher hat er mich erfreut 63, 1
Daß sich mein Herz u. Seel erfreuen 420, 2
Du kannst mein Herz erfreuen 420, 4
Gott sei Lob, der mich erfreuet 626, 6
Und erfreu mich, daß ich doch bleib 734, 3
Sehr hoch in ihm erfreuet 734, 5
Mich erfreut sein Angesicht 460, 4
Wo mich vor deinem Thron erfreut 282, 2
Dein Wort ist, das mein Herz erfreut 289, 2
Nach deiner Gnad erfreuen 286, 1
In ihm erfreu ich mich allein 512, 4[3])
Wenn ich m. aufs neu wiederum erfreu 602, 12
Ewiglich aufs neu mich mit dir erfreu 602, 12
Und erfreun in seiner Stadt 425, 9
Mein Seel und Leib erfreue dich 610, 7
Des wird sich euer Herz erfreun 728, 8
Des sollt ihr euch erfreuen 607, 5
Was mein Leben nährt und erfreut 90, 5
Das Sonnenlicht welches all erfreuet 72, 2

Erfreuen.
Dein Erfreuen ist die Weide 678, 6

erfreulich.
Ist nichts, was mir erfreulich ist 282, 3

erfreut.
So sing ich einstens hoch erfreut[4]) 340, 10

erfrischen.
Erfrische Geist und Sinn 500, 5
Machst, daß ich mich erfrische 106, 8
Er wird beim Brünnlein uns erfrischen 187, 5
Mein Herz erfrisch, daß ich dir treu 735, 6
Daß er mein Herz erfrische 349, 1
Erfrischt mir mein Geblüt 40, 2

erfüllen.
I. ausfüllen.
Sein Ehr die ganze Welt erfüllet hat 370, 1
Der die ganze Welt erfüllet 229, 3
Mit deinem Schein durchleuchtet u. erfüllet sein 180, 1
Denn, mein Herz mit ihm erfüllet 387, 1
Der mein Gemüte mit seinem reichen Trost erfüllt 610, 1
Mein Herz sei mit dir erfüllt 17, 6
Daß er mir mein Herz erfülle 625, 4
Ach Herr mit ihm mein Herz erfüll 180, 3
Erfüll die Herzen deiner Gläubigen 411, 1
Erfüll die Herzen deiner Christen 351, 5
Uns mit hellem Licht erfüllet 439, 2
Erfülle mit dem Gnadenschein 552, 2
Erfüll mit sehnender Begier auch uns 471, 11
Erfüll mit deiner Gnaden Gut 412, 1
Sie erfüll uns jederzeit 414, 1
Der sie durch und durch erfüllet 583, 6
Erfülle d. Gemüter m. — Glaubenszier 769, 8
Das erfüllet unsre Zeit mit Seligkeit 84, 1
Und erfülle sie mit Trost 196, 8
Daß Christi Sinn es ganz erfüllt 570, 1
Daß auch der Dank, der mich erfüllt[5]) 349, 1
Daß es ganz von dir erfüllet 248, 5
Nur von dir erfüllt zu sein 299, 5
Ohn Anstoß mit Gerechtigkeit erfüllt 537, 7
Von höchster Freud erfüllet 369 7
II. vollbringen.
a) Gott.
Bis daß die Zeit erfüllet ward 132, 2
Nun ist erfüllt, was geschrieben ist 210, 3
Als eben war die Zeit erfüllt 547, 7
Es wird deine Treu erfüllen 374, 11
Und was sie geprophezeit, ist erfüllt 238, 2
Des Höchsten sein Begehren das muß erfüllet sein 621, 3
Alles muß pünktlich erfüllet werden 446, 4
Und erfülle das Verlangen 437, 6
Daß dein Wünschen wird erfüllt 608, 5
Nach s. Willen m. Verlangen zu erfüllen 32, 5
Sein Rat wird doch erfüllen 724, 4
Du wirst dein Wort erfüllen nun 308, 6
Gott erfüllt, was er verspricht 388, 2
Noch möchtest heut erfüllen 135, 16
Wirst du meinen Wunsch erfüllen 26, 7
Erfüllt der Witwen Bitte 145, 6
Du hast das Gesetz erfüllet 255, 8
Er hat das Gesetz erfüllt 462, 4
Noch mußt das Gsetz erfüllet sein 183, 5
Der woll mit Gnad erfüllen 183, 13
Sein Werk und Amt zu erfüllen 77, 1
b) Mensch.
Deinen Willen laß erfüllen mich 387, 4
Deinen Willen stets suche zu erfüllen 286, 8
Herr deinen Willen stets zu erfüllen 298, 12

1) Var. Bernh. G. nicht freuet mich. 2) Fehlt vielfach. 3) Fehlt vielfach. 4) Var. Bernh. G. einst nach dieser Zeit. 5) Bernh. G. vollständig var.

Künftig mehr als heut erfüllen 268, 3
Mit Lob und Dank u. heilger Freud erfüllen. 726, 3
Damit ich deinen Willen in allem mög erfüllen 630, 3
Der Gottes Willen gedenket zu erfüllen 232, 9
Und d. heilgen Willen — gern erfüllen 260, 11
Daß den wir einst erfüllen 107, 11
Was gut ist zu erfüllen 362, 8
Das sollt ihr auch erfüllen 417, 3

c) allgemein.

Geduld thut Gottes Willen, erfüllet sein Gebot 203, 9
Eh die Zeit erfüllet ist, wo du richtest 433, 2

Erfüllung.

Wie es auch an euch noch wird in Erfüllung gehen 397, 4

ergeben.

I. hingeben.

Dir will ich mein Herz ergeben 584, 5
Mein Herze bleibt ergeben dir immer 594, 5
Drum bin ich dir ganz ergeben 438, 3
Ich bleibe dir ergeben 9, 5
Mein Leben völlig m. Gott ergeben 520, 1
Leib u. Leben hab ich seiner Gnad ergeben 32, 4
Mich gänzlich dir ergebe 495, 4
Und bleib im Kreuz ergeben 735, 6
Was ich bin und hab ergeben 458, 2
Jesu, dir zum Dienst ergebe 26, 8
Mein ganzes Leben sei dir ergeben 440, 6
Mein Leben sei Gott dem Herrn ergeben 665, 3
Dir allzeit sein ergeben 639, 4
Dem ich Leib und Seel ergeben 644, 9
Mein Herz und Sinn ergeben 341, 1
Was ich bin, bleibt ewig dir ergeben 563, 5
Dir bin ich ganz ergeben 559, 7
Kraft und Sinn ist Gott ergeben 485, 3
Herz und Sinnen dir ergeben 543, 2
Daß ich Gott ergeben sei 207, 1
Ewger Lieb und Lust ergeben 691, 7
Wenn ich nur dir ergeben bin 168, 5
Dir bleibt mein Herz ergeben 120, 1

II. sich ergeben.

a) Gott.

Ach, ergieb dich, komm zu mir 525, 2
Sich mir ganz ergiebt 462, 3
Ergiebt sich auf die Würgebank 165, 1

b) Mensch.

Wenn sich ein Herz Gott so ergeben 570, 1
Drum ich mich ergeben meinem Jesu 156, 3
Von Sünden rein dir stets mög ergeben 316, 3
Ihm hab ich mich ergeben 465, 1
Dir hab ich mich ergeben in Glück 465, 7
Willst du ihm dich nur ergeben 673, 9
Wer Jesu sich nicht ganz ergeben 685, 3
Der sich dem Herrn ergeben 108, 1
Sich von Herzen ihm ergiebet 767, 4
Sich ganz zu ergeben dir 762, 7
Kommt, ergebt euch wieder 226, 1
Dich deinem Gott ganz kindl. zu ergeben 186, 8
Dir will ich mich ergeben 108, 8. 336, 6. 382, 1
Dir allein ich mich ergebe[1]) 382, 8
Ihm thu ich mich ergeben im Tod 48, 2
Dem thu ich mich ergeben 48, 3
Dir will ich mich ergeben 342, 3
Liebe, dir ergeb ich mich 435, 1—7
Ich ergebe ganz und bloß mich 442, 12
Drein ich mich ihm ergebe 692, 5
Jesu, dir ergeb ich mich 379, 5
Ihm hab ich mich ergeben, zu sterben 399, 8
Dem thu ich mich ergeben 78, 1
Ich will mich ihm ergeben in Freud 682, 4
Seinem Willen thu ich m. ganz ergeben[2]) 343, 1
Dem ich wieder mich ergebe 462, 3
Will ich mich doch ergeben 297, 3
Und den Sünden sich ergiebet 47, 6
Wer sich Gott nicht ganz ergeben 47, 8
Mit Reu u. Schmerz mich d. Gnad ergebe 310, 2
Was dir sich nicht will ganz ergeben 578, 7
Erweck die Lust, die sich nur dir ergiebt 619, 10
Will sich nun Gott ergeben 417, 8
Alle Zeit uns dir, o Gott ergeben 12, 5
Ich will mich dir ergeben 172, 5
Und ihm sich in Geduld ergiebt 232, 9
Und euch dem schon jetzt ergebt 389, 10
Wie ich mich dir ergeben 554, 10
Daß ich mich künftighin zu deinem Dienst ergebe 286, 3
Dem ich mich ganz ergeben 679, 8
So will ich mich dir ergeben 225, 6
Zum Dienst der Sünden kein Christ ergebe sich 769, 11
Ich habe mich ergeben in gleiches Glück 329, 5
Und mich darein ergeben 736, 4
Drum ergieb dich nur darein 417, 4

ergehen.

Wie es dem so wohl ergeht 651, 2
Wie dirs und andern oft ergehe 213, 3
Wie so schön wird mirs alsdann ergehn 135, 3
Wies Gott gefällt, so wolls ergahn 736, 5
Da mirs noch wohl erging 352, 5
Indessen hier wunderlich mit mir ergehen 95, 4
Solls uns hart ergehn 377, 2

ergießen.

Kein See kann sich so ergießen 693, 5
Wie sich dein Segensquell ergossen 623, 1
Daß er sich weiterhin ergießt 629, 1
So wird sich die Lieb ergießen 558, 2
Ach ergieße deine Treue in mein Herz 152, 1
Herr deine Gnade sei nun über mich ergossen 147, 6
In Dankbarkeit ergießen 165, 6
Sich aus seinem heil. Tempel ergießt 574, 1

ergötzen.

Gott hat m. bei guten Tagen oft ergötzt 676, 5
Bis er uns drauf ergötzet 230, 3

---

1) Var. Anh. G. An dich ich mich ganz ergebe. 2) Var. Bernb. G. Der es nach seinem Willen mach.

Was dein Herz ergötzet 769, 10
Damit, was dich ergötzet, mir kund—sei 738, 1
Daß du möchtest mich ergötzen 383, 4
Und mit höchster Freud ergötzet 425, 5
Den ganzen Tag hat erhalten u. ergötzet 714, 1
An dir allein ich mich ergötz 11, 9
Mich stets daran ergötzen 580, 11
Ich mein Herz — ewiglich ergötzen 676, 9
Dich dann ewiglich in s. Treu ergötzen 609, 8
Liebster Schatz, an dem ich mich ergötze 594, 1
Wenn ich mich nur an dir, Herr Jesu kann ergötzen 679, 1
Fried u. Freude jetzo m. Seel ergötzt 169, 9
Weil mich der Trost: ich habe Gnad! ergötzt 777, 8
Was ihm Leib und Seel ergötzt 40, 4
Es kann mich ja kein Ding ergötzen 19, 1
Das, was uns kann ergötzen 127, 1
Dein Gut kann nicht ergötzen 224, 6
Was seine Weisheit setzet u. ordnet, das ergötzet 365, 2
Soll — nichts mehr unser Feld ergötzen 211, 4

Ergötzen.

Du bist m. Ergötzen, Jesu, m. Lust 381, 4
Wie kann ich gnugsam schätzen dies himmelsüß[1]) Ergötzen 560, 2

ergreifen.

Ergreif m. wohl, daß ich dich nie verlasse 236, 8
Nun ergreif ich dich, du m. ganzes Ich 602, 10
Weil im Glauben ich nun ergreife dich 602, 10
Der seine Hand mit uns ergreift 691, 8
Sein Sünd erkennt, Christum ergreift 15, 4
Daß ich d. Leben, das ewig ist, ergreife 658, 8
Drum ergreif ich ihn mit Freuden 391, 7
Der dein Verdienst ergreifen kann[2]) 349, 6
Der Glaub ergreift d. Höchsten Hand 681, 13
Wer dieselb ergreift im Glauben 425, 3

ergründen.

Du ergründest meine Schmerzen 374, 10
Der die Herzen will ergründen 637, 2
Darf der sich unterwinden, Gott zu ergründen 290, 7
Weil sie Gottes Rat ergründen 585, 8
Wohl ergründen, wo die Gnade sei 28, 4
Soll m. Mund d. treues Herz ergründen 35, 6
So können wir ergründen, wo d. Gezelt 144, 11
Der dein Allmacht sollt ergründen 596, 5
Deine Tief ergründen können 625, 3

ergrünen.

Schon ergrünt es auf den Weiden 155, 2

erhaben.

Hoch und sehr prächtig erhaben 734, 1
Sein Güt ist hoch erhaben über den' 513, 2

erhalten.

I. natürlich.

Du erhältst, du schützest mich 17, 4
Der in d. Not m. wohl weiß zu erhalten 682, 1
Der uns von Mutterleibe an frisch und gesund erhält 500, 3
Der dich erhält, wie es dir selber gefällt 445, 2
Den wird er wunderlich erhalten[3]) 719, 1
Du hast mich wohl erhalten 147, 2
Der uns erhalten kann 44, 11
Sie mir zur Freud erhalten bei d. Leben 532, 1
Da er mich — hat erhalten 714, 1
In allem Kreuz erhalte mich 296, 2
Du erhieltest ihn uns gnädig 653, 4
Der alle Ding erhält allein 209, 3
Das alle Welt erhält und trägt 662, 5
Das will er auch erhalten 610, 3
Und dadurch alle Ding erhält 64, 2
Die Welt u. was drinnen ist erhält 219, 1
Du bist es, der es uns erhält 457, 4
In seinen Händen träget und für und für erhält 329, 7
Durch deines Mundes Wort dies alles — erhalten 547, 4
Wär zu ewger Freud erhalten 417, 13
Allzeit in seinem Stand erhalten 534, 5

II. geistig.

Selig, wenn ich dich erhalt 373, 10
Erhalt uns, Herr, bei deinem Wort 176, 1
Erhalt uns nur bei deinem Wort 1, 4
Dabei erhalt uns, lieber Herr 1, 8
Erhalte mich auf deinen Stegen 364, 6
Erhalte nur durch deine Treu mich 292, 6
Erhalte mich in deiner Treu, Herr 401, 1
Erhalt mich nur in deiner Huld 293, 1
Erhalt uns in der Wahrheit 511, 8
Und uns in seiner Gnad erhalten 499, 2
Erhalt uns durch dein Güte bei rechter — Lehr 81, 3
Erhalt mein Herz im Glauben rein 11, 12
In dem Glauben mich erhaltet 379, 7
Erhalt uns deine Lehre, Herr 176, 1
Erhalt dein Reich und mehre stets 176, 1
Erhalte festen Glauben 176, 1
Erhalt dein Ehr und wehre dem 176, 2
Erhalt und laß uns hören dein Wort 176, 3
Erhalt in Sturm und Wellen dein Häuflein 176, 4
Herr Jesu hilf, dein Kirch erhalt 1, 3
Vor ihm dein Kirch erhalt 655, 3
Die alles Volk erhalten in rechter Bahn 192, 2
Dein Wort u. heilig Sakrament erhalt 747, 4
Nun, Herr, erhalt dein heilig Wort 295, 6
Erhalt es bei uns klar und rein 752, 9
Ferner deine Gab erhalte 641, 5
Den Glauben stärk, die Lieb erhalt 310, 5
Und erhalt in uns den Sieg 414, 6
Wenn euer Kampf den Sieg erhält 685, 2
Geduld erhält das Leben 203, 11

Erhalter.

Bist du nur mein Erhalter 658, 1

---

1) Var. Anh. G. himmlische. 2) Var. Bernb. G. Daß dein Verdienst mich decken kann. 3) Var. Bernb. G. Der wird ihn wunderlich erhalten.

erheben.

I. Gott.

Der selbst so hoch erhoben 472, 1
Wenn Gottes Geist erhebt die Hand 243, 6
Gott, der hoch erhoben, 203, 10
Mit Loben u. m. Psalmen hoch erhoben 373, 16
Ja König, hoch erhoben 36, 9
Über all Himmel hoch erhebt 745, 4
Zur rechten Hand d. Vaters hoch erhoben 547, 8
Mit Majestät und großer Macht zur Glorie bist erhoben 28, 2
Der fordert und erhebt von mir dich 139, 1
Gott erhebt dich wieder 217, 3
Die Seinen schützen, zuletzt erheben hoch 407, 1
Erhebt, die tief gebeuget gehn 446, 6
Der uns einst zu sich erhebt 42, 1. 5.
Nach dem Leiden zu den Freuden wird erhoben 735, 6
Daß wir und sie erhoben 107, 12
Fern aus dem Getümmel war erhoben 448, 2
Unser Vaterland geeint u. hoch erhoben 115, 1

II. Mensch.

Wenn ich in stiller Einsamkeit mein Herz zu dir erhoben 495, 4
Damit dein Herz zu jeder Frist zu Jesu sei erhoben 670, 3
Ich hab erhoben zu dir hoch droben 125, 5
Dich lieb ich, dich will ich erheben 323, 8
Ich will dich lieben und erheben 364, 2
Erhebe dein Gemüte und danke Gott 235, 1
Erheb ihn ewig, o mein Geist, erhebe 707, 6
Erhebt sein Herz u. Hände zu uns. Gott 87, 1
Erhebt den Herrn, er hilft uns gern 50, 7
Also wird zeitlich deine Güt erhoben 68, 4
Erheben deinen Ruhm und Preis 202, 12
In d. Leben gnug würdiglich erheben 144, 2
Dich im höchsten Himmelsthron ich erheben kann 225, 6
Ewig deinen Sieg erheben 646, 7
Erheb dein Stimm und säume nicht 735, 2
Dich, unser höchstes Gut, erhebe Geist 248, 5
Nur, daß ihr den Geist erhebt 390, 10
Die Welt kann ihre Lust nicht hoch genug erheben 679, 6

III. sich erheben.

Da ihr Sieger sich erhebt 42, 2
In voller süßer Liebe sich erhübe 554, 8
Daß wir uns stets zu dir erheben 591, 4
Himmelan erheb dich gleich 313, 4
Ach, daß zu deiner Ehre meine Ehre sich erhübe 352, 8
Komm vom Schlaf dich zu erheben 673, 5
Erhebe dich u. steure dem Herzleid 673, 10[1])
Die sich mit Gewalt erheben hoch 1, 6
Erhub sich Zorn und große Not 183, 2

erhellen.

Daß ein Strahl aus jener Welt unsrer Tage Nacht erhellt 159, 3

erhöhen.

Dich erhöhn des Himmels Heere 373, 13
Über Schmerz und Tod erhöht 42, 1
Du bist drüber hoch erhöht 615, 1
Zeuch uns hin erhöhter Freund 71, 5
Deine Rechte bleibt erhöht 321, 3
Die behält den Sieg und ist erhöhet 572, 5
Dein Sieg ists, der uns mit erhöht 522, 4
Weiß seine Hand uns wieder zu erhöhen 341, 2
Er wird mich zu sich erhöhn 492, 2
Wie mich der so hoch erhöht 472, 1
Kann dich lieben und erhöhen 651, 5
Die Gottes Rat u. That mit süßem Lob erhöhn 365, 1
Mit Psalmen des Herren Lob und Ruhm erhöhn 232, 8
Nichts so schön, als höchster Vater, dich erhöhn 205, 12
Und rufe mit erhöhter Seele 524, 13
Und dein Lob erhöhn 664, 5
Kein Lob ist, das dich gnug erhöht 248, 4
Den Gott der Lieb erhöhn 50, 1
Wird hier auch mit erhöht 37, 8
Und mich im Geist erhöhest 420, 5
Wenn deine Sinne sich erhöhn 139, 10
Wird zu Gott auch nicht erhöhet 317, 2
Alle Thäler zu erhöhen 645, 3
Die Stiege, die unser Haupt erhöht 224, 3

erholen.

Sich seiner Kraft fein sanft erholen mag 131, 4

erhören.

Wenn du mich wirst erhören 533, 6
Dein Beten wird erhöret 769, 5
Amen, Amen, erhöre mich 666, 15
Erhör uns, lieber Herre Gott 443
In Jesu Christi Namen wollst du mich erhören 654, 7
Wie viel — o Gott, erhörtest du 44, 2
Hat Gott, dein Fürst dich schon erhöret 213, 6
Erhör, erhör uns, Jesu 556, 1
O Jesu Christ erhöre mich 130, 4
Ach Herr, erhöre mich 286, 2
O du großer Gott erhöre 714, 10
Du wirst unsre Bitt erhören 218, 8
Herr Jesu Christ erhöre mich, erhöre m. 296, 3
All unsers Glaubens Bitt u. Flehn hast du erhört 82, 4
Nun wohl ich bin erhöret 352, 7
Das wird gewiß von dir erhöret 136, 6
Ich bin erhöret, erhöret bin ich 324, 8
Freu dich, Herz, du bist erhöret 678, 7
Gerühmt, geehret, daß du m. erhöret 635, 7
Erhöre uns. Flehn u. laß es bald geschehn 423, 1
Ich bitt: erhör mein Klagen 353, 1
Ich hab ihr Klag erhöret 10, 4
Gott erhört mein Beten 635, 6
Mich bei so tiefem Schaden geheilt und recht erhöret seh 470, 4

---

1) Fehlt vielfach.

Drum muß auch mein Gebet gewiß erhöret sein 755, 2
Ach Gott erhör mein Klagen 172, 1
So wird unsre Bitt erhört 414, 4
Herr Gott, erhör mein Rufen 55, 1
Erhör mein Bitt, thu dich herfür 401, 2

erhörlich.

Da steigt erhörlich das Gebet 253, 4

erinnern.

Erinnre an den Liebesbund 667, 3

erjagen.

Geschickt, große Schätze zu erjagen 584, 4
Und dennoch k. wahres Vergnügen erjaget 169, 1
Wird er erjagen d. ewig Himmelreiche 417, 2
Mit ihm wirst du erjagen 692, 3
Sie sollen Trosts genug erjagen 424, 4
Das Kleinod läßt sich nicht erjagen 570, 2

erkalten.

Und wann ich nun erkalte 542, 8
Ach komm, eh mir das Herz erkalt' 234, 4
Ihre Liebe mag erkalten 694, 6
Für m. erkaltet Herz in ein kaltes Grab 526, 7
Würdt ihr gar bald erkalten 417, 13

erkämpfen.

Den erkämpften Sieg besingt 646, 1

erkaufen.

Das uns mit seinem Blut erkauft 251, 2
Mich erkauft von Tod und Sünden 59, 3
Der euch teur erkaufet hat 429, 4
Laß den, den du teur erkauft 220, 9
Wir, die du mit höchstem Ruhm dir erkauft 644, 5
Die du erkauft mit deinem Blut 591, 4
Demselben ist der Himmel erkauft 183, 7
So teur erkauft, so hoch erkoren 248, 1
Wir sind die erkaufete, seligste Schar 397, 5
O du Hirt erkaufter Seelen 667, 4

Erkaufte.

Als deine Erkaufte willst führen 299, 1

erkennen.

I. Gott den Menschen.

Seid von mir noch nie erkannt 374, 9
Du erkennest meine Pein 374, 10
Hat er uns zuvor erkannt 429, 2
Der Vater im Himmel k. Herzen erkennen 397, 1
Erkenne mich, mein Hüter 542, 5
Ach erkenn uns für und für 430, 4

II. der Mensch Gott.

Dein ists, daß ich Gott recht erkenn 666, 9
Erkennet, daß Gott unser Herr 506, 2
Hilf, daß wir alle d. Werk — erkennen 302, 5
Erkennt mit dankbarem Gemüt 302, 6[1]
Und deinen Gott erkennest 149, 1
Lehr uns Gott recht erkennen 412, 2
Daß wir erkennen seine Werk 192, 1
Hilf, daß ich dich erkenne 562, 6
Deinen Namen hell erkannt 587, 4
Dies Eine lehre mich erkennen doch 169, 1
Durch des Geistes Licht erkennen 718, 6
Den, den du gesandt und mich selbst zu erkennen 214, 2
Lehre mich, dich recht erkennen 614, 1
Lehre mich den Sohn erkennen 482, 3
Daß dich alle Welt erkenn 644, 8
Wird nichts Höhers mehr erkennet 583, 5
Deinen Nam'n u. Bund aus deinem Wort erkenne 260, 3
Den ich im Glauben erkannt 431, 3
Ob sie schon den nicht erkennen 584, 2
Erkenne daraus meine Huld 620, 4
Laß jedermann erkennen frei 588, 4
Und lehren mich erkennen wohl 502, 9
Ach, daß ich dich so spät erkennet 364, 3
Wie wir Jesum recht erkennen 597, 6

III. allgemein.

Mich alle meine Sünden erkennen 342, 4
Daß du dein Sünd, o Menschenkind, erkennen sollst 134, 11
Daß ich diese Gnad u. meine Schuld erkenne 85, 5
Es wird die Sünd durchs G'setz erkannt 183, 9
Sein Sünd erkennt, Christum ergreift 15, 4
All Sünd u. Missethat bußfertiglich erkennen 5, 1
Da wird sein Kraft erkannt u. Schein 10, 5
Da werd ich das im Licht erkennen 492, 4
Daß ich die Gefahr erkenne 26, 4
Ihr Treu und Sorge nicht erkannt 704, 5

Erkenntnis.

Klopf durch Erkenntnis bei mir an 366, 3
Vom großen Gnadenheil die wahr Erkenntnis finden 587, 3
Dein Erkenntnis werde groß 414, 2
Befördre dein Erkenntnis in mir 286, 4

erkiesen.

Ehr, die uns unser Gott erkiest 414, 8
Er hat uns vor der Zeit erkiest 107, 2
Dasselbe hab ich auch erkiest 399, 3

erklären.

Doch hat er in seinem Worte eidlich sich dazu erklärt 390, 2
Gott, der doch sich klar erklärt 203, 3

erklingen.

Des Himmels Heer dein Lob erklingt 547, 12
Wann die letzt Posaun erklingt 389, 8
Jedermann laß dss. ewiglich erklingen 703, 5

erküren.

Licht vom Licht zum Licht erkoren 529, 1
Wenn wir uns ihn erkoren 688, 5
Er ist zum Heil erkoren 85, 3
Von Anbeginn ist nichts erkorn 30, 1
Den Gott hat selbst erkoren 161, 2
Von Gott dem Herrn selbst hat erkoren 743, 2
Liebe, die du mich erkoren 435, 2
Er hat mich erkoren, eh ich noch geboren 217, 1

---

1) Fehlt vielfach.

Ich ward erkoren am ersten Tag 667, 2
So teur erkauft, so hoch erkoren 248, 1
Den Hochzeittag erkoren 251, 3
Zum Jauchzen bin ich nun erkoren 512, 4

erlaben.

Nichts Süßres k. also m. Herze erlaben 169, 9
Mich ganz gnadenvoll erlaben 529, 5(6)
Die wir haben u. darinnen uns erlaben 251, 2

erlangen.

Kein Trost konnt erlangen 79, 3
Gnad erlanget mir zu gute 584, 6
Ist alles mir zu gute erlangt 763, 7
Das hab ich in dem Tod erlangt 728, 3
Daß ich das Zeichen des Sieges erlang 380, 9
Wirst den Zweck erlangen 195, 4
Ich werds erlangen, glaub ich 513, 5[1]
Erlangt des Vaters Lieb und Huld 555, 9
Hilf, daß ich wieder Gnad erlange 325, 2
Bringet die Kinder her, damit sie Gnad erlangen 426, 3
Den Segen zu erlangen 149, 3
Erlang ich dies Eine, das alles ersetzt 169, 1
Die Kleider d. Heils ich da habe erlangt 169, 6
Daß wir Gnad erlangen 489, 1
Hier erlangt man zum Gewinste 25, 4
Wo willst du Ruh erlangen 236, 5
Sonst nirgends Ruh erlangen 39, 2
Daß vollends bei dem Ende ich — die Seligkeit erlange 537, 9
Für ein kurzes Leid erlangt den Schatz 728, 4
Hat m. Seel erlangt d. ewig grüne Krone 621, 6
Wer das Kleinod will erlangen 712, 1
Mit Gottes Hülf erlanget 203, 11

erlaubt.

Fahre hin, erlaubte Freude 71, 7

erlassen.

Mir werd — erlassen alle Sündenschuld 555, 9
Die Straf erläßt, die Schuld vergiebt 500, 4

erleben.

Daß wir erlebet haben die Stunde 548, 1
Gott woll, daß wirs erleben 41, 5

erlegen.

Erlegt ist er mit Schimpf u. Spott 572, 9

erleichtern.

Der Herr erleichtert mir mein Joch 739, 2

erleiden.

Es sind die, so viel erlitten Trübsal 721, 5

erlesen.

Du hast mich und ich dich erlesen 327, 2
Und was du dann erlesen 58, 3
Beruf u. Wesen, dazu mich Gott erlesen 630, 1
Gute Nacht, o Wesen, das die Welt erlesen 381, 4(5)
Von Ewigkeit erlesen zum Heil 151, 1
Das sie sich zur Lust erlesen 583, 5

erleuchten.

Sein Antlitz uns mit hellem Schein erleucht 192, 1
Erleucht m. finstern Herzens Schrein 546, 3
Erleuchte uns, du wahres Licht 302, 9
Heilger Geist, erleuchte mich 614, 3
Laß dich erleuchten, meine Seele 133, 2
Erleuchte mich, daß ich die Bahn 764, 4
Erleuchte, die dich kennen nicht 552, 1
Erleuchte, die da sind verblendt 552, 5
Hilf Jesu, daß uns d. Lehr erleuchten 752, 10
Dann erleuchte meinen Geist 59, 6
Und laß dein Herz erleuchten ganz 51, 8
Erleuchte mein verfinstert Herz 555, 5
Erleuchte mich, denn ich bin blind 143, 6
Sonst kann dich nicht unser Herr erleuchten 449, 3
Erleuchten mein Herz und Gemüt 168, 3
Erleucht auch unsern Sinn u. Herz 140, 7
Erleuchte mich, Herr, gnädiglich 546, 5
Erleuchte mich, o Herr, denn es ist Zeit 116, 1
Der durch seiner Gnaden Glanz erleucht 76, 6
Erleucht uns durch d. göttlich Wort 544, 4
O erleuchte, ewges Wort, Ost u. West 433, 6
Von deiner Klarheit in d. That erleuchtet 300, 4
Zu 'rleuchten, die dich erkennen nicht 487, 4
Der uns erleuchtet durch sein Wort 64, 5
Erleuchte und bekehre 176, 2
Licht vom Licht erleuchte mich 418, 1
Das mich in Finsternis erleuchte 14, 7
Erleuchtest uns im Leiden 769, 6

Erleuchter.

Erleuchter unsrer Sinnen 547, 9

Erleuchtung.

Gieb Erleuchtung deinen Knechten 646, 4

erliegen.

Wer hier kriegt, nie erliegt 47, 4
Damit wir nicht erliegen 124, 5
Laß auch zuletzt mich im Kampf nicht erliegen 380, 10

erlösen.

I. leiblich.

Also wird Gott erlösen uns gar von aller Not 99, 7
Von allem Übel uns erlös 655, 8
Der alles Kreuz versüßen u. uns erlösen k. 36, 8
Durch d. Tod erlöse uns aus aller Not 83, 6
Von aller Not erlöst nur einer 223, 6
Wollst die Schuld vergeben, erlös uns 129, 5
Wie du weißt und kannst erlösen 442, 12
Der edle werte Gast erlöst uns 203, 4
Und uns aus aller Not erlösen 499, 2
Mich aus aller Not zu erlösen 718, 2
Gott will mich erlösen bald 288, 5
Ich freue mich v. Herzen, daß ich erlöset 621, 5

II. geistig.

a) wovon?

Da wird er v. Bösen ihre Seel erlösen 222, 6
Von aller Schuld d. Bösen uns zu erlösen 290, 1
Der uns erlöst hat v. d. großen Schaden 146, 1
Dadurch wir sein von Tod u. Pein erlöst 146, 4

---

1) Fehlt Bernd. G.

Will endlich uns erlösen vom Kreuz 365, 6
Vom Bösen uns Gefallne zu erlösen 768, 1
Soll dein Feind erlöset werden 590, 5
Erlöse uns von ihren Banden 703, 6
Durch dein Blut erlöset v. d. Höllenglut 666, 5
Erlöse uns vom ewgen Tod 655, 8
Erlös uns von dem ewgen Tod 744, 2
Dadurch uns hast aus aller Last erlöst 548, 5
Hat erlöst aus aller Not 750, 2
Der — dich erlöst aus aller Not 254, 2
Erlöst aus aller Not der Sünden 492, 2
Du hast mich ja erlöset von Sünd, Tod 297, 2
Der Israel erlösen wird aus s. Sünden 55, 5

b) womit?

Der uns durch s. Blut hat erlöst 509, 8. 745, 8
Der mich erlöset hat mit s. teuren Blut 207, 2
Weil dein Blut mich hat erlöst 196, 6
Wie viel es dich gekostet, daß i. erlöset bin 709, 5
Sein Blut hat er vergossen — mich damit zu erlösen 407, 6
Er hat mich durch sein Blut erlöst 324, 1
Der mich durch sein Blut hat erlöst 296, 1

c) wie?

Du hast mich teur erlöst 431, 2
Erlöst bin ich aus Gnaden 579, 5

d) allgemein.

Zu erlösen das menschlich Geschlecht 271, 3
Der Seele, die du hast erlöst 67, 6
Durch seinen Sohn erlöset hat 509, 3
Christus ist Mensch geboren, hat uns erlöst 743, 1
Weil du mich selbst erlöst 763, 5
Fortan behüt, die Jesus Christ erlöset 29, 4
Durch ihn bin ich ganz erlöst 528, 8
Weil ich erlöset bin 286, 3
Erlöset ist der Sinn 105, 2
Wer sich des tröst, der ist erlöst 548, 4[1]
Du siehst auf die erlöste Welt 537, 1

Erlösen.

Für dein so allgemein Erlösen 292, 2

Erlöser.

Du bist — zum Erlöser uns geschenket 718, 3
Das sieht er, mein Erlöser, an 622, 5
Christ, mein Erlöser, hilf mir frei 546, 4
Du mein Gott und Erlöser bist 307, 2
Sein, wo mein Erlöser schwebt 389, 2
Das Lebensbuch in d. Erlösers Wunden 212, 5
Ach bleib mit deinem Worte bei uns, Erlöser wert 2, 2
Du mächtiger Erlöser, du kommst 124, 4
Laß es, o Erlöser kommen 374, 6
Mein Erlöser war und bleibet 413, 3
Mein' Erlöser bis an m. End bekennen 431, 3

Erlöster.

Und ich bin sein Erlöster 120, 6
Freu dich, Seele, stärke, tröste dich, Erlöster. 739, 1
Die Erlösten wird sie — trösten 739, 3
Und finde sie im Glauben der Erlösten 347, 1
Zugezählet den Erlösten 557, 1
Und jauchzt ihm, ihr Erlösten 50, 7

Erlösung.

Da hast du die ewge Erlösung erfunden 169, 8
Hab ich schon Erlösung funden 31, 2
Die Erlösung ausgefunden 413, 8
Aus ihr ist kein Erlösung nicht 530, 2

Erlösungszeit.

Wir heben Haupt und Hände nach der Erlösungszeit 178, 10

ermangeln.

Wenn Trost und Hülf ermangeln muß 610, 6

ermannen.

Du bist ja Staub, ermanne dich 612, 2
Auf, wacht auf, ermannt euch wieder 47, 1

ermessen.

Er ermißt, daß Gottes Lieb unendlich ist 132, 3
Nein seine Liebe zu ermessen 725, 1
Deine Liebe recht ermessen 596, 9
Wer ermisset dann hienieden 174, 10

ermüden.

Die niemals uns zu lieben ermüden 164, 2
Und ermüdet schlafen ein 714, 7
Und ob ich dabei würde — ermüden 776, 3
Das im Gesetz sich so ermüdet hat 466, 3
Wer hier ermüden will 591, 2
Seele, was ermüdst du dich 604, 1
Was willst du dich viel ermüden 693, 6
Laß nur nicht den Geist ermüden 215, 5
Geduld läßt sich nicht leicht ermüden 203, 7

Ermüden.

Ohn Ermüden will ich ihr näher gehn 345, 5

Ermüdung.

Mich d. Nacht mit Ermüdung will decken 380, 7

ermuntern.

Und ermuntert mein Gemüt 625, 7
Dir in Psalmen ermuntern m. Sinn 738, 2
Stärket die Hände, ermuntert d. Herzen 157, 2
Mein ganzes Herz ermuntre sich 610, 7
Herr ermuntre meine Sinnen 252, 7
Ermuntre deinen Geist und Sinn 670, 1
Meine Seel ermuntre dich 461, 1
Ermuntre dich, mein schwacher Geist 181, 1
Ermuntert euch u. singt mit Schall 500, 2
Ermuntre dich, verlornes Schaf 530, 7

ernähren.

Der mich hat bisher ernähret 32, 2
Der will sie insgesamt ernähren 398, 2
Daß du mein Lebenlang so reichlich mich ernähret 630, 2
Von Jugend auf versorget u. ernährt 355, 16
Er will uns allzeit ernähren 746, 1
Hat mich immerdar ernähret 382, 4
Was Leib und Seel ernähret 665, 4
Du hast sie bisher ernähret 628, 2
Ernähr uns, deine Kinderlein 60, 2
Vieh und Menschen er ernähret 455, 3

1) Fehlt vielfach.

Luft und Erd uns ernährt 455, 4
Der die Vögel all ernähret 626, 3
Womit mein Leben ich kann ernähren 125, 10
Deine Liebesflamm mich ernähre 602, 6

erneuern (erneuen).

Alsdann mein' Leib erneure ganz 553, 13
Erneure mich, Herr, sei mein Stab 349, 9
Und erneure meinen Sinn 26, 8
Die Menschheit wird nun ganz erneut 567, 4
Ach erneure und verkläre stets 221, 3
Durch dein Erbarmen hast erneut 667, 2
Bringe d. Geistes erneuten Mut wieder 299, 5
Sanft und still erneuern kann 174, 3
Erneure Herz und Sinn 164, 4
Meinen Geist erneuen 286, 1
Erneuen mein armes Herzenshaus 420, 4
Gieb wahre Reu, mein Herz erneu 716, 3
Gottlob, der den Trost erneuet 626, 6
Erneure die Wohlfahrt 769, 10[1])
Wenn wir unsern Bund erneuern 664, 3
Das wird hier in der Tauf erneut 149, 3
Du mußt v. Grund aus mich erneuern 538, 3

Erneuung.

Wo in geistiger Erneuung deiner harrt 406, 2

erniedrigen.

Erniedrigst du dich, Herr der Welt 132, 4
Daß du dich erniedrigest so jämmerlich 179, 5
In dem Grab erniedrigt liegen 24, 8

Ernst.

Deinen Fall mit Ernst beweinst 471, 9
Dem ist nicht Ernst zum Herren 41, 3
Mit allem Ernst zu meiden 709, 5
Sondern sie mit Ernst vermeiden 419, 7
Dir verschrieben mit neuem Ernst 559, 3
Mit Ernst und frohen Mutes 44, 7
Mich mit Ernst zuwider legen 525, 7[2])
Laß mich den Ernst der Heiligung 347, 5
Wenn ich mit Ernst hieran gedenke 306, 11
Mit Ernst die Herrlichkeit erwäget 191, 3
Mit ganzem Ernst mich scheue 349, 6
Der alte böse Feind mit Ernst 161, 1

ernstlich.

So hilf, Herr, daß wir ernstlich beten 470, 2
Auf ernstlich Beten freudevoll 141, 9

Ernte.

Bis in der Ernte jung und alt 540, 4
O Herr der Ernte, siehe doch darein 669, 2
Die Ernt ist groß, da wenig Knechte 669, 2
Ach Herr gieb doch in deine Ernte 669, 2
Treue Arbeiter in deine Ernte senden 443
Die Ernt ist groß, der Schnitter wenig 159, 3
Der Herr der Ernte geht u. sammelt 43, 2
Eh man die Ernte seh der Freuden 703, 7

ernten.

Wenn man nicht reichlich ernten kann 683, 1
So ernten wir mit Freuden 122, 9
Droben ernten wir unzählig 581, 1
Thränensaat, die erntet Lachen 430, 2

Erntezeit.

Denn es kommt die Erntezeit 599, 16

eröffnen.

Eröffne mir dein freundlich Herz 326, 10
O Geist, o Strom, der uns vom Sohn eröffnet 538, 6

erpreßt.

Den milden Fluß erpreßter Thränen 471, 5

erquicken.

Hilf, daß dadurch erquicket werd 211, 1
Andre mögen sich erquicken 463, 2
Den kann er erquicken 462, 4
In Angst und Not er mich erquickt 109b, 3
Hat unser armes Leben erquickt 508, 1
Gieb mir ein Blick, der mich erquick 326, 9
Nichts ist, das also mich innig erquickt 169, 9
Von den Sünden — ganz entbinden und erquicken 528, 2
Mich durch und durch erquicken 135, 3
Drum laß mich auch werden, mein Jesu erquickt 574, 7
Dich, den Kranken, wohl erquicken 604, 5
Uns locken und erquicken 418, 7[3])
Hat er mich erquicket 217, 2
Ach, das wollest du erquicken 3, 7
Du erquickst das Herz von innen 373, 4
Bis meine Seel erquicket wird 349, 3
So wird sich das Herz erquicken 21, 6
Und mein Herz wird von dir erquickt 306, 11
Zu erquicken deine Brüder 197, 4
Laß mich, Herr, an dir erquicken 678, 6
Erquicke mich und laß mich nicht 773, 1
Und erquick uns, deine Schar 490, 2
O Lebenssonn, erquicke meinen Sinn 116, 6
Bis du mich erquicken wirst 600, 7
Hat mir meinen Geist erquickt 40, 2
Wenn du mein Herz erquickest 476, 1
Erquick, was du zermalmet hast 366, 14
Und all sein Blut erquicke mir Herz 130, 2
Mein Herze zu erquicken 594, 3
Dein Blutschweiß tröst mich u. erquick 553, 4
Ja himmlisch bin erquicket 560, 13
Des Sohnes Weisheit mich erquick 546, 3
Der uns im Tod erquickt 769, 3
Der mir mein Herz erquickt 208, 3
Reichlich werd ich sein erquicket 558, 7
Da wird unsern Mund erquicken 581, 7
In seinem Blut erquick ich mich 700, 4
Will ich mich damit erquicken 583, 9
Und dein Herz mit Trost erquicken 701, 1
Das mich erquicket fort und fort 531, 1
Drum soll es auch erquicken mich 571, 3
Welches frisch u. hell den schwachen Mut erquicket 109a, 2
Komm Tröster zu erquicken die Seelen 420, 2
Mein Herz mit vielen Freuden, daß es erquicke sich 420, 6
Der Trost, der meinen Geist erquickt 777, 1

1) Fehlt vielfach. 2) Fehlt Anh. G. 3) Fehlt Bernb. G.

Dieser Trost erquicket mich 654, 3
Es erquickt mich wie der Regen 585, 3
Das wird dich schon erquicken 757, 3
Und die Speise dein Seel erquickt 386, 9
Was Seel und Leib erquicken kann 340, 6
Er weiß, was mein Herz erquicket 626, 2
Wie oft erquicket meinen Geist e. Herz 619, 13
Hoffnung kann das Herz erquicken 32, 4

Erquickung.

Erquickung, Labsal, Herzenssaft 28, 3
Genießen Christi wahren Leib und Blut — zur Erquickung 528, 9
Da ich Erquickung finde 150, 2
Kann mehr Erquickung geben 170, 1

Erquickungszeiten.

Nach dem Streiten kommen die Erquickungszeiten 464, 2

erregen.

Die haben dir erreget das Elend 580, 3
Sich will wider dich erregen 678, 10
Die mir wahre Freud erregt 156, 2
Nicht thu, was ihn erreget[1]) 532, 3

erreichen.

Ich kanns mit m. Sinnen nicht erreichen 298, 9
Es wird kein Sinn erreichen 107, 13
Daß es Gottes Sinn erreicht 152, 3
Deines Weges Ziel erreichen 585, 6
Meint der Feind mich zu erreichen 690, 4
Vernunft die kann es nicht erreichen 647, 2
Aber wie die Finsternis nicht erreicht 661, 7

erretten.

Errettet hast du mich gar oft 666, 3
Auf den Hügel wunderbar errettet mich 762, 9
Hat — errett' dein armes Leben 513, 1
Errette Leib und Seelen 716, 3
Kein Geld und Gut errettet mich 333, 5
Nur mich Armen zu erretten 383, 2
Er kann erretten alle, die zu ihm treten 386, 3
Du hilfst und du errettest gern 342, 3
Der alle Zeit erretten kann 775, 1
Eil bald, mich zu erretten 401, 2
Aus unsern Nöten mannigfalt errette 547, 5
Errett von Sünd, Teufel und Tod 269, 3
Errett' von Sünd und Schanden 665, 2
Um die Sünder zu erretten 193, 3
Deine Gnad, die uns errett' v. Sterben 353, 4
Ihr tragt und ihr errettet 394, 3
Eile, wo du dich erretten 589, 19

Erretter.

Außer dir ist kein Erretter 641, 7

Errettung.

Von Sünden Hülf u. Errettung schafft 769, 2
Ist die Errettung noch so weit 340, 6

erringen.

Niemand weiß, als ders errungen 373, 5
Der hat uns den Lohn errungen 634, 3

erröten.

Daß ich vor mir selbst mag erröten 380, 3

ersäufen.

Ersäufen auch den bittern Tod 77, 1
Wir wärn, als die ein Flut ersäuft 674, 2

erschaffen.

Da er aus nichts erschaffen hat den H. 302, 4[2])
O Gott, der du den Erdenkreis erschaffen 302, 8
Der die Ohren hat erschaffen 229, 2
Wieder sei, wie du es erst erschaffen 592, 1
Noch eh er uns erschaffen 107, 2
Ob du den, der dich erschaffen 648, 2
Und dem, der mich erschaffen hat 45, 1
Lobt Gott, der uns erschaffen hat 64, 3

erschallen.

Laß ewiglich dein Lob erschallen 130, 5
In mir soll nun nichts erschallen 602, 15
Daß wir dein Lob erschallen 547, 4
Lassen, großer Schöpfer, dir unser Lob erschallen 731, 3
Dein teuer heilsam Wort, an allem Ort erschollen 487, 3
Wie muß das erschallen 62, 5
Durch die Welt erschall u. geh 320, 1—10
Laß den süßen Lobgesang ganz freudenreich erschallen 734, 6
Ihr Triumph erschallt von Psalmen 768, 3

erscheinen.

I. Gott.

Mit Trost und Rettung uns erschein 496, 3
Mit Hülf und Rettung uns erscheine 68, 1
Mit Hülf erscheinen 443
Den Meinen mit Segen auch erscheinen 399, 15
Mir, dem Deinen, auch erscheinen 322, 3
Wenn sein helles Licht den Seinen soll erscheinen 322, 8
Der Mittler, der im Fleisch erschienen 53, 2
Da, dich zu retten, er erschienen 471, 7
In dem Bilde jetzt erschein, Jesu 371, 1
Erscheine mir zum Schilde 542, 10
Erschein mir in dem Bilde 652, 3
Da du selber wirst erscheinen 643, 5
Wenn du nun wirst erscheinen 185, 6
Da mir erschienen des großen Gottes 133, 1
Dein Freundlichkeit auch uns erschein 451, 5
Bis mir dein Antlitz einst erscheint 647, 4
Wo alle vollkommene Fülle erscheinet 169, 2
Müsse mir dein Licht erscheinen 713, 9

II. Engel.

Der Engel Schar erschien den Hirten 663, 1

III. Mensch.

Stets mit Reu — vor dir erschein 310, 2
Wenn ich vor dir mit Buß erschein 150, 1
Als der ich jetzt erscheine 143, 5
Als dein Gast bei dir erscheine 240, 2

IV. allgemein.

Erschien mir nächtlich jeder Tag 691, 2
Da erscheint im Werk und That 661, 5
Auch der tiefste Schmerz ganz offenbar erscheinen 230, 3

---

1) Var. Sächs. G. Nichts thu, was sie verletzet. 2) Fehlt Bernb. G.

Ist dein Tag der Herrlichkeit, höchste Majestät erschienen 646, 2
Dort in voller Kraft erscheint 646, 6
Das Licht der Seligkeit, das uns bisher erschienen 556, 3
Daß, wenn nun dein großer Tag uns erscheint 219, 4
Da öffentlich erscheinet, wie treulich er es meinet 682, 4

Erscheinung.

Dein Erscheinung müß erfüllen 713, 9(8)
Dein Erscheinung müsse stillen 713, 9(8)
Da die Stunde d. Erscheinung kommen 322, 2

erschrecken.

Die Luft unstät Menschen und Vieh erschrecket 8, 7
Christus wird die Welt erschrecken 591, 3
Und vor seiner Macht erschrecken 583, 3
Nicht lasset euch erschrecken 199, 3
Wenn ich die heilgen zehn Gebot betrachte — erschrecke ich 704, 1
Der, vor dem die Welt erschrickt 40, 2
Uns nur ein wenig dräut, erschrickt 203, 2
Mein gläubig Herz v. d. Gruft erschrecken 629, 3
Dein Gericht, ich davor erschrecke nicht 219, 4
Mein ganz erschrocknes Herze bebt, 530, 1
Erschreck ich recht von Herzen 530, 3

erschrecklich.

Welchs das erschrecklich Urteil spricht 553, 12

Erschüttern.

Und bedienet mit Erschüttern 583, 4

erschwingen.

Die Stimmen hoch erschwingen 36, 10

ersehen.

Nicht, was ich mir ersehe 45, 3
Der an des Herzens Grunde ersiehet 405, 7(8)
Hätt'st du es auch, o Gott, ersehn 82, 10
Daß ich dich hab ersehn 364, 4

ersetzen.

Zu ersetzen, was verloren 602, 3
Erlang ich dies Eine, das alles ersetzt 169, 1

ersprießlich.

Was deinen Kindern ersprießlich ist 58, 4

erst.

Ich will erst fröhlich sein auf Erd 631, 3
Ich muß erst diese Lust genießen 471, 10
Dann lernt er erst, was Gnade sei 53, 7

erstatten.

Deine Liebesthaten im Werk erstatten 298, 9
Durch deine Gabe die erstattete Natur 299, 7

erstaunen.

Erstaunt, obs in der That geschah 703, 2

Erstaunen.

Die ich mit Erstaunen höre 585, 1
Voll Erstaunens wird man schauen 223, 5

erstehen.

Der ist wieder erstanden 76, 1
Da Christus ist erstanden 572, 9
Da er vom Tod erstanden 107, 7
Der du vom Tod erstanden bist 302, 6
Der heut vom Tod erstanden ist 181, 2
Zu Trost du uns erstanden bist 181, 5
Der von dem Tod erstanden schon 303, 1
Daß du vom Tod erstanden bist 746, 1
Jesus Christus ist erstanden 428, 1
Singt dem Herrn, er ist erstanden 42, 2
Weil du vom Tod erstanden bist 710, 4
Siegreich vom Tod erstanden ist 254, 3
Laß sich dein neues erstandenes Leben 299, 4
Wenn die Toten werden erstehn 222, 7. 288, 9

ersterben.

Er war zum Gut'n erstorben 502, 3
Ich verfinstert und erstorben 220, 3
Laß in deinen Tod ersterben 18, 6
Ach mein Geist ist ganz erstorben 26, 4
Dabei du fast bist erstorben 604, 4

erstgeboren.

Das erstgeborne Lamm 424, 5

Erstgeborner.

Dieser Erstgeborne lebt 49, 6
Der Erstgebornen selge Schar 248, 3

ersticken.

Du hast ihn — in der Tauf erstickt 769, 3
Der Sünde Gift, das m. fast gar erstickt 184, 2[1]
Den Dank erstickt, der ihm gebührt 725, 1
Von Sorg und Wollust dieser Welt verdirbet und erstickt 72, 6

erstreben.

Dir von Schätzen dort erstrebst 313, 3

erstrecken.

Dein Glanz erstreckt sich weit 562, 4

erstreiten.

Liebe, die mir hat erstritten ewge Lust 435, 3

erteilen.

Du kannst mir Gnad erteilen 143, 6
Und mir Lebenssaft erteilen 281, 9
Du Morgenrot erteil mir deine Flügel 366, 11
Ruhm, Preis und Dank erteilen 237, 1

ertöten.

Ertöt in mir die schnöde Lust 180, 2
Sie scheinen ertötet d. äußeren Sinnen 182, 5

ertragen.

Die Pein, die du für uns erträgst 606, 5
Der für dich den Tod ertrug 673, 7
Die Plagen, die er uns schickt, ertragen 36, 5

erträglich.

Wird, was dich jetzt betroffen, erträglich 473, 2

erwachen.

Laß mich dann gesund erwachen 268, 7
Erwach ich frühe wieder 300, 6
Daß meine Seele auch nach deinem Bild erwacht 169, 7
Da werd ich schon erwachen 338, 6
Wenn d. Deinen Asche wieder — erwacht 646, 7
Dies alles jetzt zugleich erwacht 366, 10
Mein Gewissen ist erwacht 21, 3

1) Fehlt Anh. S.

erwägen.

O bedenke und erwäge 673, 8
Ach erwäg die große Treue 461, 1
Gottes Güt erwäge 462, 4
Wenn ichs recht erwäge, sind es Zeichen 625, 10

erwählen.

Von dir sind wir auch erwählet 557, 1
Hast auch in Christo mich erwählt 366, 5
In dem wir sind erwählet 251, 2
Da hat er uns erwählet 107, 2
Die er sich erwählet hat 774, 1
Daß er ewig uns erwählet 429, 3
Erwähltest, was die Welt veracht' 753, 13
Erwähle mein Gemüte zum Tempel 482, 4
Erwähle mich zum Paradeis 204, 15
Kann mir nur Heil erwählen 109a, 1
Das pflegt er zu erwählen 243, 8
Dir wollen eine Kirch erwählen 351, 1
Was doch Gott selbst erwählet 362, 3
Du bist ja, den ich erwähle 169, 7
Dich allein will ich erwählen 520, 5
Wem hats je gefehlet, der sich Gott erwählet 217, 5
Du sollst es sein, den ich erwähle 323, 6
Nicht wir haben dich erwählet 158, 2
Du bist mein Freund, den ich erwähle 741, 2
Und laß mich dich erwählen 286, 3
Gieb, daß ich deine Lieb erwähl 554, 2
Die sich sonst kein Licht erwählen 585, 8
Fällts euch zu schwer, das zu erwählen 685, 1
Williglich mir wünschen u. erwählen 139, 2
Kein Bild in meiner Seelen als Jesum mög erwählen 420, 7
Und erwählen e. Kot, der nichts hilft 717, 6

Erwählte.

Er wird uns bringen zu den Scharen der Erwählten 213, 14

erwarten.

Den mit Verlangen ich erwarte 225, 3
Fröhlich ihn erwarten kann 373, 14
Wers erwarten kann, erfreuet 625, 11
Hier zu erwarten Gnad und Fried 704, 12
O daß wir solche Seligkeit erwarten 285, 4
Ja nun nicht an meinem Sohn erwarte 139, 8
Erwarten in Geduld der Zeit 7, 12
Erwarte nur die Zeit 58, 6

Erwarteter.

Glänze, bleibe du, längst Erwarteter 373, 11

erwecken.

Gesund nun aus dem Schlaf erwecket 559, 2
Zu rechter Zeit erwecke uns 660, 6
Jesu, du wollst mich erwecken 26, 5
Und erweckst durch deinen Tod 629, 1
Erweck uns Herz und Mut 490, 3
Aber diese Lust erwecket Durst 529, 2[1]
Ach laß dich doch erwecken! 235, 6
Erwecke dein Paradies wieder 299, 7
Gottes großes Thun erweckt 204, 8
Alsdann vom Tod erwecke mich 296, 3
Am jüngsten Tag erwecke mich 666, 15
Will uns erwecken Gott 665, 6
Am jüngsten Tag erweck mein Leib 553, 12
Liebe, die mich wird erwecken 435, 7
Die Toten wirst an jenem Tag erwecken 536, 8
Genug geschlummert habe, erweckst du m. 43, 3
Doch wird er m. erwecken aus der Erden 389, 4
Den die Bosheit kann erwecken 268, 5
Wenn mir m. Feind viel Schmerzen erweckt 106, 8
Das uns deckt und erweckt 47, 9
Wind u. Regen hat mir oft Angst erweckt 329, 3
Daß nicht Gefahr durch ihn mir werd erwecket 310, 5
Was die Straf erwecket hat 645, 2

erweichen.

Hat auch mein steinern Herz — erweicht 687, 3
Erweiche doch mein hartes Herz 470, 3
Was noch hart, erweiche 436, 7
Die mit sanftem Zwingen alles wird erweichen 705, 3
Wirst du gar leicht erweicht 355, 10

erweisen.

Wird er sich dir erweisen 609, 8
Durch deine Macht erweiset 547, 3
Was dein Huld erwiesen hat 714, 3
Große Lieb u. Gnad erwiesest du mir 687, 2
Hast geschenkt und mir erwiesen 387, 5
Mir so große Dinge bisher erwiesen hat 352, 1
Da erweiset sich gar bald 717, 3
Und hat dieses klar erwiesen 49, 2
Heißet das nicht Gnad erweisen 3, 2
Dem Leib auch reiche Gnad erweist 82, 3
Sich mir so hülfreich hat erwiesen 524, 7
Er will euch Hülf erweisen 36, 3
Und sein Thun wird kräftig erweist 79, 5
Wie du mir erwiesen aus reiner Lieb 709, 7
Lamm, was soll ich dir erweisen 165, 4[2]
Dir als Siegsherrn Ehr erweise 28, 3
Ich wills auch hernach erweisen 641, 12
Und dir gnug Ehr erweisen 144, 1
Wenn sie mir gleich will Lieb erweisen 741, 2
Daß er sich kräftiglich erweist 163, 3

erweitern.

Erweitre dich, mein Herzensschrein 165, 7

erwerben.

I. Gott.

Gar teur hat ers erworben 502, 1
Der mich sich zum Eigentum erworben 425, 7
Erworben durch dein heilges Blut 66, 5
Die erworbnen Segenskräfte 249, 3
Sein Sohn hat Guts d. Fülle erworben 665, 9
Was sein Sohn erworben hat 52, 3
Und durch sein Blut erworben 107, 6
Hast uns erworben Gottes Huld 547, 7
Du hast uns — erworben großes Gut 117, 4
Des Vaters Huld erworben 580, 4

---

1) Fehlt Anh. G. 2) Fehlt Anh. G.

Und bei Gott für den Tod Heil und Fried erwirbet 200, 6
Weil ich es euch erworben 607, 4
Und für den Tod das Leben erworben 607, 7
Ein ewigs Leben hast du mir mit deinem Tod erworben 710, 3
Er will allein erwerben durch s. Tod 505, 2
Deinen Trost, den Jesus Christ dir erworben 599, 1
Zum neuen Leben gehen ein, das du uns hast erworben 670, 9
Was uns dein Tod erworben 742, 8
Der du mir das Heil erworben 372, 4
Der hat das Heil erworben 511, 4
Hast mir das Heil erworben 48, 4
Er hat mir das Heil erworben 31, 3
Die höchste Gerechtigkeit ist m. erworben 169, 6
Und du am Kreuz erworben hast 647, 1
Denn du hast mirs erworben 763, 10
Das Himmelreich uns — erworben 573, 2
Das ewge Himmelreich, d. du erworben 14, 11
So hat er uns erworben 519, 3
Deinen großen Sieg, den du uns — erworben hast 144, 1
Was mir mein Jesus hat erworben 728, 3
Was mir erworben hat dein Sohn 700, 4

II. Mensch.

Die uns doch nichts erworben 636, 1
Mein tägl. Brot mit Ehren mög erwerben 13, 9
Hättst du dir was konnt erwerben 386, 8
Es mag niemand erwerben noch ererben 353, 4
Was Müh — u. saurer Schweiß erwirbt 127, 4

erwünschen.

Wenn ich dich erwünsch und habe 525, 2
Die sehr erwünschte Stund erscheint 703, 1
Das giebt mir recht erwünschte Ruh 722, 6
Er ernähret durch erwünschte Jahresz. 455, 3

erwürgen.

Das erwürgte Gotteslamm 670, 6
Erwürg für ihn den bittern Tod 502, 5

Erz.

Es kann durch Stahl u. Erz — bohren 337, 3[1])

erzählen.

Aller Welt, so lang ich leb, erzählen 362, 18
So viel liebe Seelen so schöne Ding erzählen 139, 11
Was du keinem darfst erzählen 215, 5
Wer kann ihr Leiden all erzählen 23, 1
Die Sünden sind, die ich gethan unmöglich zu erzählen 326, 2
Ich will erzählen, wie ihr habt 472, 9

erzeigen.

Vater, du hast m. erzeiget lauter Gnad 762, 10
Daß du mir erzeiget so viel Gutes 165, 4
Erzeig dich verkläret und herrlich 299, 4
Ach erzeige Gnad und Huld 375, 7
Wenn Gott uns Gnad erzeiget 290, 8
Vertilg uns nicht, erzeige Gnad 588, 3
Und erzeige dein Erbarmen 437, 3
Erzeigen Christo göttlich Ehr 504, 2
Will ich Ehre dir erzeigen 408, 3
Nun soll ich mich erzeigen dankbar 407, 7
Die alle Welt erzeiget 610, 6

erzeugen.

Der aus dem Geist erzeuget ward 55, 4

erzittern.

Die Welt erzittert ob dem Tod 417, 7

erzürnen.

Erschrecke ich, daß i. so sehr erzürnet dich 704, 1
Womit wir hab'n erzürnet dich 314, 3
Ob du den, der dich erschaffen, heute nicht erzürnet hast 648, 2
Und dich, o frommer Gott, erzürnte 687, 1
Womit in d. Leben ich hab erzürnet dich 54, 2
Die Missethat, die dich, Herr, erzürnet 374, 5
Unsre Missethat, die dich, Herr, erzürnet 489, 1

Esel.

Davon ein Rind und Esel aß 662, 9

Eselein.

Er kommt zu uns geritten auf einem Eselein 505, 2

Eselin.

Ihn trägt der lastbarn Es'lin Füllen 92, 1

essen.

Das Brot, so wir essen früh u. spat 196, 5
Davon ein Rind und Esel aß 662, 9
Himmlisch Manna, das wir essen 734, 2
Vom Baum des Lebens essen 38, 4
Wir essen und leben wohl 76, 7
Gab er uns sein' Leib zu essen 386, 2
Ich habe Jesu Fleisch gegessen 722, 10
Das recht Osterlämmelein wir essen 181, 10[2])
Deinen Leib und Blut zu essen 280, 1
Bei dir hab ich gegessen die Speise 740, 3
Kein Hunger plaget den, der von dir isset 281, 2

Essen.

Der mit Kleid und Essen täglich 217, 2
Im Handeln, Wandeln, Essen 560, 13

Essig.

Du wirst mit Essig u. mit Gall getränket 298, 2

Eva.

Darein die Schlang Evam bezwang 146, 1
Weil denn die Schlang Evam hat bracht 146, 2

Evangelist.

Die in der Kraft Evangelisten sein 669, 4
Du Evangelist der Sünder 585, 1

Evangelium.

Dein Evangelium werde mir e. Wort 616, 2
Dein süßes Evangelium ist lauter Milch 734, 2
Mit seinem Evangelio macht er m. Herz 566, 4
Durch dein Evangelium allen denen 249, 3
Wenn ich höre dein süßes Evangelium 480, 2
Das Evangelium verbindt u. heilt 212, 5
Gieb aus dem Evangelio mir Kräfte 212, 9
Das Evangelium kommt zur Hand 183, 9
Laß uns beim Evangelio Gut, Blut 556, 4

1) Fehlt Anh. G. 2) Fehlt vielfach.

Ist ihnen kein Evangelium erschienen 158, 4
Zu preisen u. zu loben das Evangelium 564, 4

ewig.

I. Gott.

Was d. ewig gütig Gott versprochen 416, 16
Du ewiger Gott 489, 1—3
Des ewgen Vaters einig Kind 209, 2
Verkleidet sich das ewge Gut 209, 2
Das ewge Licht geht da hinein 209, 4
Das war des ewgen Vaters Rat 66, 5
Bis ich dich schau, o ewigs Licht 180, 4
Der ewig lebet, den alles rühmt 208, 4
Der ewig lebet, den alles lobet 208, 4
Der Brunn der Gnad u. ewge Quelle bist 355, 2
Gott Vater, dem sei ewig Ehr 100, 3
Dein ewge Treu u. Gnade, o Vater 58, 3
Und bitten dich, ewigen Sohn des Vaters 83, 2
Der ewig bei dem Vater ist 749, 2
Eur Bruder ist das ewge Gut 663, 3
Erleuchte u. bekehre, — ewges Licht 176, 2
Des Vaters Rat und ewges Wort 146, 5
Du bists, der ewig bleibet 740, 6

II. Mensch.

Laß mich ewig sein in dir u. bleib ewig 281, 9
Jesus läßt mich ewig nicht 633, 7
Zu ihm komme und ewig bei ihm sei 78, 2
Auf daß wir ewig bei dir sein 496, 6
Ewig herrschen und regiern 38, 9
Geh ihm ewig an der Seiten 457, 6
An d. Leibe ein Gliedmaß ewig bleibe 763, 11
Ist und bleibet ewig mein 32, 2
Laß mich dein Schäflein ewig sein 393, 7
Und ewig fröhlich sein 355, 18
Drum denen soll sein ewig wohl 295, 2
Ich will dich ewig nicht verlassen 667, 3
Ewger Lieb und Lust ergeben 691, 7
Fern von der ewgen Bundesgnade 71, 3
Denke, wie statt ewger Ruh 26, 6
O ewig, ewig wohl ist mir 567, 9
Von Herrlichkeit umgeben, einst ewig 290, 10
Ich bleibe — ja ewig dir nur zugethan 470, 9
Der Herr soll mein Gott ewig sein 751, 7
Ewig soll er mir vor Augen stehen 160, 2
Dir ewig dort Lob sagen 636, 5
Da man auf ewig stille liegt[1]) 187, 4
Da wird man ewig ruhn 418, 12
O ewig, ewig ist zu lang 530, 3
Wo sie ewig müssen ihr Untugend büßen 222, 8
Nicht allein ich ewig müßte brennen 336, 8
Sonst wirds mich ewig reuen 353, 2
Daß sie nicht ewig sterben 548, 2
Ewig aller Freuden beraubet sein 620, 3
Die weder Drang noch Grauen mir ewig 328, 3
Ewig muß er verderben 417, 10
Sonst finden wir ewig kein Leben 299, 2

III. ewiges Leben.

Leit den Weg zur ewgen Seligkeit 451, 5
In ewgem Heil und selgem Licht 278, 3
Verscheiden zur ewigen Freuden 222, 9
Zur ewgen Freud in Gottes Hütte 243, 12
Dort für u. für im ewgen Leben labe 243, 13
Bis daß dort in der ewgen Freud 149, 8
Zu ewger Freud erhalten 416, 13
Mit Christo haben ewig Freud 416, 15
Uns erworben die ewge Himmelsfreud 519, 3
Nach dem Tod ererben des ewgen Lebens Haus 769, 12(13)
Trägt die Kron des ewgen Lebens nicht 38, 1
Vom Baum des ewgen Lebens essen 38, 4
Trägt auch die Kron des ewgen Lebens 485, 7
Wer kann sonst vom ewgen Leben 585, 2
Und ein ewiges Bewahren 585, 9
Sie hier noch d. ewigen Lebens gewährst 299, 7
Denn daß ich ihm bezahl damit das ewge Leben 579, 6
Hol uns allzumal zum ewgen Licht 738, 18
Ewig deinen Sieg erheben 646, 7
Mit ewgen Freuden singe 352, 8

IV. Verdammnis.

Ewig leiden in der Hölle 461, 3
Da, wo man ewig, ewig Leid 333, 4
Erlös uns von dem ewgen Tod 655, 8. 744, 2
Ist verdammt zum ewgen Tod 77, 6
Sind ewgen Tods gestorben 146, 3

V. allgemein.

Das ist das ewige Erbarmen 340, 2
Zu lauter ewigem Erbarmen 471, 4
Er nur ist zu loben hier und dort ewig droben 767, 3
Ewig währet sein Erbarmen 429, 1
Ewig solche Gnade währet 429, 2
Ewig wollen wir uns üben 429, 2
Ewig solche Güte währet 429, 4
Ewig soll das Lob erklingen 429, 4
Ewig solche Fülle währet 429, 6
Wonne, die uns ewig tränket 429, 6
Ach, so hab ich ewig gnug 520, 4
Laß es ewig feste bleiben 520, 4
So will ich dir ewig singen 584, 8
Zwingen zu dem ewgen Gut 11, 1
Gottes Wort bleibt ewig stehen 585, 9
Denn dein Wort bleibt ewig stehen 218, 7
Mit dem, was ewig steht 355, 12
Das ewig, wie mein Geist besteht 686, 4
Sei, Herr, mein Gott, mir ewig fern 686, 5
Womit euch Gott will ewig lohnen 685, 2
Auf ewig allem Abschied giebt 685, 4
Ich weiß, was ewig bleibet 360, 1
Ich weiß, was ewig dauert 360, 2
Und ewig mein gedenkt 360, 5
Das Licht des ewgen Tages ruft 250, 2

Ewiger.

Die Himmel rühmen des Ewigen Ehre 128, 1

Ewiges.

Willst du das Ewge mir gewähren 675, 6
Das Ewge muß mir werden 579, 2

1) Var. Bernh. G. Dort, wo an Jesu Brust man liegt.

Ewigkeit.

I. Gott.

Du Herr der Ewigkeiten 220, 2
Gott Vater in der Ewigkeit 501, 7
Dein ein'gen Sohn von Ewigkeit 547, 3
Gottes Sohn, von Ewigkeit geboren 547, 3
O du Glanz der Ewigkeit 714, 6
O reiner Glanz der Ewigkeit 578, 7
Gottes Lieb in Ewigkeit 625, 1—11
Wahrer Gott von Ewigkeit 414, 1
Gleicher Gott von Ewigkeit 641, 5
Ein wahrer Gott von Ewigkeit 100, 1
So wahr du bist von Ewigkeit 172, 4
In Ewigkeit als Vater dich zu lieben 609, 1
Steht fest und bleibt in Ewigkeit 513, 4
Da jammert Gott in Ewigkeit m. Elend 502, 4
Gelobet sei mein Gott in alle Ewigkeit 208, 5
Gottes Güte währet immer und in Ewigkeit 455, 3
Und Gott naht zu dir in Ewigkeit 313, 9
Und heb sie hoch in Ewigkeit 271, 4
Gott selbst ists und die Ewigkeit 685, 2
Und dort hernach in Ewigkeit 655, 3

II. Mensch.

Für die Ewigkeiten präge mir 647, 3
In dem Leben dieser Zeit u. in jener Ewigkeit 717, 7
Meine Zeit richte nach der Ewigkeit 258, 3
Dank bereit jetzund und in Ewigkeit 49, 8
Preis, Dank in Ewigkeit 248, 3
Hier in der Zeit u. folgends in der Ewigkeit 30, 4
Wir sollen selig werden und bleib'n in Ewigkeit 665, 5
Daß wir in Ewigkeit bleiben beisammen 4, 8
In d. Ewigkeit ihren Eintritt sollen thun 628, 8
Gottlob, ein Schritt zur Ewigkeit 234, 1
Ich bin schon in der Ewigkeit 234, 12
Denk nur an die Ewigkeit 773, 5
Zur Ewigkeit von dir mir ist gegeben 227, 4
Und sehnt sich nach der Ewigkeit 205, 13
Mich dürst' nach der Ewigkeit 589, 23(21)
Wir gehn durch Jesu Leiten hin in die Ewigkeiten 418, 13
Nur gehn in die Ewigkeiten 762, 13
Mein Leben sei ein Wandern zur großen Ewigkeit 518, 4
O Ewigkeit du schöne 518, 4
Der Ewigkeit um eine Woche näher 623, 7
Wie eilet man zur Ewigkeit 723, 1
Mir Gott hat gegeben das Erb der Ewigkeit 369, 4
Es kommt heran die Ewigkeit 530, 8
Ist bereit' uns ein Leben in Ewigkeit 749, 3
Worinnen mein Glaube in Ewigkeit 169, 6
Dein Geist wird sonst in Ewigkeit 236, 5
In Ewigkeit nicht lassen 554, 13
Daß des Himmels Ewigkeit 601, 5
In dem Weltgetümmel die Ewigkeit 722, 5
Bis ich in der Ewigkeit werde kommen 586, 4
Nach dem Streit in der süßen Ewigkeit 374, 12
Ein beßres wird mir geben Gott in der Ewigkeit 232, 2
Ein Mitgenoß der Ewigkeit 739, 6

III. allgemein.

Zu deiner Ruh der Ewigkeit 741, 5
Von nun an bis in Ewigkeit 747, 4
Die in Ewigkeit auch währet 196, 1
Herrlichkeit sollst du sehn in Ewigkeit 196, 10
Kommt doch die Ewigkeit 665, 8
Die Ewigkeit vermählt sich mit der Zeit 567, 3
Ins weite Feld der Ewigkeit 205, 1
Und sieht ins Reich der Ewigkeit 205, 10
Pilgrimschaft zur Ewigkeit 71, 4
Für den Psalm der Ewigkeiten 174, 5
Die Gnadenzeit rennt zügellos zur Ewigkeit 685, 9
Der bleibt in Ewigkeit 297, 5
O Ewigkeit, Zeit ohne Zeit 530, 1—9
Die Ewigkeit hat nur kein Ziel 530, 2. 531, 2
So schrecklich als die Ewigkeit 530, 3
O Ewigkeit, Freud ohne Leid 531, 1. 8
O Ewigkeit du währest lang 531, 3
Kein Leid noch Tod berührn in Ewigkeit 38, 4
Gnad erweisen u. helfen in Ewigkeit 6, 11
Zeigt sich erst die Ewigkeit 275, 6

ewiglich.

Dein Gott und Vater ewiglich 128, 5
Daß du, Gott Vater ewiglich regierst 29, 2
Der Herr ist König ewiglich 446, 7
Du stehst mir ewiglich 405, 12(13)
Laß den Tröster ewiglich bei mir sein 225, 3
Sollt leben nun und ewiglich 662, 4
Und durch dich leben ewiglich 745, 10
Mein Gemüte stille bleiben ewiglich 690, 9
Und lebe mit mir ewiglich 631, 1
So werd ich dann ewiglich bei dir 13, 10
Ich bin sicher ewiglich in d. Herren Hand 425, 7
Mein Herz auf den Schmerz ewiglich 676, 9
Werd ich Jesum sehen ewiglich 389, 5
Ewiglich aufs neu mich mit dir erfreu 602, 12
Daß ich dich schaue ewiglich 666, 15
Und ewiglich verzage[1]) 279, 2
So will ich dich ewiglich preisen 586, 5
Dem wird der Durst nicht ewiglich 349, 2
Bleibt ewiglich in Spott und Hohn 38, 10

Exempel.

Und folge dem Exempel, das du mir 709, 6
Suchen mit Begier nach Simeons Exempel dich 287, 1
Wird jämmerlich verführet durch bös Exempel 139, 7

1) Var. Bernh. G. und ewiglichen sterbe.

F.

Fackel.
O Jesu, Jesu setze mir selbst die Fackel bei 738, 1
Die Fackel meiner Pfade 94, 4
Fahne.
Zu der Fahn deins Feldherrn 38, 3
Von neuem zu den Fahnen Jesu Christi 406, 2
Fähnlein.
Schwingt fröhlich hier u. da s. Fähnlein 37, 2
fahren.
I. Gott.
Daß Christus zum Himmel g'fahren 41, 1
Jesus, der gen Himmel fuhr 159, 4
Daß du gen Himmel gefahren bist 745, 1
Gen Himmel ist er gefahren hoch 745, 3
Der du gen Himmel gefahren bist 745, 11
Getöt't, gen Himmel g'fahren 146, 4
Du bist gefahren in die Höh 144, 5
Nicht feindlich mit mir fahren 35, 12
II. Mensch.
Fahr wohl, o liebe Seele 621, 10
Fährt auf Eliä Wagen 369, 3
Mit Freud fahr ich von dannen 78, 2
Mein Gott, wann fahr ich doch dahin 144, 12
Damit fahr ich von hinnen 579, 8
Darauf ferner fahren fort von hinnen 1, 9
Sollst du fahren in die Freud 196, 1
Ich fahr ins Himmelshaus; ich fahre 184, 4
III. Satan.
Die wider uns mit Macht aus Satans Reiche fahr 554, 4
Die große Not fährt schnell ohn Zaum 366, 11
fahren lassen.
Sein' Zorn läßt er wohl fahren 513, 2
Laß fahren, was das Herze betrübt 58, 7
Lasset fahren, liebe Brüder 200, 7
Laß fahren dahin, sie habens k. Gewinn 161, 4
Laß fahren was auf Erden 273, 1—3
Fährlichkeit.
In tausend Müh und Fährlichkeit 685, 10
Fall.
Schafft Rat in schweren Fällen 106, 3
Und fürchtet keinen Fall 203, 5
Daß mich kein Fall kann rühren 230, 4
In allen Fällen er mir zur Rechten steh 405, 2
Sage stets in allen Fällen, Herr 722, 4
O Heil des schweren, tiefen Falles 327, 4
Durch Adams Fall ist ganz verderbt 146, 1
Den mir Adams Fall gebracht 611, 3
Den Adams Fall gestiftet hat 148, 1
Wär ja der Fall geschehen 609, 6
Du deinen Fall mit Ernst beweinst 471, 9
Mich so milde nach dem Fall hast 435, 1
Selber nicht von meinem Fall aufstehn 687, 4
Wenn ich hab einen Fall gethan 330, 4
Bald bringt sie die Lust zu Fall 299, 3
Und bring mich nicht zu Fall 54, 5
Fallen.
Fallen und Tücke treib ferne zurücke 125, 5
fallen.
I. natürlich.
Wie manches Kind fällt sich zu Tod 512, 11
Tret' her und fallt auf eure Knie 302, 2
Hier fall ich zu deinen Füßen 596, 7
Ich falle dir zu Fuße 326, 9
Und fall im Glauben ihm zu Fuß 393, 3
Wenn ich gleich fall u. sterbe, fällt 405, 9(10)
Es fall denn in die Erden 15, 3
Ein Blum und fallend Laub 513, 3
Der Same, so auf Dornen fällt 752, 6
Und wenn es fället, bringt ers fort 243, 12[1])
Fällt alles übern Haufen 243, 6
Um euren Hals euch fallen 472, 9
Das endlich mit der Zeit nicht fällt 530, 2
Wenn sonst alles fallen muß 661, 8
II. geistig.
Da schon der Mensch gefallen 107, 4
Ich fiel auch immer tiefer drein 502, 2
Selbst fallen konnte ich 687, 4
Damit ich ab. nicht aufs neue wieder fall 687, 6
Ob er gleich noch so tief gefallen 471, 6
Nimmermehr in Sünd u. Schande fallen 9, 2
Helft, so wir gefallen sind 605, 2
O dann fehl und fall ich nicht 316, 5
Daß ich nicht fall 559, 10
Mein Stab, wenn ich gefallen 379, 9
Fall ich, reicht sie mir die Hand 382, 6
Daß wir nicht falln in Sünd u. Schand 65, 3
Laß nimmermehr mich fallen 592, 3
Hab ich doch nie d. Menschen sehen fallen 146, 7
Gedenke meiner, wenn ich falle 480, 4
Der fällt in Selbstbetrug 361, 1
Öfters straucheln, oftmals fallen 21, 5
Und fallen selbst in ihren Strick 446, 7
Und mit Schimpf zur Hölle fallen 641, 9
Der Starke fällt durch diesen Held 591, 1
III. bildlich.
Was hier in die Augen fällt 584, 2
Fällts euch zu schwer, ich geh voran 485, 5
Fällts euch zu schwer, das zu erwählen 685, 1
So fall ich dir getrost in deine Hände 341, 7
Und aufs Lieblichste gefallen 646, 3
fällen.
Christus den starken Löwen fällt 181, 7[2])
Der seinen Feind gewaltig fällt 303, 2
Des Herren Rechte mächtig fällt 572, 5
Wo ist ein Feind, den er nicht fällt 202, 6
Das Kindlein thut sie fällen 197, 4
Ein Wörtlein kann ihn fällen 161, 3

1) Fehlt vielfach. 2) Fehlt vielfach.

Der mir auch wird ein Urteil fällen 333, 4
Den schwachen Tritt zu fällen 153, 8
Zu fällen dich und fangen 38, 2
So bist du hin und schon gefällt 38, 2
Daß uns der böse Feind nicht fäll 314, 4
Er hätt' ein solch Herz gefället 641, 8
Noch fäll die böse Welt 2, 5
Mich wird sie nun nicht fällen 232, 5
Der Welthaß kann mich doch nicht fällen 741, 2
Laß doch nicht uns Wind u. Wetter fällen 176, 4

falsch.

Halt falsche Lehr und Sünden 562, 6
Sie lehren eitel falsche List 10, 2
Die falschen Schein uns lehren 10, 3
Herr, behüt uns vor falscher Lehr 655, 2
Behüt m. Herr, vor falscher Lehr 293, 2. 296, 2
Und stürzen ihre falsche Lehr 754, 5
In ihrem Sinn ein falscher Wahn 554, 2
Es war ein falscher Wahn dabei 183, 3
Ei wie gar ein falsche List erdacht 114, 4
Legt Garn u. Strick, braucht falsche List 270, 6
B'hüt mich vor falscher Tücke 401, 5
Von falscher Meinung trete 310, 7
Und stets die falsche Regung dämpfen 306, 7
Mit Lügen und falschem Gedicht 401, 5
Bei dem falschen Weltgetümmel 98, 1
Auf, auf, verlaßt die falsche Ruh 685, 5
Ach das sind falsche Ruhestätten 470, 2
Zerstöre ganz die falschen Stützen 470, 5
Den falschen eignen Schmuck verfluche 470, 5
Laß mich nicht mit falschem Herzen 266, 1
Durch alle falschen Höhen bricht 570, 1
Die falschen Götzen macht zu Spott 610, 8
Du sollst kein falscher Zeuge sein 134, 9
Damit nie viel von falschen Brüdern 449, 5
Will er in falscher Heiligkeit 153, 8

Falsch.

Und sonder Falsch und Trug 467, 17[1])

fälschen.

Zu fälschen deine rechte Lehr 1, 6

Falschheit.

Haß, Falschheit, Übermut u. Heuchelei 294, 6
Lösch Finsternis, Haß, Falschheit aus 467, 13
Sich in d. Falschheit z. m. Bruder verstellt 397, 4
Wenn ihr Thun einträchtig ist ohn
Falschheit 618, 1

fälschlich.

Fälschlich lassen dich anklagen 383, 5

falten.

Vor ihm die schwachen Hände falt 685, 7

Falten.

Schaue meiner Hände Falten 611, 5

fangen.

Den Teufel wollt er fangen 502, 6
Die Sünd hat er gefangen 384, 1
Das G'fängnis er gefangen hat 745, 8
Hinführend die gefangen 144, 5
All sein Feind er gefangen führt 181, 1
Die Feind nimmt er gefangen 572, 3
Gott wird gefangen 298, 5
Darinnen liegt gefangen der Leib 67, 6
Drin ich jetzt bin gefangen 326, 1
Hielt uns in seim Reich gefangen 76, 2
Die uns noch hält gefangen 582, 1
Mit Schmach am Kreuz gefangen hält 202, 4
Die uns hart gefangen hält 625, 10
Daß ihr Schlund uns möcht fangen 674, 8
Dem Teufel ich gefangen lag 502, 2
Zu fällen dich und fangen 38, 2

Farbe.

Die Farbe deiner Wangen 542, 3

färben.

Ein rote Flut von Christi Blut gefärbet 77, 7
Nur in des Lammes Blute färben 334, 4

Farr.

Mein Weihrauch, Farr und Widder 671, 6

fassen.

In den treuen Arm gefaßt 159, 2
Ihr faßt und stärkt des Pilgers Hand 394, 3
Und er wird mich ewig fassen 633, 1
Faßt ihn wohl, er wird euch führen 200, 9
Mit Liebesarmen fassen 165, 5
Alsdann will ich dich fassen 542, 6
Daß ich dich möchte fassen 356, 5
Wahren Glauben, mit dem ich dich fasse 281, 3
Und bestermaßen möge fassen 554, 13
Dich kann mit wahrem Glauben fassen 254, 6
So faß ich dich nun ohne Scheu 753, 18
Ich fasse ihn und laß ihn nicht 563, 4
Dich inniglich mög in Liebe fassen 436, 1
Du bist mein, weil ich dich fasse 676, 12
Herr, wer kann das fassen 650, 3
Faß ein Herz zu seinem Herzen 406, 4
Wie kann ichs aber fassen 740, 5
Deinen Durst und Liebsverlangen
völlig fassen 611, 2
Dich und deine Passion laß mich
gläubig fassen 371, 5
Wenn ich nichts mehr fassen kann 350, 5
Daß ich dadurch ein Herze faß 244, 7
Ei, so faß, o Christenherz 599, 17
So faßt sie hier ein Herz 203, 6
Eilt, faßt einander bei den Händen 685, 11
Daß wir das Wort recht fassen 752, 5
Als treue Knecht im Herz u. Glauben
fassen 548, 6
Es wohl zu Herzen fasse 537, 4
Der diesen Glauben fasset 183, 8
Was die Vernunft nicht fassen kann 53, 3
Vernunft kann das nicht fassen 754, 6
Gnad u. Gunst in dieser Speise fasse 349, 7
Mich auch im Leiden fassen 342, 1
Und fassen Trost und Rat 328, 3
Was gut und recht ist, fassen 399, 10
Ich fasse in Geduld mich fest 724, 5
In Gott sollst du dich fassen 611, 1

1) Fehlt Anh. G.

Fassung.

In dieser Fassung laß mich bleiben 647, 3

faul.

Wir sind sicher, arg, faul uud kalt[1] 1, 3
Daß ihr um das höchste Gut so faul 685, 10

fechten.

Fechte frisch den letzten Ruck 608, 6[2]
Vernunft wider den Glauben ficht 754, 7
Wenn alle Welt dawider ficht 243, 5(2)

Fehde.

All Fehd hat nun ein Ende 29, 1

Fehle.

Vergiebst uns alle Schuld und Fehl 747, 1
Verzeih uns unsre Sünd und Fehl 82, 5
Ihr Schuld u. Fehl vergeben gern 655, 6
So ist dein Fehl u. kindliches Versehn[3] 186, 5
Vergieb, vergieb uns unsre Fehle 452, 5
Beut Vergebung deinem Fehle 406, 3

fehlen.

I. mangeln.

An Mitteln fehlt dirs nicht 58, 4
So daß es niemals hat gefehlt 366, 5
Das kann mir fehlen nimmermehr 341, 2
Der weiß auch sehr wohl, was uns fehlt 719, 3
Wem hat es je gefehlet 217, 5
Auf daß uns gar nichts fehlet 689, 2
Fehlt mirs an keiner Gabe 106, 2
Wird mirs an keinem fehlen 724, 1
Mir wird kein Gutes fehlen 109a, 1
Daß — niemand etwas Gutes fehle 605, 1
Wenns fehlt an gutem Rat 329, 4
Doch muß die Notdurft keinem fehlen 540, 2
Was euch quält, was euch fehlt 200, 7
Nichts fehlen, was mir ewig nützt 399, 4
Kein Thränlein fehlt, so er nicht zählt 230, 3
Im Licht soll nicht eine fehlen 253, 5

II. sündigen.

Du siehst auch, wenn ich fehle 495, 2
Unser Denken fehlt und trügt 661, 8
O dann fehl und fall ich nicht 316, 5
So geschwind und oft zu fehlen 268, 2

III. fehl gehen.

Und laß mein Bitt nicht fehlen 718, 3
Ach unsre Hoffnung konnt nicht fehlen 703, 8
Und ist doch weit gefehlet 362, 3
Laß ihm fehlen seine Tücken 641, 9[4]

Fehlen.

Will mein Fehlen mit der Rut — rächen 625, 9

Fehler.

Doch weil ich voller Fehler bin 563, 2
Es gehn m. nicht recht zu Herzen m. Fehler 26, 2
Wie viel meiner Fehler sein 374, 5

Feierabend.

In allen Sachen guten Feierabend 268, 1

feiern.

Sie feiern auch und schlafen nicht 270, 3
So feiern wir das Hochfest 76, 6
Sag, wie feierst du den Tag 673, 3
Feierst du sein Auferstehn auch 673, 3
Feiernd tragen sie die Palmen 768, 3
Ich deiner Hochzeit Ehren möge feiern 220, 11

Feiertag.

Uns ist in dieser Zeit kein Feiertag bereit 424, 4

feilbieten.

Die Welt beut ihre Güter feil 756, 7

fein.

Wohl uns des feinen Herren 29, 2
Ein Kindelein, so zart und fein 662, 2
Der künstlich und fein dich bereitet 445, 3
Bereitet doch fein tüchtig den Weg 486, 2
Laß uns in dir ruhen fein 66, 2
Bereit das Herz zur Andacht fein 278, 2
In feinem guten Herzen 752, 7
Singen das Hallelujah fein 181, 5
Fein sanft beschließe meine Not 284, 5
Fein sanft u. wohl in dir, Herr Jesu 13, 9
Alsdann fein sanft und stille, Herr 78, 6
Halte, o Seele, im Leiden fein stille 157, 3
Weiß sich fein zu stillen 203, 9
Das Leben dein mit Zucht u. Mäßigkeit fein 134, 7

feind.

Die mir sind ohn Ursach feind 624, 6[5]
Wäre Gott mir gram und feind 599, 7
Doch sind dir soviel Menschen feind 753, 10
Der Feindschaft bist du feind 769, 7

Feind.

I. leiblicher.

Wenn e. Soldat dem Feind den Rücken 38, 4[5]
Aus Zagheit wird d. Feind zum Preis 38, 4[5]
Mach alle Feinde müde 274, 7
Daß dem Feinde davor grau 6, 7
Aller Feinde Bündnis trenn 6, 9
Und hätt ich hunderttausend Feinde 98, 6
Hier immer Freund u. nimmer Feind 98, 6
Raubt mir der Feind mein Gut u. Hab 571, 6
Wenn Feind u. falsche Freunde drohn 571, 8
Schaff uns Beistand wider unsre Feinde 291, 3
Die Feinde dämpfen 291, 4
Trotz der Feinde Toben in Gnaden 163, 1

II. geistiger.

Soll dein Feind erlöset werden 590, 5
Und fürchte keinen Feind 361, 2
Sich jetzt betrüben über Feindes Hohn 645, 1
Vor den Stürmen aller Feinde frei 381, 2
Laß die Feinde wüten 195, 3
Wer überwindt und kriegt den Raum der Feinde 38, 4
Was kann mir thun der Feinde — Rott 405, 1
Ritterlich mög streiten wider m. Feind 401, 3
Weiß sich fein zu stillen in aller Feinde Spott 203, 9
Daß endlich die Feinde zu Füßen 299, 6
Kein Feind darf mich fechten an 425, 6

---

1) Var. Anh. G. Wir sind gar sicher, träg und kalt. 2) Fehlt vielfach. 3) So wirds gewiß mit seiner Hülf erfreut. 4) Fehlt Bernd. G. 5) Fehlt vielfach.

Schützen wider alle Feinde 425, 7
Unsern Feinden — vergeben 443
Sein Engel, der getreue macht meine Feinde scheue 399, 13
Und auch dem Feinde thun das Gut 134, 6
Daß man auch soll d. ärgsten Feinde lieben 13, 4
Weil die Feinde nicht verstehen 477, 4
Als er für die Feinde bat 608, 3
Für Freund und Feind stets bete 310, 7
Gieb, daß ich m. Feind mit Sanftmut 536, 4
Freunde, Feind und Hausgenossen 714, 8
Mein' Feinden mög vergeben 353, 3
Sanftmut auch an Feinden übe 419, 10
Steure den Feinden 68, 1
Was die Rotten deiner Feinde 213, 11
Was kann dein Feind — groß machen 213, 11
Einen Tisch bereit im Auge meiner Feind 109a, 4
Den Feinden steur an allem Ort 295, 6
Mein Feinden wollst du wehren 562, 5
Der Feind Anschläg u. Macht zerstör 588, 1
Beweis den Feinden in der That 588, 3
Der unsre Feinde setzt zu Spott 588, 5
Wenn und wo ein Feind sich regt 18, 7
Und selber bricht der Feinde List 754, 1
Die Feind sind all in deiner Hand 754, 7
Wie hoch die List der Feinde geht 137, 3
Daß es kein Feind zerstören kann 137, 8
Es weiß nicht mehr, was Feinde sein 167, 4
Es kann den Feind — überwinden 167, 5
Und dämpft der Feinde Toben 547, 8
Wann der Feind die Pfeil abdrückt 641, 7(8)[1]
Manchen Feind gedämpfet 288, 3
Mit Gott den Feind zu dämpfen 153, 12
Was fragt ihr nach dem Schreien der Feind 738, 9
Dem wahrlich alle Feind auf Erden 738, 9
Allen Feinden auch zum Hohn 49, 2
Begegnen aller Feinde Trutz 543, 4
Kraft u. Grund all Feind zu überwinden 636, 1
Gerochen an eurer Feinde Schar 395, 4
Wo ist ein Feind, den er nicht fällt 202, 6
Alle Feind durch Christi Sieg gedämpfet 572, 5
Die Feinde Schau getragen 670, 6
Der Feind wird Schau getragen 742, 2
Der Feinde Schar gebracht zur Haft 28, 1
Bis zum Schemel deiner Füßen alle Feinde legen sich 615, 5
Und der Feinde Rat zu dämpfen 642, 2
Vor — der Feinde List und Wüten 642, 6
Die getrost dem Feind entgegengehn 669, 1
Und steur der Feinde List u. Mord 177, 1
Vertreibe alle meine Feind 555, 10
Alle Feinde von uns treiben 201, 3
Damit ich den Feind kann schlagen 641, 4
Daß der Feind nicht rühme sich 641, 8
Brich des Feindes Pfeil entzwei 641, 9
Treibe, Herr, die Feinde weit 721, 10
Des Feindes Neid hinder 129, 4
Vor der List und Tyrannei der argen Feind 131, 5
Und kein Feind uns solchen raube 643, 3
Kein Feind kann dich mir rauben 287, 4
Decke m. von oben vor der Feinde Toben 315, 2
Daß uns kein Feind nicht schade 701, 6
Wie zum Sieg der Freunde, so zum End der Feind 62, 6
Daß d. Feinde beben u. Gott Ehre geben 62, 12[2]
Auf, den Feind hinweg getrieben 714, 2
Weicht ihr Feinde, weicht von mir 635, 6
Die Feinde sind gar bald geschäftig 470, 2
Wenn meine Feinde toben 120, 4
Laß die Feinde wüten 195, 3
Uns soll der Feind nicht scheiden 502, 7
Da wir noch Feinde waren 34, 12
Da wir sein Feind noch waren 146, 4
Dein erwünschtes Leben für solche Feind hingeben 179, 3
Wir waren Gottes Feind 657, 6
Du bezwingest deine Feinde 422, 5
Er ist doch nimmermehr mein Feind 357, 4

III. Satan.

Sollt aber dein und unser Feind 362, 12
Mags auch den Feind verdrießen 109b, 5
Der Feind trieb groß Geschrei 37, 2
Der Feind liegt und legt abe Gift 37, 3[3]
Denn du hast ja den Feind gericht' 185, 6
Der seinen Feind gewaltig fällt 303, 2
All sein Feind er gefangen führt 181, 1
Die Feind nimmt er gefangen 572, 3
Die starken Feind hast umgebracht 144, 3
So töte doch den Feind 424, 2
Der böse Feind — uns zu schaden meint 270, 4
Des Feindes List treib von uns fern 409, 5
Der alte böse Feind, mit Ernst 161, 1
Wenn der Feind wird das Leben 497, 4
Wenn mir mein Feind viel Schmerzen 106, 8
Das kein Feind kann fällen 599, 5
Daß uns der böse Feind nicht fäll 314, 4
Der bös Feind hier in d. Jammerthal 54, 5
Was der Feind anzurichten hat gemeint 625, 8
Du hast der Feinde Macht gewehrt 735, 3
Wenn der Feind will Macht beweisen 735, 4
Und ein Schwert, dem Feind zuwider 585, 3
Meint der Feind mich zu erreichen 690, 4
Was will der Feind denn sprechen 230, 2
Wo ist nun der Feinde Pochen 646, 1
Nun kann kein Feind uns schaden 303, 4
Nicht schade des bösen Feindes List 2, 1
Daß uns der Feind nicht trutze 2, 5
Daß uns nicht schad des Feindes List 67, 3
Daß des bösen Feindes List 219, 2
Der des bösen Feindes Macht, List 219, 7
Daß ich vorm Feind kann sicher sein 130, 4
Feind, Welt, Fleisch und Sünden 449, 8
Weil stets auch noch der Feind sich regt 351, 4

1) Fehlt Bernb. G. 2) Fehlt vielfach. 3) Fehlt vielfach.

Die Feinde suchen euch zur Beute 591, 1
Und brich des Feindes Waffen 151, 7
Behüt uns heut — vorm bösen Feind 66, 2

IV. allgemein.

Du wilder Feind des Lebens 607, 2
Die Nacht, des Tages Feind 515, 2

Feindeslist.

Da wallt man sicher früh und spät vor Feindeslist 253, 4

Feindin.

Die Welt mag meine Feindin heißen 741, 2

feindlich.

Wie feindlich er gesinnt 171, 1
Laß kein feindliches Geschoß daraus 735, 4

Feindschaft.

Die Feindschaft ist ganz abgelehnt 202, 10
Der Feindschaft bist du feind 769, 7
Eigne Rach aus Zorn und Feindschaft übe 260, 6

Feld.

I. natürlich.

Unser Feld mit Tau u. Regen netzt 355, 4
Der Feld und Blumen netzt 440, 2
Felder, Wälder, Bäum und Büsche 220, 5
Vieh, Menschen Städt und Felder 515, 1
Daß unser Feld nicht grünet 12, 1
Ihr schwanken Gräschen in den Feldern 524, 4
Sieh, o Herr, das Feld muß trauern 218, 3
Soll auf unsrer Felder Au nicht 218, 4
Nichts mehr unser Feld ergötzen 218, 4
Soll das Feld nun öde stehn 218, 5
Du wirst unsre Felder bauen 218, 8
Was im Feld und Häusern ist 32, 1
Krön unser Feld mit deinem Gut 751, 9(6)
Schön sind die Wälder, noch schöner die Felder 598, 2[1])
Ihr vormals schönen Felder 235, 4
Die Felder trauern weit und breit 535, 2
Gleichwie die Blumen auf dem Feld 417, 6
Die Hirten auf dem Felde waren 114, 4
Zween der Jünger gehn mit Sehnen über Feld 778, 1
Weit über blaches Feld schwingt es sich 369, 1

II. geistig.

Als ein Held, der Feld u. Mut behält 37, 2
Christi Sieg behält das Feld 678, 10(8)
Das Feld muß er behalten 161, 2
Und wir behalten mit das Feld 591, 1
Selbst wider uns sich legt ins Feld 243, 5
Liegt der Satan gleich zu Felde 47, 2
In das Feld der Ewigkeiten 529, 4(5)

Feldgeschrei.

Und der Engel Feldgeschrei zeigen 428, 7

Feldherr.

Wenn er den Feldherrn sieht angehn 485, 5
Zu der Fahn deins Feldherrn 38, 3

Feldpanier.

Zum Feldpanier den Morgenstern 38, 6

Fels.

I. natürlich.

Vor dem die Felsen beben 165, 3
In Fels u. Steinen kann das Wort 752, 6
Deine starken Felsen bebten 673, 2
Müsse wie ein Felsen stehn 638, 8
Brechet alle Felsen ein 694, 1
Es kann durch Stahl u. Erz und harte Felsen bohren 337, 3[1])

II. bildlich.

Du bist m. Stärk, m. Fels, m. Hort 401, 4
Du bist m. Hülf, m. Leben, m. Fels 641, 9
Denn wer auf diesen Felsen baut 146, 7
Sollt ich auf den Fels nicht bauen 626, 1
Denn du bist mein Fels auf Erden 690, 2
Will ich auf den Felsen weichen 690, 4
Ein Fels in Ungewittern 108, 4
Sei du mein Gott u. einst im Tod mein Fels 108, 8
Der Fels, auf dem ich stehe 360, 4
Er ist ein Fels, ein sichrer Hort 485, 4
Mein Fels, der nicht zerbricht 282, 6
Der ist auf den Fels erbauet 256, 10
Dich laß ich nicht, mein Fels 116, 6
Er ist mein starker Fels 679, 2
Herr mein Fels, mein treuer Gott 721, 11
Dich hat jetzt ein Felsengrab, Fels 629, 2
O starker Fels und Lebenshort 543, 5
Den Fels des Heils umfaßt e. Stein 188, 2
Der Fels des Heils uns tränke 285, 3
Und labest aus dem Felsen mich 741, 4
Felsen will ich auf ihn bauen 694, 8

felsenfest.

Mein Jesus stehet felsenfest 98, 2

Felsengrab.

Dich hat jetzt e. Felsengrab — umgeben 628, 2

fern.

Ist von uns nicht fern und weit 229, 3
Du herrschest nah und fern 368, 1
Ach, du bist doch von mir nicht fern 450, 2
Er ist nicht fern, steht in der Mitten 213, 5
Sei von mir jetzund nicht ferne 196, 6
Ich bitt, wollst sein von mir nicht fern 296, 1
Er sei auch nimmer fern 772, 1
Soll leuchten von ihm weit u. fern 38, 8
Uns ungesehen, doch niemals fern 394, 1
Geist des Herrn, sei nicht fern 318, 1
Wird sein Licht dir noch ferne däuchten 449, 3
Des Heil ist auch noch ferne 146, 6
Dein Zorn u. Grimm fern von uns 496, 3
Was schädlich ist, fern von mir treib 555, 8
Gar ferne von uns stehn 500, 7
Des Feindes List treib von uns fern 409, 5
Daß von fern in deinen Höhen 768, 2
Ach sollt ich doch von ferne stehn 139, 10
Wenn man sie nur von ferne schaut 733, 1
Da ich noch war von ferne 369, 5
Ich hab von ferne, Herr, d. Thron 345, 1

1) Fehlt vielfach.

Weich alles Volk auch von ihm fern 759, 8
Der ist fern von diesem Gut 256, 6
Sünden von meinen Herzen fern 562, 6
Ich zieh in ferne Lande 399, 10
Drum freuet euch und preiset, ihr Kinder fern und nah 105, 4

Ferne.

Dort in hohen Fernen 246, 2
In die Ferne weggewendet 625, 8
Denn ich reis' in weite Ferne 206, 5

ferner.

Laß ferner deiner Gnaden Pfort 735, 4
Wir bitten ferner, frommer Gott 82, 5
Laß bei uns, Herr, noch ferner blühn 82, 6
Denk ferner, daß du als ein Mann 38, 3

Ferse.

Ob sie ihn in die Ferse sticht 572, 3

fertig.

Dann mache mich zur Reinigkeit des Lebens fertig 541, 2
Jetzt will ich mich fertig machen 697, 8
Halt' eure Lampen fertig 486, 6
Meine Wohnung mache fertig droben 259, 5
Ach wer nur immer fertig wär 357, 1
Sei fertig alle Stunden 568, 3
Denn der ist zum Sterben fertig 59, 4

Fessel.

Und schlägst in Fesseln Sünd u. Tod 92, 4

Fest.

Dir an deinem Feste dienen 378, 1
Denn sie sind des Herren Fest 247, 2
So feiern wir das hoh' Fest[1]) 76, 6
Schmückt das Fest mit Maien 597, 1

fest.

I. leiblich.

Sitzt nicht in festem[2]) Schlosse 562, 3
Erbaut ein Schloß u. festes Haus 362, 4

II. geistig.

a) Gott.

Sei meine Burg und festes Schloß 735, 4
Sei unser Ruhm und fester Platz 28, 5
Dies Wort, das jetzt in Schriften steht, ist fest 295, 2
Laß die Kirche feste stehn 25, 5
Ach, halt mich fest mit deiner Hand 559, 10
Herr, halt mir fest, wes du dich mir 30, 2
Gottes Werk hat festen Fuß 661, 8
Kein Ding auf Erden so fest besteht 481, 2
Sein Heil u. große Güte steht fest 365, 3
Wozu er sich verbindet, das macht er fest 365, 7
Mach feste, die im Zweifel stehn 552, 5
Herr, gieb mir — e. festen Glauben 13, 5
Dein Wahrheit bleibt mir ewig fest 11, 6

b) Mensch.

Fest auf dein Wort uns gründen 163, 4
Fest, nur fest dich angehalten 46, 3
Fest und unbeweglich stehn 702, 2
Fest es in der Seele haben 585, 6
Fest an der Verheißung bleiben 585, 6
Auf dich, mein Gott, bau ich feste 690, 7
Ich steh auf festem Grunde 352, 5
Und mache fest das Herz 86, 6
Herr Jesu, bleib, ich halt dich fest 764, 5
Nun halt ich mich mit festem Sinn zu dir 93, 5
Wer Jesum fest im Glauben hält 476, 4
Im Glauben fest und wohlgerüst 655, 7
Daß wir fest an dir bleiben 534, 6
Gieb, daß wir halten fest an dir 752, 8
An dir will ich fest kleben 405, 11(12)
Daß ich fest in Anfechtung steh 666, 10
Laß uns feste stehn 377, 2
In der Wahrheit fest zu stehen 225, 3
So werd ich fester stehn 96, 5
Halt uns bei festem Glauben 216, 1
Das halt mit festem Glauben 502, 8
Laß uns dein Wort fest halten 295, 6
Wer sich des tröst und glaubet fest 743, 1
Wir mit Trutz an ihn fest sollen glauben 146, 5
Wer sich nur fest darauf verläßt 146, 8
An dich stets fest zu gläuben 636, 4
Gläube feste, daß das Beste 735, 7
Nun weiß und glaub ich feste 405, 2
Die an ihn glauben feste 689, 1
Wer Gott vertraut, fest auf ihn baut 689, 1
Das glaub ich steif und feste 692, 5
Wir uns drauf verlassen fest 302, 7
Durch dich wird unsre Hoffnung fest 540, 10
Die Hoffnung mache feste 310, 5
Herr Jesu Christ, ich hoffe fest, ich hoffe fest 282, 4
Ach laß uns streben fest und wohl 144, 11

c) allgemein.

Fest die Begierden an das Kreuz 298, 11
Das Wort, das fest ist und gewiß 51, 7
Ich weiß, was fest besteht 360, 1
Und klebt dem so feste an 26, 3
Nun so bleibt es fest dabei 461, 9

festbinden.

Deine Hände, festgebunden 374, 8
Bind meine Seel fein feste 652, 5
Hier, hier sind wir festgebunden 253, 6

Feste.

Der mir die Feste baut 360, 3

festgläubig.

Darein ich mich festgläubig winde 722, 6

festhalten.

Ach halt mich fest mit deiner Hand 559, 10
Hielt — die bebenden Gefangnen fest 691, 5

festiglich.

Daß ich glaube festiglich 626, 6
Deim Wort zu trauen festiglich 283, 8
Denn so weiß ich festiglich 215, 7

festlich.

Decke meiner Blöße Schande mit dem festlichen Gewande 768, 4

---

1) Var. Bernb. G. Hochfest. 2) Var. Bernb. G. steinern.

Festtag.
Welch ein hoher Festtag heut 673, 3
Festung.
Und bauet so Höhen u. Festung empor 299, 3
feuchten.
Muß ich auch gleich hier feuchten 405, 9(10)
Feucht auch d. Land, gieb Sonnenschein 82, 8
Feuchtigkeit.
Von vieler Feuchtigkeit und Nässe 535, 2
Feuer.
I. natürlich.
Das Silber, durchs Feur siebenmal 10, 5
Vor Seuchen, Feur u. großem Leid 496, 1
Behüten mich — vor Feur u. Wassersnot 54, 3
Vor Feuer u. Wassersnot behüt uns 443
Vor Feuer uns behüten 122, 6
Lösche Feur und Lichter aus 268, 4
Ach wend in allen Gnaden Krieg, Feuer 274, 6
Auch des Feuers Glut verschont 270, 9
Mit dir im tiefsten Feuer schwitzen 594, 5
Der wie lauter Feuer brennt 644, 5
Der Feur u. Wolken zwingen kann 179, 6
Und nicht achten Feur und Schwert 448, 9
Daß er mich vom ewgen Feuer 625, 3
Wenn alles wird vergehn im Feur 185, 1
Nicht ins ewge Feuer gehen 637, 14
II. bildlich.
Dein Feuer auf mich dringen 366, 10
Vom Feuer deiner Liebe glüht m. Herz 234, 3
Sei — in Zagheit Glut u. Feuer 287, 3[1])
Die dich in das kalte Grab durch ihr Feuer triebe 629, 3
O daß doch bald d. Feuer brennte 523, 1. 669, 2
Und hat ein allbelebend Feuer 691, 6
Wie zu d. Väter Zeit e. Feuer anzuzünden 163, 4
Und entzünd in ihnen das Feuer 411, 1
Im reinesten Feuer, in seligster Brunst 397, 9
Ein lebend Brunnen, Lieb u. Feuer 409, 2
Gieß aus dein heilig Feuer 564, 1
Ein Feuer, das im Herzen zehrt 94, 2
Wie sie Feuer sprühten 448, 1
Kein fremdes Feuer sich in mir entzünd 619, 11
Und kein fremdes Feuer brennt 434, 3
Feuerflamme.
Das sind die Feuerflammen 142, 3[2])
Feuerflammen uns nicht allzusammen 444, 4
Feuerherd.
Das Gold wird auf dem Feuerherd 367, 2
Feuerpfuhl.
Nicht verachten der Höllen Feuerpfuhl 56, 5
Feuershitze.
Vergehen wie Wachs in Feuershitz 405, 4
Feuersnot.
Vor Schrecken, Angst u. Feuersnot 314, 4
Durch Feuers- u. durch Wassersnot 720, 2
feurig.
Halte damit feurig an 589, 5

finden.
I. Gott.
Suchst selber Trost u. findst ihn nicht 753, 9
Freilich wirst du manches finden 268, 2
Gleichwohl würdest du mich finden 276, 2
Wo er kann einige Fromme finden 446, 6
Deine Braut und Gast mich find 240, 3
Bis daß ers hat gefunden 393, 4
Der wird auch Wege finden 58, 1
II. Mensch.
Suche Gott, wo er zu finden 26, 5
Daß ich, dein Kind, dich such u. find 13, 1
Ich habe Gott gefunden 153, 5
Weil sie Gottes — Herz im Worte finden 585, 8
Ob ich die Vaterlieb in Schlägen nicht gleich finde 230, 6
Was kann ich, Jesu, finden 339, 3
So hab ich Heil gefunden 339, 3
Ach laß mich im Glauben finden 26, 8
Fröhlich, wenn ich finden werde 373, 10
Daß du dies Gut mögst finden 38, 10
Ruh an deiner Seite finden 375, 7
In der That d. n. Schatz gefunden hat 717, 4
Bis wir den Vater finden 41, 4
Dich in meiner Angst bald finde 310, 1
Welcher sich läßt treu u. gnädig finden 609, 6
So findt sich Gott gar balde 665, 2
Jetzt man in der Krippe findt 209, 2
Da findet ihr das Kind gelegt 662, 5
Die fragen, wo man Jesum findt 318, 1
Und Jesum finden soll allein 318, 3
Liebster Jesu, laß dich finden 760, 4
Du wirst von uns gefunden, o Herr 287, 2
Da wir ihn finden können 36, 2
Kein solch Kleinnod ist zu finden 596, 3
Daß ich finde das ewge, wahre Gut 405, 3
Hier wird gefunden, der — machet heil 200, 10
Wo ist größre Lieb gefunden 461, 2
Laß dich finden, laß dich finden 617, 1—6
Möchtest finden e. solchen Muttersinn 774, 4
Laß mich finden deine Wunden offen 219, 3
So laß dich von ihr finden 592, 5
Ich suchte dich und fand dich nicht 364, 4
In deinem Leiden, m. Heil, m. finden 542, 7
Wer seine Seel zu finden meint 485, 6
Wer sich zu dir nur findet 763, 6
Selig sind, die funden werden reines H. 419, 7
Und finden weder Hülf noch Rat 711, 1
Findet Hülfe, Gnad und Gunst 701, 3
Er wird allzeit Rettung finden 701, 3
Mich in deinem Haus allzeit laß finden 4, 7
Ach in mir find ich eitel Sünden 281, 7
Und findet ein harte schwere Last 405, 10(11)
Ich find hier überalle nichts als Galle 554, 10
Ich weiß und finde nichts an mir 620, 5
Was ich Gutes find an mir 641, 2[3])
Laß mich Gnade vor dir finden 641, 5
Und läßt dich Genade finden 461, 3

1) Fehlt Bernb. G. 2) Fehlt Anh. G. 3) Fehlt Bernb. G.

Ach laß mich Gnade finden 393, 5
Wo die Gnade sei zu finden 28, 4
Mich bei dir Gnade u. Vergebung finden 390, 5
Laß du mich Gnade finden 342, 4
Sonst finden wir ewig kein Leben 299, 2
Die nirgend Ruh u. Rettung finden 471, 1
Und du sollst jetzt noch Gnade finden 471, 9
So find ich bei dir meine Ruh 165, 9
Ruh an deiner Seite finden 375, 7
Große Freude wird er finden 558, 4
Der ists, bei dem ich Ruhe find 563, 4
Legt sie in seine Arme, darin sie finden Ruh 426, 3
Bis ich nach den Trauerstunden jene Seligkeit gefunden 152, 3
Trost der Seelen bei dir finde 152, 4
Wenn mein Herz nicht Hülfe findet 152, 5
Was ich bei dir nicht hab und find 362, 17
Die sonsten nirgends finden Ruh 610, 6
Und ich bald Verzeihung find 309, 8
Als wo man find den Segen 243, 9
Die wahr Erkenntnis finden 537, 3
So find ich bei dir meine Ruh 165, 7
Wo kann ich Rettung finden 763, 1
Da ich stets Heil gefunden 763, 3
Hab ich schon Erlösung funden 31, 2
Hier findet es die angenehmsten Auen 727, 2
Hier findest du Trost, Heil u. Gnad 631, 2
Da hab ich schon den Ort gefunden 741, 3
Da find ich Trost in Todesstunden 722, 7
Daß ich die Bahn zum Himmel besser finden kann 764, 4
Seele, willst du dieses finden 169, 2
Hilf, daß mein Seel den Himmel find 553, 7
Ein ander Ziel, die Seligkeit zu finden 636, 1
Durch s. Gerechtigkeit ich find m. Seligk. 626, 4
Willst du — was unbegreiflich — finden 135, 14
Jeder findet, jeder nimmt 661, 6
Ich fände Unruh im Getümmel 691, 2
Find ich, was mich nährt und hält 625, 6

III. allgemein.

Die sich wie Körnlein finden 580, 4
In dieser Welt zu finden 8, 1
Kein Unschuld war zu finden 76, 2
Bis zu der Scheitel war nichts Guts zu finden 298, 6
Es ist nichts an mir zu finden 374, 3
Wie tiefe Wunden werden auch in mir gefunden 281, 5
Kein Fleck ist an mir zu finden 200, 13(12)
Hier wahre Freiheit finde 482, 2
Weder Ziel noch Ende sich in Gottes Liebe findt 625, 12
Was in dem Herrn sich findet 688, 1
Hier ist kein recht Gut zu finden 676, 6
In dieser Zeit ist keine Ruh zu finden 38, 1
Möchte dich in Sünden — finden 449, 2
Daß man Öl u. Most zu s. Zeiten findt 355, 5

Finger.

Und was hier dein Finger schreibt 638, 6
Der Finger an Gotts rechter Hand 409, 4
Du bist Gottes starker Finger 152, 2
Leit mich mit deinem Finger 420, 8
Du wirst an den Fingern zählen 765, 7
Als was wir mit Fingern tragen 693, 6

finster.

Im finstern Thal muß wandern 106, 6
Aus dieser finstern Wildnis scheiden 741, 5
Lacht der finstern Erdenkluft 389, 9
Aus des Teufels finstrer Höhle 374, 1
Nun bricht die finstre Nacht herein 498, 1
Da ich nun hab die finstre Nacht 89, 3
Nicht — länger mehr die finstre Nacht 673, 5
Und ob ich wall im finstern Thal 109a, 3
Ich fürchte nichts im finstern Thal 109b, 4
Fahren hin zur finstern Todeshöhle 352, 2
Wenn uns die finstre Kreuzesnacht 107, 10
Mach mein finstres Herze hell 152, 3
Laß die Sonne blicken ins finstre Herze 729, 3
Wie finster wärs, wie arm und leer 759, 1
Erleucht m. finstern Herzens Schrein 546, 3
Laß mich finstres Kind der Erden 322, 5
Ich bin finster, kalt und trübe 322, 2[1])
Keine Sündenmacht mehr betrübt u. finster macht 529, 1
Daß ich nach dem, was finster ist, gestrebt 131, 3
So das finstre Reich gebieret 604, 4[2])
Alle finstern Kräfte vertreibe 518, 2

Finster.

Die im Finstern Böses thun 268, 5
Darf nicht im Finstern schweben 485, 2
Die im Finstern sind gesessen 713, 1
Dürfen nicht im Finstern gehen 713, 2[2])
Alles Finstre zu vertreiben 713, 7[3])
Ob ich gleich im Finstern sitze 714, 4[2])
Laß uns im Finstern tappen nicht 314, 1
Das durch alles Finstre bricht 17, 5

Finsternis.

Die Finsternis ist dir verhaßt 517, 2
Mich hatte festgebunden mit Finsternis 81, 2
Und die Finsternis sich zeigt 17, 1
Wenn Nacht u. Finsternis verschwinden 250, 4
Ist mit Finsternis umhüllet 439, 2
Hier ist lauter Finsternis 21, 2
Dein leuchtend Angesichte treibt alle Finsternisse hin 113, 3
Unser Licht sei Finsternis 651, 3
Die Macht der Finsternis erliegen 91, 6
Du vertreibst die Finsternis 713, 6[4])
Als ich in der Finsternis gesessen 160, 3
Aus des Todes Finsternis 457, 7
Die Klarheit, die alle Finsternis zerstört 223, 3
Zum Lichte fort aus aller Finsternis 51, 7
Keine Macht der Finsternis 388, 5
Durch die Macht d. Finsternis zu reißen 191, 8
Vor der Macht der Finsternis 714, 8

1) Fehlt Bernb. G. 2) Fehlt Bernb. G. 3) Fehlt Anh. G. 4) Fehlt Anh. G.

Ich lege die Mächte d. Finsternis nieder 299, 5
Der die Finsternis zerstreut 193, 1
Vor Irrtum u. vor Finsternis bewahr 123, 5
Das mich in Finsternis erleuchte 14, 7
Wenn dich will Nacht u. Finsternis 186, 6
Sei in Finsternis das Licht 21, 6
Mache Licht aus Finsternis 437, 5[1]
Unreine Werk der Finsternis 260, 7
Wird die Finsternis der Sinnen 322, 1
Des Lichtes Werke ohne Stärke in der Finsternis vollziehn 322, 4
Weil Finsternis dem Lichte feind 533, 1
Sieh, wie die Finsternis dringet herein 380, 1
Weich, weich du Fürst der Finsternissen 330, 6
Gnadenschein in Finsternis nicht ferne 479, 6
Ist unser Licht in Finsternis 243, 8
Das die Finsternis vertreibet 221, 1
Aber wie die Finsternis nicht erreicht 661, 7
Verzehrt ein lichtes Leben die bodenlose Finsternis 691, 3

Firmament.

Vom Firmament des Himmels fern 735, 1
Erheben sich bis an das Firmament 369, 3
Das Firmament — hast gegründet 706, 2

Fisch.

Vögel, Tiere, Vieh und Fische 220, 5
Der Fisch unzählge Herde 145, 5

Fittich.

Dich auf Adelers Fittichen sicher geführet 445, 2

Flamme.

Wenn gleich Krieg und Flammen 36, 6[1]
Wenn ihm die Flamm gebricht 78, 5
Die Höll und ihre Flammen 405, 6[1]
Liegst versenkt in der Höllen Flammen 599, 3
Wenn in die ewgen Flammen sinken 637, 16
Der Wind bläst nur die Flammen auf 367, 4
Und wie das Öl die Flamme[2] nährt 367, 4
Die Flamme d. Höchsten muß lichterloh brennen 397, 1
Und schickt uns herunter die himmlischen Flammen 397, 3
Sei meine Flamm u. brenn in mir 554, 11
Sehnet sich in seinen süßen Flammen 107, 4
Ich weiß, wie dich d. Liebe Flamme triebe 350, 2
Die Flamme deiner Liebe 734, 3
Schlage deine Fammen über uns 597, 5
Voll allzusüßer Flammen[3] 138, 12(8)
Komm, komm, o edle Flamm 272, 1
Zünd an in uns der Liebe Flamm 544, 2
Laß leuchten deine heilgen Flammen 523, 3
Er läßt an uns die heilgen Flammen 93, 1
Nähre du die heilge Flamme 653, 4
Ein Funke u. Flämmlein aus göttlicher Flamme 182, 4
Stillt die hell entbrannten Flammen 61, 4
Was schaden nun der Seele ihre Flammen 567, 7

flammen.

Laß abwärts flammen deinen Schein 410, 1
Wie flammen da die heilgen Triebe 93, 4
Und der Abgrund flammt und kracht 21, 3

Flammenschwert.

Dein Wort ist, Herr, e. Flammenschwert 94, 2

flechten.

Daß sichs in uns nicht flechte 10, 6
Und sich in mein Herze flicht 459, 2

Fleck.

Kein Fleck ist an mir zu finden 200, 13(12)
Von allen Flecken rein 103, 3
Meiner Sünden Meng und Flecken 255, 8
Und wo noch Runzeln sind u. Flecken 351, 4
Von den angeerbten Flecken 437, 4
Das alle Flecken tilgt 482, 2

flehen.

Allen, welche zu ihm flehen 651, 1
Wache, fleh und bete 449, 1
Darum laßt uns immerdar wachen, flehn und beten 449, 10
Seht auf Jesum, wacht und fleht 634, 5
Und fleh in meiner Not 407, 4
Wir beugen unsre Knie und flehen 452, 3
Herzlich, wenn man vor dir flehet 373, 3
Mit Maria will ich flehen 373, 6
Was hier kranket seufzt und fleht 389, 7
Die sich flehend zu dir wenden 336, 5
O so flehet um die Wette 300, 2
Und endlich flehn wir allermeist 359, 6
Im Glauben zu ihm flehn 342, 6
Daß ich nach nichts so schrei u. fleh 470, 4

Flehen.

Wie lang hat er mit vielem Flehen 471, 8
Nun du erlangest auf dein Flehen Trost 141, 9
Jesu, nimm mein Flehen hin 415, 3
Unterdes vernimm mein Flehen 554, 5
Höre, Jesu, noch ein Flehen 382, 9
Unser Bitten, Flehn und Singen 439, 3
All unsers Glaubens Bitt u. Flehn 82, 4
Verwirf, Gott, unser Flehen nicht 163, 3
Laß mein Flehn zu deinem Thron 441, 4
Mein Gott erhör mein Flehen 539, 1
Mit Seufzen und mit Flehen 706, 1
Mit unabläßig heißem Flehn 647, 4
Höre doch mein sehnlich Flehen 714, 10
Nach dem Flehn ein kräftig Amen 152, 7
Nimm, o Gott, mein Flehen hin 309, 9[4]
Herr, höre doch mein Flehen 39, 3
Erhöre unser Flehn u. laß es bald 423, 1
Hörst der Sünder Flehen 650, 4

Fleisch.

I. Christus.

a) im heil. Abendmahl.

Der uns selber hat gespeiset mit seinem Fleische 239, 1
Ich habe Jesu Fleisch gegessen 722, 10

1) Fehlt vielfach. 2) Var. Anh. G. das Feuer. 3) Var. Bernb. G. in heißen Liebesflammen. 4) Fehlt Anh. G.

Da wir ein Fleisch u. Blut genießen 475, 6
Dein Fleisch muß uns z. Pfande dienen 475, 7

b) menschliche Natur.

In unser armes Fleisch und Blut 209, 2
Er ist geborn eur Fleisch und Blut 663, 3
Fleisch und Blut nimmt er an 447, 6
Erscheinst im Fleisch u. wirst uns Heil 132, 4
Vereinest dich mit Fleisch und Blut 132, 7
Hast du Fleisch angenommen 547, 7
Gott ist im Fleische 323, 4
Mein Fleisch nicht angenommen 700, 1
Der Mittler, der im Fleisch erschienen 53, 2
Und in unser Fleisch versenket 718, 3
Hat angenommen Fleisch und Blut 254, 1
Damit du machst im Fleisch 151, 3
Zwar in deines Fleisches Tagen 249, 6

II. Mensch.

Mein verderbtes Fleisch und Blut 372, 2
Das Fleisch mit Wollust, wo du bist 38, 2
Das Fleisch muß endlich aus dem Sinn 38, 5¹)
Vom Fleisch wollt nicht heraus der Geist 183, 2
In unserm Fleisch verborgen 183, 3
Und jedem Fleisch der Sünden Schand 183, 4
Obgleich im Fleisch der Eigenwill 724, 2
Besiege dieses Fleisches Reich 410, 6
Dem absagen, was m. Fleisch gelüst 580, 15
Ich bin Fleisch vom Fleisch zu nennen 18, 1
Mein böses Fleisch u. Blut unters Joch 18, 6
Teufel, Welt u. Fleisch zu dämpfen 18, 7
Und das Fleisch nimmt überhand 26, 4
Weil ich geb dem Fleische Raum 26, 4
Laßt euch d. Fleisch nicht träge machen 685, 10
Was Fleisch und Blut erwählet 362, 9
Zeucht aus d. Fleisch u. schmückt d. Seel 472, 7
Lösch aus in mir des Fleisches Wust 13, 3
Die Welt, auch unser Fleisch u Blut 496, 4
Unser eigen Fleisch und Blut 196, 4
Denn ich bin Fleisch und Blut 498, 4
Gott wird auch vor Fleisch u. Blut 41, 3
Sagt das Fleisch gleich immer nein 414, 7
Fleisch und Satan uns zu rauben 642, 4
Der auf Fleisch sein Hoffnung richt 690, 6
Wenn es ging nach des Fleisches Mut 417, 13
Damit eur Fleisch gezüchtigt wär 417, 13
Und nach dem Fleisch verderbe 286, 5
Wer Fleisch und Blut will fragen 362, 1
Müßt ihr nicht nach Fleisch u. Blut 593, 2
Daß ihr Fleisch vom Fleisch zu nennen 593, 3
Wo sich Fleisch und Blut beklagt 461, 5
Ich bin von Fleisch u. Blut oft übereilet 477, 5
Heilige mein Fleisch und Blut 225, 5
Das schwache Fleisch, das dir bekannt 409, 3
Geduld ist Fleisch und Blute 203, 2
Das Fleisch in Zuchten reine sei 67, 3
Meinem Fleische steur und wehr 555, 5
Aus meinem Fleische treibe 560, 9
Die Lust des Fleisches dämpf in mir 310, 3
Daß ich allezeit des Fleisches Lüste meide 294, 2
Dämpfe Fleisch und Blut 597, 5
Fleisch und Blut, Sünd und Welt 318, 7
Zu streiten wider Fleisch und Blut 180, 2
Wehr u. steur allem Fleisch u. Blut 655, 4
Und stärk des Fleisches Blödigkeit 412, 3
Wie schwer doch läßt sich Fleisch u. Blut 11, 1
Hilf mir auch zwingen Fleisch u. Blut 11, 12
Über Fleisch und Blut zu zwingen 374, 4
Gieb, daß er hasse Fleisch u. Blut 592, 2
Unser Fleisch ihm sterben ab 430, 3
Wache dazu auch für dich, für d. Fleisch 449, 6
Fleisch u. Sünden kräftig überwinden 449, 8
Muß streiten oft mit Fleisch u. Blut 512, 8
Laß mein Fleisch und sein Geschäfte 590, 7
Muß ich noch was am Fleische leiden 777, 8
Alles Fleisch vergeht wie Heu 31, 1
Bald fällt das Fleisch ins Grab 418, 11
Wenn gleich unser Fleisch und Bein 49, 7
Ich bin Fleisch und muß daher 389, 4
In diesem Fleisch werd ich Jesum sehen 389, 5
Macht, daß alles Fleisch kann sehen 645, 4
Das Fleisch soll auch wieder leben 749, 3
Daß unser Fleisch, das Schwachheit voll 475, 7
Fleisch, Welt, Vernunft sag immer 236, 6

Fleichesaugen.

Wie sollten blöde Fleischesaugen 474, 1

Fleischeslust.

Satan, Welt und Fleischeslüst²) 97, 1
Fleischeslust und Augenschein 72, 5

Fleischessinn.

Da mein verkehrter Fleischessinn 476, 2

fleischlich.

Die fleischlichen Geschäfte 518, 2

Fleiß.

Mit Fleiß er Leib u. Seel bewacht 109b, 4
Ihr Fleiß ist ganz dahingericht' 270, 3
Daß unser Arbeit, Müh u. Fleiß gereich 126, 4
Und nach viel Fleiß und Mühen 508, 1
Auf, auf, braucht allen euren Fleiß 524, 3
Mit größerm Fleiß erheben d. Ruhm 202, 12
Die auch durch unsern Fleiß u. Schweiß 139, 9
Dem man läßt innig klingen mit Fleiß 735, 2
Tritt her und schau mit Fleiße 580, 2
Ich will dich mit Fleiß bewahren 200, 15
Gieb, daß ich thu mit Fleiß 536, 2
Fleiß darauf wenden als rechte 81, 4
Thun unser Amt mit Fleiß 81, 5
Das danken dir mit Fleiß 548, 1
Groß Ehr u. Dank mit höchstem Fleiß 501, 7
Mit Fleiß bewahret werden 510, 4
Wer stärkt m. Blut in seinem Fleiß 459, 3³)
Nie Fleiß und Arbeit scheue 459, 11³)
Schicken uns auch mit allem Fleiß 509, 7
Hier übt der Kämpfer seinen Fleiß 492, 1

fleißig.

Da hatt' er dennoch fleißig acht auf ihn 107, 4
Fleißig möcht auffangen die Tropfen 554, 7
Gieb, daß ich treu und fleißig sei 310, 6

---

1) Fehlt vielfach. 2) Var. Fleischeslist. 3) Fehlt Bernb. G.

Wer fleißig betet und dir traut 362, 15
Mußt du fleißig zu Gott beten 701, 1
Mit fleißiger, getreuer Hand 759, 5
Kein Hirt kann so fleißig gehen 693, 2

fliegen.

Und mit den andern zween sie flogen frei 370, 2
Fliegen über Berg und Hügel 760, 2

fliehen.

Von der Erd als ein Schatten fliehen 676, 2
Wenn wir von hinnen fliehen 107, 9
Warum will ich fliehen 599, 14
Fleuch du alte Schlange 599, 2
Unsre Stunden fliehn in Eile 253, 6
Wo flieh ich hin? Du Morgenrot 366, 11
Ich flieh in deine Wunden 366, 13
Zu dir flieh ich, verstoß mich nicht 8, 3
Wer zu Jesu fliehet w. es recht erfahren 462, 6
Und flieh in Jesu Wundenhöhl 393, 4
Und flieh in deine Seitenwunden 741, 3
In deine Seite will ich fliehen 196, 7
Ich flieh zu dir, du eilst zu mir 120, 4
Und hier zum Kreuze fliehen 137, 5
Hilf, daß wir fliehen weit von hier 144, 12
Den Satan flieht und haßt 405, 10(11)
Der der Spötter Freundschaft fleucht 758, 1
Dahin, wo ich fliehen sollt 26, 3
Daß ich die Laster fliehe 13, 10
Und fliehen stets der Welt ihr Bahn 41, 4
Das will ich fliehn und lassen 580, 15
In allen Sachen fliehen Hader, Streit 419, 8
Ich zeig euch das, was schädlich ist,
zu fliehen 485, 4

fließen.

Machst Herz und Adern fließen 165, 4
Was geflossen ist aus d. Leibes Wunden 165, 7
Welches auf den Stoß des Speers
aus seiner Seite floß 130, 2
Es floß ja auch für uns zu gut 452, 4
Meine Augen sollen fließen 620, 1
Kein Strom so gewaltig fließen 693, 5
Viel Heil und Segen fleußt 355, 2
Laß mir deine Güte ins Gemüte
lieblich fließen 558, 2
Aus deiner Gnaden reicher Fülle fließt 777, 1
In ihren Häusern fließt 305, 3
Unterdessen geht u. fleußt Gottes 661, 13
Mein Mund der fleußt zu jeder Zeit 485, 3
Laß mir Lebensströme fließen 375, 8
Laß mit Trost es fließen voll 281, 2
Auf mein Gewissen ein Gnaden-
tröpflein fließen 763, 2
Wie die starken Ströme fließen 225, 1
Du Quell, draus alle Weisheit fleußt 543, 2
Fließe, gieße deine Güte ins Gemüte 543, 5
Dadurch die Liebe fleußt in die Herzen 591, 4
Die da fleußt aus stillem Geist 461, 4

Flor.

Bargst du dich in mächtgen Flor 673, 1

florieren.

Dein Güt allzeit florieret 562, 4

Fluch.

Fluch und Schrecken ihn bedecken 590, 2
Dein Lohn, der Fluch mich jetzo trifft 620, 2
Der hat Fluch und Tod zum Lohn 193, 7
Des Gesetzes Fluch gestillet 255, 8
Dort aber des Gesetzes Fluch 333, 4
Jen's predigt Sünde, Zorn u. Fluch 212, 5
Wißt, daß euch der Fluch verzehret 585, 7
An ihrer Statt ein Fluch zu werden 471, 2
Du wirst ein Fluch dagegen 580, 6
Jesus Christ ein Fluch am Holze 704, 16
Lassen dich mit Fluch belegen 383, 3
Ich wähl den Fluch, dieweil ich such
vom Fluche dich 620, 4
So mit dem ewgen Fluch beschwert 35, 5
Denselben Fluch verschwinden 244, 4
Mach mich frei vom Fluch u. Bann 393, 6
Er kehre ab den Fluch 14, 6
Den geerbten Fluch verschwinden 241, 2
Daß ich nicht den Fluch darf hören 354, 9
Als ein Fluch hast wollen sterben 255, 5
Zum Fluch dem, der ihm flucht 738, 10

fluchen.

Zum Fluch dem, der ihm flucht 738, 10
So hört es auf zu fluchen 212, 7
Flucht er, so segnen wir 657, 7

Fluchstrahl.

Wo mich kein Fluchstrahl treffen kann 741, 3

Flucht.

Ohne Flucht seiner Hand nur stille halten 633, 6
Gebet ihr Feinde u. gebet die Flucht 157, 2

flüchtig.

Ach wie flüchtig, ach wie nichtig 23, 1—10
Hab ich Hoheit, die ist flüchtig 678, 1
Was noch flüchtig, sammle du 436, 7

Flügel.

Sechs Flügel sah er einen jeden han 370, 1
Dein Flügel mich beschlosse 671, 3
Leib und Seel unter deine Flügel 129, 2
Breit aus die Flügel beide 515, 8
Deck uns mit deinen Flügeln zu 189, 1
Dann trägt m.— d. Flügel treuer Liebe 109a, 5
Hat nicht der gnädige Gott über dir
Flügel gebreitet 445, 3
Über Berg u. Hügel streckt sie ihre Flügel 650, 3
Unter deine Flügel nimm d. Küchlein ein 315, 4
Im sichern Schatten deiner Flügel 205, 8
Herr gieb der Seele Flügel 86, 5
Gieb uns des Glaubens Flügel 144, 12
Du Morgenrot erteil mir deine Flügel 366, 11
Hätt ich Flügel gleich den Winden 276, 2
Hätt ich Flügel, hätt ich Flügel 432, 3
Mit des Geistes Flügeln schwingen 434, 4
Mit Flügeln süßer Liebe 234, 11
Unser Leben eilt auf Flügeln 301, 2

Flur.

Wird ihm diese Saat in schönern Fluren 354, 7

Fluß.

Wie ein Palmbaum, den man sieht
bei den Flüssen 758, 2

Und die purpurroten Flüsse deiner Füß 611, 2
Den milden Fluß erpreßter Thränen 471, 5
Fleußt dahin als wie ein Fluß 17, 2
Gottes Weg ist an den Flüssen 765, 3

Flut.

Wir wärn, als die ein Flut ersäuft 674, 2
Diese Flut wird sich bald legen 773, 2
Ob alle Fluten einhergingen 213, 6
Die schöne, rote Flut wasch ab 763, 4
Wie zornig seine Fluten 580, 12
Tief aus der Höllen Fluten 366, 5
Fluten der Trübsal verrauschen 157, 3
In der Tauf erstickt, als wie in e. Flute 769, 3
So folg ich dir — durch Flut u. Glut 304, 6
Und ist vor ihm ein rote Flut 77, 7
Laß es bald nach dieser Flut 437, 4
Du süße Flut labest Geist, Seele 574, 4
Zu süßer Labe seines Herzens Flut 705, 3

Flutenfeld.

Er herrscht im Flutenfeld 521, 2

Folge.

Einem Spiegel in der Folge Jesu sein 638, 9

folgen.

I. Engel.

Die Christo folgen immerdar 270, 7

II. Mensch.

Und folge willig Schritt für Schritt 724, 1
So bin ich still u. folge seinem Leiten 724, 2
Ich folge Gott, ich möcht ihn ganz 236, 7
Von ganzem Herzen will ich folgen 520, 4
Daß wir deim Leiten folgen gern 409, 5
Auf, folgt Christo eurem Helden 47, 2
Wer Christo folgt, der muß mit ihm 472, 2
Folgt meinem Ruf und Schalle 485, 1
Wer zu mir kommt und folget mir 485, 2
Wer nicht sein Kreuz nimmt u. folgt mir 485, 6
Wer nicht folgt u. sein' Willen thut 41, 3
Seinem Vorbild folgen nach 430, 1
Ich folge, Herr, dir unverzaget 647, 4
Und folge dem Exempel, das du mir 709, 6
Ich folg und lehne mich auf dich 741, 4
So folgen wir dir nach in d. Himmel 771, 3
Dir zu folgen unverdrossen 586, 1
Daß ich dir immer folgen kann 578, 5
Glaub an seine Leiden, folg ihm treulich 90, 6
Gern will ich folgen, liebster Herr 450, 2
Daß ich freudig folgen kann 312, 8
Wir folgen all zum Freudensaal 672, 2
Ich folg in Glaubenslehren d. h. Schrift 361, 1
Und folget seinen Lehren 77, 3
Lasset uns doch recht herzhaftig folgen 448, 7
Hilf, daß ich folge treuem Rat 310, 7
Ich folgte nur mit heißen Thränen 691, 2
Folge nicht, Zion folge nicht der Welt 194, 3

III. allgemein.

Daß Straf u. Pein auf Sünde folgen 8, 4
Daß sie nicht folgte drauf 687, 2
Das Gute zu vollbringen folget garnicht 374, 4
Es wird folgen Glück und Heil 195, 4
Auf Glauben folg das Schauen 537, 10
Denn die Ehrenkron folgt auf Spott 602, 13
Nach dem Leide folgen Freuden 430, 2
Der Lebensbecher folgt 228, 5
Drauf folgt der Sabbath in dem Grab 202, 4

folgend.

In der Zeit u. folgend in d. Ewigkeit 30, 4
Und folgends aus dem Jammerthal 285, 4

Folgezeit.

Die Folgezeit verändert viel 719, 5

fordern.

Gott fordert nichts, geliebte Seelen 685, 7
Der fordert und erhebt von mir dich 139, 1
Jens fordert, dieses schenket 212, 3

fördern.

O so fördre du den Lauf 646, 4
Fördre meinen Lauf im Streit 712, 3
Und fördern deine Sachen 692, 2
Fördre in uns deine Werke 414, 6

formieren.

Wodurch die ganze Welt formieret 151, 5

fort.

I. fort und fort.

Hast fort und fort, o höchster Hort 326, 4
Laß in uns wirken fort und fort 752, 10
In seiner Gnad erhalten fort u. fort 499, 2
Und darnach ringe fort und fort 704, 18
Drum fort u. fort wir dieses Wort 295, 3
Läßt sich bei mir fort u. fort — schauen 109a, 2
Und dich fort und fort anschauen 774, 5
Dem sie fort und fort nachjagen 717, 4
Und verjüngt sich fort und fort 661, 11
O laß dein Wort noch fort und fort 94, 2
Überzeugen u. verklagen fort u. fort 375, 4
Sie treibet fort und fort ihr Spiel 530, 2

II. hinweg.

Fort, fort mein Geist zum Jubilieren 187, 7
Bald mußt du plötzlich fort 639, 1

fortan.

Vor Teufels G'walt fortan behüt 29, 4

fortbringen.

Und wenn es fället, bringt ers fort 243, 7[1]

fortfahren.

So fahr hier fort und schone dort 8, 4
Er fähret nicht mit unsrer Schuld so strenge fort 366, 9
Drum fahre fort mit deinen Zügen 470, 1
Wohlan, fahr fort, du edler Hort 620, 1
Ach fahre fort uns zu bereiten 424, 2
Ich fuhr in Bosheit fort 687, 2
Fährt fort in seinem bösen Sinn 631, 4
Und darauf ferner fahren fort 1, 9

fortführen.

Das führet dich zum Lichte fort 51, 7

Fortgang.

Keine Macht der Welt, Herr, seinen Fortgang hindern 123, 2

1) Fehlt Bernb. G.

Zu dir im Fortgang dieser Zeit 234, 1
Zu dsn. Reisen gewünschten Fortgang 399, 12

fortgehen.

Mit Gott nur geht es glücklich fort 88, 1
So geht die Arbeit fort 81, 5
Daß wir auf d. rechten Wegen gehen fort 21, 8

forthin.

Daß ich Leib u. Seel forthin, Jesu 26, 8
Daß ich forthin meid alle Schand 310, 1
Daß ich forthin das Böse scheu 13, 2
Forthin ist mir beigelegt der Gerechten 156, 2
Forthin meines Lebens Licht 156, 2

fortkommen.

Eh ich bin kommen fort 369, 4

fortmüssen.

Die Güter müssen fort u. alle Lust 679, 7

fortschreiten.

Und schreite hurtig weiter fort 234, 9

forttreiben.

So kanns niemand forttreiben 692, 4

fortwähren.

Das währt in ihm auch fort 688, 1

fortweisen.

Ein Leuchte, die den Weg weist fort¹) 146, 9

fortziehen.

Darum befiehlt er dir jetzt wieder fortzuziehen 770, 2
Lieg oder zieh ich fort 399, 6

fragen.

Fragt er doch nichts nach dir 58, 9
Fragst du, wer der ist 161, 2
Mit Begier er nach ihm fraget 281, 5
Wenn meine Seele nur nach Jesu fraget 440, 3
Was fragt ihr nach dem Schreien 738, 9
Nach Himmel u. Erd nicht frag ich 296, 1
Welt, wie du willst, wer fragt nach dir 745, 7
Was frag ich nach der Welt 679, 1—8
Ei so frag ich nichts darnach 624, 5
Was frag ich nun nach jener Welt 512, 4²)
Die nur fragen in der Welt 717, 5

Fragen.

Alles Fragen, alles Sagen wird 717, 4

Frau.

Ihr Jungen, Alten, Frau u. Mann 417, 1
Witwen sind verlaßne Frauen 493, 1

frech.

Nun hört, ihr frechen Sünder 36, 4
Daß man noch mit frechem Herzen 593, 6
Wie sie frech verletze 275, 4
Unglaub u. Thorheit brüsten sich frecher 564, 3

frei.

I. Gott.

Er hilft uns frei aus aller Not 161, 1
Christ, mein Erlöser, hilf mir frei 546, 4
Als nur deine freie Gnad 617, 3

II. Mensch.

Christi freier Knecht zu sein 47, 7
Und von der Sünden Arbeit frei 515, 5
Jetzt bin ich aller Sorgen frei 109a, 1
O daß frei von Erdenbürden 768, 1
So sind wir mancher Sorgen frei 67, 3
So bin ich aller Sorgen frei 517, 4
Daß du, o Welt, frei wieder möchtest stehn 35, 4
Bin frei vom Unglücke 106, 6
So bin ich dennoch frei 338, 4
Strick ist entzwei und wir sind frei 674, 3
Und von ihren Banden frei 448, 3
Der frei Will hasset Gotts Gericht 502, 3
Daß wir ihn schaun u. glauben frei 65, 3
Als ob wir möchten selber frei — leben 183, 6
Einen freien Heldenmut 32, 1
Daß ich aller Ängsten frei 238, 8
Vor den Stürmen aller Feinde frei 381, 2
Frei von schnöden Dingen 329, 12
Des Frommen Herz wird frei 108, 3
Und machet die Gefangnen frei 703, 1
Sind frei aller Gefahr 426, 4
Ist dort vom andern Tode frei 572, 7
Ist entzwei und wir sind frei 421, 6
Da ich frei in wohne 599, 5
Da sieht man erst recht klar u. frei 727, 6
Dein Geist wird sonst in Ewigkeit nicht frei 236, 5
Ich werde frei von dss. Lebens Banden 477, 1
Und lies mich aus dem Buche frei 185, 6
Er macht die Seinen gern von Last und Banden frei 228, 3
Die hart Gebundnen macht er frei 446, 5
Daß du mich froh und frei gemacht 364, 5
Komm herab zur Hülf u. mach uns frei 669, 5
Und mache meinen Willen frei 306, 3
Und machst mich von mir selber frei 306, 7
Deine Hülfe mach uns frei 643, 3
Alle Frommen, die er hat frei gemacht 224, 2
Mache mich von allem frei 712, 3
Daß er uns von Sünden freie 222, 1
Mache mich von Sünden frei 281, 6
Von ihren Banden losgerungen, frei 673, 4
Denn der Herre muß dich frei — machen 449, 7
Mach uns aller Sünden frei 216, 1—3
Vor Gott, frei aller Sünden 232, 8
Mach mich frei durch dein Band u. Strick 553, 4
Du machst mich alles Jammers frei 753, 18
Mich frei und los zu machen 580, 8
Von des Satans Banden frei 375, 3
Von d. Höllen Rachen uns frei — machen 144, 7
Ja gar aus Teufels Rachen frei 763, 9
Suchet frei und los zu sein 693, 3
Wer will uns aus solcher Not frei und ledig machen 489, 2
Mach uns von allen Plagen frei 711, 6
Und machst uns auf einmal frei 649, 6
Der uns völlig machen wird frei 115, 1
Ei so sprich mich endlich frei 374, 6
Der mich frei und ledig spricht 390, 7
Aus der Zungen Streit hinwieder frei 574, 3

---

1) Var. Bernh. G. weist den Weg zur Himmelspfort. 2) Fehlt vielfach.

Laß jedermann erkennen frei 588, 4
Wenn mein Mund nicht kann reden frei 553, 7
Ich sag es frei und mein es recht 753, 11
Und laß es frei verkünden 295, 6
Die nicht bekennen wollen frei 552, 4
Füllet frei eures Glaubens Hände 200, 11
Die sich auf dich verlassen frei 1, 6
Will er dich nicht lassen, das glaube frei 46, 4
Daß wir zu ihm treten frei 414, 4
Des Vaters Wort giebst du gar bald mit Zungen frei 409, 4

freien.

Als seine Braut zu freien 179, 1
Der mich freiet vom Gericht 460, 5
Daß er uns von Sünde freie 222, 5

frei geben.

End und Anfang geben frei 765, 5

Freiheit.

Dein Eingang die völlige Freiheit mir bringt 169, 8
Hier wahre Freiheit finde 482, 2
Bis die Freiheit seiner Seelen 173, 2
Des Lebens vollkommene Freiheit 299, 8
In die schönste Freiheit gehn 673, 9
Läßt uns in der Freiheit gehn 249, 2
Gieb ewigliche Freiheit zu preisen deinen Namen 511, 8
Schau ich in Ehren schweben, in Freiheit überall 369, 6
Wenn die Freiheit bricht herein 527, 11
Alle Freiheit geht in Banden 256, 2

freisprechen.

Ei so sprich mich endlich frei 374, 6

Freistatt.

Die Freistatt und der sichre Ort 776, 3
Wird diese Freistatt aufgethan 471, 1

fremd.

Du kehrst in fremder Hausung ein 753, 7
Fremd Schuld muß ich abtragen 620, 2
Wie uns nun hat ein fremde Schuld 146, 3
Nicht zu bleiben in diesem fremden Zelt 329, 6
Sich annehmen fremder Not 419, 6
O Herr, behüt vor fremder Lehr 412, 2
Was giebest du mich fremder Hand 333, 7
Kein fremdes Feuer brennt 434, 3
Fremde Lehre macht zu schanden 585, 4

Fremder.

Kann ich keines Fremden sein 333, 8
Er ist der Fremden Hütte 145, 6
Sein Aufsicht ist der Fremden Trutz 446, 6
Ich, ich selbst, ein Fremder nicht 389, 6

Fremdling.

Als ein Fremdling lebe hier 559, 9

fressen.

Bei der kein Eifer dich gefressen 257, 5
Wie ein Tod den andern fraß 76, 4
Du wirst mich doch nicht fressen 203, 6

Freude.

I. Gott.

Ach laß mich deine Freude sein[1]) 592, 6
Scheiden von Gott u. seinen Freuden 473, 9
Verzeiht sich aller[2]) Freuden 165, 1
Sie sind mein Freud und Wonne 426, 1
Nach dem Leide folgen Freuden 430, 2
Dich und all deine Freuden 356, 8
Laß mich deine Freuden teilen 778, 9
Hinauf in deine Wonn und Freude 706, 7
Führ uns ein zu deiner Freude 259, 6
Seine Freud und Herrlichkeit 196, 10
Mit Jesu gehn wir ein zu s. Freuden 43, 4
Du des Lebens Licht und Freud 220, 3
Du bist ein Geist der Freuden 769, 6
Geist der Freuden, mein Gemüte 152, 6

II. Mensch.

a) Erdenfreude.

Der mir manches Lachen, Freud u. Lust 217, 2
Er weiß, wann Freud, 341, 4[3])
Gescheh mit lauter Freuden 404, 6
Bringet Ehre, Gut und Freud 715, 3
Laß mich mit Freuden ohn alles Neiden 125, 6
Nie es mangeln wird an irgend einer Freude 109b, 1
Glück empfunden u. Freuden ohne Zahl 342, 1
Wo du die Freude teilest 569, 5
Wo man bei keiner Freude dein vergißt 569, 5
Die Freude, die sich reget 621, 4
Die Freude, die empfindet e. Schiffer 621, 4
Sie mir zur Freud erhalten 532, 1
Laß uns überall empfinden Freud 535, 5
Du gabest Freude, gabst auch Leid 756, 2

b) eitle Freude.

Ich lebte mit der Welt in Lust u. Freude 298, 7
Freude, die mein Unglück liebt 678, 4
Behalte Welt, die tollen Freuden 319, 3
Die kurze Freud, die kurze Zeit vergeht 236, 1
Als die Welt tausend Jahr in Freuden 463, 7
Geht auch aller Freude für 463, 8
Menschengunst Leid od. Freude machen 153, 4
Und sucht durch zugelass'ne Freud 153, 8
Denn die zeitliche Freude bringt 407, 2
Ach wie nichtig ist der Menschen Freude 24, 3
Was ist doch der Menschen Freude 697, 3[4])
Keine Freude bleibet nicht 697, 4
Auf Freud u. Weltlust wieder blicke 470, 9
Habt Freud u. Lust, was habt ihr mehr 472, 5
Freude muß vor dir zerrinnen 373, 4
Pracht, Wollust, Ehre, Freud u. Geld 558, 3
Kein Engel, keine Freuden 405, 13(14)
Du fragest nicht nach Lust der Welt 356, 7

c) Gott unsre Freude.

Denn Gott hat heut gemacht solch Freud 743, 5
Bringt rechten Trost und Freud 365, 5
Freude schenket deine Güte 336, 5
Und füllet sie mit Freuden 404, 4

---

1) Var. Bernd. G. ganz dein eigen sein. 2) Var. Bernd. G. Versagt sich aller. 3) Fehlt Bernd. G. 4) Fehlt vielfach.

Laß sie sein meine Freud im Leid 554, 16
In ihm ruht aller Freuden Fülle 213, 1
Nun dies ist meine Freude 453, 2
Du aber, meine Freude 329, 11
Ein Brunnen unsrer Freuden 511, 8
Herr, mein Hirt, Brunn aller Freuden 676, 11
Dein Leiden, den Ursprung m. Freuden 560, 5
Du bist der Ursprung aller Freud 753, 9
Das soll eur Freud u. Wonne sein 662, 2
Hier ist die Thür zu den wahren Freuden 200, 9
Der Herr ist unsre Freude 224, 6
Jesu, meine Freud und Wonne 596, 7
Mein Schatz, mein Freud u. Wonne 558, 1
Meines Herzens höchste Freude 391, 1
Mein Heil, mein Trost u. meine Freud 666, 7
O Jesu, meine Freude 515, 8
Jesu, mein Freud, mein Ehr u. Ruhm 11, 7
Jesu finden soll allein auch meine höchste Freude 319, 3
Der Preis, Ehr, Freud und Wonne 487, 4
Ach Freude meiner Freuden 594, 2
Wenn mit so angenehmen Freuden 741, 1
Und das ist meine Freude 282, 6
Du, mein Jesu, meine Freud 678, 1
Aller Trost u. alle Freude ruht in dir 678, 6
Ihre Freud soll sich tägl. neu vermehren 645, 2
Und ihr Leid in Freud verkehren 645, 2
Bringt mit sich lauter Freud u. Wonn 451, 3
Du kannst nur Freude bringen 14, 3
Kann dem Herzen Freude schenken 373, 1
Vater das ist Freude, doch die schönste Freude 246, 4
Unterlassen zu meinem Trost u. Freud 738, 3
Freude, Freude über Freude 197, 1—3
Ich sehe dich mit Freuden an 356, 5
Komm, meine Freude[1]) komm 281, 8
In dir ist Fried und Freude 564, 11
Du, o mein Jesu, meine Freude 735, 3
Er ist alleine meine Freude 19, 2
Du meines Herzens Freud u. Kron 598, 1
Im Kreuz sei meine Freude 420, 8
Meine Freude, wenn ich wach 379, 9
Halt es für die höchste Freud 379, 11
Meines Herzens höchste Freud 382, 1
Heil, Fried u. Freude, Stärk u. Kraft 28, 3
Die Sünd macht Leid, Christus bringt Freud 743, 3
Was Freude wird man da erleben 703, 1
Wenn sich die große Freud allein 703, 4
Du kannst nur Freude bringen 14, 3
Kraft u. Leben, ja Fried u. Freude geben 143, 6
Selig sind, die voller Freuden 424, 10
Wenn ich an dir nicht Freude hätt 11, 8
Es dient zu meinen Freuden 542, 7
Gieb mir — des Lebens Ruh u. Freuden 237, 4
Laß sein mein Ehre, Freud u. Wonn 553, 5
Die Freude, die mir ist bereit 202, 11
Fried, Freude, Heil, Gerechtigkeit 572, 8
Der Betrübten Trost und Freud 641, 5
Zu steter Freud und Wonne 543, 1
Geduld macht große Freude 203, 12

d) Äußerung der Freude.

O wie würden sie mit Freuden 702, 2
Soll allein auch m. höchste Freude sein 37, 1
Wie sollt ich nun nicht voller Freuden 524, 12
Ja wir wollen nun mit Freuden 429, 3
Und thu es dann mit Freuden 260, 6

e) Freud und Leid.

Laß erfüllen mich im Leben, Freud u. Not 387, 4
In Freud und Leid bin ich bereit 465, 1
Dir hab ich mich ergeben in Glück u. Freud, in Kreuz u. Leid 465, 7
Ich will mich dir ergeben in Freud u. Leid 682, 4
In Lieb u. Leid, in Freud u. Schmerz 752, 5
Was alles ihn betroffen, seis Freude oder Leid 171, 2
In Freud u. Leid, in Glück u. Not 107, 1. 14
Dir anhang in Freud u. Schmerz 419, 11
Sei bereit zu Freud und Leid 217, 6
Mut und Freude, wahrer Trost im tiefsten Leide 585, 9
All eur Klag u. Weinen verwandeln ganz in Freud 505, 6
Verkehrst in Freud all Angst u. Not 753, 18
In Ängsten Trost und Freude 732, 6
Hilf mir zur Freud nach diesem Leid 636, 5
Nach dem Leide folgen Freuden 430, 2
Da Freude ist die Fülle 150, 5
Ja solche Freude, die kein Mann 150, 5
Mein Kreuz und Leid wird werden dort zu lauter Freud 150, 5
Da wird all ihr Gram und Leid lauter Freud 599, 16
Meine Zuversicht und Freude, meine Süßigkeit im Leide 382, 8

f) Himmelsfreuden.

Freude die Fülle und selige Stille 125, 12
Und gehn an die Freuden 462, 6
Er kann mit Freuden kommen 171, 2
Mit Freuden den Heiland schauen an 99, 2
In höchste Freud und Wonne 7, 5
Sollst du fahren in die Freud 196, 1
Den wird er dort zur ewgen Freud 243, 12
Hat Freude, die ihn recht erfreut 139, 8
Die Frommen zur Freuden 222, 8
Darinnen verscheiden z. ewigen Freuden 222, 9
Zu dir, Jesu, in die Freude 382, 7
Bis du sie beide bringst zur Freude 82, 11
Die mir wahre Freud erregt 156, 2
Da ich bin jetzt in lauter Freuden 156, 3
Nur in lauter Freuden bei Gott zu sein 203, 3
Im Himmel wird nur Freude sein 23, 6
Laß mir nichts diese Freude rauben 474, 8
Nach dieser kurzen Zeit in Freuden 107, 8
Ich sehne mich mit Freuden 339, 1
So bin ich voller Freuden 339, 5

1) Var. Bair. G. Freund.

Mit ewgen Freuden singe 352, 8
Mein Hort sein in den ewgen Freuden 8, 9
Doch ist dies nur der Vorschmack größrer Freud 727, 6
Werden wird zu lauter Freud 47, 10
Da nichts, denn lauter Freude 326, 10
Ewig selig nach dem Leide große Freude 558, 4
Wo Freud und Wonne stehet 362, 16
Die Seele nimm zu dir hinauf zu deinen Freuden 536, 7
Der schaue auf das Ziel! da ist Freude 591, 2
Ach der großen Freud und Wonne 31, 6
Schaue solche Freude an 31, 7
Ewig bei dir leben in Himmels Wonn und Freud 78, 7
Seine Freud und Herrlichkeit 196, 10
Mein Leben wird sein lauter Freud 232, 2
Ruft mein Mittler Jesus Christ mich zu seinen Freuden 90, 7
Und mit höchster Freud ergötzet 425, 5
Genesen in ewiger Freud u. Wonne 509, 6
Ist euch hinderlich an euren Freuden 582, 2
Werd ich denn auch vor Freud 135, 5
Weide dein Herz in ewiger Freude 135, 11
Soll Fried und Freude werden 135, 18
Ist aller Freuden voll 665, 8
Von höchster Freud erfüllet wird 369, 7
Wird bringen in Gott der Freuden viel 99, 5
Da wird sein Freud und Wonne 99, 6
Kein Ohr hat je gehört solche Freude 672, 8
Da wird sich finden Freud und Mut 41, 5
Führ — unsern Geist in des Himmels Freuden 318, 8
Da ist Freude, da ist Weide 251, 3
Und führe mich zur Freude 592, 6
Scheiden von dem Lamm u. ewgen Freuden 773, 7
Da ruht der Streit, da währt die Freud 158, 3
Dann umarmen Freud u. Friede sich 587, 3
In ewger Freud zu wallen 566, 8
Was für Freude, was für Lust 618, 9
Und in deine Freud eingehn 651, 5
Da ist Ehre, da ist Freud, Freud 494, 3
Du hast ein Recht zu diesen Freuden 725, 3
Aber hier ist allezeit Friede, Freud 697, 2. 4. 6
Da wir in größern Freuden[1]) 297, 6
Da werd ich mit dir schweben in höchster Freude 7, 10
Ach welche Freude wird dann sein 7, 11
Dich — mit Freuden werd umfangen 7, 11
Freud und Wonne grünen da 646, 3
Rechte Freude muß den Frommen 152, 6
O Ewigkeit, Freud ohne Leid 531, 1. 8
Und schauen dich von Angesicht in ewger Freud[2]) 278, 3
In ewger Freud und Seligkeit 343, 16
Nach dieser Zeit mit Christo haben ewig Freud 417, 15
In Freuden sonder Leid mit leben 178, 7
Die Freude, die mir ist bereit 202, 11
Raub und Feuer schaden auch der Freude nicht 463, 6
Ach, so gönne mir die Freude, Jesu 463, 9
Dir entrückt in den Saal der Freuden 599, 2
Drum ergreif ich ihn mit Freuden 391, 7
Mit Freuden scheiden aus der Welt 39, 3
Gönne mir die große Freude 628, 9
Mit Freud fahr ich dahin[3]) 78, 1
Mit Freud fahr ich von dannen 78, 2
Das Herz thut ihr vor Freude springen 672, 2
Nach dem Leiden zu den Freuden 735, 6
Und versichert sich mit Freuden 661, 12

Freudenbahn.

Sich auf jener Freudenbahn freuen 490, 5

Freudenfest.

Ein herrlich Pfingst- u. Freudenfest 523, 2

Freudengarbe.

Droben ernten wir unzählig unsre Freudengarben ein 581, 1
Da wird man Freudengarben bringen 187, 5

Freudengeist.

Stärk mich mit deinem Freudengeist 279, 7

Freudenkerze.

Löscht aus Unverstand die güldne Freudenkerze 235, 3

Freudenkleid.

Das Ehrn- und Freudenkleid 149, 8

Freudenkrone.

Giebt er dir die Freudenkron 773, 6
Komm du schöne Freudenkrone 734, 7
Daß du die Freudenkrone, Herr Christ 150, 6

Freudenleben.

Hernach im Freudenleben heller 713, 8
Dort in jenem Freudenleben 608, 1
Da wird sein das Freudenleben 31, 4.
Mich soll ganz umgeben himmlisch Freudenleben 288, 6

freudenleer.

Gott hilft, wenn Christen freudenleer 108, 6

Freudenlicht.

Dein Erb u. Teil, dein Glanz und Freudenlicht 355, 14
Leuchte mir, o Freudenlicht 678, 6
Komm, komm, mein Freudenlicht 594, 3
Jesus, unser Freudenlicht 198, 4
Von Gott kommt mir e. Freudenlicht[4]) 734, 4
Nimm hervor deines Glaubens Freudenlicht 494, 10
Wird das Freudenlicht[5]) verjagt 461, 5

Freudenmeer.

Hier ist ein ewges Freudenmeer 472, 3

Freudenmeister.

Denn mein Freudenmeister, Jesus 381, 5

---

1) Var. Bernb. G. im großen Frieden. 2) Var. Bernb. G. in ewgem Heil. 3) Var. Bernb. G. Fried. 4) Var. Bernb. G. Freudenschein. 5) Var. Sächs. G. der Freudengeist.

Freudenmund.
Da ich mit Lust u. freiem Freudenmund 369, 2
Freudenmut.
Einen rechten Freudenmut 266, 6
Freudenöl.
Salbe mich mit Freudenöle 602, 4
Er salbet mich mit Freudenöl 109b, 5
Erhalt mich doch mit seinem Freudenöle 592, 6
Du salbest mich mit Freudenöl 476, 9
Legt Aschen weg, kriegt Freudenöl 472, 7
Freudenopfer.
Zu aller Zeit zum Freudenopfer bringen 165, 6
Ich will dir Freudenopfer bringen 524, 14
Wir wollen dir Freudenopfer thun 12, 5
Freudenort.
Wo ist der Freudenort 519, 4
An den Freudenort zu gehn 581, 3
Freudenpracht.
Dein Königreich, die Freudenpracht 179, 3
Freudenpsalmen.
Und du singst Freudenpsalmen 58, 11
Freudenquelle.
In Traurigkeit zeigt es d. Freudenquelle 295, 4
Komm, Freudenquell, weich ewig 619, 13
freudenreich.
Dann wird der Tag erst freudenreich 41, 5
Freudenreich Bösen und den Deinen 650, 1
Und laßt den süßen Lobgesang[1]) ganz freudenreich erschallen 734, 6
Freudenrose.
Laß mich Freudenrosen brechen 375, 5
Freudensaal.
In deinen Freudensaal 738, 10
Wir folgen all zum Freudensaal 649, 2
Sich regt der Freudensaal 369, 8
Die Pforten zum güldnen Freudensaal 769, 6
Sich niederlassen die Braut im Freudensaal[2]) 178, 9
Vom Thränenthal zum Freudensaal 273, 2
Freudensaiten.
Klingen mit Fleiß, Dank, Preis, Freudensaiten 735, 2
Freudenschall.
Laß den hellen Freudenschall siegreich 433, 5
Freudenschein.[3])
Im Freudenschein, in Leid u. Pein 248, 5
Erleuchten ganz von solchem Freudenschein 51, 8
Freudensonne.
Er ist die rechte Freudensonn 451, 3
Mein Freudensonn sollst du, Herr Jesu 636, 4
Er läßt nach trüber Nacht die Freudensonne[4]) scheinen 228, 4
Freudenspiel.
Ein rechtes Freudenspiel 37, 3
Freudenstand.
Bedenket meinen Freudenstand 512, 7

Freudenstadt.
Setze mich aus Gnaden in deine Freudenstadt 594, 7
Freudenstrahl.
In Not ein Freudenstrahl 287, 3[5])
Freudenstrom.
Da wird ein ewger Freudenstrom 566, 6
Freudenstunde.
Er kennt die rechten Freudenstunden 719, 4
Es sind die Freudenstunden gekommen 178, 6
Freudenthor.
Die zu deinen Freudenthoren 220, 9
Freudenthränen.
Tag des Danks, der Freudenthränen Tag 43, 3
freudenvoll.
Wers glaubt, des Herz ist freudenvoll 41, 2
Da ich stets freudenvoll 329, 11
Freudenzelt.
Herr Jesu, in dein Freudenzelt 530, 9
freudig.
Macht freudig, unverzagt 365, 6
Gepreist mit freudigem Gemüte 547, 12
Wir alle wollen loben dich freudig 36, 9
Freudig will ich dich umfassen 309, 15
Kann getrost und freudig rufen an 244, 5
Allem freudig abzusagen, was nur Welt 583, 8
Wenn ich eine Sünde freudig überwinde 246, 3
Freudig gehn sie dir entgegen 667, 1
Ich greife freudig zu nach den Gaben 667, 2
Freudig treten heißt vor s. Gnadenthron 755, 1
Der mich heißt freudig vor dich treten 468, 3
Dein freudiger Geist[6]) erhalte mich 592, 6
Doch wer ihn freudig gehet 362, 16
Freudig meinen Geist aufgebe 240, 4
So geh ich freudig hin und weiß 339, 8
Freudig sag ich, wenn ich sterbe 427, 4
So geh ich freudig in die Gruft 478, 3
Drauf will ich — freudig auferstehn 560, 14
Ihr, die ihr Zion liebt mit freudigen 178, 6
Freudigkeit.
Gieb Freudigkeit u. Stärke zu stehen 769, 11
Frei mit aller Freudigkeit 414, 4
Mach uns — bereit, gieb uns Freudigkeit 664, 2
Drum bin ich voller Trost u. Freudigkeit 136, 7
Ist, Herr, dein Geist der Freudigkeit 468, 3
Laß mich wahre Freudigkeit — haben 614, 4
Gieb mir Kraft und Freudigkeit 712, 3
Vorwärts sehen mit selger Freudigkeit 86, 5
Meinen Lauf m. Freudigkeit — beschließe 457, 9
Ist des Todes Freudigkeit 456, 3
O wie mit großer Freudigkeit 7, 11
freuen.
I. Gott.
Freuest du dich auch zugleiche 602, 12
II. Mensch.
Nach meiner Amtsgebühr zu thun mich innigst freue 735, 5

---

1) Var. Anh. G. süßesten Gesang. 2) Var. Bernb. G. Rosenthal. 3) Siehe Freudenlicht. 4) Var. Hann. G. Freudensterne. 5) Fehlt Bernb. G. 6) Var. Bernb. G. Freudengeist.

Und seines Gangs sich freue 362, 2
Mich gern an andrer Wohlergehn und ihrer Tugend freue 457, 11
Und dich deines Jesu freue 462, 1
Des freu ich mich von Herzen sein 307, 3
In ihm kann ich mich freuen 405, 5
Jesus, der Getreue, in dem ich mich freue 463, 3
Freuen uns alle in dieser Stunde 402, 2
Und alle Welt die freue sich 192, 2
Freuet euch von Herzen sehr 199, 1
Des freut sich alle Christenschar 507, 1
In dir mich freuen mag still u. heilig 667, 3
Damit mein Herz sich freue 349, 6
Ich freue mich von Herzen 621, 5
Freuet euch, ihr Menschen alle 117, 2
Dran sich niemand gnug freuen mag 181, 1
Das freut sich heut an diesem Tag 181, 4
Nun freut sich alle Christenheit 745, 2
Wir freuen uns aus Herzensgrund 745, 9
Freu ich mich d. Güte, ich freue mich 264, 2
Wir freuen uns in dir, du unsre Wonn 418, 14
Sich deiner freun, du lieber Heiland 569, 3
Freu ich mich nur immerhin 695, 1
Sollt nicht mein Sinn innigst sich freuen 323, 5
Nun ist hin der lange Streit, freue dich 428, 1
Freue dich, o Christenheit 428, 8
Freut euch seiner, ihr Gerechten[1]) 42, 1
Freut euch seiner, Gottes Kinder 42, 5
So freue dich, mein Herz in mir 347, 3
Es müssen, Herr, sich freuen 453, 2
Jauchzt ihm alle Lande, freuet euch 92, 1
Drauf ich mich herzlich freue 7, 10
Wenn ich, mich ganz d. Herrn zu freun 739, 1. 6
Ich freue mich und bebe doch 739, 2
Wie wird sich all mein Blut in allen Adern freuen 135, 10
Ewig mich, ach ewig freuen 220, 4
Ewiglich an deiner Tafel freue mich 555, 12
Da werdet ihr euch freuen 232, 9

III. Engel.

Des freuet sich der Engel Schar 79, 1. 209, 1
Des freuen sich dort oben 395, 1
Die Engel — die freuen sich darob 51, 11
Des freuen sich die Engel sehr 501, 3

Freund.

I. Gott.

Gott und der Sünder die sollen zu Freunden nun werden 323, 2
Sei du mein Freund u. treuer Rat 362, 8
Mein Freund und Vater sei 405, 2
Daß mein Freund, der mich liebet 697, 10
Mein Freund u. Tröster könnte sein 480, 5
Ist Gott dein Freund u. deiner Sachen 213, 11
Der beste Freund und Rater 732, 4
Euch hab ich was verschrieben: Gott, euren besten Freund 339, 6
Erkenn uns für u. für, trauter Freund 430, 4
Das Lämmlein ist der große Freund 165, 2
Ich danke dir von Herzen, o Jesu, liebster Freund 542, 8
O Jesu, meiner Seelen Freund 111, 4
Die an den Freund der Seelen glauben 424, 8
Er, unser Freund, mit uns vereint 50, 3
Da ruf mir zu: ich bin dein Freund 356, 6
Laß dich erbitten, liebster Freund 764, 2
Mein Geliebter und mein Freund 760, 1
Treuster Freund von allen Freunden 778, 6
Holdselig süßer Freund der Sünder 471, 11
Als meinen allerbesten Freund 364, 2
Und lehne mich auf dich, mein Freund 647, 4
Du bist mein Freund, den ich erwähle, du bleibst mein Freund 741, 2
Wie ist mir dann, o Freund der Seelen 741, 6
O reicher Trost: mein Freund ist mein 741, 6
Mein Freund ist mein u. ich bin sein 120, 6
Und unsrer Seele als Freund begegnen 16, 4
So hat uns der Freund geliebet 300, 3
O du holder Freund vereine 300, 4
Du hast mir, liebster Freund 440, 1
Daß in mir nichts — erscheine als mein Freund alleine 436, 7
O Freund, den wir erlesen 418, 14
Du Freund der Kinder, der sie — hegt 569, 3
Ihr Freund kommt v. Himmel prächtig 672, 2
Mein Jesus ist der beste Freund 98, 1—6
Mein Freund, der mir sein Herze giebet 98, 5
Mein Freund, der mein ist u. ich sein 98, 5
Mein Freund, der mich beständig liebet 98, 5
Mein Freund bis in das Grab hinein 98, 5
Was nötigt ihn, dein Freund zu werden 53, 4
Sei mein treuer Freund und Leiter 584, 7
Komm, o mein Freund, o komm 281, 8
Hab ich das Haupt zum Freunde 405, 1
Sprichst freundlich zu dem Freunde 109a, 4
Der du Freund u. Tröster heißt 714, 10(12)
Versöhner, Freund der geistlich Armen 777, 5
Wer hielte ohne Freund im Himmel 691, 2
Komm hernieder — auf Christi Freund 420, 1

II. Mensch.

Macht mich aus Gottes Feinde zu Gottes Freunde 290, 4
Dazu auch einen treuen Freund 666, 4
Mein Amt, Gut, Ehr, Freund 666, 12
Gieb Fried, Schutz, gute Freund u. Brot 269, 2
Euch wird, meine liebsten Freunde 425, 7
Von m. Freunden auch fast gar verlassen 440, 5
Wenn die besten Freunde scheiden 152, 4
Auf Erden sind die Freunde rar 98, 1
Jeder sagt es seinem Freunde gleich 354, 2
Und frommer Freunde Liebe 214, 3[2])
Gute Nacht, ihr meine Freund 156, 4
Verlassen meine besten Freund 450, 2
Fahret wohl ihr lieben Freunde 206, 6
Getreue Freunde ihre heilge Sorgfalt 368, 6
Für Freund und Feind stets bete 310, 7
Freunde, Feind und Hausgenossen 714, 8

1) Var. Darmst. G. Fallet nieder vor dem Sohne. 2) Fehlt Bernb. G.

Werden sie bald Freunde 291, 3
Du beschützest deine Freunde 422, 5
Gute Freunde, die mein lachen 678, 4
Wenn Feind u. falsche Freunde drohn 570, 8

III. allgemein.

Komm Tod, komm mein bester Freund 97, 6
Behalte, Welt, dir deine Freunde 98, 6

freundlich.

Eröffne mir dein freundlich Herz 326, 10
Und herzen freundlich drauf 99, 4
Der Herr gar freundlich küsset u. herzt 426, 2
Der — dich freundlich geleitet 445, 3
Wie freundlich sieht er aus 337, 1
Spricht freundlich bei uns ein 337, 2
Wie könnt es doch sein freundlicher¹) 447, 7
Lieblich, freundlich, schön u. herrlich 734, 1
Mit dem Auge dein mich freundlich 734, 4
Nimm mich freundlich in die Arme 734, 5
Laß, Liebster, mich anblicken dein freundlich Angesicht 594, 3
Zeig dein freundlich Angesicht 22, 6
Und mich selbsten freundlich an 611, 5
Jesu, daß du freundlich bist 702, 1
Wie freundlich blickt er Petrum an 471, 6
Wenn du freundlich mich anblickest 602, 2
Wie freundlich, selig, süß und schön 554, 3
Schönstes Kindlein in dem Stalle sei uns freundlich 421, 8
Wie süß und wie freundlich du bist 528, 9
Nachdem du so gar freundlich 776, 1
Allen freundlich zu begegnen 255, 6
Bei einem freundlichen Gesicht 741, 2
Sprichst freundlich zu dem Freunde 109a, 4
Wir sehn dein freundliches Angesicht 16, 2

Freundlichster.

Du Freundlichster auf Erden 560, 1

Freundlichkeit.

Zu mir geneiget, Jesu, deine Freundlichkeit 762, 11
Dein Freundlichkeit auch uns erschein 451, 5
Des großen Gottes Freundlichkeit 133, 1
Er ist voll Güt und Freundlichkeit 506, 6
Herr, diese große Freundlichkeit 534, 4
Dein Herz und deine Freundlichkeit 535, 4
Du bist — ein Freund der Freundlichkeit 769, 7
Ganz in Ruh und Freundlichkeit 215, 6
Voll Freundlichkeit mich ihrer mög 13, 2
Wenn ich an ihre Freundlichkeit gedenke 7, 2

Freundschaft.

Freundschaft, die wir sonst gepflogen 475, 4
Mich seine Freundschaft doch nicht läßt²) 98, 2
Heilig, selig ist die Freundschaft 251, 2
Die noch deine Freundschaft fliehn 249, 8
Mit jedermann in Fried u. Freundschaft leben 536, 5
Lehrer, Hörer laß in Freundschaft 557, 4
Die Freundschaft, deine Eigenheit 51, 5
So steht die Freundschaft hinten an 98, 3
Du bleibst mein Freund, wenn Freundschaft weicht 741, 2
Der der Spötter Freundschaft fleucht 758, 1

freventlich.

Nicht freventlich Gottes Hand verscherze 449, 6

Frevler.

Frevler, was befremdets dich 97, 2
Der Frevler mag die Wahrheit schmähn 699, 3

Friede.

I. äußerer Friede.

Allen Königen u. Fürsten Fried — geben 443
Ein immer fröhlich Herz und edlen Frieden geben 499, 2
Schaff unsern Grenzen Frieden 368, 7
Er lasse seinen Frieden ruhn 500, 6
Den güldnen, edlen, werten Fried 355, 6
Gieb Fried, Schutz, gute Freund u. Brot 269, 2
Daß wir in gutem Frieden stehn 655, 5
Daß Fried und Treu sich küssen 274, 5
Dein göttlich Wort in Fried 140, 3
Der Friede, den er giebet 235, 6
Daß du uns blicken läßt des güldnen Friedens Zier 272, 3
Die Fried und Ruh gegeben 122, 2
Mit Frieden hast du uns bedacht 163, 1
Friede in Kirch u. Schulen uns beschere 68, 3
Friede zugleich der Obrigkeit gewähre 68, 3
Ihm des Friedens Heil gewährt 653, 2
Frieden u. Gerechtigkeit gieb uns Gott 653, 7
Gieb Fried im Land u. im Gewissen 751, 9
Laß uns schlafen mit Fried u. Ruh 314, 3
Gieb meinen Eltern Fried und Ruh 532, 5
In Fried und Ruhe schlafe 243, 8
Gieb deiner Kirche Gnad u. Huld, Fried 1, 4
Aus Gnaden Fried und Ruh verleih 588, 4
Daß dein arm Christenheit leb in Fried 239, 3
Und im Frieden auf einem Sinn 497, 3
Für Fried und Ruh, für jede That 237, 2
Meine Tag in Ruh und Friede 555, 11
Dieser Friede, dir. Segen bringet Ehre 715, 3
Daß Friede sollt an allem Ort 265, 4
Wann Frieden er gesendet 508, 3
Daß Fried u. Heil in allem Stand 534, 9
Dem Leibe gieb daneben Nahrung und guten Frieden 81, 4
Lag ich und schlief in Frieden 459, 2
Und thu in Fried die Augen zu 488, 1
So wirst du hier in Frieden ruhn 355, 18
Daß sie in Frieden sitzen 562, 4
Darin ich Ruh und Frieden hab 202, 4
Daß wir im Frieden und im Streit 163, 4
Wem du dich gegeben, kann im Frieden 34, 2
Friede, Friede hat unsre Gunst 424, 9
Wir machen Frieden, eh wir siegen 470, 2

II. geistig.

a) mit Gott.

Kommst zu erneuern deinen Frieden 91, 5
Friede u. Freud wird uns verkündiget 323, 2

---

1) Var. Anh. G. Wie könnte wohl noch freundlicher. 2) Var. Bernb. G. Treu doch nie verläßt.

Fried, Freude, Heil, Gerechtigkeit 572, 8
Sie werden Gott im Frieden sehn 424, 8
Er bringt nach wohlgeführtem Streit uns wieder Fried 110, 3
Nun ist groß Fried ohn Unterlaß 29, 1
Aus dieser Burg, die Friede heißt 647, 2
Ein Zeugnis deines Friedens sein 647, 3
Wie entweicht der süße Friede 413, 5
Da Fried und Freude lacht 738, 3
Bedenke, daß er Fried gemacht 254, 3
Er will Friede mit mir halten 694, 6
Da unsre Not auf Erden soll Fried und Freude werden 135, 18
Daß ich den Frieden Gottes schmeck 136, 2
Deinen Frieden gieb uns allen 646, 3
Jesus herrscht in großem Frieden 373, 14
Friede, Friede sei mit euch 454, 4
Gieb uns deinen Frieden 69, 3. 565, 3
Trost und Leben, Heil, Fried u. Freude 28, 3
Kraft u. Leben, ja Fried u. Freude geben 144, 6
Hier zu erwarten Gnad und Fried 587, 3
Wallen wir, so wallt sein Friede mit 587, 7
Friedefürst schenk ihm den Frieden 437, 5
Deinen Frieden gieb aus so großer Lieb 602, 8
Und deinen Frieden auf mich richt 546, 5
Für den Tod Heil und Fried erwirbet 200, 6
Und uns den Frieden für den Krieg 607, 7
Mit Geistessegen, Fried und Freud 351, 5
Ist Jesu Name mir zum Trost, Schutz, Friede 14, 4
Fried u. Liebe müssen schweben, Fried 543, 6
Fried u. Freude jetzo m. Seel ergötzt 169, 9
In dir ist Fried und Freude 554, 11
Erde breite dich in Frieden — aus 673, 2
Gieß deinen Frieden auf dies Haus 359, 4
Am Kreuz hats Frieden uns gemacht 188, 3
Und Frieden hat mit Gott gestift 64, 4
Wiederbracht den Fried bei Gott: Gieb uns Frieden 644, 11
O laß in deinem Frieden uns 86, 6

b) des Herzens.

Friede dem Herzen, Friede dem Gewissen 68, 3
Wer stärkt den Frieden im Gewissen 725, 2
Schafft seinem Herzen Fried und Ruh 558, 4
Darunter find ich Fried und Ruh 776, 4
Den Frieden schaff bei uns dein Gnad 409, 5
Und den Frieden mindern 34, 3
Gieß in unsre bange Seele den Frieden 452, 5
So fühl ich Fried und Trost in mir 11, 10
Sanfte und voll stillem Frieden 226, 7
Und geb uns Frieden unverrückt 65, 4
Ich nun Fried und Ruh gefunden 528, 8
Bringt großen Frieden ins Herz hinein 16, 1
Und den Frieden nur kann kränken 461, 3
Das dient zu meinem Frieden 686, 3
In meinem Herzen ist kein Fried 111, 4

c) Mensch mit Menschen.

Selig sind, die Friede machen 419, 8
Die da stiften Fried und Ruh 419, 8
Sich auch Frieden selbst befleißen 419, 8
Mit jedermann in Fried u. Freundschaft 536, 5
So gieb doch deine Gnad zu Fried 769, 8
Gieb deiner armen Christenheit Liebe, Fried 311, 2
Lebt mit ihm durch Christi Blut in einem süßen Frieden 167, 3

d) im Sterben.

Der Friedefürst entschläft im Frieden 188, 1
Mit Frieden mein Augen zugedrückt 287, 4
In Fried laß mich hinfahren 172, 3
Ich fahre sicher hin in Frieden 184, 4
Mit Fried u. Freud mög von hinnen 196, 6
Mit Fried u. Freud ich fahr dahin 400, 2
Mit Fried u. Freud fahr ich dahin 579, 2
So will ich mit hinfahrn in Fried 343, 10
Die hier mit Frieden heimgefahren 213, 14
Sich nun auch in Frieden freuen 213, 14
Mit Frieden von hinnen geschieden 125, 2
Daß sie in Frieden fahren 274, 11
In Gottes Fried und Gnaden 344, 1—3
In Gottes Fried und Freude fahrt mir 344, 4
Wie Simeon im Frieden zu dir fahren 273, 3

e) in Ewigkeit.

Fried, Freud und Wonne geben 229, 8
Fried und Freud hat mich umfangen 425, 6
Hier herrschet Fried und Fröhlichkeit 512, 7
Da sollt ihr bei Gott leben im ewgen Frieden 235, 6
Friede folget nach dem Streit 765, 2
Ewiges Leben, unendlichen Frieden 157, 1
Frieden werd ich finden 288, 6
Da wird sein der rechte Friede 697, 1
In dem Himmel allezeit Friede 697, 1—8
Denn mir ruft des Himmels Friede 206, 1
In Frieden ruhen sie, 613, 1
Sie haben güldnen Frieden 531, 5
Da ruhen wir und sind im Frieden 187, 7
Friede muß im Himmel tauen 320, 3

Friedefürst.

Hosianna, Friedensfürst 321, 3
O Friedensfürst von großer Macht 91, 2
Immanuel und Friedefürst 132, 6
Friedefürst, laß mich im Glauben 70, 5
Als Heiland, Friedefürst und Held 523, 3
Friedefürst, ich ward erkoren 667, 2
Bis du als der Völker Friedefürst 587, 4
Großer Friedefürst, wie hast du gedürst 602, 7
Daß du ein Friedefürst bist 140, 3
Der Friedefürst entschläft im Frieden 188, 1
Jesu, wahrer Friedefürst 644, 11
Friedefürst schenk ihm den Frieden 437, 5

Friedensbote.

Blick auf deine Friedensboten 423, 1

Friedensgabe.

Laß deine Friedensgaben — laben 286, 2
Du teure, werte Friedensgab 235, 3

Friedensgruß.

Biet ihr deinen Friedensgruß 21, 7

Friedenshafen.

Laß mich in den sichern Friedenshafen 649, 3

Friedenshaus.
Bis daß ich eingekehret in Salems Friedenshäuser 338, 7

Friedenspalme.
Trag ihm entgegen Friedenspalmen 91, 1

Friedensport.
Und kommen in den Friedensport 121, 1

Friedensrat.
Wend ab den Krieg gieb Friedensrat 82, 7

Friedensreich.
Ihr Schlafenden im Friedensreich 756, 15

Friedensschmuck.
Im Friedensschmucke selber schimmern 424, 9

Friedensstätte.
Jesus hat — droben Friedensstätten 373, 16

Friedenssteg.
Den stillen Ruh- und Friedenssteg 51, 14

Friedensüberbringer.
Friedensüberbringer, Licht auf unserm 597, 2

friedensvoll.
Gieb friedensvolle Zeit 122, 6

Friedenswiederbringer.
Herrscher dieser Welt, du Friedenswiederbringer 179, 5

Friedenszelt.
Ich sehne mich mit Freuden nach Zions Friedenszelt 339, 1

Friedenswort.
Nun ist erschollen das edle Fried- u. Freudenwort 235, 1

Friedensschild.
So ward er mein Friedeschild 97, 2

friedlich.
Wie fein ists, wenn Brüder friedlich sein 618, 1
Segen und ein friedlich Leben 715, 2
Daß friedlich man geerntet hat 508, 3

frisch.

I. natürlich.
Seine frischen Zweig ausbreiten 758, 2
Wer heut ist frisch, gesund und rot 631, 6
Aufstehe vom Schlaf frisch u. gesund 81, 1
Der uns vom Mutterleibe an frisch und gesund erhält 500, 3
Wer heute frisch und rot 56, 1
Heut sind wir frisch, gesund u. stark 343, 6
Hier wird ihm stets ein frischer Quell 727, 2
Zum Wasser, welches frisch und hell 109a, 2
Nach frischem Wasser schreiet 349, 5
Und mich an frische Wasser führt 109b, 2

II. bildlich.
Und hat durch ihn nur frischen Mut 745, 7
Frisch auf in Gott, ihr Armen 36, 6
Frisch auf, ihr Hochbetrübten 36, 7
Geh, Seele, frisch im Glauben dran 234, 11
Kämpfet frisch an jedem Orte 591, 1
Nur unverzagt und frisch gewagt 153, 12
Ach laß deine tiefen Wunden frische Lebensbrunnen sein 375, 6
Führt mich zu frischen Quellen 106, 3
Weil auf eine frische Weide 169, 9
Den frischen Wassern führen zu 143, 2
Und zum frischen Wasser führn 281, 1
Wird dort frisch und herrlich gehen 389, 7
Ihre Lieb ist immer frisch 661, 11
Hält frisch und fröhlich aus 203, 7
Und straf uns nicht auf frischer That 496, 3

Frist.
Wie lange du mir Frist gegeben 358, 4
Gönne uns doch Frist auf Erden 299, 8
Ist eine Frist zu unserm Heil 737, 4
Wahr Gott u. Mensch zu aller Frist 745, 3
Der den Kindern jeder Frist 159, 4
Dies tröstet mich zu aller Frist 150, 3
Du weißt, daß du zu aller Frist 764, 2
Hilft er nicht zu jeder Frist 624, 2
Daß ich kann zu jeder Frist fliegen 760, 2
Jauchze Gott zu jeder Frist 32, 1
Drum sprech ich auch zu jeder Frist 88, 5
O selig ist zu jeder Frist 573, 7
Zu dieser Frist mit d. Tode sind umgeben 22, 4
Verleih mir Gnad zu dieser Frist 353, 1
Nimm sie hinauf zur selben Frist 335, 3

froh.
Dazu ein froh Gemüt 81, 4
Das Haupt, die Füß u. Hände sind froh 515, 5
Mein Geist ist froh, mein Herze lacht 53, 9
Getrost und froh bei Tag und Nacht 772, 1
Und bringe Lob mit frohem Mut 446, 8
Wie bin ich doch so herzlich froh 734, 7
Drum so sei froh, gläube feste 735, 7
Und hast mich froh gemacht 738, 3
Des solln wir alle froh sein 75, 1
Daß du mich froh und frei gemacht 343, 5
Macht er mein Herz im Leibe froh 566, 4
Daß am Tage deines Mahls ich froh es wage 768, 4
Und ladet froh sie zu uns ein 691, 4
Daß mit frohen Osterpsalmen 646, 1
Die in froher Sehnsucht heute 646, 3
Laßt uns froh zu ihnen gehn 25, 4
Du lebst und bist von Herzen froh 139, 12
Gen Himmel mit frohem Jubelschall 224, 1

fröhlich.
Er wird uns fröhlich leiten 99, 6
Fröhlich durch des Lammes Blut 47, 5
Schwingt fröhlich hier u. da sein Fähnlein 37, 2
Er gebe uns ein fröhlich Herz 500, 5
Ein immer fröhlich Herz 499, 2
Und singen fröhlich mit dem Mund 745, 9
Sollt ich ihm nicht fröhlich sein 625, 1
Und laßt uns fröhlich springen 502, 1
Und laßt uns fröhlich singen 610, 9
Ich will erst fröhlich sein auf Erd 631, 3
Daß Leib und Seele darüber fröhlich 16, 1
Des laßt uns alle fröhlich sein 662, 6
Davon ich allzeit fröhlich sei 662, 14
Des sollt ihr billig fröhlich sein 663, 3
Geduldig, fröhlich allezeit 663, 6
So würde Jakob fröhlich sein 753, 5
Des wir sollen fröhlich sein 76, 1

Meine Seele fröhlich sein 640, 1
Und in ihm nur fröhlich ist 256, 9
Fröhlich im Geist zu sein 729, 3
Mache, daß ichs fröhlich glaube 585, 5
Drauf kann ich fröhlich sein 652, 3
Fröhlich, wenn ich finden werde 373, 10
Fröhlich ihn erwarten kann 373, 14
Geduld — hält frisch u. fröhlich aus 203, 7
Erlanget ein fröhlich Angesicht 203, 11
Konnt ich, fröhlich und gesund 316, 1
Fröhlich, selig schaut der Glaube 253, 1
Sollt ich nun nicht fröhlich sein 695, 3
Doch bin ich fröhlich, daß mich 345, 4
Und fröhlich wurde jeder Schritt 691, 7
Seid fröhlich, ihr Gerechten 45, 4
Sei nur fröhlich wohlgemut 773, 5
Laß mich fröhlich enden dieses — Jahr 309, 15
Gieb fröhliche Gedanken 510, 13
Ganz fröhlich mit dir zu Grabe gehn 742, 8
Drauf kann ich fröhlich sterben 462, 8
Sanft von hinnen scheide u. fröhlich 706, 7
Wie kann man fröhlich sterben und fröhlich auferstehn 338, 1
Fröhlich am jüngsten Tag aufzustehn 83, 5
Wer wollt nicht fröhlich sein 117, 1
Nach deinem schweren Leiden das fröhlich Osterfest 117, 4
Er gesegne meine Thaten, die ich fröhlich fange an 391, 4
Drum wir auch billig fröhlich sein 181, 5
Sei fröhlich alles weit und breit 607, 1
Im Unglück glückselig waren sie u. fröhlich 448, 3
Seid fröhlich, ihr Verzagten 36, 3
Woselbst ich ewig fröhlich bin 144, 12
Wie werd ich dann so fröhlich sein 553, 14
In Frieden ruhn u. ewig fröhlich sein 355, 18
Dort kannst du ewig fröhlich leben 770, 3

Fröhlichkeit.

In Fröhlichkeit mein Saitenspiel 165, 8
Aus ewger Lieb entspringet ein ewge Fröhlichkeit 170, 6
So sind unsre Fröhlichkeiten 24, 3

Fröhlichsein.

Als wär ihr schlechtes Fröhlichsein ein herrliches Vergnügen 476, 3

Frohlocken.

Kommt mit Frohlocken, säumet nicht 506, 1

fromm.

I. Gott.

O Jesulein, dein frommer Sinn 753, 15
Unsre Sünden den frommen Gott 580, 12
Aber du bist fromm und treu 378, 4
Gott ist fromm und gut und treu 694, 3
Auf dies Wort, lieber Vater fromm 533, 3
Wir bitten ferner, frommer Gott 82, 5
Der fromme Gott macht dir 186, 3
Bleibst immer fromm und treu 355, 8
Mein Verbrechen mir mein frommer Gott zu gut 625, 9
Ist der fromme Gott auf dem Plan 217, 4
Fromm ist Gott und schärft mit Maßen 676, 5
Er hilft aus Not der fromme Gott 689, 1
Du frommer Gott, Sünd, Höll u. Tod 689, 3
Gott ist fromm und voller Huld 693, 1
Dem frommen Menschenhüter 671, 1
Durch seinen Zug, den frommen 399, 13
Nach seinem frommen Willen 107, 11
Gerecht und fromm und ewig treu 471, 6

II. Mensch.

Und macht uns heilig, fromm u. gut 149, 4
So lerne jetzt ein frommer Christ 183, 6
Werde fromm und wachse groß 504, 7
Sind aufrichtig, fromm und schlecht 419, 5
Siehe frommen Kindern zu 661, 6
In d. Welt frommen Kindern zugedacht 661, 14
Seid fromm, ihr Unterthanen 36, 5
Ja glaubet, bleibet fromm 398, 5
Ein frommes Volk, das dir vertraut 163, 4
Bei frommer Christen Grab 536, 7
Mit Werk, Wort u. Gebärden fromm 6, 4
Dann will er gleich fromm werden 417, 7
Ob ich fromm gewesen bin 268, 1
Wie manches junge, fromme Blut 139, 7
Mich bessern, leben fromm hinfort 533, 6
Und fromm zu werden fangen an 83, 4
Hilf, daß ich sei von Herzen fromm 666, 13
Sie macht mich fromm u. zeigt dabei 524, 10
Wohnet gern in frommen, — Seelen 243, 10
Die sich in fromme Seelen geußt 543, 2
Dies, fromme Seele, wohl betracht 107, 1
In fromme Seelen gießet 362, 7
O du Licht der frommen Seelen 714, 6
Bei dir, o Sonne, ist der frommen Seelen Freud 582, 6
Selig sind die frommen Herzen 419, 4
Fromm und selig möge werden 309, 12
Sondern fromm zu werden 444, 9
Wie Kinder fromm u. fröhlich sein 112, 5
Im wahren Glauben u. frommen Leben 351, 5
In allen Dingen recht fromme Leute 122, 7
Desgleichen auch dem frommen Lot 270, 8

Frommer.

Der Fromme stirbt, der recht u. richtig 298, 5
Wo den Frommen Weh geschiehet 229, 2
Gott liebt alle Frommen 758, 4
Wo er kann einige Fromme finden 446, 6
Da wird der Fromme froh u. satt 404, 3
Gott ist der Frommen Schild u. Lohn 404, 4
Du bist ein Trost der Frommen 420, 2
Du wollst die Frommen schützen 562, 4
Gott, wohn in aller Frommen Häusern 305, 5
Was ich den Frommen hier gethan 622, 5
Rechte Freude muß den Frommen 152, 6
Der Frommen Schatz und Lieb 287, 1
Des Frommen Herz wird frei 108, 3
In den gemeinen Rat der rechten, wahren Frommen 365, 1
Über viele Frommen zur Versuchung 449, 1
Zu der Schlachtbank d. Frommen führt 448, 6

Zu richten Bös und Frommen 185, 1
Er wird doch seine Frommen zu sich 107, 12
Heilger Geist, du Kraft der Frommen 225, 4
Mit allen Frommen schau 432, 2
Samt den unzählbaren Frommen 248, 3
Und laß hernach zugleich mit allen Frommen 131, 7
Mit den Frommen zu dem Anschaun 275, 8
Herr du wirst kommen u. all deine Frommen 444, 10
In das Zelt und Sitz der Frommen 732, 3
Die den Frommen ist bereit 31, 1
Wo — alle Frommen hingefahren 31, 5
Und die Gemein der Frommen 144, 1
Um ihn gehn alle Frommen 224, 2
Daß mein Teil sei bei den Frommen 721, 13
Bis wir endlich zu den Frommen 632, 1

frommen.

Es soll der Seele frommen 154, 3
Kein Werk kommt mir zu frommen 579, 5

Frommen.

Gott walts zu Frommen 129, 1
Alles dient zu deinem Frommen 678, 11
Das Beste, so bringt Frommen 735, 7
Glaube mir, es ist dein Frommen 213, 10
Was geschieht, gescheh zu d. Frommen 341, 3
Was für Frommen dein Beiunswohnen 235, 3

Frömmigkeit.

Würde s. Frömmigkeit dich nicht lassen 494, 7
Gieb Frömmigkeit, Beständigkeit 539, 5
Mit Frömmigkeit die Jugend 769, 9
Wenn die Frömmigkeit und Tugend 373, 4
Ein ehrbar Leben führen in wahrer Frömmigkeit 368, 5
An dem man spüret rechtschaffne Frömmigkeit 232, 4

Frommsein.

Und Frommsein wohl belohnest 106, 11

Frost.

Wer wärmet uns in Kält u. Frost 355, 5
Was der starre Frost gebaut 433, 4[1])

Frucht.

I. natürlich.

Die Früchte auf dem Lande geben 443
Fröhliche Frucht und Gedeihen geben 443
Und endlich auch die Frucht genießt 540, 3
Er hat uns Frucht gegeben 508, 1
Kein Frucht das Weizenkörnlein bringt 15, 3
Die Blüte zur Frucht vermehre 729, 2
Und derselben Früchte mehrn 218, 8
Daß auch Früchte brächt das Erdreich 107, 3

II. bildlich.

Zur Frucht des Paradieses reift 691, 8
Die Frucht deiner Gnad und Huld 281, 8
Du hast die Frucht von deinem Sterben 330, 2
Die Ursach sein u. die Frucht verstehen 371, 3
Die Frucht soll nicht ausbleiben 386, 10
So wirst du Früchte bringen 347, 4
Und bringen Frucht dazu 81, 7
Hundertfältig Früchte bringe 597, 4
Frucht hundertfältig bringen 752, 5
Viel Früchte bringen in Geduld 752, 7
Das sind dieses Wortes Früchte 585, 9
Und tausendfache Früchte bringt 480, 2
Laß es mir zur Frucht gedeihn 640, 4
Und die Frucht des Lebens bringt 638, 3
Der die Frucht nicht schuldig bleibt 638, 6
Gar keine Früchte tragen 341, 6
Des Geistes Frucht zu größrer Reife 167, 7
Labe dein Herze mit himmlischer Frucht 157, 1
Dir Frucht und Samen tragen 94, 1
Auch im Glauben Früchte bringe 529, 4(5)
Daß des Glaubens Frucht u. Kraft 193, 9
Fried u. Treu die Frucht des Glaubens 737, 11
Vermehrt mit Früchten, die da laben 732, 3[2])
Der gute Same mög recht reiche Früchte bringen 122, 7
In des wahren Glaubens Frucht, in deiner Frucht 137, 4
Mit Gerechtigkeit erfüllt und ihren Früchten 537, 7
Bis er reiche Früchte giebt 758, 3
Das Land bringt Frucht u. bessert sich 192, 3
O wie trägt er reichlich Frucht 448, 8
Dies sind meiner Sünden Früchte 590, 3

fruchtbar.

O Herr, gieb uns ein fruchtbar Jahr 61, 5
Werden gleich dem guten, fruchtbarn[2]) Lande 752, 7
Im Geist fruchtbar zu sein 729, 4
Daß er sei fruchtbar für und für 537, 8

früh.

Läßt du mir früh die Gnadensonn 202, 2
Daß ich früh vermerke, Herr, die Größe 596, 5
Sorge nicht, wie früh du stirbst 456, 5
Wer frühe stirbt, kommt bald zur Freude 770, 4
Schein ich zu früh entnommen 621, 9
Laß mich früh vor dich treten 260, 4
Ich will früh zum Grabe gehen 373, 6
Seine Gnad dargereichet früh u. spat 455, 3
Hast früh u. spat durch viel Wohlthat 326, 5
Behüte sie doch spat und früh 532, 5
Daraus uns allen früh und spat 355, 2
Er kann mich segnen früh und spat 88, 8
Darüber will er früh u. spat — walten 610, 3
Bleibt doch Jesus früh und spat 391, 3
Du — hast mit früh u. spätem Regen 218, 7
Gelobet sei mein Gott, mein Tröster früh und spat 451, 3
Und g'litten hie in meinem Leben spat und früh 417, 3
Werde gepriesen früh und spat 446, 1
Daß wir dir singen früh und spat 79, 7
Den ich liebe früh und spat 387, 2
Da wallt man sicher früh und spät 253, 4
Und schützt sich früh und späte 203, 8

1) Fehlt Anh. G. 2) Fehlt Bernd. G.

Hat spät und früh viel Sorg u. Müh 341, 3
Ob wir gleich sorgen früh und spat 711, 1
Nichts ist es spät u. frühe um alle 399, 2
Sind das Brot, so wir essen früh u. spat 196, 5
Tracht früh u. spat, legt Garn u. Strick 270, 6
Drauf er sinnet früh und spat 641, 9

Frühlingsschein.

Der schönste Frühlingsschein verheißt 178, 4

fügen.

Gott wird es also fügen 715, 1
Gott der hat es so gefüget 715, 3
Mit dem, was Gott füget 463, 1
Wie sein Allwissenheit es fügt 719, 3
Wie er es schickt und mit mir fügt 724, 3
Laß zusammen, was Gott fügt 661, 8
Mein Wille fein in solche Schranken fügt 169, 5

fühlen.

Wenn ich Drangsalshitze fühle 375, 2
Zwar fühl ich wohl der Sünden Schuld 517, 5
Laß uns stets dein Zeugnis fühlen 414, 3
Daß ich den Frieden Gottes schmeck und fühl 136, 2
Nichts sehen, fühlen, hören 554, 3
So fühl ich doch, was mir gebricht 260, 11
Fühlt jene harten Kampf u. Streit 570, 3
Ach ich fühle keine Schmerzen 26, 2
Ich fühl es oder fühl es nicht 53, 10
Fühlst du dich auch noch so matt 673, 7
Und fühlten uns mit Gott verwandt 691, 6
Wenn ich auch gleich nichts fühle 627, 3
Diese Nöten — sollt ich fühlen ewiglich 590, 3

Fühlen.

Hören, Schmecken, Fühlen, weichen 460, 3
Ohne Fühlen will ich trauen 583, 10

führen.

I. Gott.

Wie Gott mich führt 724, 1—6
Mich treu und wohl geführet hat 724, 6
Führe mich, Herr, wie du willt 387, 2
Führ uns durch die Pilgerstraß 21, 8
Gott führt, so geh ich immerfort 230, 4
Zwar wunderlich, doch selig auch zu führen 230, 4
Gott führt, ich darf nicht klagen 230, 7
Führt er gleich die Seinen über Stock 217, 7[1]
Führst du mich in die Kreuzeswüsten 741, 4
Über Sonn und Sterne führen, den 741, 4
Durch Not und Trübsal hast geführt 524, 11
Wozu mich dein Befehl in meinem Stande führet 536, 2
Mich zur wahren Buße führe 26, 1
Führe auch mein Herz und Sinn 763, 11
Wo ich etwa irre geh, alsbald zurechte führen 554, 15
Laß dein Gesetz uns führen 176, 5
Und alle Kreaturen führt 745, 4
Gott sitzt im Regimente u. führet alles 58, 7
Herr du hast mich so geführet 714, 3
Der dich auf Adelers Fittichen sicher geführet 445, 2
Ach führe mich, dein Kind 9, 1
Ach leit und führe mich 687, 7
Wenn du mich führest selbst 687, 7
Der mich wunderlich geführet 32, 2
Er führet mich auf rechter Bahn 682, 2
Er führet mich zum reinen Quell 109a, 2
Und mich an frische Wasser führt 109b, 2
Er führt mich auch ohn Unterlaß 109b, 3
Führt mich auf rechter Straßen 106, 5. 665, 1
Führ uns, Herr, in Versuchung nicht 655, 7
Hast uns oft aus Not geführet 534, 8
Und führest uns durch deinen Tod 11, 3
Gar heimlich führt er sein Gewalt 502, 6
All sein Feind er gefangen führt 181, 1
Und führ uns deine Himmelsstege 771, 2
Der mich regiere, zum Guten führe 298, 11
Wenn deine Hand mich führet 361, 2
Deine heilige christliche Kirche regieren und führen 443
Drum führe mich, o treuer Hirt 349, 3
Ach führe mich nur selbst von mir 349, 8
Führt uns als seine Schafe 243, 8
Und zum frischen Wasser führn 281, 1
Zu führen stets auf guter Weid 506, 3
Und führ uns selbst den rechten Pfad 543, 3
Rühre, führe unsre Sinnen u. Beginnen 543, 7
Führ in allem Kreuze mich 600, 8
Führe mich, o Herr, und leite 219, 5
Und führe mich bis an m. selig Ende 627, 1. 3
Du führst mich doch zum Ziele 627, 3
Mich von Jugend auf geführt 247, 1
Durch soviel Wunderwege mich geführt 762, 4
Hat mich stets dein Licht geführt 382, 5
Wie du mich führst und führen wirst 341, 8
Da greift er zu, uns wohl zu führen 213, 9
Wo die wunderweisen Hände Gottes führen 765, 1
Er wird es führen, daß du wirst 765, 6
Väterlich führst du mich 275, 1
Ach führ mich heut auf rechter Bahn 89, 6
Du hast mich jetzt geführet, o Herr 740, 2
Wird mich recht führen, im Himmel 273, 3
Führ uns bald von dannen 582, 6
Dein heilger Geist uns führ u. leit 451, 5
Auf ebner Bahn zum Himmel führ 5, 2
So führ mich, Herr, in Himmel ein 517, 9
Führ uns aus diesem Jammerthal 745, 12
Und führ mich aus dem Jammerthal 283, 3
Eilen zu der Bahre, führt er himmelan 217, 6
Dich zu führen himmelan 229, 8
Führe, ach führe mich nur aus d. Welt 23, 7
Er wird euch führen an den Ort 200, 9
Und sie mit ihm führen zu der Engel 222, 6
Führt uns aus dem Jammerthal 209, 4
Und dort zum Himmel führe 510, 14
Führ uns zum Himmelsthron 117, 3

1) Fehlt Bernb. G.

Zum Reich des Himmels führet 665, 9
An den Ort, da ich bin, führen 425, 9
So führ sie aus der Sterblichkeit 532, 6
Und uns führt ins Himmels Thron 750, 2
Und führ euch zu der Himmelspfort 485, 4
Und führst uns in des Himmels Haus 355, 12
Und führ ihn schön verklärt 536, 8
Auch führe du mich durch die Zeit 541, 5
Mich führn zum ewgen Leben 710, 5[1]
Führ uns durch dein Barmherzigkeit 303, 3

II. Mensch.

Daß man sie zu Christo führe 437, 1
Wie wir sie wollen führen 139, 6
Ich will mich nicht mehr selber führen 578, 1
Laß mich nicht ohne dich durch mich geführet werden 687, 7
Führ ich mich ohne dich 687, 7
Wir führen unsre Lebenszeit 543, 7
Und ein selig Leben führen 425, 10
In einer Schnur zu führen 38, 6
Du sollst nicht führen zu Unehrn 134, 3

III. allgemein.

Er führet mich zum Kindelein 51, 3
Mich zu der Weisheit, die himmlisch ist, führet 169, 5
Die zu der Heimat führt 329, 6
Zu der Schlachtbank deine Frommen führte 448, 6
Dank hab, o Tod, du führest mich 400, 2
Und zu führen in den Streit 374, 7
Führt er sie noch in den Tod 270, 5

Führer.

Wohl dem, der Gott zum Führer hat 720, 1
Seinen Geist, den edlen Führer 625, 4

Fülle.

Der Reichtum seiner Fülle giebt mir die Füll 106, 2
Wo alle vollkommene Fülle erscheinet 169, 2
Freude die Fülle hat er uns beschieden 157, 1
Bitte u. schöpfe aus göttlicher Fülle 157, 3
Wo Freude die Fülle, wo liebliche Stille 574, 7
Hierzu wohnt in dir die Fülle 527, 2
Wer aus deiner Füll sich füllt 527, 10
In ihm ruht aller Freuden Fülle 213, 1
Denn Gott wird für die Füll 449, 3
Denn er will uns mit Füll seiner Gunst 449, 9
Daß wir deine Fülle schauen 201, 4
Wird aus seiner Fülle satt 429, 6
Ewig solche Fülle währet 429, 6
Sein Sohn hat Guts die Fülle erworben 665, 9
Da Freude ist die Fülle 150, 5
Wer nur lebt aus seiner Füll 256, 7
Laß mich deine Füll erquicken 373, 9
Du wirst uns mit Fülle speisen 218, 8
Und die Fülle deiner Gaben 266, 7
In die Fülle aus der Lehre 406, 5
Trosts die Fülle am Throne Gottes 492, 3
Mein Herz und Wunsches Fülle 139, 1
Der Heiden Füll in alle Thore ein 669, 6
In unser Fleisch versenket in der Füll 718, 3

füllen.

Seines Kleides Saum den Chor füllet 370, 1
Der wird ja auch die Einzgen füllen 213, 8
Füll uns mit deinem Geiste 510, 14
Du füllest meine Seele 106, 9
Mit Gnaden sie füll 409, 1
Und füllt das heiße Sehnen 203, 12
Füllet frei eures Glaubens Hände 200, 11
So wird, der Leiden Maß zu füllen 424, 10

Füllen.

Ihn trägt der lastbarn Es'lin Füllen 91, 1

fünf.

Durch dein heilig fünf Wunden rot 744, 2
Die heiligen fünf Wunden dein 553, 6
Durch Christi Tod u. heil. fünf Wunden 533, 3
Aus aller Not durch dein heilig fünf Wunden rot 67, 5
Durch sein heilig fünf Wunden[2]) 78, 3

Funke.

Da kann man den Funken der Liebe 397, 3

funkeln.

Jesus funkelt mir im Herzen 391, 7
Dein Nam u. Kreuz allein funkelt 652, 3

Fünklein.

Blas das kleine Fünklein auf 641, 6
Der du angezündt das Fünklein in mir 537, 10

für und für.

Mich für und für in Christo neu gebäre 13, 1
Will ich dir dienen für und für 14, 11
Vor dir christlich wandeln für u. für 717, 8

Furcht.

I. knechtische.

Er werf all Angst, Furcht, Sorg 500, 5
In was für Furcht u. Zagen sank oft 329, 4[3])
Wenn — sich Furcht u. Schrecken findt 405, 7(8)
Da nur Sorge, Furcht u. Schrecken 582, 2
Ich bin mit Furcht umfangen 279, 3
Ohn alle Furcht und Schrecken 558, 7
Trotz des Todes Rachen, trotz d. Furcht 381, 3[4])
Laß mich kein Lust noch Furcht von dir 353, 4
Zu Furcht und Ängsten auserlesen 691, 1
Furcht vor des Todes Richterschwerte 691, 5
Welt, bei dir ist Angstgeschrei, Sorge, Furcht 697, 8
Weil blöde Furcht ihm ganz verschwindt 167, 2
Von der Furcht sind wir befreit 42, 3
Hat die Nacht der Furcht vertrieben 49, 1
Die Freude, die mir ist bereit, vertreibet Furcht 202, 11
Herrsche auch in meinem Herzen über Zorn, Furcht 422, 6
Läßt Furcht u. Angst sich stillen 1(6, 5
Beistand leist wider alle Furcht 750, 3
Dein Geist d. Furcht u Lüste überwindt 619, 12

---

1) Fehlt Bernb. G. 2) Var Anh. G. Durch seine heilgen Wunden. 3) Durch Verschiebung im Bernb. G. var. 4) Fehlt Bernb. G.

II. kindliche.
Die Furcht des Herrn giebet 365, 8
Er lehret uns die Furcht des Herrn 243, 10
Daß von Natur ich leb ohn deine Furcht 244, 2
In des wahren Glaubens Furcht, in deiner Furcht 137, 4
Laß in Furcht mich vor dich treten 640, 3
Die steht in seiner Furcht bereit 513, 4
Furcht muß man vor Gott stets tragen 593, 7
In deiner Furcht zu leben 237, 3
Nimm mit Furcht ja deiner Seele 589, 7
Das Glück der Lebenszeit in deiner Furcht genießen 457, 12
Deine Furcht vor Augen stehn 628, 7

fürchten.

I. knechtisch.
Und fürchte keinen Feind 361, 2
Daß ich nicht fürchten darf den Teufel 14, 4
So fürchten wir uns nicht so sehr 161, 3
Ich fürcht e. Joch u. doch in Banden lebe 236, 3
Selbst die Hölle fürchten mußt 448, 1
Nicht mehr darf fürchten der Hölle Qual 709, 3
Es darf nicht fürchten ihre Pein 607, 6
Daß wir nicht fürchten Schand noch Tod 497, 4
Was wollen wir denn fürchten sehr 15, 4
Fürcht ich mich vor keiner Gruft 49, 5
Fürcht ich doch keine Tücke 106, 6
Ich fürchte nichts im finstern Thal 109b, 4
Das fürchtet der es liebt 621, 2
Fürcht ich doch keinen Schaden 109a, 3
Und fürchtet keinen Fall 203, 5

II. kindlich.
Des muß dich fürchten jedermann 55, 2
Allein dich fürcht und liebe 260, 2
Wenn ich dich, mein Gott u. Herr, kindlich fürcht 90, 3
Hoch erhaben ob den', die fürchten ihn 513, 2
So wir ihn kindlich fürchten rein 513, 3
Dich nicht gefürcht', dir nicht vertraut 704, 2
Wer Gott fürcht', bleibt ewig stehn 24, 10
Thu Rechnung, fürchte Gott 639, 1
Ich fürcht fürwahr dein göttlich Gnad 417, 8

furchtsam.

Und mein furchtsame Wort 6, 10

fürhalten.

Halt ich ihm für deine Gnad 372, 2
Das hält der Glaub dem Tod für 76, 5
Halt ich meiner Seele für 374, 4

fürkommen.

Der Tod kommt mir nicht schrecklich für 478, 4

fürleuchten.

Ich leucht euch für mit heilgem 485, 2

Fürsprache.

Der unser Heil und Fürsprach ist 711, 4
Am jüngsten G'richt mein Fürsprach sei 283, 5
Der du versprochen m. Fürsprach zu sein 380, 7
Du bist mein Fürsprach allezeit 666, 7

Fürsprecher.

Derhalben mein Fürsprecher sei 185, 6

Fürst.

Er ist ein weiser Fürst 58, 8
Du Fürst und Herrscher dieser Welt 179, 5
O wer kann doch, schönster Fürst 611, 2
Mit Herz u. Sinn zu diesem Fürsten 607, 4
Der große Fürst der Ehren 580, 1
Gleichwie du mein Fürst des Lebens 49, 8
Jesu hilf siegen, du Fürste des Lebens 380, 1
Der Fürst des Lebens ruft 673, 1
Du hocherhabner Fürst von Himmel 368, 1
Teile, großer Fürst, die Beute 646, 3
Geist des Höchsten, höchster Fürst 525, 1
Die Fürsten und die Thronen 142, 2
Fürsten sind Menschen 446, 2
Allen Königen und Fürsten Fried 443
Sei mit unsers Fürsten Throne 305, 2
Und siehe, tausend Fürsten mit Völkern 103, 2
Mit Heil u. Rat auf unsern Fürsten 236, 5
Gott sieht die Fürsten auf dem Thron 699, 2
Da der Welt Fürst darnieder lag 181, 4
Und wenn auch gleich der Fürst d. Welt 243, 5
Der Fürst dieser Welt, wie saur er 161, 3
Kein Zorn des großen Fürsten 405, 12·13)

fürstecken.

Deine Güte steckt mir auch e. Kleinod für 712, 2

Fürstenstamm.

Den frommen Fürstenstamm 272, 7
Daß er unserm Fürstenstamm Treue 653, 4

Fürstenthron.

Baue um den Fürstenthron[1]) e. Burg 653, 3

Fürstentum.

Engel nicht, kein Fürstentum 97, 5
Kein Fürstentum, kein Pracht 328, 4
Fürstentümer u. Gewalten, Machten 384, 2

fürwahr.

Es war bei ihm fürwahr kein Scherz 502, 4
Fürwahr er meint es gut 36, 5
Fürwahr es ist vergebens mit uns. Thun 510, 6
Fürwahr, wenn mir das kommet ein 279, 3
Ich fürcht fürwahr die göttlich Gnad 417, 8
Das weiß ich fürwahr und lasse 625, 11
So kann fürwahr mir ganz u. gar 711, 2

fürwerfen.

Wirfst du mir meine Sünden für 599, 3

Fuß.

I. Gottes.
Und die purpurroten Flüsse deiner Füß 611, 2
Laß mich hier zu deinen Füßen 611, 4
Diese Füße will ich halten 611, 5
Und zu seinen Füßen sich darstellen 222, 7
Ich falle dir zu Fuße 308, 9. 577, 1
Herzlich grüßen die Mal an Händ und Füßen 135, 7
Herr wir fallen dir zu Fuße 318, 3[2])
Sollt ich nicht zu Fuße fallen 615, 1. 2
Hier fall ich zu deinen Füßen 596, 7

---

1) Var. Sächs. G. Königsthron. 2) Fehlt Anh. G.

Geh und falle ihm zu Fuß 648, 2
Und fall im Glauben ihm zu Fuß 393, 3
Da sie sich zu Jesu Füßen voller Andacht 169, 3
Ich will sitzen dir zu Füßen 718, 5
Und zugleich zu deinen Füßen sitzen 262, 2
Ihm auch zu Füßen fällt 514, 2
Alles legt ihm Gott zu Fuß 381, 1
Will sich dir zu Füßen legen 321, 2
Preis u. Dank dir zu deinen Füßen legen 316, 8
Bis dieser Kreis der Erden zu deinen Füßen liegt 103, 4
Dann geht d. Fuß auch durch Umwege 619, 2
Und du spürst nicht seinen Fuß 765, 3
Wo sie zu d. Füßen gern sich sammeln 569, 3
Zu dem Schemel deiner Füße 259, 4
Bis zum Schemel deiner Füßen 615, 5
Daß endlich d. Feinde zu Füßen daliegen 299, 6

II. Engel.

Mit zween bedeckten sie die Füße gar 370, 1

III. Mensch.

Daß unser Fuß an keinen Stein 534, 2
So daß dein Fuß nicht gleiten kann 346, 3
Da dein Fuß gehen kann 58, 1
Stärk unsre Füß und Hände 58, 12
Und hat sein Fuß vergeblich sich bemühet 362, 5
Wenn Händ und Füße beben 658, 6
Ach aber, ach wie wankt mein Fuß 304, 3
Mein matter Fuß kann nirgend fort 304, 5
Daß ihr Fuß nicht möge gleiten 628, 6
Daß m. Fuß mir nicht entgleiten kann 706, 3
Das Haupt, die Füß und Hände 515, 5
An deren Fuß und Pfad wir uns 329, 4
So lauf ich mit den Füßen 554, 9
Du aber führ mein Herz und Fuß 151, 7
Er setzt und richtet unsern Fuß 243, 9
Laß allweg sein d. Leuchte unsern Füßen 752, 9
Mein Füßen ist dein heilges Wort ein Licht 146, 9
Wenn der Fuß gestrauchelt hat 414, 3[1])
Das auf matten Füßen steht 641, 8
Sie hat fast auf allen Wegen unsern Füßen Netz 21, 4
Der Fuß muß unbeweglich stehn 306, 4
Da muß e. Fuß nach dem andern gehn 732, 3
Den einen Fuß hab ich auf Erden 358, 5
Ich war von Fuß auf voller Schand 298, 6
Und Verdruß liegen unter eurem Fuß 389, 9
All ihr Heer muß uns zu Füßen liegen 149, 3
Unter unsern schwachen Fuß 21, 7
Den Satan unter unsre Füße treten 443
Nun liegt der Tod zu meinen Füßen 118, 2

IV. allgemein.

Gottes Werk hat festen Fuß 661, 8
Mein Jesus siegt, drum liegt zu Füßen 478, 2

Fußsohle.

Bin verderbt bis auf die Fußsohl hin 704, 14

Futter.

Allem Vieh sein Futter schafft 80, 5

G.

Gabe.

I. Gott.

a) leiblich.

Geseg'n uns, Herr, die Gaben dein 211, 1
Sprich den Segen zu den Gaben 632, 1
Und ihn ehren von wegen seiner Gaben 511, 1
Fehlt mirs an keiner Gabe 106, 2
Alle gute Gabe, die ich verlanget von dir 136, 7
Ist dein Geschenk und Gab 54, 4
Es ist ja, Herr, dein Geschenk u. Gab 296, 2
Der Unversorgten Gabe 510, 12
Du Brunnquell guter Gaben 536, 1
Gott ist voll Gnad und Gaben 365, 4
Laß deine Güt u. Gaben mich — laben 630, 2
Würd er seine Gaben — wohl behalten 599, 7
Er hat sein Hand voll aller Gaben 213, 7
Lob und Ehre für solche Gaben dein 729, 2
An deines Gottes Gaben 204, 1
Du aber teilest deine Gaben recht 540, 1
Erhalte deine Gaben, daß wir uns 122, 6
Wenn ich deine Gabe, meine Kräfte 275, 3
Daß Wild u. Vieh von deiner Gab 82, 8

b) geistig.

Wohl auf dem Plan mit seinem Geist und Gaben 161, 4
So gieb mir deines Geistes Gab 704, 17
Er stehe mir stets bei mit seines Geistes Gab 14, 9
Sei m. Stab mit deines Geistes Gaben 349, 9
Daß Gott selbst mit seiner Gabe Lust 152, 1
Geduld ist Gottes Gabe 203, 4
Hier sind alle guten Gaben 200, 11
O teures Lamm, so edle Gaben hast du 475, 8
Durch dich wir haben himmlische Gaben 402, 1
Aber du willst für die Gaben deiner Huld 596, 3
Dich uns an allem Ort ergossen mit reichen Gaben 566, 2
An Vortrefflichkeit der Gaben 422, 5

---

1) Fehlt Bernb. G.

Alles ist, Herr, deine Gab 641, 2[1]
Rühmen sich gar keiner Gaben 419, 2
Wie steigt und neigt sich deine Gab 732, 1
Der ist durch Gottes Gnad u. Gab 472, 2
Sind deines Vaters Gaben 154, 2
Im Himmel sind die besten Gaben 23, 4
Kein Auge kann die Gaben überschaun 727, 2
Für alle seine tausend Gaben 691, 3
Dich Gottes größte Gabe 120, 5
Und große Gab empfangen 39, 2
Groß und ehrlich, reich von Gaben 734, 1
Lebensfürst durch deine Gabe 299, 7
Des Allerhöchsten Gabe teur 409, 2
Du bist mit Gaben siebenfalt 409, 4
Du bist ja die beste Gabe 525, 2
Ist dieser edlen Gabe wert 243, 2
Geuß ins Gemüt uns allen diese Gabe 243, 13
So bald versteht der Mensch die hohen Gaben 146, 9
Laß des heilgen Geistes Gab über mich 225, 1
Schmücke mich mit deinen Gaben 225, 5
Und mit Gaben zieret schöne 749, 3
Mit seinen Gaben mancherlei 655, 3
Ich danke dir für diese edle Gabe 244, 5
Und mich mit schönen Gaben zier 89, 6
Und danke für die Gaben 149, 7
Mein Herz mit werten Gaben zier 546, 4
Wohn im Herzen allermeist mit deinem Licht und Gaben 420, 1
Ferner deine Gab erhalte 641, 5
Ich greife freudig zu nach den Gaben 667, 2
Daß ich dich u. deine Gaben täglich 259, 1
Aber dort des Himmels Gaben 458, 5
O Gott, wie große Gaben 511, 6
Und des Himmels reiche Gaben 705, 4
Und es fällt mir jede Gabe 705, 5
Dort, dort sind die edlen Gaben 676, 10

II. Mensch.

Geben nichts als gute Gaben nur 225, 2
Herr, ich opfre dir zur Gabe 520, 3
Hier bring ich meine Gaben 671, 6
Daß zur Gabe ich ja nichts Bessres habe 671, 7

gaffen.

Laß dein Auge ja nicht gaffen 589, 9
Nicht nach dem und jenem gafft 256, 4

Galle.

Du wirst mit Essig u. mit Gall getränket 298, 2
Willst du mich — mit Gallen tränken 125, 11

Gallentrank.

Dein Durst u. Gallentrank mich lab 553, 5

Gang.

Dein Gang ist lauter Licht 58, 4
Durch deinen Gang zum Vater 15, 3
Sein Gang ist zu dir gekehret 678, 7
Führe mich, o Herr, und leite m. Gang 219, 5
Ordne uns. Gang, Liebster, lebenslang 377, 4
So fördre meinen Gang und Stand 479, 4
Und seines Gangs sich freue 362, 2
Er nimmt sich meines Ganges an 109a, 2
Ach laß meines Lebens Gang ferner 762, 12
Schwere Gänge laufen mit der Christen 288, 4

gängeln.

Er gängelt uns mit seiner Hand 720, 3
Wie die Jugend gängle mich 641, 8
Und gängelt uns m. zartem Kinderschritt 619, 6

ganz.

Will den ganzen Jesum geben 240, 1
Gott will mich ganz 236, 6
Mein ganzes Herz durchgießen 225, 1
Da mein ganzes Herze ruht 611, 4
Und den ganzen Schaden hin 611, 3
Ganz und gar zu Boden schlagen 218, 1

Ganzes.

Ja, mach, o Herr, ein Ganzes draus 470, 6

gänzlich.

Die Vaterhand gänzlich von uns 218, 1
Verlaß mich gänzlich auf dein' Namn 316, 3

Garben.

Da sie Garben machen[2]) 599, 16
Die Garben voller Lust 122, 9
Der Herr der Ernte geht u. sammelt Garben 43, 2
Bringet seine Garben heim 703, 8

Garn.

Legt Garn u. Strick, braucht falsche List 270, 6

garnichts.

Garnichts gilt jetzt ihr Zorn 199, 4

Garten.

Schau an der schönen Gärten Zier 204, 1
Meine Sünd im Garten dir abdrangen 554, 7
Dort in Christi Garten 599, 15
Und geht in Christi Garten 139, 8
Zu warten im himmlischen Garten 125, 12
In Gottes schönem Garten 203, 8
Welch heller Schein wird dort in Christi Garten sein 204, 10
Ich deines Gartens schöne Blum 204, 14
Wie mancher Garten lieget wüste 367, 2
Kirch u. Schul ein Garten Gottes sei 669, 7

Gasse.

In die Stadt der goldnen Gassen 432, 4
Ihre hellen goldnen Gassen lebenslang 432, 5
Hier sind die güldnen Gassen 178, 9

Gast.

I. Gott.

Lieber Gast, wir sind d. Reichsgenossen 321, 4
Den Weg dem großen Gast 486, 2
Ein Gast in der Welt hier ward 286, 5
Doch bist du so ein lieber Gast 356, 9
Sei uns willkommen, edler Gast 662, 8
Daß du, o längst[3]) gewünschter Gast 753, 2
Daß du zu aller Frist ein herzenslieber Gast mir bist 764, 2
Dank sei dir, du lieber Gast 778, 9
Drum komm, mein schönster Gast 420, 4
Komm, Herr Jesu, unser Gast 201, 1

---

1) Fehlt Bernb. G. 2) Var. Sächs. G. bringen. 3) Var. Anh. G. lang.

Bleibe bei uns, liebster Gast 778, 9
Daß du uns'r Gast gewesen bist 748, 3
Wo unter allen Gästen, die da kommen 569, 1
Er ist ein Gast bei jedermann 85, 2
Läßt diesen Gast sich Haus u. Zelt 243, 12
Der edle werte Gast erlöst uns 203, 4
Sei meines Herzens Gast 769, 1
Laß doch, o du werter Gast, 525, 3

II. Mensch.

Sind nur Gäst im fremden Zelt 494, 2
Den Gast der Erdenlast — entbinden 153, 11
Auf Erden bin ich nur ein Gast 553, 1
So lang ich bin der Erde Gast 57, 8
Wir sind Gäste nur auf Erden 312, 1
Ohne Zahl sind Gäste nun beschieden 103, 2
Viel frohe Gäste einzuladen zum Mahl 158, 3
Jesus bittet uns zu Gast 3, 1
Als dein Gast bei dir erscheine 240, 2
Da ich Jesu Gast gewesen 457, 1
Hier erschien ich als ein Gast 266, 1
Will dich jetzt zu Gaste laden 596, 1
Hilf, daß wir würdge Gäste sein 280, 2
Als Gäste auf das beste bei ihm laben 285, 4
Mög dein Gast im Himmel werden 596, 9
Und nicht nur als ein Gast 329, 12

III. allgemein.

Du o meines Leibes Gast 648, 2
Des Reichtums böse Gäste 359, 5
Rückfall ist ein böser Gast 589, 8

Gastmahl.

Will Gastmahl mit euch halten 416, 1

Gaumen.

Daß mir die Zung am Gaumen klebt 530, 1

gebären.

I. Christus.

Von einer Jungfrau ist geboren 114, 1
Ist uns geboren heute 114, 2
Zu gleicher Weis' geboren ward 114, 3
Daß du Mensch geboren bist 209, 1
Von Maria e. wahrer Mensch geboren 743, 2
Euch ist geboren Christus 199, 1
Herr, der du Mensch geboren wirst 132, 6
Euch ist ein Kindlein heut geboren 662, 2
Denn wo Jesus ist geboren 717, 3
Er ist geboren eur Fleisch und Blut 663, 3
Ist ein wahrer Mensch geboren 749, 2
Du bist darum Mensch geboren 602, 3
Für uns bist Mensch geboren 179, 2
Da bist du mir geboren 356, 3
Werd auch geboren inwendig 323, 7
Daß du, mein Gott, bist Mensch geboren 11, 3
Liebe, die du Mensch geboren 435, 2
Der ohne Sünde war geborn 385, 2
Daß du ein wahrer Mensch geborn 14, 1
Vergeblich wärst du mir geborn 753, 17
Gottes Sohn, von Ewigkeit geboren 547, 6

II. Mensch.

a) leiblich.

Fürsten sind Menschen vom Weibe geboren 446, 2
Auf Erden war kein Mensch geboren 30, 1
Daß ich nicht geboren wär 11, 8
Und ihr, die mich geboren 472, 1
Da ich noch nicht geboren war 356, 3
Dir zum Lob sind wir geboren 248, 1
Eh ich noch geboren bin 217, 1
Was hilft mir, sein geboren 554, 13
Mit Weinen war ich erst geborn 512, 4
Wenn wir nur geboren werden 196, 4
Zur Nichtigkeit, darin er ist geboren 77, 6
Besser wär es, nie geboren 413, 6
Darin ich war geboren 502, 2
In Sünd bin ich geboren 6, 2

b) geistig.

Nun können wir aus Gott geboren w. 567, 5
Doch er hat mich neu geboren 778, 4
Der du, da ich geboren, mich neu geboren hast 769, 1
Durch den wir neu geboren 251, 3
Und durch Geist nicht zuvor ist neu geboren 437, 2
Mich durch deinen Geist gebären 18, 4
Und aus seinem Geist geboren 604, 7
Herr du gebierest durch die Tauf uns 547, 10
Wieder neu geboren durchs Wasserbad 244, 3
Mich für u. für in Christo neu gebäre 13, 1
Bist du aus Gott geboren 183, 8
Ob du aus Gott geboren 167, 8

Gebein.

Rauscht, verdorrete Gebeine 155, 5
Ach, sieh mein Gebeine an 635, 4
Durch wessen Kunst steht dein Gebein 138, 4
Was schädlich u. nichtig m. Gebeine 125, 11
Daß mein Gebeine sich durch Gott 596, 4
Daß mein Gebein muß in das Grab 512, 2
Hier grünen die Gebein 178, 8
Es werden die Gebeine grünen 187, 6
Siehe dein Gebein versenken 456, 7

geben.

I. Gott.

a) leiblich.

Und der ihn mir gegeben 139, 4
Gott hats gegeben! Gott nimmts! 621, 8
Giebet er nicht alles reichlich 455, 4
Gott, der dir täglich alles giebt 680, 1
Gieb, was nütz ist zu Seel u. Leib 555, 8
Was er mir gegeben hat 387, 2
Jesu gieb, was nützet mir 387, 3
Denn du kannst mirs wohl geben 716, 3
Willst du mir geben, womit m. Leben 125, 10
Gott giebt! und wär ich noch so arm 230, 5
Nicht von dir allein gegeben werd 355, 3
Was ich darf, kannst du mir geben 281, 1
Nun, Herr, du giebst uns reichlich 36, 10
Wenn er was soll geben 449, 8
Gieb, was uns dient zu jeder Zeit 82, 9
Dies alles wollst du geben 510, 15
Und zur rechten Stunde giebt 661, 5
Er giebt, wenn u. wann er will 624, 3
Will Gott mir etwas geben hier 88, 4

Ich nehm es, wie ers giebet 399, 3
Gott giebt u. liebt — er wird mir endlich geben 230, 7

b) geistig.

Der sich zum Vater geben hat 749, 1
Als dem, der mir das Seine giebt 680, 4
Jesus gab sich selbst für mich 97, 2
Der sich für mich gegeben 208, 2
Wie er für dich giebet sich 462, 1
Gieb dich mir und nimm mich hin 617, 2
Weil er sich für mich gegeben 458, 1
Sondern sich selbst hat gegeben 3, 3
Du giebst dich selbst uns zu teil 3, 4
Sollt der nicht alles geben, der für dich giebt das Leben 107, 6
Ich geb mich selber ganz für dich 502, 7
Wer nur hat, was Jesus giebet 256, 7
Ich will euch geben, was ich hab 417, 1
Mit dem Worte, das du uns gegeben 25, 5
Doch gieb mir nichts als das allein 480, 3
Was — ich nicht gesehn, gegeben 472, 3
Und giebst uns, was uns hoch erfreut 355, 10
Und gieb mir hier u. dorte, was dient 293, 2
Was Christus mir gegeben 405, 3

II. Mensch.

Was kann für solche Liebe dir — ich wohl geben 620, 5
Jesus ist es, dem ich gebe 387, 2
Nun ich kann nicht viel geben 580, 10
Wie daß ich mich nicht gebe 236, 3
Ich geb mich Gott zu eigen 407, 7

III. allgemein.

Was giebt die Erde, wenn sie giebt 472, 4

gebenedeien.

O Herrscher, sei von uns gebenedeiet 619, 6
O gebenedeite Stunde 421, 7

Geber.

Dem Geber aller Güter 671, 1

gebärden.

Was willst du dich so blöd[1]) gebärden 53,1

Gebärden.

Hier auf diese Erden in armen Gebärden 222, 1
Holdselig an Gebärden 179, 7
Begegnen aller Feinde Trutz mit freudigen Gebärden 543, 4
Unsre Augen und Gebärden 713, 2
Die in Werk, Wort u. Gebärden 419, 7
Die ihr Zion liebt, mit freudigen Gebärden 178, 6

Gebet.

Der mich im Gebet vertritt 616, 5
Nur auf Christi Blut gewaget mit Gebet 47, 3
So wird dein Gebet erfüllet 300, 5(7)
Wie hältst du stille und im Gebete 141, 7
Wie mein Gebet soll recht geschehn 141, 1
Mein Gebet und Lieder 671, 6
Merk auf das Seufzen und Gebet 137, 1
In mir will ich dich mit Gebet oft grüßen 281, 8
Wird das Gebet erweckt 657, 8
Daß dein Wunsch und Gebet 755, 1
Drum muß auch dein Gebet gewiß 755, 2
Mit Händen d. Gebets ans Herz dir legt 569, 3
Mein Gebet, das muß aufsteigen 309, 7
Da steigt erhörlich das Gebet 253, 4
Zum Ringen, Wachen und Gebet 667, 4
Wer aber mit Gebet und Ringen 685, 4
Und schützt sich früh und späte mit eifrigem Gebete 203, 8
Im Gebet auch oft gestritten 721, 5
Mein Gebet laß Gnad erlangen 637, 12
Nimm den Weihrauch des Gebets 378, 3
Laß mit brünstigem Gebet 604, 10
Im Gebete stärket mich 379, 7
Wohl, wenn das Rauchwerk im Gebet 759, 4
Von Gebet u. Flehen heilig übergehen 62, 1
Das Gebet der frommen Schar 62, 3
Kann e. einiges Gebet e. gläubgen Seelen 62, 4
Und es geht e. Gebet aus von ihnen 62, 5
Heiliget das Gebet, das zu Gott sich 62, 7
Das Gebet hat Christi Gunst 62, 10(11[2])
Hier erhöret Gott Gebete 25, 1

Gebetnes.

Zu eilen, das Gebetne mitzuteilen 255, 3

Gebiet.

Ja dein ganz Gebiete ist e. Schauplatz 650, 3

gebieten.

Was Gott im Gesetz gebot 183, 2
Zu sterben und zu leben, sobald er mir gebeut 399, 8
Was er uns gebeut, d. hat e. gutes Ende 365, 5
Dir länger nicht gebieten 530, 8[2])
Durch deine Rechte u. dein Gebot gebeut 368, 2

Geblüt.

Mit deiner Lieb erfüllt mein Adern und Geblüte 356, 2
Zwinge mein Gemüte, mein Geblüte 28, 3
Wer giebt uns Leben und Geblüt 355, 6
Oder schade dem sterblichen Geblüt 58, 3

Gebot.

Wer dich veracht' und dein Gebot 704, 11
Die Gebot all uns gegeben sind 134, 11
Ich hab gebrochen dein Gebot 533, 1
Wenn ich redlich dein Gebot — übe 90, 3
Auf dein Gebot geachtet hab so selten 532, 2
Die Gebote willig treiben 585, 6
Durch deine Rechte u. dein Gebot gebeut 368, 2
Auf dein Gebot und Rat 763, 2
Laß mich auf deinen Geboten bestehn 125, 5
Geduld thut Gottes Willen, erfüllet sein Gebot 203, 9

Gebrauch.

Gott bleibt bei dem Gebrauch 621, 9
Der Himmel steht bereit ihm z. Gebrauch 191, 7

gebrechen.

Du bist der Herr, dem nichts gebricht 555, 3
Weil du weißt, was uns gebricht 415, 1

1) Var. Bernh. G. böd. 2) Fehlt vielfach.

So fühl ich doch, was mir gebricht 260, 11

Weiß er doch, was dir gebricht 701, 2

Du weißt, was meinem Glück gebricht 108, 7

Ich weiß, daß mir kein Gut gebricht 120, 5[1]

Da niemand vergebens sucht, was ihm gebricht 574, 1

Der wird nicht, wenns gebricht 677, 7

Wo Gott nicht giebet, da gebrichts 88, 3

Wenn allen Sinnen Kraft gebricht 333, 2

Dems in der Irr an Hülf gebricht 393, 3

Wenn ihm die Flamm gebricht 78, 5

Gebrechen.

Er bemerket die Gebrechen 778, 3

Der bei menschlichen Gebrechen 427, 1

Daß er alle mein Gebrechen sollte wissen 276, 4

Herr, mein Gebrechen ist immer vor mir 380, 3

Gebühr.

Daß er mir im Zorn nicht lohne nach Gebühr 577, 4

gebühren.

Sag Seele, wem gebührt das Herz 680, 2

Wenn er, wie ihm gebühret 58, 8

Denn Herr, du bists, dem Lob gebühret 735, 2

Hilf, daß ichs such, wie mir gebührt 537, 3

In dem, was mir gebühret 310, 6

Was mir zu thun gebühret 536, 2

Thu ich, was mir gebührt 687, 7

Daß es thu, was Christen nicht gebühret 139, 7

Geburt.

Durch deine heilige Geburt behüt uns 443

Gedächtnis.

In mein Gedächtnis schließen 165, 6

In mein Gedächtnis schreib ich an 63, 2

In Gedächtnis Jesum Christ 42, 4

Dein Gedächtnis in uns sein 84, 3

Wird dein Gedächtnis bei uns neu 475, 2

Gedanke.

Seine Gedanken, sein Wort u. Wille 125, 8

Gedanke voller Majestät 132, 8[2]

Sein Gedank ist mangelfrei 661, 8

Laß uns einschlafen m. guten Gedanken 129, 3

Mir stets in Gedanken sein 584, 7

Schließe mich mit den Gedanken 638, 5

Die Leuchte der Gedanken, die leuchtet 360, 4

Jesus sei mir in Gedanken 309, 8[3]

Wirke heilige Gedanken 266, 4

Gieb mir heilige Gedanken 648, 6

Weder Worte noch Gedanken 651, 5

Der Sorgen und Gedanken Lauf 660, 5

Dahin sind meine Gedanken gericht' 125, 12

Nicht mit Gedanken zugewandt 661, 2

Wenn mir Herz u. Gedanken zergehn 78, 5

Dazu all ihr Gedanken 754, 7

Denn ich bin noch voller Sünden in Gedanken 268, 2

Weicht, nichtige Gedanken, hin 517, 8

Mir auch für Gedanken macht 389, 1

gedeihen.

Wir leben und gedeihen vom alten 510, 2

Mit Freuden ist gediehen, was wir gesäet 508, 1

Kann uns auch gedeihen 404, 1

Wohl solchem Haus, denn es gedeiht 759, 7

Daß Menschenrat gedeihe 362, 2

Dein Verspeien muß zu Ehren mir gedeihen 383, 7

Durch deren Trieb d. Segen dir gedeihen 620, 4

Und laß mir Trost gedeihen 610, 4

Gedeihen.

Giebt Segen und Gedeihen 405, 6(7)

Gedeihn zu meinem Werke 264, 2

Gieb dein Gedeihen selbst dazu 404, 5

Laß dein Gedeihen fließen 274, 3

Fröhliche Frucht und Gedeihen geben 443

gedenken.

I. Gott.

Gedenk, daß dein Sohn Jesus Christ 704, 16

Gedenk an deines Sohnes Tod 496, 5

Gedenke, Herr, an deinen Bund 12, 3

Gedenk, Herr, an den teuren Eid 512, 4

Gedenk, o Herr, der schweren Zeit 66, 6

Gedenke, Herr, doch auch an mich 517, 3

Auch meiner noch wollen gedenken 323, 5

Daß mein Freund, der mich liebet, mein gedenke 625, 10

Ich muß ja gedenken dein 774, 5

Kein'r Sünd des alten Jahrs gedenk 83, 4

Und ihr' nicht mehr gedenke 763, 4

Und meiner Sünd nicht mehr gedenk 283, 5

Ach gedenke, Herr, der Sünden 336, 3

Gedenke meiner 480, 1—7

Du wirst meiner doch gedenken 476, 6

II. Mensch.

Darin man sein gedenkt 665, 5

Dein will ich stets gedenken 135, 15

So oft ich nur gedenk an dich 11, 9

Deiner Liebe zu gedenken 596, 8

An deinen bittern Tod bis ins Grab gedenken 629, 7

Gedenken will ich an dein' Tod 710, 2

Dabei wir sein soll'n gedenken 239, 2

An diesen Schatz gedenket 395, 3

Wenn der Mensch an Gott gedenkt 247, 4

So gedenk ich an dein Leiden 372, 2

Jesu, da man dein gedenkt 84, 1

Wenn ich mit Ernst hieran gedenke 306, 11

Was ihr gedenkt, ja redt und thut 417, 4

Gedenkt, wie heiß die Hölle wär 417, 14

Dahin sollt ihr gedenken 417, 15

Wenn ich nur gedenk an ihn 312, 4

Der Gottes Willen gedenket zu erfüllen 232, 9

Gedenke, daß du zu der Fahn 38, 3

In meiner Not gedenken 244, 7

O Mensch, gedenk ans Ende 568, 1—3

Gedicht.

Mit Lügen und falschem Gedicht 401, 5

1) Fehlt Bayr. und Darmst. G. 2) Fehlt Bernb. G. 3) Fehlt Anh. G.

Geding.

Wer mirs nachträgt in dem Geding 417, 2

Gedränge.

Ich weiß, du trägst m. durchs Gedränge 647, 4
Hier bleibt alles im Gedränge 589, 2
Bringt euch die Welt oft ins Gedränge 685, 6

Geduld.

I. Gott.

Du strafst uns Sünder mit Geduld 355, 9
Und strafet mit Geduld 352, 4
Vornehmlich hast du mit Geduld 326, 4
Mich mit Geduld so lange Zeit getragen 687, 1
Und hab mit deinem Knecht Geduld 666, 14
Habe noch einmal Geduld 268, 3
Und mit mir haben noch Geduld 399, 5
Trage, Herr, mit mir Geduld 528, 7
Ach Herr, hab mit mir Geduld 635, 2
Unsäglich gnädige Geduld 524, 9
Wie trägt er mit Geduld all die Seinen 223, 2
Nur stärke mit Geduld mein Herz 237, 4
So stärke die Geduld 164, 5
Es geht u. büßet in Geduld die Sünden 165, 1
Deine Sanftmut und Geduld 281, 8
Hast gelitten mit Geduld 382, 6
Und leidest alles mit Geduld 579, 7
Es hat Geduld der Herr mit s. Schafen 366, 9
Trugest du mit mir Geduld 130, 3
Gieb Mut, Geduld und Ruh 414, 5
Gieb uns Geduld in Leidenszeit 655, 4
Sonst wie du willt, gieb mir Geduld 293, 1
Verleihe mir Geduld, wenn Trübsal 294, 4
O so gieb Geduld zu beiden 377, 3
Mit Geduld durch deines Geistes Triebe 561, 6
Fried, Einigkeit, Mut und Geduld 1, 4
Segne mich — mit Vertrauen u. Geduld 316, 7
Gieb auch Geduld, vergiß die Schuld 8, 5

II. Mensch.

Und Geduld in Plage 371, 6
Viel Früchte bringen in Geduld 752, 7
Glaub, Lieb, Geduld u. Hoffnung 752, 10
Geduld haben und sanften Mut 134, 6
An seiner Huld und hab Geduld 682, 2
Wer das träget mit Geduld 608, 4
Leiden und tragen mit Geduld 329, 3
Mit Freuden und Geduld sich üb 537, 8
Und ihm sich in Geduld ergiebt 232, 9
Erwarten in Geduld die Zeit 7, 12
Wart in Geduld, die Gnad u. Huld 341, 5
Hilf, daß wir warten mit Geduld 283, 8
Es Frucht trag in Geduld 758, 6
Laß nur dein Herze in Geduld 186, 5
Denn sie flößt zu den Siegen Geduld 124, 5
Wie standhaft die Geduld 228, 1
Liebe, Glauben und Geduld 415, 5
Nur Geduld, Gottes Huld 696, 1
Erwartet mit Geduld den — Segen 398, 5
Pflanz nur Geduld durch deinen Geist 4, 3
Geduld ist euch vonnöten 203, 1—14
Doch wird Geduld sehr nötig sein 468, 7
Nur Geduld! des Himmels Huld 603, 2
Und dann in Geduld uns fassen 359, 4
Um Geduld thu ich stets bitten 407, 4
Ich fasse in Geduld mich fest 724, 5
Indessen leid ich mit Geduld 730, 4
Hoffnung tröstet mit Geduld 430, 2
Gott durch Geduld verehren 342, 6
Ehren mit Glauben und Geduld 473, 8
Hält in Geduld Gott stille 150, 5
Wer sich in Geduld ergiebt 732, 5
Die ihr Geduld getragen 178, 7
Ich aber sollte nicht Geduld — haben 622, 4

gedulden.

Ein Herz, das sich gedulde 510, 9

geduldig.

Allzeit erfunden[1]) geduldig 565, 1—3
Barmherzig, gnädig, geduldig sein 16, 4
Der du so geduldig bist 48, 4
Hilf mir geduldig tragen 709, 6
Des danket Gott in Ewigkeit geduldig 663, 6
Daß wir im Kreuz geduldig sein 744, 3
Laß mich geduldig leiden 560, 12
Ich will geduldig leiden 594, 4
Will ichs geduldig leiden 341, 8
So gieb — auch ein geduldigs Ende 203, 14

geduldiglich.

Auf daß ichs trag geduldiglich 296, 2

Gefahr.

I. leiblich.

Voller Sanftmut, ohn Gefahr 238, 6
In vieler Trübsal und Gefahr 302, 4
Daß du uns in so groß Gefahr bewahrt 83, 1
Halte bei mir in Gefahr 309, 15
Wenn wir in Gefahr geraten 355, 8
Und schützt mich vor Gefahren 457, 3[2])
Vor G'fahr u. allem Schaden behütet 54, 2
Vor Gefahr, Angst, Not u. Schmerzen 219, 2
Vor Schad, Gefahr u. mancher Plag 314, 2
Soll heute nicht betrüben kein Unfall noch Gefahr 515, 9
Keine Not, Gefahr und Streit 774, 6
In Gefahren unerschrocken 448, 2
Der Helfer in Gefahren 399, 11
Du Retter aus Gefahren 163, 2
Denn in der größesten Gefahr ward ich dein Trostlicht stets gewahr 524, 11
Wann Gefahren dräuen 90, 1
Schutz vor allerlei Gefahren 585, 9
Aus Not gerissen und Gefahr 82, 2
Die Christen gehen stets in — Gefahr 196, 3

II. geistig.

Ich bin mit Gefahr umgeben 266, 5
Daß ich die Gefahr erkenne 26, 4
Herr, nimm mein wahr in dsr. G'fahr 401, 5
Bleib allzeit ohn Gefahr 37, 4
Sind frei aller Gefahr 426, 4
Not u. Gefahr immer näher treten 449, 10

1) Var. Bernb. G. funden. 2) Fehlt Bernb. G.

Daß mirs nicht bringt Gefahr 353, 5
Ist Redlichkeit oft in Gefahr 98, 1
Daß nicht Gefahr durch ihn mir werd 310, 5
Und bringt mir nichts Gefahr 517, 4
Nun aber, wenn du die Gefahr 530, 5

Gefähr.

Ob er gleich murrt, ists ohn Gefähr 303, 4

Gefährd.

Die wir wegen viel Gefährd 41, 1

gefährlich.

Es ist gefährlich stehen in dir. Wüstenei 418, 1
Und meine Seel noch so gefährlich steht 236, 1

Gefährlichkeit.

Findt sich Gefährlichkeit 536, 4

Gefährte.

Sei du Gefährte, Weg und Stab 720, 4
Sanftmütigkeit ist sein Gefährt 451, 2

gefallen.

I. Gott.

Daß ich Gott gefallen mag 252, 5
Ihre Seele Gott gefällt 426, 4
Wie ich dir soll gefallen 559, 8
Daß ich dir, Herr, mein Gott, gefalle 90, 8
Dem Herrn in allem trachten zu gefallen 222, 5
Der Mann, der dir so wohl gefiel 753, 4
Das dir gefallen kann 740, 6
Daß wir dir allein allzeit trachten zu gefallen 690, 9
Daß ich dem, was dir gefällt 558, 6
Zu thun, was dir gefällt 9, 4
Willst du was thun, das Gott gefällt 138, 3
Als was dir nur kann gefallen 602, 15
Was dir nicht gefallen hat 268, 2
Was deinem Rat gefällt 58, 3
Herr, laß es dir gefallen 124, 8
Was dir gefällt an mir 326, 10
Was dir gefällt, das laß auch mir 362, 10
Wenns Gott gefällt, so kanns nicht 341, 5
Er schaffs, wies ihm gefällt 665, 3
Es thut ihm nichts gefallen 665, 4
Er machs, wies ihm gefällt 54, 6. 407, 2. 7
So es anders Gott gefällt 33, 4
Er machs mit mir, wies ihm gefällt 343, 1
Und dann einmal, wenn dirs gefällt 39, 3
Gieb mir, wofern es dir gefällt 237, 4
Wie, wo und wann es dir gefällt 308, 5
Denn nur, was ihm gefällt 692, 5
Und führ mich einst, wenn dirs gefällt 279, 7
Gefällt es seiner Güte 399, 14[1]
Wies ihm gefällt, will i. ihm halten stille 689, 3
Es ist genug, Herr, wenn es dir gefällt 549, 1
Denn giebst du mir, was dir gefällt 480, 6
Was Gott gefällt 681, 1—14
Wies Gott gefällt 736, 1—8
Das hat also gefallen dir 662, 12
Indes laß dies Lallen — Jesu, dir gefallen 371, 6
Was einzig dir gefällt 176, 2
So lang es ihm gefällt 679, 5

II. Mensch.

Bei Gott zu leben mir gefällt 450, 5
Nichts, das mir wie du gefällt 282, 3
Wie es dir selber gefällt 445, 2
Daß sie mir sollen beide gleich g'fallen 736, 5
Mir nun länger nicht gefällt 156, 3
Welchen nicht gefällt die unreine Lust 419, 7
Nichts ist, das mir gefalle 554, 10
Durchaus mir nicht gefällt 652, 1
Und was mir sonst gefällt 679, 8
Freud, die meinem Geist gefalle 329, 8
Was sonst der Welt gefällt 407, 5

Gefallen.

Das ist mein lieber Sohn, an dem ich hab Gefallen 77, 3
Hast nicht Gefalln an meinem Tod 533, 2
Damit der Herr der Herrlichkeit an mir Gefallen hätte 726, 5
Gott walts zu Frommen nach seinem Gefallen 129, 1
Wirke nach Gefallen, ich halt still 435, 6
Einzig nach deinem Gefallen nur leben 323, 8
Herzlich lieb ich mit Gefallen dich 558, 1

Gefallene.

Vom Bösen uns Gefallne zu erlösen 768, 1

gefällig.

So wie es dir durch ihn gefällig ist 136, 1
So wie es dir gefällig ist 424, 2
Damit wir ihm gefällig sein 30, 4

gefangen.

Gieb einmal dich gefangen 236, 5
Welt, die uns hart gefangen hält 625, 4
Mit Schmach am Kreuz gefangen hält 202, 4
Nimm mich dir selber gefangen 70, 5
Die Sünde ist gefangen 105, 2
Das sie als wie gefangen hält 23, 1
Hält der Schlaf uns noch gefangen 646, 4

Gefangene.

Alle Gefangenen los u. ledig lassen 443
Und machet die Gefangnen frei 703, 1
Hilf den Gefangnen 129, 4
Hielt an der Erde die bebenden Gefangnen fest 691, 5

Gefängnis.

Das G'fängnis er gefangen hat 745, 8
Dein Volk aus dem Gefängnis nähme 669, 5

Gefieder.

Wie ein Adler sein Gefieder 625, 2

geflissen.

Schaue, baue, was zerrissen und geflissen 543, 3
Soll mein Herz dennoch geflissen 714, 7

Gegenlieb.

So zur Gegenlieb entzündt 583, 2

Gegenteil.

Da im Gegenteil die Reichen 424, 3

---

1) Fehlt Anh. G.

Gegenwart.
Labt uns deine Gegenwart 373, 1
Gieb Licht durch deine Gegenwart 720, 5
gegenwärtig.
Gott ist gegenwärtig 226, 1. 2
Vor dir stehen u. dich gegenwärtig sehen 226, 4
Da ich werde gegenwärtig bei dir gehen 259, 5
Als was ich gegenwärtig thu 153, 10
Bauet nicht—nur auf gegenwärtge Zeit 593, 1
gehaben.
Gehab dich wohl, du schnöde Welt 450, 5
geharnischt.
Stellt Satan sich geharnischt ein 685, 6
geheim.
Was geheim ist, ist dir kund 525, 4
Geheimnis.
Das Geheimnis sr. Liebe ist die Schul 584, 2
Wer kann dies Geheimnis verstehen 323, 4
Das Geheimnis dieser Speise 596, 5
Empfanget das Geheimnis, das Gott 417, 3
Geheiß.
Daß wir nach deim Geheiß wandeln 81, 5
gehen.
I. Gott.
So geht doch Gott ein andre Bahn 754, 2
Der über uns ging alle 183, 5
Wie Rach und Eifer gehn 580, 12
Er ging in meiner armn Gestalt 502, 6
Bist in das Elend gangen 284, 3
Du bist mir zu Lieb in Not u. Tod gegangen 554, 5
Aus dieser Welt gegangen 771, 1
Jesus ist zum Vater gangen 373, 15
Wo mein Haupt durch ist gangen 37, 6
Ins Heiligtum gegangen 28, 6
Komm zu deiner Braut gegangen 21, 7
Geh selber uns zur Seiten 86, 6
Der wird dir zur Seite gehen 673, 7
Geh und stehe mir zur Seite 152, 3
Wie so schön er lasse gehn alle Thaten 661, 9
Unterdessen geht und fleußt Gottes reicher Segensbach 661, 13
II. Mensch.
a) leiblich.
Da dein Fuß gehen kann 58, 1
An mein Verhängnis gehen 399, 7
Und sie gar in der Wüsten gehn 393, 3
So will ich gehn, ohn alles Eigenwählen 724, 1
So will ich gehn, es geh durch Dorn 724, 6
Auch die Christen gehen stets in Ängsten 196, 3
Laßt uns froh zu ihnen gehn 25, 4
Daß wir durchs Kreuz ins Leben gehn 744, 4
Wo ich geh, sitz und steh 226, 8
Laß mich endlich gehen freudig 713, 10
Kommt Kinder, laßt uns gehen 418, 1. 7
Laßt mich gehen, laßt mich laufen 649, 2
Er muß gehen mit den Weisen 717, 2
b) geistig.
Auf dich laß meine Sinnen gehn 180, 4
So werd ich sicher gehn 361, 2
Doch wer ihn freudig gehet 362, 16
Lieblich, wenn man zu dir gehet 373, 3
Ich will früh zum Grabe gehen 373, 6
Ewig nicht aus Gottes Tempel gehen 38, 8
Und geh nicht wie die Blinden 153, 8
O bedenke u. erwäge, wie du gehn magst 673, 8
In die schönste Freiheit gehn 673, 9
Die deshalben traurig gehn 419, 3
Erhebt, die tief gebeuget gehn 446, 6
Mein Herze geht in Sprüngen 405, 14(13)
Komm ans helle Licht gegangen 596, 1
Von dir will ich nicht gehen 542, 6
Und geh getrost, trotz allem Zweifel 53, 10
Wer dort mit sterben geht 37, 8
Und fleißig darauf gehet 365, 8
Daß wir gehn auf seinen Wegen 239, 3
Sing, bet und geh auf Gottes Wegen 719, 7
Den engen Steig geht immer her 417, 12
Sowohl, wenn sie noch irre gehn 471, 5
Und ohne Not verloren gehn 471, 7
Versammle, die zerstreuet gehn 551, 5
Und wo ich etwa irre geh 554, 15
Und ins Verderben gehn 687, 4
Wir gehen von der Erden 224, 4
Wann mich wird heißen gehen m. Gott 515, 3
An jenem Tag wir werden gehn 512, 12
Da man kann gehn z. Himmelsfreuden 676, 8
Vor den Thron d. höchsten Vaters gehn 165, 10
Nach der ich oft gegangen 203, 13
Wird dort frisch und herrlich gehn 389, 7
Und geht in Christi Garten 139, 8
III. allgemein.
Was du regierst, das geht und steht 362, 1
Die über alles Denken geht 248, 4
Laß, o Seele, es nur gehen, wie es geht 690, 8
Gehts nicht allzeit wie es soll 661, 12
Ach sollt ihr sehen wie mirs geht 472, 1
Es ging mir, wie es pflegt zu gehn 472, 2
Beten von ganzem Herzen gehn 365, 1
Geht es nur zum Himmel zu 463, 1
Laß kein unnützlich Wort aus meinem Munde gehen 536, 3
Hilf, daß es geh von Herzens Grund 655, 1
Ob ihm gleich geht zuhanden viel Unfall 146, 7
Meine Tage gehn geschwinde 17, 2
Wie hoch die List der Feinde geht 137, 3
Keines mit dir gehen kann 494, 5
Mir geh es gleich bös oder gut 563, 6
Es geh ihm, wie es woll auf Erd 558, 4
Es gehe, wie es gehe 399, 9
Es gehe mir nach dessen Willen 340, 9
Ach Gott, es geht gar übel zu 1, 5
Es muß uns schon alles glücklich gehen 449, 9
Alles andre lassen gehn 712, 1
Wenn es ging nach Fleisches Mut 416, 13
Du bist gerecht, es gehe, wie es geh 115, 2
So und nicht anders muß es gehn 57, 2
Denke doch, es muß so gehen 765, 2
Es heißt: Kommet und nicht: Geht! 697, 8

Gehen.

O das ist sichres Gehen 86, 5

Gehör.

Den Tauben öffne das Gehör 552, 4
Das Gehör auch gar verschwindt 196, 8
Gehör und Rede nehmen ab 333, 3
Will mein Gehör verfallen 658, 5
Gehör und Eingang ferner gebe 470, 9

gehorchen.

Der dir nicht gehorchen kann 321, 6

gehören.

Dank und Herrlichkeit gehört dir 524, 13
Dir gehöret Leib und Seel 578, 1
Es gehöret dir allein 238, 5
Die gehören in der rechten Christen Zahl 419, 1
Wohl dem, der mit dazu gehöret 733, 1
Daß ich der Sünde nicht gehöre 333, 7
Wer Sünde liebt, gehört hinaus 302, 2

gehorsam.

Der Sohn dem Vater g'horsam ward 502, 6
Gehorsam sein in Lieb und Leid 655, 4
Verleih ein g'horsam Herze 8, 5
Gehorsam sein nach deinem Wort 711, 7
Und lasse die, so es gehört, dir auch gehorsam sein 498, 6
Mit Geduld gehorsam sein 80, 6
Auf dein Gebot gehorsam sein 404, 6
Du sollst — gehorsam sein dem Vater 134, 5
Gehorsam sein und danken 260, 5

Gehorsam.

Vor dir Gehorsams mich beflissen 366, 6
Ich den Gehorsam stets erneu 244, 8
Der dir mit Lust Gehorsam leist 180, 3
Dir hinfort zu Ehren leb mit kindl. Gehorsam 279, 6
Und mich im Gehorsam üben 422, 6
Sich im Gehorsam üben 167, 3
Daß ichs mit Gehorsam ehre 585, 5
Treu und Gehorsam zugesagt 330, 3
Daß unser Herz in G'horsam leb 126, 3

Gehorsamkeit.

Mit Gehorsamkeit mög — leiden 215, 6

Gehülfe.

Soll sich mir zum Gehülfen geben 524, 5

Geißel.

Deine Geißel, Dornenkron, 371, 2
Die Geißeln und die Banden 580, 5

geißeln.

Du wirst gegeißelt u. mit Dorn gekrönet 298, 2

Geist.

I. Gott.

Das den Geist des Allerhöchsten in sich 149, 6
Durch den heilgen Geist im Glauben 749, 2
O hochgeliebter Geist des Vaters 769, 1
Du bist ein Geist, der lehret 769, 5
Du bist ein Geist der Freuden 769, 6
Du bist ein Geist der Liebe 769, 7
O heilger Geist, du werte Kron 547, 9
Wir glauben an den h. Geist 749, 3. 750, 3
Dein heilgen Geist du zu uns send 278, 1
Der Geist, der ihnen wird geschenket 471, 3
Geist der Weisheit, komm u. leite mich 152, 3
Geist des Trostes, in dem Leiden 152, 4
Geist des Rats, wie oft verschwindet Rat 152, 5
Geist der Freuden, mein Gemüte 152, 6
Geist des Betens, lehr mich beten 152, 7
Füll uns mit deinem Geiste 510, 14
Des Vaters werter Geist 208, 3
Der heilig Geist herniederfährt 77, 4
Gott Vater, Sohn und heilger Geist 330, 1
Ich bin mit seinem Geist beschenkt 330, 1
Du willst — o guter Geist, mein Tröster 330, 2
Den Geist will ich dir geben 502, 9
Geuß aus auf uns den Geist 591, 4
Gieb mir den guten Geist 9, 2
Seinen Geist, den edlen Führer 625, 4
Sende mir den Geist der Kraft 221, 3
Der heilge Geist wohn uns bei 216, 3
Sein Geist wohnt mir im Herzen 405, 6(7)
Sein Geist spricht meinem Geiste 405, 8(9)
Dein Geist in meinem Herzen wohne 136, 2
Der heilge Geist uns wohne bei 655, 3
Mach in mir deinem Geiste Raum 204, 14
Dein' heilgen Geist nimm nicht von mir 592, 4
Beherrsche mein Herz, Sinn u. Mut durch deinen Geist 592, 4
Herr, dein heilger Geist uns nimmer laß 239, 3
Dein Geist stärke meinen Mut 26, 8
Send uns deinen heilgen Geist 452, 5
Dich, beider Geist, recht zu verstehen 409, 6
Laßt mich, seines Geistes voll, leben 379, 7
Ach, gieb mir deinen guten Geist 13, 10
Mein Geist, Gemüte, Kraft u. Sinn 485, 3
Mit deinem Geist und Gnaden 716, 2
Durch deines Geistes Gnad bereit 12, 5
Als er seinen Geist verhaucht 673, 2
Wo nicht deines Geistes Hand 439, 2
O heilger Geist, du höchstes Gut 29, 4
Wer durch Wasser und durch Geist 437, 2
So hebt dein Geist mein Herz zu dir 136, 3
Geist der Gnade, der im Worte mich 638, 4
Der aus dem Geist erzeuget ward 55, 4
Pflanz nur Geduld durch deinen Geist 4, 3
Daß ich durch d. Geist mög überwinden 4, 7
Dein Geist bezeugt es meinem Geiste 777, 7
Er stehe mir stets bei mit s. Geistes Gaben 14, 9
Sei m. Stab mit deines Geistes Gaben 415, 5
Geduld ist Gottes Gabe und seines Geistes Gut 203, 4
Drum gieb mir, Gott, durch deinen Geist ein Herz 622, 6
Salbe ihn mit deinem Geist 163, 3
Lehre mich selbst durch deinen Geist 368, 3
Die regiere du durch d. Geistes Rühren 368, 6
Dir, o du Geist der Gnade, laß ich 339, 4
Soviel dein Geist mir giebt, 753, 19
Licht und Wahrheit, Geist u. Wort 435, 4
Unterdessen trägt sein Geist dir 494, 9
Dein Geist d. Furcht u. Lüste überwindt 619, 12
Dein Geist reg sich ganz kräftiglich 619, 12

Durch den Geist den Glauben angezündet 64, 5
Gott heilger Geist, du höchste Kraft 666, 8
Wenn seinen Geist er sendet 107, 9
Sende deines Geistes Treiben 585, 2
Es wirke durch dein kräftig Wort dein guter Geist 359, 2
Kein andrer Geist als nur dein Geist 359, 6
Laß deines Geistes Glut in uns. Herzen 272, 1
Das hat mir bündig dein h. Geist gezeigt 345, 3
Gar zu einem Geist vertraut 583, 5

II. Mensch.

Die mit zerknirschtem Geist 279, 4
Kann nichts bestehn, das meinen Geist betrübe 554, 3
Was willst du mehr, betrübter Geist 107, 6
Denn mein Geist, der läßt sich lenken 26, 3
Ach mein Geist ist ganz erstorben 26, 4
O du mein sichrer Geist 26, 5
Daß mein Geist u. Sinn sich — übe 415, 3
So wird mein Geist sich allermeist 13, 3
Gieb dich ihm selbst zum Opfer dar mit Geiste 51, 9
Woher hätten wir den Geist 24, 3
Und bringe des Geistes erneuten Mut 299, 5
Wenn mich der Durst des Geistes plagt 349, 1
Laß mich dich im Geist erblicken 373, 9
Aber meines Geists Verlangen 373, 15
Ein tapfrer Kriegesheld voll Geist 153, 1
Wenn sich der Geist nach Christi Bilde 570, 1
Speist die Leiber, tränkt den Geist 661, 13
Und den Geist damit zu nähren 220, 8
Mir zu Geist und Leben werden 585, 3
Lehre michs im Geist verstehen 585, 5
Dein Geist wird sonst — nicht frei 236, 5
Und wards in unserm Geiste helle 691, 5
Herr, meinen Geist befehl ich dir 488, 4
Einen neuen Geist gieb mir 18, 5
Gieb du den Geist, reiche, was göttlich 70, 4
Vom Himmelsthron Geist u. Andacht 371, 1
Was ich von dir im Geist — bitt 136, 8
In Geist und Wahrheit seis gethan 248, 1
Dich, unser höchstes Gut, erhebe Geist 248, 5
Daß in uns der Geist und Glaube 643, 3
Nur daß ihr den Geist erhebt 389, 10
Erfrische Geist und Sinn 500, 5
Der Trost, der meinen Geist erquickt 777, 1
Du wollest Geist u. Herze zu dir neigen 281, 7
Schenke — einen königlichen Geist 583, 8
Laß — meinen Geist erneuen 297, 1
Selig sind die sanften Geister 424, 5
Mein Geist will himmlisch werden 594, 6
Freud, die meinem Geist gefalle 329, 8
Schaff in mir, Herr, den neuen Geist 180, 3
Die da fleußt aus stillem Geist 463, 4
Mein Geist ist froh, mein Herze lacht 54, 9
Seel und Geist ist dir verwundt 774, 3
Und sind allzeit arm im Geist 419, 2
Wie will doch mein schwacher Geist 625, 3
O du sanfter Liebesquell salbe Geist 436, 4
Und wird am Geist gestärket 167, 6
Sei unsers Geistes Stärke 543, 7
Geben unserm Geiste Kraft 21, 9
Der Geist, der ihnen wird geschenket 471, 3
Immer in einem Geist sprechen 81, 3
Daß er im Geist den Herren sitzen sah 370, 1
Wer ist, der verbundenen Geistern 397, 7
So nimm, Herr, meinen Geist zu Zions Geistern hin 184, 1
Er hat unsre Leib und Geister 32, 2
Daß ich deine Klarheit schauen mag im Geist 226, 7
Nimm hin, es ist mein Geist u. Sinn 356, 1
Gieb mir auch einen neuen Geist 592, 2
Herr, meinen Geist befehl ich dir 612, 6
Ich gebe dir den Geist in deine Hände 477, 16
Wenn von uns unser Geist gen Himmel 37, 1
Freudig meinen Geist aufgebe 240, 4
Mein' Geist will ich aufgeben 579, 1
Auf, auf mein Geist, ermüde nicht 191, 8
Der Mensch, ein Geist 707, 5
Erheb ihn ewig, o mein Geist 707, 6
Meinen Geist in deine Hände 259, 5
Da hast du meinen Geist 561, 3
So hat Geist, Seel und Leib 561, 4
Im Geiste dich verkläre 559, 4
In deiner Liebe eines Geistes sind 569, 2
Ist keine Zertrennung d. Geister geschehn 397, 1
Sobald der Geist gewichen 127, 2
Vom Fleisch wollt nicht heraus d. Geist 183, 2
Und im Geist und Wahrheit beten 225, 5
Und ich bet dich im Geist u. Wahrheit 136, 3
Unters Joch des Geistes zwingen 18, 6

III. Engel.

Daß der Vater aller Geister 300, 5
Es ist der Herr der Geister 300, 3
Schöpfer der Geister 345, 1
Tiere, Menschen, Geister scheuen 422, 2
Die Geister, d. vor dir vollendet grünen 619, 13
Alle Geister, die dich kennen 248, 2

IV. Satan.

Vertreib den bösen Geist 769, 10
Den bösen Geist vertreibe 592, 4
Was der böse Geist erdichtet 585, 7
Weg mit euch, ihr falschen Geister 585, 7
Treib, Herr, von uns fern die — Geister 129, 2
Die bösen Geister von mir treib 297, 4
Zion, prüfe recht den Geist 194, 4
Lehre mich kämpfen u. prüfen die Geister 380, 5

Geistbeseelter.

Keiner deiner Auserwählten, Geistbeseelten 253, 4

Geistesauge.

Mein Geistesaug zu dir sich richt 559, 1

Geistespforten.

Öffn ihm bald die Geistespforten 596, 2

Geistessegen.

Erfüll die Herzen deiner Christen mit Geistessegen 351, 5

Geisteswaffen.

Gieb, daß ich mit Geisteswaffen kämpf 448, 5

geistlich.
Sein geistlich Salb an uns gewandt 409, 2
Gott schüttet in sein geistlich Haus 93, 4
Daß sie geistlich auferstehn 646, 4
Mit diesem Morgen geistlich auferstehen 219, 4
Als ein Christ, der geistlich auferstanden 670, 2
Wecke — auch die Seele geistlich auf 221, 2
Hilf mir, weil ich geistlich blind 221, 2
Versöhner, Freund der geistlich Armen 777, 5
Selig sind die geistlich Armen 424, 3
Zu dem, o Gott, was geistlich ist, 752, 1
Dort, da werd ich geistlich sein 389, 7
Geiz.
Der Sorg und Geizes müßig gehn 655, 5
Geiz, Betrug und Unrecht hassen 419, 5
Noch sonst durch Geiz verführet werd 82, 9
Mein Herz vom Geiz u. Unrecht kehr 260, 8
List, Unrecht, Frevel, Geiz 294, 6
geizig.
Geiziges Brennen, unchristl. Rennen 125, 6
gelangen.
Wenn ich nun dahin gelanget 460, 4
Nach dsr. Zeit gelangen zu der Seligkeit 533, 6
Aus mördervollen Hecken gelanget 741, 5
Wann werd ich doch einmal dahin gelangen 531, 6
gelassen.
Gieb mir ein gelassen Herz 152, 4
Drum mach im Besten mich gelassen 578, 4
Gelassen mich auch in Leiden fassen 342, 1
In Taubeneinfalt dir ganz gelassen 642, 6
Mein Herz und Willen dir gelassen 257, 2
Gelassenheit.
Meinen Willen mit der Gelassenheit 306, 3
Drum bet ich in Gelassenheit 141, 8
Stille mit Gelassenheit mög — leiden 215, 6
Wir freun uns in Gelassenheit 121, 2
Geld.
Doch achtest du gar wenig vergänglich Gut und Geld 562, 3
An seiner Gnad gelegen über alles Geld 32, 1
Der für mich nicht Geld und Gold 49, 4
Pracht, Wollust, Ehre, Freud u. Geld 558, 3
Nach irdschem Reichtum Gut u. Geld 13, 6
Achte nichts ihr Gut und Geld 194, 3
Etwas geben an Reichtum, Gut u. Geld 536, 5
Von der Welt, Ehr, Lust und Geld 463, 2
Wir sollen setzen zurück Gold, Geld 295, 5
Was ist dein Gold und Geld hier 135, 12
Und mir auch immer zeiget Ehr, Geld 297, 5
Geld und Reichtum das zerstäubt 162, 4
Wo ist Reichtum, Gut und Geld 717, 5
Weg Wollust, Ehre, Pracht u. Geld 165, 7
Was ist das güldne Gut und Geld 472, 4
Es hilft kein Reichtum, Geld noch Gut 343, 5
Daß sie Geld und Gut ergötze 628, 4
Die Welt sucht Geld und Gut 679, 4
Pflegt man sonst kein Geld zu sparen 596, 3
Du sollst nicht stehlen Geld noch Gut 134, 8
Kein Geld und Gut errettet mich 333, 5
Silber, Gold und alles Geld 417, 9
gelegen.
Und an seiner Gnad gelegen 32, 1
Was er mit mir machen will, ist alles mir gelegen 357, 3
Gelehrter.
Dem G'lehrten hilft doch nicht s. Kunst 417, 10
Geleit.
Daß wir haben frei Geleit 428, 2
Gieb, daß wir heute, Herr, durch dein Geleite 444, 7
geleiten.
G'leit uns ins Leben aus dem Tod 177, 3
So g'leit du mich, Herr Jesu Christ 710, 1
Christus mich geleitet 288, 2
Geleitsmann.
Herr, du wollst unser G'leitsmann sein 403, 2
geliebt.
Als das geliebte Lieben 738, 5
Kommt es doch von geliebten Händen 599, 13
Geliebter.
Der heilige Geliebte hier 691, 8
Pfleg auch der Kranken durch deinen Geliebten[1]) 129, 4
Mein Geliebter und mein Freund 760, 1
Einzig Geliebter, du Wonne, 70, 2
gelinde.
Ach Gott, ach Gott, verfahr gelinder 325, 1
gelingen.
Herr, o Herr, laß wohl gelingen 320, 9
Für jede That, die uns durch dich gelungen 237, 2
Ach Herr hilf, laß wohl gelingen 408, 4
Herr, laß auch uns gelingen 287, 3
Es soll uns doch gelingen 161, 1
Jesu, es muß mir gelingen 167, 6
Es soll dir jetzt gelingen 502, 7
Und laß alles wohl gelingen 311, 1—4
Daß mir ist mein Werk gelungen 714, 2
Solls anders wohl gelingen 399, 1
Daß es mir bisher gelungen 762, 12
Daß alles wohl gelungen nach d. Rat 116, 2
Es uns so weit gelungen 137, 9
Dieses große Werk — mög gelingen 448, 5
Es wird ihn' nicht gelingen 754, 5
Aber wie kanns denn gelingen 690, 6
Doch ists ihm nicht gelungen 117, 1
gelobt.
Bezahlet die gelobte Pflicht 610, 9
gelten.
Meins Gottes Stimm mir mehr als deine gilt 236, 6
Hier gilt kein Verdienen 53, 2
Mein guten Werk, die galten nicht 502, 3
Es gelte wider dich kein Rat 588, 3
Macht, Ehr u. Gut vor dir nichts gilt 662, 12

1) Var. Sächs. G. als deine Geliebten.

Hier gelten nichts der Menschen Thaten 306, 6
Hier gilt garnichts als Lieb u. Gnad 243, 2[1])
Bei dir gilt nichts denn Gnad u. Gunst 55, 2
Laß dein Gnad und Barmherzigkeit mehr gelten 533, 4
Die vor Gott gilt allezeit 425, 3
Es galt ein neues Leben 77, 1
Wenn dein Wort nicht mehr soll gelten 262, 1
Zu ihm gilt unsre Reis' 224, 6
Vor dir sonst nichts gilt 718, 8
Weit über Menschen gelten 612, 3
Was wir setzen, das gilt gemein 10, 3
Dieser Tisch auch dir nicht gilt 386, 8
Ach gält es wünschen, wollt ich dich 139, 2
Drum gilt hier kein halbiertes Leben 685, 3
Hier gilt fürwahr kein Scherzen 530, 3
Garnichts gilt jetzt ihr Zorn 199, 4

gelüsten.

Dem absagen, was m. Fleisch gelüst 580, 15

Gemach.

An dir hang. in—Gemach u. Ungemach 569, 2
Die im innersten Gemache des Gemütes 174, 4

Gemächte.

Er kennt das arm Gemächte 513, 3

gemein.

Macht euch dem Kinde gemein[2]) 323, 4
Was wir setzen, das gilt gemein 10, 3
Also gehst du nicht die gemeinen Wege 619, 9
Komm in den gemeinen Rat 365, 1
Nach gemeiner Sage gr. Trübsalstage 448, 6

Gemeine(de).

Du bist das Haupt in der Gemein 144, 6
Bei seiner lieb'n Gemeine 513, 4
Deine glaubende Gemeine 768, 1
Laß sie Pfleger sein der gläubigen Gemeinde 368, 6
Schule u. Gemeinde segnen u. behüten 443
Unsre Schul u. Gemein in d. bösen Zeiten 81, 2
Was dir gereicht zu Ehren und der Gemein zu Nutz 81, 6
Einig wahres Haupt der heil. Gemeine 556, 1
Nach seinem Wort die heil. Gemeine 93, 3
Darinnen sich viel Menschen finden zu einer heiligen Gemein 351, 1

Gemeinschaft.

Da wir in der Gemeinschaft stehn 93, 1
Auch zur Gemeinschaft jener Schar 93, 1
Gemeinschaft mit dem Vater haben 93, 2
In seliger Gemeinschaft schweben 93, 4
Selig ist d. Freundschaft u. Gemeinschaft 251, 2
Kein Engel schämt nun der Gemeinschaft sich 619, 13
In der Gemeinschaft der Leiden 299, 1

Gemüt.

Mein Geist, Gemüte, Kraft u. Sinn 485, 3
Hier sieht man dein treu Gemüte 3, 4
Zu deiner Güte steht unser Gemüte 402, 1
Schenke — mir ein göttliches Gemüte 583, 8
Auf dein Gebot u. Rat kommt mein betrübt Gemüt 763, 2
Öffne dein Gemüt und Seele 678, 7
Mein Gemüt ist ganz zerrissen 374, 5
Säubre doch von Eitelkeit mein sündiges Gemüte 13, 8
Jesu, rege mein Gemüte 415, 4
Dein süßes Bild liegt mir stets im Gemüte 356, 2
Deine Seel in mein Gemüt 554, 8
Deine Güte entzücken mein Gemüte 135, 6
Das entzückt mir mein Gemüte 712, 2
Der mein Gemüt beglücket 109, 2
Und ermuntert mein Gemüt 625, 7
Erfüllen mein Gemüt in aller Not 713, 9
Regte mir oft mein Gemüt 382, 3
Laß mir deine Güte ins Gemüte 558, 2
Heilige mir das Gemüte 268, 4
Mein Gemüt sich somit dir verbindet 234, 3
Gieb ihnen ins Gemüte viel Weisheit 368, 4
Mein Gemüte suchet an dir seine Lust 152, 6
Mit den Augen des Gemüts 373, 6
Das mir sollt jetzt neigen m. Gemüte 472, 4
Vor allem mache mein Gemüte — rein 541, 2
Und hält Herz, Gemüt und Sinn 690, 1
So wird hinfort m. Gemüte stille 690, 9
Erheischet von uns allezeit ein dankbares Gemüte 534, 4
Gepreist mit dankbarem Gemüte 244, 1
Tröst mir mein Gemüte 519, 2
Bewahrt Herz und Gemüte 63, 2
Geuß ins Gemüt uns allen diese Gabe 243, 13
Erfülle die Gemüter mit reiner Glaubenszier 769, 10
Lob und Ehr aus freudigem Gemüte 64, 1
Ach wie hungert mein Gemüte 596, 4
Und stets trag im Gemüte 326, 3
Fließe, gieße deine Güte ins Gemüte 543, 5
Mein Gemüte stets zu deinem Dienst 687, 6
Sagt mir mein[3]) Gemüte 399, 14
Und mein Gemüt in sr. Güt gewöhnen 341, 2
Mit den Gemütern nur oben wohnen 144, 10
Gepreist mit freudigem Gemüte 545, 12
Dazu ein froh Gemüt 81, 4
Die besten Güter sind unsre Gemüter 125, 3
Eine Hand voller Sand, Kummer der Gemüter 676, 10

genau.

Zu genau mit ihm verbunden 389, 3

genehm.

Wie mir es heilsam, dir genehm 555, 6

geneigt.

Ach bleibe mir geneiget 453, 3

genesen.

Wenn er anders soll genesen 31, 1
Daß wir nicht konnt'n genesen 146, 1
Und laß mein Herze recht genesen 470, 6
In deinem Wesen, — genesen 144, 10

1) Fehlt Anh. G. 2) Var. Bernb. G. Kind mit dem Kinde zu sein. 3) Bernb. G. sein.

Aus so mancher Angst genesen 625, 7
Nun muß die Welt genesen 337, 2
Meine Seel ist nun genesen 459, 1
Mein Geist ist schon genesen 113, 3
So wird m. Geist, Leib u. Seel genesen 380, 4
Und wir Menschen sind genesen 428, 4
Dort aber wird er genesen 509, 6
Der ist ewig genesen 652, 4
Ich bin genesen 477, 14

Genieß.

War beflissen auf des Einigen Genieß 169, 3

genießen.

Ich muß erst diese Lust genießen 471, 10
Dieweil du den göttl. Samen geneußt 182, 7
Laß mich deinen Durst genießen 375, 8
Das man nicht in Jesu geneußt 169, 4
Daß er dein genießen kann 386, 10
Genieß der süßen Lust 621, 10
Friede dem Gewissen gieb zu genießen 68, 3
Laß mich dich auch genießen 431, 2
Hilf, daß wir drauß genießen Kraft 752, 9
Deiner Lieb und Gunst genießen 611, 4
Meine Huld, die ich dich laß genießen 620, 4
Edle Blum, laß dich recht genießen 200, 14
Laß mich dich recht genießen 143, 4
Wenn unser Glaube dich geneußt 475, 5
Da wir ein Fleisch u. Blut genießen 475, 6
Daß sie sein genießen in ihrem Gewissen 222, 4
Laß mich Armen auch genießen 654, 4
Des ich hoff zu genießen 566, 6
Dein zu genießen recht wär bedacht 16, 3
Soll er doch dein genießen 558, 4
Wenn man dich genießet 574, 4
Schaffe, daß ich dich genieß 215, 2
Ich genieß die Himmelsspeis 240, 4
Laß mich würdiglich genießen 596, 7
Was Gott genießt, genießt es auch 191, 7

genug.

Doch ists genug zur Sättigung 683, 6
Gnug, daß ich Christum bei mir hab 202, 8
Genug, wenn ich dich bei mir hab 741, 4
Gnug, Herr, wenn ich dich nur hab 624, 7
Daran sich niemand gnug freuen mag 181, 1
Ich kann dir nimmermehr danken gnug 220, 7
Niemand sehnt sich gnug nach dir 373, 4
So hab ich alles gnug 203, 14
Mir ist gnug an einem Meister 585, 7
Es ist genug 184, 1—5
Kein Lob ist, das dich gnug erhöht 248, 4
Daß dein l. Sohn für mich genug gethan 498, 5
Daß du hast gnug für mich gethan 30, 2
Er hat genug für mich gethan 528, 8
Der auch für uns genug gethan 452, 3
Der für die Welt genug gethan 563, 4
Der hat gnug für uns all gethan 752, 1
Und seinem Vater gnug gethan 471, 2
Deines Sohnes Huld hat gnug—gethan 517, 5
Der du für mich hast gnug gethan 343, 17
Das gnug für die Sünde thut 489, 3
Und für die Welt auf ewig gnug gethan 777, 4

Genüge.

Hab ich alles zur Genüg 624, 6
Hast du zu voller Gnüge 362, 17
Und ganz volle Gnüge haben 285, 4
Daß es nur zur Gnüge wein 778, 2
Wir wissen zur Genüge 224, 3
Laß uns deine teuren Gaben zur Genüge laben 597, 2
Volles Gnügen, Fried und Freude 169, 9

genügen.

Mir genügt des Vaters Wille 108, 1
So laß ich mir genügen[1] an seiner Huld 682, 2
Aber doch ist Gott genüget 49, 3
Gottes ewgem Recht genüget 590, 4
So gnüget mir zu jeder Stund 88, 6
Mir gnüget wie mein Gott es füget 722, 12

genugsam.

Kann i. gnugsam solche Treu ausbreiten 298, 8
Wie kann ich gnugsam schätzen 560, 2
Wer selig stirbt, ist gnugsam alt 512, 6

Genuß.

So gieb mir Weisheit im Genuß 348, 9

gerade.

Gott aber geht gerade fort 138, 11

geraten.

In was für Missethaten bist du geraten 298, 1
Wenn wir in Gefahr geraten 355, 8
Gerät in Hohn und Spott 405, 10(11)
Wenn ich gerat in Todesnot 335, 2
Dein Wort ist wohl geraten 192, 3
So gieb, daß es gerate wohl 536, 2
Laß unser Werk geraten wohl 126, 4
Mit Gott gehts fort, gerät auch wohl 88, 10[2])
Dann alles wohl geraten muß 88, 12[2])

gerecht.

Du bist gerecht, wir lauter Sünder 751, 2
Du bist gerecht, es gehe, wie es geh 116, 2
Ach Gott, wie bist du so gerecht 530, 6
Es bleibt gerecht sein Wille 682, 1
Der König ist gerecht 36, 5
Er ist gerecht, ein Helfer wert 451, 2
Er ist immer einerlei gerecht u. fromm 471, 6
Du gerechter Gottessohn 383, 2
Und gerecht befunden sein 419, 9
Mich Schwachen kann gerecht—machen 438, 2
Du bist gerecht, nun sollst du herrlich sein 777, 9
Uns macht gerecht der treue Knecht 635, 2
Gemacht vor Gott gerecht und gut 744, 1
Wir werden ewig — gerecht u. selig sein 250, 3
Und vor dir gerecht bestehn 238, 9

Gerechter.

Die Schuld bezahlt d. Herre, d. Gerechte 298, 4
Ist mir beigelegt der Gerechten Krone 156, 2
Wenn der Gerechte in der Not Hülf 104, 4
Laß, o Sonne der Gerechten 646, 4
Und die Hütten d. Gerechten stimmen an 47, 11

1) Var. Bernh. G. mich begnügen. 2) Fehlt Bernh. G.

Gerechtigkeit.
Barmherzigkeit mehr gelten denn Gerechtigkeit 533, 4
Dein Güt allzeit florieret[1]) und dein Gerechtigkeit 562, 4
Dein Unschuld und Gerechtigkeit 277, 2
Mit Gerechtigkeit gepaaret 255, 7
Christi Blut und Gerechtigkeit 400, 1
Er ist die Gerechtigkeit 425, 3
Wenn durch sein Gerechtigkeit 626, 4
Geh auf in mir, Glanz der Gerechtigkeit 116, 1
Nach deines Reichs Gerechtigkeit 348, 6
Nichts hilft mir die Gerechtigkeit 700, 5
In Heiligkeit, Gerechtigkeit dir dienen 393, 8
In der Gerechtigkeit, die allen Seelen 561, 5
Daß zur Gerechtigkeit mir werd 537, 4
Ohn Anstoß mit Gerechtigkeit erfüllt 537, 7
Selig sind, die sehnlich streben nach Gerechtigkeit 419, 5
Die Gerechtigkeit stets liebe 419, 10
Schenkt mir die Gerechtigkeit 231, 2
Hungern nach Gerechtigkeit 424, 6
Die höchste Gerechtigkeit ist m. erworben 169, 6
Gerechtigkeit im Himmel u. auf Erden 572, 8
In reiner Seide, welche ist Gerechtigkeit 721, 3
Gerechtigkeit auf seinem Stuhle throne 237, 6

gereichen.
Was dir gereicht zu Ehren 81, 6
Müh und Fleiß gereich zu deim Lob 126, 4

gereuen.
Daß die Speis uns nicht gereue 239, 3
Es kann mich nicht gereuen 665, 3
Das mich morgen nicht gereue 678, 5
Es soll uns nicht gereuen 418, 2

Gericht.
I. allgemein.
Und schärft mit Maßen sein Gericht 676, 5
Nehmen nicht dein wertes Nachtmahl zum Gericht 280, 3
Sein heilges Recht und sein Gericht 513, 2
Der frei Will hasset Gotts Gericht 502, 3
Der mich freiet vom Gericht 458, 5
Muß ich schon erst vors Gericht 22, 5
Und geh nicht mit mir ins Gericht 324, 1
Übe ferner dein Gerichte 527, 1
Ach Gott, — geh nicht ins G'richt 8, 3
Ach geh nicht mit uns ins Gericht 751, 3
Geh mit uns nicht ins Gericht 452, 3
Daß Gott übt ein recht Gericht 619, 8
Geh doch nicht m. mir Armen ins Gericht 593, 9
Darf kein Gerichte scheuen 405, 5
Gingst du für Sünder ins Gericht 120, 3
Tadelt nie dein himmlisches Gericht 619, 10
Daß ich nicht eß und trinke zum Gericht 266, 3
Ins Gemüte viel Weiheit zum Gericht 368, 4
II. Weltgericht.
Den bringst du um durch dein Gericht 282, 5
Laß mich nicht kommen ins Gericht 131, 3
Wenn ich muß vors Gericht 517, 6
Der wird nicht kommen ins Gericht 283, 6
Wenn ich vor Gericht soll treten 374, 9
Einst kommst du mit großer Kraft zum Gericht 275, 2
Dein Gericht schonet nicht 275, 2
Dein Gericht ließest ohne Gnad ergehn 654, 2
Den schützt er im Gericht 145, 6
Bis du erscheinest zum Gericht 123, 6
Über die Gericht zu halten 637, 5
Tod und Gericht erschreckt uns nicht 250, 3
Am jüngsten Gericht hilf uns 443
Am jüngsten G'richt mein Fürsprach sei 283, 5
Daß mich nicht treffe das Gericht 553, 12
Möchte täglich d. Gericht mir vor Augen 275, 4
Einst am Tage des Gerichts 275, 8
Ein unbarmherziges Gericht 622, 6

Gerichtstag.
Und sehe den Gerichtstag schon 333, 4

gering.
Wird niedrig und gering 447, 3
Wie bist du worden so gering 662, 9
Sein klein gering Gestalt 199, 3
Ich aber dein geringster Knecht 753, 11
Ich bin viel zu geringe der Treue 268, 1
Ja freilich bin ich zu geringe 205, 7
Die sich selbst gering hier schätzen 419, 2
Gieb, daß ich mich acht gering 419, 10
Große Leut sind samt geringen 690, 6
War alles schlecht und sehr gering 753, 14
Mein Joch ist süß, mein Bürd gering 417, 2
Nimmermehr d. geringste nur vergelten 461, 5
Wie ich das geringst nicht vermag 260, 11
Auch sonst im geringsten nicht 661, 2
Was klein, gering und bloß 661, 13
Und so gering nicht achten 258, 2
Beginnest du still und geringe 158, 6
Acht alles Kreuz gering 352, 5
Beim Sündethun scheint sie gering 53, 7

Geringer.
Er ist noch bei den Schwachen und den Geringsten 670, 8
Auch wir Geringen unsre Opfer bringen 226, 2

geruhig.
Ein still, geruhig Leben hier 545, 3

gerührt.
Gerührt von seinem Dornenkranze 691, 8

Gesalbter.
Denn den Gesalbten, seinen Sohn 699, 2
Laß deine Gnadenblicke auf den Gesalbten[2]) gehn 274, 4
Sei du dem Gesalbten gnädig 653, 1

Gesang.
Zu seinem Vorhof mit Gesang 506, 4
Mit Gesang und andrer Weisen 258, 1
Drum sag ich Dank mit meim Gesang 743, 4
Jesu, m. Heiland, mit frohem Gesang 380, 9[3])
Und jeder Odem ein Gesang 524, 2

---

1) Var. Anh. G. regieret. 2) Var. Bernb. G. aufs Haus des Fürsten. 3) Fehlt Bernb. G.

Geschäft.

Meine Kräfte für dich u. dein Geschäfte 482, 1
Dein Geschäft auf dieser Erden 249, 2
Nun ist dieses dein Geschäfte 249, 3
War — dein gewöhnliches Geschäfte 255, 4
Leiden ist jetzt mein Geschäfte 215, 3
Ist meines Heils Geschäfte 227, 7
Sein Heil laß mein Geschäfte — sein 342, 4
Stehet munter im Geschäfte 524, 3
Lehr uns verrichten heilige Geschäfte 444, 8
Herr, segne sein Geschäfte 557, 3
Und der Nacht Geschäfte fliehn 322, 4
Die fleischlichen Geschäfte 518, 2
Laß mein Fleisch und sein Geschäfte 590, 7

geschäftig.

Zu dessen Ruhm geschäftig sein 475, 9
Die Feinde sind gar bald geschäftig 470, 2

geschehen.

I. Gott.

Dein Wort, das ist geschehen 671, 5
Fort g'schieht, was dein Will hat bedacht 29, 2
Sein Will auf Erd g'scheh 752, 14
Dein Will gescheh, Herr Gott 655, 4
Was dieser will, das muß geschehen 770, 2
Es geschehe mir, mein Schild 387, 5
Was mein Gott will, das mir geschicht 689, 2
Was Gott will, das geschicht 692, 4
Wenns g'schieht nach Gottes Willen 417, 3
Was er thut und läßt geschehn 355, 17
Dein Wille nur gescheh, o Gott 686, 6
Und lässet uns viel Guts geschehn 719, 4
Es kann mir nichts geschehen 399, 3
Geschieht, was er mir ausersehn 724, 1
Wie wohl geschähe mir 542, 7
Was einst für alle Welt geschehn 223, 4
Und sprich: Es soll geschehn 669, 3
Durch dich geschieht, was nur geschicht 547, 6
Nimm wahr, was heut geschicht 37, 1
Solches ist noch nie geschehen 3, 2
Amen, ja es soll geschehen 714, 10
Pflegt auf Erden zu geschehn 661, 6
Und was denn nun so geschicht 661, 6

II. Mensch.

Ach, wo was Guts von mir geschicht 524, 8
Wo den Frommen Weh geschiehet 229, 2
Nichts ist jemals geschehen 232, 7
Ist andern auch geschehen 232, 10
Im Namen deines Sohns geschicht 136, 6
So werd ich nicht, wie sonst geschicht 13, 8
Laß mich ja nicht, wies wohl geschicht 8, 5

III. allgemein.

Wär ja der Fall geschehen 609, 6
Es wird gewiß geschehen 339, 6
Wie so manches Mal ist das geschehn 138, 8
Daß, was geschicht, gescheh zu 341, 3
Wer weiß, was sonst noch soll geschehn 187, 5
Und ist bald damit geschehn 463, 4
So laß ichs gern geschehen 153, 10
Daß nun dieses mög geschehen 593, 2
Ich weiß, es wird geschehen 755, 4

Geschenk.

Es ist ja, Herr, dein Geschenk u. Gab 296, 2
Dazu mein Hausgesind, ist dein Geschenk 54, 4
Mit köstlichen Geschenken 36, 9
Nimm alles auf als ein wohlbedacht Geschenk 494, 12
Für dein Geschenk, die gute Nacht 660, 6
Das Herze bring ich dir zur Gabe und Geschenk 467, 1

geschickt.

So bist du recht wohl geschickt 386, 9
Wenn sie hurtig und geschickt 584, 4
Hier wächst ein geschickter Sohn 661, 4

Geschlecht.

Ihr seid nun worden Gotts Geschlecht 663, 6
Als e. vollendeten Heilands Geschlechte 299, 8
Nahmst du mich in dein Geschlecht 441, 2[1]
Zu erlösen das menschlich Geschlecht 271, 3
Da er das menschl. Geschlecht gesegnet 107, 3
Bewahren rein vor dsm. argen G'schlechte 10, 6
Dem menschlichen Geschlechte 395, 4
Einem sündlichen Geschlechte 255, 7
Von dem himmlischen Geschlechte 422, 4
Ein bald verwelkt Geschlechte[2]) 513, 3

Geschmeide.

Unsre Freude u. köstliches Geschmeide 224, 6

Geschöpf.

Daß dein Geschöpf soll vor dir sein 409, 1
Bin ich, mein Heil, auch dein Geschöpf 151, 5
Dies laß ich kein Geschöpf mir rauben 484, 4
Nicht im Geschöpf, nicht in den Gaben 327, 3
Und bringe dein neues Geschöpfe herfür 299, 4
Das Geschöpf der Gruft entschweben 637, 4
Was Geschöpfe haben, kann den Geist 34, 3
Der Geschöpfe in den Feldern 422, 2

Geschoß.

Laß kein feindliches Geschoß 735, 4
Brächt er gleich davor Geschoß 599, 5

Geschrei.

Wie kannst du das Geschrei vertragen 325, 3
Drum will ich enden mein Geschrei 325, 8
Von dem G'schrei zittert Schwell 370, 2
Der Feind trieb groß Geschrei 37, 2
Löse der Krieg und sein Geschrei 235, 2

geschwind.

Reiche—deine Gnadenhand geschwinde 641, 8
Biet mir deine Hand geschwind 234, 10
Du Wagen Eliä, hole mich geschwind 139, 11
Es stirbt nicht zu geschwinde 708, 3
Herze, Hand und Mund so geschwind 268, 2
Meine Tage gehn geschwinde 17, 2
Ach, wie geschwinde und behende 722, 1
Kurz ist die Zeit, der Tod geschwind 530, 6
Und geschwind zerbricht sein Joch[3]) 599, 13

---

1) Fehlt Bernb. G. 2) Var. Bernb. G. er kennt das arm Gemächte. Bayr. G. ein nichtiges Geschlechte. 3) Var. Anh. G. schnell zerbricht des Kreuzes Joch.

Lehrt uns treulich und geschwind 605, 2
Dann verstäubt die Angst geschwinde 217, 4

gesegnen.

Gesegn euch Gott der Herre 297, 9
Gesegn euch Gott, ihr Meinen 344, 4

Gesegneter.

Du Gesegneter des Herrn 321, 8. 678, 1
Du segnest ja so gern, Gesegneter 424, 1

Geselle.

Gotts Sohn ist worden eur Gesell 663, 4
Ich bin stets sein Gesell 37, 6

gesellen.

Bis er sich zu mir gesellt 583, 10

Gesellschaft.

Gesellschaft reich an Lust 170, 5

Gesetz.

I. Übertretung.

Was das Gesetz dir Guts verspricht 212, 4
Wo das Gesetz den Sünder findt 212, 5
Des Gesetzes starker Hammer 678, 2
Blitzt auf mich des Gesetzes Weh 741, 3
Des Gesetzes Fluch mich Sündenkind 333, 4

II. Erfüllung.

Noch mußt das G'setz erfüllet sein 183, 5
Das ganz Gesetz hat er erfüllt 183, 5
Er hat das Gesetz erfüllt 462, 4
Das schwer Gesetz für mich erfüllt 666, 5
Du hast das Gesetz erfüllet, des Gesetzes 255, 8
Der dich, Herr liebt u. dein Gesetz 704, 12
Gern dein Gesetz erfüllen 123, 6
Der mit Lust u. Freude das Gesetz 758, 2

III. Nutzen.

Gott hätt sein Gesetz drum geben 183, 3
Es wird die Sünd durchs G'setz erkannt 183, 9
Wenn das Gesetz den Zweck erreicht 212, 7
Treib mich, o Herr, durch dein Gesetz[1]) 212, 8
Mich im Gesetz zu üben 212, 9

IV. allgemein.

Was Gott in dem Gesetz gebeut 212, 2
In dem Gesetz wird unsre Pflicht 212, 3
Die Gerechtigkeit, die v. Gesetz herrühret 700, 5
Aber dein Gesetz u. Gnade leitet mich 585, 4
Es mag Gesetz, Höll oder Tod 333, 8
Was schreckt mich des Gesetzes Wetter 334, 3
Kirch, Wort, Gesetz, all Ehrbarkeit 270, 5
Hängt nie an menschlichen Gesetzen 619, 2
Der kein Gesetz mir geben kann 333, 6

Gesetzbuch.

Wo nicht dein Gesetzbuch lehrt 433, 5

gesetzt.

Der Schmerz sei groß, ich bleibe doch gesetzt 777, 8

Gesicht.

Er hat alles im Gesicht 778, 3
Bis uns dein so treu Gesichte 527, 1
Kehr zu mir dein Gesicht 467, 3
Als aber dein Gesichte, mein Gott 352, 6
Zu sehen ohne Decke dein Gesicht 529, 2(3)
Verbirg auch dein Gesicht, du Hülf 350, 4
Ein jeder sein Gesichte 418, 2
Wenn du uns trittst vors Gesichte 373, 8
So schlag ich nieder mein Gesicht 563, 2
Sie stellen, Herr, mir vors Gesicht 366, 7
Laß vergehen das Gesicht 458, 3
Herr, berühren mein Gesichte 226, 6
Bis mein Gesicht erblaßt 420, 4
Wenn mir vergeht all mein Gesicht 283, 2
Wenn mein Gesicht vergeht 338, 3
Lieb erweisen bei e. freundl. Gesicht 741, 2

Gesinde.

Sein Haus, Land, Vieh, Gesind 704, 10

gesinnt.

Mehr als väterlich gesinnt 624, 4

Gespött.

Von dir jetzt ein Gespötte treibt 607, 3
Denn ihr Gespött samt ihnen drauf 752, 4

Gestalt.

Da erweiset sich gar bald seine göttliche Gestalt 717, 3
Sein klein gering Gestalt 199, 3
Und nimmt an sich eins Knechts Gestalt 447, 3
Er ging in meiner armen Gestalt 502, 6
Des Teufels G'walt, des Tods Gestalt 549, 3
Da bleibt nichts denn Tods Gestalt 76, 3

Gestalten.

Des Glaubens recht Gestalten 183, 6

Geständnis.

Es gilt ein frei Geständnis 564, 4

gestern.

Sie rufen: Gestern wars an mir 756, 9
Da währt die Freud heut, gestern 158, 3

Gesuch.

Verdorben mit nichtswürdigem Gesuch 604, 4

gesund.

Von Mutterleibe an frisch u. gesund 500, 3
Neu aufstehe vom Schlaf frisch u. gesund 81, 1
Gesund und mäßig Leben 81, 4
Laß mich dann gesund erwachen 268, 7
Zu Weg und Steg gesund dich spar 346, 8
Wer heut ist frisch, gesund und rot 631, 6
Gesunden Leib gieb mir 536, 1
Drum bet ich bei gesunden Tagen 358, 7
Verleih gesunde Luft 274, 7
Darin ist leider nichts gesund 366, 6
Dein Wort macht Leib u. Seel gesund 289, 2
Daß du mich machst gesund 364, 5
Halten uns zeitlich und ewig gesund 125, 8

Gesundheit.

Der dir Gesundheit verliehen 445, 3
Die hat mich reich beladen mit Ruh, Gesundheit 366, 4
Nach des Fleisches Mut in Gunst, Gesundheit 417, 13
Gesundheit, Heil und Leben 399, 12
Gieb mir Gesundheit und verleih 348, 10
Gesundheit, Ehre Glück und Pracht 45, 5

1) Var. Hann. G. Treib mich durch des Gesetzes Fluch.

Getreide.
Tier und Kräuter und Getreide 625, 6
Laß wachsen Gras, Getreid u. Wein 82, 8
getreu.
Wollst du mir, o getreuer Gott 260, 1
Gott ist und bleibt getreu 228, 1—6
Gott ist getreu, drum will ich 682, 3
Er bleibt getreu den Seinen 692, 2
Ach ohne dich, getreuer Jesu 21, 3
Die mein Jesus, mein getreuer 463, 6
Jesus, der getreue, in dem ich mich freue 462, 3
Er ist und bleibet stets getreu 243, 11
Der mein getreuer Beistand sei 541, 3
Der Herr ist m. getreuer Hirt 109a, 1. 109b, 1
Sein Engel, der getreue 399, 13
Sei getreu 608, 1—5. 7—9
Drum getreu, getreu aushalten 608, 6
Sei Gott getreu 609, 1—7
Bleib ich, Jesu, doch getreu 583, 9
Und als getreue Freunde 368, 6
Ewig will getreu verbleiben 461, 6
Seid und bleibt ihm nur getreu 425, 8
Daß wir dir getreu sein mögen 448, 9
Daß wir getreu dir bleiben 543, 3
Bleib getreu in allen Leiden 774, 6
Ein getreues Herz hilft streiten 162, 2
Sei bis in den Tod getreu 194, 2
Verricht das Deine nur getreu 719, 7
Und giebst getreue Hirten 144, 7
Getreuer.
Zu den Scharen der Erwählten u. Getreuen 213, 14
Der bis in den Tod Getreuen 634, 2
getreulich.
So getreulich hast bewahrt 714, 2
Dir getreulich nachzueilen 377, 1
getrost.
Getrost ist mir mein Herz 487, 1
Ich bist ganz getrosten Muts 390, 6
Drum ist getrost mein Herz u. Mut 700, 3
Sei Seele nur getrost 228, 4
Geh getrost trotz allem Zweifel 53, 10
Getrost Sohn, du bist mein 777, 6
Auf Jesum Christ getrost u. selig 547, 11
Ins Himmels Saal getrost 243, 11
Daß ich getrost und frei 554, 16
Getrost und freudig rufen an 244, 5
Getrost u. froh bei Tag und Nacht 772, 1
Schrei getrost, du mußt nicht zagen 701, 4
Daß wir getrost und all in ein 502, 1
Könnt ich je getroster werden 59, 2
Sei getrost, mein Sohn 347, 3
Ist er erbost, ich bin getrost 153, 7
Drum sei getrost und gläube fest 566, 9
Drum halt ich mich getrost zu dir 282, 6
So fall ich dir getrost in deine Hände 341, 7
Sei getrost und gutes Muts 765, 6
Nun hilf uns, fröhlich und getrost 412, 3
Dem will ich mich getrost vertraun 340, 5
Und hofft getrost auf Jesum Christ 446, 3
Getrost und frisch sie greifen an 10, 4
Tretet nur getrost zum Throne 429, 5
Seid getrost und hoch erfreut 389, 8
Seid nur getrost und gehet ein 187, 3
Läßt sich getrost beschweren 203, 7
getrösten.
Mich deiner zu getrösten[1]) 347, 1
Seiner kann ich mich getrösten 624, 4
Getümmel.
Mit Posaunen und Getümmel 28, 2
Mit prächtigem Getümmel 224, 1
Hier im irdischen Getümmel 384, 2
Fern aus dem Getümmel war erhoben 448, 2
Ich fände Unruh im Getümmel 690, 2
Sie schmecken den Frieden bei allem Getümmel 182, 5
Wahre Treu kommt dem Getümmel 589, 15
Richt dein Herze vom Getümmel 52, 2
Laß der eitlen Welt Getümmel 220, 10
gewahr.
Ward ich dein Trostlicht stets gewahr 524, 11
gewähren.
Aus Gnaden mir gewähren 366, 1
Wird beiderseits gewähren 399, 15
Wer das begehrt, dem wirds gewährt 689, 4
So wirst du mir schon gewähren 438, 3
Den wahren Glauben mir gewähr 537, 1
Sie hier noch d. ewigen Lebens gewährst 299, 7
Wird von Gott ihr selbst gewährt 618, 9
Mir gnädig, eh ichs bat, gewährt 45, 3
Und mir neue Kraft gewähren 18, 4
Das wollst du mir gewähren 260, 10
Ach gieb mir u. gewähre mein Bitten 203, 13
Sei mir von dir gewährt! Gott du gewährst es 686, 5
Friede zugleich der Obrigkeit gewähre 68, 3
Und ewger Freud wird gewähren 509, 5
Gewalt.
Er äußert sich all sein Gewalt 447, 3
Sein mächtig groß Gewalt 199, 3
Gar heimlich führt er sein Gewalt 502, 6
Sein Macht u. G'walt unendlich ist 745, 3
Sein ist Gewalt und Macht 250, 1
Wer überwindt, bekommt Gewalt 38, 6
Daß großer Leute Gnad u. Gunst, Gewalt 260, 2
Nichts durch Gewalt hinnehme 260, 8
Und mit Gewalt verschwemmet 674, 2
Die sich mit G'walt erheben hoch 1, 6
Daß dich nicht die Welt durch Gewalt bezwinge 449, 5
Und nahm über uns Gewalt 76, 2
All sein Recht und sein Gewalt 76, 3
Kein Gewalt noch Unrecht sei 419, 5
Nicht Gewalt, nicht Gold, nicht Ruhm 97, 5
Den mag gar bald des Teufels G'walt 146, 6

1) Var. Bernd. G. Mich deiner Hülf zu trösten.

Wenn mich anficht des Teufels Gewalt 549, 3
Geschoß und Gewalt der Höllen 599, 5
Vor Teufels G'walt fortan behüt 29, 4
Des Satans Zorn u. groß Gewalt 655, 3
Hat erlöst vons Teufels G'walt 509, 8

gewaltig.

Kein Strom so gewaltig fließen 693, 5
Gottes Sohn, gewaltig, herrlich 501, 8
Der seinen Feind gewaltig fällt 303, 2

Gewand.

Mit dem festlichen Gewande deiner Unschuld 768, 4
So überdeckt uns sein Gewand 720, 3

gewarten.

Dem er einzig recht bewußt, endlich zu gewarten 599, 15

gewärtig.

Und seid stets sein gewärtig 505, 6
Und seid des Heils gewärtig 178, 1
Deines Winks bin ich gewärtig 59, 4

Gewicht.

Dieser Leiden schwer Gewichte 590, 3
In der Not gar ohn Gewicht 690, 6

Gewinn(st).

Sie habens kein Gewinn 161, 4
Hat diese Ehre zum Gewinn 53, 2
Dir von Schätzen dort erstrebst, das ist Gewinn 308, 3
Mir zueignen zum Gewinst 408, 3
Dein ganz Verdienst ist mein Gewinst 465, 3
Hier erlangt man zum Gewinste 25, 4
Da läßt Gewinn stets auf Gewinn 492, 3
Sei du mein Gewinn 718, 9
So ist der Himmel mein Gewinn 148, 2
Denn Armut ist Gewinn 158, 2
Mir ist Gewinn, wenn ich allein bei Jesu 723, 3
Und dieses achten für Gewinn 168, 5
So war nur Unruh der Gewinn 691, 5
Leiden ist jetzt mein Gewinst 215, 3
Denn sein Tod ist mein Gewinn 156, 3
Und sein Tod ist mein Gewinn 31, 3
Dann ist Sterben uns Gewinn 42, 4
Ist Sterben mein Gewinn 48, 3
Bleibt der Centner dein Gewinn 494, 4
Sterben ist mein Gewinn 78, 1. 297, 3. 579, 2
Und das Sterben ein Gewinn 173, 5
Er ist nur mein Gewinn 341, 1
Sterben ist jetzt mein Gewinn 425, 4
Ist es mein großer Gewinn 70, 2
Der Tod sein ein Gewinn 473, 10
Sterb'n ist Gewinn u. schadt mir nicht 343, 10
Und das End ist mein Gewinn 690, 7

gewinnen.

Du kannst mein Herz gewinnen 366, 3
Durch sein teures Blut gewinn 625, 3
Doch du gewinnst ihn ohne Schlacht 91, 2
Und Jesum gewinne 169, 10
Ich gewinns, wer nur will wetten 736, 8
Durch Gleisnerei den Nächsten nicht gewinnen 13, 7
Daß sie Lob und Ruhm gewinnen 584, 3
Daß sie neuen Raum gewinnen 299, 5

gewiß.

Du gewisser, neuer Geist 414, 6
Der neu, gewiß und willig heißt 541, 3
Die Gottes Geist den' gewiß verheißt 146, 9
Mach unsers Glaubens uns gewiß 123, 5
Der macht das Herz so ganz gewiß 104, 2
Ich bin gewiß in meiner Liebe 332, 2
Ich bin gewiß in meinem Leben 332, 3
Ich bin gewiß in meinem Leiden 332, 4
Ich bin gewiß in meinem Hoffen 332, 5
Ich bin gewiß in meinem Sterben 332, 6
Ich bin gewiß, so soll es heißen 332, 7
Ich bin gewiß, an mir fängst dus nicht an 777, 5
Und bin ich seiner erst gewiß 691, 3
Gewiß ihn unter uns zu haben 691, 3
Ich glaub und bin es ganz gewiß 722, 12
Das steht gewiß u. bleibt mein Teil 135, 9
Meines Heils gewiß zu sein 193, 6
Sind gewiß, daß wir dein Teil in Christo 243, 3
Das hält und giebt er g'wiß 417, 16
Und wird gewiß von dir erhöret 136, 6
Ich glaub g'wiß gar, daß es sei wahr 548, 4
Laß dein Wort gewisser sein 414, 7
Das Wort, das fest ist und gewiß 51, 7
Setzt Gott kein g'wisse Tage 183, 11

gewißlich.

Wird d. Krieg gewißlich wohl ablaufen 243, 6

Gewissen.

I. Gewissensnot.

Und schlägt das G'wissen nieder 183, 9
Mein Gewissen ist erwachet 21, 3
Sein verwundt Gewissen heil 552, 3
Klagt mich mein Gewissen an 584, 6
Mein G'wissen wird mich nagen 710, 2
Den sein Gewissen naget 279, 5[1])
Die im Gewissen ohne Ziel 279, 1
So oft dich dein Gewissen nagt[2]) 53, 3
Ein andres saget mein Herz und mein Gewissen 366, 6[3])
Mir ist befleckt sehr greulich m. Gewissen 281, 4
Und zerfrißt mich m. eigenes Gewissen 678, 3
So schreckt mich mein Gewissen 7, 3
Mein Gewissen klagt mich an 22, 1
Die mein Gewissen mir — hält für 380, 2
Machst du sein Gewissen rege 336, 4
Wenn d. Gewissen mir die Sünden sagt 440, 4
Und fühlen leider im Gewissen 751, 1
Wenn mein bös Gewissen schreiet 375, 4
Das strafe bald in dem Gewissen 578, 6
Mein Gewissen strafe mich 275, 7
Mit schwerem G'wissen leiden 417, 5

II Gewissenstrost.

Jesu, mein Gewissen still 371, 5
Du wirst mir stillen mein Gewissen 374, 11

---

1) Fehlt Bernd. G. 2) Var. Bernd. G. So schwer dein Herz dich auch verklagt. 3) Fehlt Anh. G.

Es ist vollbracht, schweig m. Gewissen 188, 3
Schweig Gewissen, zage nicht 97, 4
Daß sie sein genießen in ihrem Gewissen 222, 4
Erfreuest sein Gewissen 558, 4
Friede dem Gewissen gieb zu genießen 68, 3
Laß du auf mein Gewissen ein Gnadentröpflein fließen 763, 2
Wer stärkt den Frieden im Gewissen 725, 2
Unverletzte Seel u. rein Gewissen bleib 536, 1
Ein versöhnt Gewissen sei m. Ruhekissen 315, 2
Ein gut Gewissen auch dabei 537, 7
Laßt mich einen gnädgen Gott und ein gut Gewissen finden 379, 8
Mein Gewissen quält mich nicht 390, 7
Hier ist zwar ein befleckt Gewissen 330, 6
Es wird dem zitternden Gewissen 475, 3
Und mein Gewissen nicht versehr 88, 9
Was mir sagt mein Gewissen 11, 4
Nur ein ruhiges Gewissen 456, 3

gewissenhaft.

Lehre mich gewissenhaft m. Tage zählen 275, 5
Laß überall gewissenhaft nach d. Wort 495, 7

Gewissensschmerzen.

Wer empfindt seine Sünd und Gewissensschmerzen 200, 10

Gewitter.

Das Gewitter leget sich 464, 7

gewogen.

Es sei mir Gott nicht gewogen 599, 7
Du bist mir auch daher gewogen 722, 9
Warst du mir schon gewogen 554, 14
Seine Seel ist uns gewogen 421, 4
Wie bist du mir so sehr gewogen 327, 2
Bleibt doch sein Herz gewogen 341, 1

gewöhnen.

Laß meine Seele sich gewöhnen 364, 7
In seiner Güt gewöhnen fest zu stehen 341, 2

Gideon.

Er wird durch seinen Gideon 659, 2

gießen.

Wie Menschen Wasser gießen 77, 7
Vor Freuden Thränen gießen 139, 10
Geuß ins Gemüt uns allen dse. Gabe 243, 13
Geuß sehr tief in mein Herz hinein 734, 3
Geuß deiner Gnaden reichen Strahl 735, 5
Die sich in fromme Seelen geußt 543, 2
Gieße deine Güte ins Gemüte 543, 5
Gieß in unsre bange Seele den Frieden 452, 5
Gieß indessen in die Seele 529, 5(6)

Gift.

Wird mir nicht Gift einschenken 682, 3
Des Todes Gift, der Höllen Pest 572, 4
Was schadet mir des Todes Gift 165, 9
Christus ist sein Gift gewesen 428, 4
Der worden ist der Höll ein Gift 64, 4
Vor Satans List und Gift 203, 8
Die sündl. Begier mit ihrem Gift[1]) 184, 2[2])
Dieses Gift steigt zu dem Herzen 21, 2
Die ihren Gift in unsre Fersen bringen 191, 2
Daß nicht der Gift kann in die Seele 191, 2

Glanz.

Auf e. hohen Thron in hellem Glanz 370, 1
Von der Engel hellem Glanz 80, 2
Der Glanz der Herrlichkeit 567, 3
Diamanten sind zu dunkel vor d. Glanz 583, 6
O sinke du vor seinem Glanz 51, 8
Ein Kind d. Höchsten sein, e. reiner Glanz 191, 4
Daß er leucht wie der Sonne Glanz 553, 13
Der wird ihm seinen Glanz anziehn 728, 8
Des Tages Glanz ist tot 498, 1
Ihr Glanz muß dir e. dunkler Schatten 619, 3
Was ist der Glanz der Sonne 253, 2
Dein Glanz und Freudenlicht 355, 14
Daß dein Glanz stets vor mir sei 714, 4[2])
Du väterliches Lichtes Glanz 67, 1
O du Glanz der Herrlichkeit 439, 3
Dein Glanz erstreckt sich weit 562, 4
Sei unser Glanz in Wonne 237, 3[2])
Mein Jesus ist mein Ehre, mein Glanz 405, 4
Ach bleib mit deinem Glanze bei uns 2, 3
In seiner Wahrheit Glanze sich sonnet 189, 3
Du schöner Glanz, dein süßes Bild 356, 2
So lange mich dein Glanz bescheint 364, 2
Laß an mir deinen Glanz 151, 8
Schaue, welch ein Glanz mit Freuden 713, 1
Seinen Glanz uns sollte gegen 713, 4
Noch steht in wunderbarem Glanze 691, 8
Hat den vorgen Glanz empfangen 373, 15
Geh auf in mir, Glanz der Gerechtigkeit 116, 1
Durch deines Lichtes Glanz 412, 1
Tritt mit deinem Glanz herfür 437, 3
Glanz der Herrlichkeit 718, 3
Der durch seiner Gnaden Glanz 76, 6
Des heilgen Geistes Glanz u. Schein 546, 3
Daß ich mög in deinem Glanze 115, 14
O reiner Glanz der Ewigkeit 578, 7(8)
In verklärtem Glanz erwacht 646, 7

glänzen.

Weil des Herren Angesicht glänzt 718, 2
Sieht man dich am schönsten glänzen 422, 3
Komm der Seele näher, glänze 373, 11
Sie glänzen hell und leuchten klar 270, 2
O wie glänzt die schöne Krone 712, 2
Soll glänzen wie ein Gottessohn 39, 9
Ach wie helle glänzest du 31, 6

Glänzen.

Bringt uns. Grenzen m. ihrem Glänzen 125, 1

Glas.

Wie die Sonn durchscheint das Glas 114, 3

Glaube.

I. Gabe des Glaubens.

Um den rechten Glauben allermeist 497, 1
Zu dem Glauben versammelt hast 412, 1
Den wahren Glauben mir gewähr 537, 1
Wär mein Glaub wie Senfkorn klein 537, 6
Auch den Glauben mir u. allen giebst 641, 2

---

1) Var. Sächs. G. Von Adams Falle bleibt der Sünde Gift. 2) Fehlt Bernb. G.

Sollt ihr Glauben auch so klein 641, 4(3)
So viel ich an Glauben find 641, 6(5)
Doch den Glauben auch anzünde 281, 3
Diesen Glauben anzuzünden 193, 5
Zünd in mir Glauben an und Lieb 666, 14
Bis ans Ende Glauben immer fester 605, 3
Ein Vater, ein Glaube, ein Geist 397, 2
O Jesu, unsern Glauben mehr 83, 6
Im Glauben fest und wohlgerüst 655, 7
Stärk unsern Glauben immerdar 655, 9
Erst einen festen Glauben 13, 5
Herr, stärke mir den Glauben 361, 2
Den Glauben stärk, die Lieb erhalt 310, 5
Meinen schwachen Glauben stärk 641, 3(2)
Meinen Glauben täglich mehr 641, 5(4)
Er will ihren Glauben stärken 701, 4
Was sich vom Glauben in mir findt 537, 10
Herr Jesu, stärk den Glauben mein 400, 3
Mein Herz mit Lieb u. Glauben zier 555, 7
Der uns mit Glauben ausgeziert 251, 3
Herr, bewahr auch unsern Glauben 414, 7
Erhalt mein Herz im Glauben rein 11, 12
Halt uns im festen Glauben 218, 1
Daß ich dich kann mit wahrem Glauben fassen 254, 6
Den rechten Glauben, Herr, ich mein 353, 1
Wenn er uns stärkt im Glauben 107, 10
Der Glauben wirkt in unserm Geist 292, 3
An Glauben, Hoffnung, Liebe 189, 5
So hilf uns, Herr, zum Glauben 189, 6
Weil doch des Glaubens Kraft u. Triebe 292, 3
So lebt doch Gott, der Glauben hält 292, 4
Mit entschlossnem Glauben 90, 9

II. Wesen.

Meines Glaubens Licht 602, 4
Weil im Glauben ich nun ergreife dich 602, 10
Das hält der Glaub dem Tode für 76, 5
Der Glaub will keins andern leben 76, 7
Der Glaub sieht Jesum Christum an 183, 1
Des Glaubens recht Gestalten 183, 6
Aus einem rechten Glauben 183, 10
Denn das nicht rechter Glaube wär 183, 10
Doch macht allein der Glaub gerecht 183, 10
Dran wir den Glauben merken 183, 10
Ach laß mich im Glauben finden 26, 8
In dem mein Glaube sicher ruht 777, 8
Worauf all unser Glaube ruht 53, 5
Der Glaub ist eine starke Hand 476, 10
Ich halte dich im Glauben 120, 2
Der Glaube und die ewge Liebe 206, 9
Ich wandle hier, mein Gott vor dir im Glauben 227, 1
Gezieret durch dein Blut mit Glauben 281, 4
Ja mit Lieb und Glauben küssen 281, 8
Der mir im Glauben schenkt 208, 2
Daß sich mein Glaube immerfort 537, 4
Den Glauben, Herr, laß trösten sich 537, 5
Herr, durch den Glauben wohn in mir 537, 8
Der Glaub im Geist die Kraft versteht 77, 7
Das halt mit festem Glauben 502, 8
Wer dieselb ergreift im Glauben 425, 3
Zieh mir den Rock des Glaubens an 349, 6
Im Glauben schauen wir ihn an 691, 4
Die eines Glaubens mit uns werden 691, 4
Man gab — den Kindern dsn. Glauben 691, 7
Daß wir des Glaubens werden voll 409, 6
Sondern mit Glauben sagen 579, 3
Allein der wahre Glaub es thut 579, 5
Fröhlich, selig schaut der Glaube 253, 1
Im Glauben, mein Jesu, dich geschaut 287, 4
Wenn ich dich, Jesu, im Glauben erblickt 169, 9
Erhalt uns, Herr, im wahren Glauben 351, 5
Läßt sich bei mir fort und fort in wahrem Glauben schauen 109b, 2
Im rechten Glauben sanft einschlaf 109b, 7
Der ichs mit Glauben fasse 700, 5
Nur Glaube stillt die Seelen 612, 5
Durch den Glauben des reichsten Vaters Kind 171, 1
Im Glauben d. Verdienst mir zueignen 408, 3
Denn dieses sagt mein Glaube 339, 7

III. Heiligung.

Sein Dienst annehmen durch ein' rechten Glauben 222, 3
Weiß ich das in wahrem Glauben 584, 1
Denn Jesum, mit rechtem Glauben 412, 2
Mein' Erlöser, den ich im Glauben 431, 3
Vernunft wider den Glauben ficht 754, 7
Der Glaub ist auch verloschen gar 10, 1
Ja verlösche nicht m. Glaubens Licht 602, 4
Dein Geist hält unsers Glaubens Licht 243, 5
Am Glauben liegts, soll der sein recht 41, 3
Der Glaub giebt aus v. ihm den Schein 183, 8
Aus einem rechten Glauben 183, 10
Zu dem Glauben versammelt hast 412, 1
Was ihres Herzens Glaube sei 552, 4
Sondern mit Glauben sagen 579, 3
Im Glauben sei du auch nicht schwach 579, 8
Was ich von dir im Geist und Glauben bitt 136, 8
Sie in des wahren Glaubens Frucht 137, 4
Auch im Glauben Früchte bringe 529, 4(5)
In der Lieb den Glauben weisen 430, 1
Sorgfältig sei, den Glauben zu behalten 537, 7
Des Glaubens End durch deinen Tod 537, 9
Daß dort bei dir auf Glauben folg 537, 10
Wo ist des Glaubens Eigenschaft 591, 2
So bleib ich treu im Glauben 724, 5
Weil ich mich im Glauben übe 97, 4
Wird dein Wort den Glauben stärken 638, 7
Daß ich fest im Glauben steh 638, 9
Laß meinen Glauben immerdar sein 563, 5
Der Glaube ist ein Licht 657, 2
Mein Glaube doch nichts achten 282, 4
Wie rein der Glaube sei 228, 1
Im Glauben uns verbinde 359, 3
Nimm das Gold des Glaubens hin 378, 2
Herr bewahr auch unsern Glauben 414, 7
Mein Gott auf den Glauben blickt 777, 1
Daß ich den Glauben wirken lasse 470, 3

Halt uns bei festem Glauben 216, 1—3
Im wahren Glauben aus der Welt 279, 7
Sei getreu in deinem Glauben 608, 2
Entfallen von d. rechten Glaubens Trost 489, 3
Auch unser Glaub stets wacker sei 283, 8
Glauben auch gehalten 288, 3
Herzensheiland schenk mir Glauben, festen Glauben 649, 5
Dir im Glauben um u. an selig bleibe 238, 8
Der tapfre Glaube sieget 167, 5
Erhalte festen Glauben 176, 1
Wer Glaub u. Lieb im Herzen hat 11, 7
Erhalt mein Herz im Glauben rein 11, 12
In der Pein deinen Trost u. Glauben 646, 5
Ich des Glaubens Ziel erreiche 641, 6
Vom Glauben sich nicht läßt trennen 446, 3
Im Glauben uns zu leiten 547, 9
Der h. Geist im Glauben uns regieret 665, 9
Den Glauben mehr 278, 2
Mein' schwachen Glauben mehr 6, 9
Stärke nur den schwachen Glauben 642, 4
Den schwachen Glauben stärk in mir 297, 11
Ach, stärk in solchem Glauben mich 776, 3
Damit ich mich im Glauben stärke 578, 4
Erwecke nur zum Glauben deinen Sinn 186, 4
Je größer Kreuz, je stärkrer Glaube 367, 3
Das Glaube, Liebe, Hoffnung hegt 367, 9
Glaub, Lieb u. Hoffnung reichlich mehr 310, 8
Glaub, Lieb, Geduld u. Hoffnung 752, 10
Lieb, Hoffnung, Glauben üben 295, 3
Und üb den Glauben in Demut 592, 2
Daß mit dem wahren Glauben ich 39, 3
Herr, stärke mir den Glauben 361, 2
Laß mich im Glauben leben 361, 3
Laß mich treu im Glauben sein 361, 3
In rechter Lieb des Glaubens dein 754, 8
Worinnen mein Glaube in Ewigkeit 169, 6
Meiner Väter Glaube pranget 458, 4
Der ichs im Glauben fasse 700, 5
Mein Glaube zeigt mir das schöne Los 318, 7
Gottes Sohn beigelegt im Glauben 676, 1

IV. Verhalten zu den Gnadenmitteln.

Die unsern Glauben stets vermehrt 507, 3
Als treue Knecht im Herz u. Glauben 548, 6
All unsers Glaubens Bitt u. Flehn 82, 4
Geduld kommt aus dem Glauben 203, 5
Diese Rebe auch i. Glauben dich umgebe 437, 5
Mit diesem Lebensbrot im Glauben stillen unsre Not 285, 3
Und will dich im Glauben bitten 3, 5
Der heilig Geist im Glauben lehrt 511, 5

V. Satan.

Wann der Satan allen Glauben will 641, 1

glauben.

I. Gegenstand.

Wir glauben all an e. Gott 749, 1. 750, 1
Wir gauben auch an Jesum Chr. 749, 2. 750, 2
Wir glauben an den h. Geist 749, 3. 750, 3
Glauben an Jesum Christ herzlich 258, 5
Die an ihn glauben feste 689, 1
Und glauben fest an Jesum Christ 5, 1
Mit Trutz an ihn fest sollen glauben 146, 5
Wer glaubt an dich u. wird getauft 183, 7
An dich stets fest zu gläuben 636, 4
Damit ich an dich gläube 286, 4
Ich glaub an dich, an dir kleb ich 465, 2
Daß ich glaub an deinen Sohn 419, 11
Wer mein Wort hält u. glaubt an mich 283, 6
So jemand Christi Worten gläubt 572, 6
Sollt ich seinem Wort nicht glauben 633, 7
Ich glaub, was Jesu Wort verspricht 53, 10
Ich weiß, an wen ich gläube 456, 6
Wer sich des tröst und glaubet fest 743, 1
Wers glaubt, des Herz ist Freuden voll 41, 2
Daß wir dem Worte gläuben 752, 3
Wer glaubt an mich, dem wird der Durst 349, 2
Wer nicht glaubt an deinen Sohn 193, 7[1])

II. Inhalt.

Nun weiß und glaub ich feste 405, 2
Schauet, was es geglaubet hat 405, 8
So glaube du, du bleibest unbezwungen 609, 7
Und glaub sicher, daß allein er 195, 3
Daß ich glaube festiglich 626, 6
Das glaub ich steif und feste 692, 5
Das glaub, o Herz, von Herzen 107, 1
Glaubt es doch und denkt daran 390, 4
Wir konnten glauben nun und hoffen 691, 6
Und was ein Christe glauben soll 77, 2
Wer gläubet und sich taufen läßt 77, 5
Herr, dies glaub ich dir zum Ruhm 49, 8
Deine glaubende Gemeine 768, 1
Gläube feste, daß das Beste 735, 7
Das sollst du kühnlich glauben 609, 3
Mache, daß ichs fröhlich glaube 585, 5
Diese glauben nicht vergebens 585, 8
Herz glaubst dus, oder glaubst dus nicht 53, 1
Ich glaub g'wiß gar, daß es sei wahr 548, 4
Doch was ich hier gegläubt 135, 9
Höchstes Gut zu haben treulich gläuben 243, 3
Du sollst glauben und nicht wanken 386, 5

III. Art.

Daß man recht könne gläuben 537, 1
Glauben recht und leben fein 430, 1
So gläube nur 186, 6
Die Augen schließen und glauben blind 627, 2
Herr, ich glaube, hilf mir Schwachen 374, 12
Ich kann nicht mehr, als gläuben 135, 8
Daß, wer an ihn nur gläubt 607, 3

IV. Ziel.

Wer glaubt an dich und wird getauft 183, 7
Wer glaubt, wird selig sein 6, 7
Wer nur an den Mittler gläubt 193, 4
Da dus am mindsten gläubst 58, 10
Mich umgeben, wie ich gläube 389, 5
Wer nicht gläubt dieser großen Gnad 77, 6

---

1) Fehlt Darmst. G.

Glauben.
Hier im Hoffen und im Glauben 602, 13
Herr, mein Glauben u. mein Lieben 585, 4
Glaubensanker.
Dies sei mein Glaubensanker 724, 6
glaubensarm.
In dieser schlaffen u. glaubensarmen Zeit 564, 2
Glaubensarm.
Auf Glaubensarmen trage 287, 2
Glaubensauge.
Wenn mein Glaubensaug betracht' 615, 1
Glaubensblick.
Doch gönne meinen Glaubensblicken 474, 2
Glaubensbund.
Der Glaubensbund hat festen Grund 121, 2
Glaubenseinigkeit.
Wir in Glaubenseinigkeit auch können 543,2
Glaubensfahn.
Ich schwinge meine Glaubensfahn 53, 10
Glaubensflügel.
Trag nach Zions Hügeln uns mit Glaubensflügeln 597, 7
Glaubensfrucht.
Daß ich viel Glaubensfrüchte bringe 257, 8
Früh u. spat viel Glaubensfrücht 204, 13
Glaubensgold.
Dein Glaubensgold in Trübsalsglut 228, 5
Glaubensgrund.
Der Glaubensgrund, auf dem wir stehn 93, 3
Glaubensgrund, wie bist du so zerschl. 573, 5
Mein Jesus ist der Glaubensgrund 361, 1
Glaubenshand.
Meine starke Glaubenshand 389, 3
So will ich durch die Glaubenshand 153, 9
Reiche mir — Herr, Herr, deine Glaubenshand 731, 4
Glaubenskampf.
So den Glaubenskampf ausführ 593, 10
Glaubenskerz.
Zünd an die schöne Glaubenskerz 555, 5
Glaubenskuß.
Und bitte mit dem Glaubenskuß[1]) 474, 4
Glaubenslauf.
Vollführe deinen Glaubenslauf 670, 2
Glaubenslehre.
Jesu, deine Glaubenslehre 642, 3
Ich folg in Glaubenslehren 361, 1
Glaubensleiter.
An, hinan die Glaubensleiter klettre 46, 2
Glaubenslicht.
Dein Glaubens- u. dein Liebeslicht 133, 4
Erfülle mit dem hellen Glaubenslicht 625, 4
Glaubenslied.
Singe deine Glaubenslieder 767, 3
glaubenslos.
Wie wir glaubenslos oft träumen 778, 3
Glaubensmut.
Zu Glaubenstrost und Glaubensmut 660, 3
Gieb m. Licht u. Stärke u. Glaubensmut 667,4
Glaubenspflicht.
Wäre deine Glaubenspflicht 245, 3
Glaubensrock.
Du Glaubensrock[2]) bedecke mich 143, 3
Glaubensschmuck.
Eingepräget in — Glaubensschmuck 561, 5
Glaubenstreu.
Du mußt uns Kraft verleihen, Geduld und Glaubenstreu 564, 3
Glaubenstrost.
Mit deines lieben Sohnes Blut zu Glaubenstrost 660, 3
glaubensvoll.
Da will ich glaubensvoll dich fest 542, 10
Mit glaubensvollem Herzen nahen 265, 1
Wenn er nur ist glaubensvoll 374, 11
Glaubenswahn.
Vertilg, o Herr, den falschen Glaubenswahn[3]) 669, 7
Glaubenswerk.
Durch geliebte Glaubenswerke folgen 713, 8
In unserm Kampf u. Glaubenswerke 475, 5
Glaubenszier.
Erfülle die Gemüter mit reiner Glaubenszier 769, 10
Glaubenszunder.
Hat er z. Glaubenszunder e. Denkmal 365, 3
Glaubenszuversicht.
Gieb Glaubenszuversicht 9, 2
gläubig.
Wenn sie gläubig zu ihm spricht 388, 6
Dem, der gläubig sich erweist 212, 4
Wenn ich an diesen gläubig bin 212, 7
Darein will ich mich gläubig senken 340, 5
Sollte denn mein gläubig Herz 629, 4
Deine Passion laß mich gläubig fassen 371, 5
Sondern gläubig dich umfassen 602, 10
Laß sie die Pfleger sein der gläubigen Gemeinde 368, 6
Ihn fleh ich gläubig an 328, 5
Der lehret mich recht gläubig beten 136, 4
Allzeit gläubig vor ihn treten 701, 3
Da ich gläubig sprechen kann 390, 6
So steig ich gläubig in die Höh 740, 3
Und dich gläubig lege sanft in s. Schoß 463, 4
Darein ich mich fest gläubig winde 722, 6
Gläubige.
Er hilft sein' Gläubgen allen 146, 7
Erfüll die Herzen deiner Gläubigen 411, 1
Dein'r Gläubigen Herz, Mut u. Sinn 412, 1
Seinen Gläubgen vorbehält 64, 6
gleich.
Ach lieber Gott, wer ist dir gleich 540, 1
Gleicher Gott von Macht u. Ehren 749, 2

1) Var. Anh. G. Glaubensgruß. 2) Var. Anh. G. des Glaubens Kleid. 3) Var. Bernb. G. des falschen Glaubens Wahn.

Gleicher Macht und gleicher Ehren 384, 6
Mit beiden gleiches Thrones, mit beiden gleich gepreist 769, 1
Gleicher Gott von Ewigkeit 641, 5(6)
Allen Auserwählten gleiche 641, 6(7)
Und mir gleich wardst ganz u. gar 435, 2
Und seinem Sohn wird machen gleich 41, 5
Seinem Vorbild werden gleich 430, 2
Und seinen lieben Engeln gleich 209, 6
Auch gleich den lieben Engeln bleib 553, 13
So werden wir, dein' Engeln gleich 144, 9
Wir sind den lieben Engeln gleich 501, 4
In deinem Reich den Engeln gleich 549, 2
Gleich den auserwählten Scharen 771, 4
Verjüngt dem Adler gleich 513, 1
Werden gleich allhier dem guten Lande 752, 7
Einem Schatten gleich, 679, 2
Ist alles recht, ist alles gleich 610, 3
Und ist dem Höchsten alles gleich 719, 6

gleichen.

Dem sonst kein Licht nicht gleichet 542, 2
Was kann deinem Ruhme gleichen 646, 2
Bis sich mein Herz ihm gleicht 420, 7
Dem gar nicht gleichen die Güter 135, 9
Auf Erd'n ist nicht seins gleichen 161, 1
Solch Wohlstand ohne gleichen 171, 1. 4

gleichermaßen.

Unsern Eingang gleichermaßen 503, 3
So mache du auch gleichermaßen m. Herz 257, 2

gleicherweis.

Dem h. Geist in gleicher Weis 303, 6. 746, 3
Wie auch Christo gleicherweis 635, 7

gleißen.

Und gleißen schön von außen 10, 2

Gleisner.

Gleisners Werk Gott hoch verdammt 183, 4

Gleisnerei.

Durch Gleisnerei den Nächsten nicht 13, 7

gleiten.

Du leitest mich, ich kann nicht gleiten 578, 3
So daß dein Fuß nicht gleiten kann 346, 3
Wie bald doch diese gleiten 679, 3

Glied.

I. leiblich.

Nun geht, ihr matten Glieder 515, 6
Und des Leibes matte Glieder grüßen 648, 1
So lange sich ein Glied bewegt 340, 10
Ein Glied fühlt u. leidet des andern Verderben 397, 6
Kein Glied mehr regen 291, 3
Mein Haupt u. Glieder, die lagen 125, 1
Wenn mich die Glieder schmerzen 658, 6
Heilget eure Glieder 62, 7
Lässet auch ein Haupt sein Glied 389, 2
Jesus trägt euch, meine Glieder 389, 8
Wenn ich kein Glied mehr rühr 339, 4
Dann so werden meine Glieder 428, 8
Meine Glieder werden¹) fröhl. auferst. 649, 7

II. geistig.

Jesu, nimm dich deiner Glieder — an 197, 4
Bin ich dein Glied und Eigentum 753, 19
Die auch sind Christi Glieder 167, 4
Weil seines Leibes Glied ich bin 202, 9
Stehn wir auch auf, die Glieder 572, 6
Des Hauptes Sieg der Glieder ist 572, 9
Hingegen wir sind Glieder 28, 3
Das Haupt belebet seine Glieder 118, 4
Großes Haupt, auf deine Glieder 253, 2
Wird seine Glieder Jesus Christ 39, 1
Und wir sind deine Glieder 144, 6
Alles, was kämpfet wider deine Glieder 68, 2
Auf alle seine Glieder 576, 8
Sei nicht fern, salbe Jesu Glieder 318, 1
Ein Glied voll Lebenstriebe²) 734, 3
Wir sind deines Leibes Glieder 430, 4
Denk, daß ich bin am Leibe dein e. Glied 172, 3
Ich bin ein Glied an deinem Leib 710, 3
Bleib auch hangen an Christo als ein Glied 37, 6
Als Glieder mit mir leben 607, 5
Haupt, mach es zu deinem Gliede 437, 5
Die andern Glieder wohnen 110, 6
Sind eines Leibes Glieder 622, 2
Und ist — ein Glied an einem Leib 688, 3
Deiner Glieder starker Schutz 642, 1
Es bleibet jedes Gliedes Pflicht 120, 5
Er ists Haupt, wir seine Glieder 300, 1
Legt es unter euch, ihr Glieder 300, 3
Kein getrenntes Glied mehr ist 300, 7
Rufe die zerfallnen Glieder endlich 646, 7
Da du dich in allen d. Gliedern verklärst 299, 7
Ist ein Stab für matte Glieder 585, 3
Und der bedrängten Glieder 237, 5
Wie viel von falschen Brüdern unter deinen Gliedern 449, 5
Der aber hat in tausend Glied 704, 12

Gliedmaß.

Ein lebendig Gliedmaß bleibe 241, 3
Ein Gliedmaß ewig bleibe 763, 11

glimmen.

Das glimmend Docht — nicht auslöschet 537, 6
Muß vorher in der Seele glimmen 62, 9³)

Glimmen.

Und lösch der Zwietracht Glimmen aus 91, 6

Glimpf.

Mir Glimpf und Namen brechen 580, 14
Meines Nächsten Glimpf zu retten 260, 9

Glocke.

Ihr Glocken tönt hochfestlich drein 756, 5

Glockenschlag.

Er zählet jeden Glockenschlag 530, 7⁴)
Hilf, daß ich jeden Glockenschlag an meinen Abschied denken mag 358, 4

---

1) Var. Bernd. G. Ohn Betrüben werd ich. 2) Var. Anh. G. in frischem Lebenstriebe. 3) Fehlt Bernd. G. und Anh. G. 4) Fehlt vielfach.

Glorie(a).
Zur Glorie bist erhoben 28, 2
Laß mich dich im Geist erblicken, Herr, in deiner Glorie 373, 9
Der aussprechen kann die Glorie 417, 15
Glorie, Lob, Ehr und Herrlichkeit 401, 7
Gloria sei dir gesungen 672, 3
Wie der Engelscharen alle rufen Gloria 615, 2
Da wir werden Gloria singen 429, 7

gloriös.
Auf dem gloriösen Throne 583, 3

glorreich.
Glorreich hat der Held gerungen 250, 2

Glück.
I. irdisches.
Alls Glück u. Unglück d. kommt allein 407, 4
Segne mich in Glück und Freuden 316, 7
Und im Glück voll Demut sei 316, 7
Von dir kommt Glück und Segen 362, 1
Neues Glück u. neues Leben wollest du 310, 1
Und so manches Glück bescheret 32, 2
Es wird folgen Glück u. Heil hier 195, 4
Er gebe Glück zu unserm Thun 500, 6
Gott giebt Glück zu seinen Thaten 758, 3
Ists Werk von dir, so hilf zu Glück 362, 11
Daß weder Glück noch Schmerzen 395, 5
Und du vermehrst der Menschen Glück 237, 3
Gieb Glück zu jeder guten That 237, 5
Dir hab ich m. ergeben in Glück u. Freud 465, 7
In Freud u. Leid, in Glück u. Not 107, 1. 14
Die macht mir Glück u. Unglück gleich 468, 8
Daß dir Gott Glück, Gut und Ehr 494, 1
Mein Glück u. Kreuz kommt alls von dir 119, 4
Giebst du uns irdisches Glück ins Haus 359, 5
In dir hat Gott versenket all unser Glück 235, 3
Scheinet was, es sei mein Glücke 387, 3
Warum es — so kurzes Glück nur giebt 86, 2
Das Unglück ist mein Glück 37, 5
Es erhebt mich wieder, lehrt mich mein Glück 290, 5
Der mich in Glück u. Unglück meint 666, 4
Der sich mit stetem Glücke speist 719, 5
Will ich mein Glücke bauen 45, 1
Ist nicht ein ungestörtes Glück 45, 4[1])
Daß ich im Glück demütig möge sein 294, 4
Du weißt, was meinem Glück gebricht 108, 7
Daß ich das Glück der Lebenszeit 459, 9
Des Lebens Glück empfunden 342, 1
Im Bunde reiner Treue da blüht das Glück 732, 2
Sein Glück u. Wohlfahrt jedem gönn 260, 6
Ach wie nichtig ist der Menschen Glücke 24, 5[2])
Gunst, die kehrt sich nach dem Glücke 162, 4
Traun auf ihre Kraft, auf ihr Glück 644, 10[1])
Doch schadet mir das Glück der Welt 237, 4
Ohne Halt ist all ihr Glück 633, 5
Wo ist Ansehn bei dem Glücke 717, 5
Im Glück ist er verwegen 203, 2
Dir ist mein Glück vertrauet 147, 2

II. ewiges.
Bleibt ihr der Seelen Trost u. Glück 394, 1
Glück u. Teil ist d. armen Sünder Heil 584, 4
Gieb Glück u. Heil zu deinem Wort 1, 3
Ja, Herr, mein Glück ist dein Gebot 347, 5
Zu erfreuen an d. neuen Lebens Glück 673, 6
Da geht man in s. Glück immer fort 651, 2
Deiner harrt ein neues Glück 406, 2
O gönnt mir, daß ich leb im Glücke 728, 6
Du sollst m. Glück im Himmel werden 120, 1
Im Segen den Grund z. Glück zu legen 686, 4
Sei mein Glück in dieser Zeit 90, 8
Versäumen nicht am ewgen Glück 759, 6
Amen, ja mein Glück ist groß 695, 3

Glucke.
Die Glucke führt ihr Völklein aus 204, 4

glücken.
Milder Jesu, laß mirs glücken 373, 9
Ich weiß, daß mirs mit Jesu glückt 722, 11
Wenn ihnen alles glückt 584, 4

glücklich.
Ohne Sorgen, Gram u. Quälen möge glücklich bringen zu 715, 1
Glücklich geht der Ehstand an 715, 3
Es muß uns schon alles glücklich gehn 449, 9
So werd't ihr glücklich sein 398, 5
Wie glücklich wären wir, o Jesu 424, 10
Selig sterben ist schnell u. glücklich erben 232, 3
An dem, was wahrhaft glücklich macht 45, 5[1])
Um glücklich hier zu werden 686, 4
Der ist durch Gottes Gnad u. Gab all glücklich überwunden 472, 2

Glücklicher.
Nicht in Not u. Schmerz die Glücklichen beneiden 236, 4

glückselig.
Im Unglück glückselig waren sie 448, 3
Komm, laß mich so glückselig sein 764, 1

Glücksschein.
Solch. Glücks- u. Segensschein rühmen 628, 4

glühen.
Seht nur an ihr Märtyrtum, wie in Lieb sie glühten 448, 1

Glut.
Dermaßen auch d. Feuers Glut verschont 270, 9
Es kann Glut und Flut entstehen 24, 7
Und des Leidens Glut erregst 215, 3
Daß ich nicht mehr darf fürchten der Hölle Qual u. Glut 709, 3
Ausgelöscht der Höllen Glut 644, 3
Der Höllen Glut gelöscht 341, 12
In Zagheit Glut und Feuer 287, 3[1])
Meine große Not hat d. Glut entflammt 151, 4
Gieb, daß deiner Liebe Glut 490, 3
Löschen meiner Sünden Glut 276, 5
Herr, der du deines Eifers Glut 265, 2

1) Fehlt Berab. G. 2) Fehlt Anh. G.

Gnade.

I. in zeitlichen Dingen.

Durch Gottes Gnad e. jeder Mensch 506, 2
Denn der Herr ist jederzeit voller Gnad 33, 3
Und uns in seiner Gnad erhalten 499, 2
Darüber will er früh und spat mit seiner Gnade walten 610, 3
Daß du so liebe Eltern mir aus Gnaden hast gegeben 532, 1
Erstlich laßt uns betrachten des Herren reiche Gnad 258, 2
Gott ist voll Gnad u. Gaben 365, 4
In Gnaden unser stets verschont 82, 2
Dem Leib auch reiche Gnad erweist 82, 3
Gieb unsrer Obrigkeit auch Gnad 82, 7
In Gnaden unser Vaterland geeint 163, 1
Und nimmt immer Gnad um Gnade 651, 2
Daß du mich hast aus Gnaden 54, 2
Nimm sie zu allen Gnaden 515, 7
Ich traue seiner Gnaden 399, 4
Lob sei Gott für seine Gnade 701, 6
Und an seiner Gnad gelegen 32, 1
Seine Gnad ist mancherlei 446, 5
Gott ist groß u. reich von Gnaden 229, 4
Seine Macht u. Gnad bewährt 665, 2
Deinen Zorn in Gnade kehren 218, 2
Herzlich gern uns Gnad u. Hülfe giebt 352, 3
Alles hat seine Gnad dargereichet 455, 3
Seine Gnad ist täglich neu 425, 7
Durch dein Gnad will ichs leiden 8, 6
Dein ewge Treu u. Gnade, o Vater 58, 3
Mit großen Gnaden rücken 58, 6

II. in ewigen Dingen.

Als der sich selbst uns giebt durch s. Gnad 36, 9
Für alle Güte, Treu und Gnad 666, 11
Daß du hast mit d. Blute Gnad erlanget 584, 6
Bringt mir die Seligkeit u. Gottes Vater-Gnad 15, 5
Ach zeuch mit deiner Gnade ein 451, 5
Mit Gnad u. süßem Lichte dem 738, 10
Dein Gnad und alls Vermögen 2, 4
Damit der Sünder Gnad erhält 132, 4
Von mir nicht fern mit deiner Güt und Gnaden 296, 1
Wollst mir dein Gnade geben 296, 2
Nimm dich deiner Glieder ferner doch in Gnaden an 197, 4
Große Gnad ist da zu finden 429, 5
Einer Welt voll Armen Gnade — beut 193, 3
Da reicht er mir schon Gnade dar 205, 2
Und nimm an meiner Gnade teil 128, 6
Laß ferner deiner Gnaden Pfort 735, 4
Die Gnade soll im Herzen endlich siegen 236, 7
So nimm du recht an Gnaden zu 516, 12
Mit Lieb und Gnad er uns regier 278, 1
Erfüll mit deiner Gnaden Gut 412, 1
Mit Gnaden sie füll, wie du weißt 409, 1
Den Frieden schaff bei uns dein Gnad 409, 5
Kommen her von Gnad u. lauter Güte 183, 1
Der woll mit Gnad erfüllen 183, 13
Entzeuch uns deine Gnade nicht 302, 9
Geuß deiner Gnaden reichen Strahl 735, 5
Daß das volle Licht seiner Gnaden 693, 7
Als nur nach dir, nach deiner Gnaden 470, 4
Vergebung, Gnad u. Kraft verlange 470, 5
Und deiner Macht u. Gnade traun 470, 9
Gott stehe mir aus Gnaden bei 541, 3
Aus Gnaden mir gewähren 366, 1
Des Gnade in mir alles schafft 666, 8
Hier zu erwarten Gnad u. Fried 704, 12
Bis durch dein Gnad uns ist gesagt 548, 1
Gott sei für seine Gnad gepreist 507, 2
Der alt Sauerteig nicht soll sein bei dem Wort der Gnaden 76, 7
Wir danken dir, daß deine Gnad 547, 2
Aber dein Gesetz und Gnade leitet mich 585, 4
Dieweil es alle Gnad verheißt 279, 4
Gnade hat er zugesagt, daß der Sünder 388, 3
Gnad hat dir zugesaget Gott 631, 5
Verleih mir Gnad zu dieser Frist 353, 1
Da ward das Wort der Gnade m. Labsal 94, 4
Das Evangelium kann nicht als nur von Gnade sagen 212, 3
Wer nicht gläubt dieser großen Gnad 77, 6
Daß du aus unverdienter Gnad 244, 1
Bringet die Kinder her, damit sie Gnad erlangen 426, 3
Für die Gnade, für das Leben 379, 3
Du kannst mir Gnad erteilen 143, 6
Gott geb uns allen s. Gnaden Segen 239, 3
Und läßt in seinem Mahle[1]) hier dich Gnad um Gnade finden 347, 3
Und deine Treue, Gnad und Gunst 349, 7
Komm, mit Gnaden mich bewirte 281, 1
Deiner Gnaden Brünnlein mich laben 281, 9
Solche Gnad ist zu erlangen nur m. Buß 386, 6
Dies teure Pfand der Gnaden tilgt 560, 7
Keiner Gnade bin ich wert 390, 2
Ström auf uns der Gnaden Fülle 768, 1
Wo voll Gnaden d. Schar du eingeladen 768, 4
Für diese Gnaden in der Zeit dankt dir 292, 5
Heißet das nicht Gnad erweisen 3, 2
Daß ich warme werd von Gnaden 734, 4
Gieb dieser Kirche Gnad und Huld 1, 4
Das suche du mit Gnad 552, 3
Aus Gnaden Fried und Ruh verleih 588, 4
Aus Gnaden ist der Himmel dein 53, 1
Und uns aus Gnaden selig macht 53, 2
Aus Gnaden! merk d. Wort: aus Gnaden 53, 3
Das beut dir Gott aus Gnaden an 53, 3
Aus Gnaden kam sein Sohn auf Erden 53, 4
Und nahm dein Heil in Gnaden wahr 53, 4
Gnade durch des Sohnes Blut 53, 5
Gott ruft verlorne Kinder aus Gnaden 53, 6
Doch nimmt er nicht aus Gnaden an 53, 6
Wer noch auf Gnade sündgen kann 53, 6

1) Var. Anh. G. an seinem Tische.

Dann lernt er erst, was Gnade sei 53, 7
Aus Gnaden bleibt dem blöden Herzen 53, 8
Wenn Gnade nicht mein Anker wär 53, 8
Weil mich die Gnad schon selig macht 53, 9
Aus Gnaden! dies hör Sünd u. Teufel 53, 15
Herr, verzeih m. aus Gnaden alle Sünd 714, 4
Daß ich Trost und Gnade finde 378, 4
Daß ich Gnade finde 371, 3
Jesus hat mir Gnad erworben 441, 9
Deiner Gnade leben 55, 2
Bei Gott ist viel mehr Gnaden 55, 5
Gieb mir — den Anblick deiner Gnad 542, 4
Ach sieh uns an in Gnaden 606, 6
Hilf m. Herz aus Gnaden — entladen 26, 3
Nicht zweifeln soll an seiner — Gnade 109b, 5
Kröne mich mit Huld und Gnade 375, 5
Senk in Abgrund d. Gnaden alle Schuld 375, 6
Ach erzeige Gnad und Huld 375, 7
Schenk uns deine Gnad und Huld 648, 7
Laß leuchten deiner Gnade Schein 452, 4
Daß seine Gnad u. Huld mir Armen 776, 2
Noch gewiesen von der Thür d. Gnaden 528, 2
Heute vor den Thron der Gnade tritt 646, 3
Sehr große Lieb u. Gnad erweisest 687, 2
Aber deine Gnad u. Huld ist viel größer 714, 5
Laß Gnad für Recht ergehen 284, 2
Ach, aber ach, sprich Gnade! Gnade 325, 5
Laß dein Gnad und Barmherzigkeit 533, 4
Aber, o du Gott der Gnaden 268, 3
Wir bitten Gnad u. nicht das Recht 496, 2
Er wolle meiner Sünden in Gnaden 399, 5
Dieweil uns Gott aus Gnaden läßt 36, 7
Und nehme von dir Gnad um Gnade hin 136, 6
Und läßt dich Gnade finden 461, 3
Wo die Gnade sei zu finden 28, 4
Ach laß mich Gnade finden 393, 5
Hier findest du Trost, Heil u. Gnad 631, 2
Laß mich Gnade vor dir finden 641, 4
Daß deine Gnad mich stärke 537, 6
Aus Gnaden m. kleinen Glauben mehr 269, 4
Deckt mich doch in meiner Not Gott mit seiner Gnaden 599, 6
Wer seine Gnad zur Brustwehr hat 609, 4
Gnad um Gnad auf mein Verlangen 207, 5
Beweis an uns dein große Gnad 496, 3
Statt der Gnade Recht empfangen 650, 5
Ewig solche Gnade währet 429, 2
Sondern Gnad um Gnade nehmen 429, 6
Doch führt die Gnade selbst zu aller Zeit 186, 1
Die Gnad thut er nicht sparen 513, 2
Ich kann mit nichts erreichen d. Gnad 762, 1
Deine Gnade, Treu u. Güte stets erhebe 762, 2
Vater du hast mir erzeiget lauter Gnad 762, 11
Und durch dich, o Geist der Gnaden 762, 11
Doch seine Gnade größer sein soll 140, 4
Sein Gnade währet dort und hier 506, 6
Das teuerwerte Wort ewger Gnade 221, 3
Gottes Gnade wird bestehn 694, 1
Seine Gnade soll nicht weichen 694, 3
Und große Gnade jederzeit nachfolgen 109b, 6
Daß deine Gnade ewig sei 292, 4
Herr deine Gnad und Güte bleibt 235, 1
Dich loben wir für deine große Gnaden 272, 3
Laß dies sein ein Jahr der Gnaden 309, 8
Herr, du wollest Gnade geben 309, 12
Ach Herr, laß d. Gnade mich — spüren 39, 3
Nimm mich, dein Kind, zu Gnaden an 330, 4
Laß — mich bei dir Gnade — finden 390, 5
Laß mich Gnade vor dir finden 336, 3. 641, 4
Über mir mit Gnaden walte 641, 5
Laß du mich Gnade finden 342, 4
Ach, Herr, laß mich Gnade finden 528, 1
Laß mich bei dir Trost u. Gnade finden 528, 3
Aber laß mich Gnade finden 528, 7
Verleih mir, Herr, nur deine Gnad 293, 3
Ihn um Gnade anzuflehen 593, 7
Das rechn aus Gnaden uns nicht an 660, 3
Ach kehre dich mit Gnaden zu uns 291, 2
O dann ist es nicht mehr Zeit, daß ich Gnad erflehe 275, 6
Mit Reu u. Schmerz mich d. Gnad ergebe 310, 2
Leib u. Leben hab ich fr. Gnad ergeben 32, 4
Durch deines Geistes Gnad bereit' 12, 5
Ich bin bei Gott in Gnaden 709, 3
Laß mich hier in der Gnade stehn 541, 4
Liebe haben u. in deiner Gnade stehn 225, 5
Ich suche Gnad demütiglich 700, 4
Vergebung suchen Gnad und Huld 137, 5
Findet Hülfe, Gnad und Gunst 701, 3
Ach laß mich — finden Gnad u. Huld 26, 8
Nicht selbst Gnade wieder finden 687, 4
Noch ererben durch Werke deine Gnad 353, 4
An deiner Gnad allein ich kleb 353, 5
Hilf, daß ich wieder Gnad erlange 325, 2
Der Hülfe thu, daß wir Gnad erlangen 489, 1
Thu dich zu Gott bekehren und von ihm Gnad begehren 579, 8
Ich bin bei dir in Gnaden 264, 4
Einfalt ist ein Kind der Gnade 256, 4
Wer nur stets verlangt nach Gnade 256, 8
Ich traue seiner Gnaden 399, 4
Heil mir, daß ich rühmen kann: mein ist deine Gnade 90, 5
Und überall in deiner Gnade stehen 444, 7
Ich will mich ganz u. gar in deine Gnad einsenken 561, 2
Laß unser Haus gegründet sein auf deine Gnade 359, 4
Deine Gnad und Jesu Blut 491, 2
Mich tröst' des Heilands Gnade 45, 10
Und noch bei Gott in Gnaden 708, 2
Ich begehre nichts, o Herre, als nur deine freie Gnad 619, 3
Ich fürcht fürwahr, die göttlich Gnad 417, 8
Ich hab die Güter seiner Gnaden 471, 9
Darum, du Gott der Gnaden 286, 8
So gieb doch deine Gnad 769, 8
Die Gnade auch verleihen 244, 9
Verleih, o Herr, durch deine Gnad 534, 6
Wollst mir Gnade geben 625, 12

Er wolle m. zuletzt aus Gnaden dis. geben 14, 8
Daß deine Gnad mich für und für 13, 1
Ein ruhig Herz dabei u. d. Gnad behalte 260, 10
Solcher Seligkeiten doch aus Gnaden 419, 10
Und setze mich aus Gnaden in deine Freudenstadt 594, 7
Aus Gnaden mir das Leben schenk 283, 5
Dir, o du Geist der Gnaden laß ich 339, 4
Der ist durch Gottes Gnad u. Gab 472, 2
Bis du mich wirst, du Lebensfürst, mit deiner Gnad umfassen 465, 3

III. allgemein.

Du Brunnquell aller Gnaden 279, 1. 280, 1
Denn der Herr voll Heil u. Gnaden 596, 1
Ich weiß, daß du der Brunn der Gnad 355, 2
O Jesu, voller Gnad, auf dein Gebot 763, 2
Erlöst bin ich aus Gnaden 579, 5
Wie schön leuchtet der Morgenstern voll Gnad 734, 1
Von Gnaden stark, v. Wahrheit mächtig 672, 2
Vor allem giebt er seine Gnad 732, 3
Den hast du allen vorgestellt mit großen Gnaden 487, 3
Du rufest alle zu dir in Gnaden 281, 6
Läßt sich nicht ermüden durch Aufschub seiner Gnad 203, 7
Neues Leben wollest du aus Gnaden geb. 309, 1
Du hast mir Gnad erzeiget 453, 3
Der durch seiner Gnaden Glanz erleucht 76, 6
Drum gieb du mir — Gott Vater, Gnad und Stärke 260, 12
Ich gehe nur zu ihm, dem Quell der Gnaden 567, 6
O Gott, des Gnad ist für und für 326, 1
Dies teure Pfand der Gnaden tilgt 560, 7
So lang mich deine Gnade trägt 647, 3
Es gehe seine Gnade denn bis zum Ende 124, 2
Auf Gnade darf man trauen 124, 3
Muß Gnade mit uns sein 124, 5
Der Herr hat e. Gnade, die über alles ist 124, 6
Die Gnade sei mit allen, die Gnade 124, 8
Daß großer Leute Gnad und Gunst 260, 2
Voller Huld, voll Gnad und Gunst 661, 1
Dein Himmel voller Gnaden 253, 4

Gnadenanblick.

Und d. Gnadenanblick macht uns so selig 16, 1

Gnadenblick.

Laß deine Gnadenblicke aufs Haus des Fürsten[1]) gehn 274, 4

Gnadenbund.

Mach mit allen — heute d. Gnadenbund 252, 8
Nach dem Recht des Gnadenbundes 422, 3
Und durch deinen Gnadenbund 628, 2[2])
In s. Gnadenbund — aufgenommen 167, 1

Gnadenfahne.

Schwingt über sie die Gnadenfahn 471, 3

Gnadenflut.

Mich umströmt die Gnadenflut 169, 8

Gnadenfülle.

Jene schöne, tiefe, stille Gnadenfülle 359, 5
Gott schüttet in sein geistig Haus die ganze Gnadenfülle aus 93, 4
Wenn mir m. Herz, o Gnadenfüll 479, 7(6)

Gnadengabe.

Der allzeit so viel tausend Gnadengaben 59, 2
Für die Füll seiner Gnadengaben 449, 3
In d. ewgen Ruh ist Gottes Gnadengabe 329, 1

Gnadenglanz.

Nun hat dein Gnadenglanz aufs neue 561, 1

Gnadenguß.

Denn von deinen Gnadengüssen 762, 2

Gnadenhammer.

Der da mit dem Gnadenhammer klopft 596, 2

Gnadenhand.

Gieb mir die Gnadenhände 9, 1
Verstand aus d. milden Gnadenhand 168, 4
Reiche — d. Gnadenhand geschwinde 641, 8
Ich fall in deine Gnadenhände 474, 4
Ich bitt, daß deine Gnadenhand bleib 666, 12
So stehe du mir bei mit deiner Gnadenhand 294, 8

Gnadenheil.

Laß mich vom großen Gnadenheil 537, 3

Gnadenkind.

Der Jesus-Nam macht mich zu einem Gnadenkinde 14, 5
Und ein seligs Gnadenkind 256, 10
Kommt, ach kommt, ihr Gnadenkinder 300, 2
Zu deinem selgen Gnadenkind 667, 2

Gnadenkraft.

Schenk ihm deine Gnadenkräfte 241, 3
Und daß Gottes Gnadenkraft nur allein 593, 3

Gnadenkrone.

Denn der Treue Gnadenkrone 712, 4
Soll mir werden die ewge Gnadenkron 406, 8

Gnadenlicht.

Verbirg uns nicht das Gnadenlicht 158, 1
So verlischt das Gnadenlicht 589, 10

Gnadenlohn.

Geben wird den Gnadenlohn 47, 11
Daß ich ergreife dort zum Gnadenlohne 477, 9
Eine schöne Krone zum Gnadenlohne 288, 7
Den uns verheißnen Gnadenlohn 123, 7

Gnadenpforte.

Die Gnadenpforte ist hier — aufgethan 390, 2
Nicht gleich heut die offnen Gnadenpforten schließen 470, 10
Laß mich an der Gnadenpfort nicht vergeblich pochen 441, 4

Gnadenquelle.

Deine Gnadenquelle fließt so gern 84, 2
Du Lebensfürst und Gnadenquell 753, 1
Mache mich, o Gnadenquell, — rein 525, 5

Gnadenrat.

Allein es ist dein Gnadenrat 703, 7
Nach deinem ewgen Gnadenrat 158, 2

---

1) Var. Anh. G. auf den Gesalbten. 2) Fehlt Darmst. G.

Gnadenreich.

- In des Gnadenreiches Grenzen 422, 3
- So wird dein Gnadenreich auf Erden 474, 6

gnadenreich.

- Die gnadenreiche Sonne bringt Leben 117, 1
- Ein gnadenreich Neujahr uns schenk 83, 4

Gnadensaal.

- Geführet, o Herr, in deinen Gnadensaal 740, 2

Gnadenschein.

- Im Kreuz ein Gnadenschein 287, 3[1]
- Erfülle mit dem Gnadenschein 552, 2
- Und von dessen Gnadenschein 717, 4
- Mach in deinem Gnadenschein d. Heil 523, 1
- Das mache rein durch deinen hellen Gnadenschein 555, 4
- Laß deinen süßen Gnadenschein 479, 6
- Versäume nicht den Gnadenschein 133, 2
- Und durch diesen Gnadenschein alles 392, 4
- Daß dein heller Gnadenschein mir 638, 3
- Verbirgst du deinen Gnadenschein 751, 5
- Deinen Gnadenschein in j. Leben finden 476, 7
- Laß in d. Gnadenschein alles ganz 618, 6
- Laß alle Schuld durch d. Gnadenschein 131, 3

Gnadenschoß.

- Gott rufet — d. Sünder in s. Gnadenschoß 105, 3

Gnadensiegel.

- Drücke drauf ein Gnadensiegel 638, 9

Gnadensonne.

- Christus ist die Gnadensonne 197, 1—4
- Du verklärte Gnadensonne 490, 6
- Gnadensonne zeige dich 434, 1
- Auch Kleinen d. Gnadensonne scheinen 510, 11
- Läßt du m. früh d. Gnadensonn aufgehn 202, 2

Gnadenstuhl.

- Da der Gnadenstuhl zu sehn 429, 5

Gnadenstunde.

- Noch sind sie Gnadenstunden 393, 4

Gnadenthron.

- Herr Jesu, komm, du Gnadenthron 28, 6
- Hilf mir durch diesen Gnadenthron 539, 4
- Der Mittler und der Gnadenthron 776, 3
- Du Osterlamm, du Gnadenthron 85, 4
- Gott sollt geben sein lieben Sohn, den Gnadenthron[2] 146, 2
- Mein Heiland u. mein Gnadenthron 296, 3
- Mein Trost, mein Heil u. Gnadenthron 277, 3
- Unser Mittler, Gnadenthron 644, 4
- Den macht er mir zum Gnadenthron 205, 3
- Ergiebt zum Gnadenthrone sein — Kind 657, 6
- Vor deinem Gnadenthron allein 706, 2
- Nun such ich deinen Gnadenthron 498, 5
- Wo ist s. Gnadenthron? w. man fragen 223, 4
- Schau doch von deinem Gnadenthrone 751, 6
- So freudig treten heißt vor seinen Gnadenthron 755, 1
- Ich will deinen Gnadenthron — ehren 434, 7
- Mir reichst von deinem Gnadenthron 667, 4
- Geuß von dem Gnadenthrone d. Segen 556, 5
- Von deinem Gnadenthron mir d. Gnade 441, 4
- Bereitet ist die Stätte schon am Gnadenthron 756, 15(16)

Gnadenthür.

- Die Gnadenthür steht immer zu 754, 6
- Wie ich hier jetzt vor deiner Gnadenthür 654, 1
- Die Gnadenthür nun noch stehet offen dir 26, 5
- Eröffne mir die Gnadenthür 539, 1. 3
- Ach, öffne mir die Gnadenthür 468, 1
- Klopfen an die Gnadenthür 644, 5
- Deine Gnadenthür jetzt — aufgethan 271, 6

Gnadentisch.

- Weil für mich bereitet ist jetzt dein reicher Gnadentisch 3, 5

Gnadentrank.

- Doch laß mich einen Gnadentrank 143, 2

Gnadentrieb.

- O Vaterhand, o Gnadentrieb 205, 4

Gnadentröpflein.

- Laß du auf mein Gewissen ein Gnadentröpflein fließen 763, 2

gnadenvoll.

- Dein gnadenvolles Angesicht 667, 3
- Gnadenvoll willst du mir schenken 266, 3
- Und gnadenvoll genähret 107, 3
- Mich ganz gnadenvoll erlaben 529, 5(6)
- Mit gnadenvollen Händen wirst du 108, 2
- Spüren schon d. gnadenvollen Segen 414, 2

Gnadenwahl.

- Da schau ich meine Gnadenwahl 334, 3
- O freudenvolle Gnadenwahl 334, 4
- Erblicken meine Gnadenwahl 553, 10

Gnadenwerk.

- Und das ist auch ein Gnadenwerk 243, 4
- Denn das sind Gnadenwerke 286, 7
- Und laß dein Gnadenwerk nicht liegen 470, 1

Gnadenwille.

- Wie unsers Gottes Gnadenwille 719, 3
- Was dein Gnadenwille mit mir — fügt 57, 5

Gnadenwort.

- Wir hören noch das Gnadenwort 507, 2
- Des Gnadenwortes Balsamöl senkt sich 212, 7
- Sein Gnadenwort verstehen 482, 3

Gnadenzeichen.

- Halt ich ihm für dein — Gnadenzeichen 372, 2

Gnadenzeit.

- Der hat die Gnadenzeit versäumet 471, 10
- Denn die Gnadenzeit rennt zügellos 685, 9
- In solcher Gnadenzeit den Augen 135, 5
- In dieser Gnadenzeit 505, 1
- Deine Gütigkeit jetzt preis' in dieser Gnadenzeit 179, 9
- Weil er lebt in der Gnadenzeit 417, 10
- Weil uns dse. Gnadenzeit[3]) v. Himmel 110, 4
- Wenn Jesus seine Gnadenzeit bald da 483, 3

gnädig.

- Du aber, o mein gnädger Gott 533, 2
- Welcher sich läßt treu u. gnädig finden 609, 6

---

1) Fehlt Bernh. G. 2) Var. Bernh. G. der Gnaden Thron. 3) Var. Bernh. G. gnadenreiche Zeit.

In wieviel Not hat nicht d. gnädige Gott 445, 3
Sei uns gnädig, sei uns gnädig 443
Er uns so gnädig ist 258, 5
Du wollst mir Sünder gnädig sein 283, 1
Speis uns gnädig mit dem Worte 25, 5
Sieh, er reicht dir hülfreich, gnädig 673, 6
Dir sei Dank für solch gnädig Herz 747, 3
Unsäglich gnädige Geduld 524, 9
Dein gnädig Ohren kehr[1]) zu mir 55, 1
Dein gnädig Ohr neig her zu mir 401, 2
Hilf gnädig allen Kranken 510, 13
Du wollest auch behüten mich gnädig 54, 3
Daß er uns ewig gnädig sei 65, 3
Gott sei mir Sünder gnädig 563, 1—6
Aber sei doch gnädig mir 528, 6
Sei uns gnädig, o Herre Gott, sei uns gnädig 271, 5

gnädiglich.

Verleih uns Frieden gnädiglich 592, 4
Vergieb mir doch genädiglich 279, 5
Und hilf mir gnädiglich 286, 2
Hat gnädiglich all mein Leid gedämpfet 156, 1
Dasselb verzeih uns gnädiglich 314, 3
Daß du gnädiglich der Sünder dich 143, 5
Du schützest mich — so gnädiglich 17, 4
Vors Teufels Macht u. List genädiglich behüte 109b, 7
Zu dir gezogen gnädiglich 244, 3
Erleucht mich, Herr, genädiglich 546, 5

Gold.

Von Edelstein und Gold bereit' 662, 10
Nichts macht mich von Jesu los, nicht Gewalt, nicht Gold 97, 5
Der für mich nicht Geld und Gold 49, 4
Wenn einer hätt — Silber u. Gold 417, 9
Ach du so arme Welt, was ist dein Gold und Geld 135, 12
Das Gold wird — bewährt 367, 2
Darum wir sollen setzen zurück Gold 295, 5
Es sei Silber, Gold oder Geld 675, 7
Hier sind alle guten Gaben u. d. Gold 200, 11
Nimm das Gold des Glaubens hin 378, 2
Er ist alleine m. Freude, mein Gold 19, 2
Schau den Himmel über dir, da ist dein edles Gold 494, 3

golden (gülden).

Trägst keine güldne Kron 562, 3
Weit über alle güldnen Schätz 11, 9
Die güldnen Sternlein prangen 515, 3
Zu lauter güldnen Kronen werden 23, 3
Schleuß auf die güldne Himmelsthüre 23, 7
Was ist das güldne Gut und Geld 472, 4
Und mehr als güldne Thronen 135, 12
Komm, befrucht, o goldner Regen, uns 448, 9
Drum wirst du, goldne Himmelsthür 143, 8
Ein'm jeden setzen auf ein güldne Kron 99, 4
Stell euch die güldnen Waffen ums Bett 515, 9
Daran mit güldnen Worten der Reim 37, 8
Die Pforten zum güldnen Freudensaal 769, 6
Singe im güldnen Himmelssaal 352, 8
Wie e. englisch Licht u. güldne Säule 38, 8
Jauchzt eurem goldnen Königsstabe 394, 4
Zur Ruh im güldnen Engelchor 472, 7
In die Stadt der goldnen Gassen 432, 4
Ich grüße dich, du goldne Stadt 733, 2
Ihre hellen goldnen Gassen 345, 5
Ich danke dir, du güldner Mund 364, 5
Den güldnen, edlen, werten Fried 355, 6

Golgatha.

Er ist erstanden, da er starb auf Golgatha 42, 2

gönnen.

Der mir nichts Böses gönnen kann 682, 4
Und gönnt uns lauter Guts 352, 4
Gönne mir doch Frist auf Erden 299, 8
Die du mir noch gönnen willt 17, 6
Dem Leib ein Räumlein gönn. 536, 7
Der uns gern Licht u. Labsal gönnet 200, 8
Daß Gott sein Huld uns gönnet 386, 2
Der Welt, der du dein Licht gegönnet 176, 2
Ach, so gönne mir die Freude, Jesu 458, 9
Und gönnen uns gern solche Ehr 501, 3
Wem sollt mein Herz ich lieber gönnen 680, 4
O gönnt mir, daß ich leb im Glücke 728, 6
Sein Glück u. Wohlfahrt jedem gönn 260, 6
Sei euch gute Nacht — gegönnt 472, 8
Und nicht gönnen, daß all m. Mut 554, 2

Gott.

I. der Vater.

Ich bin allein dein Gott und Herr 134, 2
Gott ist voll Gnad und Gaben 365, 4
Gott leitet s. Knechte in dem — Rechte 365, 5
Dem Gott, der alle Wunder thut 610, 1
Dem Gott, der m. Gemüte mit — Trost 610, 1
Dem Gott, der allen Jammer stillt, gebt unserm Gott die Ehre 610, 1
Wäre mein Gott nicht gewesen 625, 7
Alles Ding währt s. Zeit, Gottes Lieb 625, 1-11
So wahr Gott Gott ist 659, 3
Gott ist mit uns und wir mit Gott 659, 3
Mein treuer Gott, auf deiner Seite 330, 4
Gott, mein Gott, verlaß mich nicht 336, 6
Ich bin geliebt bei Gott 405, 1
Gott ist die Lieb 622, 1
Wir haben einen Gott und Herrn 622, 2
Wo ist doch ein solcher Gott wie du 136, 1
Nimm vorlieb mit deinem Gott; hast du Gott 494, 1
Ich bin Gottes, Gott ist mein 599, 13
Gott ist mein Gott, auf sein Gebot 108, 1
Ja, mein Gott, ich hab an dir 90, 2
Gott ist d. Größte — Gott ist d. Süßte 125, 10
Der alte Gott lebt noch 122, 1
Gott ist ein reicher Gott 398, 3
Du kannst es thun, du starker Gott 308, 1
Du willst es thun, du lieber Gott 308, 2
Du mußt es thun, du treuer Gott 308, 3

1) Var. gnädig Ohr neig her.

Du wirst es thun, wahrhaftger Gott 308, 4
Du Gott, bist unser Gott allein 248, 2—4
Bleibst du, Gott, unser Gott allein 248, 5
Denn außer dir ist ja kein Gott 189, 6
Ach ich kann an Gott nicht denken 26, 3
Suche Gott, weil er zu finden 26, 5
Warum willst du, Gott der Götter 218, 2
Denn Gott, der kann nicht trügen 352, 5
Er ist Gott und heißt lebendig 690, 5
Mein starker Gott in aller Not 401, 4

II. Christus.

Gelobet sei mein Gott, mein Heiland 451, 2
Der Sohn des Vaters, Gott von Art 209, 5
Ihr habt mit euch den wahren Gott 663, 4
Es ist der Herr Christ, unser Gott 662, 4
Gott und Mensch, ein kleines Kind 766, 1
Du wirst klein, du großer Gott 766, 2
Du Gott, von Gott gezeugt 151, 1
Ja, du warst selber Gott 151, 3
Gott ist im Fleische 323, 4
Hier ist Gott, der Hülfe schafft 49, 7
Und ist kein ander Gott 161, 2
O wahrer Gott, o Davids Sohn 577, 3
Gleicher Gott von Macht u. Ehren 749, 2
Ein wahrer Gott, ohn Ende 566, 1
O du mein Herr und Gott allein 734, 3
Ich will dich lieben, meinen Gott 364, 8
Meinen Gott will ich dich nennen 382, 1
Wo Gott u. die Menschheit in Einem 169, 2
Mein Gott und Herr, mein Gott und Herr 296, 1
Dem als Gott das Reich gebühret 422, 1
Jesu, mein Herr und Gott allein 11, 4
Gott, Gott, wer wollte dich lassen 70, 7
Und sage: mein Herr und mein Gott 722, 8
Mein Gott, da hast du meine Seele 561, 3
Ich trau auf dich, o Gott mein Herr 307, 2
Du mein Gott und Erlöser bist 307, 2
Als unsern Gott anbeten, 99, 3

II. Heiliger Geist.

Gelobet sei mein Gott, mein Tröster 451, 3
Herre Gott, füll mit d. Gnaden Gut 412, 1
Du Geist des Lebens, wahrer Gott 414, 1
Hallelujah, Gott heilger Geist 251, 3
Uns segne Gott, der heilge Geist 192, 3
Gott, heilger Geist, du Tröster wert 177, 3
Heilger Geist im Himmelsthrone, gleicher Gott 641, 5
Gott mit Vater und dem Sohne 749, 3
Die nur Gottes Geist kann deuten 596, 6
Die Gottes Geist den' gewiß verheißt 146, 9

Götter.

Gott, groß über alle Götter 641, 7
Kein Götter sollst du haben mehr 134, 2
Warum willst du, Gott der Götter 218, 2

Gottesacker.

Die Verstorbnen hier auf den Gottesacker bringen 301, 1

Gottesblut.

Aus Jesu Wunden mit dem teuren Gottesblut 256, 6

Gottesdienst.

Weil der Gottesdienst ist aus 503, 2
O wie schön sind des Herren Gottesdienste 25, 4
Daß ohne Gottesdienst im Geist 759, 3
Leiden ist mein Gottesdienst 215, 3

Gottesfinger.

Gottesfinger, Friedensüberbringer 597, 2

Gottesfülle.

Füllt mich mit aller Gottesfülle 538, 4

Gottesfurcht.

In Gottesfurcht und Glauben rein 80, 6
Hält sich in Gottesfurcht in Glück 657, 10

Gottesgabe.

Mit jeder Gottesgabe — begabt 394, 4

Gottesgeist.

O heilig werter Gottesgeist 524, 8

Gottesgnade.

Die Gottesgnad alleine steht fest 513, 4

Gottesharfe.

Der die Gottesharfen schlägt 384, 11

Gotteshaus.

Wir haben dieses Gotteshaus gebauet 137, 2

Gotteshimmel.

In den schönen Gotteshimmel 31, 3

Gotteskind.

Freuet euch, ihr Gotteskinder 198, 1
Hochgelobt — v. allen Gotteskindern 670, 10
Ein Gotteskind ich allzeit bin 400, 2
Als Gotteskind um dich — bewerben 393, 7
An einem reinen Gotteskind glänzt 570, 4
Greift ihr ein Gotteskind nur an 331, 7

Gotteskraft.

Ihr zieht mit Gotteskraft die Herzen 394, 3

Gotteslamm.

Das Gotteslamm liegt hier 573, 4
Ehr und Macht sei auch dem Gotteslamm 251, 2
Unser aller Sünden Müh dir, o du Gotteslamm 366, 13
Unbeflecktes Gotteslamm 600, 4
Mit dem lieben Gotteslamm 220, 4
Gotteslamm, mein Bräutigam 381, 1
Jesu, Gotteslamm, habe Dank 602, 1
Wir danken dir, o Gotteslamm 102, 3
Das erwürgte Gotteslamm 670, 6
Gotteslamm, dich will ich loben 649, 8
O du Gotteslamm, das der Welt 443
Ich will dich lieben, Gotteslamm 364, 2
Das Gotteslamm[1]) wollt darum sterben 187, 2
Das rechte, echte Gotteslamm 51, 4

Gottesmacht.

Du bists, Herr, der mit Gottesmacht 756, 12

Gottesruh.

Dann schmeckt das Herz die Gottesruh 92, 5

1) Var. Bernh. G. der Heiland.

Gottessohn.

Der große Gottessohn 337, 1
Deinen Tod, o Gottessohn 371, 2
Du gerechter Gottessohn 383, 2
Das macht Christus, wahr Gottessohn 487, 2
Sieh, der wahre Gottessohn ist für dich 461, 2
Soll glänzen, wie ein Gottessohn 38, 9
Der teure[1]) Gottessohn 105, 1
Wo ist der Gottessohn 223, 4
O Gottessohn, mein Heiland 296, 3

Gottesspeise.

Empfangt die — heilge Gottesspeise 417, 2

Gottesstadt.

Die Gottesstadt doch lustig steht 137, 3
Die Gottesstadt, die droben ist 756, 6

Gottestag.

Daß an diesem Gottestage unser Herz 768, 1

Gottesvergessener.

Aber der Gottesvergessenen Tritte 446, 7

Gotteswerk.

Als nur Gotteswerk für mich 252, 4

Gotteswort.

An Gotteswort man warten soll 10, 5
Halt stets am heilgen Gotteswort 417, 11

Gotteszorn.

Der von uns den Gotteszorn wandt 386, 1

Gottheit.

Und giebt uns in sein's Vaters Reich die klare Gottheit dran 447, 6
Die Gottheit selbst[2]) lebt nun 567, 3
Zum Bilde d. Gottheit hast gemacht 435, 1
Aus deiner Gottheit Heiligtum 65, 1
Gegen der Gottheit Verächter sich wehr 299, 5
Zerfließt in deiner Gottheit Ruhm 248, 5
Die Fülle seiner Gottheit aufgethan 429, 6
Die Gottheit selber will euch leiten 685, 8
Sie sehen stets der Gottheit Schein 531, 5

göttlich.

Erweiset sich gar bald s. göttliche Gestalt 717, 3
Erzeigen Christo göttlich Ehr 501, 2
Dazu das göttlich Wort 562, 2
So bleibt dein göttlich Wort in Wert 270, 12
Dein göttlich Wort, das helle Licht[3]) 1, 1
Wo uns dein göttlich Wort und Licht 752, 1
Dein göttlich Wort laß in uns wirken 752, 10
Laß leuchten uns dein göttlich Licht 100, 1
Wir bitten dein göttliche Macht 67, 2
Die göttlich Kraft mach uns sieghaft 401, 7
Und sind voll göttlicher Weisheit 270, 2
Reiche, was göttlich nur heißt 70, 4
Was dienet zum göttlichen Wandel 169, 7
Schenke — mir ein göttliches Gemüte 583, 8
Da sich göttlich Trauern find 419, 3

gottlos.

Der Mensch ist gottlos und verflucht 146, 6
Böslich leb ich ganz u. gar u. sehr gottlos 374, 3
Der ist gottlos und verloren 608, 2
Der nicht wandelt in gottloser Leute Rat 758, 1
Steure den gottlosen Leuten 268, 5
Der gottlos Hauf sich umher findt 10, 6

Gottloser.

Da bleibt kein Gottloser nicht 758, 4

gottselig.

Nach deinem Wort gottselig leben 5, 2
Gottselig, züchtig und gerecht 459, 8(10)

Gottseligkeit.

Die Zweiglein d. Gottseligkeit steckt auf 451, 4

Götzen.

Die falschen Götzen macht zu Spott 610, 8
Wo man Götzen frönet 103, 6
Sie werfen Satans Bande und ihre Götzen fort. 564, 5

Grab.

I. Christi.

Du streckest den in Grab und Sarg 165, 3
Der für mich im Grabe lieget. 49, 3
Hat — Grab u. Himmel aufgemacht 49, 5
Einer nahm ins eigne Grab all. Sünden 161, 2
Er sank wie wir ins Grab 613, 2
Mein Ruh u. Rast dein heilges Grab 553, 9
Vergräbst es in dem Grabe 580, 8
In ein kaltes Grab gesenket 567, 7
Die dich in das kalte Grab — triebe 629, 3
Gott des Vaters einig Kind wird ins kalte Grab getragen 573, 1
Wie der Herr der Herrlichkeit wird ins Grab gesenket 573, 7
Mein Versöhner stieg aus s. Grabe auf 673, 1
Des Grabes Höhle — durchbrach 673, 3
Am dritten Tag durchs Grab er dringt 201, 3
Gebrochen aus dem Grab herfür 670, 1
Geh mit Maria Magdalen u. Salome zum Grabe 670, 5
Und nicht im Grab zu finden 670, 5
Ich will früh zum Grabe gehen 373, 6
Mein Jesus lebt, das Grab ist leer 478, 1
Mein Jesus lebt, das Grab ist offen 478, 3
Deine Nägel, Kron und Grab 373, 8

II. der Menschen.

Dem Leib ein Räumlein gönn bei frommer Christen Grab 536, 7
So thu auch deine Hand zu meinem Grab ausstrecken 536, 8
Mich wollest reißen aus m. Grabes Kammer 135, 2
Viel Gräber sind an diesem Ort 756, 10
Bis daß der Tod sie niederlegt in des Grabes Schoß 329, 4
So scharrt man mich ins Grab 329, 10
Bis man mich einst legt in das Grab 440, 6
Wir steigen aus der Wieg ins Grab 728, 1
Daß des Todes finstres Grab 647, 5
Wenn nun das Grab nimmt s. Raub 446, 2
Daß mein Gebein muß in das Grab 512, 2

1) Var. Brand. G. süße. 2) Var. Sächs. G. der Gottheit Quell. 3) Var. Bernb. G. Dein Wort, o Herr, das ewge Licht.

Des Vaters treue Liebe sieht sehnlich in mein Grab 621, 7
Legt man mich gleich in das Grab 624, 7
Mich reißt das Grab von dir nicht ab 350, 6
Dies beugt u. stärkt uns bis ins Grab 394, 2
Hilf, daß ich mich bis ins Grab nach dir möge sehnen 573, 8
Muß ich mich zu Grabe legen 427, 5
In die Ruh des tiefen Grabes strecken 131, 6
Ihr Gräber voller Leichen 235, 4
In dem Grab erniedrigt liegen 24, 8
Wenn du trittst ins Grabes Thür 494, 5
Wenn mein Herz bis hin zum Grabe 705, 1
Schlägt unsre Lenden bis in das Grab 213, 12
Vor Schand u. Spott auch bis ins Grab behüte. 13, 5
Glück u. Habe verläßt m. doch im Grabe 44, 4[1]
Erlöse m. Glieder aus d. Grabes — Last 259, 6
Ach zieh von mir bis in das Grab 379, 3
An deinen — Tod bis ins Grab gedenken 629, 7
Dem wird ein enges Grab zu weit 127, 3
Mein Leben eilt immerfort z. Grabe hin 358, 1
Geht nun hin u. grabt m. Grab 206, 1. 2
Stündlich eil ich zu dem Grabe 456, 1
Tritt im Geist zum Grab oft hin 456, 7
Das Kreuze, das die Gräber ziert 367, 7
O so streift das kühle Grab 646, 6
Im Tod u. Grabe der nicht bleibt 572, 6
Jenseits, hinter Grab und Tod 634, 4
Werd ich im Grab nicht bleiben 710, 4
Durch deinen Tod Tod u. Grab besiege 629, 5
In ganz verklärter Zier aus d. Grabe 629, 6
Zeig uns einst die Bahn vom Grabe 742, 5
Ganz fröhlich mit dir zu Grabe gehn 742, 8
Zu dem Himmel aus dem Grabe 95, 3
So wird er uns aus d. Grab — heben 430, 3
Muß das Grab uns wieder geben 430, 4
Die auch durch die Gräber dringt 389, 8
Gräber harren aufgethan 155, 5
Wenn d. letzte Weltgericht alle Gräber 428, 7
Wenn Gottes Sonne durch unsres Grabes Dunkel bricht 250, 4
Aus dem Grab uns zu erheben 42, 4
Wenn ich im Grabe genug geschlummert 43, 3
Wunderbar Posaunenhallen w. durch jedes Grab erschallen 637, 3

III. bildlich.

Steh aus dem Grab der Sünden auf 672, 2
Laß unser aller Sünden ins Grab 742, 6
Hingegen sagt ich bis ins Grab 330, 3
Sagen ab d. Sündenlust bis in m. Grab 393, 8
Mein Freund bis in das Grab hinein 98, 5
Wenn ich liege, sei mein Grab 525, 9
Die Augen werden wie ein Grab 333, 3

graben.

Darein gegraben steht mein Nam 379, 4

Grabeshöhle.

So ruhest du — in deiner Grabeshöhle 629, 1

Grabeshügel.

Durch Grabeshügel d. klare Blick verbaut 86, 5

Grabesnacht.

Aus Grabesnacht[2] d. Leben — gebracht 756, 12

Grabesstein.

Zur Ruh auf Christi Grabesstein 188, 5

Grabetücher.

Die reinen Grabetücher dein 553, 9

Grabschrift.

Da lesen wir die Grabschrift hier 118, 3

Grad.

Ungenad bis in d. dritt' u. vierten Grad 704, 11

gram.

Wäre Gott mir gram und feind 599, 7
Ob sie mir gleich gram 602, 6

Gram.

Bei welchem Gram u. Schmerze sich häuft 738, 6
Ohne Sorgen, Gram und Quälen 715, 1
Wenn Sorge, Gram und Leid 203, 1
Da wird all ihr Gram und Leid 599, 16
Hat der Gram mein Herz zerwühlt 40, 3
Und hoffnungslosen Gram zu Haus 691, 2
Und dient dein Gram sonst nirgends zu 138, 2

grämen.

Und gräme mich ohn Unterlaß 730, 2
Meine Seele grämt sich nicht 461, 4
Und grämst dich Tag und Nacht 355, 15
Was grämt ihr euch 472, 1
Denn wer viel weiß, der grämt sich viel 472, 5
Sünd und Hölle mag sich grämen 421, 2

Grämen.

Mit Sorgen und mit Grämen 58, 2
Er weiß dein Leid u. heimlich Grämen 213, 4
Mein Grämen hat ein End 352, 7
Laß von Sorg und Grämen 138, 12
Und dein Grämen zu beschämen 245, 8
Grämen kann das Leid nicht nehmen 603, 3
Wozu dient dein täglich Grämen 677, 1
Der Vater muß mit Grämen 139, 7
Wollst endlich sonder Grämen 112, 6

Gras.

Gieb Sonnenschein, laß wachsen Gras 82, 8
Was lebt im Wasser, Laub u. Gras 417, 5
Der die Blumen, Laub u. Gras kleidet 626, 3
Daß du da liegst auf dürrem Gras 662, 9
Wir sind nur Staub, gleichwie d. Gras 513, 3

Gräschen.

Ihr schwanken Gräschen in d. Feldern 524, 4

grau.

Mit Ehren trag all m. grauen Haar 536, 6

grauen.

Warum sollte mir denn grauen 389, 2
Wird alles, davor sonst ihm graut 362, 15
Nun soll mir nicht mehr grauen 37, 3
Wem wollt vor Sterben grauen 146, 4
So laß doch dir nicht grauen 183, 12
So laß ich mir nicht grauen 361, 2
Schlaf wohl! laß dir nicht grauen 671, 4

---

1) Fehlt Bernb. G. 2) Var. Brand. G. Gräbernacht.

So laß dir doch nicht grauen 692, 2
Und wenn uns ja will grauen 124, 3
Graut mir vor dem kalten Tod 59, 6
Zion laß dir doch nicht grauen 773, 4
Und läßt sich garnicht grauen 357, 2
So laß dir doch nimmer grauen 765, 6
Warum sollt m. denn grauen vorm Tod 297, 2

Grauen.

Versank des Todes Grauen 354, 4
So werd ich ohne Grauen selbst d. Tod 193, 10
Tilg in uns des Todes Grauen 646, 5
Unverzagt u. ohne Grauen soll e. Christ 676, 7
Es bleibet mir im Grauen des Todes 360, 6
Sonst wird Grauen, Furcht u. Schrecken 643, 2
Ach laß uns in der Nächte Graun 359, 4
So wird uns kein Grauen wecken 315, 4
Verachte denn des Todes Grauen 739, 3
O Tag voll Grauen, da die Welt 637, 1
Wo mit Grauen Gott die Kreatur 637, 18
Die weder Drang noch Grauen 328, 3
Macht Satan ihr ein Grauen 203, 6

Graus.

Beistand leist wider alle Furcht u. Graus 750, 3
Wenn m. großem Grausen alle Wellen 217, 3

grausam.

Wie grausam seine Ruten 580, 12
So gar grausam zürnen mir 774, 2
Viel List sein grausam Rüstung ist 161, 1
Wie grausam er sich stelle 572, 1. 10
Ob er noch so grausam ist, 427, 3

grausamlich.

Ganz grausamlich gemartert bist 530, 5

Grausamkeit.

Von Satans Macht u. Grausamkeit 524, 7

Greis.

Wie hier der alte Greis[1]) 287, 2
Der Jüngling hofft des Greises Ziel 737, 2
Der Greis zu vielen noch ein Jahr 737, 2

Grenze.

Bringt uns. Grenzen m. ihrem Glänzen 125, 1
Schaff in unsern Grenzen Frieden 368, 7
In des Gnadenreiches Grenzen 422, 3
Quell der Klarheit ohne Grenze 373, 11
Er kann deinen Unglückswellen ihre
Grenzen stellen 696, 4[2])

Greuel.

Herodis Herz hält dich für Greuel 753, 10
Deck m. Schaden auf, den innern Greul 470, 4
Hätte vor dem Menschenorden unser
Heil einen Greul 200, 5
Die sich und Gott ein Greuel sein 471, 1
Zeig uns selbst den Greul der Sünden 318, 3
Und da, wo Sünd u. Greuel stund 538, 4

greulich.

Mir ist befleckt sehr greulich m. Gewissen 281, 4

Grimm.

Ganz unerträglich ist sein Grimm 302, 3
Die mir Gottes Zorn und Grimm 678, 2
Zu üben Grimm und Rach 178, 5
Dein Zorn u. Grimm fern von uns sei 496, 3
Behüte mich vor Zorn und Grimm 310, 4
Wenn sich naht des Wolfes Grimm 376, 5
Veracht den Tod mit seinem Grimm 202, 5

Grimmigkeit.

Und d. Satans Grimmigkeit vielmals 374, 7

grob.

Das ist grob Heu und Windelein 662, 11
Sprich nicht: ich habs zu grob gemacht 471, 9
Die Sachen sind zu klar, der Sinn zu grob 619, 5

groß.

Gott ist das größte, das schönste 125, 10
Mein Heiland, groß von That 451, 2
Groß u. ehrlich, reich von Gaben 734, 1
Sende deine hellen Lebensquellen
reichlich nieder großes Haupt 253, 2
Teile, großer Fürst, die Beute 646, 3
Nichts ist gegen Jesum groß 384, 3
Dein Erkenntnis werde groß 414, 2
Stellt euch ein, groß und klein 200, 8
Euch machen groß und reich 36, 6
Du kommst und machst mich groß 738, 4
Bist klein u. machst doch alles groß 753, 6
Wir machen unser Kreuz und Leid
nur größer 719, 2
Den Armen aber groß und reich 719, 6
Macht er mächtig viel und groß 661, 13
Die dich suchet groß zu machen 194, 3
Große Leut sind samt geringen 690, 6
Daß großer Leute Gnad und Gunst 260, 2
Was ist der großen Leute Gunst als
Zunder großes Neides 472, 5
Nach hoher Ehr u. großem Namen strebe 13, 6
Die mir so große Dinge bisher erwiesen 352, 1
Unsre Schulden sind wohl groß 49, 3
Ja, wenn die Not am größten 407, 3

Große.

Laß Großen und auch Kleinen 510, 11
Behüten uns Große mit den Kleinen 511, 7
Da vor Gott groß u. klein stehn 512, 12

Größe.

Herr, die Größe deiner Stärke[3]) 596, 5

Großes.

Der Herr hat Großes uns gethan 703, 5

Größte.

Der mir das Größte nicht versagt 35, 13

großmütig.

Ganz großmütig sie verlachten 448, 3

Grube.

Laß doch aus der Grub die Seelen 527, 8

Gruft.

Auf der dunklen Gruft empor 646, 2
Über Sarg und Grüften weint 646, 6
Aus der schwarzen Gruft gebracht 428, 3
Vor der Gruft erschrecken 629, 4
Fürcht ich mich vor keiner Gruft 49, 5
Mein Bette machen in deine liebe Gruft 338, 6

---

1) Var. Bernb. G. Wie Simeon der Greis. 2) Fehlt Bernb. G. und Anh. G. 3) Var. Anh. G. Werke.

Wir triumphieren heute um d. leere Gruft 742, 1
So geh ich freudig in die Gruft 478, 3
Stieg ich in die Gruft hinein 276, 2
Steig herauf aus deiner Gruft 673, 5
Er bleibt nicht in der Gruft 339, 7
Das Geschöpf der Gruft entschweben 637, 4

grün.

Streut dir Palmen u. grüne Zweige 738, 2
Ihr grünen Blätter in den Wäldern 524, 4
An deinem Leib ein grünes Zweiglein 172, 2
Ein Glied und grünes Zweigelein 172, 3
Bleiben an dir e. grünen Zweig 529, 4(5)
Führe mich auf grüner Au 240, 3
Er weidet mich — auf e. grünen Auen 109a, 2
Auf grüner Aue wollest du mich — leiten 143, 2
Suche dich auf deiner grünen Weide 349, 4
Mit Freuden auf grüner Aue weiden 106, 3
Bei den grünen Himmelsmaien 597, 8

Grund.

I. Tiefe.

Hügel, Gründe, Berg und Thal 220, 5
In den Gründen, in der Höh 625, 6
Kein Grund mag so grundlos sein 693, 5
Unsre Gründe sind ganz trocken 218, 3
Zittern in der Erde Gründen 637, 2
Dein Wort bewegt des Herzens Grund 289, 2
Singen wir all aus uns. Herzens Grund 743, 5
Dank — schallen aus d. Herzens Grund 21, 10
In m. Herzens Grunde dein Nam 652, 3
Der an des Herzens Grunde ersiehet 405, 7
Daß dich m. Herzens Grund innig preise 415, 4
Das lies in unsrer Seelen Grund 452, 2
Flehn aus tiefster Seele Grund 163, 2
Erwecke d. Paradies wieder im Grunde 299, 7

II. Grundlage.

Stärkt des Hauses Grund u. Dach 661, 13
Wenn auch Grund u. Boden weicht 694, 5
Der Grund d. Welt war nicht geleget 205, 2
Eh geleget der Grund d. großen Welt 151, 3
Dich allein hab ich zum Grunde 638, 1
Was ich hier zum Grunde lege 638, 8
Aus Gnaden, dsr. Grund wird bleiben 53, 5
So bleib ich stets im Grunde stehn 363, 6
So reißet nichts den Grund mir ein 363, 8
Den alten Grund der Wahrheit 164, 4
Laß dir seinen festen Grund niemals — rauben[1]) 608, 2
Der Glaubensbund hat festen Grund 120, 2
Mein Lieben hat den Grund 585, 4
Ich steh auf festem Grunde 352, 5
Wer ist meines Glaubens Grund 761, 2
Ein unbeweglich fester Grund 104, 1
Mein Jesus ist des Glaubens Grund 361, 1
Der Grund ist selber Jesus Christ 137, 3
Als auf den Grund, den du gelegt 351, 4
Sein heilger Mund hat Kraft u. Grund 636, 1
Bei diesem Grunde will ich bleiben 340, 10
Der Grund, da ich mich gründe 405, 3
Leg diesen Stein zum ersten Grund 609, 1
Den ersten besten Grund zur Weisheit 365, 8
Sein Wort u. Wille hat ewigen Grund 125, 8
Den Grund, der nicht kann brechen 213, 14(15)

III. in Redensarten.

Mit Angst zu Grunde geht 486, 3
Du wärst zu Grunde gangen 138, 8
In einer Stunde geht es zu Grunde 125, 7
Es sei im Grund gelogen 599, 7
Weiß alle Weisheit aus dem Grund 139, 9
Mit ausgeschmückten Gründen 153, 10

gründen.

Der du das — Erdreich hast gegründet 706, 2
Allein ich meine Nachfahrt gründe 39, 1
Der Grund, da ich mich gründe 405, 3
Auf Christum sich zu gründen 636, 1
Denn diese gründet sich auf Jesu Tod 328, 5
Wir wollen auf nichts andres gründen 351, 4
Im Streit fest auf dein Wort uns gründen 163, 4
Wollest du fest in d. Wahrheit gründen 123, 5
Ihr Herz nicht — in Gottes Wort gegründet 11, 2
Laß dein Wort mich feste gründen 778, 7
Und gründe mich auf diesen Grund 292, 6
Willst du, was grundlos, gründen 135, 14

gründlich.

Gründlich läßt sich nicht erreichen 558, 5
Gründlich und von ganzem Herzen 520, 4

grundlos.

Kein Grund mag so grundlos sein 693, 5
Willst du, was grundlos, gründen 135, 14

Grundfeste.

Ihr Wort der Pfeiler Grundfest ist 137, 3

grünen.

Daß unser Feld nicht grünet 12, 1
Weil alles grünt und blüht 729, 1
Mein Herze soll dir grünen 738, 2
Also — wird auch grünen 758, 3
Die im Himmel grünen 652, 5
Die vor dir vollendet grünen 619, 13
Einst herrlich aus d. Staube grünen 475, 7
Das Paradies im Menschen grünt 567, 5
Und zum Trost im Herzen grünt 640, 5
Freud und Wonne grünen da 646, 3
Des Leibes welkes Laub wieder grünt 529, 4(5)
Hier grünen die Gebein 178, 8
Es werden die Gebeine grünen 187, 6
Mit ihnen aufs prächtigste grünen 182, 7

grüßen.

Hosianna! sei gegrüßt, komm 321, 2
Gegrüßet seist du mir 542, 1
Daß wir den Heiland grüßen 224, 7
Dich mit Gebet oft grüßen 281, 8
Grüße nun den Neubelebten 673, 2
O Ehrenburg, sei gegrüßet mir 369, 4
Ich grüße dich, du holde Stadt 733, 2
Und grüßt sich einmal noch und geht 688, 3

---

1) Var. Anh. G. Baue deiner Seele Grund nicht auf.

Gunst.

Wenn es Gottes Gunst begehrt 455, 4
Bei dir gilt nichts denn Gnad u. Gunst 55, 2
Will uns mit Füll s. Gunst beschütten 449, 9
Deiner Lieb und Gunst genießen 611, 4
Zwar bin ich deiner Gunst nicht wert 143, 5
Dadurch ihr solltet han d. Vaters Gunst 199, 2
Lieb und Gunst hat ihn gezogen 421, 4
Bestrahle mich mit deiner Gunst 133, 5
Hast erzeiget mir Armen solche Gunst 740, 3
Nach deiner Gunst zu trachten 740, 7
Stärk allzeit durch dein Kraft u. Gunst 409, 3
Du süße Lieb schenk uns deine Gunst 497, 3
Gnad u. Gunst in deiner Speise fasse 349, 7
Findet Hülfe, Gnad und Gunst 701, 3
Voller Huld, voll Gnad und Gunst 661, 1
Nun so bleibt ja voller Gunst 661, 15
Laß meine Seel in deiner Gunst 335, 3
Friede, Friede hat unsre Gunst 424, 9
Nach des Fleisches Mut in Gunst 417, 13
Ihr Haß und Gunst ist lauter Dunst 153, 4
Daß großer Leute Gnad und Gunst 260, 2
Was ist der großen Leute Gunst 472, 5
Die ziehet zusammen d. Königes Gunst 397, 9

gut.

I. Gott.

Der — machet alles wohl und gut 229, 1
Der du heißt guter Vater 225, 2
Sein Rat ist gut, sein Thun ist recht 472, 8
Er ist allein der gute Hirt 55, 5
Und bist wie ein guter Hirt 268, 6
Der gute Hirte leidet für die Schafe 298, 4
Ach gieb mir deinen guten Geist 13, 10
Und deines guten Geistes Kraft 366, 1
Durch deines guten Geistes Zwang 366, 15
Ein gute Wehr und Waffen 161, 1
Daß du so gut und treu 96, 4
Dein Blut ist köstlich, gut und reine 554, 6
Denn was er thut ist immer gut 357, 3
Gott machet alles gut 621, 3

II. Mensch.

Gemacht vor Gott gerecht und gut 744, 1
Du hast mich gut gemacht 769, 3
Und macht uns heilig, fromm u. gut 149, 4
Du wirst auch halten mich für gut 753, 15
Machs — mit mir an Leib u. Seele gut 775, 4
Dies oder jenes sei ihm gut 362, 3
Was mir gut, das gieb mir ein 362, 9
Ach ja, wir habens gut 418, 7[1]
Ist dirs gut, so geht ers ein 494, 8
Stehts doch sehr gut um mich 621, 1

III. allgemein.

Laß deine guten Engel als Wächter 368, 7
Sein guter Name soll sofort 38, 7
Gleich allhier dem guten Lande 752, 7
Der ihm hienieden gut gethan 424, 4
Und sieht, was gut sei oder schade 58, 3
Das nicht mir gut wäre 599, 8

Was dir ist nütz und gut 692, 3
Laß sie mich allzeit guten Rat — lehren 554, 15
Auch guten Rat erfind 536, 4
Wohl bei gutem Schein will brüsten 570, 3
Wenig gute Stunden in m. — Lebenszeit 153, 5
Ich sprach zur guten Stunde 352, 5
Und sein an guten Werken reich 752, 7
Geschaffen, gute Werk zu thun 704, 17
Mein guten Werk, die galten nicht 502, 3
Und reich in guten Werken 537, 8
Fängt — ein gutes Werk zwar fröhl. an 362, 4
Hier sind alle guten Gaben 200, 11
Alle gute Gabe, die ich verlanget 136, 7
Was gut und tüchtig, was schädlich 125, 11
So wird mein Herz recht guter Ding 11, 10
Doch bleibet gutes Muts 500, 4
Ist alles gut, wenn gut das End 450, 1
Auf ein gutes selges End 661, 9

IV. in Redensarten.

Gute Nacht, o Wesen 381, 5(4)
Gute Nacht, ihr Sünden 381, 5(4)
Gute Nacht, du Stolz und Pracht 381, 5(4)
Dir sei ganz, du Lasterleben, gute Nacht 381, 5(4)
Fürwahr, er meint es gut 36, 5
Da du's so gut gemeint 542, 8
Schau doch, wie gut ers mein 186, 2
Wie so gut ers mit mir mein 625, 1
Er meints gut mit uns allen 665, 4
Was böse scheint, ist gut gemeint 357, 4
Es ist doch herzlich gut gemeint 111, 4
Harte lieget dir zu gut 199, 2
Gott wird Mensch, dir Mensch zu gute 200, 2
Der uns zu gut Mensch worden 743, 4
Und was du mir zu gut gethan 165, 6
Der mir zu gut Mensch worden ist 533, 4
Es kommt alles mir zu gut 383, 7
Kommt in Jesu uns zu gut 384, 7
Gnad erlanget mir zu gute 584, 6
Am Kreuz vergossen uns zu gut 607, 1
Das leid ich alles dir zu gut 502, 8
Unendlich Glück! du littest uns zu gute 290, 9
Das er dir zu gut hat angenommen 254, 1
Kommt in Jesu uns zu gut 374, 6
Ist alles mir zu gute erlangt 763, 7
Auch ihnen kommt zu gut 426, 2
Das gieb uns, Herr Gott, zu gute 239, 1
In Tod gegeben uns zu gut 137, 6
Mir zu gute mildiglich vergossen hat 316, 4
Jesu, stirbst du mir zu gut 590, 5
Dem sterben kommt zu gute 548, 5
Du, du bist allen uns zu gut 28, 6
Dein Blut mir zu gut in d. Tod gegeben 676, 11
Unzählig viel zu gut u. noch jetzund 499, 1
Hält sich selber nichts zu gut 587, 13
Und Böses nicht gut heiße 260, 9
Gut gemacht die böse Sache 461, 4
Macht dein redend Blut unsre böse
Sache gut 249, 7

---

1) Fehlt Bernd. G.

Er sagt für meine Schulden gut 98, 4
Sei gut für allen Schaden 515, 7
Wie viel thut sie mir doch zu gute 524, 10
Du thust mir viel zu gute 167, 7
Weil es doch thut nimmer gut 18, 6
Komm nur, so gut du weißt zu kommen 471, 8

Gut.

I. geistig.

Ach Gott, mein Gott, du höchstes Gut 539, 3
Der ist eur höchstes Gut 505, 5
Verkleidet sich das ewge Gut 209, 2
Eur Bruder ist das ewge Gut 663, 3
Sei — der Armen Gut und Habe 510, 12
Ist meiner Seelen höchstes Gut 277, 1
Ruht in dir, dem höchsten, ewgen Gut 424, 3
Du bist doch mein schönstes Gut 611, 4
Herr Jesu Christ, mein trautes Gut 734, 4
Laß mich dich, du höchstes Gut 600, 8
Jesus ist das rechte Gut 458, 3
Erlöser, du mein einzig Gut 327, 4
Der da Gut u. Blut gern — lasse 718, 13(12)
Das ich hab erlesen mir z. höchsten Gut 34, 1
Höchstes Gut der Güter 34, 3
Ist Christus unser höchstes Gut 93, 3
Nichts — als nur dich, m. höchstes Gut 169, 6
Dich, unser höchstes Gut 248, 5
Dies höchste Gut macht rechten Mut 609, 2
O Freund — o allvermögend Gut 418, 14
Du höchstes Gut und wahre Ruh 364, 3
Ist selbst und bleibt dein Gut 355, 13
Mir ist das höchste Gut bewußt 723, 6
O Herr, mein schönstes Gut 135, 10
Das einzig allerhöchste Gut 508, 2
Ist unser allerhöchstes Gut 745, 9
Gieb uns Mut, du höchstes Gut 597, 3
O heilger Geist, du höchstes Gut 29, 4
Und m. beugen für dies unverdiente Gut 590, 5
Fleisch u. Blut zwingen zu d. ewgen Gut 11, 1
Ein immerwährend Gut — erworben 526, 6
Des Himmels Erb u. höchstes Gut 243, 3
Und schenkt mir großes Gut 738, 4
O daß ich d. hohe Gut möcht — besitzen 554, 4
Ist all mein Gut verloren 554, 13
Erfüll mit deiner Gnaden Gut 412, 1
Der hat erblicket d. allerhöchste Gut 740, 1
Hab ich berühret dein edle Güter 740, 2
Laß dies — Gut nur einzig m. Sorge sein 57, 6
Daß du dies Gut mögst finden 38, 10
Freier gewandt zum ewgen Gut 418, 11
So erben wir das höchste Gut 148, 2
Das allerhöchste Gut uns mitteilen 429, 5
Dir giebt das höchste Gut 416, 8
Wiederbracht das höchste Gut 644, 3
Meinen Mut zusamt dem edlen Gut 37, 3
Du hast uns — erworben großes Gut 117, 4
Schenkt sich selbst, das höchste Gut 208, 2
Sind wir doch dein ererbtes Gut 66, 5
Ich dein teures Gut, bezeug es selbst 333, 7
Er wählet — dich zu seinem Gut 494, 9
Daß ihr um das höchste Gut so faul 685, 10
Es hält ihn für sein höchstes Gut 167, 3
Ich hab die Güter deiner Gnaden 471, 9
Gleichwohl dein erworbnes Gut 628, 1
Geduld ist Gottes Gabe u. seines Geistes Gut 203, 4(2)
Füllt d. heiße Sehnen mit rechtem guten Gut 203, 12[1]
Hier ist kein recht Gut zu finden 676, 9

II. leiblich.

Mit milder Hand s. Güter ausgespendet 258, 3
Mein Seel, Leib, Ehr u. Gut bewahr 546, 2
Gott krönt das Jahr mit s. Gut 87, 3
Und mit so manchem Gut begabt 204, 7
Güter, die von dir herkamen 309, 5
Er bringt kein zeitlich Gut 505, 2
Krön uns mit deinem Gut 272, 8
Gut, Ehr und Kind in deine Händ 54, 4
Mein Amt, Gut, Ehr — ich dir befehl 666, 12
Gut und Blut, Leib, Seel und Leben 676, 3
Nehmen sie den Leib, Gut, Ehr 161, 4
Die Häuser u. die Güter mit Segen 769, 10
Die besten Güter sind unsre Gemüter 125, 3
Wenn ich Geld und Gut verachte 626, 4
Wo ist Reichtum, Gut und Geld 717, 5
Was ist das güldne Gut und Geld 472, 4
Gieb von den Gütern dieser Welt 348, 8
Nach irdischem Reichtum, Gut u. Geld 13, 6
Dem garnicht gleichen die Güter 135, 9
All andres Gut vergehet 135, 9
Was sind dieses Lebens Güter 676, 10
Früh u. spat nach großem Gut getrachtet 185, 4
Über alles Geld und Gut 33, 1
Sich erquicken an den Gütern d. Welt 463, 2
Denn der Erden Gut vergeht 463, 2
Achte nichts ihr Gut und Geld 194, 3
Trägest Schmerz nur um d. zeitlich Gut 675, 1
Schaue alle Güter an, die dein Herz für Güter hält 494, 5
Dir wirds an keinem Gute fehlen 57, 4
Kein Gut noch Geld, nimmt nichts m. sich 343, 4
Güter, die du hier erwirbst 456, 2
Diese Güter sind nicht dein 456, 2
Die Welt kann dir nur erborgte Güter 312, 3
Ehr und Gut vor dir nichts gilt 662, 12
Kein Ehr noch Gut bestehet 665, 6
Die Güter müssen fort 679, 7
Mit Unrecht Gut an mich gebracht 704, 8
Was sich an Gütern bei ihm findt 704, 10
Des Nächsten — Gut nicht wünschen 260, 10
Willst du mir etwas geben an Reichtum, Geld und Gut 536, 5
Auf daß mich ja kein falsches Gut 349, 4

Gutes.

Viel Gutes an mir gethan 208, 1
Wie viel dir Gutes sei gethan 149, 1
Viel Heil und Gutes fleußt 355, 2

---

1) Fehlt Anh. G.

Und thut uns alles Guts 500, 4
Und lässet uns viel Guts geschehn 719, 4
Ich kann mir selbst kein Gutes geben 538, 3
Alle Stund viel Gutes reichlich giebst 534, 1
Hier wird nichts Gutes je vermißt 727, 5
Und gönnt uns lauter Guts 352, 4
Was ist Gutes in der Welt 599, 8
Die der Vater soll ziehn zu allem Guten 599, 8
Von m. Sünd auf was Guts will ziehen 599, 14
Barmherzigkeit u. Gutes wird m. Herz 106, 10
Sein Sohn hat Guts die Fülle 665, 9
Daß du mir erzeiget so viel Gutes 165, 4
Von dir — ist mir viel Guts gethan 542, 5
Der mich regiere, zum Guten führe 298, 11
Gutes denken, thun und dichten 439, 2
Ist etwas Guts am Leben mein 666, 8
Gottes Gnadenkraft nur allein das Gute schafft 593, 3
Mich durch sein göttlich Wort hier zum Guten lenket 90, 2
Wie er dir thut lauter Guts 765, 6
Gott giebt u. thut mir alles Guts 88, 3
Was du uns Gutes hast beschert 660, 2
Der mir Zeit zum Guten schenkt 247, 4
Mir wird kein Gutes fehlen 109a, 1
Ja Gutes und Barmherzigkeit 109a, 5
Viel Gutes und Barmherzigkeit 109b, 6
Es war kein Guts am Leben mein 502, 2
Er war zum Gut'n erstorben 502, 3
Bis zu dem Scheitel war nichts Guts 298, 6
Es wohnet gar nichts Guts in mir 704, 13
Daß nichts Gutes wohnt in mir 374, 4
Der ich zu dem Guten träge 18, 2
Und vom Guten abgewandt 26, 4
Weil wir nichts Gutes eigen haben 667, 2
Nichts Gutes wohnt in mir 184, 2
Daß ich was Guts vollbringen kann 89, 6
Daß ich — meinem Nächsten thue Guts 89, 7
Wohl also jedermann, der hier viel Guts gethan 424, 7
Hier um des Guten willen leiden 424, 10
Will ich nach Kräften Gutes — thun 44, 7
An dem Nächsten Gutes übe 608, 3
Du siehest, was ich Gutes thu 495, 2
Und auch dem Feind thun das Gut 134, 6
Dem Nächsten wird die Lieb Guts thun 183, 8
Eh ich noch je was Guts geübt 554, 14
Wo was Guts von mir geschicht 524, 8
Der Weg zum Guten ist gar wild 362, 16

Güte.

Nun Herr und Vater aller Güt 243, 13
Dem Vater aller Güte u. Jesu Christ 30, 4
Laß deine Güt u. Gaben mich — laben 630, 2
Seine große Güt und Treu macht 701, 6
Sein Heil und große Güte steht fest 365, 3
Hat mich Gott gebracht durch seine große Güte 63, 1
Wir bitten deine Güte 511, 7
Für alle Güte, Treu und Gnad 666, 11
Decke mich mit deiner Güte 268, 4
Breit, o Herr, doch deine Güte über mich 690, 9
Hast behüt' aus Gnad u. väterl. Güt 314, 2
Gefällt es seiner Güte 399, 14
Er ist voll Güt und Freundlichkeit 506, 6
Gott, des Güte sich nicht endet 218, 1
Verleihe deine Güte und sende Recht 368, 4
Dein Güt allzeit florieret[1] 562, 4
Ach Herr von großer Güt und Treu 751, 1
Deine Güte mancherlei, deine Kraft 442, 3
Ist ein Schauplatz deiner Güte 650, 2
Gott deine Güte reicht so weit 707, 3
Keine Klugheit kann ausrechnen d. Güt 714, 3
Deine Güt hat mich umfangen 374, 2
Deine Güt, die täglich währet 374, 5
Aber Gottes Güte währet immer 455, 3
Ich bin d. Schöpfer, bin Weisheit u. Güte 128, 6
Ein täglicher Beweis von deiner Güt 707, 5
Laß deine Güt u. Liebe mir immerdar 725, 6
Wohn uns mit deiner Güte bei 496, 3
Laß es, Herr, durch deine Güte 541, 2
Aus lauter Güte auch d. Arznei selber sein 3, 4
Nun Herr und Vater aller Güt 243, 13
Nimm weg durch deine Güt 704, 15
Von Gnad und lauter Güte 183, 1
Mit deiner Güte decke uns 660, 6
Verleih mir, Höchster, solche Güte 136, 3
Nicht größre Güte konnte er uns schenken[2] 239, 3(2)
Du bist sehr groß von Güte 740, 6
Sein Gericht, dazu s. Güt ohn Maßen 513, 2
Sein Güt ist hoch erhaben ob den' 513, 2
Ewig solche Güte währet 429, 4
Deine Güte steckt mir auch e. Kleinod für 712, 2
Das hilf mir, o Herr Jesu Christ, durch deine große Güte 109a, 7[3]
Ach Jesu, zeige mir jetzt deine Güte 477, 9
Hier u. dorte sei Güt u. Heil beschert 2, 2
O Kindlein zart u. rein durch alle d. Güte 519, 2
Von welcher sich ein Strom der Güte 205, 5
Ja deine Güt und dein Erbarmen 578, 3
Jesu Christ, deine Güte unerschöpfl. ist 566, 4
Nach deiner unumschränkten Güte 741, 6
Schmeckt mein Herz nur deine Güte 152, 6
Dein Güte schenk mir Armen 562, 5
Deine Güte ins Gemüte lieblich fließen 558, 2
Fließe, gieße deine Güte ins Gemüte 543, 5
Für alle Gnad und Güte 547, 12
Also wird zeitlich deine Güt erhoben 68, 4
Seiner Güte trauen, die mir zusagt 55, 3
Ach wie schmeck ich Gottes Güte 252, 3
Jetzt schmecket mein Gemüte dein übergroße Güte 560, 7
Ich erkenne deine Güte 336, 1
Deiner Güte will ich trauen 374, 10

1) Var. Anh. G. regieret. 2) Var. Bernb. G. Nicht größer Güte konnt er uns geschenken. 3) Fehlt Hann. G.

Auf ihn bauen u. seiner Güte[1]) trauen 682, 3
Zu deiner Güte steht unser Gemüte 402, 1
Mein betrübt Gemüte zu d. großen Güte 763, 2
Bei Tag u. Nacht auf deine Güte hoffen 291, 1
Und hoff auf deine Güte 13, 5
Alle — Morgen schaue neue Lieb u. Güt 625, 7
Gottes Güt erwäge u. dich gläubig lege 462, 4
Also deiner Güte ich stets vereinigt bliebe 554, 8
Deine Güte entzücken mein Gemüte 135, 6
All solch dein Güt wir preisen 258, 6
Ich preise deine Güte 142, 3
Daß ihr preiset Gottes Güte 714, 1
Ich rühm von Herzen deine Güt 89, 3
Und rühmt die große Güte 204, 7
Wir rühmen seine Güte 122 2
Dich innig preise für die Güte 415, 4
In dieser Morgenstund für alle Güte 666, 11
Freu ich mich deiner Güte 264, 2
Für solche Güte immer dir verpflichtet 628, 3
Wir preisen deine Güte 272, 2
Rühmen s. Güte mit Seel u. Gemüte 288, 10
Laß mir deine Güt und Treu täglich 767, 3
Wollst sein von mir nicht fern mit deiner Güt 296, 1
Ach wie hungert mein Gemüte, — nach deiner Güte 596, 4
Die Güt und Treue werden schön einander grüßen müssen 265, 7(8)
Nun lobt, ihr Menschen, wie ihr wollt des Erdenlebens Güte 472, 4

gütig.

Was der ewig gütig Gott in s. Wort 417, 16
Heißet das nicht gütig sein 3, 2

Gütigkeit.

Auf deine Gütigkeit setzen m. Zuversicht 654, 2
Nichts benommen d. großen Gütigkeit 654, 5
Den blickt Gott an mit Gütigkeit 150, 2
Der Gütigkeit erwähnen 730, 3
Deine Gütigkeit — ausbreiten 429, 7
Für alle d. Gütigkeit mit hohem Preis 82, 1
Heißet das nicht Gütigkeit 3, 1
Lässest schauen die Ströme d. Gütigkeit 349, 3
Seine Gütigkeit, die kann heilen 320, 4
So preisen wir deine Gütigkeit 211, 3
Du Brunn aller Gütigkeit 372, 6
Mit was Lieb u. Gütigkeit du m. geführt 762, 4
Laß deine Gnad u. Gütigkeit mehr gelten 533, 4
Des heilgen Geistes Gütigkeit 67, 7

Gutthat.

Mit hohem Preis um dieser Gutthat 183, 13
Heißest gut, weil du Gutthat übest 441, 6

gutthätig.

Freundlich u. gutthätig bist du doch 257, 4
Sein Herz ist ja gutthätig 563, 4

gutwillig.

Irdische Sachen sollst du gutwillig geben 579, 9

H.

Haar.

All mein Haar er selber hat gezählet 689, 2
Daß ich mit Ehren trag all meine grauen Haar[2]) 536, 6
Ihre Rotten, die krümmen mir kein Haar 37, 4
So krümmen sie mir nicht ein Haar 98, 6
Ja nur ein Haar mir zwischen Tod und Leben war 666, 3
Nicht ein einzges kleinstes Haar 138, 2
Es sind gezählt all Härlein mein 343, 2

Habe.

Sei — der Armen Gut und Habe 510, 12
Land u. Leute, Hab u. Gut beschütze 189, 4
Hab u. Gut — sein in deinen Schutz 714, 8(10)
Denn ich zieh es aller Habe — für 262, 1

haben.

Dich will ich bei mir haben 139, 4
Ja, alles, was er ist und hat 471, 4
Ich will euch geben, was ich hab 417, 1
Von dem wir alles haben 536, 1
O Gott, von dem wir alles haben 540, 1
Was haben wir auf dieser ganzen Erd 355, 3
Daß ich nichts von mir hab 641, 2[3])
Wen hab ich nun als dich allein 333, 2
Wenn ich ihn nur habe 705, 1—4
Ach, Herr, wenn ich dich nur habe 624, 7
Wenn ich dich hab, was will ich mehr 307, 2
Ich hab ja dich, Herr Jesu Christ 307, 2
Wenn ich dich hab, so hab ich wohl 11, 5
Bis du dies Kindlein hast 51, 6
Hab ich doch Christum noch 676, 1
Dich mein Jesu, will ich haben 529, 5
Und wenn ich dich nur hab um mich 716, 2
Gnug, daß ich Christum bei mir hab 202, 8
Wenn i. nur, Jesu, dich immer soll haben 169, 9
Genug, wenn ich dich bei mir hab 741, 4
Wenn ich dich nur kann haben 296, 1

---

1) Var. Bernh. G. Gnade. 2) Var. Anh. G. Auf daß ich tragen mag mit Ehren graues Haar
3) Fehlt Bernh. G.

In dir hab ich, was ich soll haben 281, 9
Doch was ich haben will, — ist erlangt[1]) 763, 7

Haben.

Hier — im Glauben, dort im Haben 602, 13

Hader.

Du Stiller uns. Haders, Lamm Gottes 29, 3
In allen Sachen fliehen Hader, Streit 419, 8
Zank, Hader, Streit gefangen an 704, 6

hadern.

Fängt sie mit mir zu hadern an 150, 3

Hafen.

Wenn sich schier ein sichrer Hafen findet 621, 4

Haft.

Aus der Sünde Haft und Banden 673, 9
Der Feinde Schar gebracht zur Haft 28, 1
Unsres siechen Leibes Haft sehnt sich 410, 6

haften.

Daß dieser Trost ja bei uns haft 302, 7
Daß deine Lehre in uns haft 752, 4

Hagel.

Wend in allen Gnaden Seuch u. Hagel ab 274, 6
Vor Hagel und Ungewitter behüt uns 443

halb.

Halbe Liebe hält nicht Stich 589, 4
Nicht halb, nein ganz an dich mich hänge 470, 6
Er ist nur halb zu sehen 112, 3

halbieren.

Drum gilt hier kein halbiertes Leben 685, 3

Hall.

Daß mir deines Wortes Hall recht tief 252, 7

Halleluja.

Halleluja 75. 76. 181. 210. 302. 402. 411 507. 745. 753
Halleluja, Halleluja 202. 303. 446
Halleluja, Halleluja, Halleluja 73
Halleluja, Lob, Preis und Ehr 251, 1. 4
Halleluja, Preis, Ehr und Macht 251, 2
Halleluja, Gott heilger Geist 251, 3
Ich will dein Halleluja hier — singen 753, 20
Singen das Halleluja fein 181, 5
Da sing ich dir — viel tausend Halleluja 524, 15
Da wir — ewig Halleluja hörn 31, 5
Halleluja, macht euch bereit 672, 1
Und singen dir das Halleluja für u. für 672, 3
Das Halleluja reine spielt man 339, 7
Halleluja, schöner Morgen 252, 1
Halleluja, jauchzt ihr Chöre 250, 1
Halleluja! Jesus lebt 42, 1—5
Halleluja, wie lieblich stehn über uns 253, 1
Der Herr ist da, Halleluja 92, 1
Halleluja, es sei gewaget 647, 4
Halleluja, ja und Amen 262, 2
Ja, du kommst, Halleluja 321, 8
Fröhlich Halleluja singen 701, 6
Gott sei Dank, Halleluja 646, 1—7
Halleluja singe, welcher Christum nennet 767, 4
Dir wird man bringen Halleluja dar[2]) 157, 6[3])
Halleluja soll erklingen unserm Gotte 429, 3
Wir werden Gloria singen u. Halleluja 429, 7
Halleluja! Ei wär ich da 115, 13
Das große Halleluja singen 703, 5
Viel tausend Seraphim — ihr Halleluja 204, 10
Halleluja singen all, loben Gott 721, 1
Singt Halleluja 178, 2

Halm.

Bestreu den Pfad mit grünen Halmen 91, 1

Hals.

Um euren Hals euch fallen 472, 9

Halsgeschmeide.

Bringt — ein schönes Halsgeschmeide 203, 12

Halt.

Ohne Halt ist all ihr Glück 633, 5

halten.

I. Gott.

Find ich, was mich nährt und hält 625, 6
Du, aber hältst dich auch zu mir 282, 6
Dennoch deine Hand mich hält 95, 1
Da hältst du meine Seele 352, 2
Halte bei mir in Gefahr 309, 15
Wo Gott, der Herr nicht bei uns hält 754, 1
Das hält und giebt er g'wiß fürwahr 417, 16
Halt mir fest, wes du dich mir versprochen 30, 2
Durch den, der es konnt halten 183, 6
Dein Wort — hält gewiß was es verspricht 481, 3

II. Mensch.

Diese Füße will ich halten 611, 5
Herr Jesu bleib, ich halt dich fest 764, 5
Ich halte mich, m. starker Held, an dich 350, 1
Du bleibest mein, ich halt dich noch 350, 5
Er sprach zu mir: Halt dich an mich 502, 7
Drum halt ich mich getrost zu dir 282, 6
Daß ihr euch nur zu ihm hält' 685, 7
So will ich mich an d. Jesum halten 337, 3
Da man es nicht konnt halten 183, 2
Ein andrer halts mit ihr 679, 6
Der von sich selbst viel hält 679, 6

III. in Redewendungen.

Du wirst auch halten mich für gut 753, 15
Vom Trauern hältst du nicht 769, 6
Also hält auch mein Verbrechen 625, 9
Hält sich in dem Kreuze wohl 661, 12

Hammer.

Des Gesetzes starker Hammer 678, 2
Herr dein Wort ist wie ein Hammer 585, 3

Hand.

I. Gottes.

Er sitzt zur rechten Gottes Hand 210, 2
Zu der rechten Hand des Vaters 144, 3
Nun sitzest du zur rechten Hand d. Vaters 547, 8
Der Finger an Gottes rechter Hand 409, 4
Mit deiner rechten Hand, Herr 294, 7
Mein Leben dank ich deiner Hand 366, 4
Den deine Hand so wunderbar bereitet 707, 5

---

1) Var. Hann. G. In dir hab ich alles, was ich soll. 2) Var. Anh. G. und Brand. G. 3) Fehlt Mind.-Ravensb. G.

Was deine Hand[1]) erwiesen hat 714, 3
Giebt Speis aus milder Hand 365, 4
Mit milder Hand s. Güter ausgespendet 258, 3
Du machst deine milde Hand täglich 316, 2
O Herr, thu auf dein milde Hand 60, 2
Sein Brot bekommt aus deiner Hand 540, 2
Er reicht mir seine Hand 665, 1
Sein — Kind, dem er beide Hände reicht 694, 5
Trage mich stets auf den Händen 309, 15
Rühmt ihn, des Hand uns träget 352, 3
Dessen starke Hand die Welt — erhält 219, 1
Er — trage sie auf Händen 305, 3(2)
Das Schäflein bleibt in s. Hirten Händen 727, 4
Daß deine Hand uns retten kann 144, 7
Wer hält mit s. Hand den — Fried 355, 6
Regiert mit seinen Händen 106, 1
Führ uns an der Hand 377, 1
Wenn deine Hand mich führet 361, 2
Er führt mich auch ohn Unterlaß an seiner Hand 109b, 4
Angefangen hast durch Weisheit deiner Hände 362, 13
Kehrt er mit starker Hand zurück 446, 7
Reich uns dein allmächtge Hand 744, 3
Dennoch deine Hand mich hält 95, 1
Jesu, hilf du, beut die Hände 557, 5
Nimm an von Gottes Hand 228, 5
Kommt es doch von geliebten Händen 599, 13
Bin ich in deinen Händen 495, 1
Ich ruh in seinen Händen 724, 3
Alles steht in seinen Händen 217, 5
Es steht in deiner Hand 368, 5
Es steht in seinen Händen 682, 2. 754, 2
Lob sei den starken Händen 510, 7
Steht alls in seinen Händen 48, 1
So biet mir deine Hand geschwind 234, 10
Hast selbst in Händen d. ganze weite Welt 769, 8
Jesus hats in Händen 195, 1
Ich bin ja, Herr, in deiner Hand 348, 4
Du hast's in Händen 402, 2
Das beweisen Jesu Hände 379, 1
Jesu Hände, die da sorgen 379, 2
Wenn euch Jesu Hände schirmen 772, 1
Wo die wunderweisen Hände Gottes 765, 1
Ich steh in meines Herren Hand 357, 1
Mit gnadenvollen Händen wirst du 108, 2
Tod u. Leben hast du allein in d. Hand 358, 4
In deine Händ befehl ich — m. Geist 264, 5
Beut mir dein Händ u. machs ein End 4, 5
Wollst — mir bieten deine Hand 26, 7
Ach reiche mir die starke Hand 304, 4
Er reicht dir — d. durchbohrten Hände hin 673, 6
Der seinem Kind die Hände reichet 331, 7
Nimm mich in d. Hände 48, 4. 401, 5. 488, 4
Meine Seel bescheid ich deiner Hand 339, 2
Nimm auf die Seel in deine Hand 82, 11
Senket sich hin in Gottes Hände 460, 1
Die Seele geb — in Gottes treue Hände 369, 2
Befehlen dir m. Seel in deine Hände 172, 6
Mein Seel — befehl ich dir in deine Händ 710, 1
Leib und Seel in deine Händ 268, 7
Nimm — mein Seel in deine Händ 6, 11
Nimm — m. Geist in deine Hände 259, 5
Nimm unser Seel in deine Händ 655, 8
So nimm sie, Herr, in deine Händ 450, 1
Ich befehle meine Seele deinen Händen 739, 4
Ich dir befehle unter deine starke Hand 219, 6
Diese Hand schon durchgeführt 685, 8
Geführt von einer Hand 688, 4
Ich übergebe sie, Herr, deinen Händen 477, 7
Gieb durch deine Hände 203, 14
Hier in meinen Händen hab ich dich 774, 5
Daß nichts mich seiner starken Hand 357, 5
Noch Gwalt aus s. Hand wird rauben 146, 5
Aus deiner Hand mich treiben 13, 10
Laß deine Hand mich heilen 143, 6
Sein Hand zu helfen hat kein Ziel 55, 5
So soll ihm nichts die Hände binden 471, 9
Wo nicht deines Geistes Hand 439, 2
Deine Hand zu m. Grab ausstrecken 536, 8
Ich bin sicher ewiglich in d. Herren Hand 425, 6
Ich leb — in meines Schöpfers Hand 621, 5
In Gottes treue Hände leg ich nun 86, 1
In d. Hände hast du m. — angeschrieben 480, 8
Gott, ich nehms aus deinen Händen 215, 4
In deinen Schoß u. Hände begleiten 580, 16
Christus beut die Hand mir dar 633, 2
Du reichst uns deine durchgrabene Hand 16, 9
Leb'n u. Gnad, alls in Händen er hat 385, 3
Hat er alles in den Händen 384, 6
Du hasts allein in Händen 353, 4
Lege segnend dann die Hände 59, 5
Ach, komm selbst, leg an deine Hände 281, 6
Wird doch deine Hand mir — helfen 776, 4(3)
Nimm mich in deine Hände 361, 3
Grüßen die Mal an Händ u. Füßen 135, 7
Ihr zu meiner linken Hand 374, 9
Wenn Gottes Geist erhebt die Hand 243, 6
Bedacht, sein heilge Hand zu loben 203, 10
Der seine Hand mit uns ergreift 691, 8

II. Engel.

Der mich — auf seinen Händen trage 671, 8
Die sie in Händen tragen 369, 3

III. Menschen.

Und streck nun aus mein Hand 54, 7
Stärk unsre Füß und Hände 58, 12
Ihr faßt u. stärkt des Pilgers Hand 394, 3
Die Füß und Hände sind froh 515, 5
Lohnt er unsrer schwachen Hand 587, 7
Ein jeder hat sein Kreuz in Händen 23, 2
Die Werke meiner Hände befehl ich — dir 404, 7
Meiner Hände Werk und Thaten 309, 3
Deren Hand knüpft Gott in e. Liebesband 661, 2
Er lasse gehn alle Thaten ihrer Händ 661, 9
Und von der Arbeit meiner Händ 260, 8
Wenn Händ und Füße beben 658, 8

---

1) Var. Bernd. G. Huld.

Da ist die Hand: du mein 116, 4
Mit Herzen, Mund und Händen 499, 1
Vor ihm die schwachen Hände falt' 685, 7
An Händen und an Füßen gebunden 580, 5
Auch nicht gedient mit williger Hand 704, 5
Wo dein Hand ihn' dienen kann 134, 5
Du sollst aufthun dein milde Hand 134, 8
Streckt jedem eure Hand entgegen 691, 4
Eilt, faßt einander bei den Händen 685, 11
Pfleget Herze, Hand und Mund 268, 2
Drum legt die Hand auf euren Mund 512, 11
Ich leg die Hand in seine Seite 722, 8
Greif mit beiden Händen zu 471, 10
Füllet frei eures Glaubens Hände 200, 11
Schaue meiner Hände Falten 611, 5
Drücket zusammen die Herzen u. Hände 397, 9
Du giebst ihm unter s. Hand die Seelen 557, 5
Man reicht sich wohl die Hände 688, 2
Fröhlich klopfen in die Hände 28, 6
Des klopf ich in die Hände 734, 7
Ei, so heb ich meine Hände zu dir 625, 12
Schlagen unsre Hände ein 454, 4
Bald hab'n in unsern Händen d. Lampen 99, 1
Zur linken und zur rechten Hand 655, 7
Die Palmen in deine rechte Hand 58, 11
Tragen Siegespalmen in Händen 232, 8
Wie falten sie die frohen Hände 327, 8
Ich preise dich mit Hand u. Munde 658, 2
Hand u. Füße, Zung u. Lippen regen 444, 3
Wenn auch die Hände lässig sind 234, 10
Hältst mich bei meiner rechten Hand 282, 1
Hauet Händ und Füße ab 593, 8
So nimm denn meine Hände 627, 1. 3
Heilge Hände hebet auf 62, 7
Sieh, nach dir streck ich die Hände 637, 17
Palmen tragen, wie e. Sieger, in d. Hand 721, 2
Dahin streck auch ich die Hände 721, 10

IV. allgemein.

Eine Hand voller Sand 676, 10
Sich kränkt um eine Hand voll Eitelkeit 494, 4
Was mir kommt unter Handen 14, 10
Der Glaub ist eine starke Hand 476, 10
Was giebest du mich fremder Hand 333, 7

Handel.

In allerlei Geschäft und Handel 424, 5

handeln.

Handle mit mir, wies wohlg'fällt dir 8, 6
Handle nicht nach meiner Sünd 325, 7
Daß ich — treu u. aufrichtig handle 14, 10
Laß — nach d. Wort mich handeln 495, 7
Laß uns recht und redlich handeln 612, 6
Wohl dem, der nicht unrecht handelt 758, 1

Handeln.

Im Handeln, Wandeln, Essen 560, 13

Handschrift.

Daß unsre Handschrift sei zerstückt 475, 3
Du hast die Handschrift abgethan 347, 2
Sieh die Handschrift, die ich gebe hier 528, 4

hängen.

Mußtest am Kreuze hangen 284, 3
Hast du sonder Trost gehangen 383, 5
Der am Kreuz gehangen 79, 3
Da du bist am Kreuz gehangen 281, 4
Gleich e. Dieb u. Mörder da gehangen 554, 5
Ist für dich ans Holz gehänget 461, 2
Mein Wollen hängt an deinem Mund 165, 3
Daß ich einzig an dir hange 584, 5
Ich hang u. bleib auch hangen an Christo 337, 6
Mit Verlangen an deiner Liebe hangen 560, 11
Daß an dir hängt Mut und Sinn 299, 2
Laß mich treulich an dir hangen 169, 4
Nur einzig an dir hangen 554, 1
Dies ist m. Freude, zu hängen fest an dir 453, 2
Meine Seele hanget an dir 462, 2
Nicht halb, nein ganz an dich mich hänge 470, 6
Einer ists, an dem wir hangen 158, 1
Wo beide unzertrennbar an dir hangen 569, 2
Geduld — hängt an Gottes Wort 203, 5
Wer an ihr hanget 203, 11
Daß ich stets hang an der Erden 26, 1

Harfe.

Psalter und Harfe wacht auf 445, 2
Psalter und Harfen ihm Ehre geben 514, 2
Mit Harfen und mit Zimbeln schön 672, 3

Harm.

Was hilft mir denn mein steter Harm 230, 5

harren.

Des will ich allzeit harren 55, 3
Die Völker haben dein geharrt 132, 2
Bin gutes Muts und harre dein 307, 3
Auf dich harr ich 690, 3
Führ uns ein! Wir harren dein 756, 17
Ich harre sein und halt indessen still 184, 3
Garnicht kann deiner Hülfe harren 635, 4
Man harret deiner nie vergebens 538, 7
Keiner harrt auf dich vergebens 336, 1
O harre fort, du hast sein Wort 612, 4
Harrt nur bis euch die Nacht berückt 570, 6

Harren.

Macht dir das Harren angst u. bange 213, 10

hart.

I. Gott.

Daß er in der Krippen Höhle harte lieget 197, 2
Das liegt dort in der Krippen hart 663, 1
Man hat dich sehr hart verhöhnet 383, 4

II. Mensch.

O Gott wie hart ist diese Last 184, 2
Die hart Gebundnen macht er frei 446, 5
Leiden — mir sehr hart entgegengeht 22, 3
Erweiche doch mein hartes Herze 470, 3
Viel hart verstockten Herzen 548, 4
Daß ich im harten Sinn ohne Buß 26, 1
Deines Blutes Kraft m. hartes Herze 554, 6[1]
Und hart gleich einem Steine 554, 6[1]
Solls uns hart ergehn, laß uns feste stehn 377, 2

1) Fehlt Anh. G.

Bald scheinst du hart und streng 619, 7
Die ihr seid — mit Sünden hart beladen 417, 1

III. allgemein.

Kein Unfall — wird mir zu harte fallen 399, 7
Fühlt jene harten Kampf und Streit 570, 3
Leidest du gleich harte Stände 608, 1
Mein hartes Lager ganz mit Thränen 184, 2
Wallen auf der harten Dornenbahn 229, 8
Manch harter Sturm erschreckt 329, 3
Und noch ein sehr harter Strauß 448, 6

Haß.

Willst nicht, daß uns betrübe Zorn, Zank, Haß 769, 7
Leichtfertigkeit, Haß, Zank und Neid 310, 6
Fliehen Hader, Streit und Haß 419, 8
Haß, Falschheit, Übermut u. Heuchelei 294, 6
Verfolgung, Haß und Neiden 329, 3
Tilg allen Haß und Bitterkeit 143, 4
Der Welt Haß kann mich doch nicht 741, 2
Ihr Haß und Gunst ist lauter Dunst 153, 4
Der bei der Menschen Haß u. Neide 480, 5
Noch schwerer Haß und Spott 686, 6

hassen.

I. Gott.

Sollt uns Gott nun können hassen 200, 3
Wie kann Gott mich hassen 371, 5
Was deine Augen hassen 580, 15
Eher dich wird hassen oder gar verlassen 696, 2

II. Mensch.

Der frei Will hasset Gotts Gericht 502, 3
Mache zu schanden alle, die dich hassen 291, 2
Nicht hassen, noch selbst rächen dich 134, 6
Und ob ihn gleich viel hassen[1] 407, 1
Die ihr eigen Kind kann hassen 774, 3
Ich sollt Brüder hassen 622, 3
Will ich Mensch auch niemand hassen 442, 10
Und ich fort niemand hasse 349, 7
Laß hassen, wers nicht lassen kann 88, 11[2]
Den Satan flieht und haßt 405, 10
Das Böse haß und meide 310, 7
Müßiggang samt aller Trägheit hasse 13, 9
Geiz, Betrug und Unrecht hassen 419, 5
Daß ich die alte Sünd nun haß 687, 5

III. Satan.

Dem Teufel nicht, er haßt das Leben 680, 2
Wenn mich die Feinde hassen 120, 4

Hassen.

Dazu ohne Ruh lieben für das Hassen 650, 3

Hauch.

Du bist ja ein Hauch aus Gott 604, 7(8)

Hauen.

Kein Brennen, Hauen, Stechen 405, 12.13)

Hause.

Wie von ihm werd zertrennnt dein Hauf 270, 4
So kommt der ganze Hauf erfreut 703, 8
Verklärt zum auserwählten Hauf 536, 8
Ihr armen Sünder kommt zu Hauf 393, 1
Kommt zu Hauf 445, 1
Sangen auch mit Haufen schön 80, 1
Kommt mit großen Haufen 200, 8
Führe bald dadurch mit Haufen 669, 6
Hinauf zu deiner Auserwählten Hauf 150, 6
Laßt mich laufen zu den Haufen 649, 2
Wie der Engel Hauf im Himmel 732, 3
Und schafft zu Hauf all unser Sehnen 213, 3
Auf einen Haufen kommt herbei 1, 5
Der gottlos Hauf sich umher findt 10, 6
Hilf, daß der losen Spötter Hauf 752, 4
Ob viel auch umkehrten zum größesten Haufen 169, 4
Von Jugend auf in großem Hauf 326, 1
Fällt alles übern Haufen 243, 6
Nicht in Haufen auf m. Wangen laufen 135, 5

häufen.

Wie sich da der Kummer häuft 693, 5
Gram und Schmerze sich häuft 738, 6
Ja, häuft sich Kummer und Verdruß 340, 7
Ach, sie häufet nur die Schuld 608, 4
Das du hast bisher gehäuft 26, 6

Häuflein.

Die so ein armes Häuflein sind 674, 1
Das bedrängte, kleine Häuflein retten 291, 5
Um dein armes Häufelein 270, 3
Dein armes Häuflein stehe 137, 1
Da läuft dein Häuflein hin 164, 3
Erhalt in Sturm u. Wellen d. Häuflein 176, 4
Laß uns, dein kleines Häufelein 556, 2
Für uns, dein armes Häuflein streit 556, 6
Gieb, daß dein Häuflein für und für 576, 3
Steh deinem kleinen Häuflein bei 588, 4
Wo der Herr sein Häuflein richt 758, 4
Verzage nicht, du Häuflein klein 659, 1

Haupt.

I. natürlich.

Sein Haupt trägt die Dornenkron 461, 2
O Haupt voll Blut und Wunden 542, 1
Wenn dein Haupt wird erblassen 542, 6
O Haupt voll Todesschweiß 606, 2
Wenn sich dein Haupt nun neigt 606, 7
Als das Haupt er sterbend beugte 673, 1
Da du — dein Haupt zu mir geneiget 335, 2
Nein, nein, er trägt sein Haupt empor 607, 3
Mein Jesus, der sein Haupt erhebet 118, 1
Das Haupt, die Füß und Hände 515, 5
Heb auf dein Haupt 138, 5
Du salbst mein Haupt mit Öl 109a, 4
Hebt nun d. Haupt empor mit Jauchzen 178, 3
Wir heben Haupt und Händ 178, 10
Mein Haupt und Glieder die lagen 125, 1
Lege — die Hände mir aufs müde, schwache Haupt 59, 5
Wenn ich m. Haupt nun neigen werd 553, 8

II. bildlich.

Gott ist der Väter Haupt und Ehr 139, 3
Du bist mein Haupt 753, 19
Wo mein Haupt durch ist gangen 37 6

1) Var. Sächs. G. Ob mich drum viele hassen. 2) Fehlt Bernb. G.

Mein Haupt nimmt sich mein an 37, 7
Er ists Haupt, wir seine Glieder 300, 1
Sende deine hellen Lebensquellen — großes Haupt 253, 2
Das Haupt belebet seine Glieder 118, 4
Gegeben zu ihrem königlichen Haupt 351, 3
Hier steht mein Haupt und triumphiert 478, 1
Lässet auch ein Haupt sein Glied 389, 2
Weil nun das Haupt erstanden ist 572, 6
Dazu so bin ich euer Haupt 607, 5
Du bist das Haupt 28, 3
Denn, weil das Haupt im Himmel ist 39, 1
Du bist das Haupt in der Gemein 144, 6
Ist unser Haupt im Himmelreich 144, 8
Die Stiege, die unser Haupt erhöht 224, 3
Dich, unsers Hauptes Kron 224, 5
Jesu, unser Haupt du bist 430, 4
Haupt, mach es zu deinem Gliede 437, 5
Hab ich das Haupt zum Freunde 405, 1
Denn wo das Haupt geblieben ist 110, 6
Dich zu ihrem Haupt erwählen 422, 3
Einig wahres Haupt der heil. Gemeine 556, 1
Die unter einem Haupte stehn 93, 2
Mit seinem Haupt zu leiden 120, 5
Ein Haupt hast du dem Volk gesandt 163, 1
Es soll sein meines Hauptes Kron 165, 10
Dem Haupt ein edle Kron 203, 12
Kein Haupt zu hoch, kein Herz zu warm. 756, 11

Haus.

I. eigentlich.

Erbaut ein Schloß und festes Haus 362, 4
Erfülle — die Häuser u. die Güter 769, 10(11)
Auch wohl gebracht nach Haus 508, 1
Häuser, Stadt und Land 137, 7
Laß mich des Nächsten Haus 260, 10
Stärkt des Hauses Grund u. Dach 661, 13
Wie eilt er in Zachäi Haus 471, 5
Heil war in des Zöllners Haus 25, 2
Und zeichnen unser Haus und Herz 660, 3
Gieß deinen Frieden auf dies Haus 359, 3
So gehn wir mit Freud nach Haus 503, 2
Hoffnungslosen Gram zu Haus 691, 2
Trübsalstage w. kommen uns zu Haus 448, 6
Mein Sprachgesell zu Haus 165, 8
Ist nicht mein rechtes Haus 329, 10
Laß mich bei Zeit mein Haus bestellen 722, 4
Was in Feld und Häusern ist 33, 1

II. Familie.

Daß du und dein Haus ruhen mag 134, 4
Deins Nächsten Weib und Haus 134, 10
Sein Amt, sein Haus, Land, Vieh, 704, 10
Beschütze Kirche, Thron und Haus 274, 1
Da faßt er uns und unser Haus 732, 3
Wohl einem Haus, wo Jesus Christ 759, 1
Wohl, wenn ein solches Haus der Welt 759, 3
Samt meinem Hause diesen Bund 759, 8
Ich und mein Haus wir sind bereit 359, 1
Gieß deinen Frieden auf dies Haus 359, 3
Laß unser Haus gegründet sein 359, 4
Gieb du uns irdisch Glück ins Haus 359, 5
Daß in dem Haus kein andrer Geist 359, 6
O selig Haus 569, 1—5
Du sollst sein meines Hauses Zier 139, 2
Nimm Kirch und Haus in deine Hut 751, 9

III. Kirche.

Es ist sein Heiligkeit und Haus 302, 2
Dies Haus wird stets erfüllet sein 137, 7
Hebe nun zu segnen an dies Haus 137, 8
Im Hause, da du wohnest 106, 11
Daß nicht dein Haus will werden voll 351, 2
Welch Heil ist — d. Hause widerfahren 25, 3
Mich in d. Haus allzeit laß finden 4, 7
Ich bleib im Haus des Herrn die Zeit 109a, 5
Kommen heute deswegen in dein Haus 742, 4
Im Hause Gottes immerdar — bleiben 109b, 6
Die des Herren Haus — bauen 243, 6[1])

IV. Himmel.

Da bin ich dann daheim in Gottes Haus 733, 4
Wird fröhlich sein in deinem Haus 150, 5
Und führst uns in des Himmels Haus 355, 12
Ererben des ewgen Lebens Haus 769, 12(13)
Bring dich zu Haus in sein'm Geleit 346, 8
So kommen wir nach Haus 418, 12, 10)

V. allgemein.

Mein Haus, darin ich wohne 554, 12
Haus u. Zelt in s. Seel aufschlagen 243, 12
Das Haus wird nur verdorben 153, 11
Erblickst du schnell des Vaters Haus 313, 8
Da klopft an, er ist zu Haus 690, 5
Die Welt ist ein sehr großes Haus 540, 1
Des Herzens Höhle sei d. eigen Haus[2]) 597, 6
Säubre du nur selbst d. Haus m. Herzens 225, 4
Bewahr mich als dein Haus 657, 12
Er zerbrach des Todes Haus 673, 2

Hausgemeinde.

Eine kleine, fromme, reine Hausgemeine 359, 1

Hausgenosse.

Als deine Diener, deine Hausgenossen 569, 4
Dein Liebling und dein Hausgenoß 479, 7
Dazu mein Hausgesinde ist dein Geschenk 54, 4

Hausung.

Du kehrst in fremder Hausung ein 753, 7

heben.

Heb auf mich dein Angesicht 546, 5
Gott — träget und hebet die Sünd 323, 3
Auch alles hebt und leget 329, 7
Du hebst und legst es bei 355, 12
Das ohn Ende hebt und trägt 625, 1
In des Himmels Leben heben 430, 3
Er will mich über alles heben 19, 8
Dieser kann und will uns heben 421, 3
Und hebt mich hoch zu Ehren 738, 4
Dein Jesus wird ihn heben 670, 4
Ihr hebt, ihr tragt und ihr errettet 394, 3
Ei, so heb ich meine Hände zu dir 625, 12
Und heben unser Aug u. Herz zu dir 711, 3

---

1) Fehlt Bernb. G. 2) Var. Anh. G. Unser Herz erwähle dir zum eigen Haus.

Hecke.
Wenn er aus mördervollen Hecken 741, 5
Mit Dorn und Hecken ausgefüllt 362, 16
Es geh durch Dorn und Hecken 724, 6
Heer.
O mächtger Herrscher ohne Heere 91, 2
Bis wir singen mit Gottes Heer 278, 3
Christi Heeres Kreuzesfahne 47, 4
Wir singen dir mit deinem Heer 753, 2
Des Himmels Heer dein Lob erklingt 547, 12
Dich erhöhn des Himmels Heere 373, 13
Dessen Lob der Engel Heer — vermeldt 500, 1
Alles Heer der Ewigkeit — scheut 249, 1
Gott und alles Heer hoch droben 693, 4
Du hochbetrübtes[1]) Heer 738, 6
Und send ein Heer von Meer zu Meer 94, 7
Himmel, Erd und ihre Heere 625, 6
Der Wesen unzählbare Heere 128, 4
Wer ruft dem Heer der Sterne 707, 2
Den Feind und all sein Heer 117, 3
All ihr Heer muß uns zu Füßen liegen 149, 3
Der Teufel mit dem Heer der Höll 153, 7
Wenn des Satans Heer mir 763, 8
Wenn auch mit ihrem Heer mich will umringen die Hölle 440, 4
heften.
Die Begierden an d. Kreuz zu heften 298, 11
heftig.
Wie heftig unsre Sünden 580, 12
Und mich so heftig schrecken 763, 8
hegen.
Heg und führ dein armes Kind 619, 12
Den Schatz, den sie im Herzen heget 570, 5
hehr.
Hehr in seine Zukunft schauen 354, 4
Heide.
Herr Jesu, Licht der Heiden 287, 1
Bist aller Heiden Trost und Licht 753, 9
Werde licht, du Stadt der Heiden 713, 1
Er ist — selig Licht wohl für die Heiden 487, 4
Werd aller Heiden Licht 103, 7
Dem König der Heiden 224, 1
Bekannt den Heiden werden 192, 1
Loben dich die Heiden überalle 192, 2
Lösegeld, dessen alle Heiden hoffen 408, 1
Das wird man sagen bei den Heiden 703, 4
Kommst du, Licht der Heiden 415, 1
Aller Heiden Trost ist kommen 198, 4
Viele Heiden d. Jesuskind — eingetauscht 319, 3
Führe — d. Heiden Füll in alle Thore ein 669, 6
Nahet dämmernd sich den Heiden 155, 2
Fern in der Heiden Lande 564, 5
Es ist die Nacht schier hin für die Heiden 223, 5
Bereitet zu dem Licht der Heiden 288, 2
Ihr Heiden lasset das Trauern sein 514, 3
Kummer — ängstet nur die Heiden 460, 4
Warum willst du — als e. Heide sorgen 677, 1
Sorge nicht, dieses thun die Heiden 677, 4

Heidenschaft.
Die große Schar der Heidenschaft 576, 1
heil.
Machet heil die vergift'ten Wunden 200, 10
Die Seele mach am ersten heil 775, 2
Mach mich durch deine Wunden heil 776, 2
Daß wir möchten werden heil 3, 4
Heil.
I. leiblich.
Es wird folgen Glück und Heil 195, 4
Gesundheit, Heil und Leben 399, 12
Viel Heil und Segen fleußt 355, 2
Sein Heil und große Güte steht fest 365, 3
Daß Fried und Heil in allem Stand 534, 9
Und Heil in allem Stand 500, 6
Mit Heil u. Rat auf unsern Fürsten 237, 5
II. geistig.
Dein Hülf und Heil schafft Rat 355, 14
Sei er stets unser Heil 500, 8
Er bleibet — ihr Segen, Heil u. Frieden 610, 5
Bei dir ist mein Heil und Ehre 690, 4
Du bist — mein Hülf, mein Heil 401, 4
Gott, mein Heil, wird in Eil 676, 6
Seinem allerhöchsten Heil 47, 7
Und bist doch nichts als lauter Heil 753, 10
Trost der Seelen, Heil der Erden 375, 3
Laß mir deine Todespein — Heil — sein 375, 9
Mir zum Heil und dir zum Ruhm 275, 1
Zum Trost und wahren Heil 738, 8
Aufgehobnen Segenshände voll Heil 394, 1
Mit jedem Heil begabt durch euch 394, 2
Nun bist du, Heil uns aufgegangen 613, 3
Heil, nach dem wir weinend rangen 613, 3
Das Heil ist unser aller 114, 2
Hätte vor d. Menschenorden unser Heil 200, 5
Sei das Heil dem Armen 502, 5
Der unser Heil und Fürsprach ist 711, 4
Meines Geistes Kraft und Heil 761, 3
Jesus lebt! sein Heil ist mein 388, 4
Er hat uns mit dem Heil bedacht 107, 2
Uns Heil und Leben wiederbracht 107, 6
Seelenkraft, die uns Heil u. Leben schafft 415, 2
Daß er sei das Leben u. Heil in Not 487, 2
Denn der Herr voll Heil u. Gnaden 596, 1
Fels des Heils 629, 2
Der Fels des Heils uns tränke 285, 3
Heile mich, o Heil der Seelen 611, 3
Süßes Heil, laß dich umfangen 200, 12
Sei willkommen, o mein Heil 238, 4
Fried, Freude, Heil, Gerechtigkeit 572, 8
Mein Gott, mein Heil, mein Leben 208, 2
Mein Heil und einger Trost 431, 2
Mein Licht, m. Heil, m. höchstes Gut 554, 10
Mein Heil, m. Trost und m. Freud 666, 7
Da bist du, mein Heil, kommen 738, 3
Du, mein Jesu, du mein Heil 461, 6
In deinem Leiden, mein Heil 542, 7
Wer hat dich so geschlagen, m. Heil 580, 3

1) Var. Bernb. G. herzbetrübtes.

Ich bin, mein Heil, verbunden 580, 9
Mein alles, mein seligstes Heil 169, 2
Uns viel Heil und Segen bringen 408, 4
Der Heil und Leben mit sich bringt 451, 1
Ja, Heil und Leben mit zugleich 451, 4
Bringt Leben, Heil und Wonne 117, 1
Der du mir das Heil erworben 372, 4
Der hat das Heil erworben 511, 4
Ist uns Gnad und Heil erworben 249, 2
Durch deine Hand Heil und Segen 249, 3
Hast mir das Heil erworben 48, 4
Er hat mir das Heil erworben 31, 3
Der euch das Heil gewähret 636, 3
Dein Heil willst du mir zeigen 172, 4
Mein Heil hat mir das Leben bracht 231, 1
Der du mir zum Heil geboren bist 151, 1
Du unser Heil und höchstes Gut 132, 7
Hast du gedürst nach der Menschen Heil 602, 7
Du bist das Heil der Sünder 347, 2
Du bist m. Heil, wer will verdammen 741, 7
Er ist das Heil und selig Licht 487, 4
Für solches Heil, sei, Herr, gepreist 752, 3
Den Sündern zum Trost u. wahren Heil 738, 8
Euch ist das Heil bereit' 395, 2
Erscheinst im Fleisch zu unserm Heil 132, 4
Und der Seelen Heil erworben 526, 7
Und mir das Heil erworben 700, 3
Unser Heil zu sein, littest alle Schmerzen 371, 1
Und uns zum Heil vergossen 137, 6
Bringet mir Trost, Schutz und Heil 372, 5
Leben, Heil und Himmel sein 375, 9
Daß uns sein Tod das Heil gebracht 53, 2
Es ist das Heil uns kommen her 183, 1
Und stecket auf des Heils Panier 110, 3
Und uns zum Heil erhalten 110, 5
Heil, Fried und Freude 28, 3
Der du zum Heil erschienen 104, 1
Der mir alles Heil gebracht 427, 1
Denn der Herr voll Heil u. Gnaden 596, 1
Mir zum Heil und dir zum Preise 596, 7
Kann mir nur Heil erwählen 109a, 1
Liebe, die sich dargegeben dir zum Heil 435, 4
Der Welt das Heil errungen 698, 2
Du hast mein Heil verdienet 347, 2
Mir Heil und Frieden — beschieden 442, 4
Die kurze Zeit, die mir zum Heil gegeben 393, 8
Hier findest du Trost, Heil u. Gnad 631, 2
Die Kleider d. Heils ich da habe erlangt 169, 6
Heil war in des Zöllners Haus 25, 2
O welch Heil ist bis hieher dsm. Hause 25, 3
Mein Heil murrend verscherzen 8, 5
Des Heil ist auch noch ferne 146, 6
Wer seiner Seelen Heil verträumet 471, 10
Da ich stets Heil gefunden 763, 3
Bei dir alleine find ich Heil u. Leben 281, 1
Die ihr das Heil begehret 636, 3
Uns wird das Heil durch ihn zu teil 636, 2
Außer ihm weiß ich kein Heil 363, 2
Kein Heil ist hiermit zu vergleichen 647, 2
Da wird dein Heil mein Anker 352, 2
So hab ich Heil gefunden 339, 3
Wir, die unser Heil annehmen 421, 2
Ihr habt Heil gefunden 318, 4
Ist meines Heils Geschäfte 227, 7
Sein Heil laß mein Geschäfte — sein 342, 4
Er schöpft aus Christo Heil 657, 3
Sondern Heil und Leben sehen 193, 4
Nun wird uns durch deine Hand Heil 249, 3
Ach gieb an deinem kostbaren Heil 16, 5
Ein Heil ist unser aller Gut 622, 3
Gott, laß uns dein Heil schauen 112, 5
Sein Heil und Gnaden — die nehmen 125, 8
Als beide eines Heils gewürdigt 569, 2
Ich weiß gewiß, mein Heil 333, 4
Das ist ihr Heil und Hort 203, 5
Durchsucht zu ihrem Heil das Paradies 203, 8
Dann hinauf zum ewgen Heile 253, 6
Wirst dein Heil mit größrer Klarheit 186, 7
Mein süßes Heil hab ich funden 206, 8
Das sie mit Heil anlände 369, 2
Um mein Heil mich bringen mag 361, 2
Laß mich m. Heil mit Zittern schaffen 470, 7
Nichts wird ja ihr Heil zertrümmern 424, 9

Heiland.

Ein Heiland aller Welt zugleich 451, 1
Mein Gott, m. Heiland groß von That 451, 2
Komm, o mein Heiland Jesu Christ 451, 5
Er will eur Heiland selber sein 662, 3
Der euer aller Heiland ist 663, 2
Du der wahre Heiland bist 402, 1
Komm, o Heiland aller Welt 408, 1
Der du der Sünder Heiland bist 393, 3
Da unser Heiland, Jesus Christ 137, 6
Der Heiland ist geboren 395, 1
Du hast den Heiland hergebracht 179, 6
Ach, liebster Heiland, schone mein 284, 3
Mein Heiland, du bist mir zu lieb 554, 5
Mein Heiland war gelegt da 37, 1
O liebster Heiland Jesu Christ 302, 6
Jesus Christus, unser Heiland 385, 1. 386, 1
Jesus, meine Zuversicht u. m. Heiland 389, 1
Jesus, er mein Heiland lebt 389, 2
Den Heiland zu begrüßen 36, 8
Mein Heiland ist mein Schild 37, 7
Als unverrückt d. Heiland nachzugehen 727, 1
Dem Heiland zugethan 483, 5
Wenn mich mein Heiland ehrt 679, 5
Dem treuen Heiland 497, 2
Mein Heiland nimmt d. Sünder an 471, 1. 3-9
Laß, m. Heiland, mich bei dir Gnade 390, 5
Können Christum uns. Heiland nennen 543, 5
Jesus heißt soviel als Heiland 14, 3
Meinen Heiland hab ich funden 206, 8
Wahr Gottes Sohn, der treue Heiland 487, 2
Mein' lieben Heiland aufgefaßt 273, 2
Da kam ein Heiland, ein Befreier 691, 6
Eines vollendeten Heilands Geschlechte 299, 8
Schon hienieden d. Heiland hab erblickt 287, 3
Daß ich einen Heiland habe 413, 1—13
Mit Freuden den Heiland schauen 99, 2

Daß wir den Heiland grüßen 224, 7
Dich, o mein Heiland ehren 735, 2
Wird ihn, meinen Heiland kennen 389, 5
Heiliger, barmherziger Heiland 489, 1—3
Der Heiland geht voran 224, 3
Thut es Gott, mein Heiland, nicht 333, 2
Was Jesus, ihr Heiland, sie wollte 169, 3

heilen.

Er schlägt und heilet Wunden 232, 7
Der du selbst heilest allen Schmerz 747, 3
Heile meinen Seelenschaden 18, 3
Heile die zerbrochnen Herzen 433, 3
Heil meinen Schmerz 326, 10
Heilen den Jammer 553, 11
Weil du — mir m. Schmerz geheilt 594, 1
Der Schade, den niemand heilet 325, 5
Will heilen euren Schaden 417, 1
Laß deine Hand mich heilen 143, 6
Ich kenn — den, der mich soll heilen 53, 3
Heile mich, o Heil der Seelen 611, 3
In meiner Schwachheit heile mich 555, 4
Sein verwundt Gewissen heil 552, 3
Um zu heilen meine Plagen 383, 3
So heile mich, Herr Jesu Christ 775, 4
Heil mich durch deine Wunden 279, 7
Heilen im Herzen die tödl. Schmerzen 125, 8
Der euch zu heilen ist bereit 512, 11
Mich bei so tiefem Schaden geheilt — seh 470, 4
Die allen Schaden heilen thut 77, 7
Die Blümlein, die mich können heilen 281, 9
Die Schuld verzeihn, heilen, stilln 16, 4

heilig.

I. Gott.

Heilig, heilig ist Gott der Herr 278, 3
Heilig, heilig, — heilig ist Gott 251, 1. 4.
Heilig, heilig, heilig heißt Gott 31, 4
Heilig ist Gott, der Herre Zebaoth 370
Der heilig, heilig, heilig ist 139, 10
Heiliger Herre Gott! Heiliger starker Gott 489, 1—3
Heiliger, barmherziger Heiland 489, 1—3
Dreifaltig, heilig großer Gott 137, 1
Laß mich — heilig, heilig, heilig! singen 434, 4
Dich heilig, heilig, heilig nennen 248, 2
Des Name heilig heißt 208, 4
Daß heilig werd sein Name 183, 13
Sein Name — ist heilig 365, 7
Heilig, heilig, heilig singen 429, 3. 226, 2
Du bist heilig 654, 2
Heilig, heilig, heilig sei — deine Güte 442, 3
Heilig ist unser Gott 271, 1
Heilger Herr und Gott 29, 3
Dein heilger Jesus-Nam 14, 6
Komm heiliger Geist, Herre Gott 412, 1
Du heiliges Licht, edler Hort 412, 2
Du heilige Brunst, süßer Trost 412, 3
Heilig, heilig, heilig! klinget 697, 3

II. Mensch.

Macht uns heilig, fromm und gut 149, 4
Gieb, daß wir rein und heilig sein 534, 6
Nach allem Wohlgefallen heilig leben 285, 1
Die Zeit auch heilig bringen zu 260, 4
Ganz gelassen heilig wandeln 642, 6
Laß mich immer heilig leben 336, 6
Ganz heilig, rein und zart 665, 7

III. allgemein.

O großes Werk, o heilges Bad 149, 5
Durch das heilge Wasserbad 244, 1
Dein Wort und heilig Sakrament 747, 4
Beim heilgen Altar werden sich — laben 137, 6
Heilig ist, was uns in dir geschenket 253, 6
Ach wie heilig ist der Ort 25, 1
Die im heilgen Stande stehn 661, 9

Heilig.

Das Heilig jetzt — lassen klingen 208, 5
Das Heilig, heilig singen 208, 5

Heilige (das).

Du bist — eingegangen in das Heilge 169, 8

Heiliger.

Habt ihr — nicht den Heiligen gebunden 606, 3
Mit deinen Heilgen allen 130, 5
All Heilgen Gotts zugleich 99, 5
Wie wenig sind der Heilgen dein 10, 1
Wenn die Heilgen dort und hier 62, 5
Um den die Heilgen dienen 360, 3
Empfunden vieler Heilgen starker Mut 47, 5

heiligen.

Durch den du auch geheiligt bist 139, 10
Ei nun, so heilge mich 14, 6
Die Seele Christi heilge mich 130, 1
Heilige mir das Gemüte 268, 4
Heilge du Leib, Seel und Geist 640, 3
Ach heilige mich ganz und gar 563, 5
Heilige mein Fleisch und Blut 225, 5
Durch deinen Geist geheiligt werden 306, 5
Durch ihn geheiligt zog das Leben 691, 7
Du sollst heilgen den Feiertag 134, 4
Heilge dich mit dem heilgen Öle 62, 1
Heilget eure Glieder; heiliget d. Gebet 62, 7
Sammelt, heiligt u. erbaut s. Tempel 159, 5
Geheilget werd der Name dein 655, 2

Heiligkeit.

Bedienet — dieses Königs Heiligkeit 583, 4
Sein Königskron ist Heiligkeit 451, 2
Merket auf, hier leidt die Heiligkeit 606, 1
Du, die höchste Heiligkeit 220, 3
Du bist der Brunn der Heiligkeit 555, 3
Und schmücke dich mit m. Heiligkeit 777, 6
Der euch seine Heiligkeit anlegt 320, 6(5)
Gieb, daß in reiner Heiligkeit 543, 7
In Heiligkeit, Gerechtigkeit dir dienen 393, 8
Ich hab — nicht Heiligkeit geliebt 704, 7
Lieben, Zucht und Heiligkeit 419, 7
Nichts hilft sein eigen Heiligkeit 77, 6
Mit eigner Heiligkeit nicht prange 470, 5
Das Halleluja reine spielt man in Heiligkeit 369, 7
Ihnen gleichen an wahrer Heiligkeit 142, 6
Vor falscher Heiligkeit — hüten 642, 6
Will er in falscher Heiligkeit sich — stellen 153, 8

heiliglich.
Daß wir auch leben heiliglich 655, 2
Heiligtum.
Ins Heiligtum gegangen 28, 6
Gott schützt im Heiligtum 769, 4
Aus deiner Gottheit Heiligtum 65, 1
In dem obern Heiligtum 249, 3
Daß du in dem Heiligtum 249, 9
Zeuch uns in dein Heiligtum 299, 1
Den Eingang in dein Heiligtum 474, 2
Vor dem Stuhl im Heiligtum 721, 7
Das Heiligtum des Herrn 550, 5
Einer wohnt im Heiligtum 159, 5
Es ist sein Heiligtum und Haus 302, 2
Nimm unser Herz zum Heiligtum 248, 5
Dir ein Heiligtum noch werden 226, 8
Lebt ich im Heiligtume 43, 5
Mache — unser Herz zum Heiligtum 392, 2
Heiligung.
Die Heiligung erfordert Müh 737, 9
Mir zur Heiligung gemacht 169, 7
Laß mich den Ernst der Heiligung 348, 5
Heiligungsquelle.
Heiligster Jesu, Heiligungsquelle 257, 1
heilsam.
Mein heilsam Wort soll auf den Plan 10, 4
Durch dein teuer heilsam Wort 487, 3
heilsamlich.
Pein mich heilsamlich erschrecken 153, 3
heim.
Komm ich heim, so steh zur Seiten 309, 4
Heim.
Mein Heim ist nicht in dieser Zeit 518, 4
Heimat.
Nicht unsre Heimat ist 86, 3
Wie man nach der Heimat reist 59, 6
Die zu der Heimat führt 329, 6
Mein Heimat ist dort droben 329, 7
Der Tod in die rechte Heimat führen 312, 8
Mein Ruheplatz u. Heimat thu dich auf 96, 3
Endlich kehre in der Liebe Heimat ein 406, 5
Meine Heimat ist am Throne 253, 1
Heimatrecht.
Ein Heimatrecht erkauft 86, 3
heimatwärts.
Führ uns heimatwärts 86, 6
heimfahren.
Wenn wir heimfahren aus d. Elende 497, 1
Heimfahrt.
Darauf mein letzte Heimfahrt bau 553, 11
Zu meiner Heimfahrt sei bereit 631, 7
heimführen.
Auf der rechten Bahn heimführen 196, 8
Eile, Liebster, heimzuführen 529, 1
heimgehen.
Und gehn all heim unsre Straßen 509, 7
heimgeleiten.
Mein arme Seele heimgeleit 553, 10
heimholen.
Herr, hol mich heim 553, 3
heimlich.
Gar heimlich führt er sein Gewalt 502, 6
Du heimliche Zierde der inneren Welt 182, 8
Die heimlichen Wege erwählen 182, 8
Hier heimlich mit Christo — gelebet 182, 8
Auch die, so heimlich fichtet an 552, 2
Viel Netz und heimlich Stricke 401, 5
Legt heimlich ihre Stricke 232, 4
Heimlichkeit.
O der großen Heimlichkeiten 596, 6
Die Heimlichkeit wird da ganz offenbar 191, 6
heimstellen.
Ihm hab ich heimgestellt mein Leib 54, 6
Und ihm alles heimgestellt 32, 4
Dem ich m. Sachen allzeit heimgestellt 217, 1
Allein ichs Gott heimstelle 407, 2
Sei ihm alls heimgestellt 407, 7
Ihm sei es heimgestellt 665, 3
Sei ihm hiermit ganz heimgestellt 724, 3
Ich hab mein Sach Gott heimgestellt 343, 1
Dem sei es heimgestellt 692, 5
heimsuchen.
Weil uns der Herr heimsuchen thut 15, 1
heimtragen.
Werd ich endlich heimgetragen 695, 3
heimwallen.
Bis wir wallen heim 359, 6
heint.
Hast du — heint[1]) bestimmt m. Tod 268, 7
Behüt uns heint[1]) o lieber Gott 314, 4
heiß.
Den Männern in der heißen Flamm 270, 9
Dein Sehnen u. heiß vergoss'ne Thränen 560, 5
Du weinest, Herr Jesu, heiße Zähren 150, 1
Und für den heißen Thränenfluß 472, 9
Sünde will machen heiß die Hölle 371, 5
Niemand kann d. heißes Blut ohne Reu 573, 6
Ich folgte nur mit heißen Thränen 691, 2
Viel heiße Thränen rinnen 366, 3
Und füllt das heiße Sehnen 203, 12
Gegen mich vor heißer Lieb 136, 5
Das macht die heiße Liebe 629, 3
Und die Liebe heiß und rein 590, 7
An des Kreuzes Stamm in heißer Lieb 76, 5
heißen.
I. befehlen.
Daß wir thun, was du uns heißt 269, 1
Den uns dein Sohn erbitten heißt 243, 1
Die ganze Welt heißen laden 487, 3
Sein Jünger heißt der Herre Christ 77, 5
Dieselben heißen sein bereit 270, 12
Der du uns alle heißest gleich 655, 1
Wann mich wird heißen gehn mein Gott 515, 3
Und heißt die Zeiten eilen 237, 1
Ehre, was deine Ordnung heißt 368, 3

1) Var. heut.

Thue nicht, was er dich heißt	194, 4
Hier heißts: rührt kein Unreines an	570, 2

II. nennen.

Der du heißt guter Vater	225, 2
So lange Gott wahrhaftig heißt	53, 5
Und heißt mein Jesulein	337, 3
Er heißt Jesus Christ	161, 2
Heilig, heilig, heilig heißt Gott	31, 4
Weil er noch dein Vater heißt	26, 5
Ein kleines Kind, das Vater heißt[1]	179, 1
Der neu, gewiß und willig heißt	541, 3
Der aller Blöden Tröster heißt	749, 3
Heißt Gott Vater, Sohn u. h. Geist	547, 2
Die mich ein Kind des Lebens heißt	524, 8
Mein Herz heißt dich die schönste Blum[2]	734, 2
Und heiße dich willkommen	337, 1
Ein neugeborner Mensch er heißt	77, 5
So komme denn, wer Sünder heißt	471, 7
Werden Gottes Kinder heißen	419, 8

III. bedeuten.

Weil Jesus heißt soviel als Heiland	14, 3
Heißt nur, unsern Gott verachten	374, 3
Heißet das nicht Gütigkeit	3, 1
Heißet das nicht Gnad erweisen	3, 2
Nur um das, was christlich heißt	13, 10
Es heißt: er nimmt die Sünder an	393, 2
So heißts: er nimmt die Sünder an	471, 2
Das heißt die Wunde recht verbinden	340, 4

Heiterkeit.

Das eigne Licht von deiner Heiterkeit	619, 10

Held.

I. Gott.

Herr Gott Vater, mein starker Held	734, 5
Das treibst du, starker Held	58, 3
Du bist der Held	291, 5
So wirf dein Sorgen auf den Held	138, 3
Ach bleib — bei uns, du starker Held	2, 5
Gottes Sohn, der starke Held	425, 7(8)
Du Held aus Davids Stamm	14, 2
Jesus heißt soviel als Heiland oder Held	14, 3
Gottes Held, Gottes Held, mit d. Gnade	587, 2
O Wunder groß, o starker Held	202, 6
O großer Held, Herr Jesu	202, 12
Sein Fähnlein als ein Held	37, 2
Held aus Davids Stamm	602, 6
Mir nach, spricht Christus, unser Held	485, 1
Wie pflegt zu thun ein starker Held	303, 2
Den starken Held kann halten auf	572, 3
Ehrenkönig, Held im Streite	321, 3
Du kluger Rat und starker Held	179, 5
Rat, Kraft und Held	50, 6
Der Held sei vor der Thür	51, 1
Er ist der Held aus Davids Stamm	51, 4
Geht aus seiner Kammer Gottes Held	200, 2
Willkommen, Held im Streite	742, 1
Warest du, o Held, gestorben	428, 3
Euren starken Held im Streiten	429, 4
Held und König, tritt hervor	646, 2
Du Siegesfürst, Held, Davids Sohn	28, 6
Der starke Held aus Davids Stamm	110, 2
Ich halte mich, m. starker Held, an dich	350, 1
Er, der Held, zerriß die Banden	250, 1
Glorreich hat der Held gerungen	250, 2
Mächtig steigt der Held empor	42, 2
Du bist ja der Held und Mann	644, 10
Daß mich Gottes Held verficht	633, 2
So wirf dein Sorgen auf den Held	138, 3
Das Lösegeld deines Bluts, o Held	718, 4

II. Engel.

Und seiner Helden Schar	515, 9
Die Helden, die zu Jakob kamen	720, 4
Das sind die starken Helden	142, 3

III. Mensch.

Wenn jener fällt, ist er ein Held	108, 4
Streitst du nicht wie ein tapfrer Held	38, 2
Und tapfrem Heldenschweiß der Helden	235, 4
Läuft den Weg gleich als ein Held	128, 2

Heldenmut.

Gieb einen Heldenmut	536, 4
Einen Heldenmut, der da Gut u. Blut	718, 12
Der behält — einen freien Heldenmut	32, 1
Hab einen Heldenmut	405, 5

Heldenschweiß.

Und tapfrem Heldenschweiß der Helden	235, 4

Heldenstand.

Da lag mein Heldenstand	352, 6

helfen.

I. Gott.

Hilf gnädig allen Kranken	510, 13
Hilf den Gefallnen	129, 4
Darum hilf uns, deinen Schafen	268, 6
Bis hieher mir geholfen	63, 1. 2
Durch Christi Blut hilft mir mein Gott	63, 3
Er hilft, wie er geholfen	63, 3
Ists Werk von dir, so hilf zu Glück	362, 11
Hier ist der Mann, der helfen kann	636, 2
Hilf uns, Herr, aus aller Not	239, 1
Hilf uns, Herr, in allen Dingen	311, 1—4
Hilf uns, Herr, an allen Orten	311, 2
Hilf uns, Herr, in allen Nöten	311, 3
Hilf uns, Herr, aus allem Leide	311, 4
Hilf uns, Herr, in letzten Zügen	311, 5
Hilf nach unsrer Zuversicht	311, 5
Er hilft uns gern	45, 4
Hilf uns noch und stärk uns doch	767, 1
Das walte Gott, der helfen kann	88, 1
So Gott nicht hilft, so kann ichs nicht	88, 3
Und hilf mir, wo mir Hülf ist not	89, 11
Wir schrein in Jesu Namen: Hilf Helfer	291, 5
Hilf, Helfer, hilf in Angst u. Not	307, 1. 308, 1-4
Hilf, Helfer, hilf! drauf sprech ich Amen	307, 3
Hilf mir aus meinen Nöten	401, 2
Hilf mir am letzten Ende	401, 6
Gott hilft endlich noch gewiß	624, 1
Hilft er nicht zu jeder Frist, hilft er doch	624, 2
Er hilft aus aller Not	665, 2

1) Var. Anh. G. Ein Kind, das Ewigvater heißt. 2) Var. Anh. G. ein Himmelsblum.

ilf an dem Leib, hilf an der Seel 82, 5
r hilft aus Not, der fromme Gott 689, 1
ilf und auch mehr, ach Gott 689, 4
ilft gleich Gott nicht, wie du willt 608, 5
ie er — dir zu helfen war bereit 608, 5
r hilft ja selber tragen 228, 2
o hilf mirs tragen 4, 1
aß er helfen kann den Seinen 690, 6
a ist der Sieg, wo dieser hilft 243, 6
esu, hilf mir das vollbringen 584, 8
rrette uns und hilf uns bald 547, 5
ilf uns, o wahrer Mensch u. Gott 547, 8
er uns hilft in aller Not 750, 1
ilf mir, o großer Gott 9, 5
ilf mir in Not und Tod 9, 5
ilf, ach hilf; schütz deine Lehr 644, 2
ilf uns gnädig allensamt 140, 3
a half mein Helfer mir vom Tod 610, 4
ilfst uns am Leib und an der Seel 747, 1
r hilft uns frei aus aller Not 161, 1
err Jesu, hilf, dein Kirch erhalt 1, 3
nd hilft den Seinen aus der Not 588, 5
r hilft sein' Gläubgen allen 146, 3
ilf uns, Herr Gott, aus aller Not 67, 5
ott will, uns soll geholfen sein 340, 3
r wollt mir helfen lassen 502, 4
eine Allmacht hilft mir tragen 690, 7
alf er uns aus der Höllen Pein 386, 1
ilf, o wahrer Mensch und Gott 281, 5
ilfst du nicht, so bin ich tot 281, 5
uche mich u. hilf aus lauter Gnaden 143, 6
ein Hand zu helfen hat kein Ziel 55, 5
ilf, o Herr Jesu, hilf du mir 631, 7
ilf ihm aus der Sündennot 502, 5
r hilft, wenn sonst nichts helfen kann 471, 9
ilf, Jesu, hilf, du kannsts allein 308, 6
aß du uns hilfst aus Sündennot 747, 1
ilf mir gnädiglich 286, 2
ilf, daß mich dein Angstschweiß kühle 375, 2
ilf, daß dein — Schande m. Kron 375, 3
ilf, daß mir dein Dürsten nütze 375, 8
hrist, mein Erlöser, hilf mir frei 546, 4
err, ich glaube, hilf mir Schwachen 374, 12
rum hilf du mir von oben her 537, 1
ilf, o Herr Christ, dem Schwachen 353, 5
ater, hilf von deinem Thron 419, 11
o hilfst du doch durch deine Macht 308, 4
o hilf nun allen in der Welt 308, 5
o hilf auch mir zur rechten Zeit 308, 5
as hilf uns, o Herr Jesu Christ 109b, 7
as helf uns der Herr Jesu Christ 134, 12
ilft mir das Abba schreien 405, 6
nmittelst helf er mir 14, 9
un hilf uns fröhlich und getrost 412, 3
ilf uns durch die Güte dein 746, 2
ch helfe dir, ich stärke dich 347, 4
ilf mir, mein Gott, hilf 310, 1
ilf, daß ich stets mit Reu u. Schmerz 310, 2
iebster Jesu, hilf du mir 614, 2
esu hilf mir das vollbringen 584, 8
Hilf nur und segne meinen Geist 204, 13
Zu helfen den' er ist bereit 689, 1
Drum hilfst du mir mit Lust 150, 4
Helfen, wenn die Not am größten 218, 9
Du hilfst und du errettest gern 342, 3
Hilfest von Schanden, rettest v. Banden 402, 1
Hilf mir in meinem Leiden 450, 1
Hilf mir in dem Kampfe siegen 721, 11
Jesu, hilf siegen 380, 1—9
Es ist am End: Gott helf uns Alln 303, 5
Hilf mir durch einen sanften Tod 764, 5
Komm schier, hilf mir 28, 6
Hilf mir drauf, du Vaterherz 240, 5
Hilf mir, Jesu, Tod und Schmerz 240, 5
Hilf mir, Tröster! heut auf Erden 240, 5
Wer hilft mir sonst in dieser Not 333, 5
So hilf mir treulich kämpfen 577, 6
Im Tod und Leben hilfst du mir 517, 9

II. Engel.

Der Engel half aus aller Not 270, 8

III. Mensch.

Kein Mensch kann helfen mir 706, 2
Weil denn kein Mensch uns helfen kann 446, 2
Da ist niemand, der helfen kann 8, 1
Wo kein Mensch nicht helfen kann 500, 3
So du selber dir helfen willt 386, 8
Der mir aus Nöten helfen kann 30, 1
Den Armen helfe mit der That 310, 7
Daß ich Armen helf und diene 419, 11

IV. allgemein.

Ist nichts, das mir helfen kann 584, 6
Nichts vermag, nichts helfen kann 625, 5
Nichts hilft mir die Gerechtigkeit 700, 5
Die Werk, die helfen nimmermehr 183, 1
Was hilft mir, sein geboren 554, 13
Hilft denn was die Ungeduld 608, 4
Was hilft mir denn mein steter Harm 230, 5
Was helfen uns die schweren Sorgen 719, 2
Vor dir nichts gilt, nichts hilft 662, 12
Dem Reichen hilft doch nicht sein Gut 417, 9
Dem G'lehrten hilft doch nicht s. Kunst 417, 10
Hilft uns zum Leben allermeist 211, 2

Helfer.

Wird forthin mein Helfer sein 32, 2
Sich selbst zum Helfer stellt 500, 3
Da half mein Helfer mir vom Tod 610, 4
Hör Helfer treu in Angst und Not 269, 1
Hilf, Helfer hilf in Angst u. Not 307, 1. 308, 1-4
Hilf, Helfer, hilf! drauf sprech ich: Amen 307, 3
Wir schrein in Jesu Namen: Hilf, Helfer 291, 5
Der Helfer ist schon da 36, 2
Seht den Helfer willig kommen 320, 6
Er ist gerecht, ein Helfer wert 451, 2
Daß er woll dein Helfer sein 195, 2
Der du mein Helfer bist 630, 3
Der Helfer in Gefahren 399, 11
Helfer in der rechten Zeit 678, 1
Helfer, die mir Herzleid machen 678, 4
Der du allein mein Helfer bist 488, 2
Der einge Trost u. Helfer mein 343, 13. 17

Bleib ihr Helfer und Beistand 644, 10[1])
Hilf, mein Helfer, wo du merkest 525, 8
Ich weiß von keinem Helfer nicht 776, 3

Helfersmann.

Es soll dir, großer Helfersmann 189, 5
Er ist euer Schutz u. euer Helfersmann 398, 2

hell.

Auch mich machen weiß und hell 3, 6
Auf die Nacht wirds ewig hell 313, 8
Mach mein finstres Herze hell 152, 3
Und wards in unserm Geiste helle 691, 5
Gieb acht auf diesen hellen Schein 51, 3

Helle.

Der Nebel flieht vor des Morgenrotes Helle 155, 4

Heller.

Fahr der Heller immerhin 494, 4

hemmen.

Und hemme meinen alten Lauf 470, 4

henken.

Der für uns ist ans Kreuz gehenkt 146, 1
Ans Kreuz gehenket, wirst du getränket 298, 2

Henkershiebe.

Hunger, Blöße, Henkershiebe 97, 5

Henne.

Wie eine Henne ihre Küchelein bedeckt 15, 5

herablassen.

Gelassen vom Himmelssaal herab 740, 5

herabstürzen.

Stürzt hoch herab, fallt auf mich her 366, 11

herausführen.

Führt mich heraus durch seine Hand 203, 7[1])

heraußen.

Ja nicht heraußen bleiben 144, 9

herbe.

Deinen herben bittern Tod 284, 1
Gar den herben Tod geschmecket 383, 6
Für den herben bittern Tod 383, 8
Als dein herber Tod allein 374, 10
Geduld ist — ein herb u. bittres Kraut 203, 2

Herberge.

Will jetzt Herberg in dir halten 596, 1
Du Herberg in der Wanderzeit 756, 2
Die Herberg ist zu böse 329, 9

herbringen.

Bring her, die sich von uns getrennt 552, 5
Bringet die Kinder her 426, 5

Herde.

O du Wächter deiner armen Herde 68, 4
Über seine Herde wacht 268, 6
Daß seine Herd in tiefer Nacht — schlafe 243, 8
Zu schützen deine kleine Herd 270, 12
Seit du — deine Herde schützest 253, 1
Such ich dich, o Hirt der Herde 373, 10
Deine Stimmen an die Herden 585, 2
Gott sei bei seiner kleinen Herde 305, 4
Der du dir deine Herden gesammelt 576, 1
Erneure die Wohlfahrt deiner Herd 769, 9

Der Hirt und Kön
Bringe sie zu deine
Eine Herde und ei
Freue dich, du klei
Irrt fern von dir
Das Heil der arm
Die Herden mit de
Samt unsern Herden

her

Es wird einmal der

herei

Ach, daß die Hülf
Die finstre Nacht k

herei

Ihr Seufzen dring
Dringt das liebe K
Dringt herein Ang

her

Das ewge Licht ge
Wo Fried und Wal

her

Holt die Irrenden

here

Darum schickt Gott

her

MeinFreudenmeiste

herf

Brich herfür, Zion
Gebrochen aus der
Es bricht das Lich

herf

Bringe dein neues

her

Ihr Christen geht
Ihr Sinnen geht

herf

Lebendig Christus

herf

Die helle Sonn' l

herf

All Kreatur macht

her

Erhör mein Bitt,

her

So tritt du dann
Tritt mit deinem

her

Kommet alle, kom
Hier kommt ein a
Komm her, komm
Komm her, schau h
Kommt her zu mir,
Kommt nun Anfe
Die Werk, die kom
Hin geht die Zeit,

h

Ihm wird hernach
Denn du mußt a

1) Fehlt Bernb. G.

Hernach fröhlich — wied'r aufzustehn 83, 5
Und dort hernach in Ewigkeit 655, 3
Und nahm hernach den Himmel ein 340, 3
Ich will's auch hernach erweisen 641, 10

hernachmals.

Hernachmals, wenn d. Werk geschehn 138, 11

herneigen.

Dein gnädig Ohr neig her[1]) zu mir 55, 1

herniederfahren.

Der heilig Geist herniederfährt 77, 4

herniedersenden.

Was sandt er hernieder 73, 1

Herodes.

Herodis Herz hält dich für Greuel 753, 10
Nicht in Herodis Sinn 319, 4

herprangen.

So groß und reich herprangst 662, 11

Herr.

I. Gott.

Gott ist mein Herr 548, 5
Herr Gott Vater, mein starker Held 734, 5
Der Herr ist Gott, der Herr ist Gott 610, 8
Jehovah, Herr u. König der Könige und Herrn 368, 1
Herr aller Herrn, dem keiner gleich 163, 2
Erkennet, daß Gott unser Herr 506, 2
O Gott, du großer Herr der Welt 498, 2
Herr aller Herren! Tod und Leben 358, 4
Gott ist Herr; der Herr ist einer 384, 5
Wir haben einen Gott und Herrn 622, 2
Gott ist Herr in seinem Haus 494, 2
Laß dir den Herrn der Welten — gelten 612, 3
Den Herrn, den Herrn der Welt 128, 3
Du bist es, Gott u. Herr der Welt 459, 4
Ich bin allein dein Gott, der Herr 134, 2
Ihn m. Herren nennen mit Wahrheit 420, 5
Und dich unsern Herrn zu nennen 664, 2
Du sollst der Herr im Hause sein 359, 1
Ist er doch Herr im Haus 203, 7
Herr, der da ist und der da war 237, 2
Der Herr ist da, Halleluja 92, 1
Doch aller Ding ein Herre 199, 3
Du Jungfraun-Sohn, Herr aller Herrn 753, 1
Nun sitzt beim Herren Davids Herr 210, 4
Der du Herr aller Herren bist 177, 2
Zu suchen solchen Herrn 51, 2
Ich bin sein Siegsfürst u. sein Herr 607, 5
Die Schuld bezahlt der Herre 298, 4
Wo ist solch ein Herr zu finden 59, 3
Nicht mehr, denn: Lieber Herre mein 183, 6
Und sage: mein Herr u. mein Gott 722, 8
Du bist ja der Herr 424, 10
Er ist der Herr und keiner mehr 636, 3
Die Toten, die im Herren sterben 613, 1
Herr über Tod und Leben 422, 2
Der in dem Herrn, dem Mittler stirbt 756, 6
Jesus sei der Herr zu nennen 384, 1
Der Hirt e. Herr der Schätze Gottes ist 727, 5

II. Mensch.

Er wird ein Knecht und ich ein Herr 447, 7
Es wollen dir der Erde Herren 91, 2
Segne beide Herrn und Knecht[2]) 274, 5

herrlich.

Er kommt geritten, stark, herrlich 36, 8
Hoch und herrlich, heilig ist Gott 251, 1
Lieblich, freundlich, schön u. herrlich 734, 1
Wie herrlich glänzt deine Kron 601, 5
Erzeig dich verkläret und herrlich 299, 4
Fange herrlich an zu prangen 596, 1
Du bist gerecht, nun sollst du herrlich sein 777, 9
Wird dort frisch und herrlich gehen 389, 7
Wie herrlich ists, e. Schäflein Christi w. 727, 1
Doch wird das Lamm die Seinen herrlich weiden 727, 6
Erschienen ist der herrlich Tag 181, 1

Herrlichkeit.

I. Gott.

Dein göttlich Macht und Herrlichkeit 271, 2
Lob, Ehr und Dank und Herrlichkeit 137, 9
Dank und Herrlichkeit gehört dir jetzt 524, 13
Glorie, Lob, Ehr und Herrlichkeit 401, 7
Macht, Weisheit, Herrlichkeit 248, 3
Ist erfüllt nach Herrlichkeit 238, 2
Es kommt der Herr der Herrlichkeit 451, 1
Wie der Herr der Herrlichkeit 573, 7
Denn des Herrn Herrlichkeit 645, 4
Verschlungen den Herrn der Herrlichkeit 117, 1
Weil heut der Herr der Herrlichkeit 607, 1
O du Glanz der Herrlichkeit 439, 3
Der lebet nun in Herrlichkeit 75, 3
Mit großer Pracht und Herrlichkeit 303, 1
Führ uns — in dein Herrlichkeit 303, 3
Werd ich solche Herrlichkeit — erheben 144, 2
Dein Herrlichkeit zu schauen 144, 9
Ihn werden sehen in s. Herrlichkeit 224, 7
Zum letzten G'richt in Herrlichkeit 745, 12
Wird kommen in s. großen Herrlichkeit 185, 1
Dessen — Herrlichkeit rühmt die ganze Christenheit 766, 1
Laß mich deine Herrlichkeit — schauen 766, 3
Du wirst, Herr der Herrlichkeit — sterben 601, 5
Du bist voll Macht und Herrlichkeit 563, 1
Geschehen ihm und dir zur Herrlichkeit 765, 2
Unser Heil — der Herr der Herrlichkeit 505, 1
Herr Jesu, Herr der Herrlichkeit 424, 1
Zu deines Namens Herrlichkeit 404, 7
Die Herrlichkeit des Herrn nahet 155, 2
O des Tags der Herrlichkeit 155, 6
Erscheint der Herr der Herrlichkeit 223, 4
Und ewig in der Herrlichkeit 670, 10
Und sehen seine Herrlichkeit 254, 4
Geben ihm die Herrlichkeit 384, 2
Christi Herrlichkeit offenbaret sehe 62, 8
Sehen in der großen Herrlichkeit 697, 4
Ist dein Tag der Herrlichkeit 646, 2
Herrlichkeit d. Streitern hast bereit' 712, 2

---

1) Var. Bernb. G. kehr her. 2) Var. Bernb: G. Herrschaft, Magd und Knecht.

II. Mensch.

O Herrlichkeit der Erden 594, 6
Kein Thron, kein Herrlichkeit 405, 13(14)
Keine Herrlichkeit, kein Leiden 388, 5
Was ist des Lebens Herrlichkeit 45, 4
Die Herrlichkeit der Erden 127, 1
Kein Herrlichkeit ist in der Welt 531, 2
Richt hinauf zur Herrlichkeit d. Angesicht 313, 1
In der Herrlichkeit um ihn sein mög 389, 4
Ich bin in großer Herrlichkeit 728, 6
Erlangt die Kron der Herrlichkeit 512, 10
Mit höchster Ehr und Herrlichkeit 512, 12
Was denen dort für Herrlichkeit — ist bereit 558, 5
Eh er kommt zu der Herrlichkeit 15, 3
Aus allem Schaden zu d. Herrlichkeit 652, 4
Erben jener Herrlichkeit und Ehr 414, 8(9)
Ist nicht wert der Herrlichkeit 608, 1
Den Rock der Ehr und Herrlichkeit 515, 4
Vor dem Glanz der Herrlichkeit 583, 6
So werd ich dort, von Herrlichkeit umgeben, einst ewig leben 290, 10
In Himmelsglanz und Herrlichkeit 512, 2
Mirs — gewähren im Reiche seiner Herrlichkeit 19, 9
Schmücken mit der Kron d. Herrlichkeit 435, 7
Als die Herrlichkeit der Braut 583, 5
Der übergroßen Herrlichkeit 566, 5
Was — erfreut, ist in jener Herrlichkeit 463, 1
Mit Ernst die Herrlichkeit erwäget 191, 3
Wo du, mit Herrlichkeit umgeben 725, 3
Soll genesen der so großen Herrlichkeit 31, 1
Ich habe schon erblicket alle d. Herrlichkeit 31, 7

Herrschaft.

Sein Herrschaft hat kein Maß 199, 3
Wird — deine Herrschaft nie vergehen 442, 13
Bring in d. Herrschaft — alles Abgefallne 587, 3
Alle Herrschaft dort im Himmel 384, 2
Der höllischen Herrschaft entbunden 169, 8

herrschen.

Er herrscht im Himmelreich 513, 4
Jesu Christ herrschest in allen Dingen 81, 6
Herrsche du in uns allein 321, 4
Herrscher herrsche, Sieger siege 527, 8
Gott, des Scepter, Stuhl u. Krone herrschet 220, 1
Herrscht über Himml und alle Land 210, 2
Herrsche auch in meinem Herzen 422, 6
Jesus Christus herrscht als König 384, 1
Jesus herrscht in großem Frieden 374, 14
Du herrschest nah und fern 368, 1
Du herrschest selbst im Land 368, 5
Mit ihm werd auch ich zugleich ewig herrschen 388, 2
Ja ewig herrschen und regieren 38, 9
Keine Sündenthat in mir werd herrschend 244, 8
Hier herrschet Fried und Fröhlichkeit 512, 7

Herrschen.

Flüchtig ist der Menschen Herrschen 24, 8

Herrscher.

O Herrscher aller Thronen 610, 2
Den großen Herrscher loben 329, 7
Er ists, der Herrscher aller Welt 446, 4
O mächtger Herrscher ohne Heere 91, 2
O Herrscher sei von uns gebenedeiet 619, 6
Herrscher herrsche, Sieger siege 527, 8
Herrscher von uns allen 767, 1

herrühren.

Daß von dir meine Seligkeit herrühr 197, 3
Siegespracht rührt her v. Gottes Sohne 621, 6
Da das Leben her thut rühren 281, 1
Gerechtigkeit, die vom Gesetz herrühret 700, 5

herschicken.

Darum schickt Gott die Trübsal her 412, 13

hersenden.

Trost u. Rat zu uns hergesendet hat 238, 1

Hersteller.

Hersteller meines schweren Falles 327, 4

hertreten.

Tritt her und schau mit Fleiße 580, 2

herumführen.

Im Triumph herum — willst führen 299, 1

hervorbringen.

Als er uns hat hervorgebracht 107, 3

hervorkommen.

Doch jetzt komm hervor und leuchte 673, 1

herwünschen.

So wollt ich den Tod wünschen her 11, 8

Herz.

I. Gott.

Bleibt — das Herz des Vaters aufgethan 53, 8
Eröffne mir dein freundlich Herz 326, 10
Das sein treues Herze regt 625, 1
Sollst du Gottes Herze sehen 693, 2
Gegen Gottes Herz zu sagen 693, 6
Mein Herz, dein Herz, ein Herz allein 680, 4
Sein Herz bricht ihm vom Lieben 228, 1
Dem sein Herz vor Liebe brennt 425, 8
Was dein Herz gut gemeint 362, 12
Sein Herz läßt ihm nicht reuen 365, 6
Fahr hin, meins Herzens werte Kron 502, 5
Dir sei Dank für solch gnädig Herz 747, 3
Die er trägt in seinem Herzen 774, 1
Mein Herz hast du mir besessen 774, 4
Nur bald nach Gottes Herzen schaun 340, 5
Sein Herz ist voller Huld 352, 4
Sein Herz bricht ihm gegen dir 608, 6
So schleuß dein Herz und Ohren auf 480, 3
Daß ich — dein Herz niemals betrübe 260, 7
Da sich Gottes Herz und Wort 220, 6
Da siehst du Gottes Herz 755, 3
Wenns zum Herzen Gottes geht 62, 4
Bleibt doch sein Herz gewogen 341, 1
Gott hat ein Herz, das nimmer ruht 138, 12
Wie hält so hart sich dein — Herz 535, 4
Er hat sein Herz geneiget 122, 4
Was aus Gottes Herzen fließt 581, 4
Machst Herz und Adern fließen 165, 4
Das Herze mit der Seufzer Kraft 165, 4

So lange, bis dein Herz entzündt 554, 8
Mein Freund, der mir sein Herze giebet 98, 5
Wenn dein Herz wird ausbrechen 135, 4
Wenn dir dein Herze bricht 542, 6
Dem allemal das Herze bricht 340, 2
Daß dein erbarmungsvolles Herz 524, 7
Aus seinem edlen Herzen 580, 2
Ewig rühmen, daß dein Herz treue sei 652, 5
Sein mehr als mütterliches Herz 471, 2
O solltest du sein Herze sehen 471, 5
Sieh, wie sein Herz dir offen steht 471, 8
Ihr zieht — die Herzen zu ihm und an sein Herz 394, 3
Laß unsere Bitte dein Herze jetzt rühren 299, 1
Nun wir legen an dein Herz 437, 6
O schwer geplagtes Herz 606, 2
Macht das Herze Jesu bluten 606, 4
Weil sie — sein Herz im Worte finden 585, 8
Laß ihre Reihn dir an dein Herz geleget 667, 1
Und in sein Herz mit aufgenommen 691, 8
Ich wohn in deinem Herzen 287, 4
Mein Herz ist voll Demütigkeit 485, 3
Solches in dein Herze dringt 252, 8
Dein Herze der Liebe mir schenken 323, 5
O, wie ist dein Herz gebrochen 255, 3
Und fallen dir ans Herz 698, 4
Dessen Herz an meinem klebt 49, 6
Daß wir dem ins Herze sehen 300, 5[1])

II. Mensch.

Dieses Gift steigt zu dem Herzen 21, 2
Ein andres saget mir mein Herz 366, 6
Mein Herz hingegen böser Art 554, 6
Mein hartes Herze zwingen 554, 6
Dessen Herz zu Gott sich kehret 47, 7
Dem, dessen Herz dazu bereit 51, 10
Es wird erfreuet Herz und Sinn 51, 13
In dem dunklen Herzen sein 414, 1
Erleucht m. finstern Herzens Schrein 546, 3
Erleuchte mein verfinstert Herz 555, 5
Mach mein finstres Herze hell 152, 3
Die mein armes Herz beladen 714, 4(5)
Wache dazu für dein Fleisch u. Herze 449, 6
Pfleget Herze, Hand und Mund 268, 2
Wer sich findt beschwert im Herzen 200, 10
Den' ihr Herz von Sünden schwer 386, 5
So fällt mir auf das Herz ein Stein 279, 3
Komm zu dir mit demütigem Herzen 326, 1
An mein Herz angeschlagen 326, 5
Mein Herz will mir zerspringen 366, 10
Herz glaubst dus, oder glaubst dus nicht 53, 1
Aus Gnaden bleibt dem blöden Herzen 53, 8
Mein Herz ist matt von Sorgen 374, 5
Hab immer ein zerknirschtes Herz 310, 2
Und mir mein armes Herz verzagt 666, 6
Und heben unser Aug u. Herz zu dir 711, 3
Sich nach dir zu lenken, m. Herze sei bereit 56, 5
Ob uns das eigne Herz verdammt 452, 5
Hält Herz — u. Sinnen unter s. Last 690, 1
Mein ganz erschrocknes Herze bebt 530, 1
Wenn sich das arme Herz verwundet 253, 5
Mein Leid nun sollt das Herz abfressen 4, 4
So wird mein Herz recht guter Ding 11, 10
Und was dein Herze kränkt 58, 1
Nicht ewiglich im Herzen Qualen geben 349, 2
Drum mein Herz, vergiß den Schmerz 217, 5
Nichts nimmt mir mein Herz 405, 6[1])
Mein Herz ist vergnüget 462, 1
Dein Herz mit Trost erquicken 701, 1
Er wälzt ihn von des Herzens Thür 202, 6
Denn mein Herz ist dürr wie Sand 225, 1
Meines Herzens Jammerstand 641, 1
Du sollst sein meines Herzens Licht 165, 5
Wenn mein Herz in Stücke bricht 165, 5
Sollst du mein Herze bleiben 165, 5
Wenn mir gleich mein Herz zerbricht 296, 1
Wenn das Herze bricht 500, 9
Das Herze bricht euch schier 621, 7
Am allerbängsten wird um d. Herze sein 542, 9
Dich fest an mein Herz drücken 542, 10
Wenn mein Herz nicht Hülfe findet 152, 5
Wenn d Tod Herz u. Augen niederdrückt 152, 5
Wenn uns vor Angst das Herz zerbricht 144, 6
Wenn mir Herz u. Gedanken zergehen 78, 5
Und mir vor Angst m. Herz zerbricht 283, 2
Zur Reis' ist mir mein Herz sehr matt 553, 3
Wenn mir der Tod das Herze bricht 553, 8
Mein gläubig Herz vor der Gruft 629, 4(3)
Weil Seele, Herz und Mut 741, 5
Wird dir nicht zuwider sein mein armes Herz 753, 12
So empfindet Herz u. Sinn Freude 197, 3
Daß mir das Herze wieder lacht 279, 4
Ergieße deine Treu in mein Herz 152, 1
Ach, so wird mein Herze rein 152, 2
Gieb mir ein gelassen Herz 152, 4
Schmeckt mein Herz nur deine Güte 152, 6
Drum ist getrost mein Herz u. Mut 700, 3
Daß ich dadurch ein Herze faß 244, 7
Auf ihn mein Herz soll lassen sich 55, 2
Nichts Süßres kann also m. Herze erlaben 169, 9
Durch dich steht mein Herz dir offen 690, 3
Schütt dein Herz nur vor ihm aus 690, 5
Und ob dein Herz spräch lauter Nein 183, 12
Gieb m. Herzen wahre Reu u. Thränen 13, 1
Gieb mir ein recht bußfertig Herze 281, 3
Wird damit mein Herze gerühret 281, 4
Christum stets im Herzen trage 641, 2
Wenn mein Herz dies bei sich bedenkt 326, 8
Es ist nichts in meinem Herzen 374, 10
Mein Herz allein bedacht soll sein 636, 1
O daß mein Herze offen stünd 554, 7
Daß immerzu m. Herz in dir sich weide 554, 11
Mein Herze zu erquicken 594, 3
Hast mir mein Herz besessen 734, 1
Mein armes Herze laben 286, 2
So wird sich das Herz erquicken 21, 6

1) Fehlt Bernb. G.

Laß dich in unsre Herzen kräftiglich 543, 6
Sei meines Herzens Gast 769, 1
Bleibst du bei uns im Herzen 547, 10
So wird Geist u. Licht u. Schein in dem dunklen Herzen sein 414, 1
Daß er mein Herz erfrische 349, 1
Damit mein Herz sich freue 349, 6
Mein Herze giebt dir Raum 349, 10
Nimm unser Herz zum Heiligtum 248, 5
Ach seufz in meinem Herzen 339, 4
Ach drücket zusammen die Herzen 397, 9
Komm und wohn im Herzen allermeist 420, 1
Daß sich mein Herz u. Seel erfreuen 420, 2
Bis sich mein Herz ihm gleicht 420, 7
Dir darob im Herzen sing und spiel 136, 2
Sein Geist wohnt mir im Herzen 405, 6
Erleucht' unsre Herzen ganz 76, 6
Erfüll — dein'r Gläubigen Herz 412, 1
Gieb in unser Herz und Sinn 414, 2
Führ auch mein Herz und Sinn 763, 11
Mein Herz — mit deinem Schein 180, 1
Deren Herzen nimmt er ein 25, 2
Daß er mir mein Herz erfülle 625, 4
Säubre du nur selbst das Haus meines Herzens 225, 4
Und macht das Herz frei von allem 243, 7
Ach schaff ein reines Herz in mir 541, 1
Besuch das Herz der Menschen dein 409, 1
Gieb uns ins Herz der Liebe Brunst 409, 3
Der neue Herzen in uns schafft 366, 1
Ach Herr mit ihm mein Herz erfüll 180, 3
Ein reines Herz, Herr schaff in mir 168, 1
Schaff in mir, Gott, ein reines Herz 592, 1
Schaff in mir ein reines Herze 18, 5
Wollst du mir — ins Herze selber geben 260, 1
Den, der mich kränkt, dennoch von Herzen lieben 260, 6
Schaff in mir, Gott, ein reines Herz 260, 7
Darauf mein Herz am meisten hält 23, 7
Du kennst mein Herz, weißt m. Schmerz 4, 1
Pflanz Geduld durch d. Geist ins Herze 4, 3
Die funden werden reines Herzens 419, 7
Daß ich — immer hab ein reines Herz 419, 11
Dadurch die Liebe fleußt in die Herzen 591, 4
Erhalt mein Herz im Glauben rein 11, 12
Wem sollt mein Herz ich lieber gönnen 680, 4
Mein Herz, dein Herz, ein Herz allein 680, 4
Der an des Herzens Grunde ersiehet 405, 7
Schickt das Herze da hinein 389, 10
Soll mein Herz dennoch geflissen — sein 714, 7
Du kannst ins Herze sehen 671, 7
Daß ich mein Herz zufrieden geb 279, 6
So laß das Herz doch wacker sein 66, 3
Laß unser Herze wachend sein 67, 4
Halt — Sünden von m. Herzen fern 562, 6
Nun mein Herze steht dir offen 438, 6
Meins Herzens Thür dir offen ist 451, 5
In seinen guten Herzen 752, 7
Daß ichs in meinem Herzen bewahr 757, 6
So vielmal sich mein Herz bewegt 111, 8
Dafür preist dich Herz und Mund 316, 1
Mein Herze soll sich — zu deinem Lobe neigen 204, 12
Du, o mein Herz, dich auch aufricht 735, 2
Er gebe uns ein fröhlich Herz 500, 5
Ein immer fröhlich Herz — geben 499, 2
So lange sich mein Herz bewegt 524, 14
Mein ganzes Herz ermuntre sich 610, 7
Da Aug und Herze schauet 405, 8
Mein Herze geht in Sprüngen 405, 14
Ich will dich ins Herze schließen 200, 14
Eingeschlossen in m. Herzens Schrein 407, 6
Zieh doch in mein Herz hinein 640, 2
Eur Herz zum Tempel zubereit' 451, 4
So wird m. Herz — ein Tempel Gottes 207, 1
Hab ich dich in meinem Herzen 372, 6
Wie könnt ich dich — aus meinem Herzen lassen 356, 2
Dein Geist in meinem Herzen wohne 136, 2
Denn wer dich nicht im Herzen hat 11, 8
Nur mein Herze zu bereiten 762, 7
Mein Herz sei deine Hütte 671, 10
Dich — stets in ihre Herzen fassen 628, 7
Allzeit in meinem Herzen schweben 324, 2
Gott krönet kein geteiltes Herz 685, 3
Den Monarchen aller Dinge von Herzen — liebt 685, 4
Unser Herz der Welt entsage 768, 1
Wenn sich ein Herz Gott so ergeben 570, 1
Ist solchem Herzen Kinderspiel 570, 2
Ist solchem Herzen schon zuviel 570, 2
Den Schatz, den sie im Herzen heget 570, 5
Ein Herz — das sich mit Christi Einfalt schmückt 570, 6
Drücke m. Herzen den Sinn — der lautern Einfalt ein 570, 7
Mein Herze soll dir grünen 738, 2
Hat so manch Herz nach dir gewacht 753, 3
Dieses weiß mein Herz zu finden 584, 4
Dir will ich mein Herz ergeben 584, 5
Ach — lange ist dem Herzen bange 381, 1
Daß nach dir von Herzen mich verlange 310, 1
Denn mein Herz, mit ihm erfüllt 387, 1
Hab ich e. Platz in m. treuen Herzen 594, 1
Mein Herz heißt dich d. schönste Blum[1] 734, 2
Nach dir ist mir — krank mein Herze 734, 3
So bist doch du — meines Herzens Trost 296, 1
Was m. Herz vor andern rühmlich hält 679, 3
Ein besser Gut, wonach m. Herze stellt 679, 4
O Ewigkeit — m. Herz an dich gewöhne 518, 4
Dich — nicht — aus dem Herzen lasse 676, 12
Jesu, m. Freude, m. Herzens Weide 381, 1
Mein sehnlich Herz 369, 1
Dazu mein Herz mit Trost berührt 109b, 4
Zeuch in mein Herz hinein 486, 4
So werden Herz und Lippen 486, 4

1) Var. Anh. G. Himmelsblum.

Herz und Lippen sollen stets 378, 2
Ich will dir mein Herze geben 600, 6
Unsre Leiber, unsre Herzen gehören dir 158, 1
Hier leg ich Herz u. Glieder vor dir 482, 1
Mein ganzes Herz, Herr, dir zu weihn 347, 5
Gebt ihr Sünder ihm die Herzen 384, 10
Daß ich dir bringe ein Herz 740, 5
Für dich ist ewig Herz und alles 327, 4
Drum geb ich dir — auf ewig d. Herz 698, 1
Dein Vater fordert nur das Herz 186, 3
Du forderst von mir Herz u. Sinn 304, 1
Wo aller Herzen dir entgegenschlagen 569, 1
Von Herzen mich bemühe 13, 10
Mein ganz müd und mattes Herz 3, 7
Kann dem Herzen Freude schenken 373, 1
Sanfter nichts ins Herz gedrungen 373, 2
Du erquickst das Herz von innen 373, 4
Wird es in dem Herzen lichte 373, 8
Das glaub, o Herz, von Herzen 107, 1
Sein Wort — davon oft uns. Herze lacht 107, 5
Daß unser Herz getrost nun schreit 107, 7
Gen Himmel, wo mein Herz hintracht 107, 8
Gieb ihm sein Lob von Herzen 107, 14
Auf, mein Herz, des Herren Tag 49, 1
Jesu, mir mein Herze lenke 26, 6
Wenn mein Herz sich tief betrübte 691, 1
Das Herz, des Lebens reiche Quelle 691, 5
In meines Herzens Grunde 652, 3
Drauf wendet sich m. Herz von d. Erd 477, 8
Nur ein Herz, das Jesum liebt 456, 3
Dieses Herz, von Gott erneut 456, 3
Ich muß mein Herz auch bei meinem Schatze haben 312, 4
Daß wir uns von Herzen — lieben 497, 3
Daß auch dein Herz kein andre mein 134, 7
Wie dir dein Herz selber thut 134, 10
Wär es auch leid viel hart verstockten Herzen 548, 4
Ihr Herz nicht eines Sinnes ist 10, 2
Herodis Herz hält dich für Greuel 753, 10
Ihr Herze entbrannte 169, 3
Ach, es gehn noch manche Herzen 778, 2
Das Herz thut ihr vor Freude springen 672, 2
Das der Christen Herz durchfährt 425, 6[1])
Wie ein Vater seinem Kinde sein Herz niemals — entzeucht 625, 9
Rein in ihre Herzen senken 137, 4
Auf, ihr betrübten Herzen 36, 1
Merk auf, mein Herz u. sieh dorthin 662, 7
Keins Menschenherz vermag es 298, 8
Auf, auf, mein Herz, mit Freuden 37, 1
Selig sind die frommen Herzen 419, 4
Sei — dein Wort in Herzens Spiegel 461, 8
Dein Wort ist unsers Herzens Trutz 1, 8
Mir dein Wort ins Herz zu schreiben 585, 2
Dein Wort bewegt des Herzens Grund 289, 2
Laß uns dein — Wort in unsern Herzen 543, 5
Die Herzen — zu dir gezogen werden 439, 1
Die dein Wort — im Herz u. Glauben 548, 5
Öffne uns die Ohren und das Herz 752, 5
Bewahren deine Lehr und Huld in feinem, gutem Herzen 752, 7
Dein Leib u. Blut — unsre Herzen labet 285, 1
Traue d. Wort, es wohl zu Herzen fasse 537, 4
Als Kummer euren Herzen 472, 4
Wer im Herzen will erfahren 717, 1
Bis der Morgenstern — im Herzen 717, 2
Meinem Herzen Nachricht geben 585, 2
Was mein Herz erdenkt und ehret 585, 7
Es gehen mir nicht recht zu Herzen 26, 2
Es sind von meinem Herzen 352, 8
Seine göttl. Gestalt, die im Herzen war 717, 3
Ja unselig sind die Herzen 717, 6
Aufs neu m. Herze nicht entzünden 298, 10
Für dein Fleisch und Herze 449, 6
Nichts soll mir am Herzen kleben 649, 4
Hoffnung kann das Herz erquicken 32, 4
Richt unsre Herzen 444, 9
Und der Menschen Herzen wendt 644, 10
Geh in dein Herz und denke nach 235, 5
Herz und Herz vereint zusammen 300, 1
Bind zusammen Herz und Herz 618, 7
Wie oft erquicket m. Geist ein Herz 619, 13
Laß — deinen Strahl ins Herze gehn 646, 4
Solang das Herze schlägt 365, 3
Der — was dein Herz ergötzet aus meinem Herzen reißt 769, 10
Der — allen Glauben will aus m. Herzen rauben 641, 1
Daß zwei Herzen sich vergnüget 715, 3
Deren Herzen — knüpft Gott in ein Liebesband 661, 2
So eilends hat gerissen m. treues Herz 7, 1
O treugeliebtes seligs Herz 7, 5
Das Herz der Obrigkeiten 368, 5

Herzbegehren.

Dies ist mein Herzbegehren 393, 6

Herzbezwinger.

Und sei mein Herzbezwinger 420, 8

Herzeleid.

Du — duldest so viel Herzeleid 753, 9
Und ruht von allem Herzeleid 139, 8
Droht man dir — mit d. Tod u. Herzeleid 773, 5
Die alles Herzleid wenden 510, 7
Erhebe dich und steure dem Herzleid 769, 9[1])
Ohne dich zu leben ist lauter Herzeleid 594, 3
Wie manches Herzeleid begegnet mir 11, 1
Kein Leiden, kein Angst, k. Herzeleid 405, 3(4)
Ist nur Müh u. Herzeleid zu nennen 582, 2
Helfer, die mir Herzleid machen 678, 4
So kann ich durch mein Herzeleid — nie was abgewinnen 730, 2
Das Meist ist Herzeleid 329, 8
Mein Herzleid ist gestillt 352, 7
Behüt mich — vor Schand und Herzeleid 89, 10

1) Fehlt Bernb. G.

Herze-Jesulein.
Wie könnt es doch sein freundlicher, das Herze-Jesulein 447, 7
herzen.
Gott wird — uns — herzen freundlich 99, 4
Der Herr — herzt die Kindelein 426, 2
Der Vater liebt und herzt die Kinder 93, 5
Ich umfange, herz und küsse 611, 2
So herz ich die verschmähte Kunst 153, 4
Herzensandacht.
Mit Herzensandacht nicht betracht 704, 3
Niemals dich — ohn Herzensandacht nennen 260, 3
Herzensangst.
All Herzensangst gestillt 14, 2
Mit höchster Herzensangst befallen 333, 3
Nicht — mit Herzensangst vergällt 127, 5
Herzensaugen.
Öffne unsre Herzensaugen 21, 6
Herzensbräutigam.
Sag an, mein Herzensbräutigam 179, 8
Herzensfreude.
Das macht ihr lauter Herzensfreud 570, 5(4)
Herzensfreudigkeit.
In — Herzensfreudigkeit nach deinem Worte — handle 474, 5
Herzensfreund.
Ich komme — o mein Herzensfreund 17, 5
Herzensfröhlichkeit.
Ich weiß vor Herzensfröhlichkeit 531, 1
Herzensgast.
O du edler Herzensgast 641, 6
Herzensgrund.
Ja, Vater, ja von Herzensgrund 165, 3
Aus Herzensgrund vertrauen 216, 1—3
Das von Herzensgrund glauben 421, 7
Der Herzensgrund sei wie der Mund 13, 8
Du sollst — von Herzensgrund lieben 134, 2
Glaubst du das von Herzensgrunde 386, 9
Ich bitt, o Herr, aus Herzensgrund 146, 8
Ich ruf aus Herzensgrunde 9, 3
Wir bitten dich von Herzensgrund 12, 3
Sucht ihn all Stund von Herzensgrund 636, 3
Mit Lieb im Herzensgrund 554, 5
Hilf, daß es geh von Herzensgrund 655, 1
Glaub ich von Herzensgrund 513, 5[1])
Amen zu aller Stund sprech ich aus Herzensgrund 48, 6
Vom allertiefsten Herzensgrund 524, 1
Drum sprech ich auch von Herzensgrund 88, 6
Wer im Herzensgrunde lebt 34, 2
Aus Herzensgrund — mög vergeben 353, 3
Denken an die Stund v. Herzensgrund 723, 1
Herzenshaus.
Ja ganz u. gar erneun mein armes Herzenshaus 420, 4
Herzensheiland.
Herzensheiland, schenk mir Glauben 649, 5
Herzensjesu.
Ach wie kraftlos, Herzensjesu 21, 5
Herzensjesu, deine Güte 712, 2
Herzenskammer.
Klopft an deine Herzenskammer[2]) 596, 2
Herzenskündiger.
Das weißt du wohl, du Herzenskündiger 116, 3
herzenslieb.
Daß du — e. herzenslieber Gast mir bist 764, 2
Herzenslust.
Zu erfreuen, das ist deine Herzenslust 36, 2
Singen — mit Herzenslust 662, 14
Mich doch mit Herzenslust umfassen 396, 4
Herzensmut.
Mein Herzensmut u. aller Sinne Freude 282, 1
Herzensqual.
Nach dieser schweren Herzensqual 730, 3
Dämpft daneben manch Angst und Herzensqual 203, 11
Herzenssaft.
Herzenssaft wird uns von dir gegeben 28, 3
Herzensschrein.
Erweitre dich, mein Herzensschrein 165, 7
Herzenssehnen.
Sende meine Thränen — mit bitterm Herzenssehnen 730, 3
Herzenssonne.
O komm, du Herzenssonne 543, 1
Herzensthür.
Herr, öffne mir die Herzensthür 289, 1
Herzenstraurigkeit.
Bei großer Herzenstraurigkeit 476, 4
Herzenstrieb.
Rufst aus stärkstem Herzenstriebe 141, 6
Herzenswunde.
In den warmen Herzenswunden 206, 8
Herzenswunsch.
Ich habe m. Verlangen nach Herzenswunsch erfüllt 113, 1
herzerquickend.
Ein herzerquickendes, liebliches Licht 125, 1
Herzgeliebte.
An uns, sein Herzgeliebten hat er — gedacht 36, 7
herzinbrünstig.
Dich herzinbrünstig hierum anzuflehn 669, 3
herzinniglich.
Und dafür herzinniglich dich preise 260, 4
Schicke dich u. lobe Gott herzinniglich 524, 3
herzlich.
Ist dein herzliches Begehrn 533, 2
Gott ists, der es herzlich meinet 229, 6
Es ist herzlich gut gemeint 599, 15
Der so herzlich sorgt für mich 626, 1
Herzlich gern uns Gnad u. Hülfe giebt 352, 3
Die, so er herzlich liebt 36, 9
Ich weiß, daß er mich herzlich liebt 201, 8
Glauben an Jesum Christ herzlich 258, 5

1) Fehlt Bernb. G. 2) Var. Herzens Pforten.

So laufen wir m. herzlichem Verlangen 771, 1
Dich bei Tag u. Nacht herzlich suchte 17, 3
Ach, ich muß mich herzlich schämen 17, 4
Auch innig, herzlich grüßen die Mal 135, 7
Zum Himmel dring. m. herzlicher Begier 224, 5
Herzlich, wenn man vor dir flehet 373, 3
Ein herzlichs Wesen und Kindlichkeit 16, 7
Daß sie sich so herzlich eine 300, 4

herzliebster.

Herzliebster Jesu, was hast du verbrochen 298, 1
Ohne dich, herzliebster Jesu 21, 4
Wenn dein herzliebster Sohn, o Gott 700, 1
Als mein herzliebster Jesus Christ 512, 5
Ach, mein herzliebes Jesulein 662, 13

Herzog.

Ihr Herzog ging den Weg voran 424, 4
Herzog des Lebens 70, 4
Herzog unsrer Seligkeiten 299, 1

Heu.

Das ist grob Heu und Windelein 662, 11
Alles Fleisch vergeht wie Heu 31, 1

Heuchelei.

Nicht von Heuchelei — werd verführet 310, 6
Nicht Augenschein und Heuchelei 666, 13
Tret ab von aller Heuchelei 53, 7
Hilf, daß ich sei ohn Heuchelei 13, 2
Vor — Heuchelei bewahre m. Sinnen 13, 7
Ohn Heuchelei — vollbringe 260, 1
Wenn er — merket keine Heuchelei 719, 4
Daß wir ohne Heuchelei dir d. Herz 321, 6
Glauben — herzlich ohn Heuchelei 258, 5
Könne leben ohne Trug u. Heuchelei 309, 12
Haß, Falschheit, Übermut u. Heuchelei 294, 6
Ist die Welt voll Heuchelei 694, 3
Welt, bei dir ist — Heuchelei 697, 8
Daß ich ohne Heuchelei dir — dankbar sei 17, 4

heucheln.

Sie kann trotzen, sie kann heucheln 21, 4
Kann sich bald heucheln u. — schmeicheln 449, 6

Heucheln.

Das nicht Trug noch Heucheln leidet 619, 10

Heuchelschein.

Laß ohn allen Heuchelschein 316, 6
Ohn Eigennutz und Heuchelschein 709, 7
Für Heuchelschein bringe ein 194, 5
Tilge allen Heuchelschein 169, 10
Ohn Heuchelschein d. Nächsten gerne diene 534, 6

Heuchelvolk.

Wenn sich d. Heuchelvolk — will brüsten 570, 3

heuchlerisch.

Ohn heuchlerisch Verhehlen 685, 7

Heulen.

Vor Angst und Heulen ich dich nicht kennen kann[1]) 287, 5

heute.

Welch ein hoher Festtag heut 673, 3
Nicht gleich heut die offnen Gnadenpforten schließen 471, 10
Heut komm, heut nimmt dich Jesus an 471, 10
Heut lebst du: heut bekehre dich 631, 6
Daß ich noch heute komm zu dir 631, 7
Rafft euch heut von neuem auf 685, 5
Wenn ihr das süße Heut verträumt 685, 9
Heut ist der Mensch schön, jung 417, 6
Wer heute frisch und rot 56, 1
Was Gott dir heut will geben, nimm auch heute 406, 5
Da währt die Freud heut, gestern 158, 3
Kommts nicht heute, wie man will 40, 5
Es sei heut oder morgen 399, 8
Vielleicht ist heut der letzte Tag 530, 7
Ich sterb heut oder morgen 48, 3
Heute mir und morgen dir 301, 1
Heute rot und morgen tot 301, 2
Gestern wars an mir, heute ists an dir 756, 9
Mög von hinnen fahren heut 196, 6
O möcht er heute sein 621, 10
So komm m. End heut oder morgen 722, 11
Meinen Willen — möchtest heut erfüllen 135, 16
Vergönnst noch heut zu Tage 287, 2
Heut als die dunklen Schatten 671, 2

hienieden.

Hienieden den Heiland hab erblickt 287, 3
Was soll ich hienieden noch — machen 206, 3
Er bewahrt sein Volk hienieden 373, 14

hier.

Hier, hier ist des Himmels Pfort 25, 1
Hier erhöret Gott Gebete 25, 1
Hier erschallt sein teures Wort 25, 1
Erzeig dich verkläret u. herrlich noch hier 299, 4
Daß wir hier in Jesu Namen stehn 299, 6
Hier noch in völliger Mannheit aufgehn 299, 6
Sie hier noch d. ewigen Lebens gewährst 299, 7
Hier kommt ein ander Leben 472, 3
Hier ist ein ewges Freudenleben 472, 3
Merket auf, hier leidt die Heiligkeit 606, 1
Geht nicht vorüber hier 606, 4
Man spricht: Ich hier, du dorten 688, 3
Dafür wir hier u. oben ihn — loben 107, 13

hiermit.

Und hiermit sei euch gute Nacht 472, 8

Himmel.

I. natürlich.

Weil sie den Himmel ehern sehn 12, 1
Eil unsre Not zu stillen vom Himmel 12, 3
Dein ist der Himmel ja allein 12, 3
Den Himmel hast du ausgespannt 12, 4
Vom Firmament des Himmels fern 735, 1
Himmel, Erd und ihre Heere 625, 6
Himmel, Erde, Land und Meer 220, 5
Dieser hat Himmel u. Meer gemacht 446, 5
Den Himmel — hast du — gegründet 754, 8
Des, der den Himmel lenkt 58, 1
Der aus dem Himmel — geregnet 445, 4
Du — Fürst von Himmel, Erd 368, 1
Breite dich — unter d. Himmel aus 673, 2

1) Var. Anh. G. Vor Angst und Weinen ich dich nicht sehen kann.

Die viel größer sein als Himmel 165, 7
Des Gotts Himmels und Erden 674, 3
Gott des Himmels u. der Erden 33, 4. 219, 1
Schöpfer Himmels und der Erden 749, 1
Himmel und Erd hat er gemacht 346, 2
Alle Himmel sind zu wenig 583, 2
Sind doch alle Himmel dein 753, 7
Der Himmel ist dein helles Kleid 563, 1
Himmel, Wasser, Luft und Erde 422, 2
Himmel lobe — d. Schöpfers Thaten 767, 2
Und fiele auch der Himmel ein 524, 12
Die Himmel rühmen des Ewigen Ehre 128, 1
Mein ist Himmel und Erde 128, 5
Himmel und Erde ist sein 675, 2
Der Himmel, prächtig ausgeschmückt 707, 2
Himmel u. Erden, die müssen das w. 125, 7

II. geistig.

Von des Lammes Mahl im Himmel 220, 10
Du bist — doch vom Himmel kommen 547, 7
Der vom Himmel kommen ist 750, 2
Dich vom Himmel abgetrieben 596, 8
Vom Himmel hoch 662, 1
Vom Himmel kam der Engel Schar 663, 1
Was — im Himmel u. auf Erden ist 132, 1. 10
Ach reiß — den Himmel bald entzwei 669, 5
Herr Gott Vater im Himmel 443
O Liebe, die den Himmel hat zerrissen 567, 1
Vom Thron des Himmels kommen ist 254, 1
Im Himmel ist dein Thron 562, 1
Christ fuhr auf gen Himmel 73, 1
Grab und Himmel aufgemacht 49, 5
Den, so fähret auf gen Himmel 28, 2
Da er ist aufgefahren gen Himmel 107, 8
Seit du im Himmel sitzest 253, 1
Ein Himmel neigt sich drüber her 253, 4
Dein Himmel voller Gnaden 253, 4
Dich erhöhn des Himmels Heere 373, 13
Daß Christ zum Himmel g'fahren 41, 1
Daß du gen Himml gefahren bist 745, 1
Gen Himml ist er gefahren hoch 745, 3
Der du gen Himml gefahren bist 745, 11
Der für uns ist gen Himmel g'fahren 146, 4
Und nahm hernach den Himmel ein 340, 3
Seh ich dich gen Himmel fahren 615, 2
Gen Himmel, zu dem Vater mein 502, 9
Denn weil das Haupt im Himmel ist 39, 1
Du bist der rechte Weg zum Himmel 403, 4
Jesus, der vom Himmel kam 159, 1
Jesus, der gen Himmel fuhr 159, 4
Jesus, der vom Himmel kommt 159, 5
Aus deines Himmels Höhen 243, 1
Zu seines Himmels Höhn 634, 3
Zum Reich des Himmels führet 665, 9
Der beste Freund ist in dem Himmel 98, 1
Ach Gott vom Himmel sieh darein 10, 1
Vater gieb vom Himmel Segen 225, 1
Trau des Himmels reichem Segen 719, 7
Was uns Gott vom Himmel lehret 758, 1
Mich selbst vom Himmel stärke 630, 3
Der Engel Schar — singt im Himmel 79, 1
Der ganze Himmel lacht 224, 2
So muß der Himmel weinen 535, 3
Dessen Lob der Engel Heer im Himmel stets vermeldt 500, 1
Fällt doch mein Himmel nicht 405, 9(10)
Gott und Himmel bleibt dir stehn 494, 12
Das Leben — zu Gott im Himmel g'richtet 41, 3
Was ihnen d. König d. Himmels gegeben 182, 1
Was im Himmel ist bestimmt 661, 6
Nach Himmel nicht m. Seele wünscht 458, 5
Nach Himml und Erden nicht frag 296, 1
Erd und Himmel acht ich nicht 529, 5
Dafür wohl gar den Himmel geben 679, 6

III. Seligkeit.

Durch s. Blut — den Himmel aufgethan 99, 2
Nur was du dem Himmel lebst 313, 3
Ein zur Ruh in den Himmel ziehst 313, 10
Und in dem Himmel machet reich 209, 6
Du hast uns — d. Himmel aufgeschlossen 117, 4
Er hat — den Himmel aufgethan 390, 8
Uns steht der Himmel offen 41, 2
Durch ihn der Himmel unser ist 745, 10
Mit dir geh in den Himmel ein 185, 6
Demselben ist der Himmel erkauft 183, 7
Und mir den Himmel zuerkannt 728, 4
Den Himmel er dem schenket 395, 3
Und den Himmel dir errungen 461, 4
Der Himmel soll ihr sein 426, 2
Das Land der Himmel bleibet ihr 424, 3
Der uns — dort zum Himmel führe 510, 14
Auf ebner Bahn zum Himmel führ 5, 2
Wenn — unser Geist gen Himmel ist 37, 1
Die Pforten, die in den Himmel führt 37, 8
So führ mich, Herr, in Himmel ein 517, 9
Auf, auf! es geht dem Himmel zu 685, 5
Die schönste Freude fängt im Himmel an 246, 4
Ich will doch den Himmel erben 49, 5
Daß ich — des Himmels Erbe bin 339, 8
Daß ich soll den Himmel erben 461, 8
Die Gott aber nimmt zu sich in den Himmel 425, 2
Wer will mir d. Himmel rauben 584, 1. 676, 1
Dem kann nichts den Himmel rauben 425, 3
Muß mir doch der Himmel bleiben 624, 6
Geht es nur dem Himmel zu 462, 1
Im Geist den Himmel offen sehn 264, 3
Dem muß der Himmel werden 716, 1
Der Himmel soll mir werden 329, 1
Mit dir in Himmel einzugehn 82, 5
Wie man zum Himmel geht 224, 3
Laßt uns zum Himmel dringen 224, 5
Und dort in deinen Himmel gehn 541, 4
Mich — zu dir in Himmel nehmen wirst 555, 12
Immerfort zum Himmel reisen 430, 1
Eine Kron — im Himmel dir aufsetzen 609, 8
Freud erregt in des Himmels Throne 156, 2
Wer hielte ohne Freund im Himmel 691, 2
Der Himmel ist bei uns auf Erden 691, 4
Nun sahn wir erst den Himmel offen 691, 6
Und mein Himmel ist schon hier 529, 2

Mich zur Ruh trage nach dem Himmel 219, 7
So gehen unsre Wege gewiß z. Himmel 58, 12
Den ich zum Himmel wandeln soll 11, 1
Und lenkst zum Himmel hin m. Sehnen 109a, 4
Zu früh in Himmel kommen 621, 9
Dein Kind — im Himmel möge w. 437, 3
Mach immer süßer mir den Himmel 722, 5
Wer — nach dem Himmel tracht' 247, 3
Laß dein Herz sich heben gen Himmel 670, 6
Mein Herz — im Himmel 39, 2
So folgen wir nach in deinen Himmel 771, 3
Meines Lebens beste Freude ist der Himmel 463, 1
Ich will nach dem Himmel blicken 463, 2
Aber nach dem Himmel ringen 463, 8
Richt ihn stets zum Himmel hin 604, 2
Wer den Himmel will ererben 593, 4
Hilf, daß m. Seel den Himmel findt 553, 7
Der Himmel ist mir lieber 344, 2
Ich seufze nach dem Himmel 477, 12
Mich sehnen nach des Himmels Glanz 531, 6
Weil er mich in den Himmel hebt 478, 4
Die Seele fliegt auf zum Bau des Himmels 473, 10
Bis ich gen Himmel reise 671, 10
Die mich zu dir in Himmel nimmt 623, 7
Dein ist der Himmel, weine nicht 571, 7
Herr Gott, nun schleuß den Himmel auf 273, 1
So schließe mir den Himmel auf 358, 9
Mir — den Himmel angetragen 326, 5
Die Bahn z. Himmel sich erfinden kann 764, 4
Den Himmel für die Welt ererben 582, 5
Aus Gnaden ist der Himmel dein 53, 1
Der nach dem Himmel hungrig ist 143, 1
Hier ist m. Himmel schon auf Erden 741, 1
Wie lieblich wohnt sichs in dem Himmel 728, 4
Mög dein Gast im Himmel werden 596, 9
Ein ganzer Himmel voller Licht 472, 3
Im Himmel hie, so bald ihr kommt 472, 9
Dein Himmel und dein alles sein 133, 3
Der Himmel steht bereit ihm 191, 7
Laß uns im Himmel haben teil 271, 4
Im Himmel solln wir haben 511, 6
Im Himmel soll es besser werden 524, 15
Im Himmel ist gut wohnen 652, 1
Ich will nach dem Himmel zu 697, 1
In dem Himmel allezeit Friede 697, 1—8
Im Himmel wird das Kreuz der Erden 23, 3
Im Himmel sind die besten Gaben 23, 4
Im Himmel sind wir alle reich 23, 4
Im Himmel kann man alles haben 23, 4
Im Himmel sind wir Engeln gleich 23, 4
Im Himmel ist kein Unglück mehr 23, 4
Im Himmel wird sich niemand kränken 23, 6
Ach wenn ich nur im Himmel wär 23, 1—7
Im Himmel findest du, was dir — versagt 770, 5
Im Himmel lebt der Christen Schar 531, 5
Da ist lauter Himmel hier 640, 2
Und führst uns in des Himmels Haus 355, 12

himmelan.

Weil er gezogen himmelan 39, 2
Führt er himmelan 217, 6
Bleibt getreu, euch himmelan zu sehnen 582, 4
Dich zu führen himmelan 229, 8
Den führst du — selbst himmelan 619, 4
Das winkt und deutet himmelan 756, 4
Himmelan 312, 1—9. 313, 1—9

himmeldringend.

Gieb mir e. himmeldringendes Gemüte 477, 9

Himmelfahrt.

Auf Christi Himmelfahrt allein 39, 1
Durch dein — Himmelfahrt hilf uns 443
Solch Himmelfahrt fäht in uns an 41, 4
Halt ich eine Himmelfahrt 312, 5
Nach d. Himmelfahrt vollauf gesättigt 424, 6

Himmelgehn.

Dein Himmelgehn läßt uns den Himmel offen 756, 13

Himmelreich.

Er herrscht im Himmelreich 513, 4
Der heut schleußt auf sein Himmelreich 447, 7
Vater unser im Himmelreich 655, 1
Dein Will gescheh — wie im Himmelreich 655, 4
Denn Gottes Sohn vom Himmelreich 114, 1
Herprangst, als wärs d. Himmelreich 662, 11
Dein Himmelreich zu lassen 179, 3
Das Himmelreich uns aus Lieb erworben 573, 2
Gott wird — s. Himmelreich versperren 41, 3
Ist unser Haupt im Himmelreich 144, 9
Mir — erworben — d. ewig Himmelreich 48, 4
Mit uns im Himmelreich sollt leben 662, 4
Will ich ererben das ewge Himmelreich 14, 11
Das Himmelreich — ererben 295, 4
Der — das Himmelreich soll erben 77, 5
Drauf will ich — d. Himmelreich ererben 579, 7
Wir erben nun das Himmelreich 501, 4
Als des Himmelreiches Erben 414, 8(9)
Auf Erden und im Himmelreich 552, 6
Und sehnen uns ins Himmelreich 303, 5
Wird er erjagen d. ewig Himmelreiche 417, 2
Denn das Himmelreich ist ihre 437, 1
Denn das Himmelreich ist ihr 419, 3
Tagt das neue Himmelreich 354, 2

Himmelsauen.

Führe mich auf deine Himmelsauen 349, 3
Es schmückt auf Himmelsauen 360, 6

Himmelsbahn.

Ist die Himmelsbahn uns wieder aufgeschlossen 110, 1
Durch Leiden führt die Himmelsbahn 313, 5

Himmelsbalsam.

Den Himmelsbalsam fehlen 94, 1

Himmelsbau.

In den schönen Himmelsbau 581, 7

Himmelsblume.

Du Himmelsblum und Morgenstern 753, 1

Himmelsbrot.

Du wahres Himmelsbrot 594, 2
Mein süßer Wein, m. Himmelsbrot 554, 12

Du gnadenreiches Himmelsbrot 143, 3
Speise mich mit Himmelsbrot 640, 6
Mich laben mit dem rechten Himmelsbrot 3, 6
Welch uns mit Himmelsbrot bewirten 144, 7
Daß ich d. wahre Himmelsbrot — nehm 555, 6
Nun du Himmelsbrot willst geben 442, 7

Himmelschor.

Steigt nun bis zum Himmelschor 40, 1

Himmels-Ehrenpfort.

Führ mich zur Himmels-Ehrenpfort 231, 4

Himmelserben.

Und mach uns zu Himmelserben 503, 3
Gekrönt zu einem Himmelserben 465, 3
Daß wir Himmelserben werden 543, 7
Mache mich zum Himmelserben 643, 4
Wenn kleine Himmelserben — sterben 708, 1
O ihr Engel, Himmelserben 773, 7
Denn Seligsein m. allen Himmelserben 349, 8

Himmelsfreude.

Erworben die ewge Himmelsfreud 519, 3
Daß sie Himmelsfreud verspüre 21, 7
Abscheide zur ewgen Himmelsfreude 47, 5
Gehn zur Himmelsfreuden 676, 8
Von den süßen Himmelsfreuden 225, 4
Und zu der Himmelsfreud eingehn 277, 2
In die Herrlichkeit u. Himmelsfreud 110, 6
Der wunderschönen Himmelsfreud 566, 7
Ich fahr — in seine Himmelsfreuden 396, 1

Himmelsfunken.

Und noch entzünden Himmelsfunken 523, 2

Himmelsgaben.

Mich laben mit — Himmelsgaben 225, 2
Himmelsgaben, die hier uns laben 550, 8

Himmelsgeister.

Alle Himmelsgeister speis't 615, 3
Die Himmelsgeister hat zu s. Schutz 534, 3

Himmelsglanz.

Du starker Himmelsglanz 364, 6
Himmelsglanz es ganz durchleucht 152, 3
Sind mit Himmelsglanz umgeben 31, 4
Ohne Leid in Himmelsglanz 512, 2

Himmelsgut.

An Himmelsgut und Segen reich 166, 4
Mich gekrönt mit Himmelsgut 379, 4
Leben allezeit und alle Himmelsgüter 576, 8

Himmelshaus.

Ich fahr ins Himmelshaus 184, 4

Himmelsheer.

Zusamt d. — Himmelsheer dich — loben 284, 4
All Himmelsheer erzeigen Christo göttlich Ehr 502, 2
All Engel und Himmelsheer 271, 1
Es danken dir die Himmelsheer 610, 2
Wie von Anfang gesungen das große Himmelsheer[1]) 369, 8

Himmelsheld.

Er herrscht — der Himmelsheld 521, 2
Und der Himmelsheld, der Glaube 206, 9

Himm

Hoch über uns die
Über alle Himmelsl

Himn

Scheint heller — die e

Himn

Geschmücket mit d. w

Himm

Denn du bist der H

Himu

Sehnt sich nach dei

Himn

Mit der schönen Hi

Himn

Zum rechten Himm-

Himm

Lenke — auf die süße
Mache mir die Him

Him

Aus jenen Himmel

Him

Dieses — Himmels
Du Himmelslicht, l
Vor dir, du reines
Dein Himmelslicht
Im Himmelslichte

Him

Begabet mit manch
Ohne dich Himmelsl
Empfangt die Him
Durch die Himmels

Himn

Bei den grünen Hi

Himme

Sie — in Christenzu
pflanzen ziehen

Himr

Bist du doch — Weg
Und führ euch zu
Die Himmelspfort
Durch die Welt zu

Himn

Er eilet — zur schön

Him

Güldner Himmelsre

Him

Auf der Himmelsre

Him

Daß sie mir die Hi
Die Seele ist zur Hin

Him

Gnaden — vom ho
Gieb uns von dein
Freuen — in dem sch
Zu dir in deinen
Singe im güldnen
Was nicht zielt zu
Prangen am blaue

1) Var. Bernb. G. himmlisches Heer.

Himmelsschar.
Stimmt an mit aller Himmelsschar 251, 4
Zu den Himmelsscharen 288, 1
Himmelsschloß.
Sollen sie im Himmelsschloß werden alles Kummers los 493, 5
Himmelsschoß.
In den weiten Himmelsschoß 693, 3
Himmelssegen.
Kröne du mit reichem Himmelssegen 9, 4
Himmelssinn.
Ziehet dich — zu sich im Himmelssinn 313, 7
Himmelssohn.
Setze als ein Himmelssohn deinem Willen Maß 494, 11
Himmelssonne.
Weit und breit, du Himmelssonne 615, 3
Himmelsspeise.
Verkünde — die selge Himmelsspeise 416, 8
Genießen dieser deiner Himmelsspeise 596, 7
Ich bin versehn mit Himmelsspeis 740, 9
Zugemessen die kräftge Himmelsspeise 560, 8
Ich genieß die Himmelsspeis 240, 4
Himmelssteg.
Führ uns deine Himmelsstege 771, 2
Himmelstafel.
Mich — wirst zur Himmelstafel leiten 349, 11
Bis wir — an die Himmelstafel kommen 632, 1
Himmelstau.
Du süßer Himmelstau 543, 6
Er sei der Himmelstau 14, 7
Und mit Himmelstau beregnet 504, 1
Befeuchten mit d. hellen Himmelstau 72, 3
Himmelsthor.
Einst öffnet ihr die Himmelsthore 394, 4
Himmelsthron.
Gescheh, wie im Himmelsthrone 183, 14
Im hohen Himmelsthrone 505, 3
Der kam auf Erdn vom Himmelsthron 516, 4
Bis mir m. Gott vom Himmelsthron 346, 1
Edler Geist vom Himmelsthrone 152, 1
Hernieder vom hohen Himmelsthron 420, 1
Gott im Himmelsthrone 488, 1
Uns Menschen auch im Himmelsthron 547, 6
Führ uns zum Himmelsthron 117, 3
Wohn, als in deinem Himmelsthron 615, 1
Beiden gleich im höchsten Himmelsthrone 499, 3
Im höchsten Himmelsthron ich erheben 225, 6
Wollest mir vom Himmelsthron 371, 1
Himmelsthür.
Thu mir die Himmelsthür selbst auf 553, 11
Schleuß auf die güldne Himmelsthüre 23, 7
Wirst du, goldne Himmelsthür 143, 8
Tritt an die Himmelsthür 111, 7
Mir — dein Himmelsthür aufmachen 135, 10
Himmelstrank.
Mit welchen Himmelstränken labt 373, 1
himmelsüß.
Dein himmelsüßes Wort 543, 5
Dies himmelsüß Ergötzen 560, 2
Himmelsvorschmack.
Trägt im Himmelsvorschmack hier 313, 5
Himmelsweg.
Himmelsweg, zeig ihm die Bahn 437, 5
Ich sei auf dem Himmelswege 193, 6
Er sei mein Himmelsweg 14, 8
Himmelswein.
Tränken mit s. süßen Himmelswein 23, 6
Himmelswesen.
Zu ewgem Himmelswesen 280, 2
Himmelswonne.
Ich danke dir, du Himmelswonne 364, 5
Mit Himmelswonne dort m. Seele tränken 90, 2
Himmelswort.
Liebet — dessen Himmelswort 757, 1
Himmelszelt.
Wer hat das schöne Himmelszelt 355, 4
Denn was ist im Himmelszelt 599, 8
Getrieben zu mir vom Himmelszelt 738, 5
Uns freuen im selgen Himmelszelt 86, 4
Und strebe nach dem Himmelszelt 670, 3
Nimmt er sie ins Himmelszelt 661, 14
Dort in dem reichen Himmelszelt 204, 9
Nein, ich eil ins Himmelszelt 649, 4
himmelwärts.
Himmelwärts ohn Unterlaß aufsteige 234, 10
Mit heißen Thränen himmelwärts 141, 6
Laß mein Herz himmelwärts 226, 7
Führ die Seufzer himmelwärts 437, 6
Richt die Gedanken himmelwärts 612, 1
Schau himmelwärts, da wo dein Schatz 756, 8
Er zieht das Herz doch himmelwärts 683, 1
himmlisch.
Sohn eingeboren d. himmlischen Vaters 29, 3
In deinem Wesen, das himmlisch ist 144, 10
Das himmlische Heer 369, 8
Wir sollen himmlisch werden 224, 4
Daß ich mit dir himmlisch werde 259, 3
Himmlisch bin erquicket 560, 13
Mein Geist will himmlisch werden 594, 6
Irdisch noch, schon himmlisch sein 430, 1
Himmlisch auf der Erde — werde 221, 3
Himmlisch werd ich auferstehen 389, 7
Himmlisch die Seele zu zieren 70, 4
Laß — m. Herze himmlisch werden 582, 8
Denn du bist ein himmlisch Wesen 312, 2
Singen mit himmlischen Zungen 99, 5
Durch dich wir haben himmlische Gaben 402, 1
Die reine himmlische Begierde 570, 4(3)
Zu der Weisheit, die himmlisch ist 169, 5
Zur himmelischen Christtagsfreud 512, 13
Will ich ziehen ins himmlische Vaterland 196, 7
Himmlische.
Sich hier stets aufs Himmlische geleget 191, 3
hin und her.
Wie e. Licht, das hin u. her thut wanken 78, 5
Leitet er die Seinen stetig hin u. her 610, 5
hinabführen.
Den führest du zuvor hinab. 741, 4

hinauf.
Hinauf steht mein Begier 652, 1
Dann hinauf zum ewgen Heile 253, 6
Aus der Sterblichkeit hinauf 532, 6
Die Seele — zu dir hinauf wirst nehmen 244, 9
Die Seele nimm zu dir hinauf 536, 7
Die sehn hinauf und Gott herab 41, 4
Von dieser Welt zu Gott hinauf 107, 9
Ihr zieht — die Herzen zu ihm und an sein Herz hinauf 394, 3
Zu dir hinauf gezogen 326, 5
Die arme Seel hinauf[1]) — gesendet 156, 1
Dann führe mich hinauf in d. Wonn 706, 7

hinausführen.
Denn du führst es wohl hinaus 95, 2

hinausgehen.
O geht hinaus auf allen Wegen 691, 4

hinaustreiben.
Treib all Unreinigkeit hinaus 168, 2

hinaustreten.
So tret ich denn hinaus 329, 10

hinauswerfen.
Wirf hinaus alles, was mich hier 225, 4
Wirf den Drachen ganz hinaus 299, 4

hinbringen.
So bringt er sie dem Vater hin 471, 4

hingegen.
Ihr hingegen ruht in eurer Kammer 581, 3

hindern.
Des Feinds Neid hinder 129, 4
Dein Werk kann niemand hindern 58, 4
Auch keinem, der mich hindern kann 470, 9
Von mir treib, was m. Nahrung hindert 630, 4

Hindernis.
So achte ich kein Hindernis 332, 3
Ohn alle Hindernis zu Gott — eilet 104, 2
Satans Werk u. Wesen sei kein Hindernis 148, 5

Hindrung.
Kein Zorn der großen Fürsten soll mir ein Hindrung sein 405, 12(13)

hindurch.
Hindurch, hindurch! u. folge d. Führer 521, 3
Hindurch ins Alter dringen 536, 6
Läßt uns hindurch ins Himmels Saal 243, 11

hinein.
Mein Freund bis in das Grab hinein 98, 5
Ein, hinein in Gottes Kammer 46, 4
Nur frisch hinein, es wird so tief nicht 521, 1
In unser Seel und Herz hinein 235, 4
Fall ich vollends tief hinein[2]) 678, 4
Mit den Hirten gehn hinein 662, 6
Geht nicht zur Freud hinein 329, 5
Geuß sehr tief in mein Herz hinein 734, 3
Schickt das Herze da hinein 389, 10
Schreib es in mein Herz hinein 316, 5
Schreibe deine Wunden — mir — in das Herz hinein 611, 4
Wirf sie in deine Wunden — hinein 339, 3

hinfahren.
Fahr hin, meins Herzens werte Kron 502, 5
Bis ich hinfahr zur Engelschar 326, 10
Muß ich Sünder von d. Welt hinfahrn 689, 3
Drum fahr ich mit Freuden hin 31, 3
Wo — alle Frommen hingefahren 31, 5
In Fried laß mich hinfahren 172, 3
Ich fahre sicher hin in Frieden 184, 4
Drum fahr ich hin mit Freuden 710, 4
Da andre fahren hin zur — Todeshöhle 352, 2
Fahr hin, ein andre Sonne — scheint 515, 2
Fahr hin, o Angst und Schmerzen, fahr immer, immer hin 621, 5
Fahr hin, was heißet Stund u. Zeit 234, 12

hinfallen.
Hier fallen alle Sorgen hin 51, 13
Die eignen Werke fallen hin 53, 2
So fällt wohl alles Rühmen hin 340, 8
Des Lob fällt nimmer hin 365, 8

hinfliehen.
Wo soll ich fliehen hin 763, 1

hinfort.
So wird hinfort mein Gemüte 690, 9

hinführen.
Recht bewogen u. zu dir völlig hingeführt 470, 1

hingeben.
Sein eigen Leben — hingegeben 471, 2
Wenn wirs sollen geben ins Todes Hände hin 769, 12(13)
Nicht völlig zum Sterben hingeben 299, 3
Mich gänzlich dir schenken und völlig hingeben 70, 2

hingegen.
Hingegen sagt ich — d. Satans schnöden Werken ab 330, 3
Hingegen schwingt er sich zur Ruh 472, 7

hingehen.
Geh hin, mein Kind u. nimm dich an 165, 2
So gehst du nun, mein Jesu hin 620, 1
Wo Jesus hingegangen 224, 4
Jesu, der du hingegangen zu dem Vater 225, 3
Geht hin, all Welt zu lehren 77, 5
Geh hin in Fried, sünd'ge nicht mehr 747, 2
Daß ich — ohne Buß geh immer hin 26, 1
Geh in aller Stille hin 690, 7
In der Gemeinschaft der Leiden hingehn 299, 1
So geh ich freudig hin 339, 8
Geht hin, ihr thörichten Jungfrauen 570, 6(5)

hingelangen.
Laß mich, laß mich hingelangen 676, 12

hinkehren.
Wo ich nur mein Aug hinkehre 625, 6

hinken.
Was hinket ihr, betrognen Seelen 447, 1

hinkommen.
Denn wo mein Schatz gekommen hin 39, 2
Wann soll ich hin ins Paradies — kommen 144, 13

---

1) Var. Bernd. G. himmelauf. 2) Var. Bernd. G. in den Kot.

Bis ich werde kommen hin 225, 6
Wo d. Frommen dann sollen hinkommen 125, 2

hinkünftig.

Zu der Seligkeit mich wirst hinkünftig bringen 284, 4

hinlegen.

Dies Jahr ist hingelegt 147, 1

hinmüssen.

Wo er jetzt lebt, da muß ich hin 202, 9

hinnehmen.

Will ers wieder zu sich kehren, nehm ers hin 676, 3
Ach nimm mich hin, du Langmut 236, 8
So nimm nun hin, was du verlangest 6[illegible]0, 3
Nimm hin das Herz ohn alle List 680, 3
Nimm, o Gott, mein Flehen hin 309, 9
Nimm das arme Lob auf Erden — hin 524, 1
Gieb dich mir u. nimm mich hin 617, 2
Nimm d. Schmerzen, d. mich quälen, hin 611, 3
Nimmt allen Kummer hin 405, 6(7)
Nimm alles hin, was mich u. dich 554, 2
Du hast sie mir gegeben, so nimm sie wieder hin 339, 2
So nimm, Herr, meinen Geist — hin 184, 1
Nehme von dir Gnad um Gnade hin 136, 6
Nichts durch Gewalt hinnehme 260, 8
Ob mich der Tod nimmt hin 48, 3
Des — Todes Macht hat alles hingenommen 542, 3
Er nehme das, was sein ist, hin 333, 6
Sofort vom Teufel hingenommen 752, 6

hinnen.

Daß ich — mög von hinnen fahren 196, 6
Bis sie sich von hinnen schwingt 649, 5
Mit Freuden auch von hinnen scheiden 222, 5
In dir fein sanft von hinnen scheide 706, 7
Zeuch mich weit von hinnen 578, 7
Laß mich sanft von hinnen wallen 375, 9

hinneigen.

Neige du — auch mein Herz und Sinnen hin 17, 1

hinraffen.

Des blassen Todes Macht — hat alles hingerafft 542, 3
Vor dem Unglück hat er mich hingerafft 425, 4

hinrücken.

Ach wär ich nur schon hingerückt 23, 3
Eh mich der schnelle Tod hinrück 631, 7

hinsetzen.

Zu der rechten Hand d. Vaters hingesetzt 144, 3

hinsinken.

Und sinke hin zu der Quelle 538, 6

hinstellen.

Stell dich für mich hin zu kämpfen 734, 4
Die Christus hingestellet dem Volk 135, 12

hintansetzen.

In Trank und Speis hintangesetzet Maß 704, 7

hintenansetzen.

So steht die Freundschaft hinten an 98, 3

hinter.

Weicht alles hinter sich 405, 1
Du siehst dein altes Leben hinter dir 673, 9

hinterwärts.

Wirf sie fröhlich hinterwärts 599, 17
Wirf die Sorgen hinterwärts 61, 3

hintrachten.

Gen Himmel, wo mein Herz hintracht' 107, 8

hintragen.

Da, wo man uns hinträgt 37, 1
Wo man meine Seel hinträgt 374, 7
Man trägt eins nach dem andern hin 343, 7

hintreiben.

Da, wo der Mangel dich hintrieb 753, 13

hintreten.

Lehre mich vor Gott hintreten 225, 5
Ich trete — hin zu deinem Thron u. bete 18, 1

hinüber.

Auch bald hinüber wandern 139, 12

hinunter.

Hinunter ist der Sonnenschein 314, 1

hinweg.

Hinweg all Angst und Schmerzen 36, 2

hinwegnehmen.

Er nimmt von mir hinweg die Schuld 14, 5

hinwegsterben.

Kann morgen — hinweg gestorben sein 56, 1

hinwegtreiben.

Auch den Feind hinweg getrieben 714, 2

hinwenden.

Wo soll ich mich denn wenden hin 11, 2
Ich mag mich, wo ich will hinwenden 23, 2
Wo ich mich hinwende 530, 1. 9

hinwerfen.

Nimm deine Sorg und wirf sie hin 355, 15
So werfet hin das Leid 621, 8
Wirf hin die Last und eil herzu 187, 1
Daß er die Lüste werfe hin 349, 9

hinziehen.

Nackend werd ich auch hinziehen 676, 2
Du zeuchst mich — hin vor d. Angesicht 329, 11
Zieh hin, mein Kind 770, 1—5

hinzugehen.

Wer unwürdig hinzugeht 386, 3

hinzusetzen.

Ach pflanze u. setz uns zum Tode hinzu 299, 2

Hiob.

Denk, was dem Hiob dort geschieht 571, 6

Hirsch.

Der schnelle Hirsch, das leichte Reh 204, 4
Wie ein Hirsch nach Wasser dürst 600, 7
Denn wie ein Hirsch nach frischer Quell 566, 1
Ich dürste wie ein Hirsch 477, 13
Gleichwie des Hirsches mattes Herz 349, 5
Wie ein Hirsch am Mittag lechzet 721, 8

Hirt.

I. natürlich.

Die Hirten auf dem Felde warn 114, 4
Erschien den Hirten offenbar 663, 1
Mit den Hirten gehn hinein 662, 6

Die Hirten erschraken ganz 80, 2
Hat dein hoch begehrt der Hirt 753, 4

II. geistig.

a) Gott.

Er ist allein der gute Hirt 55, 5
Es hat Geduld der Hirt[1]) 366, 6
Suchet es ein treuer Hirte 390, 3
Ein Hirt verläßt sein Schäflein nicht 393, 3
Der ist mein Hirt und Hüter 106, 1
Und bist wie ein guter Hirt 268, 6
Kein Hirt kann so fleißig gehen 693, 2
In der Huld des treusten Hirten stehn 727, 1
Das Schaf im Schoß des Hirten liegt 727, 3
Das Schäflein bleibt in s. Hirten Händen 727, 4
Dieweil der Hirt ein Herr — ist 727, 5
Hirte, nimm dein Schäflein an 437, 5
Du bist mein rechter, treuer Hirt 11, 6
Drum führe mich, o treuer Hirt 349, 3
Such ich dich, o Hirt der Herde 373, 10
Der Herr ist m. getreuer Hirt 109a, 1. 109b, 1
Mein Jesus ist ein treuer Hirt 85, 3
Guter und getreuer Hirt 376, 1
Herden ihre Hirten lieben und ein Hirt liebt seine Herde 376, 2
Herden ihre Hirten hören 376, 4
Hier komm ich, mein Hirte 574, 3
Mein Hüter und mein Hirte 116, 5
Unser Hirte hütet da 646, 6
O du Hirt erkaufter Seelen 667, 4
Mein Hirte nimm mich an 542, 5
Weil auf eine frische Weide mein Hirt — mich gesetzt 169, 9
Da mein Hirt, Christus 676, 10
Der gute Hirte leidet für die Schafe 298, 4
Herr Jesu Christe, m. getreuer Hirte 281, 1
Du mein treuer Hirt allein 393, 7
Wie die Menschenherd ihr großer Hirt weiden wird 587, 8
Eine Herde und ein Hirt 155, 1
Ich bin sein Schaf, er ist mein Hirt 332, 7
Wenn mich versorgt der treue Hirt 566, 4
Eh es auf des Hirten Ruf geachtet 160, 3
Du bist mein Hirt 341, 9(10)
Treuer Hirt der Seelen 436, 2
Mein treuer Hirte sei mir nah 559, 6
Wollest — der gute Hirte sein 201, 3
Bleib, o Hirte, bei den Schafen 643, 1
Über meinen guten Hirten 695, 1
Heimgetragen in des Hirten Arm 695, 3
Mein treuer Hirt führ mich 96, 9

b) Mensch.

Freuet euch, Hirten und Herden 323, 2
Du hast uns Hirten ja versprochen 669, 9[2])
Treue Hirten laß — niemals fehlen 557, 2

Hirtenstab.

Er leitet mich — mit seinem Hirtenstabe 109b, 4
Der mit seinem Hirtenstabe sanft 413, 5

Hitze.

Der Sonne Hitz, des Mondes Schein 346, 6
Wenn mich der Sonnen Hitze trifft 165, 9
Der mich in Hitz anfeuchte 14, 7
Lieg ich schon vor dir in großer Hitz 333, 3

hoch.

Hoch und herrlich, heilig ist Gott 251, 1
Du bist sehr hoch und wundersam 547, 1
Mein Gott, du bist sehr hoch u. groß 524, 13
Dein — Gebot ist viel zu hoch 752, 1
Zum Hohn sei er dafür hoch gepriesen 49, 2
Und hebst mich hoch zu Ehren 738, 4
Gott, der hoch erhoben 203, 10
Nichts Höhers wird an Kraft u. Würde 191, 7
Und achtest ihn so hoch und wert[3]) 534, 3
Der du — so hoch mich liebst 554, 1
Aus Gottes hohem Thron 199, 1
Dort in hohen Fernen — wohnst du 246, 2
So teur erkauft, so hoch erkoren 248, 1
Wie mich der so hoch erhöht, der selbst so hoch erhoben 472, 1
Mit Psalmen hoch erhoben 373, 16
Du hast sie hoch geschätzt 368, 2
Macht hoch die Thür 451, 1. 4
Die ich hoch betrübe, die halt ich hoch und wert 203, 3
Das ist ihr hoher Wall 203, 5
Ich bin zu hoch gesessen 203, 6
Was Gott thut, hoch achtet 232, 6
Ob wir ihn gleich hoch betrübt 500, 4
Die sich mit Gewalt erheben hoch 1, 6
Wie hoch sein Eifer brennet 137, 8
Nimmermehr nach hoher Ehr — strebe 13, 6

höchst.

O Jesu, höchster Schatz 14, 3
Er sei mein höchstes Gut 14, 7
Als nur dich, mein höchstes Gut 169, 6
Dir, höchster Gott, ist unser Sinn 82, 1
Höchster Priester, der du dich selbst 317, 1
Hast — o höchster Hort, dich meiner 326, 4
Höchster Tröster, komm hernieder 318, 1
Du höchster Tröster in aller Not 497, 4
Aller Weisheit höchste Fülle 169, 5
Du, die höchste Heiligkeit 220, 3
Ist dein Tag der Herrlichkeit, höchste Majestät erschienen 646, 2
Höchste Majestät, König u. Prophet 718, 5
Allein du bist mein höchster Schatz 465, 6
Daß ihr um das höchste Gut so faul 685, 10

Höchster.

Ehr u. Herrlichkeit sei dem Höchsten 618, 12
Der Sohn des Höchsten schreit 606, 1
Was der Höchst ihm auserseh'n 661, 6
So liebt der Höchste dich 228, 6
Verleih mir, Höchster, solche Güte 136, 3
Des Höchsten Zorn euch rührt 505, 4

Höheres.

Wird nichts Höheres mehr erkennet 583, 5

---

1) Var. Bernb. G. Herr. 2) Fehlt Anh. G. 3) Var. Bernb. G.

hochbetrübt.
Gieb fröhliche Gedanken den hochbetrübten Seelen 510, 13
Du hochbetrübtes[1]) Heer 738, 6
Hochbetrübte.
Frisch auf, ihr Hochbetrübten 36, 7
hocherfreut.
Aus hocherfreuter Seelen — erzählen 362, 18
Seid getrost und hocherfreut 389, 8
hocherhaben.
Sein Güt ist hocherhaben 513, 2
Du hocherhabner Zionsgott 453, 1
Du hocherhabner Fürst von Himmel 368, 1
Mich zu dir sein hocherhaben 415, 5
hocherheben.
Hoch, so hoch kannst du erheben 46, 5
hochgebaut.
Jerusalem, du hochgebaute Stadt 369, 1
hochgeboren.
Marien Sohn, ein hochgeborner König 734, 2
hochgeliebt.
O hochgeliebter Geist des Vaters 769, 1
Hochgeliebte.
Früh u. spat sein Hochgeliebten heget 732, 3
hochgelobet.
Der soll hochgelobet sein 320, 1
Sei hochgelobt in dieser Zeit 670, 10
Du hochgelobte Schönheit du 364, 3
O hochgelobte Einigkeit 546, 1
hochhalten.
Die ich hoch betrübe, die halt ich hoch 203, 3
Hochmut.
Ein Herz, das Hochmut liebet 486, 3
hochschätzen.
Vor Gott sind sie so hoch geschätzt 150, 2
hochteuer.
Durch dein hochteures Blut 117, 3
Hier wäscht uns sein hochteures Blut 149, 4
hochtröstlich.
Wie so mancher Ort hochtröstlich ist 36, 2
Hochzeit.
Die Hochzeit zubereiten zu seinem Lob 99, 6
Deinem liebsten Sohne eine Hochzeit 220, 1
Deiner Hochzeit Ehren möge feiern 220, 10
Und er mit mir Hochzeit hält 583, 10
Macht euch bereit zu der Hochzeit 672, 1
Daß mir bereit ist des Lammes Hochzeit 240, 1
Die Hochzeit ist bereit 178, 3
Hochzeitsgast.
Kommt all, ihr Hochzeitsgäst 99, 1
Seine Freund und Hochzeitsgäste 464, 6
Seiner Braut und Hochzeitsgästen 220, 6
Hochzeitkleid.
Du bist das rechte Hochzeitkleid 555, 3
Kleide Jesu — mich in dich, mein Hochzeitkleid 220, 10
Im schönen Hochzeitskleide 103, 3
Des Glaubens Hochzeitskleid 334, 4
Hochzeitmahl.
Folgt des Lammes Hochzeitmahl 312, 6
Beim Hochzeitsmahl ist keine Qual 424, 4
Hier ist das Hochzeitsmahl 178, 9
Zu dem großen Hochzeitsmahl 220, 4
Hochzeittag.
Wer s. Hochzeitstag schon vor sich sieht 733, 3
Den Hochzeittag erkoren 251, 3
höckricht.
Und was höckricht, werden schlecht 645, 4
Hoffart.
Unart, Hoffart laß uns meiden 28, 4
Pracht, Hoffart, Reichtum, Ehr u. Geld 530, 8
Wirst ihre Hoffart in den Kot 588, 5
Auch alle Hoffart von mir nimm 310, 4
Hoffart und Mißgunst sich regt 380, 3
Und kann sich — in Hoffart schmeicheln 449, 6
hoffen.
Darum auf Gott will hoffen ich 55, 3
Auf dich hoffen wir, lieber Herr 271, 5
Und hoffet auf ihn allezeit 719, 1
Wer hofft in Gott und dem vertraut 146, 7
In dich hab ich gehoffet, Herr 401, 1
Drum hoff, o Seele, hoff auf Gott 108, 4
Auf dich hofft meine Seele 108, 7
Und hoff auf deine Güte 13, 5
Dich hat gehofft so lange Jahr 753, 3
Und hofft getrost auf Jesum Christ 446, 3
Auf den mit Verlangen ich hoffe 281, 5
Wir konnten glauben nun u. hoffen 691, 6
Eins aber, hoff ich, wirst du mir 356, 8
Er hofft in Zuversicht 657, 4
Bei Tag u. Nacht auf d. Güte hoffen 291, 1
Hier kann ich auch im Tode hoffen 478, 5
Das allerbest in jener Welt zu hoffen 566, 5
Und hoffen auf Barmherzigkeit 496, 5
So hoff ich doch Barmherzigkeit 340, 7
Ich hoffe auf Barmherzigkeit 340, 8
Hoff, o du arme Seele, hoff 58, 6
Nichts sieht u. nichts mehr hoffen kann 53, 8
Hoffen.
Christe, mein Leben, mein Hoffen 70, 1
Hier im Hoffen u. im Glauben 602, 13 (14)
Sei getreu in deinem Hoffen 608, 5
So bleib treu im Glauben, Hoffen 724, 5
Sie wird stark durch Hoffen 462, 5
Ich bin gewiß in meinem Hoffen 332, 5
Durch Stillesein und Hoffen 473, 2
Dahin steht mein Hoffen 246, 4
Und auch dies, mein gläubges Hoffen 690, 3
Hoffnung.
Gott ist — mein Hoffnung u. m. Leben 689, 2
Wer auf Gott sein Hoffnung setzet 32, 1. 40, 4
Ich bin durch der Hoffnung Band 389, 3
Die Hoffnung darein habe 146, 9
Auf — sein — Blut will ich meine Hoffnung bauen 700, 3
Drum sieht die Hoffnung bloß auf dich 480, 8

1) Var. Bernh. G. herzbetrübtes.

Die Hoffnung gieb daneben 353, 2
Zu jenem Leben Hoffnung gieb 666, 14
Allein zu dir — mein Hoffnung steht 30, 1
Das auf dich sein Hoffnung stellet 641, 8(10)
Wirf nicht die große Hoffnung hin 108, 5
Wenn ich mein Hoffnung stell zu dir 11, 10
All unsre Hoffnung steht zu dir 12, 2
Darum auf dich all Hoffnung — setzen 716, 1
Der Hoffnung bin ich voll 328, 3
Hoffnung macht ja nicht zu schanden 608, 6
Hoffnung und Zufriedenheit wohnen 90, 4
Die Hoffnung mache feste 310, 5
Durch dich wird unsre Hoffnung fest 547, 10
Erwarten möchten allezeit in Hoffnung 285, 4
Dabei in Hoffnung immer stark 294, 2
Die Hoffnung schauet in die Ferne 205, 10
In Hoffnung kann ich fröhlich sagen 306, 9
Durch Hoffnung und durch Klagen 147, 1
Die Hoffnung macht das Leiden süß 332, 5
Denn die Hoffnung blühet da 646, 5
Furcht verschlang d. Hoffnung Überrest 691, 5
Und unsre Hoffnung garnicht acht 703, 3
Ach unsre Hoffnung konnt nicht fehlen 703, 8
Drückt in mir die gefaßte Hoffnung nieder 95, 1
All unsre Hoffnung wird verlacht 588, 2
Glaub, Lieb, Geduld und Hoffnung 752, 10
Lieb, Hoffnung, Glauben üben 295, 3
Erhalte — der Hoffnung hellen Strahl 176, 1
Die Hoffnung wart' der rechten Zeit 183, 11
Der Glaube bringt die Hoffnung 657, 4
Hoffnung kann das Herz erquicken 32, 4
Nun ist keine Hoffnung mehr 40, 6
Daß man auf Hoffnung säet 540, 3
Muß sich die Hoffnung legen 683, 3
Hoffnung tröstet mit Geduld 430, 2
Deren Hoffnung unverrückt 634, 2
Deine Hoffnung, ach, ist hohl 206, 4

Hoffnungsgrund.

Mein Hoffnungsgrund ist d. Erbarmen 777, 5

hoffnungslos.

Ich fände — hoffnungslosen Gram 691, 2

Höhe.

Allein Gott in der Höh sei Ehr 29, 1
Aus deines Himmels Höhen 243 1
Und zu seines Himmels Höhen 634, 3
Gieb mir Verstand aus deiner Höh 362, 8
Dank sei Gott in der Höhe 81, 1
Eh ich dich aus der Höh her sehe 135, 16
Vater, droben in der Höhe 648, 7
Abba, Vater in der Höh 152, 7
Er sieht aus der Höhe 213, 3
Er ist der Herrscher in der Höh 681, 8[1]
Sohn Gottes in der Höh 519, 2
Der wird nun in der Höh erkannt 79, 4
Du bist gefahren in die Höh 144, 5
Du fährest in die Höh 341, 5
Warum fährst du in die Höh 259, 1
Uns — zu besuchen aus der Höh 421, 4
Steigt — aus deiner heilgen Höhe 732, 1
So steig ich gläubig in die Höh 741, 3
Zu den Höhen aufzusehen 245, 3
Steig immer weiter in die Höh 46, 2
Drum nimmt Gott — bei Zeiten in die Höhe 472, 6
Seine Frommen zu sich aufziehen in die Höh 107, 12
Flög ich — heute noch nach Zions Höhn 432, 3
Die in der Höh u. Tiefe wohnen 205, 6
Halleluja! welche Höhen 300, 5[1]
In deinen Höhen wir des Lichtes 768, 2
Was von jenen Höhn ich höre 768, 3
In den Gründen, in der Höh 625, 6
Daß ihre Höh sich nur bei Zeiten leg 619, 11
Durch all falschen Höhen bricht 570, 1
Und bauet so Höhen und Festung 299, 3

Hoheit.

Wo ihr — nur nach Hoheit[2]) trachtet 505, 3(4)
Deine unendliche Hoheit erhöhen 157, 7
Hab ich Hoheit, die ist flüchtig 678, 5

Hoherpriester.

Du Hoherpriester zeigest an 144, 7
Hoherpriester Jesu Christ 644, 3

Höhle.

Daß er in d. Krippen Höhle harte lieget 197, 2
Der Glanz in dieser kleinen Höhle 133, 2
Da der Herr des Grabes Höhle 673, 3
In dieser Höhle des Leibes — hangen 560, 11
Führ sie aus dieser Höhle 339, 2
Des Herzens Höhle sei d. eigen Haus 597, 6
Ich steige aus der Schwermut Höhlen 741, 1
Drum reiß ich mich jetzt aus d. Höhle 524, 13
Nach dir sehnt sich m. Seele in der Höhle 649, 5
In verborgnen Höhlen — gehn 778, 8
Gott wird dich aus der Höhle 58, 6
Heller Tag der dunklen Höhlen 252, 2
Aus des Teufels finstrer Höhle 374, 1

Hohn.

Hier hast du Spott und Hohn 562, 3
Es nimmet an Schmach, Hohn 165, 1
Ertrugest Schläge, Spott und Hohn 284, 3
Geißel, Schläge, Spott und Hohn 383, 2
Voll Schmerz und voller Hohn 542, 1
Dein Hohn u. Spott, dein Dornenkron 553, 5
Läßt willig sich beschweren m. Schlägen, Hohn 580, 1
Trät ich nicht sein Blut mit Hohn 97, 3
Duld ich schon hier Spott u. Hohn 381, 5(6)
Folgt auf Spott und Hohn 602, 13(11)
Bleibt ewiglich in Spott und Hohn 38, 10
Die Welt mit aller Schmach u. Hohn 153, 6
Gerät in Hohn und Spott 405, 10(11)
Betrüben über Feindes Hohn 645, 1
Spott u. Hohn mich — nicht betrübe 599, 6
Auf Erden nichts als Spott u. Hohn 139, 7
Welche Hohn und Trotz verschmerzen 419, 4
Allen Feinden auch zum Hohn 49, 2

1) Fehlt Bernb. G. 2) Var. Bernb. G. Hohem.

höhnen.

Mit Dornen, die dich höhnen 580, 7
Daß uns die Welt noch höhnt[1]) 591, 3

hold.

Das Kindlein ist uns hold 199, 2
Das dir vom holden Angesicht ausgeht 253, 2
Daß uns Gott ist worden hold 239, 4
Den Blöden ist er hold 513, 2
Der erst noch hold gesprochen 86, 2
Holder ist noch nichts gesungen 373, 2

holdselig.

O süßer Knab, holdselig v. Gebärden 179, 7(5)
In dem holdseligsten, lieblichen Wesen 157, 2

holen.

Du Wagen Eliä, hole mich 139, 11
Komm, hole mich zu dir 594, 7
Hol uns allzumal zum ewgen Licht 738, 10
Hole mich, o Herr, zu dir 649, 8
Daß mein Urteil über mir ich bei dir soll holen 599, 3

Hölle.

I. Verdammnis.

In der Höllen müssen — büßen 298, 6
Große Pein ewig leiden in der Hölle 461, 3
Gebunden in der Höll 580, 5
Zur Höllen mußt ich sinken 502, 3
So müßt ich — zur Höllen wandern 700, 1
Dein—Zorngericht u. d. Höllen Rachen 366, 7
Du regest wider mich—d. Höllen Reich 366, 10
Wieder in der Höllen Reich 366, 12
Die sonst — laufen in die Höll 374, 2
Ewig liegen in der Höllen 678, 3
Zum ewgen Tod tief in der Hölle 77, 6
Ich fall der Höll in Rachen 6, 5
Gedenkt, wie heiß die Hölle wär 417, 14
Uns zur Höllen niederschlagen 593, 7
Liegst — in der Höllen Flammen 599, 3
Vergißt man Hölle, Fluch und Tod 367, 1
Ansicht uns der Höllen Rachen 489, 2
Nicht verzagen vor der tiefen Höllen 489, 2
Mitten in der Höllen Angst 489, 3
In der Höllen Pein müssen leiden 425, 2
Zwar Höll und Teufel fangen an 477, 10
Die Bösen z. Höllen in peinliche Stellen 222, 8
Mich — hinab zur Höllen stürzen 326, 7
Müssen gehn von Christo in die Hölle 185, 4
Du der Höllen eilest zu 26, 6
Träget — dort die Höll davon 685, 3
Wenn auch mit ihrem Heer mich will umringen die Hölle 440, 4
Der Teufel mit dem Heer der Höll 153, 11
Der Höllen Schrecken 374, 7
Schreckt der Teufel und die Höll 21, 3
Mich auch stürzte in die Höll 714, 4
Welt und Teufel, Sünd und Hölle 196, 4
Und sie der Hölle zugesprochen 471, 1
Weiset — mich Sündenkind hinab zur Höllen 333, 4
Kriegt einmal uns der Höllen Rachen 333, 5
Wenn mir meine Sünde will machen heiß die Hölle 371, 5
In der Höllen — gemartert bist 530, 5
Bedenke — der Höllen Angst u. Leid 56, 3
Nicht verachten der Höllen Feuerpfuhl 56, 5

II. Erlösung.

Erwählt tief aus der Höllen Fluten 366, 5
Laßt zürnen Teufel und die Höll 663, 4
Wo ist dein Sieg, o Hölle 572, 1. 10
Zerbrich der Höllen Schloß u. Thür 572, 3
Der Höllen Pest ist unser Heiland 572, 4
Tod, Teufel, Höll und alle Feind 572, 5
Behüt' uns vor der Hölle 114, 2
Von d. Höllen Rachen uns frei—machen 144, 7
Sich nicht vor Höll u. Tod entfärben 727, 3
Sein treuer Hirt hat Höll u. Tod besiegt 727, 3
Wenn gleich—Höll u. Abgrund schnaubt 727, 4
Mitten in der Angst der Höllen 229, 5
Half er uns aus der Höllen Pein 386, 1
Droht Straf u. Hölle meinem Rücken 741, 3
Er reißt der Höllen Band entzwei 243, 7(3)
Er reißet durch die Höll 37, 6
Die Höll—hat überwunden Jesus Christ 181, 2
Der Höllen Sieg, der ist auch mein 607, 6
Höll und was in Not uns stürzet 607, 7
Höll und Tod er alles überwunden 745, 6
Damit ich überwinde Tod, Teufel, Höll 763, 7
Obgleich Sünd und Hölle schrecken 381, 2
Höll u. Tod hast du mir überwunden 639, 3
Du hast die Höll — bezwungen 144, 2
Jakobs Stern zerstört der Höllen Reich 421, 5
Machst Höll und Tod zu Spott 766, 2
Er treibet weg der Höllen Macht 133, 2
Gott hat der Hölle Macht geschlagen 306, 9
Hölle, wo ist dein Triumph 428, 4
Christus ist — der Höllen Seuch u. Pest 428, 4
Uns von der Höllen Banden — befreit 107, 7
Wo ist der Sieg der Höllen 107, 7
Teufel weich! Hölle fleuch 635, 6
Der Hölle Pforten sind zerstört 110, 1
Der Höllen Abgrund selber lebt 478, 2
Brich der Hölle Macht und Pforten 311, 2
Der Tod und Hölle macht zu Spott 64, 4
Der Höllen Glut gelöscht 343, 6
Bewahr mich vor der Höllen Glut 553, 6
Daß ich nicht mehr darf fürchten der Hölle Qual und Glut 709, 3
Scheu — noch gar der Hölle Rachen 670, 8
Wer dankt in der Höllen 635, 3
Die Höll und ihre Flammen 405, 6[2])
Wenn Höll und Abgrund brüllt 694, 6
Der Höll wird er entweichen 417, 2
Die Hölle selbst macht stille 625, 4
Erlöset von Sünd, Tod, Teuf'l u. Höll 297, 2
Warum sollt mir denn grauen vorm Tode, Höll und Sünd 297, 2
Hier bricht die Höll u. all ihr Heer 149, 3

1) Var. Bernd. G. verhöhnt. 2) Fehlt Bernd. G.

Tod und Hölle liegen da 646, 1
Und bleibet bei d. Hölle wildstem Trutze 550, 6
Sünd und Hölle mag sich grämen 421, 2
Wenn mich schreckt Teufel, Höll u. Tod 277, 4
Mit reichem Trost begaben wider Höll 3, 6
Die Höll und ihre Rotten 37, 4
Die Macht der Hölle rüsten 123, 1
Was kann mir thun Sünd, Tod u. Höll 11, 5
Großer Siegesheld: Tod, Sünd, Höll 718, 4
Lacht des Todes und der Höllen 389, 9
Will rauhe Not, Welt, Höll u. Tod 350, 1
Es mag Gesetz, Höll oder Tod 333, 8
Kein Höll — wird es können vernichten 295, 2

III. allgemein.

Ja gar als wie die Hölle wär 282, 4
In mir ist lauter Höll und Pein[1]) 349, 8
Was Welt u. Hölle in sich schließt 292, 11(8)
Der — zur Höllen gestiegen 79, 4

Höllenglut.

Durch dein Blut erlöset von d. Höllenglut 666, 5

Höllenlist.

Laß mich bestreiten auch alle Höllenlist 328, 1

Höllenmacht.

Tapfrer Held, d. Höllenmacht Bezwinger 179, 5

Höllennot.

Noch Höllennot mich jemals v. dir treiben 13, 1

Höllenpein.

Kein Höllenpein so groß mag sein 326, 8
In mir find ich Höllenpein 281, 7

Höllenpfort.

Zu Trotz der Höllenpfort 286, 3
Muß Papst, Teufel und Höllenpfort 659, 3

Höllenreich.

Käm auch gleich das Höllenreich 609, 7

Höllenschmerz.

Wo dieser wohnt, ist Höllenschmerz 680, 2
Und heilen Sünd und Höllenschmerz 523, 2

Höllenschwarm.

Mit dem ganzen Höllenschwarm 47, 2

Höllenthor.

Die zuvor sank bis zu dem Höllenthor 40, 1

höllisch.

Der höllischen Herrschaft entbunden 169, 8

Holz.

Ist für dich ans Holz gehänget 461, 2
Dieweil du sie gebüßet hast am Holz[2]) 279, 2
Am dürren Holz[3]) versöhntest ihre Schuld 103, 1
Jesus Christ ein Fluch am Holze 704, 16

Honig.

Und den Honig tragen fort 247, 5(4)
Dein süßes Evangelium ist lauter Milch und Honig 734, 2
Dein Nam ist — Honig im Munde 440, 2
Wo Milch und Honig fließen 683, 6

Honigsaft.

Schmeckt wie Milch und Honigsäfte 585, 3

Honigspeise.

Sucht hier u. dar ihr edle Honigspeise 204, 6

hören.

I. Gott.

Hör, was der arme Sünder spricht 325, 3
Hör, ach erhör mein seufzend Schreien 325, 4
Obs gleich scheint, als hört er nicht 701, 2
Schweigt er gleich, so hört er doch 701, 4
Sollte dieser hören nicht 229, 2
Hör, Helfer treu in Angst und Not 269, 1
Der — bald hört und herzlich gern 352, 3
Vernimm mein Wort und höre mich 362, 6
Gott hört, wenn niemand hören will 230, 2
Gott hört, ich wills ihm sagen 230, 7
Ach höre, Herr, dies mein Begehr 716, 3
O Vater, hör mein Flehen 687, 8
Höre doch mein sehnlich Flehen 714, 10(12)
Höre, höre mein Gebet 528, 1
Doch hört er gern der Armen Stimm 302, 3
Herr höre, Herr erhöre 274, 1
Herr, höre doch mein Flehen 39, 3
Vater aller Güt, hör unsern Wunsch 243, 13(10)
Das Seufzen deiner Kirche hör 588, 1
Du, mein Jesu, wollst mich hören 26, 7
Christe, du Lamm Gottes, höre 240, 3
Höre, lehre, daß wir können 543, 2

II. Engel.

Dein Stimm sie hören allezeit 270, 2

III. Mensch.

Man offenbar daselbst am Jordan hörte 77, 3
Lasset den Lobgesang hören 445, 1
Hört, hört, wie mit vollen Chören 200, 1
Dein Lobgesag an allen Orten hören 610, 7
Ich höre der Posaunen Ton 333, 4
So hört — mein letztes Testament 339, 1
Was von jenen Höhn ich höre 768, 3
Wenn — meine Ohren hören nicht 283, 2
Gewiß ein jedermann wird hören 185, 3
Ihr Herze entbrannte, dies — zu hören 169, 3
Sprich, daß der arme Sünder hör 325, 6
So hört u. merkt, ihr lieben Kind 417, 11
Daß ich nicht den Fluch darf hören 374, 9
Aus Gnaden, wer dies Wort gehöret 53, 7
Die ich mit Erstaunen höre 585, 1
Das rühme, wer es höret 107, 3
Weil er ruft, so höre du 471, 10
Sollt ich nicht endlich hören 236, 1
Daß ich — dein Wort gern höre 260, 4
Nichts — hören, lieben, ehren 554, 3
Ach, wer wollte dich nicht hören 586, 2
Laß uns dein Wort so hören heut 302, 8
Wir hören noch das Gnadenwort 507, 2
Wer mich und mein Wort höret 607, 6
Laß deinen Trost uns hören 543, 2
Erhalt und laß uns hören dein Wort 176, 3
Was diese mich läßt hören 361, 1
Auch nie gehört das edle Wort 548, 3
Kein Ohr hat dies jemals gehört 558, 5
Ach sollt ich — nur ein wenig hören 139, 10
Die kein Ohr jemals gehöret 196, 1

---

1) Var. Anh. G. Höllenpein. 2) Var. Bernb. G. Kreuz. 3) Var. Bernb. und Sächs. G. Marterholz.

Da wird man hören klingen 99, 5
Läßt — ein Danklied hören 735, 1
Hier hör ich nichts als Singen 135, 13
IV. Satan.
Aus Gnaden! dies hör Sünd u. Teufel 53, 10

Hören.

Hören, Schmecken, Fühlen weichen 458, 3
Singen, Beten, Lehren, Hören 503, 1

Hörer.

Daß wir nicht Hörer nur allein 752, 5
Gieb, Herr, getreue Lehrer und unverdrossne Hörer 274, 3
Lehrer, Hörer laß in Freundschaft 557, 4

Hort.

Herr unser Hort, laß uns dein Wort 295, 6
Hast — o höchster Hort, dich meiner 326, 4
Sei — mein Beschützer und m. Hort 219, 5
Hilf fernerhin, mein treuer Hort 63, 3
Du bist m. Stärk, m. Fels, m. Hort 401, 4
Zu dir, dem sichern Horte 93, 5
Gott ist mein Hort 227, 1
Sei doch jetzt, o Gott, mein Hort 374, 1
Fahre fort, Zions Hort 650, 6
Aus allen Schätzen der edelste Hort 125, 10
Bist du doch mein Licht und Hort 196, 8
Traut beständig auf ihn als auf euern Hort 690, 5
Daß du bist unser Hort 562, 2
Mein Hort, mein Trost 553, 1
Wohlan, fahr fort, du edler Hort 620, 1
Laß doch ferner, edler Hort 554, 14
So wir vertrauen in diesen Hort 146, 4
Ich bin der Seelen Fels und Hort 485, 4
Du heiliges Licht, edler Hort 412, 2
Bis wir dort, du werter Hort 597, 8
Und mein Hort, du werter Geist 714, 10, 12)
Das unsrer Seelen höchster Hort 83, 3
Sie schämen sich des Worts des Heilands, unsers Horts 699, 2
Daß Jesus ist der Sünder Hort 85, 1—5
Mein Heiland und mein Hort 360, 4
Das feste Schloß, der Schild u. Hort 776, 3
Das ist mein Trost und treuer Hort 55, 3
Mein Stab, mein Hort, mein Schutz 9, 1
Das ist ihr Heil und Hort 203, 5

Hosianna.

Ihm Hosianna singen mit heil. Begier 36, 1
Ein Hosianna singen 36, 10
So will ich singen dir Hosianna 415, 5
Hosianna, o mein Teil 238, 4
Nimm mein Hosianna an 408, 3
Hosianna, Davids Sohn! ach Herr hilf 408, 4
Hosianna in der Höh 320, 1—10. 321, 7
Hosianna 321, 1—8
Hosianna, himmlisch Manna 734, 2
Hier ist Immanuel. Hosianna 591, 1
Herr Jesu, Gottes Sohn! Hosianna 672, 2
Ich — schrei auch Hosianna dir 615, 3
Da ist Manna u. ein ewig Hosianna 251, 3
Das Hosianna feine ohn End 369, 7

Hügel.

Hügel, Gründe, Berg und Thal 220, 5
Ihr Klippen, Türm und Hügel 366, 11
Frohlocke, du Erde, und jauchzet, ihr Hügel 182, 7[1])
Weicht, ihr Berge, fallt, ihr Hügel 694, 1
Wenn Berge bersten, Hügel brechen 292, 4
Laß Berg und Hügel fallen hin 723, 3
Fliehet — auf Israelis Hügel 144, 12
Flög ich über Thal u. Hügel 432, 3
Trag nach Zions Hügeln uns 597, 7

Huld.

Kann seine Huld dir werden 609, 2
O Herr von großer Huld und Treue 91, 5
Des Leid wird Gottes Huld — schließen 732, 5
Als in seiner Huld zu stehn 207, 3
In dein Huld setz ich all m. Vertrauen 146, 8
Groß ist des Vaters Huld 519, 3
Wir kennen aber deine Huld 189, 2
Der — des Vaters Huld erworben 579, 4
Erhalt mich nur in deiner Huld 293, 1
Daß ich Gottes Huld — mög empfangen 614, 3
Uns doch getrösten seiner Huld 473, 8
Des Vaters Huld mich heut anblick 546, 3
Die Weisheit, Liebe, Huld u. Stärke 248, 4
Sein Herz ist voller Huld 352, 4
Schenk uns deine Gnad und Huld 648, 7
Die Frucht deiner Gnad und Huld 281, 8
Kröne mich mit Huld und Gnade 375, 5
Ach erzeige Gnad und Huld 375, 7
Nicht zweifeln soll an seiner Huld 109b, 5
Hat uns ein fremde Huld in Christo 146, 3
Mir deines Vaters Huld erwarbst 283, 1
Wer schafft mir des Vaters Huld 761, 2
Ich danke dir für deine Huld 335, 3
Nie vergessen m. Schuld u. deine Huld 160, 3
Jesus will sie decken mit seiner Lieb und Huld 738, 8
Wie groß ist seine Huld 223, 2
Daß Gott sein Huld uns gönnet 385, 2
Hat Christi Huld uns wiederum erkoren 110, 2
Für deine Huld in Jesu Christ 292, 1
Hat — seine Huld uns zugewandt 429, 2
Du hast aus großer Huld Pein — erduldet 600, 3
In der Huld des treusten Hirten stehn 727, 1
Deines Sohnes Huld hat gnug — gethan 501, 5
Herr voller Gnad und Huld 203, 13
Hätt ich kein Teil an deiner Huld 753, 17
Erkenne daraus meine Huld 620, 4
Vergebung suchen Gnad und Huld 137, 5
Nimm weg durch d. Güt u. Huld 704, 15
Werd in Gottes Huld geschaut 240, 1
Erlangt des Vaters Lieb und Huld 555, 9
Laß deine Huld zudecken alle m. Schuld 533, 5
Deine Gnad und Huld ist viel größer 714, 5
Ist alles klein gegen Gott u. seine Huld 693, 5

---

1) Fehlt Anh. G.

Für die Gaben deiner Huld kein Geld 596, 3
So laß ich mich begnügen an s. Huld 682, 2
Es kann — Gottes Huld aus dem Regen 430, 2
Gieb deiner Kirche Gnad und Huld 1, 4
Auf daß deine Huld und Treu 135, 18
Sehnen nach dir und deiner Hulde 510, 9
Alsdann so werd ich d. Huld betrachten 298, 12
Und über deine Huld erfreut 495, 4
Bewahren deine Lehr und Huld 752, 7
Voller Huld, voll Gnad und Gunst 661, 1
Wenn sich d. Menschen Hulde — verkehrt 665, 2

huldvoll.

Dein huldvoll, heilig Angesicht 163, 3

Hülfe.

I. Gott.

Und mir von oben Hülfe schickt 109b, 3
Er will euch Hülf erweisen 36, 1
Der — alle Hülf auf Erden thut 229, 1
Dein Hülf und Heil, schafft Rat 355, 14
Wenn Trost u. Hülf ermangeln muß 610, 6
Rufe man Gott um Hülfe an 446, 2
Des Hülfe der Gott Jakobs ist 446, 3
Du werdest Hülf verleihen 12, 2
Dein Hülf allzeit sei uns bereit 67, 5
O Jesu du, mein Hülf u. Ruh 115, 14. 573, 8
Ohne deine Hülf und Gunst 311, 1
Der mir — Trost und Hülfe schafft 208, 3
Mein Hülf, mein Heil, mein Leben 401, 4
Die deiner Hülfe warten 172, 5. 754, 6
Wann und wo euch Hülfe nötig 690, 5
Er — ist zur Hülf erbötig 690, 5
So steigt die Hülfe nieder 230, 2
Bleibt gleich die Hülf in etwas lange 213, 10
Hülfe, die er aufgeschoben 624, 2
Hatt ich seine Hülfe nah 40, 7
Keine Hülf als bei dem Herrn 731, 2
Bis es deine Hülf erfährt 690, 1
Deine Hülfe muß mir werden 690, 2
Gläubig vor ihn treten, findet Hülfe 701, 3
Und finden weder Hülf noch Rat 711, 1
Bei dir m. Herz Trost, Hülf — gefunden 11, 2
Der — uns Gnad und Hülfe giebt 352, 3
Daß Hülfe mir erscheine 495, 5
Ach, daß die Hülfe bräch herein 753, 5
Ihr habet die Hülfe vor der Thür 738, 6
Die uns von Sünden Hülf — schafft 769, 2
Da alleine Hülf und Rat ist 219, 3
Denn meine Hülfe steht bei dir 166, 3
Dems in der Irr an Hülf gebricht 393, 3
Hier ist Gott, der Hülfe schafft 49, 7
So steh mir, Herr, mit d. Hülf zur Seiten 4, 6
Wenn mein Herz nicht Hülfe findet 152, 5
Keine Hülfe wird versagen er 673, 8
Mir erwünschte Hülfe leiste 541, 3
Der uns sein Hülf allzeit leiste 30, 4
Mein Schutz und Hülfe kommt 706, 2
Seid ihr alles mir in allen, meine
Hülfe 379, 9
Ich laß dich nicht, du Hülf 350, 4
Du wollest selbst mir Hülf und Rat 366, 1

Bin ich gleich von
Mir Hülf und Bei
Deine Hülfe zu mi
Du bist meine Hül
Wie Gott dem Hü
So ist er — mit s
Eile, mit Hülf u. Re
Laß eilend Hülf ur
Ach, daß die Hülf
Komm herab zur H
Jedermann mit Hü
Werden wieder Hü
Ward doch deiner
Dein Hülf uns lei
Mit Hülf mich nid
So komm — mir
Komm mir zu Hül
Die deiner Hülfe n
Mit meiner Hülf n
Drum, wer will H
Daß du mir Hülf

II.

Der Engel ihn' zu

III.

Mir all menschlich
Den Armen nicht
Werden wieder Hü

hü

Sich mir so hülfre
Sieh, er reicht dir

Dein König kommt
Zeige dich uns ohr
Giebt mir die Füll

hund

Daß wir — Frucht hu
Hundertfältig Früc

hunde

Laß es hundertfrüc

hunde

Weicht hunderttaus
Mit hunderttausend
Und hätt ich hunde
Wenn wider mich
tausend stünden
Viel hunderttausen

H

Hunger, Blöße, He
Kein Hunger und
Läßt es sich auch z
Als müßt ich Hun
Kein Hunger plage
Daß ich keinen Hu
Dies Brot treibt auc
Meinen Hunger stil
Du kannst mir mein
Sende bald von O
Hunger aus

Hun

Vor Hungersnot be

hungrig.
Der nach dem Himmel hungrig ist 143, 1
Wer ein hungrig Herze hat 429, 6
Hungriger.
Hungrigen will er zur Speis' bescheiden 446, 5
Die Hungrigen erquicke 274, 8
hurtig.
Wenn sie hurtig und geschickt 584, 4
Der ich — zum Bösen hurtig bin 18, 2
Und schreite hurtig weiter fort 234, 9
Hut (der)
Dem Haupt ein edle Kron u. königlichen Hut 203, 12
Hut (die).
Nimm mich auch diesen Tag in Hut 89, 5
Bei Tag und Nacht dein Hut u. Güte 444, 6
Er sei — mein Schatten, Schloß u. Hut 14, 7
Schließt mich in des Vaters Herz u. in Jesu Hut behende 379, 6
Hält Kirch und Schul in guter Hut 87, 3
In einer Hut und Pflege 688, 4
Auf seiner Hut zu sein 191, 2
So deiner Hut vertrauen 349, 3
Hält mich in Hut und Weide 109b, 1
Dein Wort die Hut und Weide ist 192, 2
Wer hier die Hut und Wache hält 223, 1
hüten.
Er hüt' u. wacht, stets für uns tracht 689, 2
Er sorget für uns, hüt' und wacht 749, 1
Unser Hirte hütet da: Gott sei Dank 646, 6
Doch hüte dich vor Sicherheit 631, 3
Ach Sünder, hüte dich 56, 3
Und hüt dich vor der Menschen Satz 502, 10
Hüt dich vor Pein und Schmerzen 579, 10
Daß ich — vor schnöder Lust mich hüte 13, 8
Uns mit Schlangenklugheit hüten 642, 6
Hüter.
Ach, Hüter unsres Lebens 510, 6
Erkenne mich, mein Hüter 542, 5
Hüter ist der Tag noch fern 155, 2
Israels Hüter, Jesu Christ 479, 5
Du Hüter Israel, du schläfst — nicht 706, 4
Hüter in der Nacht 718, 12(11)
Der Hüter, der nicht schläft noch irrt 109a, 1
O treuer Hüter, Brunnen aller Güter 444, 6
Hüter wird die Nacht der Sünden 322, 1
Weil du, Herr Christ, sein Hüter bist 158, 6
Leib und Leben hab ich dir ergeben o du Hüter du 315, 6
Israels Schutz, mein Hüter 116, 5
Laß deine l. Engelein unsre Hüter — sein 126, 2
Er sendt dir auch sein Engelein zu Hütern 516, 8[1])
Hütte.
Und die Hütten der Gerechten 47, 11
In der Gerechten Hütten schallt 742, 3
Er ist der Fremden Hütte 145, 9
Deine Wundergüte war mein Schild und Hütte 315, 1
So lang ich in der Hütten wohn 723, 4
Weil wir in dieser Hütten sein 15, 2
Die Hütte meiner Sterblichkeit 739, 5
Du jetzt verlassne Hütte 121, 2
Wenn des Leibes Hütte bricht 120, 6
Mein Herz sei deine Hütte 671, 10
Wo Jesus Hütten bauet 594, 6
Da in der vollkommnen Hütte 249, 7
Schon hier die ewgen Hütten baut 756, 14
Bis zu den ewgen Hütten 94, 4
Zur ewgen Freud in Gottes Hütte 243, 12
Hüttlein.
Nun mein Hüttlein abzulegen 589, 23(21)

J.

Ja.
Wenn ich bete — sprich Ja u. Amen 378, 3
Sprich: Ja! wenn wir gläubig beten 318, 6
Halleluja, Ja und Amen 262, 2
Dein Wort heißt immer Ja u. Amen 751, 3
In ihm ist alles Ja und Amen 136, 8
Sprich, Jesu, Ja und Amen 556, 7
Was Gott verheißt — mir auch werde Ja und Amen 614, 2
Sprich Ja zu meinen Thaten 671, 9
Laß Ja und Nein mein Antwort sein 13, 7
jagen.
An unserm End hinweg d. Satan jagen 534, 10
Alle Pfeile von mir jagen 641, 4
Wenn mich meine Sünde jagt 375, 8
Ein sichre Burg gejagter Seelen 471, 3
Jahr.
Das alte Jahr vergangen ist 83, 1
Daß du uns — bewahrt hast lange Zeit und Jahr 83, 1
Kein'r Sünd des alten Jahrs gedenk 83, 4
Das alte Jahr ist nun dahin 82, 1

---

1) Var. Hann. G. Er schickt dir seine Engelein zu Hütern Vers 4.

Du hast uns das vergangne Jahr aus Not gerissen 82, 2
Da sich das Jahr thut enden — das neu Jahr ist nicht weit 258, 1
Wie er dies Jahr hat geben all Notdurft 258, 2
Gieb uns ein friedlichs Jahr 258, 6
Das Jahr geht still zu Ende 86, 1
Und was dies Jahr umschlossen 86, 1
Auch noch dieses Jahres Ende 605, 1
Gieb — Frieden u. ein seligs Jahr 197, 4
Und singen uns solch neues Jahr 662, 15
Hilf, das neue Jahr geht an 309, 1
Laß dies sein ein Jahr der Gnaden 309, 8
Daß dies Jahr mir heilig sei 309, 12
Laß mich fröhlich enden dieses — Jahr 309, 15
Und wandern von e. Jahr zum andern 510, 2
Zum selgen, neuen Jahre 510, 15
Endlich bringt das Jahr 599, 16
O Herr! gieb uns ein fruchtbar Jahr 60, 5
Hilf deinem Volke väterlich in d. Jahre 237, 5
Dich hat gehofft so lange Jahr 753, 3
Uns auch bewahrt so manches Jahr 302, 4(8)
Die Thorheit meiner jungen Jahr 366, 7
Hast — viel Jahr bisher verschonet 326, 4
Die ganze Zeit von meinen Jahren 470, 3
Streitet recht die wenig Jahre 591, 3
Du nährest uns von Jahr zu Jahr 355, 8
Die wir in langen Jahren — erfahren 272, 4
Geduld — vermehrt der Jahre Zahl 203, 11
Wir rechnen Jahr auf Jahre 127, 9
Wo in so viel tausend Jahren 31, 5
Wenn der Verdammten große Qual so manches Jahr 530, 4

Jahreszeit.

Ernähret durch erwünschte Jahreszeit 455, 3

Jahrtausend.

Seit Jahrtausenden ist ihnen kein Evangelium erschienen 158, 4

Jakob.

Jakobs Heil, der Jungfrau Sohn 238, 3
Muß ich — mit Gott, wie Jakob, ringen 153, 9
Der aus Jakob ist erschienen 378, 1
Du Sohn Davids aus Jakobs Stamm 734, 1
Jakobs Stern ist aufgegangen 421, 5
Mein edler Zweig aus Jakobs Stamm 179, 8
So würde Jakob fröhlich sein 753, 5
Des Hülfe der Gott Jakobs ist 446, 3

Jammer.

Und stille ihren Jammer 143, 7
Dem Gott, der allen Jammer stillt 610, 1
Des großen Jammers wollst du — mich entbinden 366, 2
Wird sich all mein Jammer setzen 611, 3
Der die Welt reißt aus allem Jammer 200, 2
Du machst mich alles Jammers frei 753, 18
Jammer, Angst u. Not hat überwunden 181, 2
Von Jammer und von Not befreit[1]) 728, 2
Es ist genug d. Jammers, der m. drückt 184, 2[2])
Daß du mich wollest reißen aus — allem andern Jammer 135, 2
Mein großer Jammer bleibt hienieden 184, 4(5)
Der Leib verschläft den großen Jammer 425, 5
Meine Wunden sind der Jammer 678, 2
Und befreit von allem Jammer 582, 3
Wer wollt — sich den Jammer länger lassen treiben 582, 5
Wird stets der Jammer größer 124, 4
Der Jammer hängt mir nur noch an 567, 6
Alles Jammers er vergisset 281, 2
Wo ihr des Tages Jammer verschlafen 112, 2
Er liegt dort — in Elend, Jammer groß 197, 3
Krankheit, Jammer, Kreuz u. Tod 107, 1. 14
Hier ist der Mensch im steten Jammer 23, 5
Mit Jammer kommt die Abendruh 23, 5
Mit Jammer geht er aus der Kammer 23, 5
Mit Jammer bringt er alles zu 23, 5
Im Himmel ist kein Jammer mehr 23, 6
Die hilft mir allen Jammer heben 332, 3
Sein Jammer, Trübsal und Elend 509, 4
Findt sich Jammer gnug auf Erden 196, 4
Wenn ich vor Jammer muß vergehn 152, 5
Da liegt aller Jammer 288, 8

Jammerbild.

Schaue doch das Jammerbild 600, 2

Jammerleben.

Gott wird nach dem Jammerleben 229, 8

jämmerlich.

Wird jämmerlich verführet 700, 5
Veracht' und jämmerlich 594, 5
Dürftig, jämmerlich und arm 21, 1
Wird jämmerlich verführet durch bös 139, 7
Es ist doch um dieses Leben nur ein jämmerliches Thun 581, 2

jammern.

Da jammert Gott in Ewigkeit 502, 4
Es jammert dein Barmherzigkeit 489, 2
Daß mich der Menschen Elend jammern kann 669, 10(9)

Jammerpein.

Meines Lebens Jammerpein — gestillet 526, 5

Jammerpforten.

Schleuß zu die Jammerpforten 510, 10

Jammerslast.

Und großen Jammerslast 738, 5

Jammerstand.

Meines Herzens Jammerstand 641, 1

Jammerthal.

Wir aber gehn durchs Jammerthal 424, 4
Hier in diesem Jammerthal 54, 5
Soll diese Nacht die letzte sein in diesem Jammerthal 517, 9(8)
Es ist allhier ein Jammerthal 343, 1
Zeige mir die rechte Bahn hier in diesem Jammerthal 640, 7
Mich wird heißen gehen mein Gott aus diesem Jammerthal 515, 3

1) Var. Mind. G. die keinen Jammer in sich hält. 2) Fehlt Bernb. G.

Führt uns aus dem Jammerthal 209, 5
Und folgends aus dem Jammerthal 285, 4
Und führt mich aus dem Jammerthal 283, 3
Der dich zu mir ins Jammerthal verwies 567,1
Wer das Jammerthal so lange — gemessen hat 173, 2
Führ uns aus diesem Jammerthal 745, 12
Christus ruft aus d. Jammerthal 196, 1. 10
Dein Wort nicht rauben in diesem Jammerthal 176, 1
Wann ich diesem Jammerthal — gute Nacht muß geben 333, 1
Nach der Kost im Jammerthal 312, 6
Fahren — aus dem Jammerthal 1, 9

Jammerthränen.

Uns voller Müh in Jammerthränen baden 606, 6

jammervoll.

In das jammervolle Leid d. Leidens 526, 1

Jammerwelt.

Sind fromme Seelen allhier auf dieser Jammerwelt 23, 1

jauchzen.

Jauchzen über unsre Buß 693, 4
Jauchzet ihr Himmel 323, 1
Jauchzt Himmel, die ihr ihn erfuhrt 132, 9
Drum jauchzen wir mit großem Schall 210, 5
Und jauchzen ihm mit frohem Schall 502, 3
Jauchzt ihm alle Lande, freuet euch 92, 1
Erd und Himmel jauchzen da 646, 2
O so jauchzet Herz und Mut 646, 3
Derhalben jauchzt, mit Freuden singt 451, 1. 2
Nun jauchzet all ihr Frommen 505, 1
Nun singet u. seid froh, jauchzt alle 519, 1
Rühmet, singet, jauchzet sehr 220, 5
Jauchz ihm, Menge heilger Knechte 384, 11
Jauchze Gott zu jeder Frist 33, 1
Bis ich mit den Engeln dort vor dir jauchze fort und fort 316, 8
Und jauchzen schnell, die unaufhörlich 453, 2
Auf daß ich fröhlich jauchzen kann 144, 13
Darüber jauchzet jung und alt 204, 7

Jauchzen.

O daß mein Blut mit Jauchzen wallte 524, 2
Ich mit Jauchzen sagen mag 628, 8
Zum Jauchzen bin ich nun erkorn 512, 4
Hebt nun d. Haupt empor mit Jauchzen 178, 3
Mit Jauchzen triumphieren 178, 7
Und das Jauchzen ewig währt 581, 3
Drum halten wir aufs best mit Jauchzen 117, 4

jauchzenvoll.

Mit jauchzenvollem Springen 610, 9

Jawort.

Mein Jawort hast du nun bekommen 470, 8

Ich.

Du mein ganzes Ich 602, 10
Ich ein Würmlein — ich Staub — ich ein Scherz 220, 2

je und je.

Du hast uns je und je geliebt 424, 11
Der mich je und je geliebt 611, 1

Jehovah.

Dir, dir, Jehovah will ich singen 136, 1
Jehovah, Vater, Sohn und Geist 65, 5
Wenn Jehovah man genennet 583, 5
Jehovah, wird Siegern zum Lohne 157, 6
Jehovah, Herr und König 368, 1
Nur du, Jehovah, bleibest 723, 3

jemand.

Schau, ob ich jemand dienen könn 260, 6
Ist jemand, der Lust dazu träget 570, 5(4)

Jerusalem.

Jesum zu begleiten gen Jerusalem 601, 1
Empfang ihn froh, Jerusalem 91, 1
Du weinest vor Jerusalem 150, 1
Baue dir Jerusalem 433, 3
Wach auf, du Stadt Jerusalem 672, 1
O Jerusalem, du Schöne 31, 6
Jerusalem, du hochgebaute Stadt 369, 1
Bis ich gelange an die Pfort Jerusalems 234, 9
Mit ganzer Wendung richte stracks[1]) nach Jerusalem 418, 2
Ich reise — nach dem Jerusalem 479, 1
Wird nicht der Sonnen Licht Jerusalem verlieren 115, 12
Jerusalem, der Ort, wo die Erlösten 178, 9
Die zu d. Freudenthoren, o Jerusalem 220, 9
So ist Jerusalem auch mein 733, 4

Jesaia.

Jesaia dem Propheten das geschah 370

Jesse.

Die süße Wurzel Jesse 734, 1

Jesulein.

Es ist das liebe Jesulein 662, 7
Ach mein herzliebes Jesulein 662, 13
O liebstes Jesulein, zeuch mich hin 519, 2
Danken dir, o Jesulein 421, 7
O Jesulein, dein frommer Sinn 753, 15

Jesus.

Stärket euch in Jesu Namen 591, 2
Daß ich es thu im Namen Jesu Christ 136, 1
Wohl mir! Ich bitt in Jesu Namen 136, 6
Ich schrei im Namen Jesu Christ 269, 1
Wir schrein in Jesu Namen 291, 5
Daß wir hier in Jesu Namen stehn 299, 6
Ach Jesu! dessen Treu im Himmel 14, 1
Der süße Jesus-Nam, du Held 14, 2
O Jesu, höchster Schatz 14, 3
Nichts lieblicher als Jesu Name klingen 14, 3
Weil Jesus heißt so viel als Heiland 14, 3
Ist Jesus Name mir zum Trost 14, 4
Der Jesus-Nam macht mich zu einem Gnadenkinde 14, 5
Dein heilger Jesus-Nam 14, 6
In Jesu Namen bin ich heute 14, 10
Jesus soll die Losung sein 392, 1

1) Var. Anh. G. fest.

Jesu Name soll allein denen 392, 1
Jesu Name, Jesu Wort 392, 2
Uns beut Jesu Name Seligkeit 392, 3
Unsre Wege wollen wir nun in Jesu Namen gehen 392, 4
Jesu Nam sei Sonn und Schild 392, 5
Komm — in Jesu Christi Namen 755, 4
Lasse dich — auch nichts v. Jesu scheiden 608, 4
Jesus richte mein Beginnen 309, 14
Jesus bleibe stets bei mir 309, 14
Jesus zähme mir die Sinnen 309, 14
Jesus sei nur mein Begier 309, 14
Jesus sei mir in Gedanken 309, 14
Jesus lasse nie mich wanken 309, 14
Du mußt mein Jesus bleiben 350, 1
Du, mein Jesu, sollst es sein 461, 7
Jesus soll es sein und bleiben 461, 9
Nichts soll mich von Jesu scheiden 461, 9
Du wirst, Jesu, mich nicht lassen 461, 9
Jesus schwebt mir in Gedanken 391, 1
Jesus liegt mir stets im Sinn 391, 1
Jesum lieb ich für und für 391, 1
Glauben auch an Jesum Christ 749, 2. 750, 2
Ach was sind wir ohne Jesus 21, 1
Wir sind nichts ohn dich, Herr Jesu 21, 2
Ach ohn dich, getreuer Jesu 21, 3
Ohne dich, herzliebster Jesu 21, 4
Dann wird — Jesus hoch gelobet 21, 10
Mein Vater, schaue Jesum an 563, 4
Mein Jesus ist mein Ehre 405, 4
Jesus, Jesus, nichts als Jesus 387, 1
Daß ich will, was Jesus will 387, 1
Wir gehn durch Jesu Leiten hin 418, 13(11)
Jesu, deiner zu gedenken 373, 1
Mein Jesus, Gottes Sohn 373, 2
Jesu, wunderbarer König 373, 7
Milder Jesu, laß mirs glücken 373, 9
Jesus herrscht in großem Frieden 373, 14
Jesus ist zum Vater gangen 373, 15
Denn wo Jesus ist geboren 717, 3
Alles Sagen wird von d. Jesu sein 717, 4
Dich loben, rühmen, preisen, liebster Jesu 717, 8
Eure Blutschuld macht das Herze Jesu bluten 606, 4
Wer Jesu sich nicht ganz ergeben 685, 3
Jesus ist — in die Welt gekommen 90, 6
Jesus hat die Welt erlöst 49, 1
Jesus, der Getreue 462, 3
Ein andre Sonne, mein Jesus 515, 2
Ach Jesu, Jesu, du bist mein 111, 8
Nun, Jesu, Jesu, gute Nacht 111, 9
Jesu, der du Jesus heißt: als ein Jesus Hülfe leist 644, 7
Ich habe Jesum angezogen 722, 9
Als mein herzliebster Jesus Christ 512, 5
O Jesu, meine Wonne, komm bald 178, 10

Jesus-Herz.

Hier öffnet sich das Jesus-Herz 393, 1

Jesuskind.

Das Jesuskind drum eingetauscht 319, 3

Jesusliebe.

Möcht deine süße Jesusliebe in Herz 327, 6

Jesusmacht.

Wie wohl ist ihm, da deine Jesusmacht 777, 7

Jesusname.

Drücke deinen süßen Jesusnamen 160, 4
Der süße Jesusnam, du Held 14, 2
Dein heilger Jesusnam 14, 6
Lob[1]) sei dem hohen Jesusnamen 327, 8
Wir bitten dich in d. Jesusnamen 556, 7

Jesustreue.

Dich angehalten an die starke Jesustreue 46, 3

Jesuswort.

So halt dein Jesuswort 556, 7

jetzund.

Jetzund mach ich ein Verbündnis 387, 1

Immanuel.

O starker Gott, Immanuel, stärk uns 745, 1
Treuer Immanuel, werd auch in mir 323, 7
Immanuel und Friedefürst 132, 6
Menschenfreund, Immanuel 436, 4
Immanuel ist bei uns in der Not 567, 6
Immanuel löscht ihren Trieb 567, 7
Der heißt Immanuel 692, 1
Hier ist Immanuel 51, 9
Hier ist Immanuel, Hosianna 590, 1
Wo nicht du, Immanuel — wachst 642, 2
Liebster Schatz, Immanuel 644, 8
Immanuel ist auch bei euch 685, 6
Du kehrest, o Immanuel, ja selber ein 285, 2
Immanuel sieget, bebet, ihr Feinde 157, 1
O treuer Hirt, Immanuel 578, 1

immer.

Will dein Kind auch bleiben, immer immer bleiben 246, 1
Aber Gottes Güte währet immer 455, 3

immerdar.

Drum, so laßt uns immerdar wachen 449, 10
Und immerdar den Himmel ziern 38, 9
Im Hause Gottes immerdar 109b, 6

immerfort.

So geh ich immerfort auf allen m. Wegen 230, 4
Noch immerfort an uns gedacht 107, 11

immerhin.

Zürn immerhin, du wirst mich doch nicht 203, 6
Freu ich mich nur immerhin 695, 1

Immerleben.

Hier ist kein Immerleben 344, 1

immerwährend.

Ein immerwährend Gut erworben 526, 6
Und immerwährender Begier 364, 1

Inbrunst.

Wer ihn so mit Inbrunst liebet 256, 9
Voller Inbrunst mög empfangen 614, 3

inbrünstig.

Und dich zeitlebens inbrünstig lieben 345, 4

1) Var. Anh. G. Ehr.

inmittelst.
Inmittelst helf er mir 14, 9
innen.
Du erquickst das Herz von innen 373, 4
Was von außen und von innen 690, 1
Inneres.
Ein allbelebend Feuer in unserm Innern 691, 6
innerlich.
Innerlich sind sie die lieblichsten Bräute 182, 2
Innerlich sind sie aus göttl. Stamme 182, 4
Kämpft innerlich u. außer sich m. Teufel 153, 1
Innerlich in mir dein — Zeugnis habe 244, 5
Dein Leib u. Blut mich innerlich erquicken 734, 4
innern.
Daß ich aus innerm Triebe dich ewig 286, 6
Innerstes.
Sein Innerstes entbrennet dir u. uns 138, 12
Recht das Innerste erfreut 252, 1
innig.
Nichts ist, das also mich innig erquickt 169, 9
Auch innig, herzlich grüßen die Mal 135, 7
inniglich.
Deine Süßigk. möcht inniglich anschauen 30, 3
Leib u. Seel recht inniglich erfreuen 476, 9
Wir danken dafür inniglich 660, 2
innigst.
Und sich innigst vor ihm beuge 226, 1
Dies innigst glauben: Gott ist da 538, 7
insgemein.
Auch Christen insgemein 369, 6
Wohl allen Herzen insgemein 451, 3
Zusammen insgemein dich anrufen 711, 2
Instrument.
Mit Instrumenten schön auf Chören 369, 8
Innsleben.
Dein wahrhaftiges Innsleben zu sehen 16, 6
inwendig.
Werd auch geboren inwendig 323, 7
Es glänzet d. Christen inwendiges Leben 182, 1
Joch.
I. Christi.
Mein Joch ist süß, mein Bürd gering 417, 2
Er hat getragen Christi Joch 509, 4
Auf mich zu nehmen sein bereit d. Joch 776, 4
Liebe, die mich hat gebunden an ihr Joch 435, 5
Ist doch sein Joch sanft und feiner 476, 4
Ich fürcht e. Joch u. doch in Banden lebe 236, 3
Leg Joch auf Joch, ich hoffe doch 350, 4
Unters Joch des Geistes zwingen 18, 6
II. allgemein.
Drückt mich des Gesetzes Joch 584, 6
Thu in mir das schwere Joch 279, 6(7)
Ist ja nur ein schweres Joch 169, 1
Geschwind zerbricht sein Joch 601, 13
Was mancher unter Joch und Last 619, 3
Drückt dich gleich ein hartes Joch 696, 1
Ich will mein Joch nun tragen 44, 5
Die weiland trugen dort d. Kreuzes Joch 369, 6
So drückt mich meines Elends Joch 739, 2
Der Herr erleichtert mir mein Joch 739, 2
Trage dieses Leibes Joch 204, 12
Voller Wunder ist d. keuschen Liebe Joch 661, 1
Der Waffen schweres Joch erfahren 272, 4
Johannes.
Von Sankt Johanns die Taufe nahm 77, 1
Jordan.
Christ unser Herr zum Jordan kam 77, 1
Man offenbar daselbst am Jordan hörte 77, 3
Laß hier einen Jordan rinnen 437, 5[1])
Daß ich durch diesen Jordan geh 148, 6
irdisch.
Irdisch noch, schon himmlisch sein 430, 1
Dieweil wir irdisch sind 203, 3
Irdisch werd ich ausgesät 389, 7
Wie irdisch Reichtum thut 738, 4
Laß, was irdisch ist, dahinten 169, 2
Was nur Welt und irdisch heißt 583, 8
Kurz ist mein irdisch Leben 232, 2
Sonst all irdische Sachen sollst du 579, 9
Was irdisch heißt, nicht zu d. Zweck erlesen 312, 2
Irdisches.
Beginnt das Irdische zu drücken 340, 7
Alles Irdische vergehet 32, 6
Alles Irdsche zu verachten 285, 2
irre.
Wo ich etwa irre geh, alsbald 554, 15
irren.
Der Hüter, der nicht schläft noch irrt 109a, 1
Irr ich, sucht mich deine Liebe 382, 6
Und führt uns, wo wir irren 138, 9
Wenn ich irre, wollst du ja mich — leiten 559, 6
Damit wir irren nicht 2, 3
Wir irren sonst leicht u. sind verscheucht 771, 2
Ach ich irre weit u. breit 374, 3
Was noch zukünftig ist, irrt mich nicht 626, 5
Da ich sonst irrte sehr 665, 1
Daran muß uns nicht irren d. Teufels 665, 7
Irrender.
Der Irrenden Berater 510, 12
Und holt die Irrenden herein 691, 4
Irrige.
Alle Irrige u. Verführte wiederbringen 443
Irrsal.
Vor allem Irrsal behüt uns 443
Irrtum.
Von Irrtum und Thorheit treten 222, 2
Und mach uns vom Irrtum los 414, 2
Die in Irrtum verführet sein 552, 2
Daß kein Irrtum mich betrüget 434, 3
Vor Irrtum u. vor Finsternis bewahr 123, 5
Daß ich aus dem Irrtum will 206, 7
irrtumsvoll.
Auf Erden wallen in irrtumsvoller Zeit 621, 6[1])
Israel.
Er ist deins Volks Israel der Preis 487, 4
Gelobt sei der Gott Israel 453, 2

---

1) Fehlt vielfach.

Ja, wecke doch auch Israel bald auf 669, 6
So thu Israel rechter Art 55, 4
Der Israel erlösen wird 55, 5
So soll Israel sagen, wär Gott nicht 674, 1
Der treue Hüter Israel bewahret 346, 4
Israel erhält den Sieg 464, 6
Wo er Israels Schutz nicht ist 754, 1
O Schutzherr Israel, du wollst 81, 2
Du Aug und Wächter Israel 515, 7
Das rechte, echte Gotteslamm, Israel 51, 4
Du Hüter Israel, du schläfst — nicht 706, 4
Bei deinem Israel wird alles 703, 5
Israels Hüter, Jesu Christ 479, 5
Daß wir fliehen weit von hier auf Israelis Hügel 144, 12
Auf Israels Bergen in Freuden 281, 1
Und Israel folgt ihnen nach 223, 5
Israels Schutz, mein Hüter 116, 5
Dein erlöstes Israel wird in d. Hütte 751, 10
Freue dich, Israel, seiner Gnaden 514, 1

Jubel.

Welch ein Jubel, wie am Reigen 223, 6
O welch ein Jubel wird erklingen 187, 5

Jubeljahr.

Das ewig neue Jubeljahr 512, 4

Jubelklang.

Mit Jubelklang, mit Instrumenten 369, 8

Jubelschall.

Fähret auf gen Himmel mit frohem Jubelschall 224, 1

Jubeltag.

Bis wir den Jubeltag bei dir — halten 556, 4

Jubelton.

Bedienen mit dem reinsten Jubelton 649, 2

jubilieren.

Prächtig triumphierest, jubilierest 28, 1
Singet, springet, jubilieret 734, 6
Dann wird alles jubilieren 21, 10
Mit den Engeln jubilieren 196, 10
Da der Himmel jubiliert 615, 2
Allhier miteinander jubilieren 425, 10
Wir jubilieren und triumphieren 402, 2

Jubilieren.

Da nichts ist als Jubilieren 372, 3
Was für Freud und Jubilieren 461, 14[1]
Fort, fort, mein Geist, zum Jubilieren 187, 7

Juda.

Es hat der Löw aus Juda Stamm 670, 6

Jugend.

Mit Frömmigkeit die Jugend 769, 9(10)
Und präge dich der Jugend selber ein 669, 8
Zieh unsre zarte Jugend z. Frömmigkeit 274, 9
Von Jugend auf mit großem Hauf 326, 1
Sei Gott getreu von Jugend auf 609, 3
Hat er dich nicht von Jugend auf 355, 15
Von meiner Jugend an 329, 2
Wie oft hat m. Jugend d. Gnadenhand 382, 4
Wie die Jugend gängle mich 641, 8(10)

Jugendjahr.

Gedenke — m. Jugendjahre nicht 336, 3

Jugendschmuck.

Dein Auge sieht sie hier im Jugendschmuck 667, 1

jung.

Heut ist der Mensch schön, jung 417, 6
Über sein junge Kindlein klein 513, 3
Die Thorheit meiner jungen Jahr 366, 7
Wie manches junge, fromme Blut 139, 7
Was alle Menschen, jung und alt 185, 3
Ich sterbe nicht zu jung 621, 10[1])

Junge.

Ihr Jungen, Alten, Frau u. Mann 417, 1
Dem Jungen nicht sein stolzer Mut 417, 9
An dich fleißig halten Jung u. Alten 732, 1
Nahrung für Jung u. Alte bescheret 258, 3
Sein Gefieder über seine Jungen streckt 625, 2

Jünger.

Daß ich dein rechter Jünger sei 363, 5
Sondern deine Jünger tröst' 641, 3(4)
Du nimmst keinen Jünger an 321, 6(5)
Find ich nun in seinen Jüngern wieder 705, 4
Zween der Jünger gehn mit Sehnen 778, 1
Folg, weil du sein Jünger bist 313, 6
Daß wir deine Jünger sein 300, 7(9)

Jungfrau.

Von einer Jungfrau ist geborn 114, 1
Geboren heute von e. Jungfrau keusch 114, 2
Geboren ward von e. Jungfrau rein 114, 3
Geboren bist von einer Jungfrau 209, 1
Empfängt die keusche Jungfrau hier 410, 2
Von einer Jungfrau auserkorn 662, 2
Jakobs Heil, der Jungfrau Sohn 238, 3
Ein Jungfrau zart sein Mutter ward 743, 2
Du Jungfraun-Sohn, Herr aller Herrn 753, 1
Du Söhnlein der Jungfrauen 573, 6
Von Maria der Jungfrauen 749, 2
Von einer Jungfrau, rein und zart 502, 6
Der Jungfrau Leib nicht hat verschmäht 271, 3
Geht hin, ihr thörichten Jungfrauen 570, 6
Ihr klugen Jungfraun alle 178, 3
Wo seid ihr klugen Jungfrauen 672, 1
Du Weltheiland, Jungfraun-Sohn 415, 2

Jüngling.

Der Jüngling hofft des Greises Ziel 737, 2

Jünglingskraft.

Stehn vor Gott in Jünglingskraft 299, 6

jüngster.

Der jüngste Tag wird zeigen an 202, 9[1])
Kein Plag, noch jüngster Tag 295, 2
Ruhn bis zum jüngsten Tage 296, 3
Am jüngsten Tag wied'r aufzustehn 83, 5
Am jüngsten Tag erweck mein' Leib 553, 12
Weck auf — den Leib am jüngsten Tage 117, 3
Am jüngsten Tag erweck mich, Herr 666, 15
Er werd am jüngsten Tag aufstehn 509, 1
Mit deinem jüngsten Tage 185, 7
Ich weiß, daß ich am jüngsten Tag 343, 14

1) Fehlt vielfach.

K.

kahl.
Der wird fürwahr gar kahl bestehn 185, 4
Kaiser.
Gieb unserm Kaiser Glücke 274, 4
Den Kaiser uns bestellt zur Wacht 163, 1
Den Kaiser und das deutsche Reich 163, 2
Laß auf des Kaisers Wegen 163, 3
Kaiserkronen.
Bedenkt, es sind nicht Kaiserkronen 685, 2
kalt.
Ach bist du kalt mein Aufenthalt 629, 3
Wir sind sicher, arg, faul und kalt 1, 3
Und mein kaltes Herz erhitze 714, 4[1]
Und mein Sündenherz ist kalt 26, 2
Sonst ist mein Beten kalt und tot 141, 6
Ich bin finster, kalt und trübe 322, 2[1]
Kälte.
Wer wärmet uns in Kält und Frost 355, 5
Kammer.
Heute geht aus s. Kammer Gottes Held 200, 2
Mit Jammer geht er aus der Kammer 23, 5
Komm verschließ die Kammer 315, 4
Die in der Kammer dir klagten 44, 2
So hold, als eine stille Kammer 112, 2
In verborgnen Höhlen, Kammern 778, 8
Ein, hinein in Gottes Kammer 46, 4
Ihr hingegen ruht in eurer Kammer 582, 3
Wollest reißen aus m. Grabes Kammer 135, 2
Der Leib schläft in seiner Kammer 425, 5
Schläft sanft in seiner Kammer 477, 15
Kämmerlein.
Sie wird mir sein ein Kämmerlein 629, 5
Und ruh in meinem Kämmerlein 512, 1
Kampf.
Wohlan, so seid zum Kampf bereit 591, 2
Daure redlich aus den Kampf[2] 608, 1
Hilf den Kampf des Glaubens kämpfen 318, 5
Daß Gott selbst zum Kampf euch rüste 634, 5
Einen guten Kampf hab ich — gekämpfet 156, 1
Der saure Kampf, den ich dort hab 472, 2
Israel erhält d. Sieg nach geführtem Kampf 464, 6
Neue Kraft — in unserm Kampf 475, 5
Wenn in dem Kampfe schwerer Leiden 205, 9
Und ist hier gleich ein Kampf 191, 1
Wenn euer Kampf den Sieg behält 685, 2
Wie bald wird unser Kampf sich enden 685, 11
Kampf und Lauf sich enden 288, 5
Bald ist der schwere Kampf geendet 187, 1
Selig wer im Kampf besteht 593, 4
Nun hat dieser Kampf ein Ende 721, 5
Hilf mir in dem Kampfe siegen[3] 721, 11
In dem letzten Kampf und Strauß 194, 7
Auch im letzten Kampf und Streit 372, 6
Zum letzten Kampf mich stärk 777, 9
Rückt der letzte Kampf herzu 442, 11
kämpfen.
Ich kämpfe selbst, ich brech die Bahn 485, 5
Da Christus mit ihr kämpfte 572, 2
Wie so ritterlich du gekämpft 602, 14(12)
Stell dich für mich hin zu kämpfen 735, 4
Hilf kämpfen ritterlich 769, 11(12)
Die Kirche nach einem stets kämpfet 397, 6
Ein neugebornes Gotteskind kämpft 167, 5
Hilf den Kampf d. Glaubens kämpfen 318, 7(5)
Hab ich auf der Welt gekämpfet 156, 1
Sondern hilf mir tapfer kämpfen 18, 7
Kämpft innerlich und außer sich 153, 1
Ich soll nur tapfer kämpfen 153, 12
Der muß kämpfen als ein Mann 712, 1
Hilf uns kämpfen, hilf uns dämpfen 285, 5
So hilf mir treulich kämpfen 577, 6
Wer nicht gekämpft, trägt auch die Kron 485, 7
Selig, wer im Glauben kämpfet 593, 4
Indessen will ich treulich kämpfen 306, 8
Und kämpfet frisch an jedem Orte 591, 1
Kämpfe bis aufs Blut und Leben 589, 3
Wir wollen Thaten thun u. kämpfen 291, 4
Gieb, daß ich mit Geisteswaffen kämpf 448, 5
Alles, was kämpfet wider d. Glieder 68, 2
Kämpfen.
Er will durch sein Kämpfen d. Trost 599, 1
Kämpfer.
Gewaltger Kämpfer ohne Speere 91, 2
Kampfschaubühne.
Auf die Kampfschaubühnen sprangen 448, 3
Kanaan.
Erben von dem beglückten Kanaan 332, 6
Durchs rote Meer nach Kanaan 53, 10
Endlich sieht man Kanaan 175, 3
Bis wir dort in Kanaan 312, 1
Ist gleich bei uns kein Kanaan 683, 6
Der sehnet sich nach Kanaan 367, 6
Kanaan wird nicht gefunden 464, 6
Karfunkel.
Sie ist edler als Karfunkel 583, 6
Kasten.
Zuvor den Mammon in den Kasten 679, 4
Katechismuslehren.
Die Katechismuslehren rein 137, 4
Kauf.
Denk an den Kauf in deiner Tauf 609, 1
Kaufung.
Zwar in Kaufung[4] teurer Waren 596, 3
keck.
So streit denn wohl, streit keck u. kühn 38, 10

1) Fehlt Bernb. G. 2) Var. Streit. 3) Var. Anh. G. Hilf mir Fleisch und Blut besiegen. 4) Var. beim Kaufen.

kehren.

Will ers wieder zu sich kehren 676, 3
Wie ers will kehrn und wenden 724, 3
Gott wird sich zu uns kehren 99, 4
Sollte von uns sein gekehret 200, 4
Ach kehre dich mit Gnaden zu mir 291, 2
Zu den Verlornen sich kehren 323, 1
Den Rücken dir gekehret 326, 6
Von seiner Bosheit kehre sich 631, 1
Mein Herz von Geiz u. Unrecht kehr 260, 8
Kehre die zerstreuten Sinnen 299, 5
Dessen Herz zu Gott sich kehret 47, 7
Herz und Sinnen zu ihm kehren 421, 1
Läßt sich nimmermehr von seiner Liebe kehren 203, 10
Sich soll zur Buße kehren 77, 5
Wohin ich nur die Augen kehr 472, 3
Mich nicht zu kehren an einig Ungemach 37, 7
Sich dennoch in schneeweiß kehren 390, 6

Keil.

Ein Keil, der Felsen spaltet 94, 2

keiner.

Herr, es hat noch keiner, der zu dir 650, 5
Ich will keines andern sein 382, 1-8. 438, 1-6
Und will von keinem wissen 349, 10
Und demselben gleichet keiner 384, 5
Und sonst keiner wird von mir geliebt 462, 3

Kelch.

Und den Kelch des Vaters trank 160, 1
Sollt ich deinen Kelch nicht trinken 615, 4
Welche mit trinken vom Kelche 574, 6
Will er auch uns den Kelch bescheiden 424, 4
Hast mir voll gemessen den edlen Kelch 740, 3
Dieser Kelch mit deinem Blute 266, 4
Muß ich den Kelch gleich schmecken 682, 5
Geduldiglich seinen Kelch geschmecket 696, 3
Für u. für den Kelch des Heils erheben 453, 3

kennen.

I. Gott.

Er kennt das arm Gemächte 513, 3
Es kennt der Herr die Seinen und hat sie stets gekannt 189, 1
Er kennet seine Scharen am Glauben 189, 2
Er kennt sie als die Seinen 189, 3
Er kennt sie an der Liebe 189, 4
So kennt der Herr die Seinen, wie er sie stets gekannt 189, 5
Er kennet jedermann 232, 7
Er kennt mein Herz u. m. Schmerz 230, 1
Du kennst mein Herz, 4, 1
Er kennet ja mein Herz 184, 3
Wer dein ist, Herr, den kennest du 205, 8
Der mich liebet, der mich kennt 695, 1
Er kennt die rechten Freudenstunden 719, 1
Du kennest meiner Monden Zahl 333, 1
Solch Elend kennst du Herr allein 496, 4

II. Engel.

Alle Geister, die dich kennen 248, 2

III. Mensch.

Zu 'rleuchten, die dich kennen nicht 487, 4
Vor Angst und Heulen ich dich nicht kennen kann 287, 5
Lehr uns den Vater kennen wohl 409, 6
Daß ich den Vater kenne 537, 2
Lehr uns Jesum Christ kennen allein 497, 2
Wahrlich nichts als Jesum kennen 84, 1
Auch kenn ich wohl den Meister 360, 3
Ich weiß und kenne ihn 360, 3
Ach wenn ich nur Jesum recht kenne 169, 5
Lernet euren Jesum kennen 429, 4
Ich kenn mein sündliches Verderben 53, 9
Die dich kennen und nach dir sich 602, 8
Dieweil ich Christum kenne 665, 8
Wird ihn, meinen Heiland kennen 389, 6
Die sich — niemals hier zuvor gekannt 661, 2

Kerker.

Unser Kerker, da wir saßen 421, 6
Aus deinem Kerker gehen 35, 4
Will ferner nicht im Kerker ruhn 118, 1
Führet aus dem Kerker hin 527, 1
Die unsern Kerker bricht entzwei 703, 1
Da er durchs Todes Kerker bricht 202, 6[1]
Des Satans Kerker vor beschloß 149, 2
Muß man hier doch wie im Kerker leben 582, 2

Kerze.

Laß des Trostes Kerzen dich entzünden 599, 7
Sei du mir nah, Jesu, mit hellen Kerzen 115, 2

Kette.

Vor Ketten und vor Banden 54, 3
Wenn um mich Band und Ketten 571, 8
Von Ketten und von Banden 665, 2
Schau doch aber unsre Ketten 527, 4
Streift er deine Ketten ab 673, 9
Und wenn dann die Ketten springen 52, 4
Von den Ketten d. Sünden-Todes retten 18, 2
Darum trage deine Ketten 464, 7
Mach dich los von allen Ketten 589, 19
Hölle, wo sind deine Ketten 49, 7
Von der Höllen Banden u. ihren Ketten 107, 7

Ketzer.

Sie stellen uns wie Ketzern nach 754, 4

Ketzerei.

Vor Ketzerei behüte, streit für d. Wort 81, 3
Treib vorbei des Teufels List u. Ketzerei 82, 6

Ketzerhaufe.

Zu meiden Ketzerhaufen 77, 2

keusch.

Sie leben keusch und rein 142, 6
Auch halten keusch das Leben dein 134, 7
Wohnet gern in frommen, keuschen Seelen 243, 10
Auf die, so keusch und fromm 604, 9
Ist der keuschen Liebe Joch 661, 1
Bleibt der keuschen Liebe Joch 661, 15

Keuschheit.

Schmücke mich — mit Keuschheit 561, 6

1) Fehlt vielfach.

Kind.

I. Christus.

Gottes Kind, das verbindt 200, 2
Des ewgen Vaters einig Kind 209, 2
Wird gar ein kleines Kind 337, 2
Ein kleines Kind, das Vater heißt 179, 1
Da findet ihr das Kind gelegt 662, 5
Das Kind, dem alle Engel dienen 133, 1
Gott wird ein Kind, 323, 4
Kind mit dem Kinde zu sein 323, 5
Durch Gottes und Marien Kind 501, 5
Geh hin mein Kind 165, 2
Gott des Vaters einig Kind 573, 1
Bin ich ein Kind geboren 426, 1
Durch sein liebstes Kind s. Kinder worden 429, 2

II. Mensch.

a) leiblich.

Willkommen, liebes Kind 139, 4
Der Vater muß mit Grämen sich seines Kindes schämen 139, 7
Wie manchen düstern Morgen ein liebes Kind oft macht 621, 2
Öfters wird verführet manch Kind[2] 232, 4
Kinder, die der Vater soll ziehn 599, 14
Wenn sie Kind und Kindeskind 759, 6
Sei euch gute Nacht von eurem Kind 472, 8
Sorge doch für meine Kinder 628, 1
Bleib auch meiner Kinder Gott 628, 4
Ich bin hier nebst den Kindern 628, 8
Bringet die Kinder her 426, 3
Wie wir und unsre Kinder 580, 3
Sei Vater aller Kinder 274, 9
Bring mich dahin, da mein Kind 139, 11
Seinen lieben Kindern geben nichts 225, 2
Dies Kind soll unverletzet sein 515, 8
Die ihr eigen Kind kann hassen 774, 3
Nehmen sie den Leib, Gut, Ehr, Kind 161, 4
Mein Weib, Gut, Ehr und Kind 54, 4
Mut und Blut, Weib und Kinder 714, 8
Erhöre, was dein Kind gebeten hat 714, 10
Wie Kinder fromm und fröhlich w. 112, 5
Den Kindern steht es frei, Väter 441, 2[3])
Dieser Vater zeucht sein Kind 661, 3
Siehe frommen Kindern zu 661, 9
In dieser Welt frommen Kindern 661, 14
Man gab—den Kindern diesen Glauben 691, 7

b) geistig.

Wenn ihr verlorne Kinder 36, 4
Der Welt und ihrer Kinder 165, 1
Nimm dich an der Kinder 165, 2
Ach, ich bin ein Kind der Sünden 374, 3
Ich armes und verlornes Kind 325, 2
Erkenn mich wieder für dein Kind 325, 7
Ich bin das verlorne Kind 528, 5
So werd ich arm, verlornes Kind 533, 5
Wir sind die ungeratnen Kinder 751, 2[4])
Bei Gottes Kindern verbleib ihr Erb 738, 8
Gott siehet sie als Kinder an 424, 9
Thun uns zu Gottes Kindern 41, 4
Daß wir Gottes Kinder sind 414, 3(4)
Des reichsten Vaters Kind 171, 1
Will dein Kind auch bleiben 246, 1
Stehn deine teuerlösten Kinder 667, 1
Offenbare d. Kinde dein — Angesicht 667, 3
Daß ich, dein Kind, dich such u. find 13, 1
Du bist mein Vater, ich dein Kind 362, 17
Deine Kinder liebest 441, 6
Ich bin ein Kind der Seligkeit 334, 1
Bin ich dein Kind u. habs verdient 4, 2
Daß ich sein geliebtes Kind 694, 5
Daß ich dein Kind und ein Miterbe 136, 4
Durch welchen ich dein Kind u. Erbe 136, 6
Daß nun e. Christ heißt Gottes Kind 231, 3
Uns Gott — läßt seine Kinder sein 36, 7
Wollt ihr Gottes Kinder werden 198, 3
Durch sein liebstes Kind s. Kinder worden 429, 2
Daß wir seine Kinder werden 749, 1
Und Gottes Kinder werden wir 132, 7
Damit wir Kinder würden 103, 2
Die Kinder Gottes allzumal 51, 11
Sind Kinder u. Erben seiner Seligkeit 250, 2
Er macht aus Sündern Gottes Kinder 390, 4
Was Gott an seinen Kindern thut 508, 2
Ach führe mich, dein Kind 9, 1
Denn dein Kind giebt acht darauf 586, 1
Laß mich dein Kind und Erbe sein 289, 1
Und als dein Kind, das frei u. froh 212, 9(8)
Der mich, sein Kind und Erben 328, 5
Daß du sein Kind und Erbe 167, 9
Ein Kind und Erb des Herren 665, 7
Laß mich dein Kind und Erben sein 269, 4
Du hast zu deinem Kind und Erben 330, 2
Dennoch ein Kind Gottes ist 427, 1
Reiche deinem schwachen Kinde 641, 8
In die Zahl deiner Kinder wiederum 654, 7
Durch den wir Gottes Kinder — sind 563, 4
Er nimmt sie an an Kindes Statt 471, 4
Und mich zu ihren Kindern zählte 205, 4
Werden Gottes Kinder heißen 419, 8
Ihr Kinder Gottes, lobt und preist 446, 8
Ich bin ja doch dein liebes Kind 307, 1
Und uns des Lichtes Kinder macht 209, 4
Laß mich sein des Lichtes Kind 221, 2
Die mich ein Kind des Lebens heißt 524, 8
Wohl dir, du Kind der Treue 58, 11
Hast mich zum Kind genommen auf 722, 9
Man soll ein Kind des Höchsten sein 191, 4
Da wird das Kind den Vater sehn 191, 5
Allem Bösen, das seine Kinder plagt 365, 6
Wie Gott seinen Kindern pflegt 462, 6
Liebes Kind, was trauerst du 778, 8
Versucht mit Kreuz u. Pein die Kinder 154, 1
Je lieber Kind, je ernster sind 154, 1
Blieb am Kreuz bei seinem Kinde 230, 6
Seine Kinder, wenn Not u. Trübsal 510, 5
Mein Kind, nun liege, trotzdem 671, 4

---

1) Var. Anh. G. ewig Vater. 2) Var. Bernb. G. Mensch. 3) Fehlt vielfach. 4) Fehlt Anh. G.

Bin ich denn nun Gottes Kind 599, 14
Wie es um schwache Kinder sei 619, 8
Sünder er trägt als seine Kinder 138, 9
Thu als ein Kind und lege dich 138, 13
Daß es dein Kind hier auf Erden 437, 3
Was deinen Kindern ersprießlich ist 58, 4
Wonach ihre Kinder streben 624, 3
Er ist gegen mich, sein Kind 624, 4
Der Vater soll das Kind regieren 578, 1
Was kann dein schwaches Kind 578, 2
O daß ich wie ein kleines Kind 554, 8
Deinen armen Kindern 547, 5
Streite doch selber für uns arme Kinder 68, 2
Wie sie die Kinder lieben 142, 5
Mein Kind, dir alle Sünd vergeben 747, 2

Kindelein.

Ein Kindelein so zart und fein 114, 2
Er ist ein Kindlein worden klein 209, 3
Schönstes Kindlein in dem Stalle 421, 8
Er führet dich zum Kindelein 51, 3
Bis du dies Kindlein hast 51, 6
Und dieses Kindlein liebt 51, 10
Und wird ein Kindlein klein 447, 2
O Kindlein zart und rein 519, 2
Euch ist ein Kindlein heut geborn 662, 2
Ein Kindelein so zart und fein 662, 2
Wes ist das schöne Kindelein 662, 7
Ein Kindlein zart, das liegt dort 663, 1
Das Kindlein ist uns hold 199, 2
Das Kindlein thut sie fällen 199, 4
Dieses Kindlein kommt zu dir 437, 1
Die Kindlein hier auf Erden 510, 4
Über sein junge Kindlein klein 513, 3
Wie die Kindlein, die noch saugen 774, 6
Schau, ich armes Kindlein hier auf 615, 3
Du darfst ja nur ein Kindlein sein 186, 2
Gotts Güte preisen, ihr lieben Kindelein 258, 1
Denk, daß die lieben Kindelein 735, 7
Und klein, als wie ein Kindlein werd 733, 4
Lasset die Kindlein kommen zu mir 426, 1
Auch für die Kinderlein, daß sie nicht 426, 1
Küsset und herzt die Kindelein 426, 2

Kinderschritt.

Gängelt uns mit zartem Kinderschritt 619, 6

Kinderseele.

Reichsten Segen d. Kinderseelen zugedacht 667, 1

Kinderspiel.

Ist solchem Herzen Kinderspiel 570, 2

Kindesbeinen.

Der uns v. Mutterleib u. Kindesbeinen 499, 1

Kindesgestalt.

Gieb mir — Jesu, die Kindesgestalt 323, 8

Kindeskind.

Wenn sie Kind u. Kindeskind versäumen 759, 6

Kindesrecht.

Ei so hab ich Kindesrecht 441, 2

Kindesruh.

Halte deine Kindesruh in Jesu Schoß 516, 12

Kindeszeit.

Auf Erden die Kindeszeit zu End 171, 4

Kindheit.

Auf der Kindheit wilden Wegen 382, 3

kindlich.

So wir ihn kindlich fürchten rein 513, 3
Macht gebeugt, barmherzig, kindlich 174, 7
Und schmieget sich kindlich an dein Knie 698, 3
Dich bet ich kindlich an 264, 1
Es kann sich kindlich freuen 167, 2
Kindlich rein, sanft und klein 436, 3
O daß ich nur recht kindlich sei 578, 3
Gott kindlich fürcht und liebe 90, 3
Kommt laßt uns kindlich sein 418, 14[1]
Herz u. Mut mit kindlichem Vertrauen 700, 3
Leb mit kindlichem Gehorsam 279, 6(7)
In kindlichem Geiste das Abba 169, 8

Kindlichkeit.

Ein herzlichs Wesen und Kindlichkeit 16, 7

Kindschaft.

Der Geist der Kindschaft treibt den Sinn 167, 2
Deiner Kindschaft Zeichen trage 241, 1

Kindschaftsgeist.

Bis d. Kindschaftsgeist dich — überweist 167, 9

Kindschaftsrecht.

Unverdient z. Kindschaftsrecht gebracht 777, 7

Kirche.

Die Kirchen, so zerstöret durch Krieg 769, 9
Herr Jesu hilf, dein Kirch erhalt 1, 3
Gieb deiner Kirche Gnad und Huld 1, 4
Friede in Kirch und Schulen 68, 3
Daß Kirch u. Schul ein Garten Gottes 669, 7
Die für die ganze Kirche stehn 669, 8
Laß die Kirche feste stehn 25, 5
Dir wollen eine Kirch erwählen 351, 1
Der Völker eine Kirch erbaut 351, 3
Hält Kirch und Schul in guter Hut 87, 3
Vor ihm dein Kirch erhalt 655, 3
Nimm Kirch u. Haus in deine Hut 751, 9
Beschütze Kirche, Thron und Haus 274, 1
Die Kirche und die Obrigkeit 270, 5
Lehramt, Schul, Kirch erhalten 258, 3
Mach die Kirch an Glauben reich 448, 9
Das Seufzen deiner Kirche hör 588, 1
Daß hier die rechte Kirche sei 588, 4
Die Kirche und die Obrigkeit 534, 5
Laß deine Kirch und unser Land 534, 9
Deiner Kirche sei er Schutz 653, 1
Und deiner Kirche wahrer Schutz 1, 8

Kirchenacker.

Wird getränkt der Kirchenacker 448, 8(9)

Kirchenfeld.

Schütte deinen Segen auf d. Kirchenfeld 597, 4

Klage.

Man höret immer deine Klage 351, 2
Von Trauern, Weh und Klagen 99, 7
Ich hab ihr Klag erhöret 10, 4
Darum stellet ein die Klagen 223, 5

1) Fehlt vielfach.

All eur Klag und Weinen verwandeln 505, 6
So hebt er an ein große Klag 417, 8
Ist nur lauter Klag und Weinen 196, 5
Ich führte schwere Klagen mit Zittern 352, 6
Als endlich Weh und Klagen 472, 5
Weck auf ohn alle Klage den Leib 117, 3
Nach d. Klag dir ewig dort Lob sagen 636, 5

klagen.

Nun will ich nicht mehr klagen 139, 11
Ihr Eltern dürft nicht klagen 232, 1
Ihm nur alles klagen 230, 1
Gott sieht! wie klaget denn m. Herz 230, 3
Höret auf zu klagen m. kurzen Lauf 512, 6
Deine Not mußt du ihm klagen 701, 2
Und klagen dir all unsre Not 711, 5
Wie ich zuvor geklaget 279, 5[1]
O wer nunmehr nimmer klagte 253, 3
Darf nicht ewig klagen 599, 15
Wie lang soll ich vergeblich klagen 325, 4[1]
Der täglich klagt und nächtlich thränet 184, 1
Klag ihm, was dich drück und quäle 678, 7
Meine Seele klaget nicht 460, 5
Zuletzt verzagt, wer immer klagt 612, 1
Wir klagen dirs mit Reu und Schmerz 660, 3

Klagen.

Ich bitt: erhör mein Klagen 353, 1
Zion, wo ist nun dein Klagen 773, 7
Stellt euer Klagen ein 621, 2
Durch Hoffnung und durch Klagen 147, 1
Wird mit Klagen nur sich plagen 245, 2
So unterlaß ich alles Klagen 770, 1

Kläger.

Wenn der Kläger mich verklagt 633, 3

Klagewort.

Und sie wechseln Klageworte 778, 1

Klaggetön.

Höre doch sein Klaggetön 590, 2

kläglich.

Weinet und gar zu kläglich thut 621, 3
Tausend Jahr hast kläglich ausgestanden 530, 5
Aber ewigl. e. kläglich Schmerzensschreien 56, 3
Sieh an mein kläglich Rufen 577, 3
Hör, wie kläglich, wie beweglich 617, 5

Klang.

Mit Loben durch der Psalmen Klang 506, 4

klar.

Und ähnlich sei deim klaren Leib 553, 13
Ewiglich schaun dein Antlitz klar 553, 14
Und klarer als die Sonne 558, 1
Mit zween verbargen sie ihr Antlitz klar 370, 1
Sie glänzen hell und leuchten klar 270, 2
Ich bin gar rein u. klar aller m. Sünden 200, 13
Mit ihrem klaren Scheine 114, 3
Sei gepreiset für alle Wunder klar 547, 3
Und unter solchem klaren Schilde 570, 1
Es ist vollkommen hell und klar 295, 3
Erhalt es bei uns klar und rein 752, 9
Solchs hat er uns beweiset klar 77, 3
Und hat dieses klar erwiesen 49, 2
Und mir dein klares Wort vermeldt 558, 6
Sein Mund ist rein und klar 365, 7
Sein Werk ist klar 636, 1

Klarheit.

Des Herren Angesicht glänzt v. Klarheit 717, 2
Seine Klarheit spiegelt sich in der Seele 717, 3
Quell der Klarheit ohne Grenze 373, 11
Gieb uns deiner Klarheit Blick 373, 12
Deine Klarheit sich ergeußt 615, 3
Da ich deine Klarheit seh 615, 4
Was von d. Klarheit — erleuchtet 300, 4(5)
Und seiner Klarheit machen gleich 19, 8(6)
Seine Klarheit kann nicht ein 322, 8
Daß ich deine Klarheit schauen mag 226, 7
Verbreite Licht und Klarheit 564, 1
Du hast den Geist u. hast die Klarheit 223, 3
Mein Klarheit, Licht und helle Sonn 566, 8
Wie oft erquickt mich d. Klarheit Schein 619, 12
Dein Heil mit größrer Klarheit schauen 186, 7
Aus dem Dunkel in die Klarheit 406, 5
Laß mich diese Klarheit zieren 529, 1
Bei der Klarheit Gottes sein 581, 5
Und mit höchster Klarheit zieren 425, 8
In Jesu Klarheit umgestalten 538, 2
Mit Klarheit hell umgeben 369, 6
Und mit ewger Klarheit zieren 196, 7
In der schönsten Klarheit wohnen 713, 10

klärlich.

Wie klärlich ist vor Augen 548, 2

kleben.

An dir alleine zu kleben 323, 8
Klettenweis an ihm zu kleben 458, 1
An dir wir kleben im Tod u. Leben 402, 1
Dessen Herz an meinem klebt 49, 6
Ich glaub an dich, an dir kleb ich 465, 2
An dir will ich fest kleben 405, 11(12)
An dir klebe auch im Leide 476, 5
An deiner Gnad allein ich kleb 353, 5
Und laß mich an dir kleben 78, 7
Derselb auch lang an Sünden klebt 512, 8
Laß dir nichts am Herzen kleben 589, 21(19)
Und klebt dem so feste an 26, 3
Es bleibet d. Leben am kleinsten oft kleben 299, 3

Kleid.

Seines Kleides Saum den Chor füllet 370, 1
Legt ab das Kleid und Schuhe 515, 4
Der mit Kleid und Essen täglich 217, 2
Wie eine Klett am Kleid[2] 78, 7
Die Kleider d. Heils ich da habe erlangt 169, 6
Mein Kleid vor Gottes Throne 554, 12
Mich in dich nur als m. Kleid — zu hüllen 470, 5
Jesus wird die Kleider schicken 252, 5
Wie wird unser Kleid so rein 581, 5
Der soll dort in weißen Kleidern gehen 38, 7
Angethan mit weißem Kleide 721, 3
Ihre Kleider hell gemacht 721, 6
Hier ist das weiße Kleid 178, 8(7)

1) Fehlt vielfach. 2) Var. Bernb. G. und bleiben allezeit.

Der Himmel ist dein helles Kleid 563, 1
Decket s. Staub mit e. grünen Kleide 204, 2

kleiden.

Laub und Gras kleidet schön 626, 3
Sorgst du, wie du dich sollst kleiden 677, 5(4)
Ich will mich darin kleiden 165, 10
Kleide, Jesu, in der Zeit mich in dich 220, 10

klein.

Bist klein u. machst doch alles groß 753, 6
Du wirst klein, du großer Gott 766, 2
So wär sie dir doch viel zu klein 662, 10
Stellt euch ein, groß und klein 200, 8
Und was klein, gering und bloß 661, 13
Daß auch ein Tröpflein kleine 763, 9
Kein Zähr u. Thränlein ist so klein 355 11
Den' selbst die weite Welt zu klein 471, 1
Es sei klein oder groß 405, 13(14)
Der Will ist da, die Kraft ist klein 753, 12
Und ist ihr keiner doch so klein 366, 8
Wär auch m. Glaub wie Senfkorn klein 537, 6
Auch so klein wie e. kleines Senfkorn 641, 3(4)
Und klein als wie ein Kindlein werd 733, 4

Kleine.

Zu den Kleinen dich zu bücken 255, 4
Uns Große mit den Kleinen 511, 4
Da vor Gott Groß u. Kleine stehn 512, 12
Laß Großen und auch Kleinen 510, 11
Wo man die lieben Kleinen 569, 3
Klein und Große mußten sorgen 713, 4
Wird Rat zum Kleinen finden 35, 13

kleinste.

Den kleinsten auch von diesen 622, 5
Ein jeder sei der kleinste 418, 8[1]
O daß ich auch im kleinsten merke 578, 4

Kleinmut.

Sieht mein Kleinmut oft Gefahr 633, 2

Kleinod.

Kein solch Kleinod ist zu finden 596, 3
Wie er dies Kleinod rauben — mag 361, 2
Laß d. teures Kleinod mir nimmer rauben 640, 5
Das Kleinod ist mir vorgesteckt 153, 12
Auf, das Kleinod rückt herbei 194, 7
Er sieht das Kleinod in der Fern 756, 14
Steckt mir auch ein Kleinod für 712, 2
Und teilet uns das Kleinod zu 685, 11
Dies Kleinod verlohnt sich den Streit 157, 6
Wer kann mir dieses Kleinod rauben 332, 1
Will Satan mir dies Kleinod rauben 468, 5
Will man hier das Kleinod finden 464, 3
Das Kleinod läßt sich nicht erjagen 570, 2
Ach dieses teure Kleinod macht 367, 8
Geben Stärk, das Kleinod zu erlangen 64, 6
Er ist mein Kleinod und mein Teil 363, 2
Die Christum, das Kleinod nicht 70, 7

Klette.

An dir kleben, wie eine Klett am Kleid[2]) 78, 7

klettenweis.

Klettenweis an ihm zu kleben 458, 1

klettern.

An, hinan die Glaubensleiter klettern 46, 2

klingen.

Dein Singen klinget wohl 769, 5
Wie lieblich klingt es mir 337, 3[3])
Es kann nichts lieblicher als Jesus
Name klingen 14, 3
Nichts Reiners meinen Ohren klingt 512, 5
In kindl. Geiste das Abba nun klingt 169, 8
Da wird man hören klingen das rechte 99, 5
Singet, klinget, rühmt u. ehret den 28, 2
Klinget, singet: heilig, heilig 251, 4
Dem läßt man innig klingen mit Fleiß 735, 2
Die Psalmen klingen im Himmel 519, 4
Wann alles wird wohl klingen 298, 15
Das Heilig jetzt m. Freuden lassen klingen 208, 5
So klingt es schön in meinem Liede 136, 5
Ach klinge stets in meinem Sinn 571, 11
Zu der Stimm, die also klingt 220, 9

Klippe.

Fallt auf mich her ihr Klippen 366, 11

klopfen.

Der da — klopft an deine Herzenskammer 596, 2
Deswegen klopft er für und für 340, 3
Er stehet noch an m. Thür u. klopfet 236, 4
Klopfet an, wo man geflehet 201, 1
Fröhlich klopfen in die Hände 28, 6
Und klopfen in die Hände 144, 13(14)
Des klopf ich in die Hände 734, 3
Klopfen an die Gnadenthür 644, 5

Klopfen.

Rufen, Schreien, Klopfen, Beten 701, 3

Kluft.

Aus deines Grabes Kluft 742, 1
Hoch in Lüften, tief in Klüften 735, 1
Das Täublein fleucht aus seiner Kluft 204, 3

klug.

Sie sei auch noch so klug 361, 1
O wie klug ist der Sinn 365, 8
Wo seid ihr klugen Jungfrauen 672, 1
Wenn sies aufs klügste greifen an 754, 2

Kluge.

Und Trug die Klugen hält 360, 1

Klugheit.

Was — Klugheit will zusammenfügen 619, 3
Gieb mir d. Klugheit — Unterschied 619, 10
Keine Klugheit kann ausrechnen 714, 3

Knabe.

O liebes Kind, o süßer Knab 179, 7

Knecht.

I. Christus.

Nimmt an sich eines Knechts Gestalt 447, 3
Er wird ein Knecht und ich ein Herr 447, 7
Uns macht gerecht der treue Knecht 636, 2
Diese machte dich zum Knechte 255, 7

II. Engel.

Von der Menge deiner Knechte 422, 4
Jauchz ihm, Menge heilger Knechte 384, 11

1) Fehlt Bernd. G. 2) Var. Bernd. G. und bleiben allezeit. 3) Fehlt vielfach.

III. Mensch.

Schlecht u. recht durch deine Knecht 295, 1
Propheten, deine Knechte 752, 2
Was alle Knechte Jesu schreiben 53, 5
Segne deiner Knechte Lehren 252, 8
Sei uns gesegnet, Knecht des Herrn 557, 6
Es sagen d. Knechte, daß keine Obrigkeit 368, 2
Gieb doch in deine Ernte viel Knechte 669, 2
Die Ernt ist groß, da wenig Knechte sein 669, 2
Der Mensch ist Gottes Knecht 621, 8
Die Schuld bezahlt der Herre — für seine Knechte 298, 4
Wie mir gebührt als deinem Knechte 260, 11
Der Herr hilft seinen Knechten 45, 4(6)
Drum hilf uns, deinen Knechten 259, 2
Christi freier Knecht zu sein 47, 7
Da Gott seinen treuen Knechten 47, 11
Gieb Erleuchtung deinen Knechten 646, 4
Gott leitet seine Knechte 365, 5
Und hab mit deinem Knecht Geduld 666, 14
Ich aber dein geringster Knecht 753, 11
Ich bin ein unnütz Knechte 579, 6
Und die Schar von seinen Knechten 249, 1
Daß ich als ein treuer Knecht 459, 8(10)
Ein böser Knecht, der still darf stehn 485, 5
Ja, segne Herrschaft, Magd u. Knecht 274, 5
O selig Haus, wo Knecht u. Magd 569, 4
Nicht der Menschen Knecht zu sein 527, 10
Daß ich böser Knecht der Sünde 375, 6[1]
Wie strafest du die bösen Knecht 530, 6
Mich als bösen Knecht hinab zur Höllen 326, 7
Erbarm dich deiner bösen Knecht 496, 2

IV. allgemein.

Die Werk, die sind d. Nächsten Knecht 183, 10

knechtisch.

Darf sich nicht knechtisch scheuen 167, 2

Knechtsgebärden.

In Demut und in Knechtsgebärden 257, 6

Knie.

Tret't her und fallt auf eure Knie 302, 2
Die Knie sie vor dir beugen 562, 2
Wir beugen unsre Knie und flehen 452, 3
Deinen Gnadenthron mit gebeugten Knien ehren 434, 7
Und aller Knie soll dir gebeuget werden 50, 6
Daß noch manches Knie sich beuget 433, 2
Vor dir nach Gebühr m. Knie beugen 677, 12
Auf tief gebeugten Knien 137, 5
Thu dich mit gebeugtem Knie—bitten 279, 5(6)
Laß mich beugen meine Knie 309, 6
Vor dir beug ich meins Herzens Knie 668, 1
Will darauf in Demut biegen m. Knie 528, 5
Beug ich — in rechter Andacht m. Knie 89, 2
Die Hände lässig sind u m. Knie wanken 234, 10

knien.

Droben knien vor deinem Thron 248, 3
Wenn ich knien und liegen soll 611, 1
Im Jugendschmuck vor dir knien 667, 1

knüpfen.

Daß Gott knüpft das Liebesband 715, 2
Deren Hand knüpft Gott in e. Liebesband 661, 2

kommen.

Ich komm, im Buche steht von mir 132, 5
Er kommt, er kommt mit Willen 738, 7
Er kommt, er kommt den Sündern 738, 8
Zu dem kommt Jesus Christ 486, 3
Komm auch in unsre Herzen 395, 5
Ja komm, Herr Jesu, führ uns ein 756, 17
Komm, komm und lege bei mir ein 356, 8
Eh ich dich aus der Höh her sehe zu uns kommen 135, 16
Komm doch, komm doch, du Richter 185, 7
Ich bin, Herr, zu dir gekommen 640, 2
Komm du nun auch zu mir 640, 2
Darum komm ich, mein Herre, ich komm 6, 8
Komm, o Mensch, komm, eile, komm 220, 8
Wie du bist, so darfst du kommen 406, 1
Daß ich noch heute komm zu dir 631, 7
So komme denn, wer Sünder heißt 471, 7
Komm nur, so gut du weißt zu kommen 471, 8
Ich armer Sünder zu dir komm 533, 3
Wir kommen oder kommen nicht 340, 2
Selig sind die zu mir kommen 25, 2
O wann werd ich dahin kommen 432, 2
Ach wann werd ich dahin kommen 581, 7
Die durch den Sohn zu dir gekommen 248, 3
Komm ich zu dir, lieber Gott 246, 2
Sollt ich nicht endlich kommen 236, 2
Bis wir werden zu dir kommen 285, 3
Das sonst auf mich gekommen 465, 4

König.

I. Gott.

Der Herr ist König ewiglich 446, 7
Du der König großer Macht 220, 2
O du großer Herr und König 220, 7
Der immer König bleibet 127, 11
König, sei gepriesen 650, 6
Du bist ein großer König 562, 3
Dich meinen König nenne jetzt 562, 6
Er kommt, er kommt, ein König 738, 9
Ein König aller Königreich 451, 1
So diesen König bei sich hat 451, 3
Da dieser König ziehet ein 451, 3
So kommt der König auch zu dir 451, 4
Dein König kommt, drum freue dich 507, 1
Sieh, dein König kommt zu dir 616, 1
Sprich: mein König komm zu mir 616, 1
Und des Königs Willen lehret 616, 5
Du König aller Ehren 179, 2
Du König so groß und reich 662, 11
König der Ehren! aus Liebe 323, 6
Eur König kommt heran 36, 1
Der König ist gar nah 36, 2
Der König ist nicht fern 36, 3
Der König merket drauf 36, 4
Der König ist gerecht 36, 5

---

1) Fehlt vielfach.

Der König sorgt für euch 36, 6
Der König kommt mit Macht 36, 7
Den König zu besehn, dieweil er kommt 36, 8
Der König will bedenken 36, 9
Ja, König hoch erhoben 36, 9
O selger König, Jesu Christ 253, 6
Held und König, tritt hervor 646, 2
Der König der Ehren, Jesu Christ 210, 1
Du König der Ehren, Jesu Christ 271, 3
Weil mein König triumphiert 615, 2
Komm, du König aller Ehren 615, 6
Ach großer König, groß zu allen Zeiten 298, 8
Mein König und mein Bräutigam 734, 1
Marien Sohn, ein hochgeborner König 734, 2
Groß ist der König der Ehren 734, 6
Du ziehest als ein König ein 601, 3
Meinem König will ich trauen 615, 4
Jesu, wunderbarer König 373, 7
König, würdig aller Kränze 373, 11
Die der König ausgesandt 587, 6
Lobsinget mit Freuden, dem König 224, 1
Wohl her, mein König, nah herzu 732, 6
Und auf des Königs Stuhl gesetzt 685, 4
Da steht dann unser König da 685, 11
Höchste Majestät, König und Prophet 718, 5
Er ist der König aller Ehren 19, 5
Daß der König Jesus Christ 717, 1
Die ziehet zusammen d. Königes Gunst 397, 9
Was ihnen d. König d. Himmels gegeben 182, 1
Die euch d. König d. Himmels anbeut 157, 5(6)
Sei dir, großer König, Dank dafür 762, 1—8
Die der König so zur Gegenlieb entzündt 583, 2
Mit Erschüttern d. Königs Heiligkeit 583, 4
König, schrecklich und erhaben 637, 8
Mein König, laß mich nichts vertreiben 647, 2

II. Mensch.

Zum Priester u. Propheten, z. König 769, 4
Allen Königen und Fürsten 443
Gieb unserm König Glücke 274, 4

Königin.

Der die Königin erfreut 583, 6

königlich.

Einen königlichen Geist 583, 8
Gegeben zu ihrem königlichen Haupt 351, 3

Königreich.

Ein König aller Königreich 451, 1
In seinem ganzen Königreich 610, 3
Von deines Königreiches Zier 424, 3
Des weiten Himmels Königreich 394, 4

Königskron.

Sein Königskron ist Heiligkeit 451, 2

Königsstab.

Jauchzt eurem goldnen Königsstabe 394, 4

Königsstamm.

Siehe Fürstenstamm.

Königsthron.

Siehe Fürstenthron.
Das Kreuz ist der Königsthron 601, 4

können.

Du kannst es thun, du starker Gott 308, 1
Du kannst, du willst, du mußt es thun 308, 6
Du kannst und sollst sie machen los 165, 2
Du kannst, was nie kein Mensch gedacht 165, 3
Er will und kann euch lassen nicht 663, 5
Sein Kind u. Erben nicht lassen will noch kann 328, 5
Deinem Namen dienen, so gut es kann 738, 2
Mehr hab und kann ich nicht 352, 1
Der muß laufen, was er kann 712, 1

Können.

Wenn mein Können, m. Vermögen 625, 5

Kopf.

Bricht den Kopf der alten Schlangen 421, 5
Wie er der Schlangen Kopf zertritt 202, 9
Der Kopf ist ihr zertreten 572, 2
Sein Kopf zertreten ist 607, 6
Schüttle deinen Kopf und sprich 599, 2
Da soll allein dein Kopf dein Licht 138, 6
Und schüttelt ihren Kopf zu deinem Weg 619, 11

Kornbau.

Den lieben Kornbau uns bewahr 60, 5

Körnlein.

Die sich wie Körnlein finden 580, 4

Körper.

Was den Körper jetzt beschwert 215, 2
So den Körper oft entzünden 215, 6

Kost.

Christus selbst die Kost will sein 76, 7
Mein Labsal, meine beste Kost 512, 3
Mich nach dieser Kost zu sehnen 596, 4
Mich gelabet mit Milch u. süßer Kost 542, 5

kosten.

I. Preis.

Er ließ's sein Bestes kosten 502, 4
Wie viel ich dich gekostet 709, 5
Es koste Leib und Leben 405, 11(12)

II. Geschmack.

Wann kost ich doch das Engelsüß 144, 13
Wendt das zuerst gekost'te Leiden 462, 6

köstlich.

Mit köstlichen Geschenken 36, 9
Der Herr ist unsre Freude und köstliches Geschmeide 224, 6
Ist köstlich, gut und reine 554, 6
Nichts ist so köstlich, nichts so schön 205, 12

Kot.

Ich Staub, Erde, Asch und Kot 220, 2
Wirft ihre Hoffart in den Kot 588, 5
Und erwählen einen Kot 717, 6[1])

krachen.

Laß das Wetter krachen 217, 3
Laß alle Wetter krachen 228, 6
Ob es jetzt gleich kracht und blitzt 381, 2
Will gleich alles krachen 696, 5[1])
Und obgleich alles blitzt und kracht 107, 12
Daß alles kracht und blitzt 681, 1

1) Fehlt vielfach.

Kraft.

I. Gott.

Mein ist die Kraft 128, 5
Zur Rechten deines Vaters Kraft 28, 1
Der durch seine große Kraft alles wirket 750, 1
Der rechten Weisheit Kraft durch deine Kraft erschließet 362, 7
Dein ist das Reich, Kraft, Preis 269, 3
Ihm bereit Dank, Weisheit, Kraft 251, 1
Kraft, Ruhm, Preis, Dank 524, 13
Durch deine Kraft zerstören 534, 9
Verleih uns Kraft, die Kraft ist dein 237, 3
Die göttlich Kraft mach uns sieghaft 401, 7
Durch deine Kraft treff ich das Ziel 558, 4
Steht er mit seiner Kraft mir bei 724, 5
Durch deine Kraft übe gute Ritterschaft 448, 4
Des Himmels Kraft und Glanz 567, 9
Kraft, Lob, Ehr und Herrlichkeit 618, 11
Nichts Höhers wird an Kraft — sein 191, 7
Durch Kraft u. Stärke deiner Hand 480, 4
Erfordert Gottes Kraft und Stärk 88, 2
Eine Kraft des Himmels schmecket 312, 6
Rat, Kraft und Held 50, 6
Das Herze mit der Seufzer Kraft 165, 4
Und dein Kraft in mir stets walten 461, 15[1])
Und aus ganz eigner Kraft u. Macht 107, 7
Ach beweise deine Kraft 584, 5
Zeuch durch deines Todes Kräfte 590, 7
Gieb deiner Auferstehung Kraft 302, 7
Sein heilger Mund hat Kraft 636, 1
Mein Geist, Gemüte, Kraft u. Sinn 485, 3
Und stehet in des Herren Kraft 591, 2
Laß deine Kraft mich sehen 687, 8
Als sich Kraft und Atem endt 526, 3
Liebe, die du Kraft und Leben 435, 4
Daß deine Kraft mich nicht verläßt 282, 4
Bekleide mich mit deiner Kraft 559, 5
Einst kommst du mit großer Kraft 275, 2
Gott Heilger Geist, du höchste Kraft 636, 8
Einer Kraft mit Gott Vater 152, 1
Heilger Geist, du Kraft der Frommen 225, 4
Laß den Geist der Kraft, Herr Jesu 21, 9
Und deines guten Geistes Kraft 366, 1
Ach gieb mir deines Geistes Kraft 136, 1
Durch deines heilgen Geistes Kraft 136, 5
Stärk allzeit durch dein Kraft u. Gunst 409, 3
O heilger Geist, des Gnad u. Kraft 700, 6[1])
O Herr, durch dein Kraft uns bereit 412, 3
Und schmecken deine Kraft, die Kraft 769, 2
Geist und Kraft nun überfließen 615, 5
Sende mir dazu — d. Geistes Kraft 762, 1
Durch deines Geistes Kraft es also führ 561, 8

II. Engel.

Es ist der starken Helden Kraft 534, 5

III. Mensch.

Laß es neue Kräfte bringen 309, 1
Der unserm Leben — Kraft gegeben 510, 1
Der Leib gar wenig Kräfte hat 553, 3
Zu diesem Leben Stärke, Kraft — geben 632, 1
Was schweigt ihr denn, ihr meine Kräfte 524, 3
Wenn ich keine Kraft mehr hab 382, 9[2])
Ach, erheb die matten Kräfte 527, 5
Wenn mir alle Kraft verschwunden 375, 6
Der mir giebt neue Kraft 208, 3
Wenn meine Kräfte brechen 78, 4
Vor dir in großer Hitz, ohn Kraft 333, 3
Andre traun auf ihre Kraft 644, 10[1])
Was Menschen Kraft u. Witz anfäht 754, 2
Der Will ist da, die Kraft ist klein 753, 12
Steht in meinen Kräften nicht 415, 3
Nicht besteht in eignen Kräften 298, 11
Nicht vermag aus eignen Kräften 260, 11
Unsre Kraft ist schwach und nichtig 158, 2
Dieselbig Art aus eignen Kräften lassen 183, 4
Mein Hort, mein Schild, mein Kraft 401, 4
Sei meine Stärk und Kraft 9, 2
Stärk und Kraft, Erquickung 28, 3
Wer ist — meines Geistes Kraft 761, 3
Dir zu dienen Kraft verleih 281, 6
Verleih mir Kraft und Mut 286, 7
Weil doch des Glaubens Kraft 292, 3
Laß es neue Kräfte bringen 309, 1
Gieb, Herr Jesu, Kraft und Stärke 713, 8
Dann kannst du Kraft u. Leben — geben 144, 6
So wird er euch geben Kraft 198, 3
Herr Jesu, gieb uns Kraft u. Mut 670, 10
Gieb Weisheit ihm und Kräfte 557, 3
Ach rüst mich aus mit Kraft u. Mut 180, 2
Und mir neue Kraft gewähren 18, 4
Und in deiner Kraft obsiegen 18, 8
Gebe Kraft, wenn ich was zu verrichten hab 14, 9
Gieb uns Kraft und Lebenssaft 597, 2
Schenk uns Kraft, tugendhaft — zu leben[3]) 318, 6
Zion brich herfür in Kraft 194, 6
Kraft zum Leben wird dir geben 673, 7
Wir fühlen neue Kraft und Stärke 475, 5
Um Kraft zu meinem Willen 347, 5
Gieb Willen, Mittel, Kraft u. Stärk 577, 2
Der Glaube — erweiset seine Kraft 657, 2
Sorgest du, daß dirs an Kraft gebricht 191, 8
Allein Vergebung, Gnad und Kraft 470, 5
Und nicht auf meine Kräfte baun 470, 9
Aus allen Kräften preist 777, 7
Alle Kräfte meiner Seelen nimm 520, 5
Denn ich brauche alle Kräfte 252, 4
Und du verknüpfst in Kraft 619, 3
Streng an die Kräfte, Mut u. Sinn 38, 10
Zeugen deiner Kraft zu sein 299, 8
Wo mir deine treue Kraft nicht — Hülfe schafft 712, 3[1])
Gieb mir Kraft und Freudigkeit 712, 3(4)
Keine Kraft davon verschütten 585, 6
Licht u. Kraft u. Mut und Freude 585, 9
Voll Geist, voll Kraft und Stärke 153, 1

1) Fehlt vielfach. 2) Fehlt Anh. G. 3) Var. Bernb. G. Gieb uns Mut, Fleisch u. Blut — zu dämpfen.

IV. allgemein.

So große Kraft, die nimmer zu schätzen 295, 5
Laß uns sein Kraft empfinden 295, 6
Gieb du selbst deinem Worte[1]) Kraft 752, 4
Hilf, daß wir draus genießen Kraft 752, 9
Deinen Geist u. Kraft zum Worte geben 443
Da wird sein Kraft erkannt 10, 5
Gieb aus dem Evangelio mir Kräfte 212, 9
Laß immerdar mich s. Kräfte schmecken 227, 2
Ja für die Kraft in deinem Wort 292, 2
Durch die Kraft im Wunderbade 442, 5[2])
Der Glaub im Geist die Kraft versteht 77, 7
Hat solche Stärk und Kraft 763, 9
Ach laß doch deines Blutes Kraft 554, 6
Hilf, daß durch dieses Mahles Kraft 555, 9
Voller Weisheit, voller Kraft 661, 1
Voller Kraft, voller Wunder 661, 15
Dort in voller Kraft erscheint 646, 5
Tod, wo ist nun deine Kraft 49, 7
Der Tod hat keine Kraft nicht mehr 607, 5
Aus aller Kraft Lob, Preis u. Ehr 753, 2
Das Abba schreien aus aller m. Kraft 405, 6(7)

kräftig.

Und steh mir kräftig bei 286, 8
Mein Schöpfer steh mir kräftig bei 546, 4
Steh mir allzeit kräftig bei 152, 4
Daß mein Bitten kräftig sei 152, 7
Sprich — nach d. Flehn e. kräftig Amen 152, 7
Sein Thun wird kräftig erweist 79, 5
Die kräft'ge Himmelsspeise 560, 8
Und kräftig in mir bleiben 560, 9
Das uns jetzt kann kräftig tränken 596, 8
Bei uns und in uns kräftig sein 543, 1
In mir dein kräftig Zeugnis habe 244, 5
Die Rührung ist nicht mehr so kräftig 470, 2

kräftiglich.

Mich trösten kräftiglich 709, 8
Der großen Sündennot kräftiglich herausgerissen 374, 1
Das meine Seelennot ganz kräftiglich kann stillen 594, 2
Spiegelt sich in der Seele kräftiglich 717, 3
Daß er sich kräftiglich erweist 163, 3
Laß dich in unsre Herzen kräftiglich 543, 6

kraftlos.

Ach wie kraftlos, Herzensjesu 21, 5
Ja, wenn d. Mund wird kraftlos sein 524, 14
Und nicht kraftlos niedersinkt 634, 1
Ihr Zorn ist kraftlos worden 572, 5
Nichts ist, das nicht kraftlos wär 678, 5
Wird plötzlich kraftlos, müd u. laß 681, 3

krank.

Es geht dahin, wird matt u. krank 165, 1
Ich bin vor lauter Liebe krank 349, 11
Ist morgen krank, ja wohl gar tot 631, 6
Sieh, morgen ist er schwach u. krank 417, 6
Dein Leib mich speise, da ich krank 775, 3
Und unsern kranken Nachbar auch 112, 7
Wo ich krank und traurig bin 611, 3
Ich bin zwar sündlich, matt u. krank 143, 2
Macht dich mehr noch schwach u. krank 673, 8
Mein Arzt, wenn ich krank u. schwach 379, 9
O Wonne kranker Herzen 416, 5
Ich bin krank, unrein, nackt u. bloß 555, 2
Kranken Herzen sende Ruh 491, 4

kränken.

Dies ist m. Schmerz, dies kränket mich 558, 2
Wenn mich meine Sünden kränken 340, 5
Wenn dich Angst u. Kummer kränken 61, 1
Wenn meine Sünd mich kränken 709, 1
Mein Sünd mich werden kränken 710, 2
Und was dein Herze kränkt 58, 1
Ihr Macht, die ist gekränket 199, 4
Wenn ich mich heimlich kränke 35, 11
Den der mich kränkt mit Trutz 152, 6
Keinen wird kränken mein Leben 70, 2
Es thut gar weh und kränket sehr 23, 1
Im Himmel wird sich niemand kränken 23, 6
Darf nicht, wie ihr, sich kränken 472, 6
Weltlust nur die Seele kränkt 152, 6
Ja, für alles, das mich kränket 372, 6
Liebe, die sich tot gekränket 526, 7
Warum willst du dich so kränken 773, 1
Was mich vor gekränket 635, 6
Was die Seele kränken kann 463, 6
Was kränkst du dich in deinem Sinn 355, 15
Frei von allem, was uns kränket 243, 7
Willst du mich kränken, mit Gallen 125, 11

kranken.

Was hier kranket, seufzt und fleht 389, 6

Kranker.

Hilf gnädig allen Kranken 510, 13
Man bittet für die Kranken 137, 7
Pfleg auch der Kranken 129, 4
Wenn dich Kranke angesprochen 255, 3
Klagt, ihr Kranken, ihm die Schmerzen 384, 10
Da ich Kranker — zu dir schrei 352, 2
Hilf als ein Arzt den Kranken 274, 10
Was ihr eurem Kranken erwiesen 472, 9
Hier finden Kranke Heilung 550, 4
Was mag wohl einen Kranken laben 187, 4
Mein Jesus nimmt die Kranken an 85, 2
Daß du mich Kranken gespeiset 560, 3
Dich, den Kranken, wohl erquicken 604, 5
Daß er Speise sei der Kranken 386, 5

Krankheit.

Den die Krankheit plaget 281, 5
Von Krankheit, Schmerz und Leid 99, 7
Auf daß mir Krankheit, Angst u. Not 577, 6
Sind auch der Krankheit Plagen 686, 6
Bin ich aller Krankheit los 697, 2
Hält mich der Krankheit Ach 350, 3
In Krankheit, Jammer, Kreuz 107, 1. 14

Kranz.

König, würdig aller Kränze 373, 11
Schmückt m. Sarg mit Kränzen 621, 6

---

1) Var. Anh. G. Donner. 2) Fehlt vielfach.

Kraut.
Tier und Kräuter und Getreide 625, 6
Geriebne Kräuter riechen wohl 367, 5
Fürn Tod kein Kraut gewachsen ist 343, 5
Fleisch u. Blute e. herb u. bittres Kraut 203, 2
Kreis.
Bis dieser Kreis der Erden 103, 4
Kreuz.
I. Christus.
Mußtest am Kreuze hangen 284, 4
Das am Kreuze dich geplagt 375, 8
Es floß ja auch für uns zu gut v. Kreuz 452, 4
Jesus, der am Kreuze starb 159, 2
Wie er ein lieber Vater blieb am Kreuz 230, 6
Am Kreuz ist er gestorben 573, 2
Der sein Blut am Kreuz vergossen 607, 1
Am Kreuze hast empfunden 366, 13
Hast die Sünd am Kreuz getragen 374, 10
So am Kreuz vergossen ist 374, 6
Da er am Kreuz ließ töten sich 700, 2
Am Stamm d. Kreuzes geschlachtet 565, 1-3
Mit Gall getränket, ans Kreuz gehenket 298, 2
Der für uns ist ans Kreuz gehenkt 146, 4
Hängt am Kreuze bleich und bloß 590, 1
Kannst du am Kreuze sehn 590, 2
Den am Kreuz wir bluten sehn 634, 3
Wenn ich knien und liegen soll an dem Kreuze 611, 1
An deinem Kreuze hier mein Leben 542, 7
Der am Kreuz ist meine Liebe 97, 1—6
Die ihn ans Kreuze schlägt 606, 3
So laß den Blick vom Kreuz 606, 6
Da du bist am Kreuz gehangen 281, 4
Setz dich unter Jesu Kreuze 600, 1
Giebst du dich ans Kreuze hin 600, 3
Schaue von des Kreuzes Stamm 600, 4
Beständiglich unter deinem Kreuze leben 600, 5
Bist am Kreuz gestorben 477, 2
Am Stamm des heilgen Kreuzes 709, 1
Das Kreuz ist der Königsthron 601, 4
Am Kreuz gestorben und vom Tod 749, 2
Am Stamm des Kreuzes gestorben 169, 6
Ja gar am Kreuz gestorben ist 254, 2
Bist für mich am Kreuz gestorben 48, 4
Du hast m. Heil — am Kreuz erworben 538, 9
Für mich am Kreuz auch endlich starbst 283, 1
Das ist an des Kreuzes Stamm 76, 5
Es treibt zum Kreuz des Mittlers hin 212, 7
Der du hast am Kreuze für mich Armen 577, 3
Auch sein Kreuz und Dornenkron 654, 4
Und hast am Kreuz gleich einem Dieb 554, 5
Dich vom Kreuz ins Grab gestrecket 255, 1
Der am Kreuz gehangen 79, 3
Sein ganzes Leiden, Kreuz u. Pein 130, 3
Stieg er auf durch Kreuz und Leiden 424, 4
Ich nehme deines Kreuzes Bürde 647, 4
Angst, Wunden, Striemen, Kreuz u. Tod 165, 1
Meines Jesu Kreuz und Pein 584, 1
Durch dein Kreuz und Tod 443
Dein Kreuz laß sein m. Wanderstab 553, 9
Denen Kreuz nur Thorheit 448, 8
Und hier zum Kreuze fliehen 137, 5
Dein Nam und Kreuz allein funkelt 652, 3
Soll Jesu Leiden, Kreuz und Pein 153, 3
Durch dessen Kreuz u. blutgen Tod 189, 3
Die Begierden an d. Kreuz zu heften 298, 11
Ich will mich mit dir schlagen ans Kreuz 580, 15
II. Mensch.
Dringt das liebe Kreuz herein 599, 13
Schickt er mir ein Kreuz zu tragen 676, 4
Ist euch das Kreuz bitter u. schwer 417, 14
Daß ich gern dir das Kreuz nachtrage 371, 6
Das Kreuz dir fröhlich tragen nach 11, 11
Nehmt euer Kreuz und Ungemach 485, 1
Wer nicht sein Kreuz nimmt u. folgt mir 485, 6
Das Kreuz und alle Plagen 405, 10(11)
Hat endlich uns betroffen viel Kreuz 36, 8[1])
Es ist genug des Kreuzes 184, 3
Weil mich stets viel Kreuz betroffen 194, 2
Lauter Kreuz sind unsre Tag 194, 4
Bist du schwer mit Kreuz beladen 229, 4
Hilf ihr Kreuz ihnen tragen 532, 5
Ja leiden muß er Kreuz und Not 512, 9
Ihr Kreuz war immer groß 329, 4
Mit Schmach am Kreuz gefangen hält 202, 4
Die Pein des größten Schmerzes, Kreuz 213, 2
Kreuz und Trübsal tragen 288, 4
Der muß mit ihm das Kreuz — leiden 472, 2
Wenn unsers Kreuzes Rute uns — dräut 203, 2
Dich such und find in allem Kreuz 13, 1
Und uns stets übet in Kreuz 107, 10
In Krankheit, Jammer, Kreuz u. Tod 107, 1. 14
So gieb mir Kreuz und Leiden 237, 4
Erlöse mich von allem Kreuz u. Leiden 294, 8
Mich schon mit Kreuz u. Angst thut pressen 4, 4
Acht alles Kreuz gering 352, 5
Mein Kreuz ist umgekehret 352, 7
Hält sich in dem Kreuze wohl 661, 12
In Kreuz u. Leid, im Sterben u. im Leben 465, 7
Durch das Kreuze zu ihm lenke 625, 10
Christen Kreuz hat seine Maße 625, 11
Daß wir durchs Kreuz ins Leben gehn 744, 4
Da doch das Kreuz hat neugeborn 754, 6
Er prüfet durch das Kreuz 228, 1
Daß alles Kreuz und Leid dir ewig 228, 6
Ob er gleich schlägt u. Kreuz auflegt 341, 1
Was du jetzt nennest Kreuz u. Pein 341, 7
Solls aber Kreuz und Unglück sein 341, 10
Je größer Kreuz 367, 1—8
Den Gott in Kreuz u. Trübsal setzt 367, 1
Im Kreuze wächst uns der Mut 367, 3
Das Kreuz vermehrt der Liebe Glut 367, 4
Das Kreuze, das die Gräber ziert 367, 4
Laß mir dein Kreuze — je lieber sein 367, 9
Bis dort mein Kreuz die Krone trägt 367, 9
Das liebe Kreuz auch mit besucht 623, 3

---

1) Fehlt vielfach.

Will endlich uns erlösen vom Kreuz 365, 6
Pflegt das Kreuz zu mindern 462, 6
Ein Christ kann ohne Kreuz nicht sein 154, 1-5
Auch ich will ohne Kreuz nicht sein 154, 6
Ob des Kreuzes ist gleich viel 419, 9
Auch im Kreuz auf dich gericht 701, 1
Bleib mitten in unserm Kreuz u. Leiden 510, 8
Er wird dir dein Kreuz versüßen 765, 7
Kreuz u. Elende das nimmt ein Ende 125, 12
Kein Kreuz u. Leiden ist euch hinderlich 582, 3
Und stärk in Kreuz u. Leiden m. Herz 420, 6
Im Kreuz sei meine Freude 420, 8
Der alles Kreuz versüßen 36, 8
Mach das Kreuze süße 597, 7
Er macht das bittre Kreuze süß 243, 8
Im Kreuz ein Gnadenschein 287, 3[1])
Und wenn des Kreuzes Ungestüm 165, 6
Wenn ihn gleich ganz das Kreuz verzehrt 558, 4
In solchem Kreuz mein Tröster sein 7, 4
Wie Gott dir alles Kreuz gewandt 7, 5
Da hinfort euch kein Kreuz wird rühren 200, 9
Zwar d. Kreuz drückt Christi Glieder 384, 13[2])
Und sollte mir durch Kreuz u. Not 282, 4
Die weiland trugen dort d. Kreuzes Joch 369, 6
Hier ist kein Kreuz, kein Leiden 135, 13
In Kreuz giebts Lust 295, 4
Es will durchs Kreuz bewähret sein 10, 5
Und bleib im Kreuz ergeben 735, 6
Allzeit hat Kreuz getroffen 735, 7
Daß wir im Kreuz geduldig sein 744, 3
Kein Kreuz nicht achten, keine Schmach 298, 13
Mein Kreuz und meine Plagen 709, 6
Ein jeder hat sein Kreuz in Händen 23, 2
Im Himmel wird das Kreuz der Erden 23, 3
Segne mich in Kreuz und Leiden 316, 7
Laß mich im Kreuz nicht zagen 636, 5
In allem Kreuz erhalte mich 296, 2
Das Kreuz hilf selber tragen 536, 4
Laß keine Not des Kreuzes dich abkehren 609, 2
Elend, Not, Kreuz, Schmach u. Tod 381, 3(4)
Ich hab nun überwunden Kreuz, Leiden 78, 3

Kreuzesfahne.
Ach bei Christi Kreuzesfahn geht es 593, 6
Zur Kreuzesfahn durch dein Blut 706, 4

Kreuzeshitze.
Stütze wider alle Kreuzeshitze 586, 5

Kreuzesholz.
Gut an dem Kreuzesholz erworben 526, 6

Kreuzeslast.
Die Kreuzeslast, die du hier hast 465, 4
Du aber nimm die Kreuzeslast 681, 12

Kreuzesnacht.
Wenn uns d. finstre Kreuzesnacht befällt 107, 10

Kreuzesnot.
Laß mich sehn dein Bilde in deiner Kreuzesnot 542, 10

Kreuzesofen.
Laß es — rein in d. Kreuzesofen sein 378, 2

Kreuzespein.
Deine schwere Kreuzespein mir stets 584, 7
Nur mit deiner Kreuzespein 470, 5
Es kann ein Christ bei Kreuzespein 670, 4

Kreuzesschande.
Deine Kreuzesschande, deine Geißel 371, 2

Kreuzesstamm.
Du marterst ihn am Kreuzesstamm 165, 4
Der du aus Lieb am Kreuzesstamm 555, 1
Sein' h. Wunden am Kreuzesstamm 426, 2
Am Kreuzesstamm dein heilges Blut 119, 3
Gestorben bist am Kreuzesstamm 549, 2
Winket von dem Kreuzesstamme 406, 3

Kreuzestod.
Durch dein Blut und Kreuzestod 18, 3
Mir werd — dein Kreuztod zugerechnet 537, 4

Kreuzeswüsten.
Führst du mich in die Kreuzeswüsten 700, 4

kreuzigen.
Laß mein Fleisch — Herr, mit dir gekreuzigt sein 590, 7
Kreuzigt ich nicht Gottes Sohn 97, 3
Und kreuzge mein Begier 286, 5
Kreuzige mein Fleisch und Blut 600, 8

Kreuzkelch.
Nimm an von Gottes Hand d. Kreuzkelch 228, 5

Kreuzsteg.
Und ist der Kreuzsteg schwer u. hart 720, 5

kriechen.
Nur kreuch zum Kreuz herzu 183, 2
Du wirst auch kriechend angenommen 471, 8
O laß uns zurück nicht kriechen 448, 8[2])

Krieg.
I. eigentlich.
Und wenn gleich Krieg u. Flammen 36, 6[2])
Wend ab den Krieg, gieb Friedensrat 82, 7
Zu des Krieges Schluß 265, 5
Den Krieg und alle andre Not 265, 7
Vor Krieg und Blut behüt uns 443
Durch Krieg und große Schrecken 510, 3
Bei euch rumoret Krieg und Streit 512, 7
Die Kirchen, so zerstöret durch Krieg 769, 9[1])
Behüt vor Krieg und teurer Zeit 496, 1
Treibe weg des Krieges Schall 714, 9
Wend in allen Gnaden Krieg, Feuer 274, 6
Recht große Not uns stößet ab von Krieg 140, 2
Der den Kriegen steuern kann 644, 10
Daß sich bei uns löse der Krieg 235, 2
Es war ein wunderlicher Krieg 76, 4
II. bildlich.
Der uns den Sieg so herrlich hat nach diesem Krieg gegeben 572, 1. 10
Und uns den Frieden für den Krieg 607, 7
Uns durch den schweren Krieg erworben 144, 1
Wird der Krieg gewißlich wohl ablaufen 243, 6
Schenk uns Waffen in dem Krieg 414, 6(7)
Erlanget auf den Krieg — den Sieg 721, 4
Mit der Sünde — beständig Krieg 589, 12

1) Fehlt Bernb. G. 2) Fehlt vielfach.

Ohne tapfern Streit und Krieg 593, 5
Hat sie lauter Krieg im Sinn 694, 4
Welt, bei dir ist Krieg und Streit 697, 3. 7

kriegen.

Wer hier kriegt, nie erliegt 47, 4
Der, der kriegt recht vergnügt 47, 8

Kriegsbahn.

Auf dieser Kriegs- u. Siegesbahn 424, 10

Kriegsleute.

Und recht tapfre Kriegesleut 47, 3

Krippe.

Es glänzet deiner Krippe Licht 410, 7
Er liegt dort in der Krippen, in Elend 199, 3
In ein Kripp ward er gelegt 114, 3
Daß er in d. Krippen Höhle harte lieget 197, 2
Nun, er liegt in seiner Krippen 200, 7
Vom Stall und von der Krippen 486, 4
Jetzt man in der Krippen findt 209, 2
Uns. Herzens Wonne liegt in d. Krippen 519, 1
Das liegt dort in der Krippen hart 663, 1
Die Krippen, Windelein so schlecht 662, 5
Das man in der Krippen findt 766, 1
Komm eilend, laß die Krippe sein 179, 7

Krippelein.

So laß mich doch dein Kripplein sein 356, 8
Nackt und bloß in einem Krippelein 447, 2
Was liegt dort in dem Krippelein 662, 7
Der vom Kripplein bis zum Grabe 413, 13
Hältst in dem Kripplein deine Ruh 753, 6
So war dein Kripplein auch nicht groß 753, 10

Krone.

Fahr hin, meins Herzens werte Kron 502, 5
Ei, meine Perl, du werte Kron 734, 2
Des bin ich gar u. er ist meine Kron 35, 10
Nun komm, du werte Kron 672, 2
Des, der da trägt die höchste Kron 149, 2
Der du Kron und Scepter trägst 362, 6
Reich u. Kron uns viel—Segen bringen 408, 4
Trägst keine güldne Kron 562, 3
Sehet ihn in s. Kron unter Dornen 601, 2
Wie herrlich glänzt deine Kron 601, 5
In der königlichen Krone 249, 1
O heilger Geist, du werte Kron 547, 9
Komm du schönste Krone 281, 8
Mein Herzens Kron, m. Freudensonn 636, 4
Ich will dich lieben, meine Krone 364, 8
Du meines Herzens Freud u. Kron 598, 1
Gott, meine Kron, vergieb u. schone 125, 9
Erwähl als meinen Schatz u. Krone 554, 2
Meine Krone, m. Schutz in aller Not 554, 12
Daß dein erlittne Schande m. Kron 375, 3
Es soll sein meines Hauptes Kron 165, 10
Dich, unsers Hauptes Kron 224, 5
Erlangt die ewig grüne Krone 621, 6
Trägt auch die Kron des ewgen Lebens 485, 7
Trägt die Kron des ewgen Lebens nicht 38, 1
Wer nicht will streiten um die Kron 38, 10
Ich seh die Krone binden 153, 12
Schon die Krone beigelegt 646, 5
Dann wirst du die Krone geben 646, 7
Der wird der Krone wert geschätzt 685, 4
Wer die Krone will empfangen 712, 1
O wie glänzt die schöne Krone 712, 2
In der wundervollen Krone 582, 3
Die ihre Krone nicht verscherzen 424, 8
Ist mir beigelegt der Gerechten Krone 156, 2
Dem Haupt ein edle Kron 203, 12
Nicht die Krone des Lebens verlieren 397, 7
Des ewgen Lebens Kronen dar 394, 4
Es schmückt—mit Kronen einst m. Haupt 360, 6
Reize mich durch jene Krone 18, 7
Was ist dein Gold und Geld hier gegen diese Kronen 135, 12
Ein'm jeden setzen auf ein güldne Kron 99, 4
Die beste Kron, die Jesus mir 369, 5
Wo wir sollen unter Kronen 713, 10
Seht auf die Krone, die euch der König 157, 6
Und eine Kron zum Gnadenlohn 609, 8
Durch k. Sicherheit dir d. Krone rauben 347, 4
Erfreut die Krone der Gerechtigkeit 282, 2
Zum Gnadenlohne die schöne Krone 477, 9
Halt ja deine Krone feste 589, 8
Wahren Siegern wird die Krone 593, 5
Je größer Kreuz, je schönre Krone 367, 8
Die mit Kronen du ausgeschmücket 329, 12
Eine schöne Krone schon z. Gnadenlohne 288, 7
Vom Ziel, an dem die Krone schimmert 739, 5
Und endlich gar mit Kronen ziert 474, 6
Die Krone nun vertraut 178, 5
Wird das Kreuz der Erden — zu lauter güldnen Kronen werden 23, 3
Wie wird unsre Krone glänzen 581, 5
Träget jeder eine Krone 721, 1
Ich bin ihr Schild und Kron 426, 1
Dir schon die Krone weist 770, 5
Die Krone, die Jesu gefällt 182, 2
Seine Krone in segensvollem Glanze 274, 4
Kein Scepter, keine Krone sucht er 505, 3
Einer ist des andern Kron 661, 4

krönen.

Du wirst — mit Dorn gekrönet 298, 2
Und mit Dornen gar gekrönet 383, 4
Mir lässest du dich krönen mit Dornen 588, 7
Kröne mich mit Huld und Gnade 375, 5
Wird hier auch mit gekrönt 37, 8
Gekrönt zu einem Himmelserben 465, 3
Gott krönet kein geteiltes Herz 685, 3
Wenn du willst gekrönet sein 52, 1
Vater kröne du mit reichem Himmelssegen 9, 4
Gott krönt das Jahr mit seinem Gut 87, 3
Krön unser Feld mit deinem Gut 751, 9(6)
Mich gekrönt mit Himmelsgut 379, 4

krumm.

Ich ein armes Bettelkind, lahm und krumm 220, 3
Was krumm ist, gleich und schlecht 486, 2
Was krumm und schlecht, prüfe recht 194, 4
Die Wege sind oft krumm u. doch gerad 619, 1

Krüppel.

Die blind u. lahm und Krüppel sind 351, 2

krümmen.
Die krümmen mir kein Haar 37, 4
So krümmen sie mir nicht ein Haar 98, 6
Krystall.
Mehr als Krystall rein, klar und helle 257, 1
Küchlein.
Und nimm dein Küchlein ein 515, 8
Wie eine Henn ihr Küchelein bedeckt 15, 5
Unter d. Flügel nimm d. Küchlein ein 315, 4
Kugel.
Wie sich eine Kugel drehet 24, 5
kühl.
Nun gute Nacht; die Nacht ist kühl 756, 3
Was schadet mir das kühle Grab 331, 9
Lieblich, frisch, wie kühler Tau 440, 2
Den Leib bedecke kühler Sand 82, 11
kühlen.
Hilf, daß mich d. Angstschweiß kühle 375, 2
kühn.
Wirf nur getrost u. kühn allein auf ihn 186, 8
Streit keck und kühn 38, 10
kühnlich.
Das sollst du kühnlich glauben 609, 3
Und darf kühnlich bitten 441, 2[1])
Kummer.
Wie sich da der Kummer häuft 693, 2
Und was sein Kummer sei 355, 11
Da dich der Kummer plagt 58, 6
Wenn dich Kummer drückt 313, 4
Nimmt allen Kummer hin 405, 6(7)
Werfen allen Kummer hin 421, 2
In Kummer, Angst und Schmerzen 107, 1. 14
Manche Herzen ihrem stillen Kummer 778, 2
Ihrem Kummer nachzusinnen 778, 8
Zeige, wenn der blöde Kummer 646, 6
Als Kummer euren Herzen 472, 4
Da ist es alles Kummers los 472, 6
Mit — Heil erfüllen u. d. Kummer stillen 597, 1
In großer Arbeit, Müh u. Kummer 257, 3
Ich will dem Kummer wehren 342, 6
Ja, häuft sich Kummer und Verdruß 340, 7
Wirf nur getrost den Kummer hin 186, 4
Kummer, der das Herze bricht 460, 4
Von manchem Kummer sein befreit 57, 3
Wird der Kummer sich — verschließen 696, 5
Das nur am Kummer klebet 612, 1
So manche liebe Nacht mit Kummer 329, 2
Den Kummer könnt ihr sparen 621, 2
Daß ich aus Kummer und Beschwer 366, 3
Sorg und Kummer daher streichet 196, 5
Eine Hand voller Sand, Kummer der Gemüter 676, 10
Kummerhöhle.
Eilt aus euren Kummerhöhlen 187, 3
Kummerleben.
Dein so armes Kummerleben 438, 3
kümmerlich.
Dieser — bösen Welt kümmerliches Leben 156, 3
kümmern.
Kümmert uns ein fremdes Leid 377, 3
Kümmernis.
Voll Kümmernis d. Auge zu dir thränt 777, 2
Und sterb ohn alle Kümmernis 722, 12
kund.
Ist worden kund aus deinem Mund 295, 1
Giebt denen — all seine Thaten kund 365, 4
Hat Christus sich mir kund gegeben 691, 3
Was dich ergötze, mir kund u. wissend sei 738, 1
Das sei euch kund gethan 199, 4
Daß du mußt sterben, ist dir kund 631, 5
Was geheim ist, ist dir kund 525, 4
Ich sing und mach auf Erden kund 355, 1
Wem thät ich meine Sorge kund 691, 1
künden.
Kündet deinen Ostermorgen 673, 4
künftig.
Deinen Willen künftig mehr — erfüllen 268, 3
Er wird doch künftig wieder blühn 728, 8
Versichert sich — e. künftig bessern Zeit 661, 12
Was künftig, wessen wird es sein 127, 10
Kunst.
Beten ist der Christen beste Kunst 701, 3
Und suchen viele Künste 112, 4
Witz u. Kunst mir nicht zum Abgott 260, 2
Was ist das Wissen vieler Kunst 472, 5
Kein Kunst, noch Gunst 343, 5
Nichts hilft Verstand, Witz oder Kunst 88, 10[2])
Friede hat unsre Gunst, ist unsre Kunst 424, 9
So herz ich die verschmähte Kunst 153, 4
künstlich.
Der künstlich und fein dich bereitet 445, 3
kurz.
In meiner kurzen Lebenszeit 153, 4
Kurz, kurz ist unser Lebenslauf 591, 3
Kurz ist mein irdisch Leben 232, 2
Kurz ist der Weg, die Ruh ist lang 756, 1
Höret auf zu klagen m. kurzen Lauf 512, 6
Da wir nach dieser kurzen Zeit 107, 8
Hier ist ein kurzes Freuen 56, 3
Auf kurze Sünden dieser Welt 530, 6
kurzem.
So ist sie in kurzem mein 712, 4
kürzen.
Und selbst das Leben kürzest 138, 2
Kuß.
Das Kreuz ein Kuß seiner Gnade 173, 3
Laß dir süßer sein die Küsse 245, 6[3])
Will ich mit mehr als einem Kuß 472, 9
küssen.
Der Herr gar freundlich küsset 426, 2
Du küssest uns, wir sagen Bessrung zu 619, 7
Daß wir den Heiland küssen 224, 7
Seine Hände müssen wir — küssen 684, 2
Will dich mit Begier in m. Herzen küssen 554, 9
Deinen Scepter will ich küssen 718, 5
Küssen ihres Jesu Joch 245, 14(16)

1) Fehlt vielfach. 2) Fehlt Bernd. G. 3) Fehlt Anh. G.

Komm, m. Liebster, laß dich küssen[1]) 596, 2
Ja mit Lieb u. Glauben küssen 281, 8
Herz u. küsse der gekränkten Wunden 611, 2
Vor andern küss' ich deine Rute 524, 10
Ein neugebornes Gotteskind küßt seines Vaters Rute 167, 7
Laß mich dich im Glauben küssen 422, 6
Heut die Hände höflich küssen 24, 6
Laß Lieb und Treu sich stetig küssen 751, 9
Daß Fried und Treu sich küssen 274, 5
Und Friede wird sie küssen 265, 8

Kyrie.

Kyrie Eleison 239. 281. 385. 443. 489. 704
Kyrieleis 73[2]). 75. 209[3]). 497

L.

Labe.

Ewig wird zu süßer Labe 705, 3

laben.

Mich heut und ferner laben 630, 2
Da See und Land sich muß von laben 213, 7
Mich laben mit d. guten Himmelsgaben 225, 2
Der eure Herzen labet und tröstet 738, 6
Dein Mund hat mich gelabet 542, 5
Dein Durst und Gallentrank mich lab 553, 5
Kann mich ohn dich gnugsam laben 558, 3
Und labest aus dem Felsen mich 741, 4
Laß d. Friedensgaben m. — Herze laben 286, 2
Da ihr sollt euer Herz mit laben 200, 11
Wen nun dürstet soll sich laben 220, 6
Das matte Herz zu laben 566, 2
Können Herz und Seele laben 463, 5
Und unsre Herzen labet 285, 1
Auf daß er unsre Herzen lab 501, 7[4])
Dein betrübtes Herz zu laben 604, 3
An d. Himmelsgaben, die hier uns laben 550, 8
Himmlische Gaben, die süßiglich laben 574, 2
Dort für u. für im ewgen Leben laben 243, 13
Zu laben, komm, werter heilger Geist 420, 1
Da — Christus wird ohn Ende laben 676, 10
Und ewig reichlich laben 139, 4
Jesu, dein Wort soll mich laben 586, 4
So kannst du mich herrlich laben 638, 2
Werden sich die müden Seelen laben 137, 6
Und die uns alle laben 149, 7
Und sich mit dir will laben 143, 1
Deiner Gnaden Brünnlein mich laben 281, 9
Das stärkt, das labt, das macht allein 277, 1
Ach, so wollest du mich laben 3, 6
Mein Quell, da ich mich labe 554, 12

Labsal.

Mein Jesus all meine Lust, m. Labsal 512, 3
Der uns gern Licht u. Labsal gönnet 200, 8
Laß nur den dein Labsal sein 604, 4[5])
Labsal, Herzenssaft wird uns von dir 28, 3
Setzt er dir Labsal für 696, 3
So laß mich dich zum Labsal finden 479, 7
So laß ja dies mein Labsal sein 277, 4
Dein Schmerzen muß mein Labsal sein 580, 6
Solcher Pein e. Labsal m. Seele sein 335, 1
Da empfindet unser Herz lauter Labsal 581, 4
Stellt sich Trost und Labsal ein 40, 1
Da ward das Wort der Gnade m Labsal 94, 4

Labung.

Auch die Labung, die man mir giebet 215, 4

lachen.

Die Sonne, die mir lachet 405, 14(15)
Der macht Gott und Engel lachen 693, 4
Bis mir deine Sonne lacht 434, 7
Wenn mir deine Blicke lachen 529, 3(4)
Doch ihrer lachet Gott 699, 2
Davon oft unser Herze lacht 107, 5
Daß mir das Herze wieder lacht 279, 4
Mein Geist ist froh, m. Herze lacht 53, 9
Da mir das Herz vor Freude lacht 728, 3
Und hab ich dich, so lacht mein Mut 480, 5
Mußt du weinen mehr als lachen 603, 1
Der bei den Engeln lacht 621, 9
Dessen Huld in Ewigkeit mir lacht 396, 1
Dort, wo man nach Thränen lacht 581, 1
Du wirst wieder lachen 773, 6
Da Fried und Freude lacht 738, 3
Leuchtet und lacht uns von ferne 128, 2
Sündlich reden, thun und lachen 593, 6
Gute Freunde, die mein lachen 678, 4
Lacht der finstern Erdenkluft 389, 9
Es lache, wem's beliebt 203, 9
Laß sie spotten, laß sie lachen 676, 6
Hier lach ich aller Angst und Not 333, 8

Lachen.

Wenn du mir wirst mit Lachen 135, 10
Der mir manches Lachen — geschenkt 217, 2
Thränensaat, die erntet Lachen 430, 2
In Traurigkeit mein Lachen 165, 8
Voll Lust, voll Freud und Lachen 106, 10
Gram u. Leid lauter Freud u. Lachen 599, 16

---

1) Var. mehrfach: O Herr, laß dich umfassen; Bernb. G. Komm mein Heil, laß dich genießen. 2) Var. Bernb. G. Halleluja. 3) Var. Anh. G. Halleluja. 4) Fehlt vielfach. 5) Fehlt Bernb. G.

Daß mit Lachen unser Mund erfüllet sei 649, 6
Da wird das Lachen werden teur 185, 1
Verachte Drohen, Lachen 153, 4
Die Welt ist mir ein Lachen 37, 5

laden.

Würd unsre Bürd er nicht auf sich laden 200, 5
Zu laden alle, die man findt 351, 2
Die ganze Welt heißen laden 487, 3
Er hat mich oft umsonst geladen 471, 9
Will dich jetzt zu Gaste laden 596, 1
Zum Schaden sei zu d. Tisch geladen 596, 9
Wie du uns hast geladen 280, 2
Auf dein Wort komm ich geladen 734, 4
Du auch mich hast laden lassen 220, 1
Und doch lässest du mich laden 220, 4
Er läßt dich freundlich zu sich laden 514, 1

Lager.

Mein hartes Lager ganz mit Thränen 184, 2
Das Lager weich u. warm u. dicht 660, 4

lagern.

Sich stets um uns her lagern 534, 8

lahm.

Die blind u. lahm u. Krüppel sind 351, 2

Lahmer.

Sich der Blinden, Lahmen, Armen 255, 2
Daß ihr nicht strauchelt wie die Lahmen 591, 2

lallen.

So lang er lallen kann 453, 1

Lallen.

Indes laß dies Lallen — dir gefallen 371, 6
Nun, du Liebster, unser Lallen 429, 7

Lamm.

Da wird d. Lamm die Seinen — weiden 727, 6
Willkommen, Jesu, Gottes Lamm 179, 2
Preis und Ehre dem Lamme 613, 2
Giebt sich an, unser Lamm zu werden 200, 6
Da, da schau ich Gottes Lamm 97, 6
Du schlachtest ihn als wie ein Lamm 165, 4
Lamm Gottes, heilger Herr u. Gott 29, 3
Als ein stilles Lamm, dort so blutig 160, 2
O teures Lamm, so edle Gaben 475, 8
Jesu, Gottes Lamm, habe Dank 602, 1
Wer will dich nun scheiden v. d. Lamm 773, 7
Daß mir bereit ist des Lammes Hochzeit 240, 1
Christe, du Lamm Gottes, höre 240, 1
Denn das Lamm ist selbst das Licht 115, 12
Dein Licht ists Lamm 733, 2
Zu stehen, reines Lamm, in d. Licht 529, 2(3)
Sieh auf das Lamm 187, 1
Wir werden auch das Lamm dort sehn 187, 5
Das Lamm ist seinem Volke nah 187, 6
Daß dein Lamm sich weiden kann 640, 7
Ist Gnade durch des Lammes Blut 53, 6
Überwunden fröhl. durch d. Lammes Blut 47, 5
Das erstgeborne Lamm, Lamm u. Löwe 424, 5
Jener Schar, die um d. Lamm beständig 93, 1

Lammeswesen.

Ihr Lammeswesen dargethan 424, 5

Lämmlein.

Das Lämmlein ist der große Freund 165, 2

Lampe.

Halt' eure Lampen fertig 505, 6
Bald habn in unsern Händen die Lampen 99, 1
Ihr Frommen, zeigt eurer Lampen Schein 178, 1
Macht eure Lampen fertig u. füllet sie 178, 2
Bringt die Lampen ins Geschicke 589, 17(15)
Steht auf! die Lampen nehmt 672, 1
Die Lampen sind geschmücket 234, 4

Land.

Herrscht über Himmel und alle Land 210, 2
Beherrschest alle Leut und Land 547, 8
Daß sie noch das Land besitzen 419, 4
Und leucht' stark in die Lande 10, 5
Höret uns kaum im fremden Land 418, 10
In diesem wilden Land 418, 14[1])
Mit Zungen frei in alle Land 409, 4
Verknüpf in allen Landen 769, 8
Laß blühen wie zuvor die Länder 769, 9[2])
Das Volk im ganzen Land 769, 10
Willst du uns und unser Land 218, 1
Soll das Land nun Eisen werden 218, 5
Regen unser dürres Land getränkt 218, 7
Laß d. Kirch u. unser Land d. Engel Schutz 534, 9
Das Land bringt Frucht u. bessert sich 192, 3
Feucht auch das Land, gieb Sonnenschein 82, 8
O möcht es doch in alle Lande gehn 669, 2
Dein milde Hand den Armen in d. Land 134, 8
Ich zieh in ferne Lande 399, 10
So schnell ich Land u. Sand verlaß 479, 2
O wohl dem Land, o wohl der Stadt 451, 3
Er segnet ihre Stadt, ihr Land 404, 4
Daß du Land, Kirch und Häuser 272, 7
Stadt und Land dir täglich anempfehlen 137, 7
Und segne unser Stadt und Land 496, 6
Verwüstung abgewendet von dieser Stadt und Land 258, 3
Sein Amt, sein Haus, Land, Vieh 704, 10
Himmel, Erde, Land und Meer 220, 5
Sei, wo ich woll im Land 665, 1
Wohin wir ziehn durch Land u. Meer 253, 4
Da See u. Land sich muß von laben 213, 7
Uns, Land u. Leute, Hab u. Gut beschütze 189, 4
Ich, die Meinen, Land und Leute 379, 11
Tränke du dein durstig Land 225, 1
Mache mich zum guten Lande 640, 4
Lasse Ströme fließen, die d. Land begießen 597, 4
Im Guten grünen als e. fruchtbar Land 597, 8
Werden gleich allhier dem guten Lande 752, 7
Zufriedenheit in unserm Lande wohnen 237, 6
Gönnt er mir keinen Sitz im Land 571, 7
Hier ist der Engel Land 135, 13

lang.

Du machst es lang mit d. jüngsten Tage 185, 7
O ewig, ewig ist zu lang 530, 3
Gesagt: es hat noch lange Zeit 366, 9
Ach, mein Gott, m. Gott, wie lange 414, 5(6)

---

1) Fehlt vielfach. 2) Fehlt Bernb. G.

Er wartet noch — wer weiß wie lang 236, 4
Wie lang hat er mit vielem Flehen 471, 8
Zu lang und schändlich durchgebracht 471, 9
Ach wie lang, ach lange ist d. Herzen 381, 1
Lang, wie lang muß ich mich sehnen 184, 2(3)
Ach Herr, wie lang erhörst dus nicht 325, 3
Wie lange wird mir so angst u. bange 473, 3
Es wird nicht lang mehr wären 418, 12
Daß uns die Welt verhöhnt, währt nicht lange 591, 3

Länge.

Und die Läng ausreden kann 428, 5
Währt es doch nicht in die Länge 463, 4

Langmut.

In die Strahlen deiner Langmut blicken 650, 1
Deiner Langmut Ehre wird — erhoben 650, 2
Langmut auszuüben u. die Welt zu lieben 650, 6
Treue, Langmut, Licht und Segen 248, 4
Du Langmut ohne Maßen 236, 8
Erblassen vor der Langmut u. Geduld 762, 3

langsam.

So dir der Lauf zu langsam deucht 234, 11
Was langsam schleicht 213, 10

Lärm.

Wenn die Welt gleich Lärmen macht[1]) 694, 6

lässig (laß).

Sondern träg und lässig sein 593, 5
Wo wir nur nicht lässig sein 527, 11
Auf! du mußt nicht lässig werden 53, 2
Wird plötzlich kraftlos, müd u. laß 681, 3

lassen.

Das laß ich dir zuletzte. Amen 502, 10
Laß uns dein Wort; stärk uns im Geist 269, 2
Und laß uns nicht verderben 216, 1—3
Dir uns lassen ganz und gar 216, 1—3
Auf ihn mein Herz soll lassen sich 55, 3
In Trübsal — läßt du die Deinen nicht 453, 1
Er will und kann euch lassen nicht 663, 5
Dem sei Trotz, ders nicht lassen kann 663, 5
Lässet auch ein Haupt sein Glied 389, 2
Der mich, — nicht lassen will 328, 5
Ich weiß, du wirsts nicht lassen 353, 5
Du wirst, Jesu, mich nicht lassen 462, 9
Will uns nicht nach sich lassen 224, 3
Herr, dein heilger Geist uns nimmer laß 239, 3
Meinen Jesum laß ich nicht 458, 1—6
Jesum laß ich nimmer nicht 458, 2
Ich werd ihn auch lassen nicht 458, 4
Jesum laß ich nicht von mir 458, 6
Meinen Jesum laß ich nicht 457, 1—3. 5
Dich, mein Jesu, laß ich nicht 457, 4
Dich, mein Bruder, laß ich nicht 457, 5
Laß mich auch, mein Jesu nicht 457, 6
Ach mein Jesu, laß mich nicht 457, 6
Amen, Jesum laß ich nicht 457, 7
Und wenn ich dich gefaßt, in Ewigkeit nicht lassen 554, 13
Ich will nimmermehr dich lassen 602, 10
Dich laß ich nicht von mir 135, 15
Dich aus meinem Sinn nicht lassen 165, 5
Laß sie mich, mich sie nicht lassen 379, 5
Dich Jesum laß ich ewig nicht 120, 1—6
Und dich nicht, o mein Licht, aus dem Herzen lasse 676, 12
Nun, so lasset ihn nicht dorten 201, 2
Lassen die schnöde Welt 426, 4
Alles andre lassen 436, 1
Dieselbig Art aus eignen Kräften lassen 183, 4
So er die Werk nicht lasset 183, 8
Das will ich fliehn und lassen 580, 15
Willig ohne Furcht die toten Werke laß 687, 5
Mit dir alles thun und alles lassen 160, 4
Er lehrt mich thun und lassen 106, 5
Wenn Satan auch noch ungern läßt 572, 4

Lassen.

Segne unser Thun und Lassen 503, 3
Mein Lassen und Beginnen ist böse 286, 7

Last.

Wie hart ist diese Last 184, 2
Und ist mir eine sanfte Last 524, 10
Die Last der schweren Plagen 228, 2
Und findet ein harte, schwere Last 405, 10(11)
Lösen von der so schweren Last 58, 10
Dir wir aller Sorgen Last 3, 1
Aus Gnaden dieser schweren Last entladen 22, 3
So daß uns manche schwere Last 534, 6
Einer hat der Menschheit Last — gefaßt 159, 2
Hilft uns treulich tragen die große Bürd und Last 203, 4
Du hast m. Last all auf d. Rücken 200, 13
Du nimmst auf deinen Rücken die Lasten 580, 6
Genommen weg der Sünden Last 555, 1
Laß mich der Sünden Last empfinden 470, 4
Was du Herr erduldet, ist alles m. Last 542, 4
Gedenke, daß du diese Last — getragen 776, 2
Mit aller meiner Lasten Menge 647, 4
Dadurch uns hast aus aller Last erlöst 548, 5
Der, aller seiner Last entbunden 777, 7
Befreit von aller Last 51, 6
Er macht sein Israel von Last — frei 228, 3
Und drückt mich sehr der Sünden Last 553, 1
Wenn gleich die Last dich niederdrückt 471, 8
Und die schwere Last von mir wende 281, 6
Erbarm dich mein in solcher Last 279, 2
Dir will ich die Last aufbinden 276, 7
Mich drücket meiner Sünden Last 776, 1
Niemals über Lasten klagen 377, 2
Trägt — hier seine Lasten gern 313, 5
Entlade von der Last, die ihn beschwert 589, 1
Unter Joch und Last will biegen 619, 3
Wirf hin die Last und eil herzu 187, 1
Ihr habt des Tages Last getragen 187, 3

Laster.

Daß ich die Laster fliehe 13, 10
Lösch alle Laster aus in mir 555, 7
Laster u. Schande, des Lucifers Bande 125, 5

1) Var. Bernh. G. sich auch empört.

Lästerer.
Ich hab den Lästrer gern gehört 704, 9
Verfolgern und Lästerern vergeben 443
Lasterlauf.
Im vollen Lasterlauf auf Arges seid 36, 4
Lasterleben.
Du Lasterleben, gute Nacht 381, 4(5)
lästern.
Wie sie es jetzt zu lästern wissen 703, 3
Lästerreden.
Ach du hast ausgestanden Lästerreden 383, 2
Lästerung.
Für die Lästerung zu segnen 255, 6
Laub.
Laub und Gras kleidet schön 626, 3
Die Bäume stehen voller Laub 204, 2
Als manches Laub das Erdreich trägt 530, 4
Ein Blum und fallend Laub 513, 3
Wenn des Leibes welkes Laub 529, 4(5)
Sein Leben ist ein fallend Laub 737, 1
Lauf.
Ein voller zum Himmel gerichteter Lauf 397, 2
Und gleich mit dir im vollen Lauf 144, 4
Nimm zu Gott nur deinen Lauf 229, 4
Laß nicht ab von deinem Lauf 51, 6
Führ mit Jesu deinen Lauf 195, 1
Bis daß nach vollbrachtem Lauf 641, 6
Seinen Lauf in dir zu enden 735, 5
Richt und leite ihren Lauf 221, 2
Sei für mich Schranke, Lauf u. Bahn 578, 5
Daß ich den Lauf vollende 9, 1
Auf Christum schließ ich m. Lauf 334, 5
Daß ich mein' Lauf vollenden kann 11, 11
Um zu vollenden meinen Lauf 776, 4
Und führe mich in meinem Laufe 148, 6
Unsern Lauf ganz seliglich vollziehen 107, 9
Seinen Lauf mit Ehren kann vollenden 38, 5
Selig, wer den Lauf vollbringt 634, 1
So kann ich m. Lauf — vollbringen 706, 6
Wenn sich mein Lauf beschließt 361, 3
Unser Lauf voller Beschwerden 196, 3
Zu klagen meinen kurzen Lauf 512, 6
Mein Lauf ist nun vollbracht 621, 1
Von nun an richte meinen Lauf 234, 7
So dir der Lauf zu langsam deucht 234, 11
Wann mein Lauf vollendet ist 90, 7
Meinen Lauf unverrückt — fortsetze 718, 10(9)
Fördre meinen Lauf 718, 10(9)
Du hast meinen Lauf regiert 382, 4
Thu uns nach dem Lauf d. Thüre auf 377, 4
Und m. Lauf m. Freudigkeit — beschließe 459, 9
Bald, bald der saure Lauf vollendet 187, 1
Meinen Lauf hab ich vollendet 206, 2
Und hemme meinen alten Lauf 470, 4
Und was d. Wort im Laufe hindern k. 669, 7
Gieb dem Wort — e. recht gepriesnen Lauf 433, 2
Giebt Wege, Lauf und Bahn 58, 1
Wo ihr habt euren Lauf 517, 8
Nach kurzer Nächte Lauf 350, 5
Steur selbst dein Schiff u. richt d. Lauf 176, 4
Mein Ostertag ist schon im Lauf 202, 5
laufen.
So lauft mit schnellen Schritten 36, 1
Ei, so kommt und laßt uns laufen 200, 8
So laufen wir mit herzlichem Verlangen 771, 1
Lief ich gleich weit zu solcher Zeit 8, 2
Er ziehet mich. O armes Herze lauf 236, 3
Zieh uns nach dir, so laufen wir 144, 12
So lauf ich mit den Füßen 554, 9
Die sonst würden ganz verfluchet laufen 374, 2
In Haufen auf m. Wangen laufen 135, 5
Und über die groß Wasser läuft 674, 2
laulich.
Laß dich ja nicht laulich finden 194, 7
lauter.
Suche mich u. hilf aus lauter Gnaden 143, 6
Von Gnad und lauter Güte 183, 1
So ist es wahrlich lauter dein 666, 8
Daß ich sei lauter jederzeit 537, 7
Und tilge, was nicht lauter heißt 578, 6
Das Silber — wird lauter funden 10, 5
Bringst — nichts als lauter Segen mit 525, 3
Weil mich der lautre Strom aus s. Lieb 567, 8
Nahe dich dem lautern Strom 604, 9
läutern.
Und alle Herzen läutern 94, 2
Erwecke, läutre und vereine 523, 1
Lazarus.
Ich will wie Lazarus allein in Krankheit 775, 3
Wohl bewahren, wie den Lazarus im Tod 196, 9
leben.
I. Gott.
Unser Gott, der lebt ja noch 701, 4
Lebt doch unser Herr Gott noch 229, 1—8
Gott, mein Vater lebet noch 624, 5[1])
So wahr als ich selbst lebe, sprichst du 6, 8
So wahr ich lebe, ich will nicht 528, 4
Der Herr, mein Gott, der ewig lebet 208, 4
Der lebet nun in Herrlichkeit 79, 3
Lebt Christus, was bin ich betrübt 202, 8
Wo er jetzt lebt, da muß ich hin 202, 9
Und sieh, er lebet wieder 572, 6
Ich leb, und ihr sollt mit mir leben 607, 4
Er, er lebt und wird auch mich 388, 1
Jesus lebt 388, 6
Denn Jesus lebt, es hat kein Not 670, 8
Mein Jesus lebt 478, 1—3
Denn überall schallt: Jesus lebt 478, 2
Ich leb und ihr lebt auch mit mir 478, 3
Er lebt in meinem Herzen hier 478, 4
So wahr als Jesus ist und lebt 478, 4
Hallelujah! Jesus lebt 42, 1—5
Daß er lebt und auferstanden ist 354, 1
Er lebt und wird nun bei uns sein 354, 8
Mein Jesus in dem Herzen lebt 332, 2
In dem Munde leb und herrsche 84, 3

1) Fehlt vielfach.

Ob Christus in dir lebet 657, 11
Dieser Erstgeborne lebt 49, 6
Weint nicht! mein Erlöser lebt 206, 9

II. Mensch.

Wir leben und gedeihen 510, 2
Ohne dich zu leben ist lauter Herzeleid 594, 3
Die gelebt u. leben werden kommen[1]) 217, 6
Wer auf der Erden lange lebt 512, 8
Was will ich besser leben 329, 5
Wohl gestorben, als in der Welt gelebt 621, 6[2])
Ich bleibe, weil ich lebe, ja ewig dir 470, 9
Wer leben will u. gute Tage sehen 727, 5
Weil ich leb auf dieser Erden, leb ich 722, 2
Beständiglich unter deinem Kreuze leben 600, 6
Meinem Gott allein zu leben 520, 2
Laß uns, dieweil wir leben hier 752, 8
So lang ich leb auf Erden 700, 4
Dieweil er lebt auf Erden 417, 7
Und wenn er nicht mehr leben mag 417, 8
Soll ich hier noch länger leben 32, 6
Soll ich noch leben manchen Tag 343, 1
Jedermann lebt für sich hin 618, 4
Ich leb oder sterb, so bin ich dein 119, 5
Lebe, wie du, wenn du stirbst 456, 2
Wer lange lebt, steckt lang im Leide 770, 4
An — deinen herben, bittern Tod, dieweil ich lebe, denken 284, 1
Auch weil wir hier noch leben 547, 2
Weil ich soll auf Erden leben 458, 2
Aller Welt, so lang ich leb, erzählen 362, 18
Guts zu thun, so lang sie leben 419, 1
Töten, weil wir leben, uns. Fleisch 430, 3
Führe mich, so lang ich leb auf Erden 687, 7
Drum will ich, weil ich lebe noch 11, 11
Dieweil ich lebte, war ich dein 333, 8
Lebt wohl, lebt wohl im Herrn 772, 1
Sein Seele lebt ewig in Gott 509, 3
Sanft einschlaf u. ewig mit dir lebe 109b, 7
Und deiner Gnade leben 55, 2
Der Glaub will keins andern leben 76, 7
Daß jedermann sollt leben 6, 6
So leb und sterb ich dir allein 11, 12
Und also leb und sterb ich dir 517, 10
Hier und dort mit ihm zu leben 198, 4
Laß mich in Demut leben 13, 4
Nach rechter Spur d. wahren Christen lebe 13, 6
Laß mich im Glauben leben 361, 3
In dem wir möchten leben 146, 2
Und laß ihn mit dir leben 502, 5
Dem ich lebe, des ich sei 461, 9
In dir leben und in dir erblassen 160, 4
Dir leb ich u. in dir — will ich auch sterben 14, 11
Einer ist es, dem ich lebe 387, 2
Nur einem will ich leben 120, 1
Gnadenvoll als ein Gerechter leben 623, 5
Dem leb und sterb ich allezeit 343, 13
Ich leb od'r sterb, so bin ich sein 343, 13
Hab ich gelebt nicht wie ich soll 753, 16
Ich weiß, daß von Natur ich leb 244, 2
Ich lebte nach den Lüsten hin 153, 2
Böslich leb ich ganz und gar 374, 3
Christlich zu leben, seliglich zu sterben 83, 5
Und ich christlich könne leben 309, 12
Daß ich danach christlich lebe 240, 4
Recht gläubig, christlich leben 9, 5
Daß wir dadurch leben 239, 2
Nimm mich in dich, daß ich lebe 281, 7
Sprich nur ein Wort, so werd ich leben 325, 6
Wenn wir wollen leben 449, 8
Ist gestorben und lebet noch 509, 4
Und wie man soll hier leben wohl 295, 3
Daß wir auch leben heiliglich 655, 2
Nach allem Wohlgefallen heilig leben 285, 1
Nach deinem Wort gottselig leben 5, 2
Gieb, daß wir lebn in deinem Wort 1, 9
Daß ich nach deinem Willen leb 704, 18
Leb ich nach seinen Sätzen 399, 4
Selber frei nach seinem Willen leben 183, 3
Nach deinem Willen leben 12, 5
Daß wir von Sünden leben rein 181, 11[2])
Mich bessern, leben fromm hinfort 533, 6
Glauben recht und leben fein 430, 1
In wahrer Buße lebe 310, 2
Daß ich hier unschuldig lebt 417, 12
Ich will dir leben hier 200, 15
Nur dir, dir leb ich ganz allein 337, 3
So leb ich dir, so sterb ich dir 330, 7
Was ich lebe, dir nur lebe 26, 8
Dir zu leben, dir zu leiden 461, 6
Hingegen leb ich dir 286, 5
Lasset uns mit Jesu leben 430, 4
Dir zu leben, m. Nächsten nütz zu sein 353, 1
Dran wachsen wir und leben[3]) 81, 7
Und dir hinfort zu Ehren leb 279, 6
Und dir zu Ehren lebe 286, 3
Mich ergebe und ihm einzig lebe 462, 3
Laßt uns ihm zur Ehre leben 42, 4
In Fried u. Freundschaft leben 536, 5
Wie man vor Gott leben soll 134, 11
Von ganzem Herzen leben 347, 3
Ich sehne mich, nur dir zu leben 578, 6
Ihr mit uns im Himmelreich sollt leben 662, 4
Daß ich ewig leben kann 526, 7
Dir zu leben, dir zu sterben 739, 2
Und ihr sollt mit mir leben 607, 4
Als Glieder mit mir leben 607, 5
Und durch dich leben ewiglich 745, 10
Er lebt, ob er gleich stirbet 572, 6
Daß ich leb, doch ich nicht hier, sondern Christus lebt in mir 379, 1
Und ewig mit ihm leben 107, 8
Und lebe mit mir ewiglich 631, 1
Sondern ewig leben soll 374, 11
Daß ich lebe für und für 430, 1
Soll nun leben für und für 773, 7
Und ewig bei dir leben 78, 7

1) Var. Bernb. G. 2) Fehlt vielfach. 3) Var. Bernb. G. kleben.

Aber dort lebt, wer hier glaubt 59, 5
Ich leb in tausend Freuden 621, 5
Daß ich stets bei dir leb und bin 710, 4

III. allgemein.

Was lebt im Wasser, Laub und Gras 417, 5
Was lebt, was schwebt hoch in Lüften 735, 1
Was da lebet, muß verderben 31, 1
Daß Wild und Vieh — auch neben uns zu leben hab 82, 8

Leben.

I. leiblich.

a) Christus.

Sein Leben in den Tod gegeben 79, 2
Dein Leben in den Tod für uns gegeben 596, 8
Ich bin dein, weil du dein Leben 676, 11
Tod und Leben, dir ist alles untergeben 28, 1
Dazu mein Leben rauben 502, 8
Den Tod verschlingt das Leben mein 502, 8

b) Mensch.

Ein jeder Mensch sein Leben hat 506, 2
Der du mir dieses Leben — hast gegeben 294, 1
Gesundheit, Heil und Leben — geben 399, 8
Mein Leben dank ich deiner Hand 366, 4
Wer giebt uns Leben und Geblüt 355, 6
Da er mir m. Wesen gab u. das Leben 625, 2
Leib, Seel und Leben ist nicht mein 676, 3
Du unterhältst mir auch das Leben 333, 1
Unserm Leben bis hieher Kraft gegeben 510, 1
Ach Hüter unsres Lebens 510, 6
Bei dir steht Tod und Leben 621, 8
Errett' dein armes Leben 513, 1
Tod und Sünde, Lebn und Gnad 385, 3
Mit gutem Recht d. Leben mir verkürzen 326, 7
O Quell, daraus mein Leben fleußt 234, 1
Mein Leben und mein Sterben ruht 563, 6
Was ich hab in diesem armen Leben 296, 2
Auf d. Welt m. Leben höher bringen 536, 6
Auch nicht um langes Leben 214, 3
In stiller Ruh all unser Leben bringen zu 82, 7
An dir wir kleben im Tod und Leben 402, 1
Gieb dein Leben, Thun und Stand 138, 3
Du gabst mir das Leben 90, 5
Das Leben hat er allein gegeben 511, 2
Der unser Leben, das er uns gegeben 444, 2
Mein Leben schenkst du mir aufs neu 559, 2
Und dein ist unser Leben 459, 4
Nimm meines Lebens gnädig wahr 459, 7
Mein Leben u. mein Ende ist dein 264, 5
Dein ist auch mein Leben 275, 1
Dein sei auch mein ganzes Leben 388, 4
Hat geben all Notdurft diesem Leben 258, 2
Des Lebens Notdurft giebst du mir 666, 4
Dient es nicht mir u. meinem Leben 599, 8
Was sind dieses Lebens Güter 676, 10
An mir u. meinem Leben ist nichts 405, 3
Das Leben ich selig u. heilig mag führen 70, 4
Mein Leben sei Gott dem Herrn ergeben 665, 3
Der Tod durchdrang mein Leben 769, 3
Mir zwischen Tod und Leben war 666, 3
Nach Leib und Leben sie uns stehn 754, 3
Führen — e. still, geruhig Leben hier 545, 3
Wenn gleich süß ist das Leben 297, 3
Gnade jederzeit nachfolgen in d. Leben 109b, 6
Für die Gnade, für das Leben 379, 3
Das macht das Leben allzu schwer 23, 5
Dieser schnöden, bösen Welt kümmerliches[1]) Leben 156, 3
So will ich zwar nun treiben m. Leben 329, 6
Woll uns bei unserm Leben 499, 2
Und ist des Lebens Wallfahrt aus 109a, 5
So lange dieses Leben währt 500, 8
Für Leben, Wohlfahrt, Trost u. Rat 237, 2
Hilf mir im Leben, Tod und Not 63, 3
Doch, da mein Leben zugenommen 623, 7
Ich beschließ meins Lebens Lauf 553, 11
In ihm dies Leben schließe wohl 14, 8
Hier mein Leben von mir geben 542, 7
Mein Leib, mein Leben, mein Weib 54, 4
Meine Seele, Leib und Leben 32, 4
Seel und Leben, Leib und Glieder 590, 6
Drum so will ich dieses Leben 31, 2
Daß sich enden mög mein Leben 196, 2
Der Tod das Leben endet 579, 2
Durch Tod und Leben zu dir bringen 412, 2
Mein ganzes Leben sei dir ergeben 440, 6
Wenn ich des Lebens müde werd 631, 3
Das Leben ist gleich wie ein Traum 723, 2
Her zu mir in dies betrübte Leben 7, 10
Kurz ist mein irdisch Leben 232, 2
Um d. Leben nur e. jämmerliches Thun 581, 2
Wir sind dem Leben abgestorben 424, 2
Nicht im Tod und auch im Leben 548, 6
Hirt allein im Leben u. im Sterben 393, 7
So schickts mit mir im Leben 293, 1
Im Tod u. Leben hilfst du mir 517, 10
Auch im Tod und Leben 195, 5
Ergeben im Tod und auch im Leben 48, 2
Zum Leben oder Sterben 724, 3
Kein Trost — im Sterben u. im Leben 172, 1
Es sei Leben oder Tod 722, 8
Für die Brüder auch das Leben lassen 300, 3
Und hätte gern mein müdes Leben 345, 1

II. geistig.

a) Gott.

Mein Gott, mein Licht, mein Leben 208, 1
Mein Gott, mein Trost, mein Leben 208, 3
Ich laß dich nicht, — mein Leben 350, 6
Mein Hülf, mein Heil, mein Leben 401, 4
Du bist meine Hülf, mein Leben 641, 9
Er ist mein Licht und Leben 682, 4
Mein Hoffnung und mein Leben 689, 2
Die Wahrheit und das Leben 14, 8. 537, 3
Die Pfort, die Wahrheit u. das Leben 146, 5
Denn ist Jesu Leib und Leben 261, 2
Nun hat er s. ewges Leben mir — gegeben 261, 3
Die Wahrheit und das Leben 14, 8. 537, 3

1) Var. Anh. G. jämmerliches.

Der selber ist das Leben: Christus 511, 4
Da Tod und Leben rungen 76, 4
Das Leben siegt und ward sein Herr 181, 3
Bei dir alleine find ich Heil u. Leben 281, 1
Da das Leben her thut rühren 281, 1
Du bist selbst das Brot des Lebens 281, 2
Das Leben selbst ist Mensch geborn 567, 3
Das Leben ist in dir und alles Licht des Leben 151, 8
Denn Christi Leben ists 657, 11
Leben, das den Tod — hat geschmecket 718, 2
Daß er sei das Lebn und Heil 487, 2
Ach möcht ich, o mein Leben 542, 7
Ei, so komm, mein wahres Leben 584, 5
Dich Weg, dich wahres Leben 224, 5
Und mein Heiland ist im Leben 389, 1
Mein Jesus ist mein Leben 679, 8
O Jesulein, mein Leben 356, 1
O Jesu Christ, mein Leben 431, 2
Und Christus ist mein Leben 48, 3
Als dir, mein allerliebstes Leben 470, 6
Gleichwie du, m. Fürst des Lebens 49, 1
Laß mich, Baum des Lebens, bleiben 529, 6(5)
Ich will dich lieben, o mein Leben 364, 2
Du bist meines Lebens Leben 59, 1. 200, 12
Du meines Lebens Leben 629, 2
Mein Jesus bleibt also mein Leben 478, 4
Vermählet mit dir, m. liebstes Leben 560, 10
Ist Christus unser Leben 473, 10
Leben derer, die verloren 718, 1
O meines Lebens Leben 338, 6. 510, 15
Der Heil und Leben mit sich bringt 451, 1
Und hat uns bracht das Leben 76, 1
Die gnadenreiche Sonne bringt Leben 117, 1
Christ hat das Leben wiederbracht 181, 3
Sein Unschuld Leben wiederbracht 254, 3
Unschuld und Leben wiederbracht 572, 7
Dein Blut das ist mein Leben 165, 9
Dein Tod wird mir das Leben sein 183, 6
Von dir auf uns Licht, Trost u. Leben 28, 3
Du, des Lebens Licht und Freud 220, 3
Ohne welchen ist kein Leben 461, 8[1])
Mein Jesu, du hast Lust zum Leben 777, 6
Präge mir deines Lebens Bildnis ein 647, 3
Der uns zu stürzen meint unser Leben 424, 2
Denn dein Wort, o Jesu, ist Leben 169, 4

b) Mensch.

Uns Heil und Leben wiederbracht 107, 6
Gedürst' nach d. Menschen Heil u. Leben 602, 7
Hilft uns zum Leben allermeist 211, 2
Das uns den Weg zum Leben weist 507, 2
Der Ort, wo man zum Leben geht 51, 12
Mir eben zu dem Leben — Bahn gemacht 590, 4
Ich wünsche mir kein andres Leben 647, 1
Soll mir allhier des Lebens Thür 341, 8
Seelenkraft, die uns Heil u. Leben schafft 415, 2
Mein Heil hat mir das Leben bracht 231, 1
Hast das Leben und die Macht 428, 3
Ein neues Leben nimmt man hin 354, 3
Schaff mir ein neues Leben 353, 3
Schaff in uns ein neues Leben 591, 4
Der ein neues Leben schafft 221, 3
Uns zum Heil erfunden das Leben 670, 6
Und in ein neues Leben gehst 670, 7
Es galt ein neues Leben 76, 1
Wird auch gewiß das Leben schlicht 41, 3
Himmlisch Leben wirst du geben 543, 1
Nun ist Christus unser Leben 49, 4
Forthin meines Lebens Licht 156, 2
Die zum Leben dir dein Vater übergeben 253, 5
Es mehrt sich unser innres Leben 475, 5
Laß uns Leben zu empfahn 267, 1
Kann uns nicht gnug zum Leben sein 211, 2
Denn vergnügt auch wohl das Leben 47, 8
Wer sein Leben selbst besiegt 47, 8
Unser Leben sei verborgen mit Christo 47, 10
Wir zeigen ihm das Leben 657, 7
Ich bin gewiß in meinem Leben 332, 3
Laß die Seele m. in dir d. Leben haben 566, 2
Laß Leben, Licht und Wonne 286, 1
Such in mir dein Leben 275, 7
Es war kein Guts am Leben mein 502, 2
Umsonst auch in dem besten Leben 55, 2
Ist etwas Guts am Leben mein 666, 8
An mir u. meinem Leben ist nichts 405, 3
Wenn d. Feind wird d. Leben verklagen 497, 4
Sei dein Wort zum ewgen Leben 172, 5
Solln richten Lehr und Leben 295, 1
Und bringt dir Geist und Leben 212, 6
Schreib ins Lebensbuch zum Leben 437, 6
Mein Bach des Lebens soll sich dir 165, 6
O Geist, sei meines Lebens Leben 538, 3
Ererben des ewgen Lebens Haus 769, 12(13)
Auch halten keusch das Leben dein 134, 7
Und bessre bald dein Leben 530, 7
Daß an ihrem Thun und Leben 419, 5
Mein Leben, Sitten, Sinn u. Pflicht 555, 11
Richte selbst mein ganzes Leben so 193, 9
Ach laß meines Lebens Gang 762, 12(11)
Mein ganzes Leben dir zu weihn 725, 6
Können sie in diesem Leben hier 628, 7
Himmlisch Leben wird er geben mir 734, 5
Ich werd auch das Leben schauen 389, 2
Ohne Zeit dort im andern Leben 200, 15
Des ewgen Lebens Vorschmack sei 11, 10
Ich habe nun ein ewig Leben funden 567, 8
Insgemein zum neuen Leben gehen ein 670, 9
Unvergänglich Leben und Kraft 250, 3
Uns zum Leben zu erneuen 42, 3
Und das Leben ist errungen 42, 3
Uns e. ewig Leben — werdest geben 475, 7
Der Tod nur sei die Thür zum Leben 577, 6
Ist bereit uns ein Leben in Ewigkeit 749, 3
Hier wird ein Leben mitgeteilt 727, 2
Ein ander Leben folgt auf dies 332, 6
Und selbst die Thür zum ewgen Leben 471, 4

1) Fehlt vielfach.

Durch den Tod zu dir ins Leben dringen 254, 6
Leben schenkt er nach dem Tod 384, 10
Ewges Leben hast du mir — erworben 710, 3
Mich führn zum ewgen Leben 710, 5[1])
Uns gebn nach dieser Zeit das ewge Lebn 748, 2
Aus Gnaden mir das Leben schenk 283, 5
Ich weiß ein besser Leben 297, 3
Führ mich ins ewge Leben 297, 10
Dich zum ewgen Leben mir gegeben 649, 8
Mit dem Leben, das dir dein Gott 739, 1
Soll dich im höhern Leben dann 275, 8
Du wirst unvergänglich Leben — geben 250, 4
Schau, o mein Geist, in jenes Leben 725, 3
Dort für u. für im ewgen Leben labe 243, 13
Trägt die Kron des ewgen Lebens nicht 38, 1
Reicht — des ewgen Lebens Kronen dar 394, 4
Trägt auch die Kron des ewgen Lebens nicht davon 485, 7
Erleucht zum ewgen Leben 192, 1
Da mir Gott zum ewgen Leben will 210, 1
Bezahl damit das ewge Leben 579, 6
Vom Baum des ewgen Lebens essen 38, 4

III. allgemein.

Was ein Leben und e. Odem in sich hat 524, 5
Dein sündlich böses Leben durchaus 652, 1
Daß weder Tod noch Leben 328, 4

lebendig.

Stehet feste auf den lebendigen Gott 455, 1
Du bist die lebendige Quelle 281, 2
Lebendig Christus kommt herfür 572, 3
Der ist gewiß lebendig tot 11, 8

Lebendige.

Im Bunde der Lebendigen 148, 6

Leben lang (lebenslang).

Und es thun mein Leben lang 316, 8
Jetzt u. m. Leben lang für deine Pein 709, 4
Ich will dir all mein Leben lang 179, 2
Ich will dich all mein Leben lang 610, 7
Die du mir — lebenslang erwiesen hast 415, 4
Barmherzigkeit wird lebenslang mir 109a, 5
Mein Leben lang m. Arbeit so verfasse 13, 9
Wie werd ich mich mein Leben lang 366, 15
Dazu mein Leben lang, o Gott 54, 1
Mein Leben lang so reichl. mich ernähret 630, 2
Drum will ich mein Leben lang 701, 6

Lebensau.

Laß die dürre Lebensau 490, 2

Lebensbächlein.

Zu dem Lebensbächlein leiten 458, 6

Lebensbahn.

Auf der schmalen Lebensbahn 586, 3
Führe mich die Lebensbahn 95, 3
Auf der müden Lebensbahn m. Lauf 173, 4
Möge wallen auf rechter Lebensbahn 286, 6

Lebensbaum.

Unter deinen Lebensbäumen 432, 4

Lebensbecher.

Der Lebensbecher folgt 228, 5

Lebensbild.

Aber auch mein Lebensbild 97, 2

Lebensblick.

Strahl, o Sonn, mit Lebensblicken 21, 6

Lebensbrot.

Du Lebensbrot, Herr Jesu Christ 143, 8
Mit d. Lebensbrot im Glauben stillen 285, 3
Du bist das rechte Lebensbrot 748, 3
Laß Lebensbrot genießen 508, 4
Wie heilig ist dies Lebensbrot 726, 2
Gott hat mich — mit Lebensbrot gespeiset 113, 1

Lebensbrunnen.

Wunden frische Lebensbrunnen sein 375, 6
Die Lebensbrunnen sind in dir 223, 6

Lebensbrünnlein.

O Lebensbrünnlein, tief und groß 566, 1
O Lebensbrünnlein, durch dein Wort 566, 2
O Lebensbrünnlein, Jesu Christ 566, 4
O Lebensbrünnlein, tief und weit 566, 5

Lebensbuch.

Schreib ins Lebensbuch zum Leben 437, 6
Dies öffne dir das Lebensbuch 212, 5
Und läßt das Lebensbuch mich sehn 334, 6

Lebensbündlein.

Bind m. Seel — ins Lebensbündelein 652, 5

Lebensende.

Kommt unser Lebensende 122, 9

Lebensfaden.

Wenn der Lebensfaden bricht 458, 3

Lebensfürst.

Daß, wenn du, o Lebensfürst 238, 9
Du Lebensfürst und Gnadenquell 753, 1
O Lebensfürst, ich weiß, du wirst 629, 4
Selig, gleich dem Lebensfürsten 424, 6
In dem Blut des Lebensfürsten 413, 1
Nach dem Trank des Lebensfürsten 596, 4
Und du, o teurer Lebensfürst 234, 8
Bis du mich, o du Lebensfürst 555, 12
Mein Verlangen, o du gr. Lebensfürst 581, 8
Den Lebensfürsten umgebracht 607, 2

Lebenshort.

Ei, mein Herr, süßer Lebenshort 735, 4
O starker Fels und Lebenshort 543, 5

Lebensjahr.

Die Lebensjahre eilen[2]) zu der Bahre 217, 6

Lebenskraft.

Gieb mir neue Lebenskraft 266, 5
Was ihnen dient zur Lebenskraft 446, 5

Lebenskrone.

Und die Lebenskrone krieget 608, 6
Dort ist die Lebenskrone 56, 4
Siehe auf die Lebenskrone 194, 2
Und uns die selge Lebenskron[3]) 64, 4

Lebensland.

Und dort im Lebenslande steh 148, 6

Lebenslauf.

Sehr bös im ganzen Lebenslauf 704, 14
Daß ich in meinem Lebenslauf 244, 3

---

1) Fehlt Bernb. G. 2) Var. Anh. G. liegen auf. 3) Var. Darmst. G. des ewgen Lebens Kron.

In dem müden Lebenslauf 21, 5
In deinem ganzen Lebenslauf 609, 3
Kurz, kurz ist unser Lebenslauf 591, 3
Regierst und führst den Lebenslauf 282, 1
Mein Kreuz und ganzer Lebenslauf 35, 14
Führe deinen Lebenslauf allzeit Gottes 494, 12
Daß ich m. Lebenslauf unter deinen 18, 8
Daß ich m. Lebenslauf seliglich vollendet 156, 1

Lebenslicht.

Sei du mein Lebenslicht 9, 1
Leuchtet mir dies Lebenslicht 316, 5
Meinen Geist, mein Lebenslicht 457, 6
So sei mein Lebenslicht 151, 8
Gnadensonne, wahrhaftes Lebenslicht 286, 1

Lebensodem.

Laß wehen deinen Lebensodem 423, 1

Lebenspfad.

Man ist auf dem Lebenspfade 651, 2

Lebensport.

Verirret vom rechten Lebensport 757, 2

Lebensquelle.

Spende, sende, d. hellen Lebensquellen 253, 2
Lebensquell und Licht der Sinnen 596, 7
O reiche Lebensquelle, o Jesu 594, 4
Ach laß deinen Lebensquell 3, 6
Laben mit dem süßen Lebensquell 220, 6
Komm zum Lebensquell und Strom 220, 8
Kniet dürstend an der Lebensquelle 155, 4
Eil zum Lebensquell hinzu 604, 3
Suche stets die Lebensquelle 194, 1

Lebenssaft.

Dein teures Blut, dein Lebenssaft 277, 3
Heilen und mir Lebenssaft erteilen 281, 9
Schwacher Seelen Lebenssaft 152, 1
Krieg ich neuen Lebenssaft 372, 4
Gieb uns Kraft und Lebenssaft 597, 2
Durchdring mit deinem Lebenssaft 559, 5
In die Seele d. süßen Lebenssaft 529, 5(6)
Zuströmt Kraft und Lebenssaft 59, 1

Lebenssonne.

Jesu, meine Lebenssonne[1]) 596, 7
O Lebenssonn erquicke meinen Sinn 116, 6
Die Lebenssonne geht zur Ruh 188, 1
Die Lebenssonne scheint uns wieder 118, 4

Lebensstrahl.

Wo ist dein Licht, dein Lebensstrahl 756, 12

Lebensstrom.

Laß mir Lebensströme fließen 375, 8

Lebetag (Lebenstag).

Mein Lebetage will ich dich — nicht lassen 165, 5
Ich hab es ja mein Lebetage schon 524, 11
Was ich m. Lebtag wider dich begangen 279, 5
Die mich doch mein Lebetage niemals 625, 8
Wie werden deine Lebenstage 57, 3
Umringt von ihnen d. ganzen Lebenstag 171, 3

Lebenstau.

Die Speise giebt vom Lebenstau 109a, 1
Hier triefet Lebenstau 305, 3

Lebensthor.

O Lebensthor, o Tisch des Herrn 726, 1

Lebenstrank.

O süßer Lebenstrank 740, 1
O Lebenstrank, o heilges Blut 726, 3

Lebenstrieb.

Ein Glied voll Lebenstriebe 734, 3

lebensvoll.

Wer sich auf Jesum gründet, der lebet lebensvoll 757, 1
Mache doch die — Geister lebensvoll 300, 6(8)

Lebenswasser.

Laß Lebenswasser fließen 508, 4
Mich mit Lebenswasser tränkt 630, 2

Lebensweg.

Verscheucht vom rechten Lebenswege 771, 2
Der Lebensweg hat auch sein Ach 479, 3
Und der Lebensweg ist schmal 589, 2

Lebenswort.

Mein Gott laß mir dein Lebenswort 231, 4
O Lebenswort: Es ist vollbracht 190, 5
Herr, du hast Lebensworte 94, 5
Dein Lebenswort und deinen Geist 94, 7
Durch dieses süße Lebenswort wächst es 167, 6

Lebenszeit.

Wir führen unsre Lebenszeit 543, 7
Nimm mich in deine Hände bei Leb- und Sterbenszeit 361, 3
In allen Lebenszeiten uns trösten 94, 6
In meiner kurzen Lebenszeit 153, 5
Bestimmte meine Lebenszeit 45, 2
Die ganze Lebenszeit — zu dienen 359, 1
Daß ich das Glück der Lebenszeit 459, 9(12)

Lebensziel.

Laß mein Lebensziel allein 221, 4

lechzen.

Wenn ich lechze, wenn ich schwitze 375, 8
Dem Herzen, das nach Gnade lechzt 474, 3

ledig.

Alle Gefangenen los u. ledig machen 443
Frei, los und ledig[2]) machen 763, 9
Hinwieder frei und ledig 576, 3
Aus solcher Not frei und ledig machen 489, 2
Von der Höllen Rachen uns frei u. ledig 144, 7
Ledig und los all meiner Sünd 533, 5
Der mich frei und ledig spricht 390, 7
Machet uns ledig von allen Sünden 514, 3

leer.

Meine Seele, die leer und durstig 106, 9
Wir triumphieren heute um d. leere Gruft 742, 1
Mein Jesus lebt, das Grab ist leer 478, 1

legen.

Auch alles hebt und leget 329, 7
Nun wir legen an dein Herz 437, 6

lehnen.

Ich folg und lehne mich auf dich 741, 4
So wohl, wenn ich mich lehn auf dich 741, 6
Und lehne mich auf dich, m. Freund 647, 4

---

1) Var. Bernh. G. meines Lebens Sonne. 2) Var. Bernh. G. selig.

Lehramt.

Lehramt, Schul, Kirch erhalt 258, 3

Lehre.

Daß deine Lehre in uns haft 752, 4
Bewahren deine Lehr und Huld 752, 7
Daß uns deine Lehr erleuchten mög 752, 10
Solln richten Lehr und Leben 295, 1
Ein Richtschnur reiner Lehre 295, 3
Halt mich bei deiner Lehr 431, 1
Erhalt uns — bei rechter reiner Lehr 81, 3
Durch Lehr und Leben zu erbaun 557, 3
Laß mich Lehr und Trost gewinnen 252, 7
Daß ihr — folget seinen Lehren 77, 3
Und nicht nach Christi Lehre 153, 2
Und m. Ohren stets zu seiner Lehre neige 294, 3
Daß sich in uns durch deine Lehr 302, 8
Von deiner weisheitsreichen Lehr 543, 5
Für deines Trostes süße Lehre 524, 8
Sind doch deine Wort und Lehren 586, 2
Deine trostgefüllte Lehr 586, 4
Nimmermehr sich ihrer Lehr widerleget 532, 3
Und stürzen ihre falsche Lehr 754, 5
Halt falsche Lehr u. Sünden fern 562, 6
Herr, behüt uns vor falscher Lehr 655, 2
Behüt mich, — vor falscher Lehr 293, 2. 296, 2
Zu fälschen deine rechte Lehr 1, 6
Vor falscher Lehr, Abgötterei, behüt uns 83, 3
O Herr, behüt vor falscher Lehr 412, 2

lehren.

Er lehrt mich thun und lassen 106, 5
Herr, lehre mich bedenken der Zeiten 56, 5
Er kommt auch noch heute u. lehret 222, 2
Jesu, lehr bedenken mich das mit Buß 371, 4
Selbst kommen uns zu lehren 752, 2
Was uns Gott vom Himmel lehret 758, 1
Was ich gethan hab und gelehrt 502, 10
Lehr du und unterweise mich 537, 2
Lehr uns den Weg der Wahrheit ganz 67, 1
Die Stummen richtig reden lehr 552, 4
Dies eine lehre mich erkennen 169, 1
Guten Rat u. weise Werke lehren 554, 15
Lehre mich nun Achtung geben 268, 1
Lehr mich wachen, beten, ringen 18, 6
Er lehret uns die Furcht des Herrn 243, 10
Du bist ein Geist, der lehret 769, 5
Höre, lehre, daß wir können 543, 2
Lehr uns den Vater kennen wohl 409, 6
Und lehr uns Gott recht erkennen 412, 2
Lehr uns Jesum Christ kennen allein 497, 2
Geist des Betens, lehr mich beten 152, 7
Und lehren mich erkennen wohl 502, 9
Lehren mich, in der Wahrheit fest zu stehn 225, 3
Lehre mich vor Gott hintreten 225, 5
Gott, was uns deine Wahrheit lehrt 507, 3
Was mich dein Geist selbst bitten lehret 136, 3
Geht hin, all Welt zu lehren 77, 5
Dein wahres Zeugnis lehren 543, 2
Was ich gethan hab und gelehrt 502, 10
Und wollens auch nicht lehren 548, 3
Sie lehren eitel falsche List 10, 2
Dein Wort mich lehr 636, 4
Aber wen die Weisheit lehret 47, 7
Merke, was die Wahrheit lehrt 701, 7

Lehren.

Segne deiner Knechte Lehren 252, 8
Singen, Beten, Lehren, Hören 503, 1

Lehrer.

Die Lehrer, welch uns allermeist 144, 7
Ich habe nicht geehrt allzeit die — Lehrer 704, 5
Gieb, Herr getreue Lehrer 274, 3
Gieb treue Lehrer, treib vorbei 82, 6
Daß treuer Lehrer viel und Beter 669, 8
Wir nehmen hier von d. Hand d. Lehrer 557, 3
Lehrer, Hörer, laß in Freundschaft 557, 4
Laß unsern Lehrer, unsern Freund 557, 5

Leib.

I. Christi.

In eines Menschen Leib 337, 2
Was geflossen ist aus d. Leibes Wunden 165, 7
Und den Leib voll Qualen 371, 2
Kommen von deines Leibes Kraft 542, 3
Sein Leib ist mit Blut vermenget 461, 2
Sein Leib ist ganz mit Schweiße 580, 2
Den Leib, der noch verwundt 135, 7
Bittre Todesschmerzen ihm durch Leib 590, 2
Leib und Glieder, alles giebst du 590, 6
Den heiligen Leib hat er für uns 239, 3[1])
Gab er uns sein Leib zu essen 386, 2
Daß du deinen Leib uns schenkest 3, 3
Jesu Leib und Blut empfangen 261, 3
Im Brot u. Wein dein Leib u. Blut 285, 1
Dein Leib mich speise, da ich krank 775, 3
Wir kommen, deinen Leib und Blut 280, 1
Genießen Christi wahren Leib u. Blut 528, 9
Dein Leib u. Blut mich innerl. erquicken 734, 4
Weil seines Leibes Glied ich bin 202, 9
Wir sind deines Leibes Glieder 430, 4
Als deines Leibes Gliedern 135, 4
Denk, daß ich bin am Leibe dein e. Glied 172, 3
Ich bin ein Glied an deinem Leib 710, 3
An deinem auserwählten Leib e. Glied 734, 3

II. Mensch.

Der Mensch, ein Leib, den deine Hand 707, 5
Nehmen sie den Leib, Gut, Ehr 161, 4
Büßt gleich der Leib die Regung ein 727, 3
Sollte gleich der Leib verschmachten 583, 9
Gesunden Leib gieb mir 536, 1
Mit ganzem Leib und Leben 674, 2
Unsre Leiber, unsre Herzen gehören dir 158, 1
Aus Leibes und der Seelen Not 269, 3
Dem Leib auch reiche Gnad erweist 82, 3
Hilf an dem Leib, hilf an der Seel 82, 5
Mit Geiste, Leib und Seel 51, 9
Den Leib, die Seel, das Leben 511, 2
Mein Leib und Seele schicke dich 524, 3
Der Leib und Seel gegeben hat 446, 1

1) Fehlt Bernb. G.

Mein Seel, mein Leib, mein Leben 54, 4
Meinen Leib und meine Seele 219, 6
Leib und Seel in deinen Schutz 666, 12
Da sei denn auch mein Leib z. Tempel 561, 4
So hat Geist, Seel und Leib 561, 4
Weil ich noch hier trage d. Leibes Joch 204, 12
Dazu mein Leib und Leben 579, 1
Dieser Leib, der muß verwesen 31, 1
Wenn der Leib zu Boden fällt 358, 6
Der Leib nur stirbt 629, 6
Erquicket werd der dürftge Leib 211, 1
Nur den Leib berühret 448, 10
Dem Leibe gieb daneben Nahrung 81, 4
Nahrung giebt er dem Leibe 511, 3
Gieb Brot dem Leib 310, 5
Den Leib bewahr und nähre 559, 4
Behüte Seel und Leib 630, 4
Errette Leib und Seelen 716, 3
Darin gefangen liegt der Leib 67, 6
Der Leib, der eilt zur Ruhe 515, 4
Der mir hat mein Leib u. Seel gegeben 208, 1
Leib, Seel und Leben ist nicht mein 676, 3
Wo bleibt dann Leib und Seel 515, 7
Leg in deine Vatersorgen mich mit Leib und Seel 240, 2
Will dem Leibe Not zustehen 625, 5
Hilfst uns am Leib u. an der Seel 747, 1
Gieb, was nütz ist zu Seel u. Leib 555, 8
Behüten den Tag mein' Leib u. Seel 81, 2
Bescheret, was Leib u. Seel ernähret 665, 4
Was Seel und Leib erquicken kann 340, 6
Bis du die Seele von dem Leib zu dir 244, 9
Bis Leib und Seele scheiden 580, 10
Ob hie der Leib u. Seel von ander scheide 8, 9[1])
Bis sich die Seel vom Leibe trennt 283, 4
Mein Seele sich vom Leibe scheidt 579, 7
An Leib und Seel uns schmücken 99, 4
Daß an Leib u. Seele niemand etwas 605, 1
Wird mein Leib im Auferstehen seinem Leibe ähnlich sehen 261, 2
Damit gesalbet ist mein Leib 769, 4(3)
Ob mir gleich Leib u. Seel verschmacht' 11, 5
Dein bin ich ja mit Leib und Seel 11, 5
Mein Leib und Seel befehl ich dir 293, 3
Leib, Seele u. Vernunft aus Gnaden 294, 1
So befehl ich dir am Ende Leib u. Seel 268, 7
Ihm hab ich heimgestellt mein Leib 54, 6
Dem ich Leib und Seel ergeben 641, 9(11)
Mein Leib, mein Seel, mein Leben 665, 3
Leib u. Leben hab ich s. Gnad ergeben 32, 4
Meinen Leib wird man vergraben 428, 7
Dem Leib ein Räumlein gönn 536, 7
Der Leib schläft bis am jüngsten Tag 509, 5
Der Leib zwar in der Erden 297, 4
Den Leib bedecke kühler Sand 82, 11
Ruht doch der Leib sanft in der Erd 450, 3
Der Leib hab in der Erd sein Ruh 283, 4
Mein schwacher Leib schläft sanft 477, 15
Unser irdisch Leib zu Staub — werden 15, 3
Den Leib in sein Schlafkämmerlein 296, 3
Der Leib schläft in seiner Kammer 425, 5
Drum leg ich auch meinen Leib zur Ruh 113, 2
Der Leib und Seele schuldig war 620, 3
Dein Leib u. Seel dort brennen muß 631, 6
Mit Leib und Seel muß leidend sein 417, 5
Am jüngsten Tag erweck mein Leib 553, 12
Alsdann mein' Leib erneure ganz 553, 13
Und ähnlich sei deim klaren Leib 553, 13
Weck auf ohn alle Klage den Leib 117, 3
Und meinen Leib weck auf 536, 8
Der Leib wird neu geboren 665, 7
Bis unser Leib wird ähnlich dort 572, 8
Bis der Leib kommt aus der Erden 196, 9
Dann von mir in diesem Leibe 389, 5
Ja, mein Leib, Herr Jesu Christ 428, 8
Wie wird der Leib so stark, so hell 191, 4
Dieser Leib soll gehen 288, 9
Der Jungfrau Leib nicht hast verschmäht 271, 3

Leibesbürde.

Die bei d. Leibesbürde sich in ihnen 583, 2

Leibeshöhle.

Was ist in deiner Leibeshöhle 680, 1
Er mag die Leibeshöhle[2]) zerbrechen 473, 10
Hier in dieser Leibeshöhle schwebst du 589, 7

Leibeshütte.

Leiden weiht die Leibeshütte 174, 6
Aus dieser Leibeshütte zu dir 203, 10

Leibesnot.

Und was man darf zur Leibesnot 655, 5
Trost in Leibs- und Seelennot 372, 1
Aus Leibes- und der Seelennot 269, 3

leiblich.

Ich dich leiblich werd umfangen 676, 12

Leichentuch.

Ein Schmuck ist auch das Leichentuch 756, 4

Leichenzug.

Ein Siegeszug der Leichenzug 756, 4

Leichnam.

Herr, durch deinen heiligen Leichnam 239, 1
Sein Leichnam, der für mich verwundt 130, 1
Unser Leichnam auferstеh 490, 5

leicht.

Tritt du zu mir und mache leicht 362, 13
Der trägt leichter, wer das träget 608, 4

leichtlich.

Zorn du leichtlich könnest brechen 362, 12
Es kann leichtlich Gottes Huld 430, 2
Sie finden leichtlich dein Erbarmen 424, 3
Die Sachen leichtlich schlichten 13, 7
Unglück hier kann leichtlich überwinden 554, 9

Leichtfertigkeit.

Leichtfertigkeit, Haß, Zank u. Neid 310, 6

Leid.

Bei Gott kann keinem Leid geschehn 139, 5
Mit großem Weh und Leid 431, 2
In das jammervolle Leid d. Leidens 526, 1

---

1) Fehlt vielfach. 2) Var. Bernb. G. Höhle.

Zu deiner Zeit wend ab mein Leid 4, 3
Mir m. Leid nun sollt das Herz abfressen 4, 4
Kein Leid soll uns widerfahren 749, 8
Und kein Leid sie mehr berühre 21, 7
So kann kein Leid in dieser Zeit 13, 10
Und uns vor Leid behüt 258, 2
Vor allem Leid bewahre 258, 6
Vor Seuchen, Feur' u. großem Leid 496, 1
Bewahr uns, Herr, vor allem Leid 66, 2
Daß du mich vor allem Leid 714, 2
Wenn Sorge, Gram und Leid 203, 1
Von Krankheit, Schmerz und Leid 99, 7
Dringt das liebe Kreuz herein mit dem bittern Leide 599, 5
Unser Sünd und großes Leid 489, 2
Der wird euch in eurem Leid trösten 425, 9
Hilf uns, Herr, aus allem Leide 311, 4
Er wendet alles Leid 665, 3
Euch hat das Leid umfangen 621, 7
So werfet hin das Leid und sprecht 621, 8
Laß kein Leid widerfahren 488, 2
Gnädiglich all mein Leid gedämpfet 156, 1
Spott hat all ihr Leid gewendt 721, 5
Dem, der dein Leid gewandt 58, 10
Doch all mein Leid währt kurze Zeit 120, 5
Christus wehret allem Leide 197, 1. 3
Gott giebt, unserm Leid zu wehren 200, 3
Laß sie sein meine Freud im Leid 554, 16
In Freud u. Leid, in Glück u. Not 107, 1
In Angst, in Trübsal und in Leid 107, 10
Seis Freude oder Leid 171, 2
Menschengunst Leid oder Freude 153, 4
Im Freudenschein, in Leid und Pein 248, 5
In meinem Leid mir zu Gemüte führen 7, 12
Mein Jesus und sein Leuchten durchsüßet alles Leid 405, 9(10)
Wendt in mir das bittre Leid 372, 4
Als Leib und Seele saßen in ihrem größten Leid 738, 3
Daß er mir was Leides thu 694, 7
So muß mir dieses große Leid 730, 5
All unser Leid auf dieser Erd 566, 7
Er weiß dein Leid u. heimlich Grämen 213, 4
Ergeben in großes Glück und Leid 329, 5
Sei bereit zu Freud und Leid 217, 6
Ihm ergeben in Freud und Leid 682, 5
Und jederzeit in Lieb und Leid 295, 5
In Lieb u. Leid, in Freud u. Schmerz 752, 5
Gehorsam sein in Lieb und Leid 655, 4
So stehet es in Lieb und Leid 340, 9
Wir machen unser Kreuz und Leid 719, 2
In dir ist Freude in allem Leide 402, 1
Weiß ich nichts vom Leide 705, 1
Aus — Angst u. Leid sollst du fahren 196, 1
Hilf mir zur Freud nach diesem Leid 636, 5
Da das Leid dieser Zeit werden wird 47, 10
Nach dem Leide folgen Freuden 430, 2
Macht ihn alles Leides los 379, 10
Außer dir Verdruß und Leid 529, 3(4)
Ich habe für ein kurzes Leid erlangt 728, 4
Nach ausgestandnem Leide für uns ein 259, 6
Den soll kein Leid noch Tod berührn 38, 4
Selig sind, die Leide tragen 419, 3. 424, 4
Ich bin sonder Reu und Leid 26, 2
Die Sünd macht Leid 743, 3
Zwiefältig Leid schon empfangen 645, 2
Ohne Leid und Reu in Sünden 326, 7
Dies mein Herz, mit Leid vermenget 374, 10
Bedenke — der Hölle Angst und Leid 56, 3
Da, wo man ewig, ewig Leid, Qual 333, 4

leid.

Freu sich, dem sein Sünd ist leid 80, 1—6
Mein Sünde ist mir leid 6, 5
O selig, dem die Sünd ist leid 631, 2
Es ist mir leid und bin betrübt 364, 3
Es ist mir leid, ich stell mich wieder ein 116, 4
Es ist mir leid, es soll nicht mehr geschehn 96, 5
Hab ich was nicht recht gethan, ist mirs leid 599, 4
Den Sünder, dem sein Sünd ist leid 295, 4
Ich hab oft d. Wink verschmäht, es ist mir leid 304, 2
Das ist mir leid und reuet mich 533, 1
Wär es auch leid viel — Herzen 548, 4
Und wärs ihm noch so leid 692, 4

leiden.

I. Christus.

Und spricht: Ich wills gern leiden 165, 1
Der gute Hirte leidet für die Schafe 298, 4
Und du mußt leiden 298, 7
An unsrer Statt zu leiden 356, 7
Der du littst Marter, Angst u. Spott 283, 1
Den Tod für mich zu leiden 620, 1
Das leid ich alles dir zu gut 502, 8
Was ich gethan und g'litten hie 417, 3
Hast gelitten mit Geduld 383, 6
Und leidest alles mit Geduld 580, 7
Liebe, die für mich gelitten 435, 3
Der für dich hat gelitten 254, 2
Siehe, darum mußte Christus leiden 725, 3

II. Mensch.

Und dürfen hier nicht leiden 426, 4
Ja leiden muß er Kreuz und Not 512, 9
Laßt mich, s. Geistes voll, leben, leiden 379, 7
Muß ich noch am Fleische leiden 777, 8
Ob ich viel muß leiden 381, 3(4)
Leidest du gleich harte Stände 608, 1
Hab ichs doch müssen leiden u. tragen 329, 3
Wenn ich den Tod soll leiden 542, 9
Eine harte, schwere Last zu leiden 405, 10(11)
Hoffart laß uns meiden, christlich leiden 28, 4
Durch dein Gnad will ichs leiden 8, 6
Mit seinem Haupt zu leiden 120, 5
Lasset uns mit Jesu leiden 430, 2
Wenn mein Herz nicht Hülfe findet, wenn ich leide 152, 5
Gedenke meiner, wenn ich leide 480, 5
Alle Menschen müssen leiden 213, 12
Hab gnug gelitten, mich müd gestritten 273, 1
Es muß gelitten sein 31, 5

Dir zu leben, dir zu leiden 461, 6
Muß man gleich dabei was leiden 583, 7
Hier um des Guten willen leiden 424, 10
Soll ich noch mehr um deinetwillen leiden 4, 6
Laß mich geduldig leiden 560, 12
Ich will geduldig leiden 594, 4
Du, du solltest große Pein ewig leiden 461, 3
Werd'n sie darum leiden gar große 548, 4
Mit schwerem G'wissen leiden 417, 5
Aller Freuden beraubet sein u. leiden 620, 3
In der Höllenpein müssen leiden 425, 2
Wenn wir nun leiden müssen[1]) 543, 3
Geduld ist schwer zu leiden 203, 3
Leide dich, Zion leide ohne Scheu 194, 2

Leiden.

I. Christi.

Des Vaters Willen im Leiden hat 505, 3
Siehe dessen Leiden an, denn er hat ersetzt 528, 8
Büßen mußt mit so großen Leiden 371, 4
Will ich aus deinem Leiden sehn 580, 12
Ich bin durchs Leiden meines Heilands 599, 2
Und durch dein bittres Leiden 366, 14
Dieser Leiden schwer Gewichte 590, 3
Soll Jesu Leiden, Kreuz und Pein 153, 3
Durch das bitter Leiden sein 386, 1
Herr, laß dein bitter Leiden mich reizen 709, 5
Ich bitt durchs bittre Leiden dein 283, 1
Giebs durch dein bitter Leiden 285, 5
Nach deinem schweren Leiden 117, 4
Durch dein unschuldig Leiden 547, 7
Durch sein Leiden ist gestillt 461, 4
Wenn ich in deinem Leiden, m. Heil 542, 7
Dir dank ich für dein Leiden 560, 5
Und wie er unter Schmach u. Leiden 471, 6
Mein Verdienst sein Leiden 156, 3
So gedenk ich an dein Leiden 372, 2
In sein Leiden, Tod und Schmerz 379, 6
Es soll dein Tod und Leiden 580, 10
Und dein betrübtes Leiden 284, 1
Auf der Welt ist lauter Leiden 601, 4
Ich denk an deines Leidens Macht 347, 2
Der durch sein Blut und Leiden 99, 2
Und bei deinem Blut und Leiden 702, 2
Drum stärk mich durch das Leiden dein 553, 4
Sein ganzes Leiden, Kreuz u. Pein 130, 3
Büßen mußt mit so großem Leiden 371, 4
Folg ihm nach zu dem bittern Leiden 601, 1
Getrost u. gern in allen Leiden stehen[2]) 485, 7

II. Mensch.

Sich wendt das zuerst gekost'te Leiden 462, 6
Leiden und Trübsal mancherlei 328, 2
Keine Herrlichkeit, kein Leiden 388, 5
Laß dich nicht Lust noch Leiden 609, 3
Laß uns Trübsal, Kreuz und Leiden 318, 7
Kein Lieben und kein Leiden 405, 13(14)
Warum es so viel Leiden — giebt 86, 2
Stehe mir in allen Leiden — bei 207, 6
In dem Leiden steh mir allzeit kräftig bei 152, 4
Bleib getreu in allen Leiden 774, 6
Ach das Leiden dieser Zeit ist nicht wert 608, 1
Hilf mir mein Leiden tragen 636, 5
Und im Leiden bei dir sein 229, 6
Ich bin gewiß in meinem Leiden 332, 4
Und das Leiden geht zuvor 384, 7[3])
Schleußt das Thor der bittern Leiden 676, 8
Dich such — in allem Kreuz u. Leiden 13, 1
Was ist das Leiden dieser Zeit 45, 6
Selbst der Leiden acht ich nicht 90, 4
Versüßen — die Leiden u. Schmerzen 397, 8
Wer kann ihr Leiden all erzählen 23, 1
So acht ich alles Leiden nicht 531, 3
Verkürz mir alles Leiden 652, 2
Denn ihr Leiden hat ein Ende 645, 1
Mich trifft und rührt kein Leiden 621, 5
Ich will mich noch im Leiden üben 345, 4
Die ihr schwebt in großen Leiden 200, 9
In unserm Kreuz und Leiden 510, 8
Eur jetz'ges Leiden ist der Samen 582, 4
Erleuchtest uns im Leiden 769, 6
Treu im Glauben, Hoffen, Leiden 724, 5
Wie wollt ich auch im tiefsten Leiden 524, 12
Ich hab nun überwunden Kreuz, Leiden 78, 3
Hier ist kein Kreuz, kein Leiden 135, 13
Nur durch tiefe Leiden Gottes Lieblinge 174, 1
Unter Leiden prägt der Meister 174, 2
Auf dem Weg der Leiden sein 174, 2
Leiden bringt empörte Glieder 174, 3
Leiden sammelt unsre Sinne 174, 4
Leiden stimmt des Herzens Saiten 174, 5
Leiden fördert unsre Schritte 174, 6
Leiden weiht die Leibeshütte 174, 6
Leiden macht im Glauben gründlich 174, 7
Leiden, wer ist deiner wert 174, 7
Als nur in dem Leiden ruhn 215, 3
So wird der Leiden Maß zu füllen 424, 10

III. allgemein.

Sein Leiden kanns nicht meiden 417, 5

Leidende.

Behütet die Leidenden im Reich 513, 1

Leidensbahn.

Denn in solcher Leidensbahn 215, 4

Leidenschaft.

Zu siegen über Leidenschaft 348, 7

Leidensproben.

Wie gut gemeint die Leidensproben 612, 6

Leidenszeit.

Gedürstet in der Leidenszeit 424, 6
Laß mich d. Leidenszeit fruchtbarlich 601, 7
Nach den Leidenszeiten gen Himmel 254, 4
Gieb uns Geduld in Leidenszeit 655, 4

leihen.

Ich war euch nur geliehen 621, 8
Dich mir nur in der Welt geliehen 770, 2

---

1) Var. Anh. G. auch wenn wir leiden müssen. 2) Var. Anh. G. bei ihm im Leiden stehen. 3) Fehlt Bernb. G.

leisten.
Der uns sein Hülf allzeit leiste 30, 4
Wie Gott dem Hülfe leiste 405, 8(9)
Der uns Trost und Beistand leist' 750, 3
Heut diesen Tag mir Beistand leist 546, 1
Dir Ehr und Dienste leiste 769, 2
Der mir mit Lust Gehorsam leist 180, 3
In Lieb und Glauben leiste 212, 9

leiten.
Er wird uns fröhlich leiten 99, 6
Leit uns mit deiner rechten Hand 496, 6
Er leitet mich auf rechter Bahn 109a, 2
Er leitet mich bei Tag und Nacht 109b, 4
Du leitest selber mich 706, 3
Du leitest mich nach deinem Rat 282, 2
Leite mich nach deinem Rat 95, 2
Und leitest mich nach deinem Rat 623, 9
Dich freundlich geleitet 445, 3
Der uns zur Vollendung leitet 634, 1
Mit Mutterhänden leitet er die Seinen 610, 5
Hätte mich sein Angesicht nicht geleitet 625, 7
Ach leit und führe mich 687, 7
Führe mich, o Herr, u. leite m. Gang 219, 5
Der mich wunderlich geführet und noch leitet 32, 2
Gott leitet seine Knechte 365, 5
Mit deinem Geiste leiten u. schützen 443
Leit mich auf deinem Wege 6, 9
Er leitet uns mit seinen Augen 720, 3
Und leite mich auf allen Tritten 578, 1
Bis hieher hat er mich geleit' 63, 1
Wer hat mit Langmut mich geleitet 725, 2
Sie leite mich zur Zeit des Glücks 725, 6
Väterlich hast du mich heut geleitet 96, 4
Der uns zum Vater leitet 144, 8
Daß uns deine Lehr erleuchten mög und leiten 752, 10
Leite mich, Höchster, auf ewigem Wege 169, 10
Du wollest selbst uns leiten 48, 6
Wollest du, Herr, d. Tag mich leiten 143, 3
Zu dem Lebensbächlein leiten 458, 6
Mich deine Liebe leiten 554, 14
Und zu deinen Wunden leiten 602, 11
Geh ich aus, wollst du mich leiten 309, 4
Gottes Geist uns ferner leite 503, 2
Dein heilger Geist uns führ u. leit 451, 5
Der leitet alles, was ihn liebt 243, 9
Und leite mich durch seine Triebe 541, 5
Im Glauben uns zu leiten 547, 9
Und in der Wahrheit leiten 502, 9

Leiten.
Daß wir deim Leiten folgen gern 409, 5
So bin ich still und folge s. Leiten 724, 2
Und folget Gottes Leiten 486, 3
Wir gehn durch Jesu Leiten 418, 12(11)
Durch Jesu Leiten nur gehn 762, 11

Leiter.
Sei mein treuer Freund und Leiter 584, 7

Leitstern.
Sei unser Leitstern hier auf Erden 720, 5
Daß es mir zum Leitstern dient 640, 5
Geht uns dieser Leitstern für 392, 4

Lenden.
Des Kreuzes Stab schlägt unsre Lenden 213, 12

lenken.
Durch das Kreuze zu ihm lenke 625, 10
Lenke mich nach deinem Sinn 617, 2
Und lenkst zum Himmel hin m. Sehnen 109a, 4
Des, der den Himmel lenkt 58, 1
Alle Not zum Besten lenken 229, 1
Der Herr wird alles lenken 342, 6
Lenke Sinnen und Begier 439, 1
Jesu, mir mein Herze lenke 26, 6
Nach dir zu lenken mein Herze 56, 5
Darauf deine Andacht lenke 461, 1
Gieb, daß zu dir uns lenket 122, 8
Der keines soll mich lenken 405, 13(14)

Lenz.
Muß uns der Lenz behagen 473, 4

Lerche.
Die Lerche schwingt sich in die Luft 204, 3

lernen.
Lernen wohl, wie man vor Gott leben 134, 11
Kommt und lernet allzumal 419, 1
Daß ich Demut von dir lern 371, 6
Am Daniel wir lernen das 270, 8
Dann lernt er erst, was Gnade sei 53, 7
So lerne jetzt ein frommer Christ 183, 6

lesen.
Und lies mich aus dem Buche frei 185, 6
Daran mit goldnen Worten der Reim gelesen wird 37, 8
Und habens nie gelesen 548, 3
Was ich lese, laß mich merken 638, 7
Sei Jesus und sonst nichts zu lesen 327, 6

Letze.
Das laß ich dir zur Letze[1]) 502, 10

letzen.
Mit den Deinen dich zu letzen 261, 1
Wenn sich das Herz an dir stets letzen[2]) 16, 8
Wen sonst nichts als Jesum letzet 256, 7[3])

letzte.
Zum letzten ist dein lieber Sohn 752, 2

letztbetrübte.
Daß bei der letztbetrübten Zeit 137, 9

Leuchte.
Dein Wort, o Herr, laß allweg sein die Leuchte 752, 9
Die Leuchte der Gedanken 360, 4
Daß meine Leuchte sei dein Wort 172, 5

leuchten.
Daß er leucht wie der Sonne Glanz 553, 13
Als die helle Sonne — leuchten soll 329, 11
In ewiger Freud u. Wonne leuchten 509, 6
Sie glänzen hell und leuchten klar 270, 2
Die Sterne leuchten ohne Zahl 253, 2

---

1) Var. Bernd. G. zuletzte. 2) Var. Bernd. G. ergötzen. 3) Fehlt vielfach.

Sie kommt und leuchtet und lacht 128, 2
Es leucht' wohl mitten in der Nacht 209, 4
Und leuchtet als die Sonne 519, 1
Du leuchtest uns vom Vater her 66, 1
Leucht uns, Herr Christ 314, 1
Dein — heilig Angesicht ihm leuchten 163, 3
Leucht uns selbst in jene Welt 490, 6
Laß leuchten uns dein göttlich Licht 100, 1
Laß uns leuchten des Lebens Wort 412, 2
Und leucht stark in die Lande 10, 5
Und leuchtet meinen Schritten 94, 4

Leuchten.

Mein Jesus und sein Leuchten 405, 9(10)

Leuchter.

Mache deinen Leuchter helle 194, 1
Bei uns den Leuchter des Wortes 564, 6

leugnen.

Das ich nicht leugnen kann 326, 6

Leute.

Zu Trost uns armen Leuten 114, 2
Er kommt auch noch heute u. lehret die Leute 222, 2
Besser leben, als solche große Leut 329, 5
Auch zeugen die Leut aus Morgenland 562, 2
Du reißest dich von allen Leuten 141, 3
Beherrschest alle Leut und Land 547, 8
Schützt mich vor bösen Leuten 106, 7
Wo diese losen Leute sind 10, 6
Der nicht wandelt in gottloser Leute Rat 758, 1
Steure den gottlosen Leuten 268, 5
Ehr u. Ruhm bei hocherhabnen Leuten 679, 3
Schütze sie vor bösen Leuten 628, 6

Licht.

I. natürlich.

Ich kann das Licht noch sehen 671, 5
Des edlen Lichtes Pracht und Zier 735, 1
Der Sonnen Licht uns jetzt gebricht 115, 3
Gedanken zergehn wie ein Licht 78, 5
Heut hat mein Gott das Licht gemacht 231, 1
Sind durch dich ans Licht geführet 151, 5
Wo Licht ist, geht der Schein 657, 12
Und liebte das geschaffne Licht 364, 4
Ein herzerquickendes liebliches Licht 125, 1
Wenn am Tage man das Licht nicht 322, 8
Ihr macht die Nacht des Lichtes voll 111, 2
Du hast mich an das Licht gebracht 333, 1
Denn ihr Licht ist viel zu klein 312, 7
Großes Licht der Sonnen 556, 2
Dieser meiner Augen Licht 389, 6

II. geistig.

O wahres Licht, vom wahren Gott und Lichte 547, 6
Weil du selbst bist das Licht 517, 2
Vergeßt uns nicht in seinem Licht 772, 1
Verleihe mir das edle Licht 362, 7
Laß dein schönstes Lichte, Herr 226, 6
Sei meines Lebens Licht 482, 1
Gar gern, o Gott, mein Licht 34, 6
Er ist voll Lichtes, Trost u. Gnaden 213, 2
Er ist mein Licht und Leben 682, 4
Mein Gott, mein Licht, mein Leben 208, 1
Er ist dein Licht; Seele 445, 5
Gott, du Licht, das ewig bleibet 221, 1
Rufe: werde Licht! mir zu 221, 1
Gieb ihr deines Lichtes Waffen 221, 2
Laß mich sein des Lichtes Kind 221, 2
Und in deinem Lichte gehe 221, 2
O du Licht der frommen Seelen 714, 7
Laß leuchten uns dein göttlich Licht 100, 1
Drum ist dein Licht so schön 345, 2
Im Finstern sei des Geistes Licht 96, 10
Du meines Lebens Licht 329, 11
Du des Lebens Licht und Freud 220, 3
Dein Gang ist lauter Licht 58, 4
Ach bleib — bei uns du wertes Licht 2, 3
Es bricht das Licht herfür 51, 1
Das führet dich zum Lichte fort 51, 7
Dein Licht ists, Lamm 733, 2
Erleuchte uns, du wahres Licht 302, 9
Leucht uns, Herr Christ, du wahres Licht 314, 1
Drum wollest du, o wahres Licht 764, 3
Das ewge Licht geht da herein 209, 4
Und uns des Lichtes Kinder macht 209, 4
Bekehre, allwissend ewges Licht 176, 2
Ich bin das Licht, 485, 2
Denn wo du bist Tag und Licht 17, 6
Und bist des Lichtes Prediger 66, 1
Licht vom Licht, aus Gott geboren 439, 3
Du bist der Arzt, du bist das Licht 555, 3
Er sei mein Licht 14, 7
Ach sei du mein Licht und Straße 196, 6
Bist du doch mein Licht und Hort 196, 8
Er ist der Weg, das Licht 146, 5
Bist aller Heiden Trost und Licht 753, 9
Bereitet zu dem Licht der Heiden 288, 2
Er ist das Heil und selig Licht 487, 4
Mein Licht! so will ich auch m. Freuden 741, 5
Dich nicht, o m. Licht, aus d. Herzen 676, 12
Du sollst sein meines Herzens Licht 165, 5
Er ist meines Lebens Licht 458, 1
Jesum wünscht sie und sein Licht 458, 5
Mein Trost, mein Schatz, mein Licht 554, 10
Mein Glanz und helles Licht 405, 4
Sonst zu lieben dich, mein Licht 415, 3
Ehe noch dies Licht brach an 713, 2(3)
Dieses Licht läßt uns nicht wanken 713, 8[1]
Lebensquell und Licht der Sinnen 596, 7
Du stärkest uns mit Trost und Licht 144, 6
Laß mich doch nicht von deinem Licht 636, 4
Suche Jesum und sein Licht 604, 1—11
Uns mit hellem Licht erfüllet 439, 2
Daß das volle Licht seiner Gnaden 693, 7
Neige du dein Licht zu mir 17, 5
Der Welt zum Licht und Leben 486, 1
In d. Lichte kannst du sehn das Licht 133, 3
Wird dieses Licht mit seinem Schein 133, 3

1) Fehlt vielfach.

Dein Licht sei meine Weihnachtswonne 133, 5
Und alles Licht des Lebens 151, 8
Weil du das Licht der Welt 151, 8
Das Leben hat ans Licht gebracht 756, 12
Das Licht, das wir verloren 567, 3
Jedem fehlt es an dem Licht 713, 4
Haben wir das Licht empfangen 713, 5
Müsse mir dein Licht erscheinen 713, 9
Wie kömmt — nun e. so großes Licht 37, 1
Er verklärt mich in sein Licht 388, 1
Licht vom Licht, zum Licht erkoren 529, 1
Frei zu stehn — in deinem Licht 529, 2(3)
Ohne dich, mein Trost und Licht 529, 5(6)
Licht vom unerschöpften Lichte 490, 1
Du bist mein Licht, du bist m. Licht 282, 1
Das ist das Licht der Höhe 360, 4
Im Ursprung alles Lichts 657, 9
Er ist allein mein Licht und Leben 19, 4
Ich will dich lieben schönstes Licht 364, 1. 8
Hat mich stets dein Licht geführt 382, 5
Die verloren und ihr Licht dazu 718, 1
Süßes Licht, süßes Licht, Sonne 432, 2
Er das Licht und wir der Schein 300, 1
Wenn sein helles Licht den Seinen 322, 7
Der Sonnen Licht uns jetzt gebricht 115, 3
Ist unser Licht in Finsternis 243, 8
O Herr, durch deines Lichtes Glanz 412, 1
Du heiliges Licht, edler Hort 412, 2
Du wertes Licht, gieb uns d. Schein 497, 2
Meiner Seelen helles Licht 152, 2
Mit deines Trostes Licht 769, 6
Mein Licht und teures Pfand 431, 3
Licht auf unserm Pfad 597, 2
In Finsternisse sei du unser Licht 597, 7
Gieb uns allen durch d. Licht Unterricht 318, 6
O heilger Geist, du wahres Licht 577, 5
Laß deines guten Geistes Licht 168, 3
Laß leuchten uns dein göttlich Licht 100, 1
Dein Wort, o Herr, das ewge Licht 1, 1
Das Licht in dieser Nacht 176, 3
Wo ist dein Licht, dein Lebensstrahl 756, 12
Wo uns dein göttlich Wort u. Licht 752, 1
Gottes Wahrheit ist dein Licht 701, 5
Er ist ohn deines Wortes Licht blind 366, 2
Ist dein heilges Wort ein Licht 146, 9
Dein letztes Wort laß sein m. Licht 553, 8
O laß dein Licht auf Erden siegen 91, 6
Wo hätt ich Licht, wofern ich nicht 227, 3
Wär mir dies Licht nicht durch d. Wort 227, 5
Laß doch dein Licht auslöschen nicht 481, 4
Der uns gern Licht u. Labsal gönnet 200, 8
Licht, Heil und Leben wiederbracht 202, 1
Zion fahre fort im Licht 194, 1
Zünd uns ein Licht an im Verstand 409, 1
Mit deinem Licht und Gaben 420, 1
Ohne Licht verzagen müsse 633, 4
Christus ist mein Stab und Licht 633, 4
So wird Geist und Licht u. Schein 414, 1
Die Lampen Öl und Licht 99, 1
Dein Geist hält unsers Glaubens Licht 243, 5
Meines Glaubens Licht 602, 4
Sonsten wird sein Licht dir noch fern 449, 3
Gieb mir Licht in dem Verstande 640, 4
Laß dein schönstes Lichte, Herr 226, 6
Die Sonne, die mir zugebracht Licht 356, 4(3)
O Sonne, die das werte Licht 356, 4(3)
Bringt Licht in meine Dunkelheit 133, 1
Euch mit Licht und Heil erfüllen 597, 1
Ja es kommt von dir auf uns Licht 28, 3
Sende Licht und Wärme 587, 1
Blinde Pilger flehn um Licht 155, 2
Jesus ruft: Es werde Licht 155, 5
Weit und breit Licht und Wonne 155, 6
Mach dich auf, es werde Licht 155, 6
Mache Licht aus Finsternis 437, 5[1]
Daß mir dein Glanz hat Licht gebracht 364, 5
Was hatt ich doch für Trost u. Licht 476, 2
Bis mir von dir Licht und Leben 476, 2
Verleihe mir das edle Licht 362, 7
Daß Zions Licht u. Recht — größer werde 305, 3
So wird dein Licht aufs neu entstehn 186, 7
Nehme unser Licht den Schein 300, 7(8)
Will sehn u. mangelt doch d. Lichts 138, 6
Der nach Licht und Rechte tracht 322, 3
Wie kann ich des Lichtes Werke 322, 4
Gieb ihr deines Lichtes Waffen 221, 2
Daraus ich Licht im Tode nehmen 131, 6
Der Glaube ist ein Licht 657, 2
Weil mir kein Licht erscheint 612, 4
Ein Licht im großen Lichte 191, 4
Ach weh, mein Licht verschwindt 139, 4
Du hast mich an das Licht gebracht 333, 1
Eh er mich an das Licht gebracht 724, 4
Willst du mir im Lichte stehn 471, 7
Komm ans helle Licht gegangen 596, 1
Kommt nicht mehr ans Licht 381, 4(5)
Ein Schatten nur von jenem Licht 253, 2
Im Licht soll nicht eine fehlen 253, 5
Die sehen einst im Licht 424, 8
Soll sehen dein immer klares Licht 287, 5
Und führ uns in des Himmels Licht 101, 2
Was für ein schönes Licht 135, 6
In ewgem Heil und selgem Licht 278, 3
Laß Leben, Licht und Wonne 286, 1
Mit Gnad und süßem Lichte 738, 10
Dein so helles Licht zu sehn 713, 10
Forthin meines Lebens Licht 156, 2
Uns umstrahlt des Himmels Licht 250, 4
Durch dein Licht verkläret werde 221, 1
Führ mich einst zu jenem Lichte 221, 5
Ihr Licht wird hell 672, 2
Den Himmel als prächtige Lichter 182, 6

licht.

Und mich der lichten Sonne zeigen 366, 12
Geister an die lichte Welt gebracht 33, 2
Und du Salem werde licht 713, 1

1) Fehlt vielfach.

O würd es doch nur bald — licht 669, 5
Ist es in der Seele licht 256, 3

lichterloh.

Die Flamme des Höchsten muß lichterloh brennen 397, 1

lieb.

Mir ist nicht lieb des Sünders Tod 631, 1
Nichts auf Erden kann u. mag mir lieber werden 558, 1
Wem sollt m. Herz ich lieber gönnen 680, 4
Und ruft, weil es sie lieb gewinnt 167, 7
Keiner soll nimmer mir lieber werden 598, 2
Denn das ist ein lieber Tag 252, 1

Liebe.

I. Gott.

Den Quell der Gnad und Liebe[1]) 326, 10
Gottes Lieb in Ewigkeit 625, 1—11
Was er in Liebe hat bedacht 724, 4
Der — mit Strömen der Liebe geregnet 445, 4
Der dir mit Liebe begegnet 445, 4
Seine Lieb u. Vatertreue bleibt mir 626, 2
Alle liebe Morgen schaue neue Lieb 625, 7
Voll Treu und Lieb zu jeder Zeit 506, 6
Großer Gott voll Lieb und Treue 654, 6
Erwägt, daß Gott die Liebe sei 205, 1
Daß du, mein Gott, die Liebe bist 306, 12
Mit was Lieb und Gütigkeit 762, 4
Auch in seine Liebe zieh 300, 5
Die Liebe, die für alle wacht 707, 1
Nein, seine Liebe zu ermessen 725, 1
Lebt seine Lieb in meiner Seele 725, 5
Ruft noch mich u. dich aus lauter Lieb 107, 4
In Lieb u. Treue — an uns gedacht 107, 11
Viel zu wenig aller deiner Lieb u. Treu 220, 7
Die Liebe sie uns schon bestimmt 187, 2
Gott ist deiner Liebe voll 494, 8
Sich in Gottes Liebe findt 625, 12
Mich deine Liebe stets erfreut 205, 7
Laß deiner Liebe Kraft mich — erlaben 529, 5(6)
Reiße weder Lust noch Pein mich von der Liebe Gottes 292, 10
Von seiner Liebe scheiden 609, 3
Brünstig gegen mich vor lauter Lieb 136, 5
Er lasse seine Lieb und Güt 500, 7
Uns an seiner Liebe weiden 429, 3
Ob er dich möchte zwingen mit Lieb 235, 5
Die Weisheit, Liebe, Huld u. Stärke 248, 4
Sich nimmermehr von s. Liebe kehren 203, 10
Dort werd ich deiner Liebe Thaten 57, 9
Quell der Liebe, Heiland gnädig 637, 8
Jesu, deiner Lieb gedenke 637, 9
Sein groß Lieb zu zeigen an 209, 7
Sehet die Liebe, die endlich als Liebe 323, 3
Daß Gottes Lieb unendlich ist 132, 3
Und durch deiner Lieb Erbarmen 529, 2[2])
Setzt Liebe gegen Haß 657, 6
Liebe, die den Sohn nicht schont 193, 3
Deines Jesu Lieb gedenke 461, 1
Wo ist größre Lieb gefunden 461, 2
Der mir s. Sohn selbst verehrt aus Liebe 599, 6
O große Lieb, o Lieb ohn alle Maßen 298, 7
Das Himmelreich uns aus Lieb erworben 573, 2
Das macht die heiße Liebe 629, 3
O Liebe inniglich 424, 11
Durch Jesum Christ aus Lieb erworben 37, 3
In heißer Lieb gegeben 76, 5
Herr, dein Lieb so groß 239, 2
Deiner Liebe zu gedenken 596, 8
Deine Liebe recht ermessen 596, 9
Aber deiner Liebe Macht 3, 3
Mich deiner Lieb kann trösten 244, 3
Ja mit Lieb und Glauben küssen 281, 8
Tröste mich mit deiner Liebe 714, 6
Sein Lieb zu beweisen 222, 4
Ist voller Lieb und Lust 738, 7
Brennt in Liebe für und für 197, 2
Wie könnt auf dieser Erden doch größre Liebe sein 407, 6
Da sich dein Herz beweget zur Liebe 151, 3
Ach deine große Lieb 151, 4
Die Liebe hat es selbst gethan 567, 1
Die Liebe ist so groß 567, 2
Die Liebe macht dir — Schmerzen 567, 2
Die Liebe ist mein Anverwandter 567, 3
Der lautre Strom aus seiner Lieb 567, 8
O Liebe, Liebe, du bist stark 165, 3
Und bist aus Liebe gar gestorben 424, 11
Dein Lieb und Treu vor allem geht 481, 2
Dank ihm für diese Liebe 254, 1—4
Von Liebe nur durchdrungen 698, 2
Deine Lieb hat dich getrieben 255, 6
Scheiden von Gottes Lieb und Treu 328, 2
Von Gottes Liebe mich soll scheiden 328, 5
Soll mich keine Pein v. d. Liebe scheiden 594, 4
Von der Liebe Jesu scheiden[3]) 608, 4
Jesus will sie decken mit seiner Lieb 738, 8
Erlangt des Vaters Lieb und Huld 555, 9
Hier gilt gar nichts als Lieb u. Gnad 243, 2
Große Lieb und Gnad erwiesest du mir 687, 2
Liebt den, der vor Liebe brennet 200, 8
O Jesu, deine Lieb ist groß 393, 5
Nichts in m. Seel als d. Liebe wohne 554, 2
Gieb, daß ich deine Lieb erwähl 554, 2
Mut u. Sinn in deiner Liebe brennen 554, 2
Süß und schön ist, Jesu, deine Liebe 554, 3
Nichts — lieben, ehren als deine Lieb 554, 3
Voll süßer Liebe sich erhübe 554, 8
Daß ich nicht an deiner Liebe habe 554, 12
Mich d. Liebe leiten u. begleiten 554, 14(8)
Laß m. Stand — Herr d. Liebe zieren 554, 15(9)
Wenn ich in deiner Liebe ruh 741, 1
Die Liebe nimmt sich meiner an 741, 3
Voll Liebe meine Seele 485, 3
Dem sein Herz vor Liebe brennt 425, 9

1) Var. die Residenz der Liebe. 2) Fehlt Anh. G. 3) Var. Bernh. G. Und auch nichts von Jesu scheiden.

Dieses Kindelein euch bringet süße Liebe 395, 3
Du hast mit deiner Lieb erfüllt 356, 2
Jesu, deine Lieb und Segen 713, 6
Deiner Lieb und Gunst genießen 611, 4
In deiner Liebe ruht sichs gut 158, 1
An deiner Liebe hangen 560, 11
Entzünde du mein Herz mit deiner wahren Liebe 294, 4
Die Flamme deiner Liebe 734, 3
Irr ich, sucht mich deine Liebe 382, 3
Liebe, die du mich so milde 435, 1
Liebe, die du mich erkoren 435, 2
Liebe, die du Mensch geboren 435, 2
Liebe, die für mich gelitten 435, 3
Liebe, die mir hat erstritten ewge Lust 435, 3
Liebe, die du Kraft und Leben 435, 4
Liebe, die sich dargegeben mir z. Heil 435, 4
Liebe, die mich hat gebunden an ihr Joch 435, 5
Liebe, die mich überwunden 435, 5
Liebe, die mich ewig liebet 435, 6
Liebe, die das Lösgeld giebet 435, 6
Liebe, die mich wird entrücken 435, 7
Liebe, die mich einst wird schmücken 435, 7
Liebe, dir ergeb ich mich 435, 1—7
Ich kenne deine Liebe schon 476, 8
Muß doch zuletzt v. lauter Liebe brechen 476, 8
Ins Meer der Liebe mich versenken 327, 1
In dem der Liebe Quell entspringt 327, 1
Wie du mir erwiesen aus reiner Lieb 709, 7
Adle mich durch deine Liebe 415, 3
Je größer Kreuz, je größre Liebe 367, 4
Du stehst voll treuer Liebe 698, 3
So stehet es in Lieb und Leid 340, 9
Nichts als Lieb und Huld geschehn 429, 5
Uns von seiner Liebe trennen 429, 5
Daß d. Liebe Glut unsre kalten Werke töte 490, 3
Zeuch weiter durch der Liebe Band 559, 10
Ein lebend Brunnen, Lieb und Feur 409, 2
Dein brünstig Lieb entzünd in ihn 412, 1
Das Feur deiner göttlichen Liebe 411, 1
Du süße Lieb, schenk uns deine Gunst 497, 3
Laß uns empfinden der Liebe Brunst 497, 3
Und schenk uns deine Liebe 543, 6
Dadurch die Liebe fleußt in die Herzen 591, 4
Du bist ein Geist der Liebe 769, 7
Denk meiner Lieb 620, 4
Was kann für solche Liebe dir 620, 5

II. Mensch.

An Treu und Lieb geht ihn' nichts ab 41, 4
So rühmen wir die große Lieb 534, 4
Gieb uns ins Herz der Liebe Brunst 409, 3
In deiner Liebe eines Geistes sind 569, 2
Wird bald in Lieb entzündt 657, 6
Ungefärbte Lieb in die Seele gieb 718, 11
Auf dieser Welt rechtschaffne Liebe finden 7, 3
So wird sich die Lieb ergießen 558, 2
In reiner Liebe schmecken 558, 7
Daß ich an deiner Liebe — empfinde Lust 13, 3
Daß ich mich üb in wahrer Lieb 13, 5
Das beste Teil sei deine Lieb u. Ehre 362, 9
Mit dir thu ich in Liebe mich verbinden 4, 7
Würdest du vor Liebe weinen 693, 2
Das Geheimnis seiner Liebe 584, 2
Laß die erste Liebe nicht 194, 1
Und die erste Liebe dich — abziehe 589, 4
Du darfst ja nur die leichte Liebe üben 186, 2
Sei getreu in deiner Liebe 608, 3
Das Kreuz vermehrt der Liebe Glut 367, 4
Ach zünde d. Liebe in m. Seelen an 286, 6
Rechtschaffne Lieb und Lust zu dir 310, 3
Den Glauben stärk, die Lieb erhalt 310, 5
Dir dennoch in Liebe nachlaufen 169, 4
Zünd in mir Glauben an u. Lieb 666, 14
Ich muß haben reine Liebe 558, 3
Die in der Liebe bleiben 558, 5
Aus Liebe mich stets übe 558, 6
Habe Dank für deine Liebe 602, 1
Deine Liebe will ich ehren 602, 5
Mit Jesu fein — in steter Liebe wallen 734, 6
Wer Glaub und Lieb im Herzen hat 11, 7
Als in Liebe trunken 428, 9
Daß ich dir geb Lieb um Lieb 371, 6
Werd in seiner Liebe brennen 389, 6
Der am Kreuz ist meine Liebe 97, 1—6
Der Frommen Schatz und Lieb 287, 1
Er sei thätig durch die Lieb 537, 8
Aus Lieb zu dir die Welt für nichts 298, 12
Gehorsam sein in Lieb und Leid 655, 4
Mein Herz in Liebe verbinde 323, 6
Daß es voller Liebe brennt 778, 7
Stets in deiner Liebe brennen 718, 6
Und durch die Liebe gegen mich 347, 4
Das ist der Liebe wert 405, 3
Ich bin gewiß in meiner Liebe 332, 2
Schwöret unserm Überwinder Lieb 300, 2
Laß mich wahre Liebe haben 225, 5
In Lieb und Leid nach d. Perle trachten 295, 5
An dir hangen in Lieb und Leid 569, 2
Dasselb annehmen jederzeit mit — Lieb 752, 3
In Lieb u. Leid, in Freud u. Schmerz 752, 5
Gieb uns die Lieb zu deinem Wort 544, 2
Und Lieb zu deinem Worte 293, 2
Des Vaters treue Liebe sieht sehnlich 621, 7
Groß ist die Lieb in meinem Mut 139, 3
Da die Liebe kann verschwinden 774, 4
Fried und Liebe müssen schweben 543, 6
Lieb, Hoffnung, Glauben üben 295, 3
Laß in uns wirken fort und fort Glaub, Lieb 752, 10
Dem Nächsten wird die Lieb Guts thun 183, 8
Mein Herz mit Lieb u. Glauben zier 555, 7
In der Lieb den Glauben weisen 430, 1
Wahre Liebe gegen m. Nächsten übe 221, 4
Aus Liebe niemals uns zu schwer 424, 10
Unsre Liebe ist nur ein Bild 424, 11
Immerdar sein durch die Liebe thätig 563, 5
Daß ich zugleich am Nächsten Liebe übe 294, 4
In Liebe dem Nächsten stets zu dienen 657, 1
Drum dringt die Liebe durch 657, 5
Geboten, daß man Liebe üben soll 300, 6(8)

Wie ist die Lieb so erloschen 618, 3
Man pflanze Lieb und Ruh 418, 8[1])
Ein Herz, das dich durch Liebe preist 622, 6
Laß uns in Liebe allezeit zum Dulden 359, 3
Liebe übe jede Seele 359, 3
In rechter Lieb und Einigkeit 655, 6
In rechter Lieb und brüderlicher Treue 239, 3
In rechter Lieb und Treu 99, 6
Eure Lieb ist nicht von Gott, eure Lieb 97, 1
Wenn sie mir gleich will Lieb erweisen 741, 2
Die Welt verkaufet ihre Liebe 98, 3
Bezaubert von Liebe der Welt 397, 4

lieben.

I. Gott.

Was er liebt über alle Maßen 200, 3
Daß aber Gott die Welt geliebt 212, 2
Die Menschenkinder liebest 534, 1
Gott und die Engel lieben mich 202, 11
Gegen Gott, der dich geliebt 608, 3
In Ewigkeit als Vater dich zu lieben 609, 1
Du hast mich in den Tod geliebt 680, 4
Ein Vater, der uns liebt 228, 2
So liebt der Höchste dich 228, 6
Daß mein Freund, der mich liebet 625, 10
Den, der nichts als lieben kann 425, 5
Mich — in deinem Sohn geliebet 734, 5
Wen Gott versorgt und liebet 139, 5
Und bin geliebt bei Gott 405, 1
Ohne Ruh lieben für das Hassen 650, 3
Gott hat mich je und je geliebt 205, 5
Daß du mich je und immer liebst 623, 9
Der hat uns je und je geliebt 732, 4
Der aber, der uns ewig liebt 138, 9
So hast du mich auch geliebt 762, 8
Die Gott liebet und rühmt 365, 8
Die, so er herzlich liebt 36, 9
Du liebest unvergleichlich 36, 10
Der du mich unaufhörlich liebst 205, 11
Sollt uns Gottes Sohn nicht lieben 200, 4
Liebst du mich, o Gottes Sohn 371, 5
Ich weiß, daß er mich herzlich liebt 202, 8
Daß mich deine Seele liebet 778, 7
Der mich geliebet hat 328, 3
Mein Freund, der mich beständig liebet 98, 5
Denn wer dich liebt, den liebest du 558, 4
In deiner Seele so hoch mich liebst 554, 1
Du hast mich je und je geliebt 554, 14
Der mich viel mehr als ihr geliebt 728, 9
Mein Heiland, der mich liebt 405, 6[1])
Was du liebest, will ich lieben 461, 7
Die du giebest, den du liebest 617, 3
So hat uns der Freund geliebet 300, 3
Der uns so geliebet hat 300, 5(4)[1])
Liebt Reinigkeit und wohnet gern 243, 10

II. Mensch.

Wer Gott liebt, dem will er senden 229, 3
Ich liebe meinen Gott 679, 6
Dich — wiederum umfang und liebe 693, 8
Von Herzensgrund lieben mich 134, 2
Sonst zu lieben, dich mein Licht 415, 3
Der dich, Herr, liebt 704, 12
Dich nach dieser Zeit lob und lieb 625, 12
Lieben und loben deine Macht 402, 2
Denen, die Gott lieben 381, 5(6)
Gott und den Nächsten lieben 212, 2
Gott soll ich über alles lieben 725, 4
O sollt ich dich nicht ewig lieben 205, 11
Noch nie hat sich, wer dich geliebet 108, 3
Mich liebe von ganzem Gemüte 128, 6
Über alles ihn zu lieben 429, 2
Dich zeitlebens inbrünstig lieben 345, 4
Liebt den, der vor Liebe brennet 200, 8
Dem, der ihn liebt und sucht 738, 10
Daß ich — dich ewig lieben kann 286, 6
Vor allen Dingen lieben dich 30, 3
Herzlich lieb ich mit Gefallen dich 558, 1
Nicht — kann lieben dich, wie ich dich
lieben wollte 558, 2
Dich allzeit lieben könne 558, 3
Denn wer dich liebt, den liebest du 558, 4
Daß ich dich herzlich liebe 558, 6
Ich liebe dich, doch nicht so viel,
als ich dich gerne lieben will 753, 11
Daß ich ihn so schlecht geliebet 461, 5
Den ich liebe früh und spat 387, 2
Nichts lieben, ehren, als deine Lieb 554, 3
Und sonst keiner wird von mir geliebt 462, 3
Thu den nur herzlich lieben 692, 1
Und dieses Kindlein liebt 51, 10
Jeder liebe was er will, ich liebe Jesum[2]) 19, 1-7
Ich will dich lieben u. s. w. 364, 1—3. 8
Marien Sohn, dich will ich lieben 598, 1
Ich fühle wohl, daß ich dich liebe 306, 4
Mit neuer Treu dich diesen Tag zu
lieben 559, 3
Der leitet alles, was ihn liebt 243, 9
Wir d. Wort von Herzen sollen lieben 295, 3
Wort und Sakrament behalt u. lieb 666, 9
Daß ich liebe dein seligmachend Wort 757, 6
Und meinen Nächsten lieben 709, 7
Ich hab den Nächsten nicht geliebt 704, 6
Deinen Nächsten sollst du lieben 386, 10
Daß wir uns von Herzen — lieben 497, 3
Vor allen Dingen lieben dich 30, 3
So jemand spricht: Ich liebe Gott 622, 1
Daß ich den Nächsten liebe 622, 1
Und wie ich die soll lieben 580, 13
Die da lieben gleich und recht 419, 5
Lieben Zucht und Heiligkeit 419, 7
Die Gerechtigkeit stets liebe 419, 10
Drum, wer sollte sonst was lieben 583, 7
Wer die Sklaverei nur liebet 47, 6
Ich hab die Kreatur weit mehr geliebt 704, 2
Nicht Heiligkeit geliebt und Zucht 704, 7
Tugend und Ehrbarkeit lieben 81, 4
Wer Sünde liebt gehört hinaus 302, 2

---

1) Fehlt Verab. G. 2) Var. Verab. G.

Lieben (das).
Doch kenn ich wohl dein treues Lieben 306, 7
Bald mit Lieben, bald mit Leiden 762, 7
Ist doch nichts als lauter Lieben 625, 1
Als das geliebte Lieben 738, 5
Dir dank ich für dein Lieben 560, 6
Herr, es hat dein treues Lieben 596, 8
Sein Herz bricht ihm vom Lieben 228, 1
Komm her, schau hin, was Lieben heißt 107, 6
Kein Lieben und kein Leiden 405, 13(14)
Den sein Lieben hat getrieben 590, 1
Sich in deinem Lieben übe 415, 3
Mein Lieben bis in m. Sterben üben 139, 2
Mit Lieben und Verlangen 554, 1
Legt es — auf so treues Lieben an 300, 3
Lieben (die).
Laß auch m. Lieben k. Not betrüben 315, 3
Auch euch, ihr meine Lieben 515, 9
Ihr aber, meine Lieben, thut nicht so 621, 1
Liebender.
Du unaussprechlich Liebender 523, 1
Lieberes.
Nichts kann auf Erden mir Lieberes w. 440, 1
Liebesarm.
Gleichwie du mich mit Liebesarmen 165, 5
Es sind die offnen Liebesarmen 340, 2
Liebesbahn.
Der Reinste auf unsrer Liebesbahn 418, 8[1])
Liebesband.
Gnad zu Fried und Liebesbanden 769, 8
Daß Gott knüpft das Liebesband 715, 2
Deren Hand knüpft Gott in ein Liebesband 661, 2
Liebsbegier.
Ich brenne nun nach dir in Liebsbegier 619, 12
Zeuch uns nach dir in Liebsbegier 771, 2[1])
Liebesbrunst.
Sich neiget mein Herz vor Liebesbrunst 740, 3
Du falsch entzündte Liebesbrunst 531, 7
Liebserbarmen.
Liebe, die aus Liebserbarmen mich 526, 4
Liebesfeuer.
O unerhörtes Liebesfeur 580, 8
Liebesflamme.
Daß durch Liebesflammen sich wieder 769, 7
Deine Liebesflamm mich ernähre 602, 6
Lasset eure Liebesflammen lodern 300, 1
Zünde an die Liebesflamme 300, 6(8)
Liebesgeist.
Durchflossen vom süßen Liebesgeist 416, 5
Liebesglut.
Wahre Liebesglut 597, 5
Liebesgrad.
O unerhörter Liebesgrad 567, 3
Liebeshand.
Es kommt von Liebeshänden 154, 2
Liebesherz.
Dein aufgespaltnes Liebesherz 471, 11
Liebeshuld.
Neues Leben trink in seiner Liebeshuld 406, 4
Liebeskette.
Wenn eurer Liebeskette Festigkeit — fehlt 300, 2
Liebeskraft.
Dich heut vermähle in d. Liebeskraft 561, 3
Liebeslicht.
Scheinen d. Glaubens- u. d. Liebeslicht 133, 4
Liebesmacht.
Erfreue dich in dieser Liebesmacht 567, 9
O Wunderlieb, o Liebesmacht 165, 3
Preisen Gottes Liebesmacht 618, 10
Liebesmahl.
Daß zu diesem Liebesmahl 220, 1
O Liebesmahl, das ich preise 740, 1
Liebesmeer.
Gott wird aus dem Liebesmeer dich 604, 5
Du unergründlich Liebesmeer 292, 1
Liebespflicht.
Wo bleibt da die Liebespflicht 618, 4
Liebesquell.
O du sanfter Liebesquell 436, 4
Liebesrat.
Die Schranken die dein Liebesrat gesetzt 651, 5
Liebesschar.
Ganz u. gar deine ganze Liebesschar 618, 8
Liebesschein.
Ein solcher hoher Liebesschein verdient 475, 9
Liebesschläge.
Denn es sind Liebesschläge 473, 6
Und giebt nur Liebesschläge 357, 5
Liebesthat.
Wie kann ich dir denn d. Liebesthaten 298, 9
Liebestreu.
Alsdann laß deine Liebestreu 554, 16
Dem Nächsten stets mit Liebestreu 543, 6
Liebestrieb.
Gott zeigt seine Liebestriebe 97, 4
Mein Liebestrieb wird stündlich neu 331, 8
Liebsverlangen.
Deinen Durst und Liebsverlangen 611, 2
Liebesweg.
Hier ist der Liebesweg 416, 2
Es deutlich merken an so viel Liebeswerken 122, 1
Liebeswille.
Daß sein Liebeswill stillen werde 604, 11(12)
Liebeswirkung.
Den ich in mir mit Liebeswirkung spür 567, 8
Liebeszeichen.
Ich nehms — als ein Liebeszeichen an 215, 4
Erreichen deine Gnad u. Liebeszeichen 762, 1
Liebeszunder.
Liebeszunder, Werk, d. Gott alleine schafft 256, 1
lieblich.
Nichts lieblicher als Jesus Name klingen 14, 3
O lieblich Bild, schön, zart u. mild 573, 6
Lieblich, freundlich, schön u. herrlich 734, 1

1) Fehlt Bernd. G

Wie lieblich schallt die Stimme hier 478, 3
Wie lieblich wird es doch mit Jesu 191, 7
Ach wie lieblich Lobgetöne hört man 31, 6
Deine Güte ins Gemüte lieblich fließen 558, 2
Und stimmet lieblich mit mir ein 524, 4
Wie lieblich wohnt sichs in dem Himmel 728, 4

Lieblichkeit.

Der durch s. Lieblichkeit recht — erfreut 252, 1
Ich will von d. Lieblichkeit — singen 165, 6
Deiner Güte Lieblichkeit ist neu 72, 1
Einzukommen zu m. Ruhe Lieblichkeit 187, 2

Liebling.

Dein Liebling und dein Hausgenoß 479, 7

liebreich.

Spricht liebreich: sei getrost m. Sohn 347, 3
Kein Trost so liebreich ist 14, 2
Und sehn dein liebreich Angesicht 558, 7
Ist alles liebreich, nütz und gut 57, 8
Den Sündern liebreich zugethan 471, 6

Liebster.

Mein Liebster, laß dich küssen[1]) 596, 2
Ach zeuch, mein Liebster, uns nach dir 554, 9
Laß, Liebster mich anblicken 594, 3
Eile, Liebster, heimzuführen m. Seele 529, 1
Daß ich von deinen Liebsten sei 524, 10
Ihr Meinen, ihr Liebsten allzumal 344, 4[2])

Liebstes.

Reißt mir der Tod das Liebste hin 571, 9
Herr, ich opfre dir zur Gabe all m. Liebstes 520, 3

Lied.

Unser armes Lied rühmet dich jetzund 100, 2
Dir will ich meine Lieder singen 136, 1
So klingt es schön in meinem Liede 136, 3
Farr u. Widder sind m. Gebet u. Lieder 671, 6
Ein heilig Lied gesungen 237, 2
Zwar du bedarfst nicht unsrer Lieder 248, 1
Mein Ruhm, m. Lied, m. Lobgesang 566, 8
Verschmähe nicht dies schlechte Lied 111, 4
Singe Lieder im hohen vollen Chor 235, 1
Schließen dies schlechte Liedelein 407, 8

liegen.

I. leiblich.

Was liegt dort in dem Krippelein 662, 7
Der liegt in Mariens Schoß 209, 3
Er liegt an seiner Mutter Brust 447, 4
Das Gotteslamm liegt hier mit Blut 573, 4
Der da lag begraben 79, 5
Der für mich im Grabe lieget 49, 3
Wenn ich des Nachts oft lieg in Not 202, 2
Du sprachst: mein Kind, nun liege 671, 4
Darin gefangen liegt der Leib 67, 6
Da lieg ich schon vor dir in großer Hitz 333, 3
Da ich auf Rosen liege 629, 5
Leg ich mich späte nieder 399, 6

II. geistig.

Höchste Fülle in dir ja verborgen liegt 169, 5
Ich lag in schweren Banden 738, 4
Warum liegst du Gott zum Spott 599, 1
Ich lieg im Streit und widerstreb 353, 5
Da ich in mancher Sünd u. Übertretung 687, 1
Wenn ich knien und liegen soll 611, 1
Nun ich lieg dir, Gott zu Füßen 240, 5
In deinem Schoß zu liegen 594, 7
Du liegst mir in meinem Schoß 774, 6
Ich liege hier vor deinem Thron 347, 1
Kein Angststein liegt so schwer auf mir 202, 6
Die Lebensjahre liegen auf[3]) der Bahre 217, 6
Schwachheit und Verdruß liegen 389, 9
Da lag er vor der Zeit der Welt 340, 1

III. allgemein.

Am Glauben liegts: soll der sein recht 41, 3
Trotz wer da will, es liegt nichts dran 745, 6
Mit uns will zu Felde liegen 597, 7
Laß dein Gnadenwerk nicht liegen 470, 1
Er liegt im Staub, der arge Feind 303, 4(5)
Der du selbst doch liegst versenkt 599, 5

lindern.

Lindert die Straf daneben 258, 5
Und lindern meines Herzens Schmerz 325, 4
Wird sich bald lindern aller Schmerz 232, 6
Dein süßer Trost, der linderts fein 11, 4
Wollest eilen, lindern, heilen 554, 11
Er lindert unsre letzte Qual 243, 11

Linderung.

Und aller Strafen Linderung 711, 3

linke.

Ihr zu meiner linken Hand 374, 9
Zur linken u. zur rechten Hand 655, 7

Lippe.

Spricht mit süßen Lippen 200, 7
Der roten Lippen Pracht ist hin 542, 3
So werden Herz u. Lippen dir allzeit dankbar sein 486, 4
Herz und Lippen sollen stets 378, 3
Rühr Herz und Lippen an 564, 1
Das auf meinen Lippen lieget 434, 3
Wo aller Lippen dein Wort erfragen 569, 1
Und Herz und Lippen preisen dich 660, 2
Verschließen meine Lippen sich 358, 7

List.

Und braucht an uns kein arge List 183, 11
Ei wie gar ein falsche List erdacht er 114, 4
Auf Erden wohnet Trug und List 28, 5
Die Welt voll List und Tücke 232, 4
Sie lehren eitel falsche List 10, 2
Groß ist ihr List, ihr Trutz u. Macht 588, 2
Wie hoch die List der Feinde geht 137, 3
Und selber bricht der Feinde List 754, 1
Ich hab mit — List begehrt 704, 10
Wenn schon durch List m. Nebenchrist 13, 4
Vor Schmeicheln, List und Heuchelei 13, 7
Mit List nach ihrer Ehre trachtet 679, 5
Nimm hin das Herz ohn alle List 680, 3
List, Unrecht, Frevel, Geiz 294, 6

1) Var. Bernd. G. Komm mein Heil, laß dich genießen. 2) Fehlt Anh. G. 3) Var. Bernd. G. eilen zu.

Und euer Herz von arger List[1]) zu reinigen 485,4
Denn es ist voller List 449, 6
Nicht schade des bösen Feindes List 2, 1
Des Satans schlaue List 238, 7
Treib vorbei des Teufels List 82, 6
Der Teufel kommt mit seiner List 38, 2
Des Satans List sie jämmerlich 576, 4
Daß ich des Satans Trotz und List 577, 6
Braucht falsche List, daß er verderb 270, 6
Des Teufels G'walt mit s. List erschrecken 146, 6
Vors Teufels List und Wüten 54, 3
Vors Teufels Macht und List 109b, 7
Bewahre vors Teufels List und Tück 706, 5
Daß des bösen Feindes List 219, 2
Des bösen Feindes — List u. Anschläg 219, 7
Mit eifrigem Gebete vor Satans List 203, 8
Behüt uns vor des Teufels List 66, 4
Wenn des Satans List und Macht 195, 2
Er wird dich vor ihrer List schützen 195, 3
Mit List und Macht sie auf ihn drang 572, 2
Drum kann mit aller Macht u. List 572, 9
Weil des Teufels Macht u. List gedämpft 607, 6
Des Teufels Mord u. List — zerstören 534, 9
Groß Macht und viel List 161, 1
Behüt vors Teufels List und Mord 496, 6
Rett uns aus Satans Macht u. List 670, 9
Des Feindes List treib von uns fern 409, 5
Daß uns nicht schad des Feindes List 67, 3
Merkst du nicht des Satans List 599, 1
Des Teufels Trug und Listen wehr 745, 11
Vor des Teufels Trug und List behüt uns 443
Damit behend des Teufels List sich—wend 30, 3
Entfliehn des Teufels Listen 216, 1—3

listig.

Uns nicht irren des Teufels listig Art 665, 7

Listigkeit.

Wehren des Teufels Listigkeit 270, 7

Lob.

Lob und Dank sei Gott allezeit 754, 5
Daß wir dein Lob erschallen 547, 4
Ich bringe dir viel Lob dafür 532, 6
Damit ichs brauch zum Lobe dein 296, 2
Dir zu Lob, Preis und Ehren 54, 1
Gott Lob, der uns heut d. Nacht behütet 126, 1
Lob sei den starken Händen 510, 7
Gott Vater sei Lob, Ehr und Preis 67, 7
Hab Lob und Ehre, Preis und Dank 63, 2
Lob, Ehr und Preis sei Gott 499, 3
Lob sei Gott für seine Gnade 701, 6
Immer sagen Lob und Dank 701, 6
Lob, Preis und Dank sei dir 116, 2
Und bringe Lob mit frohem Mut 446, 8
Gott sei Lob, der mich erfreuet 626, 6
Gott Lob! der den Trost erneuet 626, 6
Gereich zu deim Lob, Ehr u. Preis 125, 4
Lob und Dank sei dir gesungen 714, 2
Sei Lob und Preis mit Ehren 513, 5[2])
Uns ziemt und nützt dein Lob 248, 1
Dir zum Lob sind wir geboren 248, 1
Zu deinem Lobe nur ist alle Kreatur 248, 1
Kein Lob ist, was dich gnug erhöht 248, 4
Die bringen hier ihr Lob 51, 11
Gieb ihm sein Lob von Herzen 107, 14
Ach, nimm das arme Lob auf Erden 524, 15
Des Himmels Heer dein Lob erklingt 547, 12
Da alles Heer dein Lob erklingt 534, 10
Dessen Lob der Engel Heer im Himmel 500, 1
Ihr starken Engel waltet seins Lobs 513, 4
Vermehren sein Lob an allem Ort 513, 4
Gott sei Lob, Ehr und Preis 447, 8
Lob, Ehr sei Gott im höchsten Thron 662, 15
Mein Herze soll dir grünen in stetem Lob 738, 2
Aus aller Kraft Lob, Preis u. Ehr 753, 2
Ich will dein Lob vermehren 179, 2
Lob, Preis u. Dank, Herr Jesu Christ 179, 9
Lob und Dank singen 298, 15
O Jesu, Lob u. Dank für deine Not 709, 4
Gott Lob! wir sind versöhnt 591, 3
In Ewigkeit sei Lob und Preis 303, 6(7)
Gott Vater sei Lob und dem Sohn 409, 7
Drum sei Gott Lob 41, 2
Gott Lob u. Dank im höchsten Thron 745, 2
Dir sei Lob, Ehr u. Preis gesungen 475, 9
Laß dir unser Lob gefallen 767, 1
Das sei dir, Herr, zu Lob gesungen 412, 1
Lob dir jetzt und in Ewigkeit 136, 8
Dein Lob vermehren mit hellem Schalle 402, 2
Dein Lob genug vermehren 547, 1
Halleluja, Lob, Preis und Ehr 251, 1. 4
Daß wir dir Lob und Preis sagen 507, 3
Es soll dein Lob gen Himmel dringen 751, 10
Lob, Ehr und Preis sei dir gesagt 675, 9
Gott Lob und Dank, der nicht zugab 674, 3
Liebe, dir sei Lob gesungen 193, 8
Gott Lob: auch mich nimmt Jesus an 471, 11
Saget ihm Lob, Preis und Dank 33, 3
Lob und Dank, Herr Jesu, schallen 21, 10
Laß nur dein Lob zur Lust mir werden 578, 6
Ihm sei Lob, Preis und Ehr 509, 8
Sei Lob und Ehr mit hohem Preis 183, 13
Zu deines Namens Lob und Ehr 83, 6
Thu auf den Mund zum Lobe dein 278, 2
Lob, Ehr und Dank und Herrlichkeit 137, 9
So will ich für allen Segen Lob u. Ehre 316, 8
Und dein Lob herrlich treiben 106, 11
Rat u. That mit süßem Lob erhöhn 365, 1
Und in dir dein Lob vermehren 602, 5
Dem Herrn dein Lob zu bringen 735, 2
Herr, du bists, dem Lob gebührt 735, 2
Erfüllet wird — der Mund von Lob 369, 7
Daß ich dir — höchster Gott, Lob sage 635, 3
Ihm sei Lob, Preis in Ewigkeit 343, 16
Dir sei auch ewig Lob gegeben 57, 8
Laß ewiglich dein Lob erschalln 130, 5
Nach d. Klag dir ewig dort Lob sagen 636, 5
Ewig soll das Lob erklingen 429, 4

2) Var. Bernd. G. Argelist. 2) Fehlt Bernd. G.

Amen, Lob sei dir bereit 721, 14
Des Lob fällt nimmer hin 365, 8
Daß sie Lob und Ruhm gewinnen 584, 3

loben.

Darum wir billig loben dich 271, 11
Ohn Ende loben dich, o du Wächter 68, 4
Lobe den Herren 445, 1—5
Gelobt sei deine Treue 510, 7
Lobt ihn ins Himmels Thron 665, 4
Lobt ihn mit Herz und Munde 665, 5
Wir loben, preisen, anbeten dich 29, 2
Und lobet ihn von Herzen gern 501, 6
Dich großen Siegsfürst loben 28, 2
Wenn sie ihren Schöpfer loben 693, 4
Den großen Herrscher loben 329, 7
Die Gott den Vater loben 395, 1
Ach lobet den Vater, ach lobet ihn gar 397, 5
Gelobet sei mein Gott 451, 1—4
Halleluja! Gelobt sei Gott 743, 5
Drum wir auch nun dich loben 395, 5
Wir lob'n die heil'g Dreieinigkeit 210, 6
Dich ewig dafür loben 286, 4
Ich lobe dich von Herzen 560, 4
Gottes Schar ihn wird loben immerdar 47, 11
So lobn wir den Herren Jesum Christ 75, 2
Gott loben und dankbar sein 76, 1
Und loben dich, Herr Jesu Christ 181, 5
So wird er dich vollkommen loben 475, 9
Wir loben dich und sagen dir Dank 501, 9
Zugleich gelobet und gepreist 537, 2
Wir alle wollen loben dich 36, 9
Und loben dich die Heiden 192, 2
Und lobe dich das Volk 192, 3
Drum loben wir den Herren 15, 6
Dich dort oben stets zu loben 285, 3
Wir u. sie erhoben ihn ewig sollen loben 107, 12
Ihn billig ewig loben 107, 13
Daß sie dich lob in Ewigkeit 177, 2
Ewig soll mein Herz ihn loben 734, 5
Deswegen lobt ihn allesamt 302, 3
Gott loben das ist unser Amt 506, 5
Ach lobet, lobet alle Gott 64, 1
So lob und lieb ich in der Stille 578, 7
Durch Sinn und Mund dich lobe 561, 7
Gott sei gelobt 687, 5
Droben hochpreisen, singen u. loben 106, 12
Sie loben Gott mit Freuden dort 426, 4
Ich will dafür ihn ewig loben 728, 7
Nach dieser Zeit lob und lieb 625, 12
Ich will ihn loben bis in den Tod 446, 1
Lobet ihn mit schönen Worten 33, 3
Da werd ich erst dich loben 142, 7
Ich will dich dort ewig loben 442, 3
So lob ich dich dort für und für 330, 7
Droben ihn dort ewig werdest loben 678, 11
Hernach dort oben in Ewigkeit dich loben 179, 9
Kann man stets dich loben hören 422, 4
Er ist nur zu loben hier u. ewig droben 767, 3

Loben.

Geht zu s. Thoren ein mit Loben 506, 4
Stets erfüllet sein mit Loben 137, 7
Ohn Loben u. Lieben vergeh keine Stunde 397, 5

Lobende.

Lobende schließe mit Amen 445, 5

Lobgesang.

Du fährest auf mit Lobgesang 144, 4
Zu Preis und Dank mit Lobgesang 4, 7
Dein Lobgesang an allen Orten hören 610, 7
Er sei euer Lobgesang 42, 5
Lasset den Lobgesang hören 445, 1
Der Herr hört deinen Lobgesang 459, 1

Lobgetön.

Ach wie schön ist der Engel Lobgetön 432, 3
Ach wie lieblich Lobgetöne hört man 31, 6
Wie wird uns das Lobgetöne — erfreun 581, 5
Daß dies Lobgetöne d. Herzen angenehm 454, 4

Loblied.

Ein Loblied nach dem andern an 524, 1
Welch edles Loblied stimmt ich an 205, 12
Die ihre Loblieder mit ihnen — absingen 182, 4

Lobsagen.

Fährest auf mit Jauchzen u. Lobsagen 144, 4

lobsingen.

Dankt unserm Gott, lobsinget ihm 506, 5
Von Herzen dir lobsingen 284, 4(5)
Will ich dir auch lobsingen 144, 4
Lobsingt, lobsinget Gott; lobsingt, lobsingt 224, 1
Lobsinget ihm, lobsinget ihm, lobsinget 501, 1
Lobsinget mit der Engel Chor 501, 6
Will ich lobsingen meinem Gott 446, 1
Und dir lobsingen ewiglich 231, 4
Dann will ich recht lobsingen 150, 6
Lobsing ihm, meine Seele 459, 1

locken.

Ruft und locket uns zusammen 693, 3
Täglich liebreich zu dir locken 255, 4
Die zum Eitlen konnten locken 448, 2

lodern.

Lasset eure Liebesflammen lodern 300, 1

Lohn.

Daß sie ihm zu seinem Lohn nicht fehle 160, 2
Zions Hülf und Abrams Lohn 238, 3
Den ewgen Lohn, den euch der Herr 417, 15
Ich will dich lieben ohne Lohne 364, 8
Daß ich — erwünschten Lohn empfange 404, 7
Nehme den verheißnen Lohn 721, 13
Jehovah, wird Siegern zum Lohn 157, 6
Mein Schild und großer Lohn 348, 13
Des Lohn ist Zorn und Ungenad 704, 11
Da hats denn Gottes Zorn zum Lohn 139, 7
Daß du nicht kriegest bösen Lohn 386, 6
Den rechten Lohn uns geben wollst 496, 2
Alles zu verdientem Lohn 637, 6
Gieb mir nicht verdienten Lohn 648, 4
Dein Lohn, der Fluch mich jetzo trifft 620, 2
Wird den Lohn bekommen 56, 2
Dir deinen Lohn zu geben 530, 7

lohnen.
Da wird Gott ewig lohnen 652, 1
Weiß überschwenglich dem zu lohnen 223, 2
Nicht wie ich wohl verschuldet, lohne 325, 7
Daß er mir im Zorn nicht lohne 577, 4
Nach Verdienst nicht lohne 635, 1
Daß er nicht nach Werken lohne 249, 5

los.
Nichts macht mich von Jesu los 97, 5
Und wollt los sein des Elends mein 8, 2
Und mach uns bald in Gnaden los 185, 7
Nun all los sein der Sünden Last 743, 4
Du kommst und machst mich los 738, 4
Du kannst und sollst sie machen los 165, 2
Und sprich uns los von Sünd u. Tod 267, 1
Derselben mach uns frei und los 30, 2
Ledig und los all meiner Sünd 533, 5
Los von der Erde Müh 613, 1
So werd ich ihr' doch los 763, 6
Aus Teufels Rachen frei, los u. ledig 763, 9
Suchet frei und los zu sein 693, 3
Mich frei und los zu machen 580, 8
Den andern Bruder los zu machen 333, 5
Und mach uns vom Irrtum los 414, 2
Es macht dies Bad von Sünden los 149, 2
Die werden los und Söhne 149, 2

Los.
Mein Glaube zeigt mir das schöne Los 312, 7
Bis mein Los in jener Welt 581, 8

lose.
Wo diese losen Leute sind 10, 6
Hilf, daß der losen Spötter Hauf 752, 4

löschen.
Immanuel löscht ihren Trieb 567, 7
Mein Jesus hat gelöschet — den Tod 405, 5
Löschen meiner Sünden Glut 276, 6

Lösegeld.
Durch ein teures Lösegeld 35, 4
Die Zahlung und das Lösegeld 496, 5
Das ist das Lösegeld[1]) m. Missethat 599, 4
Mit teurem Lösegeld mich erkauft 160, 3
Durch ein teures Lösegeld 193, 2
Durch das Lösegeld deines Bluts 718, 4
Der gern fürs Lösgeld selig wär 74, 7
Alle Welt bezahlt ein ewig Lösegeld 74, 12
Liebe, die das Lösgeld giebet 435, 6

lösen.
Dich zu lösen durch sein Blut 197, 2
Und lös uns von der Sünden Band 67, 4
Löse m. Herz, wenn dein Herz will 329, 9
Lös uns vom Übel. Amen 183, 14
Er wird dein Herze lösen 58, 10
Da uns unser Gott wird lösen 213, 13

loskommen.
Denn mein Bürge kommet los 49, 3

loslassen.
Um mich wieder loszulassen 633, 1
Laß los! laß los! Brich alle Band 236, 5

losreißen.
Drum reiß ich mich jetzt aus der Höhle — los 524, 13[2])

lossprechen.
Sprich uns los von Sünd u. Tod 267, 1
Er spricht sie von dem Urteil los 471, 3
Sprich uns derselb'n aus Gnaden los 711, 6
Du, der lossprach einst Marien 637, 13

Losung.
Drum dies auch meine Losung sei 88, 7
Hier gilt die Losung früh und spat 720, 1
Das soll meine Losung bleiben 312, 9
Das soll die Losung bleiben 305, 1
Und stellt mir diese Losung für 117, 1

loszählen.
Daß ich würde losgezählet 383, 6
Nun bin ich losgezählet von Sünden 560, 10

Lot.
Dem frommen Lot der Engel half 270, 8

Löwe.
Da er unter den Löwen saß 270, 8
Und der Löw aus Juda Stamm 428, 1
Es hat der Löw aus Juda Stamm 670, 6
Das erstgeborne Lamm, Lamm u. Löwe 424, 5
Christus, den starken Löwen fällt 181, 7[2])
Brüllt wie ein Löw 270, 6

Luft.
Der Wolken, Luft u. Winden giebt Wege 58, 1
Was in allen Lüften schwebet 208, 4
Luft und Erde wird ihm dienen 758, 3
Muß gleich Erd und Luft vergehen 218, 7
Hoch in Lüften, tief in Klüften 735, 1
Und die auf Erden, Luft und Meer 610, 2
Wozu ist geben Luft und Wasser 599, 8
Mit vollen Chören alle Luft laute ruft 200, 1
Gesunde Luft, wohlfeile Zeit 751, 9
Verleih gesunde Luft 274, 7
Denn ihr sollt euch durch die Luft 389, 9
Ein Rauch, der in der Luft vergehet 679, 2
Daß ich in die Luft nicht streich 448, 5
In die Luft und in den Wind 455, 2
Luft und Erd uns ernährt 455, 4
In Kreuz giebts Luft[3]) 295, 4
Laß deine Liebestreu — bei mir stehen, Luft zuwehen 554, 16

Lüftlein.
Wenn ein rauhes Lüftlein wehet 24, 4
Sobald d. Lüftlein des Todes drein bläst 125, 7

Luftgespinste.
Wir spinnen Luftgespinste 112, 4

Lüge.
Mit Lügen und falschem Gedicht 401, 5
Wenn sie d. Kräfte der Lüge aufbläh'n 380, 5
Des Satans Mord und Lügen wehr 296, 2

lügen.
Das wirst du nimmer lügen 183, 7
Gott, der kann nicht lügen 701, 5
Nun wohlan, du wirst nicht lügen 528, 5

---

1) Var. Bernb. G. Löselohn. 2) Fehlt vielfach. 3) Var. Bernb. G. Lust.

Es sei — im Grund gelogen 599, 7[1])
Nicht lügen auf den Nächsten dein 134, 9

Lügen.

Es ist auf allen Straßen Lügen, Trügen 28, 5
Die dein Wort für Lügen hält 259, 6
Dazu kommt des Teufels Lügen 678, 3
Durch Satans Lügen sich selbst — betrüge 642, 5

Lust.

Der an d. Herzens Grunde ersiehet s. Lust 405, 7
Ist voller Lieb und Lust 738, 7
Nein Jesu, du hast Lust zum Leben 777, 6
Hätt er Lust zu unserm Schaden 200, 5
An den gerechten Samen denkest du mit großer Lust 249, 4
An dem die Engel sehn ihr Lust 447, 4
Und bist doch aller Engel Lust 753, 7
Nimmt seine Werk in acht, hat eitel Lust 365, 2
Du meines Herzens Lust 355, 1
Du bist m. Ergetzen, Jesu, m. Lust 381, 3(4)
Das sie sich zur Lust erlesen 583, 5
Rechtschaffne Lieb und Lust zu dir 310, 3
Erweck die Lust, die sich nur dir ergiebt 619, 10
Der in dir suchet Ruh und Lust 741, 1
Der mir — Freud und Lust geschenkt 217, 2
Sei du alleine meine Lust 559, 7
Nur eine Lust ist mir nun ferner bewußt 70, 3
Je wenger find ich Lust[2]) 329, 8
Eure Lust in Fröhlichkeiten 429, 4
Voll Lust, voll Freud und Lachen 106, 10
Was für Lust und Süßigkeit 461, 14
Sondern hat vollkommne Lust 599, 15
Laß nur dein Lob zur Lust mir werden 578, 6
Welch hohe Lust, welch heller Schein 204, 10
Mein Gemüte suchet an dir s. Lust 152, 6
Aber diese Lust erwecket Durst 529, 2[1])
Zur Lust wird jede Pein 51, 13
Da die Lust, die uns erhöht, nie vergeht 490, 6
Liebe, die mir hat erstritten ewge Lust 435, 3
Dein Gesetz hält über alle Lust u. Schätz 704, 12
Wohl dem, der mit Lust und Freuden 758, 2
Sollt ich dazu haben Lust 371, 4
Jedermann hat seine Lust 436, 5
Der hat wenig Lust zum Streit 47, 6
Geduld ist — meines Herzens Lust 203, 13
Die, der Lust der Welt entflohn 634, 2
Ich lebte mit der Welt in Lust 298, 7
Wenn ich des Fleisches Lüste dämpf 298, 10
Daß ich allezeit des Fleisches Lüste meide 294, 2
Alle böse Lust vertreiben 372, 3
Die Eitelkeit, des Fleisches Lust 543, 7
Weltsorg überall u. bösen Lüste dämpfen 752, 8
Die Lust des Fleisches dämpf in mir 310, 3
Ich muß erst diese Lust genießen 471, 10
Ertöt in mir die schnöde Lust 180, 2
Nicht an der Welt empfinde Lust 13, 3
Vor schnöder Lust mich hüte 13, 8
Die süße Lust in meiner Brust 153, 3
Mein Begier samt allen bösen Lüsten 286, 5
Laß mich kein Lust noch Furcht von dir 353, 4
Welchen nicht gefällt die unreine Lust 419, 7
Laß dich nicht Lust noch Leiden 609, 3
Ich hab unreine Lust gesucht 704, 7
Die Welt kann ihre Lust nicht 679, 6
Entreiße mich aller vergänglichen Lust 169, 7
Den Geist erhebt von d. Lüsten d. Erden 389, 10
Reinigt euch von euren Lüsten 591, 2
Hab ich Lust, was ist sie wert 678, 5
Du fragest nicht nach Lust der Welt 356, 7
Laß dich nicht — die Lust d. Welt ablocken 234, 11
Und den Lüsten widerstreben 388, 4
Wenn sie dir viel Lust verspricht 194, 3
Keine schnöde Lust der Sünden 336, 6
Die Welt vergeht mit ihren Lüsten 19, 3
Die Lust der Welt vergeht 686, 4
Die Lust ertöten, die uns plagt 473, 7
Und des Fleisches[3]) Lüste hasse 718, 13(12)
Laß die Lust zur Sünde nie dieses Heil 90, 9
Ist eine Lust ein Scherzen 127, 5

Lustbegier.

Nicht länger scherze mit der Sünden Lustbegier 18, 5

Lustgeschrei.

Klingen ganz von Lustgeschrei d. Schaf 204, 5

lustig.

Die Gottesstadt doch lustig steht 137, 3
Mit der Welt sich lustig machen 593, 6

M.

machen.

Von Anfang, da die Welt gemacht 753, 3
Du hast gemacht den Erdenkreis 547, 4
Gemacht nach deinem Ebenbild 666, 2
Wirf sie hin auf den, der dich gemacht 355, 15
Groß ist auch, was er macht 365, 2
Und was darinnen ist, gemacht 446, 4
Du machst, daß mir noch keine Not 366, 4
Das machts, daß ich kann selig sein 700, 5
Er wird gut alles machen 692, 1

1) Fehlt Anh. G. 2) Var. Bernb. G. Freud. 3) Var. Bernb. G. Menschen.

Er machs, wies ihm gefällt 53, 6. 407, 2
Wie ers mit mir machen will 407, 7
Und was er mit mir machen will 357, 3
Er machs, wie es ihm wohlgefällt 724, 3
Und ich selbsten mir gemacht 611, 3
Was soll ich denn nun machen 6, 5
Was soll ich Armer machen 366, 7
Was er macht, muß wohl geraten 758, 3

Machen.

Es ist vergebens mit uns. Thun u. Machen 510, 6

Macht.

I. Gott.

Ganz ungemessen ist dein Macht 29, 2
Voll Weisheit Macht und Güte 534, 7
Herr deine Weisheit, Güt und Macht 704, 3
Dein göttlich Macht und Herrlichkeit 271, 2
Es steht alles in seiner Macht 749, 1
Ich bin in deiner Macht 236, 8
Auf seine Treu und Macht kann ich 109a, 3
Gottes Macht hält mich in acht 381, 3[1])
Ihr, die ihr Gottes Macht bekennt 610, 8
Du, der König großer Macht 220, 2
Auf, laßt uns ihm, dem Gott der Macht 237, 1
Der mit Macht und starken Armen 229, 1
Wir rühmen deine Macht 271, 2
Deiner Macht und Gnade traun 470, 9
Du bist voll Macht und Herrlichkeit 563, 1
Gelobet seist du, Gott der Macht 459, 5
Gleicher Gott von Macht und Ehren 749, 2
Das steht in seiner Macht 36, 6
Der König kommt mit Macht 36, 7
Lieben u. loben dein Macht dort oben 402, 2
Aus ganz eigner Kraft und Macht 107, 7
Aus dem Thron seiner Macht u. Ehren 200, 3
Vertreib durch deine Macht unsre Nacht 490, 1
Die Frommen schützen durch dein Macht 562, 4
Schütze mich mit deiner Macht 17, 7
Dem alle Macht gegeben 224, 5
Sein Macht u. G'walt unendlich ist 745, 3
Hat er all Macht ohn alle Maß 745, 5
Ehr u. Macht sei auch dem Gotteslamm 251, 2
Beweis dein Macht, Herr Jesu Christ 177, 2
Er will hier seine Macht — verhüllen 505, 3
Konntest du die große Macht — hingeben 179, 3
Dem — auf Erden alle Macht gegeben 59, 2
Gleicher Macht und gleicher Ehren 384, 6
Mit Macht die Völker mannigfalt 38, 6
Durch deine Macht erweiset 547, 3
So hilfst du doch durch deine Macht 308, 4

II. Engel.

Noch Leben und keiner Engel Macht 328, 4
Macht, Weisheit, Herrlichkeit 248, 3

III. Mensch.

Wie aller Welt Macht, Ehr u. Gut 662, 12
Wir haben Recht und Macht allein 10, 4
Groß ist ihr List, ihr Trutz u. Macht 588, 2
Und rufen aus mit voller Macht 107, 13
Du hast der Feinde Macht gewehrt 735, 3
Allein auf ihre Macht verlassen 291, 2
Ziehen mit eures Armes Macht 738, 7
Mit unsrer Macht ist nichts gethan 161, 2
Es steht in keines Menschen Macht 362, 2
Und ihm aus ganzer Macht vertrauen 412, 2
Dich aus aller m. Macht zu umfangen 625, 12
Unsre Macht ist lauter Ohnmacht 21, 5
Der durch Macht ist hochgestiegen 24, 8(6)[2])

IV. Satan.

Mit List und Macht sie auf ihn drang 572, 2
Mit aller Macht und List 572, 9
Und weil des Teufels Macht u. List 607, 6
Satans Macht hat ihn in den Schlaf 47, 6
Vor Satans Macht u. List — behüte 109b, 7
Wehre dem Teufel, seine Macht verhinder 68, 2
Behütet vor des Teufels Macht 126, 1
Der des bösen Feindes Macht, List 219, 7
Wenn Satans Macht und List 440, 4
Wenn der Feind will Macht beweisen 735, 5
Wenn des Satans List und Macht 195, 2
Wenn des Satans Macht sich weist[3]) 414, 6(7)
Groß Macht und viel List 161, 1
Mit Macht aus Satans Reiche fahren 554, 4
Käm — das Höllenreich mit aller Macht 609, 7
Wer hat dir die Macht geschenkt 599, 3
Er treibet weg der Höllen Macht 133, 2
Darum uns bald kein Macht noch G'walt 146, 5
Daß er an uns hab keine Macht 66, 4
Der Teufel hat nicht Macht an mir 333, 6
Sieh, es sammelt seine Macht 587, 2
Ist ihm alle Macht genommen 427, 3
Ihr Macht, die ist gekränket 199, 4

V. allgemein.

Der der Sünden Macht zerbricht 152, 2
Daß es mit Macht an Tag ist bracht 548, 2
Ich sehe deines Donners Macht 366, 10
Jetzt kommt die Nacht, der Sünden Macht 620, 2
Der Tod mit seiner Macht wird nichts 37, 4
Genommen ist dem Tod die Macht 572, 7
Durch deine Macht, du wilder Feind 607, 2
Denn deine Macht die ist dahin 607, 4
Zerstört ist nun all seine Macht 181, 3
Weil Not u. Tod die Macht verliert 478, 1

mächtig.

Groß ist der Herr und mächtig 365, 2
Mächtig in den Schwachen ist er allezeit 217, 5
Der in Schwachen mächtig ist 634, 5
Ihr helft der Schwachheit mächtig auf 394, 3
Des Herren Rechte mächtig fällt 572, 5
Sein mächtig groß Gewalt 199, 3
Ist mächtig durchgedrungen 607, 3
Mächtig, prächtig triumphierest 28, 1
So hilf mir mächtig überwinden 470, 7
Über all Engel mächtig schwebt 745, 4
Wollst du doch in mir mächtig sein 537, 6
Meine Schwachheit stärk u. darin mächtig 687, 6
Denn wie mächtig, stolz und hoch 206, 3
Mein nicht mächtig worden ist 219, 2

---

1) Fehlt Bernd. G. 2) Fehlt Anh. G. 3) Var. Bernd. G. Wenn der Feind uns fliehen heißt.

Mächtige.
Ihr Mächtigen der Erden[1]) 505, 3(4)
Machthand.
Deine Machthand wirst du zeigen 642, 3
Magd.
Wo Knecht und Magd dich kennen 569, 4
Magdalena.
Geh mit Maria Magdalen u. Salome 670, 5
Wie sanft stillt er der Magdalenen 471, 5
Magnet.
Hängt sich ganz alleine an den ewigen Magnet 256, 5
Wo sich ihr Magnet befindet 583, 1
Mahl.
Hilf, daß durch deines Mahles Kraft 555, 9
Gott läßt zu dem Mahl der Gnaden 220, 5
O ein süßes Mahl und Ort 220, 6
Zeuch du mich, dein Mahl zu schmecken 220, 8
Von des Lammes Mahl im Himmel 220, 10
Zum Mahl in deines Vaters Haus 158, 3
So oft wir dieses Mahl genießen 475, 2
Hast du in dieses Mahl gelegt 475, 8
Macht schöne rote Wangen oft bei geringem Mahl 145, 7
Mahnen.
Wo des Geistes Mahnen du — hörst 406, 2
Mähr.
Recht gute neue Mähr 199, 1
Erfuhren neue Mähre 114, 4
Ich bring euch gute neue Mähr 662, 1
Hört gute neue Mähr 395, 1
Mai.
Er muß aus diesem Maien 417, 9
Majestät.
Vor Gottes Majestät allhie 302, 2
Gott senkt die Majestät 337, 2
Zu Ehren seiner Majestät 183, 13
Mit Majestät und großer Macht 28, 2
Seine Macht und Majestät verhüllen 505, 3
Herrscht er nun in Majestät 42, 1
Höchst verklärte Majestät 615, 1
Höchste Majestät, König und Prophet 718, 5
Laß dir seine Majestät immerdar 604, 10(11)
Die Majestät und Herrlichkeit 64, 2
Im Glanz der höchsten Majestät 474, 1
Zu jenem Lichte deiner höchsten Majestät 221, 5
Mein Geist vor dir, o Majestät sich beuget 96, 7
Erbebt vor ihm, ihr Majestäten 319, 4
Wer kleidet sie mit Majestät 707, 2
Gedanke voller Majestät, du bist es 132, 8[3])
majestätisch.
Majestätisch Wesen 226, 4
Des Satans Klagen majestätisch niederschlagen 249, 7
Mal.
Die Mal an Händ und Füßen 135, 7
Als sähe man sich zum letzten Mal 688, 2
Hilft Gott nicht gleich aufs erste Mal 141, 7
Schon so manch liebes Mal gespürt 524, 11
Manasse.
Wie David und Manasse 279, 5[2])
mancher.
Wie mancher ist in seinem Sinn 362, 5
mancherlei.
Mit seinen Gaben mancherlei 655, 3
Leiden und Trübsal mancherlei 328, 2
Seine Gnade ist mancherlei 446, 5
manches.
Freilich wirst du manches finden 268, 2
manchesmal.
Manchesmal hast du mit süßen Worten 769, 6
Mangel.
Da, wo der Mangel dich hintrieb 753, 13
Du füllst des Lebens Mangel aus 355, 12
Und der Mangel Hab und Gut 773, 4
Ist Mangel schwer zu tragen 686, 6
Auf Erden bei Mangel traurig werden 683, 1
Kein Angst, kein Mangel, kein Versehn 139, 5
mangeln.
Es mangelt an Erbarmung nicht 513, 2
Darum mir nie es mangeln wird 109b, 1
Mir mangelt zwar sehr viel 763, 7
So der Freiheit mangeln muß 47, 8
Mann.
Hier ist der Mann, der helfen kann 636, 2
Du hast gebracht den starken Mann 179, 6
Es streit' für uns der rechte Mann 161, 2
Gehören dir, o Mann der Schmerzen 158, 1
Unverrückt auf e. Mann zu schauen 160, 1
Ihr Jungen, Alten, Frau u. Mann 417, 1
Der Mann, der dir so wohl gefiel 753, 4
Ist der allerbeste Mann 701, 3
Wenn Mann u. Weib sich wohl verstehn 732, 2
Der Mann wird einem Baume gleich 732, 3[3])
Wenn der Mann, das Weib, das Kind 759, 2
O selig Haus, wo Mann und Weib 569, 2
Daß du als ein Mann zum Streit 38, 3
Stehen auch für einen Mann 300, 6(8)
Die stehen auch für einen Mann 93, 6
Manna.
Himmlisch Manna, das wir essen 734, 2
Soll mich dies Manna speisen 165, 8
Lasse mir dein Manna tauen 640, 7
Gieb zu deinem Manna Lust 252, 7
Der mir lauter Manna schenkt 638, 2
Und dies Manna kann bezahlen 596, 3
O Manna, das mir Gott beschert 726, 2
In mir dein süßes Manna — empfinden 476, 7
Darauf verborgnes Manna senden 38, 5
Manna, das die Engel speist 494, 9. 531, 5
Da ist Weide, da ist Manna 251, 3
mannigfalt.
Die Völker mannigfalt — zu führen 38, 6
Aus unsern Nöten mannigfalt errette 547, 5

1) Var. Bernb. G. Ihr Großen laßt euch raten. 2) Fehlt Bernb. G. 3) Var. Bernb. G. Und dein Traul die bittre Not.

Und große Not vor Gott so mannigfalten 183, 2
Meine Fehler mannigfalt 26, 2

Mannigfaltigkeit.

Durch Mannigfaltigkeit der Zungen 411, 1
Aus ihrer Mannigfaltigkeit des Streits 576, 2

männiglich.

Fasset sich ganz männiglich durch Geduld 462, 5

männlich.

Halte männlich, was du hast 589, 8

Maria.

Der liegt in Marien Schoß 209, 3
Von Maria ein wahrer Mensch geboren 743, 2
Von Maria, der Jungfrauen 749, 2
Gottes und Marien Sohn 734, 2. 750, 2
Gottes und der Marien Sohn 745, 5
Durch Gottes und Marien Kind 501, 5
Maria, du bist auserkorn 114, 1
Der von dein Mutter Maria kam 239, 1
Wie Maria war beflissen 169, 3
Zu deinen Füßen sitzen, wie Maria 262, 2
Ich will sitzen dir zu Füßen, wie Maria 718, 5
Wie Maria still gesessen 84, 3
Du, der lossprach einst Marien 637, 13

Mark.

Und Mark und Bein durchschaltet 94, 2
Durch Mark und Bein dringt mir 4, 3
Was mein Fleisch u. Mark verzehrt 215, 2

Marter.

Durch große Mart'r und bittern Tod 29, 4
Große Marter für uns trägt 114, 3
Deine Marter, Angst und Stich 374, 8[1]
Der du littst Marter, Angst u. Spott 283, 1
An deiner Marter Centnerlast 372, 3
Laß mich nicht allein deine Marter sehn 371, 3
Uns auf deine Marter zu verbinden 454, 4
Herr, um deiner Marter willen 26, 7
Durch Marter, durch Gewalt u. Tod 282, 4
Alle Marter überwunden 460, 6

Marterheer.

Und das betrübte Marterheer 580, 4

Marterholze.

Als du am Marterholze versöhntest 103, 1

Marterkron.

Durch seinen Tod und Marterkron 700, 4

martern.

Du marterst ihn am Kreuzesstamm 165, 4
Es hat sich martern lassen der Herr 709, 2
Ich und meine Sünde, diese hat gemartert dich 371, 3
Daß ich mit Sünden dich martre nicht 371, 4
Sie martert stets die Deinen 150, 3
An unsrer Statt gemartert u. zerschlagen 290, 2
Ganz grausamlich gemartert bist 530, 5[1]

Marterstraße.

Die dich gebracht auf diese Marterstraße 298, 7

Marterstunden.

Die Angst- und Marterstunden 396, 5

Märtyrtum.

Seht nur an ihr Märtyrtum 448, 1

Märtrer.

Die Märtrer und Apostel bei ihm 99, 2
Die teuren Märtrer allzumal 271, 2
Die Pein der Märtrer allzumal 531, 4

Maßen (Maß).

Was er liebt über alle Maßen 200, 3
Du Langmut ohne Maße 236, 8
O große Lieb, o Lieb ohn alle Maße 298, 7
Sein Herrschaft hat kein Maß 190, 3
Mit vollgeschenktem Maße 106, 9
Sie hat weder Maß noch Ziel 714, 3
Da mich ohn alle Maßen m. Vater 329, 6
So hält Gott auch Maß und Ziel 624, 3
Setzet Gott doch Maß und Ziel 417, 9
Christenkreuz hat seine Maße 625, 11
Und schärft mit Maßen sein Gericht 676, 5
Und züchtiget mit Maßen 689, 1
Hintangesetzet Maß und Weis 704, 7
Der uns geb zu halten rechte Maß 239, 3
Ich schreib ihm nicht vor Maß noch Ziel 343, 2
Sie trennen uns ohn alle Maß 10, 2
Es ist ihr' weder Maß noch Zahl 366, 8
So wird der Leiden Maß zu füllen 424, 10
Doch mehrt sich Sünd ohn Maßen 183, 4
Das Maß der Sünden ist erfüllt 751, 1
Ach bedenk das Maß der Schulden 26, 6
Und mit Sorgen ohne Maßen 421, 6
Stets Ordnung, Maß u. Ziel zu halten 578, 4

maßen.

Du kannst maßen, daß mirs nicht 353, 5

mäßig.

Gesund und mäßig Leben 81, 4
Gieb deinem Knecht ein mäßig Teil 348, 8

mäßigen.

Ach mäßigt doch das bittre Leid 728, 6

Mäßigkeit.

Mit Zucht und Mäßigkeit fein 134, 7

matt.

Es geht dahin, wird matt u. krank 165, 1
Und mein Herz ist matt von Sorgen 374, 5
Zur Reis' ist mein Herz sehr matt 553, 3
Reiche deinem matten Kinde 641, 8(10)
Denn mein Vermögen ist zu matt 524, 5
So kommet denn, ihr matten Seelen 187, 3
Ach, erheb die matten Kräfte 527, 5
Wer erquickt mein mattes Herz 761, 4
Meinen matten Geist erquicken 464, 1
Werde nur darob nicht matt 52, 4
Mein matter Fuß kann nirgend fort 304, 5
Nun matter Leib, gieb dich zur Ruh 111, 9
Wenn matte Glieder schlafen 116, 6
Nun geht, ihr matten Glieder 515, 6

Matter.

Flößt du mir Matten Kräfte ein 304, 6

Mattigkeit.

Bei des Leibes Mattigkeit 215, 5

1) Fehlt Anh. G.

Mauer.
Unsre Äcker sind wie Mauern 218, 3
Führ deine Mauern hoch hervor 733, 2
Deine Mauern muß ich bauen 774, 5
Auf d. Helden Winken zur Mauer sein 521, 2
Die auf der Maur als treue Wächter 669, 1
Eine Mauer um uns bau 644, 7
mauern.
Auf ewgen Grund gemauert 360, 2
Medizin.
Dein Wort, der Seelen Medizin 82, 6
Meer.
I. natürlich.
Du hast dem Meer sein Ziel gesteckt 753, 8
Größer sein als Himmel, Meer u. Erden 165, 7
Land und Meer rühmet, singet 220, 5
Ihn preisen die Meere 128, 1
Die auf Erden, Luft u. Meer — wohnen 610, 2
Dich preist der Sand am Meere 707, 4
Unzählge Herde im großen, wilden Meere 145, 5
Was im tiefen Meere 599, 8
Dieser hat Himmel u. Meer u. Erden 446, 4
An dem weiten großen Meer 276, 4
Und send ein Heer von Meer zu Meer 94, 7
Verbirg mich wo, du weites Meer 366, 11
Meeres Brausen u. Windes Sausen 125, 12
Durchs rote Meer nach Kanaan 53, 10
Das rote Meer wird dir schon Platz 521, 1
Das Meer auf dieses Helden Winken 521, 2
II. bildlich.
Und meine Seel ein weites Meer 356, 5
Wie ein von Sturm bewegtes Meer 660, 5
Des Sandes an dem Meer 580, 4
Denn ihr'r sind viel, wie Sand am Meer 710, 2
Den sehnenden Geist im Meer d. Liebe 574, 5
Ins Meer der Liebe mich versenken 327, 1
Ins Meer sie tief versenke 763, 4
Versenken deine Sünden in d. Meer 229, 5
Ins unergründlich tiefe Meer 471, 5
Und wirfst sie in das Meer 355, 9
Ins tiefe Meer der bittern Sorgen 362, 14
So auch in dem Meer der Sorgen 765, 3
Sorg u. Schmerz ins Meeres Tiefe 500, 5
Wenn er gleich auch mich wirft ins Meer 341, 2
Bin gleich wie ein stilles Meer 460, 6
In d. tiefe Meer versank d Todes Graun 354, 4
Meereswellen.
Wie die Meereswellen sind 196, 3
Wie Meereswellen einhergehn 754, 3
Treiben dich die Meereswellen 773, 2
Meerregierer.
Dein Jesus ist der Erd- u. Meerregierer 521, 3
mehr und mehr.
Will ihn suchen mehr und mehr 760, 3
mehren.
Sein Wohlthat thut er mehren 513, 1
Den Glauben mehr, stärk den Verstand 278, 2
Lieb und Hoffnung reichlich mehr 302, 8
O Jesu, unsern Glauben mehr 83, 5
Und die Zuversicht gemehrt 414, 4
Aus Gnaden meinen Glauben mehr 269, 4
Meinen Glauben täglich mehr 641, 4(5)
Mehr unsern Glauben immerfort 544, 3
Alles mehre deinen Ruhm 247, 6
Damit das Reich Gotts werd gemehrt 502, 10
Und derselben Früchte mehrn 218, 8
Doch mehrt sich Sünd ohn Maßen 183, 4
Weil sich der Trost im Herzen mehret 325, 8
An m. Ehrenkron die Edelsteine mehren 153, 6
Es mehrt sich vielfältigerweise 540, 4
meiden.
Will dich alle Welt gleich meiden 438, 4
Nicht wollen meiden, was du selber 371, 4
Dir zu sterben, dir zu meiden 461, 6
Laß mich die Sünde meiden 560, 12
Und alles Böse meide 285, 5. 326, 10
Daß ich mög alles meiden 763, 11
Daß ich forthin meid alle Schand 310, 1
Zu meiden die sündliche Begier 709, 5
Unart, Hoffart laß uns meiden 28, 4
Und meiden, was der Seelen schad 409, 5
Den Weg der Sünder meiden 752, 8
Zu meiden Ketzerhaufen 76, 2
Laß uns meiden alle Stricke 21, 8
Was schädlich ist — zu meiden 485, 4
Sein Leiden kanns nicht meiden 417, 5
mein.
Ich bin Gottes, Gott ist mein 599, 13
Wie du mein, so will ich dein bleiben 461, 7
Mein Freund, der mein ist u. ich sein 98, 5
Mein Freund ist mein 741, 6
Du bist mein, weil ich dich fasse 676, 12
Treuster Jesu, du bist mein 160, 4
Du bist mein und ich bin dein 90, 5. 94, 5
111, 8. 438, 1—6. 481, 3. 676, 11
Ich bin dein u. du bist mein 324, 3. 502, 7
Wie du mein wolltest werden 356, 3
Wie du mein, so will ich dein 600, 6
Ich bin, o Vater, selbst nicht mein 205, 7
Du mein und ich bin dein 116, 4
Wenn er mein nur ist 705, 1
Du, o Jesu, du bist meine 52, 5
Und dich nicht eher mein genennet 364, 3
Meine.
Wenn du der Meine heißt 482, 4
meineidig.
Wer meineidig[1]) ihm geschworen 608, 2
meinen.
I. denken.
Du kannsts nicht böse meinen 511, 7
Was dein Herz gut gemeint 362, 13
Fürwahr er meint es gut 36, 5
Da du's so gut gemeint 542, 8
Wie so gut ers mit mir mein 625, 1
Es ist doch herzlich gut gemeint 111, 4
Die's mit mir herzlich gut gemeint 450, 2

1) Var. Anh. G. treulos.

Es ist herzlich gut gemeint 599, 15
Er meints gut mit uns allen 664, 4
Das ist sehr wohl gemeinet 621, 3
Wie treulich er es meinet 682, 4
Und es treulich mit dir meint 678, 11
Was böse scheint, ist gut gemeint 357, 4
So sagt mein Herz u. meint es gut 139, 3
Dieweil es ist so gut gemeint 764, 2
Den rechten Glauben, Herr, ich mein 353, 1
Ich sag es frei und mein es recht 753, 11
Mit Gott mußt du es treulich meinen 133, 3
Wofern dus nur jetzt redlich meinst 471, 9
Drum hab ichs immer so gemeint 98, 1
Doch hier ist es nicht so gemeint 98, 3
Prüf, erfahre, wie ichs meine 169, 10
Wer seine Seel zu finden meint 485, 6
Mit Ernst ers jetzt meint 161, 1
Der uns zu stürzen meint 424, 2

II. lieben.

Den ich nur von Herzen mein 455, 1
Was du nicht bist, was dich nicht meint 647, 1
Der mich in Glück und Unglück meint 666, 4
Daß auch dein Herz kein andre mein 134, 7

Meinen (die).

Die Meinen, Hab u. Gut hat beschützt 379, 2
Ich, die Meinen, Land und Leut 379, 11
Mit den Meinen nicht in Unglück 268, 4
Indes wird er den Meinen mit Segen 399, 15
Bleiben gleich die Meinen hier 442, 8
Gesegn euch Gott, ihr Meinen 344, 4
Kann ich die Meinen nicht gesegnen 358, 8
Du wirst die Meinen auch — versorgen 477, 6

meiner.

Daß ich meiner niemals schone 18, 7
Du hast noch meiner nicht vergessen 4, 4

Meinung.

Von falscher Meinung trete 311, 7

meiste.

Und endlich, was das meiste 510, 14
Der am meisten nützen kann 98, 3

Meister.

Sprecht, der Herr ist unser Meister 33, 2
Du wundergroßer Meister 142, 1
Auch kenn ich wohl den Meister 360, 3
Da will ich sein der Meister dein 502, 9
Der zu helfen ein Meister ist 5, 1
Daß wir nicht Meister suchen mehr 412, 2
Ich will an dir, mein Meister, sehn 141, 1
Er der Meister, wir die Brüder 300, 1
Daß du, unsichtbarer Meister, uns so — nahe bist 300, 5[1]
Steh mir zur Rechten, o König und Meister 380, 5

meistern.

Wer ist, der uns soll meistern 10, 3
Laß doch m. Herz dich niemals meistern 619, 10

Meisterthat.

Durch deiner Allmacht Meisterthat 577, 2

Menge.

Von der Menge deiner Knechte 422, 4
Jauchz ihm Menge heilger Knechte 384, 11
Mit aller meiner Lasten Menge 647, 4
Laß die Menge meiner Sünden 276, 3
Laß deine Liebe decken m. Sünden Menge 255, 8

mengen.

Uns mengen mitten ein 99, 3

Mensch.

I. Christus.

Christus ist Mensch geboren 743, 1
Von Maria ein wahrer Mensch geboren 743, 2
Daß du ein wahrer Mensch geborn 14, 1
Wir bitten dich, wahr Mensch u. Gott 744, 2
Hilf uns, o wahrer Mensch u. Gott 547, 8
Wahrer Mensch und Gott 555, 6. 602, 3
Ist ein wahrer Mensch geboren 749, 2
Hilf, o wahrer Mensch und Gott 281, 5
Daß du Mensch geboren bist 209, 1
Gott wird Mensch, dir, Mensch, zu gute 200, 2
Wär er nicht Mensch worden 200, 5
Der selber Mensch ist worden 183, 5
Daß er Mensch worden, ist m. Trost 324, 1
Der mir zu gut Mensch worden ist 533, 4
Wirst Mensch u. bist doch A u. O 753, 8
Liebe, die du Mensch geboren 435, 2
Seht, welch ein Mensch ist das 606, 1—7
Daß du, m. Gott, bist Mensch geboren 11, 3

II. Mensch.

Durch Gottes Gnad e. jeder Mensch 506, 2
Uns Menschen drauf zu deinem Preis 547, 4
Aller Menschen Vater 246, 1
Der Mensch ist Gottes Knecht 621, 8
Ehe noch ein Mensch geboren 429, 2
Der Mensch, ein Leib, den deine Hand 707, 5
Der Mensch, ein Geist, den sein Verstand 707, 5
Der Mensch, der Schöpfung Ruhm 707, 5
Und du vermehrst der Menschen Glück 237, 3
Alle Menschen, groß und klein 491, 3
Vieh und Menschen er ernähret 455, 3
Der Mensch verwirkt den Tod 298, 5
Keines Menschen Herz vermag es 298, 8
Für mich verlornen Menschen 709, 2
Ich bin ein Mensch u. Sündenkind 143, 6
Da schon der Mensch gefallen 107, 4
Ein Mensch kann von Natur doch nicht 366, 2
Doch sind dir so viel Menschen feind 753, 10
Bin ich armer Mensch zu wenig 408, 2
Der Mensch ist gottlos und verflucht 146, 6
Der Trost bei einem Menschen sucht 146, 6
Und könnt kein Mensch vor dir bestehn 496, 2
Die Menschen sind[2]) wie Rohr im Winde 98, 2
Weh denen, die zu Menschen fliehn 108, 4
Uns Menschen auch im Himmelsthron 547, 6
Komm, o Mensch, komm, eile 220, 8
Und der Mensch mit Gott versöhnt 49, 3
Wie hast du gedürst nach d. Menschen Heil 602, 7
Hab ich doch nie d. Menschen sehen fallen 146, 7

---

1) Fehlt Bernb. G. 2) Vor. Anh. G. Die Welt ist gleich.

Nun sagst du, daß kein Mensch verzag 183, 7
Such bei Menschen nicht, was Menschen 612, 3
Den Herrn — weit über Menschen gelten 612, 3
Nicht der Menschen Knecht zu sein 527, 10
Ein neugeborner Mensch er heißt 77, 5
Den alten Menschen dämpf in mir 559, 13
Wenn er den alten Menschen bricht 107, 11
Fürsten sind Menschen 446, 2
Ist auch wohl ein Mensch zu finden 596, 5
Weil denn kein Mensch uns helfen kann 446, 2
Kein Mensch kann helfen mir 706, 2
Und wo kein Mensch nicht helfen kann 500, 3
Kein Mensch, kein Engel trösten kann 471, 1
Wenn sich der Menschen Hulde 665, 2
Was ist der Mensch, o Vater 524, 3
Also der Mensch vergehet 513, 3
Wir Menschen sind ja auch bedacht 139, 6
Kein Mensch ist ausgenommen 56, 2
Heut ist der Mensch schön, jung 417, 6
Was ist der Mensch? Ein Erdenkloß 343, 4
Durch keines Menschen Mund 14, 1
Was Menschen Kraft u. Witz anfäht 754, 2
Alle Menschen hier auf Erden 645, 4
Es steht in keines Menschen Macht 362, 2
Als Gottes, nicht der Menschen 752, 3
Das halt, o Mensch, in allem wert 149, 7
Nicht mehr der Mensch von Erde 739, 6
Daß Menschen und Vieh traurig sein 12, 1

Menschenbrust.

Trinkst Milch aus e. Menschenbrust[1]) 753, 7

Menschenfreund.

Du bist der süßte Menschenfreund 753, 10
Menschenfreund, Jesu, dich lieb ich 323, 8
Verließ ich dich, o Menschenfreund 205, 11
Dich, du liebster Menschenfreund 586, 2
Menschenfreund nach deiner Güte 596, 4
Menschenfreund, Immanuel 436, 4

Menschenfurcht.

Weg mit Menschenfurcht und Zagen 527, 5
Und stellt die Menschenfurcht sich ein 470, 7
Will Menschenfurcht u. Menschengunst 153, 4

Menschengunst.

Will Menschenfurcht u. Menschengunst 153, 4

Menschenhand.

Was Menschenhände zugericht 19, 3

Menschenherd.

Wie die Menschenherd ihr großer Hirt 587, 8

Menschenherz.

Kannst Menschenherzen wenden 769, 8

Menschenhirt.

Sammle, großer Menschenhirt, alles 618, 6

Menschenhuld.

Menschenhuld klopft in d. milden Brust 587, 5

Menschenhülfe.

Menschenhülf ist hier zu wenig 642, 2
Vergebens ists, auf Menschenhülfe bauen 291, 4
Auf mich u. Menschenhülf gebaut 704, 2
Menschenhülf hat sich gewandt 644, 7

Menschenhüter.

Dem frommen Menschenhüter 671, 1

Menschenkind.

Kein Menschenkind hier auf der Erd 243, 2
Die Menschenkinder liebest 534, 1
Unter Menschenkindern wohnen 587, 5
Du, noch sonst kein Menschenkind 494, 2
Wir stolzen Menschenkinder sind eitel 112, 4
Vertrauen auf e. schwaches Menschenkind 455, 2
Dein Sünd, o Menschenkind, erkennen 134, 11
Veracht' von so viel Menschenkind 674, 1
Verloschen gar bei allen Menschenkindern 10, 1
Zwingen konnt bei allen Menschenkindern 76, 2
Verhindern aus allen Menschenkindern 692, 3
Der nimmt u. frißt all Menschenkind 343, 9
O Menschenkind, nur deine Sünd 573, 3
Dies Wort bedenk, o Menschenkind 631, 2
Kein Werk von Menschenkindern 123, 2
Die Menschenkinder sammelst 123, 6
Und merk auf dies, o Menschenkind 530, 6

Menschenlehr.

Und achten sehr auf Menschenlehr 548, 2

Menschenrat.

Daß Menschenrat gedeihe 362, 2

Menschenscheu.

Uns ganz befrein v. aller Menschenscheu 564, 2

Menschensklaverei.

Fern von Menschensklaverei 448, 3

Menschensohn.

Durch den wahren Menschensohn 455, 4
Sehnen bring ich dir, du Menschensohn 617, 1
Allein, du holder Menschensohn 477, 8
Menschensohn, dein mächtig Dräuen 422, 2

Menschenthun.

Ist's Menschenthun, so treibs zurück 362, 11

Menschenwohlfahrt.

So fällt auch Menschenwohlfahrt um 341, 6

Menschenzungen.

Mit Menschen- u. mit Engelzungen 672, 3

Menschheit.

Selber steht in seiner zarten Menschheit 77, 4
Wo Gott u. die Menschheit in einem 169, 2
Wird nun die Menschheit ausgesöhnet 567, 4
Nimmst selbst an unsrer Menschheit teil 132, 4
Offenbart in unsre Menschheit 566, 1
Einer hat der Menschheit Last 159, 2

menschlich.

Ist ganz verderbt menschlich Natur 146, 1
Zu r'lösen das menschlich Geschlecht 271, 3
Das menschliche Geschlecht gesegnet 107, 3
Mir all menschlich Hülf zerrinnet 283, 3
Und menschlich Wesen an sich nahm 179, 1
Menschliches Wesen, was ists gewesen 125, 7

merken.

Der König merket drauf 36, 4
Merk auf das Seufzen und Gebet 137, 1
Und merket keine Heuchelei 719, 4

1) Var. Anh. G. deiner Mutter Brust.

So merket nun das Zeichen recht 662, 5
Merk auf, mein Herz u. sieh dorthin 662, 7
So merket allgemeine: Zu gleicher Weis 114, 3
So hört und merket alle wohl 77, 2
Lerne Gottes Weise merken 701, 4
Merke, was die Wahrheit lehrt 701, 5
Aus Gnaden! Merk dies Wort 53, 3
So hört und merkt, ihr lieben Kind 417, 11
Und merk auf dies, o Menschenkind 530, 6
Drum höre, merke, sei bereit 51, 5
In mir des Glaubens Schwachheit merke 350, 3
Doch weil ich meine Schwachheit merke 541, 4
Dran wir den Glauben merken 183, 10
Daß man ihn kaum merke 537, 6
Mein Verderben merk ich kaum 26, 4
Laß mich ihre Tück bald merken 18, 5
Merkst du nicht des Satans List 599, 1

Messias.

Dich, Gott Messias,[1] bet ich an 132, 6

Micha.

Wie Micha das verkündet hat 662, 2

Mietling.

Mach uns bald von jedem Mietling frei 669, 7

Milch.

Ihr Milch ist[2] seine Speis 447, 4
Trinkst Milch aus einer Menschenbrust[3] 753, 7
Die Milch, die du erst nahmest 138, 5
Dein Mund hat mich gelabet mit Milch 542, 5
Die Milch, die aus dem Worte rinnt 167, 6
Dein süßes Evangelium ist lauter Milch 734, 2
Wo Milch und Honig fließen 683, 6

mild.

Du hast mich, o Vater mild 666, 2
Lob sei dir, mildester Berater 524, 6
O Herr thu auf dein milde Hand 60, 2
Mit milder Hand s. Güter ausgespendet 258, 3
Giebt Speis aus milder Hand 365, 4
Sprich deinen milden Segen 510, 11
O lieblich Bild, schön, zart und mild 573, 6
Gieb dich mir, Herr Jesu mild 387, 3
Liebe, die du mich so milde 435, 1
Du sollst aufthun dein milde Hand 134, 8
Den milden Fluß erpreßter Thränen 471, 5

mildiglich.

Uns schmücken mit Gaben mildiglich 99, 4
Und nähr uns mildiglich 258, 6
Ganz mildiglich hat für dich vergossen 573, 4

Millionen.

So viel Millionen Schulden 650, 3
Wer bin ich unter Millionen 205, 6
Schau auf deine Millionen 158, 4

minder.

Also auch und nicht minder 510, 5
Da dus am mindsten gläubst 58, 10
So wird mein Angst bald minder 326, 9

mindern.

Und deinen Segen mindert 630, 4
Pflegt das Kreuz zu mindern 462, 6

missen.

Was man um Jesum mißt 124, 6
Ich kann deine Weisheit missen 584, 1
Laß mich deiner nicht mehr missen 596, 3
Nicht das Kleinste missen 93, 6

Missethaten.

In was für Missethaten bist du geraten 298, 1
Für deine Missethat in den Tod 386, 4
Wenn er hätt belohnet all uns. Missethat 258, 4
Mit unsrer Sünd und Missethat 12, 1
Räche nicht die Missethat 374, 5
Durch d. Missethat war est ganz vernichtet 573, 3
Uns reuet unsre Missethat 489, 1
Daß wir all Sünd u. Missethat—erkennen 5, 1
Das machet unsre Missethat 535, 3
Herzlich bewein all meine Missethaten 310, 2
Verzeihe mir die Missethat 532, 2
Ich tilg ihre Missethat 645, 2
Hinweg die Schuld und Missethat 14, 5
Nimm weg all unser Missethat 79, 7
Unsre schwere Missethat bei Gott 284, 3
Für mich und meine Missethat 704, 16
Und vergieb die Missethat 316, 4
Bezahlt mit d. Blute alle Missethat 526, 1
Die Missethat der Sünder zu versühnen 227, 5
Wenn meine Sünd und Missethat 35, 11
Von aller Sünd u. Missethat — erlöset 509, 3
Hülf u. Rat ist für meine Missethat 219, 3
Denn das ist der Löselohn[4]) meiner Missethaten 599, 4
Vergieb uns unsre Missethat 588, 3
All ihre Missethat willst du verzeihn 281, 6
Verzeihe mir — alle Sünd u. Missethat 714, 4
Nimm von uns unsre Missethat 746, 2
So wäschst du ab aus lauter Gnad die Missethat 150, 1
Alle m. Missethat hat er weggenommen 90, 6
Gedenk nicht unsrer Missethat 60, 4
Dir, der du Missethat vergiebest 333, 6

Mißgeschick.

Mag die Welt im Mißgeschick leben 633, 5

Mißgunst.

Hoffart und Mißgunst sich regt 380, 3

mißhandeln.

Der wider Gott mißhandelt 298, 5

Mißtraun.

Da das Mißtraun mich vergiftet 413, 7

mißthun.

Herr, ich habe mißgethan 276, 3
Was ich habe mißgethan 654, 6

mitbringen.

Komm und bring den Tröster mit 616, 5

Miterbe.

Und ein Miterbe Jesu Christi sei 136, 4

1) Var. Bernb. G. mein Heiland. 2) Var. Anh. G. Nimmt von ihr. 3) Var. Anh. G. Mutter Brust. 4) Var. die Ranzion.

mitgehen.
Wie er mich führt so geh ich mit 724, 1
So will ich gern mitgehen 341, 8(10)
Mitgenosse.
Auf denn, Mitgenossen, geht mutig 634, 5
Ein Mitgenoß der Ewigkeit 739, 6
Mitgeselle.
Der Sieg der Höllen u. ihrer Mitgesellen 107, 7
mitleidig.
Sind mitleidig mit den Armen 419, 6
mitnehmen.
Da nimmt er mich auch mit 37, 6
Nimm mich Armen auch mit dir 259, 1
Mittagslande.
Vertrocknest in den Mittagslanden 703, 6
Mitte.
Gott ist in der Mitten 226, 1
Du trittst selbst in die Mitten 742, 3
Bleibe doch in unsrer Mitten 778, 9
Er ist nicht fern, steht in der Mitten 213, 5
Anfang und Mitte samt dem End 88, 5
Den Anfang, Mitt und Ende 671, 8
mitteilen.
Uns auch mitgeteilt den Segen 503, 2
Zu eilen, das Gebetne mitzuteilen 255, 3
Segenskräfte allen denen mitzuteilen 249, 3
Hier wird ein Leben mitgeteilt 727, 2
Mittel.
Er hat bald ein Mittel troffen 608, 5
An Mitteln fehlt dirs nicht 58, 4
Gieb Willen, Mittel, Kraft u. Stärk 577, 2
Dich ins Mittel stelle 371, 5
Das Mittel und der Schluß 14, 10
Ich sehe keine Mittel 213, 9
mitten.
Es leucht' wohl mitten in der Nacht 209, 4
Bleib mitten in unserm Kreuz 510, 8
Mitten in der Angst der Höllen 229, 5
Mitten wir im Leben sind 489, 1
Mitten in dem Tod anficht 489, 2
Mitten in der Höllen Angst 489, 3
Bete aber auch dabei mitten in dem 449, 7
Mitten in Not denk ich an Gott 4, 4
Mitternacht.
Mitternacht heißt diese Stunde 672, 1
Bald ist es Mitternacht 178, 1
Mittler.
Zum Mittler auserkoren 547, 6
Der unser Mittler worden ist 134, 12
Er ist der Mittler worden 183, 1
Mein Mittler er auch worden ist 579, 4
Ein Mittler ists, der sie erhält 132, 8(9)
Großer Mittler sei gepriesen 249, 9
Denn Jesus, unser Mittler, lebt 250, 3
Ins Allerheiligste führt mich mein Mittler dann 43, 5
Du aber, Mittler, Gottes Sohn 123, 1
Der Mittler, der im Fleisch erschienen 53, 2
Der Mittler steht ja in der Mitten 751, 5
Der Mittler und der Gnadenthron 777, 3
Den wollt er mir zum Mittler geben 205, 3
Daß ich, Mittler, bald durch dich Gnade 275, 7
Mittleramt.
Alsdann brauchst du dein Mittleramt 666, 6
möglich.
So viel mir immer möglich ist 580, 15
Nicht möglich wars, dieselbge Art 183, 4
Monarch.
O Monarch in dreien Reichen 422, 5
Des Monarchen Braut zu sein 583, 7
Mond.
Wenn Sonne, Mond u. Stern vergehen 133, 3
Sonn u. Mond uns scheinen heißt 219, 1
Wie — Mond und Sterne schwinden 731, 2
Lobet gern Mond und Stern 767, 2
Nicht der Mond, nicht mehr die Sonne 613, 3
Der Sonne Hitz, des Mondes Schein 346, 6
Des Mondes Schein fällt nun herein 115, 4
Der Mond ist aufgegangen 112, 1
Seht ihr den Mond dort stehen 112, 3
Laß den Mond am Himmel stehn 491, 4
Du kennest meiner Monden Zahl 333, 1
Mord.
Die Spieß u. Schwerter u. ihr Mord 235, 1
Und steur der Feinde List u. Mord 177, 1
Laß sie des Teufels Mord u. List 533, 9
Behüt vors Teufels List und Mord 496, 6
Und wehr des Teufels Trug u. Mord 1, 4
Des Satans Mord und Lügen wehr 296, 2
Betrübet vons Teufels List u. Mord 757, 1
Morden.
Vom Wüten und vom Morden 572, 4
Mörder.
Gleich e. Dieb u. Mörder da gehangen 554, 5
Und die Mörder zu vertreten 255, 6
mördervoll.
Wenn er aus mördervollen Hecken 741, 5
morgen.
Ob du bis morgen leben sollt 631, 5
Eh morgen kommt, kanns ändern sich 631, 6
Sieh, morgen ist er schwach u. krank 417, 6
Daß ich morgen mit den Meinen 268, 4
Ei, so sorg ich nicht für morgen 626, 5
Ist doch morgen auch ein Tag 40, 5
Heute mir und morgen dir 301, 1
Heute rot und morgen tot 301, 2
Morgen fällt, der heute stund 301, 4
Die Sonne — kommt doch morgen wieder 156, 4
Ich sterb heut oder morgen 48, 3
Es sei heut oder morgen 399, 8
Komm mein End heut oder morgen 722, 11
Morgen.
Deine Treue, die alle Morgen neue 510, 7
Deine Treu bei uns ist alle Morgen neu 534, 1
Alle liebe Morgen schaue neue Lieb 625, 7
Den Abend wie den Morgen 665, 1
Sie ist alle Morgen neu 379, 1. 701, 6
Abend u. Morgen sind seine Sorgen 125, 4
Des Morgens Gott dich loben wir 100, 2
Gott, ich komm bei frühem Morgen 240, 2

Hilf, daß ich mit diesem Morgen 219, 4
Vom Morgen bis jetzund pfleget Herze 268, 2
Daß wir alle Morgen beseufzen 719, 2
Und wieder an dem Morgen 55, 4
Auf den Abend folgt der Morgen 464, 7
Folget jetzt ein guter Morgen 379, 2
Himmelan schwing deinen Geist jeden Morgen auf 313, 2
Hab ich so manchen Morgen 329, 2
Wie manchen düstern Morgen 621, 2
Als es am frühen Morgen war 722, 2
Als es am Morgen mit mir war 358, 5
Habe Dank für diesen Morgen 247, 3
Auf daß wir an jenem Morgen 47, 10
Von Morgen ohne Zahl sind Gäste 103, 2

Morgenland.

Zeugen die Leut aus Morgenland 562, 2

Morgenlicht.

Ihn umleuchtet Morgenlicht 155, 4

Morgenrot.

Du Morgenrot, erteil mir deine Flügel 366, 11
Der Nebel flieht vor d. Morgenrotes Helle 155, 4
Wehen vor des Himmels Morgenrot 59, 6
Strahlt des Lebens Morgenrot 634, 4
Bis die Morgenröt aufgehet 648, 7
Wenn die Morgenröte leuchtet 196, 5
Bei entstandner Morgenröte 490, 3

morgens.

Steh mit Jesu morgens auf 195, 1
Morgens, abends und bei Nacht 195, 2

Morgenstern.

Gewandt auf diesen Morgenstern 51, 2
Dort kommt der Morgenstern 36, 3
Du Himmelsblum und Morgenstern 753, 1
Drum, Herr Christ, du Morgensterne 196, 6
Zum Feldpanier den Morgenstern 38, 6
Er ist uns der Morgenstern 731, 2
Kein gnadenreicher Morgenstern 158, 4[1]
Morgenstern, aus Gott entglommen 433, 1
Dir glänzt der Morgenstern 121, 2
So dieser Morgensterne in uns aufgeht 146, 9

Morgenstunde.

Lob u. Dank in dieser Morgenstunde 54, 1
Dank sei Gott — in d. Morgenstund 81, 1
Dir, Gott, in dieser Morgenstund 666, 11
Da hat wohl die Morgenstund 252, 3
Der Feld und Blumen netzt zur Morgenstunde 440, 2

Morgentau.

Doch komm, o süßer Morgentau 735, 6
Recht als einen Morgentau 252, 3
Deiner Güte Morgentau fall 490, 2

Morgenzeit.

Schick uns diese Morgenzeit 490, 1

Moses.

Die Moses Gottes Volk gebot 181, 11[2]
Die uns gab unser Herre Gott durch Mosen 134, 1
Moses darf mich nicht verklagen 390, 7
Den' Moses schon den Stab gebrochen 471, 1
Will mich des Moses Eifer drücken 741, 3

Most.

Daß man Öl u. Most zu s. Zeiten findt 355, 5

Motten.

Rost und Motten, Raub und Feuer 463, 6

müde.

Wird auch nicht müde von der Wacht 346, 4
Werden sich die müden Seelen laben 137, 6
Auf, müdes Herz, und werde licht 187, 1
Ihr müden Seelen u. ihr Frommen 187, 2
Ach, ich bin so müd und matt 635, 5
Ach wie werd ich da so müde 413, 5
In dem müden Lebenslauf 21, 5
Und hätte gern mein müdes Leben 345, 1
Wenn ich des Lebens müde werd 631, 3
Daß ichs fast müde bin 329, 8
Denn ich bin des Wanderns müde 206, 1
Mir aufs müde, schwache Haupt 59, 5

Müder.

Du bist der Müden Stärke 686, 7
Und Ruhe für den Müden 459, 2
Und stärkt mich Müden 440, 5
Hier finden — Kraft die Müden 550, 4
Ach fasset dieses Wort, ihr Müden 187, 7

Mühe.

In Wollust oder Müh und Plag 704, 4
Müh und Fleiß gereich zu deim Lob 126, 4
Um alle meine Mühe 399, 2
Durch eigne Müh vermag ichs nie 227, 7
Ich scheu keine Müh und Schmerzen 520, 4
Hast spät u. früh viel Sorg u. Müh 341, 3
Da kostets Müh, auf s. Hut zu stehn 191, 2
Doch ist es wohl der Mühe wert 191, 3
Es hat wohl Müh, die Gnade aber 191, 3
Hat nur Müh, Angst und Verdruß 47, 8
Als unser aller Sünden Müh 366, 13
Laßt euch die Müh nicht reuen 417, 11
Müh findt sich an allem End 196, 5
Als Müh und Not gewesen 329, 2
Ist allenthalben Müh und Not 343, 6
Ist nur Müh u. Herzeleid zu nennen 582, 2

mühselig.

Die mühselig und beladen 281, 6
Macht euch auf, mühselig u. beladen 393, 1
Ich komm mühselig, nackt und bloß 395, 5
Komm nur mühselig und gebückt 471, 8
Und suche dich mühselig und beladen 347, 1
Herz, Sinn u. Mut mühselig u. beladen 539, 3

Mühseligkeit.

Des Bleibens ist ein kleine Zeit, Mühseligkeit 343, 3

Mund.

I. Gottes.

Mein Wollen hängt an deinem Mund 165, 2
Auch wird durch deines Mundes Wort 547, 4
Aus deim göttlichen Munde 548, 1

1) Fehlt Bernb. G. 2) Fehlt vielfach.

Er mich erquickt mit s. wahren Munde 109b, 3
Ist worden kund aus deinem Mund 295, 1
Aus s. Mund — den Trost empfinden 153, 9
Was Gott mit seinem Munde spricht 149, 6
Was sein Mund geredet hat 49, 2
Was uns sein Mund verspricht 365, 6
Und rühmt mit seinem Mund 365, 8
Sprach zu ihr des Herren Mund 774, 3
Teures Wort aus Gottes Munde 638, 1
Den ewgen Mund selbst hören sprechen 213, 14
Dein Augen, deinen Mund 135, 7
Dein Mund hat mich gelabet 542, 5
O süßer Mund, o Glaubensgrund 573, 5
Sein heilger Mund hat Kraft 636, 1
Ich will aus deines Mundes Zier 554, 9
Mein Mund der fleußt zu jeder Zeit 485, 3
Die durchs Scepter deines Mundes 422, 3
Ich danke dir, du güldner Mund 364, 5

II. der Engel.

Er sieht und hört der Engel Mund 139, 9

III. der Menschen.

Wenn der Mund wird kraftlos sein 524, 14
Heilge du, Herr, Mund und Ohr 640, 3
Durch keines Menschen Mund 14, 1
Du sollst in m. Mund u. Herzen sein 440, 6
Loben — dort oben mit Herz u. Munde 402, 2
Der Herzensgrund sei, wie der Mund 13, 8
Und mancher Mund nun stumm 86, 2
Und bekennest mit dem Munde 386, 9
Die bekennen mit dem Mund 419, 1
Wer stärkt und erweckt den Mund 761, 2
Dein heilges Wort aus meinem Mund 146, 8
Den Mund bewahr, daß nicht Gefahr 310, 5
Unnützlich Wort aus m. Munde gehen 536, 3
Vergeblich oft geführt im Mund 704, 3
Daß nicht bet allein der Mund 655, 1
Öffne selber ihren Mund 252, 8
Jesu öffne mir den Mund 415, 4
Wie schweigt davon der träge Mund 723, 1
Thu auf den Mund zum Lobe dein 278, 2
Öffne Herzen, Mund und Ohren 439, 3
Wir wollen aufthun unsern Mund 302, 6[1]
Die kein Mund kann aussagen 738, 5
Lobt ihn mit Herz und Munde 665, 5
Der Mund von Lob und Preis 369, 7
Die unaussprechlich sind—m. Munde 405, 7(8)
Ich öffne meinen Mund u. sinke hin 538, 6
Danke dir mit Herz und Mund 461, 15[1]
Und das bekennet Herz und Mund 361, 1
Und dir singen Herz und Mund 21, 10
Drum danke ich mit Herz u. Mund 666, 11
Mund und Herze soll dir danken 292, 6
Laß weder Mund noch Herze wanken 292, 6
Hand u. Mund so geschwind u. oft 268, 2
Mit Herzen, Mund und Händen 499, 1
Legt die Hand auf euren Mund 512, 11
Durch Dieners Mund sprichst du 747, 2
Sie rufen uns mit hellem Munde 672, 1

Mündlein.

Sein Mündlein hilft selbst singen 139, 9

munter.

Denn du bleibest ewig munter 268, 6
Und sieht sich munter um 37, 3[1]
Zeige dich m. muntern Angesichte 434, 1
Aber nun steh ich, bin munter u. fröhlich 402, 2
Kommt, laßt uns munter wandern 418, 11(9)
Ein jeder munter eile 418, 12[1])

murren.

Murre nicht in Weh und Ach 608, 4
Mein Heil murrend verscherzen 8, 5
Meine Seele murret nicht 460, 2
Die Welt laß immer murren 754, 8
Ob er gleich murrt, ists ohn Gefahr 303, 4

musizieren.

Und dem man billig musiziert 735, 2

Musikkunst.

Die Musikkunst wird bringen in Gott 99, 5

müßig.

Alles andern müßig gehn[2] 712, 1
Der Sorg und Geizes müßig gehn 655, 5

Müßiggang.

Den Müßiggang zu meiden 404, 6
Den Müßiggang samt aller Trägheit hasse 12, 9

Mut.

I. Gott.

Doch bleibet gutes Muts 500, 4
Ein Held, der Feld und Mut behält 37, 2

II. Mensch.

Herz, Seel u. Mut, nimm alles hin 356, 1
Groß ist die Lieb in meinem Mut 139, 3
Stärk meinen blöden Mut 652, 2
Sieh, wie ich nach des Geistes Mut 279, 1
Dem Jungen nicht sein stolzer Mut 417, 9
Wenn es ging nach des Fleisches Mut 417, 13
Im Glücke Demut, Mut in Not 214, 3
So duld ich es mit stillgelass'nem Mut 777, 8
Streng an die Kräfte, Mut u. Sinn 38, 10
Fällt Herz und Mut dahin 203, 2
Wer aber Christum liebet, sei unerschrocknen Muts 235, 6
Ertragen mit unerschrocknem Mut 36, 5
Gieb uns, Jesu, den reichen Mut 424, 3
Christi Blut giebt uns Mut 47, 3
Vieler Heilgen starker Mut 47, 5
Darum hab ich so guten Mut 753, 15
Ich bin ganz getrosten Muts 390, 6
Drum ist getrost mein Herz u. Mut 700, 3
Wird mein Herz gutes Muts 106, 10
Oft denkt der Mensch in seinem Mut 362, 3
Bin gutes Muts und harre dein 307, 3
Habt einen guten Mut 398, 4
Mein Mut, mein Blut soll nun singen 735, 3
Und bringe Lob mit frohem Mut 446, 8
Mit stillem, sanften Mut 580, 13(14)
Geduld haben und sanften Mut 134, 6
Erquicke mir Herz, Sinn und Mut 130, 2

---

1) Fehlt vielfach. 2) Var. Bernh. G. Alles andre lassen gehn.

Soll der Mut dennoch gut — bleiben 676, 7
Und hab ich dich, so lacht m. Mut 480, 5
Drum sprech ich nun auch gutes Muts 88, 3
Deiner Liebe Glut stärket Mut u. Blut 602, 2
Leib und Seele, Mut und Blut 714, 8
Daß all mein Mut und Sinn 554, 2
Dein'r Gläubigen Herz, Mut u. Sinn 412, 1
Weil Seele, Herz und Mut in dir 741, 5
Da wird sich finden Freud und Mut 41, 5
Was mir will entnehmen meinen Mut 37, 3
Und hat durch ihn nur frischen Mut 745, 7
Ach rüst mich aus mit Kraft u. Mut 180, 2
Verleih mir Kraft und Mut 286, 7
Wenn uns entfallen will der Mut 591, 4
Lassen uns bei keinem Mut 196, 4
Gieb uns Mut, du höchstes Gut 597, 3
Den schwachen Mut erquicket 109a, 2
Gieb mir einen starken Mut 225, 5
Sollt mein Mut noch wollen sinken 615, 4
Kommt, stärket euern Mut 418, 1
Er will uns machen Mut 418, 7[1]
Nur noch ein wenig Mut 418, 9(11)
Am Kreuze wächset uns der Mut 367, 3
Und gieb Mut, Geduld und Ruh 414, 5
Fried, Einigkeit, Mut und Geduld 1, 4

mutig.

Zum letzten Kampf mich stark und mutig macht 777, 9
Geht mutig durch die kurze Wüste 634, 5

mutlos.

Sorg nicht mutlos, nicht zu viel 313, 3

Mutter.

Du bist erkorn, daß du Mutter wärest 114, 1
Er liegt an seiner Mutter Brust 447, 4
Leuchtet als die Sonne in seiner Mutter Schoß 519, 1
Ein Jungfrau zart sein Mutter ward 743, 2
Aus der Mutter Brust so rein 80, 5
Du liegst an deiner Mutter Brust[2]) 753, 7
Der von dein Mutter Maria kam 239, 1
Denn wie von treuen Müttern 510, 4
Die Mutter, die droben ist 397, 3
Gehorsam sein dem Vater und der Mutter dein 134, 5
Wie sauer ich der Mutter bin 532, 4
Deim Vater und der Mutter dein 516, 10
Ach Mutter, laßt die Zähren 621, 3
Die Mutter stehet trübe 621, 7
Wo mag eine Mutter sein 774, 3
Das kleinste Kind kann ja die Mutter 186, 2
Die Mutter aller Völker 223, 6
Die es hier stets als Mutter hat gespürt 191, 6
Sie schaut als Mutter mich — an 567, 1

Mutterbrust.

Als an Mutterbrust ich hing 382, 2

Mutterhände.

Mit Mutterhänden leitet er die Seinen 610, 5

Mutterleib.

Von Mutterleib u. Kindesbeinen an 499, 1
Der uns von Mutterleibe an 500, 3
Der mich schützt von Mutterleibe an 208, 1
Alsobald im Mutterleibe, da er mir 625, 2

mütterlich.

Sein mehr als mütterliches Herz 471, 2

Mutterliebe.

Mit mehr als Mutterliebe hegt 569, 3

Muttersinn.

Möchtest finden e. solchen Muttersinn 774, 4

Muttertreu.

Brauchst Vaterrecht u. zeigest Muttertreu 619, 8

Myrrhen.

Nimm die Myrrhen bittrer Reu 378, 4

Myrten.

Ihren Rand m. schattenreichen Myrten 204, 5

N.

nachahmen.

Nicht sucht sein Vorbild nachzuahmen 50, 4

nacharten.

Damit hierinnen ich dir nacharten 257, 4

Nachbar.

Und unsern kranken Nachbar auch 112, 7

nachdenken.

Meines Heilands Schmach ganz alleine denken nach 584, 3

Nachdruck.

So gieb den Worten Kraft u. Nachdruck 536, 3

nacheilen.

Dir getreulich nachzueilen 377, 1
Eil, weil du sein Jünger bist, seinem Vorbild nach 313, 6

nachfahren.

Daß wir nachfahren dir in dein Reich 771, 4(5)
Fahrt mir bald alle nach 344, 4

Nachfahrt.

Ich meine Nachfahrt gründe 39, 1
Ich mag meine Nachfahrt zieren 39, 3

1) Fehlt Bernb. G. 2) Var. Bernb. G. einer Menschenbrust.

nachfolgen.
Jederzeit nachfolgen in dem Leben 109b, 6
Ihr Lieben, folgt ihm segnend nach 756, 3
Folgt meinem Wandel nach 485, 1
Seinem Vorbild folgen nach 430, 1
Wer in sich schwach, folgt, Herr, dir nach 158, 2
So folgen wir dir nach in d. Himmel 771, 3 4)
Dem Herren nachzufolgen 41, 2
nachgehen.
Jesus ist mir nachgegangen 778, 4
Unverrückt dem Heiland nachzugehen 727, 1
Ob ihr ihm auch nachgehet 657, 1
Durch Not und Tod dir nachzugehn 647, 4
Mit Weinen dir nachginge so lange 554, 8
Mit Leib und Seel nachgehen 485, 7
nachhangen.
Und der Sünde nachgehangen 778, 4
nachholen.
Jesus Christ zur rechten Zeit nachholen 39, 1
nachjagen.
Du jagst den Sündern nach[1]) 36, 10
nachlaufen.
So will ich dir dennoch in Liebe nachlaufen 169, 4
nachleben.
Deinem Worte nachzuleben 437, 1
nachsprechen.
Das will ich dir — getrost nachsprechen 477, 3
Nächster.
Und meinen Nächsten lieben 709, 7
Nicht lügen auf den Nächsten dein 134, 9
Du sollst deins Nächsten Weib 134, 10
Ich hab den Nächsten nicht geliebt 704, 6
Begehrt, was meines Nächsten ist 704, 10
Deinen Nächsten sollst du lieben 386, 10
Zum Nutz und Dienst des Nächsten 296, 2
Meim Nächsten nütz zu sein 353, 1
Durch Gleisnerei den Nächsten nicht 13, 7
Dem Nächsten nicht zu schaden 13, 9
Wahre Liebe gegen m. Nächsten übe 221, 4
Dem Nächsten stets zu dienen 657, 1
In Einfalt es dem Nächsten wiedergeben 657, 3
Dem Nächsten wird die Lieb Guts thun 183, 8
Die Werk, die sind des Nächsten Knecht 183, 10
Dem Nächsten s. Schulden verzeihen 580, 10
Dem Nächsten gerne dienen 534, 6
Dem Nächsten treu zu dienen 537, 8
Daß ich, dem Nächsten beizustehn 459, 11[2])
Und m. Nächsten gleich als mich 30, 3. 725, 4
Und meinen Nächsten liebe 404, 6
Den Nächsten liebe gleich als mich 622, 1
Mein Nächster ist sein Kind wie ich 622, 2
Und meinem Nächsten thue Guts 89, 7
An dem Nächsten Gutes übe 608, 3
nachstellen.
Sie stellen uns wie Ketzern nach 754, 4
nachstreben.
Dem, was himmlisch ist, nachstreben 225, 6

Nacht.
I. natürlich.
Die Nacht hat dich vertrieben, die Nacht 515, 2
In der vergangnen Nacht vor G'fahr 54, 2
Gebunden mit Finsternis die Nacht 81, 1
Der uns heut, diese Nacht behütet 126, 1
Der es Tag und Nacht läßt werden 219, 1
Daß du mich in d. Nacht vor Gefahr 219, 2
Daß auf eine gute Nacht folget jetzt 379, 2
Die Nacht ist nun vergangen 735, 1
Wenn ich des Nachts oft lieg in Not 202, 2
Nun ist die Nacht vergangen 559, 1. 561, 1
Daß ich nun hab die finstre Nacht 89, 3
Die Nacht ist da, sei du mir nah 115, 2
Die dunkle Nacht dringt allenthalben zu 131, 1
In dieser schwarzen Nacht 517, 3
Soll diese Nacht die letzte sein 517, 9
Das oft mit der Nacht einbricht 643, 2
Und überall die dunkle Nacht 660, 1
Für dein Geschenk, die gute Nacht 660, 6
Verhüllt den Erdkreis düstre Nacht 253, 2
Denn mein Simson hat bei Nacht 49, 5
Wache du in dieser Nacht 17, 7
Vor dir die Nacht nicht bleiben mag 66, 1
Behüt uns heut in dieser Nacht 66, 2
Behüt uns, Herr, in dieser Nacht 67, 2
Die finstre Nacht bricht stark herein 314, 1
Diese Nacht und alle Zeit 714, 6
Laß mich diese Nacht empfinden 714, 8
Einer ist, der in der Nacht 731, 1
Die Nacht sich schon von ferne zeigt 764, 3
Es leucht wohl mitten in der Nacht 209, 4
In tiefer Nacht in Fried und Ruhe 243, 8
Er ordnet Jahre, Tag und Nacht 237, 1
Daß ich dich bei Tag u. Nacht herzl. suchte 17, 3
Du schützest mich Tag und Nacht 17, 4
Schaden uns die Nächte nicht 17, 6
Tag und Nacht mit Ehrfurcht dienen 248, 2
Ihm zu dienen Tag und Nacht 520, 2
Er leitet mich bei Tag und Nacht 109b, 4
Noch sorgen Tag und Nacht 738, 7
Und grämst dich Tag und Nacht 355, 15
Wir gehn und sorgen Tag u. Nacht 139, 6
Bei Nacht und Tage singen 165, 6
Zu umfangen Tag und Nacht 625, 12
Bei Tag u. Nacht dein zu genießen 16, 3
Tag und Nacht hab ich gerufen 196, 2
Bei Tag u. Nacht auf deine Güte hoffen 291, 1
Tag und Nacht beständig bleibt 758, 2
Hilf mir wachen Tag und Nacht 554, 4
Mein Sünd mich quälet Tag u. Nacht 502, 2
Legt heimlich ihre Stricke bei Tag u. Nacht 232, 4
Denn Satan trachtet Nacht u. Tag 361, 2
Der auch in der finstern Nacht — wacht 268, 6
Denn die trüb und finstre Nacht 648, 1
Morgens, abends und zur Nacht 195, 2
Ich schwemme manche Nacht mein hartes Lager 184, 2

1) Var. Anh. G. Du gehst den Sündern nach. 2) Fehlt Bernb. G.

Und ob es währt bis in die Nacht 55, 3
Denn obs gleich währt bis in die Nacht 308, 4
So manche liebe Nacht mit Kummer 329, 2
Es kann vor Nacht leicht anders w. 722, 2
Nun, Jesu, Jesu, gute Nacht! 111, 9
O du Hüter du! Gute Nacht 315, 6

II. geistig.

Es leucht' wohl mitten in der Nacht 209, 4
Der Sünden Nacht ist vergangen 76, 6
Vertrieben ist der Sünden Nacht 202, 1
Jetzt kommt die Nacht, der Sünden 620, 2
Ohne Licht stehn in der Nacht u. dürsten 103, 5
Das kalte Reich der Nacht aller Enden 587, 2
Laß die Nacht auch meiner Sünden 219, 3
Vertreib durch deine Macht unsre Nacht 490, 1
Es ist die Nacht schier hin 223, 5
Treib hinweg die alte Nacht 433, 1
Wird die Nacht der Sünden nicht 322, 1
Hüter, ist die Nacht schier hin 322, 1
Und der Nacht Geschäfte fliehn 322, 4
Die der verhaßten Sünden Nacht 474, 1
Hat die Nacht der Furcht vertrieben 49, 1
Denn die Nacht, Satans Macht 47, 6
Auch laß uns in der Nächte Graun 359, 4
Er läßt nach trüber Nacht 228, 4
Da muß die Nacht des Trauerns 741, 1
In der trüben Nacht will des
Herzens Schifflein 718, 12(11)
Wenn dich will Nacht u. Finsternis 186, 6
Wenn dich die Nacht deines Kummers 494, 10
So verdeckt die Nacht das Licht 697, 4
Das Licht in dieser Nacht 176, 3
Würd es Nacht vor meinem Schritt 633, 4
Gute Nacht, o Wesen, das die Welt 381, 4(5)
Gieb deinem Schmerze — gute Nacht 58, 7
Gute Nacht, du eitle Welt 173, 6
Die Nacht sich schon von ferne zeigt 764, 3
Ruhn in Frieden die kurze Nacht 250, 2
Und die Nacht hernieder steigt 59, 5
Wenn mich wird die lange Nacht 135, 6
Vielleicht umgiebt mich ihre Nacht 739, 4
Wenn ich d. lange Nacht — betracht 530, 3
Hab in acht die vorerwähnte lange Nacht 530, 8
Nun gute Nacht, o Welt 184, 4
Diesem Jammerthal auch wieder gute
Nacht muß geben 333, 1
Zu tausend guter Nacht 621, 1
Der Erden sagen gute Nacht 127, 9
Darum letzte gute Nacht 206, 5
Ihr Eltern! gute Nacht 396, 1—5

nächtlich.

Der täglich klagt u. nächtlich thränet 184, 1

Nachtigall.

Die hochbegabte Nachtigall ergötzt 204, 3

Nachtmahl.

Da wir ihn finden können im Nachtmahl 36, 2
Dich zu letzen u. d. Nachtmahl einzusetzen 261, 1
Nicht dein wertes Nachtmahl z. Gericht 285, 3
Sein Nachtmahl dient wieder allen 511, 5
Bis wir durch deines Nachtmahls Kraft 280, 3

nachtragen.

Daß ich gern dir das Kreuz nachtrage 371, 6
Das Kreuz dir fröhlich tragen nach 11, 11
Wer mirs nachträgt in dem Geding 417, 2

Nachtwache.

Halt die Nachtwache, sei selbst unser 129, 2

nachwandeln.

Daß wir brünstig dir nachwandeln 21, 9

Nachwelt.

Daß auch die Nachwelt sing 272, 7

nackend (nackt).

Er liegt dort elend, nackt und bloß 447, 2
Nackend lag ich auf dem Boden 676, 2
Nackend werd ich auch hinziehen 676, 2
Von Mutterleib kommt nackt u. bloß 343, 4
Ganz nackt u. bloß zu hüllen suche 470, 5
Ich komm mühselig, nackt und bloß 393, 5

Nägel.

Mit Nägeln und mit Spießen 165, 4
Deine Nägel, Kron und Grab 374, 8

Nägelmal.

Laß mich durch d. Nägelmal erblicken 553, 10
Deiner Füß und Nägelmal 611, 2
Dornenkron, Speer samt Nägelmalen[1]) 371, 2

nagen.

Das Herze sich naget und plaget 169, 1
Wenn Furcht und Weh dein schwaches
Herze naget 186, 4
Angst und Plagen, die da nagen 28, 5
Den sein Gewissen naget 279, 5
So oft dich dein Gewissen nagt 53, 3
Wenn die Sünden — mich nagen 380, 2
Mein Gewissen wird mich nagen 710, 2

nahe.

Der König ist gar nah 36, 2
Hosianna nah und fern 321, 8
Gott will so freundlich und nah 323, 1
Komm, du nahes Wesen 226, 8
Uns so fühlbar nahe bist 300, 5[2])
War er mir schon mit Hülfe nah 686, 2
Die Nacht ist da, sei du mir nah 115, 2
Bleib mir nah auf dieser Erden 59, 5
Sein End, das ist ihm nah 513, 3

Nähe.

Bis ich ihn ganz in meiner Nähe 319, 2
Und bleibt in gleicher Nähe dem Herrn 688, 2
Und fühle Gottes Nähe 726, 1

nahen.

Und nahe mich im Staube zu dir 264, 4
Zu dir wir nahn und beten an 248, 1

Nahesein.

Ach mein Herr Jesu, dein Nahesein 16, 1
Vertreibe durch dein Nahesein 518, 2
Und durch sein Nahesein gestillet 248, 5

Nahn.

Wird des Richters Nahn verkünden 637, 2

---

1) Var. Nägelwunden. 2) Var. Bernd. G. So schwer dein Herz dich auch verklagt. 3) Fehlt Bernd. G.

nähren.

Und nähr uns mildiglich 258, 6
Du nährest uns von Jahr zu Jahr 355, 8
Er nährt, er schützt, er tröstet mich 202, 9
Uns Sünder nährt und schützt 508, 3
Und gnadenvoll genähret 107, 3
Daß mich die Erd trägt, nährt 326, 8
Find ich, was mich nährt und hält 625, 6
Ob es gleich viel Tausend nähret 596, 6
Und den Geist damit zu nähren 220, 8
Und durch das Wort sich nährt 189, 2
Damit mein Seel zu nähren 353, 3

Nahrung.

Nahrung für Jung u. Alte bescheret 258, 3
Dem Leibe gieb daneben Nahrung 81, 4
Die Speis laß unsre Nahrung sein 211, 1
Von mir treib, was m. Nahrung hindert 630, 4
Nahrung giebt er dem Leibe 511, 3
Stärke, Kraft und Nahrung geben 632, 1
Und dergestalt zur Nahrung geht 404, 2
Für unsre Nahrung sagen Dank 540, 6
Dies Brot kann wahre Nahrung geben 475, 5
Nicht zur Nahrung seiner Seelen 220, 9
Zur Nahrung zu empfangen 167, 6
Gieß — immer neue Nahrung zu 434, 5

Nain.

Was ich zu Nain hab gethan 571, 9

Name.

I. Gott.

Und seinem großen Namen 251, 4
Ich habe deinen Nam' und Bund 704, 3
Sein Name, den er führet, ist heilig 365, 7
Geschworen bei seim Namen 417, 16
Geheiligt werd der Name dein 655, 2
Daß heilig werd sein Name 183, 13
Nicht führen zu Unehrn d. Namen Gottes 134, 3
Das immerhin entheiligt deinen Namen 244, 2
Vater, denk an deinen Namen 751, 3
Um deines Namens willen 12, 3
Allmächtig ist der Name dein 12, 4
Deim Namen singen Freud u. Ruhm 12, 5
Auf rechter Straß um s. Namens willen 109b, 3
Er nimmt sich meines Ganges an
um seines Namens willen 109a, 2
Und seinen großen Namen 149, 6
Ach Gott, der teure Name dein 754, 4
Der Name Gottes, unsers Herrn 38, 8
Dein auserwählten Namen preise 4, 8
Herr, du hast deinen Namen so herrlich 453, 3
Leben immerfort zu Ehren d. Namen 5, 2
Allein deines Namens Ehre sein 211, 4
Zu deines Namens Ehre 163, 1—4
Und ehrn dein Namen stetiglich 271, 5
Und Gottes Namen ehren 139, 10
Zu preisen deinen Namen 511, 7
Dein Name werd von uns gepreiset[1] 129, 5
Was in mir ist, lobe den Namen 445, 5
Was in mir ist, den Namen sein 512, 1
Alles preise deinen Namen 247, 6
Seinen Namen zu erhöhen 207, 3
Gieb dem großen Namen d. Gottes 599, 17
Sein Name sei gepriesen 453, 2
Des Herren Namen sei groß u. hoch 81, 3
In Gottes Namen fang ich an 404, 1
Was man in Gottes Namen thut 404, 1
Dessen Nam uns teur und wert 648, 7
Nach deinem Namen würdiglich 655, 2
Auf dein Wort in dem Namen dein 655, 9
Wer denn in Gottes Nam nicht will 417, 5
Wenn mich dein süßer Nam 14, 2
Nichts lieblicher als Jesus Name klingen 14, 3
Ist Jesus Name mir zum Trost 14, 4
Der Jesus-Nam macht mich zu einem 14, 5
Dein heilger Jesus-Nam 14, 6
In Jesu Namen bin ich heute 14, 10
In seinem Namen ist der Anfang 14, 10
Wie süß ist mir der Name dein[2]) 11, 4
Wo hoch dein Nam erfreuen kann 11, 7
Daß uns dein Nam werd wohl bekannt 278, 2
Dein Nam und Kreuz allein funkelt 652, 3
Dem Namen dein, o Herr 451, 5
Preiset s. Namen, Hosianna, Amen 92, 1
Zu deines Namens Lob und Ehr 83, 6
Zu Ehren deinem Namen 689, 4
Deinen Namen ewiglich preisen 48, 6
O Gott zu deines Namens Preis 351, 1
Dir u. deinen Namen für und für 165, 6
Deinem Namen dienen, 738, 2
Ihr, die ihr Christi Namen nennt 610, 8
Auch nach dem Namen Jesu Christ 149, 1
Verlaß mich gänzlich auf dein Namn 307, 3
Jesu Name soll allein denen z. Paniere 392, 1
Jesu Name, Jesu Wort soll — schallen 392, 2
Mache seines Namens Ruhm unser Herz 392, 2
Uns beut Jesu Name Seligkeit 392, 3
Wollen wir nun in Jesu Namen gehen 392, 4
Alles Leid soll sein Name uns versüßen 392, 5
Jesu Nam sei Sonn und Schild 392, 5
Es trifft deines Namens Ehre 642, 3
Deinen Namen hell erkannt 587, 4
O Jesu, daß dein Name bliebe 327, 6
Daß ich es thu im Namen Jesu Christ 136, 1
Wenn es im Namen d. Sohns geschicht 136, 6
Wohl mir, ich bitt in Jesu Namen 136, 8
Ich schrei im Namen Jesu Christ 269, 1
Wir schrein in Jesu Namen 291, 5
Bitten dich im Namen deins Sohns 711, 4
So schlafen wir im Namen dein 66, 7
Greif ich jetzt an, Herr, in d. Namen 195, 5
Stärket euch in Jesu Namen 591, 2
In d. Namen fröhlich nehmen Speis 309, 5
Nur in Jesu Namen mich beugen 615, 4
Daß ich bet in deinem Namen 614, 2
Komm freudig her in Jesu Namen 755, 4

---

1) Var. Sächs. G. Dein'm Namen sei Lob in der Höhe. 2) Var. Anh. G. Dein süßer Nam erfreut vielmehr.

Vergieb mirs — um d. Namens[1]) willen 279, 7
Angst sich stillen um s. Namens willen 106, 5
Zu deines Namens Ehr allein 12, 2
Dem heilgen Geist mit Namen 401, 7
Ganz unbegreiflich ist dein Nam 547, 1
Dieses Gotteshaus gebauet d. Namen 137, 2

II. Mensch.

Ja, den Namen, den wir geben 437, 6
Schreib meinen Namn aufs beste 652, 5
Darein gegraben steht mein Nam 379, 4
Laß mich meinen Namen schauen 193, 10
Deines Volkes werte Namen trägest du 249, 4
Alle Namen hier auf Erden 384, 3
Und bei meinem Namen nennt 695, 1
Nimmermehr nach — groß. Namen strebe 13, 6
Mir Glimpf und Namen brechen 580, 14

Narretei.

Daß Zions Reich nicht Narrentei 703, 3

Narzissen.

Narzissen und die Tulipan 204, 2

naß.

Nasse Augen schließe zu 491, 4

Nässe.

Von vieler Feuchtigkeit und Nässe 535, 2

Nation.

Nimm, o nimm die Nationen 587, 5
Bekannt unter allen Nationen 587, 6

Natur.

Vom Himmelreich über die Nature 114, 1
Schwing dich über die Natur 169, 2
Der doch bös ist von Natur 225, 2
Wir, als von Natur verdorben 424, 2
Was von Natur vermaledeit 149, 3
Daß von Natur ich leb ohn deine Furcht 244, 2
Den ich hab von Natur verschuldt 244, 4
Ist ganz verderbt menschlich Natur 146, 1
Ein Mensch kann von Natur doch nicht 366, 2
Zwar der Natur geht es gar sauer ein 186, 1
Denn der Natur geht es gar sauer ein 191, 1
Beten um Erlösung von Natur 527, 4
Brich der Natur Gewalt entzwei 306, 3
Wodurch Natur von Gnad 619, 10
So die Natur dir aufgestellt 128, 3

natürlich.

Adams natürliche Kinder 182, 3
Hier geh ich natürlich ein 389, 7

Nebel.

Sieh, das Heer der Nebel flieht 155, 4
Aus den Wiesen steiget der weiße Nebel 112, 1
Wie ein Nebel bald entstehet 24, 1
Daß unser Leben nichts als nur e. Nebel 22, 4
Nebel, Dampf und Herzeleid 697, 3[2])

Nebenchrist.

Mein Nebenchrist ins Elend mich getrieben 13, 4

nehmen.

I. Gott.

Er nimmt und giebt 683, 2
Läßt Gott ihm gar nichts nehmen 58, 2
Herr, hol mich heim, nimm mich zu dir 553, 3
Sterb ich, so nimmt er mich zu sich 202, 9
Wenn Gott uns zu ihm nehmen 41, 5
Nimm mich dir, Herr, wie du willt 387, 3
Nimm mich u. mach du es mit mir 341, 7
Nimm zu dir endlich mich 543, 5
Gott hats gegeben! Gott nimmts 621, 8
Nimm du mich, wenn es dir gefällt 530, 9
Nimm deinen Geist, den Geist 541, 5
Nimmt, was uns will betrüben 200, 4
Endlich nimmst du unsre Schuld 355, 9
Nimm mich mir, gieb mich dir 281, 7

II. Mensch.

Ich nehm es, wie ers giebet 399, 3
Da ich nahm meinen ersten Odem 676, 2
Nimm deine Sorg u. wirf sie hin 355, 15
Wer nicht sein Kreuz nimmt 485, 6
Ich mag dich ja zu allem nehmen 578, 2
Wer will mir den nehmen 676, 1
Nehmen sie den Leib 161, 4
Als mir das Reich genommen 738, 3
Uns, die uns lieb, genommen 36, 6[2])
Nichts nimmt mir mein Herz 405, 6[3])

Nehmen.

Im Nehmen und im Geben sind wir 683, 2

Neid.

Kein Neid, kein Streit dich betrübe 543, 6
Daß uns betrübe Zorn, Zank, Haß, Neid 769, 7
Zank und Neid laß von mir ferne 310, 6
Da nichts denn Neid und Hassen 179, 3
Der bei der Menschen Haß u. Neide 480, 5
Wider mich Neid, Eifer ausgelassen 477, 4
Freud ohn Ende, Ehr ohn Neid 494, 3
Des Feinds Neid hinder 129, 4
Der bösen Welt ihr Neid und Hohn 404, 4

neiden.

Laß die Welt nur immer neiden 624, 5

Neiden.

Ohn alles Neiden sehn den Segen 125, 6
Verfolgung, Haß und Neiden 329, 3

neigen.

Dein gnädig Ohr neig[4]) her 55, 1. 401, 2
Dann wirst du zu mir dich neigen 309, 7
Dein Herz neigt gerne sich zu mir 777, 5
Des, der sich zu dem Sünder neigt 340, 2
Du wollest Geist u. Herze zu dir neigen 281, 7
Neige du zu d. Sinn auch mein Herz 17, 1
Neige du dein Licht zu mir 17, 5
Das neiget dann den Vatersinn 471, 4
Liebe, die sich liebend neiget 526, 3
Wenn ich m. Haupt nun neigen werd 553, 8
Mich zu verkriechen neigen 366, 12
Neigt sich mein alles auch zu dir 327, 2
Vor dem die Welt sich neiget 563, 1
Hier muß der Witz sich neigen 135, 14
Das sie zum Leben neigt 365, 5
Ein Himmel neigt sich drüber 253, 4
Da der Tag nunmehr sich neigt 17, 1

---

1) Var. Bernb. G. Blutes. 2) Fehlt vielfach. 3) Fehlt Bernb. G. 4) Var. Bernb. G. „kehr" in 54, 1.

Bleib auch, wenn mein Tag sich neigt 59, 5
Es hat der Tag sich sehr geneigt 764, 3

Neigung.

Eure Neigung zu bezwingen 593, 5

nein.

Nein, nein, er trägt sein Haupt 607, 3
Nein, er ist immer einerlei gerecht 471, 6
O nein, verlaß die Sündenbahn 471, 7
Nein, weil er ruft, so höre du 471, 10
Nein, nein! ich weiß gewiß 333, 8
Ists dein Schade, spricht er nein 494, 8
Sagt das Fleisch gleich immer nein 414, 7
Und ob dein Herz spräch lauter nein 183, 12
Laß ja und nein mein Antwort sein 13, 7
Nein, mein Jesus ist mein Licht 457, 5

nennen.

Von Herzen Vater ihn nennen 412, 2
Ihn meinen Herrn u. Vater nennen 666, 9
Der sich euren Vater nennt 425, 8
Eh ich ihn Vater nannte 686, 2
Wie er sich selbst thut nennen 5, 1
Wenn Jehovah man genennet 583, 5
Dich heilig, heilig, heilig nennen 248, 2
Christum unsern Heiland nennen 543, 5
Dich meinen König nenne jetzt 562, 6
Dich den Sohn des Höchsten nenne 537, 2
Den wir alle Bruder nennen 49, 6
Jesum suchen, finden, nennen 84, 1
So man ihn gläubig nennt 337, 3[1])
Ihr, die ihr Christi Namen nennt 610, 8
Dich und die Deinen nennest 149, 1
Und nach dir sich Christen nennen 602, 8
Ich bin Fleisch von Fleisch zu nennen 18, 1
Ja selig ist der zu nennen 446, 3
Und bei meinem Namen nennt 695, 1
Übel genennet und wenig erkennet 182, 8
So mancher Ort hochtröstlich ist zu nennen 36,2
Dies Haus nach dir genennet 137, 8
Andre mögen Weisheit nennen 584, 2
Ist nur Müh u. Herzeleid zu nennen 582, 2
Das zwar, was wir Wollen nennen 374, 4
Ich weiß sie nicht zu nennen 466, 8

Netz.

Daß ein jeder sein Netze auswerf 81, 5
Werf ich aus mein Netz 88, 4
Im Strick und Netz der Sünden 393, 5
Auf allen Wegen unsern Füßen Netz gestellt 21,4
Viel Netz und heimlich Stricke 401, 5
Ihr Netze mag sie stellen 232, 5
Und mich aus solchen Netzen ziehst 306, 8(7)
Mich nicht mit dem Netz umdecke 648, 5
Mich nicht in s. Netze Satan halte 718, 9(10)
In deiner Gnade holdes Netz 212, 8(7)

netzen.

Unser Feld mit Tau und Regen netzt 355, 4
Wird, o Arzt, dein Blut mich netzen 611, 3
Mit Thränen, Ach u. Weh genetzet 144, 5
Wer damit seine Sünde netzt 150, 2
Die Wangen noch manchmal netzen 16, 8
Noch netzet ihr die Wangen 621, 7

neu.

Deine Treue, die alle Morgen neue 510, 7
Ein neues Leben geht mit der neuen Woche an 166, 1
Gott will mir heut aufs neue geben 166, 1
Deine Treu bei uns ist alle Morgen neu 534, 1
Für deine Treu, die täglich neu 326, 3
Sie ist alle Morgen neu 701, 6
So wird er bei dir werden neu 719, 7
Du gewisser, neuer Geist 414, 6
Einen solchen Geist, der neu, gewiß und willig heißt 541, 3
Schaff in mir, Herr, den neuen Geist 180, 3
In mein Herz und mach es neu 152, 1
Und mach mich täglich neu 286, 8
Und macht uns wieder neue 107, 11
Mache mich neu, rein und schön 225, 5
Da ich geboren, mich neu geboren hast 769, 1
Durch den wir neu geboren 251, 3
Laß es neue Kräfte bringen 309, 1
Wir fühlen neue Kraft und Stärke 475, 5
Schaff mir ein neues Leben 353, 3
Schaff in uns ein neues Leben 591, 4
Und singen uns solch neues Jahr 662, 15
Das neu Jahr ist nicht weit 258, 1
Gieb Heil zum neuen Jahre[2]) 258, 6
Daß aufs neu ich wandeln kann 392, 1
Soll es anders werden neu 31, 1

neugeboren.

Wo ist das neugeborne Kind 319, 1
Ein neugebornes Gotteskind 167, 1—7
Ein neugeborner Mensch er heißt 77, 5
Die neugeborne[3]) Seele spürt 567, 5

neugeschaffen.

Dankt dir mein neugeschaffner Sinn 292, 3

Neujahr.

Ein gnadenreich Neujahr uns schenk 83, 4

neun und neunzig.

Er lässet neun und neunzig stehn 393, 3

nichte.

Ihre Blutgedichte mache zu nichte 68, 1

nichtig.

Weicht nichtige Gedanken hin 517, 8
In der Welt ist alles nichtig 678, 5
Was schädlich u. nichtig m. Gebeine 125, 11
Ach wie nichtig 24, 1—10
Unsre Kraft ist schwach und nichtig 158, 2

Nichtigkeit.

Die Erbsünd machts zur Nichtigkeit 77, 6
Aus jenem bösen Leben, aus jener Nichtigkeit 369, 4
Die uns so trotzig machen, als schlechte Nichtigkeit 127, 2[1])

nichts.

Da er aus nichts erschaffen hat 302, 3[1])
Von Anbeginn ist nichts erkorn 30, 1

1) Fehlt vielfach. 2) Var. Bernb. G. Gieb uns ein friedlichs Jahre. 3) Var. Bernb. G. so geborne.

Bei dir gilt nichts, denn Gnad 55, 2
So soll ihm nichts die Hände binden 471, 9
Er hilft, wenn sonst nichts helfen kann 471, 9
Nichts ist jemals geschehen 232, 7
Wo diese wohnt, kann nichts entstehn 554, 3
Drum laß nichts anders denken mich, nichts sehen 554, 3
Er hat uns aus nichts gemacht 33, 2
Gilt nichts in deinen Augen 619, 5
Was nichts ist, hast du — recht lieb 619, 5
Nichts, nichts hat dich getrieben 738, 5
Nichts macht mich von Jesu los 97, 5
Von dir laß mich nichts treiben 431, 3
Nichts soll mich von Jesu scheiden 461, 9
Von dir soll mich nichts scheiden 700, 4
Nichts kann ich vor Gott ja bringen 169, 6
Ich weiß und finde nichts an mir 620, 5
Laß mich hier von deinem Dienst nichts treiben 620, 4
Bis zu der Scheitel war nichts Guts 298, 6
Es wohnt garnichts Guts in mir 704, 13
Nichts brachtest du, nichts nimmst du mit 756, 8
An mir und meinem Leben ist nichts 405, 2
Nichts, nichts kann mich verdammen 405, 6[1])
Nichts nimmet mir mein Herz 405, 6[1])
Daß mich nichts verdammen kann 390, 7
Es ist nichts an mir zu finden 374, 3
Darin ist leider nichts gesund 366, 6
Wir sind nichts ohn dich, Herr Jesu 21, 2
Nichts sieht und nichts mehr hoffen kann 53, 8
Vor dir nichts gilt, nichts hilft 662, 12
Ist nichts, das mir helfen kann 584, 6
Sie zürnt und kann nichts machen 37, 5
Vernunft darf hier nichts sagen 361, 1
Nichts hilft mir die Gerechtigkeit 700, 5

Nichts.

Ich mein Nichts u. Verderben nur seh 380, 9[2])
Aus dem Nichts hin ins Land 206, 7
Wenn die Welt in ihr erstes Nichts zerfällt 312, 3

niederdrücken.

Wenn gleich die Last dich niederdrückt 471, 8
Wenn der Tod Herz u. Augen niederdrückt 152, 5

niederfallen.

Großer Gott wir fallen nieder 248, 1
Sie fallen nieder allzumal 248, 2
Ich falle vor dir nieder 6, 5
Alle Welt betend vor ihm niederfällt 159, 1

Niedergang.

Vom Aufgang bis zum Niedergang 123, 3

niederlassen.

Die sich zu mir ins Elend niederließ 567, 1
Laß dich reichlich auf uns nieder 543, 4
Zu Jesu Füßen voller Andacht niederließ 169, 3
Hier soll sich niederlassen die Braut 178, 9

niederlegen.

Geht hin und legt euch nieder 515, 6
Leg ich mich späte nieder 399, 6
Sie müssen Wehr u. Waffen niederlegen 291, 3
Bis daß der Tod sie niederlegt 329, 4

niederschlagen.

Und schlägt das Gewissen nieder 183, 9
Schlage du die Sündenglieder — nieder 18, 3

niedersenden.

Sende deine hellen Lebensquellen reichlich nieder 253, 2

niedrig.

Wird niedrig und gering 447, 3
Was schlecht und niedrig geht herein 202, 7[1])
Was niedrig ist, was Tugend ehrt 243, 10
Macht niedrig, was hoch stehet 486, 2
Daß die Berge niedrig stehen 645, 3

Niedrigkeit.

Weil des Kreuzes Niedrigkeiten 527, 3

niemals.

Er hat noch niemals was versehn 355, 17
Er hat mir niemals was verneint 98, 4
Hab ich dir niemals aufgethan 326, 6
Daß ich meiner niemals schone 18, 7
Und ja niemals mög erschlaffen 448, 5

niemand.

Niemand kann uns scheiden 676, 11
Dein Werk kann niemand hindern 58, 4
Vor dir niemand sich rühmen kann 55, 2
Das kann niemand verhindern 692, 3
Da ist niemand, der helfen kann 8, 1
Niemand jemals verlassen ist 11, 2
Wir haben niemand, dem wir uns vertrauen 291, 4
Weil ich sonsten niemand find 441, 1
Ach wundre sich nun niemand nicht 733, 3
Es mag niemand erwerben noch ererben 353, 4
So kann mir niemand schaden 594, 7

Nieren.

Schau und prüfe meine Nieren 520, 3

nimmer.

Der Herr ist nun und nimmer nicht 610, 5
Das wirst du nimmer lügen 183, 7
Dein heilger Geist uns nimmer laß 239, 3
So ist es nimmer da 513, 3
Daß ich nimmer vergesse dein 662, 13
Daß wir nimmer des vergessen 386, 2
Laß nimmer mich vergessen 560, 13
Jesum laß ich nimmer nicht 458, 2
Es hat mit uns nun nimmer Not 501, 5
Der wird nimmer zu schanden 146, 7
Laß nimmer, nimmer, nimmermehr 592, 3
Hilf, daß sie mir nimmer schaden 309, 8
Weil es doch thut nimmer gut 18, 6
Die nimmer steht auf Schrauben 13, 5
O wer nunmehr nimmer klagte 253, 3
Der Gnaden Thür steht nimmer zu 754, 6
Ich nimmer werd betrogen 244, 6

nimmermehr.

Den Geist der Liebe ja nun und nimmermehr von mir 541, 5

1) Fehlt vielfach. 2) Fehlt Bernd. G.

In Schanden laß uns nimmermehr 271, 5
Daß wir uns mögen nimmermehr 543, 5
Ich will nimmermehr dich lassen 602, 10
In Schanden laß mich nimmermehr 296, 1
Darf nimmermehr verzagen 700, 2
Ach laß mich nimmermehr in Sünd—fallen 9,2
Laß nimmer, nimmer, nimmermehr 592, 3
Auch nimmermehr nach hoher Ehr 13, 6
Wird nimmermehr betrübet 139, 5
Die Werk, die helfen nimmermehr 183, 1
Wer an m. glaubt, stirbt nimmermehr 756, 13
Darum, daß nun und nimmermehr 29, 1
Ach ich kann dir nimmermehr danken 220, 7

Nord.

Ost und West und Süd und Nord 433, 6

Not.

I. Christi.

Laß mich an deine große Not 284, 1
Er senkte sich in ihre Not 471, 2
Du hast dich in Not gestecket 383, 6
Für gesamte Not, für die Wunden 383, 8
O große Not, Gott selbst liegt tot 573, 2
Du bist mir zu Lieb in Not u. Tod 554, 5
Für deine Not und Angstgeschrei 709, 4
In Not du auch gewesen bist 150, 3
Angst u. Not hat überwunden Jesus 181, 2

II. des Menschen.

a) leiblich.

Aller Not bin ich entgangen 425, 6
Um Rettung aus der Angst u. Not 711, 2
Und klagen dir all unsre Not 711, 5
Wenn sich Not und Trangsal findt 414, 3(4)
Will dem Leibe Not zustehen 625, 5
So seh ich nichts denn tausend Not 23, 2
Die liebe Not ist hier recht schwer 23, 3
Als Müh und Not gewesen 329, 2
Ja leiden muß er Kreuz und Not 512, 9
Wenn Not und Trübsal blitzen 510, 5
Not, Tod und Elend treiben 682, 6
Mein Gott mich verlassen in der Not 774, 1
Darauf in allen Nöten 137, 3
Kreuz und Not dir ewig nützlich sei 229, 6
Wenn die Not am allergrößten 624, 4
Keine Not, schwer, hart und groß 97, 5
Und die Not samt dem Tod 449, 2
Wie oft bist du in große Not—kommen 138, 8
Die Not, die dich jetzt drücket 473, 1
Ich fürchte keine Not 111, 5
Schau wie große Not und Qual 644, 2
Welt bei dir ist lauter Not[1]) 697, 2
Die Not, die uns umgeben 581, 2
Soll uns dieses Jahr auch neue Not 164, 5
Und sollte Kreuz und Not sich da 305, 4
Mit uns ist Gott nun in der Not 743, 3
In mancher Not verdorben 258, 4
Mein starker Gott in aller Not 401, 4
Daß mir noch keine Not bis hieher 366, 4
Elend, Not, Kreuz, Schmach u. Tod 381, 3(4)
Keine Not, Gefahr und Streit 774, 6
Was acht ich alle Not 328, 1
In wieviel Not hat nicht d. gnädige Gott 445, 3
Vor Gefahr, Angst, Not u. Schmerzen 219, 2
Von Not bin ich befreiet 671, 5
Den in Nöten Gott schützt im Heiligtum 769, 4
Hör Helfer treu in Angst und Not 269, 1
Hilf. Helfer, hilf in Angst u. Not 307, 1. 308, 1
Hilf mir aus meinen Nöten 401, 2
Aus aller Not hilf mir am letzten Ende 401, 6
Hast uns oft aus Not geführet 534, 8
Der will euch führn aus aller Not 662, 3
Ganz wunderlich aus aller Not 11, 3
Rett mich aus aller Not 562, 5
Deckt mich doch in meiner Not Gott 599, 6
Eil unsre Not zu stillen 12, 3
All Angst und Not zu stillen 738, 7
Ruft in der Not: Ich bin das Leben 571, 10
Das Jesus spricht in allen Nöten 571, 11
Weil aber Gott noch lebt, so habt ihr keine Not 398, 1
Er weiß ja eure Not 398, 3
Der in der Not mich wohl weiß 682, 1
Steht uns in Nöten bei 258, 5
Stärke mich in meinen Nöten 309, 9
Er steht mir bei in allen Nöten 98, 4
Er wird und kann in aller Not 609, 7
Dein Helfer sein stets in allen Nöten 195, 2
Nehmen zum Beistand in allen m. Nöten 407,3
Hilf uns aus aller Not 2, 6
Hat sich eine Not gefunden 778, 5
Er hilft uns frei aus aller Not 161, 1
Allen, so in Not und Gefahr sind 443
Hilf uns, Herr in allen Nöten 311, 3
Beten hilft in Not und Tod 701, 1
Kommt dir gleich viel Not zu Handen 701, 2
Deine Not mußt du ihm klagen und in keiner Not verzagen 701, 2
Die von dir so viel Not abgewandt 755, 3
Ich rief dem Herrn in meiner Not 610, 4
Gott steht mir bei in aller Not 88, 9
Gott mit uns in aller Not 644, 8
In aller Not uns ist bereit 302, 5[2])
Wenn m. Herz in der Not verschmacht 566, 3
Wer will aus der Not, der traue 189, 5
Der helfen könnt aus solcher Not 189, 6
In Freud u. Leid, in Glück u. Not 107, 1. 14
Läßt uns nicht in allen unsern Nöten 107, 5
Laß mich in m. Not nicht gar verzagen 4, 1
Mitten in Not denk ich an Gott 4, 4
Aus Not gerissen und Gefahr 82, 2
Steh uns noch bei in aller Not 82, 5
Durch Not, durch Angst und Pein 147, 1
Der mir in aller Not Hülfe — schafft 208, 3
So in Freud als Nöten 62, 6
Durch Not und Trübsal hast geführt 524, 11
Laß mich nicht in Not und Schmerz 237, 4
Wo die Not am größten scheinet 229, 6

1) Var. Bernd. G. bei dir ist Krieg und Streit. 2) Fehlt vielfach.

Verschwindet Rat u. That in Angst u. Not 152, 5
Derhalben soll mich keine Not 476, 6
Und sollt er uns in Nöten auch lassen 473, 8
All unser Not zum End er bringt 451, 2
Wie nur heißen mag die Not 402, 2
Die größte Not hebt doch der Tod 45, 4[1])
Der uns befreiet aus der Not 64, 1
Ihr seid entgangen aller Not 582, 1
Und auch ich, der Not entnommen 721, 13
Der Engel half aus aller Not 270, 8
Sich annehmen fremder Not 419, 6
Der mir aus Nöten helfen kann 30, 1
Hilf uns, Herr, aus allen Nöten 648, 7
Alle Not zum Besten lenken 229, 1
Not und Qual zu dir hinauf gezogen 326, 5

b) geistig.

Mach Ende mit aller unsrer Not 58, 12
Erfüllen mein Gemüt in aller Not 713, 9
Und allezeit in meiner Not gedenken 244, 7
Allhie in meiner Not geschritten 282, 5
Die mich verfolgt, die große Not 366, 11
Die schwere Straf und große Not 496, 1
Erhub sich Zorn und große Not 183, 2
Laß dich unsre Not bewegen 21, 1
Hat gebracht uns alle in solch große Not 27, 1
Aus der angeerbten Not 18, 3
Daß es diese Not bedenke 26, 6
Arzenei in aller Angst und Not 14, 4
In der Not mit reichem Trost euch speisen 36, 3
Sondern reißt unsern Geist aus viel tausend Nöten 676, 8
Nimm an die Bitt von unsrer Not 29, 3
Abwend all unsern Jammer und Not 29, 4
Daß er sei das Lebn u. Heil in Not 487, 2
Daß wir nicht fürchten Schand noch Not 497, 4
Ihn drang der Sünder Not u. Schmerz 471, 2
Er senkte sich in ihre Not 471, 2
Durch Welt, durch Sünd, durch Not 37, 6
Diese Nöten, die dich töten 590, 3
Der mir beisteht in der Not 455, 1
Du Hülf in allen Nöten 350, 4
In Angst u. Not er mich erquickt 109b, 3
Der du uns tröst in aller Not 501, 9
Frei von aller Qual und Not 3, 3
Verkehrst in Freud all Angst u. Not 753, 18
Erlösen uns gar aus aller Not 99, 7
Der uns hilft in aller Not 750, 1
Hat erlöst aus aller Not 750, 2
Und uns aus aller Not erlösen 499, 2

c) letzte Not.

Fein sanft beschließe meine Not 284, 5
Ruf mir in meiner letzten Not 130, 4
Tröst uns in der letzten Not 655, 8. 744, 2
Besonders aus der letzten Not hilf mir 764, 5
Steh bei uns in der letzten Not 177, 3
Stärk mich in meiner Not 431, 3
In meiner letzten Stund und Not 537, 9
In unsrer letzten Not hilf uns 443
Auch in der allergrößten Not 364, 8
Wer hilft mir sonst in dieser Not 333, 5
Daß ich alle Qual u. Not überwunden 425, 1
Herr Jesu, in der letzten Not 277, 4
Laß mich meine Not auch geduldig 600, 9
Wenn der Tod, die letzte Not 597, 7
Einst in meiner letzten Not laß mich 731, 3
Liegt einer in der letzten Not 417, 7
Wer will uns aus solcher Not frei 489, 2
Was hilft die Welt in letzter Not 724, 5
Ach laß mich nicht in m. Not versinken 477, 13
Wenn in deiner letzten Not 456, 4

d) allgemein.

Es hat mit uns nun nimmer Not 501, 5
Wie er zuvor hat bracht in Not die Welt 270, 5
Darum hat es keine Not 49, 6
Wir brauchens nur zur Not 418, 5(4)
Daß ich zur Not mein täglich Brot 13, 9

not.

Kein Arzt ist dem Starken not 386, 7
So war je not, daß uns auch Gott 146, 2
Dies eine ist not 169, 10
Eins ist not: nur du 34, 4
Eins ist not für den Tod: Buße 318, 3
Säume nicht, denn eins ist not 456, 1
Hast du Gott, so hats nicht not 494, 1
So hats nicht not 186, 3
Was mir ist not 716, 3

Notdurft.

Hat geben all Notdurft diesem Leben 258, 2
Des Lebens Notdurft giebst du mir 666, 4
So wird doch gnug zur Notdurft sein 468, 8
Doch muß die Notdurft keinem fehlen 540, 2
nöten s. vonnöten.

Nothelfer.

Der treu Nothelfer mein 407, 3
Mich wohl behüten und mein Nothelfer sein 407, 4
Ein starker Nothelfer du bist 140, 1
Such wer da will, Nothelfer viel 636, 2

nötig.

Hilft er doch, wenns nötig ist 624, 2
Doch wird Geduld sehr nötig sein 468, 7

nötigen.

Was nötigt ihn, dein Freund zu sein 53, 4

Nu.

Muß im Nu verschwinden 676, 9
Im Nu sind sie geschlossen 515, 7

Nun.

Der Tod bringt oft behende das allerletzte Nun 568, 1

Nunmehr.

Nunmehr bin ich recht getröst 49, 1
Nunmehr ist er Gottes Sohn 49, 2
O wer nunmehr nimmer klagte 253, 3

Nutz(en).

Sieh solchen Nutz, so große Kraft 295, 5
Rein erschallen zu unsrer Seelen Nutz 274, 2

---

1) Fehlt Bernb. G.

Zu deinem Nutz und seiner Ehr 346, 6
Mir zu Nutz zu allen Zeiten machen 165, 8
Zu Nutz meiner armen Seele 407, 2
Daß m. Geist dadurch s. Nutz entstehe 341, 7
Daß selig hier mir zu Nutzen 240, 4
Zu meinem Nutzen hast bestellt[1]) 524, 6
Zum Nutz u. Dienst des Nächsten mein 296, 2
Und der Gemein zu Nutz 81, 6

nütze.

Meim Nächsten nütz zu sein 353, 1
Was mir nütz und gut 453, 2. 730, 1
Gieb, was nütz ist zu Seel u. Leib 555, 8
Daß dir wäre nütz und gut 494, 7
Was dir ist nütz und gut 692, 3
Was sind alle Schätze nütze 427, 1

nützen.

Hilf, daß mir dein Dürsten nütze 375, 8
Jesu, gieb, was nützet mir 387, 3
Und geben, was ihn' nützet 407, 1
Du weißt nicht, was dir nützet 686, 1
Uns ziemt und nützt dein Lob so sehr 248, 1
Und täglich giebet, was uns nützt 64, 3
Wieviel mir nützen würde 45, 2
Dem, der am meisten nützen kann 98, 3
Nichts fehlen, was mir ewig nützt 399, 4
Zu nützen einem Stande 399, 10

nützlich.

Er gebe, was mir nützlich ist 88, 5
Er weiß wohl, wann es nützlich sei 719, 4
Denn was mir nützlich ist 665, 4

O.

O s. A und O

oben.

Dich dort oben stets zu loben 285, 3
Himmlisch Leben wird er geben mir dort oben 734, 5
Drum hilf du mir von oben her 537, 1
Du stärkest mich von oben 120, 4
Sende mir dazu von oben 762, 1
Dennoch mußt du oben liegen 213, 6

Obrigkeit.

Gieb unsrer Obrigkeit auch Gnad 82, 7
Beschirm die Obrigkeiten 769, 9(10)
All christlich Obrigkeiten 81, 2
Fromm Obrigkeit, gut Regiment 87, 3
Die Eltern, Lehrer, Obrigkeit, 704, 5
Regier die Obrigkeit 122, 6
Friede zugleich der Obrigkeit gewähre 68, 3
Erhalt uns unsre Obrigkeit 545, 1
Die Kirche u. die Obrigkeit — erhalten 534, 5
Schütz Kirche, Obrigkeit und Haus 274, 1

obsiegen.

So hab ich obgesieget 621, 1
Bete, so wirst du obsiegen 701, 5
Und in deiner Kraft obsiegen 18, 8

öde.

Und ist es uns hienieden so öde 86, 6
Soll das Feld nun öde stehn 218, 5

Odem.

Laß deinen Odem wehn 103, 6
Da ich nahm meinen ersten Odem 676, 2
Ein jeder Odem ein Gesang 524, 2
Was ein Leben u. e. Odem in sich hat 524, 5
Du Odem aus der ewgen Stille 538, 4
Alles, was Odem hat, lobe 445, 5
Alles, was Odem hat, rufe Amen 446, 8
Was nur Odem hat, das danke 64, 7
Was den Odem holet, jauchze, preise 767, 3

offen.

Laß dein Herz mir offen stehn 600, 7
Sieh, wie sein Herz dir offen steht 471, 8
Laß mich finden deine Wunden offen 219, 3
Es sind die offnen Liebesarmen 340, 2
Aus Gnaden in deiner offnen Seit 652, 4
O daß mein Herze offen stünd 554, 7
Nun, mein Herze steht dir offen 438, 6
Meins Herzens Thür dir offen ist 451, 5
Thor und Thüren stehen offen 408, 1
Meines Herzens Thür steht dir offen 415, 1
Für die Füll seiner Gnadengaben offne Augen haben 449, 3
Uns steht der Himmel offen 41, 2
Der Himmel steht dir offen 566, 9. 735, 7
Nun sahn wir erst den Himmel offen 691, 6
Die Gnadenthür nun noch stehet offen 26, 5
Deiner Gnadenpfort mir heut auch offen 735, 4
Die offnen Gnadenpforten schließen 471, 10
Mein Jesus lebt, das Grab ist offen 478, 3
Laß ein Pförtlein offen 246, 4
Des Paradieses Pfort, die wieder offen 51, 12

offenbar.

Mit ihm offenbar auch sein 47, 10
Aller Welt wird offenbar 766, 2
Des Vaters Stimm man offenbar 77, 3
Erschiene den Hirten offenbar 663, 1
Und sehen dich ganz offenbar 270, 2
Ganz offenbar im Hause Gottes 109b, 6
Es zeigt uns auch ganz offenbar 295, 3
Dazu ihr Zung stolz offenbar spricht 10, 3

1) Var. Bernd. G. Daß du zu meinem Heil bestellt.

Verklagen mich zu offenbar 366, 7
Den Rat der Herzen offenbar 737, 5

offenbaren.

Offenbare dich doch mir 434, 5
Daß der Herr sich offenbare 587, 8
Der sich uns will offenbaren 25, 3
Du hast den Weg uns offenbart 144, 8

Offenbarung.

Wir freun uns — d. großen Offenbarung 121, 3

öffentlich.

Am Kreuz läßt Christus öffentlich 202, 6[1]
Dein Fuß wird selten öffentlich gesehen 619, 9
Öffentlich erscheinet, wie treulich er 682, 4
Dort öffentlich mit ihm im Himmel 182, 8

öffnen.

Und meiner Bitt sie öffne 55, 1
Öffne, ach öffne meine Ohren 220, 9
Öffne Herzen, Mund und Ohren 439, 3
Er öffnet unsres Herzens Thor 243, 7[2]
Öffne selber ihren Mund 252, 8
Jesu öffne mir den Mund 415, 3
Hier öffnet sich das Jesus-Herz 393, 1
Den Tauben öffne das Gehör 552, 4
Öffne unsre Herzensaugen 21, 6
Ach öffne mir die Gnadenthür 468, 1
Und öffne mein Verständnis 286, 4
Mein Gott, öffne mir die Pforten 693, 8
Öffn ihm bald die Geistespforten 596, 2
Und öffnen unsern Mund vor dir 65, 1

öftermal.

Pflegt er gleich öftermal die Seinen 228, 1

öfters.

Öfters straucheln, oftmals fallen 21, 5
Der Eigenwill will öfters widerstreiten 724, 2

oftmals.

Wo nähm ich oftmals Stärkung her 53, 8
Wie oftmals wird verführet ein Mensch 232, 4

ohne.

Ohn den nichts ist, was ist 536, 1
Wir sind nichts ohn dich, Herr Jesu 21, 2
Ach ohn dich, getreuer Jesu, schreckt 21, 3
Was würd ich ohne dich nicht sein 691, 1
Wird sie ohn mich verlieren 485, 6

Ohnmacht.

Unsre Macht ist lauter Ohnmacht 21, 5
Christus hilft der Ohnmacht siegen 633, 2
Die Ohnmacht u. der Sinnen Unverstand 619, 8

ohnmächtig.

Sie bleiben ohnmächtig und schützen 182, 5

Ohr.

Dein gnädig Ohr neig her[3] 55, 1. 401, 2
Dein Ohren neig, m. Red vernimm 89, 2
Und auf mein Flehn dein Ohr 44, 4
Der die Ohren hat erschaffen 229, 2
Laß mein Ohr die Stimme wecken 220, 7
Öffn, ach öffne meine Ohren 220, 9
Öffne Herzen, Mund und Ohren 439, 3
Heilge du, Herr, Mund und Ohr 640, 3
Es schallet allermeist dieses Wort in unsern Ohren 437, 2
Nichts Reiners meinen Ohren klingt 512, 5
Öffn uns die Ohren und das Herz 752, 5
Und bläst dir in die Ohren 167, 8
Die Ohren zugestopfet 326, 6
Obschon du dein Ohr verstopfet 608, 5
Ob ich mein Ohr verstopfet 236, 4
Kein Ohr hat dies jemals gehört 558, 5
Die kein Ohr jemals gehöret 196, 1
Durch keines Ohr allhier gedrungen 582, 4
Meine Ohren stets zu deiner Lehre 294, 3
Kein Ohr hat je gehört solche Freude 672, 3
Da wird unser Ohr nur hören 581, 4
Und meine Ohren hören nicht 283, 2

Öl.

Daß man Öl u. Most zu s. Zeiten 355, 5
Du bist das heilge Öle 769, 4
Gieß aus dein heilges Öl 420, 2
Mit dem Öl deiner großen Gnaden 635, 2
Mit dem Öl des Friedens 93, 5
Er ist, der des Geistes Öl 593, 7
Du salbst m. Haupt mit Öle 106, 9. 109, 4
Heilge dich mit dem heilgen Öle 62, 1
Und wenn der Docht sein Öl verlor 253, 5
Holt stets neues Öl herbei 589, 17(15)
Die Lampen, Öl und Licht 99, 1
Und füllet sie mit Öl 178, 2

Ölberg.

An den Ölberg dich begleiten 321, 7
An dem Ölberg sich betrübt 526, 2

Opfer.

Dich hast dargestellt als ein Opfer 375, 1
Und giebt sich selbst zum Opfer hin 166, 3
Für uns zum Opfer ein 505, 2
Mir zu gute als ein Opfer[4]) eingestellt 526, 1
Und dein Opfer ist vollbracht 249, 2
Du willst ein Opfer haben 671, 6
Mein Beten ein gefällig Opfer heißt 640, 3
Da auch wir — unsre Opfer bringen 226, 2
Vor allen dies m. Opfer dir gefallen 309, 7
Zünde selbst das Opfer an 434, 3
Zündet Opfer an 597, 1
Das Opfer meiner Zungen 740, 7
Jesus nimmt mein Opfer an 378, 4
Dir das Herz zum Opfer bringen 321, 6
Herz u. Glieder vor dir z. Opfer 482, 1
So wollen wir dir Opfer bringen 751, 10
Mich ganz zu einem Opfer geben 442, 6
Alles sei Gotte zum Opfer gesetzt 125, 3
Gieb dich ihm selbst zum Opfer dar 51, 9
Muß ja nur dir zum Opfer stehn 470, 3
Was soll ich dir — für Opfer schenken 561, 2
Das soll mein Opfer sein 561, 2
So soll das unser Opfer sein 720, 6
Leib, Seel u. Herz zum Opfer hin 330, 5

1) Fehlt vielfach. 2) Fehlt Bernb. G. 3) Var. Bernb. G. Dein gnädig Ohren kehr zu mir; in 55, 1. 4) Var. Bernb. G. Schlachtschlaf.

opfern.

Ihn zu opfern, vor dir liegen 378, 3
Herr, ich opfre dir zur Gabe 520, 3
Leib und Seel geopfert gern 721, 7

Orden.

Hätte vor der Menschen[1]) Orden 200, 5[2])
Und halte Christi Orden 149, 8
Die Gottheit selbst lebt nun in m. Orden 567, 3
Ich sei noch in ihrem Orden 457, 5
Wir sind aus der Sünder Orden 428, 5
Da du in der Sünder Orden 255, 5
Die im Orden eines Lebens einig 732, 1
Wir sind es nicht, die diesen Orden aufgericht[3]) 732, 4

ordnen.

Ordne unsern Gang, Liebster 377, 4
Was seine Weisheit setzet und ordnet 365, 2

Ordnung.

Nach seiner Ordnung suchen muß 79, 6
Du hast — e. Ordnung auch bestimmt 192, 4
An der Ordnung der Gesetze 422, 5
Ordnung, Maß und Ziel zu halten 578, 4
Verkündigt Weisheit und Ordnung 128, 3
Ein Gott der Ordnung u. dein Heil 128, 6
Gottes Ordnung stehet feste 464, 6
Im innersten Gemache—Ordnung hält 174, 4
Der gute Zucht und Ordnung hält 359, 6

Ort.

Bei Gott ist ja kein böser Ort 130, 5
Die Freistatt und der sichre Ort 776, 3
Da hab ich schon den Ort gefunden 741, 3
Wir kommen fröhlich an den Ort 403, 3
Nach deinem Wort an allem Ort 13, 3
Dein wertes Wort hast du verliehen diesem Ort 82, 3
Von ihrem Orte unser Jesus 778, 1
Du kannst alles aller Orten nun 615, 6
Wie an allen Orten sich deiner Kinder 669, 3
Dein — Wort an allem Ort erschallen 487, 3
Darnach an allem Ort solln richten 295, 1
Den Feinden steur an allem Ort 295, 6
Kein Ort wird in der Welt gefunden 720, 2
Vermehren sein Lob an allem Ort 513, 4
Dein' Lobgesang an allen Orten hören 610, 7
An allem Ort sich stets um uns herlagern 534, 8
Daß es schall an allem Ort 1, 3
Steh fest darauf an allem Ort 609, 5
Hilf mir an all und jedem Ort 63, 3
Von uns gefunden — an jedem Ort 287, 2
Und kämpfet frisch an jedem Orte 591, 1
Wie so mancher Ort hochtröstlich ist 36, 2
Dein Wort an diesem dir geweihten Ort 137, 2
Wie wird an diesem Orte m. Seele 640, 1
O wie heilig ist der Ort 25, 1
Uns gegeben hast, Jesu, stets an d. Orte 25, 5
Nach den vier Orten der Welt 91, 3
Daß ich auch m. Ruh an d. Orte habe 338, 3
Bis ich komme an den Ort 22, 6
Er wird euch führen an den Ort 200, 9
An den Ort, da ich bin, führen 425, 8
Und wenn an meinem Orte 405, 7
Ach trage mich an Stell und Ort 304, 5

Ost.

Teilt dein Verstand nach Ost u. Westen 619, 3
So fern der Ost vom Abend 513, 2
Jetzt hier und dort in Ost und West 523, 2

Osterbeute.

Das ist die reiche Osterbeut 572, 8

Osterfest.

Nach deinem schweren Leiden das fröhlich Osterfest 117, 4

Osterfriede.

Und bringst den Osterfried 742, 3

Osterlamm.

Hier ist das recht Osterlamm 76, 5
Der ist nun unser Osterlamm 79, 2
O Christe, Osterlamm, speis' uns heut 79, 7
Du hochgeliebtes Osterlamm 143, 4
Du hast d. Schuld getragen, du Osterlamm 85, 4

Osterpsalm.

Den Sieg voran aus den Osterpsalmen 601, 6

Ostertag.

Mein Ostertag ist schon im Lauf 202, 5

Osterzeit.

Doch ists ihm nicht gelungen zu dieser Osterzeit 117, 1

P.

Paar.

Wirds ein wohlgeratnes Paar 661, 3
Friedlich Leben will d. neuen Paare geben 715, 2
Was Gott giebet dem Paar 732, 2

Palmbaum.

Und blüht wie ein Palmbaum 758, 2
Ja wie ein grüner Palmenbaum 566, 3

Palmen.

Dein Zion streut dir Palmen 738, 2
Streuet Palmen, machet Bahn 321, 1
Auf lasset uns ihm Palmen streun 92, 1
Die Palme wächset bei der Last 367, 3
Die gestreuten Palmen bilden dir 601, 6
Gott giebt dir selbst die Palmen 58, 11

---

1) Var. Bernb. G. dem Menschen. 2) Fehlt Anh. G. 3) Var. Bernb. G. Nicht Menschenhand hat aufgerichtet solchen Stand.

Und trüge meine Palmen 204, 11
Und du Schar, die Palmen trägt 384, 11
Wo das Kreuze sich in Palmen 581, 3
Wer sind die, so Palmen tragen 721, 2
Und mit Palmen ausgezieret 464, 5

Panier.

Jesu Name soll allein denen zum Paniere dienen 392, 1
Wen dies Panier beschützet hier 609, 4
Und stecket auf des Heils Panier 110, 3

Paradies.

Die Thür zum schönen Paradeis 447, 8
Dadurch das Paradies im Menschen 567, 5
Du mein Paradies auf Erden 638, 3
Sein Lieben ist mein Paradies 332, 2
Erwähle mich zum Paradeis 204, 15
Ist seiner Blumen Sonne im bunten Paradeis 170, 7
Wann soll ich hin ins Paradies 144, 13
Aufnehmen in das Paradeis 734, 7
Aufgenommen ins schöne Paradeis 232, 1
Nach dem himmlischen Paradeis 566, 6
Paradies, Paradies, wie ist deine Frucht 432, 5
Bring uns, Herr, ins Paradies 432, 5
Kommen in das Paradeis 311, 4
Zu dir ins Himmels Paradeis 553, 2
Hier ist des Paradieses Pfort 51, 12
Führ ins Paradies uns ein 527, 11(10)
In das schöne Paradies wirst du 196, 7
Dein Paradies, das soll mir eigen w. 477, 8
Dein Paradies, das schöne 477, 8
Uns fröhlich leiten ins ewge Paradeis 99, 6
Ich angelanget bin im schönen Paradeis 369, 7
Ohne dich im Paradiese sitzen 594, 5
In dem Paradies allhier miteinander 425, 9
Edle Seelenspeise in d. Paradeise 135, 8
Der wird im Paradies vom Baum 38, 4
Durchsucht zu ihrem Heil das Paradies 203, 8

Passion.

Jesu deine Passion will ich jetzt bedenken 371, 1
Deine Passion laß mich gläubig fassen 371, 5

Patriarch.

Da die Patriarchen wohnen 31, 5
Die lieben Patriarchen, Propheten 99, 2
Propheten groß und Patriarchen hoch 369, 6

Paulus.

Was Paulus hat geschrieben 548, 1
Was Paulus uns thut schreiben 548, 4

Pein.

I. Christus.

Sein ganzes Leiden, Kreuz u. Pein 130, 3
Denk ich bald an deine Pein 372, 1
Für dein Angst und tiefe Pein 383, 8
O könnte doch in deiner Pein 306, 2
Kraft deiner Angst und Pein 542, 9
Meines Jesu Kreuz und Pein 584, 1
Mir soll m. Jesu Pein meine Kunst 584, 2
Jesu Leiden, Kreuz und Pein 584, 8
Man senkt dich ein nach vieler Pein 629, 2
Für deine Pein und Schmerzen 709, 4
Uns trösten deiner schweren Pein 744, 3
Deine Pein und blutig Schwitzen 374, 8
Laß ja uns Sündern deine Pein 102, 3
Laß die Verdienste solcher Pein 335, 1
Du trugest Schuld und Pein 350, 2

II. Mensch.

Wenn nur nicht wär die schwere Pein 417, 4
Schmach, Verfolgung, Angst u. Pein 419, 9
Soll auch Verfolgung, Angst u. Pein 361, 3
Dringt herein Angst und Pein 676, 4
Ach ich ruf vor Pein und Schmerzen 760, 2
Und der Tyrannen Pein 369, 6
Kein Dürsten, kein Armut, k. Pein 405, 12(13)
Soll mich keine Pein von deiner Liebe 594, 4
Mit Grämen und mit selbsteigner Pein 58, 2
Also wird auch nach der Pein 625, 11
Ich muß, Trotz sei aller Pein 95, 4
Auf die schwere, bittre Pein 40, 1
Zur Lust wird jede Pein 51, 13
Durch Not, durch Angst, durch Pein 147, 1
Nun wird kein Angst und Pein 36, 7
Man mag durch tausend Pein 328, 2
Mit gleicher Straf und Pein 258, 4
Daß Straf und Pein auf Sünde folgen 8, 4
So wäre doch der Pein zuletzt 530, 4[1])
Von Tod und Pein erlöst 146, 4
Denn außer dir ist lauter Pein 554, 10
Durch der Sünden Schmerz u. Pein 374, 5
Du erkennest meine Pein 374, 10
Angst u. Pein hiermit stets überwinde 39, 1
Von Schuld und Pein erlöst 474, 3
Trost in aller Pein 34, 3
Hier kann der Mensch nie frei von Pein 492, 4[2])
Fliehe die unselge Pein 604, 4[2])
Hüt dich vor Pein und Schmerzen 579, 10
Thut dir keinen Schaden auch die Pein 213, 2
Der mir in meiner letzten Pein 333, 2
Du solltest große Pein ewig leiden 461, 3
Aller Freuden beraubet sein und leiden Pein 620, 3
Es darf nicht fürchten ihre Pein 607, 6
Rette mich aus jener Pein 635, 3
Zur Höllen wandern in die Pein 700, 1
Zusamt der großen Pein betracht 530, 3
Hast du so lange Pein bestellt 530, 6(4)
Wenn nur nicht wär die schwere Pein 417, 4
Ohn Unterlaß die ewge Pein 417, 14
Half er uns aus der Höllen Pein 386, 1
Zeitliche Freude bringt uns in ewige Pein 407, 2
Zu erlösen aus ewger Angst u. Pein 407, 6
Erlöst vons Teufels G'walt u. ew'ger Pein 509, 8
Gar sanft ohn einig Qual und Pein 296, 3

peinlich.

Die Bösen zur Höllen in peinliche Stellen[3]) 222, 8

1) Fehlt Anh. G. 2) Fehlt Bernb. G. 3) Var. Anh. G.

Perle.
Von zwölf Perlen sind die Thore 672, 3
Die lauter Thor von Perlen hat 733, 2
Wie Perlen in gesalzner Flut 367, 3
Dessen Grund den Perlen gleichet 582, 7
Vor welchem Kronen u. Perlen Staub 170, 7
Ei, meine Perl, du werte Kron 734, 2
Hast du denn die Perl errungen 589, 6
Nach dieser Perle trachten 295, 5
Die Thränen deine schönsten Perlen sein 773, 4
Perlenkranz.
Sie krönet es mit ihrem Perlenkranz 191, 6
Perlenthor.
Jesu Hände öffnen schon das Perlenthor 649, 1
Person.
All drei Person getaufet han 77, 4
Das zeigt dein Amt und dein Person 11, 3
Pest.
Wenn uns Pest und Schwert 751, 2
Der Höllen Pest ist unser Heiland 572, 4
Ja der Hölle Seuch und Pest 428, 4
Pestilenz.
Vor Pestilenz und teurer Zeit 443
Wend ab Feur u. Wassersnot, Pestilenz 714, 9
Petrus.
Wie freundlich blickt er Petrum an 471, 6
Auf dein Wort sein Trost mit Petro setze 81, 5
Es geht mir, wie es Petro ging 304, 4
Wie Petrus davon schreibet 185, 1
Ja wie der heilge Petrus spricht 531, 2
Pfad.
Und führ uns selbst den rechten Pfad 543, 3
Noch tritt auf der Sünder Pfad 758, 1
Auf dem so schmalen Pfade 124, 2
Die auf ihrem schmalen Pfade 256, 4
Wer nur geht auf seinem Pfade 256, 8
Steil und dornig ist der Pfad 634, 1
Bestreu den Pfad mit grünen Halmen 91, 1
Licht auf unserm Pfad 597, 2
Die Fackel meiner Pfade 94, 4
Hält Gott seinen Pfad verborgen 765, 3
An deren Fuß und Pfad wir uns 329, 4
Pfand.
Dein Geist bleibt mein Pfand 461, 8
Dienet mir zum höchsten Pfande 438, 5
Mein Licht und teures Pfand 431, 3
Wertes Pfand mach uns bekannt 597, 6
Muß ich mit dem höchsten Pfand 153, 9
Zum auserwählten Pfand 369, 2
Nimm dies Pfand von unsern Armen 437, 3
Dies teure Pfand der Gnaden 560, 7
Dein Fleisch muß uns zum Pfande 475, 7
Pfanne.
Weit von dannen von der heilgen Pfannen 62, 10
Pfarrer.
Alle Bischöfe, Pfarrer u. Kirchendiener 443
Pfeil.
Wie ein Pfeil zur Ewigkeit 17, 2
Und zu dämpfen Pfeil und Eisen 735, 4
Alle Pfeile von mir jagen 641, 4(5)
Wann der Feind die Pfeil abdrückt 641, 7(8)
Brich des Feindes Pfeil entzwei 641, 9(11)
Und in mir hab der Pfeile viel 279, 1
Legt die Pfeile gerne nieder 650, 4
Der drückt sich selbst den Pfeil 235, 3
Daß du die Pfeil und Wagen 272, 5
Seine Pfeile wurden stumpf 428, 4
Sein Pfeil ist nunmehr stumpf 742, 10
Pfeiler.
Ihr Wort der Pfeiler Grundfest ist 137, 3
Pfingstfest.
Ein herrlich Pfingst- u. Freudenfest 523, 2
Bereite ein Pfingstfest nah und fern 564, 7
Pflanze.
Ich d. Gartens schöne Blum u. Pflanze 204, 14
Laß keiner Pflanze deiner Au 94, 1
Die wunderbare Pflanze, die immerdar 189, 3
pflanzen.
Pflanze weiter dieses Wissen in m. Herz 584, 7
Segne, pflanze und begieße 252, 9
Man pflanze Lieb und Ruh 418, 8
Das pflanz in mich zu deiner Ehr 555, 7
Pflanz nur Geduld durch deinen Geist 4, 3
Pflanzen.
Auf Pflanzen und Begießen laß 274, 3
Pflege.
Der allertreusten Pflege des 58, 1
Uns allzeit deiner Pflege und Treu 58, 12
Freu ich mich seiner Pflege 357, 4
Gieb uns auch die nöt'ge Pflege 377, 4
Deine Pflege den Hinterlassenen verleihn 720, 6
pflegen.
Wie pflegt zu thun ein starker Held 303, 2
Gott pflegt nicht bald zu strafen 366, 9
Das pflegt er zu erwählen 243, 10
Eile, wie Verlobte pflegen 596, 2
Pflegt man sonst kein Geld zu sparen 596, 3
Ach wie pfleg ich oft mit Thränen 596, 4
Ach wie pfleget mich zu dürsten 596, 4
Was die Welt sonst herrlich pflegt 295, 5
Vielmals pflegen aufzuwecken 374, 7
Pfleg auch der Kranken 129, 3
Aller Kinder und Kranken pflegen 443
Wart und pfleg ihr' zu aller Zeit 271, 4
Unter s. Segen der Ruh zu pflegen 129, 1
Pfleger.
Daß sie dein treue Pfleger sein 516, 10
Pflicht.
Bezahlet die gelobte Pflicht 610, 9
Die sich in deiner Pflicht zur Kreuzfahn 706, 4
Wie es erfordert meine Pflicht 704, 8
So erfordert meine Pflicht 458, 1
Mein Leben, Sitten, Sinn u. Pflicht 555, 11
Er giebt Kraft zu dieser Pflicht 388, 5
So treibt sie mich zu jeder Pflicht 725, 5
Mich zaghaft meiner Pflicht entzieh 348, 10
Daß ich mein Werk und Pflicht 89, 7
Wie oft vergeß ich deiner Pflicht 737, 11(10)
Die Werke meiner Pflicht zu thun 9, 4

Den Sünden ja wider Pflicht den Zügel 609, 6
Wird unsre Pflicht uns ernstlich 212, 3
Deine Pflicht vollkommen hast vollendet 212, 4
Daß ich meine Pflicht mit Heiligkeit 212, 9(8)
Wohl dem, der zu seiner Pflicht 336, 4
Zu unterlassen meine Pflicht 304, 3
Mein wahrer Ruhm sei meine Pflicht 214, 3
Fördre mich in meiner Pflicht 221, 4
Das seine Pflicht erkenn u. willig thue 459, 9[1]
Möcht ich immer meiner Pflicht treu 275, 4

Pforte.

Er bringt mich an die Pforten 37, 8
Mir aufgethan die Pforten 769, 6
Gehet ein zu seinen Pforten 33, 3
Hier ist die Pforte des Lebens nun offen 323, 4
Öffne mir des Himmels Pforte 638, 4
Hier, hier ist des Himmels Pfort 25, 1
Des Himmels Pforte, stets offen allen 550, 5
Sie ist des Himmels Pforte mir 726, 1
Und weist des Himmels Pfort 729, 3
Gelange an die Pfort Jerusalems 234, 9
Hier ist des Paradieses Pfort 51, 12
Daß ich eingeh zur engen Pfort 704, 18
Zion, dringe durch die enge Pfort 194, 1
Dringet durch die enge Pforte 593, 8
Ringe, denn die Pfort ist enge 589, 2
Hier ist die sichre Pfort 178, 9
Mein Gott, ich klopf an deine Pforte 468, 1
Er ist der Weg, das Licht, die Pfort 146, 5
Mein Gott, öffne mir die Pforten 693, 8
Thu auf der Gnaden Pfort 369, 4
Klopf an deines Herzens Pforten[2] 596, 2
Sieh, ich öffne dir die Pforte 616, 1
Meines armen Herzens Pforten stell 615, 6
Thut ihm auf des Herzens Pforten 201, 2
Schließ nur getrost die Pforte zu 756, 2

Pförtlein.

Laß ein Pförtlein offen 246, 4

Pfuhl.

Im heißen Pfuhl der Schmerzen 530, 6
Liefen — in der Hölle Pfuhl hinein[3] 374, 2

Pharao.

Das entging Pharaonis Hand 403, 1

Pharisäer.

Den Tisch der Pharisäer läßt du stehn 619, 4

Pilger.

Blinde Pilger flehn um Licht 155, 2
So lang ich hier als ein Pilger walle 90, 8
Ihr faßt u. stärkt des Pilgers Hand 394, 3
Der müden Pilger Leiden sind dann 43, 4

Pilgerkleid.

Indessen bleibt das Pilgerkleid 121, 3

Pilgerland.

Bin ich in diesem Pilgerland 479, 8

Pilgerlauf.

Kurz, ach kurz ist, wie du weißt, unser Pilgerlauf 313, 2

Pilgerpfad.

Es soll uns nicht gereuen der schmale Pilgerpfad 418, 2

Pilgerreise.

Der Wunderstern für unsre Pilgerreise 94, 3

Pilgerschaft.

Ein Teil von unsrer Pilgerschaft 164, 1

Pilgerstraße.

Führ uns durch die Pilgerstraß 21, 8

Pilgrim.

O liebster Pilgrim, Jesu Christ 764, 1
Hilf uns Pilgrim ins Vaterland 403, 4
Ob ich schon noch Pilgrim bin 384, 12

Pilgrimstand.

Mein Leben ist ein Pilgrimstand 479, 1
Hier ist unser Pilgrimstand 312, 1

Plage.

I. Christi.

Was ist doch wohl die Ursach solcher Plagen 298, 3
Rette mich durch deine Plagen 375, 2
Und dich mit Plagen so übel zugericht 580, 3
Nimmermehr diese Plagen dir vergelten 600, 4

II. des Menschen.

Wir sind voller Angst und Plag 196, 4
Von wegen vieler Plage 185, 7
Das Kreuz und alle Plagen 405, 10(11)
Alle Welt in ihren tausend Plagen 738, 5
Durch so viel Angst und Plagen 510, 3
Angst und Plagen, die da nagen 28, 5
Dahin mit seiner Lust und Plage 164, 1
Mit den vielgedrängten Plagen 218, 1
Ob dir wohl sind meine Plagen besser 641, 1
Drum lasset uns die Plagen — ertragen 36, 5
Gut gemeint mit der Christen Plagen 599, 15
Soll von Plagen ich auch was tragen 125, 11
Wie so manche schwere Plage 625, 8
Vorm Übel und vor mancher Plag 270, 10
Er zählte — m. Glück u. m. Plage 686, 2
Vor Schad, Gefahr u. mancher Plag 314, 2
Vor so mancher schweren Plag hat 714, 1
Vor Trübsal, Angst und Plagen 532, 5
Daß du meine Plag und Klage 641, 10
Deine Hände — wenden alle Plagen ab 374, 8
Daß du mich unter vieler Plage 524, 11
Last und Plage uns nicht berühret 534, 8
Wenn du willst verzagen unter d. Plagen 217, 4
Die Last der schweren Plagen 228, 2
Mach uns von allen Plagen frei 711, 6
Um zu heilen meine Plagen 383, 3
Vergesset aller Sorg und Plag 302, 1
Nicht achten, keine Schmach u. Plagen 298, 13
Daß ich Demut von dir lern und Geduld in Plage 371, 6
Mein Kreuz und meine Plagen 709, 6
In Wollust oder Müh und Plag 704, 4
Ihre Plage geduldig mögen überstehn 274, 10

1) Fehlt Bernd. G. 2) Var. Bernd. G. deine Herzenskammer. 3) Var. Bernd. G. Laufen in die Höll hinein.

Kein Höll, kein Plag noch jüngster Tag 295, 2
In der Höllen Pein müssen leiden alle Plagen 425, 2
Frei von aller Plage 115, 1

plagen.

Das am Kreuze dich geplagt 375, 8
Und sich mit Sorgen plaget 106, 4
Darunter das Herze sich naget u. plaget 169, 1
Plage, schlage: ich bin stille 476, 6
Soll mich Verfolgung plagen 147, 4
Trachtet die Christen zu plagen 70, 6
Wenn mich meine Sünde plagt 375, 2
Kein Hunger plaget den 281, 2
Den die Krankheit plaget 281, 5
So hart dich deine Sünde plagt 53, 2
Mein Gewissen, das mich plagt 374, 11
Wenn mich Versuchung plagt 9, 3
Das Kreuz mich hier gleich zeitlich plaget 440, 3
Allem Bösen, das seine Kinder plagt 365, 6
Da dich der Kummer plagt 58, 6
Plagen stets hier unsre Seele 196, 4

Plagen.

Für dein tausendfaches Plagen 383, 8

Plan.

Mein heilsam Wort soll auf den Plan 10, 4
Er ist bei uns wohl auf dem Plan 161, 4

Platz.

Sei unser Ruhm und fester Platz 28, 5
Wo du den Platz wirst Gotteskindern 144, 11
Der Herre macht uns Platz 224, 4
Bei ihm ist Platz 46, 1
Hier hab ich einen Platz 594, 1
Das rote Meer wird dir schon Platz 521, 1

plötzlich.

Die plötzlich eingebrochne Zeit 703, 2

pochen.

An die Gnadenpfort nicht vergeblich pochen 441, 4

Pol.

So fragte man nicht nach dem Pol 367, 5

Port.

Den rechten Port noch heute nehmt 344, 4
Er geht und bringt mich an den Port 138, 11

Posaune.

So fähret auf gen Himmel mit Posaunen 28, 2
Ich höre der Posaunen Ton 333, 4
Es schallet der Posaunen Klang 144, 4
Posaunen wird man hören gehn 185, 2
Wenn Gottes Posaun wird angehn 509, 2
Wenn die letzt Posaun erklingt 389, 8
Und der Posaunen Schallen uns 154, 4

Posaunenhall.

Und mit Posaunenhall 224, 1
Posaunenhallen wird — erschallen 637, 3

Pracht.

Des edlen Lichtes Pracht und Zier 735, 1
Zwar ohne stolze Pracht 505, 1
Der roten Lippen Pracht ist hin 542, 3
Mit großer Pracht und Herrlichkeit 303, 1
Christus schleußt auf mit großer Pracht 41, 2
Dieweil ihn da die wesentliche Pracht 191, 4
Erreichen hier s. Ruhmes große Pracht 107, 13
Der Bräutigam mit Pracht 178, 1
Wer bist du, was deine Pracht 220, 2
Kein Fürstentum, kein Pracht 328, 4
O Zierde, welche große Pracht 331, 3
Gute Nacht, du Stolz und Pracht 381, 4(5)
Hat des hellen Tages Pracht 648, 1
Vergehet mit ihrem Stolz u. Pracht 665, 6
Sie fahren hoch daher mit Pracht 588, 2
Die Welt mit Pracht und Prangen 38, 2
Daß ich alle Pracht der Welt mög 13, 6
Weil die Lust und Pracht des Fleisches 282, 5
Von Pracht und Schönheit dieser Welt 19, 1
Glück u. Pracht sind nicht das Glück 45, 5
Ach laß die Wollust dieser Welt, Pracht 530, 8
Pracht, Wollust, Ehre, Freud u. Geld 558, 3
Dessen wundervolle Pracht 581, 7
Der Worte Pracht und Ruhm 619, 5

prächtig.

Mächtig, prächtig triumphierest 28, 1
Mit prächtigem Getümmel 224, 1
Gewaltig, herrlich, prächtig, schön 501, 8
Hoch und sehr prächtig erhaben 734, 1
Prächtig wirst du hingenommen 615, 3
Zwar du kommest garnicht prächtig 438, 1
Wenn du — prächtig wiederkommen 238, 9
Ihr Freund kommt v. Himmel prächtig 672, 2
Mein Teil u. Erbe mir prächtig 405, 9(10)
Das war so prächtig, was ich im Geist 345, 2

prägen.

Deiner Demut Bild — in mich präge 718, 8

prangen.

Prangst nicht auf hohem Rosse 562, 3
Das Herz, darin du Schöpfer prangest 680, 3
Da die Seraphinen prangen 31, 4
Wie sonst ein Siegsmann prangt 621, 6
Daß ich möchte trostreich prangen 383, 5
Worinnen m. Glaube in Ewigkeit prangt 169, 6
Meiner Väter Glaube prangt 458, 4
Darin ich ewiglich kann prangen hier 331, 2
Prang ich vor Gottes Thron allhier 512, 3
Die güldnen Sternlein prangen 515, 3

Prangen.

Trägt weg den Raub mit Prangen 572, 3
Wie nichtig ist der Menschen Prangen 24, 9
Die Welt mit Pracht und Prangen 38, 2

predigen.

Heilge Dinge werden in dir gepredigt 223, 3
Wird auch der Herr noch pred'gen lassen 223, 4

Prediger.

Und bist des Lichtes Prediger 66, 1

Preis.

1. Lob.

Dein ist das Reich, Kraft, Preis 269, 3
Uns Menschen drauf zu deinem Preis 547, 4

1) Var. Bernh. G. Weg.

Dir zu Lob, Preis und Ehren 54, 1
Saget ihm Lob, Preis und Dank 63, 3
Gott Vater sei Lob, Ehr und Preis 67, 7
Lob, Ehr und Preis sei Gott 499, 3
Ruhm, Preis, Dank u. Herrlichkeit 524, 13
Macht, Weisheit, Herrlichkeit, Preis 248, 3
Gieb d. großen Namen d. Gottes Preis 599, 17
Gereich zu deim Lob, Ehr u. Preis 126, 4
Unser Thun und Dichten zu dein'm Preis richten 129, 3
Zu Preis und Dank mit Lobgesang 4, 7
Vater, dir sei ewig Preis 635, 7
Preis, Ehr, Ruhm, Dank 429, 7
Gott sei Lob, Ehr und Preis 447, 8
Grünen in stetem Lob und Preis 738, 2
Aus aller Kraft Lob, Preis und Ehr 753, 2
Von Herzen sagen Preis und Dank 179, 2
Auch dir allein zum Preis 151, 6
Echte Gotteslamm, Israels Preis 51, 4
In Ewigkeit sei Lob und Preis 303, 6
Preis u. Dank dir zu deinen Füßen legen 316, 8
Erheben deinen Ruhm und Preis 202, 12
Zu allen Zeiten Lob und Preis 501, 7
Der h. Dreieinigkeit sei Lob u. Preis 289, 3
Daß wir dir Lob und Preis sagen 507, 3
Gott zum Preis ich genieß 240, 4
Mir zum Heil und dir zum Preise 596, 7
Sei Lob und Ehr mit hohem Preis 610, 13
Die Hochzeit zubereiten zu s. Lob u. Preis 99, 6
Er wird mich doch zu seinem Preis 734, 7
Ihm sei Lob, Ehr und Preis 665, 9
Sei Lob und Ehr mit hohem Preis 183, 13
Dem Höchsten sei Lob, Ehr u. Preis 232, 1
Der Mund von Lob und Preis 369, 7

II. Lohn.

Der Herr ist unser Preis 224, 6
Bleib du mein Preis, dein Wort 636, 4
Der Weisheit vollkommenen Preis 169, 5
Du mein Preis und Ruhm 602, 15
Er ist deins Volks Israel der Preis 487, 4
Und dort den Preis des Glaubens sehn 264, 3

preisen.

Werde gepriesen früh und spat 446, 1
Ihr Kinder Gottes lobt und preist 446, 8
Alle preisen deine Werke 248, 4
Begier, dich zu preisen für und für 33, 4
Möcht ich recht dich preisen 226, 4
Die preisen deine Schöpfermacht 610, 2
Gott, unser Vater sei gepreist 707, 6
Zu preisen deinen Namen 511, 8
Dein Wort versäumt u. nicht gepreist 704, 4
Kann gnug gepriesen werden 14, 1
Wir loben, preis'n, anbeten dich 29, 2
Sei gepreiset für alle Wunder 547, 3
Sei immerdar von uns gepreist 547, 12
Du sollst nicht preisen recht noch gut 134, 3
Helft mir Gottes Güte preisen 258, 1
All solch dein Güt wir preisen 258, 6
So werd ich Gott noch preisen 399, 14
Ich preise dich du Herr der Nächt 131, 2
Ich preise dich mit Hand u. Munde 623, 2
Daß wir dich drum werden preisen 218, 8
Nun preiset alle Gottes Barmherzigkeit 514, 1
Drum preis' u. ehre seine Barmherzigkeit 514, 5
Sei nun und immerdar gepreist 506, 7
Drum man dich billig preiset 562, 2
Preiset seinen Namen, Hosianna 92, 1
Ihn preise, was durch Jesum Christ 132, 1. 10
Sei auch, Jesu, stets gepriesen 387, 5
Mein treuster Jesu sei gepriesen 524, 7
Und in der Christenheit gepreist 79, 5
Sei er dafür hoch gepriesen 49, 2
Zwinge mein Gemüte, — daß es preise 28, 3
Recht preisen u. dir gnug Ehr erweisen 144, 1
Drum preisen wir mit süßem Schall 144, 5
Unser Gott sei hoch gepreiset 503, 1
Gott sei für seine Gnad gepreist 507, 2
Für solches Heil sei, Herr, gepreist 752, 3
Sei jetzt und immerdar gepreist 244, 1
Du sollst Gott den Vater preisen 386, 4
Wofür ich dich jetzt preise 560, 8
So lang ich leb auf Erden, preis' ich 740, 4
Dafür sei, Herr, gepreiset 687, 2
Daß wir Gott preisen für und für 302, 5
Preiset seine Güt und Treu 198, 4
Wir preisen dich insonderheit 534, 2
Dich preisen mit steter Dankbarkeit 6, 11
Deinen Namen ewiglich preisen 48, 6(5)
Preisen seinen Namen ohn Aufhören 302, 10
Daß ich allzeit dein' auserwählten Namen preis' 4, 8
Und dort ewiglich dich preisen 641, 10
So will ich dich ewiglich preisen 586, 5
Sei ewiglich von uns gepreist 251, 3
Von Herzen dich dafür preisen ewiglich 654, 7
Dort ewiglich für solche Gnade preisen 552, 6
Dich zu preisen stets sich lenke 309, 2
Und preisen mit den süßen Engelweisen 225, 6
Mit beiden gleich gepreist 769, 1
Heilige Dreifaltigkeit, sei gepreist 750, 3
Zugleich gelobet und gepreist 537, 2
So werd ich Gott noch preisen 399, 14
Und preist die ganze Christenheit 208, 5
Lobt Gott u. preist ihn früh u. spat 64, 7
Dich preisen heut und immerdar 270, 11
Den die Schar der Engel preist 750, 1
Alles preist verklärt und neu 313, 9

pressen.

Und läßt mich so harte pressen 774, 1
Jetzt kann mich kein Trübsal pressen 425, 4
Wenn er mich schon mit Kreuz und Angst thut pressen 4, 4

Priester.

Ein barmherz'ger Priester ist 159, 4
Priester und Versühner aller s. Diener 62, 3
Zum Priester und Propheten 769, 4
So stets erschienen hier als Priester 721, 7

Priesterschild.

Auch sie hast du gegraben in deinen Priesterschild 103, 5

Probe.
Wer ist, der solche Proben giebt 424, 11
Man kann aus frischen Proben schließen 475, 2
In Proben nicht zu wanken 559, 5
Probestein.
Gott streicht uns an den Probestein 367, 2
Prophet.
Die lieben Patriarchen, Propheten 99, 2
Der Väter und Propheten Schar 753, 3
Apostel und Propheten 137, 3
Drum sind vor Zeiten ausgesandt Propheten 752, 2
Und die lieben Propheten all 271, 2
Da die Patriarchen wohnen, die Propheten allzumal 31, 5
Propheten groß u. Patriarchen hoch 369, 6
Höchste Majestät, König und Prophet 718, 5
Zum Priester und Propheten 769, 4
prophezeien.
Was sie geprophezeit, ist erfüllt 238, 2
Wie er selbst prophezeit 117, 2
prüfen.
Prüf alles wohl und was mir gut 362, 9
Er prüfet durch das Kreuz 228, 1
Prüf, erfahre wie ichs meine 169, 10
Du prüfest meine Seele 495, 2
Schau und prüfe meine Nieren 520, 3
Prüfe recht, Zion prüfe recht den Geist 194, 4
Was krumm und schlecht, prüfe recht 194, 4
Hier prüfe, meine Seele, dich 167, 8
So prüfe dich denn wohl 657, 11
Prüfungshitze.
Mach uns treu in der Prüfungshitze 318, 8(7)
Prüfungsstand.
Ziehet dich im Prüfungsstand näher 313, 7
Psalm.
Mit Loben durch der Psalmen Klang 506, 4
Ich will dir in Psalmen ermuntern 738, 2
Was g'schrieben ist — in Psalmen 210, 3
Sie bringen ihre Psalmen dar 248, 3
Wo kämen Davids Psalmen her 367, 5
Die Psalmen klingen im Himmel 519, 4
Daß ich dir Psalmen sing 136, 3
Mit Psalmen des Herren Lob u. Ruhm 232, 8
Mit tausend schönen Psalmen 204, 11
Unser Klagelied in Psalmen 581, 3
Psalmenlied.
Dir ein Psalmenlied bereiten 321, 7
Psalter.
Psalter und Harfe wacht auf 445, 1
Psalter und Harfen ihm Ehre geben 514, 2
Puls.
Ach wär ein jeder Puls ein Dank 524, 2
Punkt.
Ein jedes Wort wird Punkt für Punkt erfüllt 669, 9[1])
pünktlich.
Alles muß pünktlich erfüllet werden 446, 4
Purpur.
So soll dies Blut mein Purpur sein 165, 10
Muß dein Purpur sein das Blut[2]) 773, 4
Kein Purpur, Gold noch Edelstein 131, 6
Der in Purpur hoch vermessen 24, 9
Purpurmantel.
Deinen Purpurmantel decken 437, 4
Deckt Jesus nun in Gnaden mit s. Purpurmantel zu 113, 2
purpurrot.
Dem edlen Saft des purpurroten Blutes 165, 4
Die purpurroten Flüsse deiner Füß 611, 2

Q.

Qual.
Deine Qual und bittrer Tod 372, 1
Mit — Not und Qual zu dir 326, 5
Alle Qual und Not überwunden 425, 1
Trennet alle Nacht und Qual 529, 3(4)
Die Zeit der Qual, der Thränen Zahl 108, 6
Welch Leben hat nicht seine Qual 342, 1
Verkürz mir auch des Todes Qual 283, 3
Er lindert unsre letzte Qual 243, 11
Gar sanft ohn einig Qual u. Pein 296, 3
Und vergiß all Not und Qual 196, 1. 10
Not und alle Qualen weichen 726, 2
Frei von aller Qual und Not 3, 3
Manch Angst und Herzens-Qual 203, 11
All Angst u. Qual wird auf einmal 341, 7
Beim Hochzeitsmahl ist keine Qual 424, 4
Nicht mehr darf fürchten d. Hölle Qual 709, 3
Wenn der Verdammten große Qual 530, 4
Ich weiß von keiner Qual 344, 4
Nicht ewiglich im Herzen Qualen geben 349, 2
quälen.
Hast du wollen sein gequälet 383, 6
Lasset fahren, liebe Brüder, was euch quält 200, 7
Muß mein Geist sich quälen 436, 2
Die sich mit Schwermut quälen 510, 13

1) Fehlt Anh. G. 2) Var. Bernd. G. Ist der Spott dein täglich Brot.

So wird mich nichts können quälen 17, 6
Quält mich was in meinem Herzen 760, 3
Mich kann Welt, Not u. Tod nicht quälen 741, 6
Dein Verbrechen quält dich sehr 229, 5
Was quält dich so 313, 4
Weil sie mich immer quälen 326, 2
Mein Sünd mich quälet Nacht u. Tag 502, 2
Die Schmerzen, die mich quälen 611, 3
Die da quälen stündl. arme Christenseelen 28, 5
Eines ist, das mich empfindlich quälet 116, 3

Quälen.

Und tilget bald ihr ängstlich Quälen 471, 3
Ohne Sorgen, Gram und Quälen 715, 1

Quelle.

Ein Quell, da Alt und Jungen 139, 3
Vater aller Dinge Quell u. Ursprung 547, 3
Daß du der Brunn der Gnad und ewge Quelle seist[1]) 355, 2
Dein Werk, du Quell des Lichts 538, 3
O Quell, daraus mein Leben fleußt 234, 1
Nur zu ihm, dem Quell der Gnaden 567, 6
Von dir, Quell aller Güter 542, 5
Du bist die lebendige Quelle 281, 2
O frischer Quell, o Brünnelein 566, 2
Er ist dein Quell und deine Sonne 213, 1
Hinauf zu dieser Quelle steigt 205, 5
Er führet mich zum reinen Quell 109a, 2
Lebendige Quelle, die lauter u. helle 574, 1
Er trete im Glauben zur Quelle heran 574, 2
Führt mich zur frischen Quellen 106, 3
Mein Quell, da ich mich labe 554, 12
Du Quell, draus alle Weisheit fleußt 543, 2
Die zu den Quellen des Lebens dich 157, 4
Eilet zur Quelle 157, 5
In dem der Liebe Quell entspringt 327, 8(7)
Stets ein frischer Quell entdeckt 727, 2
Denn wie e. Hirsch nach frischer Quell 566, 1

quellen.

Ein Seufzer nach dem andern quillt 580, 2
Der wie Ströme aus ihr quillet 583, 6

Quentlein.

Und sollts auch nur ein Quentlein sein 473, 5

R.

Rabe.

Erhörst du doch der Raben Stimm 60, 3
Erhört er doch der Raben Stimm 571, 4
Der speist die Raben klein 297, 8

Rache.

Ist gestillt deines Gottes Zorn u. Rache 461, 4
Wie Rach und Eifer gehn 580, 12
Zu üben Grimm und Rach an allen 178, 5
Der Rach an meinen Feinden übt 118, 3
Gebt Gott die Rach und alle Ehr 417, 12
Deine Sach ist Gottes, dem befiehl d. Rach 659, 2
Die nicht suchen eigne Rach 419, 4
Rach, Neid und Zorn nimm von mir 13, 4

Rachen.

Aufsperren sie den Rachen weit 754, 5
Der Tod ihn länger keine Stund in seinem Rachen halten konnt 181, 8[1])
Trotz des Todes Rachen 381, 3
Des Todes Rachen gleich ist aufgethan 217, 6
Von d. Höllen Rachen uns frei—machen 144, 7
Kriegt einmal uns der Höllen Rachen 333, 5
Ansicht uns der Höllen Rachen 489, 2
Noch gar der Hölle Rachen 670, 8
Dein unerträglich Zorngericht u. deiner Höllen Rachen 366, 7
Als des bösen Wolfes Rachen e. Beut 376, 3
Ja gar aus Teufels Rachen frei 763, 9

rächen.

Und nicht mit dem Schwerte rächen 625, 9
Damit nicht möchte rächen der Vater 776, 2
Räche nicht die Missethat, 374, 5
Nicht hassen, noch selbst rächen dich 134, 6
Nun seid ihr wohl gerochen 395, 4
Unser Feind — beginnen sich zu rächen 362, 12

Rachgier.

Vergabst und ließt nicht Rachgier aus 257, 5
Durch Zorn u. Rachgier Sünd gethan 704, 6

raffen.

Von Gottes Liebe mich soll — raffen 328, 5

Ränke.

Mit Spott von seinen Ränken lassen 692, 4[2])
Satan der sinnet auf allerhand Ränke 380, 1

rar.

Auf Erden sind die Freunde rar 98, 1

Rast.

Nur du, mein Gott, hast keine Rast 517, 2
Jetzt aber hab ich Ruh und Rast 700, 2
Mein Ruh u. Rast dein heilges Grab 553, 9
Im G'setz ist weder Rast noch Ruh 183, 9
Darum kein Rast noch Ruh er hat 270, 6

Rat.

I. Gott.

Das war des ewgen Vaters Rat 66, 5
Den ewgen Rat, die Missethat 227, 5

1) Var. Anh. G. bist. 2) Fehlt vielfach.

Gottes Rat war uns verborgen 713, 4
Jesus ist nach deinem Rat in die Welt 90, 6
Du leitest mich nach deinem Rat 282, 2
Des Vaters Rat und ewges Wort 146, 5
Wenn ich einmal nach deinem Rat 293, 3
Was deinem Rat gefällt 58, 3
Mit wunderbarem Rat das Werk 58, 8
Laß mich schlafen ein nach deinem Rat 78, 6
Sein Rat wird doch erfüllen 724, 4
Wie dies sein Rat hat ausersehn 57, 2
Wer Gottes Rat vor Augen hat 45, 5
Doch triumphiert zuletzt dein hoher Rat 619, 1
Wer meint, er habe deinen Rat erfaßt[1] 619, 9
O süßer Rat, o schönes Wort 139, 5
Herr, groß von Rat u. stark von That 108, 2
Groß von Rat, stark von That 455, 5
Mir Hülf und Rat hiezu — bescheren 366, 1
Da alleine Hülf und Rat ist 219, 3
Mir Hülf und Rat in d. Wunden zeigt 777, 3
Schafft Rat und läßt dich nicht 355, 14
Meinen Unmut stillen u. fassen Trost und Rat 328, 3
Bleibe ja mein Schutz und Rat 714, 10(12)
Auf dein Gebot und Rat kommt 763, 2
Selbst geben Segen, Rat und That 399, 1
Der weiß zu allen Sachen Rat 399, 9(15)
Mir immer selber Rat und That 578, 2
Dank erweisen für s. Gnade treuen Rat 508, 1
Die Gottes Rat u. That mit süßem 365, 1
Auf daß du für uns schafftest Rat 284, 3
Gieb Rat und That 735, 5
Der Sünder Trost und Rat zu uns 238, 1
Gelobet sei mein Gott, voll Rat 451, 4
Trost, Hülf und Rat allzeit gewiß 11, 2
Du kluger Rat und tapfrer Held 179, 5
Rat, Trost und Hülfe schafft 206, 3
Durch deine Weisheit schaffe Rat 577, 2
Steh uns stets bei mit deinem Rat 543, 3
Draus genießen Kraft, Rat u. Trost 752, 9
Gieb in unser Herz u. Sinnen — Rat 414, 2
Jesus hat deinen Rat s. Volk versprochen 318, 1
Des Höchsten Rat der machts allein 362, 2
Der mich mit Rat und Trost erfreut 480, 1
Der hat schon längst in s. Rat ersehen 341, 4
Was der — in seinem Rat geführet 138, 11
Folg seinem Rat, geh seinen Pfad 612, 3
Thu ich denn was mit Gottes Rat 88, 12[2]
Gieb Rat im Kreuz, in Nöten Ruh 732, 6

II. Mensch.

Daß sein Rat werd ins Werk gebracht 362, 2
Daß mein Herz auch Rat u. That — hat 638, 8
Ich weiß mir gar in keinem Rat 578, 2
Laß sie mich allzeit guten Rat — lehren 554, 15
Findet am besten Rat und That 446, 3
Wenns fehlt an gutem Rat 329, 4
Hilf, daß ich folge treuem Rat 310, 7
Die behülflich sind mit Rat 419, 6
Und wenn ich Rat bedarf, auch guten Rat erfind 536, 4
Wenn Gebet und weiser Rat 715, 2
Es gelte wider dich kein Rat 588, 3
So zerstöre du den Rat 268, 5
Wird ihren Rat aufdecken 754, 2
Auf Gott und nicht auf meinen Rat 45, 1
Das überall kein Mensch, kein Rat 138, 7
Ergehen lassen nach dem Rat 138, 8
Wenn des Herzens Rat verkehrte Wege 495, 3
Mit Danken kommen in d. gemeinen Rat 365, 1
Nicht wandelt in gottloser Leute Rat 758, 1

raten.

Gott will ich lassen raten 54, 6
Laß ich den Höchsten raten 399, 1
Hilf selbst das Beste raten 671, 9
Dem bleibet wohl geraten 609, 4
Bring ich dies vor Gottes Thron, ist mir wohl geraten 599, 4
Wo du ihn nur hast raten lassen 57, 2
Euch zu raten in der Not 320, 7
Rat mir nach deinem Herzen 652, 2
Ich weiß mir zwar nicht selbst zu raten 306, 6
Kann mir selbst gar nicht raten 668, 1
Da alle Welt nicht raten, helfen kann 777, 1
Hier wird uns nicht geraten 15, 2

Raten.

Wunderweislich ist sein Raten 765, 1

Rater.

Und bleibt — der beste Freund u. Rater 732, 4

Ratschluß.

O ein Ratschluß voll Erbarmen 193, 3
Sein Ratschluß war, ich sollte leben 205, 3
Führ — herrlich deinen Ratschluß aus 653, 1

Raub.

Den kein Rost noch Raub verzehrt 25, 4
Trägt weg den Raub mit Prangen 572, 3
Wird die Seele doch kein Raub 727, 3
Sein Raub der Tod mußt geben her 181, 3(9)
Wenn nun das Grab nimmt s. Raub 446, 2

rauben.

Kein Feind kann dich mir rauben 287, 4
Im Glauben kann mich niemand dir — rauben 476, 10
Den niemand uns kann rauben 107, 10
Laß dir s. festen Grund niemals — rauben 608, 2
Das läßt sie sich nicht rauben 203, 5
Laß uns dein Wort nicht rauben 176, 1
Wer kann mir dieses Kleinod rauben 332, 1
Laß nichts die Hoffnung rauben 189, 6
Laß mir nichts diese Freude rauben 474, 8
Wer will diesen Trost mir rauben 633, 7
Den kann auch niemand rauben 171, 1
Wer will mir den Himmel rauben 584, 1. 676, 1
Dem kann nichts den Himmel rauben 425, 2
Dem man die Werk wollt rauben[3] 183, 10
Was mir das Leben rauben kann 478, 2

1) Var. Bernd. G. er hab den Vorsatz recht gefaßt. 2) Fehlt Bernd. G. 3) Var. Bernd. G. wollt ihn der Werk berauben.

Dazu mein Leben rauben 502, 8
Soll mir kein Teufel rauben 700, 4
Tod noch Spott uns denselben möge rauben 414, 7(8)
Wie er dies Kleinod rauben — mag 361, 2
Satan allen Glauben will — rauben 641, 1
Krieg und Flammen uns alles rauben 36, 6[1]
Raubt mir der Feind mein Gut 571, 6

Rauch.

Das Haus auch ganz voll Rauchs 370, 2
Heilger Rauch sei es auch 62, 2
Die Welt ist wie ein Rauch 679, 2
Die Herrlichkeit der Erden muß Rauch[2] und Asche werden 127, 1
Und muß wie Rauch verschwinden 153, 4
Geschwinde wie der Rauch im Winde 217, 4
Das als Rauch bald wird entfliehn 220, 10

Rauchaltar.

Wird auf d. Rauchaltar — ausgeschüttet 62, 3

Rauchwerk.

Wohl, wenn das Rauchwerk im Gebet 759, 4

rauh.

Es mag mich auf die rauhe Bahn 682, 6

Raum.

Dennoch giebst du mir Raum 326, 7
Und gieb meiner Bitte Raum 611, 5
Will die Welt nicht Raum dir geben 46, 1
Weil ich geb dem Fleische Raum 26, 4
Der kriegt den Raum der Feinde 38, 4

räumen.

Räume ferner aus dem Wege 414, 3[3]
Das räum, ach räum aus jedem Wege 669, 7

Räumlein.

Dem Leib ein Räumlein gönn 536, 7
So nehm ich leicht ein Räumlein ein 469, 4
Gönnt — dem Staub ein Räumlein 756, 15

rauschen.

Rauscht, verdorrete Gebeine 155, 5

Rebe.

Mit d. Saft der Reben uns wird Christi 596, 6
Ich war ein wilder Reben 769, 3
Hilf, daß diese Rebe auch im Glauben 437, 5(6)
Du bist der Weinstock, ich bin dein Rebe 281, 7
Wie der Weinstock seinen Reben 59, 1
Er ist mein Stamm, ich seine Reben 19, 4
Wir sind die zarten Reben 81, 7
Sei du gleich den grünen Reben 194, 5
Als ein Rebe an dir klebe 476, 5
So muß uns, seinen Reben, der Tod 473, 10

Rechenschaft.

Ich soll zur Rechenschaft dann gerufen 275, 2
Eingedenk der Rechenschaft, 275, 5

Rechnung.

Thu Rechnung! Rechnung will Gott 639, 1
Thu Rechnung, fürchte Gott 639, 1
Mußt du plötzlich fort, thu Rechnung 639, 1
Wohl bestehn in meiner Rechnung 639, 4
Wenn du sollst Rechnung geben 568, 2

recht.

I. Adverb.

Und alles, alles recht gemacht 610, 9
Das heißt die Wunde recht verbinden 340, 4
Ja, zeuch uns selbsten recht zu dir 471, 11
Ach, hab ichs nun nicht recht gemeint 98, 5
Der Fromme stirbt, der recht u. richtig 298, 5
Die da lieben gleich und recht 419, 5
So ich was nicht recht gethan 268, 1
Hab ich was nicht recht gethan 599, 4
Sie sprechen schlecht, es sei nicht recht 548, 3
Schlecht und recht, durch deine Knecht 295, 1
Die sich darnach recht richten 295, 2
Macht alle Bahnen recht 486, 2
Ein jeder recht bedenke, daß wir 285, 3
Deine Liebe recht ermessen 596, 9
Daß man recht könne gläuben 537, 1
Hilf mir — recht gläubig, christlich leben 9, 5
Glauben recht und leben fein 430, 1
Alle Menschen hier auf Erden sollen leben schlecht und recht 645, 4

II. Adjektiv.

Welche von der rechten Bahn 390, 1
Und führ uns selbst den rechten Pfad 543, 3
Den rechten Weg noch heute nehmt 344, 4
Auf den rechten Wegen gehen fort 21, 8
Und steht auf rechten, guten Wegen 362, 1
Verscheucht vom rechten Lebenswege 771, 2
Führt mich auf rechter Straßen 106, 5
Hülfe schickt zur rechten Zeit 109b, 3
An seiner Hand auf rechter Straß 109b, 3
Den rechten Glauben, Herr, ich mein 353, 1
Denn Jesum Christ mit rechtem Glauben 412, 2
In s. ganzen Königreich ist alles recht 610, 3
So thu Israel rechter Art 55, 4
Nicht preisen recht noch gut 134, 3
Das wird alles recht und gut 417, 3
Und da der rechten Weisheit Kraft 362, 7
Er ist die rechte Freudensonn 451, 3
Es streit' für uns der rechte Mann 161, 2
Hier ist das rechte Osterlamm 76, 5
Das rechte, echte Osterlamm 51, 4
Du bist das rechte Hochzeitkleid 555, 3
Mich laben mit dem rechten Himmelsbrot 3, 6
Mit allen rechten Christen entfliehn 216, 1-3
Gehören in der rechten Christen Zahl 419, 1
Fleiß drauf wenden als rechte Christenleut 81, 4
Daß hier die rechte Kirche sei 588, 4
Zu fälschen deine rechte Lehr 1, 6
Und giebt die rechte Schöne 149, 2
Du hast recht eine Wunderkraft 149, 5
Durch rechte Buß nach seiner Ordnung 79, 6
Bei welchem rechte Treue sei 13, 5

Recht.

Laß Gnad für Recht ergehen 284, 2
Wir bitten Gnad u. nicht das Recht 496, 2
Statt der Gnade Recht empfangen 650, 5
Bekannt dein Will und deine Rechte 752, 2

---

1) Fehlt vielfach. 2) Var. Bernb. G. Staub. 3) Fehlt Bernb. G.

Er hat uns wissen lassen s. heilges Recht 513, 2
In dem rechtschaffnen Rechte 365, 5
Er schaffet Recht, behütet die Leidenden 513, 1
Er ists, der ihnen Recht verschafft 446, 5
So wird er ja, der kein Recht beugt 35, 12
Gottes ewgem Recht genüget 590, 4
Der hat das meiste Recht an dir 139, 1
Der nach Licht und Rechte tracht 322, 3
Daß Zions Licht und Recht noch 305, 3
Zuletzt müßt ihr doch haben Recht 663, 6
Wir haben Recht und Macht allein 10, 3
Das ist mein Recht zum Himmelreich 148, 3
Du hast ein Recht zu diesen Freuden 725, 3
Hast kein Recht in dieser Welt 494, 2
Von Rechte ein Blum u. fallend Laub 513, 3
Dem Tod genommen all sein Recht 76, 3

Rechte.

Denn du sitzt zu seiner Rechten 259, 2
Er sitzt zur Rechten Gottes Hand 210, 2
Zur Rechten s. großen Vaters sitzt 249, 1
Du sitzt zur Rechten Gottes gleich 271, 3
Seh ich dich zur Rechten da 615, 2
Heut hast du dich gesetzet zur Rechten 28, 1
Mich zu deiner Rechten selbst vertritt 136, 8
Deine Rechte drohet und erbarmt 650, 4
Denn deine Rechte schützet mich 495, 1
Wenn deine Rechte mich bedeckt 348, 3
Sehen dich zur Rechten Gottes stehen 614, 2
Alle treten zur Rechten Jesu Christ 99, 3
Als die Deinen zu d. Rechten stehn 189, 6
Mag sehn mich zur Rechten stehn 718, 14
Hilf, daß ich dir zur Rechten bleib 553, 12
Des Herren Rechte die behält den Sieg 572, 5
Deine Rechte bleibt erhöht 321, 3
In allen Fällen er mir zur Rechten steh 405, 2
Zur Rechten und zur Linken stehn 720, 7

rechte.

Der Finger an Gotts rechter Hand 409, 4
Zu der rechten Hand des Vaters 144, 3
Er sitzt zur rechten Gottes Hand 210, 2
Sitzest du zur rechten Hand des Vaters 547, 8
Zur rechten Hand des Vaters groß 745, 5
Leit uns mit deiner rechten Hand 496, 6
Halt über uns dein rechte Hand 66, 3
Die Palme in deine rechte Hand 58, 11

Rechtesschein.

Ich hab mit Rechtesschein und List 704, 10

rechtgläubig.

Alle Stunden rechtgläubig erfunden 222, 9

rechtschaffen.

Schreit und thut rechtschaffne Buß 326, 9
Rechtschaffne Lieb und Lust zu dir 310, 3
Auf dieser Welt rechtschaffne Liebe finden 7, 3
Damit mein ganzes Christentum —
rechtschaffen sei 666, 13
In dem rechtschaffnen Rechte 365, 5
Man spüret rechtschaffne Frömmigkeit 232, 4

Rede.

Und horchen deiner süßen Rede zu 569, 3
Es sei keine Sprach noch Rede 433, 4
Herod die Red gar sehr verdroß 114, 4
Meiner Zunge Red und Wort 309, 3
Gehör und Rede nehmen ab 333, 3

reden.

Ohn was Gott selbst redt und thut 134, 3
Herr, rede nur, ich geb begierig acht 236, 8
Herr, rede du, laß mich ganz stille sein 96, 7
Rede, liebster Jesus, rede 586, 1
Rede durch dein Stilleschweigen 375, 4
Die Stummen richtig reden lehr 552, 4
Was ich red und thu, laß alles 706, 6
Was ihr gedenkt, ja redt und thut 417, 3
Hilf, daß ich rede stets, womit 536, 3
Wenn in meinem Amt ich reden soll 536, 3
Drum hab ichs oft und viel geredt 11, 8
Wenn m. Mund nicht kann reden frei 553, 7
Und wenn ich nicht mehr reden kann 172, 6

redlich.

Giebt redlich und mit Treuen 365, 6
Und redlich den Entschluß nun fasse 470, 3
Wofern dus nur jetzt redlich meinst 471, 9
Daure redlich aus den Streit 608, 1

Redlichkeit.

Ist Redlichkeit oft in Gefahr 98, 1

Redner.

Ja kein Redner kann aussprechen 714, 3
Und alle Redner schweigen 135, 14

regen.

Lieben, das sein treues Herze regt 625, 1
Du regest wider mich zugleich 366, 10
Kein Glied mehr regen 291, 3
Wenn und wo ein Feind sich regt 18, 7
Wenn Satan sich bei mir — will regen 14, 4
So oft vor dir sie regen sich 150, 4
Was sich geregt und vor bewegt 115, 6
Bewegt und regt euch doch mit mir 524, 4
So lange sich die Zunge regt 524, 14
Fried u. Freud in mir — sich regen 310, 4
Die Freude, die sich regt 621, 4

Regen.

Hast mit früh und spätem Regen 218, 7
Unser Feld mit Tau u. Regen netzt 355, 4
Gieb Regen und den Segen dein 12, 2
Vom Himmel mit dem Regen dein 12, 3
Halt doch mit vielem Regen ein 535, 1
Er schaffet früh und spaten Regen 514, 4
Sonnenschein nach trübem Regen 4, 2
Kommt aber Sturm und Regen 203, 2
Aus dem Regen Sonne machen 430, 2
Wind und Regen hat mir oft Angst 329, 3
Nach Regen Sonnenschein 473, 4
Gott, gieb einen milden Regen 225, 1
Er sendet seinen Regen 508, 2
Feuchte vor, o heilger Regen 448, 10

Regente.

Bist du doch nicht Regente 58, 7

regieren.

Daß du, Gott Vater, ewiglich regierst 29, 2
Dies alles immer fort und fort
erhalten und regieret 547, 4

Der aller Enden regiert mit s. Händen 106, 1
Der alles so herrlich regieret 445, 2
Der Herr regieret über die ganze Welt 514, 2
Deine heilige christliche Kirche regieren 443
Über all Menschen er regiert 745, 4
Mich schützet und regieret 109b, 1
Jesu, mich doch so regiere 26, 2
Deinen Geist, der mich regiere 298, 11
Wenn mich dein Geist regieret 361, 2
Regiere mich nach deinem Geiste 541, 3
Daß uns dein guter Geist regier 5, 2
Und noch leitet und regieret 32, 2
Freut euch, daß euch Gott regieret 198, 1
Regiere du mein Herz und Sinn 563, 5
Regiere du mein Wallen 9, 2
Was du regierst, das geht und steht 362, 1
Der Vater soll das Kind regieren 578, 1
Sonsten regiere, mich lenke u. führe 125, 9
Mit Lieb[1]) und Gnad er uns regier 278, 1
Regierst und führst den Lebenslauf 282, 1
Sich von dir regieren lassen 422, 3
Herr, regier zu allen Zeiten 419, 10
Regiere mich in allem 559, 8
Du wirst mich in Gnad regieren 196, 8
All unser Thun' also regier 302, 9
Deinen Geist, der uns allhier regiere 243, 13
Meine Sinnen und Verstand regier 136, 2
Regieret meinen Sinn 405, 6(7)
Der heilge Geist im Glauben uns regieret 665, 9
Der mich und mein Thun regiere 90, 9
Dein Geist mein Leib und Seel regier 89, 6
Laß dich Gottes Wort regieren 701, 5
Ja ewig herrschen und regiern 38, 9
Worinnen die Demut u. Einfalt regieret 169, 5

Regierer.

Daß er werde mein Regierer 625, 4

Regierungsstand.

Hier wird man dem Regierungsstand 137, 7

Regiment.

Gott sitzt im Regimente 58, 7
Niemals was versehn in s. Regiment 355, 7

regnen.

Mit Strömen der Liebe geregnet 445, 4

Regung.

Büßt gleich der Leib die Regung ein 727, 3

Reh.

Der schnelle Hirsch, das leichte Reh 204, 4

reich.

I Gott.

Der ewig reiche Gott woll uns 499, 2
Bist du es nicht, o reicher Gott 524, 9
Mein Schöpfer reich von Rat 451, 1
Gott ist groß und reich von Gnaden 229, 4
Gott, der du reich bist an Erbarmen 484, 5
Ach Gott, du bist noch heut so reich 675, 5
Gott ist ein reicher Gott 398, 3
Durch d. Glauben d. reichsten Vaters Kind 171, 1
Bei uns, du reicher Herr 2, 4
Darauf du König so groß und reich 662, 11
Groß und ehrlich, reich von Gaben 734, 1
Du bist dennoch reich und mächtig 438, 2
O reiche Lebensquelle, o Jesu 594, 4

II. Mensch.

Den Armen aber groß und reich 719, 6
Der wird ja leichtlich reich gemacht 404, 3
Euch machen groß und reich 36, 6
Und in dem Himmel machet reich 209, 6
So bin ich reich und satt 594, 7
Und sein an guten Werken reich 752, 7
Und reich in guten Werken 537, 8
Bis er reiche Früchte giebt 758, 3
Auf Erden an Früchten werden reich 508, 4
Armut hier macht dorten reich 430, 2
Machst zugleich uns an Leib u. Seele reich 766, 2
Daß ich werd unerschöpflich reich 19, 8
Reicher kann ich nirgends werden 463, 3
Mach mich an meiner Seelen reich 675, 5

III. allgemein.

Bereitet ist jetzt ein reicher Gnadentisch 3, 5
Und mit reichem Trost begaben 3, 6
In der Not mit reichem Trost euch speisen 36, 3
Sein heilges Wort ist auch dabei mit reichem Geist 77, 2
Der große Schatz, die reiche Beut 202, 8[2])
Die es allhier in reicher Menge schmeckt 727, 2
Betrachten des Herren reiche Gnad 258, 2
Kröne du mit reichem Himmelssegen 9, 4
In dem reichen, geliebten Vaterland 171, 4

Reich.

I. Gottes.

Ihm ist das Reich über alle Welt 388, 2
Sein Reich vergeht nicht mit der Zeit 19, 6
Dem als Gott das Reich gebühret 422, 1
Dessen Reich ein ewig Reich 384, 5
Der sein Reich und zugleich sich selbst 200, 4
Reich und Kron uns viel Heil 408, 4
Gott aufrichten wollt sein Reich 447, 5
Sanftmütig kommt er in sein Reich 92, 1
Dein Reich bekannt mög werden 562, 1
Von deinem Reich auch zeugen 562, 2
In dein Reich nimm mich auf 562, 5
Zu seinem Reich die ganze Welt 487, 3
So sind auch die aus seinem Reich 424, 5
Das Reich muß uns doch bleiben 161, 4
Sein Reich zukomm, sein Will 183, 14
Dein Reich komm, dein Will geschehe 648, 7
Dein Reich zukomme, dein Will 129, 5
Damit das Reich Gotts werd gemehrt 502, 10
Gestift in seinem Reich 365, 3
Behütet die Leidenden im Reich 513, 1
Dein Reich ist nicht von dieser Erden 91, 3
Dein Reich auf der Welt ist lauter 601, 4
Wir haben Christi Reich und Macht 110, 4
O breite, Herr — dein Reich bald aus 669, 4
Und in Gottes Reich nicht kommen 437, 2
Dein Reich hast du auch zu mir 442, 4

1) Var. Anh. G. Hülf. 2) Fehlt vielfach.

Es komm dein Reich zu dieser Zeit 655, 3
Reich des Herrn; brich hervor 587, 1
Nach deinem Reiche trachten 28, 4
Wenn nach seinem Reich ich trachte 626, 4
Daß ich stets nach deinem Reiche ringe 294, 5
Zuerst nach deinem Reiche streben 237, 3
Wer erst nach Gottes Reiche tracht 404, 3
Und giebt uns in seins Vaters Reich 447, 6
Als mir das Reich genommen 738, 3
Hinauf zum Reich der Ehren 532, 6
Dein ist das Reich, Kraft, Preis u. Ehr 269, 3
Und zu mir nehmen in mein Reich 283, 7
Und frei mög in dein Reich eingehen 554, 16
Bis ich dort in deinem Reiche 602, 12
Treten ein in deines Reiches Freuden 165, 10
Das mich dein Reich läßt erben 560, 6
Dein Reich muß ich ererben 763, 10
Was nicht kann dein Reich ererben 18, 6
Daß wir nachfahren dir in dein Reich 771, 4(5)
Ist ihm sein Reich bestellt 505, 3
Und dein Reich allein besteht 321, 3
Jesus und sein Reich besteht 463, 2
Für welche sie das Reich bestellt 205, 4
Und mit ihm in sein Reich eingehst 254, 5
In dem Reiche seiner Ehren 422, 4
Ganz getrost aufs Reich der Ehren 442, 5
Sitzst auch heut ins Vaters Reich 644, 4
Bald in dein Reich kommen 343, 18
Selig sterben, dein Reich ererben 477, 1
Ewig in Gottes Reich 99, 5
Deines Vaters Reich zu erben 739, 2
Daß Zions Reich nicht Narretei 703, 3

II. Satans.

Hielt uns in seim Reich gefangen 76, 2
Was ist des Satans Reich u. Stand 243, 6
Des Todes und der Höllen Reich 366, 10
Mit Macht aus Satans Reiche fahren 554, 4
Und käm auch gleich der HölleReich[1]) 609, 6(7)
Das kalte Reich der Macht 587, 2
Und was sein Reich u. Anhang ist 534, 9
Aus des Satans Reich 693, 3

III. allgemein.

Den Kaiser und das deutsche Reich 163, 2

reichen.

Deine Güt u. Treu, die an d. Wolken reicht 687, 3
Reich mir die Waffen aus der Höhe 474, 6
Reiche deinem schwachen Kinde 641, 8
Und reich uns dein allmächtge Hand 744, 3
Er reicht mir seine Hand 665, 1
Mir deine Treu den Anker reicht 741, 2
Was — dir zu Ehren reicht 355, 10

Reicher.

Den Reichen klein u. arm zu machen 719, 6
Der Reich' verläßt sich auf sein Gut 675, 4
Dem Reichen hilft doch nicht sein Gut 417, 9
Die Güter aller Reichen 135, 9
Wie er bei keinem Reichen — bekannt 171, 1
Da im Gegenteil die Reichen — weichen 424, 3

reichlich.

Nun, Herr, du giebst uns reichlich 36, 10
Viel Gutes reichlich giebest 534, 1
Mein Leben lang so reichlich m. ernähret 630, 2
Giebet er nicht alles reichlich 455, 4
Auch reichlich bei uns wohne 752, 4
Alls Vermögen in uns reichlich vermehr 2, 4
Lieb und Hoffnung reichlich mehr 302, 8
Laß dich reichlich auf uns nieder 543, 4
Die ich an mir gar reichlich spür 326, 3
Reichlich werd ich sein erquicket 558, 7
Da ich alles reichlich funden 425, 3

Reichsgenossen.

Auf, auf, ihr Reichsgenossen, eur König 36, 1
Auf, ihr Reichsgenossen, der Bräutgam 178, 3
Wir sind deine Reichsgenossen 321, 4

Reichtum.

Den Reichtum deiner Gnaden 366, 4
Mit dem Reichtum seiner Huld 316, 7
Der Reichtum seiner Fülle 106, 2
Sein Reichtum ist nicht zu ergründen 19, 7
Und auf deinen Reichtum bauen 201, 4
Mein Reichtum, Zierd u. werte Kron 566, 8
Mein Reichtum, Ehr und Ruhm 14, 7
Meins Herzens Schatz u. m. Reichtum 11, 7
Ei so soll mein Reichtum sein 408, 2
O mein Reichtum, Glück und Teil 584, 4
Reichtum weiß er auszuteilen 384, 10
Dein so armes Kummerleben soll mein Reichtum — sein 438, 3
Kein so großer Reichtum laben 312, 4
Viel Reichtum, Ehr und Wohlsein 567, 8
Verzehren, wie irdisch Reichtum thut 738, 4
Willst du mir etwas geben an Reichtum 536, 5
Nach irdschem Reichtum, Gut u. Geld 13, 6
Reichtum und alle Schätze 407, 5
Hab ich Reichtum, was ists mehr 678, 5
Aller Reichtum ist nur Wind 256, 2
Reichtum und zeitlich Gut 675, 7
Es hilft kein Reichtum, Geld noch Gut 343, 5
Des Reichtums böse Gäste 359, 5

Reif.

Meltau, Frost, Reif und Schloß 729, 2

Reife.

Des Geistes Frucht zu größrer Reife 167, 7

Reihe.

Bei der Engel Chor und Reihen 220, 4
Begegnet ihm in Reihen 178, 2
Noch muß er an den Reihen 417, 9

reihen.

Eh dich der Tod an Tote reiht 756, 9

Reim.

Daran mit güldnen Worten der Reim 37, 8

rein.

O großer Gott, du reines Wesen 541, 1
Von seinem reinen Blut versenket 471, 3
Dein Blut — ist köstlich, gut u. reine 554, 6
Ich muß haben reine Liebe 554, 3

1) Var. Anh. G. das Höllenreich.

Aus reiner Lieb allein 709, 7
Die mich zieht aus reinem Triebe 602, 1
Von e. Jungfrau rein u. zart 114, 3. 502, 6
Ach mach uns rein und lehr uns 424, 8
Mache mein Gemüte — rein 541, 2
Ach schaff ein reines Herz in mir 541, 1
Schaff in mir, Gott, ein reines Herz 592, 1
Ein reines Herz schaff, Herr, in mir 168, 1
Selig sind die reinen Herzen 424, 8
Immer hab ein reines Herz 419, 11
Mach mich reines Herzens 226, 7
Reines Herzens will ich sein 388, 4
Mein Herz von allen Sünden rein 277, 1
Dein Blut macht mich von Sünden rein 277, 4
Wer macht sein Herz wohl selber rein 306, 6
Und schaffst ein reines Herz in mir 264, 2
Wirds von Stund an rein gezieret 281, 4
Daß ich mit reinem Geiste 769, 2
Unverletzte Seel u. rein Gewissen 536, 1
Von allen Sünden machen rein 662, 3
Die machen mich von Sünden rein 400, 1
Ich bin gar rein und klar 200, 13
Ich bin rein um deinetwillen 200, 14
Rein von ihren alten Schulden 105, 3
Macht mich von allen Sünden rein 668, 1
In dessen Blute sollt ich rein — sein 205, 3
Der ists, der mich rein wäschet 405, 5
Die ganze Welt kann reine 763, 9
Was unrein ist, das mache rein 555, 4
Mache mich neu, rein und schön 225, 5
Muß das Auge reine sein 322, 7
Und die Liebe heiß und rein 590, 7
Daß ich rein an Seel und Leibe 714, 7
Deine Süßigkeit — in reiner Liebe 558, 7
Ein Richtschnur reiner Lehre 295, 3
Erhalt es bei uns klar und rein 752, 9
Erfülle die Gemüter mit reiner Glaubenszier 769, 10(11)
Wie rein der Glaube sei 228, 1
Und als ein reiner Thron der Gottheit 567, 4
Das Fleisch in Züchten reine sei 67, 3
Dein Eh sollst du bewahren rein 134, 7

Reines(ste).

Nichts Reiners meinen Ohren klingt 512, 5
Doch wohl auch gern der Reinste 418, 8

reinigen.

Mit Christi Blut gereinigt sein 400, 3
Denn die Liebe reinigt mich 215, 7
Euer Herz von arger List zu reinigen 485, 4
Reinigt euch von euren Lüsten 591, 2
Ich bin noch nicht genug gereinigt 345, 3

Reinigkeit.

Die Reinigkeit der Seelen wiederbracht 567, 4
Mich zur Reinigkeit des Lebens fertig 541, 2
Und in der Reinigkeit bestehn 424, 8

Reis.

Denn er ist Davids Reis 447, 4
Stärk u. Kraft in s. schwachen Reise 204, 6

Reise.

Er wird zu diesen Reisen gewünschten 399, 12
Zu Haus und auch auf Reisen 165, 8
Wenn er die Reise leget und kommet 621, 4
Und laß mich bis zur letzten Reis' 204, 15
Ich hab vor mir ein schwere Reis' 553, 2
Zur Reis' ist mir mein Herz sehr matt 553, 3
Zu ihm gilt unsre Reis' 224, 6

reisen.

Wir reisen, Herr, in deinem Namen 720, 10
Hier reis' ich aus und abe 329, 1
Immerfort zum Himmel reisen 430, 1
Sei m. Speise bis ich gen Himmel reise 671, 10
Noch eh ich von hinnen reise 261, 2
Reise hin zu jenem Glanz 206, 5
Wie man nach der Heimat reist 59, 6

reißen.

Er reißet durch den Tod 37, 6
So reiß mich aus den Ängsten 542, 9
Ich will reißen dich aus aller Not 308, 2
Sondern reißt unsern Geist 676, 8
Der die Welt reißt aus allem Jammer 200, 2
Ach reiß uns doch von hinnen 771, 2[1])
Er reißt der Höllen Band entzwei 243, 7
Ihn reißen aus des Todes Band 283, 7
Wollest reißen aus m. Grabes Kammer 135, 2
Daß ich aus mir nun all Untugend reiße 281, 9
Das Band, das allgemach schon reißt 184, 1
Aus unserm Herzen reißt 769, 10(11)
Es soll mich nichts von Jesu reißen 332, 7

reiten.

Dieweil er kommt geritten stark 36, 8
Er kommt zu uns geritten auf e. Eselein 505, 2

reizen.

Laß dein bitter Leiden mich reizen 709, 5
Ein Trieb zur Buße reize 600, 1
Reiz uns, daß wir zu ihm treten 414, 4(5)
Mit Lieb im Herzensgrund auch reizen 554, 5
Wie reizest du den Mut 418, 14[2])
Reize mich durch jene Krone 18, 7

rennen.

Darein die Welt thut rennen 417, 14

Rennen.

Unchristliches Rennen nach Gut 125, 6

retten.

Der kann mich allzeit retten 48, 1
Wie Gott wird retten dich 692, 2
Rett mich aus aller Not 562, 5
Hier ist einer, der kann retten 49, 7
Rette mich durch deine Plagen 375, 2
Hilfest von Schanden, rettest v. Banden 402, 1
Daß deine Hand uns retten kann 144, 7
Ach so wollest du mich retten 374, 9
Hier ist, was sie retten kann 390, 1
Jesus will und kann dich retten 393, 2
Da, dich zu retten, er erschienen 471, 7
Da kannst du alleine retten 714, 4
Sein Tod uns vom andern Tod rettet 430, 3

1) Fehlt Bernb. G. 2) Fehlt Anh. G.

Und retten sie von allem Weh 107, 12
Rett, o Herr Jesu, rett dein Ehr 588, 1
Komm, rette deines Leidens Ehre 333, 7
Das bedrängte, kleine Häuflein retten 291, 5
Sein Unschuld sollst auch retten du 134, 9

Retter.

Sei mir ein Retter in Gefahr 459, 7
Sei mein Retter, halt mich eben 525, 9
Du Retter aus Gefahren 163, 2

Rettung.

Eile, mit Hülf u. Rettung uns erscheine 68, 1
Mit Trost und Rettung uns erschein 496, 3
Zu der Deinen Rettung wachst 642, 2
Ja unser Schild und Rettung ist 107, 2
Vor d. Gnadenthron — man Rettung 706, 2
Nirgends Rettung, nirgends Land 731, 1
Wo dann Rettung finden 731, 2
Wo kann ich Rettung finden 763, 1
Um Rettung aus der Angst u. Not 711, 2
Die nirgends Ruh u. Rettung finden 471, 1
An dir, o Herr, ich Rettung findt 450, 4

Reue.

Die in Reu und Schmerz erkennen 393, 1
Ohn Leid und Reu in Sünden 326, 7
Ich bin sonder Reu und Leid 26, 2
Wirke Reu an Sünden Statt 414, 3[1]
Gieb meinem Herzen wahre Reu 13, 2
Wenn du giebst wahre Reue 547, 10
Wer täglich hier durch wahre Reu 572, 7
Gieb wahre Reu, mein Herz erneu 716, 3
Hier wollen wir in wahrer Reu 137, 5
Wird dann voll Reu bekennen 703, 3
Hilf, daß ich stets mit Reu u. Schmerz 310, 2
Ich komme, Herr, voll Reu u. Buß 304, 3
Lehr bedenken mich das mit Buß u. Reue 371, 4
Zu dir in wahrer Reu u. Schmerz 711, 3
Nimm die Myrrhen bittrer Reu 378, 4
Dein heißes Blut ohne Reu anschauen 573, 6
Daß wir stets mit Reue sehn 428, 6
Reu und Scham empfinden 318, 3
Nun darf mein Herz in Reu u. Schmerz 227, 6
Ein Herz, durch Reu zerschlagen 740, 7
Reu und Leid bei mir empfinde 654, 3

reuen.

Sein Herz läßt ihm nicht reuen 365, 6
Das ist mir leid und reuet mich 533, 1
Und reuen mich von Herzen 30, 2
Uns reuet unsre Missethat 489, 1
Alle Sünden, die euch reuen 336, 3
Es wird euch herzlich reuen 232, 9
Sonst wirds mich ewig reuen 353, 2
Laßt euch die Müh nicht reuen 417, 11

reuig.

Drum schlag ich reuig an die Brust 563, 3

richten.

I. lenken.

Dein Angesicht mit Gnaden richt 326, 9
Und deinen Frieden auf mich richt 546, 5
Auch im Kreuz auf dich gericht 701, 1
Nach deinem heilgen Willen richt 555, 11
Er richts zu seinen Ehren 692, 4
Und die verkehrten Wege richt 107, 11
Er setzt und richtet unsern Fuß 243, 9
Richt unser ganzes Leben allzeit 769, 12(13)
Steur selbst dein Schiff u. richt den Lauf 176, 4
Ihr Fleiß ist ganz dahin gericht' 270, 3
Meine Zeit richte nach der Ewigkeit 259, 3
Daß ich darauf allein gericht' 733, 3
Unser Thun und Dichten zu dein'm Preis richten 129, 3
Mein Schluß sei nun fest gericht' 461, 7[2])
Und auf dich gerichtet sein 714, 7
Zu Gott im Himmel g'richtet 41, 3
Alles ist auf ihn gericht' 458, 2
Und auf Jesum sein gericht' 463, 8
Und ist dahin gericht', wo Jesus 594, 6
An allem Ort solln richten Lehr 295, 1
Die sich darnach recht richten 295, 2
Darnach man sich zu richten 13, 7
Und richt dich auf die Bahn mit Beten 579, 9
Mir hat die Welt trüglich gericht' 401, 5

II. urteilen.

Da uns Gott wird richten 449, 10
Wo der Herr sein Häuflein richt' 758, 4
Gott wirds hören und recht richten 213, 11
Was tot und lebend ist, zu richten 254, 5
Zu richten Bös' und Frommen 185, 1
Denn du hast ja den Feind gericht' 185, 5
Richte dann die böse Welt 259, 6
Das macht, er ist gericht 161, 3
Wer an mich glaubt, wird nicht gericht' 571, 10

Richter.

Ein Richter du zukünftig bist 271, 3
Gott ist Richter meiner Sach 624, 5
Daß du auf Erden Richter bist 192, 2
Komm doch, du Richter groß 185, 7
Wird des Richters Nahn verkünden 637, 2
Richter aller Welten 275, 2

Richterstuhl.

Den Tod betrachten u. d. Richterstuhl 56, 5

richtig.

Der recht und richtig wandelt 298, 5
Ein Herz, das richtig ist 486, 3
So ist unser Leben richtig 21, 9
Die Stummen richtig reden lehr 552, 4

Richtschnur.

Ein Richtschnur reiner Lehr 295, 3
Nur nach deiner Richtschnur gehn 638, 8
Meines Wandels Richtschnur sein 316, 5
Allein eures Lebens Richtschnur 593, 2

Riegel.

Macht ihre Riegel stark und fest 223, 2
Sei du Schloß und Riegel 315, 4
Der Thor und Riegel Festigkeit 660, 4

Rind.

Davon ein Rind und Esel aß 662, 9

1) Fehlt Bernb. G. 2) Fehlt vielfach.

ringen.
Da Tod und Leben rungen 76, 4
Da will ich für dich ringen 502, 7
Wer da recht mit Jesu ringt 608, 6[1])
Daß wir hier ritterlich ringen 412, 3
Mit Gott, wie Jakob, ringen 153, 9
Daß ich tapfer ringen 448, 5
Ringe recht, wenn Gottes Gnade 589, 1
Ringe, denn die Pfort ist enge 589, 2
Ringe, daß dein Eifer glühe 589, 4
Ringe mit Gebet und Schreien 589, 5
Und darnach ringe fort und fort 704, 18
Lehr mich wachen, beten, ringen 18, 6
Ich begehr nach dem zu ringen 32, 3
Aber nach dem Himmel ringen 463, 8
Daß ich stets nach deinem Reiche ringe 294, 5
Ringet nach dem Himmelreich 593, 1
Werdet ihr nicht treulich ringen 593, 5
Wer nicht hat wohl gerungen 329, 5
Und ringen werde mit dem Tod 283, 2
Und ich muß mit dem Tode ringen 333, 2
Muß ich selbst ringen mit dem Tod 571, 10
Es sind die, so wohl gerungen 721, 4

Ringen.
Daß wir nach vollbrachtem Ringen 311, 5

Ringer.
Kron und Lohn beherzter Ringer 424, 1

rinnen.
Laß hier einen Jordan rinnen 437, 5[1])
Aus sein' heilgen Wunden — geronnen 426, 2
Viel heiße Thränen rinnen 366, 3

Riß.
In Ewigkeit folgt hier kein Riß 332, 7

ritterlich.
Sündennot ganz ritterlich bezwungen 144, 2
Den alten Drachen dämpfet ritterlich 217, 7[3])
Daß wir hier ritterlich ringen 412, 3
Hilf kämpfen ritterlich 769, 11(12)
Daß ich allhier ritterlich — überwinde 602, 14
Wie so ritterlich du gekämpft 602, 14
Streit unter ihm nur ritterlich 609, 6
Darin ich frei u. ritterlich mög streiten 401, 3
Mit deiner Hülf — fein ritterlich 4, 6
Allen Strauß ritterlich mög stehen aus 641, 9[2])
Hilf mir ritterlich ringen 297, 11
Möge ritterlich vollenden 18, 8

Ritterschaft.
Zur Ritterschaft dadurch gestärket 543, 4
Ich üb die gute Ritterschaft 537, 9
Durch deine Kraft übe gute Ritterschaft 448, 4
Und gute Ritterschaft ausübe 294, 2
Eine gute Ritterschaft 256, 4
Ihre Ritterschaft ich wende 645, 1

Ritze.
Deine Striemen, Schläg und Ritzen 374, 8

Rock.
Mir anlegen den Rock der Ehr und Herrlichkeit 515, 4

Rohr.
Die das zerknickte Rohr nicht bricht 537, 6
Du brichst nicht das zerstoßne Rohr 253, 5

Rose.
Denn gleich wie die Rosen stehen 196, 3
Kann das Herze doch auf Rosen gehn 440, 3
Wie eine Rose blühet 127, 7
Heut blühn wir wie die Rosen rot 343, 6
Da ich auf Rosen liege 629, 5

Rosenbahn.
So tröst uns mit der Rosenbahn 726, 5

rosenfarben.
Durch dein rosenfarbnes Blut 169, 6

Roß.
Prangst nicht auf hohem Rosse 562, 3

Rost.
Rost und Motten, Raub und Feuer 463, 6
Den kein Rost noch Raub verzehrt 25, 4

rot.
Der roten Lippen Pracht ist hin 542, 3
Die schöne rote Flut 763, 4
Durch dein Blut so rot 602, 3
Durch deine heilgen Wunden rot 744, 2
Sieh an sein heilgen Wunden rot 496, 5
Und heilige fünf Wunden rot 533, 3
Durch dein heilig fünf Wunden rot 67, 5
Herr Jesu, und dein Wunden rot 710, 2
So da weiß und rot besprengt 47, 4
Wer heut ist frisch, gesund und rot 631, 6
Wer heute frisch und rot 56, 1
Wie bald rot, bald tot 315, 5
Heut blühn wir wie die Rosen rot 343, 6
Und ist vor ihm ein rote Flut 77, 7
Durchs rote Meer nach Kanaan 53, 10
Macht schneeweiß, was ist rot 405, 5
Mit mir fahren auf Elias Wagen rot 196, 9

rotgefärbt.
Deine rotgefärbten Wunden 374, 8[3])

Rotte.
Allen Rotten und Ärgernissen wehren 443
Der Feinde und Widersacher Rott 405, 1
Bewahr uns vor den Rotten 274, 2
Was die Rotten deiner Feinde 213, 11
Die Höll und ihre Rotten 37, 4
Der alte Drach und seine Rott 572, 9
Satan, Welt und ihre Rotten 676, 6

Rottgesellen.
Mit seinen Rottgesellen sich setzet 692, 4[1])

Ruck.
Fechte frisch den letzten Ruck 608, 6[1])

rücken.
Aus aller Not zu rücken 106, 4
Mit großen Gnaden rücken 58, 6
Rück sie aus allem Schaden 652, 4

Rücken.
Hast meine Last all auf d. Rücken 200, 13
Du nimmst auf d. Rücken die Lasten 580, 6
Den Rücken dir gekehret 326, 6

1) Fehlt vielfach. 2) Fehlt Bernb. G. 3) Fehlt Anh. G.

Droht Straf und Hölle m. Rücken 741, 3
Fast den Rücken wund gemacht 184, 2(3)

Rückfall.

Rückfall ist ein böser Gast 589, 8

Ruder.

Wenn des Schiffleins Ruder bricht 731, 2
Löse, erstgeborner Bruder, doch die Ruder 649, 3

Ruf.

Folgt meinem Ruf und Schalle 485, 1
Eh es auf des Hirten Ruf geachtet 160, 3
Öffne, Herr, mir doch die Ohren zu dem Ruf[1]) 220, 8
Für den Ruf an alle Bösen 292, 2
Auch des Rufs aus dieser Welt 59, 4
Vater sei mein letzter Ruf 246, 1
Und auf den Ruf bald zuzufahren 470, 3

rufen.

I. schreien.

Als du riefst: mich dürst' 602, 7
Ist Christus wieder frei und ruft 37, 2
Riefen sie mit großem Schrei 370, 2
Daß das Herz oft rufen muß 414, 5(6)
Und rufe mit erhöhter Seele 524, 13
Ach, ich ruf vor Pein u. Schmerzen 760, 2
Meine Seele ruft nach dir 760, 4
Alles, was Odem hat, rufe Amen 446, 8
Wachet auf, ruft uns die Stimme 672, 1
Sie rufen uns mit hellem Munde 672, 1

II. berufen.

Er sollte rufen, ich nicht hören 725, 4
Gott ruft verlorne Kinder 53, 6
Allzeit groß, ruft und locket 693, 3
Ruft zu sich mich und dich 200, 7
Du rufest alle zu dir in Genaden 281, 6
Die hochbetrübten Sünder so gerufen 374, 2
Sünder, Jesus ruft euch 390, 4
Nein, weil er ruft, so höre du 471, 10
Gott rufet noch 237, 1—4
Der du rufest: Kommt herbei 220, 7
Die so sehnlich, lieblich ruft 220, 8
Du rufst auch mich zu deinem Kreuze 777, 4
Du riefest mich, nun ruf ich dir 304, 5
Er rief und ruft noch mich 107, 4
Er ruft, er locket weit und breit 187, 2
Ruf mir in meiner letzten Not 130, 5
Dein Herre, ruft aus d. Jammerthal 196, 1. 10
Ja, wenn Gott mich selber ruft 49, 5
Wenn ich von der Erde einst gerufen 246, 2
Sterbt ihr, Christus ruft euch wieder 389, 8
Gott ruft der Sonn u. schafft d. Mond 237, 1
Du bist ja der Arzt, den ich rufe 281, 5

III. beten.

Rufe nur! Er ist schon hier 608, 6
Ich rief dem Herrn in meiner Not 610, 4
So oft ich ruf und bete 405, 1
Auf deine Güte hoffen u. zu dir rufen 291, 1
Tag und Nacht hab ich gerufen 196, 2
Ich ruf zu dir, Herr Jesu 353, 1. 488, 2
Uns Arme, welche zu dir rufen 424, 1
Rufet nur: Herr, wie du willt 387, 1
Ich ruf aus Herzensgrunde 9, 3
Du rufst und er erhört dich schon 347, 3
Und ruf zu dir mit heller Stimm 89, 2

Ruhe.

I. leiblich.

Hältst in dem Kripplein deine Ruh 753, 6
Ruh und Rast in deinem Grab 102, 1
Ich lasse dir nicht eher Ruh 325, 5
In Fried und Ruhe schlafe 243, 8
Mein Schutz, wenn ich geh zur Ruh 379, 9
Mir Schutz und sanfte Ruh beschert 735, 3
Unter s. Segen der Ruh zu pflegen 129, 1
Mit meinem Gott geh ich zur Ruh 488, 1
Laß uns schlafen mit Fried u. Ruh 314, 3
Der Leib, der eilt zur Ruhe 515, 4
Mein Gott wacht jetzt in m. Ruh 517, 7
Empfinden eine sanft u. süße Ruh 714, 8
Auch meinen Leib zur Ruh 113, 2
Nun matter Leib gieb dich zur Ruh 111, 9
Gieb mir und den Meinen Ruh 643, 1
Herr, in stiller Ruh dein Werk 115, 6
Bei solcher Still d. süßen Ruhe pflegen 115, 7
Ich thue in vergnügter Ruhe 315, 6
Und alles sich zur Ruh und Stille 96, 1
Dem Leib wirst du bald s. Ruhe geben 96, 9
Nun gieb uns Ruhe, die erquickt 660, 4
Mich soll zur Ruhe legen 554, 16
Der auch endlich mich zur Ruh trage 219, 7
Darum bringe mich zur Ruh 259, 5
Darin ich Ruh und Frieden hab 202, 4
Daß er seine Ruh an ihrer Seite hab 536, 7
Zur Ruh ein Bettlein in der Erd 515, 6
Der Leib hab in der Erd sein Ruh 283, 4

II. geistig.

Die nirgend Ruh und Rettung finden 471, 1
Die sonsten nirgends finden Ruh 610, 6
Wo willst du Ruh erlangen 237, 5
Ich kann doch keine Ruhe finden 470, 7
Im G'setz ist weder Rast noch Ruh 183, 3
In dieser Zeit ist keine Ruh 38, 1
Auf dieser Erd ist keine Ruh 1, 5
Keine Ruh in meinem Herzen 760, 2
Du suchest Ruh, die hinderst du 612, 5
Mein Ruh u. Rast dein heilges Grab 553, 9
Meine Tage in Ruh und Friede 555, 11
Gieb meinen Eltern Fried u. Ruh 532, 5
Erhalten in gutem Fried und Ruh 258, 3
Schaffst seinem Herzen Fried u. Ruh 558, 4
Drum bring du unser Herz zur Ruh 660, 6
Aus Gnaden Fried u. Ruh verleih 588, 4
Schaffe du wahre Ruh 436, 6
Was verwirret bring zur Ruh 436, 7
Die hat mich reich beladen mit Ruh 360, 4
Bei guter Ruh ohne Sorgen 715, 1
Daheim in meiner stillen Ruh 399, 14

---

1) Var. Mind. G. Stimm.

Daß wir und sie in stiller Ruh 82, 7
Durch sie hast du uns Ruh verschafft 534, 5
Du verlangst oft süße Ruh 604, 3
Mein Herz, genieß die süße Ruh 186, 8
Meine Seele sucht nur Ruh 460, 3
Und die Ruhe in mir mindern 215, 5
Gieb mir — des Lebens Ruh 237, 4
Bald schauen, wie die Ruh so groß 462, 4
Gott, welche Ruh der Seelen 264, 3
O Jesu du, mein Hülf und Ruh 573, 8
So ruhest du, o meine Ruh 629, 1
Du, du bist meine Ruh 679, 1
Der bei ihm suchet Ruh 405, 8(9)
Und ihr Licht dazu, Jesu, süße Ruh 718, 1
O Jesu, süße Ruh 594, 4
So find ich bei dir meine Ruh 165, 9
Um zu setzen mich in Ruh 383, 3
Ruh an deiner Seite finden 375, 8
Der in dir suchet Ruh und Lust 741, 1
Laß solche Ruh in dem Gemüte 741, 6
In seine Arme, darin sie finden Ruh 426, 3
Der ists, bei dem ich Ruhe find 563, 4
Ruf uns zu, ihr habt Ruh 318, 4
Jetzt aber hab ich Ruh und Rast 700, 2
Find ich die ungestörte Ruh 205, 8
Ich steh hier — in gar sichrer Ruh 381, 3[1])
Desto größre Ruh hernach in mir 476, 5
Hier ist die Ruh, hier ist Vergnügen 327, 3
Hier solche Freud u. Ruh zu finden 461, 13[1])
Was für Ruhe nach dem Streit 461, 14[1])
Und gieb Mut, Geduld und Ruh 414, 5(6)
Begleiten zu der ewgen Ruh 580, 16
Aus Gnaden zur verheißnen Ruh 53, 6
Sein Angesicht dort in der ewgen Ruh 500, 9
Scheiden zu deiner Ruh der Ewigkeit 741, 5
Hört man da in sanfter Ruh 31, 6
Die Sonnen ewger Freud und Ruh 139, 12
Das giebt mir recht erwünschte Ruh 722, 6
Ich wohne hier in stolzer Ruh 728, 4
Sonst nirgends, Ruh erlangen 39, 2
In seine Ruh und Sicherheit 306, 9
So bring mich zu deiner Ruh 643, 3
Da er der Ruh geneußt 122, 9
Schickt mich fein zu zur ewgen Ruh 273, 1
Da werd ich — zur Ruh gesetzet 288, 7
Allezeit Friede, Ruh und Seligkeit 697, 1—9
Du kommst sonst nicht zu wahrer Ruh 723, 5
Wie statt ewger Ruh du der Höllen 26, 6
Dort in der ewgen Ruh ist Gottes 329, 1
Mir ruft die süße Ruh von den Engeln 206, 1
Es ist noch eine Ruh vorhanden 187, 1
So gehst du ein zu deiner Ruh 187, 1
Die Ruhe hat Gott auserkoren 187, 2
Die Ruhe, die kein Ende nimmt 187, 2
Uns diese Ruhe zu erwerben 187, 2
Zu meiner Ruhe Lieblichkeit 187, 2
Es ist noch eine Ruh erfunden 187, 4
Das weist mir den Ort der Ruh 312, 5
Ein zur Ruh in den Himmel ziehst 313, 10
Gottes Ruh ist unvergänglich 739, 3

ruhen.

I. leiblich.

So ruhest du, o meine Ruh 629, 1
Dein Arbeit darf nicht ruhn 58, 4
Daß du und dein Haus ruhen mag 134, 4
Ich selber kann und mag nicht ruhn 204, 8
Und laß uns in dir ruhen fein 66, 2
Uns zu schaden, wenn wir ruhn 268, 5
Nun ruhen alle Wälder 515, 1
Und läßt uns sicher ruhn 355, 7
Ruhn bis zum jüngsten Tage 296, 3
Und ruht von allem Herzeleid 139, 8
Und ruh in meinem Kämmerlein 512, 1
Ihr hingegen ruht in eurer Kammer 582, 3
So schlaf ich ein und ruhe fein 710, 5[1])
Ruhn in Frieden die kurze Nacht 250, 2

II. geistig.

Gott ruht durchs Wort im Herzen 113, 2
Zu ruhn in meines Herzens Schrein 662, 13
Mir stets in meinem Herzen ruhn 580, 10
Komm in meinem Geist zu ruhn 778, 6
Löst uns abe, sobald er in uns ruht 203, 4
Wenn ich in deiner Liebe ruh 741, 1
In dir, der du verlässest keinen — ruht 741, 5
Wenn er dich liebt, so ruh 483, 2
Nun so ruh und sei zufrieden, Seele 693, 6
Ruhe hier, mein Geist, ein wenig 590, 1
Bis ich in deinen Wunden ruh 470, 1
Bis ich ruh in seinen Armen 583, 10
Laß uns in deinem Tode ruhn 424, 2
Ich ruh in seinen Händen 724, 3
Laß sie ruhn in deinem Schoß 196, 9
Gieb, daß wir in dir ruhen all 102, 1
Laß ruhn zu deinen Füßen 627, 2
Als nur in dem Leiden ruhn 215, 3
So wirst du hier im Frieden ruhn 355, 18
Mein müder Geist im Herrn jetzt ruhen will 96, 8
Und ruht in allem Herzeleid 139, 8
Da wird man ewig ruhn 418, 12
Da ruhen wir und sind im Frieden 187, 7
Worauf all unser Glaube ruht 53, 5
Von dir, in dem mein Glaube ruht 777, 8
Der einzig ruht in dir 424, 3
Die fröhlich auf dem einen — ruht 189, 3
Er lasse seinen Frieden ruhn 500, 6
Mein Thun und Werk in deinem Willen ruhn 362, 1
Nicht ruh u. steh auf meinem Willen 362, 8
Ein Brautherz kann in sonst nichts ruhn 733, 3

Ruhejahr.

Auf, auf, es kommt das Ruhejahr 187, 7

Ruhekammer.

Bis — ich geh zur Ruhekammer 601, 7

Ruhekissen.

Ein versöhnt Gewissen sei m. Ruhekissen 315, 2

1) Fehlt Bernb. G.

Ruheplatz.
Mein Ruhplatz[1]) ist in dir allein 327, 3
Mein Ruheplatz und Heimat 96, 3
Ruhestätte.
Ich selbst will eure Ruhstätt sein 187, 3
Ach, das sind falsche Ruhestätten 470, 2
Ruhesteg.
Den stillen Ruh- und Friedenssteg 51, 14
Ruhestunden.
Doch dies sind kurze Ruhestunden 187, 4
ruhesuchend.
Manche Stunde stiller Nacht wird ruhesuchend hingebracht 660, 5
Ruhetag.
Heut ist des Herren Ruhetag 237, 1
Süßer Ruhetag der Seelen 252, 2
Es ist ein Ruhetag vorhanden 213, 13
ruhig.
Kann ich gar ruhig mich verlassen 109a, 3
Nur ferner nicht mehr ruhig werden 470, 1
Da so froh und ruhig sterben 727, 3
Durch d. Verdienst allein hier ruhig sein 666, 7
Ruhm.
Eure Zier zu Gottes Ruhm belebet 524, 4
Seines Ruhmes große Pracht 107, 13
Zerfließ in deiner Gottheit Ruhm 248, 5
Dem Gott der Macht Ruhm, Preis 237, 1
Deim Namen singen Freud u. Ruhm 12, 5
Dein soll sein aller Ruhm u. Ehr 362, 18
Alles mehre deinen Ruhm 247, 6
Ein jeder Gottes Ruhm vermehr 64, 1
Lasset seinen Ruhm erschallen 429, 3
Und deinen Ruhm vermehren 453, 1
Mache s. Namens Ruhm unser Herz 392, 2
Erheben deinen Ruhm und Preis 202, 12
Auch dir sei ewig Ruhm und Ehre 524, 8
Kraft, Ruhm, Preis, Dank 524, 13
Herr, dies glaub ich dir zum Ruhm 49, 8
O mein Ruhm, edle Blum 200, 14
Israels Preis und Ruhm 51, 4
Mein Reichtum, Ehr und Ruhm 14, 7
Sei unser Ruhm und fester Platz 28, 5
Mein Schild, mein Ehr und Ruhm 219, 6
Mein Freud, mein Ehr und Ruhm 11, 7
Du mein Preis und Ruhm 602, 15
Ich will mich dir, mein höchster Ruhm 165, 5
Soll dein Ruhm sein ausgebreit' 641, 10
Du bist meiner Seelen Ruhm 382, 8
Mein Jesus, meiner Seelen Ruhm 111, 2
Laß mich deinen Ruhm 718, 6
Allerschönster Ruhm 718, 6
Deines Namens Ruhm ausbreiten 168, 5
Als deines großen Namens Ruhm 578, 5
Gescheh zu deines Namens Ruhm 561, 8
Zu meinem Heil und deinem Ruhm 474, 2
Mit Psalmen des Herren Lob und Ruhm erhöhn 232, 8
Du hast und trägst davon mit Ruhm 58, 11
Er ist mein Heil, m. Teil m. Ruhm 332, 4
Nicht Gewalt, nicht Gold, nicht Ruhm 97, 5
Daß sie Lob und Ruhm gewinnen 584, 3
Der Ruhm, nach dem wir trachten 127, 2
Die Welt sucht Ehr und Ruhm 679, 3
rühmen.
Die ganze werte Christenheit rühmt dich 271, 2
Das rühme, wer es höret 107, 3
Unser armes Lied rühmt dich 100, 2
So rühmen wir die große Lieb 534, 4
Ich rühms auch ohne Scheu 405, 2
Ich will — rühmen deine starke Hand 641, 10
Die liebet Gott u. rühmt mit s. Mund 365, 8
So will ich ewig rühmen 652, 6
Rühmet ihr Menschen den hohen Namen 446, 8
Ich rühme dich von Herzensgrund 623, 2
Singet, klinget, rühmt und ehret den 28, 2
Rühmet, singet, jauchzet sehr 220, 5
Wir rühmen dich, wir loben dich 501, 9
Die Himmel rühmen des Ewigen Ehre 128, 1
Rühmt es in Versuchungsstunden 42, 5
Rühmt es in der Todesnot 42, 5
Vor dir niemand sich rühmen kann 55, 2
Sprich, wes du dich zu rühmen hast 53, 4
Noch rühmen sie sich Christen hoch 754, 4
Daß der Feind nicht rühme sich 641, 8
Rühmen sich gar keiner Gaben 419, 2
Rühmen.
Dies soll mein einzig Rühmen sein 484, 4
Des Rühmens ist die Fülle vor dir 453, 1
So fällt wohl alles Rühmen hin 340, 8
rühmlich.
Was m. Herz vor andern rühmlich hält 679, 3
rühren.
Uns rühren kann kein Schade 29, 1
Ist der e. Mensch, den sie nicht rührt 725, 1
Wird damit mein Herze gerühret 281, 4
Und oftmals schon mein Herz gerührt 470, 1
Jesu, mir mein Herze rühre 26, 1
Der Würger kann uns nicht rühren 76, 5
Mich trifft und rührt kein Leiden 621, 5
Rühre, führe unsre Sinnen 543, 7
Rührung.
Die Rührung ist nicht mehr so kräftig 470, 2
rumoren.
Bei euch rumoret Krieg und Streit 512, 7
rund.
Und ist doch rund und schön 112, 3
Rund.
Die das große Rund bemalen 767, 2
Möcht ich wie das Rund der Erden 322, 2[2])
Runzeln.
Und wo noch Runzeln sind u. Flecken 351, 4
rüsten.
Dabei er sich doch rüsten soll 41, 2
Rüstet euch, ihr Christenleute 591, 1
Im Glauben fest und wohl gerüst' 655, 7
Daß sie in Lieb und Treu sich rüsten 351, 5

1) Var. Anh. G. Leben. 2) Fehlt Bernb. G.

Rüstung.
Viel List sein grausam Rüstung ist 161, 1
Rute.
Wie grausam seine Ruten 580, 12
Die gedeihen selten wohl ohne Zucht und Ruten 599, 14
Ach zerbrich des Eifers Rute 375, 7
Denn des Vaters liebe Rut 414, 3(4)
Er braucht die Ruten oft 228, 2
Küßt seines Vaters Rute 167, 7
Vor andern küß ich deine Rute 524, 10[1])
Wenn unsers Kreuzes Rute uns — dräut 203, 2
Nicht Schwerter, sondern Ruten sinds 473, 6
Geschlagen mit harter, scharfer Rut 235, 2

S.

Saal.
Er macht uns Erbn in seinem Saal 209, 5
Er dringt zum Saal der Ehren 37, 7
Entrückt in den Saal der Freuden 599, 2
In deinem Saal dich ewig möge ehren 341, 9
Läßt uns hindurch ins Himmels Saal 243, 11
Ich soll in des Himmels Saal 220, 4
Eingehen in des Himmels Saal 285, 4
Die Engel in des Himmels Saal 51, 11
Saat.
Mich, ruft die Saat, hat Gott gemacht 707, 4
Und die Saat will bleiben stocken 218, 3
Nichts mehr unsre Saat benetzen 218, 4
Sabbath.
Daß mein Sabbath fröhlich sei 434, 1
Der du Herr des Sabbaths bist 252, 9
Drauf folgt der Sabbath in dem Grab 202, 4
Ewig Sabbath halten mag 252, 9
In deiner Herrlichkeit mein Sabbath 498, 9
Wenn der Sabbath ewig währet 768, 2
Mich weihen d. Sabbath deiner Treuen 768, 3
Der große Sabbath ist erschienen 187, 6
Und läutet hell den Sabbath ein 756, 5
Sabbathsruh.
Bis ich erreich die volle Sabbathsruh 96, 10
Sabbathsstille.
Unser Wille sanft wie d. Sabbathstille 768, 2
Sabbathtag.
Verlebt den Sabbathtag in Wollust 704, 4
Sachen.
Es sind ja Gott sehr schlechte[2]) Sachen 719, 6
Das ist dir eine leichte Sach 703, 6
Die Sach und Ehr, Herr Jesu Christ 1, 7
Und er nicht unser Sach zufällt 754, 1
Gott ist Richter meiner Sach 624, 5
Und fördern deine Sachen 692, 1
Er mags mit meinen Sachen 399, 2
Der weiß zu allen Sachen Rat 399, 9
Gott muß man in allen Sachen 765, 5
In allen Sachen fliehen Hader 419, 8
Selig, die in allen Sachen 424, 9
Betracht in allen deinen Sachen 107, 1
In allen Sachen, in Freud und Leid 107, 9
Deine Sachen gut u. besser machen 696, 4
Macht — unsre böse Sache gut 249, 7
Gut gemacht die böse Sache 461, 4
Und befehlen Gott die Sach 419, 4
Er segne meine — Sach 54, 6
Wenn denn deine Sach also mit Gott 195, 4
All mein Sach sei dir übergeben 195, 5
Ich befehl ihm all mein Sachen 407, 7
Ich hab mein Sach Gott heimgestellt 343, 1
Dem ich m. Sachen allzeit heimgestellt 217, 1
Gott befiehl nur deine Sachen 217, 6
Meine Sachen richte dir zu Ehren ein 268, 7
Hilf mir mein Sach recht greifen an 11, 11
Viel bemühen sich um Sachen 32, 3
All irdische Sachen sollst du — geben dran 579, 9
Wie flüchtig sind der Menschen Sachen 24, 10
Alle schnöden Sachen verklagen mich 366, 7
sacht.
Er träget dich gar sanft und sacht 107, 14
säen.
Es ist nichts, der da säet 508, 2
Gottes Kinder säen zwar traurig 599, 10
Saft.
Die Adern mit dem edlen Saft 165, 4
Dein Blut, der edle Saft 763, 9
Voller Labsal, Trost und Saft 661, 1. 15
Mache mir die Himmelslehre zu Saft und Kraft 480, 2
Und daß mit dem Saft der Reben 596, 6
Sage.
Nach gemeiner Sage große Trübsalstage 448, 6
sagen.
Wie zu ihm hat gesagt der Herr 210, 4
Bis durch dein Gnad uns ist gesagt 548, 1
Sagt mir dein Wort, mein Hülf 401, 4
Wie sein Wort mir sagt u. schreibet 413, 3
Was du selber hast gesagt 374, 11
Nun sagst du, daß kein Mensch verzag 183, 7
Und zu mir saget: Es ist genug 184, 3

1) Fehlt Anh. G. 2) Var. Anh. G. leichte.

Davon ich singn und sagen will 662, 1
Sie sagten ihn': Ein Kindlein zart 663, 1
Aus m. Herzens Grunde sag ich dir Lob 54, 1
Wir sagen dir Lob, Ehr und Dank 544, 6
Gott dem Herren Dank sagen 511, 1
Freudig rufen an und sagen: Abba 244, 5
Ist euch Geduld vonnöten, das sag ich 203, 1
Gesagt: es hat noch lange Zeit 366, 9
Saget doch dies Trostwort allen 390, 1
Sondern mit Glauben sagen, 579, 3
Sagt mir, wer kann doch vertrauen 455, 2
Das wird man sagen bei den Heiden 703, 4
Seufzend sagen: Ich bin dein 382, 9
Sagt das Fleisch gleich immer nein 414, 7(8)
Vernunft darf hier nichts sagen 361, 1

Sagen.

Mein Wirken ist dein Sagen 165, 3
Alles Sagen wird von d. Jesu sein 717, 4

Saite.

Zwingt die Saiten zu hellem Klang 734, 6

Saitenspiel.

Hören klingen das rechte Saitenspiel 99, 5
Wenn er dir sang auf Saitenspiel 753, 4
In Fröhlichkeit mein Saitenspiel 165, 8
Rühre stets vor Gottes Thron deines Dankes Saitenspiel 494, 11
Und nimm nun wieder dein Saitenspiel 235, 1

Sakrament.

Dein Wort u. Sakrament rein b'halten 1, 2
Sein wahres Wort u. Sakrament behalt 666, 9
Für deine teuern Sakramente 292, 5
Ihn'n schenken in den Sakramenten 222, 4

Salbe.

Sein geistlich Salb an uns gewandt 409, 2

salben.

Du salbest uns mit deinem Geist 144, 7
Und salbe ihn mit deinem Geist 163, 3
Damit gesalbet ist mein Leib 769, 4
So salbest du mein Haupt m. Freuden 205, 9
Salbe mich mit Freudenöle 602, 4
Du salbest mich mit Freudenöl 476, 9
Er salbet mich mit Freudenöl 109b, 5
Du salbst mein Haupt mit Öle 106, 9

Salbungsgabe.

Aus Liebe gehn mit ihrer Salbungsgabe 670, 5

Salem.

Und du Salem werde licht 713, 1
Wenn ich zieh in Salem ein 432, 4

Salome.

Geh mit Maria Magdalenen und Salome 670, 5

Salomon.

Du bist mehr denn Salomon 434, 7
Viel schöner an, als Salomonis Seide 204, 2

Same.

Ich bin gezeugt aus sündgem Samen 244, 2
Lobe mit Abrahams Samen 445, 5
Daß wir mit unserm Samen immer 81, 3
Daß wir samt unserm Samen die heilge 137, 2
Ich bin gezählt zu deinem Samen 330, 1
An den gerechten Samen denkest du 249, 4
Stärke deinen zarten Samen 299, 6
Gieb dem Samen einen Acker 752, 6
So daß dein Same wohl geling 480, 2
In unser Ohr als edlen Samen 243, 10(12)[1])
Annoch den edlen Samen hin 703, 7

Samkorn.

Wenn dein Samkorn auf mich fällt 640, 4
Gieb dem Samkorn[2]) einen Acker 638, 6

Samkörnlein.

Dies — Samkörnlein verlangte Früchte 122, 7

sammeln.

Sammelt, heiligt u. erbaut s. Tempel 159, 5
Ach sammle uns in deinen Schoß 751, 7
Sammle den zerstreuten Sinn 436, 2. 604, 2
Was noch flüchtig, sammle du 436, 7
Sammle, großer Menschenhirte, alles 618, 6

Sammet.

Der Sammet und die Seiden dein 662, 11

Sankt.

Von Sankt Johanns die Tauf er nahm 77, 1

Sand.

Dich preist der Sand am Meere 707, 4
Könnt e. Mensch den Sand gleich zählen 276, 4
Ihrer sind viel, wie Sand am Meer 710, 2
Die sich wie Körnlein finden des Sandes an dem Meer 580, 4
Eine Hand voller Sand 676, 10
Muß es doch wie Sand zergehn 206, 3
Denn mein Herz ist dürr wie Sand 225, 1
Den Leib bedecke kühler Sand 82, 11
Doch nur auf lauter Sande 362, 4
Der hat auf keinen Sand gebaut 719, 1

sanft.

Er kommt geritten, stark, herrlich, sanft 36, 8
Lamm u. Löwe, gar sanft u. weich 424, 5
Sanfter nichts ins Herz gedrungen 373, 2
Mit s. Hirtenstabe sanft und mild 413, 5
Er träget dich gar sanft und sacht 107, 14
Auf diesem ruht man sanft u. still 681, 2
Mein Herz u. Sinn, sanft u. stille 487, 1
Sanft u. mit Gehorsam mög — leiden 215, 6
Mit stillem, sanften Mut 580, 13
Und ist mir eine sanfte Last 524, 10
Mir Schutz und sanfte Ruh beschert 735, 3
Empfinden eine sanfte, süße Ruh 714, 8
Ein sanftes End bescher 117, 3
Hilf mir durch einen sanften Tod 764, 5
Ein sanfter Tod zeigt uns die Bahn 720, 8
Ich bin durch einen sanften Tod 512, 1
Daß ich so sanft geschlafen ein 512, 10
Fein sanft beschließe meine Not 284, 5
Alsdann fein sanft und stille 78, 6
Fein sanft und wohl in dir 13, 9
Fein sanft von hinnen scheide 706, 7
Laß mich sanft von hinnen wallen 375, 9

1) Fehlt Bernh. G. 2) Var. Bernh. G. Samen.

Unser Wille sanft wie d. Sabbathstille 768, 2
Nur durch des Geistes sanftes Wehen 647, 2

sänftiglich.

Doch gar sänftiglich erfreut 583, 4

Sanftmut.

Dein Zukunft war voller Sanftmut 238, 6
Deine Sanftmut und Geduld 281, 8
Deiner Sanftmut Schild 718, 8
Sanftmut und Geduld zu üben 255, 6
Mein Herz mit Sanftmut ziere 310, 4
Dasselb annehmen — m. Sanftmut 752, 3
In Demut u. Geduld, in Sanftmut 657, 1
Da man Sanftmut spüren kann 419, 4
Sanftmut auch an Feinden übe 419, 10
Meinen Feind mit Sanftmut überwind 536, 4
Niemand kann deine Sanftmut messen 257, 5
Mein Heiland, ach verleih mir Sanftmut 257, 5

sanftmütig.

Sanftmütig kommt er in sein Reich 91, 1
Daß ich sanftmütig sei, wie du 257, 5

Sanftmütigkeit.

Sanftmütigkeit ist sein Gefährt 451, 2

Sanftmutsöl.

Dein Mund, der fleußt zu jederzeit
von süßem Sanftmutsöle 485, 3

Sarg.

Du streckest den in Grab und Sarg 165, 3
Morgen tot und liegen im Sarg 343, 6
Aus Wieg u. Bett, in Sarg u. Grab 756, 10
Schmückt meinen Sarg mit Kränzen 621, 6
Kummer über Sarg u. Grüften weint 646, 5

Saron.

Daß ich blüh wie ein Röselein zu Saron 566, 5

Saronsblume.

Die teure Saronsblum 51, 4
Du m. — Ruhm, werte Saronsblum 602, 15

Satan.

Und des Satans schlaue List 238, 7
Daß durch des Satans List ich immer 244, 6
Merkst du nicht des Satans List 599, 1
Des Satans List und Macht dich sucht 195, 2
Es ist Satans List über viele Frommen 449, 1
Wache, daß dich Satans List 449, 4
Laß mich davon dringen des Satans List 6, 4
Durch Satans Lügen sich — betrügen 642, 5
Des Satans Mord und Lügen wehr 296, 2
Laß dich nicht den Satan blenden 774, 5
Daß dich nicht Satan blende 56, 3
Denn Satan trachtet Nacht u. Tag 361, 2
Kommt der Satan wider mich 259, 4
Wenn der Satan allen Glauben 641, 1
Hat Satan mein begehret 671, 2
Ja Satan selbst hat eur begehrt 591, 1
Mich den Satan neu verwunden 326, 2
Das will der Satan wehren mit List 81, 6
Was der Satan kann erwecken 268, 5
Des Satans Anklag hat nicht Ruh 333, 3
Was maßt sich Satan dessen an 333, 6
Was schont denn Satan meiner nicht 333, 7
Daß mich Satan nicht verletzet 714, 1
Das am liebsten Satans Will 714, 4
Satan sich bei mir mit Anfechtung 14, 4
Stellt Satan sich geharnischt ein 685, 6
Und des Satans Grimmigkeit 374, 7
Wenn Sünd und Satan mich anklagt 666, 6
Von des Satans Banden frei 375, 3
Macht Satan ihr ein Grauen 203, 6
Des Satans Zorn u. groß Gewalt 655, 3
Uns, die Satanas betrogen 421, 4
Die Satans Kerker vor beschloß 149, 2
Satan der sinnet auf allerhand Ränke 380, 1
Satan, Welt und ihre Rotten 676, 6
Satans Macht hat ihn in den Schlaf 47, 6
Wenn Satan auch noch ungern läßt 572, 4
Kommt der Satan u. setzt mir heftig 372, 2
Die Sünd, der Satan und der Tod 501, 5
Laß den Satan wittern 381, 2
Und mich der Satan nicht verletzt 546, 2
Daß mich Satan nicht verletzet 714, 1
Und vor dem Satan sicher sein 66, 2
Daß wir vorm Satan haben Ruh 66, 6
Der kann dem Satan wehren 15, 6
Satan laß dir dieses sagen[1]) 427, 3
Ja der Satan selbst nicht scheiden 774, 6
Gott kann den Satan binden 153, 7
Mir wird der Satan unterthan 478, 2
Den Satan unter unsre Füße treten 443
Tritt den Satan — unter unsern — Fuß 21, 7
Und brich in Satans Reich u. Macht 669, 4
Und wenn des Satans Heer 763, 8
Wenn Satan wider mich auftritt 776, 2
Mich nicht in seinem Netze Satan halte 718, 10
Will der Satan widerstreben 589, 3
Satan wird dich nicht verführen 701, 5
Den Satan zu vertreiben 54, 5
Will Satan mich verschlingen 515, 8
Mit dem verbindet, den Satan flieht 405, 10(11)
Satans Reich ist ganz verheeret 428, 2
Satan konnte garnichts schaffen 428, 4
Des Satans Reich ist ganz verheert 110, 1
Hat mächtig Satans Reich bezwungen 250, 2
Und mit dem Satan müssen gehn 185, 4
Nun kannst du des Satans Klagen 249, 7
Sag ich — des Satans schnöden Werken 330, 3

Satansüberwinder.

Ja, du Satansüberwinder 374, 2

satt.

Da wird der Fromme froh und satt 404, 3
Alle Stände satt, reich u. fröhlich macht 122, 1
Daß wir satt werden hier und dort 748, 2
Wird aus seiner Fülle satt 429, 6
Und die gar satt sind, ferne weichen 424, 3
So Hunger hat und also dürstet, der
wird satt 424, 6
Von dir und durch dich satt u. voll 740, 4
Die wird Gott satt werden lassen 419, 5

---

1) Var. Bernb. G. Will der Satan mich verklagen.

Deinen Hunger satt zu weiden 413, 1
Er befiehlts, mich satt zu essen 413, 10
Er gebeuts, mich satt zu trinken 413, 10

sättigen.

Nach Vaters Weise sättigt er allzumal 514, 4[1])
Den nichts, mein Gott, als du, sättiget 529, 2[1])
Vollauf gesättigt ward bei d. Vater 424, 6

Sättigung.

Doch ists genug zur Sättigung 683, 6
Sättigung soll ihnen werden 424, 6

Satz.

Und hüt dich vor der Menschen Satz 502, 10
Leb ich nach seinen Sätzen 399, 4

Satzung.

Die heilge Satzung und dein Wort 137, 2

sauber.

Und laß mich sauber sein u. weiß 366, 14

säuberlich.

Bald fährest du mit uns ganz säuberlich 619, 7

säubern.

Herr, säubre doch von Eitelkeit 13, 8
Säubre du nur selbst das Haus 225, 4

sauer.

Der Fürst dieser Welt, wie saur er sich 161, 3
Durch manchen sauren Tritt 536, 6
Das dir so sauer worden ist 680, 3
Der Natur geht es gar sauer 186, 1. 191, 1

Sauerteig.

Der alt Sauerteig nicht soll sein 76, 7
Kein Sauerteig soll bei uns sein 181, 11[2])

saugen.

Wie die Kindlein, die noch saugen 774, 6

Säugern.

Schwangern u. Säugern fröhl. Frucht 443
Gieb Säugenden[3]) Gedeihen 274, 9

Säule.

Wie ein englisch Licht u. güldne Säule 38, 8

Saum.

Seines Kleides Saum den Chor füllet 370, 1

säumen.

Erheb dein Stimm und säume nicht 735, 2
Kommt mit Frohlocken, säumet nicht 506, 1
Mein Geist, was säumest du 186, 8
Säume nicht, denn eins ist not 456, 1
Ja, du kommst und säumest nicht 415, 1
Doch wohlan, du wirst nicht säumen 527, 11
Kommt herbei, frohe Zeiten, säumet nicht 587, 8

Säumen.

Verhindern u. zum Säumen bringen 685, 5

Scepter.

Laß dein Scepter, Reich und Kron 408, 4
Da ist dein Scepter, Reich u. Kron 681, 14
Sein Scepter ist Barmherzigkeit 451, 2
Kein Scepter, keine Krone sucht er 505, 3
Deinem Scepter dienstbar sein 321, 4
Dein Scepter von dir legen 179, 4
Der du Kron und Scepter trägest 362, 6
Gott, des Scepter Stuhl und Krone 220, 1
Deinen Scepter will ich küssen 718, 5
Der als Mensch das Scepter führet 422, 1
Die durchs Scepter deines Mundes 422, 6
Es mag — kein Scepter dich befreien 127, 6
Wo man Scepter träget 288, 7

Schächer.

Drein dein Mund den Schächer wies 196, 7
Und dem Schächer hast verziehen 637, 13

schaden.

Sollte man gleich was bereiten, uns zu schaden 268, 5
Noch keine Not bis hieher können schaden 366, 4
Schaden uns die Nächte nicht 17, 6
Was gut sei oder schade 58, 3
Dem Nächsten nicht zu schaden 13, 8
Nun kann kein Feind uns schaden 303, 4
Daß mir kein Feind nicht schade 701, 6
So kann mir niemand schaden 594, 7
Daß dir gar nichts schaden kann 690, 8
Doch schadet mir das Glück der Welt 237, 4
So schadet mir kein Schlangenbiß 332, 4
Nicht schade des bösen Feindes List 2, 1
Kann — uns Satan nicht mehr schaden 572, 9
Mag er ihm auch nicht schaden 607, 6
So oft dir will der Satan schaden[4]) 53, 3
Daß uns nicht schad des Feindes List 67, 3
Kann uns nicht schaden Teufel, Welt 402, 2
Die Welt u. Sünd mir können nicht mehr schaden 450, 4
Als er suchte, wie er mir schaden mochte 671, 3
Kein Teufel kann ihm schaden 609, 4
Hilf, daß sie mir nimmer schaden 309, 8
Daß kein Sündendorn mir schade 375, 5
Kann mir denn nun schaden der Sünden 709, 3
Die Sünd mag mir nicht schaden 579, 5
Und meiden, was der Seelen schad 409, 5
Was schadet mir des Todes Gift 165, 9
Daß uns nicht schad der bittre Tod 745, 8
Was schadet mirs, daß mein Gebein 512, 2
Dir kann nicht schaden Asch u. Staub 571, 8
Was kann mir endlich schaden 328, 1
Was kann mir doch nun schaden 344, 3
Kein — Pein noch Zorn — uns schaden 36, 7

Schaden.

Und keinen Schaden thut den Männern 270, 9
Vor Gefahr u. allem Schaden behütet 54, 2
Vor Schad, Gefahr u. mancher Plag 314, 2
Die mich vor allem Schaden — schützt 399, 4
Sei gut für allen Schaden 515, 7
Uns rühren kann kein Schade 29, 1
Die allen Schaden heilen thut 77, 7
Will heilen euren Schaden 417, 1
In Reu — erkennen ihren Schaden 393, 1
Hätt er Lust zu unserm Schaden 200, 5
Fürcht ich doch keinen Schaden 109a, 3
Und decke meinen Schaden auf 470, 4

---

1) Fehlt Anh. G. 2) Fehlt vielfach. 3) Var. Anh. G. den Kleinen. 4) Var. So schwer du immer bist beladen.

Die mir, wie tief mein innrer Schade 777, 3
Vor Feindeslist und Schaden 253, 4
Die ist dahin u. bringet keinen Schaden 607, 4
Erlöst hat von dem großen Schaden 146, 1
Nimm — den ganzen Schaden hin 611, 3
Wie groß auch sei der Schaden 55, 5
Wie so groß sei unser Schade 428, 6
Denn er hat ersetzt den Schaden 528, 8
Tilgt allen meinen Schaden 560, 7
Wend ab allen Schaden 635, 2
Rück sie aus allem Schaden 652, 4
Noch mich in Schand u. Schaden setzt 546, 2
So scheint uns nichts ein Schade 124, 6
Oder mir vielleicht zum Schaden 596, 9
Für Raub und Schaden achte 537, 5
Ist's dein Schade, spricht er nein 494, 8

schädlich.

Mächtig aufführet, mir schädlich zu sein 380, 1
Ach Sünd, du schädlichs Schlangengift 620, 2
Was schädlich ist, fern von mir treib 555, 8
Ich zeig euch das, was schädlich ist 485, 4
Doch, daß es niemand schädlich sei 260, 10
Oft sieht er auch für schädlich an 362, 3
Was schädlich und nichtig 125, 11

Schaf.

Der Schaf u. Rinder in den Feldern 213, 8
Es hat Geduld der Herr mit s. Schafen 366, 9
Ich bin ein Schaf, das sich verirrt 393, 5
Kein Hirt kann so fleißig gehen nach dem Schaf 693, 2
Ermuntre dich, verlornes Schaf 530, 7
Zu Schafen, die er ist bereit, zu führen 506, 3
Ich bin sein Schaf, er ist mein Hirt 332, 7
Deine Braut und Schaf mich find 240, 3
Wir sind s. Allmacht Ruhm, s. Schaf 33, 2
Hattest längst nach d. Schaf getrachtet 160, 3
Rette doch heute noch d. verlornen Schafe 318, 5
Daß wir nicht als verlorne Schafe 751, 7
Darum hilf uns, deinen Schafen 268, 6
Mich hast — deinen Schafen zugezählt 57, 7
Führt uns als seine Schafe 243, 8
Und bleibest bei den Schafen 708, 4
Auf daß ich als dein liebes Schaf 109b, 7
Zu den Schafen mich geleiten 637, 15

Schäflein.

Die Schäflein ziehn in ihre Hürden 96, 2
Ich armes Schäflein suche dich 349, 4
Ach wie manches Schäflein irrt 155, 3
Und das Schäflein wiederbracht 778, 4
Wie herrlich ists, ein Schäflein Christi 727, 1
Wie schön — ein Schäflein Christi sei 727, 6
Das Schäflein trinkt aus deiner Fülle 578, 7
Da Christi Schäfelein — weiden 472, 7
Dein arm Schäflein wollest du weiden 281, 1
Da hegst du selbst dein Schäflein 619, 8
Weil ich Jesu Schäflein bin 695, 1
Ich beglücktes Schäfelein[1]) 695, 3
Schau, Herr, — dein Schäflein an 44, 11
Treulich hast du ja gesuchet die verlornen Schäfelein 374, 2
Ein Hirt verläßt sein Schäflein nicht 393, 3
Es sucht — Jesus Christ das Schäflein 393, 4
Laß mich dein Schäflein ewig sein 393, 7
Ach nimm dein armes Schäflein[2]) ein 393, 9

schaffen.

Traue dem alleine, der dich geschaffen 399, 9
Was unser Gott geschaffen hat 610, 3
Gott ruft der Sonn u. schafft den Mond 237, 1
Er schafft es, daß man sicher wohnt 237, 1
Alles wirket, thut und schafft 750, 1
Und die hat der, so alles schafft 149, 5
Gott schuf die Welt nicht bloß für mich 622, 2
Daß Gott mich schuf u. mich versühnt 622, 3
Ist's nicht sein Arm, der alles schafft 725, 2
Ein reines Herz, Herr, schaff in mir 168, 1
Schaff in mir, Gott, e. reines Herz 260, 7. 592, 1
Schaff in mir ein reines Herze 18, 5
Ach, schaff ein reines Herz in mir 541, 1
Laß m. Herz ganz neu geschaffen sein 151, 6
Was du nicht hast geschaffen 151, 7
Der neue Herzen in uns schafft 366, 1
Schaff in mir, Herr, den neuen Geist 180, 3
Schaff in mir ein neues Leben 353, 3
Schaff in uns ein neues Leben 591, 4
Bin in Christo nun geschaffen 704, 17
Daß du solches schaffst in mir 690, 3
Des Gnade in mir alles schafft 666, 8
Auf daß du für uns schafftest Rat 284, 3
Hier ist Gott, der Hülfe schafft 49, 7
Rat, Trost und Hülfe schafft 208, 3
Schafft Rat in schweren Fällen 106, 3
Schafft Rat und läßt dich nicht 355, 14
Gnadenwerke, die dein Geist schafft 286, 7
Von Sünden Hülf u. Errettung schafft 769, 2
Schaffst seinem Herzen Fried u. Ruh 558, 4
Den Frieden schaff bei uns d. Gnad 409, 5
Dem, was er in mir schafft 405, 6(7)
Lasse Jesum schaffen 195, 1
Schafft, daß bei Gottes Kindern 738, 8
Des Herrn Wort in uns wirkt u. schafft 295, 5
Der dein volles Alter schafft 299, 6
Schaffet, schaffet Menschenkinder, schaffet 593, 1
Laß mich mein Heil mit Zittern schaffen 470, 7
Das Ihre schaffen froh u. unverdrossen 569, 4
Einer schafft dies, der andre das 417, 7
So kann er doch nichts schaffen 243, 5
Da er sonst nichts schaffen kann 572, 4

Schale.

Das die blutgefüllten Schalen[3]) 596, 3

Schalkheit.

Muß ihrer Schalkheit Deckel sein 754, 4

Schall.

Freuet euch mit großem Schalle 197, 1
So singen sie mit Schalle: ihr Christen 395, 2

---

1) Var. Hann. G. Da ich sein bin und er mein. 2) Var. Täublein. 3) Var. Das den Trank in diesen Schalen.

Wo mit süßem Schalle dich der Engel 421, 8
Drum jauchzen wir mit großem Schalln 210, 5
Und singt mit großem Schalle 117, 2
Drum preisen wir mit süßem Schall 144, 5
Dein Lob vermehren mit hellem Schalle 402, 2
Lob ihn m. Schalle, werteste Christenheit 514, 1
Deren Schall die ganze Welt durchdringt 669, 1
Loben dich, Herr, mit großem Schall 271, 2
Folgt meinem Ruf und Schalle 485, 1
Loben Gott mit hohem Schall 721, 1
Ihr Schall pflanzt seinen Namen fort 128, 1

schallen.

Gieb, daß es schall an allem Ort 1, 3
Wo diese Stimme schallt 305, 3
Ja, es schallet allermeist dieses Wort 437, 2
Laß dies Wort allein nur in dem Herzen schallen 658, 5
In deinem Ehrensaal solls schallen 753, 20
Wenn dies aus meinem Herzen schallet 136, 5
O daß doch meine Stimme schallte 524, 2
Es schallet der Posaunenklang 144, 4

schämen.

Du willst dich meiner garnicht schämen 578, 2
Sich unser garnicht schämen 99, 3
Die sich sein nicht schämen 222, 3
Die deiner sich nicht schämen 120, 2
Keiner soll sich hiebei schämen 429, 6
Und schäme mich auf Erden vor dir 6, 2
Ach ich muß mich herzlich schämen 17, 4
Und schäm sie zu bekennen 366, 8
Daß ich mich — böser Ränke schäme 260, 8
Weil ich mich nicht knechtisch schäme 413, 12
Mit Grämen sich s. Kindes schämen 139, 7
Sich des redlichen Sinnes nicht schämen 397, 4
Tod und Teufel mag sich schämen 421, 2

schamrot.

Mit dem Zöllner schamrot stehe 654, 1

Schande.

Hilf, daß dein erlittne Schande m. Kron 375, 3
Ich stund in Spott und Schanden 738, 4
Ich war von Fuß auf voller Schand 298, 6
Jedem Fleisch der Sünden Schand 183, 4
Da wirst du meine Schand 366, 12
Von Gott gezogen durch Schand 579, 3
Daß ich forthin meid alle Schand 310, 1
Laß mich Schand u. Unzucht meiden 309, 13
Nicht fürchten Schand noch Tod 497, 4
Hilfest von Schanden, rettest v. Banden 402, 1
In Schanden laß uns nimmermehr 271, 5
In Schanden laß mich nimmermehr 296, 1
Decke meiner Blöße Schande 768, 4
Daß ich, frei von aller Schande 316, 6
Vor Schand und Spott — behüte 13, 5
Behüt uns auch vor Sünd u. Schand 744, 3
Uns auch behüt vor Sünd u. Schand 126, 2
Vor Sünd u. Schanden mich behüt 11, 12
Laß mich nimmermehr in Sünd und Schande fallen 9, 2
Daß wir nicht falln in Sünd u. Schand 66, 3
Laß mich nicht zu Schanden werden 375, 3
Der wird nimmer zu Schanden 146, 7
Ei du wirst doch nicht zu Schanden 773, 5
Hilf, daß ich nicht zu Schanden werd 401, 1
Und zu Schanden werden nicht 311, 5
Laß nicht zu Schanden werden 291, 1
Keiner wird ja nie zu Schanden 701, 2
Wer mich will halten, wird zu Schand 202, 7
Endlich werden zu Schand u. Spott 659, 3
Sie wird doch nicht zu Schanden 203, 9
Der alle Nacht zu Schanden macht 113, 4
Hoffnung macht ja nicht zu Schanden 608, 5
Hast du wolln zu Schanden machen 718, 4
Gott, mein Heil, wird in Eil sie zu Schanden machen 676, 6
Mache zu Schanden alle, die dich hassen 291, 2
Seine Rott hingegen wird zu Schanden 572, 9
Allsamt zu Schanden worden sind 501, 5

schändlich.

Dein Augenlicht — so schändlich zugericht 542, 2
Die Güter seiner Gnaden zu lang und schändlich durchgebracht 471, 9

Schar.

Bekennen vor der Engel Schar 38, 7
Sende deiner Engel Scharen 648, 5
Auf Eliä Wagen mit engelischer Schar 369, 3
Und singe mit der Engel Schar 51, 9
Der helf uns zu der Engel Schar 417, 16
Er kann in großen Scharen als Diener 171, 3
Der Väter und Propheten Schar 753, 3
So gieb dein Wort mit großen Scharen 669, 4
Das Gebet der frommen Schar 62, 3
Vereine deine dir geweihte Schar 300, 4
Wo — deine Schar du eingeladen 768, 4
Und mit der auserwählten Schar 553, 14
Da fürwahr Gottes Schar ihn wird loben 47, 11
Gleich den auserwählten Scharen 771, 4(5)
Und du Schar, die Palmen trägt 384, 11
Was für ein edle Schar kommt dort 369, 5
Aus dem die selge Schar dort trinkt 327, 8
Schöne singet Gottes auserwählte Schar 697, 3
Er sieht und hört die Scharen 139, 8
Dort wartet schon die frohe Schar 187, 7
Einst wirst du mit Scharen nahn 313, 9
Der Feinde Schar gebracht zur Haft 28, 1
Diesen Schatz bewahren vor den Scharen 554, 4

scharf.

Ein solch scharf Urteil hat gesprochen 298, 1

Schärfe.

Den Augen die Schärfe nun gebricht 658, 4

schärfen.

Fromm ist Gott u. schärft mit Maßen 676, 5
Andre mögen ihre Sinnen schärfen 584, 3

scharren.

So scharrt man mich ins Grab 329, 10

Schatten.

Heut, als die dunklen Schatten 671, 2
Denn die Schatten sind vergangen 646, 4
Ein Schatten nur von jenem Licht 253, 2
Aller Liebe Blum als ein Schatten 661, 10
Schauet in d. Ferne durch alle Schatten 205, 10

Und ich muß mich stets im Schatten 322, 2
Mit ihrem Schatten trüb gemacht 474, 1
O Mensch, du läufst dem Schatten zu 723, 5
Aus dem Schatten, aus dem Schemen 206, 7
Und einem Schatten gleich 679, 2
Von der Erd als ein Schatten fliehen 676, 2
Ist ein Schatten nur zu nennen 650, 3
Er sei m. Schirm u. Schild, m. Schatten 14, 7
So kann mirs Schatten geben 165, 9
Unter dem Schatten seiner Gnad 346, 5
Im sichern Schatten deiner Flügel 205, 8
Die — in deinem Schatten wohnen 610, 2

Schatz.

I. zeitlich.

Ade mit deinen Schätzen — du Welt 224, 6
Hält alle Lust und Schätz 704, 2
Weg mit den Schätzen dieser Welt 165, 7
Weg mit allen Schätzen 381, 4(3)
Reichtum und alle Schätze 407, 5
Ach sagt mir nichts von Gold u. Schätzen 19, 1
Alle Schätze dieser Erden 463, 3
Sammeln andre große Schätze 628, 4
Der Welt und allen ihren Schätzen 679, 1
Wie nichtig sind der Menschen Schätze 24, 7

II. ewig.

Er ist dein Schatz, dein Erb u. Teil 355, 14
Aus allen Schätzen der edelste Hort 125, 10
Weil er allein der Schatz will sein 683, 3
Und Treu aus Gottes Schatz u. Bronne 99, 6
Weil sie diesen Schatz verscherzen 717, 6
O Jesu, höchster Schatz 14, 3
Denn wo mein Schatz gekommen hin 39, 2
Von der Erden dort hin, wo unser Schatz 224, 4
Da wo dein Schatz, da sei dein Herz 756, 8
Herr Jesu, — der Frommen Schatz 287, 1
Er ist mein Schatz, ich bin sein Braut 734, 5
Allein du bist mein höchster Schatz 465, 11
Mein Schatz, mein Freud u. Wonne 558, 1
Ist über alle Schätze, schenkt uns 407, 5
Sei, Jesus, unser Schutz und Schatz 28, 5
Als mein Schatz und Wirt herkehre 240, 3
Mich — um dich, mein Schatz bewerben 393, 7
Daß ich deine Lieb erwähl als m. Schatz 554, 2
Diesen Schatz bewahren vor den Scharen 554, 4
Mein Trost, mein Schatz, mein Licht 554, 10
Schatz über alle Schätze, o Jesu 594, 1
Daß mein Schatz ist das A und O 734, 7
Ist Jesus nur mein Schatz 679, 4
Mein Jesus ist mein Leben, m. Schatz 679, 8
Ein Herr der Schätze Gottes ist 727, 5
Ach laß uns ja den Schatz nicht rauben 351, 5
Den edlen Schatz, dein wertes Wort 82, 3
Bis er diesen Schatz antrifft 717, 1
Bis die Seele — diesen Schatz gefunden 717, 4
Hier erlangt man — einen Schatz 25, 4
Die Fülle von den höchsten Schätzen 252, 6
Was für Schätze Gottes Hand 638, 4
Davon verdirbt der edle Schatz 502, 10
Uns einen Schatz hier finden 742, 7
Was sind alle Schätze nütze, da ich einen Schatz besitze 427, 1
Er wird mir so viel Schätze geben 19, 8
Drum muß Jesus mit den Schätzen 476, 3
An dem Überfluß der Schätze 422, 5
Den Schatz, den sie im Herzen heget 570, 5
Wenn ihm Gott dagegen schenkt Schätze 494, 4
Allda will in süßen Schätzen ich m. Herz 676, 9
Muß nach solchen Schätzen streben 312, 3
Ich muß m. Herz auch bei m. Schatze 312, 4
Dir von Schätzen dort erstrebst 313, 3
Erlangt den Schatz der Ewigkeit 728, 4

schätzen.

Wollst du sie doch würdig schätzen 641, 3
Du hast sie hoch geschätzt 368, 2
Der wird der Krone wert geschätzt 685, 4
Obs für schlecht zwar ist zu schätzen 298, 14
Die sich selbst gering hier schätzen 419, 2
Kraft, die nimmer ist zu schätzen 295, 5
Wie kann ich gnugsam schätzen 560, 2

Schatzhaus.

Du sollst ein Schatzhaus werden 165, 7

schauen.

I. Gott.

Schau doch von deiner Höhe 137, 1
Schau, ich halte nichts zurück 520, 3
Schau und prüfe meine Nieren 520, 3
Schau vor deines Thrones Stufen 424, 1
Schaue doch von deinem Thron 618, 5
Schaue die Zerstreuung an 618, 5
Ist Gott ergeben, schaut auf ihn 485, 3
O süßer Jesu, schau, wie tiefe Wunden 281, 5
Schaue, baue, was zerrissen 543, 3

II. Mensch.

Du sollst die Sonne schauen 671, 4
Schaut: die Sonne geht zur Ruh 156, 4
Schaut den Stern, der uns gen 200, 8
Der wird bald empfindlich schauen 602, 9
Zu unserm Besten schauen 243, 9[1]
Schaut, daß ihr hier unschuldig lebt 417, 12
Schau, ob ich jemand dienen könn 260, 6
So wirst du bald schauen 462, 4
Mit Freuden wirst du schauen 692, 2
Nur bald nach Gottes Herzen schaun 340, 5
Der schaue auf das Ziel 591, 2
Alle liebe Morgen schaue neue Lieb 625, 7
Auf sein Werk mußt du schauen 58, 2
Mein Gott, zu schauen dich 96, 6
Dich zu schauen u. auf deinen Trost 543, 3
Im Glauben, mein Jesu, dich geschaut 287, 4
Im wahren Glauben schauen 109b, 2
Daß m. Geist dich ungehindert schaue 131, 4
Tritt her und schau mit Fleiße 580, 2
So laß meine Augen schauen 584, 8
Wenn man sie nur von ferne schaut 733, 1
Soll ein Christ — stets sich lassen schauen 676, 7
Da, da schau ich Gottes Lamm 97, 6

---

1) Fehlt vielfach.

Bis ich dein Antlitz schaue 108, 8
Bis die Zeit kommt ihn zu schauen 583, 10
Gottes Angesicht m. Seele schauet 156, 2
Da wir Gott werden schauen 285, 4
Daß ich dich ewig schau 709, 8
Wo wir dich werden selbst schaun 103, 12
Werden schauen Gott mit Freuden 419, 7
Daß ich dich schaue ewiglich 666, 15
Sein Antlitz will ich schauen 579, 4
Und schauen dich von Angesicht 278, 3
Bis ich dich schau, o ewges Licht 180, 4
Wo Jesus wird geschauet 594, 6
Bis ich fröhlich werde schauen dich 374, 12
Ewiglich schaun dein Antlitz klar 553, 14
Deine Wundergütigkeit schauen 766, 3
Da Aug und Herze schauet 405, 8(9)
Dein Herrlichkeit zu schauen 144, 9
Christum werd ich schauen 288, 9
Ich werd ihn schaun einst 456, 6
Allezeit schauen die Dreifaltigkeit 31, 3
Die Seele schaut mit Lust und Freud 7, 6
Ich werd auch das Leben schauen 389, 2
Der wird den Tod nicht schauen 146, 8
In kurzer Zeit einander wieder schauen 297, 9
Am Glauben, der nicht schaut 189, 2

Schauen.

Tief versenkt im Schauen 705, 4[1])
Auch im Schauen da zu sein 173, 5
Bis ich dort zum Schauen geh 638, 9
Dich zum Schauen Gottes bringt 589, 22
Ich wandle hier — nicht im Schauen 227, 1
Auf Glauben folgt das Schauen 537, 10
Bis aus dem Glauben Schauen wird 332, 7
Dort im Haben und im Schauen 602, 13(11)
Im Schauen wird es ihn mit Lust 191, 5
Er ist ein Weg zum Schaun 739, 3

Schaum.

Stoppeln, Blätter, Würmer, Schaum 218, 2

Schauplatz.

Ist ein Schauplatz deiner Güte 650, 2

Schau tragen.

Sehr herrlich Schau getragen 144, 3
Die Feinde Schau getragen 670, 6
Der Feind wird Schau getragen 742, 2

scheiden.

I. Gott und von Gott.

Nicht von seinem Volk geschieden 610, 5
So scheide nicht von mir 542, 9
Warum willst du von mir scheiden 259, 1
Da wird er sie scheiden 222, 8
Wer ist, der uns scheide 599, 13
Niemand kann uns scheiden 676, 11
Du bist nicht von ihm geschieden 773, 1
Wer will dich nun scheiden von d. Lamm 773, 7
Mag mich von meinem Jesu scheiden 332, 4
Keine Pein von deiner Liebe scheiden 594, 4
Kein Leiden kann von s. Liebe scheiden 173, 3
Kein falsches Gut von d. Liebe scheide 349, 4

Was wird mich können scheiden von Gottes Lieb 328, 2
Von Gottes Liebe mich soll scheiden 328, 5
Von seiner Liebe scheiden 609, 3
Das dich von mir u. m. Liebe scheide 282, 1
Nichts soll mich von der Liebe scheiden 292, 11
Daß nichts mich von dir scheide 453, 2
Nichts kann uns scheiden, Halleluja 402, 1
Nichts soll mich von Jesu scheiden 388, 5. 461, 9
Von dir soll mich nichts scheiden 700, 4
Kann mich doch nichts mehr von dir scheiden 777, 8
Nichts kann sie von Jesu scheiden 384, 13[1])
Kann nichts von ihm mich scheiden 90, 6
Nichts ist, das mich von Jesu scheide 722, 8
Dich und mich soll nie was scheiden 438, 4
Was will uns auch scheiden von Gott 473, 9
Was mich und dich kann scheiden 763, 11
Was will mich von ihm scheiden 724, 5
Uns scheiden keine Schmerzen 287, 4
Keine Not von meinem Jesu scheide 420, 8
Da wird uns der Tod nicht scheiden 425, 9
Schmerz u. Tod nicht von Jesu scheiden 318, 7
Daß der Tod uns selbst nicht scheide[2]) 734, 3
Von ihm der Tod mich nimmer scheidt 343, 13
Nicht m. Lebenslicht, von dir geschieden 465, 11
Uns soll der Feind nicht scheiden 502, 7
Der Satan selbst nicht scheiden 774, 6

II. sterben.

Wenn ich einmal soll scheiden 542, 9
Wenn ich von hier soll scheiden 284, 5
Mit Frieden von hinnen geschieden 125, 2
Mit Freuden auch von hinnen scheiden 222, 5
In dir fein sanft von hinnen scheide 706, 7
Bis ich von hinnen scheide 310, 7
Zuletzt von hinnen scheiden 630, 4
Mit Freuden scheiden aus der Welt 39, 3
Aus dieser finstern Wildnis scheiden 741, 5
Will ich aus der Trübsal scheiden 173, 1
Es muß einmal geschieden sein 470, 7
Jetzt, nun ich von euch scheide 232, 6
Als sollts geschieden sein 688, 2
Warum denn immer scheiden 86, 2
Du zeuchst mich, wenn ich scheide 329, 11
Und endlich, wenn ich scheide 142, 7
Wenn ich auch gleich nun scheide 297, 6
Wenn sich mein Seel soll scheiden 172, 2
Wenn sich mein Seel will scheiden 450, 1
Laß mich nun in Frieden scheiden 206, 4
Bis Leib und Seele scheiden 580, 10
Wenn Leib und Seele scheiden 339, 5
Laß m. Seel — aus ihrem Leibe scheiden 335, 3
Ob hie der Leib und Seel von ander scheiden 8, 9[1])

III. allgemein.

Zu reingen und zu scheiden 485, 4
Sich von allen Dingen scheiden 583, 7
Wenn die besten Freunde scheiden 152, 4

1) Fehlt vielfach. 2) Var. Bernd. G. Hingerückt in Liebesschmerze.

Das soll der Mensch nicht scheiden 684, 1
Muß die Nacht des Trauerns scheiden 741, 1

Scheiden.

Von dir bestellt bis zum letzten Scheiden 601, 4
Mein Jesu, der du vor dem Scheiden 475, 1
Kein Tod, kein bittres Scheiden 135, 13

Scheideweg.

Man spricht vom Scheidewege 688, 3

Schein.

Mit ihrem klaren Scheine 114, 3
Der Sonne Hitz, des Mondes Schein 346, 6
Angelangen desselben Tages Schein 621, 10
Sein Antlitz uns mit hellem Schein 192, 1
Mein Herz u. Seel mit d. Schein 180, 1
Willst du genießen diesen Schein 133, 4
Giebt der Welt ein' neuen Schein 209, 4
Jesus und sein heller Schein 322, 6
Von Jesu — u. seiner Wahrheit Schein 420, 7
Laß leuchten deiner Gnade Schein 452, 4
Da wird sein Kraft erkannt u. Schein 10, 5
Kein Ort ohn dessen Glanz u. Schein 669, 6
Licht u. Schein in dem dunklen Herzen 414, 1
Du wertes Licht, gieb uns deinen Schein 497, 2
Laß deinen Schein bei uns — sein 543, 1
Des heilgen Geistes Glanz u. Schein 546, 3
Würmer, Schaum, ein bloßer Schein 218, 2
Wohl bei gutem Schein will brüsten 570, 3
Was bringt der Schein u. Pracht 472, 4
Mit Wahrheit, nicht zum Schein 420, 5
Die falschen Schein uns lehren 10, 3
Weint nicht ob dem eiteln Schein 206, 6
Schein ohn Einfalt und Christi Sinn 570, 6
Der Welt ihr Wesen, Tand u. Schein 570, 7

scheinen.

Sonn und Mond uns scheinen heißt 219, 1
Und keine Sonn mehr scheint 517, 1
Wenn die Sonn nicht mehr thut scheinen 196, 5
Er läßt — die Freudensonne scheinen 228, 4
Siehst lauter Sonnen scheinen 139, 12
Laß — helle scheinen dein Glaubenslicht 133, 4
Und scheine völlig ausgethan 340, 6
Wer sie hier zu verlieren scheint 485, 6
Sollt es gleich bisweilen scheinen 624, 1
Und scheinet dann das Glücke trübe 98, 3
Scheinet was, es sei mein Glücke 387, 3
Was andern schön u. lieblich scheinet 570, 2
Beim Sünde thun scheint[1]) sie gering 53, 7
Alles andre, wies auch scheine 169, 1
Der Tod mag andern düster scheinen 741, 5
Und ob es wunderlich gleich scheint 720, 9
Scheints der Vernunft ganz wunderlich 724, 4
Obs gleich scheint, als hört er nicht 701, 2

Scheinen.

Morgens macht d. Scheinen d. Sonn 352, 4

Scheitel.

Bis zu der Scheitel war nichts Guts 298, 6
Ganz von der Scheitel bin verderbt 704, 14
Vor s. Throne der überwinder Scheitel 367, 8

schelten.

Wenn er dich aber schilt 483, 2
Meine Trägheit muß ich schelten 461, 5
Wenn uns schilt u. flucht die böse Welt 681, 4

Schemel.

Bis zum Schemel deiner Füßen 615, 5
Zu dem Schemel deiner Füße 259, 4

Schemen.

Aus dem Schemen, aus dem Eiteln 206, 7

schenken.

I. Gott.

Als er uns dir geschenket hat 66, 5
Ein gnadenreich Neujahr uns schenk 83, 4
Noch die große Gnade schenkest 534, 3
Schenke du mir gnädiglich den Schirm 517, 3
Der mir — Freud und Lust geschenkt 217, 2
Herz u. Munde, welchs er uns — schenkt 665, 5
Schenkst du schon so viel auf Erden 461, 13[2])
Und schenkt uns seinen Sohn 447, 1
Der uns schenkt seinen eingen Sohn 662, 15
Daß du dich u. viel dazu hast geschenkt 387, 5
Du hast dich mir wollen schenken 584, 7
So er uns denn sein' Sohn geschenkt 146, 4
Schenkt uns den Herren Christ 665, 4
Was uns in dir geschenket 253, 6
Die du mir wollen schenken 244, 7
Ich schenke dir m. reines Unschuldskleid 777, 6
Schenke — mir ein göttliches Gemüte 583, 8
Ihn'n schenken in den Sakramenten 222, 4
Schenk ihm deiner Unschuld Seide 437, 4
Daß du deinen Leib uns schenkest 3, 3
Komm, selbst dich mir zu schenken 143, 8
Ja selbst dich mir geschenket 560, 3
Nicht größer Güte konnt er uns geschenken 239, 2
Komm und schenke mir deine Liebe 281, 8
Wurde ihr alles in Einem geschenkt 169, 3
Schenke dich zu eigen mir 169, 4
Der mir im Glauben schenkt sich selbst 208, 2
Daß du mir schenkest solche Seligkeit 136, 8
Schenke mir, Herr, und gewähre 221, 3
Schenke, was man bitten kann 197, 4
Herr, der du mir wirst schenken mehr 135, 15
Dein Güte schenk mir Armen 562, 5
Geist und Andacht schenken 371, 1
Und schenkst mir großes Gut 738, 4
Und den Himmel dir geschenket[3]) 461, 4
Den euch der Herr wird schenken 417, 15
Aus Gnaden mir das Leben schenk 283, 5
Du süße Lieb, schenk uns deine Gunst 497, 3
Und schenk uns deine Liebe 543, 6

II. Mensch.

Was dir zu schenken 298, 8
Schenkt ich dir gleich viel tausend Welten 600, 5
Schenke dir, was du mir hast gegeben 356, 1
Sollt ich dir nicht schenken wieder alles 590, 6
Unsre Kinderlein dir — schenken 137, 4
Das schenk ich dir am Ende 579, 10

1) Var. Anh. G. Beim Sünd'gen scheinet. 2) Fehlt vielfach. 3) Var. Bernh. G. errungen.

III. allgemein.
Wer hat dir die Macht geschenkt 599, 3

Scherz.
Es war bei ihm fürwahr kein Scherz 502, 4
Jesu Leiden ist kein Scherz 461, 5
Ist ein Scherz und Spiel der Zeiten 220, 2
Die sind mir nur ein Scherz 405, 6
Daß wir damit nicht treiben Scherz 140, 7
Daß ich durch unehrbaren Scherz 260, 7

scherzen.
Mit der Sünde nicht zu scherzen 372, 1
Mit der Sünde nicht mehr scherze 470, 3
Reich u. satt u. mit der Sünde scherzen 212, 7[1])
Daß ich mit der Sünde nicht scherze 281, 3
Nicht scherzen mit deinen Strafen 444, 9
Mit der Züchtigung nicht scherze 4, 3
Daß ich ja nicht länger scherze 18, 5

Scherzen.
Hier gilt fürwahr kein Scherzen 530, 3

scheu.
Macht meine Feinde scheue 399, 13

Scheu.
Der ich ohn Scheu, ohn Leid u. Reu 326, 7
So faß ich dich nun ohne Scheu 753, 18
Ich rühms auch ohne Scheu 405, 2
Die Sünden beichten ohne Scheu 137, 5
Nimm an den Kreuzeskelch ohne Scheu 228, 5
Zion leide ohne Scheu 194, 2

scheuen.
Und stets dein heilig Auge scheu 495, 6
Und meiner Eltern Eifer scheu 532, 3
Ich scheue keine Müh u. Schmerzen 520, 4
Vor sündlicher Begier — mich scheue 347, 6
Vor neuen Sünden scheuen 366, 15
Daß ich forthin das Böse scheu 13, 2
Keine Strafe sollst du scheuen 673, 6
Ihr dürfet ihn nicht scheuen 607, 5
Scheu weder Teufel, Welt noch Tod 670, 8
Lern nicht nur, den Tod nicht scheuen 456, 5
Darf kein Gerichte scheuen 405, 5

schicken.
Wie du willst, so schicks mit mir 293, 1. 722, 4
Wie er es schickt und mit mir fügt 724, 3
Und mir von oben Hülfe schickt 109b, 3
Die Plagen, die er uns schickt 36, 5
Schickt er mir ein Kreuz zu tragen 676, 4
Zu dir, Herr, schicken will 203, 14
Schickt das Herze da hinein 389, 10
Wer sich weiß in Gott zu schicken 462, 4
Schicken uns auch mit allem Fleiß 509, 7
Mein Leib und Seele, schicke dich 524, 3
Was ich wünsche, wird sich schicken 32, 4

schier.
Komm schier, hilf mir 28, 6
Daß ich schier muß unterliegen 374, 7
Uns das Herze schier zerfraßen 421, 6
Gewichen bin zum Abgrund schier 393, 6
Weil es nunmehr dunkel schier 714, 6
Wann wirst du kommen schier 369, 2
Wenn sich schier ein sichrer Hafen findet 621, 4

schließen.
Dein Stachel ist vergebens durch ihn geschlossen 607, 2

Schiff.
Steur selbst dein Schiff u. richt den Lauf 176, 4

Schiffer.
Die Freude, die empfindet ein Schiffer 621, 4

Schifflein.
Mein Schifflein treibet um und um 165, 9
Will des Herzens Schifflein decken 718, 12(11)
Wenn des Schiffleins Ruder bricht 731, 3

Schild.
Herr Zebaoth wird Schild u. Lohn 684, 1
Gott ist der Frommen Schild u. Lohn 404, 4
Mein Fels, mein Hort, mein Schild 401, 4
Herr, mein Schild, mein Ehr u. Ruhm 219, 6
Dein Schirm und Schild, dein Hülf 355, 14
Er sei mein Schirm und Schild 14, 7
Es geschehe mir, mein Schild 387, 5
Mein Heiland ist mein Schild 37, 7
Erscheine mir zum Schilde, 542, 10
Ich bin ihr Schild und Kron 426, 1
Laß mich — d. Liebe Schild beschirmen 255, 8
Hält über uns sein Schild 243, 8
Ja unser Schild und Rettung ist 107, 2
Und unter solchem klaren Schilde 570, 1
Sein Schild sei stets erhöht 305, 2

schimmern.
Gleich den Sternen schimmert 115, 5
Im Friedensschmucke selber schimmern 424, 9

Schimpf.
Dich mit großem Schimpf belegt 383, 4
Erlegt ist er mit Schimpf u. Spott 572, 9
Von ihm abwende Schmach u. Schimpf 260, 9
Und mit Schimpf zur Hölle fallen 641, 9

Schirm.
Dein Schirm und Schild 355, 14
Er sei mein Schirm und Schild 14, 7
Der beste Schirm im Sturme 720, 3
Schenke du mir gnädiglich den Schirm 517, 3

schirmen.
In dir, der Gottes Kinder schirmt 253, 6

Schirmen.
Unter deinem Schirmen bin ich — frei 381, 2

Schirmer.
Mein Gott u. Schirmer steh mir bei 401, 3

Schlacht.
Doch du gewinnst ihn ohne Schlacht 91, 3

schlachten.
Du schlachtest ihn als wie e. Lamm 165, 4
Am Stamm des Kreuzes geschlachtet 565, 1-3

Schlachtschaf.
Mich für ein Schlachtschaf halten 328, 2
Als ein Schlachtschaf eingestellt 526, 1

Schlachtschwert.
Das Schlachtschwert auf uns wetzt 448, 8(7)

1) Fehlt vielfach.

Schlaf.

Von keinem Schlafe etwas wissen mag 315, 1
Vertreib den schweren Schlaf 67, 3
Daß der Schlaf nicht sündlich sei 268, 4
Und bin ich gleich des Schlafes voll 648, 6
Und der Schlaf sich von uns wendt 196, 5
Durch den ich neu aufstehe vom Schlaf 81, 1
Fröhlich vom Schlaf aufstehen wir 126, 1
Der Schlaf zwar herrschet in der Nacht 111, 3
Daß dich Satans List nicht im Schlaf 449, 4
Satans Macht hat ihn in den Schlaf 47, 6
Hält der Schlaf uns noch gefangen 646, 4
Komm, vom Schlaf dich zu erheben 673, 5
Die mich vom Schlaf erweckt 777, 3
Der Tod ist mein Schlaf worden 487, 1

schlafen.

Du schläfst noch schlummerst nicht 517, 2. 706, 4
Der uns behütet, schläfet nicht 346, 3
Der Hüter, der nicht schläft noch irrt 109a, 1
Sollt der schlummern oder schlafen 229, 2
Du schliefst ja auf der Erden Schoß 753, 14
Sie feiern auch und schlafen nicht 270, 3
Wenn ich schlafe, wenn ich wache 309, 4
In Fried und Ruhe schlafe 243, 8
Schlaf wohl, laß dir nicht grauen 671, 4
In dir schlaf ich sanft und wohl 648, 3
Daß wir alle sicher schlafen 268, 6
So schlafen wir im Namen dein 66, 7
Laß uns schlafen mit Fried und Ruh 314, 3
Und ich schlaf in Frieden 315, 3
Es schläft die ganze Welt 515, 1
Gott laß euch ruhig schlafen 515, 9
Schläft alles, was sich abgematt' 517, 1
Geh mit Jesu schlafen 195, 1
Wenn ich schlafe, wacht sein Sorgen 625, 7
Nun schlaf mein liebes Kindelein 516, 1
Hilf Gott, daß wir nicht schlafen 99, 1
In Sicherheit fein unbesorgt geschlafen 366, 9
Wenn sie sicher schlafen 449, 4
Denn du schliefest lang genug 673, 7
Wenn wir geschlafen haben 665, 6
Du gehest ja nur schlafen 708, 4
Denn wer mit Jesu schlafen geht 111, 5
Der Leib schläft bis an jüngsten Tag 509, 5
Der Leib schläft in seiner Kammer 425, 5
Ich schlafe nur und bin nicht tot 728, 5

Schlafgemach.

Jeder findt sein Schlafgemach 301, 3

Schlafkämmerlein.

Den Leib in sein Schlafkämmerlein 296, 3

schläfrig.

Unsre müden Augenlider schließen sich jetzt schläfrig zu 648, 1
Daß du schläfrig bleibest 449, 7

Schlag.

Ertrugest Schläge, Spott und Hohn 284, 3
Speichel, Schläge, Hohn u. Schmach 371, 2
Speichel, Schläge, Strick u. Banden 383, 2
Läßt willig sich beschweren mit Schlägen 580, 1
Für deine Schläg und Wunden 560, 4
Deine Striemen, Schläg und Ritzen 374, 8
Seine Schläge, ob sie mir gleich bitter 625, 10
Ob ich die Vaterlieb in Schlägen 230, 6
Ein einzger Schlag kann alles enden 358, 6

schlagen.

Die Wunden—hab ich dir helfen schlagen 284, 2
Die sind doch auch für mich geschlagen 777, 4
Ins Angesicht geschlagen u. verhöhnet 298, 2
Meine Sünden haben dich geschlagen 298, 3
Du hast lassen Wunden schlagen 383 3
Du hast wollen sein geschlagen 383, 5
Wer hat dich so geschlagen 580, 3
Das Elend, das dich schläget 580, 4
Kein Erstgeburt er bei uns schlägt 181, 12
Die Wagenburg ist stets geschlagen 720, 7
Wenn er uns ja schläget 352, 3
Und schlägt er noch so sehr 203, 10
Wenn du schlägest, halt ich still 461, 8
Und schlägst nicht allzusehr 355, 9
Er schlägt und heilet Wunden 232, 7
Ob er gleich schlägt u. Kreuz auflegt 341, 1
Ganz und gar zu Boden schlagen 218, 1
Und schlägt das Gewissen nieder 183, 9
Ich will mich mit dir schlagen 580, 15
Mit dir kann ich sie schlagen 763, 8
Wenn dasselb auch nicht mehr schlägt 474, 8

Schlamm.

Von der Sünden Schlamm 602, 1

Schlange.

Darein die Schlang Evam bezwang 146, 1
Weil denn die Schlang Evam hat 146, 2
Die alte Schlang, die Sünd u. Tod 181, 2
Wie sträubte sich die alte Schlang 572, 2
Du hast gebunden die alte Schlang 465, 8
Bricht den Kopf der alten Schlangen 421, 5
Ist der alten Schlange der harte Kopf 742, 2
Tritt der Schlangen Kopf entzwei 238, 8
Der Schlange hat zerknirscht ihren Kopf 644, 11
Hat die Schlang jetzt umgebracht 428, 2
Fleuch du alte Schlange 599, 2
Aber hier erdenkt die Schlange 299, 3
Man muß hier stets auf Schlangen gehn 191, 2

Schlangenbiß.

Heil den tiefen Schlangenbiß 437, 5[1])
Dazu quälet uns gar heftig jener giftge Schlangenbiß 21, 2
Mit vergiften Schlangenbissen 678, 3
So schadet mir kein Schlangenbiß 332, 4

Schlangengift.

Ach Sünd, du schädlichs Schlangengift 620, 2

Schlangenklugheit.

Uns mit Schlangenklugheit hüten 642, 6

Schlangensamen.

Der Schlangensamen sich — widersetzt 448, 8

Schlangenspur.

Erblick ich nur die Schlangenspur 153, 8

---

1) Fehlt vielfach.

Schlangenstich.
Fühlest du den Schlangenstich 194, 2
Manchen Schlangenstich auf dein Herze 696, 5[1])
Schlangentreter.
Drum, o Schlangentreter, eile 299, 4
schlank.
Heut ist der Mensch schön, jung u. schlank 417, 6
schlau.
Und des Satans schlaue List 238, 7
schlecht.
I. gering.
Die Krippen, Windelein so schlecht 662, 5
Das Heu, — war alles schlecht 753, 14
Was schlecht u. niedrig geht herein 202, 7[1])
Es sind ja Gott sehr schlechte Sachen 719, 6
Mein Thun ist viel zu schlechte 579, 6
Obs für schlecht zwar ist zu achten 298, 14
Schließen dies schlechte Liedelein 407, 8
Doch nicht allein schlecht Wasser 77, 2
Du bist kein schlechtes Wasser nicht 149, 6
Daß ich ihn so schlecht geliebet 461, 5
II. recht.
Sind aufrichtig, fromm und schlecht 419, 5
Und machen alles schlecht[2]) 36, 5[3])
Sie sprechen schlecht, es sei nicht recht 548, 3
Was krumm ist, gleich und schlecht 486, 2
Das, was krumm u. schlecht,[2]) prüfe 194, 4
schlicht.
Das Leben schlicht zu Gott im Himmel 41, 3
schlichten.
Bei jedermann die Sachen — schlichten 13, 7
schließen.
Die offnen Gnadenpforten schließen 471, 10
Schleußt das Thor der bittern Leiden 676, 8
Im Nu sind sie geschlossen 515, 7
Es wird die Augen schließen 627, 2
Wenn meine Augen schon sich schließen 714, 7
Sein in deinen Schutz geschlossen 714, 8
Ich will dich ins Herze schließen 200, 14
In mein Gedächtnis schließen 165, 6
Den Geist d. Allerhöchsten in sich schleußt 149, 6
In ihm dies Leben schließe wohl 14, 8
Lobende schließe mit Amen 445, 5
Schließen dies schlechte Liedelein 407, 8
So sollen wir stets schließen 683, 6
Der geschlossen in der Tauf 608, 2
schlimm.
Wenns am schlimmsten mit mir steht 357, 4
Schlimmes.
Dein Vater wird nichts Schlimmes 186, 6
Schlinge.
Zerreißet denn die morschen Schlingen 685, 5
Schloß.
Ihr zerstörten Schlösser u. Städte 235, 4(3)
Was nützt der Schlösser Menge 127, 3
Als in einem festen Schloß 599, 5
Er sei — mein Schatten, Schloß u. Hut 14, 7
Sei meine Burg u. festes Schloß 735, 4
Ein sichres Schloß[4]) gejagter Seelen 471, 3
Sein Schloß kann keine Macht zerstören 19, 6
Erbaut ein Schloß und festes Haus 362, 4
Wer kann feste Schlösser bauen 455, 2
In dem reichen Himmelszelt und güldnen Schlosse werden 204, 9
Wer kommt ins Himmels Schloß 652, 4
Ins Schloß vollkomner Sicherheit 232, 5
Zerbricht der Höllen Schloß u. Thür 572, 3
Schloßen.
Meltau, Frost, Reif und Schloß 729, 2
Schlummer.
Die Schwachheit nach dem Schlummer 646, 6
schlummern.
Sollt der schlummern oder schlafen 229, 2
Du schläfst noch schlummerst nicht 517, 2. 706, 4
Der du nicht schläfst noch schlummerst 644, 1
Du schlummerst nicht, wenn matte 116, 6
Schlund.
Die Zukunft wär ein dunkler Schlund 691, 1
Daß ihr Schlund uns möcht fangen 674, 3
Schluß.
Das Mittel und der Schluß 14, 10
So ist der Schluß recht wohl gemacht 111, 9
Ist doch kein Schluß vorhanden 530, 5
Stets seinen Schluß zu ehren 724, 2
Den erwünschten Schluß gefaßt 193, 2
Mein Schluß sei nun fest gericht 461, 7[1])
Schmach.
Es nimmet an Schmach, Hohn 165, 1
Speichel, Schläge, Hohn u. Schmach 371, 2
Wie er unter Schmach und Leiden 471, 6
Deine Schmach und deine Schande 438, 5
Ging Jesus Christ mitten durch die Schmach 313, 6
Andrer Schmach u. Last zu tragen 255, 6
O Antlitz voller Schmach 606, 2
Meines Heilands Schmach ganz alleine 584, 6
Ich trage Christi Schmach 679, 5
Auch deine Schmach — tragen 470, 7
Keine Schmach und Plagen 298, 13
Daß mich kein Schmach noch Hohn 420, 8
Trägt mit Ehren deine Schmach 158, 2
Sollts auch sein Schmach u. Spott 709, 6
Mit Schmach am Kreuz gefangen 202, 4
Bei Schmach, bei Mangel u. bei Schmerz 483, 5
Droht man dir mit Schmach u. Banden 773, 5
Selig sind, die müssen dulden Schmach 419, 9
Elend, Not, Kreuz, Schmach u. Tod 381, 3(4)
Die Welt mit aller Schmach 153, 6
Kränkt mit Trutz und Schmach 260, 6
Abwende Schmach und Schimpf 260, 9
Zu bekennen all unsre Schmach 452, 2
Behüten — vor Sünden u. vor Schmach 54, 3
schmachten.
Wenn ich schmacht in Seelenpein 375, 6
Schmähen.
Mit Schmähen überladen 13, 8

1) Fehlt vielfach. 2) Var. Bernb. G. schlicht. 3) Fehlt Anh. G. 4) Var. Bernb. G. Burg.

schmal.

Der schmale Weg ist Trübsal voll 11, 1
Auf dem so schmalen Pfade 124, 2
Nicht gereuen der schmale Pilgerpfad 418, 2
Und der Lebensweg ist schmal 589, 2

schmecken.

Wenn mir nichts mehr schmecken will 165, 8
Aus deinem Becher schmecken 143, 2
Dein Mahl zu schmecken 220, 8
Gar den herben Tod geschmecket 383, 6
Und schmeckte den verdienten Tod 471, 2
Jetzt schmecket mein Gemüte 560, 7
Schmeckt mein Herz nur deine Güte 152, 6
Allhier in reicher Menge schmeckt 727, 2
In reiner Liebe schmecken 558, 7
Schmecken deine Süßigkeit 693, 8
Laß mich — schmecken deine Kraft 769, 2
Den Frieden Gottes schmeck u. fühl 136, 2
Muß ich den Kelch gleich schmecken 682, 5
Den Tod ewiglich schmecken nicht 172, 4
Und den Tod ewig schmecken nicht 283, 6
Schmecke, was für Gaben 135, 11
Da wirst du schmecken, hören, sehen 681, 14
Will ich schmecken und erwägen 413, 8
Schmeckt wie Milch und Honigsäfte 585, 3
Und will ich noch lieblich schmecken 153, 3

Schmecken.

Hören, Schmecken, Fühlen weichen 458, 3

Schmeichelei.

Weg, Welt, mit allen Schmeicheleien 741, 6

schmeicheln.

Und dennoch schmeichelt er sich gern 737, 1
Heucheln und in Hoffart schmeicheln 449, 6

Schmeicheln.

Und hält uns mit ihrem Schmeicheln 21, 4
Vor Schmeicheln, List und Heuchelei 13, 7

Schmerz.

I. Gott.

Wie du — littest alle Schmerzen 371, 1
Für die Schmerzen, für den herben 383, 8
Vor unerschöpften Schmerzen e. Seufzer 580, 2
Dein Schmerzen muß m. Labsal sein 580, 6
Für deinen Tod — u. die Schmerzen 335, 1
Und laß deines Todes Schmerz 584, 7
Für deine Pein und Schmerzen 709, 4
Für alle deine Schmerzen 560, 4
Weil du mit deinen Schmerzen mir 594, 1
Macht dir meinetwegen Schmerzen 567, 2
Voll Schmerz und voller Hohn 542, 1
Hilf mir, Jesu Tod und Schmerzen 240, 5
O Mienen voller Schmerz 606, 2
Wo Schmerzen über Schmerz 606, 4
Vertrauen auf Christi Tod u. Schmerz 203, 6
Durch deinen Tod und Schmerzen 30, 2
Nehm ich an Christi Blut u. Schmerzen 599, 4

II. Mensch.

Bis er mir allen Schmerz 184, 3
Der Schmerz sei groß, ich bleibe 777, 8
Vor Gefahr, Angst, Not u. Schmerzen 219, 2
Von Krankheit, Schmerz und Leid 99, 7
Und stell in meinen Schmerzen 339, 4
In Todesnot und Schmerzen 710, 3
Mein Trost du bist in — Schmerzen 716, 1
Fahr hin, o Angst u. Schmerzen 621, 5
Ich scheue keine Müh u. Schmerzen 520, 4
Wir fliehn zu dir mit allem Schmerz 253, 5
Der kann den Schmerz verbinden 153, 5
Und verbinde unsre Schmerzen 433, 3
Er macht sich selber Müh u. Schmerz 685, 3
In Kummer, Angst u. Schmerzen 107, 1. 14
In den Schmerzen sei mir süß 215, 2
Wird sich bald lindern aller Schmerz 232, 6
Fühl ich nicht der Seelen Schmerzen 714, 8[1])
Nimm die Schmerzen, die mich quälen 611, 3
Und lindern meines Herzens Schmerz 325, 4
Der du selbst heilest allen Schmerz 747, 3
Vergieb die Sünd, heil m. Schmerz 326, 10
Da weichen alle Schmerzen 682, 5
Vertreib mir Sorg und Schmerzen 405, 6(7)
Du siehst u. wägest meinen Schmerz 495, 5
Rühret eigner Schmerz irgend unser Herz 377, 3
O Christenherz, alle deine Schmerzen 599, 17
Weich ewig aller Schmerz 619, 13
Ein Schmerz, der zu des Glaubens Ehre 45, 2
Schmerz, Seufzen, Leid 187, 5
Gieb deinem Schmerze u. Sorgen 58, 7
Mein Herz, vergiß den Schmerz 217, 5
Hinweg all Angst und Schmerzen 36, 2
Zion klagt in Angst und Schmerzen 774, 1
Uns scheiden keine Schmerzen 287, 4
Bei welchem Gram u. Schmerze sich häuft 738, 6
Dir anhang in Freud u. Schmerz 419, 11
Nicht in Not u. Schmerz die Glücklichern 237, 4
Bejammern voller Schmerzen ihre Not 778, 2
Des Frommen Herz wird frei v. Schmerz 108, 3
Mein Herz auf den Schmerz ewiglich 676, 9
Als Not und bittre Schmerzen 472, 4
Wird wohl wieder stillen die Schmerzen 472, 8
Wenn mir m. Feind viel Schmerzen 106, 8
Du kennst m. Herz, weißt m. Schmerz 4, 1
Dringt mir der große Schmerze 4, 3
Er kennt m. Herz u. meinen Schmerz 230, 1
Vor ihm muß auch der tiefste Schmerz 230, 3
Daß ich in dem größten Schmerz 152, 4
Der bittern Sorgen Schmerzen 352, 7
Liebe, laß auch meine Schmerzen 526, 5
Setzet mich in tausend Schmerz 600, 4
Die in Reu und Schmerz erkennen 393, 1
Reiß aus, obschon m. tausend Schmerzen 570, 7
Und lindern meines Herzens Schmerz 325, 4
Sollts auch sein mit tausend Schmerzen 317, 3
Mit Schmerzen bin beladen 279, 1
Zerrissen durch der Sünden Schmerz 374, 5
Ehr und Freud sind nur Schmerzen 617, 6
Weil es fast vergeht vor Schmerz 3, 7
Ach ich ruf vor Pein und Schmerzen 760, 2

---

1) Fehlt vielfach.

Er vertreibt mir Angst u. Schmerzen 760, 3
Ach, ich fühle keine Schmerzen 26, 2
Und verursacht stete Schmerzen 21, 2
Es fühlt von Sünden großen Schmerz 592, 1
Unser Schmerz rührt dein Herz 650, 5
Dies ist m. Schmerz, dies kränket mich 558, 2
Zerrissen durch der Sünden Schmerz 374, 5
Du ergründest meine Schmerzen 374, 10
In d. Zeit bereuen ja mit Schmerzen 143, 4
Unter Angst und heißen Schmerzen 53, 8
Ihn drang der Sünder Not u. Schmerz 471, 2
Daß ich stets mit Reu und Schmerz 310, 2
Darum leiden gar große Schmerzen 548, 4
Hüt dich vor Pein und Schmerzen 579, 10
Im heißen Pfuhl der Schmerzen 530, 6

schmerzen.

Wenn mich die Glieder schmerzen 658, 6

Schmerzensnächte.

Hält mich der Krankheit Ach in Schmerzensnächten wach 350, 3

Schmerzensschreien.

Ewiglich e. kläglich Schmerzensschreien[1]) 56, 3

schmerzlich.

Wenn mirs gleich noch so schmerzlich 538, 2
Sünden — die schmerzlich ich beweine 143, 5

Schmuck.

O du Schmuck der Himmelsstadt 529, 1
Christi Blut u. Gerechtigkeit, das ist mein Schmuck 400, 1
Dein Blut mein Schmuck 277, 2
Du giebst gnug Ehr und Schmuck 200, 14
Es hat mit seinem Schmuck zu thun 733, 3
Der Einfalt Zier u. Schmuck erreichen 570, 7
In solchem Schmuck, in solcher Zier 512, 3
Den falschen eignen Schmuck verfluche 470, 5

schmücken.

Schmückt meinen Sarg mit Kränzen 621, 6
Schmücke dich mit meiner Heiligkeit 777, 6(7)
Gottes Liebe schmücke mich 240, 5
Schmücke mich mit deinen Gaben 225, 5
Mein Jesu, schmücke mich mit Weisheit 561, 6
Das sich mit Christi Einfalt schmückt 570, 6
Wie soll ich mich heute schmücken 252, 5
Schmückt die Seel mit — weißer Seiden 472, 7
An Leib und Seel uns schmücken 99, 4
Erquicket u. geschmücket vor deim Throne 558, 7
Jetzo werd ich schön geschmücket 31, 7
Als eine wohl geschmückte Braut 165, 10
Sie schmückt und hält sich dir bereit 578, 7

schnauben.

Höll und Abgrund schnaubt 727, 4

Schnee.

Mache mich so weiß wie Schnee 276, 7

schneeweiß.

Sich dennoch in schneeweiß kehren 390, 6
Macht schneeweiß was ist rot 405, 5

schneiden.

Euch in das Herze schneidt 203, 1

schnell.

So lauft mit schnellen Schritten 36, 8
Ein schnell und selig sterben, ist schnell und glücklich erben 232, 3
Ist euch der Feind zu schnell 591, 1
Fährt schnell ohn Zaum und Zügel 366, 11
Zerstreuet von d. Wind im schnellen Nu 758, 4
Eh mich der schnelle Tod hinrückt 631, 7
Vor bösem, schnellem Tod 54, 3
Vor bösem, schnellen Tod behüt 443
Wie ein Fluß mit schnellstem Wasserguß 17, 2
Laß dein Wort recht schnelle laufen 669, 6

Schnitter.

Die Ernt ist groß, der Schnitter wenig 158, 3

schnöde.

Das macht die schnöde Sünde 14, 5
Alle schnöden Sachen verklagen mich 366, 7
Und frei von schnöden Dingen 329, 13
Vor schnöder Lust mich hüte 13, 8
Ertöt in mir die schnöde Lust 180, 2
Mich von der schnöden Welt — lenke 625, 10
Dieser schnöden, bösen Welt 156, 3
Aus der Höhle der schnöden Eitelkeiten 524, 13
Schnöder Feind, du hättest wahrlich 607, 2
Muß leiden oft ein'n schnöden Tod 303, 4[2])

schön.

Wes ist das schöne Kindelein 662, 7
Schönstes Kindlein in dem Stalle 421, 8
Stark, herrlich, sanft und schön 36, 8
Doch bist du schön gezieret 562, 4
O Haupt, sonst schön gezieret 542, 1
O lieblich Bild, schön, zart und mild 573, 6
Gewaltig, herrlich, prächtig, schön 501, 8
Schönster Herr Jesu 598, 1
O Jesu Christ, mein schönstes Licht 554, 1
Süß u. schön ist, Jesu, deine Liebe 554, 3
Ich will dich lieben schönstes Licht 364, 1. 8
Wie schön leuchtet der Morgenstern 734, 1
Lieblich, freundlich, schön u. herrlich 734, 1
Komm du schöne Freudensonne 734, 7
Und mit Gaben zieret schöne 749, 3
Für dein Geschöpf der Engel schön 270, 1
Heut ist der Mensch schön, jung 417, 6
Und gleißen schön von außen 10, 2
Ach wie schön, ach wie schön ist der Engel Lobgetön 432, 3
Ach, denk ich, bist du hier so schön 204, 9

Schöne.

O Jerusalem, du Schöne 31, 6
O Ewigkeit, du Schöne 518, 4
Wie flüchtig ist der Menschen Schöne 24, 4
Und giebt die rechte Schöne 149, 2

schonen.

Liebster Heiland, schone mein 284, 2
So fahr hier fort und schone dort 8, 4
Daß dein Vater ihrer schone 249, 5
Die immer noch geschont 122, 2
O treuer Vater schone, schone 325, 7

1) Var. Bernb. G. Schmerz und Schreien. 2) Fehlt Bernb. G.

Daß ich meiner niemals schone 18, 7
Und seiner Seelen selbst nicht schont 631, 4
Was schont denn Satan meiner nicht 333, 7

Schönheit.

Du hochgelobte Schönheit du 364, 3
Die Schönheit Himmels u. der Erden 598, 2
Des Fleisches Schönheit dauert nicht 19, 3
Alle Schönheit wird zu schanden 256, 2
Deine Schönheit Unbestand 206, 4

Schönster.

Komm, Schönster in mein Herz 179, 7
Laß, Schönster, meine Seele 560, 11
Was ist, o Schönster, das ich nicht 554, 12
Einen Platz in meinem treuen Herzen dir, Schönster, zugeteilt 594, 1
Als Schönster, ohne dich im Paradiese 594, 5
Mich kann besprechen mit d. Schönsten 697, 7

schöpfen.

Und daraus schöpfen die Zuversicht 744, 4
Daß man — unaufhörlich schöpfen soll 84, 2
Mit rechtem Glauben schöpfen will 566, 5

Schöpfer.

Das Herz, darin du Schöpfer prangest 680, 3
Was eurem Schöpfer wohlgefällt 515, 1
So hilft der Überfluß, der Schöpfer selbst 610, 6
Ich leb in tausend Freuden in meines Schöpfers Hand 621, 5
Mein Schöpfer, steh mir bei 482, 1
Mein Schöpfer steh mir kräftig bei 546, 4
Mein Schöpfer, nimm, ach nimm es hin 304, 1
O du Schöpfer aller Dinge, höre 528, 1
Und singe dem Schöpfer aller Dinge 671, 1
Schöpfer Himmels und der Erden 749, 1
Mein Schöpfer, der mir hat Leib u. Seel 208, 1
Dadurch ich meinen Schöpfer kann 244, 5
Der Herr, der Schöpfer bei uns bleib 65, 2
Himmel lobe — d. Schöpfers Thaten 767, 2
Denn aller Ding du Schöpfer bist 60, 3
Ich bin dein Schöpfer, bin Weisheit 128, 6
Wenn ich, o Schöpfer, deine Macht 707, 1
Bringt meinem Schöpfer Ehre 707, 4
Bringt unserm Schöpfer Ehre 707, 4
Will er auch des künftgen Schöpfer 174, 2
Danket nun dem großen Schöpfer 455, 5
Der Schöpfer hat dich mir nur 770, 2
Schöpfer der Geister, dir hingegeben 345, 1
Gelobet sei mein Gott, mein Schöpfer 451, 1
Ach Herr, du Schöpfer aller Ding 662, 9
Der Schöpfer aller Ding 447, 3
Du bist der Schöpfer aller Ding 356, 9
Du Schöpfer aller Dinge besuchest 740, 5
Herr Jesu, Schöpfer aller Dinge 598, 1
Komm, Gott Schöpfer, heilger Geist 409, 1
Schöpfer unsers neuen Lebens 318, 2

Schöpfermacht.

Die preisen deine Schöpfermacht 610, 2

Schöpfung.

Der Mensch, der Schöpfung Ruhm 707, 5

Schoß.

Er kommt aus seines Vaters Schoß 447, 2
Der in des Vaters Schoße sitzt 132, 8
Der in ihrem Schoße wohnt 193, 3
Lag ich in deinem Schoße 671, 3
Nimmt dich in seinen Schoß 513, 1
Und daß Gott der im Schoße sitze 719, 5
Entsprungen aus des Vaters Schoß 566, 1
Dich gläubig lege sanft in s. Schoß 462, 4
Wer Gott in dem Schoße liegt 460, 4
Lenken aus deinem Arm u. Schoß 405, 13(14)
Der auf seinen Schoß mich setzet 425, 5
In Gottes Schoß, sonst nirgends 96, 1
Und setzet es in seinen Schoß 472, 6
Waisen sind in Gottes Schoß 493, 4
Ruhe sanft in Gottes Schoß 697, 2
Der die Welt im Schoße hält 661, 5
Nun ist sein aufgethaner Schoß 471, 3
Und tragt ihn in Christi Schoß 379, 10
In deinen Schoß u. Hände begleiten 580, 16
In deinem Schoß zu liegen 594, 7
Du liegst mir in meinem Schoß 774, 6
Laß sie ruhn in deinem Schoß 196, 9
Wer bleibt in deinem Schoß 652, 4
Dein Schoß hat mich aufgenommen 382, 2
Und Ruh als Kind in deinem Schoß 578, 7
Der liegt in Mariens Schoß 209, 3
In seiner Mutter Schoß 519, 1
In der Auserwählten Schoß 95, 3
Tragt mich in Abrams Schoß 339, 5
In Abrahams Schoß tragen 534, 10
Die Seele mein in Abrahams Schoß 296, 3
Geführt in Abrams Schoß 665, 7
Dich fassen in meinen Arm u. Schoß 542, 6
Wer schließt den Schoß der Erde auf 707, 3
Du schliefst ja auf der Erden Schoß 753, 14
Sie nieder legt in des Grabes Schoß 329, 4

Schranke.

Mein Wille fein in solche Schranken fügt 169, 5
Bring uns völlig in die Schranken 651, 5
Bleib in Gottes Wort u. Schranken 693, 1
Lasse mich in diesen Schranken 638, 5
Erhebt euch über alle Schranken 205, 1
Sondern bleiben in den Schranken 718, 9
Wenn sie bleiben in den Schranken 493, 5

Schrauben.

Baue deiner Seele Grund nicht auf zweifelhafte Schrauben[1]) 608, 2
Die nimmer steht auf Schrauben 13, 5

Schrecken.

Fluch und Schrecken ihn bedecken 590, 2
Durch Krieg und große Schrecken 510, 3
Da nur Sorge, Furcht u. Schrecken 582, 2
Dir auch jetzt kurze Schrecken macht 313, 8
Vor Schrecken, Angst u. Feuersnot 314, 4
Wenn auch alles andre Schrecken 268, 5
Sonst wird Grauen, Furcht u. Schrecken 643, 2
Benimmt mir all mein Schrecken 106, 7

---

1) Var. Bernd. G. Laß dir seinen festen Grund niemals aus dem Herzen rauben.

Ohn alle Furcht und Schrecken 558, 7
Sich Furcht und Schrecken findt 405, 7(8)
Aus Schrecken mich vor deinem Zorn 276, 1
Daß mein End nicht sei mit Schrecken 26, 5
Weil mich auch der Höllen Schrecken 374, 7

schrecken.

Davor sonst schrickt und scheut 542, 2
Wenn uns des Unglücks Wetter schreckt 243, 7
Laß ich mich doch nicht schrecken 682, 5
Soll billig uns nicht schrecken 754, 2
Daß mich dein Tag nicht schrecke 135, 18
Und mich so heftig schrecken 763, 3
Hinfort kann mich nicht schrecken Welt 740, 3
Der Teufel will meine Seele schrecken 153, 7
Wenn mich Sünd u. Hölle schrecken 413, 11
Obgleich Sünd und Hölle schrecken 381, 2
Schreckt der Teufel und die Höll 21, 2
Der sonst nichts als schrecken kann 774, 5
Mit Furcht u. Blödigkeit uns zu schrecken 642, 4
Und schreckt mich durch das Zorngericht 333, 7

schrecklich.

So schrecklich als die Ewigkeit 530, 3

schreiben.

Als die Apostel schreiben 144, 9
Was Paulus hat geschrieben 548, 1
Was Paulus uns thut schreiben 548, 4
Wie sein Wort mir sagt u. schreibet 413, 3
Wie Petrus davon schreibet 185, 1
Ablesen bald ein Buch, darin geschrieben 185, 3
Mir dein Wort ins Herz zu schreiben 585, 2
Hat den Grund: Es steht geschrieben 585, 4
Was alle Knechte Jesu schreiben 53, 5
Nun ist erfüllt, was g'schrieben ist 210, 3
Schreibe deine blutgen Wunden 611, 4
Den Namen — schreib ins Lebensbuch 437, 6
Schreib m. Namen aufs beste ins Buch 652, 5
Das schreib dir in dein Herze 738, 6
Durch dein Blut, o Jesu, lassen schreiben 706, 4
Da wir ein neues Jahr durch Gottes Güte schreiben 305, 1

schreien.

Der Sohn des Höchsten schreit 606, 1
Weil Christi Blut beständig schreit 340, 4
Dein Geist in meinem Herzen schrei 553, 7
Hilft mir das Abba schreien 405, 6(7)
Daher ich Abba, lieber Vater, schrei 136, 4
Schrei getrost, du mußt nicht zagen 701, 4
Aus tiefer Not schrei ich zu dir 55, 1
Daß ich nach nichts so schrei u. fleh 470, 4
Verwirf nicht den, der zu dir schreit 326, 9
Wenn unser Herze seufzt und schreit 355, 10
Allein mein Seele schreit in mir 553, 3
So schreit zu dir mein arme Seel 566, 1
Nach dir mag kindlich schreien 143, 3
Im Namen dein zu d. Vater schreien 140, 1
Ich schrei im Namen Jesu Christ zu dir 269, 1
Kläglich schreien wir zu dir 644, 5
Wir schrein in Jesu Namen 291, 5
Ringen, schreien, beten um Erlösung 527, 4
Wenn mein bös Gewissen schreiet 375, 4
Wenn viel tausend Sünden schreien 375, 9
Schreie, tolle Welt 599, 7
Jammer, Angst und Wehe! schreit 333, 4

Schreien.

Er verlanget unser Schrein 449, 8
Rufen, Schreien, Klopfen, Beten 701, 3
Hör auf unser Schrein 452, 4
Hör, ach erhör mein seufzend Schreien 325, 4
Erhör mein Seufz'n und Schreien 6, 10
Das Schreien der Kinder wird — erhöret 397, 7
Was fragt ihr nach d. Schreien d. Feind 738, 9

Schrein.

Zu ruhn in meines Herzens Schrein 662, 13
Erleucht meins finstern Herzens Schrein 546, 3
Eingeschlossen in m. Herzens Schrein 407, 6
Schleuß beid in deines Herzens Schrein 681, 13

schreiten.

Ach zu dir komm ich geschritten 3, 5
In meiner Not geschritten 279, 5

Schrift.

Wie uns die Schrift gemeldt 562, 3
Die Schrift hat verkündet das 76, 4
Und in der Schrift geschrieben rein 295, 1
Dies Wort, das jetzt in Schriften steht 295, 2
Ich folg — der heilgen Schrift allein 361, 1
Der muß suchen in der Schrift 717, 1
Das Paradies der Schrift 203, 8

Schritt.

Die längste Meile zu einem Schritte 720, 5
So lauft mit schnellen Schritten 36, 8
Folgt nur mit treuen Schritten nach 685, 8
Und fröhlich wurde jeder Schritt 691, 7
Ich geh — für mich nicht e. Schritt 578, 1
Ich mag allein nicht gehen nicht e. Schritt 627, 1
Keinen Schritt vom Worte weichen 585, 6
Und folge willig Schritt für Schritt 724, 1
Schritt für Schritt wirkt es mit 62, 6
Daß sie nur machen verkehrte Schritte 446, 7
Da nur ein Schritt, ja nur ein Haar 666, 3
Laßt euch nicht betrüben diesen Schritt 156, 4
Ein kleiner Schritt ist nur dahin 358, 5

Schuhe.

Legt ab das Kleid und Schuhe 515, 4

Schuld.

I. Bekennen der Schuld.

Wie uns nun hat ein fremde Schuld 146, 3
Zwar fühl ich wohl der Sünden Schuld 517, 5
Ich verleugne nicht die Schuld 528, 7. 714, 5
Ach bedenk das Maß der Schulden 26, 6
Unsre Schulden sind wohl groß 49, 3
Ach sie häufet nur die Schuld 608, 4
Die Schulden, der'r ich mir bewußt 563, 3
Durch Bereuung meiner Schuld 415, 5
Meine Schuld muß mich verschlingen 413, 4
Drin die Schuld der Welt enthalten 637, 5
Wo ich häufte Schuld auf Schuld 762, 3
Schuld macht glühen m. Wangen 637, 12

II. Vergebung.

Laß diese Schuld vergessen sein 284, 2
Senk in Abgrund d. Gnaden alle Schuld 375, 6

Gieb auch Geduld, vergiß die Schuld 8, 5
Laß deine Huld zudecken alle meine Schuld 533, 5
Straft nicht nach unsrer Schuld 513, 2
Doch vergieb mir alle Schuld 268, 3
Und vergieb uns unsre Schuld 648, 7
Vergiebst uns unsre Schuld u. Fehl 747, 1
Er fähret nicht mit unsrer Schuld 366, 9
Woll unsrer Schuld verschonen 183, 14
Meine Schuld kann mich nicht drücken 200, 13
Was ist d. Schuld, in was für Missethaten 298, 1
Die Schuld bezahlt der Herre 298, 4
Und meine Schuld bezahlet 185, 5
Die Schuld ist allzumal bezahlet 709, 3
Und bezahlt unser Schuld 239, 2
Da du mit Zahlung meiner Schuld 335, 2
Für mich bezahlet alle Schuld 450, 4
Bezahlet unsre Sünd und Schuld 547, 7
Der alle Schulden abgetragen 777, 4
Hat die Schulden[1]) abgetragen 390, 7
Ein Lämmlein geht u. trägt die Schuld 165, 1
Würgen für mich und meine Schuld 580, 7
Um zu büßen meine Schuld 383, 6
Du hast weggenommen m. Schulden 374, 6
Er hat für unsre Schuld gelitten 751, 5
Zu dulden so viel Millionen Schulden 650, 3
Er nimmt von mir hinweg die Schuld 14, 5
Ja, liebe Seel, ich büß die Schuld 620, 4
Er sagt für meine Schulden gut 98, 4
Im Grabe auch für m. Schuld gelegen 413, 8
Aller Sünden Schuld hinab 159, 2
Die Schuld vergiebt u. thut uns alles 500, 4
Die er über unsre Schuld alle Tage lässet schweben 693, 5
Ach Herr, vergieb all unsre Schuld 283, 8
All unser Schuld vergieb uns, Herr 655, 6
Laß du mir alle Schulden sein vergeben 442, 9
Drum vergieb die Schuld 315, 2
Die Schuld ist dir vergeben 347, 3
Den dein Blut von Schuld u. Pein erlöst 474, 3
Dem wird Straf u. Schuld geschenket 650, 5
Und fehlst aus eigner Schuld 186, 5
Durchstreichen meine Schuld 399, 5
Du schenkst mir täglich so viel Schuld 622, 4
Mich entbinden von der schweren Schuld 3, 7
Ja, endlich nimmst du unsre Schuld 355, 9
Nicht gedenken unsrer Schuld 429, 1
Laß meine Schulden in Gnad u. Hulden 125, 9
Laß alle Schuld — bei dir verloschen sein 131, 3
Ich bin der Schuld entladen 264, 4
Nimm die Schuld, Herr, allen abe 637, 18
Da ich aller Schuld entnommen 240, 1
Dem Nächsten seine Schulden verzeihen 580, 14
Ihr Schuld und Fehl vergeben gern 655, 6

Schuldbrief.

Daß unser Schuldbrief sei zerrissen 475, 3

Schuldenlast.

Und alle m. Schuldenlast am Stamm 709, 1

schuldig.

Und also sehr, wie ich schuldig bin 220, 7
Die ich dir schuldig bin 769, 2
Alles, was ich schuldig bin 528, 7
Ich bin mehr zu leiden schuldig 173, 3

Schuldiger.

Wie wir auch unsern Schuldigern 655, 6

Schuldner.

Als wir auch unsern Schuldnern thun 183, 14

Schule.

Lehramt, Schul, Kirch erhalten 258, 3
Friede in Kirch und Schulen 68, 3
Kirch, Schulen, Häuser, Stadt u. Land 137, 7
Unsre Schul und Gemein 81, 2
Daß Kirch u. Schul e. Garten Gottes 669, 7
Laß jede hoch und niedre Schul 669, 8
Schule und Gemeinde segnen 443
Das Geheimnis s. Liebe ist die Schul 584, 2

Schulter.

Dir auf deinen Schultern lagen 249, 6

Schutt.

Schlösser und Städte voller Schutt 235, 4

schütteln.

Schüttle deinen Kopf u. sprich: Fleuch 599, 2

Schutz.

I. leiblich.

Mir Schutz u. sanfte Ruh beschert 735, 3
Sein in deinen Schutz geschlossen 714, 8
Gieb Fried, Schutz, gute Freund 269, 2
Witwen und Waisen hält er Schutz 446, 6
Mein Stab, mein Hort, mein Schutz 9, 1
Dein Schutz hat mich erneuet 671, 5
Leib und Seel in deinen Schutz 666, 12
Ihr Schutz wie meiner sein 399, 15
So geht sein Schutz doch vor uns her 720, 6
Auf diesem Wege durch deinen Schutz 720, 12
Schutz vor allerlei Gefahren 585, 9
Meine Burg und Schutz in Nöten 294, 7
Die Himmelsgeister hat zu s. Schutz 534, 3
Unser Land der Engel Schutz empfinden 534, 9
Ein Schutz und Trost der Armen 13, 2
Des Herren Schutz ist gut dafür 346, 7

II. geistig.

Mir zum Trost, Schutz, Fried 14, 4
Im Streite soll es sein mein Schutz 165, 8
Sei, Jesus, unser Schutz und Schatz 28, 5
Du wirst der Glieder Schutz ja sein 144, 6
Wo er Israels Schutz nicht ist 754, 1
Dein Schutz ist mein Trutz alleine 690, 2
Mein Schutz u. Hülfe kommt — von dir 706, 2
Den er uns hat gegeben zu e. Schutz 146, 5
Und deiner Kirche wahrer Schutz 1, 8
Mein Schutz in aller Not 554, 12
Wahrheit ist dein Licht, dein Schutz 701, 5
Ach bleib mit deinem Schutze bei uns 2, 5
Laß mich deinen Schutz genießen 422, 6
Er ist mein Schutz und Tröster 120, 6
Bleibe ja mein Schutz und Rat 714, 10

1) Var. Bernh. G. Sünden.

Israels Schutz, mein Hüter 116, 5
Du bist unser Schutz und Gott 414, 7(8)
Auf daß wir unter deinem Schutz 543, 4

schützen.

Wer schützt uns vor dem Wind 355, 5
Mit deinem Geiste leiten u. schützen 443
Vor allem Übel schützt 399, 4
Und deine Rechte schützet mich 495, 1
Beschirmt und schützet Tag u. Nacht 681, 5
Die Unterthanen schützet 368, 4
Du schützest uns und du vermehrst 237, 3
Gott will die Seinen schützen 407, 1
Schützst mich vor bösen Leuten 106, 7
Er wird dich vor ihrer List schützen 195, 3
Schützen wider alle Feinde 425, 7
Durch seine Güt uns täglich schützest 302, 4[1])
Er nährt, er schützt, er tröstet mich 202, 9
Diese will der Herr so schützen 419, 4
So ist ers, der uns schützt u. deckt 243, 7
Du erhältst, du schützest mich 17, 4
Schütze mich mit deiner Macht 17, 7
Gott schützet; er schützet den 686, 1
Mein Vater, der mich schützt 208, 1
Wer schützet mich auf meinen Wegen 524, 9
Und deine Herde schützest 253, 1
Also schützt Gott wohl Nacht u. Tag 270, 10
Zu schützen deine kleine Herd 270, 12
Schütze mich vor Überfall 714, 9
Schütze mich vors Teufels Netzen 714, 8[1])
Mir stehet bei, mich schützet 109b, 1
Er wird dich vor ihrer List schützen 195, 3
Schütze mich vor Welt und Sünde 667, 3
Den in Nöten Gott schützt 769, 4
Wenn der ihn schützt 132, 8(9)
Du wollst die Frommen schützen 562, 4
Schütze sie vor bösen Leuten 628, 6
Und schützen deine Christenheit 270, 7
Mich selbst zu schützen ohne Macht 459, 2

Schutzherr.

O Schutzherr Israel 81, 2
Sei selbst unser Schutzherr 129, 2
Du wirst, m. Schutzherr, auf mich sehn 111, 5

Schutzwehr.

Steht diese Schutzwehr fest[2]) 360, 2

schwach.

Wirst selbst doch arm und schwach 36, 10
Hast du doch selbst dich schwach gemacht 753, 13
Das schwache Fleisch, das dir bekannt 409, 3
Im Fleische schwach und blöde bin 480, 4
Tritt d. Satan — unter uns. schwachen Fuß 21, 7
Sieh, morgen ist er schwach u. krank 417, 6
Du kennst — wohl das schwache Wesen 619, 8
Zeigt unsern schwachen Stand 621, 10[1])
Halt ein, mein schwacher Sinn 135, 14
Schwacher Seelen Lebenssaft 152, 1
Wie will doch mein schwacher Geist 625, 3
Unsre Kraft ist schwach und nichtig 158, 2
Wer in sich schwach, folgt, Herr 158, 2
Weil ich schwach und blöde bin 238, 7
Macht dich mehr noch schwach 673, 8
Meinen schwachen Glauben stärk 641, 2
Im Glauben sei du auch nicht schwach 579, 8
Den schwachen Tritt zu fällen 153, 8
In d. Erbarmen hülle m. schwaches Herz 627, 2

Schwacher.

Nie zuviel den Schwachen aufzulegen 228, 3
Denn als die Schwachen kamen 453, 3
Herr, ich glaube, hilf mir Schwachen 374, 12
Nicht auslöschet in dem Schwachen 537, 6
Der du angezündt das Fünklein in mir Schwachen 537, 10
Hilf mir Schwachen, hilf mir auf 26, 7
Hilf, o Herr Christ, dem Schwachen 353, 5
Mächtig in dem Schwachen ist er 217, 5
Der in Schwachen mächtig ist 634, 5
Er ist noch bei den Schwachen 670, 8
Er verläßt den Schwachen nicht 388, 4
Sollt wo ein Schwacher fallen 418, 8[3])

Schwachheit.

Nur die Schwachheit um und an 389, 6
Dann wird Schwachheit und Verdruß 389, 9
Die Schwachheit ist verdorben 621, 6[1])
In Schwachheit und in Banden 399, 6
In der Schwachheit sei du kräftig 215, 2
Gieb bei m. Schwachheit auch Geduld 775, 2
Bleibe meiner Schwachheit Stärke 221, 4
Wie die Schwachheit nach d. Schlummer 646, 6
Dadurch bei mir sich alle Schwachheit end 14, 6
Stets meiner Schwachheit widersteh 737, 12
Doch weil ich m. Schwachheit merke 541, 4
In mir d. Glaubens Schwachheit merke 350, 3
Und so ich was aus Schwachheit thu 244, 9
In meiner Schwachheit heile mich 555, 4
Steh mir Armen in so großer Schwachheit bei 712, 3
Ihr helft der Schwachheit mächtig auf 394, 3
In Schwachheit mein Vermögen 554, 16
Der meine Schwachheit stärk 687, 6
Große Schwachheit ich bei mir 641, 1
Der mit Schwachheit ist beladen 641, 3
Meine Schwachheit mir aufrückt 641, 7
Sei in Schwachheit unsre Stütze 318, 8
Würde aus Schwachheit — ermüden 776, 4
Die in der Schwachheit alles schafft 205, 9
Und hilfest meiner Schwachheit auf 282, 1
Und heilt dein Schwachheit groß 513, 1
Und ob ich schon aus Schwachheit fehle 725, 5

schwächlich.

Wenn ich Berufsgeschäfte von außen schwächlich thu 658, 3

Schwälblein.

Das Schwälblein nährt die Jungen 204, 4

Schwanenton.

Kann singen den schönen Schwanenton 287, 3

---

1) Fehlt vielfach. 2) Var. Hann. G. Mit Diamanten mauert mirs Gott im Herzen fest. 3) Fehlt Bernd. G.

Schwangere.
Allen Schwangern und Säugern fröhliche Frucht 443
Den Schwangern ihr Entbinder 274, 9
schwank.
Ihr schwanken Gräschen in den Feldern 524, 4
Schwärmerei.
Viel Sekten und groß Schwärmerei 1, 5
schweben.
Am Stamm des Kreuzes schweben 580, 1
Sein, wo mein Erlöser schwebt 389, 2
Über all Engel mächtig schwebt 745, 4
Daß er in unsrer Mitte schwebt 354, 1
Um hoch darin zu schweben 12, 4
Immerdar vor Augen schweben 604, 10
Keiner Engel Macht, wie hoch sie möchte schweben 328, 4
Die ihr schwebt in großen Leiden 200, 9
Darf nicht im Finstern schweben 485, 2
In dir web, schweb und lebe ich 666, 2
Vor deinen Augen schweben 594, 3
In Angst und Nöten schweben 58, 9
In Freuden sollen schweben 107, 8
Himmelwärts wie e. Adler schweben 226, 7
Mit dir will ich endlich schweben 200, 15
Mit den Auserwählten schwebe 425, 1
Mein Seelchen schwebet ohne Leid 512, 2
Da werd ich mit dir schweben 7, 10
Schau ich in Ehren schweben 369, 6
Was in allen Lüften schweben 208, 4
Was schwebt hoch in Lüften 735, 1
Barmherzigkeit wird über mir stets schweben 109b, 6
Fried und Liebe müssen schweben 543, 6
Über unsre Schuld alle Tage lässet schweben 693, 5
Gnad — w. schwerlich ob ihm schweben 417, 8
Furcht und Schrecken schweben 582, 2
schweigen.
Schweigt er gleich, so hört er doch 701, 4
So manchmal schweigt er still 138, 10
Schweigt dein Heiland still dazu 773, 2
Er litt u. schwieg, halt dich fest an Gott 313, 6
Schweig, Gewissen, zage nicht 97, 4
Und alle Redner schweigen 135, 14
Die Tag u. Nächte nimmer schweigen 669, 1
Jesu, ich will schweigen gern 436, 6
Ich muß schweigen u. mich beugen 590, 5
Alles in uns schweige 226, 1
Schweige, beuge dich ein wenig 732, 5
Alles anbetet und schweiget 323, 3
Was schweigt ihr denn, ihr m. Kräfte 524, 3
Daß er ewig schweigen müsse 259, 4
So muß ihr Trotz bald schweigen 763, 8
Schweiß.
Der Schweiß von seinem Angesicht 130, 3
Durch deinen Todeskampf u. blutigen Schweiß 443
Sein Leib ist ganz mit Schweiße 580, 2
Liebe, die mit Schweiß u. Thränen 526, 2
Nicht wuchern jemands Schweiß[1]) 134, 8
Durch unsern Fleiß und Schweiß 139, 9
Schweißtuch.
Seht, die Schweißtücher liegen dort 181, 4[2])
Schwelle.
Von d. Geschrei zittert Schwell u. Balken 370, 2
schwemmen.
Ich schwemme manche Nacht m. — Lager 184, 2
schwer.
Aus Liebe niemals uns zu schwer 424, 10
Den' ihr Herz von Sünden schwer 386, 5
Es ist nicht schwer, ein Christ zu sein 186, 1
Es ist nicht schwer 186, 2
Ich bin freilich schwer beladen 268, 3
Gedenk, o Herr, der schweren Zeit 67, 6
Fällts euch zu schwer, ich geh voran 485, 5
Ist gleich der Anfang etwas schwer 362, 14
schwerlich.
Wird schwerlich ob ihm schweben 417, 8
Schwermut.
Von Schwermut, Sorg und Zagen 99, 7
Die sich mit Schwermut quälen 510, 13
Laß Schwermut dich nicht nehmen ein 735, 7
Laß dich Schwermut nicht nehmen ein 566, 9
Die Schwermut wird verjaget 657, 4
Ich steige aus der Schwermut Höhlen 741, 1
Schwermutshöhle.
Gott zum Spott in d. Schwermutshöhle 599, 1
Meiner armen Seele in d. Schwermutshöhle 635, 5
Schwert.
Laß Schwert und Blöße walten 328, 2
Und nicht achten Feur u. Schwert 448, 9(10)
Wenn uns Pest u. Schwert u. Hunger 751, 2
Steck ein das Schwert 751, 8
Der da Spieß und Schwert zerbricht 644, 10
Ruhen sollen die Spieß u. Schwerter 235, 1
Spieß und Schwert zerbrochen 272, 5
Mit der Rut u. nicht mit d. Schwerte 625, 9
Nicht Schwerter, sondern Ruten sinds 473, 6
Und ein Schwert, dem Feind zuwider 585, 3
Deines Geistes Schwert gewähr 641, 4
Es geht ein scharfes Schwert jetzund 7, 4
Dein sieghaft Schwert umgürte 116, 5
Du Schwert, das durch die Seele bohrt 530, 1
Schwierigkeit.
Ihr mehrt euch selbst die Schwierigkeiten 685, 9
schwinden.
Laß all dein Trauern schwinden 611, 5
schwingen.
Schwingt fröhlich hier u. da sein Fähnlein 37, 2
Mit Ehren seine Siegsfahn schwingt 202, 3
Schwing deine Siegesfahnen auch 742, 6
Ich schwinge meine Glaubensfahn 53, 10
Zu diesem Fürsten schwinget 607, 4
Zu dir, Herr Jesu, schwingen 13, 3

1) Var. Bernd. G. Fleisch. 2) Fehlt vielfach.

Schwing dich über die Natur 169, 2
Schwinge dich fein oft im Geist 604, 8
Zu dir mich schwingen werde 135, 3
Das Gebet, das zu Gott sich schwinget 62, 7
Schwingt es sich über alle und eilt 369, 1
Himmelan schwing dich mein Geist 312, 2
Hingegen schwingt er sich zur Ruh 472, 7
Mit des Geistes Flügeln schwingen 434, 4

schwitzen.

Wenn ich lechze, wenn ich schwitze 375, 8

Schwitzen.

Dein angstvoll blutig Schwitzen 284, 2[1]
Deine Pein und blutig Schwitzen 374, 8

schwören.

Geschworen bei seim Namen 417, 16
Den du selbst hast geschworen 172, 4
Sollt ich ihm nicht Treue schwören 59, 3
Zu der Fahn d. Feldherrn hast geschworen 38, 3
Wer meineidig ihm geschworen 608, 2

schwül.

Zuweilen so streng und schwül 287, 5
Der Tag war schwül im Erdgewühl 756, 3

Schwur.

Dein Schwur ist ja noch nie gebrochen 623, 5

sechs.

Sechs Flügel sah er einen jeden han 370, 1

See.

In den Büschen, in der See 625, 6
Kein See kann sich so ergießen 693, 5
In den Feldern, in den Seen 422, 2
Christ in d. Höh, du wandelst auf d. See 731, 1
Christ in d. Höh erschien uns auf d. See 731, 2
Christ in d. Höh, ja dir gehorcht die See 731, 3
Christ in der Höh, komm zu uns auf die See 731, 4
Wollt ich über See gleich ziehen 276, 2
Wirf sie in die tiefste See 276, 7
Meereswellen in der wilden tiefen See 773, 2
In der tiefen See verdecket 648, 1

Seele.

I. Gott.

Seel und Leben, Leib und Glieder 590, 6
In deiner Seelen so hoch mich liebst 554, 1
Und deine Seel in mein Gemüt 554, 8
Voll Liebe meine Seele 485, 3
Die Seele Christi heilge mich 130, 1

II. Mensch.

Mir hat mein Leib u. Seel gegeben 208, 1
Den Leib, die Seel, das Leben 511, 2
So sei nun Seele seine 399, 9
Für Leib und Seel, für jede Gab 524, 6
Als Leib und Seele saßen 738, 3
Und erweckst — meine tote Seele 629, 1
Vertreib aus meiner Seelen den alten 286, 3
Noch an Leib und Seel verderben 714, 9
Allein mein Seele schreit in mir 553, 3
Das hat verdienet meine Seel 580, 5
Ein sichres Schloß gejagter Seelen 471, 3
Wenn meine Seele zaget 106, 4
Leib und Seel nicht betrübe 54, 5
Der stets nach unsern Seelen tracht 66, 4
Plagen stets hier unsre Seele 196, 4
Meine Seele sehen mag deine Angst 371, 2
Der Leib und Seele schuldig war 620, 3
Mit Leib und Seel muß leidend 417, 14
Hilfst uns am Leib und an der Seel 747, 1
Stärk uns an Leib, stärk uns an Seel 745, 1
Wo bleibt dann Leib und Seel 515, 7
Meiner Seelen Wohlergehen hat er 625, 5
Zu Nutz meiner armen Seele 407, 2
Die Seel muß uns auch bleiben 511, 3
Mein Seel wird er versorgen 48, 3
Was Leib und Seel ernähret 665, 4
Wer nimmt sich meiner Seelen an 333, 2
Behüte Seel und Leib 630, 4
Leib und Seel auch wohl bewahren 749, 1
Mein Seel, Leib, Ehr und Gut 546, 2
Nur nimm dich meiner Seele an 57, 5
Da du — um meine Seele wirbest 611, 1
Jesu, der du meine Seele 374, 1
Errette Leib und Seelen 716, 3
Der Seele, die du hast erlöst 67, 6
Und Heiland meiner Seelen 165, 2
Ich bin der Seelen Fels und Hort 485, 4
O du Hirt erkaufter Seelen 667, 4
Wenn meine Seele von dir geht 667, 4
Aus Leibes und der Seelen Not 269, 3
Mit Fleiß er Leib u. Seel bewacht 109b, 4
Er deckt den Tisch für meine Seel 109b, 5
Wie wohl ist mir, o Freund d. Seelen 741, 1. 6
Weil Seele, Herz und Mut in dir 741, 5
Trost der Seelen, Heil der Erden 375, 3
Trost der Seelen bei dir finde 152, 4
Der mach mir Leib und Seel gesund 130, 1
Dein Wort macht Leib u. Seel gesund 289, 2
Ist unsre Seel entgangen 674, 3
Und rechn es unser Seel nicht zu 314, 3
Sei Seele, nur getrost 228, 4
Sprich der Seelen tröstlich zu 414, 6(5)
Das unsrer Seelen höchster Hort 83, 3
Und speisen die Seel allein 76, 7
Dein göttlich Wort die Seele speist 211, 2
Zur Seelen Heil anhören 137, 2
Werden sich die müden Seelen laben 137, 6
Und dadurch an der Seel gespeist 82, 3
Dein Wort, der Seelen Medizin 82, 6
Aber was die Seele nährt 494, 6
Daß ich meine Seel erfrisch 3, 5
Hier triefe Lebenstau auf jede durstge Seele 305, 4
Und füllest meine Seel 106, 9
Soll haben Brots genug für s. Seel 220, 6
Nicht zur Nahrung seiner Seelen 220, 9
Damit mein Seel zu nähren 353, 3
Für meine Seele sein bereit 143, 7
So wird meiner Seele wohl 281, 2

1) Fehlt vielfach.

Was Seel und Leib erquicken kann 340, 6
In dir vergnügt sich meine Seele 741, 2
Baue deiner Seele Grund[1]) 608, 2
O wie selig sind die Seelen 583, 1
Sind zu wenig für die Seelen 583, 2
Und seiner Seelen selbst nicht schont 631, 4
Wer seiner Seelen Heil verträumet 471, 10
Wer seine Seel zu finden meint 485, 6
Nimm mit Furcht ja deiner Seele 589, 7
Schwacher Seelen Lebenssaft 152, 1
Meiner Seelen helles Licht 152, 2
Flehn aus tiefster Seele Grund 163, 2
Und gieß in unsre bange Seele 452, 5
Ich bring dir zum Opfer dar Leib und Seel 317, 4
Nach Himmel nicht meine Seele wünscht 458, 5
Nichts in m. Seel als deine Liebe 554, 2
Und wohn in meiner Seelen[2]) 143, 7
Zünde deine Liebe in m. Seelen an 286, 6
Unverletzte Seel u. rein Gewissen bleib 536, 1
Sein'r armen Seel er ganz vergaß 417, 7
Und meiden, was der Seelen schad 409, 5
Wenn mich Versuchung plagt und meine Seel anficht 9, 3
Mit Leib und Seel nachgehen 485, 7
Und für meine Seele sorg 219, 4
O Jesu, dich in meine Seele senken 629, 7
Dein bin ich ja mit Leib und Seel 11, 5
Dein Seel bedenk, bewahr dein' Leib 15, 5
Meine Seele, Leib und Leben 32, 4
Dem ich Leib und Seel ergeben 641, 9
Mein Leib, mein Seel, mein Leben 665, 3
Meine Seele auch nach d. Bild erwacht 169, 7
Mein Herz u. Seel mit deinem Schein 180, 1
Leg in deine Vatersorgen mich mit Leib und Seel geschwind 240, 2
Mein Seel, m. Leib, m. Leben, m. Weib 54, 4
Seele, was verzagst du doch 229, 1—8
Hoff, o du arme Seele 58, 6
Meine Seel ist stille zu Gott 460, 6. 462, 1
Meine Seele hanget an dir 462, 2
Meine Seele senket alles, was sie kränket 462, 5
Meine Seele senket sich hin in Gottes Herz 460, 1
Meine Seele murret nicht 460, 2
Meine Seele sorget nicht 460, 3
Meine Seele grämt sich nicht 460, 4
Meine Seele klaget nicht 460, 5
Was willst du dich betrüben, o meine liebe Seel 692, 1
Ein Labsal meiner Seele sein 335, 1
Laß meine Seel in deiner Gunst 335, 3
Tröst mir mein Seel in Todesnot 296, 2
Mein arme Seel ich Gott befehl 689, 3
Und die arme Seel hinauf — gesendet 156, 1
Gottes Angesicht meine Seele schauet 156, 2
Erwecke dein Paradies wieder im Grunde der Seelen 299, 7
Mein Leib und Seel befehl ich dir 293, 6
Nimm unsre Seel in deine Händ 655, 8
Nimm auf die Seel in deine Hand 82, 11
Mein Seel — befehl ich dir 710, 1
Befehlen dir m. Seel in deine Hände 172, 6
Meine Seele sehnet sich 173, 1
Bis die Freiheit seiner Seelen 173, 2
Traget meine Seele hin 173, 5
Und unsre Seel in deine Händ 534, 10
Die Seele mein in Abrahams Schoß 296, 3
Mein arme Seele heimgeleit 553, 10
So ist d. Glaubens Ende der Seelen Seligkeit 361, 3
Wenn sich mein Seel soll scheiden 172, 2
Bis Leib und Seele scheiden 580, 10
Mein Seele sich vom Leibe scheidt 579, 7
Die Seele geb von mir 369, 2
Die Seele nimm zu dir hinauf 536, 7
Die Seel bleib unverloren 665, 7
Und meiner Seele süßes Ruhn 472, 1
Die Seel sich zu dir schwinget 450, 3
Soll nicht eine fehlen von den Seelen 253, 5
Eile, Liebster, heimzuführen m. Seele 529, 1
Das — Freudenkleid um d. Seele lege 149, 8
An Leib und Seel uns schmücken 99, 4
Meine Seele wohl bewahren 196, 9
Die Seele wird gepflegt 56, 4
Will meine Seele schrecken 153, 7
Der Tod rückt Seelen vor Gericht 737, 5
Seele, mach dich heilig auf 601, 1
Seele, siehe Gottes Lamm 601, 2
Seele, geh auf Golgatha 600, 1
Seele sei zufrieden 603, 1
Seele, was ermüdst du dich 604, 1
Meine Seel ermuntre dich 461, 1
Was giebst du denn, o meine Seele 680, 1
Sag Seele, wem gebührt das Herz 680, 2
Lobe den Herren, o meine Seele 446, 1
Was hinket ihr, betrognen Seelen 685, 1
Gott fordert nichts, geliebte Seelen 685, 7
Doch du selber, meine Seele, sag 673, 3
Du Sternlein meiner Seelen 139, 2
Ihr Seele Gott gefällt 426, 4
Fahr wohl, o liebe Seele 621, 10
Seel und Geist ist dir verwundt 774, 3
Wohnet gern in frommen — Seelen 243, 10
Haus u. Zelt in s. Seel aufschlagen 243, 12
Dies, fromme Seele, wohl betracht 107, 1
Die sich in fromme Seelen geußt 543, 2
Das sich — in fromme Seelen gießet 362, 7
O du Licht der frommen Seelen 714, 6
Meiner Seele mit Begier träume stets 714, 7
Wirst du, meiner Seele Zier 529, 3
Ja, liebe Seel, ich büß die Schuld 620, 4
Bei dir — ist der frommen Seelen Freud 582, 6
Ach, ihr teuren Seelen, eure Kronen 582, 6
Wenn zwei Seelen sich besprechen 778, 3
Dein Wort erklärt der Seele Wert 227, 4
Wie viel tausend treue Seelen 422, 3

1) Var. Bernd. G. Laß dir seinen festen Grund. 2) Var. Anh. G. meinem Herzen.

Da viel tausend Seelen schon 31, 4
O du meine Seele, singe 767, 3
Du meine Seele singe, wohl auf 145, 1
Auf Seele, auf und säume nicht 51, 1
Wenn doch alle Seelen wüßten 702, 1
Ach wie betrübt sind fromme Seelen 23, 1
Zum Opfer dar mit Geiste, Leib u. Seel 51, 9

Seelchen.

Mein Seelchen schwebet ohne Leid 512, 2

Seelenbischof.

Nun sprichst du, Seelenbischof, dort 349, 2

Seelenbräutigam.

Seelenbräutigam, Jesu, Gottes Lamm 602, 1

Seelendieb.

Weg, ihr argen Seelendiebe 97, 1

Seelenessen.

Durch dies Seelenessen deine Liebe 596, 9

Seelenfreund.

Du wahrer Seelenfreund, Herr Jesus 569, 1

Seelengast.

Die du mir, o Seelengast, lebenslang 415, 4

Seelengut.

Seelengut das schwindet nicht 494, 6

Seelenhort.

Befördre dein Erkenntnis in mir,
mein Seelenhort 286, 4
O süßer Seelenhort 135, 4
O mein liebster Seelenhort 3, 2
Hilf, liebster Seelenhort 757, 6
Mir zum Heil und Seelenhort 435, 4
Dich, liebster Seelenhort 476, 5

Seelenjammer.

Schlägt und zeigt den Seelenjammer 585, 3

Seelenlicht.

Wird mich mein Gott, m. Seelenlicht 730, 5
Seelenlicht, der Sünden Nacht vertreibe 116, 1

Seelenluft.

Mein Jesu, süße Seelenlust 476, 1

Seelennot.

Gegeben in die tiefste Seelennot 383, 1
Trost in Leibs- und Seelennot 372, 1
Daß ich in meiner Seelennot nach dir 143, 3
Das meine Seelennot — kann stillen 594, 2

Seelenpein.

Wenn ich schmacht in Seelenpein 375, 6

Seelenruhe.

Der rechte Friede u die stolze Seelenruh 697, 1

Seelenschade.

Wend allen Seelenschaden 286, 8
Heile meinen Seelenschaden 18, 3
In euch nichts denn Seelenschade 593, 3

Seelenschatz.

Mein Seelenschatz, mein Herzensmut 282, 1
So komm nun, o mein Seelenschatz 349, 10

Seelenschmerz.

Ihr heilt die Seelenschmerzen 394, 3
So schreiet auch mein Seelenschmerz 349, 5
Zeig uns bei unserm Seelenschmerz 471, 11

Seelensonne.

Seelensonne, gehe auf 322, 2

Seelenspeise.

Dank für diese Seelenspeis u. Trank 285, 1
Ungefälschte Lust u. edle Seelenspeise 135, 8
Seelenspeise auch zur Reise 359, 2

Seelenstärke.

Ich laß dich nicht, du süße Seelenstärke 350, 3

Seelentod.

Der vormals starke Seelentod 110, 5

Seelenverderben.

Dem ganzen natürl. Seelenverderben 299, 2
Vom andern Tod rettet und vom
Seelverderben 430, 3

Seelenwein.

Daß ich den Seelenwein im Glauben 740, 2

Seelenwerk.

Ach das Seelenwerk ist wichtig 318, 2

Seelenwunde.

Werden heil von den tiefen Seelenwunden 3, 4

Segel.

Hilf uns die Segel streichen 176, 4

Segen.

I. leiblich.

Genädig sein und seinen Segen geben 192, 1
Sprich deinen milden Segen 510, 11
Dein Thun ist lauter Segen 58, 4
Laß deinen Segen auf mir ruhn 459, 6
Gieb deinen Segen nur darein 359, 1
Es decke sie dein Segen zu 532, 5
Er bleibet ihre Zuversicht, ihr Segen 610, 5
Höchster Gott, durch deinen Segen 316, 1
Für allen Segen Lob und Ehre 316, 8
Wer überströmet mich mit Segen 524, 9
Mit Segen mich beschütte 671, 10
Mit deinem Segen uns zu jeder Zeit 218, 7
Unter s. Segen der Ruh zu pflegen 129, 1
Decke mich mit Segen zu 714, 8
Die Häuser u. die Güter mit Segen 769, 10(11)
Segen und ein friedlich Leben 715, 2
Dieser Segen bringet Ehre 715, 3
Sein Segen wird mich lassen 399, 10
Den Meinen mit Segen auch erscheinen 399, 15
Verheißt der Herr reichen Segen 618, 2
Erwartet — den euch verheißnen Segen 398, 5
Dann stellt sich lauter Segen ein 578, 2
Das haben wir zu danken s. Segen 444, 3
Ohn alles Neiden sehen den Segen 125, 6
Sprich den Segen zu den Gaben 632, 1
Bedeckt mit deinem Segen eil ich 264, 5
Leuchten uns zum Segen 163, 3
Dein väterlicher Segen hielt sie 44, 2
Von dir kommt Glück und Segen 362, 1
Dessen Segen wächst und blüht 758, 2
Gieb mildiglich dein' Segen 81, 5
Seinen Segen auch wissen beizulegen 630, 1
Und trau des Himmels reichem Segen 719, 7
Er giebt uns Segen, Mut u. Kraft 404, 2
Was ich thu, ererbe deinen Segen 404, 5
Legt Gott mir seinen Segen bei 88, 6
Dein Segen, Herr, den du gezeigt 535, 2
Füllet uns alle mit seinem Segen 514, 4

Dein Segen macht uns alle reich 540, 2
Zwar manchen schönen Segen hat
böses Thun verderbt 122, 3
Er zeigt uns oft den Segen 683, 3
Gieb Regen und den Segen dein 12, 2

II. geistig.

Uns auch mitgeteilt der Segen 503, 2
Dein hoher Segen auf uns komm 65, 1
Streu das Wort mit Segen ein 434, 2
Das mir lauter Segen trägt 638, 1
Vater, gieb vom Himmel Segen 225, 1
Geht mir der Segen auf von dir 350, 5
Sollt ich den Segen lassen 350, 5
Spüren schon d. gnadenvollen Segen 415, 2
Wer hat nicht von deinen Händen Segen 255, 3
Ach bleib mit deinem Segen bei uns 2, 4
Ach du hast zu meinem Segen 383, 3
Durch deren Trieb die Segen dir 620, 4
Weil du den Segen wiederbracht 28, 2
Uns viel Heil und Segen bringen 408, 4
Und hoff auf seinen Segen 357, 3
Fried und Segen zur Weisheit 14, 4
Dagegen verehrst du mir den Segen 580, 6
Den Segen zu mir wend 14, 6
Treue, Langmut, Licht und Segen 248, 4
Ihr sollet han d. Vaters Gunst u. Segen 199, 2
Armes Werk mit reichem Segen 587, 7
Giebt Segen und Gedeihen 405, 6(7)
Sie enden sich in Lieb und Segen 741, 4
Betend nahn, Segen zu empfahn 664, 4
Nun so soll ein solcher Segen 427, 5
Erneut, den Segen zu erlangen 149, 3
Als wo man findt den Segen 243, 9
Gott geb uns allen s. Gnaden Segen 239, 3
Segne meinen Geist mit Segen 204, 13
Drum nehmt den letzten Segen 339, 6
So ist mir der Tod ein Segen 173, 5

Segensbach.

Fleußt Gottes reicher Segensbach 661, 13

Segensbrunn.

O Segensbrunn, der ewig fleußt 65, 5

Segensbund.

Auf immer gilt dein Segensbund 94, 6

Segensfülle.

Bei aller Segensfülle ist dein Wunsch 84, 2

Segenskraft.

Die erworbnen Segenskräfte 249, 3

Segenslicht.

Von dir, dem Segenslicht 350, 5

Segensquell.

Fließ ein steter Segensquell 305, 3
Wie sich dein Segensquell ergossen 623, 1

Segensschein.

Solchen Glücks- und Segensschein 628, 3

segnen.

I. leiblich.

Laß auch dies Jahr gesegnet sein 237, 3
Das menschliche Geschlecht gesegnet 107, 3
Er segne uns nach Seel und Leib 65, 2
Schule und Gemeinde segnen 443
Und segne unser Stadt und Land 496, 6
Hebe nun zu segnen an dies Haus 137, 8
Und segne meinen Lauf 562, 5
Segne mein Leib und Leben 6, 10
Nun segne du uns diese Nacht 660, 1
Wie Gott die Seinen segnen kann 759, 7
Er segne meine Thaten 54, 6
Unsern Ausgang segne Gott 503, 3
Segne unser täglich Brot, segne unser
Thun und Lassen 503, 3
Segne uns mit selgem Sterben 503, 3
Ach segne meine Werke 630, 3
Der deinen Stand sichtbar gesegnet 445, 4
Segnet mein Gott früh und spat 626, 4
Segne meiner Hände Werke 221, 4
Er kann mich segnen früh und spat 88, 8
Ach segne, was ich thu 561, 8
Wenn Gott das Wenge segnet 683, 6

II. geistig.

Herr! segne und behüte mich 546, 5
Segne heute mich von neuem, weil
du segnen kannst 316, 2
Segne mich mit deinem Geiste 316, 3
Segne mich mit Christi Blute 316, 4
Segne mich mit deinem Worte 316, 5
Segne mich mit meinem Stande 316, 6
Segne mich in Kreuz und Leiden 316, 7
Segne mich in Glück und Freuden 316, 7
Ach segne mein Vertrauen 361, 2
Und also segne deines Wortes Lauf 669, 6
Und segne, das dein Erbteil ist 271, 4
Segnet, die darinnen wohnen 223, 2
Er segnet, wenn uns schilt u. flucht 681, 4
Für die Lästerung zu segnen 255, 6
Lege segnend dann die Hände 59, 5
Ihr segnet Christi Schar hienieden 394, 2
Sei gesegnet ewge Liebe 413, 7
Heilges Brot sei mir gesegnet 413, 8
Heilger Wein sei mir gesegnet 413, 9
Die segnet, wie er segnet 189, 4
Der heilge Geist der segne dich 516, 6
Ade! nun seid gesegnet 232, 10
Du kannst verfluchen u. auch wieder
segnen 4, 2

Segnen.

Im Segnen seid ihr aufgefahren 394, 1
Segnen u. mehren, Unglück verwehren 125, 4

sehen.

Du kannst ins Herze sehen 671, 7
Sieh, wie ich nach des Geistes Mut 279, 1
Ach mein Jesu, sieh ich trete 17, 1
Und mein Jesu, sieh ich Armer 17, 3
Weiß und sieht, was gut sei 58, 3
Den niemand sehen kann, du siehst ja 498, 2
Sieh doch auf mich, Herr 617, 2
Du siehst es, wenn ich Gutes thu 495, 2
Du siehst es, wenn ich fehle 495, 2
Gott siehet dich, scheint er gleich verstecket 696, 3
Der alles sieht und hält 686, 3
Hülfreich auf uns Schwache siehst 207, 1

Sieh, ob ich auf bösem, betrügl. Stege 169, 10
An dem die Engel sehn ihr Lust 447, 4
Und sehen dich ganz offenbar 270, 2
Läßt er die Menschen sehen nicht 202, 6[1])
Mein Auge sieht, wohin es blickt 725, 2
Den du mich, Herr, hast sehen la'n 487, 2
Ich sehe dich mit Freuden an 356, 5
Hab ich doch nie d. Menschen sehen fallen 146, 7
Das Aug allein das Wasser sieht 77, 7
Und sehe den Gerichtstag schon 333, 4
Da dich die Welt wird sehn 189, 6
Und sehn dein liebreich Angesicht 558, 7
Ich sehe deines Donners Macht 366, 10
Zum voraus läßt sich Gott nicht sehn 724, 6
Zu sehn, was Gott uns hat beschert 662, 6
Meine Seele sehen mag deine Angst 371, 2
Laß mich nicht allein deine Marter sehen 371, 3
Will ich aus deinem Leiden sehn 580, 12
Nichts anders denken mich, nichts sehen 554, 3
Und auf dich im Glauben sehen 225, 3
Und seht auf Gott, der euch verwundt 512, 11
Und laß mich sehn dein Bilde 542, 10
Und drauf sehn ohn Unterlaß 419, 8
Des Vaters treue Liebe sieht sehnlich 621, 7
Sehende Augen giebt er den Blinden 446, 6
Sieht lauter Sonnenschein 405, 14(15)
Sehet nur, die Gnadenpforte ist hier 390, 2
Und wenn wir unser Elend sehen 471, 11
Daß wir dich im Himmel sehn 247, 6
Was wird das sein, wenn ich dich seh 723, 7
Zu sehn dein Angesicht 9, 5
Werd ich Jesum sehen ewiglich 389, 5
Vor dir stehen, dein Angesicht zu sehen 144, 12
Daß wir ihn werden sehen 224, 7
Auferstehen, o Jesu, dich zu sehen 560, 14
Daß meine Augen sehen dich 296, 3
In jenem Leben werd erstmals sehen 135, 6
Was in der Welt von Auserwählten war, seh ich 369, 5
Freud u. Herrlichkeit sollst du sehn 196, 10
Er sieht und hört der Engel Mund 139, 9

sehnen.

Wie sichs nach armen Sündern sehnet 471, 5
Und sehnet sich in s. süßen Flammen 107, 4
Meine Seel sich wünscht und sehnet 458, 5
Ich sehne mich nach meinem Sohn 139, 4
Wie sich sehnt ein Wandersmann 196, 2
Wonach das arme Herz sich sehnt 777, 2
Die sich von Herzen sehnen nach dir 510, 9
Der sich nach seinem Gotte sehnet 184, 1
Mich bis ins Grab nach dir möge sehnen 573, 8
Niemand sehnt sich gnug nach dir 373, 4
Wie die thun, die sich in Liebe sehnen 554, 7
Da sehn ich mich hinein, wo Jesus 594, 6
Mich nach dieser Kost zu sehnen 596, 4
Die sich nach dir herzlich sehnen 528, 9
Nach dir sehnt sich meine Seele 649, 5
Wonach wir uns erst sehnen 582, 4
Und sehnen uns ins Himmelreich 303, 5
Wir sehnen uns ins Himmels Saal 745, 13
Meine Seele sehnet sich nach d. Himmels 173, 1
Wonach sie sich sehnen 599, 16
Wie lang muß ich mich sehnen 184, 2
Wir sehnen uns hienieden dorthin 86, 4
Und sehnt sich nach der Ewigkeit 205, 13
Sehn mich nach ewger Freuden 297, 1
Ach, wer wollte sich nicht sehnen 581, 3

Sehnen.

Ich dank dir für dein Sehnen 560, 5
O Lippen voller Sehnen 606, 2
Höchster Wunsch und Sehnen war 238, 2
Euer Sehnen sonst nichts erfreuen 339, 5
Stimmet ein — mit der Engel Sehnen 62, 8
Und schafft zuhauf all unser Sehnen 213, 3
Verzehrt von Lieb und Sehnen 691, 2
Und wenn mein Sehnen ist gestillt 349, 1
Und füllt das heiße Sehnen 203, 12
Kindlich Sehnen bring ich dir 617, 1
Lenkst zum Himmel hin mein Sehnen 109a, 4

sehnlich.

Stillt das sehnliche Verlangen 421, 5
Mein sehnlich Herz so groß Verlangen 369, 1
Die sehnlich streben nach Gerechtigkeit 419, 5
Höre, wie ich sehnlich bete 641, 2
Höre doch mein sehnlich Flehen 714, 10

Sehnsucht.

Ich fühl der Sehnsucht heißen Drang 349, 11

Sehnsuchtsthränen.

Wenn wir Sehnsuchtsthränen weinen 394, 2

sehnsuchtsvoll.

Ich erhebe mein Gemüte sehnsuchtsvoll 336, 1

Seide.

Der Sammet und die Seiden dein 662, 11
Schenk ihm deiner Unschuld Seide 437, 4
Weiß durch deiner Unschuld Seiden 366, 14
Schmück die Seel in reiner weißer Seiden 472, 7
In weißer Seiden stehn 232, 8
Wer sind die in reiner Seide 721, 3

sein.

Als dem, der mir das seine giebt 680, 4
Sind sie und bleiben sein 189, 1
Mein Freund, der mein ist u. ich sein 98, 5
Er nehme das, was sein ist, hin 333, 6

sein und bleiben.

Laß mich dein sein und bleiben 431, 1
Jesus soll es sein und bleiben 461, 9
Sei und bleibe du doch mein 760, 4

Seine (das).

Hat er doch auch wohl selbst das Seine 213, 12[1])

Seinen (die).

Es kennt der Herr die Seinen 189, 1
So kennt der Herr die Seinen 189, 5
Gott will die Seinen schützen 407, 1
Die Seinen wohl zu laben 365, 4
Mit Mutterhänden leitet er die Seinen 610, 5
Daß er helfen kann den Seinen 690, 6

---

1) Fehlt vielfach.

Manches mal die Seinen zu betrüben 228, 1
Als wenn Gott verließ die Seinen 624, 1
Daß er will bei den Seinen sein 720, 3
Er bleibt getreu den Seinen 692, 2
Ja, segnend ruht ihr auf den Seinen 394, 2
Wird das Lamm die Seinen — weiden 727, 6

Seite.

Aus seiner Seiten floß 130, 2
Durch deine aufgespaltne Seit 553, 10
Ruh in deiner Seite finden 375, 7
Und flieh in deiner Seite Wunden[1]) 741, 3
An dein Seite will ich fliehen 196, 7
Aus Gnaden in deiner offnen Seit 652, 4
Ich leg die Hand in seine Seite 722, 8
Verwahret bin in deiner Seit 465, 7
Als eine — Braut an deiner Seite stehen 165, 10
Geh ihm ewig an der Seiten 458, 6
Ist er auf meiner Seiten 328, 1
Denn du stehst mir zur Seiten 106, 7
Ich steh euch an der Seite 485, 5
Bei Nacht will er stehn zur Seiten 195, 2
Komm ich heim, so steh zur Seiten 309, 4
Der wird dir zur Seite gehen 673, 7
Bleib mir dann zur Seite stehen 59, 6
So steh mir, Herr, mit deiner Hülf zur Seiten 4, 6
Die Allmacht stehet euch zur Seiten 685, 8
Stell deine Gnade mir zur Seiten 474, 5
Gestanden uns zur Seiten 534, 5
Was hinket ihr — auf beider Seiten 685, 1
Seine Ruh an ihrer Seite hab 536, 7
An der Seiten seine frischen Zweig 758, 2
Den er nicht auf die Seite trägt 720, 5
Wirst du es doch nicht gar bei Seite setzen 298, 14

Sekte.

Viel Sekten und groß Schwärmerei 1, 5

selbst (selber).

Von des Himmels Thron selbst kommen 752, 2
Die du selbst, o Gott, gegeben hast 704, 1
Ohn was Gott selbst redt und thut 134, 3
Der du selbst heilest allen Schmerz 747, 3
Er ist selber die Sonne 76, 6
Jesu, der du selbst gebüßet 611, 1
Er will eur Heiland selber sein 662, 3
Suchst selber Trost u. findst ihn nicht 753, 9
Hast du doch selbst dich schwach gemacht 753, 13
O große Not! Gott selbst liegt tot 573, 2
Es hat sich selbst der wahre Gott 709, 2
Der selber Mensch ist worden 183, 5
Führ uns selbst den rechten Pfad 543, 3
Nicht hassen, noch selbst rächen dich 134, 6
Wie dir dein Herz selber thut 134, 10
Doch nicht s. Elend selbst empfinden 366, 2
Als ob wir möchten selber frei — leben 183, 3
Und seiner Seelen selbst nicht schont 631, 4
Und ich selbsten mir gemacht 611, 3
Er kann ihm selbst nicht helfen 77, 6
So du selber dir helfen willt 386, 8
Selbst konnt ich allzuviel beleid'gen dich 687, 4
Ich, ich selbst, ein Fremder nicht 389, 6
Mich selbst auch dir zu aller Zeit zum Freudenopfer bringen 165, 6
Der Fürst der Welt selbst wider uns sich legt ins Feld 243, 5
Im Sieg verschlungen dich selbst 607, 3

selbständig.

Komm, o selbständigs Wort 151, 2

Selbstbetrug.

Der fällt in Selbstbetrug 361, 1

selbsteigen.

Und mit selbsteigner Pein läßt Gott 58, 2
Durch dein selbsteignes Herzeleid[2]) 356, 5

Selbstgefälligkeit.

Leere mich — von Selbstgefälligkeit 470, 6

Selbstgerechtigkeit.

Die falschen Stützen der eignen Selbstgerechtigkeit 470, 5

selig.

Er ist das Heil und selig Licht 487, 4
O selger König, Jesu Christ 253, 6
Mein seligstes Heil 169, 2
Der Erstgebornen selge Schar 248, 3
Wie freundlich, selig, süß und schön 554, 3
Um und an selig bleibe zugethan 238, 8
Und der Zustand wahrer Christen unaussprechlich selig ist 702, 1
Wie ein wahrer Christ so selig ist 186, 7
O selig, dem die Sünd ist leid 631, 2
Wirds selig um mich stehn 361, 2
Wenns meiner Seelen selig ist 775, 4
Selig, wer mit mir so spricht 458, 6
Auch Leib und Seele selig sein 282, 4
Wie dirs wird selig sein 692, 1
Und was mir selig ist 399, 3
Aus Gnaden soll ich selig werden 53, 1
Weil mich die Gnad schon selig macht 53, 9
Da bist du selig worden 502, 8
Selig sind, die zu mir kommen 25, 2
Auf daß ich selig würde 700, 2
Daß selig hier mir zu Nutzen 240, 4
In dir muß ich selig sein 281, 7
Selig, wer im Glauben kämpfet 593, 4
Selig, wer im Kampf besteht 593, 4
Selig, wer die Welt verschmäht 593, 4
Da bist du selig worden 502, 8
Daß ich in dir schon selig bin 306, 10
Als Heiland oder Held, der selig machen 14, 3
Zwar wunderlich, doch selig auch 230, 4
Der einzig selig[3]) machen kann 127, 11
O wie selig sind die Seelen 583, 1
Selig, selig sind die Seelen 585, 8
Und schon in Hoffnung selig sein 623, 6
Fröhlich, selig schaut der Glaube 253, 1
So bin ich denn schon selig hier 290, 10

---

1) Var. Bernb. G. Seitenwunden. 2) Var. Bernb. G. Durch allerhand Beschwerlichkeit. 3) Var. Anh. G. ewig.

Ich bin schon selig, seitdem ich das 345, 4
Gern wollt die Welt auch selig sein 417, 4
Wir sollen selig werden und bleibn 665, 5
Daß ihre Seel auch selig werd 552, 1
Will lieber selig werden 273, 1—3
Wie selig seid ihr doch, ihr Frommen 582, 1
Der selgen Seelen Stand 135, 13
O selig ist zu jeder Frist 573, 7
O selig, wer in dieser Welt 243, 12
Selig sind, die Demut haben 419, 2
Selig sind, die Leide tragen 419, 3
Selig sind die frommen Herzen 419, 4
Selig sind, die sehnlich streben 419, 5
Selig sind, die aus Erbarmen 419, 6
Selig sind, die funden werden 419, 7
Selig sind, die Frieden machen 419, 8
Selig sind, die müssen dulden 419, 8
Selig, ja selig ist der zu nennen 446, 3
Hier ruhig und dort selig sein 666, 7
Kann ich hier und dort selig sein 776, 4
Selig, wer in Christo stirbt 301, 6
Das ist eine selge Stunde 84, 1. 665, 5
O wie selig sind die Stunden 173, 4
Ein selig Stündlein uns verleih 82, 10
Führen in einen feinen, selgen Stand 139, 6
In ewgem Heil und selgem Licht 278, 3
Dein Wort, das selig macht 176, 3
Gnug, daß es selig ist gemeint 720, 9

Seligkeit.

O Seligkeit, dir geben Ehr 248, 1
Giebst ih'n bereit die Seligkeit 548, 6
Er bringt euch alle Seligkeit 662, 4
Die du mir heut zur Seligkeit 667, 2
Großen Dank für deine Seligkeiten 349, 11
Brunnquell aller Seligkeiten 424, 2
Er richts zu — deiner Seligkeit 692, 5
Wenns dienet eurer Seligkeit 512, 11
Zu der Seligkeit mich wirst — bringen 284, 4
Daß von dir meine Seligkeit herrühr 197, 3
Bringt mir die Seligkeit 14, 5
Den Weg zur ewgen Seligkeit 451, 5
Du erwünschte Seligkeit 526, 1
Mit der höchsten Seligkeit 84, 1
So hilf — zu meiner Seelen Seligkeit 308, 5
Schenkst uns nun die Seligkeit 428, 3
Sollt leben in steter Seligkeit 395, 2
Zum Grunde meiner Seligkeit gelegt 638, 1
Kommen meiner Seligkeit zu gut 374, 6
Daß wir solche Seligkeit erwarten 285, 4
Gelangen zu der Seligkeit 533, 6
So ist des Glaubens Ende der Seele Seligkeit 361, 3
Durch deinen Tod die Seligkeit erlange 537, 9
Schaffet eure Seligkeit 593, 1
Dein ist das Glück der Seligkeit 347, 4
Und übergroße Seligkeit wird über unsre Sinne gehen 703, 2
Daß ich im Buch der Seligkeit 185, 5
Dein Wort giebt Trost u. Seligkeit 289, 2
Die Seligkeit zu finden 636, 1
Ich find meine Seligkeit 626, 4
Mich bring um die Seligkeit 281, 3
Den Lauf vollende zu m. Seligkeit 9, 1
Ich solcher Seligkeiten — fähig werd 419, 10
Und die Seligkeit uns schenken 628, 6
Herzog unsrer Seligkeiten 299, 1
Jene Seligkeit gefunden 152, 3
Friede, Ruh und Seligkeit 697, 1—9
Voll Lust und Ruh, voll Seligkeit 685, 2
Erwäge samt der Seligkeit 531, 3

seliglich.

Wunderlich, nur seliglich 600, 7
Und zu dir dringen seliglich 162, 5
Meinen Lauf hier seliglich vollbringen 706, 6
Unsern Lauf ganz seliglich vollziehen 107, 9
Meinen Lebenslauf seliglich vollendet 156, 1

Seligsein.

Ihr Seligsein bist du 248, 2
In dir ist nichts denn Seligsein 349, 8

selten.

Und man jetzt gar selten findt 32, 3
Auf dein Gebot geachtet hab so selten 532, 2
Die gedeihen selten wohl ohne Zucht 599, 14
Und ist doch selten so bewandt 139, 6

seltsam.

Ob der Anfang seltsam scheinet 765, 2

senden.

Da sandte Gott von seinem Thron 132, 2
Gott Vater sende deinen Geist 243, 1
Der Vater und der Sohn dich sendt 547, 9
Dein' heilgen Geist du zu uns sendt 278, 1
Was sandt er uns hernieder 73, 1
Deinen Engel zu mir sende 219, 7
Sende mir deinen Geist 225, 3
Vollenden dein Werk an mir u. senden 671, 8
Send uns dein Engel 129, 2
Gottes Engel, den er sendet 625, 8
Treue Arbeiter in deine Ernte senden 443
O sende bald von Ort zu Ort 94, 7
Am letzten End dein Hülf mir send 30, 3
In aller Not dir treuen Beistand senden 609, 7
Deine Hülfe zu mir sende 641, 6

Senfkorn.

Wie ein kleines Senfkorn sein 641, 3
Wär auch m. Glaub wie Senfkorn klein 537, 6

senken.

Wird ins Grab gesenket 573, 7
Er war ins Grab gesenket 37, 2
Gott senkt die Majestät 337, 2
Senk in Abgrund deiner Gnaden alle Schuld 375, 6
Er senkte sich in ihre Not 471, 2
Wenn mein Herz hinein sich senket 372, 4
Die Seel in Jesu Wunden senken 722, 3
O Jesu, dich in meine Seele senken 629, 7
Meine Seele senket alles, was sie kränket 462, 5
Meine Seele senket sich hin in Gottes Herz 460, 1
Darein will ich mich gläubig senken 340, 5
Die Katechismuslehren rein in ihre Herzen senken 137, 4

Seraphim.
Viel tausend hohe Seraphim 28, 2
Mit Ehrfurcht dienen dir Seraphim 248, 2
Den hellen Seraphinen muß er 224, 2
Wenn die Seraphim sich decken 583, 3
Es stunden zween Seraph bei ihm 370, 1
Auch Cherubim und Seraphim 271, 1
Du Herr der Seraphinen 142, 1
Da so viel tausend Seraphim 204, 10
Vor dem die Seraphinen — niederknien 360, 3
Lobt Gott, ihr starken Seraphim 64, 7
Da die Seraphinen prangen 31, 4
Nebst dem Chor der Seraphinen 649, 2

setzen.
Du setzest mich zu Tische 106, 8
Gott wird dort zu Ehren setzen 419, 2
In deinem Stand, darin er dich gesetzet 609, 4
Setzt Gott kein gewisse Tage 183, 11
Das schöne Himmelszelt hoch, über uns gesetzt 355, 4
Was seine Weisheit setzet und ordnet 365, 2
Du setzest dich zum Bürgen 580, 7
Heut hast du dich gesetzet zur Rechten 28, 1
Und setz mich neben dich 130, 5
Der unsre Feinde setzt zu Spott 588, 5
Um zu setzen mich in Ruh 383, 3
Setz es aus dem Zorn zur Gnade 437, 5[1]
Und setzt mich in des Vaters Huld 244, 4
Mein Hirt Jesus mich gesetzt 169, 9
Und setze mich aus Gnaden in deine Freudenstadt 594, 7
Den Christus jetzt wird setzen ins Schloß 232, 5
Der auf seinen Schoß mich setzet 425, 5
Setz mich in dein Erbgut 652, 2
Wird sich all mein Jammer setzen 611, 3
Setzet Gott doch Maß und Ziel 419, 9
Er setzt und richtet unsern Fuß 243, 9
Was wir setzen, das gilt gemein 10, 3
Setzt ihr auf ihn eur Zuversicht 663, 5
Denn welcher seine Zuversicht auf Gott setzt 719, 7
In dein Huld setz ich all m. Vertrauen 146, 8
Wer auf Gott sein Hoffnung setzet 32, 1
All Hoffnung ich ganz fest und steif thu setzen 716, 1
Den ich mir zum Zweck gesetzet 461, 7
Setz dich unter Jesu Kreuze 600, 1
Setzet mich in tausend Schmerz 600, 4
Ich wills vor Augen setzen 580, 11
Drauf ich mein' Sinn nicht setze 407, 5
Leib und Leben setzen in Gottes 579, 1
Die an uns setzen alle 674, 1
Noch mich in Schand u. Schaden setz 546, 2

Seuche.
Vor Seuchen und vor teurer Zeit 655, 5
Vor Seuchen, Feur und großem Leid 496, 1
Vor Teurung, Hunger, Seuch u. Streit 60, 5
Ja der Hölle Seuch und Pest 428, 4

seufzen.
Seufz auch in uns, wenn wir beten 414, 4(5)
Ach seufz in meinem Herzen 339, 4
So seufzt und spricht er Worte 405, 7(8)
Was hier kranket, seufzt und fleht 389, 7
Der allhier mich seufzen macht 554, 11
Du seufzest hier in deinen Banden 187, 1
Hör, ach erhör mein seufzend Schreien 325, 4
Wenn unser Herze seufzt u. schreit 355, 10
Ohn Unterlaß zu seufzen 362, 14

Seufzen.
Dein Seufzen und dein Stöhnen 580, 16
Bald mit Seufzen, bald mit Weinen 249, 6
Muß das Seufzen u. das Stöhnen 773, 4
Merk auf das Seufzen und Gebet 137, 1
Ach Gott, erhör mein Seufzen 4, 1
Das Seufzen deiner Kirche hör 588, 1
Steh mir stets mit Seufzen bei 152, 7
Mein Seufzen ist erfüllt 352, 7
Ihr Seufzen dringt zu mir herein 10, 4
Dir ist mein Seufzen nicht verborgen 777, 2
Heb empor zu deinen Bergen, Herr, mit Seufzen 706, 1
So stimm ich doch mit Seufzen ein 524, 14
Herr, nimm mein Seufzen auf 78, 4

Seufzer.
Das Herze mit der Seufzer Kraft 165, 4
Ein Seufzer nach dem andern quillt 580, 2
Mich bei dir vertreten mit Seufzern 136, 4
Führ die Seufzer himmelwärts 437, 6
Mein Herz ist der Seufzer satt 635, 4
Wenn ich Seufzer zu dir schicke 259, 2
Er hört die Seufzer deiner Seelen 213, 5
Du hörest meinen Seufzern zu 495, 5
Meiner Seufzer Ziel nicht durch 230, 2
Ich will die Seufzer tiefer fassen 477, 11
Nimm den letzten Seufzer an 172, 6. 563, 6
Ein Seufzer in der letzten Not 737, 7

sicher.
Ein sichres Schloß gejagter Seelen 471, 3
Daß ich könnte sicher sein 383, 5
Er schafft es, daß man sicher wohnt 236, 1
Schafft, daß ich sicher wohne 488, 1
Da wallt man sicher früh und spät 253, 4
Ich bin sicher ewiglich in des Herren 425, 6
In deiner Gnad vorm bösen Feinde sicher 244, 6
So werd ich sicher gehn 360, 2
Die Bahn zum Himmel sicher finden 764, 4
Glaub sicher, daß allein er dein Unglück 195, 3
Daß wir alle sicher schlafen 268, 6
Und singe in gar sichrer Ruh 381, 3[2]
Daß ich vorm Feind kann sicher sein 130, 4
Und vor dem Satan sicher sein 66, 2
Ich fahre sicher hin in Frieden 184, 4
Wer von ihm behütet ruht, ist sicher 357, 3
Da kann ich ruhn und sicher sein 119, 2
Und läßt uns sicher ruhn 355, 7
Er bricht uns sichre Bahn 224, 3

1) Fehlt vielfach. 2) Fehlt Bernb. G.

O das ist sichres Gehen 86, 5
Wir sind sicher, arg, faul und kalt 1, 3
Doch du sichrer Sünder, denk nicht 53, 6
Sicher wolle thun und scherzen 593, 6

Sicherheit.

Wer schafft die Sicherheit der Nacht 459, 2
Ins Schloß vollkommner Sicherheit 232, 5
Gelanget in die Sicherheit 741, 5
Lebe hin in Sicherheit 26, 2
Noch durch meine Sicherheit mich bring 281, 3
Die große Sicherheit mich kränkt 326, 8
Bisher hab ich in Sicherheit — geschlafen 366, 9
Doch hüte dich vor Sicherheit 631, 3
Schau an die große Sicherheit 530, 8
Und laß durch keine Sicherheit 347, 4
Fliehe Träg- und Sicherheit 589, 9

sicherlich.

Dein tröst ich mich ganz sicherlich 716, 3
Nein, ich trau ihm sicherlich 626, 3

sichern.

Bist du gesichert früh und spat 346, 5

sichtbar.

Der deinen Stand sichtbar gesegnet 445, 4
Vertreibe alle Feind, die sichtbar 555, 10

sichten.

Wenn er mich zu sichten wagt 633, 3
Wie er mich sichte, verstöre 380, 1

siebenfalt.

Du bist mit Gaben siebenfalt 409, 4

siebenmal.

Das Silber, durchs Feuer siebenmal 10, 5

siebent.

Du sollst heilgen den siebent Tag[1]) 134, 4

siech.

Der an der siechen Brust mir naget 184, 3

Sieg.

Wo Gottes Geist ist, da ist Sieg 243, 6
Triumph und Sieg daraus gemacht 144, 3
Das Leben behielt den Sieg 76, 4
Hat im Sieg verschlungen dich selbst 607, 3
Und in deinem Sieg empfinde 602, 14
Durch Christi Sieg gedämpfet feind 572, 5
Des Hauptes Sieg der Glieder ist 572, 9
Den Sieg muß er doch allzeit han 745, 6
Deinen großen Sieg — recht preisen 144, 1
Ewig deinen Sieg erheben 646, 7
Christi Sieg behält das Feld 678, 10(8)
Die — Palmen bilden dir d. Sieg 601, 6
Doch wer kann den Sieg dir wehren 587, 2
Und erhalt in uns den Sieg 414, 6(7)
Der Sieg bleibt dennoch mein 328, 2
Der uns den Sieg — gegeben 572, 1. 10
Den Sieg durch Jesum hat gegeben 607, 7
Hilft auch dir zu deinem Sieg 313, 10
Mit Ruhm u. Dankgeschreie den Sieg 58, 11
Den Sieg wolln wir erlangen 659, 3
Denn sie flößt zu den Siegen Geduld 124, 5
Folget niemals rechter Sieg 593, 5
Ja, denke, daß ohn Streit u. Sieg 38, 3
Diesen Sieg hat auch empfunden 47, 5
Giebt uns Sieg durch Jesum Christ 634, 5
Wenn euer Kampf den Sieg erhält 685, 2
Den Guten Sieg vergönnt 368, 4
Durch des Lammes Blut den Sieg 721, 4
Wo ist der Sieg der Höllen 107, 7
Wo ist dein Sieg o Hölle 572, 1. 10

Siegel.

Gott drückt das Siegel drauf 339, 8
Dein Geist bleibt mein Pfand u. Siegel 461, 8
Und ein Siegel der Lieb 580, 11
Siegel der Geliebten 597, 2
Ein neues Siegel aufgedrückt 475, 3
Gottes Gnade hat das Siegel 694, 1
Der feste Grund hat dieses Siegel 205, 8

siegen.

Gegen den, der für dich sieget 461, 5[2])
Du hast gesieget weit und breit 144, 2
Ach, so hilf, Herr Jesu, siegen 374, 7
Das Leben siegt und ward sein Herr 181, 3
Mein Jesus siegt, drum liegt zu Füßen 478, 2
Siege bald, siege bald, komm 587, 2
König Jesu, streite, siege 423, 1
Jesu, hilf siegen 380, 1—8
Hilf du mir siegen, mein Heil 380, 8
Meinen Stand wohl halt u. herrlich siege 362, 7
Daß wir fröhlich siegen 597, 7
Halt an Gott, so wirst du siegen 213, 6
Daß ich im Glauben sieg und stehe 474, 6
Hilf mir in dem Kampfe siegen 721, 11
Die Gnade soll im Herzen endlich siegen 237, 7
Wir machen Frieden, eh wir siegen 470, 2

Sieger.

Sieger in des Todes Nacht 634, 3
Da ihr Sieger sich erhebt 42, 2
Wahren Siegern wird die Krone 593, 5
Ist es nicht der Sieger Krone 768, 3
Wie ein Sieger in der Hand 721, 2

Siegesbahn.

Auf dieser Kriegs- u. Siegesbahn 424, 10

Siegesbeute.

Das ist unsre Siegesbeute 321, 3

Siegesfahne.

Mit Ehren seine Siegsfahn schwingt 202, 3
Schwing deine Siegesfahnen auch 742, 6

Siegesfürst.

Ich bin sein Siegsfürst u. sein Herr 607, 5
Seraphim dich großen Siegsfürst[3]) loben 28, 2
Du Gnadenthron, du Siegesfürst 28, 6
Siegesfürste, Ehrenkönig 615, 1

Siegesgewalt.

Mit der Gnade Siegsgewalt 587, 3

Siegeshand.

Unter deinen Siegeshänden möge ritterlich vollenden 18, 8

Siegesheld.

Ach wundergroßer Siegesheld 28, 1

1) Var. Bernb. G. Feiertag. 2) Fehlt Bernb. G. 3) Var. Hann. G. Siegsmann.

Siegesherr.
Dir als Siegsherrn Ehr erweise 28, 3
Siegeskranz.
Bei so vielen Siegeskränzen 581, 5
Siegeskrone.
Unverrückt nach der Siegeskrone blickt 634, 2
Triumphieren in eurer Siegeskron 178, 7
Siegeslauf.
Nichts ist, das in dem Siegeslauf 572, 3
Siegeslied.
In der Gerechten Hütten schallt schon das Siegeslied 742, 3
Wo sie Siegeslieder singen 768, 4
Siegesmann.
Wie sonst ein Siegsmann prangt 621, 6
Siegespalmen.
Und tragen Siegespalmen in Händen 232, 8
Hier sind die Siegespalmen 178, 8
Siegespalmenzweig.
Mit den Siegespalmenzweigen 408, 3
Siegesplan.
Ist schon auf dem Siegesplane 47, 4
Siegespracht.
Die werte Siegespracht rührt her 621, 6
Siegesreiser.
Da trägt man Siegesreiser 338, 7
Siegeston.
Stimmen an den Siegeston 47, 11
Siegeszeichen.
Stecke nun dein Siegeszeichen 646, 2
sieghaft.
Die göttlich Kraft mach uns sieghaft 401, 7
Dein sieghaft Schwert umgürte 116, 5
Die göttlich Kraft mach uns sieghaft 488, 5
siegprächtig.
Deine Erkaufte siegprächtig willst führen 299, 1
siehe.
Siehe, siehe, m. Seele, wie dein Heiland 197, 2
Silber.
Das Silber, durchs Feuer siebenmal 10, 5
Die ganze Welt, Silber und Gold 417, 9
Simeon.
Suchen — nach Simeons Exempel 287, 1
Wie Simeon, ein jeder Christ 287, 3
Wie Simeon, im Frieden zu dir fahren 273, 3
Welcher wie Simeon entschläft 15, 4
Simson.
Denn mein Simson hat bei Nacht 49, 5
Es ist frei von Todesbanden Simson 428, 1
Sinai.
Hoch auf dem Berg Sinai 134, 1
singen.
I. Engel.
Davon ich singn und sagen will 662, 1
Und singen uns solch neues Jahr 662, 15
Die Engel werden singen 99, 5
Da vor Freud alle Engel singen 200, 1
Es singen uns die Engel 199, 1
Gar lieblich thun sie singen 199, 1
Also thun sie uns singen 199, 2
Rühmet, singet, jauchzet sehr 220, 5
Des freuet sich d. Engel Schar u. singt 75, 1
Und heilig, heilig, heilig! singt 547, 12
Singen immer mit hoher Stimm 271, 1
Wie von Anfang gesungen 369, 8
So laß die Englein singen 515, 8
II. Mensch.
Ein jeder Christ kann singen 287, 3
Man singet in den Landen 117, 2
Alle Welt die freue sich und sing 192, 2
Sein Mündlein hilft selbst singen 139, 9
Ich singe mit der Engel Schar 512, 4
Nichts Liebers meine Zunge singt 512, 5
Sollt ich meinem Gott nicht singen 625, 1
Dir, dir, Jehovah will ich singen 136, 1
Da will ich herrlich singen 329, 12
Wird gesungen, was durch keines Ohr 582, 4
Wach auf mein Herz und singe 671, 1
Ich singe dir mit Herz und Mund 355, 1
Singet, springet, jubilieret 734, 6
Lasset uns singen, dem Schöpfer bringen 125, 3
Tausendmal sei dir gesungen 762, 12
Wir singen dir, Immanuel 753, 1
Wir singen dir mit deinem Heer 753, 2
Wenn er dir sang auf Saitenspiel 753, 4
Dein Halleluja hier mit Freuden singen 753, 20
Daß wir dir singen früh und spat 79, 7
Singet, klinget, rühmt und ehret 28, 2
Christo will ich singen 288, 10
Das sei dir, Herr, zu Lob gesungen 412, 1
Ich will von deiner Güte singen 524, 14
Da sing ich dir im höhern Chor 524, 15
Das große Halleluja singen 703, 5
Bei Nacht und Tage singen 165, 6
Das, was mich singend machet 405, 14(15)
Das Heilig, Heilig! singen 208, 5
Und singe mit der Engel Schar 751, 9
Allezeit: heilig, heilig, heilig! singen 434, 4
Heilig, heilig, heilig! singt 534, 10. 547, 12
Ihm Hosianna singen mit heiliger Begier 36, 1
Ein Hosianna singen u. ewig dankbar 36, 10
Das Halleluja reine singt[1]) man 369, 7
Gloria sei dir gesungen 672, 3
Herrlichkeit sei dir, o Herr, gesungen 137, 9
Hochpreisen, singn und loben 106, 12
Lob und Dank sei dir gesungen 714, 2
Ach könnt ich singen, wie ich wohl 681, 6
Deim Namen singen Freud u. Ruhm 12, 5
Dir Psalmen sing im höhern Chor 136, 3
Und du singst Freudenpsalmen dem 58, 11
Meine Seele, singe, fröhlich singe 767, 3
Singe deine Glaubenslieder 767, 3
Sing, bet u. geh auf Gottes Wegen 719, 7
Mein Blut soll nun singen 735, 3
Indes, mein Herze, sing und spring 735, 7
Holder ist noch nichts gesungen 373, 2

1) Var. Bernd. G. spielt.

Daß ich fröhlich singe nu 387, 5
Und dir singen Herz und Mund 21, 10
Mit Lust und Liebe singen 502, 1
Und singe in gar sichrer Ruh 381, 3
Dir darob im Herzen sing und spiel 136, 2
Ein heilig Lied gesungen 237, 2
Und singen laut und hell 305, 1
Werd singen mit den Engelein 553, 14
Bis wir singen mit Gottes Heer 278, 3
So will ich dir ewig singen 584, 8
Wenn ich in Nöten bet und sing 11, 10
Wohl auf, mein Herze, sing 355, 13
Ich singe mit, wenn alles singt 204, 8

Singen.

Dein Singen klinget wohl 769, 5
Das macht mit seinem süßen Singen 279, 4
Unser Bitten, Flehn und Singen 439, 3
Es ist vollbracht Singen, Beten, Lehren 503, 1
Treten mit Singen und mit Beten 510, 1
Wird gewiß mein Singen recht gethan 136, 3
Ist voller Freud und Singen 405, 14(15)

sinken.

Dein Heil sinkt in den Tod 580, 1
Zur Höllen mußt ich sinken 502, 3
Sinke nicht, Gott ist versühnet 693, 1
Und laß mich nicht sinken 380, 5
Dort kommt ein Sturm, ich sink, ich sink 304, 4

Sinken.

So wird das Sinken abgewandt 304, 4

Sinn(e).

I. Gott.

Als hätt in s. Sinn er deiner sich 58, 9
Der klügste Sinn ist Gottes Sinn 681, 3
Jetzt tragen wir nach deinem Sinn 703, 7
Daß Christi Sinn es ganz erfüllt 570, 1
Weiß Christi Sinn und Einfalt nicht 570, 5
Kraft und Sinn ist Gott ergeben 485, 3
O Jesulein, dein frommer Sinn 753, 15
Nicht unser ganzes Leben allzeit nach deinem Sinn 769, 12(13)
Daß es Gottes Sinn erreicht 152, 3

II. Mensch.

a) böser.

Fährt fort in seinem bösen Sinn 631, 4
Regiere meinen trägen Sinn 349, 9
Verstockten Sinn und Diebsgewinn 310, 6
Auf uns ist so zornig ihr Sinn 674, 2
Treib aus von mir den stolzen Sinn 13, 4
Und erneure meinen Sinn 26, 8
O beug und ändre meinen Sinn 470, 3
Den Sinn der Erden 470, 4
Und schlachte hin meinen Willen, meinen Sinn 317, 3
Ihr Herz nicht eines Sinnes ist 10, 2
Wie mancher ist in seinem Sinn 362, 5
Durch ihn unsern Sinn — überwinden 449, 8
Drum brich den eignen Sinn 158, 2
In ihrem Sinn ein falscher Wahn 552, 2
Sammle den zerstreuten Sinn 604, 2
Kehre die zerstreuten Sinnen 299, 5
Zeuch die Sinnen aus der Welt 614, 3
Lebt — in der Welt nach seinem Sinn 618, 4

b) guter.

Lenke Sinnen und Begier 439, 1
Tröste, tröste meinen Sinn 238, 7
Erquicke mir Herz, Sinn und Mut 130, 2
Dein'r Gläubigen Herz, Mut u. Sinn 412, 1
Es erfreuet Herz und Sinn 51, 13
Dir verschreib ich Herz und Sinn 590, 6
Herz und Sinnen zu ihm kehren 421, 1
Dir, höchster Gott, ist unser Sinn 82, 1
Den Sinn der lautern Einfalt ein 570, 7
Gieb deim Volk ein'rlei Sinn auf Erd 177, 3
Herz und Sinnen dir ergeben 543, 2
Führe unsre Sinnen und Beginnen 543, 7
Dir zu Ehren soll mein Sinn 225, 6
So empfindet Herz u. Sinn Freude 197, 3
Daß an dir hängt Mut und Sinn 299, 2
Führ auch mein Herz und Sinn 763, 11
Regieret meinen Sinn 405, 6(7)
Dies sei, o Herr, mein ganzer Sinn 470, 6
Von höchster Freud erfüllet wird d. Sinn 369, 7
Getrost ist mir mein Herz und Sinn 487, 1
Da ist auch stets mein Herz u. Sinn 39, 2
Mit Herz und Sinn zu d. Fürsten 607, 4
Zu dir, Herr Jesu, steht mein Sinn 11, 2
Dich aus m. Sinn nicht lassen 165, 5
Hier legt mein Sinn sich vor dir 306, 1
Der Sinn muß tiefer in dich gehn 306, 5
Auf dich laß meine Sinnen gehn 180, 4
Droben all meine Sinnen 125, 5
Ihr aber, meine Sinnen, auf, auf 515, 1
Ein von Gott erleuchter Sinn 312, 2
Ich baue jetzt in meinem Sinn 517, 8
Wenn deine Sinne sich erhöhn 139, 10
Dem neuen Sinn erst wie e. Vaterland 354, 2

c) allgemein.

Ich kanns mit meinen Sinnen nicht 298, 9
Wird über unsre Sinne gehen 703, 2
Kein Sinn kann dich erreichen 149, 5
Begriffen wird mit Sinnen 107, 3
Es wird kein Sinn erreichen hier 107, 13
Halt ein, mein schwacher Sinn 135, 14
Was kränkst du dich in deinem Sinn 355, 15
Samt den Sinnen und Verstand 219, 6
Erleuchter unsrer Sinnen 547, 9
Lebensquell u. Licht der Sinnen 373, 4. 596, 7
In Psalmen ermuntern m. Sinn 738, 2
Mein Leben, Sitten, Sinn u. Pflicht 555, 11
Und führ mir wohl zu Sinnen 366, 3
Daß in uns die Sinne nicht 497, 4
Streng an die Kräfte, Mut u. Sinn 38, 10
Wenn allen Sinnen Kraft gebricht 333, 2
Hält Herz, Gemüt und Sinnen 690, 1
Gottes großes Thun erweckt mir alle Sinnen 204, 8
Gieb mir den Sinn, daß ich forthin 310, 1
Wo mein schwacher Sinn stets pfleget 531, 6
Mein Sinn geht aus der Welt 339, 1
Erschrickt der zarte Sinn 203, 2

Und ihr Sinnen geht herfür 714, 1
Daß mir nie komme aus dem Sinn 709, 5
Lasse mirs nicht aus dem Sinne 625, 11
Laß oft mir kommen in den Sinn 532, 4
Daß unser Sinn verbunden sei 543, 6
Fort mit dem Sinn der Griechen 448, 8
Daß unsre Sinnen wir noch brauchen 444, 3
Hier trübe deine Sinnen, o Mensch 235, 5
Andre mögen ihre Sinnen schärfen 584, 3

sinnen.

Was Menschen sinnen, fället hin 681, 3

Sinnen.

Hingegen all mein Sinnen 286, 7
Treibe unser Sinnen und Beginnen 285, 2
Treibs zurück u. ändere mein Sinnen 362, 11

Sitte.

Mein Leben, Sitten, Sinn u. Pflicht 555, 11

Sitz.

Stehen vor dem strengen Sitz 405, 4
Gönnt er mir keinen Sitz im Land 571, 7
Da ist kein Sitz zu reich, zu arm 756, 11

sitzen.

Im Geist den Herrn sitzen sah 310, 1
Vom Stuhle, da du sitzest 362, 6
Gott sitzt im Regimente 58, 7
Der sitzet an der höchsten Stätt 754, 2
Sitzst nicht im steinern Schlosse 562, 3
Du sitzt zur Rechten Gottes gleich 271, 3
Nun sitzest du zur rechten Hand 547, 8
Seit du im Himmel sitzest 253, 1
Da er unter den Löwen saß 270, 8
Ob ich gleich im Finstern sitze 714, 4[1])
Wo ich bisher gesessen 329, 10
Als Leib und Seele saßen in ihrem 738, 3
Meine Seele, die leer u. durstig saße 106, 9
Ohne dich im Paradiese sitzen 594, 5
Einen Tag bei Jesu sitzen 463, 7
Auf dem Thron mit Christo Jesu sitzen 38, 9
Würdiglich an deiner Tafel sitzen 143, 3
In seinem Schoße sitzen 510, 5
Daß sie in Frieden sitzen 562, 4
Und daß Gott der im Schoße sitze 719, 5
Sitzet der zwölf Boten Zahl 31, 5
Zu tief in deinen Wunden sitzen 333, 8

Sklaverei.

Wer die Sklaverei nur liebet 47, 6
Mach der Sklaverei ein End 527, 8

Sodom.

Steht nicht Sodom in der Glut 589, 18

Sohn.

O Jesu Christ, Sohn eingeborn 29, 3
Dein eingebornen Sohn 54, 1
Der Sohn des Vaters, Gott von Art 209, 5
Wir glauben auch an — seinen Sohn 749, 2
Jesum Christ, Gottes u. Marien Sohn 750, 2
Denn Gottes Sohn vom Himmelreich 114, 1
O Gottes Sohn, Herr Jesu Christ 537, 1
Dich den Sohn des Höchsten nenne 537, 2
Sohn Gottes in der Höh 519, 2
Jesu Christe, Gottes Sohn 277, 3. 343, 17
O Jesu, Jesu, Gottes Sohn 558, 1
Dein Sohn hat ja mit klaren Worten 669, 3
Nein, er sprach es zu dem Sohn 384, 4
Demselben gleichet keiner, nur der Sohn 384, 5
Ich dank dir, Christ, o Gottes Sohn 675, 8
Das macht Christus, wahr Gottes Sohn 487, 2
Weil Gottes Sohn mir stehet bei 109b, 1
Gotts Sohn allein ist mein Gewinn 324, 1
Gottes Sohn ist kommen 222, 1
Wenn dein herzliebster Sohn 700, 1
Der Sohn dem Vater g'horsam ward 502, 6
Mit der du uns den Sohn geschenkt 351, 4
Gotts Sohn ist worden eur Gesell 663, 4
Daß uns auch Gott sollt geben sein' lieben Sohn 146, 2
Uns denn sein Sohn geschenkt 146, 4
Und schenkt uns seinen Sohn 447, 1
Mit seinem lieben Sohn verehrt 662, 6
Der uns schenkt seinen eingen Sohn 662, 15
Der Vater und der Sohn dich sendt 547, 9
Dazu auch seinen lieben Sohn 544, 4
Liebst du mich, o Gottes Sohn 371, 5
Sieh an deinen lieben Sohn 648, 4
Durch den Sohn zu dir gekommen 248, 3
Durch Christum deinen Sohn 258, 6
Und Jesu Christ, seim liebsten Sohn 30, 4
Der du deinem liebsten Sohne 220, 1
Zum letzten ist dein lieber Sohn 752, 2
Gott Vater, Sohn u. heilgen Geist 210, 6
Dies verleih in Christo, deinem Sohne 237, 6
Der Sohn trägt unsre Schuld 519, 3
Deinen Sohn wollen stürzen 177, 1
Kreuzigt ich nicht Gottes Sohn 97, 3
Der Sohn des Höchsten schreit 606, 1
Dein Sohn hat mich versühnet 8, 3
Denke, daß dein Sohn auf Erden 654, 4
Das teure Blut von d. Sohne schreit 751, 6
Die Gott durch seines Sohnes Blut 622, 3
In Tod sein' liebsten Sohn gegeben 343, 11
Gedenk an deines Sohnes Tod 496, 5
Drum schickt Gott seinen Sohn 183, 5
Seinen Sohn aus dem Thron 200, 3
Seinen Sohn zum ewgen Leben 421, 3
Ja seinen lieben Sohn 665, 4
Da schenkt er dir sein' lieben Sohn 516, 4
Das ist mein lieber Sohn 77, 3
Auch Gottes Sohn hier selber steht 77, 4
Du hast dein' Sohn gegeben 6, 6
Er sprach zu seinem lieben Sohn 502, 5
Deswegen kam sein Sohn auf Erden 340, 3
Sein Sohn ist ihm nicht zu teuer 625, 3
Geist, den mir der Sohn gegeben 208, 3
Lobt Gott, der uns schenkt s. Sohn 64, 4
Was sein einger Sohn ererbt 149, 2
Den uns dein Sohn erbitten heißt 243, 1
Des Vaters und des Sohnes 769, 1

---

1) Fehlt Bernb. G.

Der du vom Vater und dem Sohn 137, 9
Gott mit Vater und dem Sohne 749, 3
Zeuch mich, o Vater, zu dem Sohne 136, 1
Damit dein Sohn uns wieder zieh 136, 1
Wenn es im Namen deines Sohns 136, 6
Des Sohnes Weisheit mich erquick 546, 3
In deinem Sohn geliebet 734, 5
Dein Sohn hat mich ihm selbst vertraut 734, 5
Von dem Staube auf zum Sohne 253, 1
Getrost, Sohn, du bist mein 777, 6
Ich bin ein Sohn des, der den Thron 341, 1
Sie werden los und Söhne des 149, 2
Hier wächst ein geschickter Sohn 661, 4
Daß dein Auge schauet schöne Söhne 732, 5[1]
Erhebt von mir dich, o mein Sohn 139, 1
Ich sehne mich nach meinem Sohn 139, 4

Sold.

Sterben war der Sünden Sold 49, 4

Sommer.

Tritt der schöne Sommer ein 625, 11
Gieb, daß der Sommer deiner Gnad 204, 13

Sommerhitze.

Durch Sommerhitz sehr ausgebrannt 566, 3

Sommerzeit.

Und suche Freud in dieser schönen Sommerzeit 204, 13

Sonne.

I. natürlich.

Wie die Sonn durchscheint das Glas 114, 3
Und leuchtet als die Sonne 519, 1
Und wie die Sonne blitzen 38, 9
Die Sonne sich zu uns wenden 258, 1
Die Sonn, die Erd, all Kreatur 181, 4
Früh morgens, da die Sonn aufgeht 202, 1
Die Sonne geht zur Ruh 156, 4
Nicht mehr die Sonne scheint 613, 3
Wenn Sonne, Mond und Stern 133, 3
Schön ist die Sonne 598, 3
So schön wird als die Sonne 472, 3
Großes Licht der Sonnen schieße 767, 2
Wer hat die Sonn an ihm erhöht 707, 2
Sonn und Mond uns scheinen heißt 219, 1
Die güldne Sonne voll Freud 125, 1
Der Sonnen gewünschtes Gesicht 125, 12
Was ist der Glanz der Sonne 253, 2
Bis neu die Sonne scheinet 253, 3
Sonn und Mond und liebe Sterne 206, 5
Dessen Glanz die Sonne weichet 581, 7
Aufwärts steigt über Sonne, Mond 312, 7
Über Sonn und Sterne führen 741, 4
Wenn mich der Sonnen Hitze trifft 165, 9
Der Sonne Hitz, des Mondes Schein 346, 6
Die Sonne wird uns nicht mehr stechen 187, 6
Sonnenklar und klarer als die Sonne 558, 1
Wer führt die Sonn aus ihrem Zelt 128, 2
Die helle Sonn leucht jetzt herfür 126, 1
Man dankt dir eh die Sonn aufgeht 89, 1
Macht das Scheinen der Sonn 352, 4
Du sollst die Sonne schauen 671, 4
Hinunter ist der Sonnen Schein 314, 1
Die Sonn hat sich — gewendet 131, 1
Der lieben Sonne Licht und Pracht 111, 1
Und keine Sonn mehr scheint 517, 1
Die Sonn — von uns weicht 100, 1
Wo bist du, Sonne blieben 515, 2
Der Sonnen Licht uns jetzt gebricht 115, 3
Mich der lichten Sonne zeigen 366, 12

II. bildlich.

Bleibt er mir doch Sonn u. Schild 694, 6
Gottes Sonne durch unsres Grabes 250, 4
Sonne, Wonne, himmlisch Leben 543, 1
Mein Klarheit, Licht u. helle Sonn 566, 8
So blickt die Sonne deiner Treue 623, 8
O meiner Seelen Sonn und Zier 362, 10
Ach komm, ach komm, o Sonne 738, 10
Bis mir deine Sonne lacht 434, 7
Im Schrecken unsre Sonne 287, 3[2]
Er ist uns Sonne, der Sohn 613, 3
Er ist selber die Sonne 76, 6
Sonne voller Glanz und Pracht 433, 1
Die gnadenreiche Sonne bringt Leben 117, 1
Du meiner Seelen Sonne 560, 1
Die Sonne, die mir lachet 405, 14(15)
Und leuchtet als die Sonne 519, 1
Du wurdest m. Sonne, die Sonne 356, 4
O Sonne, die das werte Licht 356, 4
Mein Herz nennt dich seine Sonne 529, 4
Sonst hilft dir diese Sonne nicht 133, 4
Jesu Nam sei Sonn und Schild 392, 5
Die Sonne der Gerechtigkeit 587, 2
Laß, o Sonne der Gerechten 646, 4
Deine Sonne scheinet helle 84, 2
Strahl, o Sonn mit Lebensblicken 21, 6
Ich danke dir, du wahre Sonne 364, 5
Jesus Christus, du die Sonne 155, 6
Jesus muß die Sonne sein 322, 6
Ein andre Sonne, mein Jesus 515, 2
O unerschaffne Sonne 115, 3
Da Christus ist die Sonne 344, 3
Bei dir, o Sonne ist der frommen 582, 6
Geh auf, ersehnte Sonne 178, 10
Jetzund gehet auf die Sonne 31, 6
Wirst du schon erblicken die Sonn 58,6
Siehst lauter Sonnen scheinen 139, 12
Die Sonnen ewger Freud und Ruh 139, 12
Alsdann wird nicht der Sonnen Licht 115, 12
Und deine Sonne scheinet nicht 187, 1
Wachen und eine Sonne machen 113, 4
Aus dem Regen Sonne machen 430, 2
Läßt nach d. Weinen s. Sonne scheinen 696, 3
Laß die Sonne blicken ins finstre Herze 729, 3
Will uns gleich die Sonne scheinen 697, 4
Dorten wird die Sonne scheinen 581, 1
Daß er leucht wie der Sonne Glanz 553, 13
Wird leuchten als die Sonne 297, 4
Gleich als die helle Sonne 329, 11

1) Fehlt vielfach. 2) Fehlt Bernb. G.

Leuchten wie die helle Sonne 509, 6
In dem Strahl der reinen Sonne 721, 14

sonnen.

In s. Wahrheit Glanze sich sonnet 189, 3

Sonnenblick.

Die Nacht mein Sonnenblick 37, 5
Mit süßen Sonnenblicken uns locken 418, 7[1])

sonnenklar.

Vor dir ist alles sonnenklar 558, 1

sonnenlicht.

Mit sonnenlichtem Strahl 369, 6

Sonnenlicht.

Es leucht uns wie das Sonnenlicht 359, 2
Kannst behend d. Sonnenlicht erwecken 535, 1
Sie ist mein — Sonnenlicht 554, 12
Sei du selbst mein Sonnenlicht 17, 5

Sonnenschein.

Dich predigt Sonnenschein u. Sturm 707, 4
Und gieb uns wieder Sonnenschein 535, 1
Gieb Sonnenschein, laß wachsen Gras 82, 8
Es glänzt sein Sonnenschein 508, 2
Sieht lauter Sonnenschein 405, 14(15)
Willst du mir geben Sonnenschein 341, 8
Die Finsternis nicht erreicht den Sonnenschein 661, 7
Gieb wieder Sonnenschein 4, 2
Heller, als der Sonnenschein 221, 5

Sonnentag.

Dies ist der rechte Sonnentag 231, 3

Sonntag.

Den Sonntag wieder sehen kann 623, 8
Sonntag, der voll Lichtes ist 252, 2
Gottlob der Sonntag kommt herbei 231, 1
Und den schönsten Sonntag macht 434, 7
Ein Sonntag ist erschienen 113, 4

Sonntagskleid.

Sein Blut und Gerechtigkeit ist das schönste Sonntagskleid 252, 5

Sorge.

I. Gott.

Wie Gottes Sorg auf allen Fall 138, 5
Ich bin und bleib in deinen Sorgen 722, 11
Ihre Sorg ist schon bereit 626, 5

II. Mensch.

a) rechte Sorge.

Ihr Treu und Sorge nicht erkannt 704, 5
Für ihre Sorg und Treu 260, 5
Und aus ihrer Sorge lasse 774, 3
Dies allein — meine Sorge sein 558, 6
Will die Sorge meiner Seelen 306, 10
Das sind unsre besten Sorgen 247, 4(3)
Dies allein die allergrößte Sorge sein 319, 2
Nur einzig meine Sorge sein 57, 6

b) weltliche Sorge.

Von Sorg und Wollust dieser Welt 752, 6
Von Sorgen, Not und allen Plagen 570, 5
Wenn Sorge, Gram und Leid 203, 1
Ohne Sorgen Gram und Quälen 715, 1
Auch in dem Meer der Sorgen 765, 3
Denkt, Vater, wie viel Sorgen 621, 2
Und m. Herz ist matt von Sorgen 374, 5
Wem thät ich meine Sorgen kund 691, 1
Du siehst, wie unter bangen Sorgen 777, 2
Und mit Sorgen ohne Maßen 421, 6
Die nur Sorg und Unruh machen 32, 3
Hast spät u. früh viel Sorg u. Müh 341, 3
Dich stetiglich mit den Sorgen quälen 696, 4
Der Sorgen und Gedanken Lauf 660, 5
Sorg und Kummer daher streichet 196, 5
Mit Kummer und mit Sorgen 329, 2
Kämpfen wir mit lauter Sorgen 581, 2
Da nur Sorge, Furcht und Schrecken 582, 2
Und sich mit Sorgen plaget 106, 4
Ins tiefe Meer der bittern Sorgen 362, 14
Was helfen uns die schweren Sorgen 719, 2
Nichts von allen meinen Sorgen 641, 2[1])
Durch so viel tausend Sorgen hin 138, 1
Vergesset aller Sorg und Plag 302, 1
Hier fallen alle Sorgen hin 51, 13
Aller Sorgen Last — entnommen 3, 1
Du sollest ohne Sorg und Pein 167, 8
Alle Sorgen, alles Leid 392, 5
Ohne eitle Sorgen sein 638, 5
Vertreibt mir Sorg und Schmerzen 405, 6(7)
Die Sorg und Last wirf nur getrost 186, 8
Jetzt bin ich aller Sorgen frei 109b, 1
Wirf dein Sorgen auf den Held 138, 3
Und laß von Sorg und Grämen 138, 12
Aus allen Sorgen bringen 138, 13
Nimm deine Sorg und wirf sie hin 355, 15
Sorg u. Schmerz ins Meeres Tiefe 500, 5
Der Sorg und Geizes müßig gehn 655, 5
Die Braut ist aller Sorgen bloß 578, 7(8)
Und mache dich von Sorgen los 57, 1
Gieb d. Schmerze u. Sorgen gute Nacht 58, 7
Der betrübten Herzen Sorgen 213, 3
Und bleibe ganz geschieden von Sorge 473, 1
Und bleib geschieden von Sorge 473, 11
Die kleinste meiner Sorgen 686, 3
Ich bin der Sorg entladen 109a, 3
Manche Sorgen in Gnaden von mir 166, 2
Durch verborgnes Sorgen zum Beten 122, 4
Weiß man von den Sorgen nichts 313, 4

sorgen.

Läßt Gott den Vater sorgen 203, 5
Laß Gott den Vater sorgen 15, 5
Er sorget für uns, hüt und wacht 749, 1
Dafür laß ich ihn sorgen 399, 8
Für mich gesorgt in meinem Leben 57, 8
Du sorgst für mich, ich lebe noch 166, 2
Dich will ich lassen sorgen 405, 11(12)
Der so herzlich sorgt für mich 626, 1
Gott, mein Vater, sorgt für mich 626, 6
Gott sorgt für mich, ich bin gewiß 332, 3
Der König sorgt für euch 36, 6[2])
Zion, dein Gott sorgt stets für dich 446, 7

---

1) Fehlt Bernb. G. 2) Fehlt Anh. G.

Sorget er nicht väterlich 90, 1
Weine nicht! Gott sorgt für dich 696, 4
Wirst du weiter sorgen 315, 6
Wir gehn und sorgen Tag u. Nacht 139, 6
Klein und Große mußten sorgen 713, 4
Du hast, da ich nicht sorgen konnt 559, 2
Und für meine Seele sorgen 219, 4
Sie sorget nur allein in allen 578, 7(8)
Meine Seele sorget nicht 460, 3

Sorgen.

Wenn ich schlafe, wacht sein Sorgen 625, 7
Sorgen kommt dem Schöpfer zu 460, 3
Mit Sorgen und mit Zagen 473, 2
Mit Sorgen und mit Grämen 58, 2
Mein Sorgen ist umsonst 399, 2

Sorgenlast.

Rast in der Müh und Sorgenlast 661, 11

sorgenlos (sorglos).

Und leben ewig sorgenlos 187, 7
So faul, verzagt und sorglos 'thut 685, 10

Sorgenmeer.

Und das Sorgenmeer wird still 529, 3(4)

Sorgenstein.

Sein Sorgenstein wird — springen 362, 15
Quält dich ein schwerer Sorgenstein 670, 4

Sorgfalt.

Gepriesen für alle Sorgfalt, die du mir 57, 7
Mit Sorgfalt und ohn Heuchelei 260, 1
Ihr heilge Sorgfalt weihn 368, 6

sorgfältig.

Hilf, daß ich stets sorgfältig sei 537, 7

spalten.

Die Welt in tausend Stücke spalten 337, 3

sparen.

Thut er nie etwas sparen 511, 2
Die Gnad thut er nicht sparen 513, 2
Hast nichts gespart nach deiner Art 326, 4
Und das Glück zu sparen bis ans End 462, 6
Nur spart es nicht auf andre Zeiten 685, 9
Pflegt man sonst kein Geld zu sparen 596, 3
Den Kummer könnt ihr sparen 621, 2
Und ja nicht sparen meine Buß 722, 3

spät s. früh u. spät.

Keine Buße ist zu spät 654, 5
Doch meine späte Buß und Reue 654, 6
Es ist mir leid, ich komme spät 304, 2
Daß ich so spät geliebt 364, 3

Speer.

Gewaltger Kämpfer ohne Speere 91, 2
Welches auf den Stoß des Speers 130, 2
Deine Geißel, Dornenkron, Speer 371, 2

Speichel.

Speichel, Schläge, Hohn u. Schmach 371, 2
Speichel, Schläge, Strick u. Banden 383, 2

Speise.

Ihr Milch ist seine Speis 447, 4
Die Speis laß unsre Nahrung sein 211, 1
Hungrigen will er zur Speis bescheiden 446, 5
In Trank und Speis hintangesetzet 704, 7
Fröhlich nehmen Speis und Trank 309, 5
Andre Speis u. Trank ist ganz vergebens 281, 2
Und also wächst des Menschen Speise 540, 4
Dein Wort mein Speis laß allweg sein 353, 3
Dein Wort sei meine Speise 671, 10
Eine Speise früh und spät 160, 1
Meiner Seele beste Speise 585, 2
In den Sakramenten sich selber zur Speise 222, 4
Mir zur Speis und Trank gegeben 413, 10
Giebt zur Speis u. Trank zum besten 220, 6
Daß die Speis uns nicht gereue 239, 3
Mich verlangt nach dieser Speise 261, 2
Gnad u. Gunst in dieser Speise fasse 349, 7
Daß er Speise sei der Kranken 386, 5
Und die Speise dein Seel erquickt 386, 9
Er giebet Speise reichlich u. überall 514, 4
Gott selbst wird sein mein Speis 566, 8
Da wir dich selbst zur Speise haben 475, 8
O wundersame Speise 740, 1
Die Speise der Unsterblichkeit 740, 3
Das Geheimnis dieser Speise 596, 5

speisen.

Speis uns, Vater, deine Kinder 632, 1
Du wirst uns mit Fülle speisen 218, 8
Doch werden wir gespeiset 230, 5
Der sich mit stetem Glücke speist 719, 5
Daß er uns so herrlich speiset 503, 1
Speist die Leiber, tränkt den Geist 661, 13
Dein Wort mich speis 636, 4
Er woll uns speisen mit sein'm Wort 748, 2
Und dadurch an der Seel gespeist 82, 3
Mit reichem Trost euch speisen 36, 3
Und speisen die Seel allein 76, 7
Osterlamm, speis uns heut allesamt 79, 7
Mit dem Wort des Lebens speist 252, 6
Der uns selber hat gespeiset 239, 1
Daß du mich Kranken gespeiset 560, 3
Jesus Christus will uns speisen 3, 2
Daß er dich so wohl wollt speisen 386, 4
Dein Lebensmanna speise mich 349, 4
Soll mich dies Manna speisen 165, 8

spenden.

Spende, sende deine hellen Lebensquellen 253, 2

sperren.

Den Weg zu deinem Throne sperren 91, 2

Spiegel.

Dein Wort meines Herzens Spiegel 461, 8
Es soll mir sein e. Spiegel der Unschuld 580, 11
So ist es nur ein Spiegel zart 183, 3
Laß dein Wort mir einen Spiegel 638, 9

spiegeln.

Seine Klarheit spiegelt sich in der Seele 717, 3
Daß wir uns an andern spiegeln 301, 2

Spiel.

Ich ein Scherz u. Spiel der Zeiten 220, 2
So viel ihr'r sind im Spiel 692, 3
Sie treibet fort und fort ihr Spiel 530, 2

Spieß.

Mit Nägeln und mit Spießen 165, 4

spinnen.

Nicht länger hier den Kummerfaden spinnen 771, 2[1])

Spitze.

Fast über Berg und Spitzen hin 362, 5

Spott.

Hier hast du Spott und Hohn 562, 3
Es nimmet an Schmach, Hohn u. Spott 165, 1
Mit Schlägen, Hohn u. großem Spott 580, 1
Lästerreden, Spott und Hohn 383, 2
Ertrugest Schläge, Spott und Hohn 284, 3
Für die Ehre, Hohn und Spott 601, 3
Demut war bei Spott und Hohne 255, 7
Dein Hohn und Spott 553, 5
O Haupt, zum Spott gebunden 542, 1
Warum liegst du Gott zum Spott 599, 1
Von Trübsal, Angst und Spott 99, 7
So werd ich nie zu Spott 658, 1
Vor Schand und Spott — behüte 13, 5
Ich stund in Spott und Schanden 738, 4
Sollts auch sein Schmach und Spott 709, 6
Duld ich schon hier Spott u. Hohn 381, 5(6)
Hier durch Spott und Hohn 602, 13
Wenn du nicht willst haben Spott 608, 6
Auch deine Schmach, der Welt Spott 470, 7
Auf Erden nichts als Spott u. Hohn 139, 7
Gerät in Spott und Hohn 405, 10(11)
Der Welt ist er ein Hohn u. Spott 303, 4[1])
Daß ich nicht wieder werd zu Spott 353, 1
Noch ewiglich zu Spotte 401, 1
Laß mich werden nicht zum Spott 641, 2(3)
Daß der ewge Spott und Hohn 599, 6
Bleibt ewiglich in Spott und Hohn 38, 10
Betrüben über Feindes Hohn u. Spott 645, 1
Zu stillen in aller Feinde Spott 203, 9
Ein Spott aus dem Tod ist worden 76, 4
Und heißt nunmehr ein Spott 742, 2
Der unsre Feinde setzt zu Spott 588, 5
Die falschen Götzen macht zu Spott 610, 8
Sein Kreuz ist selbst ihr Spott 699, 2
Sein Kunst wird an ihm gar e. Spott 386, 7

spotten.

Nichts mehr hier thun, als m. spotten 676, 6
Laß sie nur immer weidlich spotten 213, 11
Der Sünden kann ich spotten 37, 4

Spötter.

Hilf, daß der losen Spötter Hauf 752, 4
Der der Spötter Freundschaft fleucht 758, 1

Sprache.

Wenn mir Wort u. Sprach entfallen 375, 9
Es sei keine Sprach noch Rede 433, 4

Sprachgeselle.

In Einsamkeit mein Sprachgesell 165, 8

sprechen.

I. Gott.

Darum spricht Gott: ich muß auf sein 10, 4
Er sprach zu seinem lieben Sohn 502, 5
Sprich deinen milden Segen 510, 11
Sprich den Segen zu den Gaben 632, 1
Gott spricht und will, daß Wasser sei 77, 2
Er sprach: das ist mein lieber Sohn 77, 3
So wahr ich lebe, spricht dein Gott 631, 1
Durch Dieners Mund sprichst du 747, 2
Du sprachst, mein Kind, nun liege 671, 4
Gott spricht: Willkommen, liebes Kind 139, 4
Sprich nur ein Wort, so werd ich leben 325, 6
Sprich, daß der arme Sünder hör 325, 6
Wenn du ein Wort sprichst 291, 3
Ja, wie mein Heiland selber spricht 530, 2
Mein Heiland spricht für mich 658, 7
Mir nach, spricht Christus unser Held 485, 1
Und spricht: Ich wills gern leiden 165, 1
Der fröhlich spricht: Ich leb 607, 4
Er spricht selber: Kommt, ihr Armen 386, 7
Kommt her zu mir, spricht Gottes Sohn 417, 1
O mein Gott, sprich selber Amen 247, 4(5)
Ich zweifle nicht, weil Christus spricht 8, 10[1])
Spricht mit süßen Lippen 200, 7
Sprich, laß all dein Trauern schwinden 611, 5
Er sprach zu mir: Halt dich an mich 502, 7
So seufzt und spricht er Worte 405, 7(8)

II. Engel.

Wen sucht ihr da? der Engel sprach 181, 4[2])

III. Mensch.

Und wir sprechen auch allda 646, 7
Da ich gläubig sprechen kann 390, 6
Und spricht: Wo ist dein Stachel 607, 3
Wenn sie gläubig zu ihm spricht 388, 6
Selig, wer mit mir so spricht 458, 6
Und kann kein Wort mehr sprechen 78, 4
Und ob dein Herz spräch lauter Nein 183, 12
Sprich nicht: ich habs zu grob gemacht 471, 9
Doch sprich auch nicht: es ist noch Zeit 471, 10
Meine Zung nicht mehr kann sprechen 196, 8
Wenn meine Zunge nichts mehr spricht 283, 2
Ich sprech: Ach weh, mein Licht 139, 4
Sie sprechen schlecht, es sei nicht recht 548, 3
Dazu ihr Zung stolz offenbar spricht 10, 3
Schüttle deinen Kopf u. sprich: Fleuch 599, 2

IV. Satan.

Was will der Feind denn sprechen 230, 2

V. allgemein.

Welchs das erschrecklich Urteil spricht 553, 12
Es spricht: Nur kreuch zum Kreuz 183, 9
So faßt sie hier ein Herz u. spricht 203, 6
Sie spricht: es ist nun alls verloren 754, 6

Sprechen.

Was wird doch sein dein Sprechen 135, 4

Spreu.

Er wird wie die Spreu zerstreuet 758, 4
Der muß, wie die Spreu zerstieben 425, 7

springen.

Du springst ins Todes Rachen 580, 8
Fröhlich soll mein Herze springen 200, 1
Zu springen, singen immer frei 662, 14
Und singt und springt ohn alles Leid 745, 2

1) Fehlt Bernd. G. 2) Fehlt vielfach.

Singet, springet, jubilieret 734, 6
Wohl auf, mein Herze, sing u. spring 355, 13
Mein Blut — soll nun springen 735, 3
Indes, mein Herze, sing und spring 735, 7
Und schon beginnt zu springen 279, 4
Das Herz thut ihr vor Freude springen 672, 2
Und laßt uns fröhlich springen 502, 1
Tobe, Welt, u. springe, ich steh hier 381, 3[1]
Vor dem die Felsen springen 165, 3
Wir — in tausend Stücke springen 362, 15

Springen.

Mit jauchzenvollem Springen 610, 9

sprühen.

Wie sie Feuer sprühten 448, 1

Sprung.

Ja den Sprung ins Todes Rachen 413, 7
Mein Herze geht in Sprüngen 405, 14(15)

Spur.

Besonders nur nach rechter Spur 13, 6

spüren.

Da man Sanftmut spüren kann 419, 4
Man spüret rechtschaffne Frömmigkeit 232, 4
Die spür ich jetzt bei mir 621, 4
Kein Aug hat je gespürt 672, 3
Laß d. Gnade mich von d. Auffahrt spüren 39, 1
Damit ich Gnade spüre 335, 2
Die ich an mir gar reichlich spür 326, 3
Die so geborne Seele spürt 567, 5
Wenn ich u. du ihn nicht mehr spüren 213, 9
Weil wir aus seiner Leitung spüren 720, 9
Daß ich wahre Buße spüre 26, 2
Solltest du was Falsches spüren 520, 3

Staat.

Mehr als aller Menschen Staaten 767, 2

Stab.

Daß ich muß fort mit meinem Stab 571, 6
Den' Moses schon den Stab gebrochen 471, 1
Dein Stab, Herr, und dein Stecken 106, 7
Sein Stab u. Stecken trösten mich 109a, 3
Mein Stab, mein Hort, mein Schutz 9, 1
So lehnt er sich auf Gottes Stab 720, 2
Sei du Gefährte, Weg und Stab 720, 10
Christus ist mein Stab und Licht 633, 4
Der wende sich zu dieses Hirten Stab 727, 5
Unter seinem sanften Stab 695, 2
Mein Stab, wenn ich bin gefallen 379, 9
Ist ein Stab für matte Glieder 585, 3
Wenn ich sinke, sei mein Stab 525, 9

Stachel.

Den Stachel hat er verloren 76, 3
Und sein Stachel ist zerbrochen 646, 1
O Tod, wo ist dein Stachel nun 572, 1. 10
Dein Stachel ist vergebens 607, 2
Und spricht: Wo ist dein Stachel 607, 3
Tod, wo ist dein Stachel blieben 649, 7

Stadt.

O wohl der Stadt, so diesen König 451, 3
Zu Bethlehem in Davids Stadt 663, 2
Verwüstung abgewendet von d. Stadt 258, 3
Stadt u. Land dir täglich anempfehlen 137, 7
Und segne gnädig Stadt und Land 496, 6
Er segnet ihre Stadt, ihr Land 404, 4
Vieh, Menschen, Städt und Felder 515, 1
Behüt die Stadt, du treuer Gott 269, 2
Werde licht, du Stadt der Heiden 713, 1
Gottes Stadt steht fest gegründet 223, 1
O Gottes Stadt, du reiche Stadt 223, 2
Gottes Stadt, du wirst auf Erden 223, 6
Zion, Gottes werte Stadt 774, 1
Uns weiden u. erfreuen in s. Stadt 425, 9
Jerusalem, du hochgebaute Stadt 369, 1
Wach auf du Stadt Jerusalem 672, 1
Sind die Thore[2] an deiner Stadt 672, 3
Hab erbauet ein edle neue Stadt 405, 8(9)
Dadurch er hat die güldne Stadt 465, 10
Ich grüße dich, du goldne Stadt 733, 2
In die Stadt der goldnen Gassen 432, 4
Ich bin zufrieden, daß ich d Stadt gesehn 345, 5

Stahl.

Es kann durch Stahl u. Erz — bohren 337, 3

stählen.

Bis sie Jesus wieder stählt 300, 2

Stall.

Schönstes Kindlein in dem Stalle 421, 8
Der Stall, das Heu, das dich umfing 753, 14
Vom Stall und von der Krippen 486, 4

Stamm.

I. Kreuzesstamm.

Am Stamm des Kreuzes geschlachtet 565, 1-3
Am Stamm des Kreuzes schweben 580, 1
Am Stamm des heilgen Kreuzes 709, 1
An des Kreuzes Stamm in heißer Lieb 76, 5
Da du bist am Stamme des Kreuzes 169, 6

II. Geschlecht.

Er ist der Held aus Davids Stamm 51, 4
Das aus s. Stamm entsprießen sollt 447, 5
Du Held aus Davids Stamm 14, 2
Held aus Davids Stamm 602, 6
Du Sohn Davids aus Jakobs Stamm 734, 1
Wir, als die von einem Stamme 300, 6(8)
Er ist mein Stamm, ich seine Reben 19, 4

stammeln.

Zu ihm um Gnade stammeln 108, 6
Dein Lob mit Freuden stammeln 569, 3

stammen.

Den Frieden, der vom Himmel stammt 452, 5

Stand.

Segne mich in meinem Stande 316, 6
Gott sei mit allen hohen Ständen 305, 3
Reich in unserm Amt und Stande 752, 7
Allzeit in seinem Stand erhalten 534, 5
Daß Fried und Heil in allem Stand 534, 9
Zu nützen einem Stande 399, 10
Daß ich meinen Stand wohl halt 362, 17
Sei Gott getreu in deinem Stand 609, 4
Der deinen Stand sichtbar gesegnet 445, 4

1) Fehlt Bernd. G. 2) Var. Pforten.

Und Heil in allem Stand 500, 6
Laß meinen Stand, darin ich steh 554, 15
In allen Ständen Tugend — lieben 81, 4
Es müssen alle Stände vor Jesu 56, 2
Dein Befehl in meinem Stande führet 536, 2
Behüte alle Stände 274, 1
Wohl, wenn im äußerlichen Stand 759, 5
Fragt nicht, wes Stands u. Ehrn sie sind 343, 9
Die im heilgen Stande stehn 661, 9
Ohne gleichen ist e. Christen Stand 171, 1. 4
Bleibt ein auserwählter Stand 463, 7
Führen in e. feinen, selgen Stand 139, 6
Leidest du gleich harte Stände 608, 1
So verlaß ich diesen Stand 26, 7
Mich befänd auch in dem Stand 448, 4
Und hab hier keinen Stand 329, 1
Hier ist kein Stand, kein Bleiben 756, 9
Und bringst zu Stand und Wesen 58, 3
Und bringts doch nicht zu Stande 362, 4
Halt ich dann stand, weiß seine Hand 341, 2
Was ist des Satans Reich u. Stand 243, 6

standhaft.

Dein Lieben, das standhaft ist 560, 6
Noch standhaft zu verbleiben 537, 1
Wie standhaft die Geduld 228, 1

standhaftig.

Sein liebes Wort standhaftig zu bekennen 609, 5
Ei, wohlan, nur sein standhaftig 448, 7

stark.

Mein starker Gott in aller Not 401, 4
Ach starker und eifriger Gott 704, 11
Heiliger starker Gott 489, 1—3
Herr Gott Vater, mein starker Held 734, 5
Und sterb ich dir, du starker Zebaoth 517, 10
Das treibst du, starker Held 58, 3
Dessen starke Hand die Welt — erhält 219, 1
Unter deine starke Hand 219, 6
Sondern ich will mit starker Hand 283, 7
Stark von That ist, der uns erhalten 455, 5
O Liebe, Liebe, du bist stark 165, 3
Der mit Macht und starken Armen 229, 1
Bei uns, du starker Held 2, 5
Gottes Sohn, der starke Held 425, 7
Tritt den Satan, starker Jesu 21, 7
Du, starker Herrscher, fährest auf 144, 4
Mit süßem Schall, o starker Gott 144, 5
Er ist mein starker Fels 679, 2
Stark ist meines Jesu Hand 633, 1
O starker Gott, Immanuel 745, 1
Von Gnaden stark, von Wahrheit 672, 2
O starker Fels und Lebenshort 543, 5
Es ist der starken Helden Kraft 534, 5
Ihr starken Engel waltet seins Lobs 513, 4
Pflegt zu thun ein starker Held 303, 2
Du kannst mich stärker machen 374, 12
Du wollst es stärker machen 537, 10
Du kannst mich stärker machen 353, 5
So werd ich künftig stärker sein 304, 6
Sie wird stark durch Hoffen 462, 5
Daß ich im Glauben stärker rede 658, 7
Der, wenn ihn hier Stürme treiben,
stärker werd 529, 4(5)
Zum letzten Kampf mich stark u. mutig 777, 9
Und leucht' stark in die Lande 10, 5
Deswegen klopft er für u. für so stark 340, 3
Christus den starken Löwen fällt 181, 7[1]
Die starken Feind hast umgebracht 144, 3

Starker.

Kein Arzt ist dem Starken not 386, 7
Den wohlgerüsten Starken band 79, 4
Der Starke fällt durch diesen Held 591, 1

Stärke.

Voll Weisheit, Güte, Kraft u. Stärke 302, 5
Die Weisheit, Liebe, Huld u. Stärke 248, 4
Dank, Weisheit, Huld und Stärke 251, 1
Preist dich, du Gott der Stärke 707, 2
Du bist mein Stärk, mein Fels 401, 4
Sei meine Stärk und Kraft 9, 2
Jetzo ist er deine Stärke 690, 8
Weil ihn die Stärke selbst erhält 127, 12
Ich will dich lieben, meine Stärke 364, 1
Jesus Christus Heil und Stärke 192, 1
Verleih, o Herr, uns Stärk u. Mut 102, 2
Nun, Herr, verleih mir Stärke 286, 7
Darum gieb mir Licht und Stärke 667, 4
Sei unsers Geistes Stärke 543, 7
Und durch deines Geistes Stärke 419, 11
Dein Blut, der edle Saft, hat solche
Stärk 763, 9
Und deines heilgen Geistes Stärk 243, 4
O du Geist der Kraft und Stärke 414, 6(7)
Gieb Freudigkeit und Stärke 769, 11
Das wolle meine Stärke sein 130, 3
Fried und Freude, Stärk und Kraft 28, 3
Voll Geist, voll Kraft und Stärke 153, 1
Wenn Stärk u. List der Feinde wacht 474, 6

stärken.

Drum komm, Herr Jesu, stärke mich 404, 5
Stärk unsre Füß und Hände 58, 12
Stärk unsern Glauben immerdar 655, 9
Wenn er uns stärkt im Glauben 107, 10
Im Glauben stärke mich 294, 3
Herr, stärke mir den Glauben 361, 2
Den Glauben stärk, die Lieb erhalt 310, 5
Meinen schwachen Glauben stärk 641, 2
Er will ihren Glauben stärken 701, 4
Herr Jesu, stärk den Glauben mein 400, 3
Daß deine Hand mich stärke 537, 6
Die uns gestärket haben 560, 2
Zion! Gott wird dich schon stärken 773, 5
Und stärkst mit deinem Trost m. Herz 495, 5
Und stärke mich mit Mut und Kraft 495, 7
Im Gebete stärket mich 379, 7
Nur stärke mit Geduld mein Herz 237, 4
Stärk uns im Geist 269, 2
Uns stärket, kräftigt, gründet 64, 5

---

1) Fehlt vielfach.

Stärke mich in meinen Nöten 309, 9
Drum stärk mich durch das Leiden dein 553, 4
Du stärkest uns mit Trost und Licht 144, 6
Stärk uns an Leib, stärk uns an Seel 745, 1
Deiner Liebe Glut stärket Mut u. Blut 602, 2
Stärk mich mit deinem Freudengeist 279, 7
Deine Weisheit kann mich stärken 309, 5
Das stärkt, das labt, das macht allein 277, 1
Stärke mich, denn ich bin blöde 586, 1
Darum stärk uns, liebster Jesu 21, 6
Du stärkest mich von oben 120, 4
Jesu, stärke deine Kinder 591, 4
Stärke deinen zarten Samen 299, 6
Und stärkt den Sünder wieder 183, 9
Und stärk des Fleisches Blödigkeit 412, 3
Zur Ritterschaft dadurch gestärket 543, 4
Stärk mich in meiner Not 431, 3
Stärk allzeit durch dein Kraft u. Gunst 409, 3
Stärke mich, wenn zu der Sünde 207, 4
Stärket euch in Jesu Namen 591, 2
Durch deine Kraft mein Herz sich stärke 234, 10
In dir will ich mich stärken 44, 4
Stärke dich mit Geist und Leben 194, 5
Stärkt des Hauses Grund u. Dach 661, 13

Stärkung.

Wenn ich sonst keine Stärkung hab 553, 5
Wo nähm ich oftmals Stärkung her 53, 8

Statt.

An unser Statt ist kommen 76, 3
An unsrer Statt gemartert 290, 2
An ihrer Statt ein Fluch zu werden 471, 2
Er nimmt sie an an Kindes Statt 471, 4
Wirke Reu an Sünden Statt 414, 3[1])

Stätte.

Ach wie selig ist die Stätte 25, 1
Der sitzet an der höchsten Stätt 754, 2
Da du uns die Stätt bereiten 299, 1
Er hat die Stätt uns da bereit' 107, 8
Der Herr hat uns die Stätt bereit 501, 4
Die Stätt dir zu bereiten 254, 4
Bereitet ist die Stätte schon 756, 16
Das wir von dieser heilgen Stätt 137, 1
So wunderlich die Stätt der Element 369, 3

Staub.

Er würd im Staube bleiben 607, 2
Sich vom Staub emporgeschwungen 634, 3
Ich liege hier vor dir gebückt im Staube 290, 6
Wir liegen vor dir in dem Staube 751, 4
Und nahe mich im Staube zu dir 264, 4
Wirf dich in den Staub danieder 767, 3
Wie sicher lebt der Mensch der Staub 737, 1
Und weiß, wir sind nur Staub 513, 3
Da ich vor dir nur Staub u. Asche bin 669, 10
Ich bin nur Staub und Erde 356, 9
Ich Staub, Erde, Asch und Kot 220, 2
Ein Staub, der keine Stätte hat 205, 6
Du bist ja Staub, ermanne dich 612, 2
Auferstehn wirst du mein Staub 43, 1
Mach ihn zu Asch und Staube 339, 7
Unsern Staub mag Staub bedecken 250, 3
Dem Staube, der dir teuer ist 250, 3
Die jetzt Staub und Asche sein 428, 8
Und kehren um zu ihrem Staub 446, 2
Unser irdisch Leib zu Staub u. Aschen 15, 3
Wenn ich wie ein Staub zerstiebe 97, 6
Und der Staub ist unverloren 646, 6
Wieder grünt aus seinem Staub 529, 4(5)
Im Staube wie Staub u. Rauch verweht 360, 1
Den kleinsten Staub fühllos beschaun 128, 4

Staunen.

Man wird an ihr mit Staunen sehen 223, 1

stäupen.

Aus bloßer Treu gestäupt m. Vaterruten 366, 5

stechen.

Ob sie ihn in die Fersen sticht 572, 2
Von den Dornen, die dich stechen 375, 5
Wenn böse Zungen stechen 580, 14
Die Sonne wird uns nicht mehr stechen 187, 6

Stechen.

Kein Brennen, Hauen, Stechen 405, 12(13)

stecken.

Du hast dem Meer sein Ziel gesteckt 753, 8
Ein ander Ziel ohn diesen Tröster stecken 146, 6
Du hast dich in Not gestecket 383, 6
Du steckst in Angst und Not 701, 1
Meine Sünd, so viel ihr in mir stecken 763, 3

Stecken.

Deine Worte sind mein Stecken 586, 3
Mein Stab u. Stecken trösten mich 109a, 3

Steg.

Und zeigen alle Weg und Steg 403, 2
Der rechte Weg zum Himmel und der einge Steg 403, 4
Erhalte mich auf deinen Stegen 364, 6
Daß ich auf dir beliebtem Steg 474, 5
Sieh, ob ich auf bösem betrüglichem Stege 169, 10
Aus jedem schmalsten Steg[2]) 105, 2

stehen.

Will er bei mir stehn 217, 3
Du stehst mir ewiglich 405, 12(13)
Der eure Herzen labet — steht allhier 738, 6
Vielmehr ganz treulich bei uns stehn 744, 4
Wo du wirst gehn und stehen 627, 1
Wo diese steht, kann nichts bestehn 554, 3
Deine Liebestreu, Herr Jesu, bei mir stehen 554, 16
Steh bei uns in der letzten Not 177, 3
Und in deiner Gnade stehn 225, 5
Laß mich hier in der Gnade stehn 541, 4
Schau her, hier steh ich Armer 542, 4
Ich will hier bei dir stehen 542, 6
Wenn Jesus hält, so steh 483, 2
Wann werd ich vor dir stehen 144, 12
Steh hier vor Gottes Angesicht 325, 1
Also werd ich auch stehen 515, 3

---

1) Fehlt Bernb. G. 2) Var. Auf einem sichern Steg.

Und gieb, wenn ich vor ihm steh 152, 7
Könnt ich nicht vor Gottes Augen stehen 405, 4
Der steht vor Gottes Angesicht 139, 8
So stehet es in Lieb und Leid 340, 9
Daß wir in gutem Frieden stehn 655, 5
Getrost u. gern in allen Leiden stehen[1]) 485, 7
Und stehet in des Herren Kraft 591, 2
Ich stund in Spott und Schanden 738, 4
Und Stärke, zu stehen in dem Streit 769, 11(12)
In Angst u. Weh ich lieg und steh 401, 2
Morgen fällt, der heute stund 301, 4
Daß ich im Glauben sieg und stehe 474, 6
Die ihr im Glauben stehet 657, 1
Allein zu dir — mein Hoffnung steht 30, 1
All unsre Hoffnung steht zu dir 12, 2
Das Wort sie sollen lassen stahn 161, 4
Mit dem, was ewig steht 355, 12
Das Eine, in dem alles andre steht 256, 5
Er muß es ewig lassen stehn 333, 5
Ach sucht doch den, laßt alles stehn 636, 3
Auf daß ich ja nicht ruh und steh 362, 8
Das steht in seiner Macht 36, 6
Es steht alles in seiner Macht 749, 1
Bei dir steht Tod und Leben 621, 8
Wirds selig um mich stehn 361, 2
Wo ich geh, sitz und steh 226, 8

stehlen.

Du sollst nicht stehlen Geld noch Gut 134, 8

Steig.

Macht seine Steige richtig 486, 2
Den engen Steig geht immer her 417, 12

steigen.

Verschwiegen zur Höllen gestiegen 79, 4
Steig du in Lieb herab zu mir 474, 8
Dessen Majestät weit über alles steiget 563, 1
Zu sehn, wie hoch — die Gnade steiget 290, 8
Es steigt zum Himmel an, es steigt 769, 5
Bis in den Himmel steigen 366, 12
Ich steige aus der Schwermut Höhlen 741, 1
So steig ich gläubig in die Höh 741, 3
Ich steig hinauf zu dir im Glauben 474, 8
Wir steigen aus der Wieg ins Grab 728, 1
Da will ich fröhlich steigen 338, 7
Da steigt erhörlich das Gebet 253, 4

steil.

Steil und dornig ist der Pfad 634, 1

Stein.

Viel schwerer als ein Stein 580, 6
Daß unser Fuß an keinen Stein — sich stoße 534, 2
Und voller Dorn und rauher Stein 685, 6
O so bist du mehr als Stein 600, 1
Und hart gleich einem Steine 554, 6
Kein Stein wird in den Weg gelegt 720, 5
So fällt mir auf das Herz ein Stein 279, 3
In Fels und Steinen kann das Wort 752, 6
Führt er gleich die Seinen über Stock und Steinen 217, 7
Leg diesen Stein zum ersten Grund 609, 1
Ihm geben einen weißen Stein 38, 5

steinern.

Hat auch mein steinern Herz zerbrochen 687, 3

Stelle.

Da ich steh auf dieser Stell 21, 3
Ach trage mich an Stell und Ort 304, 5

stellen.

Wenn ich mein Hoffnung stell zu dir 11, 10
Das auf dich sein Hoffnung stellet 641, 8
Will er — sich als ein Engel stellen 153, 8
Wie sauer er sich stellt 161, 3
Wie grausam er sich stelle 572, 10

sterben.

I. Gott.

Unser Lamm, das für uns stirbet 200, 6
Da du für mich bist gestorben 372, 4
Der Held, der für mich ist gestorben 465, 10
Daß du für uns gestorben bist 744, 1
Jesus, der am Kreuze starb 159, 2
Am Kreuz ist er gestorben 573, 2
Als das Haupt er sterbend beugte 673, 1
Für uns — am Kreuz gestorben 749, 2
Wie du gestorben bist 709, 1
Sterben für die ärgsten Sünder 255, 2
Du starbst aus Liebe mir 350, 6
Jesu, stirbst du mir zu gut 590, 5
Und bist aus Liebe gar gestorben 424, 11
Dürft ich denn für dich sterben 386, 8
Da du für mich gestorben 763, 10
Der für uns ist gestorben 636, 2
Am Stamme des Kreuzes gestorben 169, 6
Christus, für uns gestorben 511, 4
Für mich am Kreuz auch endlich starbst 283, 1
Da er ist am Kreuz gestorben 425, 6
Durch Jesum Christ, der für mich ist gestorben 579, 4
Der Fromme stirbt, der recht u. richtig 298, 5
An dem Kreuze, da du stirbest 611, 1
Bist für mich am Kreuz gestorben 48, 4
Jesus ist für mich gestorben 31, 3
Liebe, die für mich gestorben 526, 6
Habe Dank, daß du gestorben 526, 6
Da du bist für uns gestorben 249, 2
Der für uns ist gestorben 64, 4
Für all mein Sünd gestorben ist 343, 12

II. Mensch.

Daß du mußt sterben, ist dir kund 631, 5
So du nun stirbest ohne Buß 631, 6
Alle Menschen müssen sterben 31, 1
Drum ich sterbe oder lebe 382, 8
Aber darum will ich sterben 173, 4
Tränke mich, Herr, eh ich sterbe 3, 6
Als müßt ich Hungers sterben 230, 5
Wir müssen alle sterben 417, 10
Wo, wie u. wann ich sterben soll 333, 1
Dies alles stirbt uns, wenn man stirbt 127, 5

1) Var. Anh. G. bei ihm im Leiden stehen.

Da werd ich nicht mehr sterben 232, 2
Es stirbt nicht zu geschwinde 708, 4
Wir wären längst gestorben 258, 4
Gar nichts verdirbt, der Leib nur stirbt 629, 6
Sterbt ihr, Christus ruft euch wieder 389, 8
Wer selig stirbt, der schleußet zu 472, 7
Wenn ich gleich fall und sterbe 405, 9(10)
Wer wollte denn nicht gerne sterben 582, 5
Ich bin schon längst gestorben 153, 11
Ich will sterben, eh ich sterbe 301, 5
Selig, wer in Christo stirbt 301, 6
Und täglich sterben mag 56, 6
Daß ich werde sollen sterben 49, 5
Sind ewgen Tods gestorben 146, 3
Es muß einmal gestorben sein 15, 4
So muß man selig sterben 15, 4
Mein Gott, ich weiß wohl, daß ich sterbe 469, 1
Wie ich recht selig sterben kann 469, 1
Ich weiß nicht, wann ich sterbe 469, 2
Ich weiß nicht, wie ich sterbe 469, 3
Ich weiß nicht, wo ich sterbe 469, 4
Liebster Gott, wenn ich denn sterbe 469, 5
Wann, wie und wo ich sterben soll 469, 5
Wer weiß noch, wie man sterben mag 530, 7
Bald muß er auch gar sterben 417, 6
Ich sterb heut oder morgen 48, 3
Und ob er gleich hier zeitlich stirbt 283, 6
Ob sie gleich zeitlich sterben 426, 4
Wer selig stirbt ist gnugsam alt 512, 6
Ich sterbe nicht zu jung 621, 10[1])
Wer stirbt nach Gottes Willen, der stirbt schon alt genug 621, 10[1])
Und helf uns selig sterben 216, 1—3
Auf Jesum Christ getrost u. selig sterben 547, 11
Fein sanft beschließe meine Not und selig sterbe 284, 5
In dir, Herr Jesu, sterben 13, 9
Drauf will ich selig sterben 560, 14
So hilf uns fröhlich sterben 769, 12(13)
Darauf kann ich fröhlich sterben 461, 8
Wie man soll willig sterben 295, 4
Laß mich fröhlich und willig sterben 548, 6
Drauf will ich fröhlich sterben 579, 7
Daß eh ich sterb, ich sterben mag 723, 4
Gern will ich sterben 288, 2
Wer so stirbt, der stirbt wohl 542, 10
Freudig sag ich, wenn ich sterbe 427, 4
Bis mich dein Wille sterben heißt 330, 7
So leb ich dir, so sterb ich dir 330, 7
Im Glauben laß mich sterben 361, 3
Aus Gnaden; hierauf will ich sterben 53, 9
In dir will ich auch sterben 14, 11
Herr, sterben will ich dir 14, 11
Ich weiß, wenn ich heute sterbe 382, 7
Sterben als dein Ebenbild 387, 4
So sterben wir mit dir 606, 7
Lasset uns mit Jesu sterben 430, 3
Jesu, sterb ich, sterb ich dir 430, 3
Ist gestorben und lebet noch 509, 4
Sterb ich, so nimmt er mich zu sich 202, 9
Wenn wir endlich sollen sterben 414, 8(9)
Wenn ich einstens sterben muß 722, 3
Und sterb ohn alle Kümmernis 722, 12
Und auf den Trost sterben kann 390, 8
Für u. für zu sterben und zu leben 594, 5
Ihm hab ich mich ergeben zu sterben 399, 8
So leb und sterb ich dir allein 11, 12
Sterb ich mit dem Gedanken 120, 6
Gedenke meiner, wenn ich sterbe 480, 7
Wenn ich in Christo sterbe 342, 5
Wenn ich gleich hier muß sterben 450, 2
Wir sind mit dir gestorben 742, 7
Muß zuvor mit Christo sterben 593, 4
Ich sterbe täglich und mein Leben 358, 1
Und mit gestorben seid 178, 7
Nun werd ich ja nicht sterben 740, 4
Nur daß ich nicht möchte sterben 383, 1
Nicht sterben, sondern — leben soll 623, 5
Hier stirbt der Tod u. würgt nicht mehr 149, 3

Sterben.

Und sollst sie machen los durch Sterben 165, 2
Für dein unschuldig Sterben 709, 4
Dir dank ich für dein Sterben 560, 6
Dein Höllenangst und Sterben 465, 3
Durch dein Sterben Bahn gemacht 590, 4
Als das dein Sterben mir gegeben 647, 1
Gründet sich auf Jesu Tod u. Sterben 328, 5
Du hast die Frucht von deinem Sterben 330, 2
Dem Sterben kommt zu gute 548, 5
Solls zum Sterben gehn 718, 14
Lässet auch im Sterben die Seinen nicht 36, 8[1])
Die uns errett' vom Sterben 353, 4
Wem wollt vor Sterben grauen 146, 4
Daß ihn sein Sterben nicht betrübt 728, 2
Und Sterben mein Gewinn 78, 1
Ist Sterben mein Gewinn 48, 3
Und das Sterben ein Gewinn 173, 5
Dann ist Sterben uns Gewinn 42, 4
Sterben ist jetzt mein Gewinn 425, 4
Sterben ist mein Gewinn 297, 2. 579, 2
Sterbn ist Gewinn u. schadt mir nicht 343, 10
Daß ich jetzt kein Sterben acht 49, 4
Ergeben — im Sterben u. im Leben 465, 12
Da nichts denn Sterben bei mir blieb 502, 3
Bei mir ist nichts denn Sterben 349, 8
Drum bilde dir, o Sünder, ein täglich Sterben ein 56, 1
Mein Sterben ist vorhanden 477, 1
Denn der ist zum Sterben fertig 59, 4
Segne uns mit selgem Sterben 503, 3
Soll Sterben aber besser sein 775, 4
Je größer Kreuz, je lieber Sterben 367, 7
Ein schnell und selig Sterben 232, 3
Zum Leben oder Sterben 724, 3
Hirt allein im Leben u. im Sterben 393, 7

---

1) Fehlt vielfach.

Im Sterben und im Leben 172, 1
In Not und auch im Sterben 487, 2
Mein Lieben bis in mein Sterben üben 139, 2
Still im Sterben, Angst u. Schmerz 207, 6
Ich bin gewiß in meinem Sterben 332, 6
Einmal mit mir kommt zum Sterben 643, 4
Sich nicht völlig z. Sterben hingeben 299, 3
Sterben war der Sünden Sold 49, 4

Sterbebett.

Die Glieder aufs Sterbebette nieder 44, 8

Sterbekittel.

Denk an deinen Sterbekittel 301, 4

Sterbekleid.

Laß meine Sterbekleider sein 553, 9

Sterbende.

Die Sterbenden begleit 274, 11

Sterbenslust.

Daß sich vor der Sterbenslust 448, 1

Sterbensnot.

Wenn ich nun komm in Sterbensnot 283, 2

Sterbenszeit.

Wenn meine Sterbenszeit u. Stunde 14, 8
In deine Hände bei Leb- u. Sterbenszeit 331, 3

sterblich.

Ob ich gleich noch sterblich bin 259, 3
Oder schade dem sterblichen Geblüt 58, 3
Damit, was sterblich ist an mir 234, 2
Alles, was lebet, sterblich ist 343, 5
Daß wir sind sterblich allzumal 343, 8
Sind wir sterblich hier geboren 646, 6

Sterblichkeit.

Wir sind mit Sterblichkeit umgeben 728, 1
Entladen von der Sterblichkeit 739, 1
Die Hütte meiner Sterblichkeit 739, 5
Das Bild der Sterblichkeit 515, 4
Entrücken aus d. Grab der Sterblichkeit 435, 7
Nicht nur in der Sterblichkeit 641, 10
So führ sie aus der Sterblichkeit 532, 6

Stern.

I. natürlich.

Schön ist der güldnen Sterne Schar 356, 6[1])
Über schönen Sternen wohnst du 246, 2
Der Stern auf dich hinweiset 562, 2
Eh man die Sterne zählet 107, 2
Der Glaube schwingt sich durch die Sterne 205, 10
Frei an der Sternen Haus 619, 3
Wer trägt d. Himmel unzählbare Sterne 128, 2
Wer ruft dem Heer der Sterne 707, 2
Ihr hellen Sterne leuchtet wohl 111, 2
Leucht auch wie die Sterne klar 721, 14
Als manchen Stern der Himmel hegt 530, 4
Und über Sonn und Sterne führen 741, 4

II. bildlich.

Jakobs Stern ist aufgegangen 421, 5
Schaut den Stern, der uns gern 200, 8
Ein Stern in Todesqual 287, 3[1])
Wohlgefallen, du mein Stern 678, 1
O daß doch ein so lieber Stern 356, 7[1])
Ihr Licht wird hell, ihr Stern geht auf 672, 2
Laß nur deinen Stern dich leiten 194, 4
Dein Wort, den schönen Stern 562, 6

Sternenheer.

Das Sternenheer zu Gottes Ehr 115, 5

Sternenlicht.

Für wen brennt das Sternenlicht 599, 8

Sternlein.

Die güldnen Sternlein prangen 112, 1. 515, 3
Du Sternlein meiner Seelen 139, 2

stete.

Und verursacht stete Schmerzen 21, 2
Der sich mit stetem Glücke speist 719, 5

stetig.

Leitet er die Seinen stetig hin u. her 610, 5

stetiglich.

Und ehrn dein Namen stetiglich 271, 5

stets.

Daß du, o Gott, stets um mich seist 495, 7

steuern.

Steur selbst dein Schiff u. richt d. Lauf 176, 4
Und steur der Feinde List u. Mord 177, 1
Den Feinden steur an allem Ort 295, 6
Steure den Feinden 68, 1
Wehr u. steur allem Fleisch u. Blut 655, 4
Meinem Fleische steur und wehr 555, 5
Steure den gottlosen Leuten 268, 5
Steure meinem Sinn 718, 9
Steure meinem Sündenlauf 26, 7
Ich kann nicht selbst der Sünde steuern 538, 3

Stich.

Deine Marter, Angst und Stich 374, 8[2])
Was erneust du deinen Stich 599, 2
Halbe Liebe hält nicht Stich 589, 4

Stiege.

Wir wissen nun die Stiege 224, 3

stiften.

Da wollt er stiften uns ein Bad 77, 1
Solch ein Denkmal selbst gestiftet 413, 7
Ein Denkmal seiner Wunder gestift 365, 3
Die da stiften Fried und Ruh 419, 8

still.

Wird Jesus in der Seele still 483, 4
Sanft u. stille, wie Gott mir verheißen 487, 1
Auf diesem ruht man sanft u. still 681, 2
Daß mein Wille werde stille 590, 7
Mit den Gedanken in ein stilles Wesen 638, 5
Da ich still und sicher leb 690, 2
Mein Gemüte stille bleiben ewiglich 690, 9
So wird alles stille sein 690, 9
Sei im übrigen ganz still 604, 11
Und mach es gänzlich stille 627, 2
Gieb dich zufrieden und sei stille 213, 1
Meine Seel ist stille zu Gott 462, 1
Meine Seel ist still zu Gott 460, 6
Bin gleich wie ein stilles Meer 460, 6
Zu dir ist meine Seele stille 777, 1

---

1) Fehlt vielfach. 2) Fehlt Anh. G.

So harr ich und bin stille zu Gott 686, 6
Wie Gott mich führt, so bin ich still 724, 2
Auf sein Gebot wird meine Seele stille 108, 1
Sei stille, müdgequältes Herz 612, 1
Sei stille, sinne nicht zu weit 612, 2
Sei stille, such bei Menschen nicht 612, 3
Sei stille, hast du lang geweint 612, 4
Sei stille, laß der Zweifel Macht 612, 5
Sei stille; endlich mit dem Tod 612, 6
Und will mit stillem Geiste sagen 770, 1
Wenn du schlägest, halt ich still 461, 8
Seiner Hand nur stille halten 633, 6
Will ich ihm halten stille 682, 1
Wies ihm gefällt, will ich ihm halten stille 689, 3
Man halte nur ein wenig stille 719, 3
So halt ich ihm auch gerne still 730, 1
Ich halte ihm im Glauben still 357, 3
Ich harre sein und halt indessen still 184, 3
Daß er von Sünden halte still 631, 1
Die da fleußt aus stillem Geist 462, 4
Und im Herzen stille steht 717, 2
Dennoch gut und fein stille bleiben 676, 7
So laß uns ja nicht stille stehn 471, 11
Ein böser Knecht, der still darf stehn 485, 5
Und muß endlich stille stehn 625, 11
Und die Hölle selbst macht stille 625, 4
So steht mein Geist vor Ehrfurcht still 132, 3
Gieb, daß wir nie stille stehen 318, 6
Darum bin ich still zu dir 690, 7
Alsdann fein sanft und stille 78, 6
Ein still und ruhig Leben hier 545, 3
Gehn — ihrem stillen Kummer nach 778, 2
Und das Sorgenmeer wird still 529, 3(4)
Wie ist die Welt so stille 112, 2
Droben ist es still und heiter 634, 4
Mein Ehre sich erhüb und nimmer stille wäre 352, 8
Das Jahr geht still zu Ende 86, 1

Stille.

Nun wart ich in der Stille 339, 8
Und mein Herz hält in der Stille 690, 1
Geh in aller Stille hin 690, 7

stillen.

Einer hat den Zorn gestillt 159, 4
Damit seins Vaters Zorn gestillt 183, 5
Damit des Vaters Zorn gestillt 666, 5
Den, so niemand konnte stillen 526, 2
Jesu, mein Gewissen still 371, 5
Du wirst mir stillen mein Gewissen 374, 11
Das schwere Joch der Übertretung stillen 279, 6
Sanft in dir gestillet sein 526, 5
Dem Gott, der allen Jammer stillt 610, 1
Wie sanft stillt er der Magdalenen 471, 5
Im Glauben stillen unsre Not 285, 3
Seelennot ganz kräftiglich kann stillen 594, 2
Eil unsre Not zu stillen 12, 3
All Angst und Not zu stillen 738, 7
Wird in mir all Herzensangst gestillet 14, 2
Und stille ihren Jammer 143, 7
Er wolle selbst mein Herze stillen 340, 9
Er stillet dein Begehren 228, 5
Komm, stille das Verlangen 28, 6
Stille, Jesu, mein Verlangen 760, 4
Stillt das sehnliche Verlangen 421, 5
Stille hier dein sehnlich Dürsten 413, 1
Was mein Herze stillt 19, 2
Dein Erscheinung müsse stillen m. Seel 713, 9
Der alles Toben stillt 37, 7
Und durch dein Nahesein gestillet 248, 5
Daß er sich göttlich möge stillen 647, 1
Gnug meinen Unmut stillen 328, 3
Läßt Furcht und Angst sich stillen 106, 5
Mein Thränenfluß sich bald stillen muß 602, 11
Und weiß sich fein zu stillen 203, 9
Stillt der Betrübten Thränen 203, 12

Stiller.

Du Stiller unsres Haders 29, 3

Stilleschweigen.

Rede durch dein Stilleschweigen 375, 4

stillgelassen.

So duld ich es mit stillgelassnem Mut 777, 8

Stimme.

Dein Stimm sie hören allezeit 270, 2
Des Vaters Stimm man — hörte 77, 3
Ein Herz, das Gottes Stimme hört 737, 8
So lang die treue Stimm vernommen 236, 2
Bis Gottes Stimme ruft 339, 7
Ich wach auf durch des Herren Stimm 202, 5
Laß hören deine Stimm 536, 8
Deine Stimme an die Herden 585, 1
Und sonst keine Stimme höre 585, 5
Deine Stimme laß mich wecken 220, 8
Öffne meine Ohren zu der Stimm 220, 9
Wie lieblich schallt die Stimme hier 478, 3
Singen immer mit hoher Stimm 271, 2
Mit Stimmen noch vielmehr 369, 8
Wo diese Stimme schallt 305, 3
Doch hört er gern der Armen Stimm 302, 3
Rühmt s. Nam mit lauter Stimm 506, 5
Die Stimmen hoch erschwingen 36, 10
Lobsinget ihm mit lauter Stimm 501, 1
O daß doch meine Stimme schallte 524, 2
Wachet auf, ruft uns die Stimme 672, 1
Regier, Herr, unsre Stimmen 272, 1
Herr, vernimm unsre Stimm 226, 2
Laß die Stimmen klingen 767, 1
Sind Stimm und Zunge blöde 658, 7

Stirn.

Fast an unsrer Stirn ablesen 619, 8
Und an unsre Stirne binden s. Wort 47, 9

Stock.

Führt er gleich die Seinen über Stock und Steinen 217, 7[1]

stocken.

Und die Saat will bleiben stocken 218, 3

1) Fehlt Bernd. G.

Stöhnen.
Dein Seufzen und dein Stöhnen 580, 16
Muß das Seufzen u. das Stöhnen 773, 4
Und mit viel Stöhnen heiße Thränen 554, 7
stolz.
Den stolzen Geistern wehre doch 1, 6
Dazu ihr Zung stolz offenbar spricht 10, 3
Den Jungen nicht sein stolzer Mut 417, 9
Mein stolzes Herz hats nicht begehrt 484, 1
Wir stolzen Menschenkinder 112, 4
Treib aus von mir den stolzen Sinn 13, 4
Was noch stolz ist, beuge 436, 7
Stolz.
Deine Demut hat gebüßet meinen Stolz 383, 7
Laß mich Stolz und Hoffart fliehen 309, 13
Vergehet mit ihrem Stolz u. Pracht 665, 6
Den sie mit frechem Stolze verhöhnt 103, 1
Gute Nacht, du Stolz und Pracht 381, 4(5)
So schließ den Stolz, die Weltlust, aus 359, 5
Stoppel.
Stoppeln, Blätter, Würmer, Schaum 218, 2
Storch.
Der Storch baut u. bewohnt sein Haus 204, 4
stören.
Stör alles, was uns stören will 137, 8
Daß die Welt mich garnicht stört 638, 5
Will ich mich nicht stören lassen 413, 12
Stoß.
Das Wasser, welches auf den Stoß 130, 2
Daß uns kein Stoß den Fuß verletzt 720, 7
Dringt mir der letzte Stoß zum Herzen 358, 9
stoßen.
Und stoß mich wegen meiner Werke 541, 4
Den stößt du nicht von dir 777, 5
Der du niemand von dir stößt 641, 3
An keinen Stein — sich stoße u. verletze 534, 2
Und was mir stößt zu Handen 399, 6
stracks.
Nicht stracks das Urteil sprechen 399, 5
Ich müßte stracks vergehen 405, 4
Strafe.
Wie wunderbarlich ist doch diese Strafe 298, 4
Die Straf ist schwer, der Zorn ist groß 165, 2
Der Kinder, die ich ausgethan zu Straf 165, 2
Daß Straf u. Pein auf Sünde folgen 8, 4
Was die Straf erwecket hat 645, 2
Nicht scherzen mit deinen Strafen 444, 9
Nichts verdienet als schwere Straf 235, 2
Belohnet all unsre Missethat m.—Straf 258, 4
Lindert die Straf daneben 258, 5
Keine Strafe sollst du scheuen 673, 6
Die Straf wir wohl verdienet han 15, 1
Droht Straf u. Hölle meinem Rücken 741, 3
Die er liebt, oft in seine Strafen 449, 4
Seine Strafen, seine Schläge 625, 10
Die schwere Straf, die ich verschuldt 704, 15
Und wegen dieser Straf u. Last[1]) 366, 11(14)
Die schwere Straf und große Not 496, 1
Du schobest auf die Straf 687, 2
Die Straf erläßt, die Schuld vergiebt 500, 4
Dich der Strafe woll entladen 648, 2
Ach laß die wohlverdiente Strafe nicht 751, 7
Verschon uns, Gott mit Strafen 112, 7
Es folget bald darauf e. lange Strafe 449, 2
strafen.
Wenn er straft, so liebt er auch 773, 1
Ich strafe, die ich liebe 203, 3
Mit Ernst u. Liebe straffst du mich 634, 4
Und strafet mit Geduld 352, 4
Du straffst uns Sünder mit Geduld 355, 9
Und stets straffst du gelinder 342, 2
Daß du uns zwar gestrafet 272, 6
Straf uns nicht auf frischer That 496, 3
Straf mich nicht in deinem Zorn 635, 1
Ach, weh uns, wenn du strafen willt 751, 1
Straft nicht nach unsrer Schuld 513, 2
Strafe nicht mein Übertreten 714, 4
Gott wird die Welt schon strafen 417, 12
Sträfliches.
Es ist nichts Sträflichs mehr an mir 474, 4
Strahl.
Still u. froh, deine Strahlen fassen 226, 6
Laß — deinen Strahl ins Herze gehn 646, 4
Wie schön sind deine Strahlen 356, 4
Schick uns d. Morgenzeit deine Strahlen 490, 1
Deren liebumglänzter Strahl trennet 529, 3(4)
Geuß deiner Gnaden reichen Strahl 735, 5
Vermehret d. Strahlen vom göttl. Schein 397, 8
Mit sonnenlichtem Strahl 369, 6
Was ist ihr tausendfacher Strahl 253, 2
strahlen.
Die Liebe strahlt aus deiner Brust 741, 1
Strahl, o Sonn, mit Lebensblicken 21, 6
Strahle Tröstung in den Jammer 433, 5
Was ich strahlen seh am Throne 768, 3
Strahlt des Lebens Morgenrot 634, 4
Straße.
Ach sei du mein Licht und Straße 196, 6
An seiner Hand auf rechter Straß 109b, 3
Führt mich auf rechter Straßen 665, 1
Die Straße uns bereitet 144, 8
Er zeiget uns die Straßen 224, 3
Führt mich auf rechter Straßen 106, 5
Von den Zäunen, an den Straßen[2]) 220, 1
Deswegen schickst du auf die Straßen 351, 2
Es ist auf allen Straßen Lügen 28, 5
Bin gefolgt der Sünde Straßen 648, 3
Breite, lichte, volle Straßen wandern 705, 2
Des Todes Weg u. finstre Straße reisen 341, 9
Ich wandre meine Straßen 329, 6
Und soll hinfahrn mein Straße 710, 1
Ich fahr dahin mein Straßen 579, 1
Und gehn all heim unsre Straßen 509, 7
In den Wäldern, auf den Straßen 760, 3

---

1) Var. Bernb. G. Von wegen deines Kreuzes Last. 2) Var. Hann. G. von der breiten Sünden-straßen.

sträuben.
Wie sträubte sich die alte Schlang 572, 2
straucheln.
Wenn der Fuß gestrauchelt hat 414, 3[1]
Öfters straucheln, oftmals fallen 21, 5
Daß ihr nicht strauchelt wie die Lahmen 591, 2
In deinen Wegen nicht straucheln 364, 6
Ich strauchle noch wie ein Unmündiger 116, 3
Strauß.
Der Welt aushalten manchen Strauß 150, 3
Und noch ein sehr harter Strauß 448, 6
In dem letzten Kampf und Strauß 194, 7
streben.
Ach, laß uns streben fest u. wohl 144, 11
Zuerst nach deinem Reiche streben 237, 3
Selig sind die sehnlich streben 419, 5
Nach nichts mehr sonst ich strebe 692, 5
Liebe, laß mich dahin streben 193, 6
Nach hoher Ehr u. großem Namen strebe 13, 6
Wonach ihre Kinder streben 624, 3
Wonach so begierig strebt 494, 7
strecken.
Streckt sich in alle Welt hinein 133, 2
Du streckest den in Grab u. Sarg 165, 3
Sein Gefieder über seine Jungen streckt 625, 2
streichen.
Daß ich in der Luft nicht streich 448, 5
Streit.
Daß wir im Frieden und im Streit 163, 4
Hielten mit den Tieren Streit 448, 2
Kein Neid, kein Streit dich betrübe 543, 6
Daß uns betrübe — Neid u. Streit 769, 7
Zank, Hader, Streit gefangen an 704, 6
Behüt uns, Herr, vor Unfried, Streit 655, 5
Fliehen Hader, Streit und Haß 419, 8
Nichts als Teurung, Angst u. Streit 425, 6
Fühlt jene harten Kampf und Streit 570, 3
Bei euch rumoret Krieg und Streit 512, 7
Bin alles in dem Streite 485, 5
Nun ist hin der lange Streit 428, 1
Er bringt nach wohlgeführtem Streit 110, 3
Christenmensch, auf, auf zum Streit 38, 1
Als ein Mann zum Streit bist auserkoren 38, 3
Daß ohn Streit und Sieg nie keiner 38, 3
Fördre meinen Lauf im Streit 712, 3
Im Streite soll es sein mein Schutz 165, 8
Stärke, zu stehen in dem Streit 769, 11(12)
Und zu führen in den Streit 374, 7
Ich lieg im Streit und widerstreb 353, 5
Der hat wenig Lust zum Streit 47, 6
So oft ich muß in den Streit 641, 4
Keine Not, Gefahr und Streit 774, 6
Da ruht der Streit 158, 3
Ohne tapfern Streit und Krieg 593, 5
Zu aller Zeit den schweren Streit 186, 1
So wächst der Eifer mir im Streite 306, 12
Und führ uns aus dem Streit 178, 10
Welcher Streit und welcher Krieg 721, 2
Hier auf Erden steh im Streit 721, 10
Was für Ruhe nach dem Streit 461, 14[2]
Aus ist der Streit 313, 9
Nach dem Streit in der süßen Ewigkeit 374, 12
Hier hab ich schon nach kurzem Streit 512, 9
Da Tod und Leben war im Streit 571, 3
streiten.
Es streit für uns der rechte Mann 161, 2
Er streit' für euch; er machet Bahn 685, 7
Streite doch selber für uns arme Kinder 68, 2
Der für uns könnte streiten 656, 4
Streit für dein Wort und Ehr 81, 3
Zu streiten wider Fleisch und Blut 180, 2
Und im Namen Jesu streitet 634, 1
Muß streiten oft mit Fleisch u. Blut 512, 8
Ich streite mit den Sünden 153, 2
Wer nicht will streiten, trägt die Kron 38, 1
Streitst du nicht wie ein tapfrer Held 38, 2
So streit denn wohl, streit keck u. kühn 38, 10
Wer nicht will streiten um die Kron 38, 10
Streitet recht die wenig Jahre 591, 3
Streit unter ihm nur ritterlich 609, 6
Frei und ritterlich mög streiten 401, 3
Nicht mehr müssen streiten 288, 6
Streitet recht und fürchtet euch 589, 16
Uns auf dem Weg nicht streiten 418, 14
Streiter.
Dies bedenket wohl, ihr Streiter 589, 16
Deinen Streitern hast bereit' 712, 2
Wo nicht mehr die Streiter ringen 768, 4
Zeuch uns nach die Schar der Streiter 634, 4
streng.
Er fähret nicht mit unsrer Schuld
so strenge fort 366, 9
Und vor dem strengen Sitz 405, 4
streuen.
Dein Zion streut dir Palmen 738, 2
Lasset Blumen streuen, zündet Opfer an 597, 1
Als edlen Samen streuen 243, 7[1]
Strick.
Speichel, Schläge, Strick u. Banden 383, 2
Frei durch dein Band und Strick 553, 4
Wie ein Vogel des Stricks kommt ab 674, 3
Strick ist entzwei und wir sind frei 674, 3
Weil ich verwirrt im Strick u. Netz 693, 5
Laß uns meiden alle Stricke 21, 8
Viel Netz und heimlich Stricke 401, 5
Will ihre Stricke legen 230, 4
Legt heimlich ihre Stricke 232, 4
Er wird ihr Strick zerreißen sehr 754, 5
Der Strick ist nun entzwei 272, 5
Und fallen selbst in ihren Strick 446, 7
Legt Garn und Strick 270, 6
Der Tod und Teufel Stricke legen 706, 3
Ach fliehe doch des Teufels Strick 530, 7[2]
Striemen.
Angst, Wunden, Striemen, Kreuz u. Tod 165, 1
Deine Striemen, Schläg u. Ritzen 374, 8

1) Fehlt Bernb. G. 2) Fehlt vielfach.

Stroh.
Bist Gott u. liegst auf Heu u. Stroh 753, 8
Ach Heu und Stroh ist viel zu schlecht 356, 7[1])
Nehmt weg das Stroh 356, 8[1])
Strom.
Der lautre Strom aus seiner Lieb 567, 8
Schauen die Ströme deiner Gütigkeit 349, 3
Mit Strömen der Liebe geregnet 445, 4
Komm zum Lebensquell und Strom 220, 8
Wie die starken Ströme fließen 225, 1
Lasse Ströme fließen 597, 4
Nahe dich dem lautern Strom 604, 9
Der krystallne Strom das Wasser beut 727, 6
Der lautre Strom wird es da ganz 191, 5
Laß mir deine Ströme fließen 434, 2
Der wie Ströme aus ihr quillet 583, 6
Sollt ich von dem bittern Strom[2]) 731, 3
Wie ein Strom beginnt zu rinnen 24, 2
Ist als ein Strom verschossen 127, 10
Und fährt wie ein Strom dahin 32, 6
Stück.
Die Welt in tausend Stücke spalten 337, 3
Und wenn mein Herz in Stücke bricht 165, 5
In Stücken möchts zerspringen 326, 8
In tausend Stücke springen 362, 15
Daß ich mich noch in vielen Stücken 340, 7
Stücklein.
Als ein Stücklein[3]) armer Erd 678, 5
studieren.
Ich will daraus studieren 580, 13
Stufe.
Ich auch auf der tiefsten Stufen 384, 12
Stuhl.
Gott, des Scepter, Stuhl u. Krone 220, 1
Mich im Geist erhöhest zu Gottes Stuhl 420, 5
Ja, sitze du nur auf dem Stuhle 669, 8
Höre mich vom Stuhle, da du sitzest 362, 6
Dessen Stuhl ist unumstößlich 384, 5
Und auf des Königs Stuhl gesetzt 685, 4
Gerechtigkeit auf seinem Stuhle throne 237, 6
stumm.
Und mancher Mund nun stumm 86, 2
Stumm, taub und blind 220, 3
Stummer.
Die Stummen richtig reden lehr 552, 4
stumpf.
Seine Pfeile wurden stumpf 428, 4
Sein Pfeil ist nunmehr stumpf 742, 9
Stunde.
Ach wie lieb ich diese Stunden 247, 2
Vergessen solln zu keiner Stunde 743, 5
Daß wir erlebet hab'n die Stunde 548, 1
Mitternacht heißt diese Stunde 672, 1
Das ist eine selge Stunde 84, 1
Mich dein Mund zu jeder Stund erinnere 667, 3
Und bringe doch näher die Stunde 299, 7
Alle Stund viel Gutes reichlich giebest 534, 1
Hilf mir zu allen Stunden 63, 3
Und noch diese Stunde treibe 625, 2
O gebenedeite Stunde 421, 7
Das ist eine selge Stunde 665, 5
Dem Tröster sei — zu aller Stund 409, 7
Gott zählet alle Stunden 232, 7
Wann die Stunden sich gefunden 245, 8
Lobet ihn zu jeder Stund 731, 3
Ohn Loben u. Lieben vergeh keine Stunde 397, 5
Freuen uns alle in dieser Stunde 402, 2
Und singen jetzo diese Stund 681, 6
Weil ich noch Stunden auf Erden zähle 446, 1
Wird wohl alle Stunden zählen 173, 2
Ich zähle Stunden, Tag und Jahr 234, 2
Sehr groß bis auf die Stunde 326, 3
Sind wenig gute Stunden 153, 5
Kann ich zur Stund aus s. Mund 153, 9
Und zur rechten Stunde giebt 661, 5
Ich sprach zur guten Stunde 352, 5
Ich hab in guten Stunden 342, 1
Stärke mich in jeder bösen Stunde 9, 3
Unsre Stunden fliehn in Eile 253, 6
Weil aber keine Stunde zum Abschied 339, 1
Alle Stunden recht gläubig erfunden 222, 9
O wie selig sind die Stunden 173, 4
Wenn meine Sterbenszeit u. Stunde 14, 8
Die sehr erwünschte Stund erscheint 703, 1
Es kommen Stund und Zeiten 515, 6
Wie wenge denken an die Stund 723, 1
Und wenn die Stund vorhanden ist 324, 3
Da du die Stunde hast bestimmt 623, 7
Herr, Herr, ich weiß die Stunde nicht 739, 4
Und noch viel schönre Stunden 369, 2
Gottlob die Stund ist kommen 232, 1
Zu dir allein mich wende in meiner letzten Stund 537, 9
Mich trösten kräftiglich in meiner letzten Stunden 709, 8
Mit deinem Todesschweiß in meiner letzten Stunden 279, 7
Gott befehl in m. letzten Stunden 689, 3
Und wenn die letzte Stund da ist[4]) 547, 11
Der ists, der in den letzten Stunden 777, 9
Wenn die letzte Stunde schlägt 646, 5
Stündlein.
Wenn mein Stündlein kommen ist 577, 6
Wenn mein Stündlein vorhanden ist 710, 1
Es kommt ja wohl ein Stündlein 732, 5
Bis unser Stündlein kommt herbei 283, 8
Wenn kommt mein Stündelein 78, 6
Kommt dann das letzte Stündlein an 563, 6
Verleih ein selig Stündelein 496, 6
Ein selig Stündlein mir bescher 269, 3
Ein selig Stündlein uns verleih 82, 10
stündlich.
Weil d. Vater—stündlich auf dich blickt 313, 4
Quälen stündlich arme Christenseelen 28, 5

1) Fehlt vielfach. 2) Var. Brand. G. Tod. 3) Var. Bernb. G. Stäublein. 4) Var. Bernb. G. Und wenn der Tod vorhanden ist.

Sturm.

Wend — Sturm, Seuch u. Hagel ab 274, 6
Nach dem Sturme fahren wir 731, 3(4)
Alle Welt darwider ficht mit Sturm 243, 5
Vor den Stürmen aller Feinde frei 381, 2
Dort kommt ein Sturm, ich sink 304, 4
Kommt aber Sturm und Regen 203, 2
Erhalt in Sturm u. Wellen d. Häuflein 176, 4
Der beste Schirm im Sturme sein 720, 4
Sturm und Nacht umfängt uns hier 634, 4
Wenn ihn hier Stürme treiben 529, 4(5)
Laß das Wetter krachen und die Stürme gehn 217, 3
Manch harter Sturm erschreckt 329, 3
Hält Sturm und Wetter aus 657, 4
Es schweigt der Sturm, von dir bedroht 91, 4
Und dämpfe Sturm und Wellen 405, 2
Der Sturm des Kreuzes geht — vorbei 228, 4
Vor keinem Sturm — erschrecken 186, 6
Wenn ein Sturm mich überfällt 721, 11
Bricht uns des Todes Sturm entzwei 127, 8

stürmen.

Unser Anker, wenn es stürmt 253, 6
Stürme, Teufel und du Tod 599, 6

Sturmwind.

Um das Schiff kein Sturmwind wehte 367, 5
Vor des Sturmwinds Schlägen 731, 1

stürzen.

Die Bösen stürzen bald 562, 4
Was kämpfet wider deine Glieder, stürze darnieder 68, 2
Der bald erhöhn, bald stürzen kann 719, 6
Und mich — hinab zur Höllen stürzen 326, 7
Und stürzen ihre falsche Lehr 754, 5
Es stürzt mich tief u. es erhebt mich 290, 5
Deinen Sohn wollen stürzen 177, 1
Und was in Not uns stürzet 607, 7
Durch sein Spiel mich zur Hölle stürzen will[1] 714, 5(4)
Der uns zu stürzen meint 424, 2
Stürzt hoch herab, fallt auf mich her 366, 11

Stütze.

Zerstöre ganz die falschen Stützen 470, 5

suchen.

Suchst selber Trost und findst ihn nicht 753, 9
Das suche du mit Gnad 552, 3
Ich bin verloren, suche mich 143, 6
Suchet es ein treuer Hirte 390, 3
Er sucht es mit Verlangen 393, 3
Es sucht der liebste Jesus Christ 393, 4
Bist voll Schmerz mich suchen gangen 637, 10
Denn was nur dein Wille sucht 414, 2
Laß suchen uns, was droben ist 28, 5
Gar nichts suchen als allein 717, 7
Hilf, daß wir suchen unsern Schatz 144, 11
Suche Gott, weil er zu finden 26, 5
Sucht allein—Christi freier Knecht zu sein 47, 7
Der suche mit uns dich, den Herrn 190, 6
Und ich dich suche mit Begier 310, 1
Suchet an dir seine Lust 152, 6
Suchs bei keiner Kreatur 169, 2
Der Trost bei einem Menschen sucht 146, 6
Wen suchen wir, der Hülfe thu 489, 1
Dem, der ihn liebt und sucht 738, 10
Und suchen mit Begier 287, 1
Darauf ich nur Jesum suche 461, 7[2]
Dich, Jesu, suchen wir 224, 5
Such, wer da will, ein ander Ziel 636, 1
Such, wer da will, Nothelfer viel 636, 2
Ach sucht doch den, laßt alles stehn 636, 3
Daß ich dich, mein Gast, wohl such 554, 13
Wo ist Jesus, — den sie suchet 760, 1
Daß ich dich bei Tag u. Nacht herzlich suchte 17, 3
Daß wir nicht Meister suchen mehr 412, 2
Ich komme, Herr, und suche dich 347, 1
Zu dir komm ich wieder und such 6, 5
Such mein Antlitz im Gebet 528, 3
Ich suche deine Hülf und Gnad 563, 2
Hilf, daß ichs such, wie mir gebührt 537, 3
Ich suchte dich und fand dich nicht 364, 4
Mit klugem Herzen suche dich 723, 7
Suche Jesum und sein Licht 604, 1—10
Drum such Jesum und sein Licht 604, 11
Vergebung suchen, Gnad und Huld 137, 5
Nach seiner Ordnung suchen muß 79, 6
Ich suche Gnad demütiglich 700, 4
Der in dir suchet Ruh und Lust 741, 1
Der bei ihm suchet Ruh 405, 8(9)
Die nimmer sucht, was Gott gefällt 681, 4
Ich hab unreine Lust gesucht 704, 7
Die Welt sucht Ehr und Ruhm 679, 3
Die Welt sucht Geld und Gut 679, 4
Die nicht suchen eigne Rach 419, 4
Die Feinde suchen euch zur Beute 591, 1
Und sucht durch zugelassne Freud 153, 8
Als er suchte, wie er mir schaden 671, 3
List und Macht dich sucht zu bestreiten 195, 2

Süden.

Von Westen und von Süden 103, 2
Ost und West und Süd und Nord 433, 5

Sühner.

Zum Sündenfeind und Sühner 165, 2

Summa.

Summa, Gott liebt alle Frommen 758, 4

Sünde.

I. Schuld.

Durch eines Sünde fiel die Welt 132, 8
Das macht die schnöde Sünde 14, 5
Da wir ganz verdorben durch Sünd 519, 3
Daß mich Sünd und Tod nicht töten 309, 9
Errett von Sünd, Teufel und Tod 269, 3
Wunden sind kommen von der Sünden 511, 3
Ach Sünd, du schädlichs Schlangengift 620, 2
Kommt die Nacht, der Sünden Macht 620, 2
Verzeihe mir aus Gnaden alle Sünd 714, 4
Blind, taub und tot in Sünden 366, 2

---

1) Var. Bernh. G. Satans Will mich auch stürzte in die Höll. 2) Fehlt vielfach.

Da ich in Sünden tot 700, 1
Doch mehrt sich Sünd ohn Maßen 183, 4
In Sünd bin ich empfangen, in Sünd bin ich geboren 6, 2
Ach m. Sünden haben dich geschlagen 298, 3
Von Fuß auf voller Schand u. Sünden 298, 6
Ich u. m. Sünde, diese hat gemartert dich 371, 3
Daß ich mit Sünden dich martre nicht 371, 4
Und mit Sünde gar betrübet 461, 5
Nur deine Sünd hat dieses angerichtet 573, 3
Ich, ich und meine Sünden 580, 4
Sollte zwar der Sünden Strafen leiden 620, 3
Dies sind meiner Sünden Früchte 590, 3
Du hast für mich besieget Sünde 590, 4
Von wegen meiner großen Sünd 325, 2
Die Sünden wollst du mir verzeihn 325, 4
Ich habe dir die Sünd vergeben 325, 6
Und handle nicht nach meiner Sünd 325, 7
Die m. Sünd im Garten dir abdrangen 554, 7
Das macht alles unsre Sünd 76, 2
Wie heftig unsre Sünden 580, 12
Die Sünd macht Leid 743, 3
Wer empfindet seine Sünd 200, 10
Wenn meine Sünd mich kränken 709, 1
Wenn mich meine Sünden kränken 340, 5
Meine Sünde will machen heiß 371, 5
In meinen Sünden untergeh 279, 2
Und den Sünden sich ergiebet 47, 6
Wenn mich meine Sünde plagt 375, 2
Wenn mich Sünden überzeugen 375, 4
Daß ich böser Knecht der Sünde 375, 6[1]
Laß mich in der Angst der Sünden 375, 7
Wenn mich meine Sünde jagt 375, 8[2]
Wenn viel tausend Sünden schreien 375, 9
Mein Sünd liegt mir im Sinn 6, 1
Doch kränkt die Sünde mich vor allen 333, 3
Die Sünden sind, die ich gethan 326, 2
Mein Sünd mich quälet Nacht u. Tag 502, 2
Drückt mich — der Fluch der Sünde nieder 739, 2
Die Sünd hat uns verderbet sehr 496, 4
Mit Sünden allzuviel beschwert 143, 5
Und drückt mich sehr der Sünden Last 553, 1
Ich fühle meiner Sünden Müh 347, 1
Weil ich beschweret bin mit viel und großen Sünden 763, 1
Zerrissen durch der Sünden Schmerz 374, 5
Ja, mich drückt der Sünden Last 276, 1
Meine Sünden ängsten mich 528, 1
Es fühlt von Sünden großen Schmerz 592, 1
So hart dich deine Sünde plagt 53, 3
Beklagen ihr u. andrer Leute Sünd 419, 3
Durch Zorn und Rachgier Sünd gethan 704, 6
Daß du dein Sünd — erkennen sollst 134, 11
All Sünd und Missethat — erkennen 5, 1
Huld ist viel größer als die Sünde 714, 5
Herr, unsre Sünd bekennen wir 12, 2
Verwirrt im Strick und Netz der Sünden 393, 5
Es wird die Sünd durchs Gesetz erkannt 183, 9
Wenn wir die Sünd bereuen 258, 5
Laß mich büßen meine Sünd 309, 8
Den Sünder, dem die Sünd ist leid 295, 4
O selig, dem die Sünd ist leid 631, 2
Laß mich die Sünd — bereuen 143, 4
Recht trauern über meine Sünde 281, 3
Ach, in mir find ich eitel Sünden 281, 7
Mein Sünd sind schwer u. übergroß 30, 2
Die unter ihrer Last der Sünden 471, 1
Mit Sünden hart beladen 417, 1
Wenn ich von Sünden bin beschwert 537, 4
Den' ihr Herz von Sünden schwer 386, 5
Der Sünden Joch ist mir zu schwer 777, 2
Bekenne dir mit Schmerzen die Sünden 326, 1
Die Sünden sind, die ich gethan 326, 2
Mit Sünden ohne Zahl verdienet 496, 1
Deiner Sünden großes Heer 693, 6
Der Sünden Schand — war angeboren 183, 4
Denn ich bin noch voller Sünden 268, 2
Zwar fühl ich wohl der Sünden Schuld 517, 5
Die Sünden beichten ohne Scheu 137, 5
Und bekenne meine Sünden 390, 5
Zeig uns selbst den Greul der Sünden 318, 3
Ich bin voll Sünden[3]) ohne dich 482, 2
Was Sünd und Unrecht ist gethan 55, 1
Mein Sünd sind schwer und übergroß 30, 2
Viel Sünd hab ich begangen 6, 2
Wie groß und schwer sind mein begangne Sünden 8, 1
Laß die Menge meiner Sünden 276, 3
Daß er meiner Sünden Heer 276, 4
Das Maß der Sünden ist erfüllt 751, 1
Daß in euch noch Sünde steckt 593, 3
Mein Sünd mich werden kränken 710, 2
Ach, ich bin ein Kind der Sünden 374, 3
Wer Sünde liebt, gehört hinaus 302, 2
In Sünden mich verweilet 326, 7
Aber, wen die Sünd erfreuet 758, 4
Die in ihren Sünden sterben 193, 7[1]
Verschuldt in meiner großen Sünde 730, 4
Laß mich nicht in Sünden sterben 714, 9
Daß Straf u. Pein auf Sünde folgen 8, 4
Verdienet mit unsrer Sünd u. Missethat 12, 1
In der Höllen Angst unsre Sünd uns 489, 3
Das macht die Sünd, du treuer Gott 343, 9
Sterben war der Sünden Sold 49, 4
In die Pein um meiner Sünde willen 700, 1
Daß ich für solche Sünd nicht müß 260, 7

II. Erlösung.

Der ohne Sünde war geborn 385, 2
Zu waschen uns von Sünden 77, 1
Der der Sünden Macht zerbricht 152, 2
Die Sünd, der Satan u. der Tod 501, 5
So wache doch von Sünden auf 26, 5
Die Abwaschung meiner Sünden 26, 8
Im Blute dein v. Sünden abgewaschen 279, 5[2])
Der alle Sünd zudecket 14, 6

---

1) Fehlt vielfach. 2) Fehlt Bernb. G. 3) Var. Scheusal.

Als unser aller Sünden Müh dir 366, 13
Wehren dem Teufel, Sünd und Tod 562, 5
All Sünd hast du getragen 565, 1—3
Zerschlagen, die Sünde tragen 290, 2
Der du trägst die Sünde der Welt 69
Aber Jesus trägt die Sünden 461, 3
Hast die Sünd am Kreuz getragen 374, 6
Mein Unschuld trägt die Sünde dein 502, 8
Das der Welt Sünde trägt 443
Träget und hebet die Sünd 323, 3
Getragen aller Sünden Last 577, 2
Da die Sünden aller Welt 249, 6
Du hast Sünd und Straf getragen 649, 7
Genommen weg der Sünden Last 555, 1
Es geht u. büßet in Geduld die Sünden 165, 1
Der du wollen büßen für die Sünden 375, 1
Bezahlet unsre Sünd und Schuld 547, 7
In Todesbanden für unsre Sünd gegeben 76, 1
Und hat die Sünde abgethan 76, 3
Das für all Sünd vergossen ist 747, 3
Ob bei uns ist der Sünden viel 55, 5
Nun all los sein der Sünden Last 743, 4
So werd ich los[1]) der Sünden Last 30, 2
Von aller Sünd und Missethat 509, 3
Wirke Reu an Sünden statt 414, 3
Die uns von Sünden Hülf u. Errettung 769, 2
Ob mich mein Sünd anficht 48, 2
Verkünden Vergebung der Sünden 79, 6
Hier all Sünd vergeben werden 749, 3
Und lös uns von der Sünden Band 67, 4
Es macht dies Bad von Sünden los 149, 2
Was Sünd und Unrecht ist gethan 55, 1
Ob bei uns ist der Sünden viel 55, 5
Sünde, dir entsage ich 379, 5
Macht mich los von meinen Sünden 379, 8
O Abgrund, welcher alle Sünden 340, 4
Der die Sünd und Tod, Welt, Teufel 607, 7
Nicht schaden Teufel, Welt, Sünd 402, 2
All Teufel, Welt, Sünd, Höll u. Tod 745, 6
Der die Sünden und alles Unglück 554, 9
Fleisch u. Sünden kräftig überwinden 449, 8
Wenn Sünd u. Satan mich anklagt 666, 6
Gefangen deiner Sünden Macht 678, 10(8)
Sünd, Höll u. Tod — überwunden 689, 3
Was kann mir thun Sünd, Tod u. Höll 11, 5
Was kann euch thun die Sünd u. Tod 663, 4
Obgleich Sünd und Hölle schrecken 381, 2
Kann mir denn nun schaden der Sünden 709, 3
Die Sünde kann mich auch nicht 567, 7
Ich, ich tilg all deine Sünden 611, 5
Er tilget deine Sünden 347, 3
Sünde, du bist mir verhaßt[2]) 97, 3
Die Sünd hat er gefangen 385, 1
Der Sünden Macht ist abgethan 110, 1
Die alte Schlang, die Sünd u. Tod 181, 2
Laß unser aller Sünden ins Grab 742, 6(7)
Keine Sünde macht mir bange 427, 2
Wird mich nicht beschämen mein Sünd 146, 8
Sieh nicht an unsre Sünden groß 711, 6
Werf alle meine Sünd 763, 3
Ledig und los all meiner Sünden 533, 5
Wirst mich noch dazu von den Sünden 528, 2
Er wolle meiner Sünden in Gnaden 399, 5
Machet uns ledig von allen Sünden 514, 3
Mach du mich der Sünden ledig 637, 8
Die Sünd mag mir nicht schaden 579, 5
Ach Vater deck all meine Sünde 722, 6
O Sünde, Welt und Teufel toben 187, 3
Verzeihe mir aus Gnaden alle Sünd 714, 4
Errett' von Sünd und Schanden 665, 2
Und du hättest alle Sünden 693, 7
Es jammert dein Barmherzigkeit unser Sünd 489, 2
Und meiner Sünd nicht mehr gedenk 283, 5
Mach uns aller Sünden frei 216, 1—3
Mache mich von Sünden frei 281, 6
Nun bin ich losgezählet von Sünden 560, 10
Ich bin gar rein und klar aller m. Sünden 200, 13(12)
Der Sünden kann ich spotten 37, 4
Verzweifle nicht in deiner Sünd 631, 2
Sünde, Teufel, Tod bezwungen 461, 4
Ist unsre Sünd dahin 513, 2
Wenn mich Sünd und Tod anficht 374, 12
Behüt uns auch vor Sünd u. Schand 744, 3
Vor Sünd u. Schanden mich bewahr 536, 6
Vor Sünden und vor Schmach 54, 3
Behüt vor Sünd u. Schand durch d. Güt 126, 2
Behüt vor Sünd und Schand 6, 9
Und vor Sünden mancher Art 714, 2
Bewahr mein Herz vor Sünd u. Schand 89, 9
Wenn er mich von meiner Sünd 599, 14
Nimmermehr in Sünd u. Schande fallen 9, 2
Daß wir nicht falln in Sünd 66, 3
Vor allen Sünden, vor allem Irrsal 443
Schleuß zu der Sünden Thor u. Thür 168, 1
Du wollest ja die Sünde — treiben 560, 9
Die Sünde zu vermeiden 284, 1
Hilf uns dämpfen alle Sünden 285, 5
Laß Sünd und Not uns für u. für 280, 3
Der Sünde Macht zerscheitern 94, 2
Halt falsche Lehr und Sünden — fern 562, 6
Laß mich die Sünde meiden 560, 12
Meid alle Schand und Sünde 310, 1
Mein Herze nicht entzünden mit alten Sünden 298, 10
Von Sünden zur Buß sollen wenden 222, 2
Steh aus dem Grab der Sünden auf 670, 2
Daß ich mit der Sünde nicht scherze 281, 3
Und mit der Sünde nicht mehr scherze 470, 3
Nicht länger scherze mit der Sünden 18, 5
Zum Dienst d. Sünden kein Christ 769, 11(12)
Gute Nacht, ihr Sünden 381, 4(5)
Sünd, ich will von dir nichts hören 520, 1
Weich, eitle Welt, du Sünde weich 330, 6
Den Sünden ja wider Pflicht den Zügel 609, 6

1) Var. Bernh. G. quitt. 2) Var. Sünde, du verlierst den Sturm.

Und die Sünden in sich dämpfet 593, 4
Da in uns war Sünd und Tod 582, 3
Kämpft gegen alle Sünden 167, 5
Kämpft — mit Teufel, Welt u. Sünden 153, 1
Ich streite mit den Sünden 153, 2
Fleisch u. Sünden kräftig überwinden 449, 8
Wenn ich e. Sünde freudig überwinde 246, 3
Was sich noch findt von alter Sünd 310, 4
Laß die Nacht auch meiner Sünden 219, 3
Willst du der Sünde länger dienen 471, 7
Daß ich die alte Sünd nun haß 687, 5
Daß ich der Sünde nicht gehöre 333, 7
Hör auf von Sünd und Schanden 579, 9
Derselb auch lang an Sünden klebt 512, 8
Von aller Sünden los, ganz heilig 665, 7
Aller Sünd und Not entnommen 3, 1
Mich von Sünden machen rein 3, 7
Und von der Sünden Arbeit frei 515, 5
Von keiner Sünde mehr entweiht 739, 1

Sündenbahn.

O nein, verlaß die Sündenbahn 471, 7
Auf die breite Sündenbahn[1]) 372, 3

Sündenbüßer.

Den Gott selbst auserkoren zum Sündenbüßer 607, 1

Sündendienst.

Deiner Taufe Kraft durch Sündendienst verloren 167, 9

Sündendorn.

Grünet der freche schnöde Sündendorn 235, 2
Daß kein Sündendorn mir schade 375, 5

Sündenfall.

Verderbt durch manchen Sündenfall 555, 2
Gedenke keines Sündenfalles 623, 4
Verstoßen sein wegen vieler Sündenfälle 461, 3

Sündenfeind.

Den, den hat Gott zum Sündenfeind 165, 2

Sündenglied.

Und dann schlagt die Sündenglieder 593, 8
Schlage du die Sündenglieder — nieder 18, 3

Sündengrab.

Stecke in dem Sündengrab 18, 4

Sündengreul.

Und wen sein Sündengreul betrübet 471, 7

Sündenheer.

Es wird ihr ganzes Sündenheer 471, 3

Sündenherz.

Und mein Sündenherz ist kalt 26, 2

Sündenhöhle.

Laß die dunkle Sündenhöhle 596, 1
Die in d. Sündenhöhlen unsern Tritt 713, 5

Sündenhütte.

Dein Wort in dieser Sündenhütten 477, 10

Sündenjoch.

Laß uns doch das Sündenjoch nicht 597, 5

Sündenkette.

Erretten aus den schweren Sündenketten 193, 3
Erretten von des Teufels Sündenketten 383, 2

Sündenkind.

Ich ein armes Sündenkind[2]) 220, 3
Ach, ich Sündenkind der Erden 590, 5
Mich Sündenkind hinab zur Höllen 333, 4

Sündenkluft.

Aus der finstern Sündenkluft 220, 8

Sündenlast.

Und übernahm die Sündenlast 53, 4
Meine große Sündenlast dir aufgelegt 284, 2
Weil er die schwere Sündenlast für mich 700, 2
Welchem du die Sündenlast 336, 5

Sündenlauf.

Steure meinen Sündenlauf 26, 7

Sündenleben.

Schweben durch das ganze Sündenleben 693, 5

Sündenlist.

Der mir von aller Sündenlist 366, 15

Sündenlust.

Der Sündenlust stets widerstreb 704, 18
Steck ich voller Sündenlust 18, 1
Von nun an sagen ab der Sündenlust 393, 8
Wenn mich die Sündenlust[3]) anficht 577, 5
Bei Sündenlust und Weltgetümmel 367, 1

Sündennacht.

Die dunkle Sündennacht mich nicht 764, 4
Wo mich keine Sündennacht mehr 529, 1

Sündennot.

Du hast die Höll und Sündennot 144, 2
Daß du uns hilfst aus Sündennot 747, 1
Und der großen Sündennot kräftiglich 374, 1
Und hilf ihm aus der Sündennot 502, 5
Gieb der Sündennot ein Ende 442, 12

Sündenpein.

Befreiet von m. schweren Sündenpein 349, 5

Sündenschlaf.

Daß sich der Sündenschlaf verlier 302, 6
Aber wache erst recht auf von dem Sündenschlafe 449, 2
Weck uns auf vom Sündenschlafe 318, 5
Wach auf, o Mensch, vom Sündenschlaf 530, 7

Sündenschuld.

Nicht erschrecken vor eurer Sündenschuld 738, 8
Hätt ich nicht auf mir Sündenschuld 753, 17
Meine schwere Sündenschuld 375, 7
Erlaß mir meine Sündenschuld 666, 14
Du trägst mit meiner Sündenschuld 524, 9
Erlassen alle Sündenschuld 555, 9
Abbitten unsre Sündenschuld 137, 5

Sündenstraße.

Denk ich nur der Sündenstraßen 762, 3

Sündenthat.

Daß keine Sündenthat in mir 244, 8

Sündentod.

Von den Ketten d. Sündentodes retten 18, 2

Sündenträger.

Du Sündenträger aller Welt 28, 1

Sündenweg.

Mitten auf dem Sündenwege 336, 4

1) Var. Bernd. G. Wollustbahn. 2) Var. Bettelkind. 3) Var. Bernd. G. der Sünden Lust.

Sündenwelt.

Für und für der Sündenwelt absterbe 286, 5

Sündenwerk.

Bewahre mich vor Sündenwerk 393, 9[1])

Sündenwurm.

Wund vom Sündenwurm gebissen 366, 6[2])

Sündenwust.

Rein von allem Sündenwust 238, 5
Feg aus den alten Sündenwust 180, 2

Sünder.

Nun hört, ihr frechen Sünder 36, 4
Ihr Sünder, merket auf 606, 1
Habt ihr, ihr Sünder, nicht den Heiligen gebunden 606, 3
Dem Sünder mit Barmherzigkeit 631, 4
Doch du sichrer Sünder, denk nicht 53, 6
Nur wenn der Sünder sich bekehret 53, 7
Ist der armen Sünder Heil 584, 4
Ohne Ziel mich armen Sünder drücken 279, 1
Noch auf mich armen Sünder sieht 304, 2
Ich armer Mensch, ich armer Sünder 325, 3
Hör, was der arme Sünder spricht 325, 3
Sprich, daß der arme Sünder hör 325, 6
Ich armer Sünder komm zu dir 326, 1
Ihr armen Sünder kommt zuhauf 393, 1
O ich Sünder, ich Verdammter 413, 6
Und von Sündern Abgestammter 413, 6
Mir, dem Sünder zugehöret 413, 13
Ich armer Sünder zu dir komm 533, 3
Von mir blutarmen Sünder[3]) 666, 1
Große Sünder kannst du heilen 309, 10
Laß mich armen Sünder ziehen 309, 13
Auch ein betrübter Sünder bin 279, 5[4])
Richt auf mich betrübten Sünder 326, 9
Kommet ihr betrübten Sünder 390, 4
Er macht aus Sündern Gottes Kinder 390, 4
Tröste die betrübten Sünder 632, 2
Willst du nun mir armen Sünder 654, 7
Hast die hochbetrübten Sünder 374, 2
Den Sünder, dem sein Sünd ist leid 295, 4
Wo das Gesetz den Sünder findt 212, 5
Der Sünder eitles Dichten 108, 3
Ja, Herr, ich bin ein Sünder 342, 2
Du bist ja nicht ein Sünder 580, 3
Du Evangelist der Sünder 585, 1
Ihn drang der Sünder Not 471, 2
Er nimmt die Sünder an 471, 2
Als ein Opfer für die Sünder 375, 1
Der du der Sünder Heiland bist 303, 3
Für mich, der ich ein Sünder bin 620, 1
Und der Sünder Trost und Rat 238, 1
Er kommt den Sündern zum Trost 738, 8
Du jagst den Sündern nach 36, 10
Den Sünder nicht verschmähet hast 662, 8
Daß sich der Sünder zu dir kehr 753, 16
Willst du keines Sünders Tod 654, 3
Mir ist nicht lieb des Sünders Tod 631, 1
Du willst der Sünder Tod ja nicht 751, 3
Muß ich Sünder von dieser Welt 689, 3
Da du dem Sünder hast versprochen 623, 5
Gott, du willst des Sünders Leben 336, 4
Gott sei mir Sünder gnädig 563, 1—6
Und stärkt den Sünder wieder 183, 9
Des, der sich zu dem Sünder neigt 340, 2
Uns Sünder will begaben 137, 6
Darf dich ein Sünder haben 143, 1
Der Sünder dich erbarmest 143, 5
Jesus nimmt die Sünder an 390, 1—8
Mein Heiland nimmt die Sünder an 471, 1—9
Den Sündern liebreich zugethan 471, 6
So komme denn, wer Sünder heißt 471, 7
Du strafst uns Sünder mit Geduld 355, 9
Sünder, die sich selbst verstocken 255, 4
Gebt, ihr Sünder, ihm die Herzen 384, 10
Und speisest mit den Sündern 619, 4
Du wollst mir Sünder gnädig sein 283, 1

Sünderheer.

Mit einem ganzen Sünderheer 292, 1

Sündflut.

Nach der Sündflut ersten Welt 218, 6

sündhaft.

Ich sündhaft von Gemüte 740, 6

sündig.

Nur ich bin sündig, der Erde noch geneigt 345, 3

sündigen.

Und sehr gesündigt wider dich 533, 1
Ich habe bloß gesündigt dir 333, 6
Wer noch auf Gnade sündgen kann 53, 6
Daß ich hab gesündigt dir 528, 6
Geh hin in Fried, sündge nicht mehr 747, 2
Hinfürder sündige nicht mehr 325, 6
Was du gesündigt ist vergeben 777, 6

Sündigen.

Wirfst du mir mein Sündgen[5]) für 599, 3
Beim Sündgen scheint die Gnad gering[6]) 53, 7

sündlich.

Ich bin zwar sündlich, matt u. krank 143, 2
Säubre doch — mein sündliches Gemüte 13, 8
Zu meiden die sündliche Begier 709, 5
Ich kenn mein sündliches Verderben 53, 9
Daß der Schlaf nicht sündlich sei 268, 4

süß.

O Jesu, süßes Licht 561, 1
Wie freundlich, selig, süß und schön 554, 3
In voller süßer Liebe sich erhübe 554, 8
Nichts Süßres kann also mein Herze erlaben 169, 9
O du süßer Jesu Christ 114, 2
Holdselig, süßer Freund der Sünder 471, 11
Du bist der süßte Menschenfreund 753, 10
Süßes Heil, laß dich umfangen 200, 12
Wenn mich dein süßer Nam 14, 2
O süßes Lamm, was soll ich dir erweisen 165, 4[2])

---

1) Fehlt vielfach. 2) Fehlt Anh. G. 3) Var. Anh. G. armen. 4) Fehlt Bernb. G. 5) Var. Bernb. G. meine Sünde. 6) Var. Bernb. G. Beim Sündethun scheint sie gering.

Du süßer Himmelstau, laß dich 543, 6
Soll sich laben mit dem süßen Lebensquell 220, 6
Auf die süßen Himmelslehren 439, 1
Für deines Trostes süße Lehre 524, 8
Und hier als auf süßer Weide 758, 2
Und sehnet sich in seinen süßen Flammen 107, 4
Meinem Geiste manch süßes Trostwort zu 405, 8(9)
Hast du mit süßen Worten 769, 6
Bezeugt mit Worten süße 426, 2
Er macht das bittre Kreuze süß 243, 8
Fürwahr ein' süßen Ton 199, 1
Mit Herzenslust den süßen Ton 662, 14
Die süße Lust in meiner Brust 153, 3

Süße.

Gott ist das Süßte und Allergewißte 125, 10
Nichts Süßers meinem Herzen ist 512, 5
Deine Süße, die ich noch allhier genieße 476, 8

süßiglich.

Der tröstet mich gar süßiglich 153, 5

Süßigkeit.

Brunnquell aller Süßigkeit 434, 2
Deines Trostes Süßigkeit wendt in mir 372, 4
O wunderbare Süßigkeit, die dieser 51, 10
Was für Lust und Süßigkeit 461, 14[1])
Wir können nicht anders als Süßigkeit 397, 2
Ach laß doch deine Süßigkeit 143, 7
Auf daß ich deine Süßigkeit möcht 30, 3
Da werd ich deine Süßigkeit 558, 7
Meine Süßigkeit im Leide 382, 8

T.

Tafel.

Würdiglich an deiner Tafel sitzen 143, 3
Wenn er mir die Tafel decket 312, 6
Ewiglich an deiner Tafel freue mich 555, 12

Tag.

Er ordnet Jahre, Tag und Nacht 237, 1
Der es Tag und Nacht läßt werden 219, 1
Du schützest mich Tag und Nacht 17, 4
Also schützt Gott wohl Nacht u. Tag 270, 10
Beschirmt u. schützet Tag u. Nacht den 681, 5
Mich leiten und schützen Tag u. Nacht 294, 7
Er leitet mich bei Tag und Nacht 109b, 4
Sowohl bei Tag als auch bei Nacht 720, 5
Bis hieher hat er Tag u. Nacht bewahrt 63, 1
Dein Augen Tag u. Nacht — offen 706, 4
Getrost und froh bei Tag u. Nacht 772, 1
Tag und Nacht mit Ehrfurcht dienen 248, 2
Ihm zu dienen Tag und Nacht 520, 2
Dich anbeten Tag und Nacht 717, 8
Tag und Nacht hab ich gerufen 196, 2
Den sie suchet Tag und Nacht 760, 1
Es hat der Tag sich sehr geneigt 764, 3
Die Sonn mit dem Tag von uns weicht 100, 1
Die Nacht des Tages Feind 515, 2
Der Tag ist nun vergangen 515, 3
Der Tag ist hin, mein Geist und Sinn 115, 1
Der Tag ist hin, mein Jesu bei mir 116, 1
Mein Fels, der Tag ist hin 116, 6
Nun sich der Tag geendet hat 517, 1
Nun sich der Tag geendet, mein Herz 518, 1
Was sie soll, auf diesen Tag vollendet 131, 1
Vollendet hat der Tag die Bahn 660, 1
Hat diesen Tag vollführet 111, 1
Hat des hellen Tages Pracht — verdecket 648, 1
Daß ich diesen Tag vollbracht anders 648, 3
Der Tag nimmt ab, o schönste Zier 481, 4
Da er mich den ganzen Tag — erhalten 714, 1
Daß du uns den Tag vor Schad 314, 2
Den Tag uns auch behüt vor Sünd 126, 2
Heut diesen Tag mir Beistand leist 546, 1
War mein Schild und Hütte den vergangnen Tag 315, 1
Bleib du mir diesen Tag stets 561, 7
Und aus Nächten Tage machest 253, 3
Wer ruft dem Tag und seinem Licht 459, 3
Wenn am Tage man das Licht nicht 322, 8
Den Tag nach rechter Christenweis 302, 7[2])
Dieser Tag sei dir geweiht 434, 6
Denn das ist ein lieber Tag 252, 1
Heller Tag der dunkeln Höhlen 252, 2
Gieb, daß ich den Tag beschließe 252, 9
Der Tag, den ich nunmehr vollbracht 498, 3
Du sollst heilgen den siebnten Tag[3]) 134, 4
Am Tage deiner heilgen Ruh 260, 4
Der Tag der ist so freudenreich 114, 1
Dies ist der Tag, den Gott gemacht 132, 1. 11
Erschienen ist der herrlich Tag 181, 1
Das freut sich heut an diesem Tag 181, 4
Sag, wie feierst du den Tag 673, 3
Nicht mehr als nur drei Tage lang 202, 3
Brich hervor in vollem Tag 587, 1
Dir Gutes sei gethan am Tage deiner 149, 1
Dein ganzes Herz sei von dem Tage an 483, 5
Wollest du mich diesen Tag, Herr, leiten 143, 2

---

1) Fehlt vielfach. 2) Fehlt Bernb. G. 3) Vor. Bernb. G. Feiertag.

Gott sei Lob, der Tag ist kommen 240, 1
Daß am Tage deines Mahls ich froh 768, 4
Am ersten Tag, da ich geboren 667, 2
Auf daß ich Tag für Tag in dir mich 667, 3
Wer leben will und gute Tage sehen 727, 5
Gott hat mich bei guten Tagen oft 676, 5
Ich hab hier wenig guter Tag 343, 10
Es sind die Zeit und Tage bös 655, 8
Ach laß mich meine Tag in Ruh 555, 11
Unsrer Tage Nacht erhellt 159, 3
Was ich mein Tag begangen 279, 3
Ich will alle meine Tage rühmen 641, 10
Daß ich bedenke jeden Tag 260, 3
Erschien mir nächtlich jeder Tag 691, 2
Er zählte meine Tage, mein Glück 686, 2
Wie wenig Tage sind zu zählen 703, 8
Lehre mich gewissenhaft meine Tage 275, 5
Laß mich meine Tage zählen 17, 6
Eile, zähle Tag und Stunden 589, 22
Meine Tage gehn geschwinde 17, 2
Wiederum ein Tag dahin 268, 1
Dann eilen meine Tage 44, 7
Vielleicht sind meiner Tage viel 739, 5
Du, Herr, von meinen Tagen 622, 4
Ein Tag der sagt dem andern 518, 4
Ein Tag der folgt dem andern 418, 11(9)
Der Wechsel wohl der Tag u. Nächte 115, 10
Ach wie flüchtig sind der Menschen Tage 24, 2
Der Tag des Todes sei noch fern 737, 1
Auf meinen letzten Tag mit Buße 56, 6
Vielleicht ist heut der letzte Tag 530, 7
O schöner Tag und noch viel schönre 369, 2
Bis ich einst auf jenen Tag ewig 252, 9
Du Tag, wann wirst du sein 224, 7
Bringts ein Tag doch wieder ein 583, 7
Die Toten wirst an jenem Tag erwecken 536, 8
An jenem Tag wir werden gehn 512, 12
Angelangen desselben Tages Schein 621, 10
Tag des Lebens, Tag der Wonne 250, 4
Wenn sein Tag erscheinen wird 155, 1
Hüter, ist der Tag noch fern 155, 2
Daß die Nacht zum Tage werde 155, 3
Großer Tag des Herrn erscheine! 155, 5
O des Tags der Herrlichkeit 155, 6
Ist dein Tag der Herrlichkeit 646, 2
Mein Geist und Sinn sehnt sich nach jenem Tage 115, 1
Wann der Tag anbrechen wird, dem kein Tag zu gleichen 115, 10
Jetzund gehet an der Tag 31, 6
Die Abendröte zeigt den schönen Tag 178, 4
Tag des Danks, der Freudenthränen Tag 43, 3
Du meines Gottes Tag 43, 3
Dort ist Tag und keine Nacht 581, 1
Wenn der Tag nun bricht herfür 643, 5
Da du uns hast den großen Tag 131, 7
Daß, wenn nun dein großer Tag uns 219, 4
Daß mich dein Tag nicht schrecke 135, 18
Tag des Zorns, o Tag voll Grauen 637, 1
Tag voll Thränen, wo mit Grauen 637, 18
Kein Höll, kein Plag, noch jüngster Tag 295, 2
Bis sich der jüngst Tag naht herzu 283, 4
Lang mit deinem jüngsten Tage 185, 7
Denn wo du bist Tag und Licht 17, 6
Christ, der du bist der helle Tag 66, 1
Christ, der du bist Tag und Licht 67, 1
Der Herr von ewgen Tagen 139, 1
Dann wird der Tag erst freudenreich 41, 5
Setzt Gott kein gwisse Tage 183, 11
Vergönnst noch heut zu Tage 287, 2

tagen.

An allen Orten tagt d. neue Himmelreich 354, 2

Tageslicht.

Laß d. letzte Tageslicht mich — erreichen 458, 3

Tagewerk.

Da nun der Leib sein Tagwerk hat 96, 6
Bis jeder einst sein Tagewerk vollendet 569, 5

täglich.

Für deine Treu, die täglich neu 326, 3
Gott, der dir täglich alles giebt 680, 1
Deine milde Hand täglich aller Welt 316, 2
Dich und deine Gaben täglich möge 259, 1
Mir lebenslang bewiesen täglich neue 63, 2
Der mit Kleid und Essen täglich mich 217, 2
Durch seine Güt uns täglich schützet 302, 5[1]
Und mach mich täglich neu 286, 8
Du schenkst mir täglich so viel Schuld 622, 4
Uns täglich reichlich die Schuld verzeihn 16, 4
Wer täglich hier durch wahre Reu 572, 7
Und wir habens täglich not 301, 2
Stadt u. Land dir täglich anempfehlen 137, 7
Täglich, Herr Gott, wir loben dich 271, 5
Drum bilde dir — ein täglich Sterben 56, 1
Und täglich sterben mag 56, 6
Ich sterbe täglich und mein Leben 358, 1
Der täglich klagt und nächtlich thränet 184, 1
Und von innen täglich meine Seele 690, 1
Segne unser täglich Brot 503, 3
Gieb uns heut unser täglich Brot 655, 5
Das täglich Brot ja heut uns werd 183, 14
Plagen, die sind sein täglich Brot 405, 10(11)

Tand.

Der ist um andern Tand nicht mehr 733, 3
Sorg — nicht zuviel um den Tand der 313, 4
Der Welt ihr Wesen, Tand u. Schein 570, 7

Tanzen.

Tanzen, Springen labet meine Seele 463, 8

tapfer.

Ein Christ, ein tapfrer Kriegesheld 153, 1
Und recht tapfre Kriegesleut 47, 3
Streitst du nicht wie ein tapfrer Held 38, 2
Mit tapferm Mut bezwingen 362, 15
Und ich tapfer ringen 448, 5
O ihr Brüder, tapfer drauf 448, 7

tappen.

Laß uns im Finstern tappen nicht 314, 1

1) Fehlt Bernb. G.

Tau (der).

Ausgegossen milder Regen oder Tau 218, 4
Des Himmels Tau, der SonnenStrahl 540, 3
Dein Wort, o Herr, ist milder Tau 94, 1
Vom Tau sich thut erquicken 566, 3

taub.

Lahm und krumm, stumm, taub und 220, 3
Blind, taub und tot in Sünden 366, 2

Taube (der).

Den Tauben öffne das Gehör 552, 4

Taube (die).

Diese Demut, gleich den Tauben 255, 7
Alle unbefleckten Tauben 424, 8

Taubenbild.

Herniederfährt in Taubenbild verkleidet 77, 4

Taubeneinfalt.

Und in Taubeneinfalt dir ganz gelassen 642, 6

Taubenflügel.

Ach wer giebt mir Taubenflügel 760, 2

Täublein.

Das Täublein fleucht aus seiner Kluft 204, 3

Taufe.

Von Sankt Johann die Taufe nahm 77, 1
Was Gott selbst heißt die Taufe 77, 1
Ein Vater, e. Glaube, e. Geist, e. Tauf 397, 2
Im Nachtmahl, Tauf und Wort 36, 2
Sein Wort, sein Tauf, sein Nachtmahl 511, 5
Weil in der Tauf auch Jesus Christ 244, 6
Schon längst in meiner heilgen Tauf 722, 9
In der Tauf väterlich genommen auf 628, 1
Sie sind ja in der Taufe — eingeweiht 708, 2
Und in der Tauf erstickt 769, 3
In dem es durch die Taufe stund 167, 1
Auf deine Taufe sicher sein 167, 8
Ach, hast du deiner Taufe Kraft 167, 9
Das wird hier in der Tauf erneut 149, 3
Da ich bin zur Taufe kommen 427, 3
Daß mir auch der Taufe Kraft 427, 4
Laß in seiner Taufe Flut 241, 2
Der geschlossen in der Tauf 608, 2
Denk an den Kauf in deiner Tauf 609, 1

taufen.

Wenn wir getaufet werden, all drei Person getaufet han 77, 4
Wer gläubet und sich taufen läßt 77, 5
Wer glaubt an dich und wird getauft 183, 7
Und auf dich selbst hast getauft 220, 9
Damit besprenget und getauft 251, 2
Ich bin getauft auf deinen Namen 330, 1
Ich bin getauft, ich steh im Bunde 331, 1
Ich bin getauft, ich hab empfangen 331, 2
Ich bin getauft, mir ist gegeben 331, 3
Ich bin getauft, ich bin geschrieben 331, 4
Ich bin getauft, was kann mir schaden? 331, 5
Ich bin getauft, was kann mir fehlen? 331, 6
Ich bin getauft, ihr Feinde weichet 331, 7
Ich bin getauft und bin zufrieden 331, 8
Ich bin getauft, ob ich gleich sterbe 331, 9
Ich bin ein getaufter Christ 427, 1—5
Du bist in meinen Tod getauft 347, 3

Täufer.

Der ist allhier der Täufer 77, 2

Taufzusage.

Wie stark mich meine Taufzusag 260, 3

taugen.

Nur die Decke vor den Augen kann nicht taugen 322, 7
Gieb gesunde Augen, die was taugen 322, 8
Daß sie nicht viel mehr taugen 658, 4
Und meine Werke taugen 13, 2
Wenn Luft u. Wetter nicht mehr taugen 720, 3

Tausch.

Ja schöner Tausch! ja wohl gewagt 530, 7[1]

Täuscherei.

Es sei lauter Täuscherei und im Grund 599, 7

tausend.

Viel tausend hohe Seraphim 28, 2
Auch mehr denn tausend Wagen 144, 4
Da viel tausend Seelen schon 31, 4
Und die viel tausend Thränen 580, 16
Du wirst mit tausend Blicken mich 135, 3
Alle Welt in ihren tausend Plagen 738, 5
Wenn viel tausend Sünden schreien 375, 9
Der aber hat in tausend Glied 704, 12
Man mag durch tausend Pein mich 328, 2
O daß ich tausend Zungen hätte 524, 1
Im höhern Chor v. tausend Halleluja 524 15
Wären tausend Welt' zu finden 693, 7
Sollte gleich die Welt in tausend Stücke 337, 3
Wo in so viel tausend Jahren 31, 5
Viel hundert tausend tausend Jahr 530, 5[1]
Bei Gott viel tausend tausend Jahr 531, 5
Ich leb in tausend Freuden 621, 5

Tausend.

Ob es gleich viel Tausend nähret 596, 6
Fielen Tausend mir zur Seiten 762, 10

tausendfach.

Für dein tausendfaches Plagen 383, 8
Was ist ihr tausendfacher Strahl 253, 2
Und einen tausendfachen Mund 524, 1

tausendmal.

Tausend und viel tausendmal sei du 442, 2
Tausend, tausendmal sei dir, großer 762, 10
Tausendmal sei dir gesungen 762, 12
Tausend, tausendmal sei dir, liebster 383, 1-7
Sei mir tausendmal gegrüßet 611, 1
Und sei tausendmal willkommen 225, 4

Teil.

Und thun an seinem Teil 58, 9
Daß wir dein Teil in Christo werden 243, 3
Er ist dein Schatz, dein Erb u. Teil 355, 14
Er ist mein Heil, mein Teil, mein 332, 4
Daß ich dir, als meinem Teil ewig 461, 6
Wann wir von der Erd abscheiden, unser Teil 500, 8
So bleibe du mein Teil 658, 6

---

1) Fehlt vielfach.

Und wähl in Gott das beste Teil 756, 7
Hosianna, o mein Teil 238, 4
Verbleib ihr Erb und Teil 738, 8
O mein Reichtum, Glück und Teil 584, 4
Das beste Teil sei deine Lieb u. Ehre 362, 9
Es sei mein Teil, es sei mir Heil 227, 8
Euer Heil, euer allerbestes Teil 429, 4
Du giebst dich selbst uns zu Teil 3, 4
Da, da ist das beste notwendigste Teil 169, 2
So bist du mein einzig Teil 628, 4
Kein andres Teil sei mir bewußt 559, 7
Laß sie am Himmel haben teil 552, 3
Endlich wird dir Gott dein Teil auch 195, 4
Ach nimm mich auf zu deinem Teil 554, 10
Du lässest mich, dein wahres Teil 333, 8
Da ist mein Teil und Erbe mir 405, 9(10)
Daß mein Teil sei bei den Frommen 721, 13
Hätt ich kein Teil an deiner Huld 753, 17
Wie der nur an dir habe teil 537, 3
Daß ich an dir habe teil 372, 5
Uns wird das Heil durch ihn zu teil 636, 2
Was die Freiheit für ein Teil 47, 7
Und unsers Lebens kleinster Teil 737, 4

teilen.

Dort teil deine Freud mit mir 430, 2
Wo du die Freude teilest 569, 5
Nun länger nicht geteilet 236, 6

teilhaftig.

Der wir teilhaftig werden 572, 8

Tempel.

Wir kommen — in diesen deinen Tempel 287, 1
Ein willig Volk versöhnet zu deinem Tempel zieht 103, 6
Soll ewig nicht aus Gottes Tempel 38, 8
Heiligt und erbaut seinen Tempel, seine 159, 5
Und dir zum Tempel sich erbaut 163, 4
Weil ich dein Tempel bin 113, 3
Laß mich deinen Tempel sein 225, 4
Ich baue jetzt — Gott einen Tempel auf 517, 8
Eur Herz zum Tempel zubereit' 451, 4
Laß es deinen Tempel sein 640, 2
Daß sie seine Tempel sein 25, 2
Einen Tempel zubereiten 434, 6
Schon ein Tempel Gottes werden 207, 1
Erwähle mein Gemüte zum Tempel 482, 4
Auch mein Leib zum Tempel dir ergeben 561, 4

Testament.

In einem Testament vermacht 475, 1
Was ihm muß werden nach Christi Testament 171, 4
Deine beiden Testamente mache mir 585, 2
Aus meinem Munde mein letztes Testament 339, 1

teuer.

Du hast mich teur erlöst 431, 1
Gar teur hat ers erworben 502, 1
Zur teuren Zahlung hingegeben 471, 2
Nicht sei umsonst dein teuer wertes 335, 3
Vor Seuchen und vor teurer Zeit 655, 5
Behüt vor Krieg und teurer Zeit 496, 1
Vor Pestilenz und teurer Zeit 443
Zwar in Kaufung teurer Waren 596, 3
Laß Not und teure Zeiten sich nie bei 274, 7
Da wird das Lachen werden teur 185, 1
Sein Sohn ist ihm nicht zu teuer 625, 3
O wie teuer ist sie mir 336, 1
O laß mirs ewig teuer bleiben 647, 2
Durch dein teures Blutvergießen 375, 1
Dies himmelsüß Ergötzen u. diese teuren 560, 2
Des Allerhöchsten Gabe teur 409, 2
Mein Licht und teures Pfand 431, 3
Herr Jesu, ich dein teures Gut 333, 7
Sein teures Wort bekräftigt dies 332, 1
Durch dein teuer heilsam Wort 487, 3
Und zwar mit einem teuren Eid 631, 2

Teurung.

Vor Teurung und vor Hungersnot 60, 1
Vor Teurung, Hunger, Seuch u. Streit 60, 5
Nichts als Teurung, Angst u. Streit 425, 6[1]

Teufel.

Den mag gar bald des Teufels Gwalt 146, 6
Schreckt der Teufel und die Höll 21, 3
Der Teufel kommt mit seiner List 38, 2
Dem Teufel nicht, er haßt das Leben 680, 2
Dazu kommt des Teufels Lügen 678, 3
Wo man Teufeln frönet 103, 6
Wird sofort vom Teufel hingenommen 752, 6
Der Teufel plagt uns noch viel mehr 496, 4
Welt und Teufel, Sünd und Hölle 196, 4
Dem Teufel ich gefangen lag 502, 2
Mach zunicht des Teufels[2] Werk 641, 3
Zuletzt muß er des Teufels Ziel 417, 5
Ach fliehe doch des Teufels Strick 530, 7[3]
Zusamt des Teufels Wüten 530, 9[3]
Vom Teufel, allem Bösen, von Trübsal 99, 7
Errett von Sünd, Teufel und Tod 269, 3
Hat erlöst vons Teufels Gwalt 509, 8
Behütet vor des Teufels Macht 126, 1
Und gänzlich zu zerstören des Teufels 505, 1
Dem Teufel hat er seine Macht zerstört 303, 2
Den Teufel wollt er fangen 502, 6
Behüt uns vor des Teufels List 66, 4
Behüt vors Teufels List und Mord 496, 6
Vor dem Teufel uns bewahr 216, 1—3
Daß kein Teufel, Tod noch Spott 414, 7(8)
Vors Teufels List und Schläge bewahr 6, 9
Vor des Teufels Trug und List 443
Und wehr des Teufels Trug und Mord 1, 4
Wehre d. Teufel, seine Macht verhinder 68, 2
Damit behend des Teufels List sich von 30, 3
Vors Teufels List und Wüten 54, 3
Und ob gleich alle Teufel hier wollten 58, 5
Und wenn die Welt voll Teufel wär 161, 3
Behütet vor des Teufels Macht 126, 1
Tod, Teufel und die Höllen 199, 4
Trotz Teufel, Welt und aller Sünd 307, 1

1) Fehlt Bernh. G. 2) Var. Bernh. G. Satans. 3) Fehlt vielfach.

Der Teufel hat nicht Macht an mir 333, 6
Daß kein Teufel, Tod noch Spott 414, 7(8)
Dem Teufel, Sünd und Tod 562, 5
Treib vorbei des Teufels List u. Ketzerei 83, 6
Des Teufels Trug und Listen wehr 745, 11
Wehren des Teufels Listigkeit 270, 7
Zu erretten v. d. Teufels Sündenketten 383, 2
Sünde, Teufel, Tod bezwungen 461, 4
Dem Teufel sein Gewalt er legt 181, 7[1])
Tod, Teufel, Höll und alle Feind 572, 5
Und weil des Teufels Macht und List 607, 6
Welt, Teufel, Höll und was in Not 607, 7
All Teufel, Welt, Sünd, Höll u. Tod 745, 6
Du hast den Teufel, Welt und Tod 144, 2
Aus des Teufels finstrer Höhle 382, 1
Ja gar aus Teufels Rachen frei 763, 9
Kein Teufel kann ihm schaden 609, 4
Kann uns nicht schaden Teufel, Welt 402, 2
Laßt zürnen Teufel und die Höll 663, 4
Was kann uns jetzt der Teufel thun? 572, 1. 10
Und wenns gleich wär dem Teufel sehr 716, 2
Soll mir kein Teufel rauben 700, 4
Scheu weder Teufel, Welt noch Tod 670, 8
Daß ich nicht fürchten darf den Teufel 14, 4
Mit Teufel, Welt und Sünden 153, 1
Der Teufel mit dem Heer der Höll 153, 7
Teufel weich, Hölle fleuch 635, 6
Nicht irren des Teufels listig Art 665, 7
Stürme Teufel und du Tod 599, 6
Tod und Teufel mag sich schämen 421, 2
Entfliehn des Teufels Listen 216, 1—3
Teufel, Welt und Fleisch zu dämpfen 18, 7
Trotz dem Teufel, trotz dem Drachen 624, 5
Laß sie des Teufels Mord und List 534, 9
Aus Gnaden, dies hör Sünd u. Teufel! 53, 10

Teufelsbrut.

Mut wider alle Teufelsbrut 47, 3

teuflisch.

Ists nicht ein teuflisch Wesen 548, 3

Thal.

Weit über Berg und Thale 369, 1
Hügel, Gründe, Berg und Thal 220, 5
Geht David in das Thal hinab 720, 2
Alle Thäler zu erhöhen 645, 3
Die Thal laßt sein erhöhet 486, 2
Und ob ich wall im finstern Thal 109a, 3
Ich fürchte nichts im finstern Thal 109b, 4
Der Weg im finstern Thale 739, 3
Im finstern Thal muß wandern 106, 6
Noch in dem dunkeln Thale machen 206, 3
Mich hin durch des Todes Thal 586, 3
Und aus diesem Thal der Thränen 581, 3

That.

Die Gottes Rat und That mit süßem 365, 1
Giebt denen — all seine Thaten kund 365, 4
Mein Heiland groß von That 451, 2
Gelobet sei m. Gott voll Rat, voll That 451, 4
Groß von Rat, stark von That 455, 5
So sei Gott Rat und That 305, 5
Die größten Thaten thut 124, 7
Und beweisets mit der That 690, 6
Aber endlich in der That 95, 2
Beweis den Feinden in der That 588, 3
Da erscheint im Werk und That 661, 9
Gieb Rat und That 735, 5
Findet am besten Rat und That 446, 3
In allen meinen Thaten laß ich den 399, 1
Selbst geben Segen, Rat und That 399, 1
Für jede That, die uns durch dich 237, 2
Gieb Glück zu jeder guten That 237, 5
Mich in Wort und Thaten sein 316, 6
Und lobe dich das Volk in guten Thaten 192, 3
Gott giebt Glück zu seinen Thaten 758, 3
Er segne meine Thaten 54, 6
Sprich ja zu meinen Thaten 671, 9
Mit dir wir wollen Thaten thun und 291, 4
Wort und Werke, Rat und That 626, 4
Wie oft verschwindet Rat und That 152, 5
Gute Thaten, gute Thaten mich 739, 5
Und nach der That bald wieder mich 554, 15
Du kennest auch die böse That 495, 3
Voller Sünden in Gedanken, Wort und That 268, 2
Und straf uns nicht auf frischer That 496, 3
Den Armen helfe mit der That 310, 7
Auch womöglich mit der That 419, 6
Laß mich nicht in Werk u. That verüben 362, 10
Und verhindere die That 268, 5
Bis die Seele in der That diesen Schatz 717, 4
Denn es kommet in der That 49, 2
Wer in der That so Hunger hat 424, 6

Thäter.

Sondern Thäter sein, Frucht — bringen 752, 5

thätig.

Daß er sei thätig durch die Lieb 537, 8
Ob er durch Liebe thätig ist 737, 6

Thon.

Von mir, der ich Asch und Thon 617, 1
Hat gemacht aus Erd und Thon 455, 5

Thor (das).

Vielmehr ganz laut am freien Thor 571, 2
Der Thor und Riegel Festigkeit 660, 4
Durch deine Bande, durch dein Thor 607, 3
Schleußt das Thor der bittern Leiden 676, 8
Nun Thor des Friedens öffne dich 756, 15
Geht zu seinen Thoren ein 506, 4
Macht hoch die Thür, die Thor macht 451, 1. 4
Er öffnet unsres Herzens Thor 243, 7[2])
Zeuch zu unsern Thoren ein 321, 2
Zeuch ein zu meinen Thoren 769, 1
Von zwölf Perlen sind die Thore[3]) 672, 3
Die lauter Thor von Perlen hat 733, 2

Thor (der).

Die die Welt für Thoren acht 717, 8
Weg, Eitelkeit, der Thoren Lust 723, 6
Es führt auch Thoren hin zum Herrn 94, 3

1) Fehlt vielfach. 2) Fehlt Bernd. G. 3) Var. Pforten.

Thorheit.

Und nach solcher Thorheit mehr 717, 5
Hat solche Thorheit schon besiegt 570, 4
Von Irrtum und Thorheit treten zur 222, 2
Die Thorheit meiner jungen Jahr 366, 7
Das ich vor dich in Thorheit bringen 619, 11
Denen Kreuz nur Thorheit ist 448, 8

Thränen.

O Blicke voller Thränen 606, 2
Und heiß vergossne Thränen 560, 5
Zu deinen Thränen ich mich wend 150, 2
Für diese Thränen dank ich dir 150, 6
Und die viel tausend Thränen 580, 16
Welch uns mit Thränen, Ach u. Weh 144, 5
Wahre Reu u. Thränen meinen Augen 13, 2
Daß ich in Thränen ganz zerrinn 470, 3
Laß über meine Wangen her viel heiße Thränen 366, 3
Mit viel Stöhnen heiße Thränen 554, 7
Ich bitte dich mit Thränen 573, 8
Ich folgte nur mit heißen Thränen 691, 2
Ach wie pfleg ich oft mit Thränen 596, 4
Die Thränen, die geflossen 86, 1
Ihre Augen sind voll Thränen 778, 1
Schwache Thränen, kindlich Sehnen 617, 1
Ihr Engel, nehmt die Thränen 339, 5
Und aller Thränen los 339, 5
Da man leidensvoll die Thränen lässet 732, 5
Unsre Thränen sind das Brot 196, 5
Mit Vaterliebe zählest du die Thränen 495, 5
Der die Thränen pflegt zu zählen 425, 8
Du zählest alle Thränen mein 150, 4
Thränen muß ich lassen 288, 4
Den milden Fluß erpreßter Thränen 471, 5
Oft vor Gott mit Thränen stehn 419, 3
Hier feuchten mit Thränen meine 405, 9(10)
Säen zwar traurig und mit Thränen 599, 16
Da viele Thränen uns begleiten 703, 7
Mein hartes Lager ganz mit Thränen 184, 2
Müssen schon allhier die Thränen 773, 4
Wischt unsre Thränen ab, alle Thränen 613, 2
Christus wischet ab euch alle Thränen 582, 4
Die Thränen von den Augen wischen 187, 5
Stillt der Betrübten Thränen 203, 12
Wer zu deinen Füßen sich mit Thränen 650, 5
Der Thränen Zahl zählt er 108, 6
Er zählt den Lauf der heißen Thränen 213, 3
Und sende meine Thränen vor Gottes 730, 3
Tag voll Thränen, wo mit Grauen 637, 18
Ich würde müssen v. Freude Thränen 139, 10
Gieb meinen Augen süße Thränen 364, 7
Ihre Zähren und Thränen können 135, 5

thränen.

Als wenn ihr Auge vor ihm thränet 471, 5
Der täglich klagt und nächtlich thränet 184, 1
Vollkümmernis das Auge zu dir thränt 777, 2

Thränenbach.

Und laß den Thränenbach aus beiden 235, 5

Thränenblick.

Enthaltet euch der Thränenblicke 728, 6

Thränenbronnen.

O daß aus dem Thränenbronnen 276, 5

Thränenfeld.

Führ uns durch das Thränenfeld 490, 5

Thränenfluß.

Wird dein Thränenfluß nun denn 602, 11
Daß mein Thränenfluß sich bald stillen 602, 11
Und für den heißen Thränenfluß 472, 9

Thränenflut.

Ach opfert Thränenfluten 606, 4

Thränenguß.

Muß mein Lager fließen von den Thränengüssen 635, 4

Thränenhaus.

Hier muß ich auch im Thränenhaus 150, 3

Thränenland.

War von ferne in meinem Thränenland 369, 5

Thränenmaß.

Gott sieht! Er hat ein Thränenmaß 230, 7

Thränensaat.

Daß erst gescheh die Thränensaat 703, 7
Thränensaat die erntet Lachen 430, 2
Und streuen die Thränensaat ins Feld 86, 4
Endlich bringt die Thränensaat 175, 2
Denn unsre Thränensaat ist aus 187, 5

Thränenthal.

Nicht — weinen in diesem Thränenthal 232, 3
O banges Herz im Thränenthal 756, 12
Selig läßt im Thränenthal sich 160, 1
Will frisch eingehn vom Thränenthal 273, 2
Hier ist doch nur ein Thränenthal 450, 3

Thränlein.

Kein Zähr- und Thränlein ist so klein 355, 11
Kein Thränlein fehlt, so er nicht zählt 230, 3

Thron.

Da sandte Gott von seinem Thron 132, 2
Von des Himmels Thron selbst kommen 752, 2
Du hast verlassen deinen Thron 284, 3
Dem heilgen Geist in einem Thron 278, 4
Gott Vater in dem höchsten Thron 506, 7
Du bist gesandt vons Himmels Thron 544, 1
Seinen Sohn aus dem Thron seiner 200, 3
O Herrscher aller Thronen 610, 2
Den Herrn sitzen sah auf e. hohen Thron 370, 1
Alle gleich in seinem höchsten Thron 447, 1
Im Himmel ist dein Thron 562, 1
Sein Thron bleibt stets in gleichen 19, 6
Den auf dem erhabnen Throne 249, 1
Soll auf dem Thron mit Christo Jesu 38, 9
Bis zum Thron, wo man ihn ehret 413, 13
Dem das Recht gehört zum Throne 422, 1
Gott Lob und Dank im höchsten Thron 745, 2
Der vom Kreuz zum Throne stieg 313, 10
Den Weg zu deinem Throne sperren 91, 2
O Gott, in deinem Thron 54, 1
Wollen stürzen von deinem Thron 177, 1
Das gieb du uns von deinem Thron 285, 5
Schau vor deines Thrones Stufen 424, 1
Mit beiden gleichen Thrones 769, 1
Gott dem Vater im höchsten Thron 303, 6

Es singen uns die Engel aus Gottes hohem Thron 199, 1
Die stets vor deinem Throne stehn 270, 1
Noch in den Chor himmlischer Thronen 397, 3
Ihr Fürstentum und Thronen 64, 7
Kein Engel, k. Freuden, k. Thron 405, 13(14)
In welcher ich will vor den Thron 165, 10
Und geschmücket vor deim Throne 558, 7
Freud erregt in des Himmels Throne 156 2,
Erhöhest zu Gottes Stuhl u. Thron 420, 5
O Geist von Gottes Thron 420, 8
Was ich strahlen seh am Throne 768, 3
Vor deinem Thron und trüge meine 204, 11
Tretet nur getrost zum Throne 429, 5
Droben knien vor deinem Throne 248, 3
Meine Heimat ist am Throne 253, 1
Stehe da vor Gottes Throne 31, 7
Und vor seinem Thron zu stehn 432, 1
Und bald vor deinem Throne stehn 723, 7
Bring ich hier vor deinen Thron 654, 4
Vor deinen Thron tret ich hiermit 666, 1
Daß er noch an seinem Thron 139, 4
Auf, zum Throne! rufend allen 637, 3
Wenn er nun sitzt auf dem Throne 637, 6
Dann genahet zu dem Thron 721, 13
Ich hab von ferne, Herr, deinen Thron 345, 1
Könnt ich an diesen hellen Thronen 345, 2
Nicht unerhört von deinem Throne 243, 1
Hin zu deinem Thron und bete 17, 1
Vor Gottes Thron gerecht zu sein 737, 7
Mein Kleid vor Gottes Throne 554, 12
Bring ich dies vor Gottes Thron 599, 4
Wann, o Herr Jesu, dort vor deinem Throne 298, 15
Damit vor Gottes Throne die Seele 56, 4
So ist er auf dem Thron der Freuden 471, 6
Prang ich vor Gottes Thron allhier 512, 3
Wir stehn — hoch um deinen Thron 672, 3
Vor deinen Thron dir bringen 137, 1
Und mehr als güldne Thronen 135, 12
Schütz ihn auf seinem Throne 274, 4
Sei mit unsers Fürsten Throne 305, 2
Was pocht man auf die Throne 127, 6
Erwähl es, Herr, zu deinem Thron 474, 7
Als ein reiner Thron der Gottheit 567, 4
Der den Thron des Himmels 341, 1

Thronwacht.

Die die Thronwacht halten 384, 2

thun.

Ohn was Gott selbst redt und thut 134, 3
Alles wirket, thut und schafft 750, 1
Und du mußt alles thun 355, 7
Nein, was er thut und läßt geschehn 355, 17
Ei nun, so laß ihn ferner thun 355, 18
Wenns heißt: das hat Gott gethan 715, 3
So thu dasselbe auch hinfort 534, 8
So thut auch Gott uns Armen 15, 5
So thut der Herr uns Armen 513, 3
Der alle Augenblick viel Guts an mir gethan 208, 1
So thust du doch über der Bitten ihr 299, 8
Wie viel dir Gutes sei gethan 149, 1
Von dem, was Gott an mir gethan 524, 1
Wie viel thut sie mir doch zu gute 524, 10
Ihn, ihn laß thun und walten 58, 8
Was Gott thut, das ist wohlgethan 682, 1—6, 683, 1—6
Was Gott thut, hoch achtet 232, 6
Und was er thut, ist wohlgethan 232, 7
Wie dein Gott an dir hat gethan 386, 10
Das hat er alles uns gethan 209, 7
Das gnug für die Sünde thut 489, 3
Wie uns nun Gott gethan 657, 7
Was ich gethan hab und gelehrt, das sollst du thun 502, 10
Was ich gethan und g'litten hie 417, 3
Denke, wie dein Heiland that 608, 3
Was du an mir gethan 709, 7
Mit dem, was er für uns gethan 149, 4
Was auf Erden wir gethan 200, 5(6)
Was Böses ich vor dir gethan 366, 3
Was ich nicht will, thu ich wohl 374, 4
Verzeihe mir, was ich gethan 704, 15
So ich was nicht recht gethan 268, 1
Und denkt nicht, was sie sonst gethan 471, 5
Wer nicht folgt und sein' Willen thut 41, 3
Thun uns zu Gottes Kindern 41, 4
Eins aber will ich thun 580, 10
Hilf, daß wir thun, was du uns heißt 269, 2
Zu thun, was dir gefällt 9, 4
So leb und thu auch als ein Christ 149, 8
Das will ich denken, thun u. treiben 340, 10
Mit unsrer Macht ist nichts gethan 161, 3
Das thun wir auch auf Erden 547, 12
Gieb, daß ich thu mit Fleiß, was mir zu thun 536, 2
Und wenn ichs thu, so gieb 536, 2
Nachdem er hat gethan 56, 2
Jen's zeigt dir, was du thun sollst, an 212, 3
Thu ich denn was mit Gottes Rat 88, 12[1])
Nicht thu, was ihn erreget 532, 3
Und auch dem Feind thun das Gut 134, 6
Wie dir dein Herz selber thut 134, 10
Was kann uns jetzt der Teufel thun 572, 1. 10
Thut er uns doch nichts 161, 3
Was kann mir thun Sünd, Tod u. Höll 11, 5
Was kann euch thun die Sünd u. Tod 663, 4
Was kann mir thun der Feinde 405, 1

Thun.

Dein Thun ist lauter Segen 58, 4
Ich will dein Thun je mehr u. mehr 362, 18
Singen von deinem großen Thun 329, 12
Dein Thun soll alles und allein 282, 6
Des großen Gottes großes Thun 204, 8
Verkehrt ist Will, Verstand u. Thun 366, 2
Uns geben wollst nach unserm Thun 496, 2

1) Fehlt Bernb. G.

Es ist mit unserm Thun verlorn 134, 12
All sein Thun ist verloren 77, 6
Es ist doch unser Thun umsonst 55, 2
Nicht bauen auf all mein eigen Thun 353, 2
All unser Thun also regier 302, 9
Segne unser Thun und Lassen 503, 3
Daß ich in meinem Thun treu 14, 9
Es ist vergebens mit unserm Thun 510, 6
Laß unser Thun und Wandel sein 28, 4
Du sollst von deim Thun lassen ab 134, 4
Ich weiß, mein Gott, daß all mein Thun 362, 1
Daß an ihrem Thun und Leben kein 419, 5
Unser Thun und Dichten zu dein'm 129, 3
Er gebe Glück zu unserm Thun 500, 6
Mein Thun ist viel zu schlechte 579, 6
Der mich und mein Thun regiere 90, 9
Auf daß mein ganzes Thun durch 561, 7

Thür.

Du hältst die Wach an unsrer Thür 355, 7
Des Blut zeichnet unsre Thür 76, 5
Schließ die Thüre selber zu 643, 1
Thor und Thüren stehen offen 408, 1
Der Held sei vor der Thür 51, 1
Ihr habet die Hilfe vor der Thür 738, 6
Macht hoch die Thür, die Thor macht 451, 1. 4
Meins Herzens Thür dir offen ist 451, 5
Er wälzt ihn von des Herzens Thür 202, 6
Jesu, meines Herzens Thür steht dir 415, 1
Er stehet noch an meiner Thür und 236, 4
Dir öffn ich, Jesu, meine Thür 168, 2
Schleuß zu der Sünden Thor u. Thür 168, 1
Hier ist die Thür zu den wahren 200, 9
Heut schleußt er wieder auf die Thür 447, 8
Zerbricht der Höllen Schloß u. Thür 572, 3
Zion durch die dir gegebne Thür brich 194, 6
Thu uns nach dem Lauf deine Thüre 377, 4
Der Tod nur sei die Thür zum Leben 577, 6
Und selbst die Thür zum ewgen Leben 471, 4
Die Thür ist aufgeschlossen 178, 3

tief.

Jesu, deine tiefen Wunden 372, 1
Ach, laß deine tiefen Wunden 375, 6
In deine tiefen Wunden 763, 3
Gegeben in die tiefste Seelennot 383, 1
Für dein Angst und tiefe Pein 383, 8
Ob er gleich noch so tief gefallen 471, 6
Ich fiel auch immer tiefer drein 502, 2
Geuß sehr tief in mein Herz hinein 734, 3
Und flehn aus tiefster Seele Grund 163, 2
O sinke du — in tiefste Demut ein 51, 8
Vor ihm muß auch der tiefste Schmerz 230, 3
Aus tiefer Not schrei ich zu dir 55, 1

Tiefe.

Nichts, was die Tiefe trägt 328, 4
Sorg und Schmerz ins Meeres Tiefe 500, 5
Deine Tief ergründen können 625, 3
Des Herzens Tiefen kennest du 495, 2

Tier.

Der an ein Tier gedacht 36, 6
Tier und Kräuter und Getreide 625, 6
Die Tier sieht man jetzt springen 729, 1

tilgen.

Das tilge geschwinde von meinem 125, 6
Er tilget deine Sünden 347, 3
Tilge doch mit deinem Blute 375, 7
Ich tilg ihre Missethat 645, 2
Und tilget bald ihr ängstlich Quälen 471, 3
Tilg allen Haß u. Bitterkeit, o Herr 143, 4
Tilge du all mein Verbrechen 438, 6
Tilge allen Heuchelschein 169, 10
Tilgt allen meinen Schaden 560, 7
All Ehrbarkeit zu tilgen ist er stets 270, 5

Tisch.

Die heut bei dir zu Tische gehn 540, 2
Weil bei dir ein Tisch gedeckt 638, 2
Du setzest mich zu Tische 106, 8
Wer sich bei dem Tisch will machen 386, 3
Dieser Tisch auch dir nicht gilt 386, 8
Den Tisch für mich bereiten 143, 2
Zum Schaden sei zu deinem Tisch 596, 9
Du machst mir einen Tisch bereit 109a, 4
Er deckt den Tisch für meine Seel 109b, 5
Jesus hat uns selbst geladen zu d. Tisch 3, 1
Dringt auch mich zum Tisch der Gnaden 261, 1
Und läßt an seinem Tische hier 347, 3
Als ein armer Gast — zu deinem Tische 349, 1
Liebe zieret ihren Tisch 661, 11

toben.

Es tobe, was da kann 37, 7
Mit Grimm und Trutz tobt u. wütet 642, 1
Tobe Welt und springe 381, 3[1])
Ob Sünde, Welt und Teufel toben 187, 3
Läßt nimmer ab zu toben 530, 2

Toben.

Und trotz der Feinde Toben in Gnaden 163, 1

Tochter.

Dort ein edle Tochter zu 661, 4

Tod.

I. Christus.

Den Tod für mich zu leiden 620, 1
In Tod thut er mich zwingen 620, 2
Gar den herben Tod geschmecket 383, 6
Und schmeckte den verdienten Tod 471, 2
Für mich den Tod gelitten hast 555, 1
Für mich — gegeben in den Tod 709, 2
Das einst für uns im Tode brach 253, 3
Da du in den Tod gegangen 261, 1
Nun hat mich sein Tod durchdrungen u. selbst meinen Tod verschlungen 261, 3
Der für uns sein Leben in den Tod 79, 2
Hast dein Leben in den Tod für uns 596, 8
Und dich in den Tod gegeben 602, 7
Gegeben unsertwegen in den Tod 3, 3
Der für dich den Tod ertrug 673, 7
Dein Heil sinkt in den Tod 580, 1

1) Fehlt Bernb. G.

Mir zu Lieb in Not u. Tod gegangen 554, 5
Der Tod hat zwar verschlungen d. Herrn 117, 1
Bis du durch des Kreuzes Tod 601, 3
Den Tod niemand zwingen konnt 76, 2
Da Tod und Leben rungen 76, 4
Es hat den Tod verschlungen 76, 4
Wie ein Tod den andern fraß 76, 4
Ein Spott aus dem Tod ist worden 76, 4
Da Tod und Leben war im Streit 571, 3
Er zerbrach des Todes Haus 673, 2
Ist im Tode nicht geblieben 49, 1
In Tod und Grabe der nicht bleibt 572, 4(5)
Da er vom Tod erstanden 107, 7
Und sein Tod ist mein Gewinn 31, 3
Denn sein Tod ist mein Gewinn 156, 3
Von seinem Tod und Schmerzen 420, 7
Durch dessen Kreuz und blutgen Tod 190, 3
Ja dämpfen gar den Tod 36, 3
Durch deinen Tod Tod u. Grab besiege 629, 5
Sieger in des Todes Nacht 634, 3
Der den Tod überwandt 385, 1
Tod und Sünde, Leben und Gnad 385, 3
Du würgst den Tod 753, 18
Er reißet durch den Tod, durch Welt 37, 6
Tod, Teufel, Höll und alle Feind 572, 5(4)
Dein Tod verschlingt das Leben mein 502, 8
Jesu, meines Todes Tod 383, 1
Dein Tod meinen Tod versüßet 383, 7
Für den herben, bittern Tod 383, 8
Dein Tod wird mir das Leben sein 183, 6
Wo du nicht, Gott, du Todes Tod 333, 5
Deine Qual und bittrer Tod 372, 1
Zeuch durch deines Todes Kräfte 590, 7
Liebe, die—nicht d. strengste Tod versehrt 526, 3
Dem Tod genommen all sein Recht 76, 3
Da bleibt nichts denn Tods Gestalt 76, 3
Des Todes Gift, der Höllen Pest 572, 4
Und machst Höll und Tod zu Spott 766, 2
Tod, wo ist nun deine Kraft 49, 7
Tod, wo sind nun deine Waffen 428, 4
Tod, wo ist dein Stachel blieben 649, 7
O Tod, wo ist dein Stachel nun 572, 1. 8
Genommen ist dem Tod die Macht 572, 7
Das des Todes Reich zerbricht 625, 4
Der Tod hat keine Kraft nicht mehr 607, 5
Sein Raub der Tod mußt geben her 181, 3
In Gnaden durch Christi Blut u. Tod 328, 1
Denn diese gründet sich auf Jesu Tod 328, 5
Und führest uns durch deinen Tod 11, 3
Frei und los durch deinen Tod 30, 2
Meine Seele hast durch d. bittern Tod 382, 1
Und erweckst durch deinen Tod 629, 1
Dein Tod hat den Tod zerhauen 372, 5
Du springst ins Todes Rachen 580, 8
Ach hilf, daß ich durch deinen Tod 284, 5
Durch deinen herben, bittern Tod 675, 6
Sein Tod uns vom andern Tod rettet 430, 3
Hast du mir deinen Tod erworben 710, 3
Und schleuß in Christi Tod mich ein 358, 6
Laß uns in deinem Tode ruhn 424, 2
An deinen bittern Tod — gedenken 629, 7
Als dein herber Tod allein 374, 10
In Christi Tod zu geben 186, 1. 191, 1
Gedenken will ich an dein Tod 710, 2
Für mich in Tod sein liebsten Sohn 343, 11
Mein Trost in Todesnot ist des Herren Jesu Tod 31, 2
Herr, wer denkt im Tode dein 635, 3
Auf Christi Tod abscheiden 536, 7
Laß in deinem Tod ersterben 18, 6

II. Mensch.

a) leiblich.

In uns allen bracht hat den Tod 146, 2
Durch Adam auf uns kommt der Tod 15, 6
Führt er sie noch in Tod 270, 5
Mitten in dem Tod anficht 489, 2
Der Mensch verwirkt den Tod 298, 5
Verborgen ist des Todes Stund[1]) 631, 5
Der Tag des Todes ist noch fern 737, 1
Ich denk — im Herzen oft an m. Tod 737, 3
Der, den der Tod nicht weiser macht 737, 3
Der Tod rückt Seelen vor Gericht 737, 5
Drum da dein Tod dir täglich dräut 737, 6
Durch d. Erlösers Tod vor Gottes Thron 737, 7
Drück selbst des Todes Bild in mich 737, 10
Und die Not samt dem Tod 449, 2
Hin geht die Zeit, her kommt der Tod 722, 1
Die Zeit geht hin, der Tod kommt her 358, 1
Es schickt der Tod nicht immer Boten 358, 3
Für den Tod ist kein Mittel 301, 4
Ach wer weiß, wie nah mein Tod 301, 5
Dessen Tod wird mir zum Leben 301, 6
Kurz ist die Zeit, der Tod geschwind 530, 6
Bedenke deinen Tod; der Tod kommt 56, 1
Laß mich den Tod betrachten 56, 5
Ein Haar mir zwischen Tod u. Leben 666, 3
Die ihr durch d. Tod zu Gott gekommen 582, 1
An dir wir kleben im Tod u. Leben 402, 1
Wir sollten teils mit Tod abgehn 82, 10
Der nichts hilft in Not und Tod 717, 6
Die Welt erzittert ob dem Tod 417, 7
Bis daß der Tod sie niederlegt 329, 4
Wenn der Tod Herz u. Augen niederdrückt 152, 5
Und noch wohl einen bangen Tod 512, 9
Verlaß uns nicht, wenn der Tod 597, 7
Der Tod das Leben endet 579, 2
Im Tod war ich verloren 502, 2
Bis daß des Todes Ziel dich trifft 149, 7
Mir geht der Tod nicht bitter ein 153, 11
Furcht vor des Todes Richterschwerte 691, 5
Der Tod durchdrang mein Leben 769, 3
Jens zeigt und dräuet dir den Tod 212, 6
Dies hilfet dir aus Tod und Not 212, 6
Ich müßt ein Kind des Todes sein 776, 1
So wollt ich den Tod wünschen her 11, 8
Lern nicht nur den Tod nicht scheun 456, 5

---

1) Var. Bernh. G. die Todesstund.

Fürn Tod kein Kraut gewachsen ist 343, 5
Dadurch ist kommn der bittre Tod 343, 9
Denn der Tod kommt uns gleicherweis 509, 7
Der Tod thut mich vertreiben 579, 7
Müh und Angst und gar der Tod 697, 6[1]
Dessen wird im Tod vergessen 24, 9
Kann für den Tod nichts nützen 127, 4
Bricht uns des Todes Sturm entzwei 127, 8
Nichts wird dich im Tod erfreun 456, 2
Dieweil der Tod von meiner Seit 7, 1
Wann der Tod mir schon droht 275, 6
Der bis in den Tod Getreuen 634, 2

b) Erlösung vom Tode.

Tod, Teufel, Sünd u. Hölle jetzt liegen 395, 4
Tod, Teufel — haben den Sieg verloren 199, 4
Ja auch den Tod hat er in Händen 213, 2
Tod und Leben hast du allein 358, 4
Uns vom Tode zu befreien 42, 3
Tod, du bist in Sieg verschlungen 42, 3
Genommen ist dem Tod die Macht 572, 7
Da du den Tod längst überwunden 777, 9
Erwürg für ihn den bittern Tod 502, 5
Was mit sich führt den Tod 405, 5(6)
Du hast dem Tod zerstört sein Macht 271, 3
Nahm dem Tode seine Macht 456, 6
Hast nicht Gefalln an meinem Tod 533, 2
Willst du keines Sünders Tod 654, 3
Du willst der Sünder Tod ja nicht 751, 3
Ungern ich übergebe den Sünder in den Tod 6, 8
Wenn ich den Tod soll leiden 542, 9
Zum Trost in meinem Tod 542, 10
Und ringen werde mit dem Tod 283, 2
Verkürz mir auch des Todes Qual 283, 3
Ich muß mit dem Tode ringen 333, 2
Durch deinen Tod Tod u. Grab besiege 629, 5
Damit ich überwinde Tod, Teufel 763, 7
Heint bestimmet meinen Tod 268, 7
Und wenns auch wär der Tod 665, 2
Wann mir Grauen macht der Tod 59, 6
Und führe durch den Tod mich Armen 484, 5
Und laß bis in den Tod uns allzeit 58, 2
Wenn den Mund verschließt der Tod 249, 9
Trost wider Tod und Sterben 566, 5
Barmherzigkeit vor dir im Tode finden 214, 4
Und einst im Tod mein Fels 108, 8
Vor bösem, schnellem Tod 54, 3
Vor bösem, schnellem Tod behüt 443
Behüte mich vor schnellem Tod 89, 11
Verkürze mir des Todes Schmerzen 358, 9
Hilf mir durch einen sanften Tod 764, 5
Wenn wirs sollen geben ins Todes Hände hin 769, 12(13)
Und nach dem Tod ererben des ewgen Lebens Haus 769, 12(13)
Uns nehmen durch einen sanften Tod 112, 6
Nicht versinken in des bittern Todes Not 489, 1
Bescher uns alln ein' selgen Tod 343, 18
Daß mich der Tod nicht töten kann 332, 6
Der Tod wird völlig weichen müssen 478, 2
Der Tod kann uns nicht schaden 742, 8
Der uns im Tod erquickt 769, 3
Mich hin durch des Todes Thal 586, 3
Der wird den Tod nicht schauen 146, 8
Kein Tod noch Teufel schaden 716, 2
Tod, Teufel, Höll, die Welt u. Sünd 450, 4
Ihn reißen aus des Todes Band 283, 7
Mich selber hebet aus des Todes Kammer 288, 8
Durch des Todes Thüren — führen 649, 6
Wird dir deinen Tod versüßen 456, 3
Dieses Herz ist des Todes Freudigkeit 456, 3
Zu keiner Zeit der bittre Tod 7, 11
So ist mir der Tod ein Segen 173, 5
Pflanze und setz uns zum Tode hinzu 299, 2
So soll aus dem Tode das Leben entstehn 299, 6
Tod und Teufel mag sich schämen 421, 2
Wider Höll und wider Tod 3, 6
Nicht fürchten darf den Teufel und den Tod 14, 4
Damit nicht Tod noch Höllennot 13, 1
Den soll kein Leid noch Tod berührn 38, 4
Soll euch kein Tod nicht töten 203, 1
Da des Todes Nacht vorbei 646, 1
O so kann der Tod nicht töten 646, 5
Im Tod und Grabe der nicht bleibt 572, 6
Die dort der Tod erschlagen 178, 8
Daß uns nicht schad der bittre Tod 745, 8
Daß wir nicht fürchten Schand noch Tod 497, 4
Veracht den Tod mit seinem Grimm 202, 5
G'leit uns ins Leben aus dem Tod 177, 3
Auch selbsten nicht den Tod 111, 5
Mein Jesu, wär es auch der Tod 476, 6
Tod und Gericht erschreckt uns nicht 250, 3
Weil Not und Tod die Macht verliert 478, 1
Tod, wo sind nun deine Schrecken 388, 1
Selbst dem Tod entgegen gehn 193, 10
Auf dieses hoff ich noch im Tod 484, 4
Nichts achte, nicht Leben noch Tod 169, 10
Soll ich denn auch des Todes Weg 341, 9
Wollt ihn auch der Tod aufreiben 676, 7
Kann uns doch kein Tod nicht töten 676, 8
Drum ich Tod, Teufel, Höll nicht acht 119, 5
Was schreckt mich Grab und Tod 342, 5
Auch auf des Todes Pfade vertrau ich 342, 5
Tods Furcht kann sie vertreiben 710, 4
Der Tod sehr bitter mir 297, 3
Was schadet mir der Tod 297, 4
Der Tod mit seiner Macht wird nichts 37, 4
Versank des Todes Graun 354, 4
Verachte denn des Todes Graun 739, 3
Es bleibet mir im Grauen des Todes 360, 6
Nirgends sonst wird mich der Tod 600, 9
Drum soll nicht Tod, nicht Angst 481, 2
Tod, Leben, Trübsal, Angst u. Leiden 292, 11
Von ihm der Tod mich nimmer scheidt 343, 13

1) Fehlt Bernd. G.

c) Sehnsucht nach dem Tode.
Komm Tod, komm, m. bester Freund 97, 6
Nun ist der Tod mir der Eingang 388, 6
Der Tod nur sei die Thür zum Leben 577, 6
Der Tod mag andern düster scheinen 741, 5
Ob mich der Tod nimmt hin 48, 3
Es wird einmal der Tod herdringen 213, 13
Durch den Tod stirbt die Not 696, 5
Der Tod kann mir nicht schaden 344, 1
Mit dem Tod muß alle Sorge schweigen 612, 6
Der Tod ist mein Schlaf worden 487, 1
Dank hab, mein Tod, du förderst mich 400, 3
Unversehrt durch Tod ins Leben dringet 450, 3
Durch einen sanften Tod entgangen 512, 1
Durch den Tod zu Gott gekommen 582, 1
Himmelan wird mich der Tod — führen 312, 8
Nach dem Tod erblickst du schnell 313, 8
Ein sanfter Tod zeigt uns die Bahn 720, 8
Eins ist not für den Tod: Buße 318, 3[1]
Ich will den Tod bedenken 342, 6
Denk, o Mensch an deinen Tod 456, 1
Beten hilft in Not und Tod 701, 1
Drum übergieb ihn willig in den Tod 186, 3
Hier stirbt der Tod u. würgt nicht mehr 149, 3
Bis auf den Tod verletzet 28, 1
Damit ich überwinde Tod, Teufel 763, 7

d) ewiger Tod.
Und ist verdammt zum ewgen Tod 77, 6
Für das Leben den Tod empfäht 385, 3
Sind ewgen Tods gestorben 146, 3
Von Tod und Pein erlöst 146, 4
Der wird den Tod nicht schauen 146, 8
Ist dort vom andern Tode frei 572, 7
Erlös uns vom ewigen Tod 655, 8
Sein Tod uns vom andern Tod rettet 430, 3
Erlös uns von dem ewgen Tod 744, 2
Vor dem ewigen Tod behüt uns 443
Den Tod ewiglich schmecken nicht 172, 4

Todesbahn.
Tritt nur auf die Todesbahn 601, 6
Die Todesbahn gingst du voran 250, 4
Sei mir auf der Todesbahn — beirätig 563, 6

Todesbande.
Am Kreuz, in Todesbanden 179, 4
Christ lag in Todesbanden 76, 1
Es ist frei von Todesbanden 428, 1

Todesbann.
Daß mich auch kein Todesbann ewig 389, 3

Todesgang.
Fliehen auf dem bittern Todesgang 196, 7

Todesgefahr.
Leb ich in steter Todsgefahr 722, 2

Todesgestalt.
Mit deiner blutigen Todsgestalt 16, 6

Todesgrauen.
Mit blut'gem Schweiß u. Todesgrauen 160, 1

Todeshöhle.
Fahren hin zur finstern Todeshöhle 352, 2

Todeshügel.
Er erwarb auf seinem Todeshügel 108, 5

Todeskampf.
Durch deinen Todeskampf u. blutigen Schweiß 443
Sei getreu in Todeskämpfen[2]) 608, 6[3])

Todesketten.
Von Todesketten uns befreit 250, 2

Todesnacht.
Ich lag in tiefer Todesnacht 356, 4
Was die lange Todesnacht mir auch 389, 1
Auferstanden aus d. Sünde Todesnacht 673, 4
Führt dich zuletzt selbst die Todesnacht 313, 8

Todesnot.
Tröst mir mein Seel in Todesnot 296, 2
Mein Trost du bist in Todesnot 716, 1
Wenn ich gerat in Todesnot 335, 2
Von dir ich ungeschieden bleib in Todesnot 710, 3
Behende kann kommen meine Todesnot 722, 1
Welchen Trost in Todesnot wird es 388, 6
Rühmt es in der Todesnot 42, 5
Hilf uns — in der letzten Todesnot[4]) 311, 4
Kommt die Todesnot 315, 5
Und mein Trost in Todesnot 31, 2

Todespein.
Durch sein Angst und Todespein 714, 5
Ach, laß deine Todespein nicht an mir 375, 1
In meiner letzten Todespein 553, 4
Verkürzet meine Todespein 512, 10

Todesschatten.
Was in Todesschatten lag 587, 1
Das uns im Todesschatten scheint 538, 1

Todesschmerz.
Liebster Freund für d. Todesschmerzen 542, 8
Gebüßet hast am Kreuz mit Todesschmerzen 279, 2
Schau, wie bittre Todesschmerzen 590, 2
Und mich durch Blut u. Todesschmerz 524, 7
Nichts von Todesschmerzen 298, 13
Verkürze mir die Todesschmerzen 358, 9

Todesschweiß.
Wasch mich mit deinem Todesschweiß 279, 7
Wasch mich durch deinen Todesschweiß 366, 14
O Haupt voll Todesschweiß 606, 2

Todesstaub.
Lieg ich gleich im Todesstaube 427, 4

Todesstoß.
Wird erblassen im letzten Todesstoß 542, 6

Todesstunden.
Da find ich Trost in Todesstunden 722, 7

Todesthal.
Mich durchs Todesthal begleiten 718, 14

Todesüberwinder.
Vor dir Todesüberwinder 667, 1
Bringt dem Todesüberwinder ewig Ehre 42, 5

Todeszwang.
Bleibt mein Heiland in Todeszwang 202, 3

1) Fehlt Anh. G. 2) Var. Todesnöten. 3) Fehlt vielfach. 4) Var. Brand. G. größten Sündenangst.

tödlich.
Wiewohl tödliche Wunden sind kommen 511, 3
toll.
Schreie, tolle Welt, es sei mir Gott 599, 7
Daß des Feindes tolle Wut 448, 6
Ton.
Mit Herzenslust den süßen Ton 662, 14[1]
Fürwahr ein' süßen Ton 199, 1
Ach, wie ein süßer Ton 337, 1
Und von dem süßen Ton sich regt 369, 8
Ich höre der Posaunen Ton 333, 4
Töpfer.
Der uns wie e. freier Töpfer hat gemacht 455, 5
Wie er dieses Leibes Töpfer 174, 2
tot.
O große Not! Gott selbst liegt tot[2] 573, 2
Es ist gar mein Jesus tot 600, 2
Der erblaßt und tot im Grabe 413, 8
Weil mein Jesus nicht mehr tot 49, 6
Heute rot und morgen tot 301, 2
Wie bald rot bald tot 315, 5
Morgen tot und liegen im Sarg 343, 6
Sind gleich die Eltern tot 398, 1
Gleich als wär ich tot 202, 2
Ich schlafe nur und bin nicht tot 728, 5
Alles, das tot und lebend ist 271, 3
Durch deinen Tod meine tote Seele 629, 1
Hilfst du nicht, so bin ich tot 281, 5
Und in deinen Sünden tot 673, 4
Und hätt, da ich in Sünden tot 700, 1
Des Fleisches Lust u. seine toten Werke 543, 7
Ohne Furcht die toten Werke laß 687, 5
Der ist gewiß lebendig tot 11, 8
Mache doch die toten, trägen Geister 300, 6(8)
Tote.
Der von den Toten auferstund 409, 7
Wenn die Toten werden erstehn 222, 7
Bald werden auferstehn all Toten 185, 2
Wenn du die Toten wirst — erwecken 536, 8
Wenn Gott wird die Toten wecken 591, 3
Fordert uns ins Land der Toten 358, 3
Mich — zu deinen Toten sammelt 739, 4
Dein Geist bei Toten — Leben schafft 619, 3
töten.
Öffentlich vor allem Volke töten sich 202, 6[3]
Da er am Kreuz ließ töten sich 700, 2
Er läßt sich selber für mich töten 98, 4
Ans Kreuz gehenkt, getöt' 146, 4
Du sollst nicht töten zorniglich 134, 6
Die Kindlein ließ er töten 114, 4
Kann uns doch kein Tod nicht töten 676, 8
Und was euch mehr will töten 203, 1
Soll euch kein Tod nicht töten 203, 1
O so kann der Tod nicht töten 646, 5
Daß mich der Tod nicht töten kann 332, 6
Daß mich Sünd und Tod nicht töten 309, 9
Uns tötest und lebendig machst 619, 6
Und sollt er uns gleich töten 107, 5
Als wolltest du mich töten 350, 4
So töte doch den Feind 424, 2
Diese Nöten, die dich töten 590, 3
Laß uns nicht Versuchung töten 648, 7
Töt und schlachte hin meinen Willen 317, 3
Totenbahre.
Eh ihr kommt auf die Totenbahre 591, 3
Den andern auf der Totenbahr 358, 5
Totenfeld.
Durchs ganze weite Totenfeld 423, 1
Totenhaus.
Mein Leib ist auch ein Totenhaus 358, 2
Totenreihen.
Es mag vom Totenreihen kein Scepter 127, 6
Träber.
Da ihm die Welt vorhin nur Träber gab 727, 5
trachten.
Er hüt' u. wacht, stets für uns tracht' 689, 2
Nach unserm Blut sie trachten 754, 4
Mit List nach ihrer Ehre trachtet 679, 5
Nach großem Gut getrachtet 185, 4
Herr, laß mich ja nicht trachten 13, 6
Wonach die meisten trachten 448, 3
Dem Herren in allem trachten zu gefallen 222, 5
Wer nach dem Ewigen vor allen Dingen tracht 294, 5
Nach deinem Reiche trachten 28, 4
Nach dieser Perle trachten 295, 5
Also nach dem Himmel tracht' 247, 5
Brüllt wie ein Löw, tracht früh u. spat 270, 6
Denn Satan trachtet Nacht und Tag 361, 2
Der stets nach unsern Seelen tracht 66, 4
Trachten.
Sonst hilft mein eignes Trachten nichts 538, 3
träge.
Laßt euch d. Fleisch nicht träge machen 685, 10
Solch Bedenken macht nur träge 673, 8
tragen.
Der alles — in seinen Händen träget 329, 7
Das ohn Ende hebt und trägt 625, 1
Als Gott und Vater tragen 45, 1
Mich mit Geduld so lange Zeit getragen 687, 1
Und trägt, wie er sie trägt 189, 4
Welches trägt die ganze Welt 80, 3
Leg auf, ich will dirs tragen 165, 3
Jesus trägt euch, meine Glieder 389, 8
Trage mich stets auf den Händen 309, 15
Und trage sie auf Händen 305, 3
Trug für uns Gottes Zorn 385, 2
Der du trägst die Sünde der Welt 69
Aber Jesus trägt die Sünden 461, 3
All Sünd hast du getragen 565, 1—3
Hast die Sünd am Kreuz getragen 374, 6
Ein Lämmlein geht u. trägt die Schuld 165, 1
Das der Welt Sünde trägt 443
Selbst verschuldet, was du getragen 542, 4
Ihr hebt und tragt und ihr errettet 394, 3
So lang mich deine Gnade trägt 647, 3

---

1) Fehlt Anh. G. 2) Var. Anh. G. der Herr ist tot. 3) Fehlt vielfach.

Hast du mirs aufgelegt, so hilf mirs tragen 4, 1
Er hilft ja selber tragen 228, 2
Ich will ihm treulich helfen tragen 417, 2
Der mich — auf seinen Händen trage 671, 8
Mich zur Ruh trage nach dem Himmel 219, 7
Die sie in Händen tragen 369, 3
Mein Herz mich zu dir trage 135, 17
In, bei und an mir tragen 356, 8(6)
Christum stets im Herzen trage 641, 2
Man trag, man helfe allen 418, 8[1])
Sollt ich jetzt auch nicht etwas tragen 676, 5
Was sie je betroffen, träget sie mit Lust 462, 5
Was aber nicht zu tragen 473, 5
Hilf mir geduldig tragen 709, 6
Auf daß ichs trag geduldiglich 296, 2
Hilf ihr Kreuz ihnen tragen 532, 5
Das Kreuz hilf selber tragen 536, 4
Schickt er mir ein Kreuz zu tragen 676, 4
Die weiland trugen dort d. Kreuzes Joch 369, 6
Er hat getragen Christi Joch 509, 4
Ich trage Christi Schmach 679, 5
Zu keinem Bösen bisher getragen 58, 10
Schwere Last zu leiden u. zu tragen 405, 10(11)
ilf mir mein Leiden tragen 636, 5
Der trägt leichter, wer das träget mit Geduld 608, 4
Und hilft uns treulich tragen 203, 4
Nicht wert, daß mich die Erde trägt 326, 8
So lange mich die Erde trägt 340, 10

Trägheit.

Meine Trägheit muß ich schelten 461, 5
Müßiggang samt aller Trägheit hasse 13, 9
Fliehe Träg- und Sicherheit 589, 9
Brich die Trägheit, zieh die Sinnen 614, 3

Trank.

Zum öftern auch in Trank u. Speis 704, 7
Andre Speis u. Trank ist ganz vergebens 281, 2
Giebt zur Speis u. Trank zum besten 220, 6
Dank für diese Seelenspeis u. Trank 285, 1
Dein Blut sei meiner Seele Trank 775, 3
Das den Trank in diesen[2]) Schalen 596, 3
Mir zur Speis und Trank gegeben 413, 10
Ich bin der Trank, wer glaubt 349, 2

tränken.

Du wirst mit Essig und mit Gall getränket 298, 2
Weil es nicht getränket wird 218, 3
Unser dürres Land getränkt 218, 7
Tränke du dein durstig Land 225, 1
Laß diesen Born uns tränken 176, 3
Speist die Leiber, tränkt den Geist 661, 13
Der Fels des Heils uns tränke 285, 3
Das uns jetzt kann kräftig tränken 596, 8
Und mit deinem Blut uns tränkest 3, 3
Tränke mich, Herr, eh ich sterbe 3, 6
Du hast mich selbst getränket 740, 4
Es tränke mich dein teures Blut 349, 4
Komm eiligst, mich zu tränken 143, 8
Daß du mich Kranken gespeiset und getränket 560, 3
Und mit lauter Wonne tränket 425, 2

Tränken.

Mich verlangt nach diesem Tränken 261, 2

Traube.

Die Süßigkeit fleußt aus der Traube 367, 3

Träublein.

Die feine Träublein trägt u. nährt 732, 3

trauen.

Und seiner Güte trauen 55, 3
Und deiner Macht und Gnade traun 470, 9
Ich traue seiner Gnaden 399, 4
Und traue dem alleine 399, 9
Wer fleißig betet und dir traut 362, 15
Dem Herren mußt du trauen 58, 2
Trau nur Gott, der kann nicht lügen 701, 5
Wer Gott, dem Allerhöchsten traut 719, 1
Und trau des Himmels reichem Segen 719, 7
Drum, o Herr, wir wollen trauen 218, 8
Der traue einzig unserm Gott 190, 5
Lieben Leute, traut beständig auf ihn 690, 5
Traut doch lieber auf den Einen 690, 6
Sollt ich meinem Gott nicht trauen 626, 1
Nein, ich trau ihm sicherlich 626, 3
Nur dem frommen Vater trauen 186, 7
Kommt, folgt und trauet dem 418, 2
Auf sein Wort soll m. Seele trauen 227, 1
Auf meinen lieben Gott trau ich 48, 1
Mit ganzer Seele trauen 45, 1
Drum trauen wir allein auf dich 60, 6
Wir traun auf dich 291, 5
Trauen dir sich festiglich 644, 10[1])
Daß ich dir trau und bleib im Kreuz 735, 6
In deinem Wort, das trau ich dir 283, 5
Deim Wort zu trauen festiglich 283, 8
Der hat getraut auf Jesum Christ 11, 2
Ich trau auf dich, o Gott 307, 2
Weil ich auf dein Verdienst nur trau 709, 8
Ohne Fühlen will ich trauen 583, 10
Deiner Güte will ich trauen 374, 12
Meinem König will ich trauen 615, 4
Will gleich mein Herz nicht trauen 6, 6
Wer allein auf Jesum trauet 256, 10
Wohl dem, der auf ihn trauet 127, 12
Ich traue deinen Wunderwegen 741, 4
Da wir so fest auf trauen 135, 7
Im Tod beständig darauf trauen 752, 9
Gieb, daß ich traue deinem Wort 537, 4
Auf Gnade darf man trauen 124, 3
Man traut ihr ohne Reu 124, 3
Andre traun auf ihre Kraft 644, 10[1])
Es sei also, ich trau ihr nicht 741, 2
Aufs Künftge will sie trauen nicht 754, 7
Die best ist doch getraute Treu 7, 3

Trauergeist.

Weicht ihr Trauergeister 381, 5(6)

---

1) Fehlt Bernd. G. 2) Var. Bernd. G. das die blutgefüllten.

Trauerhöhle.
Ein hartes Joch in der Trauerhöhle 696, 1
Uns in der Trauerhöhle ist nichts 621, 10
Trauerlied.
Vergiß die Trauerlieder, erfreue dich 567, 9
trauern.
Recht trauern über meine Sünde 281, 3
Liebes Kind, was trauerst du 778, 8
Trauert nicht allzusehr über den Abschied 297, 9
Sieh, o Herr, das Feld muß trauern 218, 3
Trauern.
Da sich göttlich Trauern findt 419, 3
Laß all dein Trauern schwinden 611, 5
Nach Trauern Freud und Wonn 202, 2
Alles Trauern laß verschwinden 558, 4
Da muß die Nacht des Trauerns scheiden 741, 1
Doch stell alles Trauern ein 774, 3
So fähret alles Trauern hin 571, 11
Dein Herz, das mich in Trauern setzt 476, 8
Es kann kein Trauern sein so schwer 11, 4
Die ihr nun in Trauer geht 206, 6
Von Trauern, Weh und Klagen 99, 7
Muß alles Trauern bald vergehn 181, 5[1])
Vom Trauern hältst du nicht 769, 6
Trauerstunden.
Bis ich nach den Trauerstunden 152, 3
Traum.
Not u. Plage leicht wie ein Traum 44, 7
Vorüber wie ein selger Traum 691, 7
Das Leben ist gleich wie ein Traum 723, 2
Wird als ein leichter Traum vergehn 127, 1
Noch ein böser Traum mich schrecke 648, 5
Kein süßer Traum gewesen sei 703, 3
träumen.
Wirds uns sein, als wenn wir träumen 432, 5
Meiner Seele mit Begier träume stets 714, 7
Durch des Todes Thüren träumend 649, 6
Werden wir doch als wie träumen 527, 11
Träumende.
Wie d. Träumenden wirds dann uns sein 43, 4
traurig.
Wer wollte traurig sein 517, 7
So will ich doch nicht traurig sein 524, 12
Was das Herze betrübt und traurig 58, 7
Und kann nicht traurig sein 405, 14(15)
Gottes Kinder säen zwar traurig 599, 16
Was wollt ich denn lang traurig sein 450, 5
Nicht so traurig, nicht so sehr 494, 1
Bin ich traurig und betrübet 778, 7
Wenn ich traurig und gebückt 152, 5
Sei zufrieden, Seele, die du traurig 693, 6
Wo ich krank und traurig bin 611, 3
Ich kann nicht traurig sein 14, 3
Traurigkeit.
Gebt nicht Statt der Traurigkeit 389, 8
O Traurigkeit, o Herzeleid 573, 1
Samt der Seele Traurigkeit 428, 6
Und vertreibt die Traurigkeit 778, 1
Suchen jetzt in meiner Traurigkeit 774, 2
Der ich bin voll Traurigkeit 641, 4
Leb ich in steter Traurigkeit 153, 5
Nur größer durch die Traurigkeit 719, 2
Ach Gott, ich muß in Traurigkeit 7, 1
Ich weiß vor großer Traurigkeit 530, 1. 9
Ich weiß von keiner Traurigkeit 531, 8
Vertreibet Furcht und Traurigkeit 202, 11
Freud in aller Angst u. Traurigkeit 735, 3
In Traurigkeit mein Lachen 165, 8
In Traurigkeit zeigt es die Freudenstelle 295, 4
Lasset ab von Traurigkeit 425, 1
traut.
O Herr Jesu, mein trautes Gut 734, 4
Ach, erkenn uns — trauter Freund 430, 4
treffen.
Er hat bald ein Mittel troffen 608, 5
Durch deine Kraft treff ich das Ziel 558, 3
Wenn mich der Sonnen Hitze trifft 165, 9
Bis daß des Todes Ziel dich trifft 149, 7
Wo mich kein Fluchstrahl treffen kann 741, 3
Allzeit hat Kreuz getroffen 735, 7
Mich trifft und rührt kein Leiden 621, 5
trefflich.
Wie trefflich ich beglücket 560, 13
treiben.
Nichts, nichts hat dich getrieben 738, 5
Den sein Lieben hat getrieben 590, 1
In das kalte Grab durch ihr Feuer triebe 629, 3
Trieb ihn von seinem Thron auf Erden 471, 2
So treib mich nur ohn Unterlaß 362, 14
Hilf, daß ich von dir getrieben 207, 3
Nein, wirk u. treib mich immer zu 470, 1
Durch seine Liebe sind so gewaltiglich getrieben 583, 1
Treibe mich, vor Gott zu treten 152, 7
Vom Heilgen Geist getrieben 295, 1
Dein guter Geist uns treibe 81, 7
Die Angst mich zu verzweifeln trieb 502, 3
Unsre Sünd uns treiben 489, 3
Wenn ihn hier Stürme treiben 529, 4(5)
Das treibst du, starker Held 58, 3
Und treibt sein heiligs Wort 513, 4
Dies laß mich denken, lieben, treiben 647, 3
Das will ich denken, thun u. treiben 340, 10
Das Gesetz des Höchsten treibt 758, 2
Und dein Lob herrlich treiben 106, 11
Und sein Werk nicht treibest 449, 7
Das ich hab u. noch diese Stunde treibe 625, 2
So will ich zwar nun treiben m. Leben 329, 6
Sich den Jammer länger lassen treiben 582, 5
Jung u. alt auf Erden habn getrieben 185, 3
Von dir jetzt ein Gespötte treibt 607, 3
Sie treibet fort und fort ihr Spiel 530, 2
Diese Feuchtung treibet sehr 448, 9
Was schädlich ist, fern von mir treib 555, 8
Aus meinem Fleische treiben 560, 9
Treib, Herr, von uns fern 129, 2

1) Fehlt vielfach.

Die bösen Geister von mir treib 283, 4
Des Feindes List treib von uns fern 409, 5
That die Engel von uns treiben 534, 6
Will sie gleich mich von sich treiben 624, 6
Mein Schifflein treibet um und um 165, 9
Alles Wissen von mir treibt 584, 8
Not, Tod u. Elend treiben 682, 6
Daraus mich jemals treiben 735, 4
Aus der festen Burg der Treue treiben 350, 1
Aus deiner Hand mich treiben 13, 10

Treiben.

Sende deines Geistes Treiben 585, 2

trennen.

Sie trennen uns ohn alle Maß 10, 2
Was sich getrennet hat 769, 8
Bring her, die sich von uns getrennt 552, 5
Von dir laß mich nichts trennen 431, 3
Nichts von ihm uns trennen lassen 605, 3
Laß dich davon nicht trennen 609, 5
Kein Brennen — soll trennen mich und dich 405, 12(13)
Der sich nicht von mir will trennen 49, 6
Was mich und dich will trennen 554, 2
Kein Todesbann ewig von ihm trennen 389, 3
Nichts von deiner Liebe trennen 234, 8
Noch von deiner Liebe trennen 193, 10
Uns von seiner Liebe trennen 428, 5
Nimmermehr von ihm getrennt 694, 7
Von deiner Lieb mich trennen 481, 2
Und treuen Liebe trennen 543, 5
Noch Eigennutz von d. Wahrheit trennen 310, 3
Welcher vom Glauben sich nicht läßt trennen 446, 3
Trennet alle Macht und Qual 529, 3(4)
Der euch und mich getrennet 472, 8

Trennungsleid.

Nicht schwerem Trennungsleid — geweiht 688, 5

treten.

Tritt den Satan, starker Jesu 21, 7
Den Satan unter unsre Füße treten 443
Trät ich nicht sein Blut mit Hohn 97, 3
Tritt du zu mir und mache leicht 362, 13
Tritt zwischen mich und sie 399, 13
Nun laßt uns gehn und treten 510, 1
Treibe mich, vor Gott zu treten 152, 7
Zu denen will ich treten 365, 1
Vor den ich trete jetzt in meiner großen Not 641, 2
Reiz uns, daß wir zu ihm treten 414, 4(5)
Zu dir kommen wir getreten 543, 1
Lehr uns freudig vor Gott treten 318, 6
Er kann erretten alle, die zu ihm treten 385, 3
Ach mein Jesu, sieh ich trete 17, 1
Wir werden alle treten zur Rechten 99, 3
Daß er nicht anders treten muß 243, 9
Noch tritt auf der Sünder Pfad 758, 1
Not und Gefahr immer näher treten 449, 10
Ist Gott für mich, so trete gleich alles 405, 1

treu.

I. Gott.

Bleibst immer fromm und treu 355, 8
Hör Helfer treu in Angst und Not 269, 1
Weil dein Vater treu und reich 313, 4
Erbarm dich mein, o treuer Gott 307, 1
Nimm von uns, Herr, du treuer Gott 496, 1
Du mußt es thun, du treuer Gott 308, 3
Welcher sich läßt treu u. gnädig finden 609, 6
Gott ist fromm und gut und treu 694, 3
Ist sein Herz doch treu gesinnt 694, 5
Sei du mein Freund und treuer Rat 362, 8
Gott ist und bleibet treu 235, 2
So bleibts: der Herr ist treu 124, 3
Daß dein Herz treue sei 652, 5
Das treuste Herz ist Gottes Herz 681, 5
Treuer Jesu bleib bei mir 430, 1
Mein treuster Jesu, sei gepriesen 524, 7
Wahr Gottes Sohn, der treue Heiland 487, 2
An ihm bleiben, dem treuen Heiland 497, 2
Mein treu erkannter Seelenfreund 647, 1
Treu will ihn dein Arm umfassen 253, 4
Du stehst voll treuer Liebe 698, 3
So bleibst du dennoch treu 698, 3
Bleib du mir beständig treu 152, 4

II. Mensch.

So laß mich treu im Glauben sein 361, 3
So bleib ich treu im Glauben 724, 5
Wenn er uns nur hat treu erfunden 719, 4
Daß ich dir immer treuer sei 495, 4
Dir treu und dir gehorsam sei 495, 6
Nur noch ein wenig treuer 418, 11(9)
Dir ewig treu zu bleiben 179, 8
So bleib ich dir doch treu 698, 1
Mach einmal mich treu und stille 578, 5
Bleibst du dem nur wieder treu 678, 11(9)
Wirst du Gott also bleiben treu 609, 8
Daß du ihm treu verbleibst 58, 10
Wenn wir nicht treu u. wachsam sein 470, 2
Gieb, daß ich treu und fleißig sei 310, 6
Hilf, daß ich folge treuem Rat 310, 7
Daß ich in meinem Thun treu 14, 9
Da Gott seinen treuen Knechten 47, 11

Treue.

I. Gott.

Gelobt sei deine Treue 459, 5. 510, 7
Daß deine Treu bei uns ist 534, 1
Gedankt von Herzensgrunde für d. Treu 326, 3
Deiner Pflege u. Treu empfohlen sein 58, 12
Treue, Langmut, Licht und Segen 248, 4
Denn du willst für alle Treu nichts 316, 1
Die so viel Treue an uns gewandt 16, 9
Seine Treu vergehet nimmer 229, 4
Hast du mich auch aus bloßer Treu 366, 5
Es wird deine Treu erfüllen 374, 11
Ohne Falsch, voll Treu u. Glauben 255, 7
Und deine Treue, Gnad und Gunst 349, 7
Gerührt — von seiner Treue weinen 691, 8
Die da schaffen, o der Treu 379, 1
Für die Treue deiner Hände 379, 3

Ach, ergieße deine Treu in mein Herz 152, 1
Kein bessre Treu auf Erden ist 11, 6
Ach Jesu, dessen Treu im Himmel 14, 1
Da deine Treu nicht kann verleugnen sich 619, 1
Dessen Treu auf allen Seiten 247, 1
Seine Treu verläßt uns nicht 778, 3
Und du, o Sohn, der Treue Lohn 667, 4
Dein ewge Treu und Gnade, o Vater 58, 3
Meine Treue bleibet dir, Zion 774, 4
Meine Treu zu dir ist groß 774, 6
So spür ich täglich neue Treu 578, 3
So blickt die Sonne deiner Treue 623, 8
Daß ich mich halte zu dir u. deiner Treu 542, 8
Ach bleib mit deiner Treue bei uns 2, 6
Ach erwäg die große Treue 461, 1
Seine Treue nie vergißt 705, 1
Ach, Herr Gott, durch die Treue dein 496, 3
Erhalte mich in deiner Treu 401, 1
Auf seine Treu und Macht kann ich 109a, 3
Doch, denke wieder an die Treu 535, 4
Und Dank für die bisherge Treue 63, 2
Kann ich gnugsam solche Treu ausbreiten 298, 8
Ich bin viel zu geringe der Treue 264, 1
Es wird deine Treu erfüllen 374, 11
Scheiden von Gottes Lieb und Treu 328, 2
Wenn er in Lieb und Treue noch 107, 11
Zu wenig aller deiner Lieb u. Treu 220, 7
Herr deine Güt und Treu 687, 3
Für alle Güte, Treu und Gnad 666, 11
Dein Huld und Treu ohn Unterlaß 135, 18
An Treu u. Lieb geht ihn' nichts ab 41, 4
Gieb, daß für deine Güt und Treu 244, 8
Sein alte Treu wird täglich neu 609, 3
Ein Siegel der Lieb u. unverfälschten Treu 580, 11
Für deine Lieb und Treu 709, 4
Mir deine Treu den Anker reicht 741, 2
In rechter Lieb und Treu 99, 3

II. Mensch.

Wohl dir, du Kind der Treue 58, 11
Zion, halte deine Treu 194, 7
Sollt ich ihm nicht Treue schwören 59, 3
Treue bis in Tod und Grab 59, 3
Die Pflicht der Treu erfüllen 120, 3
Wahre Treu führt mit der Sünde 589, 12
Wahre Treu liebt Christi Wege 589, 13
Wahre Treu hat viel zu weinen 589, 14
Wahre Treu kommt dem Getümmel 589, 15
Und ihre Treue wohl belohnen 187, 6
Bei welchem rechte Treue sei 13, 5
Denn der Treue Gnadenkrone ist mir 712, 4
Daß Treu und Liebe bei uns sei 237, 6
Aus der festen Burg der Treue treiben 350, 1
Für ihre Sorg und Treu laß mich 260, 5
Ihr Treu und Sorge nicht erkannt 704, 5
Da will ich euer Treu und Müh 472, 9
In rechter Lieb u. brüderlicher Treue 239, 5
Dessen Treue du darfst trauen 213, 4
Gehn im Bunde reiner Treue 732, 2
Und wenn aufhört alle Treu: ist doch ihre Treue neu 661, 10
Die Treu will gar verschwinden 7, 3
Die best ist doch getraute Treu 7, 3
In kleinen Dingen zeigen große Treu 569, 4

Treuen.

Mich weihen diesem Sabbath deiner Treuen 768, 3

treugeliebt.

O treugeliebtes seligs Herz 7, 5

treugesinnt.

Folg — treugesinnt nur meinem Herrn 705, 2

treulich.

Vielmehr ganz treulich bei uns stehn 744, 4
Wie treulich er es meinet 682, 4
Du wollst treulich behüten den Tag 81, 2
Der — Held hat sich treulich eingestellt 238, 3
Treulich hast du ja gesuchet 374, 2
Suchet treulich das Verirrte 390, 3
Höchstes Gut zu haben treulich gläuben 243, 3
Lehrt uns treulich und geschwind 605, 2
Mit Gott mußt du es treulich meinen 133, 4
Laß mich treulich an dir hangen 169, 4
Zu dienen treulich seiner Welt 399, 10
Bitten treulich für sie Gott 419, 6
Den Nächsten treulich liebe 260, 12
Und hilft uns treulich tragen 203, 4

treulos.

Wer ihm treulos[1]) hat geschworen 608, 2

Trieb.

Die mich zieht aus reinem Triebe 602, 1
Was für e. Trieb hat dich bewegen müssen 567, 1
Daß du mir aus treuem Triebe 413, 7
Durch deren Trieb die Segen dir 620, 4
Da hat Gott schon den Trieb geheget 205, 2
O der wunderbaren Triebe deiner treuen Menschenliebe 255, 1
Mit Freuden durch deines Geistes Trieb 287, 1
Deines Geistes Trieb in die Seele gieb 718, 11
Und leite mich durch seine Triebe 541, 5
Sei kindlich folgsam deinem Trieb 538, 5
Ich geb mich hin dem freien Triebe 327, 1
Aus innerm Triebe dich ewig lieben 286, 6
Und die mit lauterm Triebe ihm 189, 4
Daß kein Trieb mehr auf Erden 618, 3

triefen.

Hier triefe Lebenstau auf jede — Seele 305, 4
Deine Vater-Güte hast du lassen triefen 767, 1

Trift.

Du kommst auf den empörten Triften 91, 4

trinken.

Trinkst Milch aus e. Menschenbrust[2]) 753, 7
Hab ich doch sein Blut zu trinken 413, 9
Er gebeuts, mich satt zu trinken 413, 10
Und zu trinken sein Blut im Wein 386, 2
Ich hab sein Blut getrunken hier 722, 10
Unsrer Seelen Seligkeit zu — trinken 280, 1

1) Var. Bernh. G. meineidig. 2) Var. Anh. G. Du liegst an deiner Mutter Brust.

Trinken.
Trinken, Essen, Tanzen, Springen 463, 7
Tritt.
Herr, segne meinen Tritt 706, 6
Durch manchen sauren Tritt hindurch 536, 6
Und mit ungewissem Tritt ohne Licht 633, 4
Den schwachen Tritt zu fällen 153, 8
Was sorgst du bis zum letzten Tritt 756, 8
Aber der Gottvergessnen Tritte kehrt er 446, 7
Triumph.
Triumph und Sieg daraus gemacht 144, 3
Im Triumph bricht er hervor 42, 2
Und hier im Triumph herum 299, 1
Triumph! wir sehen sie 733, 1
Ihr Triumph erschallt von Psalmen 768, 3
Nie keiner zum Triumph aufstieg 38, 3
Und rufen schon Triumph 742, 9
triumphieren.
Christ, unser Herr, heut triumphiert 181, 1
Heut triumphieret Gottes Sohn 303, 1
Mächtig, prächtig, triumphierest 28, 1
Hier steht mein Haupt u. triumphiert 478, 1
Weil mein König triumphiert 615, 2
Wo der Herr regiert, triumphiert, triumphiert 587, 6
Doch triumphiert zuletzt dein hoher Rat 619, 1
Wir triumphieren heute 742, 1
Mit ihm triumphieren werden 642, 7
Bezeugt, man habe triumphiert 367, 7
Nicht triumphierend einhergehn 524, 12
Da ich — ewig werde triumphieren 312, 8
Singet, springet, jubilieret, triumphieret 734, 6
Wir jubilieren und triumphieren 402, 2
Und auf ewig triumphieren 196, 10
Triumphieren.
Begürte dich zum Triumphieren 187, 7
trocken.
Unsre Gründe sind ganz trocken 218, 3
Tropfen.
Es sei in mir kein Tropfen Blut 330, 5
Tröpflein.
Wer ein Tröpflein Wassers giebet 424, 7
Wird um des Tröpfleins auch geliebet 424, 7
Daß auch ein Tröpflein kleine 763, 9
Trost.
I. Christus.
Suchst selber Trost u. findst ihn nicht 753, 9
Hast du sonder Trost gehangen 383, 5
Kein Trost konnt erlangen 79, 3
II. Mensch.
Mit seinem reichen Trost erfüllt 610, 1
Und ließ mir Trost gedeihen 610, 4
Bei dir mein Herz Trost, Hülf u. Rat 11, 2
Dein süßer Trost der linderts fein 11, 4
Eine Weile mit seinem Trost verziehn 58, 9
Gott ist mein Trost, mein Zuversicht 689, 2
Das ist Trost 694, 7
Mein einzger Trost im Leben 108, 1
Dem fehlt es nie an Trost u. Licht 108, 1
Doch deinen Trost genießen 108, 3
Der Thoren Trost verschwindet 108, 4
Da der Trost mich ergötzen muß 623, 6
Gott alles Trostes steh bei mir 7, 12
Mein Trost und meine Freud 666, 7
Wird uns auch nach Troste bange 414, 5(6)
Laß allen Trost verschwinden 420, 3
Da war mein Trost zunichte 352, 6
Ich suchte Trost und fand ihn nicht 94, 4
Der Trost bei einem Menschen sucht 146, 6
Nicht bald den Trost empfinden 153, 9
Wo willst du Trost — erlangen 236, 5
Sollt ich keinen Trost erblicken 583, 9
Darf ich von keinem Troste wissen 340, 6
Was hatt ich doch für Trost u. Licht 476, 2
Deinen Trost, den Jesus Christ 599, 1
Wenn Trost u. Hülf ermangeln muß 610, 6
Weiß ich keinen Trost auf Erden 584, 6
Kein Trost weiß ich in Mark u. Bein 172, 1
Zu Trost uns armen Leuten 114, 2
Weil uns zu Trost Christus ist Mensch 743, 1
Aller Trost u. alle Freude ruht in dir 678, 6
O du starker Trost im Leiden 415, 1
Dazu mein Herz mit Trost berührt 109b, 2
Ohne dich, mein Trost und Licht 529, 6(5)
Was wollt ich vom Troste wissen 413, 6
Dein süßer Nam mit s. Trost erfüllet 14, 2
Kein Trost so liebreich ist 14, 2
Ist Jesus Name mir zum Trost 14, 4
Und der Sünder Trost und Rat 238, 1
Daß ich so voll Trostes bin 753, 15
Daß mirs — an Trost nie solle fehlen 151, 2
Trost der Seelen, Heil der Erden 375, 3
Mein Hort, m. Trost, m. Zuversicht 553, 1
Was hast du unterlassen zu m. Trost 738, 3
Du meiner Seele Trost komm 440, 1
Mein Trost, Schutz, Hülf und Rat 740, 4
Und meines Herzens Trost u. Teil 282, 4
Mein Teil u. meines Herzens Trost 296, 1
Der gieb, Herr Jesu, deinen Trost 67, 6
Mein Trost u. Licht, mein Trost u. Licht 776, 1
Herr Jesu Christ, mein Trost du bist 716, 1
Du sollst mein Trost auf Erden 120, 1
Jesu, mein Trost, hör mein Begier 11, 12
Das helf uns Christus, unser Trost 509, 8
Unsern ganzen Trost auf deine Wunden 606, 7
Trost in Leibs- und Seelennot 372, 1
Deines Trostes Süßigkeit wendt in mir 372, 4
Zum Trost in meinem Tod 542, 10
Laß meine Augen schauen diesen Trost 584, 8
Er ist der Herr und unser Trost 745, 8
Mein Heil und einger Trost 431, 2
Nicht konntn genesen ohn Gottes Trost 146, 1
Christ will unser Trost sein 75, 1
Was hast du unterlassen zu m. Trost 738, 3
Zu Trost du uns erstanden bist 181, 5
Für diesen Trost, o großer Held 202, 12
Daß dieser Trost ja bei uns haft 302, 7
Trost, Leben, Heil und Seligkeit 231, 2
Und mein Trost ist nicht vergebens 49, 8
Uns zum Troste aufgehängt 47, 4

Mein höchster Trost dein Auffahrt ist 710, 4
Bleibt ihr der Seelen Trost u. Glück 394, 1
Es kommt von dir auf uns Licht, Trost 28, 3
Du stärkest uns mit Trost und Licht 144, 6
Mit deines Trostes Freuden 366, 14
Mit Trost mein Herz verbinde 763, 4
Fließt mir der Trost 777, 1
Weil mich der Trost: „Ich habe Gnad!“ ergötzt 777, 8
Weil sich der Trost in m. Herzen mehret 325, 8
Und dein Herz mit Trost erquicken 701, 1
Mit Trost und Rettung uns erschein 496, 3
Den süßen Trost empfinden 554, 9
Mein Trost, mein Schatz, mein Licht 554, 10
Doch ist auch dieser Trost bereit 340, 8
Und auf den Trost sterben kann 390, 8
Mit rechtem Trost beschüttet 513, 1
Überfüllen mit Trost u. Süßigkeit 594, 2
Der gieb, Herr Jesu, deinen Trost 67, 6
Und ließ mir Trost gedeihen 610, 4
Laß Sündenangst mit Trost u. Fried 212, 8(7)
Laß allezeit Trost, Fried und Freud 310, 4
Das ist mein Trost und treuer Hort 55, 3
Hier findest du Trost, Heil u. Gnad 631, 2
Stärk mit Trost mich Schwachen 635, 2
Lauter süßen Trost genießen 490, 2
Mit reichem Trost euch speisen 36, 3
Laß des Trostes Kerzen dich entzünden 599, 17
Der Betrübten Trost und Freud 641, 5
Will mir allen Trost verschlingen 641, 7
Kein Trost mag mir sonst werden 30, 1
Durch deinen Trost erhörlich sein 358, 8
So fühl ich Fried und Trost in mir 11, 10
Und stärkst mit deinem Trost mein Herz 495, 5
Ergötzt mit süßem Trost im Herzen 682, 5
In Ängsten, Trost und Freude 732, 6
Ist Gott mir Trost und Freude 44, 1
Geist des Trostes, in dem Leiden 152, 4
Trost der Seelen bei dir finde 152, 4
Laß deinen Trost uns hören 543, 2
Laß uns wieder Trost empfinden 543, 4
Mein Gott, mein Trost, mein Leben 208, 3
Mit deines Trostes Licht 769, 6
Der uns Trost und Beistand leist 750, 3
Und durch des heilgen Geistes Trost 655, 7
Für deines Trostes süße Lehre 524, 8
Der Betrübten Trost und Freud 641, 5
Steh — mir mit deinem Troste bei 207, 6
Daß ich im Herzen Trost empfind 666, 10
Dein Wort giebt Trost u. Seligkeit 289, 2
Wahrer Trost im tiefsten Leide 585, 9
Giebt Trost an Hand 295, 4
Kraft, Rat und Trost in aller Not 752, 9
So lange dieser Trost im Herzen 427, 2
Mir ein Trost des Lebens sein 427, 5
Laß mit Trost es fließen voll 281, 2
Speise mich zum Trost in allem Leide 349, 4
Und mit reichem Trost begaben 3, 6
Dich, du Trost der Sterblichkeit 90, 7
Und mein Trost am Grabe 90, 8
Gieb uns mitten in d. Pein deinen Trost 646, 5
Sie sollen Trosts genug erjagen 424, 4
Er ist allein der einge Trost 343, 13
Das ist mein Trost zu aller Zeit 343, 14
Trost in Not und Tod 602, 3
Und erfülle sie mit Trost 196, 9
Und mein Trost in Todesnot 31, 2
Mit Trost und Rat weiß beizuspringen 333, 2
Da find ich Trost in Todesstunden 722, 7
Jetzt kommt der Trost 477, 14
Mein Trost du bist in Todes Not 716, 1
Ist unser bester Trost des Himmels Ehrenkron 657, 7
Nur bei Gott ist wahrer Trost 770, 4
Von des rechten Glaubens Trost 489, 3
Und fassen Trost und Rat 328, 3
Daß ich so voll Trostes bin 753, 15
Drum bin ich voller Trost 136, 7
Bringt rechten Trost und Freud 365, 5
Der sich verläßt auf Gottes Trost 146, 7
Dem will ich senden Hülf und Trost 229, 3
Sein Trost mit Petro setze 81, 5
Das mit so viel Trost verbunden 247, 2
Hier ist lauter Trost und Licht 640, 1
Und dein Herz mit Trost erquicken 701, 1
So ist dies unser Trost allein 711, 2
Der Betrübten Trost und Freud 641, 5
Ein Schutz und Trost der Armen 13, 2
Auf Menschenhülf u. Trost nicht bau 260, 2

trösten.

Er nährt, er schützt, er tröstet mich 202, 9
Tröste mich mit deiner Liebe 309, 9
Er tröstet uns und läßt uns nicht 107, 5
Tröste mich mit deiner Liebe 714, 6
Das tröst und bessre meinen Geist 495, 7
Mich deiner Lieb kann trösten 244, 3
Tröste die betrübten Sünder 632, 1
In solcher Trübsal tröstet mich 143, 5
Nunmehr bin ich recht getröst 49, 1
Der tröstet mich gar süßiglich 153, 5
Und dann dort getröstet werden 419, 3
Hilf den Gefangnen, tröste die 129, 4
Er tröstet nach dem Weinen 228, 4
Ach, Herr Gott! wie reich tröstest du 754, 6
Wollst du trösten und beschützen 778, 6
Du bist der, der mich tröst' 763, 5
Daß dessen ich in aller Not mich trösten 254, 6
Tröst sie mich im harten Stand[1] 382, 6(3)
Dein tröst ich mich ganz sicherlich 716, 3
Der eure Herzen labet und tröstet 738, 6
Und tröst uns in der letzten 655, 8, 744, 2
Tröst mir mein Seel in Todesnot 296, 2
So tröst uns mit der Rosenbahn 720, 11
Laß endlich deine Wunden mich trösten 709, 8

---

1) Var. Mind.-Rav. G. in meinem Lauf. Anh. G. harten Lauf.

Doch tröstet meinen Mut 297, 6
Des trösten wir uns allezeit 496, 5
Auch dein Leiden tröste mich 601, 7
Den Glauben, Herr, laß trösten sich 537, 5
Tröste, tröste meinen Sinn 238, 7
Mit deiner Hülfe tröste mich 592, 5
Ich tröst mich deiner Gnaden 450, 4
Tröste mich in aller Not 640, 6
So tröstet mich dein Angesicht 205, 9
Tröst auch andre fromme Seelen 778, 8
Trösten und erhöhen mich weit über 90, 4
Sie tröste mich zur Zeit der Schmerzen 725, 6
Da mich ohn alle Maßen mein Vater trösten wird 329, 6
Wo du mich recht trösten wirst 581, 8
Dich tröste nur, daß deine Sach ist 659, 2
Tröstet ja des Herrn Gemeinde 206, 6
Der du uns tröst in aller Not 501, 9
Er tröst' und macht das Herze frei 243, 7
Tröst uns kräftiglich von oben 597, 3
Der dich in Trübnis trösten soll 502, 9
Dein tröst ich mich ganz sicherlich 716, 3
Kein Mensch, kein Engel trösten kann 471, 1
Tröstet, tröstet meine Lieben; tröstet 645, 1
Tröstet, die sich jetzt betrüben 645, 1

Tröster.

Herr, unser Gott und Tröster 12, 2. 4
Ein ander Ziel ohn diesen Tröster 146, 6
O Tröster, so erbarme dich 358, 8
Mein Gott, mein Tröster früh u. spat 451, 3
Er ist mein Schutz, mein Tröster 120, 6
Ich weiß, daß du mein Tröster bist 30, 1
Du allerheilsamster Tröster 29, 4
Der Herr, der Tröster, ob uns schweb 65, 4
Den Tröster, den heiligen Geist 73, 1
Komm, Tröster, komm hernieder 420, 2
Und bleib im Tod u. Leben als Tröster 420, 4
In des höchsten Trösters Hand 379, 6
Denn du bist der Tröster genannt 409, 2
Dem Tröster sei dasselb gethan 409, 7
Du Tröster wert in aller Not 544, 1
Der du unser Tröster bist 207, 1
Du höchster Tröster in aller Not 497, 4
Tröster der Betrübten, Siegel der 597, 2
Der aller Blöden Tröster heißt 749, 3
Höchster Tröster komm hernieder 318, 1
Laß den Tröster ewiglich bei mir sein 225, 3
O heilger Geist, mein Tröster 431, 3
Hilf mir, Tröster, heut auf Erden 240, 5
O Tröster wert, weich nicht von mir 546, 4
O guter Geist, mein Tröster sein 330, 2
Mein Tröster gieb mir Kraft 482, 3
Und dem Tröster, heiligen Geist 100, 3
Der werte Tröster ists, der dir die 755, 2

trostgefüllt.

Deine trostgefüllte Lehr will ich 586, 4

tröstlich.

Nichts kann mir tröstlich sein 554, 10
Sprich der Seelen tröstlich zu 414, 5(6)
Tröstlich, wenn man reuig stehet 373, 3
Tröstlich, köstlich uns als Gäste 285, 4
Sollt euch denn dies nicht tröstlich 512, 10

Trostlicht.

Ward ich dein Trostlicht stets gewahr 524, 11

trostreich.

Daß ich möchte trostreich prangen 383, 5

Tröstung.

Strahle Tröstung in den Jammer 433, 5

Trostwort.

Saget doch dies Trostwort allen 390, 1
Spricht meinem Geiste manch süßes Trostwort zu 405, 8(9)

trotz.

Und geh getrost, trotz allem Zweifel 53, 10
Trotz Teufel, Welt und aller Sünd 307, 1
Trotz dem alten Drachen, trotz des 381, 3
Trotz der Furcht dazu 381, 3

Trotz (Trutz).

Dein Wort ist unsers Herzens Trutz 1, 8
Dein Schutz ist mein Trutz alleine 690, 2
Daß wir mit Trutz an ihn fest sollen 146, 5
Und mich kein Trutz noch Eigennutz 310, 3
Welche Hohn und Trotz verschmerzen 419, 4
Den der mich kränkt mit Trutz und 260, 6
Begegnen aller Feinde Trutz 543, 4
Dem sei Trotz, ders nicht lassen kann 663, 5
Spricht: Trotz! wer wills uns wehren 10, 3
Groß ist ihr List, ihr Trutz u. Macht 588, 2
So muß ihr Trutz bald schweigen 763, 8
Trotz den Feinden, die mich hassen 413, 12
Trutz dem, der uns thu ein Leid 644, 8
Trotz sei dem Tod und aller Not 465, 7
Trotz sei nunmehr des Teufels Heer 465, 8
Trotz sei der Höll! weil mein Gesell 465, 9
Trotz aller Welt! hier ist der Held 465, 10
Trotz dem, der euch besiegen kann 685, 7
Zu Trotz der Höllenpfort 286, 4
Daß ich des Satans Trotz und List 577, 6

trotzen.

Trotz dem, der dich betrüge 671, 4
Trotz, wer da will, es liegt nichts 745, 6
Daß uns der Feind nicht trutze 2, 5
Sie kann trotzen, sie kann heucheln 21, 4

trübe.

Wenns trüb hergeht, die Luft unstät 8, 7[1])
Und scheinet dann das Glücke trübe 98, 3
Er läßt nach trüber Nacht 228, 4
Gieb wieder Sonnenschein nach trübem 4, 2
Die Mutter stehet trübe 621, 7

trüben.

Die Trübsal trübt mir nicht mein Herz 37, 5

Trübnis.

Der dich in Trübnis trösten soll 502, 9

Trübsal.

Wenn Not und Trübsal blitzen 510, 5
Die Trübsal trübt mir nicht mein Herz 37, 5

1) Fehlt Bernb. G.

Die Trübsal uns nicht abtreiben 412, 3
In vieler Trübsal und Gefahr 302, 4
Durch Not und Trübsal hast geführt 524, 11
Laß uns Trübsal, Kreuz und Leiden 318, 7
Kein Trübsal, keine Not von meinem 420, 8
Leiden und Trübsal mancherlei 328, 2
Darum schickt Gott die Trübsal her 417, 13
Er woll Verlassene aus jeder Trübsal 398, 4
In Trübsal und in Leid, wenn er 107, 10
Ist nur Elend, Trübsal und Pein 15, 2
Der kann mich allzeit retten aus Trübsal 48, 1
Von Trübsal, Angst und Spott 99, 4
Behüte sie doch spat und früh vor Trübsal 533, 5
Und nicht in Trübsal untergeh 666, 10
Will ich aus der Trübsal scheiden 173, 1
Der schmale Weg ist Trübsal voll 11, 1
Aller Trübsal ganz entnommen 558, 6
Gott wird der Trübsal doch ein solches 228, 6
Sein Jammer, Trübsal und Elend ist 509, 4
Verlassen gar in großer Trübsal und 711, 5
Aus der Trübsal, Angst und Leid 196, 1
Der Trübsal ist zu viel 329, 9
Jetzt kann mich kein Trübsal pressen 425, 4
Denn durch Trübsal hier geht der Weg 377, 2
Täglich wird der Trübsal mehr 644, 2
Weil ich hier bin umfangen mit Trübsal 297, 1
In solcher Trübsal tröstet mich 143, 5
Keine Trübsal drückt in mir 95, 1
Gott wendet alle Trübsal schwer 346, 6

Trübsalsglut.

Dein Glaubensgold in Trübsalsglut 228, 5

Trübsalstag.

Große Trübsalstage werden kommen 448, 6

Trug.

Des Teufels Trug und Listen mehr 745, 11
Und wehr des Teufels Trug u. Mord 1, 4
Vor des Teufels Trug und List 443
Und ich -- könne leben sonder Trug 309, 12(4)
Und Trug die Klugen hält 361, 1
Auf Erden wohnet Trug und List 28, 5
Du Truges volle Welt 224, 6

trügen.

Er, die Wahrheit, trüget nicht 694, 2
Denn Gott, der kann nicht trügen 352, 5
Und Wahrheit, die nicht treugt 365, 5
Unser Denken fehlt und trügt 661, 8

Trügen.

Es ist auf allen Straßen Lügen, Trügen 28, 5

trüglich.

Mir hat die Welt trüglich gericht' 401, 5

Trümmer.

Laß die Welt zu Trümmern gehn 694, 1
Alles muß zu Trümmern[1]) gehen 24, 5

Trunk.

An einem frischen Trunk ergötzen 187, 4

trunken.

Als in Liebe trunken 448, 10

Tuch.

Der in Tüchern lag gebunden 428, 2

tüchtig.

Treu zu handeln tüchtig 318, 2
Und keiner ist zum Werke tüchtig 158, 2
Ach Herr, mach uns selber tüchtig 21, 9
Züchtig, tüchtig dich dort oben stets zu 285, 3

Tücke.

Laß mich ihre Tück bald merken 18, 5
Nach dem Schreien der Feind und ihrer Tück 738, 9
Fürcht ich doch keine Tücke 106, 6
B'hüt mich vor falscher Tücke 401, 5
Die Welt voll List und Tücke 232, 4
Laß ihm fehlen seine Tücken 641, 9[2])
Sein Tück an mir nicht übe 54, 5

Tugend.

Und was sonst ist von Tugend mehr 555, 7
Mit Gottesfurcht und Tugend das 769, 9(10)
Was niedrig ist, was Tugend ehrt 243, 10
Ihrer Tugend werter Ruhm 661, 10
Das zur Tugend Schwache stärken 207, 5
Nie auf meine Tugend bauen 207, 5
Tugend und Ehrbarkeit lieben 81, 4
Daß Tugend und Zufriedenheit 237, 6
Ihre Lebensjahr in der Tugend bringen 628, 6
Die Blümlein laß aufgehen von Tugend 729, 4

tugendhaft.

Tugendhaft und gerecht zu leben 318, 6[2])

Tugendleben.

Ich leucht euch für mit heilgem Tugendleben 485, 2

tugendlich.

An allem Ort in tugendlichen Dingen 13, 3

Tulipan.

Narzissen und die Tulipan 204, 2

Tyrann.

Des Kreuzes Joch und der Tyrannen 369, 6

Tyrannei.

Und von seiner Tyrannei 427, 3
Auf daß ich vor der List u. Tyrannei 131, 5

---

1) Var. Bernd. G. Grunde. 2) Fehlt Bernd. G.

U.

übel.

Und dich mit Plagen so übel zugericht? 580, 3
Ach Gott, es geht gar übel zu 1, 5
Wahr ist es: übel steht der Schade 325, 5

Übel.

Vorm Übel und vor mancher Plag 270, 10
Vor allem Übel schützt 399, 4
Vor allem Übel behüt uns 443
Von allem Übel uns erlös 655, 8
Lös uns vom Übel. Amen 183, 14
Alles Übel laß verschwinden 714, 8
In Gnaden los von allem Übel. Amen 185, 7
All Übel von uns wende 488, 3
Auf daß hinfüro mir kein Übel 706, 5
Kein Übel muß begegnen dir 346, 7
Nicht Übel ihr um Übel gebt 417, 12
Daß das Übel, so bei Nacht unsern 648, 5

Übels.

Was aber Übels wir gethan 660, 3

Übelthaten.

Von Übelthaten weißt du nicht 580, 3

üben.

So will er mich nur üben 341, 2
Lieb, Hoffnung, Glauben üben 295, 3
Daß ich zugleich am Nächsten Liebe übe 294, 4
Und stets mich also übe 13, 3
Daß ich mich üb in wahrer Lieb 13, 5
Mit Freuden und Geduld sich üb 537, 8
Ich üb die gute Ritterschaft 537, 9
Durch deine Kraft übe gute Ritterschaft 448, 4
Weil ich mich im Glauben übe 97, 1—6
Die in seinem Dienst sich üben 625, 1
Eh ich noch je was Guts geübt 554, 14
Ist die Schul, da ich mich übe 584, 2
Und sich nicht beständig üben 583, 7
Hilf, daß ich stets mich übe in dem 326, 10
Aus Liebe mich stets übe 558, 6
Wer in Gottes Wort sich übt 758, 3
Mich im Gesetz zu üben 212, 9(8)
Laß mich an andern üben 709, 7
Und sich darinnen übe 543, 6
An dem Nächsten Gutes übe 608, 3
Daß, wenn ich mich im Lieben übe 332, 2
Und uns stets übet in Kreuz 107, 10
Eigne Rach aus Zorn u. Feindschaft übe 260, 6
Sowohl wer Böses denkt und übt 681, 8

überall.

Denn Gott ist bei mir überall 109b, 4
Der seine Wunder überall — thut 500, 2
Überall, überall laß bis an der Welten 587, 4
Sein Auge wachet überall 109a, 3
Drum preisen wir — o starker Gott, dich überall 144, 5
Und loben dich die Heiden überalle 192, 2
Hilf uns die Weltsorg überall 752, 8
Ich find hier überalle nichts als Galle 554, 10
Überall ist meine Weide 625, 6
In Freiheit überall, mit Klarheit 369, 6
Der Tod und überall der Tod 756, 11

übereilen.

Hast mich nicht übereilet 326, 7
Ich bin von Fleisch u. Blut oft übereilet 477, 5

überein.

Wunsch und Zähren ihn bitten werden überein 399, 15

Überfall.

Schütze mich vor Überfall 714, 9

überfallen.

Wenn sie Unglück überfällt 701, 4

Überfließen.

Und bis zum Überfließen schenkt er 109b, 5

Überfluß.

So kommt, so hilft der Überfluß 610, 6
Und mit großem Überfluß 455, 4
Du wirst mir geben d. Segens Überfluß 740, 9
Nicht Überfluß noch Dürftigkeit 82, 9

überflüssig.

Der so überflüssig labt 204, 7

überfüllen.

Mit Schweiße des Blutes überfüllt 580, 2
Mich in Leidenszeit erfreulich überfüllen 594, 2

übergeben.

Ungern ich übergebe den Sünder in 6, 8
Wird ihnen eigen übergeben 471, 4
All mein Sach sei dir übergeben 195, 5
Dir bin ich einmal übergeben 578, 1
Dir will ich übergeben[1]) jetzund 54, 4
Ich übergebe sie, Herr, deinen Händen 477, 7
Dir ist alles übergeben 259, 4

übergehen.

Von Gebet u. Flehen heilig übergehen 62, 1

übergroß.

Dein übergroße Güte 560, 7
Mein Sünd sind schwer u. übergroß 30, 2
Und übergroße Seligkeit 703, 2

überhand.

Und das Fleisch nimmt überhand 26, 4

überhoch.

All Augenblick u. Stunden dir überhoch 580, 9

überladen.

Die hat mich überladen[2]) mit Ruh 366, 4
Mit Schmähen überladen 13, 8

überlaufen.

Wo es länger überläuft 26, 6

überlegen.

Ach ja, wenn ich überlege, mit was 762, 4

1) Var. Bernb. G. in deine Händ thu geben. 2) Var. Bernb. G. reich beladen.

übermaßen.

In Ewigkeit mein Elend übermaßen 502, 4

Übermut.

Hat gebüßet meinen Stolz u. Übermut 383, 7
Haß, Falschheit, Übermut u. Heuchelei 294, 6

übernehmen.

Und übernahm die Sündenlast 53, 4

Überrest.

Verschlang der Hoffnung Überrest 691, 5

überschreiten.

Wenn aber ich ihn überschreite 330, 4

überschwenglich.

Und thust überschwenglich mehr 136, 7
Überschwenglich ist der Lohn 634, 2

überselig.

Du überselges Leben! 531, 6

überstehn.

Ich will mit Gott ihn überstehn 399, 7
Bald ist es überstanden 120, 5

übersteigen.

Das alles Denken übersteigt 340, 2

überströmen.

Wer überströmet mich mit Segen 524, 9

Übertreten.

Strafe nicht mein Übertreten 714, 4

Übertretung.

Das schwere Joch der Übertretung 279, 6(7)
Da ich in mancher Sünd u. Übertretung 687, 1

überwiegen.

Liebe hat uns überwogen 299, 2

überwinden.

I. Christus.

Höll u. Tod er alles überwunden hat 745, 6
Da du den Tod längst überwunden 777, 9
Herr, der du überwunden den Feind 117, 3
Unser Heiland, der den Tod überwand 385, 1
Angst u. Not hat überwunden Jesus 181, 2
Der alles überwunden 179, 6
Was in Not uns stürzet, überwunden 607, 7
Heut siegreich überwunden 670, 6
Weil er nach überwundnem Streit 670, 6
Weil Jesus überwunden 670, 7
Er wird auch überwinden weit in dir 670, 7
Und alles Unglück hier kann leichtlich überwinden 554, 9
Unser Herr hat überwunden 42, 5
All Feind zu überwinden 636, 1
Liebe, die mich überwunden 435, 5

II. Mensch.

Und die Welt zu überwinden 584, 4
Angst u. Pein hiermit stets überwinde 39, 1
Alles Unglück überwinden 543, 4
Ich hab nun überwunden Kreuz 78, 3
Ritterlich alles durch dich überwinde 602, 14
Ich hab sie überwunden mit Gott 81, 1
Hilf du selbst mir überwinden 651, 4(5)
Und kann doch überwinden 153, 1
Und will sie überwinden 153, 2
Die will ich überwinden 153, 3
Drum will ich überwinden 153, 4
Und ich will überwinden 153, 5
So wollt ich überwinden 153, 6
Und ich kann überwinden 153, 7
So kann ich überwinden 153, 8
Noch will ich überwinden 153, 9
Dann muß ich überwinden 153, 10
Das hilft mir überwinden 153, 11
Drum will ich überwinden 153, 12
Fleisch u. Sünden kräftig überwinden 449, 8
Damit ich überwinde Tod, Teufel, Höll 763, 7
Wenn ich eine Sünde freudig überwinde 246, 3
Durch den Glauben überwinden 476, 10
Drum wirst du überwinden 670, 8
Allen Spott, alle Marter überwunden 460, 6
Meinen Feind mit Sanftmut überwind 536, 4
Meine Not auch geduldig überwinden 600, 9
Daß ich alle Qual u. Not überwunden 425, 1
Wie bald ists überwunden 45, 6
Wer überwindt und kriegt den Raum 38, 4
Wer überwindt, den soll kein Leid 38, 4
Wer überwindt und seinen Lauf 38, 5
Wer überwindt, bekommt Gewalt 38, 6
Wer überwindt, bekommt vom Herrn 38, 6
Wer überwindet, der soll dort 38, 7
Wer überwindt, soll ewig nicht aus 38, 8
Wer überwindt, soll auf dem Thron 38, 9
Daß du mögst überwinden 38, 10
Drum auf! laßt uns überwinden 47, 9
Der hat glücklich überwunden 372, 6
Bald ist es überwunden nun 124, 7
So hilf mir mächtig überwinden 470, 7
Männlich kämpf und überwinde 207, 6
Daß wir auch überwinden 670, 10
Hilf uns fröhlich überwinden 285, 5
Zuletzt mit Freuden überwind 666, 10
Du hast im Herren überwunden 770, 5
Hilf uns aus Gnaden überwinden 351, 4
All glücklich überwunden 472, 2
Hilf kämpfen ritterlich, damit wir überwinden 769, 11(12)
Durch Christum überwinden 167, 5
Daß ich durch d. Geist mög überwinden 4, 7

III. allgemein.

Daß sie nicht überwinde 310, 3
Die nichts konnte überwinden 448, 1
Ein Leichtes ist, dich zu überwinden[1]) 449, 4
Kein Feind wird ihn überwinden 701, 3

Überwinden.

Auf, auf, zum Überwinden 38, 1

Überwinder.

Des Todes Überwinder, die Freistatt 776, 3
Er ist der Überwinder 572, 3
Überwinder, nimm die Palmen 646, 1
In d. Herrlichkeit v. allen Überwindern 670, 10

---

1) Var. Bernh. G. behende ist, daß er dich berücke.

Ihr der Überwinder Chöre, bringt Dank 613, 2
Und mache die zu Überwinder 591, 4
Der Überwinder Scheitel trägt 367, 8

Überwinderchor.

Und reicht dem Überwinderchore 394, 4
Sinds nicht Überwinderchöre? 768, 3

überzeugen.

Wenn mich Sünden überzeugen 375, 4

übrig.

Was übrig ist, auf Arme wend 260, 8

umarmen.

Will u. kann dich retten u. umarmen 393, 2

umbringen.

Die starken Feind hast umgebracht 144, 3
Du hast ihn umgebracht 769, 3
So lang und schändlich umgebracht[1]) 471, 9
Den Lebensfürsten umgebracht 607, 2

umdecken.

Mich nicht mit dem Netz umdecke 648, 5

umdunkeln.

Der die Welt umdunkelt hat 433, 5

umfangen.

So fest umfangen hast 738, 5
Bis mich dein Arm umfinge 554, 8
Das Eine zu umfangen 393, 3
Da du uns wirst umfangen 621, 10
Und ich dich leiblich werd umfangen 676, 12
Von Gott verlassen, hingest und mich umfingest 477, 11
Süßes Heil, laß dich umfangen 200, 12
Mit Lieben u. Verlangen mög umfangen 554, 1
Dich aus aller meiner Macht zu umfangen 625, 12
Dich, so gut ich kann, wiederum umfang 693, 8
Ich umfange, herz und küsse 611, 2
Völlig fassen und umfangen 611, 2
Daß ich gar, o Leben, dich umfange 234, 2
Mit Freuden werd umfangen 7, 11
Mich ganz umfangen hatten 671, 2
Der Stall, das Heu, das dich umfing 753, 14
Und mit dem Fluch umfangen 149, 3
Und bin mit Furcht umfangen 279, 3
Fried u. Freud hat mich umfangen 425, 6
Sind mit dem Tod umfangen 489, 1
Euch hat das Leid umfangen 621, 7

umfassen.

Gott wird dennoch dich umfassen 229, 6
Treu will ihn dein Arm umfassen 253, 4
Mich wirst — mit deiner Gnad umfassen 465, 2
Freudig will ich dich umfassen 309, 15(5)
Ewig will ich dich umfassen 461, 9
Sprich: o Herr, laß dich umfassen[2]) 596, 2
Laß dich halten und umfassen 667, 3
Ja, ja, mein Herz will dich umfassen 474, 7
Sondern gläubig dich umfassen 602, 10
Heilger Geist, den ich umfasse 240, 4

umgeben.

Daß du mich stets umgiebest 518, 3
In Händen tragen, umgeben ganz und 369, 3
Auch im Glauben dich umgebe 437, 5
Dich hat jetzt ein Felsengrab — umgeben 629, 2
Angst u. Pein mich auf d. Welt umgeben 361, 3
Mit Not und Tod umgeben bin 166, 3
Mit Todesnot umgeben 172, 1
Wir sind mit Sterblichkeit umgeben 728, 1
Dann wird — diese Haut mich umgeben 389, 5
Sind mit Himmelsglanz umgeben 31, 4
Mit Klarheit hell umgeben 369, 6

umhüllen.

Verstand ist mit Finsternis umhüllet 439, 2

umkehren.

Ich will, daß er umkehre und ewig leb 6, 8
Wenn ich nun vollends umgekehrt 733, 4
Ach, weil noch Zeit umzukehren 26, 7
Dunkle Nacht ist nun ganz umgekehret 465, 9
Und kehren um zu ihrem Staub 446, 2
Ob viel auch umkehrten zum größesten 169, 4

umkommen.

Und wer bös ist, muß umkommen 758, 4
Laß mich nicht in dieser Not umkommen 172, 3
Niemand sag, ich sei umkommen 425, 4

umringen.

Er ist umringt von ihnen 171, 3
Mich will umringen die Hölle 440, 4

umschanzen.

Dein Wahrheit uns umschanze 2, 3

umschlagen.

Wie viel — ist schändlich umgeschlagen 138, 7

umschließen.

Umschließ mich ganz mit deinem 647, 1
Und was dies Jahr umschlossen 86, 1

umsehen.

Sich brünstig nach dir umgesehen 471, 8

umsonst.

Und wem dus giebst, der hats umsonst 353, 4
Erlöst bin ich aus Gnaden, umsonst 579, 5
Umsonst will er mirs geben 579, 6
Frei und umsonst gegeben 212, 4
Da hast du mir gegeben umsonst 740, 2
Er hat mich oft umsonst geladen 471, 9
Es ist doch unser Thun umsonst 55, 2
Ist all unser Werk umsonst 311, 1
Es ist umsonst; du wirst fürwahr 138, 2
Ach nur umsonst; und könnt ich gleich 366, 12
Die weltlich Pracht ist gar umsonst 417, 10
Mein Sorgen ist umsonst 399, 2
Umsonst erbeut ein Bruder sich 333, 5
Nicht umsonst sei Tod u. Bangen 637, 10

umstoßen.

Daß sie mich nicht umstoße 353, 5

Umweg.

Dann geht dein Fuß auch durch Umwege[3]) frei 619, 2

---

1) Var. Bernb. G. durchgebracht. 2) Var. Bernb. G. Komm, mein Heil, laß dich genießen. 3) Var. Hann. G. Unwege.

unabwendig.
Unabwendig und beständig treu zu 476, 9
unangemeldet.
Er kommet oft unangemeldet 358, 3
Unart.
Unart, Hoffart laß uns meiden 28, 4
Was mein Unart hat verschuldet 648, 4
unaufhörlich.
Der du mich unaufhörlich liebst 205, 11
unauflöslich.
Als seine Braut unauflöslich sich 526, 5
Unauflöslich uns vereine 664, 5
unaussprechlich.
Und spricht er Worte, d. unaussprechlich 405, 7
Unaussprechlich, wenn du da 373, 3
Mit Seufzern, die ganz unaussprechlich 136, 4
Wahrer Christen unaussprechlich selig 702, 1
unbarmherzig.
Jen's schläget unbarmherzig drauf 212, 6
Ein unbarmherziges Gericht wird 622, 6
Unbarmherzigkeit.
Geiz und Unbarmherzigkeit sei ferne 294, 6
Unbedacht.
Mit Unbedacht dies ganz veracht' 326, 6
unbedingt.
Und unbedingt mein Herr u. Meister 236, 7
unbefleckt.
Unbeflecktes Gotteslamm! 600, 4
Alle unbefleckten Tauben 424, 8
Sich rein und unbefleckt erhält 541, 1
Doch daß er bleib von Wollust unbefleckt 310, 5
unbegreiflich.
Die Majestät, sein unbegreiflich Wesen 337, 2
Ganz unbegreiflich ist dein Nam 547, 1
Was unbegreiflich, finden? 135, 14
unbekannt.
Und läßt sie, was uns unbekannt 243, 6[1])
unberührt.
Und von Lüsten unberührt 448, 2
unbeschädigt.
Daß ich unbeschädigt blieben 714, 2
unbesorgt.
In Sicherheit ganz unbesorgt 366, 6[1])
unbeständig.
Und ganz unbeständig sind 32, 3
unbetrübt.
Darum so geh ich unbetrübt mit dir 476, 6
Gott giebt und liebt: Nur unbetrübt! 230, 7
unbeweglich.
Dies Wort — ist fest u. unbeweglich 295, 2
Der Grund, der unbeweglich steht 340, 1
Was diese mich läßt hören, muß unbeweglich sein 361, 1
Fest und unbeweglich stehn 702, 2
Der Fuß muß unbeweglich stehn 306, 5
unbewegt.
Und große Güte steht fest u. unbewegt 365, 3
Sei unbewegt, wenn um dich her 108, 6
unbewußt.
Daß uns hinfort sei unbewußt die 543, 7
Bleibt mir unbewußt 381, 3(4)
unbezwungen.
So glaube du, du bleibest unbezwungen 609, 7
Undank.
Sollt ich mit Undank dich betrüben 205, 11
Undankbarkeit.
So ist auch mein Undankbarkeit sehr 326, 3
unehrbar.
Daß ich durch unehrbaren Scherz 260, 7
Unehre.
Du sollst nicht führen zu Unehrn 134, 3
unempfindlich.
Willst du unempfindlich sein 600, 1
unendlich.
Sein Macht u. G'walt unendlich ist 745, 3
Zu aller Zeit unendliche Barmherzigkeit 340 5,
Unendlich Lob für Seel und Leib[2]) 524, 6
unerforschlich.
Dein Wesen unerforschlich 547, 1
unerforscht.
Und die unerforschte Weise machet 596, 5
unergründlich.
Ins unergründlich tiefe Meer 471, 3
unergründet.
O du unergründter Brunnen 625, 3
unerhört.
O unerhörtes Liebesfeuer 580, 8
Nicht unerhört von deinem Throne 243, 1
unerkannt.
O der unerkannten Macht 62, 6
unerschaffen.
O unerschaffne Sonne 115, 3
unerschöpflich.
Und unerschöpflich auf mich fließt 623, 1
unerschöpft.
Vor unerschöpften Schmerzen ein 580, 2
unerschrocken.
Und sei nur unerschrocken 234, 11
In Gefahren unerschrocken 448, 2
unerträglich.
Ganz unerträglich ist sein Grimm 302, 3
Dein unerträglich Zorngericht 366, 7
Der Sünden Last und unerträglichen 743, 4
Unfall.
Allem Unfall will er wehren 749, 1
Vor allem Unfall gnädiglich der 346, 5
Soll heute nicht betrüben kein Unfall 515, 9
Daß kein Unfall mich berühret 714, 3
Wend Unfall ab, kanns anders sein 735, 6
Wehre dem Unfall auf dem Weg 403, 2
Ob ihm — geht zu Handen viel Unfalls 146, 7
Kein Unfall unter allen wird mir 399, 7
Uns soll hinfort kein Unfall schaden 514, 5
Unfriede.
Behüt uns, Herr, vor Unfried, Streit 655, 5
Die in Unfried stehn, versühne 419, 11

1) Fehlt Bernb. G. 2) Var. Bernb. G.

ungeachtet.
Ungeacht der Geist in Zeiten sich 527, 4
Ungebärde.
Behüte mich vor Ungebärd 553, 8
Ungeduld.
Hilft denn was die Ungeduld? 608, 4
Was die Ungeduld erregt 460, 2
Daß mich die Ungeduld nicht reize 367, 9
ungeduldig.
Zwar ich bin nicht ungeduldig 173, 3
ungefälscht.
Dir ist allein bewußt die ungefälschte 135, 8
ungefärbt.
Mache mein Gemüte durch ungefärbte 541, 2
Wirk in mir ein ungefärbte Reue 349, 6
Ungeheuer.
Und los zu machen v. solchem Ungeheur 580, 8
Ungemach.
Nicht zu kehren an einzig Ungemach 37, 7
Nehmt euer Kreuz und Ungemach auf 485, 1
Bis du aus dem Ungemach zu ihm 601, 1
So bleib ich frei von Ungemach 142, 4
Betrübet mit viel Sünd u. Ungemach 760, 1
Beseufzen unser Ungemach 719, 2
Besteht im Ungemach 657, 4
Ungemach erlitten, ritterlich gekämpfet 288, 3
Eh denn das Ungemach mit Haufen 770, 4
ungemessen.
Ganz ungemessen ist dein Macht 29, 2
ungepreist.
Des Todes Ziel dich trifft, nicht ungepreiset 149, 7
ungeraten.
Wir sind die ungeratnen Kinder 751, 2
ungerecht.
Ein so ungerechter Mann tastet 493, 4
Ungerechte.
Ihr Ungerechten, seht die Unschuld 606, 1
Ungerechtigkeit.
Nichts—finden, als nur Ungerechtigkeit 374, 3
Ich hingegen voller Ungerechtigkeit 654, 2
ungeschieden.
Und bleibt Jesus ungeschieden 462, 1
Daß es von ihm ungeschieden 373, 14
Von dir ich ungeschieden bleib 710, 3
Also sind wir ungeschieden 315, 3
Und bleiben ungeschieden im 297, 6
ungesehen.
Dich fühlbar gnug offenbaren, auch ungesehn 16, 2
Und waltet bis ans Ende uns ungesehn 394, 1
ungestalt.
Werden alt und doch niemals ungestalt 758, 3
ungestüm.
Und der ungestüme Wind 196, 3
Ungestüm.
Und wenn des Kreuzes Ungestüm 165, 9
Und alles Ungestüm auf seinen Wegen 472, 2
Ungewitter.
In schweren Ungewittern die Kindlein 510, 4
Vor Hagel u. Ungewitter behüt uns 443
Als Fels in Ungewittern 108, 4
Wenn um dich her sich Ungewitter[1]) 108, 6
Kein Ungewitter ist mir zu bitter 440, 3
ungezählt.
Bis daß ich deine Lieb u. ungezählte 352, 8
Unglaube.
Hilf du meinem Unglauben 6, 6
Weil der Unglaub uns besessen 413, 4
Der Unglaub mag denken 299, 8
ungleich.
Ungleich soll nun eben werden 645, 4
Unglück.
Vor dem Unglück hat er mich hingerafft 425, 4
Und mich vorm Unglück weggerafft 728, 5
Was unser Unglück bricht 365, 6
Treibt alles Unglück abe 109b, 4
Treibt alles Unglück hinterwärts 681, 5
Und manches Unglück von uns kehrt 302, 5[2])
Der Herr behüte mich vor allem Ungelück 706, 5
Daß allein er dein Unglück wende 195, 3
Mein Unglück kann er wenden 48, 1
Er wird mein Unglück wenden 682, 2
Wie er soll all mein Unglück wenden 676, 4
Mich zu wehren, wenn Unglück geht 353, 3
Nicht in Unglück dürfe weinen 268, 4
Als Glück u. Ungelücke, das kommt 407, 4
Wenn dich Unglück hat betreten 701, 1
Wenn sie Unglück überfällt 701, 4
Es hat kein Unglück nie so lang 4, 5
Kein Unglück und kein Kränken 139, 5
Kein Unglück ist in aller Welt 530, 2
Schlägt dich Unglück gleich darnieder 217, 3
Wenn uns des Unglücks Wetter schreckt 243, 7
Das Unglück ist mein Glück 37, 5
Alles Unglück überwinden 543, 4
Freude, die mein Unglück liebt 678, 4
Daß ich dir im Unglück treu 316, 7
Ade, dort werd ich leben ohn Unglück 740, 9
Kann das Unglück nicht vermeiden 213, 12
Trifft mich ein Unglück: unverzagt! 88, 7
Denn ewigs Glück und Ungelück hängt 358, 3
Und alles Unglück hier kann leichtlich 554, 9
Bin frei vom Ungelücke 106, 6
Der mich in Glück und Unglück meint 666, 4
Im Unglück glückselig waren sie 448, 3[3])
unglückselig.
O der unglückselgen Zeit 778, 4
Unglücksfall.
Und so manchem Unglücksfall 628, 2
Unglückslauf.
Wie manchen schweren Unglückslauf 355, 16
Unglückswellen.
Weil in den stärksten Unglückswellen 741, 2
Er kann deinen Unglückswellen ihre 696, 4

1) Var. Darmst. G. Wetterwolken. 2) Fehlt Bernb. G. 3) Mind. Rav. zweite Pershälfte verändert.

Ungnade.
Dem wird mit Ungnad abgelohnt 631, 4
Des Lohn ist Zorn und Ungenad 704, 11
ungnädig.
Wie könntest du ungnädig sein, dem 474, 3
Unheil.
Kein Unheil mich betrübt 405, 6[1])
Unkraut.
Reut alles Unkraut aus 151, 7
Unlauterkeit.
Nur ist von der Unlauterkeit die Liebe 306, 4
Unlust.
Die Unlust schafft in dir dein eigner 186, 3
unmöglich.
Was mir sonst fast unmöglich deucht 362, 13
Was dir unmöglich deucht 755, 3
Unmündiger.
Ich strauchle noch wie ein Unmündiger 116, 3
Unmut.
Gnug meinen Unmut stillen 328, 3
unnütz.
Ich bin ein unnütz Knechte 579, 6
Laß kein unnützes[2]) Wort aus meinem 536, 3
unrecht.
Wohl dem, der nicht unrecht handelt 758, 1
Daß von unrechtem Gut nichts 536, 5
Unrecht.
Das Unrecht will ich dulden 580, 14
Zeigen sich welche, die Unrecht leiden 446, 5
Mein Herz vom Geiz u. Unrecht kehr 260, 8
Mit Unrecht Gut an mich gebracht 704, 8
Was Sünd und Unrecht ist gethan 55, 1
Kein Gewalt noch Unrecht sei 419, 5
Und wie du, das Unrecht hassen 422, 3
Hab ich Unrecht heut gethan 491, 2
Wer ließe sich — nicht lieber Unrecht 424, 9
unrein.
Ich bin krank, unrein, arm u. bloß 555, 2
Was unrein ist, das mache rein 555, 4
Treib, Herr, von uns fern die unreinen 129, 2
Ich hab unreine Lust gesucht 704, 7
Welchen nicht gefällt die unreine Lust 419, 7
Unreines.
Hier heißts: rührt kein Unreines an 570, 2
Unreinigkeit.
Treib all Unreinigkeit hinaus 168, 2
Unruh.
Gott, der aller Unruh wehrt 690, 1
Laß die Unruh dieser Zeit, Jesu, bald 115, 7
Laß nicht den Geist zerstreut in Unruh 96, 9
Die nur Sorg und Unruh machen 32, 3
Ich fände Unruh im Getümmel 691, 2
So war nur Unruh der Gewinn 691, 5
unsäglich.
Mit meiner Sündenschuld unsäglich 524, 9
Unschuld.
Soll mir sein ein Spiegel der Unschuld 580, 11
Seht die Unschuld hier verdammen 606, 1
Schenk ihm deiner Unschuld Seide 437, 4
Und weiß durch deiner Unschuld 366, 14
Mein Unschuld trägt die Sünde dein 502, 8
Dein Unschuld u. Gerechtigkeit macht 277, 2
Bekleidet mit Christi Unschuld sein 450, 5
Christi Unschuld ist mein Ruhm 599, 5
Kein Unschuld war zu finden 76, 2
Unschuld und Leben wiederbracht 572, 7
Sein Unschuld sollst auch retten du 134, 9
In ihrer Unschuld sterben 708, 1
Dich in Unschuld sehe 436, 3
unschuldig.
O Lamm Gottes unschuldig 565, 1—3
Für dein unschuldig Sterben 709, 4
Durch dein unschuldig Leiden 547, 7
Durch dein unschuldig Blut 763, 4
Schaut, daß ihr hier unschuldig lebt 417, 12
Was mancher für unschuldig meinet 570, 2
Unschuldskleid.
Ich schenke dir m. reines Unschuldskleid 777, 6
unselig.
Ja, unselig sind die Herzen 717, 6
unser.
Seinen Sohn und unsern Herren 749, 2
Nicht unser, sondern dein ja ist 1, 7
unsichtbar.
Daß du, unsichtbarer Meister 300, 5[1])
Die sichtbar und unsichtbar seind 555, 10
Unsichtbarer.
Und doch dem Unsichtbaren, als säh 189, 2
Unsrige.
Sind ja auch bedacht, die Unsrigen 139, 6
unstät.
Die Luft unstät Menschen und Vieh 8, 7[1])
unsterblich.
Und ich unsterblich werde 234, 2
Schön, unsterblich, engelrein 221, 5
Unsterblichkeit.
Gegessen die Speise der Unsterblichkeit 740, 3
Der Seele Wert, Unsterblichkeit und 227, 4
Folgt Wonne der Unsterblichkeit 613, 1
untadelig.
Bewahr mein Herz und alle Sinnen untadelig 538, 5
unter.
Nun lieget alles unter dir 144, 4[1])
untergeben.
Tod u. Leben, dir ist alles untergeben 28, 1
untergehen.
Herr, dein Auge geht nicht unter 268, 6
In meinen Sünden untergeh 279, 2
Und nicht in Trübsal untergeh 666, 10
Bis die Welt wird untergehn! 25, 5
Möchte gar auch untergehn 773, 3
Laß Erd und Himmel untergehn 205, 8
Wenn Erd und Himmel untergeht 340, 1
Unterhalt.
Wird auch Unterhalt bescheren 213, 7

1) Fehlt Bernb. G. 2) Var. Bernb. G. unnützlich.

Jung u. alt verlanget seinen Unterhalt 540, 4
Was du zum Unterhalt des Leibes 122, 8

Unterlaß.

Er führt mich auch ohn Unterlaß 109b, 3
Ohn Unterlaß zu seufzen u. zu beten 362, 14
Kleidet schön ohn Unterlaß 626, 3
Dein Huld u. Treu ohn Unterlaß mich 135, 18
Gehen fort ohn Unterlaß 21, 8
Und drauf sehn ohn Unterlaß 419, 8
Und ich himmelwärts ohn Unterlaß 234, 10
Nach dir zu blicken ohn Unterlaß 16, 5
Nun ist groß Fried ohn Unterlaß 29, 1
Muß leidend sein ohn Unterlaß die 417, 14

unterlassen.

Was hast du unterlassen zu meinem 738, 3
Zu unterlassen meine Pflicht 304, 3

unterliegen.

Fürcht ich auch zu unterliegen 633, 2
Sollt ich etwa unterliegen 18, 8
Daß ich schier muß unterliegen 374, 7

untermengen.

Daß von unrechtem Gut nichts untermenget sei 536, 5

Unterpfand.

Und meines Glaubens Unterpfand 357, 5

Unterricht.

Gieb uns — durch dein Licht Unterricht 318, 6

Unterschied.

Wir werden hingerissen ohn einen Unterschied 127, 3
Doch bleibt ein großer Unterschied 212, 1
Mein Gott, laß diesen Unterschied 212, 8(7)
Kein Unterschied findet hier einige 397, 3

unterthan.

Und sind dir willig unterthan 144, 4
Werden dem, das du gründest, unterthan 91, 3
Die ihm nicht herzlich unterthan 319, 4
Daß wir dir stets unterthan 551, 1
All Dinge sind ihm unterthan 745, 5

Unterthan.

Seid fromm, ihr Unterthanen 36, 5
Den Unterthanen nützet, d. Unterthanen 368, 4

unterthänig.

Alles wird ihm unterthänig 384, 1
Alles sei ihm unterthänig 384, 12
Dir ist man unterthänig 368, 1
Dem die Völker unterthänig 373, 7

untertreten.

Du bist d. Held, der sie kann untertreten 291, 5

unterweisen.

Gott hat mich unterweiset 113, 1
Komm und unterweise mich 584, 5
Lehr du und unterweise mich 537, 2

unterwerfen.

Es unterwirft sich ihrer Zucht 167, 7

unterwinden.

Darf der sich unterwinden, Gott zu 290, 7
Und umsonst sich unterwindet 193, 8(5)

untreu.

Wenn alle untreu werden 698, 1

untüchtig.

Zu dem, o Gott, was geistig ist, untüchtig 752, 1

Untugend.

Dir stets unterthan all Untugend meiden 551.
Wo sie müssen ihr Untugend büßen 222, 8
Daß ich aus mir nun all Untugend 281, 9

unumschränkt.

Nach deiner unumschränkten Güte 741, 6
Unumschränkte Liebe gönne blöden 650, 1
Licht der unumschränkten Weiten 373, 12

unverändert.

Bleibt unverändert stehen 531, 2

unverbunden.

Seelenwunden, die sonst waren unverbunden 3, 4

unverdient.

Ihn unverdient zum Kindschaftsrecht 777, 7
Da du aus unverdienter Gnad mich 244, 1
Mehr gethan aus unverdienter Güte 122, 3

unverdorben.

Ei du bleibest unverdorben 428, 3

unverdrossen.

Du hast uns unverdrossen durch dein 117, 4
Und dazu ganz unverdrossen 596, 8
Empfahet unverdrossen den großen 36, 1
Ach, so laß uns unverdrossen deinem 321, 4
Dir zu folgen unverdrossen 586, 1
So will ich unverdrossen an mein 399, 7

unverfälscht.

Ein Siegel der Lieb u. unverfälschten 580, 11

unvergänglich.

Leben wiederbracht u. unvergänglich 572, 7

unvergessen.

So lange soll die Pein — auch unvergessen sein 606, 5
Bei mir unvergessen sein 611, 4

unvergleichlich.

Du liebest unvergleichlich 36, 10
Seine Lieb ist unvergleichlich 455, 4

unverhofft.

Gar oft ganz wunderlich u. unverhofft 666, 3
Daß dich nicht die böse Zeit unverhofft 449, 1

unverhohlen.

Sprich: Herr, dir ist unverhohlen 648, 3

unverletzet.

Dein bleiben stets und unverletzet 461, 7
Dies Kind soll unverletzet sein 515, 8
Der behält ganz unverletzet einen freien 32, 1
Hast unverletzt u. frei hindurch gebracht 131, 2

unverloren.

Ich bin ja unverloren 472, 1
Damit sie unverloren sein 708, 1
Und der Staub ist unverloren 646, 6

Unvermögen.

Die ihr Unvermögen sehn 193, 5[1])

1) Fehlt Darmst. G.

unvermutet.
Dich in Sünden unvermutet finden 449, 2
unverrückt.
Unverrückt auf e. Mann zu schauen 160, 1
Unverrückt dem Heiland nachzugehen 727, 1
Laß mich dir, meine Zier unverrückt anhangen 200, 12
Deren Hoffnung unverrückt nach der Siegeskrone blickt 634, 2
unversehrt.
Damit ihr bleibet unversehrt 591, 1
Unversorgte.
Der Unversorgten Gabe, der Armen Gut und Habe 510, 12
Unverstand.
Und der Sinnen Unverstand 619, 8
Wie mit grimmgem Unverstand 731, 1
unverwandt.
Unverwandt auf Christum sehen 651, 1
Mit unverwandtem Augenlicht 558, 7
unverweslich.
Und unverweslich[1]) werden soll 475, 7
Unverweslich leben wieder 428, 8
Aufstehn u. unverweslich hervor gehn 509, 1
unverzagt.
Macht freudig, unverzagt 365, 6
Dieses machet unverzaget 47, 3
Seid unverzagt, ihr habet die Hülfe 738, 6
Hoff und sei unverzagt 58, 6
Doch bin ich unverzagt 405, 11(12)
Unverzagt u. ohne Grauen soll e. Christ 676, 7
Nur unverzagt und frisch gewagt 153, 12
O Seele, harr und sei unverzagt 686, 1
Trifft mich ein Unglück: unverzagt 88, 7
Unvollkommenheit.
Viel Unvollkommenheit bemerken 340, 8
Unwissende.
Die Unwissenden zu lehren 255, 4
unwürdig.
Wer unwürdig hinzu geht 386, 3
Gar unwürdig ist mein Flehen 637, 14
unzählig.
So gering nicht achten sein unzählig Wohlthat 258, 2
Unzählig viel zu gut u. noch jetzund gethan 499, 1
unzertrennbar.
Wo beide unzertrennbar an dir hangen 569, 2
Üppigkeit.
All Üppigkeit verachten 28, 4
Ursach.
Was ist doch wohl die Ursach solcher Plagen 298, 3
Laß mich auch die Ursach sein — verstehen 371, 3
Ihr habt Ursach zu bekennen 593, 3
Die mir sind ohn Ursach feind 624, 6[2])
Ursprung.
O Vater aller Dinge Quell u. Ursprung 547, 3
Dein Gott, der Ursprung aller Ding 355, 13
O Ursprung des Lebens, o ewiges Licht 574, 1
Du bist der Ursprung aller Freud 753, 9
Den Ursprung meiner Freuden 560, 5
Und dein Ursprung dir vorleget 604, 6(7)
Mein Geist sucht seinen Ursprung wieder 306, 1
Kehrt in seinen Ursprung hin 312, 2
Als Ursprung vieles Leides 472, 5
ursprünglich.
Als der ursprünglich war und ist 499, 3
Urteil.
Welchs das erschrecklich Urteil spricht 553, 12
Der mir auch wird ein Urteil fällen 333, 4
Er spricht sie von dem Urteil los 471, 3
Nicht stracks das Urteil sprechen 399, 5
Kein Urteil mich erschrecket 405, 6
Ein solch scharf Urteil hat gesprochen 298, 1
Daß mein Urteil über mir, ich bei dir 599, 3

V.

Valet.
Valet will ich dir geben 652, 1
Vater.
I. Gott.
a) allgemein.
Daß du, Gott Vater, ewiglich regierst 29, 2
Gott Vater in dem höchsten Thron 506, 7
746, 3
Ein Vater, ein Glaube, ein Geist 397, 2
Mit Gott Vater und dem Sohne 152, 1
Die Gott der Vater hat bereit' 662, 4
Vater ins Himmels Thron 258, 6
Vor den Thron des höchsten Vaters 165, 10
Herr Gott Vater, mein starker Held 734, 5
Du sollst Gott den Vater preisen 386, 4
Laßt Gott den Vater sorgen 203, 5
Ehr sei dem Vater u. dem Sohn 278, 4. 289, 3
Ehre sei nun Gott Vater, Sohn 8, 10[3])

1) Var. Bernb. G. unverwelklich. 2) Fehlt vielfach. 3) Fehlt Bernb. G.

Gott dem Vater im höchsten Thron 303, 6(7)
Gott Vater sei Lob und dem Sohn 409, 7
Gott Vater, Sohn, Heiliger Geist 547, 12
Gott Vater, Sohn und heilgen Geist 210, 6
Dem Vater aller Güte u. Jesu Christ 30, 4
Gott Vater, Sohn, heiligem Geist 183, 13
Daß ich den Vater kenne 537, 2
O Vater, hör mein Flehen 687, 8
Dem Vater und dem Sohne 499, 3
Gott Vater im Himmel erbarme dich 443
Sei Gott Vater und Sohn bereit 401, 7
Das ist des Vaters Wille 665, 9
Heilig, heilig, heilig heißt Gott der Vater 31, 4
Lobt und preist Vater und Sohn 446, 8
Der ewig bei dem Vater ist 749, 2
Gott mit Vater und dem Sohne 749, 3
Zeuch mich, o Vater zu dem Sohne 136, 2
Jehovah, Vater, Sohn und Geist 65, 5
Uns segne Vater und der Sohn 192, 3
Gott Vater, laß zu deiner Ehr 752, 10
Vater, hilf von deinem Thron 419, 11
Gott Vater, Sohn und heilger Geist 208, 4
244, 1. 330, 1. 7. 482, 4. 546, 1
Vater, Sohn u. heilger Geist 219, 1. 750, 1
Vom Vater und dem Sohn ausgehest 547, 9
Der Vater und der Sohn dich sendt 547, 9
Des Vaters werter Geist 208, 3
O hochgeliebter Geist des Vaters 769, 1

b) Christi Vater.

Des ewgen Vaters einig Kind 209, 2
Der Sohn des Vaters, Gott von Art 209, 5
Und bitten dich, ewigen Sohn des Vaters 83, 2
Gott des Vaters einig Kind 573, 1
Des Vaters liebster Sohn 208, 2
Gesetzet zur Rechten deines Vaters Kraft 28, 1
Gen Himmel, da dein Vater ist 144, 1
Zu der rechten Hand des Vaters 144, 3
Zur rechten Hand des Vaters groß 745, 5
Der du hingegangen zu dem Vater 225, 3
Der Sohn dem Vater g'horsam ward 502, 6
Gen Himmel, zu dem Vater mein 502, 9
Groß ist des Vaters Huld 519, 3
Dadurch ihr sollet han des Vaters Gunst 199, 2
Zu dir aus des Vaters Schoß 590, 1
Die zum Leben dir dein Vater übergeben 253, 5
Ja, Vater, ja von Herzensgrund 165, 3
Der uns zum Vater leitet 144, 8
Damit seins Vaters Zorn gestillt 183, 5
Damit des Vaters Zorn gestillt 666, 5
Zum Jordan kam nach s. Vaters Willen 77, 1
Und seinem Vater gnug gethan 471, 2
So bringt er sie dem Vater hin 471, 4
Du Vater hast vor aller Zeit 547, 3
Du bist des Vaters Ebenbild 547, 7
Zur rechten Hand des Vaters 547, 8
Laß mich in dir den Vater preisen 578, 6[1]
Und giebt uns in seins Vaters Reich 447, 6

c) der Menschen.

Von Herzen Vater ihn nennen 412, 2
Und Gott Vater nennen 597, 6
Ihn meinen Herrn u. Vater nenn 666, 9
Vater droben in der Höh 648, 7
Des reichsten Vaters Kind 171, 2
Mein lieber Vater, mich erklärt 330, 2
Herr Gott, der du mein Vater bist 269, 1
Du bist allein der Vater mein 269, 4
Mein Vater, aller Menschen Vater, Vater ist mein Ruf 246, 1
Bist du, Vater, hier bei mir 246, 3
Weil dein Vater treu und reich 313, 4
Der Vater sei getreu 658, 2
Lehr uns den Vater kennen wohl 409, 6
Liebster Vater soll es sein 442, 1
Sei du, Vater, hochgepreiset 442, 2
Und in Christo Vater nennen 442, 2
Der sich zum Vater geben hat 749, 1
Du hast mich, o Vater mild, gemacht 666, 2
Laß ferner dich erbitten, o Vater 510, 8
Sei der Verlassnen Vater 510, 12
Witwen und Waisen ist er der Vater 296, 8
Gott ist und bleibet stets ein Vater 398, 2
Der du heißt guter Vater 225, 2
Dies liebster Vater, dies verleih 237, 6
Dein Vater ists, der dir befohlen hat 755, 2
O Gott Vater, regier du mich 324, 2
Wie er ein lieber Vater blieb am Kreuz 230, 6
Du bist mein Vater, ich dein Kind 362, 7
Liebster Vater, ich dein Kind, komm 441, 1
Liebster Vater willst du dich Vater lassen nennen 441, 2
In Ewigkeit als Vater dich zu lieben 609, 1
Ist er dein Vater und dein Gott 609, 2
Daß er dein lieber Vater sei 609, 8
Weil du mein Gott und Vater bist 675, 3
Ei, so heb ich m. Hände zu dir, Vater 625, 12
Und bleibet doch dabei ein Vater 228, 2
Nach Vaters Art und Treue 258, 5
Das Herz des Vaters aufgethan 53, 8
Mein Vater muß mich lieben 341, 2
Einen Vater, welcher mir, was mir nützt 90, 2
Mein Vater, der mich schützt 208, 1
Ja, Vater, als er suchte 671, 3[2]
Dein Vater in der Höhe 399, 9
Ach Vater, kröne du mit — Himmelssegen 9, 4
Mein Freund und Vater sei 405, 2
Mein Vater trösten wird 329, 6
Gott, mein Vater, lebet noch 624, 5[1]
Er ist ein höhrer Vater[3] 732, 4
Drum darfst du nur dem — Vater trauen 186, 7
Und lege dich in deines Vaters Arme 138, 13
Wie mein getreuer Vater will 730, 1
In des liebsten Vaters Schoß 460, 1
Dir Vater, sag ich Dank 630, 2
Denn Gott der will dein Vater sein 516, 1
Dein Vater ist der liebe Gott 516, 2

---

1) Fehlt vielfach. 2) Fehlt Anh. G. 3) Var. Bernb. G. Es ist Gott unser Vater.

Das uns, o Vater, nicht von dir 355, 3
Uns geben wir, o Gott, du lieber Vater 15, 2
Laß Gott den Vater sorgen 15, 5
Gott, mein Vater, sorgt für mich 626, 6
Drum steh, o Vater ferner bei uns 547, 5
Vor den Thron des höchsten Vaters 169, 10
Fromm u. gut in s. Vaters Augen 149, 4
Weil er noch dein Vater heißt 26, 5
Auf dies Wort, lieber Vater fromm 533, 3
Nun, o Vater aller Gnaden 528, 8
Vater, laß mich Gnade finden 654, 1
Mein Vater, schaue Jesum an 563, 4
Doch, Vater, denk an deinen Namen 751, 3
Ein Vater, wenn ich fehle 459, 7
Sei Vater aller Kinder 274, 9
Wollst du nun, o Vater, mich entbinden 366, 2
Bis wir den Vater finden 41, 4
Vater, gieb vom Himmel Segen 225, 1
Dein Vater ists, der dir befohlen hat 755, 2
Lieber Vater, hilf, ich bin dein Kind 755, 4
Lieber Vater, der du Kron u. Scepter 362, 6
Du Vater aller Treu 286, 8
Vater, dein'm Namen sei Lob 129, 5
Laßt uns gehen, der Vater gehet mit 418, 7[1])
Mit Freuden zu dem lieben Vater gehn 429, 3
Mit dem Vater sich vereine 768, 1
Du unser lieber Vater bist 60, 6
Vater unser im Himmelreich 655, 1
Du bist ja unser Vater 535, 4
Wir wollen d. Vater zum Opfer dastehn 299, 1
Da wird das Kind den Vater sehn 191, 5
Daheim beim Vater kommen 418, 12(10)
Liebster Vater, ich bin hier 628, 8
Erblickst du schnell des Vaters Haus 313, 8
Vater, Vater, ich befehle meine Seele 739, 4
Dich, Vater in Ewigkeit, ehrt die Welt 271, 1
Nun Herr und Vater aller Güt 243, 13
Des Vaters Wort giebst du gar bald 409, 4
Vertrauen in d. Hort, des Vaters Wort 146, 4
Des Vaters Rat und ewges Wort 146, 5
Denn des Vaters liebe Rut 414, 3(4)
Der Vater soll das Kind regieren 578, 1
Ein kleines Kind, das Vater heißt[2]) 179, 1

II. Mensch.

Ich bin ein Vater und nichts mehr 139, 3
Gott ist der Väter Haupt und Ehr 139, 3
Der Vater muß mit Grämen 139, 7
Dieser Vater zeucht sein Kind 661, 3
Denkt Vater, wie viel Sorgen 621, 2
Des Vaters treue Liebe sieht sehnlich 621, 7
Du sollst ehrn und gehorsam sein dem Vater 134, 5
Deim Vater und der Mutter dein 516, 10
Wie für mich der Vater sich bemühet 532, 4
Was der alten Väter Schar 238, 2
Dich hat gehofft so lange Jahr der Väter — Schar 753, 3
Sei bereit, verlaß des Vaters Haus 51, 5
Kann ein Vater hier auf Erden 225, 2
Wie ein Vater seinem Kinde 625, 9
Ach komm, wie zu der Väter Zeit 163, 4
Kinder, die der Vater soll ziehn 599, 14
Gleich wie Väter nicht bald geben 624, 3
Wie sich ein Vater erbarmet 513, 3
Wie ein Vater nimmt und giebet 762, 8
Gleich als ein Vater pfleget 732, 3
Deine Gaben recht wie ein Vater 540, 1

Vaterarm.

Schließ uns mit Erbarmen in den Vaterarmen — ein 315, 3

Vateraugen.

Neiget die Vateraugen denen zu 610, 6

Vaterbrauch.

Nach s. alten Vaterbrauch thut er 88, 9

Vaterbrust.

Die reget sich in deiner Vaterbrust 619, 6

Vatergnade.

Bringt mir die Seligkeit und Gottes Vatergnad 14, 5

Vatergunst.

Ich stells in seine Vatergunst 399, 2

Vatergüte.

Sein Gemüt und die so reine Vatergüt 138, 9
Deine Vatergüte hast du lassen triefen 767, 1

Vaterhand.

Gott hat ja Vaterhände und strafet 352, 4
Die Vaterhand — von uns abgewendet 218, 1
Kann seine Vaterhand noch geben 755, 3
Ergebe — mich in deine Vaterhände 442, 12
Die deine treue Vaterhand gesetzet 545, 1
Es hat die Vaterhand uns d. Gnadenthür 272, 6
Nimm du unsern Geist in d. Vaterhände 122, 9
Doch schlage nur mit Vaterhänden 358, 4

Vaterhaus.

Wir sehnen uns — ins Vaterhaus 86, 4
Dann trägt mich in sein Vaterhaus 109a, 5
Ins große, freie, schöne Vaterhaus 569, 5
Und süßer Ton im Vaterhaus 187, 5

Vaterherz.

Du allerliebstes Vaterherz 325, 4
Er wandt zu mir das Vaterherz 502, 4
So bricht das Vaterherz und wallet 136, 5
Denn dir dein Vaterherze bricht 308, 3
O Vaterherz, o Licht, o Leben 578, 1

Vaterhuld.

Zeig mir deine Vaterhuld 635, 2
Vor der Feinde Toben mit der Vaterhuld 315, 2

Vaterland.

Werten Fried in unserm Vaterland 355, 6
Das Vaterland von Kriegeslast entladen 272, 3
In Gnaden unser Vaterland geeint 163, 1
Geh weg aus deinem Vaterland 51, 2
Dem neuen Sinn erst wie ein Vaterland 354, 3
Den Himmel offen als unser altes Vaterland 691, 6
Der uns bracht hat z. rechten Vaterland 497, 2

---

1) Fehlt Bernb. G. 2) Var. Anh. G. Ein Kind das Ewig=Vater heißt.

Wo ich ihn nur habe, ist mein Vaterland 705, 4
Da ist mein rechtes Vaterland 553, 2
In dem reichen geliebten Vaterland 171, 4
Will ich ziehen ins himmlische Vaterland 196, 7
Schon durchgeführt ins Vaterland 685, 8
Führe mich hinauf ins rechte Vaterland 294, 8
Und führt uns bis ins Vaterland 394, 3
Führ sie — ins rechte Vaterland 339, 2
Nach d. Himmel, dem rechten Vaterland 740, 9
Auf e. sichern Weg ins eine Vaterland 688, 4
Ein jeder mit allen z. Vaterland dringt 397, 6
Da ist mein Vaterland 329, 1
Mit Heil anlände in jenem Vaterland 369, 2
Führ uns an der Hand bis ins Vaterland 377, 1
Und führt uns bis ins Vaterland 394, 3
Droben unser Vaterland 312, 1
Ich fahr dahin — ins ewge Vaterland 579, 1
Den Pilgerstand im ewgen Vaterland 667, 4
Friedenssteg zum ewgen Vaterland 51, 14

väterlich.

Du väterliches Lichtes Glanz 67, 1
Aus Lieb ganz väterlich 99, 4
Hilf deinem Volke väterlich 237, 5
Gegen mich — mehr als väterlich gesinnt 624, 4
Mich ganz väterlich in s. Armen halten 682, 6
Der mich liebt so väterlich 626, 1
Hat er mich hingerafft so väterlich 425, 4
Recht väterlich hast du mich heut geleitet 96, 4
Väterlich führst du mich 275, 1
Manchem Unglücksfall mehr als väterlich gewehret 628, 3(2)
Meine Seel er väterlich bewahre 706, 5
Uns verschonet aus väterlicher Gnad 258, 4
Hast behüt' aus Gnad u. väterlicher Güt 314, 2
Du väterliches Herz 675, 3

Vaterliebe.

Ob ich die Vaterlieb in Schlägen 230, 6
Mit Vaterliebe zählest du die Thränen 495, 3

vaterlos.

Nicht mehr Kinder verwaist u. vaterlos 104, 3

Vaterpflege.

Vertraue seiner Vaterpflege 57, 1

Vaterrat.

Wie er nach s. Vaterrat nicht treu 724, 6

Vaterrecht.

Brauchst Vaterrecht u. zeigest Muttertreu 619, 8

Vaterruten.

Gestäupt mit Vaterruten 366, 5
So winkt er mit der Vaterrut 681, 9

Vatersinn.

Er hat einen Vatersinn 773, 1
Das neiget dann den Vatersinn 471, 4

Vatersorgen.

Leg in deine Vatersorgen mich 240, 2

Vatertreu.

Deine große Vatertreu werde — neu 268, 3
Seine Lieb und Vatertreu bleibt mir 626, 2
Deine Vatertreue ist ewig 336, 2
Aber deine Vatertreue bleibet 628, 3(2)
Ich schließe mich aufs neue in deine Vatertreue 518, 2

Vaterwillen.

So geb ich mich in seinen Vaterwillen 724, 4

verachten.

Du wirst es nicht verachten 740, 7
Verachte mich doch nicht 542, 6
Die der weise Gott veracht 584, 1
Heißt nur, unsern Gott verachten 374, 3
Sonst, wo ihr ihn verachtet 505, 4
Welcher hat des Herren Wort verachtet 185, 4
Nichts betrachten, dein Wort verachten 548, 3
Wer dich veracht' und dein Gebot 704, 11
Mit Unbedacht dies ganz veracht' 326, 6
Von Gottes Wort, welchs sie veracht 146, 2
Wiewohl du wurdest verachtet 565, 1—3
Veracht von so viel Menschenkind 674, 1
Ohne dich im Paradiese sitzen, veracht' 594, 5
Ob ich gleich werd veracht' 675, 4
Im Fall sie wird verachtet 679, 5
Veracht den Tod mit seinem Grimm 202, 5
All Üppigkeit verachten 28, 4
Wenn ich Geld und Gut verachte 626, 4
Laß mich auch nicht verachten der Höllen Feuerpfuhl 56, 5

Verächter.

Gegen der Gottheit Verächter sich wehr 299, 5
Nur Verächter deiner Huld 336, 1

verächtlich.

Da man dich verächtlich hält 438, 1

verändern.

Die Folgezeit verändert viel 719, 5

Veränderliches.

Ach, daß nichts Veränderlichs m. Lauf 115, 4

verbergen.

Du Gott, dem nichts ist verborgen 641, 2[1])
Ist ihm wahrlich nicht verborgen 213, 3
So hat er sich verborgen und durch verborgnes Sorgen 122, 4
Verbirg auch dein Gesicht, du Hülf 350, 4
Garnichts ist ihm verborgen 36, 4
Vor dir ist, Herr, verborgen nichts 67, 1
Dir ist mein Seufzen nicht verborgen 777, 2
Sie ist ihm nicht verborgen 398, 3
Nimm u. verbirg mich ganz in dich 130, 4
Verbirg mein Seel aus Gnaden 652, 4
Oder liegst du noch verborgen 673, 4
Höchste Fülle in dir ja verborgen liegt 169, 5
Verborgen im Brot so klein 386, 2
Darauf verborgnes Manna senden 38, 5
Das ist mir nicht verborgen 405, 11(12)
Ach vergieb mir, was verborgen 374, 5
Und macht, was hier verborgen war 737, 5
Verbirg mich wo, du fernes Meer 366, 11
Da hält sie sich verborgen 203, 5
Verborgen ist die Todesstund 631, 5
In unserm Fleisch verborgen 183, 3

1) Fehlt Bernd. G.

verbinden.

Mit Trost mein Herz verbinde 763, 4
Das heißt die Wunde recht verbinden 340, 4
Der kann den Schmerz verbinden 153, 5
Und verbinde unsre Schmerzen 433, 3
Das verbindt sich mit unserm Blute 200, 2
Ja, verbinde in der Wahrheit 300, 4(6)
Er will sich mit uns verbinden 429, 5
Und mich stets mit dir verbinde 152, 4
Mit dir uns, mein Jesu, recht verbinden 461, 13[1])
Zu genau mit ihm verbunden 389, 3
Wer sich mit dem verbindet 405, 10(11)
So bleib ich auch mit dir verbunden 474, 4
Mit dir zu einem Geist verbunden 475, 4
Mit dir thu ich in Liebe mich verbinden 4, 7
Laß innig mich verbunden — sein 698, 4
Unsere Herzen vollkommen verbinden 397, 2
Gott hat sich gar zu sehr verbunden 720, 3
Wozu er sich verbindet, das macht er 365, 7
Dahin du dich verbunden 287, 2
Er verbindt mich allzusehr 461, 5
Zu deinem Dienst verbindet 260, 3
Ich bin, mein Heil, verbunden 580, 9
Mich dir zum Dienst verbunden 244, 8
Daß unser Sinn verbunden sei 543, 6

verbleiben.

Nun, du wollest hier verbleiben 713, 7
Und verbleibet ja bei mir 379, 10
Ewig will getreu verbleiben 461, 6
Daß du ihm treu verbleibst 58, 10
Tot und lebend dein verbleiben 438, 4
Laß uns dabei verbleiben 752, 3
Noch standhaft zu verbleiben 537, 1
Und auch schlafend dein verbleibe 714, 7
Dabei will ich verbleiben 682, 6
Daß bei Gottes Kindern verbleib ihr Erb 738,8

verbleichen.

Bin ich auch jung und früh verblichen 728, 5
Verbleichet und veraltet nicht 19, 7

verblendet.

Erleuchte, die da sind verblendt 552, 5
Ach, wie waren wir verblendet 713, 2
Ich lief verirrt und war verblendet 364, 4
Da dein verblendter Sinn den Tod 138, 8

Verborgenes.

Nicht in das Verborgne taugen 765, 4

verbrechen.

Herzliebster Jesu, was hast du verbrochen 298,1

Verbrechen.

Tilge du all mein Verbrechen 438, 6
Also hält auch mein Verbrechen 625, 9
Er wird auf mein Verbrechen nicht stracks 399,5
Dein Verbrechen quält dich sehr 229, 5

verbreiten.

Wird über Gottes Volk verbreiten 703, 4

verbrennen.

Und mag doch nicht verbrennen 417, 14

Verbündnis.

Jetzund mach ich ein Verbündnis 387, 1

Verdacht.

Verdacht, Neid und Ärgernis 397, 2

verdammen.

Seht die Unschuld hier verdammen 606, 1
Und ist verdammt zum ewgen Tod 77, 6
Ich bin verdammt, erbarme dich 143, 6
Mich hier und dort verdammet hat 668, 1
Gleisners Werk Gott hoch verdammt 183, 4
Aus jener Pein der verdammten Seelen 635, 3
Sinken, die du willst verdammen 637, 16
Mag uns das eigne Herz verdammen 452, 1
Ob uns das eigne Herz verdammt 452, 5
Macht geschenkt, andre zu verdammen 599, 3
Der uns als Christen will verdammen 743, 3
Daß mich nichts verdammen kann 390, 7
Nichts, nichts kann mich verdammen 405, 6[2])
Die Sünde kann mich auch nicht mehr verdammen 567, 7
Dieweil sie selbst durch ihn verdammet ist 567,7
Du bist mein Heil, wer will verdammen 741, 3
Daß mich der Vater nicht verdammt 666, 6

Verdammen.

Da findet kein Verdammen statt 340, 4

verdammlich.

An dir nichts mehr verdammlich sein 777, 6

Verdammnis.

Und mir mit Verdammnis dräuet 375, 4
Die Verdammnis macht mich zittern 21, 3

Verdammte.

Wenn der Verdammten große Qual 530, 4

verdanken.

Wie soll ich dir verdanken, o Herr 560, 3
Sobald ihr kommt, verdanken 472, 9

verderben.

Schönen Segen hat böses Thun verderbt 122, 3
Die Sünd hat uns verderbet sehr 496, 4
Wie verderbt mein alter Sinn 18, 2
Ich grundbös und ganz verdorben 220, 2
Da wir ganz verdorben durch Sünd 519, 3
Alles ist an mir verdorben 26, 4
Mein verderbtes Fleisch und Blut 372, 2
Wir, als von Natur verdorben 424, 2
Und vor großem Durst verderbe 3, 6
Ist ganz verderbt menschlich Natur 146, 1
Verneut, was war verdorben 146, 3
Daß er verderb, was christlich ist 270, 6
Bin verderbt bis auf die Fußsohl hin 704, 14
Menschenlehr, darin sie doch verderben 548, 2
Verderbt durch manchen Sündenfall 555, 2
Und nach dem Fleisch verderbe 286, 5
Was da lebet, muß verderben 31, 1
Die schöne Welt in einem Nu verderben 417, 6
Ewig muß er verderben 417, 10
In mancher Not verdorben 258, 4
Mein Herz ist ganz verderbet 592, 1
Daß ich nicht müß verderben 577, 4

---

1) Fehlt vielfach. 2) Fehlt Bernb. G.

Bei dem nie was verdorben 636, 2
Und in keinem Kreuz verderben 628, 4(5)
Wir verderben, wir vergehn 644, 2
Garnichts verdirbt, der Leib nur stirbt 629, 6
Nun kann ich nicht verderben 560, 14
Daß ich nicht mehr kann verderben 215, 7
Doch soll ich nicht verderben 230, 5
Weil er nicht also verdirbt 301, 6
Mit nichten er drum gar verdirbt 283, 6
Im Sterben die Seinen nicht verderben 36, 8[1])
Er läßt sie nicht verderben 189, 1
Und laß uns nicht verderben 216, 1—3
Sonst wärn wir all verdorben 183, 5
Daß es nicht verderben kann 390, 3
Jetzt kann ich nicht verderben 763, 10
Von Sorg u. Wollust d. Welt verdirbet 752, 6
Es war mit ihn' verdorben 502, 3
Davon verdirbt der edle Schatz 502, 10
Das Haus wird nur verdorben 153, 11
Sonst verdirbt alle Zeit 665, 5
Die Schwachheit ist verdorben 621, 6[1])

Verderben.

Du hast niemand zum Verderben 193, 7[1])
Mein Verderben merk ich kaum 26, 4
Ein Glied fühlt und leidet des andern Verderben 397, 6
Selbst fallen konnte ich und ins Verderben gehn 687, 4
Reiß die Welt aus dem Verderben 318, 5
Ich kenn mein sündliches Verderben 53, 9
In das äußerste Verderben 383, 1
Denn man entgehet dem Verderben 367, 7
Bei dir ist kein Verderben 349, 8

verdienen.

Lieb u. Gnad, die Christus uns verdienet 243, 2
Bin ich dein Kind und habs verdient 4, 2
Hab ich dies mehr als sie verdient 622, 3
Hier steh ich Armer, der Zorn verdienet 542, 4
Verdienen doch eitel Zorn 134, 12
Und schmeckte den verdienten Tod 471, 2
Hast du Zorn und Tod verdienet 693, 1
Das hat verdienet meine Seel 580, 5
Die Straf wir wohl verdienet han 15, 1
Mit Sünden ohne Zahl verdienet 496, 1
Wir habens wohl verdienet 12, 1
Er hats Leiden wohl verdient 448, 7[1])

Verdienen.

Aus Gnaden! Hier gilt kein Verdienen 53, 2
Bei uns ist kein Verdienen 243, 2

Verdienst.

Im Glauben dein Verdienst mir zueignen 408, 3
Dein ganz Verdienst ist mein Gewinst 465, 3
Auf dein Verdienst nur trau 709, 8
Mich auf dein Verdienst verlasse 281, 3
Immerfort auf dein Verdienst verlasse 537, 4
Hält sich an sein Verdienst 657, 10
Und in sein Verdienst mich kleide 413, 1
Laß die Verdienste solcher Pein 335, 1
Auf sein Verdienst fest bauen 6, 3
Laß dich von ihr finden u. dein Verdienst 592, 5
Die Verdienste deiner Leiden 249, 8
Laß uns dein Verdienst vertreten 249, 9
Sein Verdienst mein Eigentum 599, 5
Ich kann durch dein Verdienst allein 666, 7
Deck all meine Sünde mit dem Verdienste Christi zu 722, 6
Mein Verdienst sein Leiden 156, 3
Auf mein Verdienst nicht bauen 55, 3
Nie nach Verdienst uns abgelohnt 82, 2
Nach Verdienst nicht lohne 635, 1
Nicht nach mein' Verdienst und Wahl 579, 6

verdrießen.

Und spricht: dich werd verdrießen 6, 3
Herod die Red gar sehr verdroß 114, 4
Mags auch den Feind verdrießen 109b, 5
Mein Augen stehn verdrossen 515, 7

verdrungen.

Welt u. Tod durch d. Tod verdrungen 144, 2

Verdruß.

Ihre Seelen voll Verdruß 778, 1
Hat nur Müh, Angst und Verdruß 47, 8
Ja, häuft sich Kummer und Verdruß 340, 7

verdunkeln.

Dein göttlich Wort ist lang verdunkelt 548, 1

verehren.

Dafür sei stets von uns verehrt 82, 4
Ich verehre dich, o Liebe 193, 2
Daß wir dich würdiglich verehren 248, 5
Jesu, den ich stets verehre 714, 10
Und zugleich sich selbst uns verehret 200, 4
Mit seinem lieben Sohn verehrt 662, 6
Der mir seinen Sohn selbst verehrt 599, 6
Deines Geistes Schwert verehr[1]) 641, 5
Dagegen verehrst du mir den Segen 580, 6

Verein.

Und bleibt doch ohne Ende im innigsten Verein 688, 2

vereinen.

Wird mein Jesus mir vereint 97, 6
Und bleib mit mir vereint 361, 2
Wo Gott u. die Menschheit in e. vereinet 169, 2
Sieh, ich vereine mich mit dir 347, 4
Im Herrn sind wir vereinet 688, 1
Herz und Herz vereint zusammen 300, 1
Ach du holder Freund vereine 300, 4(6)
Mit dem Vater sich vereine 768, 1
Und mit Jesu mich vereine 240, 2
Sich durch Gott mit Gott vereine 596, 4
Menschen mit Begier alle sich vereinen 62, 4

vereinigen.

Laß mich mit dir vereinigt bleiben 555, 8
Nur mit dir vereinigt bleiben 529, 2(3)
Und also deiner Güt ich stets vereinigt 554, 8
Alles ganz vereinigt sein 618, 6
Werd vereinigt ganz und gar 618, 8
Laß uns so vereinigt werden 300, 7(9)

1) Fehlt vielfach. 2) Var. Bernh. G. gewähr.

Und sie beid vereinigt werden 196, 9
Weil Demut die Herzen vereiniget hat 397, 3

Vereinigungstriebe.

Wie folgt man dem wahren Vereinigungstriebe 397, 1

verfahren.

Ach Gott, ach Gott, verfahr gelinder 325, 1

verfallen.

Auf verkehrten Weg verfallen 390, 1

verfechten.

Daß mich Gottes Held verficht 633, 2

verfehlen.

Daß keine dich verfehle 94, 3
Ich muß des rechten Wegs verfehlen 667, 4

verfinstern.

Erleuchte mein verfinstert Herz 555, 5
Ich verfinstert und erstorben 220, 3

verflossen.

Sei dir für das verfloss'ne Jahr 237, 2

verfluchen.

Du kannst verfluchen u. auch — segnen 4, 2
Und was ihn betrübt, verfluche 461, 7
Verfluchet seine Zärtlichkeit 685, 10
Den falschen, eignen Schmuck verfluchet 470, 5
Der Mensch ist gottlos und verflucht 146, 6

verfolgen.

Die jetzt verfolgen deine Lehr 588, 1
Der wird verfolgt und findet 405, 10(11)
Ob mich auch will die Welt verfolgen 440, 5
Die mich verfolgt, die große Not 366, 11

Verfolger.

Vertreibt mich des Verfolgers Hand 571, 7
Unsern Feinden, Verfolgern u. Lästerern 443
Und bekehre der Verfolger blindes Heer 642, 5

Verfolgte.

Bleib der Verfolgten Stütze 274, 11

Verfolgung.

Nichts von Verfolgung 298, 13
Der Verfolgung steur und wehre 642, 5
Soll auch Verfolgung, Angst u. Pein 361, 3
Selig sind, die müssen dulden Schmach, Verfolgung 419, 9
Verfolgung, Haß und Neiden 329, 3
Verfolgung, Armut, Leiden 328, 2

verführen.

Fleisch u. Blut uns allezeit verführen 496, 4
Damit die dunkle Sündennacht mich nicht verführt 764, 4
Noch sonst durch Geiz verführet werd 82, 9
Die in Irrtum verführet sein 552, 2
Das arm verführet Volk bekehr 655, 2
Wird jämmerlich verführet 700, 5
Von Heuchelei u. Ehrgeiz werd verführet 310, 6
So werd ich bald verführt 687, 7
Jämmerlich verführet durch bös Exempel 139, 7
Oftmals wird verführet ein Mensch 232, 4
Der alle Welt verführt in Not 110, 5
Satan wird dich nicht verführen 701, 5

Verführer.

Und vor der Verführer Schar 628, 6

Verführte.

Alle Irrige u. Verführte wiederbringen 443

vergangen.

Das alte Jahr vergangen ist 83, 1
In der vergangnen Nacht vor G'fahr 54, 2
Die Nacht ist nun vergangen 735, 1
Der Tag ist nun vergangen 515, 3
Dieser Tag ist nun vergangen 714, 4[1]

vergänglich.

Achtest du gar wenig vergänglich Gut 562, 3
Entreiße mich aller vergänglichen Lust 169, 7

Vergängliches.

Auf nichts Vergänglichs trauen 112, 5

vergeben.

Vergieb es, Herr, wo ich mich heut 96, 5
Ach vergieb nun meine Sünden 760, 4
All unser Schuld vergieb uns, Herr 655, 6
Doch vergieb mir alle Schuld 268, 3
Und vergieb uns unsre Schuld 760, 7
Ach, Herr vergieb all unsre Schuld 283, 8
Vergieb uns unsre Missethat 508, 3
Und vergieb die Missethat 316, 4
Hier all Sünd vergeben werden 749, 3
Ich vergeb all ihre Sünden 645, 2
Die Straf erläßt, die Schuld vergiebt 500, 4
Ich habe dir die Sünd vergeben 325, 6
Soll Gott anders dir vergeben 608, 3
Was du gesündigt, ist vergeben 777, 6
Vergiebst uns alle Schuld u. Fehl 747, 1
Ach vergieb mir, was verborgen 374, 5
Hilf und vergieb die Sünden 592, 5
Verfolgern und Lästerern vergeben 443
Vergieb, o Vater, denen, die mich hassen 477, 4
O Herr, mein Gott, vergieb mir doch 279, 6
Mir aus Gnaden sein vergeben 654, 6
Vergieb, vergieb uns unsre Fehle 452, 5
Laß du mir alle Schulden sein vergeben 442, 9
Vergieb mir meine Sünden 286, 2
Wollst mir mein Sünd vergeben 54, 2
Vergieb auch mir, o Vater, alle Sünde 477, 5
Vergieb, wo ich bei Tage so gelebet 131, 3
Vergieb es, Herr, was mir sagt 116, 4
Drum vergieb die Schuld 315, 2
Darum vergieb nach deiner Lieb 140, 4
Thut er all Sünd vergeben 258, 5
Kannst die Sünd allein vergeben 309, 8
Die Schuld ist dir vergeben 347, 3
Die Sünde zu vergeben 55, 2
So will ich ihm alls vergeben 528, 4
Gnädig willst du ihm vergeben 336, 4
Dem du vergiebst die Sünden 537, 3
Du vergiebest Sünde 650, 4
Daß mir mein Sünd vergeben sei 579, 3
Hat dir dein Sünd vergeben 513, 1
Durch ihn ist uns vergeben die Sünd 511, 6
Dann ist dir vergeben 275, 7

1) Fehlt vielfach.

Mein' Feinden mög vergeben 353, 3
Ihr Schuld und Fehl vergeben gern 655, 6
So kann ich bald vergeben 13, 4
So vergeb ich auch gar leicht 442, 10

Vergeben.

Sanft und mild und voll Vergeben 413, 5
Keine Gnade, kein Vergeben 461, 8

vergebens.

Der läßt sich vergebens suchen 774, 2
Deine Kraft sei nicht vergebens 414, 1
Und mein Trost ist nicht vergebens 49, 8
Es ist vergebens mit unserm Thun 510, 6
Andre Speis u. Trank ist ganz vergebens 281, 2
Hilf, daß ich doch nicht vergebens 596, 9
Ohn ihn mühst du dich vergebens 213, 1
Dein Stachel ist vergebens 607, 2

vergeblich.

Vergeblich wärst du mir geborn 753, 17
Vergeblich oft geführt im Mund 704, 3

Vergebliches.

Und sagt mir sein Gemüte nicht was Vergeblichs zu 399, 14

Vergebung.

Er läßt nun verkünden Vergebung der Sünden 79, 6
Zur Vergebung aller Sünden 413, 9
Vergebung suchen, Gnad und Huld 137, 5
Bei dir Gnade und Vergebung finden 390, 5
Und dich um Vergebung flehe 654, 1
Daß wir Vergebung unsrer Sünden 475, 3
Allein Vergebung, Gnad und Kraft 470, 5

vergehen.

Seine Treu vergehet nimmer 229, 4
Ist hin und ganz vergangen 542, 3
Vergingst für mich in Schmerz 698, 1
Also der Mensch vergehet 513, 3
Sollen wir — gar vergehn 218, 5
Alles Fleisch vergeht wie Heu 31, 1
Weil es fast vergeht vor Schmerz 3, 7
Laß vergehen das Gesicht 458, 3
Wenn mir vergeht all mein Gesicht 283, 2
Vergehen müßt ich ohne dich 666, 2
Ich müßte stracks vergehen 405, 4
So müßt darunter ich vergehn 777, 1
Wenn mir vergeht meins Lebens Frist 172, 2
Es vergeht, nichts besteht 455, 2
Die Welt, die wär vergangen 75, 2
Die Welt vergeht mit Lust u. Schmerz 756, 8
So muß die ganze Welt vergehn 496, 2
Auch wenn die Welt vergehet 665, 6
Wie ein Rauch, der in der Luft vergehet 679, 2
Muß alles noch vergehen 609, 5
Muß gleich Erd und Luft vergehen 218, 7
Zwar Himmel und die Erd vergeht 295, 2
Alles Irdische vergehet 32, 6
All andres Gut vergehet 135, 9
Alles andre muß vergehen 585, 9
Was gegenwärtig ist, vergeht 332, 5
Es muß geschehn, daß alls vergeh 548, 4
Wenn alles wird vergehn im Feur 185, 1
Erd und Himmel kann vergehn 694, 8
Wenn Sonne, Mond u. Stern vergehen 133, 3
Alles vergehet: Gott aber stehet 125, 8
Denn der Erden Gut vergeht 463, 2
Und vor Jammer muß vergehn 152, 5
Das muß fallen und vergehen 24, 10
Es bald vergeht und nicht besteht 723, 2
Die kurze Freud, die kurze Zeit vergeht 236, 1
Der Sünden Nacht ist vergangen 76, 6
So vergeht der Aussatz drinnen 437, 5
Jetzt mit dieser Nacht vergehn 219, 3

vergelten.

Nimmermehr d. Geringste nur vergelten 461, 5
Du, du willst vergelten 275, 2

vergessen.

Meiner hat er ganz vergessen 774, 1
Deiner kann ich nicht vergessen 774, 4
Du hast noch meiner nicht vergessen 4, 4
Der mich nie vergessen 217, 2
Gott hat derer nicht vergessen 714, 1
Jesus, der uns nie vergißt 390, 3
Doch vergißt du auch der Armen — nicht 249, 5
Und sagt mir, du vergißt mein nicht 480, 1
Nun kannst du meiner nicht vergessen 722, 10
Der Herr hat mein noch nie vergessen 725, 1
Laß diese Schuld vergessen sein 284, 2
Gieb auch Geduld, vergiß der Schuld 8, 5
Und vergißt, wie wir ihn beleidigt 693, 4
Gotts ist bei ihn' vergessen 754, 3
Vergiß mein Herz auch seiner nicht 725, 1
Daß ich nimmer vergesse dein 662, 13
Der wir vergessen solln zu keiner Stund 743, 5
Laß mich nie vergessen meine Schuld 160, 3
Herr, laß mich nicht vergessen 560, 8
Laß nimmer mich vergessen 560, 14
Daß wir nimmer des vergessen 386, 2
Deiner kann ich nicht vergessen 734, 2
Damit es dies nur nicht vergißt 340, 9
Seele, vergiß es ja nicht 445, 5
Und so kann ichs nicht vergessen 413, 3
Kann man nichts so leicht vergessen 413, 4
Meines Jammers zu vergessen 413, 10
Wie oft vergaß ich diese Pflicht 737, 10
Vergiß es nicht, o Herze mein 513, 1
Mancher von den Deinen dich lebenslang vergißt 698, 2
Gottes, meines Heils, vergessen 628, 4(3)
Wir wollens auch keinmal vergessen 540, 6
Sein'r armen Seel er ganz vergaß 417, 7
Dessen wird im Tod vergessen 24, 9
Vergeßt uns nicht in seinem Licht 772, 2
Die Welt vergisset unser bald 343, 7
Daß nicht vergessen werde, was man so gern vergißt 86, 3
Ich will die Welt und mich vergessen 538, 7
Laß uns hier indessen nimmermehr vergessen 597, 8
Und was vergessen unser Mund 452, 2
Vergesset aller Sorg und Plag 302, 1
Alles Jammers er vergisset 281, 2

Drum mein Herz, vergiß den Schmerz 217, 5
Und vergiß all Not und Qual 196, 1. 10
Aller Angst ist nun vergessen 425, 4

vergießen.

Ganz mildiglich hat für dich vergossen 573, 4
Der sein Blut am Kreuz vergossen 607, 1
Und uns zum Heil vergossen 137, 6
Das für all Sünd vergossen ist 747, 3
O Blut, das du vergossen bist 143, 8
Herr, dein Blut für uns vergossen 596, 8
So am Kreuz vergossen ist 374, 10
Vergießen wird er mir mein Blut 502, 8
Dein Blut, das dir vergossen ward 554, 6
Und mit viel Stöhnen heiße Thränen vergösse 554, 7
Und heiß vergossne Thränen 560, 5
Führte und vergöß ihr Blut 448, 6[1]

vergiften.

Machet heil die vergift'ten Wunden 200, 10
Beladen und sogar vergiftet hat 714, 4
Mit vergiften Schlangenbissen 678, 3
Da das Mißtraun mich vergiftet 413, 7

vergleichen.

Hat uns doch dein Sohn verglichen 714, 5
Dir ist niemand zu vergleichen 422, 5
Mit was doch dein Erbarmen zu vergleichen 298, 9
Gründlich läßt sich nicht erreichen noch vergleichen 558, 5
Kein Heil ist hiermit zu vergleichen 647, 2

vergnügen.

Wer wollte nicht vergnüget werden 741, 1
In dir vergnügt sich meine Seele 741, 2
Weil du, mein Gott, vergnügest mich 741, 6
Ohne dich Himmelslust vergnügen 529, 2(3)
Du kannst mich vergnüget machen 529, 3(4)
Mit dir kann ich vergnüget sein 96, 9
Daß du vergnügst alleine so wesentlich 518, 3
Ich leb indes in Gott vergnüget 722, 12
Aber ich bin schon vergnügt 438, 2
Ich bin vergnügt und ganz gestillt 569, 8
Ich bin vergnügt, daß mich nichts 234, 8
Mit dir vergnügt wie die Kindlein 16, 8
Daß er kann das Herz vergnügen 715, 1
Daß zwei Herzen sich vergnüget 715, 3
Mein Herz ist vergnüget mit dem 462, 1
Und sei doch in sich selbst vergnügt 719, 3
Wie Gott mich führt, bin ich vergnügt 724, 3

Vergnügen.

Dennoch kein wahres Vergnügen erjaget 169, 1
Nun, Jesu, mein Vergnügen, komm 594, 7

Vergnügung.

Was Vergnügung pflegt zu bringen 32, 3

vergönnen.

Vergönnst noch heut zu Tage 287, 2

vergraben.

Vergräbst es in dem Grabe 580, 8
Alles, alles ist vergraben 693, 4

verhalten.

Und wird sich so verhalten 58, 8

Verhängnis.

Unverdrossen an mein Verhängnis gehn 399, 7

verhärtet.

Der mit verhärtetem Gemüte 725, 1

verhaßt.

Die Finsternis ist dir verhaßt 517, 2

verhauchen.

Als er seinen Geist verhaucht 673, 2

verheeren.

Doch mächtig zu verheeren 505, 1
Zerstört, verheert mit großer Kraft 303, 2
Laß blühen wie zuvor die Länder, so verheeret 769, 9

verhehlen.

Die böse That, die sich der Welt verhehlet 495, 3

Verhehlen.

Und ohne heuchlerisch Verhehlen 685, 7

verheißen.

Wie Gott mir verheißen hat 487, 1
Wie du es verheißen hast 259, 6
Gott hat es ja verheißen 398, 4
Erwartet — den euch verheißnen Segen 398, 5
Aus Gnaden zur verheißnen Ruh 53, 6
Das Leben erben, das mir verheißen 361, 3
Wie er dir hat verheißen 609, 8
Die du verheißest gnädiglich allen 711, 4
Was sein Mund verhieß, geschah 42, 2
Ist, was er selbst verheißen 357, 5
Was du mir hast verheißen 135, 2
Und alles Gute noch verheißt 64, 5
Die Gottes Geist den' gewiß verheißt 146, 9
Dieweil es alle Gnad verheißt denen 279, 4

Verheißung.

Mir nach dein'r Verheißung geben 548, 5
Fest an der Verheißung bleiben 585, 6

Verheißungswort.

Verbunden durch dein Verheißungswort 287, 2

verhindern.

Wehre dem Teufel, seine Macht verhinder 68, 2
Und verhindere die That 268, 5
Das kann niemand verhindern 692, 3
Die euch in d. schönen Lauf verhindern 685, 5

verhöhnen.

Ins Angesicht geschlagen u verhöhnet 298, 2
Man hat dich sehr hart verhöhnet 383, 4
Verhöhnt, verspeit u. sehr verwundt 554, 4
Wer dort wird mit verhöhnt 37, 8
In Christo all verhöhnet 146, 3

verhüllen.

Wolle länger nicht verhüllen dein Antlitz 452, 4
Der den Erdenkreis verhüllet 229, 3
Ich bin in dein Blut verhüllt 387, 2
Verhüllt den Erdkreis düstre Nacht 253, 3

verirren.

Ich bin ein Schaf, das sich verirrt 393, 5
Hab ich irgend mich verirrt 207, 4

---

1) Fehlt vielfach. 2) Fehlt Bernb. G.

Ich lief verirrt und war verblendet 364, 4
Wo ich mich heut verirret 96, 5
Bist du vielleicht verirret 757, 2

Verirrte.

Suchet treulich das Verirrte 390, 3

verjüngen.

Verjüngt, dem Adler gleich 513, 1
Da ich mich in dir verjünge 529, 4(5)
Und verjüngt sich fort und fort 661, 11

verkaufen.

Die Welt verkaufet ihre Liebe 98, 3

verkehren.

Verkehrst in Freud all Angst u. Not 753, 18
Und ihr Leid in Freud verkehren 645, 2
Mein Armut in Reichtum verkehr 555, 5
Hulde und Wohlthat all verkehrt 665, 2
Sieht es gleich verkehret aus 95, 2

verkehrt.

Verkehrt ist Will, Verstand u. Thun 366, 2
Auf verkehrten Weg verfallen 390, 1
Daß sie nur machen verkehrte Schritte 446, 7
Wie verkehrt sind meine Wege 18, 2
Und die verkehrten Wege richt' 107, 11

verklagen.

Moses darf mich nicht verklagen 390, 7
Wenn mich Sünden überzeugen und verklagen 375, 4
Alle schnöden Sachen verklagen mich 366, 7
Vor Gott uns hat verklaget 110, 4
Der Feind wird das Leben verklagen 497, 4

verklären.

Wird ähnlich—Christi verklärtem Leibe 572, 8
Dich in mir verkläre 226, 8
Komm, in uns dich zu verklären 248, 5
Bald da, bald dort verklärt 483, 3
Darinnen wollst du dich verklären 561, 3
Erzeig dich verkläret und herrlich 299, 4
Da du dich in allen den Gliedern verklärst 299, 7
Im Geiste dich verkläre 559, 4
Durch dein Licht verkläret werde 221, 1
Und in ganz verklärter Zier 629, 6
Und führ ihn schön verkläret 536, 8
Von dir verklärt, will ich dir dienen 14, 11
Wieder in verklärtem Glanz erwacht 646, 7
Alles jauchzt verklärt und neu 313, 9
Das die Selgen dort verkläret 768, 2
Jesum bald verklärt zu schauen 261, 3
An welchem Gott ihn verklären 509, 5
Von Jesu schön verkläret werden 728, 8
Von der verklärten Menschheit sich nähr 299, 5

verkleiden.

In unser armes Fleisch und Blut verkleidet sich 209, 2
Herniederfährt in Taubenbild verkleidet 77, 4
Daß es sich in dich verkleide 437, 4

verknüpfen.

Verknüpf in allen Landen 769, 8
Und du verknüpfst in Kraft 619, 3

verkriechen.

In der Höllen Reich mich zu verkriechen 366, 12

verkünden.

Die Schrift hat verkündet das 76, 4
Er läßt nun verkünden Vergebung 79, 6
Und laß es frei verkünden 295, 6
Wie Micha das verkündet hat 663, 2

verkürzen.

Mit gutem Recht das Leben mir verkürzen 326, 7
Verkürzet meine Todespein 512, 10
Verkürz mir alles Leiden 652, 2

verlachen.

All unser Hoffnung wird verlacht 588, 2
Welt und Drachen kann verlachen 476, 10
Das Volk, das jetzt uns nur verlacht 703, 3
Verlache[1]) Welt und Ehre 127, 11

verlangen.

Er verlanget unser Schrein 449, 8
Nimm nun hin, was du verlangest 680, 3
Vergebung, Gnad u. Kraft verlange 470, 5
Und nichts außer dir verlange 584, 5
Ja, was soll ich mehr verlangen 169, 8
Und verlangt nach dir 381, 1
Daß nach dir von Herzen mich verlange 310, 1
Nach ihm mich sehr verlanget 39, 2
Nichts mehr für mich verlangen 578, 5
Die ich verlanget von dir jederzeit 136, 7
Und verlanget, Gott, bei dir zu sein 462, 2
Herzlich thut mich verlangen 297, 1
Große Zeit hat mich verlangt nach dir 369, 4
Ach, wie verlanget doch nach dir 531, 6

Verlangen.

Sein Verlangen allzeit groß 693, 3
Drum nach Christi Verlangen bringet 426, 3
Er sucht es mit Verlangen 393, 3
Er erwartet mit Verlangen 429, 5
Mein Verlangen zu erfüllen 32, 5
O aller Welt Verlangen 738, 1
Und trage groß Verlangen 179, 1
Stillt das sehnliche Verlangen 421, 5
Aber meines Geists Verlangen 373, 15
Wo ist Jesus, mein Verlangen 760, 1
Stille, Jesu, mein Verlangen 760, 4
Mein sehnlich Herz so groß Verlangen 369, 1
So laufen wir m. herzlichem Verlangen 771, 1
Mit Verlangen an deiner Liebe 560, 11
Davids Sohn, komm, stille d. Verlangen 28, 6
Deiner wart ich mit Verlangen 734, 7
Den mit Verlangen ich erwarte, Herr 225, 3
Also ist auch mein Verlangen 169, 4
Zu dem steht mein Verlangen 329, 8
Nun, ich komme mit Verlangen 17, 5
Meine Seel ist voll Verlangen 432, 1
Daß mein gänzliches Verlangen möcht 762, 7
Nun, so stille mein Verlangen 581, 8
Ich habe mein Verlangen nach 113, 1
Geduld ist mein Verlangen 203, 13

1) Var. Bernh. G. verachte.

verlassen.

I. im Stich lassen.

Du werdest die in keiner Not verlassen 548, 6
Denn du verläßt in keiner Not 172, 5
Gott, mein Gott, verlaß mich 336, 6, 766, 3
Verlaß mich nicht, mein Gott 658, 1
Der wird euch nicht verlassen 398, 1
Du wirst mich nicht verlassen 477, 11
Dieweil du selbst, von Gott verlassen 477, 11
Wie hat mein Gott mich verlassen 774, 1
Verlaß uns nicht in Not und Tod 544, 6
Ach Gott, verlaß mich nicht! 9, 1—5
Kann mich nicht ganz u. gar verlassen 676, 5
Geistbeseelten bleibt verlassen 253, 4
Daß du von Gott verlassen seist 719, 5
Als wenn Gott verließ die Seinen 624, 1
Wer dich geliebt, verlassen sehen müssen 108, 3
Niemand jemals verlassen ist 11, 2
Keinen hat Gott verlassen 407, 1
Den will er nicht verlassen 689, 1
Denn Gott verlässet keinen, der sich auf ihn verläßt 692, 2
Den verläßt er nicht 719, 7
Der die Seinen nicht verläßt 626, 1
Sollte der verlassen mich? 626, 3
Mit Hülf mich nicht verlasse 710, 1
Ein Hirt verläßt sein Schäflein nicht 393, 3
In dir, der du verlässest keinen 741, 5
Daß du uns werdst verlassen nicht 744, 4
Ich weiß, daß du mich nicht verläßt 764, 5
Mich mit Beistand nicht verlasse 196, 6. 240, 4
Von deiner Huld verlassen stehn 751, 7
Wenn verlassne Waisen stehn 493, 1
Witwen sind verlassne Frauen 493, 1
Verlassen sind wir Armen 10, 1
Weil wir jetzt stehn verlassen gar 711, 5
Die gänzlich sind verlassen 754, 6
Wenn uns nun alle Welt verläßt 302, 7
Und wenn uns alle Welt verläßt 547, 10
Will dich alle Welt verlassen 229, 6

II. sich trennen.

Du hast verlassen deinen Thron 284, 3
Ehmals verlassen des Himmels Pracht 474, 7
Ich will dich ewig nicht verlassen 667, 3
Verlaß auch du mich ewig nicht 667, 3
Daß ich dich nie verlasse 236, 8
O nein, verlaß die Sündenbahn 471, 7
Sei bereit, verlaß des Vaters Haus 51, 5
Daß ich die Welt verlasse 349, 7
Verleugnet euch, verlaßt die Welt 485, 1
Wenn ich soll die Welt verlassen 309, 15
Wenn sie verläßt so sanft, — die Stätt 369, 3

III. vertrauen.

Die sich auf dich verlassen frei 1, 7
Verlasset euch auf Gott 398, 1
Der sich verläßt auf Gottes Trost 146, 7
Und immer mich darauf verlaß 244, 7
Ich verlasse mich auf ihn 32, 6
Nicht ganz auf dich, Allmächtiger, verlassen 108, 7
Kann ich gar ruhig mich verlassen 109a, 3
Dazu wir uns verlassen 29, 4
Darauf wir uns verlassen 28, 5
Mich auf dein Verdienst verlasse 281, 3
Immerfort auf dein Verdienst verlasse 537, 4
Und mich darauf verlasse 763, 6
Auf dich, Herr Christ, verlaß ich mich 763, 10
Wer sich verläßt auf Jesum Christ 716, 1
Verlaß mich gänzlich auf dein' Nam 307, 3
Die sich allein auf ihre Macht verlassen 291, 2

Verlassene.

Sei der Verlassnen Vater 510, 12
Er woll Verlassene aus jeder Trübsal 398, 4
Erbarme der Verlassnen dich 237, 5
Und lasse der Verlassnen Schrein 358, 8

verlaufen.

Und was sich sonst verlaufen hat 552, 3
Nach dem Schaf, das sich verläuft 693, 2

verleihen.

Aus Gnaden Fried u. Ruh verleih 588, 4
Verleih uns Frieden gnädiglich 656, 1
Deine Pflege den Hinterlassenen verleihn 720, 12
Hast du verliehen diesem Ort 82, 3
Oft mehr verliehn als wir begehrt 82, 4
Ein selig Stündlein uns verleih 82, 10
Dies, liebster Vater, dies verleih 237, 6
Der dir Gesundheit verliehen 445, 3
Beständigkeit verleihe 2, 6
Verleih uns Alln Beständigkeit 1, 2
Verleih, o Herr, durch deine Gnad 534, 6
Die Gnade auch verleihen 244, 9
Verleih mir Stärke, verleih mir Kraft 286, 7
Verleih mir Gnad zu dieser Frist 353, 1
Verleih, daß ich aus Herzensgrund 353, 3
Dir zu dienen, Kraft verleih 281, 6
Verleih ein g'horsam Herze 8, 5
Den du mir wollst verleihen 366, 15
Verleih mir, Höchster, solche Güte 136, 3
Zucht, Ehr u. Treu verleih mir, Herr 293, 2
Verleih mir, Herr, nur deine Gnad 293, 3
Verleihe mir das edle Licht 362, 7
Du werdest Hülf verleihen 12, 2
Verleih, daß ich mich redlich nähr 260, 8
Verleih, o Jesu, Gottes Sohn, daß 260, 12
Ein seligs Ende mir verleih 172, 5
Ein fröhlich Auferstehn verleih 283, 5

verletzen.

An keinen Stein — sich stoße u. verletze 534, 2
Daß uns kein Stoß den Fuß verletzt 720, 7
So wird mich nichts verletzen 399, 4
Denn wer kann den verletzen 232, 5
Welch Feind kann verletzen mich 372, 6
Was dieses Glück verletzet 686, 5
Bis auf den Tod verletzet 28, 1
Und mich der Satan nicht verletz 546, 2

verleugnen.

Die dich noch jetzt verleugnen 548, 2
Verleugnet sich, bezwingt die Welt 153, 1
Verleugnet euch, verlaßt die Welt 485, 1

Ich verleugne nicht die Schuld 528, 7, 714, 5
Ich verleugne nicht die Sünden 528, 7
Daß ich verleugne diese Welt 709, 6

verlieren.

Dich, o wahres Licht, nimmermehr verlieren nicht 714, 8[1]
Wird sie ohn mich verlieren 485, 6
Wer sie hier zu verlieren scheint 485, 6
Die im Herzen war verloren 717, 3
Als dies teure Wort verloren 413, 6
Und ohne dich verloren sind 667, 2
Daß sich der Sündenschlaf verlier 302, 6
Den Stachel hat er verloren 76, 3
Und wenn der Docht sein Öl verlor 253, 5

Verlobte.

Eile, wie Verlobte pflegen 596, 2

verlohnen.

Es verlohnt sich wohl der Mühe 712, 4

verloren.

Wenn ihr verlorne Kinder im vollen 36, 4
Für mich verlornen Menschen gegeben 709, 2
Und müßte stracks verloren sein 279, 3
All sein Thun ist verloren 77, 6
Ich armes und verlornes Kind 325, 2
Ich bin verloren, suche mich 143, 6
So werd ich arm verlornes Kind ledig 533, 5
Im Tod war ich verloren 502, 2
Der ist gottlos und verloren 608, 2
Darum bin ich verloren 6, 2
Ich bin das verlorne Kind 528, 5
Es war mit uns verloren 183, 2
Ermuntre dich, verlornes Schaf 530, 7
Wir sind gar bald verloren 161, 2
Versöhner der', die warn verlorn 29, 3
So wärn wir allzumal verlorn 114, 2
Soll nicht werden verloren 743, 1
Daß ich nicht verloren bin 600, 3
Was vormals war verloren 607, 1
Für uns, die wir warn verloren 749, 2
Da ich ganz war verloren 244, 3
Gesuchet die verlornen Schäfelein 374, 2
Keiner je verloren werden 374, 11
Wenn ein Schaf verloren ist 390, 3
Das Schäflein, das verloren ist 393, 4
Daß sie nicht wärn verloren 426, 1
Zu ersetzen, was verloren 602, 3
Ich bin verloren, suche mich 143, 6
Ich kann ja nicht verloren sein 517, 6
Daß er nicht werd verloren 183, 7
Wir sollen nicht verloren werden 340, 3
Ich soll nicht sein verloren 172, 4
So laß mich nicht verloren gehn 330, 4
Und ohne Not verloren gehn 471, 7
Es ist mit unserm Thun verlorn 134, 12
All sein Thun ist verloren 77, 6
Es war mit uns verloren 183, 2
All Arbeit ist verlorn 37, 5
Ist all mein Gut verloren 554, 13
Sie spricht: es ist nun alls verloren 754, 6
Das hältst du als verloren 138, 6
Ihre Anschläge sind auch verloren 446, 2
So ists mit uns verloren 754, 1
Ach, laß deine Todespein nicht an mir verloren sein 375, 1—8

Verlorne.

Zu den Verlornen sich kehren 323, 1

verlöschen.

Meines Glaubens Licht laß verlöschen 602, 4
Ja verlösche nicht meines Glaubens 602, 4

Verlust.

Und der Verlust ist völlig wiederbracht 567, 9

vermachen.

Zuletzt sei dir, o Erde, mein blasser Leib vermacht 339, 7
In einem Testament vermacht 475, 1

Vermächtnis.

Meine Sünden als ein Vermächtnis 339, 3

vermählen.

Und sich mit uns vermählet 251, 2
Mit ihr dich heut vermähle 561, 3
Immanuel, dich mit mir vermähle 436, 4
Die mit Jesu sich vermählen 583, 1
Und mich mit dir vermählen 143, 7
Und vermählet mit dir, mein liebstes 560, 10
Leben, dem ich mich vermähle 529, 5(6)
Und dir vermählet sein 740, 2
Barmherzigkeit wird sich vermählen 424, 7

vermaledeien.

Was von Natur vermaledeit 149, 3

vermehren.

Alls Vermögen in uns reichlich vermehr 2, 4
Der du sie kannst vermehren 554, 3
Die unsern Glauben stets vermehrt 507, 3
Drum laßt uns sein Lob vermehren 503, 1
Dein Lob vermehren mit hellem 402, 2
Dein Lob genug vermehren 547, 1
Und in dir dein Lob vermehren 602, 5
Mein Seel soll auch vermehren sein 513, 4
Deine Wunder allesamt ausbreiten und vermehren 534, 7
Ihre Freud soll sich — neu vermehren 645, 2
Geduld — vermehrt der Jahre Zahl 203, 11

vermeiden.

Die Sünde zu vermeiden 284, 1
Sondern sie mit Ernst vermeiden 419, 7

vermelden.

Der Engel Heer im Himmel stets vermeldt 500, 1
Und mir dein klares Wort vermeldt 558, 6

vermengen.

Sein Leib ist mit Blut vermenget 461, 2
Dies, mein Herz, mit Leid vermenget 374, 10
Daß ich nicht Gott und Welt vermenge 470, 6

vermerken.

Daß ich früh vermerke, Herr, die Größe 596, 5

1) Fehlt vielfach.

vermessen.
Der in Purpur hoch vermessen 24, 9(6)
Schlaue List sich zu hoch f. mich vermißt 238, 7
Und vermißt sich freventlich 642, 1
Vermessenheit.
Flieht die Vermessenheit 657, 10
Was wirst du mit Vermessenheit 612, 2
vermissen.
Hier wird nichts Gutes je vermißt 727, 5
vermögen.
Denn er all Ding vermag 54, 6
Was Leib und Seel vermögen 580, 9
Durch eigne Müh vermag ichs nie 227, 7
Das geringste nicht vermag aus eignen 260, 11
Er weiß, was wir vermögen 228, 3
Vermögen.
Dein Gnad und alls Vermögen in uns 2, 4
Wie sein Vermögen sei mächtig und 125, 2
Und hebt mir an sein Vermögen 625, 5
Mein Vermögen nichts vermag 625, 5
In Schwachheit mein Vermögen 554, 16
Gott ists, der das Vermögen schafft 404, 2
Und sieht d. Kinder schwach Vermögen 642, 4
In uns ist kein Vermögen 243, 4
Denn mein Vermögen ist zu matt 524, 5
vernehmen.
Vernimm mein Wort und höre mich 362, 6
Wie denn wird vernommen 222, 7
Ich hab—die treue Stimm vernommen 236, 2
Auch die nichts davon vernommen 223, 4
verneinen.
Er hat mir niemals was verneint 98, 4
verneuen.
Dein Schutz hat mich verneuet 671, 5
Von Stunde an verwandeln u. verneuen 185, 2
Also hat Gott durch Christi Tod verneut 146, 3
Mein Herz in mir verneue 735, 5
vernichten.
Gott wird richten u. d. Welt vernichten 449, 10
Da du durch die Missethat warest ganz vernichtet 573, 3
Vernunft.
Leib, Seele u. Vernunft aus Gnaden 294, 1
Nein, Vernunft die muß hier weichen 596, 6
Was die Vernunft nicht fassen kann 53, 3
Vernunft, die kann es nicht erreichen 647, 2
Vernunft darf hier nichts sagen 361, 1
Scheints der Vernunft ganz wunderlich 724, 4
Die Vernunft ist hier zu blind 765, 4
Die Vernunft erstaunet hört 193, 8(5)
So die Vernunft u. gute Meinung 619, 2
Will die Vernunft was fromm und 619, 4
Fleisch, Welt, Vernunft, sag immer 236, 6
Kommt die Vernunft mit ihrer Zunft 153, 10
Vernunftlicht.
Das Vernunftlicht kann das Leben 322, 6
verpflichten.
Für solche Güte immer dir verpflichtet 628, 3
verreisen.
Wer nur mit seinem Gott verreist 720, 1
verrichten.
Daß ich nun bin bekehrt, hast du allein verrichtet 687, 3
Mußt du selbst in uns verrichten 439, 2
Wenn ich was zu verrichten hab 14, 9
Ich hab mein Amt nicht so verricht' 704, 8
Verricht' das Deine nur getreu 719, 7
Alle Sünden, die darinnen sind verricht' 693, 7
verrücken.
Daß uns kein Fall das Ziel verrückt 720, 10
Laß dir nichts das Ziel verrücken 604, 5
Was mir will mein Ziel verrücken 712, 3
versagen.
Versag mirs nit im Tod und auch 548, 5
Keine Hilfe wird versagen er 673, 8
Er hat noch keinem Guts versagt 681, 10
Daß mirs die Bitte nicht versagen 136, 5
Mein Gott versag mirs nicht 286, 1
Du wirst mirs nicht versagen 689, 4
Dein Gott kann dirs nicht versagen 701, 4
Das dir nichts kann versagen 755, 3
Was dir die Welt versagt 770, 3
versammeln.
Versammle, die zerstreuet gehn 552, 5
Die Völker der ganzen Welt versammelt 411
Zu dem Glauben versammelt hast das 412, 1
Wenn zwei auch nur versammelt sind 691, 3
versäumen.
Dein Wort versäumt u. nicht gepreist 704, 4
Der hat die Gnadenzeit versäumet 471, 10
Ihr habt schon jetzo viel versäumt 685, 9
Versäume nicht den Gnadenschein 133, 2
Denn er kann uns nicht versäumen 778, 3
verschaffen.
Gott hat mir Sicherheit verschafft 728, 5
Er ists, der ihnen Recht verschafft 446, 5
Durch sie hast du uns Ruh verschafft 534, 5
verscharren.
Muß in das Grab verscharret sein 512, 2
Hast du verscharrt im Grabe 763, 5
verscherzen.
Ich, ich will dich nicht verscherzen 438, 1
Weil sie diesen Schatz verscherzen 717, 6[1]
Mein Heil murrend verscherze 8, 5
Nicht freventlich Gottes Gnad verscherze 449, 6
Die ihre Krone nicht verscherzen 424, 8
Des Vaters Huld, die Adam hat verscherzet 244, 4
verschlafen.
Und verschläft den großen Jammer 425, 5
Verschlagenheit.
Ihre Sinnen schärfen durch Verschlagenheit 584, 3
verschließen.
Da hast du es verschlossen 763, 5
Des Nachts oft lieg in Not verschlossen 202, 2

1) Fehlt Anh. G.

Vorhin war alls verschlossen 41, 2
Ist der Himmel denn verschlossen? 218, 4

verschlingen.

Es hat den Tod verschlungen 76, 4
Ja hat im Sieg verschlungen dich 607, 3
Den Tod verschlingt das Leben mein 502, 8
Durch Christi Tod verschlungen hat 340, 4
Verschlungen hätten sie uns hin 674, 2
Und wollen uns verschlingen 754, 5
Meine Schuld muß mich verschlingen 413, 4
Die wollen mich verschlingen 366, 10
Und wollt uns gar verschlingen 161, 3
Will Satan mich verschlingen 515, 8
Will mir allen Trost verschlingen 641, 7
Verschlang der Hoffnung Überrest 691, 5
Der Tod hat zwar verschlungen 117, 1

verschmachten.

Sollen wir samt unsern Herden gar verschmachten 218, 5
Sollte gleich der Leib verschmachten 583, 9
Ob mir gleich Leib u. Seel verschmachten 11, 5
Ich verschmacht, Tag und Nacht 635, 4
Auch Seel und Leib verschmachten 282, 4

verschmähen.

Der Jungfrau Leib nicht hast verschmäht 271, 3
Den Sünder nicht verschmähet hast 662, 8
Die wirst du nicht verschmähen 671, 7
So herz ich die verschmähte Kunst 153, 4

verschmerzen.

Welche Hohn u. Trotz verschmerzen 419, 4

verschonen.

Er hat unser verschonet aus väterlicher 258, 4
In Gnaden unser stets verschont 82, 2
Dermaßen auch des Feuers Glut verschont 270, 9
Verschon uns, lieber Herre Gott 443
Verschon uns Gott mit Strafen 112, 7
Mit Geduld viel Jahr bisher verschonet 326, 4
Verschon, o Herr, laß deine Huld 533, 5
Großer Gott, verschone! 635, 1
Woll unsrer Schuld verschonen 183, 14
Verschone ihre Mängel 368, 7

verschreiben.

Da er sich dir verschrieben 609, 1
Das mir sein Blut u. Tod verschreibt 332, 1
Zu deinem Eigentum — verschreiben 165, 5
Ja, ich will mich dir verschreiben 520, 5
Dir will ich mich ganz verschreiben 461, 6
Dir verschreib ich Herz und Sinn 590, 6
Dir verschreib ich mich in Zeit und 59, 2
Es sei auch dir verschrieben 559, 3
Euch hab ich was verschrieben 339, 6

verschulden.

Ich, ach, Herr Jesu, habe dies verschuldet 298, 3
Ich hab es selbst verschuldet 542, 4
Alles das hatt' ich verschuldet 600, 3
Die schwere Straf, die ich verschuldt 704, 15
Nicht, wie ich wohl verschuldet, lohne 325, 7
Den ich hab von Natur verschuldt 244, 4
Und mich nicht, wie ich oft verschuldt 326, 4
Ich habe sie verschuldet 326, 8
Wir haben es zwar sehr verschuldt 190, 2
Widerwärtigkeit, wie ich auch wohl verschuldet 665, 8
Da sie es doch nicht verschulden 419, 9
Ob ichs gleich nicht verschuldt 329, 3
Denn alles dies hab ich verschuldt 730, 4

verschütten.

Keine Kraft davon verschütten 585, 6

verschwemmen.

Und mit Gewalt verschwemmet 674, 2

verschwiegen.

Der so ganz verschwiegen zur Höllen 79, 4

verschwinden.

Ach weh, mein Licht verschwindt 139, 4
Muß im Nu verschwinden 676, 9
Und muß wie Rauch verschwinden 153, 4
Das Gehör auch gar verschwindt 196, 8
Alles Trauern muß verschwinden 558, 4
Die Wasserflut denselben Fluch verschwinden 244, 4
In dir müssen sie bald verschwinden 281, 7
Seitdem verschwand bei uns die Sünde 691, 7
All Angst ihm bald verschwindet 763, 6
Laß allen Zorn verschwinden 286, 2
Alles Übel laß verschwinden 714, 8
Da die Liebe kann verschwinden 774, 4
Laß allen Trost verschwinden 420, 3
Wenn mir alle Kraft verschwunden 375, 6

versehen.

Er hat noch niemals was versehn 355, 17
Und pfleg es öfters zu versehn 498, 4
Wohl mir! ich bin versehen mit 740, 9
Und eh er sichs versiehet, so liegt er 362, 5
So kommt Gott, eh wirs uns versehn 719, 4
Als was er hat versehen und was 399, 3
Er hat uns schon versehen 612, 2
Zieh hin, Gott hat es so versehen 770, 2

Versehen.

Kein Angst, kein Mangel, kein Versehn 139, 5

versehren.

Und doch nicht versehret das 114, 3
Daß sie mich nicht versehren 562, 5
Daß die Welt mich nicht versehre 602, 6

versenken.

Ins Meer sie tief versenke 763, 4
Von seinem reinen Blut versenket 471, 3
Er wird versenken deine Sünden 229, 5
Ihr alles war gänzlich in Jesum versenkt 169, 3
Ins Meer der Liebe mich versenken 327, 1
Der du selbst doch liegst versenkt 599, 3

versetzen.

Sein Geist versetze mich in sich 130, 1
Und versetz mich nach der Zeit 529, 4(5)
Große Berge zu versetzen 641, 3

versichern.

Und des versichern mich 709, 8
So versichre uns je mehr 414, 8(9)
Versichere mein Herz daneben 292, 10
Weil ihr des versichert seid 425, 1

versiegeln.
Gott versiegle dies in mir 593, 10
versinken.
Laß uns nicht versinken in des bittern Todes Not 489, 1
Laß mich nicht versinken 731, 3
In Liebe trunken u. in dir versunken 448, 10
Ganz in Freude zu versinken 413, 10
versöhnen.
Sinke nicht, Gott ist versühnet 693, 1
Hat versöhnt seines Vaters Zorn 80, 1
Du hast uns mit Gott versöhnt 373, 13
Dein Höllenangst und Sterben hat mich versöhnt 465, 3
Und der Mensch mit Gott versöhnt 49, 3
Hat uns versöhnet, daß Gott sein Huld 385, 2
Dein Sohn hat mich versühnet 8, 3
Ein fremde Huld in Christo all versöhnet 146, 3
Er hat mit dir versöhnet mich 700, 2
Der mich hat mit Gott versöhnet 458, 5
Durch ihn bin ich mit Gott versöhnt 202, 10
Ist der Herr, der uns versöhnt 42, 1
Und hat die Welt in dir mit sich versühnet 347, 2
Gott hat mich mit ihm selbst versühnet 484, 2
Weil Jesus mich versühnet 592, 3
Uns versöhnt mit deinem Blut 644, 3
Ich bin versöhnt in deinem teuren 290, 9
Sind nun mit ihm versöhnt 250, 2
Bin aber ich versöhnt mit dir 474, 4
Ein willig Volk versöhnet zu deinem 103, 6
Gottlob! wir sind versöhnt 591, 3
Durch sein — Wunden bin ich versöhnt 78, 3
Ein versöhnt Gewissen sei mein 315, 2
Bei Gott versöhnen möchtest 284, 3
Die Missethat der Sünder zu versöhnen 227, 5
Versöhnen.
Uns verdienet hat mit Büßen und Versühnen 243, 2
Versöhner.
Versöhner, Freund der geistlich Armen 777, 5
Denn dein Herr und mein Versöhner 673, 1
Versöhner der', die warn verlorn 29, 3
Versöhnung.
Keine Gabe z. Versöhnung darzubringen 413, 4
versorgen.
Hat er dich nicht von Jugend auf versorget 355, 16
Alle Witwen und Waisen verteidigen und versorgen 443
Er wird euch wohl versorgen 398, 3
Thut er mich wohl versorgen 665, 1
Wie du uns heut versorgt 660, 2
Ich lasse meinen Gott versorgen alles 626, 5
Gott versorgt mich ewiglich 626, 6
Auch heut oder morgen hier wohl versorgen 477, 6
Gott versorget, Gott beschützet 173, 6
Mein Seel wird er versorgen 48, 3
Wen Gott versorgt und liebet 139, 5
Wie wohl hat mich doch Gott versorgt 728, 7
Die mich bis jetzt stets versorget 379, 4
verspeien.
Verhöhnt, verspeit u. sehr verwundt 554, 5
Verspeien.
Dein Verspeien muß zu Ehren dir 383, 7
versperren.
Vor Fleisch u. Blut sein Himmelreich versperren 41, 3
verspotten.
Die göttlich Gnad, die er — verspottet 417, 8
Verspotten.
Dein Verspotten, dein Verspeien muß 383, 7
versprechen.
Hilf uns bald, wie du uns hast versprochen 547, 5
Die Treu, die du uns hast versprochen 535, 4
Nie gebrochen, was du damals hast versprochen 218, 6
Daß du mir Hülf versprochen 244, 7
Der Gott, der mir hat versprochen 774, 2
Was uns sein Mund verspricht 365, 6
Gott in seinem Wort versprochen hat 417, 16
Gott hat mir ein Wort versprochen 694, 2
Was er verspricht, das bricht 357, 5, 609, 3
Da du dem Sünder hast versprochen 623, 5
Wes du dich mir versprochen hast 30, 2
Jesus hält, was er verspricht 155, 1—6
Ists Wahrheit, was die Schrift verspricht 53, 1
Ich glaub, was Jesu Wort verspricht 53, 10
Den mir die Welt verspricht 420, 3
Versprechen.
Gott hält immer sein Versprechen 694, 4
Für dein so tröstliches Versprechen 292, 4
Herr, halte mich bei dem Versprechen 470, 8
verspüren.
Hast du nicht dieses verspüret 445, 2
Da verspürt man in der That 715, 2
Daß sie Himmelsfreud verspüre 21, 7
Ich bei mir in Anfechtung oft verspür 641, 1
Verstand.
Teilt dein Verstand nach Ost u. Westen 619, 3
Sein ist die Weisheit und Verstand 681, 8
Verstand und Ehr hab ich von dir 666, 4
Zünd uns ein Licht an im Verstand 409, 3
Nichts hilft Verstand, Witz oder Kunst 88, 10
Wenn mein Verstand sich nichts besinnt 283, 3
Gieb mir Licht in dem Verstande 640, 4
Er ziert ihr Herz, Mund u. Verstand 243, 9[1])
Weisheit, Rat, Verstand und Zucht 414, 2
Die Alten mit Verstand, mit 769, 9(10)
Und meine Sinnen u. Verstand regier 136, 2
Samt den Sinnen und Verstand 219, 6
Der Verstand sich nicht besinnt 196, 8
Wenn dem Verstand, den Augen 658, 4
Unser Wissen und Verstand ist mit 439, 2

1) Fehlt vielfach.

Den Glauben mehr, stärk den Verstand 278, 2
Gieb mir Verstand aus deiner Höh 362, 8
Verkehrt ist Will, Verstand u. Thun 366, 2
Deins Worts Verstand mach ihn'n 548, 2

Verständnis.

Und öffne mein Verständnis 286, 4

verstäuben.

Dann verstäubt die Angst geschwinde 217, 4

verstecken.

Ein Vögelein im hohlen Baum verstecket 8, 7[1])
Daß du dich — nicht ewiglich versteckest 476, 5

verstehen.

Wir wissens und verstehens nicht 752, 1
Mehr, als ich verstehe, bitte u. begehr 136, 7
Die Ursach fein u. die Frucht verstehen 371, 3
Kann ich etwas davon verstehen 647, 2
Dich beider Geist recht zu verstehn 409, 6
Lehre michs im Geist verstehen 585, 5
Der Glaub im Geist die Kraft versteht 77, 7
Der diesen Weg verstehet 365, 8
So bald versteht der Mensch die hohen 146, 9
Wer mags verstehn? 191, 5

verstellen.

Oder, wenn sie sich verstellt 449, 5

Verstellen.

Seine Liebe kein Verstellen 461, 5[2])

verstockt.

Wär es auch leid viel hart verstockten 548, 4
Verstockten Sinn und Diebsgewinn 310, 6

Verstockung.

Laß sie nicht im Gericht der Verstockung 318, 5

verstopfen.

Obschon du dein Ohr verstopfet 608, 5
Ob ich mein Ohr verstopfet 236, 4

Verstorbene.

Wenn wir die Verstorbnen hier 301, 1

verstört.

Ich muß auf sein, die Armen sind verstöret 10, 4
Zu uns, die wir sind schwer verstört 91, 5
Dich gänzlich zu verstören 659, 1

verstoßen.

Und von Gott verstoßen sein 461, 3
Wenn du mich nur nicht verstößt 525, 6(7)
Ach Herr, mein Gott, mich nicht verstoß 555, 2
Zu dir flieh ich, verstoß mich nicht 8, 3
Als ob du verstoßen wärst 693, 1
Gott verstößt in Christo nicht 388, 3
Ich weiß, du kannst mich nicht verstoßen 474, 3
Von deim Angesicht verstoßen werden 675, 9

verstreichen.

Meine Lebenszeit verstreicht 456, 1

versuchen.

Wiewohl es oft versuchet ward 183, 4
Versuchet euch doch selbst 657, 1
Wenn zu der Sünde mein Gemüt versuchet wird 207, 4

Versuchung.

Gieb mir Kraft, wenn sich Versuchung 482, 3
Laß uns nicht in Versuchung stahn 183, 14
Führ uns, Herr, in Versuchung nicht 655, 7
Laß uns nicht Versuchung töten 648, 7
Wenn mich Versuchung plagt 9, 3
Und die Versuchung wende 129, 5
Die Versuchung zu bestreiten 442, 11
Über viele Frommen zur Versuchung 449, 1

versüßen.

Der alles Kreuz versüßen und uns 36, 8
Dein Tod meinen Tod versüßet 383, 7
Versüßen einander die Leiden und 397, 8
Und versüßet alle Wort 661, 11
Du kannst alles Kreuz versüßen 175, 4

verteidigen.

Alle Witwen und Waisen verteidigen 443.

vertilgen.

Vertilg uns nicht, erzeige Gnad 588, 3

vertragen.

Wie kannst du das Geschrei vertragen 325, 3

vertrauen.

I. anvertrauen.

Dem will ich mich getrost vertrauen 340, 5
Der sich seinem Gott vertraut 701, 2
Du sollst mir ganz vertrauen dich 134, 2
Vertrau dich ihm allein 692, 1
Wir haben niemand, dem wir uns vertrauen 291, 4
Sagt mir, wer kann doch vertrauen 455, 2

II. glauben.

Aus Herzensgrund vertrauen 216, 1—3
Dich nicht gefürcht', dir nicht vertraut 704, 2
Daß wir ihm fest vertrauen 513, 5[1])
Wer hofft in Gott und dem vertraut 146, 7
Das solln wir ihm vertrauen 183, 11
Wer Gott fest vertrauen kann 701, 3
Wer Gott vertraut, hat wohl gebaut 716, 1
Wer dir vertrauet, hat wohl gebauet 402, 1
Der ihm vertraut allzeit 407, 1
Und weichet nicht von Gott, vertraut 398, 5
Lerne ihm vertrauen, so wirst du bald 462, 4
Auf ihn will ich vertrauen 665, 3
Du kannst deinem Gott vertrauen 773, 4
Vertrau du deinem Herrn und Gott 675, 1
Wer dir vertraut, dem mangelts nicht 675, 4
Lerne deinem Gott vertrauen 765, 6
Dem ich hier vertrauet 156, 2
Ein frommes Volk, das dir vertraut 163, 4
Vertraue seiner Vaterpflege 57, 1
Mir, ruft der Herr, sollst du vertraun 128, 4
Dir, Gott, will ich vertrauen 342, 3
Vertrau ich deiner Gnade 342, 5
Wer wollte dir, Herr, nicht vertraun? 108, 2
Ihm vertrau ich, bet ich an 90, 6
Wer Gott vertraut, fest auf ihn baut 689, 1
Nun sollt ich ja vertrauen deinem Sohn 6, 3
Daß ich dir mög vertrauen 353, 2

1) Fehlt Bernb. G. 2) Fehlt vielfach.

Die doch so fest vertrauen 144, 9
Wohl dem, der ihm vertrauen thut 745, 7
Und ihm aus ganzer Macht vertrauen 412, 2
Deiner Güte ich vertrau 240, 3
So wir vertrauen in diesen Hort 146, 4
Will ich bauen u. ihm allein vertrauen 48, 2
Im Glauben lehrt uns darauf vertrauen 511, 5
III. vereinigen.
Doch hast du sie dir selbst vertraut 179, 4
Da ich Jesu werd vertraut 240, 1
Dein Sohn hat mich ihm selbst vertraut 734, 5
Wohl dem, der sich mit dir vertraut 756, 14
Aber, wer mit ihm vertrauet 583, 4
Gar zu einem Geist vertraut 583, 5
Vertrauen.
Setz nur das Vertrauen dein 195, 3
Nun entschlaf ich voll Vertrauen 261, 3
Überwind ihn durch Vertrauen 456, 5
Denn in dein Huld setz ich all mein Vertrauen 146, 8
Auf Gott steht mein Vertrauen 579, 4
Nun so soll mein ganz Vertrauen 694, 8
Schritt für Schritt in kindlichem Vertrauen 724, 1
Daß ich mein Vertraun auf dich ewig 90, 9
Gott, du siehest mein Vertrauen 336, 2
Mit ganzem Vertrauen 222, 3
Zu dem ich mein Vertrauen han 30, 1
Allezeit in Hoffnung und Vertrauen 285, 4
Auf dich setz ich mein Vertrauen 372, 5
Mein Herz und Mut mit kindlichem Vertrauen 700, 3
Ach segne mein Vertrauen 361, 2
Denn das ist mein Vertrauen 328, 3
Laß mich aber mein Vertraun nie 207, 5
Geduld setzt ihr Vertrauen auf Christi 203, 6
verträumen.
Wer seiner Seelen Heil verträumet 471, 10
Wenn ihr das süße Heut verträumt 685, 9
vertraut.
Und mit ihm vertrauter gehts zum 313, 7
vertreiben.
Vertrieben ist der Sünden Nacht 202, 1
Vertreibet Furcht und Traurigkeit 202, 11
Vertreibe alle meine Feind 555, 10
Vertreib aus meiner Seelen den alten 286, 3
Alle böse Lust vertreiben 372, 3
Von deinem Licht durch Eitelkeit vertreiben 636, 4
Vertreib den schweren Schlaf, Herr 67, 3
Tods Furcht kann sie vertreiben 710, 4
Vertreib den bösen Geist 769, 10(11)
Er vertreibt mir Angst u. Schmerzen 760, 3
Er vertreibt mir Sünd und Tod 760, 3
Vertreibt mir Sorg u. Schmerzen 405, 6(7)
Mein König, laß mich nichts vertreiben 647, 2
Den Satan zu vertreiben 54, 5
Vertreibt u. dämpft daneben manch 203, 11
Die Nacht hat dich vertrieben 515, 2
Nichts soll mich von dir vertreiben 59, 1
vertreten.
Christus hat mich schon vertreten 633, 3
Uns zu vertreten stets bereit 79, 3
Der mich zu deiner Rechten selbst vertritt 136, 8
Du vertrittst, die an dich gläuben 249, 4
Und vertrittst vor ihm mit Freuden 249, 8
Denn der kann mich bei dir vertreten 136, 4
Und vertritt uns allezeit 414, (4)5
Wer mich zu vertreten wagen 637, 7
vertrocknen.
Als wenn du einen seichten Bach vertrocknest 703, 6
verüben.
Laß mich nicht in Werk und That verüben 362, 10
verursachen.
Und verursacht stete Schmerzen 21, 2
verurteilen.
Sollt ich verurteilt sein an jenem 350, 2
verwahren.
Weil ich forthin verwahret bin 465, 7
verwaist.
Nun sind nicht mehr die Kinder verwaist 105, 3
verwalten.
Der den Himmel kann verwalten 596, 1
verwandeln.
Die wird der Herr von Stunde an verwandeln 185, 2
verwandt.
Vergessen, daß wir Gott verwandt 597, 8
Und fühlten uns mit Gott verwandt 691, 6
Alle, die mir sind verwandt 491, 3
Verwandte.
Mein Eltern und Verwandten, mein 54, 4
Die Zions-Gesellschaft verläßt die Verwandten 397, 4
verwehren.
Und verwehre, daß die Welt mich nicht 602, 6
Was Fleisch und Blut erwählet, das verwehre 362, 9
verweilen.
Nun länger nicht verweilet 236, 6
Hab ich hie und da verweilet 520, 2
Ohn Leid und Reu in Sünden mich verweilet 326, 7
Und wenns gleich noch so lang verweilt 690, 3
verwelken.
Verwelkt und unversehns abfällt 127, 7
Verwelkt der Leib gleich in der Erden 728, 8
Ihr Erbe, das verwelket nicht 531, 2
verwerfen.
Verwirf, o Herr, verwirf uns nicht 452, 1
Verwirf uns nicht, verwirf uns nicht 452, 3
Mein Vater, so verwirf mich nicht 541, 4
Verwirf nicht den, der zu dir schreit 326, 9
Verwirf von deinem Angesicht — mich 592, 3
Du verwirfst ihn nicht 336, 4
So ist er doch verworfen 572, 4
Verwirf, Gott, unser Flehen nicht 163, 3

verwerflich.
Damit ich mög bestehen und nicht verwerflich sei 729, 4
verwesen.
Dieser Leib, der muß verwesen 31, 1
Fleisch u. Bein lange wird verweset sein 49, 7
verwirken.
Der Mensch verwirkt den Tod und ist 298, 5
verwirren.
Ach nimm mich auf, weil ich verwirrt 393, 5
Und mich zu viel durch dies und das verwirret 96, 5
Verworfne.
Gleich Verworfnen fühl ich Bangen 637, 12
verwunden.
Sein Leichnam, der für mich verwundt 130, 1
Den Leib, der noch verwundt 135, 7
Er läßt sich für dich verwunden 461, 2
Verhöhnt, verspeit und sehr verwundt 554, 5
Im Herzensgrund auch reizen und verwunden 554, 5
Du verwundte Liebe du 526, 6
Wenn sich das arme Herz verwundet 253, 5
Und seht auf Gott, der euch verwundt 512, 11
Seel und Geist ist dir verwundt 774, 3
Und sein verwundt Gewissen heil 552, 3
Alles, was bisher verwundt 618, 10
Sünd u. Welt kann mich verwunden 413, 5
Die auf mich drang, mich tödlich zu verwunden 465, 8
Verwüstung.
Verwüstung abgewendet von dieser Stadt und Land 258, 3
verzagen.
Laß, ach laß mich nicht verzagen 375, 2
Laß mich ja verzagen nicht 374, 7. 12
Laß mich doch nicht verzagen 353, 1
Sonst müßten wir verzagen 565, 1—3
Nun darfst du nicht verzagen 620, 2
Noch ewiglich verzage 279, 2
Nun sagst du, daß kein Mensch verzag 183, 7
Und mir mein armes Herz verzagt 666, 6
Darf nimmermehr verzagen 700, 2
Will ich verzagen nicht 48, 2
In Reu und Schmerz der Sünden nicht verzagen 227, 6
Jesus lebt! wer nun verzagt, lästert 388, 3
Ohne Licht verzagen müßte 633, 4
Mein Herz will mir verzagen 6, 1
Doch will ich nicht verzagen 668
Will ich doch nicht verzagen 579, 3
Laß mich in meiner Not nicht — verzagen 4, 1
Daß ich nimmermehr verzage 641, 2
Verzage nicht, du Häuflein klein 659, 1
Verzaget an sich selbst 657, 9
So laß mich ganz an mir verzagen 470, 9
Wir hätten mußt verzagen 674, 1
Laß uns nicht verzagen vor der tiefen 489, 2
Wenn du willst verzagen unter deinen 217, 4
Gott lebet noch; Seele, was verzagst 229, 1-8
Sollt ich drum verzagen? 676, 4
Und in keiner Not verzagen 701, 2
Daß in uns die Sinne nicht — verzagen 497, 4
Wie thut ihr so verzagen 15, 1
In dieser Not umkommen u. verzagen 172, 3
verzagt.
So faul, verzagt und sorglos thut 685, 10
Kommt her, verzagte Sünder 416, 2
Verzagte.
Seid fröhlich, ihr Verzagten 36, 3
verzehren.
Daß dies Brot nie wird verzehret 596, 6
Die doch bald verzehren sich 604, 1
Einsam verzehrt von Lieb u. Sehnen 691, 2
Wie schnell verzehrt ein lichtes Leben 691, 3
Sich in andrer Dienst verzehren 255, 2
Großes Gut, das sich nicht läßt verzehren 738, 4
Den kein Rost noch Raub verzehrt 25, 4
Verzehre, was nicht in deinem Lichte 538, 2
Wißt, daß euch der Fluch verzehret 585, 7
verzeihen.
Verzeihe mir, was ich gethan 704, 5
Und alle Schulden uns verzeih 547, 5
Das wollst du mir verzeihen 244, 9
All ihre Missethat willst du verzeihen 281, 6
Verzeihe mir die Missethat 532, 2
Verzeih uns unsre Sünd und Fehl 82, 5
Die Sünden wollst du mir verzeihen 325, 4
Verzeihe mir doch gnädiglich 279, 6[1])
Verzeih mir alles gnädiglich 577, 1
Denn du verzeihst, lehrst meinen Geist 227, 6
Willst du, Vater, ja verzeihen 336, 3
Dasselb verzeih uns gnädiglich 314, 3
Uns täglich reichlich die Schuld verzeihn 16, 4
Verzeih mir auch zu dieser Stund 353, 3
Herr, verzeihe mir aus Gnaden alle 714, 4
Die wollst du uns verzeihen 12, 2
Dem Nächsten seine Schulden verzeihen 580, 14
So mußt du verzeihen eben 608, 3
Dem nicht verzeihn, dem du vergiebst 622, 4
Verzeiht sich[2]) aller Freuden 165, 1
Verzeihung.
Und ich bald Verzeihung find 309, 8
verziehen.
Gott, mein Gott, verzeuch doch nicht 641, 9
Er wird zwar eine Weile mit seinem Trost verziehn 58, 9
Er wird nicht lang verziehen 178, 4
Und was verzeucht, ist desto süßer 213, 10
Als ein Schatten sich verzieht 661, 10
verzweifeln.
Die Angst mich zu verzweifeln trieb 502, 3
An Gottes Macht verzweifeln nicht 55, 4
Verzweifle nicht in deiner Sünd 631, 2
Verzweiflung.
Und mich in Verzweiflung bringen 641, 7

1) Fehlt Bernb. G. 2) Var. Bernb. G. versagt sich.

Verzweiflungsjoch.
Damit nicht das Verzweiflungsjoch 592, 6
Viktoria.
Ist Christus wieder frei u. ruft Viktoria![1]) 37, 2
Da heißts: Viktoria! 338, 7
Vieh.
Vögel, Tiere, Vieh und Fische 220, 5
Vieh und Menschen er ernähret 455, 3
Daß Wild und Vieh von deiner Gab 82, 8
Bei dem Vieh im finstern Stall 80, 4
Allem Vieh sein Futter schafft 80, 5
Sein Amt, sein Haus, Land, Vieh 704, 10
Die Luft unstät Menschen und Vieh 8, 7
Daß Menschen und Vieh traurig stehn 12, 1
Vielgeliebte.
Zion, o du Vielgeliebte 774, 3
Gesegn euch Gott der Herr, ihr Vielgeliebten mein 297, 9
Vielgeplagte.
Auf, auf, ihr Vielgeplagten 36, 3
Vielheit.
Kehre die zerstreuten Sinnen aus der Vielheit 299, 5
vielmal.
Und wär die Welt vielmal so weit 662, 10
vielmals.
Über Stock und Steine vielmals 217, 7[2])
Vielmals pflegen aufzuwecken 374, 7
vielmehr.
Vielmehr bei deinem Israel wird alles 703, 5
Vielmehr ist dies mein Wunsch u. Will 631, 1
Dein süßer Nam erfreut vielmehr 11, 4
Und will vielmehr mit dir im tiefsten 594, 5
vier.
Nach den vier Orten der Welt hinaus 91, 3
vierte.
Bis in den dritt und vierten Grad 704, 11
Vogel.
Der die Vögel all ernähret 626, 3
Wie ein Vogel des Stricks kommt ab 674, 3
Vögel, Tiere, Vieh u. Fische und ihr 220, 5
Vögelein.
Der allen Vöglein in den Wäldern 213, 8
Die Vöglein hört man singen 729, 1
Der du speist alle Vögelein 60, 2
Gleich wie sich fein ein Vögelein 8, 7
Das Vöglein fleucht zu seinem Neste 96, 2
Volk.
Er ist deins Volks Israel der Preis 487, 4
Tröstet mein Volk! spricht mein Gott 645, 1
Und uns zu seinem Volk gemacht 506, 3
Wird über Gottes Volk verbreiten 703, 4
Die dein Volk dir heute bringt 646, 1
Hilf deinem Volke väterlich 237, 5
Er bewahrt sein Volk hienieden 373, 14
Die alles Volk erhalten in rechter 192, 2
Es danke Gott, und lobe dich das Volk 192, 3
Vor deinem Volk und aller Welt 362, 18
Ein willig Volk versöhnet zu deinem 103, 6
Zum Volk, das dir geheiligt heißt 330, 1
Hilf deinem Volk, Herr Jesu Christ 271, 4
Kraft und Leben deinem Volk auf 249, 8
Und nimmer nicht von seinem Volk 610, 5
So wird dein Volk freuen sich 644, 11
Hingestellet dem Volk, das ihm gefället 135, 12
Das Volk im ganzen Land 769, 9(10)
Gieb deim Volk ein'rlei Sinn auf Erd 177, 3
Was für ein Volk, was für ein edle 369, 5
Ihr seid mein Volk, gezeugt von oben 187, 3
Himmelan wallt neben dir alles Volk 313, 5
Ein frommes Volk, das dir vertraut 163, 4
In deinem Volk erhaben 10, 6
Versammelt hast das Volk aus aller 412, 1
Die Völker der ganzen Welt versammelt 411
Und aller Völker Scharen zu dir bringt 669, 1
Die fernsten Völker werden kommen 223, 4
Weich alles Volk auch von ihm fern 759, 8
Dem die Völker unterthänig 373, 7
Mit Macht die Völker mannigfalt 38, 6
Die Völker haben dein geharrt 132, 1
Die Kleinen in jedem Volk u. Land 189, 1
Das Volk, das jetzt uns nur verlacht 703, 3
Das elende Volk einladen 220, 6
Völkerschar.
Führst du zu deiner Freude die Völkerscharen ein 103, 3
Völkerstamm.
Und zeig dich jedem Völkerstamme 523, 3
Völklein.
Die Glucke führt ihr Völklein aus 204, 4
vollbereiten.
Herr, du wollst uns vollbereiten 267
vollbringen.
Und vollbringe deinen Willen 387, 4
Seinen Willen ganz vollbracht 590, 4
Und der Schluß wird auch durch ihn vollbracht 14, 10
Als er rief: Es ist vollbracht! 160, 2
Er, der rief: Es ist vollbracht 456, 6
Und an dein Wort: Es ist vollbracht 347, 2
Es ist vollbracht! 188, 1—5
Des Vaters Willen im Leiden hat vollbracht 505, 3(2)
Er hats vollbracht 250, 1
Und dein Opfer ist vollbracht 249, 2
Ich kanns so nicht vollbringen 6, 4
Jesu, hilf mir das vollbringen 584, 8
Nun, Gottlob, es ist vollbracht Singen 503, 1
Nun, Gottlob, es ist vollbracht, und 504, 1
Was du befiehlst, vollbringe 260, 1
In ihm vollbring ich heut 14, 10
Was kann dein schwaches Kind vollbringen 578, 2
Daß ich diesen Tag vollbracht anders 648, 3
Endlich, wenn nun ganz vollbracht 661, 14
Und wenn ich nach vollbrachter Zeit 554, 16

1) Var. Bernb. G. Halleluja. 2) Fehlt Bernb. G.

Bis daß nach vollbrachtem Lauf 641, 6
Selig, wer den Lauf vollbringt 634, 1
Meinen Lauf hier seliglich vollbringen 706, 6
Mein Lauf ist nun vollbracht 621, 1
Es ist vollbracht, was übrig ist 477, 14
Nun ist vollbracht mein Leiden 477, 15
Spricht zuletzt: Es ist vollbracht 600, 8
Gottlob, es ist vollbracht 297, 11
Doch kann ers nicht vollbringen 81, 6

Vollbringen.

Gieb zu allen Dingen Wollen und Vollbringen 597, 6

Vollbringungskraft.

Ach gieb mir auch Vollbringungskraft 470, 8

vollenden.

So wollst du nun vollenden dein 671, 8
Und das gute Werk vollende 641, 6
Was vollendet sollte werden, das vollführest du 249, 2
Als eines vollendeten Heilands 299, 8
Und vollendet Gottes Ruhm 159, 5
Um zu vollenden meinen Lauf 776, 4
Daß ich den Lauf vollende zu meiner 9, 1
Meinen Lauf durch Christi Tod vollende 339, 8
Meinen Lauf vollenden kann 173, 4
Möge ritterlich vollenden 18, 8
Und seinen Lauf mit Ehren kann vollenden 38, 5
Daß ich meinen Lebenslauf seliglich vollendet 156, 1
Daß ich mein' Lauf vollenden kann 11, 11
Eile, daß du mögst vollenden 589, 20(18)
Wann mein Lauf vollendet ist 90, 7
Ich hab vollendet meinen Lauf 273, 1
Mein Zeit ist nun vollendet 579, 2
Willst du meinen Geist vollenden 215, 4

Vollender.

Vollender, führe du uns diesem Tage 250, 4

vollends.

Auch vollends nicht auslöschet 537, 6
Daß vollends bei dem Ende ich üb 537, 9
Fall ich vollends tief hinein¹) 678, 4
Wenn ich nun vollends umgekehrt 733, 4

Vollendung.

Der uns zur Vollendung leitet 634, 1

vollführen.

Was du gefangen an, vollführ bis an 537, 10
Vollführe deinen Glaubenslauf 670, 2
Dies gute Werk, so in uns angefangen, vollführen 64, 6

vollgeschenkt.

Und durstig saße, mit vollgeschenktem 106, 9

völlig.

Deinen Durst u. Liebsverlangen völlig 611, 2
Und scheine völlig ausgethan 340, 6
Bring uns völlig in die Schranken 651, 5
Die Gnadenpforte ist hier völlig 390, 2
Dein Eingang die völlige Freiheit 169, 8
Der uns völlig machen wird frei 115, 1
Und will sich nicht völlig zum Sterben 299, 3
Den Bösewicht völlig in dir zu besiegen 299, 6
Und hier noch in völliger Mannheit 299, 6
Der Tod wird völlig weichen müssen 478, 1

vollkommen.

Ganz vollkommen, auserlesen 220, 3
Des Lebens vollkommene Freiheit 299, 8
Wo alle vollkommene Fülle erscheinet 169, 2
So hab ich der Weisheit vollkommenen 169, 5
Es ist vollkommen hell und klar 295, 3
Ich soll vollkommen sein wie er 725, 5
Ich bin vollkommen worden bald 512, 6
Sondern hat vollkommne Lust 599, 15
Ins Schloß vollkommener Sicherheit 232, 5

Vollkommenheit.

Daß das Band der Vollkommenheit 576, 5
Den so viel Vollkommenheiten krönen 422, 1
Himmlische Vollkommenheit such ich 90, 7
Erst preisen in Vollkommenheit 57, 9

vollziehen.

Als du deinen Bund vollzogen 218, 6
Unsern Lauf ganz seliglich vollziehen 107, 9

vonnöten.

Was vonnöten stets gegeben 217, 1
Was aber mir vonnöten thut 260, 10
Geduld ist euch vonnöten 203, 1
Ist euch Geduld vonnöten 203, 1

vorangehen.

Jesu geh voran auf der Lebensbahn 377, 1
Geh voran, ich folge dir 430, 1
Der Heiland geht voran 224, 3
Fällts euch zu schwer, ich geh voran 485, 5
Jesus geht mir selbst voran 312, 8
Ihr Herzog ging den Weg voran 424, 4
So geh voran! wir dringen an 424, 10
Wie du bist vorangegangen 259, 3

voraus.

Voraus, wenn ich muß hie davon²) 353, 2

vorausschicken.

Und hätte — mein Herz vorausgeschickt 345, 1

vorbei.

Der Sturm des Kreuzes geht im Augenblick vorbei 228, 4
Und die allerlängste Zeit saust vorbei 17, 2
Aller Jammer ist vorbei 313, 9

vorbeitreiben.

Treib vorbei des Teufels List u. Ketzerei 82, 6

vorbereiten.

Mich täglich und auch heute darauf vorbereite 275, 5

Vorbild.

Seinem Vorbild folgen nach 430, 1
Seinem Vorbild werden gleich 430, 2
Deinem Vorbild ähnlich werden 241, 2
Nicht wandeln seinem Vorbild gleich 313, 6
Wie mich dein heilig Vorbild lehrt 141, 10
Der Welt ein Vorbild vor die Augen 759, 3

1) in den Kot. 2) Var. Bernh. G. Gieb, wenn ich endlich muß davon.

vorbringen.
Oft vor dich in unsrer Not vorbringen 547, 11
vorerwähnt.
Hab in acht d. vorerwähnte lange Nacht 530, 8
vorhanden.
Rufe nur, Gott ist vorhanden 608, 6
Die Zeit ist schon vorhanden: Hör auf 579, 9
Wenn mein Stündlein vorhanden ist 710, 1
Mein Sterben ist vorhanden 477, 1
Ist doch kein Schluß vorhanden 530, 5
Es ist bei ihr vorhanden ein Herz 203, 9
Vorhang.
Des Tempels Vorhang ist zerrissen 188, 3
Und der Vorhang reißt entzwei 174, 10
vorhergegangen.
Wenn Gebet und reifer Rat beiderseits vorhergegangen 715, 2
vorhersehen.
Wo du nun vorhergesehen, daß ein 193, 6
Vorhof.
Zu seinem Vorhof mit Gesang 506, 4
Geht durch seines Vorhofs Gang 33, 3
vorliebnehmen.
Warst arm u. dürftig, nahmst vorlieb 753, 13
Nimm vorlieb mit deinem Gott 494, 1
Und nimm vorlieb mit Gott u. dem 681, 11
vormals.
Was vormals war verloren 607, 1
Vormünder.
Sei selbst ihr Vormünder 129, 4
vorn.
Von vornen[1]) läßt sich Gott nicht sehn 724, 6
vornehmen.
Was er ihm vorgenommen 58, 5
Das gescheh je und je wie ers vorgenommen 62, 11[2])
Du hast dir vorgenommen, mein 337, 1
Als wirs uns vorgenommen 139, 6
So nimm auch du nichts vor 483, 4
Vornehmen.
Er segne meine Thaten, mein Vornehmen 54, 6
vornehmlich.
Vornehmlich wird in mir all Herzensangst 14, 2
Vorrat.
Mit Vorrat uns zu segnen 707, 3
Ist auch der Vorrat klein 398, 3
Vorsatz.
Und laß nichts mehr den Vorsatz brechen 470, 8
Solch Vorsatz leider ist nicht hier 704, 13
Den guten Vorsatz, den ich führ 555, 10
Laß diesen Vorsatz nimmer wanken 330, 7
Denn daß ich Sünd aus Vorsatz thu 366, 15[2])
Vorschmack.
Des Himmels süßen Vorschmack sein 741, 6
Des ewgen Lebens Vorschmack sei 11, 10
Will ich einen Vorschmack haben 638, 2
Gieb mir einen Vorschmack ein 434, 4
Ein wahrer Vorschmack jener Freuden 475, 9
Doch ist dies nur der Vorschmack 727, 6
Von jenem Leben jetzt der Vorschmack 173, 5
vorschreiben.
Doch ich will dir nichts vorschreiben 529, 2(3)
Ich hab ihm nichts vorzuschreiben 32, 5
vorschützen.
Es schützet die besten Absichten noch vor 299, 3
vorsehen.
Das er nicht vorgesehen 232, 7
vorsetzen.
Obrigkeit, so vorgesetzt mir werden 260, 5
Vorsicht.
Schützt dich seine Vorsicht nicht 90, 1
Vorsichtigkeit.
Durch Vorsichtigkeit bewahret 255, 7
vorstecken.
Das Kleinod ist mir vorgesteckt 153, 12
vorstellen.
Den hast du allen vorgestellt 487, 3
Dem Exempel, das du mir vorgestellt 709, 6
In deinem Wort hast vorgestellt 534, 7
Die Ewigkeit sei vorgestellt 722, 5
Dich hab ich einzig mir zur Freude vorgestellt 679, 1
Vorteil.
Was die Welt für Vorteil hält 448, 3
Vortrefflichkeit.
An Vortrefflichkeit der Gaben 422, 5
vorübereilen.
Das unaufhörlich ist u. nie vorübereilt 727, 2
vorübergehen.
Bis die Angst vorüber geht 641, 8
Mein Weg geht jetzt vorüber 344, 2
vorüberziehen.
Durch ihn geheiligt zog das Leben vorüber 691, 7
vorwärtssehen.
Nur immer vorwärts sehen 86, 5
vorwerfen.
Wirfst du mir mein Sünden für? 599, 3

1) Var. Bernh. G. Zum voraus. 2) Fehlt vielfach.

W.

wach.

Wacher[1]) Jesu, ohne Schlummer 257, 3
Es ist dein Aug, es bleibet wach 253, 3
In Schmerzensnächten wach 350, 3
Wie manche wache Nacht 621, 2

Wache.

Du hältst die Wach an unsrer Thür 355, 7
Wer hier die Hut und Wache hält 223, 1
Halt du die Wach, damit kein Ach 115, 9
Sende deiner Engel Scharen als zur Wache 648, 5
Die Weisheit hält bei euch die Wach 685, 8

wachen.

Wo nicht dein Augen wachen 510, 6
Auf welchen stets sein Auge wacht 720, 1
Er sorget für uns, hüt' und wacht 749, 1
Über seine Herde wacht 268, 6
Mein Gott wacht jetzt in meiner Ruh 517, 7
Wenn ich schlafe, wacht sein Sorgen 625, 7
Er wird selber wachen über deiner Not 217, 4
Er hüt' und wacht, stets für uns 389, 2
Doch einer ist, der droben wacht 111, 3
Daß Jesus wache nicht allein 111, 3
Du hast gebetet und gewacht 257, 3
Über mich wacht bei Tag und Nacht 488, 1
Wache, wache du in dieser Nacht 17, 7
Treuer Jesu, wache du 643, 1
Nimmer zagte, seit du wachest 253, 3
Indessen wacht der Engel Schar 270, 7
Wenn ich schlafe, wenn ich wache 309, 4[2])
Drum ich wach oder schlafe ein 119, 3
Wir wachen oder schlafen ein 15, 6
Hat so manches Herz nach dir gewacht 753, 3
Ach, hilf mir wachen Tag und Nacht 554, 4
Lehr mich wachen, beten, ringen 18, 6
Wache, fleh und bete 449, 1
Aber wache erst recht auf 449, 2
Wache auf, sonst kann dich nicht 449, 3
Wache, daß dich Satans List 449, 4
Wache, daß dich nicht die Welt 449, 5
Wache dazu auch für dich 449, 6
Drum so laßt uns immerdar wachen 449, 10
Fürchte Gott und bet und wache 456, 5
Seht auf Jesum, wacht und fleht 634, 5
Daß ich wachen mög und beten 718, 11(10)
Auf! betet kämpft und wachet 178, 1
Daß ich wache, bete, ringe 593, 10
Laß unser Herze wachend sein 67, 4
Drum soll mein Herz auch wachend sein 111, 3
Auf, Herz, wach und bedenke 127, 10
Gieb, daß ich zähle meine Tag und munter wach 723, 4
Sie wachet und steht eilend auf 672, 2
Daß ich zu dir allzeit wach und bete 257, 3

Wachen.

Bete aber auch dabei mitten in dem Wachen 449, 7
Mit Beten und mit Wachen 579, 9
Zum Ringen, Wachen und Gebet 667, 4
Jesu, hilf siegen! im Wachen 380, 7

Wachs.

Vergehen, wie Wachs in Feuershitz 405, 4

wachsam.

Laß mich selbst auch wachsam sein 17, 7
Und lehre selbst mich wachsam sein 578, 5[3])
Wenn wir nicht treu u. wachsam sein 470, 2
Daß ich stets wachsam sei wie du 257, 3

Wachsamkeit.

Des Wächters Hut und Wachsamkeit 660, 4
Gieb mir auch Wachsamkeit 257, 3

wachsen.

So wachsen wir auf Erden u. hoffen 127, 8
Hilf, daß wir an dir bleiben u. wachsen 81, 7
Wir auch täglich wachsen mögen 605, 2
Dessen Segen wächst und blüht 758, 2

Wachstum.

Da kann mein Wachstum vor sich gehn 363, 6

Wacht.

Den Schirm von deiner Wacht 517, 3
Sei die Nacht auch auf der Wacht 315, 1
Giebst du zu meiner Wacht 142, 2
Er hält über uns Hut und Wacht 346, 2
Wird auch nicht müde von der Wacht 346, 4
Und seiner heilgen Engel Wacht 772
Durch dein Engel die Wacht bestell 314, 4
Dein Engel mir stets halten Wacht 119, 4
Daß sie bei meiner Wiege sein und halten gute Wacht 516, 8
Den Kaiser uns bestell zur Wacht 163, 1

Wächter.

O du Wächter deiner armen Herde 68, 4
Du Aug und Wächter Israel 515, 7
Treuer Wächter Israel, des sich freuet 644, 1
O du Wächter, der du nicht schläfst 644, 1
Die uns zu Wächtern geben sein 270, 10
Unsre Hüter und Wächter sein 126, 2
Sein Engel deine Wächter sein 15, 5
Laß deine guten Engel als Wächter um sie stehn 368, 7
Daß er mein Wächter sei 498, 8
Gieb uns die lieben Wächter zu 66, 6
Mein Wächter und Gefährten sein 89, 5
Des Wächters Hut und Wachsamkeit 660, 4
Auf der Maur als treue Wächter stehn 669, 1
Wachet auf! ruft uns die Stimme der Wächter 672, 1
Zion hört die Wächter singen 672, 2
Die Wächter Zions schreien 178, 2

---

1) Var. Bernd. G. Wachsamer. 2) Fehlt Anh. G. 3) Fehlt vielfach.

wacker.
Daß ich nicht recht wacker bin 17, 3
So laß das Herz doch wacker sein 66, 3
Auch unser Glaub stets wacker sei 283, 8
Der Geist und Glaube, wenn wir schlafen, wacker sei 643, 3
So sei stets wacker und bereit 737, 6

Waffe.
Mit Sturm und vielen Waffen 243, 5
Sie müssen Wehr u. Waffen niederlegen 291, 3
Der Waffen schweres Joch — erfahren 272, 4
Ein gute Wehr und Waffen 161, 1
Schenk uns Waffen in dem Krieg 414, 6(7)
Gieb du mir deines Geistes Waffen 470, 7
Gieb mir deines Geistes Waffen 593, 9
Das einzig unsre Waffen 107, 2
Mit Waffen Gotts uns fristen 216, 1—3
Stell euch die güldnen Waffen ums Bett 515, 9
Die scharf geschliffnen Waffen der ersten Christenheit 564, 2
Darum mußt du uns rüsten mit Waffen 564, 3
Reich mir die Waffen aus der Höh 474, 6
Bleibe Tag und Nacht in Waffen 589, 9
Gieb ihr deines Lichtes Waffen 221, 2

Wage.
Und alles auf die Wage legt 531, 4

wagen.
Alles kühn um dich zu wagen 583, 8
Wir wagens dennoch, dir zu nahn 452, 1
Ich wags aufs Wort und komme 777, 4
Ich werde dir zu Ehren alles wagen 298, 13
Drauf wollen wirs denn wagen 418, 13(11)
Auf ihn magst du es wagen 692, 3
Und darauf wagt mein Herz es froh 357, 2
Ist doch mein Werk mit Gott gewagt 88, 7
Ich wag es aber länger nicht 304, 3
Auf dich allein laß mich es wagen 470, 9
Wenn ich in sein Blut es wage 413, 2
Es sei gewaget durch Not und Tod 647, 4

Wagen (das).
Es ist wohl des Wagens wert 418, 13

Wagen (der).
Ja gar auf deinem Wagen so herrlich 144, 3
Auch mehr denn tausend Wagen 144, 4
Es wartet schon — der Engel Wagen 521, 4
Komm, du Wagen Eliä 139, 11
Mit mir fahren auf Elias Wagen 196, 9
Fährt auf Eliä Wagen 369, 3
Der die Wagen gar verbrennt 644, 10

wägen.
Er wägt die Schmerzen u. wälzt sie weg 108, 6
Du siehst und wägest meinen Schmerz 495, 5

Wagenburg.
Die Wagenburg ist stets geschlagen 720, 7

Wahl.
Wohl dem, den seine Wahl beruft 158, 3
Nicht nach mein' Verdienst u. Wahl 579, 6
Meiner Wahl[1]) gewiß zu sein 193, 9

wählen.
Zum Sündenfeind u. Sühner wollen wählen 165, 2
O Wunderliebe, die mich wählte 205, 4
Ich wähl den Fluch, dieweil ich such 620, 4
Der wählet dies, der andre das 10, 2
Ferner eitle Träber wählen 220, 9

Wahn.
In ihrem Sinn ein falscher Wahn 552, 2
Es war ein falscher Wahn dabei 183, 3
Wo Wahn die Waisen treibet 360, 1
Der bitter ist nach meinem Wahn 682, 5
Den stets sein eigner Wahn betreugt 57, 4
Ist nur ein falscher Wahn 127, 2

wahr.
So wahr ich lebe, spricht dein Gott 631, 1
So wahr, als ich selbst lebe 6, 8
So wahr ich lebe, ich will nicht 528, 4
Du der wahre Heiland bist 402, 1
Sein Wort ist wahr 636, 1. 689, 2
Dein Wort man läßt nicht haben wahr 10, 1
Ich glaub g'wiß gar, daß es sei wahr 548, 4
Amen, Amen, das sei wahr 216, 1—3
Amen! das ist: es werde wahr 655, 9
Wahr ist es: übel steht der Schade 325, 5
Wahr ists: Gott ist wohl stets bereit 631, 4
Wahr ists: Gott ruft verlorne Kinder 53, 6

währen.
Sein Gnade währet dort und hier 506, 6
Gottes Gnade währet immer 229, 4
Aber Gottes Güte währet immer 455, 3
Alles Ding währt seine Zeit 625, 1—12
Dein Reich soll ewig währen 562, 1
Und ob es währt bis in die Nacht 55, 4
Und obs gleich währt bis in die Nacht 308, 4
Den Abend währt das Weinen 352, 4
Daß uns die Welt verhöhnt, währt nicht lange 591, 3
So lange dieses Leben währt 500, 8
Es wird nicht lang mehr währen 418, 12(10)
Was ewig währen thut 505, 2
Die in Ewigkeit auch währet 196, 1
Noch endlich sollte währen 530, 4

wahrhaft.
Wahrhaftes Lebenslicht 286, 1

wahrhaftig.
Du wirst es thun, wahrhaftger Gott 308, 4
So lange Gott wahrhaftig heißt 53, 5
Auf sein wahrhaftig Wort verlassen 357, 2
Kommt uns wahrhaftig wohl zu gut 285, 1
Wie man wahrhaftig wandeln soll 485, 2

Wahrheit.
Gott, was uns deine Wahrheit lehrt 507, 3
Und seine Wahrheit für und für 506, 6
Dein Wahrheit uns umschanze 2, 3
Deine Wahrheit mich erfreun 207, 2
Er, die Wahrheit, trüget nicht 694, 2
Er ist — die Wahrheit u. das Leben 146, 5

1) Var. Darmst G. meines Heils.

Er sei mein Himmelsweg, die Wahrheit 14, 8
Du bist — die Wahrheit u. das Leben 537, 3
Mein Licht u. Leben. die Wahrheit 19, 4[1])
Er selbst ist Wahrheit, Weg u. Leben 720, 6
Voll Gnad u. Wahrheit von dem Herrn 734, 1
Von Wahrheit mächtig 672, 2
Lehr uns den Weg der Wahrheit ganz 67, 1
Und uns den Weg zur Wahrheit führ 278, 1
Aus der Lüge in die Wahrheit 406, 5
Und in der Wahrheit leiten 502, 9
Dein Wahrheit bleibt mir ewig fest 11, 6
Ists Wahrheit, was die Schrift verspricht 53, 1
So muß auch dieses Wahrheit sein 53, 1
Und Wahrheit, die nicht treugt 365, 5
Laß Gottes Wahrheit in der Nacht 612, 5
Die Wahrheit anzuzeigen mir 662, 12
Deiner Wahrheit Heiligtum 642, 3
Dein Wort die Wahrheit lehrte 227, 3
Merke, was die Wahrheit lehrt 701, 5
Gottes Wahrheit ist dein Licht 701, 5
Wenn er uns deine Wahrheit lehrt 557, 4
Treten zu der Wahrheit 222, 2
Wo Fried und Wahrheit geht herein 144, 10
Deine Wahrheit nicht zerrütten 585, 6
Ihn m. Herren nennen mit Wahrheit 420, 5
Und seiner Wahrheit Schein 420, 7
Und in der Wahrheit bleibe zu Trotz 286, 4
Von deiner Wahrheit trenne 310, 3
Ich im Geist und Wahrheit bete 614, 1
Und im Geist und Wahrheit beten 225, 5
Und ich bet dich im Geist u. Wahrheit an 136, 3
In Geist und Wahrheit seis gethan 248, 1
Beflissen jederzeit der Wahrheit 704, 9
Der treibt mit Gottes Wahrheit Spott 622, 1
Den Rotten, die deiner Wahrheit spotten 274, 2
Und mit dem Scheine der Wahrheit 380, 5
Licht und Wahrheit, Fried u. Wonne 155, 6

wahrnehmen.

Herr, nimm mein wahr in d. Gefahr 401, 5
Nimm wahr, was heut geschicht 37, 1

Waisen.

Ihr Waisen, weinet nicht 398, 1
Bleibet stets ein Vater aller Waisen 398, 2
Alle Witwen und Waisen verteidigen 443
Witwen und Waisen hält er Schutz 446, 6
Wer mag auf die Waisen schauen 493, 1
Waisen müssen sich oft schmiegen 493, 2
Waisen sind in Gottes Schoß 493, 4
Der die armen Waisen drücket 493, 4
Kommt her, ihr meine Waisen 44, 11
Er ist — der Waisen Gut und Hab 145, 6
Witwen u. Waisen ist er der Vater 297, 8

Waiselein.

Auch hinterlasse betrübte Waiselein 297, 7
Was thut ihr so sehr zagen, ihr armen Waiselein 297, 8
Nun ruhen alle Wälder 515, 1
Ihr grünen Blätter in den Wäldern 524, 4
Der Wald steht schwarz und schweiget 112, 1
Und die Bäum in Wäldern 677, 5
Felder, Wälder, Bäum und Büsche 220, 5

Wall.

Das ist ihr hoher Wall 203, 5

wallen.

So bricht dein Herz und wallet 136, 5
Und mein Herz vor Freude wallen 615, 1. 2
O daß mein Blut mit Jauchzen wallte 524, 2
Da er auf Erden mußte wallen 471, 6
Denn man sieht uns, da wir wallen 21, 5
Dieweil ich hier noch walle 687, 6
In steter Liebe wallen 734, 6
Wallen auf rechter Lebensbahn 286, 6
So wallen wir hier auf Erden 720, 8
Mußt du schon geängstet wallen 229, 8
Des Herrn, dem wir hier wallen 124, 1
Wallen wir, so wallt sein Friede mit 587, 7
Je länger ich hier walle 329, 8
In rechter Bahn zu wallen 192, 2
Mich deine Wege wallen 459, 6
Die noch auf Erden wallen 621, 6
Laß mich sanft von hinnen wallen 375, 9
Himmelan wallt neben dir alles Volk 313, 5

Wallen.

Regiere du mein Wallen 9, 2

Wallfahrt.

Und ist des Lebens Wallfahrt aus 109a, 5
Hinein, hier schließt die Wallfahrt sich 756, 15

Walfisch.

Jonas im Walfisch war drei Tag 181, 8[2])

walten.

Das walte Gott, der helfen kann 88, 1
Das walte Gott 88, 1—12
Das walt Gott Vater und Gott Sohn 89, 1
Gott walts zu Frommen 129, 1
Mit seiner Gnade walten 610, 3
Über mir mit Gnaden walte 641, 5
Ihn, ihn laß thun und walten 58, 8
Ihn mußt du es lassen walten 608, 6
Drum laß ich ihn nur walten 682, 1. 6
Wer nur den lieben Gott läßt walten 719, 1
Und dein Kraft in mir stets walten 461, 15[2])
Dich will ich lassen walten 481, 1
Ihr wirkt und waltet bis ans Ende 394, 1
Und daß ich so mög walten 537, 7
Und läßt die Sünd nicht walten 192, 2

wälzen.

Er wälzt ihn von des Herzens Thür 202, 6

Wandel.

Folgt meinem Wandel nach 485, 1
Laß unsern Sitz und Wandel sein 144, 10
Was dienet zum göttlichen Wandel 169, 7
Denn unser Wandel steht bei dir 15, 2
Laß unser Thun und Wandel sein 28, 4
Meines Wandels Richtschnur sein 316, 5
Da sie doch durch stillen Wandel 424, 5
Daß ich meinen Wandel führ im Geist 559, 9

---

1) Fehlt Anh. G. 2) Fehlt vielfach.

Nur himmelan soll der Wandel gehn 313, 1
Und in ihrem Wandel blind 717, 6

wandeln.

Der recht und richtig wandelt 298, 5
Und vor dir christlich wandeln 717, 8
Getrost vor dir[1]) zu wandeln 495, 7
Daß ich wandle würdiglich 737, 10
So lang ich hier noch wandle 14, 9
Daß aufs neu ich wandeln kann 309, 1
Wandeln fein auf Gottes Wegen 503, 2
Wie ich im Lichte wandeln soll 133, 5
Ich wandle hier mein Gott vor dir 227, 1
Daß wir nach deim Geheiß wandeln 81, 6
Den ich nun wandeln soll 687, 5
Darinnen ich gewandelt bin 340, 8
Ich bin nicht den Weg gewandelt 276, 1
Man muß wie Pilger wandeln 418, 5(4)
Wohl dem Menschen, der nicht wandelt 758, 1
Die man dort oben wandeln kann 720, 5

Wandeln.

Im Handeln, Wandeln, Essen 560, 13

wandern.

Wir gehn dahin und wandern 510, 2
Im finstern Thal muß wandern 106, 6
Selig läßt im Thränenthal sich wandern 160, 1
Manches wandert gar alleine 778, 2
Da muß ein Fuß nach dem andern gehn und wandern 732, 3
Zur Ewigkeit zu wandern 418, 1
Kommt, laßt uns munter wandern 418, 11(9)
Den ich zum Himmel wandern[2]) soll 11, 1
Auch bald hinüber wandern 139, 12
Ins ewge Leben wandre ich 400, 3
Ich wandre meine Straßen 329, 6
Zur Höllen wandern in die Pein 700, 1

Wandern.

Mein Leben sei ein Wandern 518, 4
Denn ich bin des Wanderns müde 206, 1

Wanderschaft.

Mach ein selig Ende an m. Wanderschaft 329, 9

Wandersmann.

Wie sich sehnt ein Wandersmann 196, 2
Die Freude, die sich reget bei einem Wandersmann 621, 4
Der Wandersmann legt sich ermüdet 96, 2
Und einen müden Wandersmann 187, 4

Wanderstab.

Dein Kreuz laß sein mein' Wanderstab 553, 9
Folg an meinem Wanderstabe 705, 2
Lege nun den Wanderstab hin 206, 2
Vom Freudenmahl zum Wanderstab 756, 10

Wanderzeit.

Du Herberg in der Wanderzeit 756, 2

Wange.

Die Farbe deiner Wangen 542, 3
Laß über meine Wangen her 366, 3
Noch netzet ihr die Wangen 621, 7
Nehmt die Thränen von m. Wangen 339, 5
In Haufen auf meine Wangen laufen 135, 5
Macht schöne rote Wangen 145, 7
Die Wangen noch manchmal netzen 16, 8
Schuld macht glühen meine Wangen 637, 12

Wangenrot.

Da blüht zu schön kein Wangenrot 756, 10

wanken.

Herr, laß mich nur nicht wanken 431, 1
Laß mich, Herr, von dir nicht wanken 648, 6
Jesus, lasse nie mich wanken 309, 14
Dein Wort fest halten u. nicht wanken 295, 6
Hilf, daß ich ja nicht wanke von dir 297, 11
Ach laß mich von dir nicht wanken 197, 3
Zion, du kannst doch nicht wanken 773, 3
Laß weder Mund noch Herze wanken 292, 6
Nie soll mein Glaube wanken 120, 6
Sollt ich darum im Glauben wanken 290, 7
Und die im Glauben wanken 274, 10
Und von seiner Treu nicht wanken 493, 5
Und von dir nicht wanken 129, 3
Hilf nur, daß wir nicht wanken 754, 7
Du sollst glauben und nicht wanken 386, 5
Ach aber, ach wie wankt mein Fuß 304, 3
Als wie ein Licht, das hin und her thut wanken 78, 5

Wanken.

Ewiglich regierst ohn alles Wanken 29, 2
Gott aber stehet ohn alles Wanken 125, 8
Bleibt ewig fort ohn alles Wanken 609, 5

wann.

Wann soll es doch geschehen 224, 7
Wann kommt die liebe Zeit 224, 7
Du Tag, wann wirst du sein 224, 7
Wann wird doch angelangen desselben Tages Schein 621, 10
O wann werd ich dahin kommen 432, 2
Ach wann werd ich dahin kommen 581, 7

wappnen.

Wappnet euch mit Gottes Worte 591, 1

Ware.

Zwar in Kaufung teurer Waren 596, 3

warm.

Daß ich warme werd von Gnaden 734, 4

wärmen.

Wer wärmet uns in Kält und Frost 355, 5

warnen.

In allen Lebenszeiten uns — warnen 94, 6

warten.

Wart und pfleg ihr' zu aller Zeit 271, 4
Kinder u. Kranken pflegen u. warten 443
Er wartet noch auf mich 236, 4
Komm, wir warten mit Begier 408, 1
Deiner wart ich mit Verlangen 734, 7
Ich warte drauf, ich warte drauf 282, 6
Darum wart ich mit Begier 442, 5
Hier sind wir still und warten fort 572, 8
An Gottes Wort man warten soll 10, 5
Die Hoffnung wart' der rechten Zeit 183, 11

1) Var. Hann. G. Vor dir getrost. 2) Var. Bernb. G wand'ln.

Hilf, daß wir warten mit Geduld 283, 8
Bis dir die Freuden warten 15, 2
Wart in Geduld 341, 5
Geduld kann lange warten 203, 8

warum.

Du armes Herz, warum 86, 2

was.

Was zu thun, o liebes Herz 461, 5[1])
Ei, was will im Himmel werden 461, 13[1])
Was kann für solche Liebe dir 620, 5
Was sind wir doch, was haben wir 355, 3
Hättst du dir was könnt erwerben 386, 8
Was dürft ich denn für dich sterben 386, 8

waschen.

Zu waschen uns von Sünden 77, 1
So wäscht du ab — die Missethat 150, 1
In Christi Blut gewaschen sein 541, 2
Sie Christi Blut nun wasche rein 351, 1
Wasche mich von meinen Sünden 276, 7
Wasch es, Jesu, durch dein Blut 437, 4
Wasche es mit deinem Blut 241, 2
Wasche mich mit deinem reinen Blut 482, 2
Der ists, der mich rein wäschet 405, 5
Hier wäscht uns sein hochteures Blut 149, 4
Dein teures Blut wäscht mich 244, 4
Wasch[2]) mich mit d. Todesschweiß[3]) 279, 7(8)
Wasch mich durch d. Todesschweiß 366, 14[4])

Wasser.

Das Wasser, welches auf den Stoß 130, 2
Und über die groß Wasser läuft 674, 2
Luft, Wasser, Feur und Erden 144, 4[1])
Was lebt im Wasser, Laub und Gras 417, 5
Wozu ist gegeben Luft und Wasser 599, 8
Wasser, Luft und Erde 650, 2
Himmel, Wasser, Luft und Erde 422, 2
Weil Christi Blut und Wasser 567, 7
In dir das Wasser quillt 223, 6
Der krystallne Strom das Wasser beut 727, 6
Und zum frischen Wasser führn 281, 1
Nach frischem Wasser schreiet 349, 5
Zum Wasser, welches frisch u. hell 109a, 2
Und mich an frische Wasser führt. 109b, 2
Den frischen Wassern führen zu ~~143, 2~~
Wer ein Tröpflein Wassers giebet 424, 7
Doch nicht allein schlecht Wasser 77, 2
Das Aug allein das Wasser sieht 77, 7
Wie Menschen Wasser gießen 77, 7
O Wasser dessen gleichen man — nicht hat 149, 5
Du bist kein schlechtes Wasser nicht 149, 6
Du bist ein Wasser, das den Geist 149, 6
Wer durch Wasser und durch Geist 437, 2
Du kommst mit Wasser u. mit Blut 148, 2

Wasserbad.

Mich durch das heilge Wasserbad 244, 1
Durchs Wasserbad der heilgen Tauf 244, 3
Ich hab auch bei dem Wasserbad 244, 8
Schon seit deinem Wasserbade 616, 2
Weil das teure Wasserbad 427, 2
In deinem heilgen Wasserbade 550, 3
Wie selig ist dein Wasserbad 148, 1

Wasserflut.

Kraft dessen macht die Wasserflut 244, 4

Wasserguß.

Und in großen Wassergüssen 765, 3
Wie ein starker Wasserguß 455, 4
Mit dem schnellsten Wasserguß 17, 2

Wasserquell.

Im Durst solls sein m. Wasserquell 165, 8(7)

Wasserschaden.

Krieg, Feuer, Wasserschaden 274, 6

Wasserschaum.

Ein garnichts werter Wasserschaum 723, 2

Wassersnot.

Vor Feur und Wassersnot 54, 3
Vor Feuer und Wassersnot behüt uns 443
Wend ab Feur und Wassersnot 714, 11
Durch Feuer und durch Wassersnot 720, 3

Wasserwogen.

Auf d. Wasserwogen folgt e. Regenbogen 603, 4

weben.

Alle Welt, was lebt und webet 33, 1
Was lebt u. webt in dieser Welt 423, 1

Wechsel.

Das mag ein Wechsel sein 447, 7
Das ohn allen Wechsel ist 221, 1
Wann aber soll der Wechsel wohl 115, 10

wechseln.

Er wechselt mit uns wunderlich 447, 6
Freude wechselt hier mit Leid 313, 1

wecken.

Sieh dein Herr ist, dich zu wecken 673, 5
Weckt mit Liebesruf den Sinn 673, 6
Wenn Gott wird die Toten wecken 591, 3
Ohn' Unterlaß mich wecke 135, 18
Wecke mich vom Sündenschlaf 72, 2
Deine Stimme laß mich wecken 220, 8

Weg.

I. natürlich.

Am Weg der Same wird sofort 752, 6
Wehre dem Unfall auf dem Weg 403, 2
Weil er ihm lauter Wege weiset 720, 1
Kein Stein wird in den Weg gelegt 720, 5[1])
Wirst du mit uns auf diesem Wege 720, 12(6)
Mich hat auf meinen Wegen 329, 3
Von keinem andern Weg und Rat 363, 1
Der Wolken, Luft u. Winden giebt Wege 58, 1
Weg hast du allerwegen 58, 4
Und kann den Weg nicht finden 138, 10

II. bildlich.

a) Gott.

Das uns den Weg zum Leben weist 507, 2
Wort u. Licht den Weg zu dir nicht weiset 752, 1
Und weist den Weg zur Himmelspfort 146, 9
Und mir den Weg geweiset 687, 5

1) Fehlt vielfach. 2) Var. Anh. G. Tröst. 3) Var. Sächs. G. Durch deinen Tod mir Beistand leist.
4) Fehlt Anh. G.

Leite mich, Höchster auf ewigem Wege 169, 10
Drum sei Gott Lob, der Weg ist g'macht 41, 2
Du hast den Weg uns offenbart 144, 8
Durch Trübsal hier geht der Weg 377, 2
Führst du uns durch rauhe Wege 377, 4
Gerade fort auf seinen weisen Wegen 138, 11
Auf Wegen, die du jetzt nicht weißt 138, 13
Gottes Weg ist in den Flüssen 765, 3
Die Wege sind oft krumm 619, 1
Gehst du nicht die gemeinen Wege 619, 9
Und schüttelt ihren Kopf zu d. Weg 619, 11
Ich weiß, die Wege, die er geht 357, 4
Und erwartet williglich s. Wege Ziel 460, 1
Die Weisheit deiner Wege 707, 1
Schau, das sind Gottes Wege 154, 1
Er ist der Weg, das Licht, die Pfort 146, 5
Ich bin der Weg, ich weise wohl 485, 2
Du bist der Weg, der mich recht führt 537, 3
Denn der Weg dahin bist du 259, 5
Du bist der rechte Weg zum Himmel 403, 4
Mein Jesu, Wahrheit, Weg u. Leben 118, 3
Er selbst ist Wahrheit, Weg und Leben 720, 6
Sei du Gefährte, Weg und Stab 720, 10
Dich Weg, dich wahres Leben 224, 5
Der zeigt dir einen andern Weg 51, 14
Ihr Herzog ging den Weg voran 424, 4
In den Wegen Jesu gehen 605, 2
Übe in dem Weg der Liebe 436, 5
Segen ist, Herr, in allen deinen Wegen 248, 4
Und geht auf Gottes Wegen 398, 5
Den Weg zur ewgen Seligkeit 451, 5
Und uns den Weg zur Wahrheit führ 278, 1
Lehr uns den Weg der Wahrheit ganz 67, 1
Der den Weg zum Himmel weist 25, 3
Du zeigst den Weg zur Himmelspfort 544, 5

b) Mensch.

Bahnt die Weg und macht bekannt 587, 6
Bereitet doch fein tüchtig den Weg 486, 2
Laßt uns die Weg ihm bahnen 36, 5
Einen andern Weg zu gehen 461, 7[1])
Und auf seinem Wege gehn 392, 1
Unsre Wege wollen wir nun — gehen 392, 4
Laß auf jedem meiner Wege 207, 2
Leuchtet mir auf allen Wegen 585, 3
Deines Weges Ziel erreichen 585, 6
Sie zeigte mir den Weg zu dir 94, 4
Hilf, daß alle meine Wege 638, 8
Auf seinen Wegen gehen 482, 3
Daß wir gehn auf seinen Wegen 239, 3
Will auf deinen Wegen gehn 59, 1
Daß wir auf den rechten Wegen gehn 21, 8
Lehre mich, Herr, deine Wege 336, 2
In deinen Wegen nicht straucheln 364, 6
Du machst mir deinen Weg bekannt 282, 1
Mich deine Wege wallen 459, 7
Die wir den Weg nicht wissen 543, 3
Der Weg zum Guten ist gar wild 362, 16
Ist dieser Weg schon enge 685, 6
Und wenn der Weg voll Drachen 720, 6[1])
Der schmale Weg ist Trübsal voll 11, 1
Wo man bleibt auf Gottes Wegen 715, 3
Sing, bet und geh auf Gottes Wegen 719, 7
Wandeln fein auf Gottes Wegen 503, 2
Der den Weg verstehet 365, 8
Wahre Treu liebt Christi Wege 589, 13(12)
Den Weg, den er mir zeigt 725, 4
Wandeln auf guten Wegen 81, 5
Das geht — auf rechten guten Wegen 362, 1
So gehen unsre Wege gewiß z. Himmel 58, 12
Habe gleichfalls d. Weg — verlassen 648, 3
Ich bin nicht den Weg gewandelt 276, 1
Ich muß des rechten Wegs verfehlen 667, 4
Den Weg der Sünder meiden 752, 8
Auf verkehrten Weg verfallen 390, 1
Wie verkehrt sind meine Wege 18, 2
Wenn des Herzens Rat verkehrte Wege 495, 3
Und die verkehrten Wege richt' 107, 11
Sie hat fast auf allen Wegen 21, 4
Sprich deinen milden Segen zu allen unsern Wegen 510, 11
O geht hinaus auf allen Wegen 691, 4
Überall auf allen meinen Wegen 109b, 4
Du leitest selber mich auf allen m. Wegen 706, 3
Wer schützet mich auf meinen Wegen 524, 9
Von keinem andern Weg und Rat 363, 1
Laß auf des Kaisers Wegen 163, 3

III. allgemein.

Der dunkle Weg, den er betrat 354, 5
Wen kann des Weges End erschrecken 741, 5
Mein Weg geht jetzt vorüber 344, 2
Soll ich denn auch des Todes Weg 341, 11
Was ihm kann im Wege stehn 712, 1
Dieweil der Tod viel Wege hält 469, 3

weg.

Weg, ihr argen Seelendiebe 97, 1
Weg mit den Schätzen dieser Welt 165, 7
Weg Wollust, Ehre, Pracht u. Geld 165, 7
Weg, ihr Sünden, weg von mir 461, 8[1])
Weg mit allen Schätzen 381, 3(4)
Weg Welt, mit allen Schmeicheleien 741, 6
Weg, mein Herz, mit dem Gedanken 693, 1
Weg Traurigkeit, was zag ich mehr 478, 1

wegfertig.

Weil ich wegfertig bin 344, 2

weggehen.

Geh weg aus deinem Vaterland 51, 2

weglaufen.

Ob wir schon von dir wegliefen[2]) 767, 1

wegnehmen.

Mein Gott hat mich weggenommen 425, 4
Du hast weggenommen meine Schulden 374, 6
Er nimmt von mir hinweg die Schuld 14, 5
Nimm weg all unser Missethat 79, 7
Nimm weg durch deine Güt u. Huld 704, 15
Genommen weg der Sünden Last 555, 1
Mein Angst sie nicht wegnähme 763, 1

---

1) Fehlt vielfach. 2) Var. Bernb. G. dir, Herr, entliefen.

wegraffen.
Wie eilend wird man weggerafft[1] 728, 1
Und mich vorm Unglück weggerafft 728, 5[2]
Nicht gar hast weggeraffet 272, 6
wegreißen.
Wird alles andre weggerissen 340, 6
Wäre dieses weggerissen 413, 6
wegtragen.
Trägt weg den Raub mit Prangen 572, 3
wegwälzen.
Und wälzt sie weg vom Herzen 108, 6
wegwenden.
In die Ferne weggewendet 625, 8
weh.
Weh mir, wenn ich den betrübe 97, 3
Aber wehe mir, daß ich von dir gewichen 393, 6
Wehe denen, die sich durch Pracht 424, 7
Ach wie ist mir so weh 135, 16
O weh demselben, welcher hat des Herren 185, 4
Weh dann mir in Ewigkeit 275, 3
Nach dir ist mir so weh 519, 2
Das manchem weh und bange thut 512, 8
Wie weh auch Scheiden thut 688, 5
Weh.
Mit großem Weh und Leid 431, 2
Wo den Frommen Weh geschiehet 229, 2
In Angst und Weh ich lieg u. steh 401, 2
Und was mir bringet Weh 405, 2
Als endlich Weh und Klagen 472, 5
Bei dir steht ihr Weh u. Wohlergehen 442, 8
Kein zeitlich Weh erdulden 342, 2
Auf daß ich nicht vor großem Weh 279, 2
Ihn drang der Sünder Weh[3] 471, 2
Blitzt auf mich des Gesetzes Weh 741, 3
Und bin voller Angst und Weh 259, 1
Dein freundl. Regieren stillt alles Weh 466, 1
Und retten sie von allem Weh 107, 12
Uns mit Thränen, Ach u. Weh genetzet 144, 5
Murre nicht in Weh und Ach 608, 4
Und ist nichts da denn Weh u. Ach 571, 5
Was hilft uns unser Weh und Ach 719, 2
wehen.
Der Wind nur drüber wehet 513, 3
Wehen.
Laß dein sanftes Wehen auch bei uns 597, 5
Als das kühle, scharfe Wehen 59, 6
Denn in deines Geistes Wehen 433, 4[2]
Nur durch des Geistes sanftes Wehen 647, 2
Wehmut.
Setzt mir der Wehmut Schmerzen zu 165, 9
wehmütig.
Wie demütig u. wehmütig deines Kindes 617, 5
Wehr.
Ein gute Wehr und Waffen 161, 1
Sie müssen Wehr u. Waffen niederlegen 291, 3
wehren.
Wehr u. steur allem Fleisch u. Blut 655, 4
Allen Rotten und Ärgernissen wehren 443
Hilf und auch wehr, ach Gott 689, 4
Kommt nun Anfechtung her, so wehr 353, 5
Er woll den Feinden steurn u. wehrn 87, 4
Mein' Feinden wollst du wehren 562, 5
Und mit dem Wort sie wehrt 189, 2
Steuern, wehren der Sünd 554, 15
Gott aber hats gewehret 671, 2
Du hast der Feinde Macht gewehrt 735, 3
Wehre dem Teufel, seine Macht verhinder 68, 2
Der kann dem Satan wehren 15, 6
Des Teufels Trug und Listen wehr 745, 11
Und wehr des Teufels Trug u. Mord 1, 4
Den stolzen Geistern wehre doch 1, 6
Erhalt dein Ehr und wehre dem 176, 2
Des Satans Mord und Lügen wehr 296, 2
Christus wehret allem Leide 197, 1—4
Gott giebt, unserm Leid zu wehren 200, 3
Wehre dem Unfall auf dem Weg 403, 2
Du allein, Herr, kannst es wehren 374, 9
Allem Unfall will er wehren 749, 1
Wehren des Teufels Listigkeit 270, 7
Gegen der Gottheit Verächter sich wehr 299, 5
Solls sein, kein Mensch kanns wehren 692, 5
Sie werdens Gott nicht wehren 754, 5
Trotz! Wer wills uns wehren 10, 3
Niemand es ihnen wehr 426, 3
Ihre Zähren u. Thränen können wehren 135, 5
Und denkt, wer wills ihm wehren 203, 7
Das will der Satan wehren mit List 81, 6
Weib.
Du sollst deins Nächsten Weib u. Haus 134, 10
Gut, Ehr, Kind und Weib 161, 4
Mein Weib, Gut, Ehr und Kind 54, 4
Weib und Kinder, Hab und Gut 714, 8
Menschen, vom Weibe geboren 446, 2
Wenn Mann u. Weib sich wohl begehn 732, 2
Das Weib gleich einer Reben 732, 3[4]
Wohl, wenn der Mann, das Weib 759, 2
Wo Mann und Weib in einer 569, 2
weich.
Gar sanft und weich, doch stark 424, 5
weichen.
So weiche nicht von mir 9, 3
Mein Gott, weich nicht von mir 401, 6. 488, 4
Weich nicht von mir, mein höchste Zier 636, 5
Treuer Jesu, weiche nicht 643, 2
Seine Gnade soll nicht weichen 694, 3
O Tröster wert, weich nicht von mir 546, 4
Dein Engel laß auch — weichen nicht 54, 5
Doch sollen sie nicht weichen 142, 5
Daß ich von dir gewichen bin 393, 6
Bin ich gleich von dir gewichen 714, 5
Und aus der Bahne weicht 625, 9
Und die gar satt sind, ferne weichen 424, 3
Ich weiche nicht zurücke 407, 4
Will ich auf den Felsen weichen 690, 4
Weichen gerne jedermann 419, 4
Je weiter ich von euch gewichen 728, 5

1) Var. hingerafft. 2) Fehlt vielfach. 3) Var. Bernh. G. Not. 4) Fehlt Bernh. G.

Hören, Schmecken, Fühlen weichen 458, 3
Die Sonn mit dem Tag von uns weicht 100, 1
Weicht ihr Trauergeister 381, 5(6)
Nein Vernunft, die muß hier weichen 596, 6
Weicht, nichtige Gedanken, hin 517, 8
So oft ich ruf und bete, weicht alles 405, 1
Weicht, ihr Berge, fallt, ihr Hügel 694, 1
Weicht, ihr Feinde, weicht von mir 635, 6
Bald muß er von dannen weichen 372, 2
Weich, weich, du Fürst der Finsternissen 330, 6
Weich, eitle Welt, du Sünde weich 330, 6

Weide.

Überall ist meine Weide 625, 6
Jetzt springen mit Lust auf grüner Weid 729, 1
Jesu, meine Freude, meines Herzens Weide 381, 1
Meiner Seelen Trost und Weide 463, 1
Sei du selber meine Weide 463, 9
Meine Wonn, meiner Seelen Weide 677, 11
Dein Erfreuen ist die Weide 678, 6
Suche dich auf deiner grünen Weide 349, 4
Zu führen stets auf guter Weid 506, 3
Da ist Freude, da ist Weide 251, 3
Dein Wort die Hut und Weide ist 192, 2
Weil auf eine frische Weide mein Hirt 169, 9
Und hier, als auf süßer Weiden 758, 2
Und hab unaussprechlich süße Weide 695, 2
Zu grünen Weiden stellet euch willig ein 514, 3
Schon ergrünt es auf den Weiden 155, 2
Hält mich in Hut und Weide 109b, 1

weiden.

Zu 'rleuchten, die dich kennen nicht und zu weiden 487, 4
Giebt denen, die er weiden will 365, 4
Dein arm Schäflein wollest du weiden 281, 1
Da wird das Lamm die Seinen herrlich weiden 727, 6
Er weidet mich auf grüner Au 109a, 1
Weiden uns auf grüner Auen 201, 4
Gott selbst wird alsdann uns weiden 425, 9
Mit Freuden auf grüner Aue weiden 106, 3
Dort wird vor seinem Stuhle weiden 187, 1
Mein Herz in dir sich weide 554, 11
Damit ich mich kann weiden 594, 2
Deinen Hunger satt zu weiden 413, 1
In lauter Rosen weiden 472, 7
Weide dein Herz in ewiger Freude 135, 11
Will sich denn in Lüsten[1]) weiden 372, 2

Weihe.

Wunderbare Weihe, so nahst du selig mir 416, 4

weihen.

Herr, du selber wollst mich weihen 768, 3

Weihnachtsglanz.

Und sei des Weihnachtsglanzes voll 133, 5

Weihnachtskunst.

Und lehre mich die Weihnachtskunst 133, 5

Weihnachtssonne.

Drum, Jesu, schöne Weihnachtssonne 133, 5

Weihnachtswonne.

Dein Licht sei meine Weihnachtswonne 133, 5

Weihrauch.

Nimm den Weihrauch des Gebets 378, 3
Mein Weihrauch, Farr und Widder 671, 6
Dankbare Lieder sind Weihrauch 125, 3
Mein Dank ein süßer Weihrauch ist 623, 2

Weile.

Er wird zwar eine Weile — verziehn 58, 9
Vertreibt die lange Weil 203, 8

Wein.

Laß wachsen Gras, Getreid u. Wein 82, 8
Mein süßer Wein, mein Himmelsbrot 554, 12
Im Brot u. Wein dein Leib u. Blut 285, 1
Und zu trinken sein Blut im Wein 386, 2
Heilger Wein, sei mir gesegnet 413, 8[2])

weinen.

Du weinest vor Jerusalem, Herr Jesu 150, 1
Er ists, der mit mir lacht und weint 98, 2
Das einst um uns geweinet 253, 3
Über seine Feinde weinen 255, 2
Läßt sie nicht lange weinen 232, 3
Gerührt — von seiner Treue, weinen 691, 8
Wenn wir Sehnsuchtsthränen weinen 394, 2
Wer hier zeitlich wohl geweint 599, 15
Hier gilts weinen 424, 4
Wenn ich weinen muß 602, 11
Wein, ach wein jetzt um die Wette 276, 5
Oft muß ich bitter weinen 698, 2
Weint bitterlich und schmieget sich 698, 3
Und was zuvor geweint 517, 1
Komm weinend, komm in wahrer Buß 393, 2
Würdest du vor Liebe weinen 693, 2
Vor großer Angst oft weinen 150, 3
Wer gläubig weint, lebt dort 154, 6
Daß es nur zur Gnüge weine 778, 2
Daß sie satt sich weinen können 778, 8
Was macht ihr, daß ihr weinet 688, 1
Was sollen wir nun weinen 688, 4
Alle, die ihr um mich weint 156, 4
Heil, nach dem wir weinend rangen 613, 3
Nun weinen wir nicht mehr 613, 3
Nun weint auch keiner mehr allhie 354, 6
Und wenn wir weinen, so tröst uns 16, 6
Sei stille, hast du lang geweint 612, 4
Du zählst, wie oft ein Christe wein 355, 11
Weine nicht! Gott lebet noch 696, 1
Weine nicht! Gott denkt an dich 696, 2
Weine nicht! Gott siehet dich 696, 3
Weine nicht! Gott sorgt für dich 696, 4
Weine nicht! Gott tröstet dich 696, 5
Das Jesus spricht zur armen Witwe: Weine nicht 571, 1
Spricht doch mein Jesus: Weine nicht 571, 4
Dein ist der Himmel: Weine nicht 571, 7
Spricht Jesus: Weine nicht u. glaub 571, 8
Sagt Jesus: Weine nicht! 571, 9
Ich bin das Leben, weine nicht 571, 10

---

1) Var. Bernb. G. Wollust. 2) Fehlt vielfach.

Das Jesus spricht in allen Nöten: Weine nicht 571, 11
Nicht ewig werd ich weinen 44, 8
Um mich sollt ihr nicht weinen 344, 4
Weint nicht, ob dem eiteln Schein 206, 6
Weinet nicht, daß nun ich will 206, 7
Weinet nicht, mein süßes Heil 206, 8
Warum ihr jetzo weinet 621, 3
Nicht in Unglück dürfe weinen 268, 4
Die ihr weinet in der Welt 425, 7
Ach weinet nicht, daß ich gestorben 728, 3
So muß der Himmel weinen 535, 3

Weinen.

Er tröstet nach dem Weinen 228, 4
Als säh er nicht mein Weinen 230, 3
Ist nur lauter Klag und Weinen 196, 5
Mit Weinen war ich erst geborn 512, 4
Nichts ist hier als stetes Weinen 697, 4
Den Abend währt das Weinen 352, 4
Herr, in Freuden und im Weinen 713, 9
Laß mein Weinen, laß mein Flehen 276, 4[1]
Und all eur Klag und Weinen 505, 6
Laß dein Weinen bitter scheinen 245, 4
Läßt nach dem Weinen s. Sonne scheinen 696, 3

Weinstock.

Weinstock, hilf, daß diese Rebe 437, 6
Du bist der Weinstock, ich bin deine Rebe 281, 7
Der Weinstock selbst bist du 81, 7
Wie der Weinstock seinen Reben 59, 1
Ich bin der Weinstock, bleib an mir 347, 4
Des süßen Weinstocks starker Saft 204, 6

weise.

Er ist ein weiser Fürst 58, 8
Zufrieden mit Gottes weisem Rat 203, 7
Die der weise Gott veracht 584, 1
Auf seinen weisen Wegen 138, 11
Du bist weis' u. voll Verstandes 525, 4
Ein weises Herz, das seine Pflicht erkenn 459, 9
So fängt auch mancher weise Mann 362, 4
Und macht die Einfalt weise 94, 3
Daß ich weiser werden mag 456, 7

Weise (der).

Hört heut der Weisen große Frage 319, 1
Er muß gehen mit den Weisen 717, 2
So will ich mit allen Weisen 717, 8

Weise (die).

Lerne Gottes Weise merken 701, 4
Und die unerforschte Weise machet 596, 5
Nach Vaters Weise sättigt er 514, 4
Er weiß viel tausend Weisen zu retten 145, 5
Denn es ist auf alle Weise 585, 2
Hintangesetzet Maß und Weis 704, 7
Mit G'sang und andrer Weisen 258, 1
Stimmet an die süßen Weisen 429, 1
Mit manchen schönen Weisen 399, 14

weisen.

Der den Weg zum Himmel weist 25, 3
Und mir den Weg geweiset 687, 5
Er wird — gewünschten Fortgang weisen 399, 12
Ich bin der Weg, ich weise wohl 485, 2
Hier weiset mein Gewissensbuch 333, 4
Das uns den Weg zum Leben weist 507, 2
Den Weg zu dir nicht weiset 752, 1
Und weist den Weg zur Himmelspfort 146, 9
In der Lieb den Glauben weisen 430, 1
Zu dem, der keinen von sich weist 471, 7
Uns nach der Wüsten weiset 230, 5

Weisheit.

I. Gott.

Voll Weisheit, Güte, Kraft u. Stärk 302, 5
Auch im Kleinsten merke auf deine Weisheit 578, 4
Herr, deine Weisheit, Güt u. Macht 704, 3
Was seine Weisheit setzet u. ordnet 365, 2
Voll Weisheit, Macht und Güte 534, 7
Und da der rechten Weisheit Kraft 362, 7
Was du selbst angefangen hast durch Weisheit 362, 13
Die Weisheit, Liebe, Huld u. Stärke 248, 4
Sein ist die Weisheit und Verstand 681, 8
Durch deine Weisheit schaffe Rat 577, 2
Zudem ist Weisheit und Verstand 341, 4
Da giebt sich ihm die Weisheit ganz 191, 6
Wer kann der tiefsten Weisheit Abgrund 619, 4
Wenns seine Weisheit litte 45, 3
Verkündigt Weisheit und Ordnung 128, 3
Die Weisheit deiner Wege 707, 1
Durch d. Geistes Rühren u. Weisheit 368, 6
Mit dem, was deine Weisheit thut 164, 6
Geht auch Menschensinn hinter Gottes Weisheit hin 661, 7
Die Weisheit hält bei euch die Wach 685, 8
Zur Weisheit, Arzenei in aller Angst 14, 4
Sei mir Weisheit, Licht und Bahn 434, 3
Laß mich deine Weisheit hören 434, 7
Aller Weisheit höchste Fülle in dir 169, 5
Des Sohnes Weisheit mich erquick 546, 3
Die Weisheit spielt nun wieder 567, 5
Deine Weisheit kann mich stärken 309, 5
Deine Weisheit kennt und sieht 642, 4
Trotz allen frechen Spottes, die Weisheit Gottes 290, 13
Die Weisheit spielt bei uns 619, 6
Dein Geist der Weisheit Schatz verleihet 619, 6
Geist der Weisheit, komm u. leite mich 152, 3
Du Quell, draus alle Weisheit fleußt 543, 2
Deine Weisheit mit mir sein 207, 2
Geist der Weisheit, gieb uns allen 318, 6
Gieb in unser Herz u. Sinnen Weisheit 414, 2
Und sind voll göttlicher Weisheit 270, 2

II. Mensch.

Ich kann deine Weisheit missen 584, 1
Andre mögen Weisheit nennen 584, 2
Andre Weisheit kann ich missen 585, 8
Und mich zu der Weisheit, die himmlisch 169, 5

1) Fehlt vielfach. 2) Fehlt Bernb. G.

Leite mich zur Weisheit an 316, 6
Aber wen die Weisheit lehret 47, 7
So nehm ich Weisheit u. Verstand 356, 6[1])
Gieb ihnen ins Gemüte viel Weisheit 368, 4
Daß Weisheit und Gerechtigkeit 237, 6
Soll mir—die allerhöchste Weisheit sein 319, 1
Und da der rechten Weisheit Kraft 362, 7
Voller Weisheit, voller Kraft 661, 1
Tiefste Weisheit, höchste Kraft 256, 1
Gieb uns Weisheit, Kraft u. Stärk 311, 1
Gieb Weisheit, Stärke, Rat, Verstand 168, 4
Gieb mir nur Weisheit u. Verstand 214, 2
Mein Jesu, schmücke mich mit Weisheit 561, 6
Den ersten, besten Grund zur Weisheit 365, 8
Ihm bereit Dank, Weisheit, Kraft 251, 1
Weiß alle Weisheit aus dem Grund 139, 9

Weisheitsquell.

Leite mich zum rechten Weisheitsquell 152, 3

weisheitsreich.

Von deiner weisheitsreichen Lehr 543, 5

weislich.

Was Gott weislich heißt geschehen 765, 2

weiß.

Und laß mich sauber sein u. weiß 366, 14
Auch mich machen weiß und hell 3, 6
Mache mich so weiß wie Schnee 276, 7
Ihm geben einen weißen Stein 38, 5
Der soll dort in weißen Kleidern gehen 38, 7
Geschmücket mit d. weißen Himmelskleid 31, 7
In weißer Seiden stehn 232, 8
Angethan mit weißem Kleide 721, 3
Durch dein Blut gewaschen weiß 721, 12
So da weiß und rot besprengt 47, 4

weit.

Verhüllet mit den Wolken weit u. breit 229, 3
In den Wüsten weit und breit 645, 3
O wie weit, o wie breit über Berg 650, 2
Dein Glanz erstreckt sich weit 562, 4
Du hast gesieget weit und breit 144, 2
Hilf, daß wir fliehen weit von hier 144, 12
Ach, ich irre weit und breit 374, 3
Daß auf dieser weiten Erden keiner 374, 11
Und wär die Welt vielmal so weit 662, 10
Lief ich gleich weit zu dieser Zeit 8, 2
Den' selbst die weite Welt zu klein 471, 1
Nichts auf der ganzen weiten Welt 558, 3
Die jetzt gerühmt ist weit und breit 558, 7
Den Menschen weit u. breit dein Will 562, 1
Sei fröhlich alles weit und breit 607, 1
Ehrt die Welt weit und breit 271, 1
Nichts ist zu finden weit und breit 530, 3
Die Thor macht weit 451, 1. 4
Das neu Jahr ist nicht weit 258, 1
Denn die Zeit ist nicht weit 449, 10
Ist die Errettung noch so weit 340, 6
Wie weit kannst du es bringen 620, 2

Weite.

Licht der unumschränkten Weiten 373, 12

weiten.

Daß von weiten man kann hören 735, 2

Weizen.

Der Weizen wächset mit Gewalt 204, 7

Weizenhalm.

Hier stehn die Weizenhalmen im Frieden 178, 8

Weizenkorn.

Das Weizenkorn wird in sein Beet 121, 1

welche.

Zeigen sich welche, die unrecht leiden 446, 5

Welle.

Wellen sich bewegen 731, 1
Fahren wir sicher durch die Wellen 731, 3
Von dem bittern Tod Well auf Welle 731, 4
Erhalt in Sturm u. Wellen dein Häuflein 176, 4
Wenn mit großem Grausen alle Wellen brausen 217, 3
Und dämpfe Sturm und Wellen 405, 2
Wenn der Wellen Macht 718, 12(11)
Laß die Wellen sich verstellen 245, 1

Welt.

I. Weltall.

Den Himmel und die ganze Welt 302, 4[2])
Nach der Sündflut ersten Welt 218, 6
Das alle Welt erhält und trägt 662, 5
Nun jauchzt dem Herrn alle Welt 506, 1
Alle Welt, was lebt und webet 33, 1
Eh geleget der Grund der großen Welt 151, 3
Durch das die ganze Welt vorhanden 151, 5
Von Anfang, da die Welt gemacht 753, 3
Bekleidst die Welt u. kommst doch bloß 753, 6
Dessen starke Hand die Welt — erhält 219, 1
Es schläft die ganze Welt 515, 1
Die Welt ist ein sehr großes Haus 540, 1
In Händen die ganze weite Welt 769, 8
Er ists, der Herrscher aller Welt 446, 4
Sein Ehr die ganze Welt erfüllet 370, 3
Ehrt die Welt weit und breit 271, 1
Der die ganze Welt erfüllet 229, 3
So hilf nun allen in der Welt 308, 5
Laß dir den Herrn der Welten 612, 3
Denn eine tausendfache Welt hat nichts 282, 3
Gott sei Dank durch alle Welt 238, 1
Und wär die Welt vielmal so weit 662, 10
Den' selbst die weite Welt zu klein 471, 1
Die ganze Welt nicht freuet mich 296, 1
Wären tausend Welt' zu finden 693, 7
Mir ists nicht um tausend Welten 262, 1
Kein Unglück ist in aller Welt 530, 2
Und wenn zerfällt die ganze Welt 357, 1
Was diese Welt in Armen hält 609, 5
So muß die ganze Welt vergehn 496, 2
Die Welt die mag zerbrechen 405, 12(13)
Auch wenn die Welt vergehet 665, 6
Was die Welt in sich hält 676, 9
Der die ganze Welt verkehrt 701, 5
Die schöne Welt in einem Nu verderben 417, 6
Wenn d. Welt in ihr erstes Nichts zerfällt 312, 3

---

1) Fehlt vielfach. 2) Fehlt Bernb. G.

II. Erde.

Licht, das in die Welt gekommen 433, 1
Ein Gast in der Welt hier ward 209, 5
Weil er — in diese Welt ist kommen 743, 3
Aus der Ruh in diese Welt begeben 465, 5
Sein Reich ist nicht von dieser Welt 202, 7[1])
Da du bist — aus dieser Welt gegangen 771, 1
Die Völker der ganzen Welt versammelt 411
Das Volk aus aller Welt Zungen 412, 1
Täglich aller Welt bekannt 316, 2
Bei keinem Reichen von dieser Welt 171, 1
Die Welt kann dir nur geborgte Güter 312, 3
Und wenn die Welt voll Teufel wär 161, 3
Welt, du bist uns zu klein 418, 13(11)
Eh ich noch geboren bin auf diese Welt 217, 1
In dieser argen Welt ist doch nur Kreuz 407, 2
Die Welt bin ich durchgangen 329, 8
Nichts auf der ganzen weiten Welt 558, 3
Ständ ich in weiter Welt allein 691, 1
In dieser Welt, in dieser Zeit 38, 1
Hab ich auf der Welt gekämpfet 156, 1
Soll ich auf dieser Welt mein Leben 536, 6
Angst und Pein mich auf der Welt 361, 3
O selig, wer auf dieser Welt 243, 12
Durch die Welt zur Himmelspfort 625, 4
In der Welt ist alles nichtig 678, 5
In der Welt, der Welt entfliehn 430, 1
Wenn ich soll die Welt verlassen 309, 15(5)
Lassen die schnöde Welt 426, 4
Freudig aus der bösen Welt 713, 10
Und der Abschied aus der Welt 173, 2
Mit Freuden scheiden aus der Welt 39, 3
Von dieser Welt abscheiden 294, 8
Und wenn ich aus der Welt — geh 706, 7
Den ich dort hab in eurer Welt 472, 2
Und von der Welt sich scheiden 472, 2
Im wahren Glauben aus der Welt 279, 7(8)
Mich aus dieser Welt erreichen 458, 3
Abzuscheiden von dieser argen Welt 297, 1
Drum muß ich Sünder von der Welt 689, 3
O Welt, ich muß dich lassen 579, 1
Den Himmel für die Welt ererben 582, 5
Ich bin der bösen Welt entflogen 728, 9
Fordert dich aus dieser argen Welt 770, 1
Auch des Rufs aus dieser Welt 59, 4
Kein Herrlichkeit ist in der Welt 531, 2
Gehab dich wohl, du schnöde Welt 450, 5

III. Menschheit.

Die alle Welt er zeiget 610, 6
Die die Welt für Thoren hält 717, 8
Laß der eitlen Welt Getümmel 220, 10
Wer zuvor hat bracht in Not die Welt 270, 5
Bald die ganze Welt hinein 433, 1
In den Jammer, der die Welt umdunkelt 433, 5
Da ihm die Welt vorhin nur Träber gab 727, 5
Also hat Gott die Welt geliebt 35, 1
Die du uns und der ganzen Welt 534, 7
Geht hin, all Welt zu lehren 77, 5
Jesus hat die Welt erlöst 49, 1
Der die Welt reißt aus allem Jammer 200, 2
Giebt der Welt ein' neuen Schein 209, 4
Nun muß die Welt genesen 337, 2
Komm, o Heiland aller Welt 408, 1
O aller Welt Verlangen 738, 1
Alle Welt in ihren tausend Plagen 738, 5
Zum Heil der ganzen Welt 151, 1
Der Welt das Heil errungen 698, 2
Der du trägst die Sünd der Welt 69, 1—3
Und trägt die Schuld der Welt 165, 1
Büßen für die Sünden aller Welt 375, 1
Du Sündenträger aller Welt 28, 1
Das der Welt Sünde trägt 443
O Welt, sieh hier dein Leben 580, 1
Die Welt, die wär vergangen 75, 2
Ein Tröpflein kleine die ganze Welt 763, 9
Alle Welt betend vor ihm niederfällt 159, 1
Und alle Welt, die freue sich 192, 2
Dem alle Welt die Ehre thu 192, 3
Wann mir gleich alle Welt stürb ab 202, 8
Will dich alle Welt verlassen 229, 6
Wenn uns nun alle Welt verläßt 302, 7
Und wenn uns alle Welt verläßt 547, 10
Wenn alle Welt herkäme 763, 1
Zu dienen treulich seiner Welt 399, 10

IV. böse Welt.

O Wesen, das die Welt erlesen 381, 4(5)
Prange, Welt, mit deinem Wissen 584, 1
Ade mit deinen Schätzen du truges-volle Welt 224, 6
Abzusagen, was nur Welt u. irdisch heißt 583, 8
Welt ich will mich von dir kehren 520, 1
Der Schein und Pracht der Welt 472, 4
Eitle Welt, ich bin dein müde 173, 1
Gute Nacht, du eitle Welt 173, 6
Die nur fragen in der Welt 717, 5
Nicht an der Welt empfinde Lust 13, 3
Gieb, daß ich alle Pracht der Welt 13, 6
Es gilt der Welt absagen 570, 2
In Lüsten der Welt u. ihrer Eitelkeit 570, 3
Vom eitlen Winde der Welt 570, 4
Damit die Welt sich selbst anficht 570, 5
Und gebt der Welt das Ihre hin 570, 6
Der Welt ihr Wesen, Tand u. Schein 570, 7
Nicht Reichtum, Ehr u. Lust der Welt 685, 2
Ob mich gleich hat betrogen die Welt 579, 3
O Welt thu dich besinnen 579, 8
Wenn uns schilt u. flucht die böse Welt 681, 4
Ist dem also, so mag die Welt behalten 681, 11
Die Welt voll List und Tücke 232, 4
Das von der argen Welt sich rein 541, 1
In dieser argen Welt ist doch nur Kreuz 407, 2
Du arge, falsche Welt 652, 1
Schrei, tolle Welt, es sei mir Gott 599, 7
Die Welt verkaufet ihre Liebe 98, 9
Die Welt ist wie ein Rauch 679, 2
Die Welt sucht Ehr und Ruhm 679, 3

---

1) Fehlt vielfach.

Die Welt sucht Geld und Gut 679, 4
Die Welt bekümmert sich 679, 5
Die Welt kann ihre Lust nicht hoch genug 679, 6
Tobe, Welt und springe 331, 3[1]
Fleisch, Welt, Vernunft, sag immer 236, 6
Was die Welt bekennt und lehret 585, 7
Die Welt erzittert ob dem Tod 417, 7
Laßt euch die Welt nur äffen 417, 12
Gott wird die Welt schon strafen 417, 12
Die Lust der Welt vergeht 686, 4
Die Welt laß immer murren 754, 8
Die Welt vergeht mit ihren Lüsten 19, 3
Liegt nicht alle Welt im Bösen 589, 18(16)
Die arme Welt hat zwar den Schein 476, 3
Was hilft die Welt in letzter Not 723, 5
Daß ich nicht Gott u. Welt vermenge 470, 6
Von dieser Welt zu Gott hinauf 107, 9
Diese Welt ein ganz ander Wesen heget 604, 7
Von der Welt, Ehr, Lust und Geld 462, 2
Wie aller Welt Macht, Ehr u. Gut 662, 12
Und was die Welt sonst herrlich 295, 5
Was diese Welt in Armen hält 609, 5
Was sonst der Welt gefällt 407, 5
Feind, Welt, Fleisch und Sünden 449, 8
Teufel, Welt und Fleisch zu dämpfen 18, 7
Verleugnet sich, bezwingt die Welt 153, 1
Mit Teufel, Welt und Sünden 153, 2
Mir hat die Welt trüglich gericht' 401, 5
Wenn mir die Welt, der Tod u. Teufel 706, 3
Und wenn die Welt durch List u. Mord 230, 4
Die Welt voll List und Tücke 232, 4
Sünd und Welt kann mich verwunden 413, 5
Ob mich auch will die Welt verfolgen 440, 5
Ich will mich von der Welt zu dir bereiten 440, 6
Kann uns nicht schaden Teufel, Welt 402, 2
Welchen nicht gefällt die unreine Lust der Welt 419, 7
Von Sorg und Wollust dieser Welt 752, 6
Was die Welt für Vorteil hält 448, 3
Den großen Jammer, dessen jetzt die Welt 425, 5
Leiden, so dieser Welt bekannt 621, 5
Erleichtern meine Pein[2] bei der Welt 678, 4
Den mir die Welt verspricht 420, 3
Wenn mich die Welt betrübt 420, 6
Hier in dieser bösen Welt 438, 1
Da mich die Welt mit Schmach am Kreuz 202, 4
Kommt die Welt mich anzufeinden 778, 6
Kannst du bei der Welt nicht weilen 778, 9
Es verbündet sich wider sie die ganze Welt 223, 1
Gern wollt die Welt auch selig sein 417, 4
Welt und Teufel, Sünd und Hölle 196, 4
Will rauhe Not, Welt, Höll u. Tod 350, 1
Noch fäll die böse Welt 2, 5
Trotz aller Welt! hier ist der Held 465, 10
Und immer bittrer diese Welt 722, 5
Laß die Welt nur immer neiden 624, 5
Will die Welt mein Herze führen 372, 3
Und Christus wird die Welt erschrecken 591, 3
Und mich von der schnöden Welt 625, 10
Der bösen Welt ihr Neid und Hohn 404, 4
Ob mich gleich hat betrogen die Welt 579, 3
Ob mich die Welt gleich reizet 297, 5
Ich lebte mit der Welt in Lust 298, 7
Satan, Welt und ihre Rotten 676, 6
Sich erquicken an den Gütern d. Welt 463, 2
Besser als die Welt tausend Jahr 463, 7
Bringt euch die Welt oft ins Gedränge 685, 6
Die Welt für nichts mehr achten 298, 12
Und durch den Glauben auch die Welt 537, 5
Wenn ich mich der Welt entziehe 712, 4
Daß ich verleugne diese Welt 709, 6
Die Welt ist mir ein Lachen 37, 5
Und von der Welt abtreten 560, 12
Daß ich die Welt verlasse 349, 7
Daß ich der argen Welt nicht folge 294, 3
Daß die Welt mich nicht versehre 602, 6
Wer der Welt abstirbt 602, 9
Die Welt mag meine Feindin heißen 741, 2
Mich kann Welt, Not u. Tod nicht quälen 741, 6
In der Welt der Welt entfliehen 430, 1
Verleugnet euch, verlaßt die Welt 485, 1
Was frag ich nach der Welt 679, 1—8
Nicht nach Welt, nach Himmel nicht 458, 5
Nun gute Nacht, o Welt 184, 4(5)
Welt, wie du willst, wer fragt nach dir 745, 7
Ich bin der bösen Welt entflogen 728, 9
Und fliehen stets der Welt ihr Bahn 41, 4
Trotz Teufel, Welt und aller Sünd 307, 1
Der Welt ist er ein Hohn u. Spott 303, 4[1]
Die Lust der Welt ablocken 234, 11
Tritt unter dich die böse Welt 670, 3
Weich, eitle Welt, du Sünde weich 330, 6
Mit der Welt sich lustig machen 593, 6
Dich von der ganzen Welt abziehe 589, 4
Lauf der Welt doch aus den Händen 589, 20(18)
Will mich der Welt entziehen 44, 6
Wenn er zur Welt sich neigt 482, 3
Steure m. Sinn, der zur Welt will hin 718, 9(8)
Nicht vor Welt und Teufel grauen 615, 4
Welt und Drachen kann verlachen 476, 10
Verlache Welt und Ehre 127, 11
Und nicht vor der Welt verhehlen 765, 7
Laßt der Welt den Stolz und Pracht 198, 1
Lehre mich, die Welt verschmähen 600, 7
Wann mir gleich alle Welt stürb ab 202, 8
Von der Welt, Ehr, Lust und Geld 462, 2
Von Pracht u. Schönheit dieser Welt 19, 1
Ach laß die Wollust dieser Welt 530, 8
Ich will der Welt vergessen ganz 531, 6
Welt bei dir ist Krieg und Streit 697, 1—7
Welt bei dir ist Angstgeschrei 697, 8
Erwählest, was die Welt veracht' 753, 13
Er reißet durch den Tod, durch Welt 37, 6
Welt, Teufel, Höll — überwunden 607, 7
Welt, Höll und Abgrund schnaubt 727, 4
All Teufel, Welt, Sünd, Höll u. Tod 745, 6

---

1) Fehlt Bernb. G. 2) Var. Bernb. G. Not.

Du hast den Teufel, Welt und Tod 144, 2
Da der Welt Fürst darnieder lag 181, 4
Und aller Welt zuwider 716, 2
Darein die Welt thut rennen 417, 14
Die falsche Welt, die böse Zeit 530, 8
Richte dann die böse Welt 259, 6
Bis die Welt wird untergehn 25, 5

V. ewige Welt.

Der hat die Kraft der andern Welt 476, 4
Die ganze Welt wird Zeuge sein 703, 4
Wir in jener Welt bekommen 735, 7
Daß ein Strahl aus jener Welt 159, 3
Wohl dem, der in jener Welt 115, 5

Weltbegierde.

Fleischessinn von Weltbegierden brannte 476, 2

Weltgemeinschaft.

Aus der Weltgemeinschaft gehn 702, 2

Weltgepränge.

Glänzet gleich das Weltgepränge 463, 4

Weltgericht.

Er kommt zum Weltgerichte 738, 10
Sollt ich verurteilt sein an jenem Weltgericht 350, 2
Wenn das letzte Weltgericht 428, 7

Weltgeschäft.

Durch alle Weltgeschäfte durchgebrochen 527, 5
Ruht nur, meine Weltgeschäfte 252, 4

Weltgesinde.

Laß mich vom eitlen Weltgesind ausgehn 393, 7

Weltgetümmel.

Schließt die Seele vor allem Weltgetümmel zu 570, 3
Beschwer das böse Weltgetümmel 771, 3(4)
Hin aus diesem Weltgetümmel 31, 3
Gieb, daß mir in dem Weltgetümmel 722, 5
Ade, du Weltgetümmel 740, 9
Laß das eitle Weltgetümmel 220, 9
Zum Himmel nun aus d. Weltgetümmel 105, 2
Denn bei dem falschen Weltgetümmel 98, 1
Mich stört kein Weltgetümmel 113, 5

Weltgewicht.

Scheut das große Weltgewichte 542, 2

Weltgut.

Vor allem Weltgut — mir wünschen 139, 2

Weltheiland.

Du Weltheiland, Jungfraun-Sohn 415, 2

Weltkreis.

Den aller Weltkreis nie beschloß 209, 3

weltlich.

Die weltlich Pracht ist gar umsonst 417, 10

Weltliebe.

Das von der Weltlieb ledig sei 285, 2

Weltlust.

Sich der eitlen Weltlust freuen¹) 220, 8
Wenn die Weltlust muß vergehen 476, 4
Weltlust zu verschmähn 664, 3
So schließ den Stolz, die Weltlust aus 359, 5
Und voll von eitler Weltlust wär 359, 5
Von der Weltlust freier stets 313, 7
Auf Freud u. Weltlust wieder blicke 470, 9
Weltlust nur die Seele kränkt 152, 6

Weltschätze.

Noch vergleichen den Weltschätzen dies 558, 5

Weltsorge.

Hilf uns, d. Weltsorg überall — dämpfen 752, 8

Weltverjüngungsfest.

Uns sein ein Weltverjüngungsfest 354, 8

wenden.

I. abwenden.

Wend von uns nicht dein Angesicht 636, 5
Wend dein gnädig Angesicht von mir 666, 1
Dein' Geist nicht von mir wende 172, 6
Nun hat er sich gewendet 235, 5²)
Der von uns den Gotteszorn wandt 386, 1
Kannst Menschenherzen wenden 769, 8
Du hasts in Händen, kannst alles wenden 402, 2
Wenn es Gott will wenden 599, 13
Der es schickt, der wird es wenden 676, 4
Wend auch alles andre Schrecken 268, 5
Dem, der dein Leid gewandt 58, 11
Die alles Herzleid wenden 510, 7
Daß allein er dein Unglück wende 195, 2
Gott kann alles wenden 217, 5
Wie ers will kehrn und wenden 724, 3
Mein Unglück kann er wenden 48, 1
Er wird mein Unglück wenden 682, 2
Mitt u. Ende — zum Besten wende 671, 9
Wend allen Seelenschaden 286, 8
Und was mich kränkt, das wende 329, 9
Und die schwere Last von mir wende 281, 6
List und Anschläg von mir wende 219, 7
Uns nicht müssen wenden von d. Angesicht 99, 1
Von dir kann mich nichts wenden 465, 7
Würd ich doch solchs nicht wenden 8, 2
Wendt das zuerst gekost'te Leiden 462, 6
Nunmehr soll sichs wenden 288, 5
Und der Schlaf sich von uns wendt 196, 5
Des Teufels List sich von mir wend 30, 3

II. anwenden.

Wie hast du doch an mich gewandt 366, 4
Was Gott an uns gewendet hat 502, 1
Hat zu viel an mich gewandt 633, 1
Darauf du hast dein Blut gewandt 553, 2
Sein geistlich Salb an uns gewandt 409, 2
Und hast so viel an mich gewandt 333, 7

III. zuwenden.

Er wandt zu mir das Vaterherz 502, 4
Herr Jesu Christ, dich zu uns wend 278, 1
Gerechter König, wende, wende d. Gnade 474, 4
Den Segen zu mir wend 14, 6
Unsre Herzen wendet von dieser Welt 107, 9
Von Sünden zur Buß soll wenden 222, 2
Nun will ich mich ganz wenden, zu dir 297, 10
Sinn und Verstand stets sein zu dir gewandt 364, 7
Wo soll ich mich denn wenden hin 11, 2

1) Vielfach var. 2) Fehlt Anh. G.

Der wende sich zu dieses Hirten Stab 727, 5
Zu dir allein mich wende 537, 9
Ade, zu Gott dich wende 579, 10
Laß deine Augen sein gewandt 51, 2
Was übrig ist, auf Arme wend 260, 8
Die Sonn sich zu uns wendet 258, 1
Sinnen u. Beginnen stets sich wenden 735, 5

wenig.

Bin ich armer Mensch zu wenig 408, 2
Ach ich bin ja viel zu wenig 220, 7
Dem wahrlich alle Feind auf Erden viel zu wenig 738, 9

werben.

Und um meine Seele wirbest 611, 1

Werde.

So sprich dein göttlich Werde 103, 6

werfen.

Wirst ihre Hoffart in den Kot 588, 5
Und wirf sie hinter dich 286, 2
Und wirfst sie in das Meer 355, 9
Und werf all Angst, Furcht, Sorg 500, 5
Wirf hinaus alles, was mich hier 225, 4
Ich — werf alle meine Sünd 763, 3
Nimm deine Sorg und wirf sie hin 355, 15
Wirf sie fröhlich hinterwärts 599, 17

Werk.

I. Gottes.

Daß wir erkennen seine Werk 192, 1
Auf sein Werk mußt du schauen 58, 2
Dein Werk kann niemand hindern 58, 4
Hilf, daß wir alle deine Werk 302, 5
Hernachmals, wenn das Werk geschehn 138, 11
Und siehe die Wunder der Werke 128, 3
An meinen Werken kennst du mich 128, 5
Die Wunder deiner Werke 707, 2
Andächtig nimmt seine Werk in acht 365, 2
Je mehr u. mehr für alle seine Werke 251, 1
Alle preisen deine Werke 248, 4
Rühmet ewig seine Werke 429, 1
Und erzählt sein Werk vor allen 429, 3
Und was rühmet seine Werke 429, 7
Liebe, als seiner Gnade Werk 189, 5
Da erscheint im Werk und That 661, 5
Gottes Werk hat festen Fuß 661, 8
Ists Werk von dir, so hilf zu Glück 362, 11
Die besten Werke bringen dir kein Lob 619, 5
Und man nichts treibet fort und fort als Gottes Werk 759, 4
Herr, die Größe deiner Werke[1]) 596, 5
Lobt Gott, der auch dies gute Werk 64, 6
Sein Werk und Amt zu 'rfüllen 77, 1
Sein Wort ist wahr, sein Werk ist klar 636, 1
Des Herren Jesu Werk allein 700, 5
O großes Werk, o heilges Bad 149, 5
Fördre in uns deine Werke 414, 6.7)
Daß Gott sein Werk in dir hab 134, 4
Und sein Werk nicht treibest 449, 7
Und das gute Werk vollende 641, 6
So wollst du nun vollenden dein Werk 671, 8
Wirst du dein Werk vollenden 108, 2
Dein Werk in mir merken 115, 6

II. Menschen.

Mit Werken, so die Bosheit thut 580, 13
Und stoß mich wegen m. Werke ja nicht 541, 2
Des Fleisches Lust u. seine toten Werke 543, 7
Die eignen Werke fallen hin 53, 2
Wer sich an eignem Werk erfreut 700, 5
Laß mich nicht in Werk u. That verüben 362, 10
Unsre kalten Werke töte 490, 3
Dort vergilt er alle Werke 690, 8
Und uns nicht nach Werken lohnest 650, 6
Und sein an guten Werken reich 752, 7
Welche gute Werke schafft 316, 3
Die Werke meines Amts, die Werke 9, 4
Daß ich thu rechte Werke 260, 12
Und meine Werke taugen 13, 2
Als wäre sie ein Werk von dir 737, 9
Mein Thun u. Werk in d. Willen ruhn 362, 1
Daß sein Rat werd ins Werk gebracht 362, 2
Ein gutes Werk zwar fröhlich an 362, 4
Wenn dein Werk soll bestehn 58, 2
Laß unser Werk geraten wohl 126, 4
Daß mir ist mein Werk gelungen 714, 2
Ach segne meine Werke 630, 3
Fang dein Werk mit Jesu an 195, 1
All mein Werk greif ich jetzt an 195, 5
Mit dir all meine Werk anfange 577, 2
All mein Beginnen, Thun und Werk 88, 2
Ist doch mein Werk mit Gott gewagt 88, 7
Gieb Gnad, daß ich m. Werk u. Pflicht 89, 7
Segne meiner Hände Werke 221, 4
Und läßt das Werk gelingen 404, 2
Hilf mir in meinen Werken 404, 5
Meiner Hände Werk und Thaten 309, 3
Unser schwachen Hand armes Werk 587, 7
Greif an das Werk mit Freuden 54, 7
Gedeihn zu meinem Werke 264, 2
Bei allem Werk in einem Eifer 569, 4
Segnet mein Gott — Wort u. Werke 626, 4
Daß mir dieses große Werk 448, 5
Die in Werk, Wort und Gebärden 419, 7
Mich befleiße rechter Werke 419, 11
Die Werk die helfen nimmermehr 183, 1
So er die Werk nicht lasset 183, 8
Die Werk, die kommen gwißlich her 183, 10
Muß ich an meinen besten Werken 340, 8
Mein guten Werk, die galten nicht 502, 3
Und reich in guten Werken 537, 8
Guten Rat und weise Werke lehren 554, 15
Noch ererben durch Werke deine Gnad 353, 4
Kein Werk kommt mir zu frommen 579, 5
Uns treibe zu Werken deiner Ehr 81, 7
Zu üben gute Werke 657, 10
Wirket Lust zu allem guten Werk 657, 11
Keine Macht der guten Werk berauben 657, 12
Zu seinem Sohn begleiten ihre Werke sie 613, 1

1) Var. Bernh. G. Stärke.

Fehlt mir Kraft zu guten Werken 207, 5
Stärken zu der Lieb u. guten Werken 309, 5
Das äußre Werk nichts ist u. heißt 759, 3
Ich will dich lieben mit dem Werke 364, 1
III. Satans.
Den Satans Reich und Werke 769, 12
Du hast des Satans Reich u. Werk 687, 3
Mach zunicht des Satans Werk 641, 2
Zerstört des Satans Werke 153, 1
Des Satans schnöden Werken ab 330, 3
Werkstatt.
Die Werkstatt deines guten Geistes sein 669, 8
Werktag.
Der nach des Werktags kurzer Frist 756, 5
Werkzeug.
Dein Werkzeug nur sei meine Seel 559, 4
Wermut.
Die Hoffnung macht die Wermut süß 332, 5
wert.
I. würdig.
Kein Menschenkind — ist dieser edlen Gabe wert 243, 2
Zwar bin ich deiner Gunst nicht wert 143, 5
Ich bin nicht wert der Güte 6, 7
Ich bin, o Vater, ja nicht wert 563, 3
Keiner Gnade bin ich wert 390, 2
Ich bins nicht wert, daß du so gut 96, 4
Ist mein nicht wert u. meiner Zier 485, 6
Ich bin nicht wert, daß mich die Erd trägt 326, 8
Das ist der Liebe wert 405, 3
Achtet doch mein Gott mich wert 694, 6
Als wir zusammen alle wert 540, 5
Ist nicht wert der Herrlichkeit 608, 1
Ist nicht im allerg'ringsten wert 566, 7
Der wird der Krone wert geschätzt 685, 4
II. lieb.
Ach bleib — bei uns, Erlöser wert 2, 2
Ach bleib — bei uns, du wertes Licht 2, 3
Gottes Sohn, der werte 114, 3
Komm, du wertes Lösegeld 408, 1
Er ist gerecht, ein Helfer wert 451, 2
Fahr hin, meins Herzens werte Kron 502, 5
Ei, meine Perl, du werte Kron 734, 2
Preis u. Ruhm, werte Saronsblum 602, 15
Samt Gott dem werten heilgen Geist 506, 7
O werter, heilger Geist, regier mich 687, 8
Und mein Hort, du werter Geist 714, 10
Gott heilger Geist, du Tröster wert 177, 3
O Tröster wert, weich nicht von mir 546, 4
Du wertes Licht, gieb uns d. Schein 497, 2
Des Vaters werter Geist 208, 3
O heilger Geist, du werte Kron 547, 9
Der edle werte Gast erlöst uns 203, 4
Die halt ich hoch und wert 203, 3
Und achtest ihn so hoch und wert[1] 534, 3
Sein Häuflein ist ihm lieb u. wert 681, 9
Drum freue dich, du wertes Zion 507, 1
Das ist mir lieb und wert 467, 2
Die werte Siegespracht rührt her 621, 6
Die mir zusagt sein wertes Wort 55, 3
Das ist ein teuer, wertes Wort 85, 1
Erfüll an mir das werte Wort 85, 5
Nehmen nicht dein wertes Nachtmahl 285, 3
Den güldnen, edlen, werten Fried 355, 6
Wert.
So bleibt dein göttlich Wort in Wert 270, 12
Dein Wort erklärt der Seele Wert 227, 4
Der Tugend ganzen Wert empfinden 492, 5[2]
Den unaussprechlich hohen Wert 492, 5[2]
Werteres.
Was kannst du Werters geben 560, 10
Wesen.
O großer Gott, du reines Wesen 541, 1
Dein Wesen, Wille und Gebot 752, 1
Die Majestät, sein unbegreiflich Wesen 337, 2[2]
Du traute Liebe, holdes[3] Wesen 327, 2
Du das Wesen aller Wesen 220, 3
Sie wird mit dem höchsten Wesen 583, 5
Komm, all dein Wesen in mich lege 647, 3
Allgenugsam Wesen, das ich hab erlesen 34, 1
Komm, du selig Wesen, das ich hab 34, 5
Zu deinem Lobe nur ist alle Kreatur, selges Wesen 248, 1
Dein Wesen unerforschlich 547, 1
In dem dreieinigen Wesen 537, 2
Eines Wesens, einer Kraft 152, 1
Gute Nacht, o Wesen 381, 4(5)
Der Welt ihr Wesen, Tand u. Schein 570, 7
Ists nicht ein teuflisch Wesen 548, 3
Ein böses Wesen wohnte drin 691, 5
So leere mich von eignem Wesen 470, 6
Da er mir mein Wesen gab 625, 2
Was ist mein ganzes Wesen 329, 2
In allem Wesen sei Jesus 327, 6
Mein Amt, Beruf und Wesen 630, 1
Und bringst zu Stand und Wesen 58, 3
Der Wesen unzählbare Heere 128, 4
Und unvergänglich Wesen 572, 7
Ein lieblich Wesen, Trosts die Fülle 492, 3
In das Wesen aus dem Schein 406, 5
wesentlich.
Du wesentliches Wort von Anfang 151, 1
Dieweil ihn da die wesentliche Pracht 191, 4
Hab ich dich nur wesentlich 34, 4
West.
Von Westen und von Süden 103, 2
O erleuchte, ewges Wort, Ost u. West 433, 5
Wette.
So stimmt ich damit in die Wette 524, 1
O so flehet um die Wette 300, 2
wetten.
Ich g'winns: wer nur will wetten 736, 8
Wetter.
Zeit, Wind und Wetter geben 399, 12
Wenn Luft u. Wetter nicht mehr taugen 720, 4
Wenn uns des Unglücks Wetter schreckt 243, 7

1) Var. Bernb. G. 2) Fehlt vielfach. 3) Var. Bernb. G. gutes.

Laß doch nicht uns Wind u. Wetter fällen 176, 4
Laß das Wetter krachen 217, 3
Laß alle Wetter krachen 228, 6
Wenn ein Wetter ist vorbei 464, 2

Wettersnot.

Hilf uns aus dieser Wettersnot 190, 3

wetzen.

Das Schlachtschwert auf uns wetzt 448, 7

wichtig.

Wille u. Gebot ist viel zu hoch u. wichtig 752, 1

Wichtigkeit.

So spürt man — die Wichtigkeit 191, 2

Widder.

Mein Weihrauch, Farr und Widder 671, 6
Dankbare Lieder sind Weihrauch u. Widder 125, 3

widerfahren.

Kein Leid soll uns widerfahren 749, 1
Daß mir kein Böses widerfahr 546, 2
Daß hinfüro mir kein Übel widerfahre 706, 5
Was ihm kann widerfahren 621, 2
Was Gott mir widerfahren läßt 724, 5
Dieweil ich Christum kenne, mir widerfahren soll 665, 8
O welch Heil ist bisher diesem Hause widerfahren 25, 3
Barmherzigkeit, die andern widerfährt 483, 3

widerlegen.

Sich ihrer Lehr aus Bosheit widerlegen 532, 3

Widersacher.

Hilf mir mein Widersacher all bestreiten 4, 6
Der Feinde und Widersacher Rott 405, 1
Beut allen Widersachern Trutz 274, 2

widersetzen.

Den bösen Geist, der dir sich widersetzet 769, 10(11)
Sich dem Glauben widersetzt 448, 8[1])

Widerspiel.

Das Widerspiel legt sich vor Augen dar 619, 9

widersprechen.

Wehre dem, was dir widerspricht 176, 2
Und niemand widerspricht 171, 2
Will etwa d. Vernunft dir widersprechen 619, 11

Widerstand.

Viel zu wenig zum Widerstande seind 738, 9
Hilf uns thun starken Widerstand 655, 7

widerstehen.

Deinem Geist nicht widerstehen 193, 6
Stets meiner Schwachheit widersteh 737, 12
Durchaus dem Tod nicht widerstehen 679, 7
Und ob gleich alle Teufel hier wollten widerstehn 58, 5

widerstreben.

Und widerstreb, Gott, deinem Wort 244, 2
Derselbe widerstrebet dem selbst 368, 2
Ich lieg im Streit und widerstreb 353, 5
Ich widerstrebte dir u. schob die Buße auf 687, 2
Wer kann ihm noch widerstreben 42, 2
Deim Wort u. Willn nicht widerstreb 126, 3
Ich will nicht widerstreben 735, 6
Will ich ihm nicht widerstreben 32, 6
Wer mag mir widerstreben 401, 4
Will ich nicht widerstreben 689, 2

Widerstreben.

Sein mutwillig Widerstreben 193, 7[2])
Ohne Widerstreben dir sich mag ergeben 436, 4

Widerstreit.

Ein offenes Bekenntnis bei allem Widerstreit 564, 4

widerstreiten.

Der Eigenwill will öfters widerstreiten 724, 2

Widerwärtigkeit.

Ob ich schon dulde hier Widerwärtigkeit 665, 8
Der großen Widerwärtigkeit doch nie 730, 2
Übet in Kreuz und Widerwärtigkeit 107, 10

widmen.

Mein Herz allzeit gewidmet sein 680, 2
Und dir bis in den Tod gewidmet 151, 6
Und widme meine Kräfte für dich 482, 1

widrig.

Geht dirs widrig, laß es gehn 494, 12

wiederaufstehen.

Helft uns wieder aufzustehen 605, 2

wiederbringen.

Alle Irrige u. Verführte wiederbringen 443
Was euch fehlt, ich bring alles wieder 200, 7
Christ hat das Leben wiederbracht 181, 3
Sein Unschuld Leben wiederbracht 254, 3
Unschuld und Leben wiederbracht 572, 7
Nach dem Fall hast wiederbracht 435, 1
Und uns das Leben wiederbracht 746, 1
Uns Heil und Leben wiederbracht 107, 6
Licht, Heil und Leben wiederbracht 202, 1
Bringe des Geistes erneuten Mut wieder 299, 5
Die Reinigkeit der Seelen wiederbracht 567, 4
Der Verlust ist völlig wiederbracht 567, 9
Weil du den Segen wiederbracht 28, 2
Und das Schäflein wiederbracht 778, 3

wiedereinstellen.

Stell ich mich doch wieder ein 714, 5
Es ist mir leid, ich stell mich wieder ein 116, 4

wiedergeben.

Weine nicht, ich bin, ders wiedergiebt 571, 9
Muß das Grab uns wiedergeben 430, 4

wiederkehren.

Laß mich wiederkehren zu deiner Herde 393, 6
Kehre wieder, kehre wieder 406, 1
Kehre wieder, zaudre nicht 406, 1
Kehre wieder, irre Seele 406, 3
Kehre wieder, fürchte nicht 406, 3
Kehre wieder, neues Leben trink 406, 4
Kehre wieder, endlich kehre in der Liebe 406, 5

wiederkommen.

O Lebensfürst prächtig wiederkommen 238, 9
Der einst wird wiederkommen 254, 5
Wenn er wird wiederkommen 107, 12

1) Fehlt Darmst. G. 2) Fehlt vielfach.

wiederschallen.
Und schallt das Amen wieder 230, 2
wiedersehen.
Auf Zions Wegen — wiedersehn 339, 6
Dort wollen wir uns wiedersehn 232, 10
Wiedersehn.
Vom Wiedersehn, spät oder früh 354, 6
Wiege.
Wir steigen aus der Wieg' ins Grab 728, 1
Aus Wieg u. Bett in Sarg u. Grab 756, 10
Die Menschen sind wie eine Wiege[1]) 98, 2
Wiegelein.
Zu sein ein enges Wiegelein 662, 10
Wiese.
Aus den Wiesen steiget der weiße Nebel 112, 1
wild.
Wird es ihm kein wilder Wolf entwenden 727, 4
Bin ich in wilder Wüsten 399, 11
Ich war ein wilder Reben 769, 3
Und wär er noch so wild 37, 4
Du wilder Feind des Lebens 607, 2
Der Weg zum guten ist gar wild 362, 16
Die das Herz so wild bewegen 406, 2
Wild.
Daß Wild und Vieh von deiner Gab 82, 8
Wildnis.
Aus dieser finstern Wildnis scheiden 741, 5
Wille.
I. Gottes.
Kam nach seines Vaters Willen 77, 1
Es ist des Vaters Wille 199, 2
Bis er d. Vaters Willen — hat vollbracht 505, 3
Dein Wille senkt sich in den Willen 141, 8
Gott, deinen Willen thu ich gern 132, 5
Dein Will gescheh, Herr Gott 655, 4
Dein Reich komm, dein Will gescheh 648, 7
Sein Will auf Erd gescheh 183, 14
Dein Will, der geschehe 129, 5
Er kommt, er kommt mit Willen 738, 7
Wohlbekannt dein Will u. deine Rechte 752, 2
Das ist des Vaters Wille 665, 9
Der beste Will ist Gottes Will 681, 2
Vielmehr ist dies mein Wunsch u. Wille 631, 1
Und es ist sein ernster Wille 429, 6
Fort g'schieht, was dein Will hat bedacht 29, 2
Es gehe mir nach dessen Willen 340, 9
Und nur nach deinem Willen führt 166, 4
Und vollbringe deinen Willen 387, 4
Deinen Willen laß erfüllen mich 387, 4
Deine Recht u. deinen heilgen Willen 260, 11
Richt' nach seinem frommen Willen 107, 11
Denkt, es sei des Herren Will 661, 12
Denn dein Will ist der beste 293, 1
Sein Will der ist der beste 689, 1
In deinem Willen ruhn 362, 1
Nach deinem Willen wollest m. Bitt 614, 4
Es bleibt gerecht sein Wille 682, 1
Euch doch schlicht dahin in Gottes Willen 472, 8
Ohn deinen Willen kann mir nichts 4, 2
In dem allen ist dein Wille 690, 1
Seinen Willen ganz vollbracht 590, 4
Wie dein Wille mir so gut gewesen 57, 9
Fällt keines ohn den Willen dein 343, 2
Ziehe mich denn recht nach d. Willen 619, 12
Deinem Willen thu ich mich ganz — geben 442, 6
Möcht an deinem Willen hangen 762, 7
Sein Will ist mein Begier 692, 5
Er weiß schon nach seinem Willen 32, 5
Es nach deinem Willen mach 195, 5
Nach seinem Willen machen 399, 2
Dessen Wille mir zu helfen steht 462, 1
Es geh nach seinem Willen 683, 4
Der es nach seinem Willen mach 343, 1
Sein Wille, der geschehe 45, 3
Dein Wille nur gescheh, o Gott 686, 6
Mir gnügt des Vaters Wille 108, 1
Das ist jetzt des Vaters Wille 215, 3
Das wider deinen Willen thut 655, 4
Widerstreb — deinem Wort u. Willen 244, 2
Und was nicht deines Willens ist 578, 6
Dein Wesen, Wille und Gebot 752, 1
Wohlbekannt dein Will u. deine Rechte 752, 2
Nach deinem heilgen Willen richt 555, 1
Wenns g'schieht nach Gottes Willen 417, 3
Selber frei nach seinem Willen leben 183, 3
Wer nicht folgt u. sein' Willen thut 41, 3
Deinen Willen stets suche zu erfüllen 286, 8
So will ich noch deinen Willen künftig 268, 3
Deinen Willen in allem mög erfüllen 630, 3
Der Gottes Willen gedenket zu erfüllen 232, 9
Die ich nach deinem Willen hab gethan 136, 5
Das ist nach deinem Willen eingericht 136, 6
Deim Wort u. Willn nicht widerstreb 126, 3
Nach deinem Willen leben 12, 5
Und dein Wille werd erfüllt 640, 6
Zu verrichten deinen Willen 309, 3
Der nicht, Herr, deinen Willen thut 330, 5
Zeige deinen Willen mir 336, 2
Mein ganzes Leben so nach d. Willen 193, 9(6)
Nach deinem Willen mag geschehn 569, 4
Sein Will ist mir ins Herz geschrieben 725, 4
Dies ist mein Dank, das ist sein Wille 725, 5
Deinen Willen, Herr, nicht mehr erfüllen 275, 6
Nur dein vollkommner Wille 578, 5
Ich fahr dahin in Gottes Willen 487, 1
Hinfahrn nach Gottes Willen 689, 3
Nach deinem Rat und Willen 78, 6
Aus der Welt nach d. Willen geh 706, 7
Nach deinem Willen mach auch im Tod 195, 5
Im Stillen, doch nach deinem Willen 288, 1
Geduld thut Gottes Willen 203, 9
II. des Menschen.
O mein Sohn, mein Wille 139, 1
Du meinen Wunsch und Willen 135, 16
Diesen m. Willen aus Gnad erfüllen 477, 7
Nicht ruh u. steh auf m. eignen Willen 362, 8

1) Var. vielfach wie Rohr im Winde.

In große Not durch eignen Willen 138, 8
Unser Will u. Herz in Ängsten sitzet 138, 10
Bald macht sie dem Willen bange 299, 3
Unser Wille sanft wie diese Sabbathstille 768, 2
Und schlachte hin meinen Willen 317, 3
Brich ganz entzwei den Willen 619, 10
Die Unlust schafft — dein eigner Wille 186, 3
Was der eigne Wille spricht 460, 2
Verkehrt ist Will, Verstand u. Thun 366, 2
Der frei Will hasset Gotts Gericht 502, 3
Der Will ist da, die Kraft ist klein 753, 12
Gieb nur, daß sich auch mein Wille 169, 5
Was du willst, das sei mein Will 461, 8
Meinen Willen ganz zu geben 520, 2
Ist gleich der Wille gut 498, 4
Da liegt unser Wille, Seele, Leib 226, 3
Gieb Willen, Mittel, Kraft u. Stärk 577, 2
Meinen Willen mit der Gelassenheit 306, 3
Setze — deinem Willen Maß u. Ziel 494, 11
Treib unsern Willen, dein Wort zu 444, 8
Mein Wille sich in dich gelassen senket 96, 8
Dies ist mein letzter Wille 339, 8

(um) willen.

Ich komm um dessen willen 328, 2
Um seines Namens willen 106, 5
Um dieser Gutthat willen 183, 12

willig.

Läßt willig sich beschweren mit Schlägen 580, 1
Was er für uns gethan und willig 149, 3
Daß du willig hast dein Leben 596, 8
Daß ich zum Guten willig sei 260, 1
Die Gebote willig treiben 585, 6
Und sind dir willig unterthan 144, 4
Zu grünen Weiden stellet euch willig 514, 3
Der neu, gewiß und willig heißt 541, 3
Laß mich fröhlich und willig sterben 548, 6
Wie man soll willig sterben 295, 4
Auch ganz willig von mir geben 31, 2
Dir geb ichs willig 680, 3
Und willig ohne Furcht die toten Werke 687, 5
Und folge willig Schritt für Schritt 724, 1

williglich.

Seine Schulden verzeihen gern und williglich 580, 14

willkommen.

Sei willkommen, o mein Heil! 238, 4
Und heiße dich willkommen 337, 1
Sei uns willkommen, edler Gast 662, 8
Liebster Jesu, sei willkommen 438, 1
Heiß ihn nur willkommen sein 678, 7
Du sollst uns willkommen sein 321, 2
O mein Herr Jesu Christ, willkommen 151, 1
Willkommen, Herr und Bräutigam 179, 2
Willkommen, Jesu, Gottes Lamm! 179, 2
Willkommen, Held im Streite 742, 1
Den hellen Seraphinen muß er willkommen sein 224, 2
Freudig heißt man dich willkommen 615, 3
Und sei tausendmal willkommen 225, 4
Ein jeder Mensch ist uns willkommen 691, 8
Gott spricht: Willkommen, liebes Kind 139, 4
Er soll mir recht willkommen sein 153, 11
Sei tausendmal willkommen 235, 3

wimmern.

Was wimmerst du? 521, 1

Wind.

Zeit, Wind und Wetter geben 399, 12
Wer schützt uns vor dem Wind 355, 5
Der Wolken, Luft u. Winden giebt 58, 1
Wer mißt dem Winde seinen Lauf? 707, 3
Der Wind, der durch die Felder wehet 540, 3
Hätt ich Flügel gleich den Winden 276, 2
Der Wind nur drüber wehet 513, 3
Wenn die Winde drüber wehn 206, 3
Laß doch nicht uns Wind u. Wetter 176, 4
Und der ungestüme Wind 196, 3
Blitz, Donner, Wind und Regen hat 329, 3
Wind, Regen stürmen auf mich zu 479, 4
Stürmt gleich der Wind und braust 681, 1
Zerstreuet von dem Wind im schnellen 758, 4
Geschwinde, wie der Rauch im Winde 217, 4
Saust vorbei als wie die Winde 17, 2
Da Sturm und Wind sich legen 138, 11
Vor keinem Sturm u. Wind darfst 186, 6
Aller Reichtum ist nur Wind 256, 2
Wie könnt es denn vom eitlen Winde 570, 4
Beide treibt ihr sondrer Wind 661, 3
In die Luft und in den Wind? 455, 2
Der Wind des Herren wehet 508, 2

Windeln.

Und wirst mit Windeln zugedeckt 753, 8

Windelein.

Die Krippen, Windelein so schlecht 662, 5
Das ist grob Heu und Windelein 662, 11

winden.

Darein ich mich fest gläubig winde 722, 6
Will aus der Angst sich winden 138, 10

Wink.

Deines Winks bin ich gewärtig 59, 4
Ich hab oft deinen Wink verschmäht 304, 2
Und stets auf deinen Wink nur seh 578, 3
Und alle deines Winks gewärtig stehn 569, 1

winken.

Wenn Jesus winkt, so geh 483, 1
Er winkte mir, ich habe nicht gewollt 2[illegible]6, 2
So winkt er mit der Vaterrut 681, 9

Winken.

Auf dieses Helden Winken 521, 2

Winter.

Wenn der Winter ausgeschneiet 6[illegible]5, 11
Der Winter ist nun bald davon 703, 8

Wintertage.

Nach dem Streit und nach den Wintertagen 178, 8
Nach rauhen Wintertagen muß uns 473, 4

wirken.

Der durch seine große Kraft alles wirket 750, 1
Du wirkst an allen Enden 495, 1
Du wirkst sie nicht, Gott wirket sie 737, 9
Was du nicht wirkst, pflegt 362, 11

Ihr wirkt und waltet bis ans Ende 394, 1
Nein wirk und treib mich immerzu 470, 1
Daß ich den Glauben wirken lasse 470, 1
Die allenthalben wirkt und schafft 681, 7
Das wirket nur dein göttlich Licht 524, 8
Wirke Reu an Sünden statt 414, 3[1])
Des Herrn Wort in uns wirkt und 295, 5
Dein göttlich Wort laß in uns wirken 752, 10

Wirken.

Das Wirken seiner Hände 365, 5
Mein Wirken ist dein Sagen 165, 3
Mein Wirken, Wollen und Beginnen 538, 5

Wirt.

Als mein Schatz und Wirt herkehre 240, 3

wischen.

Die Thränen von den Augen wischen 187, 5

wissen.

I. Gott.

Von Übelthaten weißt du nicht 580, 3
Wie du weißt, daß dein Geschöpf soll 409, 1
Der weiß, wies am besten sei 661, 8
Das weiß sein Herz 681, 10
Und weißt wohl, daß zur Gabe 671, 7
Er weiß schon nach seinem Willen 32, 5
Und weiß, wir sind nur Staub 513, 3
Er weiß, was wir vermögen 228, 3
Er weiß wohl, wenns am besten ist 183, 11
Der weiß zu allen Sachen Rat 399, 9
Doch du weißt deine Zeit 135, 17
Weiß und sieht, was gut sei oder schade 58, 3
Er weiß wohl, wie er soll all mein 676, 4
Weiß er doch, was dir gebricht 701, 2
Der weiß auch sehr wohl, was uns 719, 3
Er weiß alles, was mich drücket 626, 2
Weißt, wann ich diesem Jammerthal 333, 1

II. Mensch.

Die wir den Weg nicht wissen 543, 3
Wir wissens und verstehens nicht 752, 1
Ich weiß, daß von Natur ich leb ohn 244, 2
Und ich mag nichts andres wissen 413, 2
Gott, was brauch ich mehr zu wissen 413, 11
Und wissen nicht, wo aus noch ein 711, 1
Ja, ich weiß weder aus noch ein 279, 3
Weißt du weder aus noch ein 229, 6
Denn ich weiß, durch Christi Blut 173, 1
Weiß ich doch, daß mich kein Leiden 173, 3
Nichts wüßt ich sicher, was ich liebte 691, 1
Darf ich von keinem Troste wissen 340, 6
Und mich solches lassen wissen 374, 1
Aber, Herr, ich kann nicht wissen 374, 5
Er hat uns wissen lassen sein heilges 513, 2
Nun weiß und glaub ich feste 405, 2
Ich weiß, daß er mich herzlich liebt 202, 8
Daß ich weiß, Gott liebet mich 626, 6
Ich weiß, an wen ich gläube 361, 1
Ich weiß, an wen ich glaube und
nahe mich 264, 4
Ich weiß, an wen ich glaube 360, 1
Ich weiß, was fest besteht 360, 1. 6
Ich weiß, was ewig dauert 360, 2
Ich weiß und kenne ihn 360, 3
Drum weiß ich, was ich glaube 360, 6
Ich weiß, mein Gott, daß all mein 362, 1
Ich weiß von keinem andern Grunde 363, 1
Ich weiß, daß du mein Tröster bist 30, 1
Nun ich weiß, du wirst mir stillen 374, 11
So gut es kann und weiß 738, 2
Ich weiß und finde nichts an mir 620, 5
Ach, wenn ich nur Jesum recht
kenne und weiß 169, 5
Ich weiß ein besser Gut 679, 4
Ich wußt es wohl; ich war nicht 236, 2
Das weiß ich fürwahr 625, 11
Wir wissen nun die Stiege 224, 3
Wer weiß noch, wie man sterben mag 530, 7
Denn wer viel weiß, der grämt sich 472, 5
Weiß alle Weisheit aus dem Grund 139, 9
Wer weiß, was sonst noch soll geschehn 187, 5
Ich weiß, du wirst mich wieder 629, 4(3)
Und weiß sich fein zu stillen 203, 9

Wissen.

Unser Wissen und Verstand 439, 2
Was ist das Wissen vieler Kunst 472, 5
Prange, Welt, mit deinem Wissen 584, 1
Pflanze weiter dieses Wissen in mein 584, 7
Alles Wissen von mir treibt 584, 8
Es hilft nicht Kunst noch Wissen 127, 3
O, ein unschätzbares Wissen 585, 8

Wissenschaft.

Allerhöchste Wissenschaft, ach beweise 584, 5
Voll Glaubens, Liebe, Wissenschaft 557, 2

wittern.

Lässet sich in mir jetzt wittern[2]) 596, 5
Laß den Satan wittern 381, 2

Witwe.

Das Jesus spricht zur armen Witwe 571, 1
Alle Witwen und Waisen verteidigen 443
Witwen und Waisen hält er Schutz 446, 6
Die Witwen und die Waisen wollst 274, 8
Als wenn arme Witwen werden 493, 1
Witwen sind verlassne Frauen 493, 1
Witwen schreien Weh und Ach über 493, 2
Doch ob armer Witwen Thränen fließen 493, 3
Der die Witwen ängsten kann 493, 3
Witwen sind in Gottes Armen 493, 4
Und der Witwen Herz bestricket 493, 4
Er hört der Witwen Flehen 44, 1
Wo seit viel tausend Jahren betrübte
Witwen waren 44, 3
Frommer Witwen u. Waisen ist er der 297, 8[3])
Erfüllt der Witwen Bitte 145, 9[3])

Witwennot.

Witwennot gehöret werden 493, 5

Witz.

Hier muß der Witz sich neigen 135, 14
Was Menschen Kraft u. Witz anfäht 754, 2

1) Fehlt Bernb. G. 2) Var. Bernb. G. blicken. 3) Fehlt Anh. G.

Witz und Kunst mir nicht zum Abgott 260, 2
Du fährst mit deinem Witz u. Sinn 138, 1
Was eigner Witz erfindet 10, 2
Nichts hilft Verstand, Witz oder Kunst 88, 10[1])

Woche.

Die Woche wird nun wieder neu 231, 1
So ist die Woche nun geschlossen 623, 1
Der Ewigkeit nun eine Woche näher 623, 7
Was du mir künftge Woche giebst 623, 9

Wochenarbeit.

Treibt eure Wochenarbeit nicht 302, 1

Wochentag.

Hat mich bei meinen Wochentagen 623, 3

Wochenschluß.

Den Wochenschluß vergnügt und froh 623, 6

Woge.

Da ebnen sich des Meeres Wogen 91, 4

wohl.

Gott führet seine Kinder wohl 720, 7
Lehr uns den Vater kennen wohl 409, 6
Ach wie ist mir doch so wohl 611, 1
So wird meiner Seele wohl 281, 2
Ich glaube, darum ist mir wohl 53, 9
Ist dir wohl, so bleib davon 386, 6
Mit Gott der Glaub ist wohl daran 183, 8
Wie wohl ist mir, o Freund der Seelen 741, 1
Wie ist mir dann, o Freund — so wohl 741, 6
O wie ist mir dann so wohl 90, 3
Drum denen soll sein ewig wohl 295, 2
Wie wohl ist mir, wenn mein Gemüte 205, 5
Wie wohl wirds thun! 191, 8
Wie wohl, wie wohl wirds thun 418, 12
Wie wohl geschähe mir 542, 7
Denn wohl wird sein dem 636, 3
Wohl dir, du Kind der Treue 58, 11
O wohl dir! glaube mir 767, 4
Wohl einem Haus, wo Jesus Christ 759, 1
Wohl, wenn der Mann, das Weib 759, 2
Wohl, wenn ein solches Haus der Welt 759, 3
Wohl, wenn das Räuchwerk im Gebet 759, 4
Wohl, wenn im äußerlichen Stand 759, 5
Wohl, wenn die Eltern gläubig sind 759, 6
Wohl solchem Haus; denn es gedeiht 759, 7
Und wohl belohnt zu seiner Zeit 424, 7
Wohl dem, der einzig schauet nach 145, 2
Lebt wohl, lebt wohl im Herrn 772
Gehab dich wohl und laß dein Leid 756, 1
O wohl auch diesem Kinde 708, 4
Weil Jerusalem wohl dran 645, 1

wohlan.

Gott lebt! wohlan! ich merke das 230, 7
Wohlauf, wohlan zum letzten Gang 756, 1
Wohlan, hinaus, kein Bleiben ist im 756, 1

wohlauf.

Wohlauf und singe schön 145, 1

wohlbedenken.

Die alles also wohl bedacht 610, 2
Hat er ja recht wohl bedacht 625, 5

wohlbekannt.

Daß uns dein Nam werd wohlbekannt 278, 2
Dem sie auch sind wohlbekannt 376, 3
Ihr Anschlag ist dir wohlbekannt 754, 7

wohlbelohnen.

Und Frommsein wohl belohnest 106, 11

wohl ergehen.

Wenn dirs soll wohl ergehn 58, 2

Wohlergehen.

Meiner Seelen Wohlergehen hat er 625, 5
Daß nur bei dir steht ihr Weh und Wohlergehen 442, 8
Mich gern an andrer Wohlergehn 459, 11

Wohlfahrt.

Und erneure die Wohlfahrt deiner Herd 769, 9[1])
Nur auf meine Wohlfahrt siehet 95, 2
Für meine Wohlfahrt wachen 730, 1
Dir ist meine Wohlfahrt wert 90, 5
Für Leben, Wohlfahrt, Trost u. Rat 237, 2
Sein Glück u. Wohlfahrt jedem gönn 260, 6
Ders treu mit meiner Wohlfahrt meint 348, 11

Wohlfahrtsstege.

Zeige, Herr, die Wohlfahrtsstege 414, 3

wohlgebahnt.

Der leitet alles — auf wohlgebahnten 243, 9

wohlgefallen.

Kannst Menschenherzen wenden, wie dir es wohlgefällt 769, 8
Dir nur soll sie wohlgefallen 359, 1
Was eurem Schöpfer wohlgefällt 515, 1
Er machs, wie es ihm wohlgefällt 724, 3
Nachdems ihm wohlgefällt 329, 7
Und laß dirs wohlgefallen 356, 1
Nichts, als was dir wohlgefällt 207, 2
Drum nimmt Gott, was ihm wohlgefällt 472, 6
Ander Wesen heget, als dem Höchsten wohlgefällt 604, 6
Unser Lallen — laß dir gnädig wohlgefallen 429, 7
Giebt jedem, was ihm wohlgefällt 661, 5
So mag die Welt behalten, was ihr wohlgefällt 681, 11

Wohlgefallen.

Ein Wohlgefalln Gott an uns hat 29, 1
Du hast gemacht den Erdenkreis nach deinem Wohlgefallen 547, 4
Und dir zum Wohlgefallen beständig 286, 6
Es ist Gottes Wohlgefallen 229, 8
Und nach allem Wohlgefallen heilig 285, 1
Dem Herren Christ zum Wohlgefalln 210, 5
Daß ich in Christo nun ein Wohlgefallen 567, 9
Thun nach deinem Wohlgefallen 459, 6
Und blicke mich mit Wohlgefallen 480, 6
Daß er nur thu nach seinem Wohlgefallen 341, 4

wohlgelingen.

Flehn und Singen laß, Herr Jesu, wohlgelingen 439, 3
Ach, Herr, hilf, laß wohlgelingen 408, 4

---

1) Fehlt Bernd. G.

Laß alles wohlgelingen u. dir befohlen 706, 6
Solls anders wohl gelingen 399, 1
Dir sei die Ehr, daß alles wohl gelungen 116, 2

wohlgemeint.

Wort und Lehren alle herzlich wohlgemeint 586, 3
Sinds doch nur kurze Plagen und wohlgemeint 154, 6
Das ist sehr wohlgemeinet 621, 3

wohlgemut.

Und wohlgemut, getrost und gern 485, 7
Seid dennoch wohlgemut 505, 5
Macht mich wohlgemut deiner Liebe 602, 2
Drum liebes Herz, sei wohlgemut 138, 12

wohlgeraten.

Wirds ein wohlgeratnes Paar 661, 3
Laß unser Werk geraten wohl 126, 4
Was er macht, muß wohlgeraten 758, 3
Bring ich dies vor Gottes Thron, ist mir wohlgeraten 599, 4
Dein Wort ist wohlgeraten 192, 3

wohlgerüstet.

Im Glauben fest und wohlgerüst' 655, 7
Den wohlgerüsten Starken band 79, 4

wohlgeschmückt.

Als eine wohlgeschmückte Braut 165, 10

wohlgethan.

Und ist sehr wohl gethan 365, 2
Was Gott thut, das ist wohlgethan 682, 1—6, 683, 1—6
Was du mir thust, ist wohlgethan 578, 4
Und was er thut, ist wohlgethan 232, 7
Laß es doch sein wohlgethan 195, 5
So ists recht und wohl gethan 715, 1
Mit Gott wird alles wohlgethan 404, 1

Wohlgewogenheit.

Öffne mir die Pforten solcher Wohlgewogenheit 693, 8

wohlmachen.

Der Herr hat alles wohlgemacht 107, 1—13
Nun hat er alles wohlgemacht 107, 14
Gott, der hoch erhoben, hat alles wohlgemacht 203, 10

Wohlsein.

Befehl ich mich, mein Wohlsein und 108, 8

Wohlstand.

Ein Wohlstand ohne gleichen 171, 1
Solch Wohlstand ohne gleichen 171, 4

Wohlthat.

Hast früh u. spat durch viel Wohlthat 326, 5
Und vor jedermann deine Wohlthat 628, 3
Was du für Wohlthat mir beweist 704, 4
Deiner Wohlthat ist zu viel 714, 3
Und so gering nicht achten sein unzählig Wohlthat 258, 2
Sein Wohlthat thut er mehren 513, 1
Für deinen Tod u. alle Wohlthat danken 547, 8
Wer kann die Wohlthat all erzählen 331, 6
Der Menschen Hulde u. Wohlthat all 665, 2

wohlthun.

Und thu uns immer wohl 498, 7

Wohlthun.

Denn durch Wohlthun zu erfreuen 316, 2

wohlverdient.

Ach laß die wohlverdiente Strafe 751, 7

wohnen.

Im Hause, da du wohnest 106, 11
Herr, komm in mir wohnen 226, 8
Ich wohn in deinem Herzen 287, 4
Und wohn in meiner Seelen[1]) 143, 7
Über schönen Sternen wohnst du 246, 2
Jesu, komm und in mir wohne 281, 8
Herr, durch den Glauben wohn in mir 537, 8
Wohne nur in meinem Herzen 438, 1
Im Glauben wohn in mir 151, 2
Gott, wohn in aller Frommen Häusern 305, 5
Wohne in mir, mach mich ganz Eines 323, 7
Ewig in mir leb und wohn 615, 6
Ach wohn, ach leb in mir 561, 4
Es will selbst über ihnen wohnen 187, 6
Und wohnet gern in frommen keuschen 243, 10
Lust, in mir zu wohnen, habe 152, 1
Dein Geist in meinem Herzen wohne 136, 2
Sein Geist wohnt mir im Herzen 405, 6(7)
Wohn in unsrer Seele 597, 6
Damit bei uns auf Erden zu wohnen 77, 4
Und die — in deinem Schatten wohnen 610, 2
Schafft, daß ich sicher wohne 488, 1
Er schafft es, daß man sicher wohnt 237, 1
Mein Haus, darin ich wohne 554, 12
Da die Patriarchen wohnen 31, 5
Daß ich im Himmelslichte zu wohnen 56, 6
Da will ich immer wohnen 329, 12
Im Himmel ist gut wohnen 652, 1
Wie lieblich wohnt sichs in dem Himmel 728, 4
Auch reichlich bei uns wohne 752, 4
Auf Erden wohnet Trug und List 28, 5
Es wohnet garnichts Guts in mir 704, 13
Daß nichts Gutes wohnt in mir 374, 4
Nichts Gutes wohnt in mir 184, 2[2])
Wo dieser wohnt, ist Höllenschmerz 680, 2

Wohnhaus.

Als deinen Tempel und Wohnhaus 168, 2

Wohnung.

Dir zur steten Wohnung auserlesen 541, 1
Wo du Wohnung hast genommen 640, 2
Laß mich deine Wohnung sein 408, 2
Und laß uns deine Wohnung sein 543, 1
Eine Wohnung Gottes werden 152, 2
Aus Gnaden Wohnung machte 726, 5
Ja, laß es auch dein Wohnung sein 467, 20
Zum Tempel dir ergeben, zur Wohnung 561, 4
In des Vaters Haus ihnen eine Wohnung aus 249, 4
Meine Wohnung mache fertig 259, 5

---

1) Var. Anh. G. meinem Herzen. 2) Fehlt Bernb. G.

Wolf.

Als des bösen Wolfes[1]) Rachen 376, 3
Auch wird es ihm kein wilder Wolf 727, 4

Wolke.

Der Wolken, Luft u. Winden giebt Wege 58, 1
Und aus den Wolken blitzest 362, 6
Sonne, die durch Wolken bricht 432, 2
So weit die Wolken reichen 707, 3
Das Firmament mit Wolken thust 535, 1
Daß es durch die Wolken bricht 247, 3
Die Wolke, so das Land begießt 540, 3
Deine Güt u. Treu, die an d. Wolken reicht 687, 3
Nicht durch die Wolken brechen 230, 2

Wolkensäule.

Er ist uns Wolk- und Feuersäule 720, 5

wollen.

I. Gott.

Daß ich will, was Jesus will 387, 1
Rufet nur: Herr, wie du willt 387, 1
Führe mich, Herr, wie du willt! 387, 2
Nimm mich dir, Herr, wie du willt! 387, 3
Herr, wann, wo und wie du willt! 387, 4
Wie du willt, Herr, wie du willt 387, 5
Es ist des Vaters Wille, der hats also gewollt 199, 2
Was du willst, das sei mein Wille 461, 8
Und nichts sonst, als was du willst 180, 3
Herr, wie du willt, so schicks 293, 1, 722, 4
Wie Gott will, so muß es bleiben 32, 5
Wenn nur mein Jesus will 184, 3(4)
Sondern, was Gott will und thut 593, 2
Ich will, wills Gott, mit andern 139, 12
Was mein Gott will, das g'scheh allzeit 689, 1
Was mein Gott will, das mir geschieht 689, 2
Wills denn Gott haben nicht 692, 4
Was Gott will, das geschicht 692, 4
Gott will, uns soll geholfen sein 340, 3
Er giebt wenn und wann er will 624, 3
Sein Kind und Erben nicht lassen will 328, 5
Ob sichs anließ, als wollt er nicht 183, 12
Wars nicht, daß er sein Bestes wollt 53, 4
Gott will mich ganz 236, 6

II. Mensch.

Hilft gleich Gott nicht, wie du willt 608, 5
Die ihr nun wollet bei ihm sein 506, 4
Was ich nicht will, thu ich wohl 374, 4
Daß ich will, was Jesus will 387, 1
Dich mag und will ich nicht 594, 6
Wenn ich dich hab: was will ich mehr? 307, 2
Gott winkte mir, ich habe nicht gewollt 236, 2

Wollen.

Mein Wollen hängt an deinem Mund 165, 3
Wie du das Wollen mir gegeben 470, 8
Das zwar, was wir Wollen nennen 374, 4
Gieb zu allen Dingen Wollen und 597, 6

Wollust.

Will sich denn in Wollust weiden 372, 2
Von Sorg und Wollust dieser Welt 752, 6
Verlebt den Sabbathtag in Wollust 704, 4
Pracht, Wollust, Ehre, Freud u. Geld 558, 3
Ach laß die Wollust dieser Welt 530, 8
Doch daß er bleib von Wollust unbefleckt 310, 5
Es mocht sein Ehr, Wollust, Geld 448, 3
Wo ist Wollust, Ruhm und Ehr? 717, 2
Das Fleisch mit Wollust, wo du bist 38, 2

Wollustbahn.

Auf die breite Wollustbahn 372, 3

Wollustpflege.

Weiß von keiner Wollustpflege 589, 13(12)

Wonne.

Sie sind mein Freud und Wonne 426, 1
Bringt mit sich lauter Freud u. Wonn 451, 3
Laß sein mein Ehre, Freud u. Wonn 553, 5
Bringt Leben, Heil und Wonne 117, 1
Nun stets in deiner Wonne bist 144, 8
Du bist meiner Seelen Wonne 529, 3(4)
Laß Leben, Licht und Wonne mein 286, 1
Unsers Herzens Wonne liegt in der 519, 1
Das soll eur Freud u. Wonne sein 662, 2
O Jesu, meine Wonne 560, 1
Jesu, meine Freud und Wonne 596, 7
Der Preis, Ehr, Freud und Wonne 487, 4
Mein Schatz, mein Freud u. Wonne 558, 1
Der ganzen Welt zur Wonne 670, 1
Mit Herzens Freud und Wonne 76, 6
Zu steter Freud und Wonne 543, 1
Sonne, Wonne, himmlisch Leben 543, 1
Nach Trauern Freud und Wonne 202, 2
Scheint täglich hell zu deiner Wonne 213, 1
Und mit neuem Glanz und Wonne 615, 3
Da wird sein Freud und Wonne 99, 6
Wo Freud und Wonne stehet 362, 16
Ist alles voller Wonne 472, 3
Und mit lauter Wonne tränket 425, 2
Freud und Wonne grünen da 646, 3
Zum ewgen Licht und Wonne 738, 10
Friede, Freud und Wonne geben 229, 8
Ach der großen Freud und Wonne 31, 6
Bei dir leben in Himmels Freud u. Wonn 78, 7
Hinauf in deine Wonn und Freude 706, 7
Ins Haus der ewgen Wonne 329, 11
Folgt doch die Wonne nach der Pein 538, 2
Mit ewger Wonne tränken 566, 7
Was das wird für Wonne sein 432, 4
Wonne, die uns ewig tränket 429, 6
In das Land der süßen Wonne 490, 6
Welches Wort faßt diese Wonne 721, 14

wonnevoll.

Wonnevoll, Jesu, soll dich im höhern 275, 8
Wonnevoll in Licht getaucht 673, 2

Wort.

I. Gott.

a) das erschienene.

Des Vaters Wort ins Fleisch gesenket 567, 2
Du wesentliches Wort von Anfang her 151, 1
Komm, o selbständigs Wort! 151, 2

1) Var. Anh. G. Höllenwolfes.

Du wesentliches Wort warst bei Gott 151, 3
Du bist das Wort, wodurch die ganze 151, 5
In diesen Hort, des Vaters Wort 146, 4
b) das verkündigte.
Dein Wort versäumt u. nicht gepreist 704, 4
Dein Wort verachtn 548, 3
Dein göttlich Wort soll bleiben in 548, 4
Welcher hat des Herren Wort verachtet 185, 4
Dein Wort man läßt nicht haben wahr 10, 1
Die dein Wort für Lügen hält 259, 6
Gehorsam sein nach deinem Wort 711, 7
Gieb uns die Lieb zu deinem Wort 544, 2
Die deinem Worte gläubig traut 351, 3
Dein heilig Wort und Sakrament 351, 5
Und stets mich — übe nach deinem Wort 13, 3
Nam' und Bund aus deinem Wort 260, 3
Ich wags aufs Wort und komme 776, 4
Fest auf dein Wort uns gründen 163, 4
Laß die Worte deines Mundes 585, 1
Mir dein Wort ins Herz zu schreiben 585, 2
Herr, dein Wort ist wie ein Hammer 585, 3
Diesem Worte will ich trauen 585, 4
Lehre mich dein Wort betrachten 585, 5
Laß dein Wort mich kräftig laben 585, 6
Keinen Schritt vom Worte weichen 585, 6
Wird von Gottes Wort gerichtet 585, 7
Als allein das Wort des Lebens 585, 8
Und sein Herz im Worte finden 585, 8
Das sind dieses Wortes Früchte 585, 9
Gottes Wort bleibt ewig stehen 585, 9
Nach deinem Wort gottselig leben 5, 2
Nach deinem Wort mich bessern 533, 6
Das Böse haß u. meide nach d. Wort 310, 7
Deim Wort u. Willn nicht widerstreb 126, 3
Und leite meinen Gang nach d. Wort 219, 5
Wappnet euch mit Gottes Worte 591, 1
Bleib in Gottes Wort u. Schranken 693, 1
Laß dich Gottes Wort regieren 701, 5
Dein Wort, o Herr, das ewge Licht 1, 1
Ach bleib mit deinem Worte bei uns 2, 2
Segne mich mit deinem Worte 316, 5
Der uns sein Wort gegeben 107, 5
Du wollst in mir entzünden dein Wort 562, 6
Mit deinem Wort hast du gar oft 326, 5
Wenn ich dein Wort nicht hätte 279, 3
Aber dein heilsam Wort, das macht 279, 4
Laß dein Wort gewisser sein 414, 7(8)
Giebt er mir in seinem Worte 625, 4
In deinem Wort hast vorgestellt 534, 7
Denn dein Wort, o Jesu, ist Leben 169, 4
Und öffne mein Verständnis durch dein heiliges Wort 286, 4
Deim Wort zu trauen festiglich 283, 8
Dich und sein Wort erhalten 659, 2
Für dein wahres Wort zu kämpfen 642, 2
Dein heilig Wort, welchs du uns hast 295, 1
Wir dieses Wort von Herzen sollen lieben 295, 3
Teures Wort aus Gottes Munde 638, 1
Der im Worte mich an Gottes Herze 638, 4
Es wirke durch dein kräftig Wort 359, 2
Was ist süßer als sein Wort 247, 5(4)
Dein Wort meines Herzens Spiegel 461, 8
Ein jedes Wort wird Punkt für Punkt 669, 9
Und auf sein Wort soll meine Seele 227, 1
Herr, dein Wort, die edle Gabe 262, 1
Wenn dein Wort nicht mehr soll gelten 262, 1
Ich halt mich an deine Worte 528, 5
O Lebensbrünnlein, durch dein Wort 566, 2
Auf dies Wort, lieber Vater fromm 533, 3
Bei dessen Wort ich bleibe 361, 1
Sollt ich ihm sein Wort verdrehen? 633, 7
Sein liebes Wort standhaftig zu bekennen 609, 5
Sein liebes Wort bleibt ewig fort 609, 5
Nach deines Worts Befehlen einher 264, 3
Als Gottes Werk und Gottes Wort 759, 4
Laß uns leuchten des Lebens Wort 411, 2
Den edlen Schatz, dein wertes Wort 82, 3
Dein Wort, der Seelen Medicin 82, 6
Des Vaters Wort giebst du gar bald 409, 4
Dein Wort, o Herr, laß allweg sein 752, 9
Dein Wort sich weit ausbreiten 752, 10
Herr, unser Hort, laß uns dies Wort 227, 8
Gieb uns allzeit dein heilig Wort 496, 6
Mit dem Wort des Lebens speist 252, 6
Dein Wort mich speis' 636, 4
Speis uns gnädig mit dem Worte 25, 5
Er woll uns speisen mit sein'm Wort 748, 2
Dein Wort mein Speis laß allweg sein 353, 3
Dein Wort sei meine Speise 671, 10
Dich und dein Wort anzuhören 439, 1
Erleucht uns durch dein göttlich Wort 544, 4
Wie sein Wort mir sagt und schreibet 413, 3
Gieb dem Wort, das von dir zeuget 433, 2
Herr, thu auf des Wortes Thür 433, 3
O erleuchte, ewges Wort, Ost u. West 433, 5
Dies Wort geht euch auch an 398, 4
So laß dies Wort allein mir — schallen 658, 5
Das ist ein teuer wertes Wort 85, 1—4
Ein Wort, sehr lieb zu hören 85, 1
Und denk an dieses werte Wort 85, 5
Er weidet mich mit seinem Wort 109 b, 2
Daß mir deines Wortes Hall 252, 7
Laß uns dein himmelsüßes Wort 543, 5
Ach so laß d. heilig Wort in mein Herz 586, 1
Wo dein Wort hinfällt 597, 4
Gieb Glück u. Heil zu deinem Wort 1, 3
Daß wir dem Worte gläuben 752, 3
Uns nicht vom Wort abwende 752, 4
Gieb du selbst deinem Worte Kraft 752, 4
Daß wir das Wort recht fassen 752, 5
Daß wir nicht Hörer nur allein des Wortes 752, 5
In Fels und Steinen kann das Wort 752, 6
Gieb, daß ich traue deinem Wort 537, 4
Zeuch mein Herz durch dein Wort 289, 1
Laß mich dein Wort bewahren rein 289, 1
Dein Wort bewegt des Herzens Grund 289, 2
Dein Wort macht Leib u. Seel gesund 289, 2
Dein Wort ist, das mein Herz erfreut 289, 2
Dein Wort giebt Trost u. Seligkeit 289, 2

Dein Wort mir Trost u. Leben sein 342, 4
Die größte Lust zu haben allein an deinem Wort 729, 3
Auch wird durch deines Mundes Wort 547, 4
Dein Wort das ist geschehen 671, 5
Du wirst dein Wort erfüllen nun 308, 6
Wenn du ein Wort sprichst 291, 3
Sprich nur ein Wort, so werd ich leben 325, 6
Dazu das göttlich Wort 562, 2
Der sein Wort beständig hält 238, 1
Dein Wort kann nicht betrügen 183, 7
Was Gottes Wort zusaget 183, 11
Sein Wort laß dir gewisser sein 183, 12
Bezeugt mit Worten süße 426, 2
Gott hat mir ein Wort versprochen 694, 2
Das Wort sie sollen lassen stahn 161, 4
Dies Wort der Wahrheit bleibet stehn 205, 8
Denn dein Wort bleibt ewig stehen 218, 7
So wahr Gott Gott ist u. sein Wort 659, 3
Gottes Wort ist deine Wahrheit 223, 3
Das teuerwerte Wort ewger Gnade 223, 3
Dies Wort, das jetzt in Schriften steht 295, 2
Dein Wort muß ewig feste stehn 578, 3
Nicht soll sein bei dem Wort der Gnaden 76, 7
Dein Wort ist wahr 227, 2
Dein Wort ist wahr und trüget nicht 481, 3
Sein Wort ist wahr, sein Werk sind 636, 1
Sein Wort ist wahr: denn all mein Haar 689, 2
Auf dein Wort sprech ich Amen, Herr 269, 4
Dein Wort ist Ja und Amen 94, 6
Laß immerfort dein helles Wort 94, 6
Dein Wort heißt immer Ja u. Amen 751, 3
Dein Wort bleibet ungebrochen 528, 3
Es sind des Heilands Worte, die Worte fest und klar[1]) 360, 2(3)
Daß meine Leuchte sei dein Wort 172, 5
In seinem Wort versprochen hast 417, 16
Was dein Wort verspricht 755, 4
Sein Wort steht nicht auf Schrauben 609, 3
Sein Wort u. Wille hat ewigen Grund 125, 8
Nach dem Wort, dem wir vertrauen 637, 1
Bei dessen Wort ich bleibe 361, 1
Und mir dein klares Wort vermeldt 558, 6
Mit Bildern und mit Worten 77, 3
Deinem Worte nachzuleben 437, 1
Daß dies Wort mich trösten kann 390, 5
Merk dies Wort: aus Gnaden 53, 3
Aus Gnaden! wer dies Wort gehöret 53, 7
Ach, was wird doch dein Wort 135, 4
Daran mit güldnen Worten 37, 8
Der im Worte mich an Gottes Herze 638, 4
Dein Wort erklärt der Seele Wert 227, 4
Durch dein angenehmes Wort 374, 1
Was Gott in seinem Worte preist 53, 5
So weiß ich auch aus deinem Wort 476, 5
Durch dein teuer heilsam Wort 487, 3
Wenn ich ihn im Worte höre 312, 5
Dein letztes Wort laß sein mein Licht 553, 8
Dein Wort, d. Geist, d. Leib und Blut 734, 4
Dein Wort die Hut und Weide ist 192, 2
So bleibt dein göttlich Wort in Wert 270, 12
Bewaffnet mit des Glaubens Worten 91, 3
So gieb dein Wort mit großen Scharen 669, 4
Ach laß dein Wort recht schnelle laufen 669, 6
Aussendest dein lebendig Wort 253, 1
Und treibt sein heiligs Wort 513, 4
Ach ja, da teilt dein Wort u. Haus 623, 8
Da läßt er uns sein Wort verkünden 514, 3
So geht sein Wort schnell wie Blitz 198, 2
Hast du mit süßen Worten mir aufgethan 769, 6
Sind doch deine Wort und Lehren 586, 2
Deine Worte sind mein Stecken 586, 3
Jesu, dein Wort soll mich laben 586, 4
Laß uns leuchten des Lebens Wort 412, 2
So tröstet mich allzeit sein Wort 399, 6
Mein heilsam Wort soll auf den Plan 10, 4
Dein Wort ist unsers Herzens Trutz 1, 8
Aber dein heilsam Wort, das macht 279, 4
Des Herrn Wort in uns wirkt u. schafft 295, 5
Dein Wort, o Herr, ist milder Tau 94, 1
Dein Wort ist, Herr, ein Flammenschwert 94, 2
O laß dein Wort noch fort und fort 94, 2
Dein Wort ist uns der Wunderstern 94, 3
Da ward das Wort der Gnade mein 94, 4
Ein Wort des ewgen Lebens 94, 5
Des Vaters Rat und ewges Wort 146, 5
Sein teures Wort bekräftigt dies 332, 1
Denn dein Wort, o Jesu, ist Leben 169, 4
Dein Wort macht mich voll Zuversicht 480, 1
Der mich durch sein göttlich Wort hier 90, 2
Die sich auf sein wahrhaftig Wort 357, 2
Dein göttlich Wort die Seele speist 211, 2
Sein Wort verschafft uns Lebenskraft 683, 5
Wer mein Wort hält u. glaubt an mich 283, 6
Wenn ich ihn im Worte höre 312, 5
Kannst aus seinem Wort erblicken 701, 1
Die mir zusagt sein wertes Wort 55, 3
Doch hat er in seinem Worte eidlich 390, 2
Bleib du mein Ehr, dein Wort mich lehr 636, 4
Da sich Gottes Herz u. Wort seiner Braut 220, 6
Erhalt uns, Herr, bei deinem Wort 177, 1
Erhalte ferner noch dein Wort 498, 7
Entzeuch uns nicht dein heilsam Wort 83, 3
O Herre Gott, dein göttlich Wort 548, 1
Deins Worts Verstand mach ihn'n 548, 2
Auch nie gehört das edle Wort 548, 3
Die dein Wort recht als treue Knecht 548, 6
Dein Wort, o Herr, das ewge Licht 1, 1
Erhalt uns nur bei deinem Wort 1, 4
Laß uns dein Wort nicht rauben 176, 1
Dein Wort bei uns hilf halten rein 655, 2
Du wollst nicht von mir nehmen dein heilges Wort 146, 8
Streit für dein Wort und Ehr[2]) 81, 3
Und an unsre Stirne binden sein Wort 47, 9
Zu dir, auf sein Wort, Eid u. Tod 269, 1

---

1) Var. Hann. G. Die Steine sind die Worte, die Worte hell und rein. 2) Var. Bernb. G. Lehr.

Ach laß dein Wort uns allen noch ferner 274, 2
Laß uns dein Wort so hören heut und 302, 8
Besonders laß gedeihen dein reines wahres Wort 122, 7
Daß man dein Wort uns teuer macht 751, 8[1]
Wo uns dein göttlich Wort u. Licht 752, 1
Als dies teure Wort verloren 413, 6
Wenn dein Wort nicht mehr soll gelten 262, 1
Wofern mich nicht dein Wort — lehrte 227, 3
Dies Licht nicht durch dein Wort 227, 5
Dein Wort giebt mir die Kräfte 227, 7
Wenn ich dein Wort nicht hätte 279, 3
Wer mich und mein Wort höret 607, 6
Die heilge Satzung und dein Wort 137, 2
Was wir hiermit gebeten han auf dein Wort 655, 9
Und auf dein Wort sein Trost mit 81, 5
Gieb, daß wir lebn in deinem Wort 1, 9
Froh die Bahn deines Worts zu gehen 318, 6[2]
Nach deinem Wort gottselig leben 5, 2
Wird dein Wort den Glauben stärken 638, 7
Laß dein Wort mir einen Spiegel 638, 9
Dein Wort zu erfüllen 444, 8
Halte stets dein Wort mir für 640, 5
Du wollst in mir entzünden dein Wort 562, 6
Fest bei deinem Worte stehn 262, 2
Laß dein Wort mich feste gründen 778, 7
Und Lieb zu deinem Worte 293, 2
In deinem Wort uns so viel hat 547, 2
Und für das Wort von deiner Huld 292, 2
Erkennen la'n durch dein göttliches Wort 675, 8
In diesen Hort, des Vaters Wort 146, 4
Der uns erleuchtet durch sein Wort 64, 5
Gieb daß ich traue deinem Wort 537, 4
Dich und dein Wort bekenne 310, 3
Sein liebes Wort standhaftig zu 609, 5
So jemand Christi Worten gläubt 572, 6
Ich glaub, was Jesu Wort verspricht 53, 10
Und öffne mein Verständnis durch dein heiliges Wort 286, 4
Daß wir dein Wort u. Sakrament rein 1, 2
Dein Wort u. heilig Sakrament erhalt 747, 4
Sein wahres Wort u. Sakrament behalt 666, 9
Im Nachtmahl, Tauf und Wort 36, 2
Sich selbst uns giebt durch seine Gnad und Wort 36, 9
Wenn sie sein Wort in unser Ohr 243, 7[2]
Laß uns dein himmelsüßes Wort 543, 5
Sein Wort, sein Tauf, sein Nachtmahl 511, 5
Sein heiligs Wort ist auch dabei 77, 2
Dir durch sein Wort geschenket 149, 5
Deinem Worte nachzuleben 437, 1
Ja, es schallet allermeist dieses Wort 437, 2
Rede — liebster Jesu, mir das Wort 375, 4

II. Mensch.

Die in Werk, Wort und Gebärden 419, 7
Liebe zieret ihren Tisch und versüßet alle Wort 661, 11
Drum ist auch dies mein erstes Wort 88, 1
Segnet mein Gott früh u. spat Wort 626, 4
Laß kein unnützlich Wort aus meinem 536, 3
Laß ohn allen Heuchelschein mich in Wort 316, 6
Weder Worte noch Gedanken werden 651, 5
In Gedanken, Wort u. That 268, 2
Der Worte Pracht u. Ruhm mag dir 619, 5
Red ihn an mit schönen Worten 596, 2
Vernimm mein Wort und höre mich 362, 6
Lobet ihn mit schönen Worten 33, 3
Vielleicht kann ich kein Wort mehr sagen 358, 7
Und kann kein Wort mehr sprechen 78, 4
Wenn mir Wort u. Sprach entfallen 375, 9
Welches Wort faßt diese Wonne 721, 9

Wörtlein.

Ein Wörtlein kann ihn fällen 161, 3

wuchern.

Nicht wuchern jemands Fleisch u. Blut 134, 8

wund.

Das mir fast den Rücken wund gemacht 184, 2

Wunde.

I. Christi.

Angst, Wunden, Striemen, Kreuz und 165, 1
Du hast lassen Wunden schlagen 383, 3
O Haupt voll Blut und Wunden 542, 1
Die heiligen fünf Wunden dein 553, 6
Durch dein heilig fünf Wunden 67, 5, 744, 2
Sieh an sein heilgen Wunden rot 496, 5
Und heilige fünf Wunden rot 533, 3
Durch sein heilig fünf[3] Wunden 78, 3
Ach seht in seine Wunden 606, 3
Die Wunden alle, die du hast 284, 2
Liebe, die mit so viel Wunden gegen 526, 5
Ach, wie dank ich deinen Wunden 526, 6
Ach laß mich deine Wunden alle Stunden 554, 5
Ach laß deine tiefen Wunden 375, 6
Und zu deinen Wunden leiten 602, 11[1]
Hilf mir durch Jesu Wunden 63, 3
Laß durch Jesu Wunden doch meine 654, 6
Dessen Leichnam voller Wunden 413, 8
Durch Christi Wunden heil 658, 6
Mir Hülf u. Rat in deinen Wunden 777, 3
Ach laß ein Blutströpflein fließen aus deinen Wunden 281, 4
Durch sein selbst Blut und Wunden 77, 1
Mach mich durch deine Wunden heil 776, 2
Heil mich durch deine Wunden 279, 7
Das aus sein' heilgen Wunden 426, 2
O Jesu hilf — von wegen deiner Wunden 185, 5
Laß mich in deine Wunden ein 130, 4
Auf daß in deine Wunden ich bleib 537, 5
In des Herren Jesu Wunden 425, 3
Schreibe deine blutgen Wunden mir 611, 4
Was geflossen ist aus deines Leibes Wunden 165, 7
Deine rotgefärbten Wunden 374, 8
Laß endlich deine Wunden mich trösten 709, 8

---

1) Fehlt Anh. G. 2) Fehlt Bernb. G. 3) Var. Durch seine heilgen.

Jesu, deine tiefen Wunden, deine Qual 372, 1
Ja, für alles — geben deine Wunden 372, 4
Wirf sie in deine Wunden 339, 3
Wo anders, als in Jesu Wunden? 340, 1
Laß deiner Wunden teures Blut 577, 4
Durch die tief geschlagnen Wunden 315, 2
Zeig uns des Erlösers Wunden 318, 4
Kraft aus deinen Wunden trinken 477, 13
Trost auf deine Wunden bauen 606, 7
Vergebung—in deinen blutgen Wunden 475, 3
In deine tiefen Wunden, da ich stets 763, 3
Einfalt quillt aus Jesu Wunden 256, 6
Und dein Wunden rot, die werden mich 710, 2
Durch dein Wunden will ich ziehen 196, 7
Denn in meines Jesu Wunden 31, 2
Weil in seinen tiefen Wunden 528, 8
Bis ich in deinen Wunden ruh 470, 1
Zu tief in deinen Wunden sitzen 333, 8
In Christi Wunden schlaf ich ein 400, 1
Wer sich legt in deine Wunden 372, 6
Die Seel in Jesu Wunden senken 722, 3
Ich weiß, in Jesu Blut und Wunden 722, 7
Gnad und Huld in Christi Blut und Wunden 137, 5
Herz und küsse der gekränkten Wunden 611, 2
Als in deinen Wunden finden 600, 9
Mein Zuflucht ist in deinen — Wunden 8, 8
Ich flieh in deine Wunden 366, 13
Und flieh in deiner Seite Wunden[1]) 741, 3
Öffne deiner Wunden Thüre 600, 6
Laß mich finden deine Wunden offen 219, 3
Tief in deine Wunden senkt 84, 1
Ach schleuß mich in die Wunden dein 343, 17
Möchte zu den Wunden fliehn 762, 6
In den heilgen fünf Wunden dein 119, 2
Das Lebensbuch in d. Erlösers Wunden 212, 5
Lieg ich nur in Jesu Wunden 315, 5

II. des Menschen.

Er schlägt und heilet Wunden 232, 7
Die Wunden, brennend heiß 86, 1
Machet heil die vergift'ten Wunden 200, 10
Von den Wunden, die mich schmerzen 678, 1
Meine Wunden sind der Jammer 678, 2
Wie tiefe Wunden werden auch in mir 281, 5
Wiewohl tödliche Wunden sind kommen 511, 3
Das heißt die Wunde recht verbinden 340, 4
Verbindt und heilt die Wunden wieder 212, 5
Er kann alle Wunden heilen 384, 10, 406, 4
O selig Haus, wo du die Wunden heilest 569, 5
Meine Wunden sind sehr groß 441, 1

Wundenhöhle.

Und flieh in Jesu Wundenhöhl 393, 4
Schließ die verirrte Seele in deine Wundenhöhle 482, 2

Wunder.

Daß du für mich das größte Wunder 567, 2
Und schau an dies Wunder groß 590, 1
Sehet dies Wunder, wie tief sich der 323, 3
O Wunder ohne Maßen 709, 2
Wenn ich dies Wunder fassen will 132, 3
O Wunder groß, o starker Held 202, 6
Daß dein Blut an uns groß Wunder 239, 2
Kann dies Wunder nicht erreichen 596, 6
Würdge mich des Wunders deiner 347, 1
Und Wunder sollen schauen 357, 2
Der seine Wunder überall und große 500, 2
Dem Gott, der alle Wunder thut 610, 1
Des, der so große Wunder thut 446, 8
Die großen Wunder zu erhöhn 524, 5
Vernimms u. siehe die Wunder d. Werke 128, 3
Mein Auge sieht — die Wunder deiner 707, 2
Der Wunder ist hier gar zu viel 540, 5
Sei gepreiset für alle Wunder klar 547, 3
Und deine Wunder allesamt ausbreiten 534, 7
Ein Denkmal seiner Wunder gestift 365, 3
Das Wunder der Zeiten, die hier sich 182, 2
Auch herrlich erscheinen zum Wunder 182, 6
Der große Wunder thut 453, 2
Voller Wunder, voller Kunst 661, 1. 15
Voller Wunder, sag ich noch 661, 1. 15

Wunderanfang.

Wunderanfang, herrlichs Ende! 765, 1. 7

Wunderbad.

Durch die Kraft im Wunderbade 437, 5[2])

wunderbar.

Wunderbarer Gnadenthron 766, 1
Daß du, Gott, bist wunderbar 766, 2
Jesu, wunderbarer König 373, 7
Noch steht in wunderbarem Glanze 691, 8
Mit wunderbarem Rat das Werk 58, 8
O wunderbare Süßigkeit, die dieser 51, 10

wunderbarlich.

Wie wunderbarlich ist doch diese Strafe 298, 4

Wunderding.

Welch Wunderding hat man erfahrn 11, 3
Dem Glauben ists ein Wunderding 53, 7
Und ungezählte Zahl der großen Wunderdinge 352, 8

Wunderfreude.

Ein Wunderfreud! Gott selbst wird heut 743, 1

Wundergabe.

Nur in ihm, o Wundergaben! 384, 7

wundergleich.

Was geschah so wundergleich 114, 1

Wundergnade.

Ich preise dich und singe, Herr, deine Wundergnad 352, 1

wundergroß.

Ach wundergroßer Siegesheld 28, 1

Wundergüte.

Deine Wundergüte war mein Schild 315, 1

Wundergütigkeit.

Deine Wundergütigkeit schauen in der 766, 3

wunderherrlich.

Wunderherrlich seine Thaten 765, 1
Daß es wunderherrlich sei 765, 5

---

1) Var. Bernh. G. Seitenwunden. 2) Fehlt vielfach.

Wunderkraft.
Voll Heil, voll Wunderkraft des Herrn 394, 1
Du hast recht eine Wunderkraft 149, 5
wunderlich.
Ganz wunderlich und unverhofft 666, 3
Der mich wunderlich geführet 32, 2
Über Stock und Steine vielmals wunderlich 217, 7[1]
Der wird ihn wunderlich erhalten 719, 1
Führ in allem Kreuze mich wunderlich 600, 8
So pflegt er mich zwar wunderlich 230, 4
Ja selig u. doch meistens wunderlich! 619, 1
Und ob es wunderlich gleich scheint 720, 9
Scheints der Vernunft ganz wunderlich 724, 4
Läßt sichs an wunderlich 692, 2
Gehts gleich zu Zeiten wunderlich 282, 2
Der wohl wunderlich geschiehet 95, 2
Er wechselt mit uns wunderlich 447, 6
Wenn sie auch werden wunderlich 260, 5
Es war ein wunderlicher Krieg 76, 4
Wunderlieb.
O Wunderlieb, o Liebesmacht 165, 3
O Wunderliebe, die mich wählte 205, 4
Die läßt er Wunderliebe sehn 93, 2
Wundermacht.
Daß ich deine Wundermacht 762, 2
Verkünde u. erzähle die — Wundermacht 416, 7
Wundermann.
Gott ist der rechte Wundermann 719, 6
Er, als mein Arzt u. Wundermann 682, 3
Du bist der große Wundermann 11, 3
Empfahet unverdrossen den großen Wundermann 36, 1
wundern.
Daß du dich wundern wirst 58, 8
Ach wundre sich nur niemand nicht 733, 3
Wundernacht.
O großes Werk, o Wundernacht 179, 6
wundersam.
Du bist sehr hoch und wundersam 547, 1
Wunderschar.
Mit dankbarem Gemüte für diese Wunderschar 142, 3
Wunderschein.
Zeuch in deinen Wunderschein bald 433, 1
Soll mir dieser Wunderschein stets vor 40, 8
wunderschön.
Dem wunderschönen Bräutgam mein 734, 6
Wunder-Seelenkraft.
Deine Wunderseelenkraft 415, 2
wunderseltsam.
Da pflegt es wunderseltsam auszusehn 619, 1
wunderstark.
Der wunderstarke Held, den Gott aus 486, 1
Wunderstern.
Jesu, großer Wunderstern 378, 1
Der Wunderstern giebt dir Bericht 51, 1
Dein Wort ist uns der Wunderstern 94, 3
wundersüß.
Und schmeckt in dir die wundersüße Güte 466, 3
Dein Nam ist wundersüß 440, 2
Wunderthat.
Und seine süße Wunderthat 502, 1
Seinen Rat u. übergroße Wunderthat 681, 7
Kann ausrechnen deine Güt und Wunderthat 714, 3
wunderthätig.
Sehr groß und wunderthätig 563, 1
wundervoll.
In der wundervollen Krone 583, 3
Wie wundervoll und heilig ist 253, 6
Welch wundervoll hochheil. Geschäfte 290, 3
Wunderweg.
Ich traue deinen Wunderwegen 741, 4
Die Wege, die er geht, sind lauter Wunderwege 357, 4
Durch so viel Wunderwege mich geführt 762, 4
wunderweise.
Wo die wunderweisen Hände Gottes 765, 1
wunderweislich.
Wunderweislich ist sein Rat 765, 1
Wunderwerke.
Rühmet allezeit die großen Wunderwerke 64, 2
Sehn deine Wunderwerke 108, 2
Wunsch.
Vielmehr ist dies mein Wunsch u. Will 631, 1
Was unser Wunsch und Zähren ihn 399, 15
Mein Herz u. meines Wunsches Fülle 139, 1
An deinen Wunsch zu kommen 341, 3
Wie dein Wunsch beschaffen sei 494, 8
Was der alten Väter Schar höchster Wunsch 238, 2
Nichts als Jesus soll mein Wunsch sein 387, 1
Ein Wunsch, durch des Erlösers Tod 737, 7
Hör unsern Wunsch: geuß ins Gemüt 243, 13
Du meinen Wunsch und Willen noch 135, 16
Erfülle nach Begier, o Vater, unsern Wunsch 272, 8
So ist gewiß der Wunsch gewährt 274, 12
wünschen.
Daß du, o längst gewünschter Gast 753, 2
Wünsche stets, daß mein Gebeine[2]) 596, 4
Eines wünsch ich mir vor allem andern 160, 1
Was sie wünschet und begehrt 618, 9
Darum wünsch ich dies allein 173, 5
Jesum wünscht sie und sein Licht 458, 5
Was die Frommen wünschen 313, 1
Wie ich wohl im Herzen wünscht 681, 6
Was ich wünsche wird sich schicken 32, 4
Wenn du wünschest, prüft er wohl 494, 8
Wenn du nichts wünschest in der Welt 57, 3
Des Nächsten Haus und Gut nicht wünschen 260, 10
Ach gält es wünschen, wollt ich dich 139, 2
Vor allem Weltgut williglich mir wünschen 139, 2

1) Fehlt Bernd. G. 2) Var. Anh. G. meine Seele.

Wo ihr ewig wünscht zu sein 389, 10
Wünschen wirst, gelebt zu haben 456, 2
So hab ich gewünschet eben 196, 2
Als mit meiner Seelen ich wünschen 135, 15
Du sollst ihm wünschen alles Gut 134, 10

Wünschen.

Daß dein Wünschen werd erfüllt 608, 5
Geb ich alles Wünschen dran 525, 2

Würde.

Würden, die dir Menschen gaben 456, 2
Denn wer fasset ihre Würde 583, 2
Und die damit verbundne Würde 647, 4

würdig.

König, würdig aller Kränze 373, 11
Im Himmelslichte zu wohnen würdig sei 56, 6
Daß ich recht würdig werde 143, 1
Hilf, daß wir würdge Gäste sein 280, 2
Mache würdig mich durch sich 240, 5
Gieb, daß würdig ich genieß, Jesu, dich 528, 9
Mehres, als du würdig bist 494, 11
Wollst du sie doch würdig schätzen 641, 3

würdigen.

Würdge mich des Wunders deiner 347, 1

Würdigkeit.

O Herr, an diese Würdigkeit 244, 7

würdiglich.

Daß wir dich würdiglich verehren 248, 5
In diesem Leben gnug würdiglich 144, 2
Leben heiliglich, nach deinem Namen würdiglich 655, 2
Daß ich dir wandle würdiglich 737, 10
Laß mich würdiglich genießen 596, 7
Würdiglich an deiner Tafel sitzen 143, 3

Würgebank.

Ergiebt sich auf die Würgebank 165, 1

würgen.

Ja lässest dich gar würgen für mich 580, 7
Zu würgen steht all ihr Begehr 754, 3
Hier stirbt der Tod u. würgt nicht mehr 149, 3

Würger.

Der Würger kann uns nicht rühren 76, 5
Den Würger laß vorüber gehn 751, 8[1]
Und der Würger Mordgeschrei 646, 1

Wurm.

Bringt, ruft auch der geringste Wurm 707, 4
Kein Sturm, kein Wurm kann 732, 2
Wo ich der Würmer Speise bin 358, 5
Von Würmern wird verzehrt 297, 4
So komm denn, armer Wurm heran 471, 8
Ich dem Wurm gleich an den Wegen 220, 2
Ach was sind wir? Stoppeln, Blätter, Würmer 216, 2

Würmelein.

Ein Würmlein bin ich, arm und klein 172, 1
Nun lieg ich armes Würmelein 512, 1
So müßt ich armes Würmelein 700, 1
Vergossen für mich arms Würmelein 407, 6

Wurzel.

Kann das Wort die Wurzel nicht 752, 6
Du süße Wurzel Jesse! 734, 1

Wust.

Rein von aller Sünden Wust 238, 5
Lösch aus in mir des Fleisches Wust 13, 3

wüst.

O bessre Zions wüste Stege 669, 7
Wie mancher Garten lieget wüste 367, 2

Wüste.

Bin ich in wilder Wüsten 399, 11
Und sie gar in der Wüsten gehn 393, 3
Wenn Jakob durch die Wüsten gehet 720, 2
Und wenn die Not uns nach der Wüsten weiset 230, 5
Und der Sohn der Wüste kniet dürstend 155, 4
Eine Stimme läßt sich hören in den Wüsten 645, 3
Geht mutig durch die kurze Wüste 634, 5
Durch die Wüsten kommen werden 312, 1
Ich muß durch dürre Wüsten gehn 479, 3
Hier in der Wüste wird mir bang 479, 8
Wer durch die Wüsten oft gegangen 367, 6
Sollt ich noch in diesen Wüsten länger 649, 4

Wüstenei.

Es ist gefährlich stehen in dieser Wüstenei 418, 1

Wut.

Daß der Feinde tolle Wut zu der 448, 6

wüten.

Laß die Feinde wüten 195, 3
Sie wüten gar und fahren her 754, 3
So mag die Hölle wüten 699, 1

Wüten.

Und böse Zeit zusamt des Teufels Wüten 530, 8
Vors Teufels List und Wüten 54, 3
Wenn Satan auch noch ungern läßt vom Wüten 572, 4

Wüterei.

Wend ab des Satans Wüterei 517, 4

1) Fehlt Anh. G. 2) Var. Mind. Rav. G. Ich ein Würmlein.

Z.

Zachäus.
Wie eilt er in Zachäi Haus 471, 5
zagen.
Weil du selbst für mich gezagt 375, 2
Laß mich im Kreuz nicht zagen 636, 5
So zagen meine Kräfte 290, 3
Schrei getrost, du mußt nicht zagen 701, 4
Was zagt der Mensch 132, 8(9)
Weg Traurigkeit! Was zag ich mehr 478, 1
Du Freistatt[1]) wenn wir zagen 85, 4
O wer nunmehr — nimmer zagte 253, 3
Wahrlich sie hat Grund zu zagen 633, 5
Zagen.
Für dein Zittern, für dein Zagen 383, 8
Von Schwermut, Sorg und Zagen 99, 7
Erlöst uns von dem Zagen 203, 4
Ich führte schwere Klagen mit Zittern und mit Zagen 352, 6
Durch Zittern und durch Zagen 510, 3
Vertreibt ja alles Zagen 755, 3
Ja voll Angst und Zagen bin 309, 9
Weg mit Menschenfurcht und Zagen 527, 5
Zahl.
Der Engel Scharen ohne Zahl 248, 2
Die Märtrer und Apostel bei ihm in großer Zahl 99, 2
Sitzet der zwölf Boten[2]) Zahl 31, 5
In die Zahl deiner Kinder wiederum 654, 7
Als an der Zahl hier Menschen 530, 4
Auf Chören ohne Zahl 369, 8
Du selbst hast unsre Zahl gezählet 158, 2
Weil ich in deren Zahl gehöre 148, 3
Dir sei Dank ohn End und Zahl 220, 1
Die sind — in großer Zahl geschehen 135, 1
Ungezählte Zahl d. großen Wunderdinge 352, 8
Der Sünden große Zahl 709, 3
Es ist ihr' weder Maß noch Zahl 366, 8
Mit Sünden ohne Zahl verdienet 496, 1
Du kennest meiner Monden Zahl 333, 1
Vermehrt der Jahre Zahl 203, 11
Solls schallen ohne Zeit und Zahl 753, 20
zählen.
Du zählst, wie oft ein Christe wein 355, 11
Der die Thränen pflegt zu zählen 425, 8
Kein Thränlein fehlt, so er nicht zählt 230, 3
Du zählest alle Thränen mein 150, 4
Mein Haar er selber hat gezählet 689, 2
Gott zählet alle Stunden 232, 7
Zum Segen der Brüder gezählet 397, 5
Ich bin gezählt zu deinem Samen 330, 1
Zählst den Staub des kleinen Sandes 525, 4
Gieb, daß ich zähle meine Tag 723, 4
Laß mich meine Tage zählen 17, 6
Wie wenig Tage sind zu zählen 703, 8
Die Zeit, die niemand zählen kann 530, 5
Weil ich noch Stunden auf Erden zähle 446, 1
Wird wohl alle Stunden zählen 173, 2
Wer kann die Menschen alle zählen 540, 2
Als mit meiner Seelen ich wünschen kann und zählen 135, 15
Nicht aussprechen kann und zählen 554, 1
Daß ichs selber nicht kann zählen 268, 2
Eh man die Sterne zählet 107, 2
Zahlung.
Zur teuren Zahlung hingegeben 471, 2
Für die ganze Welt die Zahlung 496, 5
Da du mit Zahlung meiner Schuld 335, 2
Und leistet dir die Zahlung drauf 751, 5
zähmen.
Wenn ich des Fleisches Lüste — zähme 298, 10
Jesus, zähme mir die Sinnen 309, 14
So will ich zähmen mich 580, 14
Zähre.
Du weinest vor Jerusalem, Herr Jesu, heiße Zähren 150, 1
Laß doch unsre heißen Zähren 218, 2
Was unser Wunsch u. Zähren ihn bitten 399, 15
Ach Mutter, laßt die Zähren 621, 3
Den Augen ihre Zähren u. Thränen 135, 5
O daß ich gnug Zähren hätte 276, 5
Oft hat Gott unsre Zähren — abgewischt 473, 3
Zährlein.
Kein Zähr- u. Thränlein ist zu klein 355, 11
Zank.
Daß uns betrübe Zorn, Zank 769, 7
Zank, Hader, Streit gefangen an 704, 6
Haß, Zank und Neid laß ferne 310, 6
Zankgewinn.
Der reichste Zankgewinn ist Dunst 424, 9
zart.
O Kindlein zart und rein 519, 2
Ein Kindelein, so zart u. fein 114, 3. 662, 2
Ein Kindlein zart, das liegt dort 663, 1
O lieblich Bild, schön, zart u. mild 573, 6
Hier selber steht in s. zarten Menschheit 77, 4
Ein Jungfrau zart sein Mutter ward 743, 2
Von einer Jungfrau rein und zart 502, 6
Wir sind die zarten Reben 81, 7
Stärke deinen zarten Samen 299, 6
Erschrickt der zarte Sinn 203, 2
Wie die zarten Blumen willig 226, 6
So ist es nur ein Spiegel zart 183, 3
Zärtlichkeit.
Verfluchet seine Zärtlichkeit 685, 10
Weg des Fleisches Zärtlichkeit 527, 5
Zaum.
Hält im Zaum d. ausgeschweiften Sinn 619, 7
Fährt schnell ohn Zaum und Zügel 366, 11

1) Var. Zuflucht. 2) Var. Bernb. G. gezwölfte.

Zaun.
Von den Zäunen an den Straßen 220, 1
Zebaoth.
Unser Gott, der Herr Zebaoth 251, 1. 4
Heilig ist Gott, der Herr Zebaoth 370, 2
Wie hier vor dir, Herr Zebaoth 137, 1
Herr Zebaoth, dein heilig Wort 295, 1
Und sterb ich dir, du starker Zebaoth 517, 10
Heilig ist unser Gott, der Herre Zebaoth 271, 1
Du, du, o Herr Gott Zebaoth 524, 9
Du, der Herr Gott Zebaoth 220, 2
Er ist Gott Zebaoth 767, 3
Dem Könige der Heiden, dem Herren Zebaoth 224, 1
Er heißt Jesus Christ, der Herr Zebaoth 161, 2
Der Herr Herr Zebaoth hält über s. Gebot 699, 4
So bitt ich dich, Herr Zebaoth[1]) 214, 4
Vor dir, o Herr Gott Zebaoth 453, 1
Dich wohl loben, mächtiger Herr Zebaoth 762, 1
zehn.
Dies sind die heilgen zehn Gebot 134, 1
Wenn ich die heilgen zehn Gebot 704, 1
zehnmal.
Und zur Rechten zehnmal mehr 762, 10(9)
zehren.
Komm zum Brot, davon zu zehren 220, 8
Zeichen.
So merket nun das Zeichen recht 662, 5
Daß ich das Zeichen des Sieges erlang 380, 9[2])
Die Zeichen, die den Leuten 135, 1
zeichnen.
Des Blut zeichnet unsre Thür 76, 5
Wenn ich damit gezeichnet bin 148, 2
zeigen.
Mich der lichten Sonne zeigen 366, 12
Ich zeig euch das, was schädlich ist 485, 4
Zeig dein freundlich Angesicht 21, 6
Und zeig uns drauf sein Angesicht 500, 9
Zeigt ihm der Herr ein Kanaan 720, 2
Er zeiget uns die Straßen 224, 3
Der zeigt dir einen andern Weg 51, 14
Zeig mir in jedem Augenblick 559, 8
Himmelsweg, zeig ihm die Bahn 437, 5
Zeig uns bei unserm Seelenschmerz 471, 11
Zeige, Herr, die Wohlfahrtsstege 414, 3
Es zeigt uns auch ganz offenbar 295, 3
Dein Blut darf ich nur zeigen 763, 8
Zeigen sich welche, die unrecht leiden 446, 5
Die volle Blüte zeigt sich schon 703, 8
Die Nacht sich schon von ferne zeigt 764, 3
Und die Finsternis sich zeigt 17, 1
Ein sanfter Tod zeigt uns die Bahn 720, 8
Und zeigt dabei, daß ich von deinen Liebsten sei 524, 10
Zeit.
Du, Vater, hast vor aller Zeit 547, 3
Großer Gott von alten Zeiten 247, 1
Fröhlich soll mein Herze springen dieser Zeit 200, 1
Als eben war die Zeit erfüllt 547, 7
Er hat uns vor der Zeit erkiest 107, 2
Drum sind vor Zeiten ausgesandt 752, 2
Die Zeit ist hie zu erbarmen 502, 5
Denn des Herren Herrlichkeit, offenbar zu seiner Zeit 645, 4
Zu deiner Zeit wend ab mein Leid 4, 3
II. Mensch.
Voller Freud ohne Zeit 200, 15
Solls schallen ohne Zeit und Zahl 753, 20
Auch nach der Zeit in Ewigkeit 620, 5
In dem Leben dieser Zeit 717, 7
In dieser Welt in dieser Zeit 38, 1
Da wir nach dieser kurzen Zeit 107, 8
Wär Gott nicht mit uns diese Zeit 674, 1
Die ganze Zeit von meinen Jahren 470, 3
Wer die Sklaverei nur liebet in der Zeit 47, 6
Auch führe du mich durch die Zeit 541, 5
Es komm dein Reich zu dieser Zeit 655, 3
Hier in der Zeit und folgend 30, 4
Die endlich mit der Zeit nicht fällt 530, 2. 531, 2.
Sei ferne weg von mir, o Gott, zu aller Zeit 294, 6
Das bestäubet keine Zeit 721, 3
Wird von keiner Zeit verzehrt 494, 6
Und die allerlängste Zeit saust vorbei 17, 2
Ich bin ein Scherz u. Spiel der Zeiten 220, 2
Und heißt die Zeiten eilen 237, 1
Alles Ding währt seine Zeit 625, 1—11
Es hat alles seine Zeit 32, 5
Den keine Zeit vertreibet 127, 11
Gieb, was uns dient, zu jeder Zeit 82, 9
Uns zu jeder Zeit beschenkt 218, 7
Wie sich wechseln Stund und Zeiten 24, 3
Daß ich auch in kurzer Zeit m. Heiland 697, 5
Sonst verdirbt alle Zeit 665, 5
Die kurze Zeit vergeht 236, 1
Und im Glauben meine Zeit richte 259, 3
Bis ich dich nach dieser Zeit lob 625, 12
In Zeit und auch in Ewigkeit 724, 2
Dich und mich kann keine Zeit 774, 6
Bedenke doch die Zeit 56, 4
Fahr hin, was heißet Stund u. Zeit 234, 12
Wie fleucht dahin der Menschen Zeit 723, 1
Wir werden auch nach dieser Zeit 110, 6
Hier von mir in dieser Zeit 586, 4
Ihr aber werdt nach dieser Zeit 417, 15
Bauet nicht — nur auf gegenwärtge Zeit 593, 1
Endlich, wenn die Zeit verflossen 628, 8[2])
Einem Schatten gleich, der kurze Zeit 679, 2
So fährt unsre Zeit von hinnen 24, 2
Da das Leid dieser Zeit werden wird 47, 10
Ach das Leiden dieser Zeit 608, 1
Was ist das Leiden dieser Zeit 45, 6
Hier feuchten mit Thränen m. Zeit 405, 9(10)
Bis Leid und Zeit ein Ende hat 623, 9

1) Var. Bernd. G. mein Herr und Gott. 2) Fehlt vielfach.

Hin geht die Zeit, her kommt der Tod 722, 1
Die Zeit geht hin, der Tod kommt her 358, 1
Kurz ist die Zeit, der Tod geschwind 530, 6
Und wenn dahin ist ihre Zeit 532, 6
Wer ihn aufnimmt in dieser Zeit 243, 12
Kleid, Jesu, in der Zeit mich in dich 220, 10
Laß mich die Sünd in dieser Zeit 143, 4
Thu, ach thu bei Zeiten Buß 648, 2
Es hat noch lange Zeit 366, 9
Denk nicht: zur Buß ist noch wohl Zeit 631, 3
Doch sprich auch nicht: es ist noch Zeit 471, 10
Dir dienen noch die kurze Zeit 393, 8
Nur geliehen auf eine kurze Zeit 621, 8
Zu dir, im Fortgang dieser Zeit 234, 1
Daß diese Zeit zur Ewigkeit 227, 4
Nur spart es nicht auf andre Zeit 685, 9
Daß du sonst viel Zeit verdorben 604, 4(5)
Daß dieser Zeit Geschenke 127, 10
Wach auf! es ist doch hohe Zeit 530, 7
Meine Zeit hier gemißbraucht habe 275, 3
Denke, wie er manche Zeit 608, 5
Hilf, Gott, daß ich in Zeiten 56, 6
Laß mich bei Zeit mein Haus bestellen 722, 4
Er weiß allein die rechte Zeit 399, 8
Erwarte nur die Zeit 58, 6
So hilf auch mir zur rechten Zeit 308, 5
Hülfe schickt zur rechten Zeit 109b, 3
Die Hoffnung wart' der rechten Zeit 183, 11
Da es noch war rechte Zeit 654, 5
Dazu muß er sich in Zeiten – zubereiten 712, 1
Aber wenn die Zeit nun dar 661, 3
Zu der Zeit, da ich soll 536, 2
Es kommt die Zeit, da öffentlich 682, 4
Und zu seiner Zeit an den Ort 425, 8
Komm, Herr, wann es Zeit ist 259, 6
Bei Zeiten in die Höh 472, 6
Jesus Christ zur rechten Zeit nachholen 39, 1
Bis du dir deine Zeit ersiehst 306, 8
Mein Zeit u. Stund ist, wann Gott 343, 2
In deiner Hand steht meine Zeit 214, 4
Dir ganz anheimgestellt d. rechte Zeit 234, 3[1])
Zeit, Ort u. Stund ist ihm bekannt 341, 2[1])
Auch weiß er Zeit, dirs zu benehmen 213, 4
Deine Zeit ist Gottes Sache 456, 5
Daß ich zur angenehmen Zeit 141, 9
Erlösen uns — von aller bösen Zeit 99, 7
Vertrauen in meiner schweren Zeit 665, 3
Hilf du uns durch die Zeiten 86, 6
Uns ist in dieser Zeit kein Feiertag 424, 4
Ruh verschafft zu diesen bösen Zeiten 534, 5
Es sind die Zeit und Tage bös 655, 8
Daß dich nicht die böse Zeit 449, 1
In diesen bösen Zeiten laß dir 81, 2
Schicken in die böse Zeit 642, 6
Behüt vor Krieg und teurer Zeit 496, 1
Vor Seuchen und vor teurer Zeit 655, 4
Vor Pestilenz und teurer Zeit 443
Zu der Zeit, da Tod u. Leben rangen 571, 3
Komm, es ist Zeit zum letzten G'richt 745, 12
Erreichen die Anfuhr nach der Zeit 176, 4
Und wenn ich nach vollbrachter Zeit 554, 16
Ihr aber werdt nach dieser Zeit 417, 15
Es kommen Stund und Zeiten 515, 6
Es kommt die Zeit, da mich u. euch 472, 8
Herr, lehre mich bedenken der Zeiten letzte Zeit 56, 5
Mein Zeit ist nun vollendet 579, 2
Die Zeit ist schon vorhanden 579, 9
In dieser letzn betrübten Zeit 1, 2
Daß bei der letztbetrübten Zeit 137, 9
Herr, zu der letzten Zeit 176, 1
Denn die Zeit ist nicht weit 449, 10
Die Zeit ist nunmehr nah 135, 1
Doch du weißt deine Zeit 135, 17
Es ist gewißlich an der Zeit 185, 1
O Jesu, hilf zur selben Zeit 185, 5
O Ewigkeit, Zeit ohne Zeit 530, 1. 9
Drum, wenn ich diese lange Zeit erwäge 531, 3
Betet, daß die letzte Zeit 62, 8
Und warte nun der letzten Zeit 623, 7
Und warte auf die Zeiten 349, 11
Und wohl belohnt zu seiner Zeit 424, 7
Die plötzlich eingebrochne Zeit 703, 2
Einer künftig bessern Zeit 661, 12

zeitlich.

Also wird zeitlich deine Güt erhoben 68, 4
Hier zeitlich und dort ewiglich 552, 6
Und ob das Kreuz mich gleich hier zeitlich plaget 440, 3
Was ihn' nützt hier zeitlich 407, 1
Wer hier zeitlich wohl gemeint 599, 15
Und ob er gleich hier zeitlich stirbt 283, 6
Ob sie gleich zeitlich sterben 426, 4
Denn dies zeitliche Brot allein 211, 2
Denn die zeitliche Freude bringt 407, 2
Trägest Schmerz nur um das zeitlich Gut 675, 1
Der zeitlich Ehr will gern entbehrn 675, 6
Reichtum und zeitlich Gut 675, 7

Zeitvertreib.

Für allen edlen Zeitvertreib[2]) 524, 6
Seine Lust und sein Zeitvertreiben 436, 5

Zelt.

Nicht zu bleiben in diesem fremden Zelt 329, 6
Sind nur Gäst im fremden Zelt 494, 2
Werde haben Haus und Zelt 40, 8
Du siehst ja mich in deinem Zelt 498, 2
Weil ich gehöre gen Zion in sein Zelt 145, 7
Haus und Zelt in seiner Seel 243, 12
Mög fahren ins himmlische Zelt 380, 10[1])

zerbrechen.

Hat auch mein steinern Herz zerbrochen 687, 3
Spieß und Schwert zerbrochen 272, 5
Was sich nicht beugt, zerbrich 556, 6
Satans Zorn u. groß Gewalt zerbrich 655, 3
Zerbrich der Höllen Schloß u. Thür 572, 3
Ach zerbrich des Eifers Rute 375, 7

1) Fehlt vielfach. 2) Var. Bernb. G. Für alles, was ich bin und hab.

Das des Todes Reich zerbricht 625, 4
Er zerbrach des Todes Haus 673, 2
Vor Angst das Herz zerbricht 144, 6
Und wenn mir gleich mein Herz zerbricht 296, 1
Und mir vor Angst mein Herz zerbricht 283, 2
Heile die zerbrochnen Herzen 433, 3
Und geschwind zerbricht sein Joch 599, 13
Die Welt die mag zerbrechen 405, 12

zerfallen.

Rufe die zerfallnen Glieder 646, 7
Und wenn zerfällt die ganze Welt 357, 1

zerfließen.

Zerfließ in deiner Gottheit Ruhm 248, 5

zerfressen.

Zerfrißt mich mein eigenes Gewissen 678, 3
Uns das Herze schier zerfraßen 421, 6

zergehen.

Und wenn auch alles soll zergehn 104, 6
Wenn mir Herz u. Gedanken zergehn 78, 5

zerhauen.

Dein Tod hat den Tod zerhauen 372, 5

zerknicken.

Ist dir doch der Kopf zerknickt 599, 2

zerknirschen.

Die mit zerknirschtem Geist zu dir 279, 4
Hab immer ein zerknirschtes Herz 310, 2
Ein Herz, das ganz zerknirschet ist 740, 7
Mit ganz zerknirschtem, bangem Geist 563, 3
Und unser Herz ist ganz zerknirscht 751, 4

Zerknirschter.

Zum Zerknirschten, Herr, dich wende 637, 17

zermalmen.

Erquick, was du zermalmet hast 366, 14
Herr, zermalme, brich, zerstöre 527, 6

zermartert.

So zermartert u. zerfrißt mich mein eigenes Gewissen 678, 3

zernichten.

Du hast des Satans Reich u. Werk in mir zernichtet 687, 3

zerreißen.

O Liebe, die den Himmel hat zerrissen 567, 1
Er wird ihr Strick zerreißen sehr 754, 5
Zerreißet denn die morschen Schlingen 685, 5
Schaue, baue, was zerrissen 543, 3
Mein Gemüt ist ganz zerrissen 374, 5
Die Welt zerreißt und du verknüpfst 619, 3
Daß unser Schuldbrief sei zerrissen 475, 3

zerrinnen.

In kurzem zu zerrinnen 362, 11
Mir all menschlich Hilf zerrinnt 283, 3
Dies alles wird zerrinnen 127, 4
Was du nicht bist, laß ganz zerrinnen 578, 7(8)
Daß ich in Thränen ganz zerrinn 470, 3
Freude muß vor dir zerrinnen 373, 4
Daß die Seele nicht zerrinne 174, 4
Oder wird die Kraft zerrinnen 413, 10(13)

zerrütten.

Deine Wahrheit nicht zerrütten 585, 6

zerscheitern.

Der Sünde Macht zerscheitern 94, 2

zerschlagen.

Wie bist du so zerschlagen 573, 5
An unsrer Statt — zerschlagen 290, 2
Ein Herz, durch Reu zerschlagen 740, 7

zerschmelzen.

Dein Gnadenblick zerschmelzet m. Sinn 466, 1

zerspringen.

In Stücke möchts zerspringen 326, 8
Mein Herz will mir zerspringen 366, 10

zerstieben.

Wenn ich wie ein Staub zerstiebe 97, 6
Der muß wie die Spreu zerstieben 425, 7

zerstören.

So zerstöre du den Rat 268, 5
Zerstöre ganz die falschen Stützen 470, 5
Dein Feind Anschläg u. Macht zerstör 588, 1
Ich habe sie zerstöret 607, 6
Und zerstört der Höllen Reich 421, 5
Mein Gesell sie gänzlich hat zerstöret 465, 9
Dem Teufel hat er seine Macht zerstört 303, 2
Durch deine Kraft zerstören 534, 9
Zerstört ist nun all seine Macht 181, 3
Du hast dem Tod zerstört sein Macht 271, 3
Zerstören des Teufels Reich u. Macht 505, 1
Zerstört des Satans Werke 153, 1
Die Kirchen, so zerstöret durch Krieg 769, 9[1]
Daß es kein Feind zerstören kann 137, 8

zerstoßen.

Wenn sich das arme Herz verwundet und zerstoßen 253, 5
Du brichst nicht das zerstoßne Rohr 253, 5

zerstreuen.

Ihr Herr wird sie zerstreuen 738, 9
Versammle, die zerstreuet gehn 552, 5
Werd ich dadurch oft sehr zerstreut 340, 7
Und fliehen, was mein Herz zerstreut 141, 3
Dadurch sie in der Welt zerstreut 576, 2
Sammle den zerstreuten Sinn 436, 2. 604, 2
Kehre die zerstreuten Sinnen 299, 5
Laß nicht den Geist zerstreut in Unruh 96, 9
Er wird wie die Spreu zerstreuet 758, 4

Zerstreuung.

Schaue die Zerstreuung an 618, 5
Durch Zerstreuung mich verwirrte 578, 5[2]
Kehre aus der Welt Zerstreuung 406, 2

zertrennen.

Von ihm werd zertrennt dein Hauf 270, 4
Wie des Satans List sie jämmerlich zertrennet 576, 4

zertreten.

Der Kopf ist ihr zertreten 572, 2
Sein Kopf zertreten ist 607, 6

zertrümmern.

Nichts wird ja ihr Heil zertrümmern 424, 9

---

1) Fehlt Bernd. G. 2) Fehlt vielfach.

Zeuge.
Du sollst kein falscher Zeuge sein 134, 9
Wach auf, du Geist der ersten Zeugen 669, 1
Herzhaftig folgen jener Zeugen Lauf 448, 7
Drum sende treue Zeugen aus 158, 3
Zeugen deiner Kraft zu sein 299, 8
Die ganze Welt wird Zeuge sein 703, 4
zeugen.
I. erzeugen.
Dein Ebenbild gezeuget 547, 3
Ihr seid mein Volk, gezeugt von oben 187, 3
Ich bin gezeugt aus sündgem Samen 244, 2
Der aus dem Wort gezeuget 189, 2
II. bezeugen.
Von deinem Reich auch zeugen 562, 2
Ja, zeug in meinem Herzen von Jesu 420, 7
Zeugnis.
Alle Christenheit dein wahres Zeugnis 543, 2
Laß uns stets dein Zeugnis fühlen 414, 3(4)
In mir dein kräftig Zeugnis habe 244, 5
Giebt Zeugnis meinem Geist 136, 4
Wohl mir, daß ich dies Zeugnis habe 136, 7
Beweis, den Gottes Zeugnis giebet 104, 2
Sein Geist soll Pfand u. Zeugnis sein 104, 7
Dich durch sein Zeugnis überweist 167, 9
Zum Zeugnis, daß er dir noch Segen 182, 7
Und im Herzen Zeugnis haben 614, 4
Begleite das Zeugnis von dem Herrn 564, 7
Niemand will dies Zeugnis weisen 619, 4
Dein innres Zeugnis soll den Zweifel 619, 12
Ein Zeugnis deines Friedens sein 647, 3
Sein Wort, so ein Zeugnis ist 47, 9
Daß jeder Tag sein Zeugnis giebt 205, 5
Das vor Gott dir Zeugnis giebt 456, 3
ziehen.
I. herbeiziehen.
Zu dir gezogen gnädiglich 244, 3
Du zeuchst mich, wenn ich scheide 329, 11
Ach zeuch mich, zeuch mich weit 578, 7
Stets gesucht zu dir zu ziehn 762, 6
Will Gott mich zu sich ziehen 621, 8
Zeuch mein Herz durch dein Wort zu dir 289, 2
Herr Jesu, zeuch mein Herz nach dir 723, 6
Ganz zu dir gezogen werden 439, 1
Ja zeuch uns selbsten recht zu dir 471, 11
Mein Heiland, du hast mich gezogen 470, 1
Heiland, zieh mich ganz zu dir 760, 4
Die mich zieht aus reinem Triebe 602, 1
Mich hat der Herr zu sich gezogen 728, 9
Du hast — mich ganz zu dir gezogen 234, 12
Du ziehest mich, ich folge dir 304, 1
Wenn er dich zieht, so eile fort 483, 1
Von der Erde über mich gezogen 476, 1
Durch Liebe sanft und tief gezogen 327, 2
O liebstes Jesulein, zeuch mich 519, 2
Welches es nicht nach sich zieht 389, 2
Zeuch, Jesus, uns, zeuch uns nach dir 28, 4
Herr Jesu, zieh uns für und für 144, 10
Zieh uns nach dir 144, 12. 771, 1
Zeuch uns nach dir in Liebsbegier 771, 2[1]
Zeuch uns nach dir, Herr Christ 771, 3
Zeuch uns nach dir, so folgen wir 771, 4
Zeuch uns nach dir nur für u. für 771, 5
Zeuch, o Herr, uns hin zu dir 634, 4
Zeuch uns nach, die Schar der Streiter 634, 4
Ach zeuch, mein Liebster, mich 554, 9
Geliebt und auch nach dir gezogen 554, 14
Zeuch mich von aller Welt allein 141, 3
Zeuch du mich aus seinen Stricken 641, 9[1]
Zeuch uns in dein Heiligtum 299, 1
Er hat uns zu dir gezogen 299, 2
Zeuch du mich, dein Mahl zu schmecken 220, 8
Lieb und Gunst hat ihn gezogen 421, 4
Was hat — dich in die Welt gezogen 151, 4
Von Gott gezogen durch Schand 579, 3
II. erziehen.
Er will uns dadurch ziehen zu Kindern 473, 7
Zieh unsre zarte Jugend zur Frömmigkeit 274, 9
Kinder, die der Vater soll ziehn 599, 14
Als Himmelspflanzen ziehen 137, 4
Ziehn dich zu Gottes Preis 516, 10
III. wandern, einziehen.
Zeuch auch in mein Herz hinein 408, 2
Er zieht mit ihnen aus und ein 720, 3
Weil er gezogen himmelan 39, 2
Ich zieh in ferne Lande 399, 10
Lasset uns mit Jesu ziehen 430, 1
Wohin wir ziehn durch Land u. Meer 253, 4
Zieht in Frieden eure Pfade 772, 1
Du ziehest und ich bleib 688, 3
Will ich ziehn ins himmlische Vaterland 196, 7
Zieh ich des Todes Pfade 339, 4
Was für ein edle Schar kommt dort gezogen schon 369, 5
Ziel.
I. Gott.
Sein Hand zu helfen hat kein Ziel 55, 5
Sie hat weder Maß noch Ziel 714, 3
Weil denn weder Ziel noch Ende 625, 12
Kommen zu seinem Zweck und Ziel 58, 5
So hält Gott auch Maß und Ziel 624, 3
Setzet Gott doch Maß und Ziel 419, 9
Von Gott ein Ziel gesteckt 657, 8
Du hast dem Meer sein Ziel gesteckt 753, 8
Du führst mich doch zum Ziele 627, 3
Führst du mich — m. Ziel entgegen 275, 1
Sein Ziel hast festgesetzt 164, 7
II. Mensch.
Daß uns kein Fall das Ziel verrückt 720, 10
Daß nichts mein Ziel verrücken kann 363, 5
Laß dir nichts das Ziel verrücken 604, 6
Was mir will mein Ziel verrücken 712, 3
Deines Weges Ziel erreichen 585, 6
Meines Lebens Ziel und Zweck 648, 3
Der Jüngling hofft des Greises Ziel 737, 2
Wenn mein Ziel ausgemessen 329, 10

---

1) Fehlt Bernh. G.

Stets Ordnung, Maß u. Ziel zu halten 578, 4
Will ein ander Ziel — stecken 146, 6
Such, wer da will, ein ander Ziel 636, 1
Jesus soll mein Wunsch sein u. m. Ziel 387, 1
Ich liebe Jesum, der mein Ziel 19, 1. 2.
Nur Jesus ist allein mein Ziel 19, 3
Ich bleib bei Jesu, meinem Ziel 19, 4
Nur Jesus ist und bleibt mein Zeil 19, 5
Weil Jesus ist mein höchstes Ziel 19, 6. 8
Denn Jesus ist und bleibt mein Ziel 19, 7
Nur Jesum, meines Herzens Ziel 19, 9
Der sei allein mein Ziel auf Erden 578, 5(6)
Das einge Ziel, darauf wir sehen 93, 3
Durch deine Kraft treff ich das Ziel 558, 3
Der schaue auf das Ziel 591, 2
Ich des Glaubens Ziel erreiche 641, 6
Sondern bald das Ziel erreich 448, 5
Seht, wie ist unser Ziel so nah 685, 11
Hier ist das Ziel, hier ist der Ort 51, 12
So weiß ich kein Ziel zu finden 762, 4
Beschlossen, daß mein Ziel verflossen 315, 5
Und kommen weiter von dem Ziel 112, 4
Du wirst schon zum Ziel gelangen 604, 11
Bis ich mein Ziel erreiche 559, 10

III. allgemein.

Und setzet jeglichem sein Ziel 719, 5
Setzet — deinem Willen Maß u. Ziel 494, 11
So thust du doch über der Bitten ihr Ziel 299, 8
Als würde meiner Seufzer Ziel 230, 2
Zuletzt muß er des Teufels Ziel 417, 5
Die im Gewissen ohne Ziel 279, 1
Bis daß des Todes Ziel dich trifft 149, 7
Die Ewigkeit nur hat kein Ziel 530, 2

zielen.

Die auf ihn alleine zielen 414, 3(4)

ziemen.

Uns ziemt u. nützt dein Lob so sehr 248, 1

Zier.

Zion, o du meine Zier 774, 4
Komm in göttlich hoher Zier 408, 1
Mit höchster Ehr und Zier 542, 1
Weich nicht von mir, mein höchste Zier 636, 5
Ich will aus deines Mundes Zier 554, 9
Ist mein nicht wert und meiner Zier 485, 6
Dir, meine Zier, unverrückt anhangen 200, 12
Liebster Jesu, meine Zier 375, 5
O meiner Seelen Zier 738, 1
Jesu, meine Zier 381, 1
Wirst du, meiner Seelen Zier 529, 2(3)
Komm meiner Seelen Zier 594, 7
Mein höchste Zier[1]) auf dieser Erd 11, 9
Meine Zier, dich laß ich nicht 135, 15
Du unsre ganze Zier 418, 14[2])
Mein schönste Zier und Kleinod bist 481, 1
Ich will dich lieben, meine Zier 364, 1
O meiner Seelen Sonn und Zier 362, 10
Weich nicht von mir, mein höchste Zier 636, 5
Durch den Reichtum seiner Zier 712, 2
Von deines Königreiches Zier 424, 3
Der Einfalt Zier u. Schmuck erreichen 570, 7
Du sollst sein meines Hauses Zier 139, 2
In großer Hitz ohn Kraft und Zier 333, 3
Und in ganz verklärter Zier 629, 6
In solcher Zier prang ich 512, 3
Des edlen Lichtes Pracht und Zier 735, 1
Ihr Blumen laßt doch eure Zier 524, 4
Ehr, Geld, Gut, all ihr Zier 297, 5
Schau an der schönen Gärten Zier 204, 1

Zierde.

Du heimliche Zierde der inneren Welt 182, 8
O Zierde, welche große Pracht 331, 3
Die Einfalt weiß von keiner Zierde 570, 4

zieren.

Und gezieret mit großem Lob u. Ehr 365, 7
Doch bist du schön gezieret 562, 4
O Haupt, sonst schön gezieret[3]) 542, 1
Der uns hier herrlich ziere 510, 14
Wirds von Stund an rein gezieret 281, 4
Mein Herz mit Lieb und Glauben zier 555, 7
Mein Herz mit werten Gaben zier 546, 4
Ich weiß, wen du mit Ehr willst zieren 741, 4
Mein Herz mit Sanftmut ziere 310, 4
Laß mich diese Klarheit zieren 529, 1
Und mit ewger Klarheit zieren 196, 7
Und mit höchster Klarheit zieren 425, 8
Er ziert ihr Herz, Mund u. Verstand 243, 9
Und mit Gaben zieret schöne 749, 3
Die Unsrigen zu zieren 139, 6
Wie ich mein Herz soll zieren 580, 13
Was für Ehre wird uns zieren 461, 14[4])
Liebe zieret ihren Tisch 661, 11

Zierat.

Der Zierat, die Krone, die Jesu gefällt 182, 2

Zinne.

Der Wächter sehr hoch auf der Zinne 672, 1

Zion.

I. Israel.

Zions Hülf und Abrams Lohn 238, 2
Ach, daß der Herr aus Zion käm 753, 5
Dein König kommt, o Zion 92, 1
Dein König, Zion, kommt zu dir 132, 5
Geht, ihr Töchter von Zion 601, 2
Dein Zion streut dir Palmen 738, 2

II. Kirche.

Drum freue dich, du wertes Zion 507, 1
Führet mich in Zion ein 640, 1
Davids Sohn kommt in Zion eingezogen 321, 1
Daß Zions Licht und Recht noch 305, 4(3)
Trunken wird von Zions Blut 397, 7
Bittet, daß Zion er Hülfe bald sende 397, 9
Ach, daß die Hülf aus Zion käme 669, 5
Zion! gieb dich nur zufrieden 773, 1
Zion, lerne dies bedenken 773, 1
Zion! laß dich nicht bewegen 773, 2
Zion, du kannst doch nicht wanken 773, 3
Zion, laß dir doch nicht grauen 773, 4

1) Var. Bernh. G. Zierde. 2) Fehlt Anh. G. 3) Var. gekrönet. 4) Fehlt vielfach.

Zion! Gott wird dich schon stärken 773, 5
Zion! du wirst wieder lachen 773, 6
Deine Wonne, liebes Zion 773, 7[1]
Zion, wo ist nun dein Klagen 773, 7[1]
Freuet euch mit Zion hier 773, 8(7)
Zion! wer will dich nun scheiden 773, 8(7)
Zion klagt mit Angst und Schmerzen 774, 1
Zion, o du Vielgeliebte, sprach zu ihr 774, 3
Meine Treue bleibet dir, Zion 774, 4
Wenn endlich, eh es Zion meint 703, 1
Fahre fort, Zion, fahre fort im Licht 194, 1
Zion, dringe durch die enge Pfort 194, 1
Leide dich, Zion leide ohne Scheu 194, 2
Zion, fühlest du den Schlangenstich 194, 2
Folge nicht, Zion folge nicht der Welt 194, 3
Zion, wenn sie dir viel Lust verspricht 194, 3
Prüfe recht, Zion prüfe recht den Geist 194, 4
Zion, beide, das, was krumm u. schlicht 194, 4
Dringe ein, Zion dringe ein in Gott 194, 5
Zion, in die Kraft, für Heuchelschein 194, 5
Brich herfür, Zion, brich herfür in Kraft 194, 6
Zion, durch die dir gegebne Thür 194, 6
Halte aus, Zion, halte deine Treu 194, 7
Zion, in dem letzten Kampf u. Strauß 194, 7
Zions Thore liebt vor allen der Herr 223, 2
Und in die Thore Zions gehn 223, 4
Man wird noch einst zu Zion sagen 223, 5
Zion, dein Gott sorgt stets für dich 446, 7
Zion hört die Wächter singen 672, 2
Ihr, die ihr Zion liebt 178, 6
Jesu Wort soll in seinem Zion[2]) schallen 392, 2
Fahre fort, Zions Hort 650, 6
Zion hingegen, sei innig vergnüget 157, 1

III. ewiges Zion.

Jedoch weil ich gehöre gen Zion 145, 10
Meinen Geist zu Zions Geistern hin 184, 1
Daß wir auf Zions Wegen 339, 6
Trag nach Zions Hügeln uns 597, 7
In Zions goldnen Hallen ein Heimatrecht 86, 3
Heute noch nach Zions Höhn 432, 3
Dort in Zion bald zu stehn 581, 3
Seit du vom ewgen Zion dort 253, 1
Aus Zion den Scepter sende 615, 5

Zionsbrunnen.

Lustig steht mit ihrem Zionsbrunnen 137, 3

Zionsgesellschaft.

Die Zionsgesellschaft verläßt die Verwandten 397, 4

Zionsgott.

Du hocherhabner Zionsgott 453, 1

Zionsstille.

Laß uns in dieser Zionsstill dich 137, 8
Ich will in der Zionsstille heute 252, 6

zittern.

Zittern will ich vor der Sünde 593, 9
Kind des Vaters, zittre nicht 206, 9
Es wird dem zitternden[3]) Gewissen 475, 3
Die Verdammnis macht mich zittern 21, 3
Vor dem die Himmel zittern 179, 6
Von d. G'schrei zittert Schwell u. Balken 370, 2
Für den herben bittern Tod 383, 8

Zittern.

Für dein Zittern, für dein Zagen 383, 8
Du gehst mit Zittern u. mit Zagen 141, 2
Durch Zittern und durch Zagen 510, 3
Ich führte schwere Klagen mit Zittern 352, 6
Beides, Lachen und auch Zittern[4]) 596, 5
Sonst erfreut man sich mit Zittern 583, 4
Laß mich mein Heil mit Zittern schaffen 470, 7
Deines Heils mit Zittern wahr 589, 7
Zittern in der Erde Gründen 637, 2

Zoar.

Dring ins stille Zoar ein 589, 20

Zöllner.

Anm. Brust mit dem — Zöllner schlagen 528, 6
Mit dem Zöllner schamrot stehe 654, 1
Hier steh ich, wie der Zöllner that 563, 2
Wie streckt er sich nach Zöllnern aus 471, 5
Heil war in des Zöllners Haus 25, 2

Zone.

Geht voran in alle Zonen 587, 6

Zorn.

I. Gottes.

Die Straf ist schwer, der Zorn ist groß 165, 2
Verdienen doch eitel Zorn 134, 12
Ein Kind des Zorns 244, 2
Gotts Zorn auf sich zu laden 146, 1
Erhub sich Zorn und große Not 183, 2
Des Höchsten Zorn euch rührt 505, 4
Die mir Gottes Zorn und Grimm 678, 2
Ich Armer, der Zorn verdienet hat 542, 4
Des Lohn ist Zorn und Ungenad 704, 11
Hast du Zorn und Tod verdienet 693, 1
Da hats denn Gottes Zorn zum Lohn 139, 7
Wie sehr dein Zorn entbrennet sei 751, 1
Jen's predigt Sünde, Zorn u. Fluch 212, 5
So deinen Zorn entzündet hat 535, 3
Mich vor deinem Zorn verstecken 276, 1
Deinen Zorn nicht gar entzünden 276, 3
Eh der Tag des Zorns erwache 637, 11
Dein Zorn u. Grimm fern von mir sei 496, 3
Setz es aus dem Zorn zur Gnade 437, 5[1]
Deinen Zorn in Gnade kehren 218, 2
Laß doch deinen Zorn sich legen 218, 5
Daß er mir im Zorn nicht lohne 577, 4
Laß allen Zorn verschwinden 286, 2
Straf mich nicht in deinem Zorn 635, 1
Deines Vaters Zorn abwend 644, 5
Abgewandt des großen Gottes Zorn 14, 1
Und wirf mich nicht im Zorne hin 480, 4
Pein noch Zorn hinfort uns schaden 36, 7
Mich nicht — im Zorn bald abgelohnet 326, 4
Wenn ich nicht wär in Gottes Zorn 753, 7
Einer hat den Zorn gestillt 159, 4

1) Fehlt vielfach. 2) Var. Bernb. G. in den Gemeinden. 3) Var. Anh. G. zagenden. 4) Var. Beides Zittern und Entzücken. Beides Wonne und auch Bangen.

Trug für uns Gottes Zorn 385, 2
Aller Zorn ist abgelehnt 49, 3
Ist gestillt deines Gottes Zorn 461, 4
Damit seins Vaters Zorn gestillt 183, 5
Damit des Vaters Zorn gestillt 666, 5
Hat versöhnt seins Vaters Zorn 80, 1—6
Du trägst den Zorn, du würgst den Tod 753, 18
Gottes Zorn und Eifer trägt 526, 2
Daß mich nicht der Zorn sollt fassen 526, 4
Ich hatte nichts als Zorn verdienet 484, 2
Wenn deines Vaters Zorn entbrennt 150, 2
Sein' Zorn läßt er wohl fahren 513, 2

II. des Menschen.

Daß uns betrübe Zorn, Zank, Haß 769, 7
Rach, Neid u. Zorn nimm von mir 13, 4
Hilf, daß ich nimmer eigne Rach aus Zorn 260, 6
Durch Zorn u. Ra gier Sünd gethan 704, 6
Behüte mich vor Zorn und Grimm 310, 4
Aller Zorn und Rach entweicht 442, 10
Herrsche auch in m. Herzen über Zorn 422, 6
Daß kein Zorn noch Stolz sich rege 718, 8

III. Satans.

Des Satans Zorn und groß Gewalt 655, 3
Seinen Zorn du — könnest brechen 362, 12
Garnichts gilt jetzt ihr Zorn 199, 4
Kein Zorn des großen Fürsten 405, 12(13)
Ihr Zorn ist kraftlos worden 572, 5
Der böse Feind im Zorne 270, 4
Ein Lachen mit ihrem großen Zorn 37, 5

Zornesflamme.

Hat s. Vaters Zornesflamm gelöscht 110, 2

Zornesrute.

Zur Straf und Zornesruten 165, 2

Zorngericht.

Dein unerträglich Zorngericht 366, 7
Und schreckt mich durch das Zorngericht 333, 7

zornig.

Wie zornig seine Fluten 580, 12
Gott der Götter über uns so zornig 218, 2
Auf uns ist so zornig ihr Sinn 674, 2

zorniglich.

Du sollst nicht töten zorniglich 134, 6

Zornkind.

Daß ich ein Zornkind bin 14, 5

zubereiten.

Eur Herz zum Tempel zubereit' 451, 4

zubringen.

Die Sonne, die mir zugebracht 356, 4
In Ruh u. Frieden bringen christlich zu 555, 11
Alle Zeit, die wir zubring'n auf Erden 665, 5
Und mit Sorgen des Herzens zugebracht 329, 2
Möge glücklich bringen zu 715, 1
Was du mir zugebracht 339, 7

Zucht.

Die gedeihen selten wohl ohne Zucht 599, 14
Will mein Herr durch sanfte Zucht 633, 6
Wo Zucht und Demut tritt herein 28, 4
Es unterwirft sich ihrer Zucht 167, 7
Weisheit, Rat, Verstand und Zucht 414, 2
Auch halten keusch d. Leben dein m. Zucht 134, 7
Nicht Heiligkeit geliebt und Zucht 704, 7
Zucht, Ehr u. Treu verleih mir, Herr 293, 2
Lieben Zucht und Heiligkeit 419, 7
So weist die Zucht uns wieder hin 619, 7
Der gute Zucht und Ordnung halt 359, 6

Züchten.

Das Fleisch in Züchten reine sei 67, 3
Laß uns in Züchten unser Thun 129, 3

züchtig.

Züchtig, tüchtig dich dort oben 285, 3
Gottselig, züchtig und gerecht 459, 10

züchtigen.

Damit eur Fleisch gezüchtigt wär 417, 13
Und züchtiget mit Maßen 689, 1

Züchtigung.

Hilf, daß ich mit d. Züchtigung nicht scherze 4, 3

zudecken.

Und wirst mit Windeln zugedeckt 753, 8
Deck uns mit deinen Flügeln zu 190, 1
Decke mich mit Segen zu 714, 8
Es decke sie dein Segen zu 532, 5
Decke zu mit Schutz und Ruh 315, 4
Laß deine Huld zudecken alle m. Schuld 533, 5
Deck all meine Sünde mit dem Verdienste Christi zu 722, 6
Meine Schulden zugedecket 718, 2
Und sein Schande decken zu 134, 9

zudenken.

Was er uns einmal zugedacht 446, 4
Frommen Kindern zugedacht 661, 14
Segen den Kinderseelen zugedacht 667, 1
Und dorten mir mein Erbe zugedacht 777, 9

zudrücken.

Mit Frieden mein Augen zugedrückt 287, 3
Er drücke — uns unsre Augen zu 500, 9

zueignen.

Dein Verdienst mir zueignen 408, 3

zueilen.

Und eile deinen Armen zu 741, 1

zuerkennen.

Und mir den Himmel zuerkannt 728, 7

zufahren.

Und auf den Ruf bald zuzufahren 470, 3

zufallen.

Und er nicht unser Sach zufällt 754, 1

zufließen.

Thränen, die dir geflossen zu 580, 16

Zuflucht.

O du Zuflucht der Elenden 255, 3
Nur dich — zu ihrer Zuflucht wähle 495, 6
Dein betrübtes Leiden laß meine letzte Zuflucht sein 284, 5
Also, Herr Christ, mein Zuflucht ist 8, 8[1]
Nur dich — mein Herz zur Zuflucht wähle 495, 6
Werd ich zu dir die Zuflucht nehmen 578, 3[2]

1) Fehlt Bernd. G. 2) Fehlt vielfach.

zufrieden.
Der uns zufrieden stell 305, 5
Spricht: Sei zufrieden, ich bin dein 440, 5
Ist mit allem wohl zufrieden 460, 2
Und bleibt Jesus ungeschieden, so bin ich zufrieden 462, 1
Nun kann ich mich durch dich wohl zufrieden geben 200, 12
Soll ich nicht darum mich zufrieden geben 389, 1
Daß ich mein Herz zufrieden geb 279, 6
Stets wohl zufrieden sein 164, 6
Gieb dich zufrieden und sei stille 213, 1
Gieb dich zufrieden 213, 1—15
Zion! gieb dich nur zufrieden 773, 1
Mein Herz, gieb dich zufrieden 473, 1
Kann er dich zufrieden stellen 229, 5

Zufriedenheit.
Daß Tugend und Zufriedenheit 237, 6
Wir mit Zufriedenheit ein ehrbar Leben 368, 5

zuführen.
Den frischen Wassern führen zu 143, 2
Dem Bräutigam uns zugeführt 251, 3
Führet sie Christo zu 426, 3

Zug.
Durch seinen Zug, den frommen 399, 13
Drum fahre fort mit deinen Zügen 470, 1
Will ich folgen deinem Zug 520, 4
Daß uns ein reicher Zug entsteht 404, 2
Kommt dann der letzte Zug 203, 14
Hilf uns, Herr, in letzten Zügen 311, 5

Zugang.
Ihm steht der Zugang offen zum Vater 171, 2

zugeben.
Gieb uns die lieben Wächter zu 66, 6
Wo Gott hätt das zugeben 674, 2
Gott Lob und Dank, der nicht zugab 674, 3

zugegen.
Nichts dessen, was zugegen 328, 4
Du bist bereits zugegen, du Weltheiland 415, 2
Wenn wir uns legen, so ist er zugegen 125, 4
Die Engel sind allhie zugegen 188, 5

zugehen.
Ach Gott, es geht gar übel zu 1, 5
Mit dem gehts viel anders zu 758, 4

zugehören.
Mir, dem Sünder, zugehöret 413, 13

Zügel.
Fährt schnell ohn Zaum und Zügel 366, 11
Den Sünden — den Zügel nicht 609, 6
Gieb der Lust den Zügel nicht 589, 10

zügellos.
Die Gnadenzeit rennt zügellos 685, 9

zugesellen.
Durch die Luft eurem Heiland zugesellen 389, 9

zugethan.
Den Sündern liebreich zugethan 471, 6
Dir — selig bleibe zugethan 238, 8
Und bei Schmerz dem Lamme zugethan 483, 5
Ja ewig dir nur zugethan 470, 9
Sind sie dir doch zugethan 628, 1

zugreifen.
Denk nicht: wohlan, ich greife zu 53, 6
Und greif mit beiden Händen zu 471, 10

zuhalten.
Hält mir mein Gott die Augen zu 153, 10

zuhanden.
Und was mir stößt zuhanden 399, 6
Kommt mir gleich viel Not zuhanden 701, 2

zukehren.
Mach das Herz dir zugekehrt 84, 3

zukommen.
Sein Reich zukomm, sein Will auf Erd 183, 14
Dein Reich zukomme, dein Will 129, 5

Zukunft.
Und gleichwie dein Zukunft war 238, 6
Im Vertraun auf deine Zukunft 123, 4
Und harrt der Zukunft seines Herrn 756, 14
Vor deiner Zukunft uns bemühn 444, 9
Nichts, was die Zukunft hegt 328, 4
Die Zukunft wär ein dunkler Schlund 691, 1
Leicht u. hehr in seine Zukunft schaun 354, 4

zukünftig.
Ein Richter du zukünftig bist 271, 3

zulassen.
Und sucht durch zugelassne Freud 153, 8

zuletzt.
Er wolle mir zuletzt aus Gnaden 14, 8
Gott will die Seinen — zuletzt erheben 407, 1
Wenn dann zuletzt ich angelanget 369, 7

zumessen.
Mir zugemessen d. kräftge Himmelsspeise 560, 8
Und was du sonsten zugemessen 166, 5

Zunder.
Als Zunder großes Neides 472, 5

zunehmen.
Doch eh wir zugenommen 127, 8
So nimm denn recht an Gnade zu 516, 12

zuneigen.
Und neiget die Vateraugen denen zu 610, 6
Dein Herz dem Sünder zugeneigt 751, 6

Zunft.
Kommt die Vernunft mit ihrer Zunft 153, 10

Zunge.
I. als Glied.
O daß ich tausend Zungen hätte 524, 1
So lange sich die Zunge regt 524, 14
Von dankerfüllten Zungen sei dir 237, 2
Schweigt ihr ungeübten Zungen 373, 5
Nichts Liebers meine Zunge singt 512, 5
Meine Zung nicht mehr kann sprechen 196, 8
Sind Stimm und Zunge blöde 658, 7
Wenn meine Zunge nichts mehr spricht 283, 2
Und die Zunge bleibt gebunden 460, 6
Laß die Zungen singen 767, 1
Meiner Zunge Red und Wort 309, 3[1]
Laß die Zungen brennen 591, 3

1) Fehlt Anh. G.

rechen kann 150, 5
Gaumen klebt 530, 1
chen 580, 14
ffenbar 10, 3
Zungen Streit 576, 3
dessen Ruhm 475, 9
en ewig 99, 5
ungen 369, 8
rter Zungen 193, 8[1])
en, Jesus 384, 1
Engel-Zungen 672, 3
p r a c h e.
t der Zungen 411
Welt Zungen 412, 1
st du gar bald 409, 4
r Völker 351, 3
zte.
he zunichte 68, 1
nen.
echnen zu 244, 9
eel nicht zu 314, 3
ht.
n 554, 15
ten.
ericht' 229, 2
gericht' 693, 7
Erbe mir 405, 9(10)
n zu 383, 3
t 542, 2
übel zugericht' 580, 3
des Glaubens 356, 4
en.
h nicht ins G'richt 8, 3
en mir 774, 2
ich so bitte 669, 10(9)
t schänden 657, 5
d die Höll 663, 4
irst mich doch 203, 6
ichts machen 37, 5
uf.
d. Zuruf ein 777, 9
fen.
ir zugeruft 326, 5
eiben.
ücke bliebe 317, 4
n 692, 4
licken.
zurücke—blicke 470, 9
ingen.
sonst verirret 274, 8
zehn.
Zweifel Gott 58, 5
ihren.
führt 712, 4

zurückhalten.
Schau, ich halte nichts zurück 520, 3
zurückkehren.
Wie manchen schweren Unglückslauf hat er zurück gekehrt 355, 16
Kehrt er mit starker Hand zurück 446, 7
zurückkommen.
Im Segnen kommt ihr einst zurück 394, 1
zurückkriechen.
O laßt uns zurück nicht kriechen 448, 8
zurücklassen.
Laß dein Herze mir zurücke 259, 2
zurücklegen.
Bis er mir allen Schmerz—zurücke legt 184, 3
zurücknehmen.
Ach, so nimm es bald zurücke 387, 3
zurückprallen.
Laß ihn selbst zurücke prallen 641, 9
zurücksehen.
Ohne je zurück zu sehn 520, 1
Und nicht wieder sehn zurücke 21, 8
zurücksein.
Ach, wie weit sind die zurücke 717, 5
zurücksetzen.
Wir sollen setzen zurück Gold, Geld 295, 5
zurücktreiben.
So treibs zurück u. ändere m. Sinnen 362, 11
zurückweichen.
Ich weiche nicht zurücke 407, 4
Er muß zurücke weichen 107, 13
zusagen.
Was du gedräut und zugesagt 704, 13
Die mir zusagt sein wertes Wort 55, 3
Was Gottes Wort zusaget 183, 11
Die Gott dir zugesaget hat 631, 2
Gnad hat dir zugesaget Gott 631, 5
Wie du hast zugesaget mir 283, 5
Den unser größter Regent uns zugesagt 564, 2
Und sagt mir sein Gemüte nicht was Vergeblichs zu 399, 14
Dem ich mich zugesagt 405, 11(12)
Was ich dir hab zugesagt 520, 5
zusammenfließen.
Der Geist muß mehr zusammenfließen 475, 4
zusammenfügen.
Das dich und uns zusammenfügt 475, 4
Zusammenhang.
Die Schickung im Zusammenhang 492, 4
zusammenkommen.
Bis sie zusammenkommen 41, 4
zusammenschmelzen.
Schmelz alles, was sich trennt, zusammen 523, 3
zusammenstehen.
Wenn sie im Geist zusammenstehn 576, 6
zusammenthun.
Sich wieder thun zusammen, die voller Zwietracht sind 769, 7

zusammentreten.
Tritt alles wider mich zusammen 741, 3
zuschicken.
Komm, mich selbst recht zuzuschicken 712, 3
Ei nun, Herr Jesu, schick unsre Herzen zu 222, 9
Als mir Gott hat zugeschickt 173, 3
zuschlagen.
So sprich: Ich brauchs, Herr, schlage zu 483, 2
Du treuer Kreuzgeselle, schlag nach Belieben zu 594, 4
zuschließen.
Schleußet zu d. schwarzen Jammerthore 472, 7
Unsre müden Augenlider schließen sich jetzt schläfrig zu 648, 1
Die schleußt all Arbeit zu 329, 1
Schließ die Thüre selber zu 643, 1
zusetzen.
Setzt mir der Wehmut Schmerzen zu 165, 9
Die mir oft des Nachts zusetzen 714, 8
Setzt mir auch mit Versuchung zu 333, 3
zusprechen.
Und sie der Hölle zugesprochen 471, 1
Sprich der Seelen tröstlich zu 414, 5(6)
Sein Geist spricht meinem Geiste—zu 405, 8(9)
Zustand.
Und der Zustand wahrer Christen 702, 1
zustehen.
Will dem Leibe Not zustehen 625, 5
Der Gnaden Thür steht nimmer zu 754, 6
zustopfen.
Die Ohren zugestopfet 326, 6
zuteilen.
Hier hab ich einen Platz — dir, Schönster zugeteilt 594, 1
Und teilet uns das Kleinod zu 685, 11
zuthun.
Drauf thu ich meine Augen zu 517, 7
Zuversicht.
Er bleibet ihre Zuversicht, ihr Segen 610, 5
Da ist er unsre Zuversicht 107, 5
Mein Fels, meine Zuversicht 641, 9(11)
Gott ist mein Trost, mein Zuversicht 689, 2
So bist doch du mein' Zuversicht 296, 1
Der Herr ist meine Zuversicht 108, 1
Herr, du bist meine Zuversicht 108, 7
Er bleibet meine Zuversicht 357, 5
Du bist — der Frommen Zuversicht 453, 1
Du wirfst voll Zuversicht und Liebe 141, 6
Du bist meiner Seelen Ruhm, meine Zuversicht 382, 8
Mein Hort, mein Trost, mein Zuversicht 553, 1
Du bist meine Zuversicht 372, 5
Jesus, meine Zuversicht 389, 1
Herr, Herr, meine Zuversicht 388, 6
O du meine Zuversicht 374, 7
Und die Zuversicht gemehrt 414, 4(5)
Dein Schutz, Trost und Zuversicht 701, 5
Dies ist meine Zuversicht 388, 1—5
Das ist meine Zuversicht 633, 1
Halt fest an Gott mit Zuversicht 612, 3
Auf ihn stets hoffen m. rechter Zuversicht 36, 8[1]
Setz nur auf Gott dein Zuversicht 346, 3
Bei dir ist — meine starke Zuversicht 690, 4
Setzt ihr auf ihn eur Zuversicht 663, 5
Und draus schöpfen die Zuversicht 744, 4
Der Glaub ist eine Zuversicht 104, 1
Ihm hab ich voll Zuversicht 458, 2
Zu dir steht meine Zuversicht 776, 3
Zu dir ist die Zuversicht 442, 13
Er hofft in Zuversicht 657, 4
Ich setze meine Zuversicht auf dich 282, 6
Nichts kann mir m. Zuversicht — rauben 120, 2
Dein Wort macht mich voll Zuversicht 480, 1
Gieb mir ein Herz voll Zuversicht 459, 9
Welcher seine Zuversicht auf Gott setzt 719, 7
Ich kann ja nicht verloren sein in solcher Zuversicht 517, 6
Und nur des Glaubens Zuversicht 730, 5
Dann darf ich mit Zuversicht 90, 4
zuversichtlich.
Dich bet ich zuversichtlich an 347, 2
zuwege bringen.
Die Gott der Höchst alleine soll und kann zuwege bringen 138, 1
zuwehen.
Herr Jesu, bei dir stehen, Luft zuwehen 554, 16
zuwenden.
Der alles dir hat zugewandt 144, 3
Herr Jesu Christ, dich zu uns wend 278, 1
Den Segen zu mir wend 14, 6
Und was sie mir zugewandt 379, 3
Uns zugewendet, was uns nützt 660, 2
Nicht mit Gedanken zugewandt 661, 2
zuwider.
Doch wird dir nicht zuwider sein 753, 12
Und dem, was dir zuwider ist 366, 15
Was dir zuwider, laß mich nicht 362, 10
Und ist doch zuwider dir 387, 3
Stellt Gott selbst sich zuwider 104, 5
Dem Teufel sehr u. aller Welt zuwider 716, 2
zuzählen.
Zugezählet den Erlösten 557, 1
Den des ewgen Vaters Herz mir schon jetzo zugezählet 40, 9
Zwang.
Durch deines guten Geistes Zwang 366, 15
Ihr brecht den Zwang, der Herzen kettet 394, 3
Als durch diesen Zwang verderben 425, 6
Zweck.
Der höchste Zweck, das beste Teil 362, 9
Nicht zu deinem Zweck erlesen 312, 2
Das muß doch endlich kommen zu seinem Zweck und Ziel 58, 5
Sondern ihren Zweck erreichen 694, 3
Den ich mir zum Zweck gesetzet 461, 7
Wirst den Zweck erlangen 195, 4

1) Fehlt vielfach.

zwei (zween).
Es stunden zween Seraph bei ihm 370, 1
Mit zween verbargen sie ihr Antlitz 370, 1
Mit zween bedeckten sie die Füße 370, 1
Und mit den andern zween sie flogen 370, 2
Daß nur wir zwei beisammen sein 141, 3
Wenn zwei auch nur versammelt sind 691, 3
Zween der Jünger gehn mit Sehnen 778, 1
Wenn zwei Seelen sich besprechen 778, 3
Daß zwei Herzen sich vergnüget 715, 3
Zweifel.
So wird doch ohne Zweifel Gott nicht 58, 5
Und allen Zweifel, Angst und Pein 39, 1
Wenn Zweifel sich setzt wider mich 350, 2
Daran gar kein Zweifel haben 509, 1
Daran ich keinen Zweifel trag 183, 7
Und kein Zweifel mir es raube 585, 5
Und geh getrost, trotz allem Zweifel 53, 10
Da ist kein Zweifel an 199, 4
Laß den Zweifel ferne sein 638, 6
Drum muß der Zweifel fort 657, 4
So fällt aller Zweifel hin 694, 4
Wird mich mein Gott — vom Zweifel nur 730, 5
Dein innres Zeugnis soll den Zweifel 619, 12
Laß der Zweifel Macht nicht immer 612, 5
Mach feste, die im Zweifel stehn 552, 5
zweifelhaft.
Nicht auf zweifelhafte Schrauben[1]) 608, 2
zweifeln.
Daß wir nicht sollen zweifeln dran 77, 4
Auf daß wir gar nicht zweifeln dran 655, 9
Auf daß ich ja nicht zweifeln soll 109b, 5
Ich zweifle nicht, weil Christus spricht 8, 10
Ich zweifle nicht, ich bin erhöret 325, 8
Darauf so sprech ich Amen u. zweifle nicht 54, 7
Daran ich denn auch zweifle nicht 185, 5
An dem allen zweifl ich nicht 442, 13
zweifelsfrei.
Erhöret bin ich zweifelsfrei 325, 8
Nun du weißt auch zweifelsfrei 525, 4
Zweifelsknoten.
Den Zweifelsknoten kann dein Schwert 619, 2
Zweifelsnebel.
Wolk und Zweifelsnebel fälle 587, 1
Zweig.
Dein Zion streut dir Palmen und grüne Zweige hin 738, 2
Seine frischen Zweig ausbreiten 758, 2
Sorgt ein Vogel auf den Zweigen 677, 6
Bleiben an dir einen grünen Zweig 529, 4(5)
Es sind Zweige eines Stammes 721, 6
zweigestammt.
Der wohl zweigestammte Held 238, 3
Komm an, du zweigestammter Held 410, 2[2])
Zweiglein.
Die Zweiglein der Gottseligkeit 451, 4
Daß ich ein Zweiglein bleib an dir 324, 4
An deinem Leib ein grünes Zweiglein bleiben 172, 2
Am Leibe dein ein Glied u. grünes Zweigelein 172, 3
zweistammig.
Dich loben, Jesu, zweistammiger Held 395, 5
zwiefältig.
Sie hat ja zwiefältig Leid schon 645, 2
Zwietracht.
Sich wieder thun zusammen, die voller Zwietracht seind 769, 7
Und lösch der Zwietracht Glimmen 91, 6
Vor Aufruhr u. Zwietracht behüt uns 443
zwingen.
Bringe, zwinge mein Gemüte 28, 3
Mein hartes Herze zwingen 554, 6
Ob er dich möchte zwingen mit Lieb 235, 5
Der Feur und Wolken zwingen kann 179, 6
Den Tod niemand zwingen konnt 76, 2
Unters Joch des Geistes zwingen 18, 6
Durch die Glaubenshand den Allerstärksten zwingen 153, 9
Aber Fleisch und Blut zu zwingen 374, 4
Wie schwer doch läßt sich Fleisch und Blut zwingen 11, 1
Hilf mir auch zwingen Fleisch u. Blut 11, 12
Zwingt die Saiten zu hellem Klang 734, 6
In Tod thut er mich zwingen 620, 2
Dein Lieb so groß dich zwungen hat 239, 2
Zwingen.
Die mit sanftem Zwingen alles 705, 3
Zwischenjahr.
Auch in des Glaubens Zwischenjahren 394, 1
zwölf.
Der heiligen zwölf Boten Zahl 271, 2
Sitzet der zwölf Boten[3]) Zahl 31, 5
Von zwölf Perlen sind die Thore 672, 3

1) Var. Bernb. G. 2) Vielfach verändert. 3) Var. Bernb. G. die gezwölfte.

Anhang.

Katechismus-Tafel.

Einleitung.

Vornehmste Sorge 593.

Wort Gottes 84. 391. 176. 1, 4. 2, 2. 192. 638. 1, 3 u. 6. 295, 4. 360. 361. 625, 4 93. 212. 262. 289. 548. 586. 772. 177. 638.

Erstes Hauptstück.

Einleitung 134. 704. 30, 3. 608, 3. 622. 725, 4.

Erstes Gebot. Ich bin der Herr ꝛc. 134, 2. 296, 1. 636, 3. 610, 8. 641, 7.

Du sollst nicht ꝛc. 83, 3. 103, 6. 718, 8 u. 13(12).

Erklärung. Über alle Dinge 34.

fürchten 497, 4. 161, 3. 55, 2. 707, 6. 365, 8. 593, 7. 513, 3 u. 4. 90, 3. 474, 8. 604, 11(12). 495, 6. 628, 7.

lieben 296, 1. 310, 1. 680. 610, 7 u. 8. 462, 3 364. 108, 3. 286, 5. 467, 11 u. 12. 342, 3. 165, 5. 474, 8. 19, 1. 120, 1. 705, 1. 321, 5. 600, 5. 304, 1. 371, 6. 205, 11. 435. 554. 429, 2.

vertrauen 701, 2. 291, 4. 626, 1. 55, 3 u. 4. 45, 1. 108, 2. 342, 3. 644, 9. 58. 399, 4. 665, 3. 682, 3. 462, 4. 513, 5.[1]) 216, 1.

Zweites Gebot. Name Gottes s. Wortkonkordanz.

Nicht unnützlich führen 704, 3. 134, 3. 536, 3 754, 4.

Erklärung. fluchen 738, 10.

schwören 608, 2.

zaubern 669, 7.

lügen oder trügen 169, 10. 380, 6. 467, 13. 666, 13.

anrufen 55, 1. 196, 2. 610, 4. 701, 1. 711, 1 u. 2. 449, 8. 213, 9.

beten 755, 2. 362, 9. 449, 8 u. 9. 655, 1. 719, 7.

loben 251. 355. 625. 271. 445. 524. 29, 2 278, 2. 738, 2. 145, 1. 453, 1. 499, 3. 513, 1. 610, 1. 767, 1.

danken 365, 1. 499. 33, 3.

Drittes Gebot 134, 4. 704, 4. 137. 231. 247. 252. 434, 6.

Erklärung. Die Predigt ꝛc. 223, 3. 252, 8. 274, 3. 439. 506, 4. 586. 638. 289, 2. 192, 2. 94, 1—4.

nicht verachten 752, 4. 185, 4.

sondern ꝛc. 1, 8. 669, 6. 609, 3. 84, 3. 262, 2. 247, 4. 640, 4 u. 6. 176, 3. 752, 5 u. 9. 757, 6. 169, 3 u. 4. 480, 2. 359, 1. 759, 2 u. 4.

Übergang zur zweiten Tafel 622. 497, 3. 709, 7. 580, 12 u. 13 (6 u. 7). 525, 6. 543, 6. 769, 7. 30, 3. 300, 3, 8 u. 9. 576, 6. 608, 3. 296, 2. 257, 4. 310, 7. 418, 8. 536, 4 u. 5. 459, 11.

Viertes Gebot 134, 5. 704, 5. 532. 759, 7.

Erklärung 545. 653. 769, 9. 556, 5. 68, 3. 274, 5. 243, 6. 557, 2, 3, 4 u. 6.

Fünftes Gebot 134, 6. 704, 6.

Erklärung. Keinen Schaden ꝛc. 310, 4. 543, 6. 622, 6. 718, 7(8).

sondern ꝛc. 300, 3. 310, 7. 622, 5. 377, 3. 536, 4. 580, 13. 419, 5, 6 u. 8. 657, 5. 353, 3. 608, 3. 417, 12.

Sechstes Gebot 134, 7. 704, 7. 232, 4. 139, 7.

Erklärung. Keusch u. züchtig ꝛc. 449. 419, 7. 28, 4. 525, 5. 168, 1 u. 2. 180, 2. 541, 1. 593, 6. 459, 10. 561, 6. 129, 3. 543, 7. 589, 7—11,

und ein jeglicher ꝛc. 569, 2. 732, 2. 759, 2.

Siebentes Gebot 134, 8. 704, 8. 310, 6. 125, 6.

Erklärung. Geld oder Gut nicht nehmen 536, 5. 404, 6.

sondern 310, 7. 536, 3. 296, 2. 622, 2.

Achtes Gebot 134, 9. 704, 9. 536, 3.

Neuntes u. zehntes Gebot 134, 10. 704, 10. 310, 3. 380, 3.

Erklärung 591, 2. 125, 6. 359, 5. 577, 5.

sondern ꝛc. 709, 7.

Beschluß. Ich der Herr ꝛc. 58, 3. 580, 11.

aber denen ꝛc. 558, 4.

Erklärung. Gott drohet ꝛc. 738, 10. 751, 5. 8, 4. 449, 4. 635, 1. 185, 1. 496, 1. 530, 4.

darum sollen ꝛc. 678, 2. 276, 1. 279, 3.

er verheißet aber ꝛc. 609, 5. 340, 8. 404, 4. 399, 4. 55, 2. 758.

Übergang zum zweiten Hauptstück 212, 4. 183, 2, 3, 5 u. 9. 741, 3. 374, 4. 405, 2 u. 3. 593, 3. 134, 11. 533, 1. 390, 7.

---

1) Fehlt Bernb. G.

Zweites Hauptstück.

Einleitung. Glaube 104. 749. 750.
Eigenschaften Gottes. dreieinig 29. 65. 216. 208. 546. 547. 749. 750. 30, 4. 136, 2. 499, 3.
ewig 226, 4. 562, 1. 271, 1.
unveränderlich 125, 8. 740, 6. 499, 3. 221, 1. 723.
unergründlich 337, 2. 625, 3. 547, 1.
allgegenwärtig 226, 1 u. 2. 276, 2. 561, 7. 495, 1. 450, 2. 763, 1.
allmächtig 271. 29, 2. 510, 7. 596, 5. 145, 3. 365, 2. 245, 7. 719, 6. 707. 725. 755, 3.
allwissend 176, 2. 213, 3 u. 4. 229, 2. 719, 3. 701, 2. 675, 2. 45, 3. 686, 2. 108, 7. 125, 11. 689, 2. 343, 2.
allweise 525, 4. 341, 3. 365, 4. 578, 4. 765, 1 u. 2. 58, 1, 4 u. 8. 681, 8.
heilig 271. 541, 1. 226, 2. 251, 1 u. 4.
gerecht 290, 4. 682, 1. 530, 4. 451, 2. 738, 10.
wahrhaftig 228. 510, 7. 2, 6. 694, 2. 58, 3 u. 5. 689, 2. 94, 6. 238, 1. 388, 2. 669, 9.[1] 183, 7. 481, 3.
die Liebe 435. 625. 306, 12. 165, 3. 738, 5. 567. 212, 2.
barmherzig 484. 514. 298, 7. 694, 7. 325, 1. 340. 502, 4. 513, 3. 16, 4.
gütig 725. 55, 3. 499, 1. 610, 1. 462, 4. 34, 1.
gnädig 694, 1 u. 3. 513, 4. 2. 124.
geduldig 650, 1—3. 399, 5.
Erster Artikel. Ich glaube an Gott den Vater 29, 2. 208, 1. 609, 1. 271. 513, 3. 610, 1. 442, 2.
Schöpfer rc. 128, 6. 707. 671, 1. 610, 2. 355, 4. 625, 6. 446, 4. 767, 2.
Erklärung. Ich glaube, daß mich Gott geschaffen 725, 2. 355, 6. 666, 2. 445, 3.
samt rc. 707, 4. 625, 6. 125, 2. 204.
mir Leib und Seele rc. 33, 2. 208, 1. 625, 5. 707, 5. 296, 2. 676, 3. 511, 2. 524, 6. 677, 2. 435, 1. 666, 2. 343, 4. 355, 5—8.
und noch erhält rc. 341, 4. 219, 1. 445, 1. 610, 3. 682, 1.
dazu Kleider u. Schuh rc. 677, 3—5. 217, 2. 514, 4. 749, 1. 732, 4. 540, 1 u. 4. 204, 5 u. 7. 625, 6. 536, 1.
mit aller Notdurft rc. 540, 1, 2 u. 4. 666, 4. 624, 2. 511, 3. 366, 4. 625, 7. 355, 15, 16 u. 17. 58, 5 u. 7. 125, 4. 460, 3, 213, 7. 626, 6. 665, 1. 686, 3. 696, 4. 619, 1. 682, 1. 724, 1. 719, 6. 48, 1. 625, 9. 219, 5. 445, 2. 627.
wider alle Fährlichkeit rc. 510, 4—6. 749, 1. 625, 2 u. 7. 445, 3. 666, 3. 106, 6. 625, 7. 762, 5. 217, 3. 399, 4.
ohne alle mein Verdienst und Würdigkeit 540, 5. 205, 7. 264, 1.
das alles ich ihm rc. 510. 540, 6. 445. 513. 610, 7 u. 9. 247, 4. 707, 6. 655, 4. 625, 11.
das ist gewißlich wahr 405, 2.
Zweiter Artikel. Ich glaube 749, 2. 750, 2. 360. 361. 208, 2. 183, 1. 282, 6.
an Jesum Christum 197, 1 u. 3. 611, 3. 303, 3. 405, 4. 644, 7. 30, 1. 662, 3. 364. 373. 376. 381. 382. 387. 391. 458. 463. 474. 476. 554. 558. 594. 598. 602. 636. 679. 718. 727. 734. 741. 761. 327. 296. 553. 254. 249. 151. 98. 19. 16. 14. 753, 3—5.
das Prophetische Amt 752, 2. 209. 4. 1, 1. 255, 3 u. 4. 169, 5. 435, 4. 718, 5. 537, 3. 419. 67, 1. 738, 6. 677, 9. 281, 2. 390, 4. 416. 417. 187, 3. 385, 7. 471, 1. 2, 3. 133, 1. 28, 3. 552. 282, 1. 485. 300, 1. 196, 8. 709, 6. 377, 1. 430, 1. 313, 6. 255, 3. 257, 7.
das Hohepriesterliche Amt 317. 644, 3—5.
opfern 29, 3. 28, 6. 169, 6 u. 8.
fürbitten 249, 4. 435, 6. 136, 8. 30, 2. 711, 4. 666, 7. 185, 6.
segnen 2, 4. 394.
das Königliche Amt 36. 422. 767. 91, 1—3. 321, 3. 507, 1. 238, 5. 408, 2. 451, 2—4. 738, 9. 562, 3 u. 4. 298, 6(8). 615, 1. 718, 5. 734, 1 u. 2. 527, 6. 271, 3.
Reich der Macht 388, 2. 422, 2.
Reich der Gnade 249, 1. 422, 3. 474, 6.
Reich der Herrlichkeit 249, 1. 422, 4. 103, 4. 384, 1.
seinen eingebornen Sohn 29, 3. 50, 2. 132, 2. 200, 3 u. 4. 209, 5. 662, 14. 208, 2. 625, 3. 35, 1. 558, 1.
unsern Herrn 177, 2. 296, 1. 384, 5.
Stand der Erniedrigung. Geboren von rc. 200, 2. 254, 1. 132, 3 u. 4. 209, 6. 447, 3 u. 7. 662, 2 u. 8. 753. 284, 4. 502, 6. 740, 5. 255, 1. 179, 5. 749, 2. 271.
gelitten rc. 356, 7(5). 165, 1 u. 2. 371, 1—3. 383, 2 u. 3. 298, 1—3. 542, 2—4. 254, 2. 580, 3—6.
gekreuzigt 97. 761. 160, 3. 290, 5. 565. 709, 1—6. 611, 1. 146, 4. 553, 9.
gestorben 335. 284, 1. 430, 3. 526, 5. 542, 9 u. 10. 573, 2. 31, 3.
begraben 629. 102, 1. 573, 7 u. 8. 37, 1. 338, 2 u. 3. 553, 9.
Stand der Erhöhung. Niedergefahren rc. 303, 2. 478, 2. 572, 1, 3 u. 4. 718, 4.
am dritten Tage rc. 117, 2. 202, 3. 75. 746. 76, 1. 354, 1. 389. 572, 3 u. 5. 670, 6. 388, 3. 343, 12. 254, 3. 710, 4.
aufgefahren rc. 39. 73. 771. 410, 5. 338, 5. 28. 615, 2. 254, 4. 502, 9. 710, 4.
sitzet zur Rechten Gottes 384, 4. 271, 3.

1) Fehlt Anh. G.

von dannen ꝛc. 185. 637. 222, 7 u. 8. 254, 5. 270, 3. 62, 8. 238, 9. 505, 5(6). 234, 4 u. 7(5). 123, 7. 672, 2. 738, 10. 449, 10. 56, 2.
Erklärung. Wahrhaftiger Gott 209, 5. 663, 4. 161, 2. 296. 2. 151, 1.
wahrhaftiger Mensch 222, 1. 132, 4, 6. u. 7. 200, 2. 209, 1—3. 337, 2. 447, 6. 435, 2
Gott und Mensch 132, 2. 323, 4. 567. 3. 750, 2. 169, 2. 602, 3. 718, 3. 283, 1.
sei mein Herr 636, 3. 19, 5.
Der mich verl. u. verd. Menschen 160, 3. 95, 3. 325, 2. 390, 3. 778, 4. 340, 3. 502, 2 u. 3. 678, 2. 165, 2. 620, 3. 542, 4. 751, 1 u. 2.
erlöset hat 738, 4. 421, 6. 383, 6. 208, 2. 35, 4. 169, 8. 364, 5. 31, 2. 297, 2.
erworben und gewonnen 347, 3. 617, 2. 591, 4. 333, 7(4). 709, 5. 76, 4. 572, 1. 625, 3. 425, 5.
von allen Sünden 69. 390. 202. 738, 8. 200, 12 u. 13. 383, 6. 709, 1 u. 3. 30, 2. 55, 5.
vom Tode 78. 337, 3. 753, 8(12). 372, 5. 383. 430, 3. 761, 5. 542, 9 u. 10. 76, 3 u. 4. 118, 5. 389, 3 u. 8. 478, 4. 676, 8. 722, 11.
und von der Gewalt des Teufels 572, 2. 161, 3. 2, 1. 591, 1. 277, 4.
nicht mit Gold ꝛc. 59, 3. 435, 5 u. 6. 502, 8. 763, 4. 277, 1. 117, 4. 208, 2. 625, 3. 407, 6. 489, 3. 584, 6. 98, 4. 169, 6. 666, 5. 400. 390, 6. 405, 3. 599, 4. 31, 2. 565. 580, 3. 595, 3. 298, 4. 542, 4. 276, 5.
Auf daß ich sein eigen sei 431. 454. 382. 458. 197, 3. 356, 3. 753, 19(13). 160, 4. 165, 5 u. 6. 620, 5. 158. 718, 6. 676, 11. 561, 3 u. 8. 200, 15(14). 461, 6.
und in seinem Reiche ꝛc. 321, 4. 447, 5. 388, 2. 19, 6. 320, 4. 462, 3.
und ihm diene ꝛc. 151, 6. 620, 5. 580, 8. 59, 1, 3 u. 4. 120. 713, 8. 169, 6. 551. 744. 405, 14(15).
gleichwie ꝛc. 670, 2. 182, 6.
das ist gewißlich wahr 332.
Dritter Artikel. Ich glaube an den heil. Geist 749, 3. 750, 3. 208, 3. 29, 4. 414, 1. 411. 412. 769, 1. 177, 3. 216, 3. 543. 544: 502, 9.
eine 576. 1, 4. 177, 3. 543, 2. 311, 2. 622, 2.
heilige 769, 3. 437, 2. 427, 3. 103, 3.
christliche 28, 3. 556, 1. 699, 1. 93, 3—5. 405, 3. 340, 1 u. 10. 608, 2.
Kirche 251, 2. 1, 2. 502, 1.
Die Gemeine der Heiligen 182. 384, 11. 591. 271. 178, 6. 369, 5. 531. 351.
Vergebung der Sünden 55, 2 u. 5. 749, 3.
Auferstehung des Fleisches 389, 4 u. 7. 372, 5. 250, 3. 388, 1. 572, 5 u. 7. 749, 3. 435, 7. 296, 3. 591, 3. 490, 5. 675, 6 u. 7. 297, 4. 343, 14. 559, 8. 185, 2. 637, 3. 202, 5. 283, 5.
und ein ewiges Leben 531. 582. 278, 3. 298, 12(15). 250, 3. 389, 2. 749, 3. 725, 3. 558, 5 u. 7. 676, 10. 191, 5 u. 6. 31, 4. 739, 6. 178, 7 u. 8. 187, 5 u. 6.
Erklärung. Ich glaube, daß ich nicht ꝛc. 439, 1. 713, 2 u. 3. 752, 1. 625, 3. 366, 2. 322, 7. 474, 1. 298, 9(11). 243, 4. 158, 2. 687, 4.
sondern der heil. Geist ꝛc. 543, 5. 482, 3. 666, 9. 412, 3. 414, 1. 769, 2. 2, 4. 286, 7. 183, 9. 418, 2. 103, 2. 158, 2 u. 3. 351, 3. 340, 3. 471. 631, 6.
mit seinen Gaben ꝛc. 161, 4. 449, 3. 640, 4. 738, 1. 562, 6. 764, 4. 94, 4. 364, 5 u. 6. 226, 6. 286, 1 u. 2. 180, 1. 490. 669, 5. 439, 2. 713, 4 u. 5. 412, 2. 414, 1 u. 2. 497, 2. 564, 1. 2, 3. 433, 1. 752, 9.
Buße 631, 6. 366, 1. 687, 3. 579, 6. 318. 5. 414, 4. 310, 2. 533, 5. 496, 6. 599, 4. 541, 2. 317, 3. 419, 3. 471, 6.
Glaube 497, 1. 30, 3. 625, 4. 243, 4 u. 5. 654, 4.
Bekehrung 243, 10. 334, 1.
Rechtfertigung 678, 10(8). 200, 12 u. 13. 526, 7. 709, 3. 169, 6. 183, 8. 405, 6—8. 513, 2. 425, 2. 450, 4 u. 5. 471, 3. 579, 4—6. 763, 4—6. 355, 9. 693. 149, 4. 437, 4. 555, 3. 515, 4. 400, 1. 744, 1. 281, 4. 390, 6. 537, 4. 636, 2. 55, 2. 183. 722, 6—9. 277, 3. 146, 2. 563, 4. 657, 6. 205, 3. 487, 3. 700, 5. 340, 8 u. 10. 53. 29, 1. 395, 4. 371, 5. 659, 3. 676, 1. 193, 3. 625, 3. 343, 11. 330, 2. 665, 7.
im rechten Glauben ꝛc. 497. 30, 3. 183, 4. 9, 5. 298, 9—11. 225, 4. 769, 2. 563, 5. 123, 6. 169, 7. 718, 9 u. 10. 286, 5. 405, 6. 257, 7. 306, 4—6. 541, 3. 640, 5. 11, 12. 318, 7. 191, 1. 649, 5. 313, 5. 641, 7. 183, 13. 537, 10. 362, 13.
gleichwie er die ganze ꝛc. 543, 2. 177, 3. 749, 3. 300, 5, 8 u. 9. 552, 1 u. 5. 587, 8. 576, 1, 2 u. 5. 669, 1. 103, 3. 155, 1. 618, 6 u. 7.
erleuchtet siehe oben.
heiliget 713, 8(7). 318, 5 u. 6(7). 414, 7. 597, 4. 123, 6. 412, 3. 497, 3. 543, 7 u. 8. 769, 7.
und bei Jesu Christo ꝛc. 177. 507, 3. 543, 2. 176, 4. 752, 10. 555, 10.
in welcher Christenheit ꝛc. 651, 2. 222, 3. 16, 4. 348, 1. 769, 1—3. 390, 5 u. 7. 714, 6. 55, 5. 738, 6. 645, 2.
und am jüngsten Tage ꝛc. 185. 250, 4. 43.
und mir samt allen ꝛc. 525, 9. 185, 4 u. 5. 250, 3. 243, 12 u. 13. 414, 9. 369. 31, 6. 672, 3. 553, 11. 756, 14. 582, 5. 739, 2. 505, 6. 490, 5 u. 6. 531. 187, 5. 390, 8. 389, 2.

Drittes Hauptstück.

Anrede 655, 1.
Erklärung. Gott will uns ꝛc. 362, 17. 619, 8.

625, 8. 513, 3. 675, 3. 608, 6. 136, 5. 355, 10. 624, 4. 414, 4. 609, 3.
auf daß wir getrost ꝛc. 138, 10. 578, 1—3. 625, 12. 169, 8. 442, 1, 2, 3 u. 6. 412, 2. 269, 1. 571, 4.
Erste Bitte 655, 2.
Was ist das? 392, 2. 453, 3. 365, 7. 578, 5. 689, 4.
Wie geschieht das? Wo das Wort Gottes ꝛc. 502, 10. 507, 3. 168, 4.
Das hilf uns ꝛc. 431. 414, 2. 176. 177. 2, 2 u. 3. 752, 9 u. 10. 274, 3. 81, 3. 556, 3. 1, 9. 310, 7.
Wer aber anders ꝛc. 1, 5. 10, 2. 185, 4.
Davor behüte ꝛc. 83, 3. 562, 6. 412, 2. 176, 2. 1, 6. 10, 1, 3 u. 6. 296, 2. 274, 2.
Zweite Bitte 655, 3. 556, 6. 669, 4. 587.
Was ist das? 123, 2. 487, 3 u. 4. 562, 5.
Wie geschieht das? Wenn der ꝛc. 262, 1. 243, 10. 752, 3. 625, 4. 286, 4.
und göttlich leben ꝛc. 259, 3. 480, 2. 81, 7. 638, 6. 752, 5. 200, 14. 769, 12(13). 30, 4. 2, 2.
Dritte Bitte 655, 4. 752, 1. 141, 8. 578, 5(6). 257, 2. 593, 2.
Was ist das? 665, 9. 340, 3. 293, 1.
Wie geschieht das? Wenn Gott allen ꝛc. 674. 699. 68. 659. 291, 3. 752, 4. 362, 12.
als da ist ꝛc. 161, 1 u. 3. 2, 1. 676, 6. 81, 6. 194, 3. 2, 5. 741, 2. 525, 8. 362, 8 u. 9. 11, 2. 366, 10.
sondern stärket ꝛc. 177. 2. 640, 5. 234, 8. 243, 5. 564, 2 u. 3. 161, 4. 176, 4. 556, 4. 1, 2, 4 u. 8. 123, 5. 752, 4. 602, 4. 649, 5. 124, 3. 273, 3. 2, 6. 608, 1. 609, 5.
Vierte Bitte 214, 2. 348, 8. 468, 4. 540, 3.
Was ist das? 257, 4. 125, 10. 650, 1. 540, 6.
Was heißt denn ꝛc. 166, 5. 296, 2. 309, 5. 355, 1—8. 445, 4. 671, 1. 540, 1. 748, 1. 264, 2. 732. 759. 359. 569. 628. 274. 54, 4. 769, 9(10). 653. 707, 3. 500, 6. 751, 6(9). 348, 10 u. 11. 536, 1. 81, 4. 269, 2. 666, 12. 162, 1.
Fünfte Bitte 655, 6. 563, 3. 650, 4. 286, 2. 325, 4. 776, 1. 115, 4 u. 5. 116, 4. 714, 5(4). 399, 5. 314, 3. 532, 2. 283, 1.
wie wir vergeben ꝛc. 655, 6. 608, 3. 622, 4.
Was ist das? Wir bitten in ꝛc. 441, 1—3. 55, 1. 563, 4. 355, 9. 150, 2. 125, 9. 491, 2. 751, 4 u. 5 (6 u. 7). 325, 3.
sondern er wolle ꝛc. 593, 3. 116, 3. 268, 2. 635, 1. 12, 1. 235, 2.
So wollen wir ꝛc. 580, 13. 353, 3. 536, 4. 442, 3. 608, 3. 477, 4.
Sechste Bitte 555, 7. 9, 3. 714, 4.
Was ist das? Gott versucht ꝛc. 494, 8. 665, 4. 681, 4.
daß uns Gott ꝛc. 161, 2. 353, 5. 348, 7.
auf daß uns der Teufel ꝛc. 769, 10(11). 161, 3. 449, 1, 4—6. 468, 5. 66, 3. 641, 7 u. 9(10). 333, 7 u. 8. 599, 1. 774, 5. 58, 5. 489, 2. 602, 6. 718, 8 u. 12. 401, 5. 2, 5. 577, 5. 372, 2 u. 3. 366, 10. 196, 4. 191, 2. 414, 8. 380, 6. 55, 4. 9, 2. 125, 5.
und ob wir ꝛc. 641, 4 u. 8. 589, 11. 48, 2. 464, 3. 689, 4. 599, 2, 3, 6 u. 7. 666, 6. 14, 4. 752, 8.
Daß wir doch ꝛc. 380. 38. 318, 5. 769, 10. 191, 2. 659, 3. 757, 3. 474, 6. 449, 8. 591, 1. 401, 7. 456, 5. 721, 4, 10 u. 11. 414, 7. 191, 1.
Siebente Bitte 655, 7. 365, 6. 499, 2. 48, 1. 58, 6.
Was ist das? Wir bitten ꝛc. 196, 3. 58, 12. 676, 4. 407, 3. 682, 2. 399, 4. 652, 2. 401, 6.
und zuletzt ꝛc. 631, 5. 296, 3. 458, 3. 577, 6. 741, 5. 500, 9. 689, 3. 172, 5 u. 6. 283, 3 u. 4. 125, 7. 399, 8. 31. 78, 5 u. 6. 489, 1. 710, 1. 2, 6. 176, 3. 288, 5. 99, 7. 329, 9. 222, 5. 287, 3. 542, 9 u. 10. 769, 12(13). 718, 13.
und mit Gnaden ꝛc. 209, 5. 86, 3. 713, 10. 196, 5 u. 6. 582, 2. 377, 2. 676, 4. 519, 4. 37, 8. 142, 7. 494, 3. 652, 1. 369.
Beschluß 655, 9. 610, 3. 128, 5. 362, 18. 208, 5.
Was ist das? 274, 12. 136, 6—8. 669, 3. 449, 8 u. 9. 269, 4. 714, 10.
Gnadenmittel 36, 2. 556, 2. 1, 2. 292, 5. 511, 5.

Viertes Hauptstück.

Was ist die Taufe? 149, 6. 437, 2.
Gehet hin in alle Welt ꝛc. 669, 2. 91, 3. 77, 4 u. 5. 502, 10. 437, 3. 708, 2. 330, 4.
Was giebt oder nützet die Taufe? 427. 769, 3. 331, 7 u. 9. 330, 6. 609, 1. 334, 1.
Wer da glaubet ꝛc. 183, 7. 86, 3. 77, 5 u. 6. 59, 5. 6, 7. 374, 9. 185, 4.
Wie kann Wasser ꝛc. 148, 1 u. 2. 437, 2. 331, 3. 334, 1. 306, 9 u. 10. 628, 2. 427, 4. 382, 7.
Was bedeutet denn ꝛc. 164, 6. 611, 2. 286, 3. 306, 2. 572, 7. 414, 3. 150, 1. 310, 1. 541, 2. 298, 8 u. 9 (10 u. 11). 191, 1. 380, 4. 593, 8. 709, 5. 580, 15(14). 286, 5 u. 7. 180, 1 u. 2. 670, 2. 721, 12.
So sind wir je mit ihm ꝛc. 742, 8 u. 9. 769, 3. 251, 2. 331, 2. 347, 3. 763, 5. 72, 2. 670, 9. 543, 7. 604, 2 u. 9. 180, 4. 710, 4. 28, 5. 169, 2.

Fünftes Hauptstück.

Es ist der wahre Leib ꝛc. 143, 4. 240, 3. 280. 285, 1. 722, 10.
unter dem Brot ꝛc. 413, 1, 3, 8[1]) u. 9[1]). 475, 4—6. 93, 6. 596, 9.

1) Fehlt vielfach.

Unser Herr Christus rc. 76, 5. 290. 254. 165, 5. 475, 2.
Was nützet denn rc. 347, 3 u. 4. 475, 3 u. 7. 560, 10. 616, 4. 594, 2.
Wie kann leiblich rc. 596, 3. 222, 4.
Wer empfähet denn rc. 486, 2. 143, 1, 3 u. 4. 280, 2. 596, 2, 4, 6 u. 9. 104, 4. 285, 3. 386, 3.

Perikopen-Tafel.

1. Advent.
Ev. Matth. 21, 1—9: 36. 91. 233. 321. 438. 451. 505. 738.
Ep. Röm. 13, 11—14: 36. 72. 408. 415. 486. 672.

2. Advent.
Ev. Luk. 21, 25—36: 178. 185. 238. 449. 530. 672.
Ep. Röm. 15, 4—13: 91. 192. 415. 447. 453. 669.

3. Advent.
Ev. Matth. 11, 2—10: 21. 36. 255. 486. 636. 738.
Ep. 1. Kor. 4, 1—5: 88. 404. 486. 505. 609. 676.

4. Advent.
Ev. Joh. 1, 19—28: 222. 451. 486. 636. 734.
Ep. Philipp. 4, 4—7: 16. 402. 486. 734. 741.

1. Weihnachtstag.
Ev. Luk. 2, 1—14: 132. 200. 209. 356. 447. 662. 663.
Ep. Tit. 2, 11—14: 132. 133. 179. 200. 502.

2. Weihnachtstag.
Ev. Luk. 2, 15—20: 132. 133. 200. 209. 356. 447. 753.
Ep. Tit. 3, 4—7: 105. 179. 209. 323. 337. 567. 753.

Sonntag nach Weihnachten.
Ev. Luk. 2, 33—40: 200. 287. 356. 405. 415.
Ep. Gal. 4, 1—7: 132. 200. 209. 327.

Neujahr.
Ev. Luk. 2, 21: 14. 63. 82. 87. 124. 234. 258. 387. 392.
Ep. Gal. 3, 23—29: 2. 83. 183. 212. 330. 510.

Sonntag nach Neujahr.
Ev. Matth. 2, 13—23: 58. 154. 619. 719. 724.
Ep. 1. Petri 4, 12—19: 108. 182. 357. 367. 718.

Epiphanias.
Ev. Matth. 2, 1—12: 103. 287. 378. 552. 562. 753.
Ep. Jes. 60, 1—6: 155. 158. 433. 523. 669. 713.

1. Sonntag nach Epiphanias.
Ev. Luk. 2, 41—52: 169. 604. 636. 640. 718.
Ep. Röm. 12, 1—6: 191. 226. 300. 330. 460, 467. 725.

2. Sonntag nach Epiphanias.
Ev. Joh. 2, 1—11: 58. 359. 377. 569. 719. 732. 759.
Ep. Röm. 12, 7—16: 194. 311. 353. 362. 419. 485. 657.

3. Sonntag nach Epiphanias.
Ev. Matth. 8, 1—13: 30. 228. 341. 407. 622. 624. 716.
Ep. Röm. 12, 17—21: 182. 306. 353. 419. 536.

4. Sonntag nach Epiphanias.
Ev. Matth. 8, 23—27: 2. 55. 124. 245. 405. 716. 754. 773. 774.
Ep. Röm. 13, 8—10: 300. 362. 435. 536. 618. 622.

5. Sonntag nach Epiphanias.
Ev. Matth. 13, 24—30: 1. 10. 216. 380. 449. 650.
Ep. Kol. 3, 12—17: 365. 404. 435. 569. 759.

6. Sonntag nach Epiphanias.
Ev. Matth. 17, 1—9: 16. 19. 34. 364. 652. 718.
Ep. 2. Petri 1, 16—21: 94. 262. 481. 576. 757.

Septuagesimä.
Ev. Matth. 20, 1—16: 53. 183. 236. 304. 404. 417.
Ep. 1. Kor. 9, 24—10, 5: 38. 191. 194. 424. 589. 591. 593. 604. 712.

Sexagesimä.
Ev. Luk. 8, 4—15: 2. 177. 467. 638. 752.
Ep. 2. Kor. 11, 19—12, 10: 53. 123. 291. 367. 405. 484. 599. 665.

Estomihi.
Ev. Luk. 18, 32—43: 97. 165. 255. 322. 371. 430. 601. 620.
Ep. 1. Kor. 13: 255. 296. 300. 327. 397. 435. 526. 622.

Invokavit.
Ev. Matth. 4, 1—11: 47. 153. 405. 449. 485. 599.
Ep. 2. Kor. 6, 1—10: 95. 182. 405. 430. 593. 665. 676.

Reminiscere.
Ev. Matth. 15, 21—28: 61. 228. 307. 353. 624. 701. 719.
Ep. 1. Thess. 4, 1—8: 168. 180. 286 372. 592.

Okuli.
Ev. Luk. 11, 14—28: 110. 361. 380. 401. 449. 527. 591.
Ep. Eph. 5, 1—9: 168. 257. 434. 485. 592.
Lätare.
Ev. Joh. 6, 1—15: 58. 106. 217. 399. 511. 676. 719.
Ep. Gal. 4, 21—31: 183. 212. 223. 369. 502. 700.
Judika.
Ev. Joh. 8, 46—59: 19. 257. 298. 718. 734.
Ep. Ebr. 9, 11—15: 160. 165. 249. 277. 526. 611. 709.
Palmarum.
Ev. Matth. 21, 1—9: 157. 165. 371. 422. 601.
Ep. Phil. 2, 5—11: 159. 165. 254. 430. 485. 526.
Gründonnerstag.
Ev. Joh. 13, 1—15: 255. 276. 435. 454. 475. 560 718.
Ep. 1. Kor. 11, 23—32: 267. 280. 285. 347. 413. 416. 457. 596.
Karfreitag.
Leidensgeschichte: 165. 188. 335. 383. 542. 565. 580. 600.
Jes. 53: 160. 277. 298. 542. 611.
1. Ostertag.
Ev. Mark. 16, 1—8: 37. 202. 250. 303. 338. 388. 522. 670.
Ep. 1. Kor. 5, 6—8: 76. 181. 389. 572. 673. 746.
2. Ostertag.
Ev. Luk. 24, 13—35: 75. 181. 388. 742. 764. 778.
Ep. Apost. 10, 34—41: 37. 42. 76. 118. 388. 572. 742.
Quasimodogeniti.
Ev. Joh. 20, 19—29: 16. 104. 340. 388. 537.
Ep. 1. Joh. 5, 4—12: 360. 361. 405. 409. 537. 691.
Miserikordias Domini.
Ev. Joh. 10, 12—16: 106. 107. 109a u. b. 155. 364. 376. 382.
Ep. 1. Petri 2, 21—25: 257. 377. 417. 430. 485. 718.
Jubilate.
Ev. Joh. 16, 16—23: 11. 310. 381. 476. 624. 676. 774.
Ep. 1. Petri 2, 11—20: 180. 191. 329. 418. 479. 536. 622.
Kantate.
Ev. Joh. 16, 5—15: 136. 318. 409.
Ep. Jak. 1, 16—21: 32. 145. 286. 296. 355. 449. 536.
Rogate.
Ev. Joh. 16, 23—30: 62. 136. 226. 348. 468. 701.
Ep. Jak. 1, 22—27: 93. 176. 192. 262. 638. 752.
Himmelfahrt.
Ev. Mark. 16, 14—20: 28. 39. 249. 253. 384. 394. 615. 771.
Ep. Apost. 1, 1—11: 41. 73. 259. 312. 501. 745.
Exaudi.
Ev. Joh. 15, 26—16, 4: 318. 414. 564. 659. 669. 754. 773.
Ep. 1. Petri 4, 8—11: 296. 317. 353. 362. 536. 622.
1. Pfingsttag.
Ev. Joh. 14, 23—31: 243. 318. 409. 412. 497. 543. 769.
Ep. Apost. 2, 1—13: 207. 412. 414. 497. 543. 544. 597.
2. Pfingsttag.
Ev. Joh. 3, 16—21: 225. 497. 525. 597. 769.
Ep. Apost. 10, 42—48: 525. 538. 552. 574. 597. 669.
Trinitatisfest.
Ev. Joh. 3, 1—15: 29. 180. 286. 592. 604. 636. 749. 750.
Ep. Röm. 11, 33—36: 65. 205. 208. 226. 251. 546. 625. 666.
1. Trinitatis.
Ev. Luk. 16, 19—31: 59. 407. 463. 530. 604. 622. 631. 722.
Ep. 1. Joh. 4, 16—21: 35. 193. 364. 435. 558. 622. 650.
2. Trinitatis.
Ev. Luk. 14, 16—24: 103. 169. 220. 351. 416. 484. 604.
Ep. 1. Joh. 3, 13—18: 296. 300. 340. 405. 435. 567. 622. 657.
3. Trinitatis.
Ev. Luk. 15, 1—10: 85. 364. 376. 382. 390. 471. 552.
Ep. 1. Petri 5, 6—11: 58. 380. 449. 589. 591. 599. 692.
4. Trinitatis.
Ev. Luk. 6, 36—42: 256. 300. 419. 467. 536. 618. 622.
Ep. Röm. 8, 18—23: 175. 213. 217. 342. 462. 473. 697. 773.
5. Trinitatis.
Ev. Luk. 5, 1—11: 32. 58. 88. 195. 362. 399. 404. 719.
Ep. 1. Petri 3, 8—15: 257. 300. 353. 405. 419. 608.
6. Trinitatis.
Ev. Matth. 5, 20—26: 146. 183. 353. 419. 622.
Ep. Röm. 6, 3—11: 180. 286. 330. 331. 427. 527. 572.
7. Trinitatis.
Ev. Mark. 8, 1—9: 45. 58. 399. 610. 624. 719.
Ep. Röm. 6, 19—23: 146. 186. 191. 467. 502. 636.

8. Trinitatis.

Ev. Matth 7, 15—23: 1. 10. 176. 194. 537. 593. 752. 754.

Ep. Röm. 8, 12—17: 167. 182. 243. 330. 360. 405. 414.

9. Trinitatis.

Ev. Luk. 16, 1—9: 8. 56. 276. 536. 593. 722. 763.

Ep. 1. Kor. 10, 1—13: 191. 228. 418. 424. 449. 589. 591.

10. Trinitatis.

Ev. Luk. 19, 41—48: 10. 150. 255. 631. 635. 763.

Ep. 1. Kor. 12, 1—11: 2. 243. 318. 409. 412. 525. 544.

11. Trinitatis.

Ev. Luk. 18, 9—14: 55. 183. 325. 390. 405. 471. 563. 577.

Ep. 1. Kor. 15, 1—10: 254. 340. 389. 405. 457. 502. 734.

12. Trinitatis.

Ev. Mark. 7, 31—37: 58. 107. 341. 407. 513. 524. 552. 682.

Ep. 2. Kor. 3, 4—11: 183. 502. 552. 557. 734. 752.

13. Trinitatis.

Ev. Luk. 10, 23—37: 169. 255. 340. 622. 718.

Ep. Gal. 3, 15—22: 183. 205. 249. 484. 537. 776.

14. Trinitatis.

Ev. Luk. 17, 11—19: 55. 467. 513. 524. 711. 725. 762.

Ep. Gal. 5, 16—24: 146. 180. 257. 286. 485. 591. 593.

15. Trinitatis.

Ev. Matth. 6, 24—34: 58. 213. 229. 355. 624. 626. 677. 719.

Ep. Gal. 5, 25—6, 10: 47. 191. 257. 310. 418. 593. 622.

16. Trinitatis.

Ev. Luk. 7, 11—17: 358. 389. 456. 489. 571. 696. 722. 723.

Ep. Eph. 3, 13—21: 292. 327. 340. 481. 558. 578. 650.

17. Trinitatis.

Ev. Luk. 14, 1—11: 84. 252. 255. 257. 485. 636. 718. 768.

Ep. Eph. 4, 1—6: 1. 177. 226. 300. 576. 609. 749.

18. Trinitatis.

Ev. Matth. 22, 34—46: 296. 384. 419. 422. 458. 622. 734.

Ep. 1. Kor. 1, 4—9: 124. 295. 458. 463. 476. 481. 594. 665.

19. Trinitatis.

Ev. Matth. 9, 1—8: 30. 55. 85. 180. 390. 484. 631. 650.

Ep. Eph. 4, 22—28: 168. 180. 186. 191. 286. 306. 366. 536.

20. Trinitatis.

Ev. Matth. 22, 1—14: 74. 169. 236. 555. 593. 604. 734.

Ep. Eph. 5, 15—21: 182. 186. 191. 194. 449. 625.

21. Trinitatis.

Ev. Joh. 4, 47—54: 48. 124. 213. 624. 657. 665. 676. 682.

Ep. Eph. 6, 10—17: 47. 153. 380. 424. 449. 485. 591.

22. Trinitatis.

Ev. Matth. 18, 21—35: 55. 325. 353. 484. 563. 608. 622.

Ep. Phil. 1, 3—11: 59. 120. 182. 322. 382. 558. 602.

23. Trinitatis.

Ev. Matth. 22, 15—22: 274. 295. 368. 384. 422. 674. 767.

Ep. Phil. 3, 17—21: 19. 185. 259. 312. 313. 329. 418.

24. Trinitatis.

Ev. Matth. 9, 18—26: 78. 293. 343. 388. 489. 676. 722.

Ep. Kol. 1, 9—14: 286. 322. 340. 427. 527. 537. 734.

25. Trinitatis.

Ev. Matth. 24, 15—28: 56. 185. 449. 530. 637. 672. 773.

Ep. 1. Thess. 4, 13—18: 178. 187. 369. 572. 582. 672.

26. Trinitatis.

Ev. Matth. 25, 31—46: 185. 369. 530. 531. 613. 721.

Ep. 2. Thess. 1, 3—10: 185. 187. 449. 530. 531. 591. 593.

27. Trinitatis.

Ev. Matth. 25, 1—13: 99. 170. 178. 369. 449. 602. 672.

Ep. 1. Thess. 5, 1—11: 178. 185. 345. 449. 479. 672.

Erntedankfest.

122. 445. 499. 540. 610. 683.

Reformationsfest.

1. 93. 94. 161. 177. 192. 351. 757.

Totenfest.

31. 312. 313. 358. 369. 388. 389. 456. 722.

Melodien-Verzeichnis.

Nr.	A—E.	Nr. des Verzeichniss.	Lieder nach derselben Melodie.
1	Ach, bleib bei uns, Herr	1	(177.)
2	Ach, bleib mit deiner Gnade	2	78. 124. 658. 742.
3	Ach, Gott erhör mein Seufzen	4	
4	Ach, Gott und Herr	8	227. 465. 771.
5	Ach, Gott vom Himmel	10	7. 12. 15. 535. 754.
6	Ach, Jesu dessen Treu	14	
7	Ach, was soll ich Sünder machen	22	17. 320. 415. 626. 717.
8	Ach, wie flüchtig	24	
9	Ach, wir armen Sünder	27	
10	Allein Gott in der Höh	29	64. 163. 547.
11	Allein zu dir, Herr Jesu	30	150.
12	Alle Menschen müssen sterben	31	84. 172. 173. 427. 581. 615. 712.
13	Alles ist an Gottes Segen	32	174. 384. 520. 583. 765.
14	Auf, auf, mein Herz mit Freuden	37	
15	Auferstehn, ja auferstehn	43	
16	Auf, hinauf, zu	46	
17	Auf meinen lieben Gott	48	135. 630. 763.
18	Aus meines Herzens Grunde	54	36.105.117.122.224.(258.)352.365. 368.416.(418.)420.426.486.505.769.
19	Aus tiefer Not schrei ich	55	279. 284. 335. (366.) 577.
20	Christ der du bist der helle (Wo Gott dem Haus)	66	67. 100. 211.
21	Christe du Lamm Gottes	69	
22	Christen sind ein göttlich (O du Hüter Israel)	71	
23	Christ fuhr gen Himmel	73	
24	Christ ist erstanden	75	
25	Christ lag in Todesbanden	76	
26	Christus ist erstanden	79	
27	Da Christus geboren war	80	40. 644. 766.
28	Dank sei Gott in der	81	328.
29	Dein König kommt in (Ach Jesu meiner Seelen)	91	
30	Dein König kommt o Zion (Heilig ist Gott der Vater)	92	
31	Der lieben Sonne Licht	111	121.
32	Der Tag, der ist so freudenreich	114	
33	Die güldne Sonne	125	
34	Die Himmel rühmen	128	
35	Die Sonn hat sich	131	96. 116.
36	Dies sind die heilgen zehn	134	704.
37	Dir, dir Jehovah	136	669. 777.
38	Du Friedefürst, Herr Jesu	140	
39	Durch Adams Fall ist	146	310. 326. 539.
40	Eines wünsch ich mir (Herr und Ältester)	160	454.
41	Ein feste Burg	161	556. 699.
42	Ein Lämmlein geht (An Wasserflüssen Babylon)	165	347. 472. 563.
43	Eins ist not, ach Herr	169	299.
44	Erhalt uns, Herr, bei deinem	177	(1.) 314. 545. 583.
45	Ermuntre dich, mein	179	35. 107. 138. 139. 144.

Nr.	E—H.	Nr. des Verzeichniss.	Lieder nach derselben Melodie.
46	Erschienen ist der herrlich Tag	181	88. 202. 231. 302. (303.) 403. 501. 681. 745. 746.
47	Es glänzet der Christen	182	
48	Es ist das Heil	183	63. (87.) 104. 109a. 109b. 110. 123. 137. 214. (233.) 237. 244. 260. 404. 572. 607. 610. 707. 752.
49	Es ist genug, so nimm	184	770.
50	Es ist gewißlich an der Zeit	185	(39.) 143. 149. 167. 212. 234. 254. 260. 280. 349. 356. 366. 537. 700. 726.
51	Es kennt der Herr die Seinen	189	
52	Es kostet viel, ein Christ	191	186.
53	Es wolle uns Gott gnädig	192	77.
54	Fahre fort, fahre fort	194	587.
55	Freu dich sehr, o meine Seele	196	3. 152. 193. 207. 220. 221. 225. 240. 259. 266. (372.) 419. 425. 464. 525. 586. 593. 608. 642. 645. 651. 652. 678. 693. 715.
56	Freuet euch, ihr Christen	197	
57	Freut euch, ihr lieben	199	
58	Fröhlich soll mein Herze	200	
59	Gelobet seist du, Jesu Christ	209	507. 753.
60	Gen Himmel aufgefahren	210	
61	Gieb dich zufrieden	213	
62	Gott, den ich als Liebe kenne	215	
63	Gott der Vater wohn uns bei	216	
64	Gott des Himmels und der Erden	219	33. 247. (252.) 316. 379. (387.) 414. 433. 435. 463. 638. 640. 694. 721.
65	Gottes Sohn ist kommen	222	
66	Gott lebet noch, Seele	229	
67	Gott rufet noch (O höchster Gott, o unser)	236	
68	Gott sei Dank durch alle Welt	238	
69	Gott sei gelobet und gebenedeiet	239	281.
70	Großer Gott, mein Vater	246	
71	Helft mir Gottes Güte preisen	258	
72	Herr Gott, dich loben alle	270	89. 348. 506. 666. 748.
73	Herr Gott, dich loben wir	271	
74	Herr Gott, nun schleuß	273	
75	Herr, ich habe mißgehandelt	276	18. 21. 218.
76	Herr Jesu Christ, dich zu uns	278	60. 65. 74. (89.) 119. (126.) 168. (190.) 269. (277.) 289. (307. 308.) 314. 546. (552.) 759. 764.
77	Herr Jesu, Gnadensonne (Herr Christ, der einig)	286	575. 709.
78	Herr nun laß in Friede	288	
79	Herr, wie du willt,	293	265. 357. 592. 724.
80	Herzlich lieb hab ich dich	296	282. 668. 776.
81	Herzlich thut mich verlangen	297	6. 56. 57. 58. 86. 147. 170. 171. 287. 329. 344. 407. 431. 542. 568. 621. 698. 757.
82	Herzliebster Jesu, was hast du	298	68. 290. 291. 477. 550.
83	Heut triumphieret Gottes Sohn	303	
84	Hier legt mein Sinn	306	
85	Himmelan, nur himmelan	313	
86	Höchster Priester, der du dich	317	

Nr.	I—M.	Nr. des Verzeichniss.	Lieder nach derselben Melodie.
87	Ich armer Mensch, ich armer	325	751.
88	Ich bete an die Macht	327	475. 538.
89	Ich bin ja, Herr, in deiner	333	479.
90	Ich hab mein Sach Gott	343	723. 756.
91	Ich laß dich nicht, du mußt	350	
92	Ich ruf zu dir, Herr Jesu	353	554.
93	Ich singe dir mit Herz	355	467.
94	Ich weiß, mein Gott, daß	362	
95	Ich will dich lieben, meine	364	148.
96	Jerusalem, du hochgebaute Stadt	369	
97	Jesaia, dem Propheten	370	
98	Jesu, deine Passion (Jesu Leiden, Pein und Tod)	371	595.
99	Jesu, deine tiefen Wunden	372	(97.)
100	Jesu, der du meine Seele	374	207. 375. 376. 382. 391.
101	Jesu, hilf siegen	380	157.
102	Jesu, meine Freude	381	34. 217. 315. 462. 597. 603
103	Jesu, meines Lebens Leben	383	249. 336 438. 762. 778.
104	Jesus Christus, uns. Heiland, der den	385	
105	Jesus Christus, uns. Heiland, der von	386	
106	Jesus, Jesus, nichts als Jesus	387	252.
107	Jesus, meine Zuversicht	389	25. 49. 95. 155. 175. 205. 206. 301. 312. 378. 388. 390. (392. 408.) 434. 456. 460. 600. (604.) 616. 633. 634.
108	Ihr Kinder des Höchsten	397	
109	In allen meinen Thaten	399	
110	In dich hab ich gehoffet	401	481.
111	In dir ist Freude	402	
112	Kehre wieder, kehre wieder	406	
113	Komm Gott Schöpfer	409	
114	Komm heilger Geist, erfüll	411	
115	Komm heilger Geist, Herre	412	
116	Kommt her zu mir, spricht	417	5. 204. 243. 393. 659.
117	Kommt und laßt uns Christum (Quem pastores)	421	201. 373.
118	Lasset uns den Herren preisen	429	42.
119	Laßt mich gehen	432	
120	Liebster Jesu, wir sind hier	439	241.437.442.461.503.504.605.614.
121	Liebster Immanuel, Herzog	440	
122	Liebster Vater, ich dein Kind (Christus, der uns selig macht)	441	601.
123	Lobet den Herren, alle die ihn	444	129. 291.
124	Lobe den Herren den mächtigen	445	70. 323.
125	Lobe den Herren, o meine Seele	446	
126	Lobt Gott, ihr Christen	447	51.
127	Löwen, laßt euch wiederfinden	448	
128	Machs mit mir Gott	450	38. 85. 485. 495. 622.
129	Macht hoch die Thür	451	
130	Meine Hoffnung stehet feste	455	47.
131	Meinen Jesum laß ich nicht	458	61. 95. 321. 390. 392. 408. 457. 604. 616. 643.
132	Mein erst Gefühl (Ich dank dir schon)	459	559.
133	Mein Friedefürst	466	
134	Mein Heiland nimmt	471	

Nr.	M—S.	Nr. des Verzeichniss.	Lieder nach derselben Melodie.
135	Mein Jesu, dem die Seraphinen	474	93.
136	Mein Schöpfer steh mir bei	482	
137	Mit Fried und Freud	487	
138	Mit meinem Gott geh ich	488	532..
139	Mitten wir im Leben sind	489	
140	Morgenglanz der Ewigkeit	490	
141	Müde bin ich, geh zur Ruh	491	
142	Nach einer Prüfung	492	98. 133. 166. 330. 331. 340. 680.
143	Nicht so traurig	494	661.
144	Nun bitten wir den heiligen Geist	497	16.
145	Nun danket alle Gott	499	208. 272.
146	Nun danket all und bringet	500	354.
147	Nun freut euch lieben	502	39.41.87.233.534.576.636.670.700.
148	Nun laßt uns den Leib	509	102. 130. 400. 512. 744.
149	Nun laßt uns Gott dem Herren	511	106. 510. 560. 671.
150	Nun lob mein Seel	513	235. 361. 453. 508. 740.
151	Nun preiset alle Gottes	514	345.
152	Nun sich der Tag geendet hat	517	483. 498. 516.
153	Nun singet und seid froh	519	
154	Nur frisch hinein	521	
155	O daß ich tausend Zungen	524	19. 98. 118. (133.) 330. 331. 334. (340.) 623.
156	O du Liebe meiner Liebe	526	59. 300. 690. 727. 760.
157	O Durchbrecher aller Bande	527	262. (300.) 673.
158	O Ewigkeit, du Donnerwort	530	531.
159	O Gott, du frommer Gott	536	9. 151. 164. 228. 294. 396. 398. 561. 606. 639. 657. 679. 684. 687. 755.
160	O heilger Geist, o heilger Gott (O Jesulein süß)	544	
161	O Herre Gott, dein göttlich	548	295.
162	O Jesu Christ, meins Lebens	553	74. 126. 180. 277. 304. 552. 555. 747.
163	O komm du Geist der Wahrheit (Ich dank dir lieber Herre)	564	
164	O Lamm Gottes unschuldig	565	
165	O Lebensbrünnlein	566	
166	O Liebe, die den Himmel	567	
167	O selig Haus	569	
168	O Traurigkeit, o Herzeleid	573	115. 629.
169	O Ursprung des Lebens	574	
170	O Welt, ich muß dich lassen	579	44. 112. 113. 127. 142. 232. 264. 274. 342. 473. 515. 518. 580. 686. 708.
171	O wie selig seid ihr doch	582	
172	Ringe recht, wenn Gottes	589	20. 245. 256. 702.
173	Schmücke dich, o liebe Seele	596	255. 261. 263. 413. 422. 585. 632. 768.
174	Schönster Herr Jesu	598	
175	Schwing dich auf zu deinem Gott	599	72. 90. 156. 195. 551. 600.
176	Seelenbräutigam, Jesu	602	377. 664. 718.
177	Sieh hier bin ich, Ehrenkönig	617	590.
178	Sieh wie lieblich und (Nun komm der Heiden Heiland)	618	
179	So führst du doch recht selig	619	
180	Sollt es gleich bisweilen	624	
181	Sollt ich meinem Gott nicht	625	428. 430. 529. 646.
182	So nimm denn meine Hände	627	
183	Straf mich nicht in deinem	635	62. 275. 436. 449. 696.

Nr.	T—Z.	Nr. des Verzeichniss.	Lieder nach derselben Melodie.
184	Tag des Zorns	637	
185	Unter Lilien jener Freuden	649	52. 322.
186	Valet will ich dir geben	652	99. 101. 103. 145. 176. 178. (189.) 338. 339. 360. 395. 405. 562. 594. 729. 738.
187	Vater unser im Himmelreich	655	11. 283. 400. 496. 549. 631. 660. 775.
188	Verleih uns Frieden	656	
189	Vom Himmel hoch	662	82. 83. 132. 410. 663.
190	Von Gott will ich nicht lassen	665	203. 418. 692.
191	Wachet auf, ruft uns	672	158. 223. 248. 250. 257. 267. 423. 424. 591. 613. 667. 772.
192	Wär Gott nicht mit uns	674	
193	Warum betrübst du dich	675	
194	Warum sollt ich mich denn	676	200. 318. 677.
195	Was frag ich nach der Welt	679	305. 337.
196	Was Gott thut, das ist wohlgethan	682	45. 94. 108. 120. 153. 154. 230. 522. 612. 683.
197	Was machet, daß ihr weinet	688	
198	Was mein Gott will, das	689	13. 341. 609. 620. 716. 736.
199	Weil ich Jesu Schäflein bin	695	
200	Welt ade, ich bin dein müde	697	
201	Wenn endlich, eh es Zion	703	
202	Wenn ich ihn nur habe	705	
203	Wenn ich in Angst	706	
204	Wenn mein Stündlein	710	
205	Wenn wir in höchsten Nöten	711	190. 307. 308. 324. 346. 533. 571. 737.
206	Werde licht, du Stadt der	713	162. 309.
207	Werde munter mein Gemüte	714	193. 198. 221. 268. 311. 593. 628. 648. 715. 758.
208	Wer nur den lieben Gott läßt	719	23. 53. 141. 292. 319. 330. 332. 334. 340. 367. 452. 468. 478. 480. 484. 541. 623. 685. 720. 751.
209	Wer weiß, wie nahe mir	722	188. 358. 363. 469. 540. 728.
210	Wie groß ist des Allmächtgen	725	351. 394. 523. 570.
211	Wie mein getreuer Vater	730	
212	Wie mit grimm'gem	731	
213	Wie schön ist unsers Königs	733	
214	Wie schön leuchtet der	734	28. 242. 251. 253. 285. 359. 476. 543. 557. 558. 732. 735. 739.
215	Wie wohl ist mir, o Freund	741	187. 470. 578. 647.
216	Wir Christenleut	743	50.
217	Wir glauben all an e. G. Schöpfer	749	
218	Wir glauben all an e. G. Vater	750	
219	Wollt ihr wissen, was	761	159.
220	Wunderbarer König	767	226. 650.
221	Zion klagt mit Angst	774	26. 97. (372.) 493. 528. 584. 611. 641. 654. 701. 773.

Inhalts-Verzeichnis.

Lieder-Verzeichnis . . . . . .
Wortkonkordanz . . . .

Anhang.

Katechismus-Tafel . . . . . .
Perikopen-Tafel . . . . .
Melodien-Verzeichnis . . . . . .